중국,
헌법 학설사 ^상
연구

중국, 헌법학설사 연구 (상)

초판 1쇄	인쇄 2017년 11월 21일
초판 1쇄	발행 2017년 11월 22일
지 은 이	한따위안(韓大元)
옮 긴 이	김승일·박정원·김창희
발 행 인	김승일
디 자 인	조경미
펴 낸 곳	경지출판사
출판등록	제2015-000026호

판매 및 공급처   도서출판 징검다리
주소 경기도 파주시 산남로 85-8
Tel : 031-957-3890~1 Fax : 031-957-3889 e-mail : zinggumdari@hanmail.net

ISBN 979-11-86819-81-4
        979-11-86819-80-7(세트)

중국,
헌법 학설사 ^상 연구

한다위안(韓大元) 주편

김승일 · 박정원 · 김창희 옮김

경지출판사

本書受到中華社會科學基金
(Chinese Fund for the Humanities and Social Sciences) 資助

Contents

배경편

제1부 중국 헌법학설사의 형성과 발전의 국내배경

제1장 중국의 전통문화와 근대 헌정학설의 발전_44

제2장 중국 헌법학설에 대한 미국 헌법학의 영향

제3장 중국 헌법학설에 대한 일본 헌법학의 영향 _326

제4장 중국 헌법학설에 대한 영국 헌법학의 영향 _378

'국가 철학·사회과학 성과 문고'에 대한 출판 설명

철학·사회과학 연구에 대한 우수한 성과를 충분히 보여주고, 우수한 인재의 시범적인 선도 역할을 적극적으로 발휘케 하여 중국의 철학, 사회과학의 번영과 발전을 촉진시키기 위해 전국의 철학·사회과학 기획지도소조에서는 2010년부터 『국가 철학·사회과학 성과 문고』를 설립하기로 결정했다. 해마다 한 차례씩 심사하고 같은 업종의 전문가들이 엄격한 심사를 거쳐 그 연구 성과가 해당 영역의 학술연구에서 우선순위를 차지하는 수준을 대표케 하고, 중국의 철학 및 사회과학계의 학술 창조력을 구현했다고 판단되면, '통일적 표지, 통일적 규격, 통일적 기준'이라는 종합적인 요구에 따라 출판하기로 한다.

전국 철학·사회과학 기획사무실
2011년 3월

머리말

1. 중국 헌법학설사의 기본개념

중국 헌법학의 발전은 이미 1,000여 년이 넘는 역사를 가지고 있다. 서로 다른 역사시기에 서로 다른 형식으로 전개되었고, 서로 다른 사회적 기능을 나타냈다. 학자가 있고, 학술이 있으며, 학술활동이 전개되면 자연히 학술연구의 체제와 형식이 있게 되는 것이고, 또한 학설의 발전사가 형성되는 것이다. 사람들이 이를 인정하든 안 하든 간에 학술의 역사적 맥락과 생명은 이어지고 단절되지 않는다. 그리하여 역사가 진전되는 과정 속에서는 단절되지 않게 되는 것이다. 중국 헌법학설사 연구는 논리 구조적으로 4개의 기본적인 구성요소를 포함하고 있다. 즉 (1) 중국 (2) 헌법 (3) 학설 (4) 역사가 그것이다.

만일 중국 헌법학설사가 종합적으로 전환되어 가는 과정에 대해 연구를 진행하고자 한다면, 먼저 이 4가지 구성요소의 논리가 포함되어야 하고, 외연에 대한 그 경계와 정의를 파악하는 것이 필요하다. 그래서 오직 이 몇 개 요소의 특정된 뜻을 분명히 해야만, 비로소 중국 헌법학설사의 개념에 대해 비교적 명확하고 완전하고 올바르게 그 경계를 정할 수 있는 것이다.

1) 중국

중국 헌법학설사 중의 '중국'은 공간적 의미에서 연구대상을 한정한 것으로, 중국 헌법학설사의 연구대상은 중국의 헌법학설을 말하는 것이지, 외국 혹은 서양의 헌법학설을 말하는 것이 아니다. 『한어대사전』의 해석에 따르면, 이른바 중국이란 의미는 '고대 화하족(華夏族)' 황하유역에서 건국하여 천하의 한 가운데에서 거주했었기 때문에 '중국'이라 칭했다는 것이다. 이는 후에 중국을 칭하는 국명이 되었는데, 전체의 명칭은 '중화인민공화국'이다. 이를 통해 보면 중국이라는 의미는 하나의 역사지리 개념이고, 역사상 형성된 특정한 지역범위를 널리 지칭하고 있다는 것을 알 수 있다.

이러한 역사지리 개념으로 볼 때는 두 개의 의미를 가지고 있다. 하나는 광의적인 중국의 개념으로, 역사적으로 형성된 중국의 각 왕조를 널리 지칭한다는 것이다. 예를 들면 진한(秦漢), 송원(宋元), 명청(明淸) 등과 같은 것으로, 현재는 모두가 중국으로 칭하고 있다. 다른 하나는 협의적인 중국을 말하는데, 즉 중화인민공화국만을 지칭한다는 말이다. 중국 헌법학설사에서의 중국은 당연히 광의의 중국에 해당한다. 즉 중국문명의 발전사 가운데서 중국인이 헌법에 대해 비교적 체계적으로 보는 시각, 태도와 관점 등을 가리킨다고 하겠다.[1]

---

1) 헌법과 법률 측면에서 '중국'은 확정적인 뜻을 가진 개념이다. 예컨대 헌법 측면에서의 중국은 중화인민공화국을 가리킨다.

중국 헌법학설사 연구를 할 때, 중국 헌법학설사와 서양 헌법학설사와의 관계에 주의할 필요가 있다. 의의상에서 보면, '중국'은 '서양'과 서로 대응되는 개념이다. 그러나 중국의 전통 법문화 중에는 현대적 의의의 헌법 개념이 없기 때문에, 현대적 의의상의 헌법개념은 주로 '유럽과 미국의 풍속습관(歐楓美雨)'이고, 서학동점(西學東漸)의 산물이라고 할 수 있다. 그렇기 때문에 중국 헌법학설사의 연구는 눈앞에 닥친 피할 수 없는 난제라 할 수 있다. 중국 헌법학설사는 중국 본토의 헌법학설에 대한 정리와 연구에 전력을 다해야겠지만, 그 연구대상은 본질적으로 서양의 헌법학설과 분리할 수 없는 역사적 연계성을 가지고 있다. 이는 중국 헌법학설이 발전할 수 있었던 데에 '서양 배경'이라는 색채가 짙게 깔려 있기 때문이다.

중국 헌법학설사 연구는 정도상에서 중국인이 중국 본토에서 서양을 연구하는 헌법 개념으로 변했다. 즉 소위 중국 헌법학이라는 것은 '중국에서의 서양 헌법학'인 것이다. 헌법학이 중국에 들어온 후 100여 년 동안 많은 지식인들이 줄곧 '헌법학의 중국화'를 위해 노력했지만, 결국 '헌법'이라는 개념이 수입품이라는 의미를 벗어 던지지는 못했던 것이다. 중국의 법문화 전통에 비록 현대 헌법의 여러 가지 요소나 혹은 헌정(입헌정치) 가치의 단편적인 것들이 존재하고는 있지만, 전체적으로 볼 때 여전히 헌법의 '인권보장'과 '권한' 등 기본가치의 내용은 결핍되어 있어, 헌법학의 중국화는 여전히 장기적인 발전을 목표로 해야만 할 상황이다. 따라서 중국 헌법학설사 속의 '중국'에 한정시킬 때, 불거지는 하나의 문제는 백여 년의 헌법학설 발전 속에서 대부분의 내용이 중국학자들이 서양의 헌법학설을 끌어들이고, 소개하고, 이에 대해 평가한 것들이 대부분이기 때문에, 학술적 의의상의 검토가 결여되어 있고, 중국민족의 문화전통구조에 근거한 것도 없다는 점이다.

그러므로 이를 위해 독립적으로 계통성 있는 헌법학설을 정립해야 할 필요가 있는 것이다. 이것이 우리들이 중국 헌법학설사를 연구할 때 주의해야 할 하나의 대전제로써 해결해야만 하는 필수적인 것이다.

2) 헌법

중국 헌법학설사 중의 '헌법'은 그저 연구대상일 뿐이다. 즉 중국학자가 헌법개념에 관한 기본적 이해와 이로 인해 형성된 이론체계를 연구한다는 의미이다. 헌법학설은 헌법에 관한 학설이고, 정치, 경제, 철학 혹은 형법 등 방면의 학설은 아니라는 점이다.

일종의 역사현상으로 삼을 경우 실질적 의의상의 헌법 개념은 고대부터 있었다. 헌법학계의 통설에 따르면 헌법이라는 말은 그리스 · 로마시기에서 기원한다고 한다. 그러나 당시의 의미와 현대적 의미의 헌법과는 약간 다르다. 중국 헌법학설사 연구가 관심을 가지는 헌법은 본토성 개념으로, 곧 헌법개념의 탄생, 발전, 변화의 과정 및 그것이 표현하는 문화적 특색을 말하는 것이다. 중국에서 헌법개념의 발전은 오랜 기간의 역정을 가지고 있다. 1893년 정관응(鄭觀應)의 『성세위언(盛世危言)』이라는 책 속에 헌법이라는 단어가 나타나고 있다. 근대적 의미에서의 헌법개념은 중국에서 형성되는 과정 중에 일본 헌법학이 비교적 광범위하게 영향을 미쳤다. 1905년 청 왕조는 5명의 대신을 외국에 파견하여 헌정을 고찰토록 하였는데, 그 첫 번째 나라가 일본이었다. 그들은 헌정을 관찰하면서 다음과 같이 기술했다. "헌법 제정의 역사를 생각하면 동서 각국이 다르다. 형식적인 면에서 말한다면, 세 종류로 구분이 된다. 즉 흠정헌법(欽定憲法), 협정헌법(協定憲法), 민정헌법(民政憲法)이다. … 중국은 헌법을 제정하여 군주의 대권이 위에서 열거한 법에 방해받지 않도록 상세히 규정하고, 장차 의문이 될 단서를 없애야 할 것이다. 또한 국회가 개설되었을 때 법에 제한받지 않도록 해야 한다. 이 흠정헌법은 국체를 존속시키고 주권자 하나를 공고히 할 수 있게 해 놓아야 할 것이다."[2]

초기의 관방 문건 중에서 헌법이라는 말은 헌정 · 입헌 등의 단어와 구별해서 사용되었다. 예를 들면 1906년 9월 1일 (광서32년 7월 13일) 서태후는 입헌을 준비하라는

---

2) 고궁박물관 명청 서류부 편찬, 『청말 입헌준비서류 사료』 상권, 중화서국, 1979, 33 35쪽.

조서를 내렸는데, 그 조서 속에 '헌법', '헌정', '입헌' 등 다른 단어들이 나타났다. 즉 "… 각국이 부강한 까닭은 실질적으로 헌법을 실행하여 공론을 취합하고 이를 통해 결정하여, 군민이 일체가 되어 서로 함께 호흡하면서 대중의 좋은 점을 널리 채용하여… 오늘에 이르게 됐다. 상세하고 분명하게 핵심을 밝혀 헌정을 모방하여 행하라. … 입헌을 기초할 것을 준비하라"고 되어 있었다. 길지 않은 이 조서 속에는 동시에 3개 단어를 가지고 조정이 헌정과 입헌의 기본 사고와 이념을 설명하였는데, 즉 법 형식으로써 확인한 성문헌법에 관한 문건이었다. "모방하여 헌정을 실행하라"는 것이 가리키는 것은 외국의 제도를 참조하여 헌법제도를 건립하고 더불어 관제 등 방면에서 개혁을 진행하라는 것으로서, 헌법이 사회과정과 사회 환경 속에서 갖는 의의를 부여해 준 것이고, '입헌'은 헌법의 제정을 뜻하는 것이었다.

본체론의 의미에서 보면, 조서 중에 나오는 헌법, 헌정 등의 술어는 당시 서양사회에서 실행하고 있던 헌정(입헌주의) 등 개념과 근본적인 차이가 존재하고 있음을 알 수 있다. 그렇지만 일정한 연계성을 발견할 수가 있다. 단방(端方, 청나라 말의 정치가, 학자로 원세개(袁世凱)의 사돈, 1861−1911 역자 주)이 「나라를 안정시키려면 대계에 의해야 한다(淸定國是以安大計折)」는 상주문에서 말한 헌법에 대한 이해는 비교적 정확했다. 즉 "소위 헌법이라는 것은 한 나라의 기본법으로서, 무릇 국가를 편성하는 중요한 일들을 행함에 있어 이를 행하는 근거 하나하나가 이 헌법 속에 실려 있고, 이를 변하게 할 수 없으며, 더구나 고치는 일은 쉽지 않다. 그 외 나머지 모든 법, 명령은 모두 그 범위를 벗어날 수 없고, 나라의 주인으로부터 인민에 이르기까지 모두가 이 헌법을 존중해야 하고 위반해서는 안 된다"고 했다.

헌법, 헌정 등의 용어가 포함하고 있는 뜻은 역사시기에 따라 약간의 변화가 있다. 그러나 학설사상에서의 역사는 중단되지 않았다. 헌법개념을 학설사의 배경 속에 놓고 고찰을 진행하면 그 특징적 의미와 학술적 의의를 충분히 발견해 낼 수가 있다. 헌법개념은 중국 헌법학설사상 이미 입헌-헌법-헌정-입헌주의의 변화과정을 거쳤으므로 상관 개념의 변천 속에서 그것의 의미를 밝히는 것이 필요하다.

신 중국이 성립된 후 헌법개념은 소련 헌법학의 영향을 받았다. 그러나 관념을 서술하는 중에도 중국 특색이 있었다. 예를 들면, 오가린(吳家麟)은 『헌법의 기본지식 해설(講話)』이라는 책에서 헌법개념에 대해 아래와 같이 서술했다. "헌법은 국가의 기본법으로 그것은 통치계급의 의지를 표현하고 있고, 통치계급의 전정을 공고히 해준다. 그리고 사회구조와 국가구조의 기본원칙을 규정하며, 국가기관의 조직, 활동원칙 및 공민의 기본 권리와 의무를 규정한다."[3] 1978년 이후 학술계에는 헌법의 개념에 대한 기본인식에 약간의 변화가 발생했다. 그리하여 비교적 일치된 헌법정의가 형성되었다. 예를 들면, 하화휘(何華輝)는 '헌법은 통치계급의 의지를 집중적으로 표현하는 국가의 기본법'[4]이라고 생각했던 것이다.

현재 중국 헌법학술계는 헌법개념에 대한 인식에 있어서 다원적인 학술적 입장을 취하고 있는데, 학자들이 서로 다른 각도에서 헌법개념의 문화적 기초와 그 의미를 해석하고 있다. 예를 들어 헌법과 국가, 사회의 관계로부터 보면, 헌법은 국가생활과 사회생활을 조정하는 기본법이고, 국가 영역과 사회생활 영역 모두 헌법이 조정하는 범위에 속한다. 국가영역과 사회생활 영역은 다른 특징을 가지고 있지만, 본질적으로는 헌법의 조정을 벗어날 수는 없는 것이다.

대체로 중국의 헌법개념에 관한 이해는 세 가지 관점으로 나눌 수가 있다. 첫 번째 관점은, 헌법은 국가의 기본법이라는 인식으로 구체적으로 헌법이 규정한 내용은 국가의 근본 문제로서 국가 정치, 경제, 문화, 외교 등 각 방면의 근본제도에 걸쳐 있고, 헌법의 효력이 보통 법보다 높으며, 헌법은 보통법 제도의 기초와 근거로써 보통법의 규정과 헌법은 서로 저촉되는 면이 있다고 하더라도 서로에게 미치는 효과는 없으며, 헌법의 제도와 수정 절차는 비교적 보통법보다 더욱 엄격하고 복잡하다고 생각하고 있다는

---

3) 오가린(吳家麟), 『헌법의 기본 지식 해설(憲法基本知識講話)』, 중국청년출판사, 1954, 1쪽.
4) 하화휘(何華輝), 『비교헌법학(比較憲法學)』, 무한대학출판사, 1988, 17쪽.

것이다. 두 번째 관점은, 헌법은 계급역량을 대조하는 집중표현 혹은 통치계급의 의지의 체현이다. 헌법은 통치지위를 차지하고 있는 계급이 법의 절차를 통해서 장차 자기 계급의 의지를 표현하려는 것이 헌법이라는 것으로, 그 실질적인 것은 계급의지의 체현이라고 생각하는 것이다. 세 번째 관점은 헌법은 민주의 제도화, 법화이고, 헌법은 국가권력의 분배 및 운행관계의 법규범의 총칭이라고 생각하고 있는 것이다. 이 세 가지 관점은 각각 편중된 면을 가지고 있다. 첫 번째 관점은 형식적 의미에서의 헌법 문제를 보았는데, 헌법의 기본적 특징과 최고의 특징을 중시했고, 두 번째 관점은 헌법의 계급성을 중시하여 그 계급역량을 대조적으로 집중해서 표현해야 한다고 생각했다. 세 번째 종류의 관점은 헌법의 규범성을 부각하여 헌법이 국가권력이 운행하는 일종의 규범이라고 생각했다. 이 외에도 어떤 학자들은 헌법의 개념을 일종의 종합적 성격의 개념으로 이해하여 장차 위에서 말한 세 종류의 관점 혹은 두 종류의 관점을 결합하여 고려하기도 했다.

헌법 개념의 이해에서 우리들은 보편적으로 타당한 성격의 관념이 필요하고, 또한 그 본토의 가치와 의의를 강조하는 것이 필요하다. 특별히 헌법학설사에 대한 연구를 진행할 때 우리들은 다원화된 헌법개념을 취할 필요가 있고, 다른 차원에서 헌법을 인식해야 하며, 헌법을 이해해야 할 것이다. 예를 들면, 중국에서 헌법개념을 나타내고자 할 때는 네 가지 측면에서 파악할 필요가 있는 것이다.

첫 번째 측면은 가치 창조 의미에서의 헌법으로 본문에서 규정했거나 규정한 것이 없다고 할지라도 이에 상관없이 오로지 인류가 계속해서 살아가기만 하면 되므로 인류의 존엄, 인간의 체면이 서는 생활과 존엄성 있는 생명을 유지 보호하기 위하여 필수적으로 헌법이 필요하다는 것이다. 그것은 먼저 규약의 의미상에 있는 것이 아니고, 일종의 가치형태이다. 왜 인류는 헌법이 필요한가? 왜냐하면 헌법은 인류사회의 양심을 표현해 낸 것이고, 한 국가의 존엄과 정치도덕을 표현해 낸 것이기 때문이다. 두 번째 측면은 텍스트적 의미에서의 헌법으로, 특히 중국헌법을 연구할 때, 우리들은 텍스트적 의미에서의 헌법의 존재형태를 분석할 필요가 있는데, 텍스트의 이면에 일종의 헌법을 포함하고 있기에, 그 헌법은 일종의 규칙을 표명한 것으로 일종의 규칙이란 의미의 헌법개념이다. 세 번째 측면은 생활 중의 헌법개념 혹은 운행 중의 헌법개념이다. 민중에 대해 말한다면 가치형태의 헌법, 텍스트적 의미상의 헌법도 그들의 생활에서 멀리 떨어져 있어야 한다. 매 개인의 생활환경이 다르므로 헌법에 대한 요구도 다르다. 그들은 진정으로 텍스트적 의미 혹은 가치 의의상의 헌법을 반드시 다 느끼는 것은 아니다. 그러나 생활 중의 헌법 주체는 공민이기 때문에, 공민은 어떤 것이 헌법이라는 것을 판단할 자격이 있는 것이다. 당연히 헌법은 그들에게 이익을 주어야 하고, 또한 헌법을 실천하는 활동을 통해 헌법은 인간의 존엄을 보호하여 존재케 한다고 하는 것을 느끼게 해야 한다. 이러한 의의상의 헌법개념이 공민의 생활 중에 존재해야만 공민의 생활규칙으로써의 헌법이 되었다고 말할 수 있는 것이다.

네 번째 측면은 종합적인 헌법개념으로 그것은 법적 개념만이 아니라 또한 문화의의 상의 헌법개념을 칭한다. 우리들은 문화적 각도에서 헌법을 인식할 필요가 있다. 그래야만 비로소 21세기 헌법이 발전할 수 있는 종합적인 추세에 적응할 수 있게 된다. 왜냐하면 헌법개념이 포괄하는 문화가치는 이미 과거의 정치생활을 조정하는 정치헌법이라는 결함을 극복했을 뿐만이 아니라, 또한 '바이마르헌법(魏瑪憲法)' 이후 형성된 경제생활을 조정하는 경제헌법의 결함도 극복했다. 이러한 의의 상에서 중국의 헌법개념은 심후한 문화적 토대를 가지고 있는 것이다.

따라서 중국 헌법학설사 연구 대상으로 삼은 헌법은 오직 국가의 기본법만을 가리키는 것이 아니라, 가치이념, 텍스트적 규칙, 생활실천, 법문화 등 다른 측면을 체현해 낸 일종의 종합적 성격의 헌법개념인 것이다. 그래서 중국 헌법학설사의 '헌법'에 대해 제한을 정해 놓고 진행할 때에는 반드시 일종의 종합적 헌법 이념을 취해야 하고, 전면적으로 헌법이 갖고 있는 서로 다른 측면의 다원적인 의의를 이해해야만 한다. 그래야만 비로소 중국 헌법학설사를 연구대상으로 삼는 '헌법'의 정확한 뜻을 전면적으로 이해할 수 있게 되는 것이다.

3) 학설

중국 헌법학설사 중의 '학설'은 연구내용 방면에서 연구대상을 한정하는 단어이다. 즉 헌법학설을 연구하는 것은 헌법사상, 헌법제도 등을 연구하는 것이 아니다. 여기서 장차 필요한 것은 학설사와 학술사, 사상사, 제도사 등의 상관 개념을 단순하게 구분하는 일이다. 『한어대사전』의 해석에 의하면 학설은 "스스로 학술적인 체계를 이루는 주장, 이론이다"라고 지적하고 있고, 학술은 "체계적이고 전문적인 학문이다"라고 했으며, 사상은 "객관적인 존재가 인간의 의식 중에 사유 활동을 통해 생산한 결과를 반영하는 것"이라고 밝히고 있다. 학설과 학술의 다른 점은 학설은 일종의 계통적 이론 주장으로써 스스로 체계를 이룰 수 있고, 더불어서 일정한 영향을 형성한다는 것이다. 그리고 학술은 개인의 학술관점과 학술적 주장으로서 반드시 계통적 이론체계를 형성하는 것은 아니다. 따라서 학설은 반드시 일종의 학술이고, 학술은 학설을 반드시 형성케 하는 것이 아니다. 또한 어떤 학자는 학술은 바로 "변장학술, 고경원류(辨章學術, 考鏡原流, 여러 관계를 헤아려 학문을 계획하는 것과 원류를 참고하는 것 -역자 주)"라고 생각했다.[5] 학설과 사상의 구분은 학설과 학술의 구별과 유사하다. 즉 사상은 주로 개인의 사유 활동과 그 결과이다. 체계적 학설은 반드시 형성되는 것은 아니다. 예를 들면, 서양법 사상사의 '사상사'는 서양 법사상사가 토론하는 것이 개인의 이데올로기라고 해서 법제도사와 구별하고 있다. 제도사 연구는 구체적이고 실재하는 법제도의 발전, 진행과정이고, 사상사 연구는 인간이 법제도에 대한 인식의 발전사이다.[6] 서양 법사상사와 서양 법제사의 예로써 사상사와 제도사의 구분은 주로 다음과 같다. 서양 법사상사는 주로 서양의 법사상, 이론, 관점, 학설, 그것의 태동, 발전, 변화하는 법칙을 연구하는 것으로, 간단히

---

5) 진평원(陳平原) 책임 편집, 『중국 문학연구 현대화 경과(中國文學研究現代化進程) 2편』, 북경대학출판사, 2002, '학술사 총서' 머리 말, 1쪽.
6) 서애국(徐愛國), 이계림(李桂林), 이계림(郭義貴), 『서방법률사상사(西方法律思想史)』, 북경대학출판사, 2002, '서언' 1쪽.

말해서 그것은 사상사, 이론사, 학설사이고 이론법학의 범주에 속한다. 외국 법제사는 주로 외국 법제도의 태동, 발전, 변화를 연구하는 것으로서 역사법학의 범주에 속한다.[7]

따라서 구체적으로 헌법을 살펴보면 비록 표현에서 헌법제도사, 헌법사상사, 헌법학설사라고 명명할지라도 결국은 모두가 특정한 헌법학의 이론 성과를 표현한 것들이다. 그러나 삼자의 구별에 의해 헌법사상사와 헌법제도사를 연구하더라도 헌법학설사에 대한 연구를 대체할 수는 없는 것이다. 즉 헌법학설사는 학습의 전승, 학습의 누적이라는 각도에서 역사상 존재했던 헌법학설에 대한 정리와 귀납이라고 할 수 있다. 그리고 헌법제도사와 헌법사상사는 그저 제도 연혁과 사상발전에서 헌법의 역사과정에 대한 일종의 서술일 뿐이고, 양자에게는 서로 다른 학술이념과 추구하는 가치가 존재하고 있는 것이다.

어떤 학자는 이전에 사회주의 학설사를 예로 들어 학설과 제도의 관계를 논증했다. 어떤 학자는 이미 사회주의 학설사를 예로 들어 학설과 제도의 관계를 논증했다. 그는 '사회주의 학설사'는 사회주의, 특히 사회주의 발전과 법칙의 과학을 연구하는 것이라고 했다. 구체적으로 말하면, "사회주의 학설사는 공상(空想)적 사회주의의 생산, 발전의 경제기초와 사회 작용을 연구하고, 그것이 어떻게 과학으로 변화하는가 하는 데까지 미치고 있는 것이다. 즉 과학사회주의 이론 형성의 각종 객관적 근거와 주관적 조건을 연구하는 것이다"라고 생각했던 것이다.

학설의 관계에서 "과학적 사회주의"는 하나의 과학적 이념체계 혹은 학설이라고 할 수 있고, 동시에 또한 일종의 실제적 운동과 사람들이 바라는 사회제도이다. 이 삼자는 유기적으로 연계된 통일체이다. 따라서 사회주의 학설, 사회주의 운동, 사회주의 제도는 모두가 역사 속에서 발전한 것이고, 이를 고정불변화, 형식화, 교조화(敎條化)해서는 안

---

7) 곡춘덕(谷春德) 책임 편집, 『서방 법률 사상사』, 중국인민대학출판사, 2004, 15쪽.

된다."[8] 이러한 의미에서의 학설, 사상, 제도 이 세 가지는 유기적으로 연계된 통일체이고, 상호 촉진을 추구하는 역사발전 관계라고 할 수 있다.

4) 역사(史)

중국 헌법학설사 중의 '사(史)'는 시간적으로 연구대상을 한정해 사용해야만 한다. 즉 주로 역사적 각도에서 중국 헌법학설의 발전 진행과정에 대한 개괄과 고찰이라고 하겠다. 역사적인 선상에서 고찰하면 먼저 직면하고 있는 문제가 중국 헌법학설의 역사가 시대적 단절이라는 문제에 직면해 있다는 점이다.

중국은 몇 천 년의 문명역사가 있으나 중국 헌법학설의 발전은 겨우 근대 이후에나 들어왔기에 중국 헌법학설사 연구의 기점도 그렇게 길지는 않다. 그러므로 중국 헌법학설사 연구의 역사적 기점은 청말 민국 초기라고 할 수 있다.[9] 만약 우리가 청말 민국 초기를 헌법학설사 연구의 기점이라 인정할 수 있다면, 중국의 헌법학설사를 대체로 다음과 같은 몇 단계로 나누어 설명할 수 있을 것이다. 즉 청말 민국 초기의 중국 헌법학설, 민국시기의 중국 헌법학설, 중화인민공화국 수립 이후의 중국 헌법학설이다. 신 중국 수립 이후의 헌법학설은 또한 '5.4'헌법시기의 헌법학설, 문화대혁명 시기의 헌법학설, 개혁개방 이후의 헌법학설로 나눌 수 있다. 그리고 후자는 더 나아가 1980년대의 헌법학설, 1990년대의 헌법학설, 21세기에 들어선 후의 헌법학설로 나눌 수 있다.

종합적으로 보면 소위 중국 헌법학설사는 중국학자들의 헌법에 관한 비교적 시스템화

---

8) 대청량(戴淸亮), 이양유(李良瑜), 영민태(榮民泰) 등, 『사회주의학설사』, 인민출판사, 1987, '서문' 9쪽.

9) 이는 중국 헌법학의 역사적 시점과 일치한다. 중국 헌법학의 발전을 통상 전기 50년과 후기 50년으로 나눈다. 그중 중화인민공화국이 수립되기 전의 헌법학 발전 역사를 전 50년이라 하는데, 구체적으로 헌법학 이론 도입시기(1902년-1911년), 헌법학 이론 형성시기(1911년-1920년), 헌법학 이론 성강시기(1920년-1949년) 등 세 단계로 나눈다.

되고 체계화 된 이론과 관점들이 역사상에서 발전과 변화하는 상황을 가리킨다. 그 기본적 구성요소는 다음과 같은 것을 나타내고 있다. 즉 공간적으로는 중국에 한정해 연구하여 이로써 서양의 헌법학설사와 구분했다. 연구 대상에 있어서는 역사대상을 '헌법'에 한했다. 이에 견주어 중국정치학설사와 중국경제학설사 등으로 구분하기도 했다. 연구내용적으로 그것은 연구내용을 '학설'에 한정했다. 그리하여 중국 헌법사상사, 중국 헌법제도사 등으로 구분했다. 시간적으로는 그것을 '사(史)'에 한정하였는데, 이에 따라 중국 헌법학설의 정치학 고찰, 사회실증 고찰 등으로 나누었다.

2. 중국 헌법학설사와 헌법발전

헌법학설사는 헌법학 연구의 중요한 내용 중 하나이고, 헌법학 내지 모든 법학에 대한 발전은 모두 중요한 이론적 가치와 실천적 의의가 있다. 만일 한 국가의 헌법연구가 변화 없는 일종의 헌법학설에 그친다면, 만일 헌법 연구에서 본토 헌법학설의 이론적 지탱과 자원의 본보기가 결핍되어 있다면, 이 국가의 헌법 발전과 헌정 실천은 그 역사적 제한성을 피할 수가 없게 될 것이다.

그 중요한 이론 가치와 실천 의의에 기초해서 국외 법학자의 헌법학설사에 대한 연구는 책이 너무 많아 일일이 헤아릴 수 없을 지경이다. 과정에 대해 말한다면 국외헌법학 연구는 일반적으로 모두가 본국의 헌법학설사 연구를 기초로 해서 전개한 것으로, 역사상의 헌법문건, 헌법서류 등 자료에 대한 연구 정리를 통해서 본국의 헌법 연구와 헌정 건설을 위해 자원을 제공하는 것이다. 서양 헌법학 연구 중 가장 중요한 연구 영역은 왕왕 본국 헌법학설사 발전의 역사과정이 진행되어 온 것에 대한 연구로서, 이런 헌법학설사의 연구는 일단 이론 성과로 전환되어, 곧 본국 헌법문화 이론의 근거가 될 것이며, 나아가 효과적으로 본국 헌법문화의 발전을 촉진하게 될 것이다. 예를 들면 미국에서 헌법학설사에 관한 연구는 모두 『연방당인문집(聯邦黨人文集)』, 『변론-

미국 제헌회의 기록』 등처럼 이미 미국 헌법 발전의 중요한 이론 자원이 되었다. 일본학술계는 헌법학설사에 대한 연구도 매우 중시했다. 불완전한 통계지만 일본 메이지헌법의 제정과정과 운행과정의 연구에 관한 성과는 30권이 넘는 성과를 갖고 있다. 이들 헌법역사에 대한 연구는 헌법학설사로 승화된 이후 내적으로 본국 헌법문화의 기초가 되었고, 본국 헌법 연구와 헌정 건설이론의 자원이 되었다. 이를 종합해 볼 때, 국외의 헌법학 발전 역정이라는 시각에서 보면 역사 문헌자료 등에 근거하여 본국 헌법학설 발전의 역사를 정리하여 헌법학설사를 완성시켰다는 것을 알 수 있을 것이다. 이러한 토대 위에서 헌법이론과 헌정 건설 연구를 진행하였고, 이미 각국 헌법 발전의 기본 추세가 되었다. 헌법학설사의 연구 가치는 분명하고 뚜렷하게 보인다. 그러나 연구시각의 문제에서 보면 현재 중국 헌법학계의 중국 헌법학설사에 대한 연구를 정리하는 일은 이제 막 걸음을 뗀 처지에 있다. 현재 이미 약간의 헌법 제도발전사, 헌법사상발전사의 시각에서 헌법역사를 연구한 저술들이 출판되었는데, 비교적 중요한 것은 허숭덕(許崇德)의 『중화인민공화국헌법사』, 한대원(韓大元)의 『1954년 헌법과 신중국 헌정』, 장보 번(張普藩)의 『중국헌법사』, 쉬상민(徐祥民)의 『중국헌정사』 등이 있다. 이들 저작의 출판은 중국 헌법역사의 연구에 대해 참고할 만한 의의를 가지고 있다. 그러나 진정으로 헌법학설발전사의 각도에서, 중국헌법 100년의 역사발전 진행과정에서 학술적으로 정리를 진행한 성과는 부족하다고 할 수 있다. 헌법학설사 연구의 공백현상은 중국 헌법학설사를 발전시키는 것이 중요하고 시급하다는 것을 보여준다.

헌법 발전의 역사적 경험을 근거로 헌법학설사와 헌법 발전 사이에는 밀접한 관계가 존재하고 있다. 한편으로는 헌법학설사의 발전이 헌법의 발전을 촉진시킬 수가 있고, 다른 한편으로는 헌법의 발전이 또한 헌법학설사의 발전을 한층 더 풍부하게 할 수 있는데, 이처럼 양자의 관계는 서로에게 영향을 주는 관계인 것이다.

우선 헌법학설사의 발전은 헌법의 발전을 촉진시킬 수 있다는 점이다. 헌법학설은 한 국가의 헌법 발전상황의 시스템화, 체계화에 관한 학자의 이론 총결로써, 이는 본국 헌법이론과 헌법실천을 고도로 개괄한 것이고, 본국의 헌법 문화와 헌법 전통을 고도로 응집시킨 것이다. 헌법발전사상 헌법학설의 출현은 왕왕 국가 특정시기의 헌법 발전이 비교적 높은 수준에 도달했음을 보여주는 것이다. 그리고 매번 하나의 새로운 헌법학설의 출현은 학계로 하여금 통상적으로 이러한 종류의 학설에 대한 논쟁을 일으키게 한다. 이들 논쟁적 관점의 제시는 다른 한 측면에서 헌법학의 발전을 촉진시킨다. 마치 헌법학설의 '백화제방, 백가쟁명'과 같은 것으로서 이로 말미암아 헌법학의 발전은 비로소 길고 멀리, 그리고 오랫동안 지속적으로 발전 동력을 얻을 수 있게 되는 것이라고 할 수 있다.

그 다음 헌법의 발전은 또한 헌법학설사의 발전을 끊임없이 풍부하게 한다는 점이다. 헌법의 발전은 고립된 것이 아니라 흔히 정치, 경제, 문화의 발전과 상호 교류하고 있고 정치, 경제, 문화와 헌법의 발전은 헌법학설 발전의 기초와 근원이 되고 있다. 일종의 체계화된 이론 형태로 만들어진 학설은 또한 고립된 존재가 아닌 것으로서 그것은 필시 정치, 경제, 문화와 헌법 등 각 방면의 발전과 관계되는 것이다. 헌법학설의 형성은 결과적으로 헌법의 발전에 의존하게 된다. 또한 오직 하나의 헌법이 충분히 발전하고, 헌법 신앙이 충분히 나타나고, 헌법 실천이 충분히 사회 속에 안착되는 가운데 헌법학설의 형성이 비로소 물이 저수지에 들어 온 것처럼 되는 것은 필연적인 것이다. 그래서 헌법학설의 발전이 헌법 발전을 촉진케 하는 것이다. 그러나 헌법학설의 형성과 발전은 원칙 상 헌법 본신에 여전히 의존해야 한다.

3. 중국 헌법학설사의 기본맥락

중국 헌법학의 100여 년의 발전과 변화과정 중에서 헌법학과 정치학, 경제학, 사회학 등 다른 학문 간에는 일종의 혼합적 제도와 학술체계가 형성되었다. 구 중국 헌법의 발전 중에 여러 방면에서 헌법의 이성적 제도와 문체(文體)로부터 벗어난 것이 나타났으나, 전체의 맥락에서 말한다면 다른 시대 학자들이 제공한 헌법학 지식은 학술적인 것과 연관성을 유지하고 있어 후세에 풍부한 학술 유산을 남겨 주었다.[10] 특히 헌법학은 헌법의 현상을 연구하는 지식체계를 만들어 지식과 학술의 역사적 전승을 제창했으며, 헌법학설로 하여금 지식과 경험, 현실과 역사의 유대를 접목시켰다.

헌법학은 발전과정 중에서 헌법제도사, 헌법사상사, 헌법학설사 등 시스템화 된 지식체계를 형성시켰다. 헌법학설사는 학술적 성과가 누적되어 가는 차원에서 헌법학을 연구하는 풍토가 만들어지고 발전시켜 가는 과정이며, 헌법을 고찰하는 역사의 저수지로서 특정한 개념과 범주의 체계화 과정을 의미한다. 그것은 헌법 발전의 역사와는 다른 것이고, 특정시대 헌법사상의 기록과도 다른 학술대상 변천에 대한 재인식이라고 하겠다. 당연히 헌법학설이 발전하는 중에 제도, 사상, 학설 사이에는 관련성이 보호 유지되어야 하고, 서로에게 영향을 주는 가운데 발전을 추구해야 할 것이다.

중국에서 헌법학설사는 헌법발전의 역사적 사실을 서술하고 재현시켰다. 1908년 공포한 『흠정 헌법요강』을 전후해서 중국은 헌법에 관한 초보적인 지식체계를 구축했는데,[11] 이는 일종의 헌정사상을 추구한 것이었다. 그러나 학설의 역사는 깊은 정치적 영향을 띠게 되었다.[12] 국가의 통제를 목표로 하는 헌법으로써 왕왕 국가의 주도하에서 발전의 동력을 얻으려 했다. 이렇게 한 이후 초기의 중국 헌법학설은 '국가학설'이 농후한 색채를 띠게 되었다. '부국강병'은 중국 입헌의 지도 이념[13]이 되어 학술연구를 통해 국가의 정체성과 통치적 합리성을 논증했는데, 이것 또한 헌법학설 발전의 내재적 동력이 되었다. 헌법학자들은 학술을 통해 자국의 '정체성', 즉 체제의

---

10) 한대원, 『중국헌법학: 20세기를 회고하고 21세기를 전망하다(中國憲法學:20世紀的回顧與21世紀展望)』, 장경복(張慶福) 책임 편집 , 『헌정총론』 제1권, 법률출판사, 1998, 65쪽.

11) 한대원, 「신해혁명과 헌법학 지식 체계의 전환(辛亥革命與憲法學知識體系的轉型)」, 『중국법학(中國法學)』 4기, 2011.

12) 유강(兪江), 「청말 두 가지 헌법초안 원고 발견 그리고 초보적 연구 (兩種清末憲法 草案稿本的發現及初步研究)」, 『역사연구』 6호, 1999.

13) 1906년 9월 4일 광서제는 『예비입헌제정시행 어명(宣示豫備立憲先行厘定官制諭)』을 선포했다.

역사적 기초와 연원을 밝히는 것을 시도했던 것이다. 그들은 본국 역사에 대한 인식과 파악이 제대로 안 되어 있었기에, 정체성에 대한 믿음과 책임을 유지하고 보호할 수 없다고 보았던 것이다. 100여 년의 중국법학의 발전사 상에서 헌법학은 역대로 학술적인 영향력을 가장 많이 갖춘 학문 중의 하나가 되었다. 그리하여 다른 시대의 역사적 사명을 계승 기록했고, 헌법 제정, 헌법 수정은 말할 것도 없이 공공정책의 조정 중에서도 사회생활이 헌법학에 대한 필요성의 추구 및 헌법학이 발휘하는 사회적 기능을 볼 수 있게 되었던 것이다. 동시에 중국의 헌법학은 각종 정치현실 방면에서 학술의 자주성을 보호하고 유지하는 데 노력했고, 학술전통을 전승하여 헌법학으로 하여금 역사적 맥락을 이어갈 수 있게 했다.

백년 이래의 중국 헌법학은 다른 사조, 다른 이론, 다른 주장 및 다른 학맥의 학술 풍격을 형성케 했다. 백년 헌법학의 학술전통과 유산에 대해서 우리들은 어떠한 학술적 입장을 취해야만 할 것인가? 필자가 생각하기에는 100여 년 간의 헌법학설사의 역사를 전면적으로 정리할 필요가 있고, 이를 통해 경험과 교훈을 찾아내야 하며, 객관적으로 헌법학 연구 형상의 기초를 평가하여 '헌법학의 중국화'를 한층 더 촉진시킬 수 있는 길로 나아가도록 해야 할 것이다. 이러한 생각에 기초하여 중국 헌법학설사 연구의 기본적 사고의 방향은 중국학자 자신이 헌법학설에 대한 정리를 통해, 백년 중국의 헌법학설에 대한 발전 변화를 하나의 정체성적 고찰로 삼아야 하고, 동시에 이러한 헌법학설의 전승 관계를 보여주어야 하며, 우리들이 헌법이념과 헌정이론에 대한 복잡한 사정을 계속해서 받아들이는 과정을 보여주어야 할 것이다.

중국 헌법학설사의 연구를 진행할 때, 주의할 필요가 있는 하나의 문제는 '헌법'이라는 이 개념이 수입품이라는 사실로, 중국 헌법학계는 계속해서 서양의 법사상과 서양의 법제도를 받아들이면서 이 개념을 끌어들였다는 점이다. 중국의 고전 문헌 중에서도 '헌(憲)', '헌법(憲法)'과 같은 종류의 단어들이 존재하고 있었다. 그러나 그 의의와 현대적 의의 상의 헌법과는 천양지차이다. 실제로 중국 헌법학뿐만 아니라, 중국법학, 중국민법학, 중국형법학, 중국행정법학 등을 포함한 모든 것들은 유럽과 미국의 영향하에 잠식되어졌고, 그들의 풍습에 젖어드는 상황 하에서 이루어진 산물들이다. 따라서 헌법학 연구를 진행하는 것은, 특히 중국 헌법학설사를 연구할 때에는 중국 헌법학술사의 연구대상의 특수성을 명확하게 하는 것이 필요하고, '중국'과 '헌법' 두 개념을 유기적으로 연계시키는 것에 유의해서 장차 그것이 단절되지 않도록 해야 할 것이다.

그렇기 때문에 중국헌법 전통의 결핍으로 말미암아 헌법학을 연구하는 중에 서양의 헌법이론과 헌법학설을 끌어 들이지 않을 수는 없지만, 그래도 이들은 우리가 헌법학 연구를 진행하는 가운데 필수 불가결한 주요 자원인 것이다. 그러나 이들은 서양의 헌법이론과 학설에서 나온 것으로 서양 언어의 환경 하에서 나타난 산물이기 때문에, 중국에 무조건적으로 적용해야 할 것인지 안 할 것인지에 대해서는 실천적으로 증명해야 할 것이다. 따라서 중국 헌법학설사를 연구할 때에는 '중국의 헌법학설'과 '중국에서의 서양 헌법학설'을 더욱 명확하게 구분할 필요가 있다. 중국 헌법학을 배우는 사람들은 본토의 헌법문화가 헌법학 이론에 대해서 시스템화 된 사고를 갖도록 진행해야 하고, 그러면서 또한 서양의 헌법이론과 헌법학설을 계속해서 들여오고 소개하지 않으면 안 되는 것이다.

4. 중국 헌법학설사의 기본내용

중국 헌법학설사의 연구는 하나의 종합적 성격을 가진 일이다. 따라서 종합적으로 역사 분석을 운용하고, 실증적인 분석과 비교분석 등의 방법을 가지고 연구를 진행할 필요가 있다. 내용상에서 보면 중국 헌법학설사의 연구는 계통성과 정체성의 연구라고 할 수 있다. 그러나 자료의 수집과 연구가 너무 한쪽으로 치우쳐서 본다는 한계가 있다. 이 책은 비록 '중국 헌법학설사 연구'라는 이름을 가지고는 있지만, 실제로는 그 중의 몇 가지 중요한 전제에 대해서만 기초적인 정리를 하고자 하는 것이다. 따라서 내용에서만 겨우 중국 헌법학설사 방면의 전제연구라고 할 수 있는 것이다.

본서의 내용은 크게 3편으로 구성되어 있다. 배경편에서는 주로 중국 헌법학설사의 형성과 발전 등 국내외 배경을 소개하였는데, 국내 배경 부분에서는 중국 전통법문화가 중국 헌법학설에 미친 영향을 중점적으로 설명하였고, 국외 배경 부분에서는 주로 해외 헌법학설이 중국 헌법학설에 미친 영향을 소개했다. 주로 프랑스, 미국, 일본, 영국, 독일 및 소련 등 세계에서 헌법이 발달한 국가의 헌법학설이 중국헌법 발전에 미친 영향을 중심으로 소개한 것이다. 역사편에서는 중국 헌법학설사의 역사 연혁과 발전단계에 관해 서술했는데, 주로 청말, 민국 초에서 오늘에 이르기까지 백여 년 동안 중국 헌법학설의 형성과 발전의 기본 개황을 소개했다. 범주편에서는 중국에 들어와 발전한 상황, 예를 들면 '인권', '기본권리', '입헌주의', '헌정', '공화', '민주', '공민' 등 헌법 범위 내의 여러 기본 범주에 대해 소개했다. 이들 범주의 발전은 중국 헌법학설 발전을 하나로 함축시킨 구체적인 체현이라고 할 수 있다. 이 책은 상하 두 권으로 구분되어 있는데, 그 중 배경편과 역사편은 관련성을 가지고 있기에 이를 합쳐 상권으로 했고, 범주편의 내용은 상대적으로 독립되어 있어 단독으로 하권을 만들었다.

이 세 부분의 연구는 내적으로 논리적 연관성을 가지고 있다. 배경편에서 중국 헌법학설사 연구의 국내 상황을 중점 소개한 까닭은, 중국의 전통 법문화가 중국 헌법학설 발전에 미친 영향의 정황을 밝혀내기 위해서였다. 한 국가의 헌법학설은 실제상 일종의 해당국 법문화의 체현이고, 그 국가 전통문화의 영향을 깊이 받는다. 똑같은 이치로 헌법학술 연구의 국제배경을 소개한 까닭은 중국의 헌법학설이 실제상 서양의 것을 거울로 삼았기 때문이고, 서양 국가의 전형적 헌법학설과 헌정이념이 중국 헌법학설 발전에 중대한 영향을 끼쳤기 때문이다. 따라서 서양 국가의 헌법학설이 중국 헌법학설에 미친 영향을 어떻게 봐야 정확한지를 살피고자 한 것으로, 이제 그것은 중국 헌법학설사 연구의 중요한 하나의 과제가 되었다.

역사편은 중국 헌법학설사의 역사 배경과 역사발전 상황에 관해 정리한 것으로서 이는 중국 헌법학설 발전사의 주제 부분이고, 실제로 역사 논리의 각도에서 중국 헌법학설에 대해 개괄한 것이다. 범주 편은 중국 헌법학설 중의 여러 가지 중요한 범주의 발전 변화에 대한 연구이다. 이들의 전형적인 개념을 선택하여 분석하는 것을 중점적으로 한 까닭은 그들이 중국 헌법학설사 발전의 기본 맥락을 반영하기 때문이다. 이러한 가운데 중국 헌법학설사의 발전 변화 상황을 꿰뚫어 볼 수가 있다. 이 세 가지 부분은 중국 헌법학설사 연구의 기본 구조이지만, 매 부분의 구체적 내용, 연구방법과 중점 내용은 그다지 일치하지 않는다. 전체적으로 볼 때 중국 헌법학설사 연구의 중점내용은 주로 아래 몇 가지 부분을 포함하고 있다.

첫째, 역사 문건, 문헌 등 자료의 수집, 정리 등을 통해 중국의 헌법학 연구와 헌법 발전을 위해 1차 사료를 활용했다.

둘재, 중국 헌법학설 100년 역사 발전의 변화과정을 연구하였고, 그 과정에 중국 헌법학 발전의 기본 특징과 법칙을 제시해 주었다.

셋째, 중국 헌법학설 발전 중 중요한 성질 문제를 연구했다. 실증적 시각에서 계통적으로 서양 헌법학이 중국에 들어오는 배경과 과정을 연구하여 중국과 서양 헌법문화의 충돌과 융합 문제를 분석했고, 서양 헌법의 일반적이고 적합한 가치와 중국 헌법의 본토 학설 간의 복잡한 관계를 연구했다.

넷째, 중국의 100년 헌법학 발전사상 서로 다른 헌법학설의 역사적 계승과 학술 전승 문제를 연구했다.

다섯째, 중국 헌법학설사 및 '헌법'이라는 개념의 본토화 과정 연구를 통해서, 중국 헌법학이 반드시 갖춰야 할 이론의 품격과 기본적 학술풍격을 종합하여 결론적으로 제시했다.

이상의 내용에서 다음과 같은 점을 엿볼 수 있을 것이다. 중국 헌법학술사를 연구하는 것은 역사와 같은 상황을 밝혀 헌법학 역사에 대한 일종의 종합이 아니라, 그 목적이 오늘날의 헌법 연구와 헌정 건설을 위해 이론상 지지와 거울을 제공한다는 데 있다는 것이다. '서법동점(西法東漸)'의 역사적 진행 과정에서 중국학자들은 서양 헌법이론의 중국화를 만들어 내는 것에 매우 효과적인 노력을 했고, 중국 본토에 근본적으로 이어지게 했으며, 중국 국정에 부합하는 헌법개념과 학설을 제시해 냈다. 이는 사회주의 법치국가를 건설하고, 중국 특색을 지니는 헌법문화를 창건하는 데 모두가 중요한 참고적 가치가 되는 것이다. 매우 긴 시각으로 보면 중국 헌법학설사는 중국 전통 법문화의 한 중요한 구성부분이며, 또한 문화건설의 중요한 내용이기도 하다. 중국 헌법학설사 연구는 헌법문화와 민족문화 건설의 구조 내에서 고찰되어야 한다. 그래야만 그것에 숨겨져 있는 학술가치와 사회가치를 충분히 나타내게 할 수 있으며, 헌법학사 발전 중에 나타났던 유익한 영향을 섭취하여 헌법학의 중국화를 위해 이론적 기초를 제공함으로써 '헌법의 중국화'라는 학술적 사명을 완성하게 할 수 있는 것이다.

5. 중국 헌법학설사의 기본특징

모종의 의의에서 소위 중국헌법 혹은 입헌이라는 것은 각 시대 헌법학설의 제도화 혹은 규범화를 응집시킨 것에 불과하고, 장차 이론형태로써 나타낸 헌법학설을 현실의 텍스트(文本) 혹은 제도로 전환하는 한 과정이라고 할 수 있다. 백여 년에 걸친 헌법학설 발전의 역사 속에서 중국의 학술전통과 국정의 독창성에 기초하여 중국 헌법학설에도 다른 국가의 발전 특징과 문제점이 다르게 나타나는 것도 있다.

1) 중국헌법학설 형성 중에서의 내적 특징과 외적 특징

중국 헌법의 발전은 중국 법 발전의 배경과 같은데, 모두가 유럽과 미국의 영향 하에서 나타난 산물이었다. 청말 이래 서양문화가 들어옴에 따라 중국은 서양에 대한 학습을 거치게 되었는데, 처음에는 '견고한 함선과 우수한 대포(堅船利砲)' 같은 기물이 들어오던 차원에서 '국회를 개설'하는 제도의 차원으로까지 상승했다. 그리고 국가제도의 건설 중 법은 특히 헌법을 기초로 하는 데 결정적 작용을 하여, 헌법의 제정과 헌정의 실시는 중국

100년간의 발전 속에서 일관적으로 관철되었던 것이다.

이런 파란만장한 과정 속에서 중국 전통 법문화가 내재하고 있는 것이 없었기에, 중국의 제도 건설과 헌정 발전은 부득불 국외의 헌법이론과 헌법제도에 의존하지 않으면 안 되게 되어 그들의 자원을 거울로 삼아야 했던 것이다. 중국의 전통 법문화가 남긴 통치이념은 모종의 의미에서 서양헌법이론이 개조하는 대상이 되었다. 어떤 때는 중국이 부득이하게 서양의 헌법지식을 가지고 중국을 지도하면서 헌정을 건설해야 했다. 당연히 경제 세계화의 배경을 바탕으로 하면 중국이 서양 헌법이념의 보편타당성을 부인할 수는 없는 것이지만, 서양문화 배경 중의 현대 헌법이념이 여전히 중국은 인치(人治)의 전통을 지속하고 있는 상황에서 뿌리를 내릴 수 있었다는 사실에 대해서는 계속 연구할 필요가 있는 것이다. 그러므로 중국 헌법의 발전과정 중에 서양 이론에 대한 학습은 중국 헌법발전의 기본 추세가 된다. 이는 중국헌법이 발전하는 과정에 선명하게 나타난 외재적 특징의 하나이다. 중국 헌법 발전의 외재적 특성은 중국 헌법발전의 외재적 특징을 결정해 주었다. 서양 헌법학설에 대한 도입과 학습, 서양 헌법이론에 대한 정리와 연구는 중국 헌법학설 발전의 중요한 사항이다. 이로써 하나의 기본 특징이 형성되게 된 것이고, 중국 헌법학설의 내재성 결핍이 형성되게 되었던 것이며, 더욱 많은 외재적 특성이 나타나게 되었던 것이다.

2) 중국헌법학설 발전에서의 주체성과 자주성

민족문화의 한 형식을 만들고자 하면 헌법의 발전은 반드시 주체성을 가져야 한다. 헌법 발전의 주체성은 한 국가가 본국, 본 민족 헌법의 근본이 되어야 한다는 것을 가리키는 말이다. 여기에 기초해서 점차 본 민족의 문화심리와 국정에 부합되는 헌법이론과 헌법체계를 구축해야만 한다. 중국 헌법학 발전의 외재적 특성은 그 주체성이 없다는 것이다. 중국 헌법학설 발전의 역사를 보면, 청말 중화민국 초기에는 서양을 본보기로 삼았는데 주로 일본의 것을 효과적으로 모방했다. 그러나 중화인민공화국이 수립된 후에는 정국이 바뀌며 소련이라는 선생을 모시게 되었다. 이러한 국외 헌법에 대한 빈번한 모방은 중국의 헌법학설이 국외 헌법이론에 의거하여 완성되게 될 수밖에 없었다는 점에 대해서는 이미 설명한 바 있다. 그러나 국외의 헌법학설이 해당국의 헌법문화 속에 뿌리를 내리게 되면 국외 헌법학설을 가지고 중국 헌법의 실천을 해석하게 됨으로써 종종 중국 헌법학설과 중국 헌법실천 간에는 연관성을 잃게 된다. 그리하여 중국헌법이 사회현실에 대한 해석이 박약해 질 수가 있다.

이러한 실천과 이론의 연관성이 없어짐은 거꾸로 헌법학설의 주체성과 자주성의 형성에 영향을 줄 수가 있다. 그리하여 헌법학설로 하여금 헌법학자가 허구적인 서재이론(書齋理論)에 부딪치게 한다. 실천이라는 자양분이 빠져나가게 되면 중국 헌법학설도 자신의 이론체계를 형성하기가 어렵게 되는 것이다.

3) 중국헌법학설 발전의 학술 독립성과 규범성

법학은 하나의 규범과 논리성이 있는 과학이다. 그러나 서양의 법문화와 비교하면 중국의 법, 특히 헌법의 규범 면에서 상대적으로 차이가 있고, 정치, 경제, 문화, 사회의 영향도 비교적 크다. 특히 정치, 경제 요인은 중국 헌법에 대한 영향이 매우 뚜렷하다. 1982년에 헌법이 제정된 이래 중국의 헌법은 이미 4번이나 수정을 거듭했다. 네 번째 수정안의 내용에서 보면 정치, 경제방면의 변화가 헌법의 변천에 미친 영향이 가장 컸다. 헌법 변천의 이러한 특성은 헌법학설의 특징에 영향을 주어 중국의 헌법학설로 하여금 큰 범위에서 실용성 혹은 공리성적 색채를 띠게 하여 규범성의 결핍을 가져다주었다.

기본 내용에서 보면 중국 헌법학설은 헌법의 사회와 국가에 대한 적용 쪽에 더욱 치중하고 있다. 대부분이 사회, 국가 속에 존재하는 문제를 해결하기 위한 것이고 제시된 모종의 대책적인 회답을 위한 것이다. 헌법과 사회 변천의 관계에서 보면 헌법학설은 사회환경의 수요에 적응하는 것이 헌법이 발전하는 데에 반드시 직면하는 문제이다. 또한 헌법이 생명력을 갖는 핵심이 그 속에 있는 것이다. 그러나 만일 헌법학설이 사회환경에 지나치게 영합한다면, 또 정치, 경제적 수요에 지나치게 영합한다면, 곧바로 학설의 규범성을 상실하게 된다. 따라서 헌법학설의 발전 중 우리는 헌법학설의 사회적 기능을 중시해야 하고, 또한 헌법학설의 규범성을 중시해야 하는 것이다.

4) 중국헌법학설의 개방적 특징과 보수적 특징

헌법은 중국에 들어온 하나의 수입품으로 문화 충돌과 융합이라는 과정에서 형성, 발전되었다. 이에 적응해서 중국 헌법학설은 개방성적인 품성을 지니고 있다. 이는 주로 중국 헌법이 국외 헌법의 영향을 흡수한 기초 위에서 점진적으로 중국 국정에 결합되어 가게 됐고, 국외의 선진적인 헌법학설이 중국에 들어오도록 시도되게 된 것이며, 이로써 중국 헌법학설의 중요 조성부분이 된 것이다. 중국 헌법학설의 100년 동안의 발전과정을 총괄해 보면, 실제상 허심탄회하게 서양의 선진적 헌법이론, 헌정제도를 학습하는 과정이었다고 할 수 있다. 동시에 중국 헌법학설의 발전과정은 또한 보수적인 특징을 가지고 있기도 했다. 보수성은 헌법의 한 특징으로, 주로 헌법이 기존사회의 질서를 유지하는 데서 구현된다. 헌법의 실시는 헌정질서를 능히 형성하게 하고, 헌법질서가 일단 형성되게 되면 헌법의 최고성을 기반으로 사회의 최고 질서가 되게 된다.

국가생활은 모두 필수적으로 헌정질서에 부합되어야 하며, 이를 위반하거나 반대할 수가 없다. 헌법의 보수성은 직접 헌법학설의 보수성을 결정하는 데에 영향을 준다. 중국 헌법학설의 보수성은 주로 두 가지 방면에서 체현되었다. 그 하나는 헌법학설이 정치적 요소의 영향을 비교적 크게 받았다는 점이다. 헌법이 농후한 정치적 특성을 갖게 되면 정치제도, 정치학설은 헌법학설에 대해 중요한 영향력을 갖게 된다. 정치제도와 정치학설이 큰 변화가 없는 상황에서 헌법학설의 변화는 곧 매우 큰 곤란한 상황을 맞게 되는데, 이는 헌법학설의 혁신에 있어서 매우 큰 곤란을 조성하게 되어 보수적인 일면을 낳게 된다. 두 번째는 중국 헌법학의 시작이 비교적 늦었다는 점이다.

그리하여 내재적 이론체계가 아직 형성되지 못했고, 스스로 자급자족적인 발전을 할 방법이 없었다. 헌법의 지식체계는 사회현실 상황을 비교적 심각하게 하는 쪽으로 나아가게 되었으며 헌법지식은 더욱 새롭고 개념의 변화가 비교적 완만해졌다. 이렇게 일정한 정도에서 헌법학설의 보수적 특징에 이르게 되는 것이다. 헌법학설의 개방성은 헌법학으로 하여금 새로운 기운이 들게 하고, 더욱이는 새로운 외국자원을 섭취하여 자신의 발전을 촉진하게 한다. 헌법학설의 보수성 또한 일정한 정도에서 사회의 안전과 헌법질서를 유지케 하여 헌법의 변천과 사회의 변천을 일종의 안정되고 타협적인 방식으로 진행토록 한다. 이 양자의 관계에서 보면 헌법학설의 개방성과 보수성이 일종의 대립적 관계로 보이기 쉽겠지만 실제로는 통일적 관계인 것이다.

5) 중국헌법학설의 과학적 특징과 도구적 특징

법학계에서 법학은 한 부문의 과학적 문제가 아니라고 하는 문제에 대해서 격렬한 논쟁이 있었다. 학자들은 법학은 한 부문의 기술학이지 과학적 속성을 가지고 있지는 않다고 생각했다. 그러나 주된 관점은 여전히 법학의 과학성을 긍정하고 있다. 헌법학은 법학의 한 중요한 구성부분으로서 자연히 법학의 과학적 속성을 가지고 있는 것이다. 헌법학의 과학성이란 헌법학이 완전한 지식체계를 갖추고 있음을 체현해 내야하고, 다른 부문처럼 법학의 기본범주가 있어야 하며, 독특한 사유방식과 사유습관을 갖추어야 한다는 말이다. 헌법학의 과학성은 헌법학의 객관성과 가치성을 결정한다. 한 부문으로서의 과학적 헌법학은 학과의 독립성과 자치성을 갖도록 해야 하고 내재적인 이론체계를 통해 스스로 만족할 정도로 발전해야 한다.

가치성에서 보면 헌법학은 권력과 권리 관계를 연구의 기점으로 하고 있고, 국가권력을 통제하고, 공민의 권리를 보장하는 헌법이념으로 해석하는 것을 중시하여 헌법으로 하여금 농후한 가치 색채를 갖추게 해야 한다. 헌법의 이러한 이념에 대해 상대적인 것은 중국헌법학이 현실 속에서 왕왕 다른 형태로 표현된다는 점이다. 즉 헌법의 도구적 특징이 비교적 뚜렷하다는 것이고, 과학성이 결핍되어 있다는 것이다.

그것은 주로 전통 법문화 중의 법도구주의 사유의 영향을 받았기 때문이다. 중국의 법문화 전통 중에서 '법은 곧 형벌이다'라고 하는 원류는 매우 길고 길어 그 영향이 오늘에 이르기까지 관념화되어 있다. 예를 들면, 헌법기능의 이해에서 법도구주의의 영향을 받아 헌법을 겨우 나라를 다스리는 일종의 도구로 간주하고 있다는 점이다. 만일 헌법의 과학성을 가지고 보면, 헌법학은 스스로의 독립적 가치를 지니고 있어 국가의 단계적 목표와 다르다고 해서 과학성을 잃는 것은 아니기 때문에, 말할 것도 없이 어떠한 상황에서도 권력을 통제하고 인격을 보장하는 것을 헌법이 항상 지켜야만 하는 가치목표로 해야 하는 것이다. 그러나 만일 헌법을 겨우 일종의 도구라고 본다면 통치자는 그가 필요한 바에 따라 임의적으로 이를 취해 현실적 필요성을 해결하는 근거로 삼게 될 것이다. 가치 이념상에서 헌법학의 과학성과 도구성은 어떤 때에는 서로 충돌하기도 하지만, 양자의 충돌을 최대한 완화시켜야 하고, 반드시 양자를 유기적으로 융합시켜야만 할 것이다.

6) 중국헌법학설의 전문성과 대중성

헌법학설의 발전과정에서 전문화와 대중화의 모순 문제는 계속 이어지고 있는 문제 중 하나이다. 헌법학은 일종의 국가를 다스리는 학문이기에 전문화와 정수화의 특징을 지녀야 하고, 자신의 독특한 전문 언어와 전문적 사유를 갖추어야 한다. 따라서 헌법을 전문적으로 연구하는 사람이 아니면 단 시간 내에 헌법의 정수를 파악하기가 어렵다. 이러한 전문화 특징은 헌법학을 유지케 하는 과학성에 대해서 헌법학의 지식체계의 발전을 촉진시켜야 하는 것이 매우 필요한 것이다. 그러나 헌법학설의 전문화 특성을 유도하는 하나의 필연적 나쁜 결과는 헌법학 지식이 소수 법학에 정통한 사람들의 손에 의해 장악되어 있고, 일반 민중은 아주 적거나 심지어는 근본적으로 관심을 두지 않는다는 점이다.

헌법의 가치목표는 국가 권력에 대한 제한을 통해서 권리의 보장을 실현하는 것이다.

이러한 가치목표의 실현은 단순히 법학에 정통한 사람들의 노력에만 의지해서는 안 되기 때문에, 전체 민중의 헌법의식과 권리의식의 각 성을 제고시키는 일은 매우 중요한 의의가 있는 것이다. 그러하기에 헌법학설의 발전과정에서 그 전문화와 대중화 가치는 적당하게 평형이 되도록 해야 하는 것이다. 헌법학의 실천품격이라는 점에서 보면 헌법학은 탁상공론이 아니고, 현실에 근거를 두고 현실적으로 국가를 다스리는 학설을 지도하는 일종의 실천학이라 할 수 있다. 따라서 헌법학설은 반드시 사회가치를 체현해 내야하고, 민중의 요구를 반영해 내야 하는 헌법학의 대중화를 강조하는 것이다. 더불어서 각종 형식을 통해 민중을 계몽시켜야 하고, 민중을 향해 헌법의 가치를 보급시켜야 하며, 헌정이념을 이해시켜 장차 헌법학의 전문화와 대중화가 유기적으로 융합되도록 하여 그가 가지고 있는 기능을 발휘토록 해야만 할 것이다.

6. 중국 헌법학설사의 연구방법

연구방법에서 중국 헌법학설사 연구는 주로 역사분석, 실증분석, 비교분석의 방법을 운용한다. 중국 헌법학설사를 정리하는 일은 헌법학의 '역사'를 섭렵하는 일이고, 동시에 헌법학의 '이론'을 섭렵하는 일이라는 점에서 이 양자는 매우 밀접한 관계라고 할 수 있다. 따라서 '사(史)'와 '론(論)'의 결합은 중국 헌법학 발전법칙의 기본 방법임을 알려주는 것이다. 중국 헌법학은 본국의 사회 실천을 발판으로 삼고, 국외 헌법학을 거울로 삼는 동시에 본국의 학술 전통과 역사를 반드시 중시해야 한다. 역사 분석의 기초 하에 실증분석과 비교분석을 운용하는 방법은 각종 흩어져 있는 역사 서류와 역사문헌에 대해 수집, 정리를 하게 한다.

1) 역사적 분석방법

역사적 분석방법은 헌법학 연구 중 비교적 쉽게 볼 수 있는 하나의 방법이다. 주로 종적인 방향에서 역사발전을 가지고 헌법학발전의 일반적 법칙을 밝히는 것이다. 역사적 분석방법은 다음과 같다. 기타 객관사물과 마찬가지로 헌법학도 발전 변화한다는 것이다. 따라서 헌법학을 연구할 때, 그 원류를 거슬러 올라가 그 뿌리를 추적하는 것이 필요하다. 그것이 나타나게 된 맥락을 명확하게 짚어 보아야 하는 것이다. 헌법학설사의 연구에서 역사분석방법은 우선 헌법학설사의 형성 자체가 바로 헌법학 역사발전의 산물이라는 것을 강조하는 것이다. 때문에 헌법학설에 대해 정리할 때, 반드시 원류에서 당시의 역사서술까지 종합적으로 그것이 나타나게 된 역사배경, 역사적 기능과 역사적 의의를 고찰해야 한다. 둘째로 수많은 헌법사료 중에서 헌법학설을 찾아내고 넓고 넓은 사료의 바다에서 그것을 고증하고 분석해야 하는 것이다. 이렇게 하자면 역시 역사적 분석방법을 운용하는 것을 떠날 수 없다.

2) 실증적 분석방법

헌법학설사를 정리하는 가운데 실증적 분석방법의 작용은 주로 아래와 같은 몇 가지 점으로 체현된다. 첫째, 헌법학설을 일종의 이론형태로 삼아 특정한 사회 환경 중에서 나타나게 해야 하며, 또한 사회 환경에 대해 적극적인 촉진작용을 하도록 운용할 필요가 있다. 헌법학설이 생산한 사회적 배경과 사회적 작용에 대하여 실증 분석하는 방법을 운용하여 자세히 고찰하고 논증할 필요가 있다. 둘째, 헌법학설의 탄생과 발전은 헌법발전에서 근거하고, 헌법의 발전 또한 사회의 정치, 경제, 문화 등 여러 방면의 조건에 의존해야 한다.

이들 헌법자료는 역사의 발전을 따라서 점진적으로 누적된 것이기에 후세 학자들은 이 역사자료를 다시 이용할 때, 이 복잡한 자료들에 대해 검색하고 고증할 필요가 있다. 개념 정리, 사실 고증 등을 할 때는 모두 실증분석방법을 운용할 필요가 있는 것이다.

3) 비교분석 방법

중국 헌법학의 본신은 바로 서학동점의 산물이기 때문에 중국 헌법학설사를 연구할 때는 반드시 비교분석방법을 운용해야 한다. 이는 주로 두 가지 측면에서 이루어져야 한다. 첫 번째는, 횡적인 방향에서 비교를 해야 하는데 중국 헌법학설과 서양 헌법학설을 비교 연구해야 한다는 것이다.

근본상 중국의 헌법학설은 서양헌법학설을 들여온 것에 기원하고 있기 때문에 서양 헌법학설사의 성공적인 경험을 적당히 참고하고 빌려올 것은 빌려와, 이를 거울로 삼아 중국 헌법학설사의 발전에 대해서 중요한 참고작용을 하게 해야 한다. 두 번째는 종적인 방향에서 비교하는 것으로, 중국 헌법학설의 역사가 빈번하게 바뀌면서 학술이 전승 되는 동안의 사실을 비교해야 한다. 어떠한 헌법학설의 태동도 모두가 고립된 것이 아니기에 이전 사람들의 경험을 충분히 흡수할 필요가 있고, 그것을 기초로 하여 결합시킬 때 그 특징을 대변토록 해야 한다. 그래야 만이 비로소 새로운 성격의 헌법학설이 제시될 수 있는 것이다. 이렇게 되어야 역사적으로 지속된 헌법학설의 비교분석을 통해 중국 헌법학설사의 발전 맥락과 기본적인 진전 상황을 찾아낼 수 있는 것이다.

7. 중국 헌법학설사의 연구의의

중국 헌법학설사 연구의 의의를 다음과 같은 몇 가지로 결론을 내릴 수 있다.

첫째, 헌법학설사 연구를 통해서 우리는 헌법학과 사회발전 간의 상관 요소를 찾을 수가 있고, 헌법학에 대한 정체성을 인식할 수가 있다. 앞에서 이야기한 것처럼 헌법제도, 헌법사상, 헌법학설의 3자 관계 중 헌법학설사의 연구는 헌법발전에 대해 중요한 의의를 가지고 있는 것이다. 한편으로는 헌법학설사의 발전이 필연적으로 헌법에 상응하는 발전을 이루게 할 수 있다는 것이고, 다른 한편으로는 헌법의 양호한 발전이 헌법이론의 양호한 발전을 촉진시킬 수도 있다는 점이다. 이러한 의미에서 헌법학설사 연구는 한 국가의 헌법이론과 헌정실천이 성숙되었느냐 성숙되지 못했느냐 하는 기본 표지의 하나가 되는 것이다. 이것이 바로 국가가 상대적으로 체계화된 독립적인 헌법학설을 형성하고 있느냐 없느냐를 가늠하는 잣대인 것이다. 그래서 계통적인 중국 헌법학설사 연구가 역사상 존재했던 헌법학설의 진행 계통을 정리한다는 것은 말할 것도 없고, 중국 헌법학 연구에 대해서 또는 중국 헌정건설의 발전에 대해서 모두가 중요한 학술가치와 실천적 의의를 지니고 있는 것이다.

둘째, 헌법학설의 연구는 우리가 글로벌 시대에서 헌법학의 학술적 주체성을 수호하고 유지하는데 도움을 주어 헌법학의 '중국 문제의식'을 부각시킬 수 있다는 것이다. 헌법과 법이 기능상 존재하는 차이에 의해 법의 '세계화' 공간은 비교적 크다. 그러나 헌법이 민족성을 가진 사회공동체의 최고 규칙을 충족시킬 수 있도록 만들 수 있는가 하는 문제는 시종 특정한 문화와 전통을 체현해 내고 있다. 글로벌화의 새로운 배경에 직면하고 있는 지금 서양의 헌법 연구 성과와 이론은 여전히 우리가 참고하고, 학습하는 경험이 되고 있다. 그러나 문화와 제도의 차이로 인해 직접 우리의 연구와 본국 헌법 발전의 근거가 되기는 어렵다. 따라서 중국 헌법학이 진정한 발전을 가져오려면, 반드시 중국의 헌법 텍스트와 중국의 헌법 실천을 향하도록 하는 데 기초를 두어야 한다. 역사상에서 서로 다른 시기의 학자들은 서로 다른 학술적 풍격을 형성했다. 서로 다른 시기 학자들의 노력은 계속 이어져 왔고, 각각 특색 있고 또한 서로 연관된 사상 맥락을 구비하며 형성되었다. 사상사에서 오래 동안 이어져 온 이러한 관계는 중국 헌법학설사의 지식 계보를 구성하게 했고, 또한 중국 헌법연구와 발전의 기본 구조를 이루었다. 따라서 중국 헌법학이 직면하고 있는 헌법 텍스트와 헌법역사는 필수적으로 중국 헌법학의 본토 자원과 이론 구조에 의존해야만 한다. 그러므로 헌법학설사 연구에서 가장 먼저 필요로 하게 되는 가치는 중국의 헌법 연구와 발전에서 필수적으로 중국학자 본신의 노력에 의지해야 한다는 것이며, 필수적으로 중국 헌법학설의 기본 이론에 의거해야 한다는 것이다. 그렇지 않으면 순수한 의의에서의 중국 헌법학 연구에 지식 구조적인 불균형과 공백이 나타날 수 있을 것이다.

셋째, 중국의 헌법학설은 헌정 건설에 있어서 결여되어서는 안 되는 이론자원이다. "법에 의해 나라를 다스리는 기본 방책은 우선 헌법을 전면적으로 관철하고 실시해야 한다."[14] 이 말은 헌법이 헌정건설 중의 특별한 지위와 중요한 작용을 보여준다. 헌법이 헌정 건설 중에서 그 작용을 충분히 발휘하기 위해서는 헌법이 진행된 역사와 현실적 정체성에 대한 연구를 해야 하고, 이로써 이론상 헌법과 헌정의 건설 사이에서 상호 지원 관계를 깊이 나타내야 한다. 마치 건물을 리모델링할 때 설계도가 필요한 것과 같은 이치이다. 헌정 건설도 일종의 고차원적 이론 지도인 것이다. 중국의 헌정 건설 중 이러한 고차원의 이론 지도는 주로 중국 헌법발전에 대한 일종의 총괄적 연구를 가리키며, 중국 헌법학설사에 대한 연구를 포괄하는 것이다.

중국 100년 헌정의 역사과정에는 헌법이 방치되어 있었고, 헌정이 파괴되었던 참담한 경력이 있었으며, 또한 헌정 건설이 점차 정규적인 궤도에 들어선 경험도 있었다. 어떻게 헌정 실패의 참담한 교훈을 섭취하고, 헌정 성공의 합리적 경험을 귀납하는 것은 바로 중국 헌정 건설이 성공할 수 있는지 없는지를 가늠하는 중요한 요인이 되는 것이다. 헌법학설사의 연구가 필요한 것은 역사적 시각에서 중국 역사상의 각종 헌법학설과 헌법 실천의 성패에 대해 일종의 이성적 분석을 더욱 잘하여, 이로써 중국 헌정 건설에 역사적인 참고와 거울이 될 수 있게 해야 하기 때문이다. 이러한 의미에서 중국 헌법학설사 연구는 중국 헌정 건설에서 필수불가결한 이론 자원의 하나가 되는 것이다.

넷째, 중국헌법학의 역사기점을 탐구해야 하는데, 이를 위해서는 반드시 계통적으로 헌법학설사의 역사문헌을 정리해야 할 것이다. 헌법은 역사과정에서 존재하는 것이기에 역사적 사실은 헌법가치의 기본 근거를 해독하는 것이다. 각국의 헌법사는 서로 다른 연구내용과 대상을 가지고 있다. 그러나 통상적으로 헌법규범과 헌법현실 두 가지 방면을 포괄하고 있다. 헌법규범에서 우리는 제헌과정에서 발생하는 각종 논쟁과 특정한 헌법의 성질과 형태, 사회공동체와 사회구성원 간의 관계 및 국가 구조 등을 발견할 수 있을

---

14) 호금도(胡錦濤), 「헌법 실시 20주년 기념 대회에서 한 연설(在紀念憲法施行二十周年大會上的講話)」, 2002년 12월 4일.

것이다. 그렇기 때문에 규범 혹은 법전 형식으로 존재하는 헌법규범이 먼저 헌법사 연구의
시야에 귀납되어야만 하는 것이다. 이러한 영역에서 헌법학 문헌의 발굴, 정리는 매우
중요한 것이다. 국외에서 헌법학설사에 관한 연구는 이미 상당히 풍부한 성과를 거두고
있다. 헌법 자체의 이론문제에 대해서 계통적인 학설체계가 형성되었을 뿐만 아니라, 또한
헌정실천에 대해서도 비교적 완성된 사상체계가 정립되어 있다. 그렇기 때문에 우리는
서양의 헌법이념을 받아들여 서양의 헌정 경전을 연구할 때, 통상적으로 서양학자들의
유파 별 혹은 관점에 대한 논쟁을 보면서 탄식을 금치 못하고 있는 것이다.

  모종의 정도에서 이들 관점의 차이는 그것을 이루어 낸 학설과 유파를 스스로 증명해
내고 있어 서양의 헌법이론과 헌정을 실천하는 중에 지혜의 충격을 받으면서 끊임없이
전진해 가는 것이고, 거시적으로 보는 헌법학의 이론 체계를 풍부하게 형성시키게 되는
것이며, 나아가 모든 헌정사업의 발전을 촉진시키게 되는 것이다. 그러나 학술연구 중의
여러 실천성과 공리성 요소로 인해 목전의 중국 헌법학계는 중국 헌법학설사에 대한
문헌 정리와 연구가 여전히 초보적인 단계에 있다. 헌법제도사, 헌법사상사의 시각에서
헌법역사를 연구한 저술과 문장은 계속해서 나오고 있지만, 진정으로 헌법학설사의
시각에서 근 백년에 이르는 헌법발전에 대해 계통적으로 학술 정리를 한 성과는 여전히
부족한 상황이다. 기타 학과와 비교해서 중국 헌법학 체계의 미성숙은 객관적으로
존재하고 있고, 그 중요한 원인의 하나는 중국 헌법학이 자신의 학술계통의 전승을
중시하지 않기 때문이다. "어떻게 헌법학의 미성숙한 상태를 개혁하고, 어떻게 중국
헌법학의 학술 품격을 제고시킬 것인가" 하는 것이 헌법학을 하는 학자 모두의 사명인
것이다.

  다섯째, 헌법학설사 연구는 우리들로 하여금 반복적인 연구를 피하게 해주고, 학술의
새로운 창조성을 진행토록 해 준다. 학술적 발전역사에서 보면 소위 학술 창조는 먼저
기존의 학술성과와 전통적 계통 정리를 하는 것에 그 기초를 두어야 한다. 먼저 본 학문과
혹은 구체적 연구 주제의 학술 연원과 역사배경을 이해해야만 하는 것이다. 유감인 것은
우리들이 여전히 동서양 문화가 섞여서 형성된 중국 헌법학에 대한 학술배경과 연원에

대한 이해가 필요하다고 하는 시각이 결여되어 있다는 점이다. 심지어 '기존의 연구를 알지 못하거나 자신을 원류로 생각한다거나 자신이 창조한 것' 이라는 등의 생각을 하고 있다는 것은, 사실 현대사회가 직면하고 있는 여러 학술 명제와 우리들의 학술 선배들이 이미 해놓은 계통적 연구가 있음에도 우리들은 여전히 간단하게 반복 연구만을 행하고 있다는 사실이다. 학술의 생명력은 새로운 자료를 찾아내는 데 있고, 새로운 방법을 찾아내는 데 있다. 그리고 새로운 관점의 '새로움(新)' 이라는 것은 전면적으로 본 학문의 학술 맥락을 파악하는 것이고, 풍부한 학술 연원 속에서 문화를 지탱하는 요소를 얻어내는 것이다. 즉 방법을 새롭게 하는 것을 이끌어 내도록 하는 것이다. 이러한 의미에서 헌법학의 학술배경과 학술관련성의 연구를 중시해야 하고, 헌법학의 주체성을 보호하고 지속시키는 데 일조하도록 하여 헌법학 연구로 하여금 맹목적인 반복을 피할 수 있도록 해야 하는 것이다.

제1부

중국 헌법학설사의 형성과 발전의 국내배경

제1장 중국의 전통문화와 근대 헌정학설의 발전

제1절 근대중국에 헌정이 도입된 경로

제2절 헌정사상이 중국에서 실천되어 온 과정

제3절 근대중국 헌정의 잘못된 방법

제4절 근대 헌정에서 전통의 빈자리

제1장
중국 전통문화와 근대 헌정학설의 발전

헌정은 서양 근대사회의 산물이다. 하지만 헌정과 중국전통문화는 서로 상관이 없는 것은 아니다. 이 점은 이미 근대중국의 헌정 발전과 전통문화가 충돌 속에서 서로 침투되어 왔다는 사실을 증명하는 것이다. 일반적으로 제도 도입, 특히 이미 체계를 형성한 여러 가지 문화 사이의 가치관 융합에는 반드시 그들만의 일치하거나 통하는 점이 있는 것이기에 서로에게 영향을 줄 수 있는 것이다. 물론 '가난을 걱정하지 말고 불평등함을 걱정하라'는 경제관념, '대통일'의 집권정치, 문화와 현대 헌정사상에는 여러 가지로 어울리지 않는 점들과 충돌이 있게 되는 것이다. 그러나 중국 고대사회에도 근대 헌정요소가 없는 것은 아니다. 주지하다시피 중국 고대에는 현대의 분권체계가 세워져 있지 않았다. 하지만 우리는 응당 중국 고대 관료기구 사이에 완벽한 권력을 제약할 수 있는 체계가 있었다는 것을 알아야 한다.

 중국 고대에는 현대 민주사상이 없었지만 당시 사회발전에 부합되는 민본주의가 있었다. 중국 고대에는 현대의 권리의식이 없었지만 전 사회가 보편적으로 인정하는 '의정'표준인 "천하에는 도가 있으므로 백성들을 불평하지 않게 하는 것이 최상이다(天下有道, 則庶人不議)"[15]라는 원칙이 있었다. 통치자를 심사하는 이러한 표준이 있었기에 사회의 각기 다른 계층이 균형을 이룰 수 있었고, 심지어는 황제와 농민 사이의 이익도 평형을 유지할 수 있었다.

---

15) 『논어 · 계씨(論語 · 季氏)』

근세 서양의 변혁을 모방하는 가운데 서양의 헌정사상이 중국으로 전해져 들어왔다. 무술변법 전후 헌정은 민간에서 뜨거운 화제가 되었다. 청조 말의 입헌 준비부터 중국사회에서의 입헌 실천과정이 시작되었다고 할 수 있다. 백여 년의 헌정발전이 중국 근대사회발전에 대한 심원한 의의와 영향에 대하여 누구도 의심을 하지 않는다. 반면에 중국에서의 헌정 발전이 그다지 이상적이 아니라는 것을 부정하는 사람도 없다. 근대중국 헌정의 근원을 거슬러 올라가면서 중국에서의 헌정발전의 특징을 분석하고, 중국 전통문화와 헌정의 연결을 탐색하는 것은 한 세대 학자들로 말할 때 그야말로 '책임은 무겁고 갈 길은 멀다'고 해야 할 것이다.

제1절
근대중국에 헌정이 도입된 경로

일부 학자들은 1949년 이전 중국에서의 헌정 발전과정을 네 가지 시기로 나눈다. 즉 '핍박에 의해 양산에 오르던' 청조말기의 입헌, 눈 깜박할 사이에 사라진 '민주공화', 복고시기의 헌정활극, 국민당 '당치(黨治)' 아래에서의 '유훈정치(訓政)'[16] 등이다.

당대의 학자들도 대부분이 이 관점을 고수하고 있는데, 그들은 모두 헌정은 청조 말기의 유신변법과 예비입헌에서부터 시작되었다고 믿고 있다. 제도상에서 보면, 이 결론은 의심할 바 없이 정확하다. 하지만 헌정사상의 발전이라는 시각에서 보면, 이러한 관점은 중국 헌정발전 중의 중요한 역량인 지식계층을 위주로 하는 사회여론을 소홀히 하고 있는 것이다. 주지하다시피 1898년 광서제가 강유위(康有爲)의 유신변법을 받아들여

---

16) 채정검(蔡定劍), 『중국헌정운동－백년의 회고와 미래의 길(中國憲政運動-百年回眸與末來之路)』, 유해년(劉海年) 등 주필, 『인권과 헌정』, 중국법제출판사, 1999.

새로운 정강정책(그때까지는 헌정에 미치지 못했다)의 주장을 펼 때, 중국에서는 많은 사람들이 벌써 '헌법', '헌정', '입헌'에 대해 익숙히 알고 있었다. 1905년 청 조정에서 '예비입헌'을 선포할 때 헌정은 여전히 사회여론의 초점이 되었다. 1895년 중일갑오전쟁의 패배로부터 1905년 청조 조정에서 5명의 대신을 보내 여러 입헌국의 정치상황을 고찰하기까지 10년간의 헌정구국(憲政救國)은 전 사회의 공동된 인식이 되었다. 따라서 청말의 유신변법과 '예비입헌'은 일찍이 사상과 여론의 준비와 사회적인 기초를 다지고 있었다. 청 조정에서 입헌의 주장을 받아들이고 아울러 그 주장을 행동에 옮긴 것은 헌정사상이 중국에서 발전한 결과였다. 사상과 제도의 발전은 일반적으로 함께 걸어갈 수는 없다. 보통 사상이 제도를 위해 앞서 나가거나 제도가 소실된 후에도 그 영향이 계속 존재하기 때문이다. 헌정사상이 중국에 전파되고 반응을 일으키게 된 것은 제도건설보다 한참 먼저 있었던 일이었다.

헌정사상이 중국에 도입되는 데에는 중외 두 방면의 경로가 있었다. 그중 한 가지는 서양 선교사나 사절, 학자들이 여러 가지 목적으로 전파한 것이고, 다른 한 가지는 학자나 외교사절, 유학생들과 조정에서 각자의 이익과 이해에 따라 흡수하고 받아들인 것이다. 중서 문화교류 중 헌정사상의 전입을 더욱 훌륭하게 정리하기 위하여 우리는 당연히 명나라 중엽에서부터 이야기를 해야 할 것이다.

1. 중국문화에 대한 서양의 탐구와 흡수는 중국 전통이 근대 '헌법'에 내포되어 있는 요인을 증명하고 있다. 명나라 중엽에서 청나라 초엽에 이르기까지의 중·서 교류는 '중약서강(中弱西强)'의 근대 구조에 복선을 깔아주었다

명나라 중엽에 선교사들이 중국으로 건너오게 된 것은 근대 중서문화교류의 시작이라고 말할 수 있다. 당시 서양은 르네상스 이후로 계몽운동과 공업혁명 전야의 상황에 처해 있었다. 선교사들은 공경하는 마음으로 사명감을 지니고 중국으로 건너왔다. 그들의 도래와 함께 사방의 과학기술과 사상은 제한적으로나마 중국 상류사회에 전파되기 시작했다. 아울러 중국의 역법과 같은 문화들이 선교사들을 통하여 서양에

영향을 끼치기 시작했다. 『마테오 리치중국찰기(利瑪竇中國札記)』[17]에 따르면 당시 중·서의 교류는 평등했다. 1953년 갤러거(加萊格爾)는 이 책의 서문에서 "중국인의 고귀한 품질, 자유, 질서와 학식에 대한 그들의 열애, 종교에 대한 그들의 열정, 그리고 정의와 이론 관점에 대한 그들의 민감한 정도는 마테오리치가 중국인의 풍속, 법, 제도 및 정체(政體)적인 개괄과 연구 중에서 천명하고 서술한 것보다 더 분명할 수 없다"[18]고 기록했다. 청조 초기의 강희(康熙), 옹정(雍正) 시기까지만 해도 중국은 여전히 유럽 사람들이 동경하는 나라였다. 중국의 유가학설은 심지어 서양의 계몽운동에 중요한 영향을 일으키기도 했다. 방호(方豪)의 『중서교통사』는 중국의 명, 청시대에 불교 경서의 서양 전파를 총 정리한 것이다. 그는 18세기의 유럽 계몽운동에 대한 중국학설의 영향은 가히 그리스문화의 영향과 나란히 논할 수 있다고 지적했다. 심지어 일부 사람들은 중국의 영향이 그리스의 영향보다도 더 많았을 수 있다고 말했다. 방호(方豪)는 이렇게 종합했다. "중국의 사상을 유럽에 소개한 이들은 그리스도 신자들이었다. 그들은 제일 쉽게 '복음'을 받아들일 수 있는 영역에 대해 설명하여 신도들이 중국으로 오는 것을 부추기고 신도들이 중국 교회에 헌금하는 것을 권장하려 했던 것이다.

이것은 유가경서의 원리에 어긋나기는 했지만 유럽의 철학자들이 교회를 반대하는 데 필요한 자료를 얻는 조건을 만들어 주었다. 그들이 소개한 중국 강희 연간의 안정된 국면과 동시기 유럽의 혼란한 정치국면을 비교해 보면 큰 차이가 난다. 유럽인들은 그때까지도 여전히 중국인들을 순수한 도덕으로 행동하는 민족으로 간주하고 있었다. 중국이 당시 그들의 이상적인 나라가 된 것은 공자가 유럽사상계의 우상으로 떠올랐기 때문이었다."[19] 중서문화를 연구하는 전문가 주녕(周寧)도 이렇게 말했다. "프랑스 루이

---

17) [이] 마테오 리치, [벨] 진니거(金尼閣), 『마데오리치 중국찰기(中國札記)』, 하고제(何高濟), 왕존중(王遵仲), 이신(李申) 역, 광서사범대학출판사, 2001.
18) [이] 마테오 리치, [벨] 진니거,, 앞의 책,'영문 역자 서언' 23쪽.
19) 방호(方豪), 『중국교통사(中國交通史)』 하책, 악록서사(岳麓書社), 1987, 1,058쪽.

14세 시대(1643-1715) 중국인의 생활방식은 이미 유럽인들이 추구하는 유행이 되었고 중국의 사상 역시 유럽에 깊은 영향을 끼치고 있었다. 계몽주의 지도자들 대부분이 중국 추종자들이었다. 그들은 모두 공자의 격언을 좌우명으로 삼았고 강희제를 서양 국왕들의 본보기로 삼았다. 그리하여 프랑스 국왕이나 오스트리아 황제는 분분히 중국 황제들을 모방하여 친경의식(親耕儀式)을 거행했다. 중국은 유구한 역사와 분명한 정치, 경제 제도를 가지고 있다. 볼테르, 티데만, 드골, 케네 등 세대의 사람들 입장에서 말할 때, 중국은 한 폭의 깃발과 같은 것이었고, 공자는 계몽운동의 수호신과도 같았다."[20]

우리는 볼테르의『풍속론』, 케네의 『중화제국의 전제제도』 등 유럽의 근대사상에 영향을 준 거작들을 통하여, 17, 18 세기 유럽의 '중국 열기'가 절대 빈말이 아님을 증명할 수 있다. 이러한 중국 열기는 지금 일부 학자들이 아무렇지도 않게 간단히 묘사하는 것처럼 그렇게 영향력이 적은 것이 아니었다. 이를테면 당시 유럽에 영향을 준 것은 중국의 도자기나 비단과 같은 물건일 뿐 절대로 사상의식은 아니라는 것과 같은 관점은 성립될 수 없는 것이다.

볼테르는 중국의 성부(省部) 관료기구의 설치를 서술한 후 이렇게 해석했다. "전제 정부란 이런 것이다. 군주는 일정한 형식을 준수하지 않고 개인의 의지에 따라 아무 이유도 없이 신민의 재산을 빼앗고 생명을 침범해도 법의 제재를 받지 않는 것이다. 그렇기 때문에 만약 어느 한 나라에서 인민의 생명, 명예와 재산이 법의 보호를 받았다면, 그 나라는 바로 중화제국일 것이다.

이러한 법을 집행하는 기구가 많을수록 행정계통에서는 독단적으로 일을 처리할 수 없을 것이다. 비록 가끔은 군주가 직권을 남용하여 자기가 익히 잘 알고 있는 일부 사람들을 박해할 수는 있지만, 절대로 직권을 남용하여 자기가 잘 알지 못하는 법의 보호 아래에

---

20) 주녕(周寧) 편저, 『2000년 서방에서 본 중국(2000年西方看中國)』 하책, 단결출판사, 1999, 626쪽.

있는 대다수의 백성들에게 피해를 줄 수는 없을 것이다."[21]

이와 같이 중농학파(重農學派) 케네는 『중화제국의 전제제도』에서 '중국의 기본법'을 논술할 때 유가의 '경서'를 '자연법'이라고 상세하게 진술하면서 유구한 역사를 지닌 중국에는 '최고의 법원'이 존재하는데, 이 '법정'의 작용은 여러 가지 미신행위를 저지하고 질책하는 것이라고 했다. 아울러 "이 법정을 또 예식법정이라 부른다"고도 덧붙였다. 케네는 사서오경을 중국의 기본법이라고 하면서 "황제도 반드시 이 법규를 지킨다"고 믿었다. 그것은 "이 법이 경전 저작에 의해 세워진 것으로서 경전 저작은 침범할 수 없는 성스러운 것이기 때문이다"라고 해석했던 것이다.[22]

물론 중국에 대하여 비판한 이들도 있는데, 이를테면 몽테스키외와 헤겔이 그렇다. 볼테르나 케네와 같이 헤겔도 유가의 경전이 중국의 역사, 헌법과 종교를 반영할 수 있다고 믿었다. 하지만 헤겔은 동시에 유가의 경전은 중국인의 '미성숙'을 보여주기도 한다고 주장했다. 그는 영구적으로 변하지 않는 중국의 '헌법정신'은 바로 '가정적인 정신'으로서 "이러한 가족기초는 역시 '헌법'의 기초이다. 황제는 비록 정치기구의 정상에서 있지만 역시 군주로서의 권력 범위를 가지고 있다. 그러나 그는 엄격한 가장처럼 자신의 권력을 행사하고 있다"고 말했다. 헤겔은 또 "황제의 대(大) 가장과 같은 직위 때문에 중국의 신민들은 장기간 '미숙함'에 처해 있었고, 영예감(榮譽感)이 발달하지 못하고 있었으며, 개인이 가정이나 국가에 의지하려 하는 독립성이 없게 되었다"고 믿었다.[23]

중국에 대한 몽테스키외의 비판은 더구나 사람들이 잘 알고 있는 것과 같다.

---

21) [프] 볼테르, 『풍속론』 하책, 사무신(謝戊申), 취공남(邱公南), 정복희(鄭福熙), 왕가영(汪家榮) 역, 상무인서관, 1997, 460 461쪽.
22) [프] 케네, 『중화제국의 전제제도(中華帝國的專制制度)』, 담민(談敏) 역, 상무인서관 1992년 판, 제2장 '중국의 기본 법' 및 제3장 '실재법'.
23) [독] 헤겔, 『역사철학』, 왕조시(王造時) 역, 상무인서관, 1963, 제1부 제1편 '중국'.

몽테스키외는 중국에 대한 선교사들의 찬양은 중국 질서의 표면에 미혹되었기 때문이라고 하면서 중국에 존재하는 대량의 법령, 제도는 단지 중국인들이 '이전에 법과 전제를 병행하게 하려고 생각했었다는 것을 설명할 따름일 뿐', 어떠한 물건과 전제주의도 연결만 되면 더욱 자기들의 힘을 상실하게 된다고 믿었다. 중국의 전제주의는 끝없는 재난의 압력 밑에서 비록 한때는 스스로 자신에게 쇠사슬을 채우려고도 시도했었지만 모두 공연한 노릇에 지나지 않았다. 그들은 자신의 쇠사슬로 자신들을 무장하여 더욱 흉폭하게 변하게 되었던 것이다.[24]

우리는 중국에 대한 서양 계몽사상가들의 서로 다른 평가나 옳고 그름에 대하여 어떻다고 말할 생각이 없다. 우리는 중국에 대한 계몽사상가들의 토론을 통하여, 17, 18세기 서양 사상가들의 중국 유가에 대한 각별한 관심을 갖고 있었음을 증명할 수가 있는 것이다. 찬양과 비평을 막론하고 그들은 언제나 서양사회의 발전에서 '중국요소'의 위치를 찾기 위해 노력했다. 이러한 탐구 자체가 바로 인정되는 것이다. 우리는 몽테스키외의 비판을 통해서도 이러한 일종의 인정을 알 수 있는 것이다. 이른바 중국 최초 왕조의 변강이 그렇게 넓지 못하였고, 정부의 전제 정신이 좀 미약해도 말이다.[25] 더구나 볼테르나 케네 등에 대해서는 말할 필요조차 없다. 그들은 이미 중국문화와 계몽이상이 서로 통함을 알았던 것이다. 서로 통하는 이러한 사상, 이를테면 황권에 대한 행정기구의 규제, '예제법정'의 평등함, 민생에 대한 유가경전의 관심 같은 것을 알았던 것이다. 이러한 것을 통하여 현대적인 헌법정신이 싹트고 꽃이 피는 것은 조금도 이상할 바가 없다. 중국의 문화요소를 사회개혁에 주입시키는 것을 두고 덮어놓고 찬양하거나 덮어놓고 배척하고 무시해서는 안 된다. 이것은 서양 근대사회 개혁에 중요한 경험이 되는 것이고 근대 계몽 및 '헌법' 요소에 내포된 중국 전통문화에 대한 증명이 되는 것이다.

---

24) [프] 몽테스키외, 『법의 정신을 논하다(論法的精神)』, 장안심(張雁深) 역, 상무인서관 1987, 129쪽.
25) [프] 몽테스키외, 『법의 정신을 논하다』, 장안심 역, 129쪽.

중국 경서, 법령에 대한 서양의 깊은 탐구 및 중국문화에 대한 거대한 열정과는 달리 중국사회는 서양문화에 대하여 매우 담담한 표정을 짓고 있다. 비록 명나라 중엽부터 청나라 초에 이르기까지 중·서 문화교류가 중국사회에 적지 않은 파장을 불러오기는 했지만, 그러한 교류에서 서양이 차지했던 주도적인 위치가 어떠했는가를 명백히 알 수 있는 것이다. 이러한 주도적인 지위는 서양으로 하여금 중국문화를 흡수할 때 일부러 여유 있는 듯 가리고 판단하는 것 같은 모습을 보이게 했던 것이다. 중국의 상층 관리들도 선교사들을 통하여 서양의 과학, 인문과 접촉했다. 옹정제는 심지어 양복을 입은 초상화를 그리기도 했다. 비록 당시 중국의 지식계가 이미 서양의 '신설(新說)'[26]에 대하여 주의를 돌리기 시작하였지만 서양의 기교에 대해서는 크게 흥미를 느끼지 못하고 있었다. 하지만 종합적으로 말할 때 통치자는 여전히 사방을 '이적(夷狄)'으로 보았다. 그들은 서양문화에 대하여 기이한 정도의 흥미를 가지고 있을 뿐 보편적으로 깊게 들어가는 분석은 시도하지 않았다. 더구나 나라를 다스리거나 사회를 개조하는 실천을 하려고 하는데 있어서 서양문화를 이용하는 것에 대해서는 논할 필요도 느끼지 않았다. 청조의 강희, 옹정, 건륭 3대 황제 때 외국의 사절들이 끊임없이 중국으로 들어왔다. 교황의 사자도 여러 차례나 중국에 왔다. 그러나 청 조정에서는 도리어 '한 차례도 사절을 서유럽에 보내 세상을 살피고 풍속을 묻지 않았다.'[27] 당시의 중국은 이미 한당시기에 있었던 이질적인 문화에 대한 주도적인 탐구와 흡수에 흥미를 잃고 있었던 것이다. 문화에 대한 수출이나 이질 문화에 대한 수용을 막론하고 모두 자각적이지 못한 상태에 처하면서 근대에 미증유의 '중약서강(中弱書强)'이라는 비상 국면이 알게 모르게 복선으로 깔리게 되었던 것이다.

---

26) 갈조광(葛兆光)은 "16세기부터 17세기에, 17세기부터 18세기에 이르는 이 몇 백 년 사이에 …신지(新知)와 기기(奇器)는 천천히 중국의 지식, 사상과 신앙 세계로 진입했다. 이러한 '진입'은 두 가지 경계가 있었다. 그중 한 가지는 관념의 측면에서 여전히 '서학중원(西學中源)'에 대한 승인이었고 다음 한 가지는 지식적인 측면에서 실용기술로 간주된 것이었다"고 주장했다. 갈조광, 『중국사상사(中國思想史)』 제2권, 복단대학출판사 2007년 판, 449쪽.

27) 장성량(張星烺), 『구화동점사(歐化東漸史)』, 상무인서관, 1947, 45쪽.

2. 계몽―권리―헌정: 명말 청초 계몽사상가의 요절이 중국으로 하여금 자아 혁신의
   양호한 기회를 놓치게 하는 아픔을 맛보게 했다

서양의 계몽은 중국문화에서 유익한 사상을 획득했는데, 그럼 중국사회는 전통적인
사상에 대하여 어떠한 견해를 가지고 있었는가?

우리는 먼저 '계몽'의 함의에 대하여 명백히 해 둘 필요가 있다. 만약 '계몽'을
인류사회의 성숙으로 이해한다면, 사람들은 하늘의 '신'과 인간세상의 '왕'의 눈길에서
벗어나려고 할 것이다. 그렇다면 계몽사상가들은 이른바 '사람'이 타고난 '권리'에 대하여
전력적으로 밝히려 할 것이다. 이러한 '권리'적인 사상이 바로 근대 서양 헌정의 기초[28]가
되는 것이다. 권리사상의 소생으로 유가경전 중의 '민본'사상과 현실 속 중국인의 그
안일한 생활이 비로소 볼테르를 비롯한 계몽사상가들의 특별한 주목을 받은 것 같다.

볼테르는 일부 사람들이 중국을 향해 '발달하지 못했다'고 비판하는 것에 대해 동감을
표시했다. 하지만 그는 중국인들이 무슨 일이나 뜻대로 행하는 그러한 생활태도를
찬성하면서 이렇게 말했다. "중국인들의 정신예술은 어느 한 가지도 완전무결하지
못하다. 하지만 그들은 자신들이 익숙히 알고 있는 것들을 찾아 마음껏 향유하고 있다.
결론적으로 그들은 인성의 수요에 맞추어 행복을 향유하는 것이다." [29] 인성의 수요에
따라 생활하는 것은 자연이 인류에게 부여한 기본 권리이다. 하지만 권리란 일종의
공의(公意)의 체현이다. 누구의 권리라도 마음대로 다른 사람의 권리를 박탈할 수는 없다.
권리는 반드시 '공공약정의 한계를 초월하지 않아야 하는 것이며, 또한 초과할 수도 없는
것이다.' [30] 계몽이란 바로 사람들의 권리의식을 불러일으키는 것이며 권리에 대하여

---

28) [프] 루소, 『사회계약론』, 하조무(何兆武) 역, 상무인서관, 1980, 제1권 제6장 '사회공약을 논함', 제2권
    제6장 '법을 논함', 제12장 '법의 분류'.
29) [프] 볼테르, 『풍속론』 하책, 謝戊申, 邱公南, 鄭福熙, 汪家榮 역, 460 461쪽.
30) [프] 루소, 『사회계약론』, 하조무 역, 44쪽.

제약을 하는 것이다. 헌정사상은 반드시 계몽을 전도(前導)로 삼아야 한다.

사실 서양 계몽사상가들이 중국문화에 대하여 끊임없이 논쟁하고 있을 때 명말 청초의 중국에서는 '계몽'을 거치고 있었다. 이 계몽을 서양의 계몽과 비교하면 이내 다른 점들을 발견할 수 있다. 첫째, 중국의 계몽 사상가들은 현실에 대한 비판에만 주목했지 이질문화의 근본적인 힘에 대해 크게 관심을 기울이지 못했다. 서양 계몽사상가들의 저작 중에서 우리는 이집트, 인도, 중국 등 세계 각지의 문명에 대해 소개하고 있는 것을 볼 수가 있다. 시야를 더 넓은 세상에 돌리는 이러한 흉금은 서양 계몽사상가들로 하여금 중세시대를 청산 할 때 자신들의 전통 속에서 무기를 취할 수 있게 하였을 뿐만 아니라, 주도적으로 중국문화를 포함한 이질문화 속에서 계몽에 필요한 근거들을 찾을 수 있게 했다. 그러나 중국 계몽사상가들의 저작에서 여전히 우리는 삼황오제의 이야기나 성인들의 훈계를 읽을 수 있다. 이러한 국한성은 어쩌면 중국의 계몽 학자들이 비록 학계가 그렇게 떠들썩해도 시종 계몽을 사회에 보급하여 운동으로 발전시킨 서양처럼 하지 못한 원인 중의 하나라고 해야 할 것이다. 둘째, 서양의 계몽은 주로 사람을 '신'의 올가미와 삼엄한 귀족 등급제도에서 해방시키는 것이었다. 서양의 계몽사상가들은 중국문화를 본보기로 삼아 성공적으로 사람과 신의 관계를 천명했다.

하지만 중국의 계몽사상가들은 군주의 권력을 제한하려는 희망을 '삼대 이상(三代以上)'의 제도회복과 선진유가사상에 의존했다. 황종희는 『명이대 방록』에서 '삼대이상'과 '삼대이하(三代以下)' 제도의 다름에 대하여 이렇게 천명했다. 즉 '삼대이상'이면 천하가 공평해지고 제도가 총의(公意)를 체현하게 되며 이른바 '천하에 법이 있게 된다'는 것이다. 그러나 '삼대이하'이면 천하는 가정을 단위로 하게 되는데 제도 역시 한 가정이나 한 성씨를 가진 사람들의 산물이 된다는 것이다. 이른바 '일가지법(一家之法)'을 말하는 것이다. '삼대이상'이면 군주는 백성들을 위하여 세워지고 '삼대이하'면 군신은 군주의 노복이 되고 백성들은 군주의 소유물이 된다는 것이다. '삼대이상'은 '선진대유(先秦大儒)'로서, 특히 맹자가 제창한 민본사회를 말하는 것이고,

'삼대이하'는 한나라 이후 작은 글쟁이들이 수호하려고 애쓰던 군주사회[31]를 일컫는 것이다.

그러나 중국의 계몽과 서양의 계몽이 어떤 차이가 있는지를 막론하고 우리는 그중의 공통점을 알 수 있는데, 그것이 바로 사람에 대한 해방, 권리의식에 대한 각성이다. 서양에서는 자아를 강조하고 국가의 권력이 신성하다는 것을 강조하는 동시에 이러한 권력이 '사회계약'에서 온다는 것을 강조한다. 이것은 본질상 응당 공정하다고 해야 할 것이다. 국가는 "영원히 어느 한 신민에게 다른 한 신민보다 더 많은 것을 요구할 수 없는 것이다. 만약 그렇게 된다면 나라의 일은 개별적인 것으로 변하게 되고 그에게 부여된 권력은 더 이상 효력을 발생할 수 없을 것"[32]이다. 중국에서 계몽 사상가들은 '천하'의 이익을 강조하면서 군주는 응당 천하에 복종해야 한다고 주장했다. 이것이 바로 황종희가 수많은 학자들로 하여금 놀라움을 자아내게 한 "옛날에는 천하를 주인으로 삼고, 군주를 손님으로 대했다"[33] 라는 그 명언이다.

이 밖에 우리는 또 만약 중국의 계몽이 성공했다면 자체적인 전통에서 파생된 근대사회의 표준형식은 긍정적으로 서양과 같지 않을 것이라는 것을 느끼게 될 것이다. 비록 중 · 서 계몽사상가들이 모두 신이나 왕과 반대인 보통사람들의 권리를 강조하지만, 이 권리를 실현하는 경로는 같을 수 없는 것이다. 황종희가 말한 것처럼 "법이 허술할수록 반란이 일어나지 않는다"[34]와 같은 것이다. 여기서 말하는 '법'이 '천하지법'이기 때문에 백성들의 마음에 심어진 '대법'이 되는 것이다. 그러나 간략하거나 복잡하거나를 막론하고 중 · 서의 계몽 사상가들은 미래 사회의 권리에 대한 요구는 같은 것으로서 이것이 바로 이른 바 '길은 다르지만 이르는 목적지는 같다'는 것이다.

---

31) [청] 황종희(黃宗羲), 『명이대방록(明夷待訪錄)』 , 중화서국 1981.
32) [프] 루소, 『사회계약론』 , 하조무 역, 44쪽.
33) [청] 황종희, 『명이대방록 · 원군(原君)』 .
34) 위의 책.

하지만 사람들로 하여금 유감을 느끼게 하는 것은 명말 청초의 계몽이 운동으로 발전하지 못하고 요절했다는 점이다. 계몽사상이 중국에서 요절한 데에는 객관적인 원인이 존재한다. 즉 중국전통의 융통성과 완벽함, 소농경제의 분산성과 유가의 인정(仁政)사상은 당시의 사람들로 하여금 '권리'를 잃어버린 고통을 직접 느낄 수 없게 하였으며, 계몽사상가들로 하여금 사회변혁의 돌파구를 찾기 힘들게 했다. 계몽사상가들 자체의 약점, 즉 전통적인 중국 지식층과 학계의 약점 역시 계몽사상이 요절된 원인이라고 볼 수 있다. 계몽사상가들은 비록 전통에 대하여 전에 없던 비평과 반성을 하였지만, 그들 자신들도 전통의 속박을 깊이 받고 있었던 것이다.

그들의 사상과 언행은 늘 일치하지 못했다. 보수적인 언행은 그들 학설의 전투력을 약화시켰다. 이를테면 계몽사상가들이 '충군사상'에 대하여 어느 정도 비판은 하였지만 그들 자신은 명조의 유민을 자처하면서 깊은 곳으로 물러나서 자신의 수양에만 골몰했다. 이러한 전통적인 처세방식은 이 학설의 전파를 크게 제한했다. 또 이를테면 전통의 속박을 받아 계몽사상가들은 '과학'을 충분하게 인식하지 못했다. 인문을 중시하는 것은 중국 고대학술의 큰 특색이라고 할 수 있다. 자연과학에서 통치자들은 정치를 위하여 봉사하는 천문 역을 중시하는 것 외에 나머지는 모두 있어도 좋고 없어도 괜찮은 보잘 것 없는 잔재주로 간주했다. 명말 청초, 서양의 선진적인 과학기술이 이미 중국에 침투되기 시작했다. 하지만 새로운 시대가 도래하려는 이 조짐은 조정의 깊은 관심을 받지 못하였을 뿐만 아니라 심지어는 선진적인 계몽 사상가들의 깊은 관심도 불러일으키지를 못했다. 몽고메리 니덤은 호적(胡適)의 말을 인용하여 이 시기 중·서 학술의 차이와 그에 의하여 이루어진 결과를 비교했다.

"호적은 이 시기 고전문학의 부흥과 동시기 유럽에서 발생했던 과학운동에 대하여 분명한 비교를 했다. 그는 이렇게 말했다. "고염무가 탄생하기 4년 전에 갈릴레이는 망원경을 발명하였고 그것을 이용하여 천문학을 혁신했다. 그리고 케플러는 그가 화성에 대하여 연구한 결과와 행성 운동에 대한 그의 새로운 법칙을 발표했다. 고염무가 언어학을 연구하고 새롭게 옛글자의 음을 교정하고 있을 때, 하비는 혈액순환에 관하여 논술한 대작을 출판했고 갈릴레이는 천문학과 과학 방면의 두 가지 큰 저작을 출판했다. 염약거가 사서에 대하여 고증을 시작하기 11년 전에 토리첼리는 기압과 관련한 위대한 실험을 완성했다. 이어서 보일은 그의 화학실험 결과를 발표하였으며 아울러 보일의 법칙을 확정했다. 고염무가 그의 획기적인 저작 『음학오서』를 완성하기 1년 전에 뉴턴은 이미 미적분을 창립하였고 백광에 대한 분석을 완성했다. 고염무가 1680년에 그의 언어학 저작의 최종 원고에 서문을 쓰던 1687에 뉴턴은 그의 『원리』를 발표했다."

　　호적은 계속하여 이렇게 말했다. "양자가 응용한 연구방법은 아주 비슷하다. 하지만 그들이 연구한 영역은 매우 큰 차이가 있다. 서양인들은 성신, 구체, 경사면과 화학물질을 연구하고 중국인들은 서책을 연구하고 문학과 문헌 고증을 했다", "중국의 인문과학이 창조한 것이 단지 더 많은 책 속의 지식이었다면 서양에서 연구한 자연과학은 하나의 새로운 세계를 창조했다."[35] 중국과 이 '새로운 세계'는 손잡을 수 있는 좋은 기회를 놓치게 되었다. 이것은 자연과학이 텅 비게 되었을 뿐만 아니라, 더욱 중요한 것은 계몽사상의 요절에 따라 권리의식에 대한 각 성도 정체되고 말았다는 것이다. 중국의 전통은 이로 인해 헌정과 인연이 없게 되었다. 아편전쟁 후 서양의 권리사상이 몰려올 때 급급히 열강들을 모방하고 죽음에서 벗어나 살길을 강구하려고 몸부림을 치는 정세 하에서, 전통에 대한 비판은 중국 근대화를 개척하는 필연적인 길이 되었다. 중국 계몽 사상가들의 전통에 대한 혁신을 위한 담론은 차츰 무관심 상태로 들어가게 되었다.

---

35) [영] 몽고메리 니덤, 『중국과학기술사』 (중역본) 제1권 제1분책, 과학출판사 1975, 311 312쪽.

3. 가경·도광 연간에 서양문화가 강압적으로 들어오자, 중국은 구미의 정치를 중요하게 생각하면서 근대 계몽을 시작했다

중국의 계몽사상은 비록 요절했지만 우리는 여전히 명조 중엽 이래 중국 상층부와 지식계층의 서양에 대한 이해가 가경, 도광 연간에 서양문화의 대량 유입을 위한 준비가 되었다는 것은 인정해야 한다. "적어도 그 시대의 중국 지식계층은 이미 서양의 신지식을 비축하고 받아들였던 것이다. 그러했기에 당시 서양 최고의 지식과 차이는 그렇게 크지 않았다."[36]

하지만 당연히 주의해야 할 것은 서양의 '신지식(新知)'이 건륭시기에 와서도 여전히 청나라 조정으로 하여금 위기를 느끼지 못하게 했다는 것이다. 왕조는 그때까지도 왕조(天朝) 성세의 미몽에 쌓여 있었다. 건륭시대에 유럽인들의 눈에서 중국의 형상을 변화시킨 '삼배구곡수례(三拜九叩首禮)', 즉 무릎을 꿇고 엎드려 머리를 조아리는 예의에 대한 논쟁이 좋은 증거가 된다. 1792년에 영국의 매카트니가 사절단을 이끌고 중국에 왔다. 그때 영국의 공업혁명은 이미 백여 년에 이르고 있었다. 사절단의 이 방문의 진정한 목적은 중국이라는 거대한 시장을 개척하려는 것이었다. 1793년 건륭의 80세 탄신을 축하한다는 명목아래 직접 건륭을 만난 매카트니는 청조 조정에 중국에 사절을 파견하여 주재시키고 영국의 상인들이 중국에서 보다 자유롭게 무역을 할 수 있게 허락해 줄 것을 청했다. 건륭은 단연히 매카트니의 요청를 거절했는데 그 이유는 아주 간단했다. 당시 중국은 외국과의 왕래가 아주 적었기에 건륭은 '이(利)'에 대한 시각에서 문제를 고려했던 것이다. 건륭은 자고로 천조는 '도'를 중시하고 '이(利)'를 경시한다고 보았기에 '기교'를 크게 생각하지 않았었다. 그는 모든 물질은 다 그것을 다스릴만한 사람이 있다고 믿었다. 그래서 성인들의 말씀과 유구한 역사문화에 의거해 나아가는 중국은 당연히 천하의

---

36) 갈조광(葛兆光), 『중국사상사』 제2권, 제54쪽.

주인이라고 자부했던 것이다. 매카트니의 요청이 거절을 당하던 바로 그때, 중·서 교류사에서 유명한 '삼배구곡수례'에 대한 논쟁이 발생했다. 중국의 예절에 따르면 매카트니의 사절단은 멀리서 조공을 바치러 온 자들에 지나지 않았다. 건륭은 사절단이 진상한 정교하고 귀중한 선물을 탐탁하게 여기지 않으면서 줄곧 사절단이 찾아온 정치적인 의도에 대해서만 눈을 밝혔다. 즉 "군은 천조에 속한다"는 태도를 보이면서 조공을 바치러 온 다른 자들과 다름없이 대했던 것이다. 청조 조정에서는 왕조의 예절에 따라 매카트니도 건륭 앞에서는 응당 '삼배구곡수례'를 행하라고 요구했다. 하지만 공업혁명을 거친 서양의 매카트니는 공공연히 '삼배구곡수례'를 거부했다. 그는 평등한 입장에서 청조 조정과 교류를 해야 한다고 주장했던 것이다. 쌍방은 협상을 거쳐 한쪽 무릎을 꿇는 것으로써 청조 조정에 대한 영국 측의 경의를 표시하기로 했다. 우리는 이 예절 논쟁을 두고 다음과 같은 두 가지를 알 수 있다.

첫째는 근대 계몽혁명을 거친 후 유럽사회의 발전 속도가 신속했다는 것이다. 바로 마르크스가 1847년 「공산당선언」에 쓴 것처럼 "그(자산계급)는 처음으로 사람의 활동이 어떠한 성과를 거둘 수 있는가를 증명했다. 그는 이집트 피라미드와도 로마의 수로와 고딕양식의 교회당과 완전히 다른 기적을 창조했다. 그는 민족의 대규모 유동, 십자군 정벌과는 완전히 다른 원정을 완성했다." "자산계급이 백 년도 안 되는 계급통치 중에서 창조한 생산력은 그 전의 모든 세대에서 창조한 전체 생산력보다 더 많고 더 크다."[37] 유럽의 비약적인 발전은 중국으로 하여금 "전진하지 않으면 퇴보하게 된다"는 상황에 놓이게 했다. 발전 중에 있던 유럽이 중국에 대하여 달리 평가하는 것은 당연한 일이라고 해야 할 것이다.

둘째는 충분한 재력이 있었던 유럽에서 이미 중국에 대하여 식민정치를 실시할 계산을 하고 있었다는 것이다. 매카트니는 이렇게 쓴 적이 있다. "중국은 흙으로 빚은

---

37) 『마르크스·엥겔스선집』 제1권, 인민출판사 1995, 275, 277쪽.

거인과 같은데 조금만 흔들어 놓아도 무너지게 될 것이다."[38] 이로부터 우리는 유럽의 가치관이 중국과 다르다는 것을 알 수 있다. 사람과 사람, 나라와 나라의 왕래, 특히 근대 자본주의의 발전과정에서 강자는 '발언권'을 가지고 있었다. 따라서 국력으로 문화의 우세를 논하고 승패로 영웅을 논하는 것은 유럽에서 당연한 이치로 통하고 있었다. 매카트니는 광활한 영토와 4억의 인구를 가지고 있는 제국이 결코 겉에 보이는 것처럼 그렇게 강대하지 않다는 것을 알게 되었다. 중국의 군사, 국방을 서양과 비교할 때 그 수준이 너무 낮아 근본적으로 감당할 힘이 없었던 것이다. 중·서무역의 적법한 경로를 확대하기보다 무력으로 해결하는 것이 원가를 절약한다거나, 확실하다는 면에서 모두 손색이 없는 것이었다. '삼배구곡수레' 논쟁은 근대 중서·교전의 서막을 열었다.

건륭 이후 가경(1796—1820), 도광(1821—1850) 시대에 중국의 진정한 위기가 도래한 것이다. 서양은 먼저 중국에 대량의 아편을 팔았고 후에는 무력으로 중국을 정복했다. 식민지를 확장한 하나의 객관적인 결과는 문예부흥과 계몽을 지나 서양 근대사상과 문화를 중국에 전파한 것이었다. 1807년 영국의 선교사 모리슨이 중국에 왔다. 그는 처음으로 『성경』을 중국어로 번역하였고 『중영—영중 대사전』을 집필했다. 더욱 중요한 것은 그가 1814년에 영국정부에 건의하는데, 그 건의에서 중국 법제도의 불건전함을 질책하면서 "한 명의 판사를 광주에 주재시켜 공무를 처리하게 하라"고 건의했다. 1815년(가경20년), 모리슨은 다른 사람과 합작하여 남양에서 첫 번째가 되는 중문 정기간행물 『찰세속매월통기전(察世俗每月統紀傳)』을 창간했다. 이 간행물은

---

38) 주녕 편저, 『2000년 서양에서 중국을 보다』 하책, 639쪽. 지금도 서양의 많은 학자들은 여전히 서양이 무력으로 중국을 정복할 필요성을 강조하고 있다. 당대 미국 사학자 스펜스는 이렇게 인정했다. "매카트니 훈작이 중국에서 얻은 더욱 흥미 있는 수확은 바로 율령의 초본이다. 그들은 이 율령을 영국으로 가지고 가서 매카트니를 따라 사절단으로 다녀왔던 한어를 익숙히 알고 있는 학자에게 부탁하여 영문으로 번역했다. 이 책은 몇 세대 동안 영국 상인들이 상이하게 생각해오던 문제를 분명하게 하였는데 그것이 바로 중국과 유럽의 입법관념이 판이하다는 것이다. 그렇기에 법에 의거한다 해도 어쩌면 국제관계를 더욱 긴장하게 할 뿐 완화하기는 어렵다는 것이다." [미] 스펜스 『현대 중국을 탐색하다(追尋現代中國): 1600—1912년의 중국역사』, 황순연(黃純燕) 역, 상해원동출판사 2005, 141쪽.

1822년(도광2년)까지 발행되다가 정간되었다.[39]

1819년 영국의 선교사 메드허스트의 『지리변동략전(地理便童略傳)』은 작자가 중국에 영국의 의회제도를 소개한 첫 번째 저작이다. 메드허스트는 글에 다음과 같이 썼다. "위로는 (영국)국왕과 각 부에서 국내의 정사를 관리한다. 즉 출전(出戰), 화약(和約), 도시건설, 군수품, 주전(鑄錢), 봉작, 사형을 정하는 것 같은 일은 모두 국왕의 의사에 따른다. 새로운 법을 정하고 농업세를 거두는 일은 국왕이 관계하지 않는다. 국내에는 두 가지 회만 있는데 하나는 세대공후회(世代公侯會)이고, 다른 하나는 백성 간의 범향신세가대족회(凡鄕紳世家大族會)이다. 무릇 새로운 법을 세우거나 낡은 법을 고칠 때나 급한 일이거나 세수를 늘리거나 경감할 때는 두 회에서 반드시 협상을 거친 후 국왕에게 상주하여 결재를 받는다. 이렇게 나라의 대권은 세 부분으로 나뉘는데 국왕이 한 부분, 관리들이 한 부분, 백성들이 한 부분을 갖게 되는 것이다. 이렇게 되면 국왕은 백성들을 학대할 수 없게 되고, 관리들은 패도를 부릴 수 없게 되며, 백성들은 반란을 일으키지 않게 되는 것이다."[40] 미국을 소개할 때는 또 "미국 조정도 영국 조정처럼 두 개의 총회가 있어 법을 다스리고 농업세를 징수하는 일을 관리하는 일을 한다", "미국에는 국왕이 없고 총리라고 불리는 사람이 나라 일을 맡아보는데 임기는 4년이다. 임기가 끝나면 다른 사람이 그 자리를 대신한다"고 했다.[41]

1821년(도광원년), 『찰세속매월통기전』에는 미국을 소개하는 글 한편이 실렸다. "그들이 나라를 세웠는데 도광원년까지 겨우 45년이 되었다. 비록 새로 세운 국가라고는 하지만 크게 흥성할 곳으로 보인다."[42] 1833년 선교사 귀츨라프가 중국 경내에서 제일

---

39) 웅월지(熊月之), 『서학동점과 만청사회(西學東漸與晚淸社會)』, 상해인민출판사, 1994. 구창성의 『모리슨으로부터 스튜어트, 중국을 다녀간 선교사 평전(來華新傳敎士評傳)』, 상해서점출판사, 2005.
40) [영] 메드허스트, 『지리변동략전(地理便童略傳)』, 마육갑판영화서원, 1819, 9쪽.
41) [영] 메드허스트, 『지리변동략전』, 17쪽.
42) 『찰세속매월통기전(察世俗每月統紀傳)』 권7.

처음으로 중국어 정기 간행물 『동서양고매월통기전』(1837년 정간)을 창간했다. 1834년 귀츨라프는 『대영국통지』에서 영국의 의회제도에 대하여 진일보적인 서술을 했다. "대영국가에는 두 개의 공회가 있다. 그중 하나는 작공회(爵公會)이고, 다른 하나는 진신공회(縉紳公會)이다. 대영제국은 군중들을 모아서 국정을 박탈하는 일을 의논하도록 지시했다. 황제의 명을 제외하고는 누구도 권세가 없었다."[43]

아편전쟁 전에 조정의 주류가 변혁에 대하여 조급해하지 않았고 서양의 선교사들과 사절들도 매번 물러서려 하지 않았지만 견식이 있는 관료나 지식인 계층 및 선교사들과 접촉이 비교적 많거나 함께 사업하는 학자들은 서양학의 위력을 민감하게 느끼면서 서양의 정치, 풍속, 제도에 주목하였고, 사회계층과 집단들도 서학에 대해 반응했다. 1817년 양광 총독 장유섬(蔣攸銛)은 조정에 올린 보고에서 "나라에 군주가 없고 우두머리만 있으며 부락에서 공동으로 몇 사람을 추천하여 제비를 뽑는 형식으로 보충하며 4년에 한 번 바꾼다. 무역에서는 개인이 출자하여 경영하고 우두머리가 아니더라도 무리를 이끌 수 있다"라는 미국의 제도에 눈길을 돌리기 시작했다. 서양의 사상은 깨어 있는 관료와 사대부의 주목을 받았다. 우리는 임칙서를 '넓은 시야로 세상을 본 첫 사람'이라고 칭하는데, 그것은 임칙서가 주변에 국가와 백성의 운명에 관심을 가지는 인사들을 모아 서양의 학설을 더 이상 '이학(夷學)'으로 보지 않았기 때문이다. 그들은 '이학'의 장점을 인정하면서 '이학을 스승으로 기술력을 키우자'고 주장했다.

1837년 양정남(梁廷枏)은 『월해관지(粵海關志)』를 편찬하기 시작했다. 그는 중국의 고대 문헌중의 '세계관'에 대하여 수정을 진행했다. 그는 오대륙(五大洲)의 존재는 절대로 빈말이 아니라고 믿었던 것이다. 그러나 유럽문화의 '기이함'과 '새로움'은 더욱 중국이 이후에 알아야 할 점이었다. 아편전쟁 후, 양정남이 집필한 『합성국설(合省國說)』은 미국의 제도에 대하여 체계적인 소개를 했다. 그중에 비록 '헌정'이라는 단어가 직접

---

43) [독] 귀츨라프, 『대영국통지(大英國統志)』, 1834, 6쪽.

제기되지는 않았지만 미국의 헌정정신과 제도는 대체로 그 책에 이미 서술되어 있었다. 이를테면 대통령의 취임 선서, 이를테면 (프랑스) '대통령의 권력에 대한 규제', '관직에 대한 논의', '관료의 처리에 대한 선포' '(상하의원)에 대한 권리', '선거제도' 등등에 대해 모두 언급했다. 책에서는 이렇게 쓰고 있다. "관리에 대한 관찰을 전문적으로 기록한 공문서, 제도에 따라 죄를 판단하는 것과 같은 일들을 심의할 때는 국사에 따라 논의하지 않는다. 그러나 국사와 같이 논해야 할 자는 중복하여 심의하지 않는다."[44] 이 점은 이미 미국이 삼권분리 제도에 접근하고 있다는 것이었다. 임칙서는 1839년에 흠차대신의 신분으로 광주에 갔으며 후에는 양광총독에 임명되었다. 위원(魏源)은 임칙서에게 광주의 아편금지를 책임지게 했다. 날마다 사람들로 하여금 서쪽의 일을 정탐하게 하였고 서쪽의 책을 번역하게 하였으며 또 그쪽의 신문을 구입하게 했다. 임칙서는 인원을 조직하여 1834년에 출판된 영국인 머레이의 『세계 지리대전』(중문 역명 『사주지(四洲志)』)을 번역하기 시작했다. 이 책에 대한 번역은 중국인들이 세계를 인식하는 시야를 넓혀 주었다. 그리고 또 프랑스어로 된 『국제법』을 중국어로 번역하여 『각국법판례』라고 제목을 달았다. 당시 국내 인들로 하여금 세계가 크다는 것을 인식하게 한 작품으로는 위원의 『해국도지(海國圖志)』와 서계여(徐繼畬)의 『영환지략(瀛環志略)』이다. 이 책들은 비록 아편전쟁 후에 발표되었지만 확실히 명말 이래 중국의 세계지식과 관련한 유작이라고 할 수 있다. 이 책들에는 의회, 의원 심지어는 유럽국가들과 미국에서 수령에 대한 칭호가 다른 것 등 이질문화가 중국에 융합된 초기의 현상에 대하여 이야기했다. 서양의 사상과 학설에 대해 중국에서 반응을 보였던 것이다.

중국으로 하여금 전면적으로 서양의 제도에 대한 학습을 촉진하게 된 원인은 1840년에 시작된 아편전쟁이다. 서양과의 무력충돌에서 한차례 또 한차례 패할 때마다 중국사회는 끝내 중·서간의 충돌에서 '전대미문'의 비상 국면이 나타나고 있음을 인식하게 되었다.

---

44) 양정남(梁廷枏), 『합성국설(合省國說)』 권 2.

이때 『해국도지』, 『영환지략』 등 서양의 정치, 풍속을 소개한 역작들의 출현은 조정에서도 저지하지 못하는 서양학설에 대해 여전히 억제하는 태도를 보이고 있었다. 서계여는 심지어 워싱턴과 미국정치를 찬양하여 공격을 받기도 했다. 그러나 늦게 도래한 서학에 대한 열정은 여전히 중국에 나타났다. 이질문화가 섞여진 중국의 근대 계몽은 이렇게 시작된 것이다. 이번 계몽은 중국 사회내부 발전의 수요에 의하여 생성된 것이 아니라 외부 압력 하에서 나타난 산물이었던 것이다.

4. 함풍, 동치, 광서시기의 '중약서강(中弱西强)'한 구조는 헌정을 뭇사람들이 기대하는 구국의 길이 되게 했다

아편전쟁 후, 일련의 불평등 조약과 더불어 중국의 문은 구멍이 뚫리기 시작했다. 중국도 외국에 사절과 유학생을 파견했다. 서양과 맺은 일련의 불평등 조약은 중국으로 하여금 물질상의 손실을 입게 했다. 더욱 뚜렷한 변혁이라면 중국이 예전부터 가지고 있던 '문화적 자신감'이 차츰 종말을 고하게 된 것이다. 류이정(柳詒征)은 『중국문화사』에서 중외조약이 중국에 대한 영향을 끝냈다고 한 적이 있다. 이런 조약에 의해 세율을 정하고, 영사가 재판권을 가지며, 이익을 고루 나누어 가지고, 여러 곳에서 선교를 할 수 있으며, 서양의 약을 팔고, 자유롭게 건축할 수 있다는 모든 것이 중국에서 합법적인 것이 되었던 것이다.[45] 그중 함풍 8년(1858년)의 '중영재계약' 제51조에는 특별히 이렇게 규정하고 있다. "향후 모든 공문은 중국 내외를 막론하고 대 영국 관민에 한하여 절대로 '이(夷)'자를 써서는 안 된다." 이런 글자에 대한 금지는 중·서 관계구조의 전면적인 변화를 보여주는 것이었다. 엄복(嚴復)은 도광제 이후

---

45) 류이정(柳詒征), 『중국문화사(中國文化史)』, 중국대백과전서출판사, 1988, 13장.

중국인들의 서양에 대한 태도를 단정 지을 때 이렇게 말했다. "중국이 서양식을 본보기로 한 것은 갑오전쟁(청일전쟁, 1895년)에서 패한 후부터가 아니다. 해금이 풀린 후 발전하기 시작한 사람들이 적지 않았다. 역서(譯署)의 출간이 첫 번째, 동문관(同文館)이 두 번째, 선정(船政)이 세 번째, 해외로 나가 배우는 것이 네 번째, 기선에서의 장사가 다섯 번째, 제조가 여섯 번째, 해군이 일곱 번째, 해서(海署)가 여덟 번째, 서양식 훈련이 아홉 번째, 학당(學堂)이 열 번째, 출사(출사)가 열한 번째, 광물이 열두 번째, 우전(郵電)이 열세 번째, 철로가 열네 번째 등 잡다한 일들이 아주 많았는데 20여 가지는 쉽게 꼽을 수 있었다. 그중 대부분이 서양의 부유함을 기초로 한 것이다."[46] 그중 역서, 동문관, 해외로 나가 배우는 것, 학당, 출사 등은 헌정사상의 빠른 전파에 대해 직접적인 영향을 주었다.

중국에서 외국에 파견한 사절과 유학생들 중에는 서양 헌정을 본보기로 하는 사회개량주의자들이 나타났는데, 직접 유럽 국가들에 나갔던 용굉(容閎, 곽숭도(郭崇燾), 마건충(馬建忠), 설복성(薛福成) 등이 그들이다. 광서 3년(1877년), 곽숭도의 『런던과 파리의 일기』라는 제목의 일기에 영국 의회제도에 대한 상세한 기술이 있다.[47] 미국에 거주했던 흠차대신 최국인(崔國因)은 『出使美日秘國日記』에서 미국이 강성한 원인을 '삼권분립'에서 찾았다. 광서17년(1891년)의 일기에서 최국인은 다음과 같이 기술하였다. "미국의 개국 법은 워싱턴이 제정했다. 정권은 세 곳으로 귀결되는데, 그것은 입례자(立例者)인 의회, 행례자(行例者)인 대통령, 수례자(守例者)인 감찰원이었다."[48] 필자는 '헌정'이라는 단어의 함의와 출처를 찾기 위하여 대량의 사절들과 유학생들의 일기를 읽었다. 이러한 사람들의 일기와 초기 개량주의자들의 논저에서 서방 의회가 제일 큰 주목을 끌었다. 의회는 사람마다 담론하는 화제였다. 하지만 여전히 '헌정'이라는 단어의 사용이 보급되지는 못했다. 특히 조정에서는 '헌정'에 대하여 주목하지 않았다.

---

46) 류이정, 『중국문화사』, 778쪽.
47) 곽숭도(郭崇燾), 『런던과 파리의 일기』, 구록출판사, 1984, 404쪽.
48) 최국인(崔國因), 『출사미일비국일기』, 류파칭(劉發淸), 후관중(胡貫中) 주, 황산출판사, 1998.

하지만 이때의 헌법, 헌정과 같은 단어는 중국사회에서 보면 이미 그렇게 낯선 것은 아니었다. 중국과 일본의 역사를 비교해 볼 때, 일본은 그때 이미 헌정을 실시하여 중국 지식계의 주목을 끌었었다. 1868년 일본은 이미 메이지유신으로 유럽 국가들의 승인을 받고 있었다. 천황이 공포한 『정체서(政體書)』에는 이렇게 쓰여 있다. "최고정권의 권력을 입법, 행정, 사법 삼권으로 나눠 정권이 한쪽으로 쏠리는 우려를 없앤다."[49] 1871년 일본은 이와쿠라 도모미(岩倉具視)를 파견하여 사절단을 이끌고 근 2년에 걸쳐 서양 여러 나라의 정치를 관찰하게 했다. 1874년 이다가키 다이스케(板壇退助)는 "민선의회를 설립하는 것에 관한 건의서"를 올려 입헌군주정체를 실행할 것을 건의했다. 1881년 일본은 이미 개국예비입헌을 시작했다. 하지만 중국에서는 1888년에 들어서야 강유위가 국정을 개혁하는 것에 대한 조서를 상주했다. 1889년 서태후는 권력을 광서황제에 이양했다. 이때 일본은 이미 헌법을 공포했다. 갑오중일전쟁 후인 1898년 중국은 유신변법을 시작하였으며 입헌에 대한 사상을 점차 실천하기 시작했다.

---

49) 『세계사 자료 총서 초집(世界史資料叢刊初集)』, 생활·독서·신지삼련서점, 1957, 75쪽.

제2절

헌정사상이 중국에서 실천되어 온 과정

1. 전통이 청조 말의 유신변법과 예비입헌 중에 당하게 된 난처함

갑오전쟁 후, 헌정의 진행 과정은 여러 가지 '중국 헌정사' 교재에서 많은 서술을 했기 때문에 여기서는 더 이상 상세한 논술을 하지 않기로 한다. 이 장에서는 중점적으로 헌정이 중국에서 뜻대로 실행되지 못한 원인을 찾아보려고 한다.

갑오전쟁이 중국인들에게 준 놀라움은 근대의 그 어느 전쟁과도 비교할 수 없이 클 것이다. 이전에 공물을 바치며 신하를 자처하던 일본은 그 작은 힘으로 천조 대국의 해군을 격파시켰으며, 청조정부를 핍박하여 영토를 할양해 주는 것으로 전쟁을 마무리하게 했다. 바로 그때 중국인들은 진정으로 망국멸족의 위기가 눈썹 밑에까지 다가왔음을 직감하게 되었다. 그럼 무엇이 북양함대를 사멸로 몰아갔는가? 또 그 무엇이 청조의 군대로 하여금 서양에 무릎을 꿇게 하였고, 또 동양(일본)에 손을 들게 하였는가? 참담한 실패의 국면을 눈앞에 두고 중국인들은 분개하기 시작했다. 청 조정의 서태후를 핵심으로 하는 실권파 '후당(后黨)'들은 더 이상 장비나 외국의 사정을 빌미로 자기들의 무능함을 변호할 수 없게 되어 숨을 죽이고 있었다. 그래서 이미 준비를 마치고 시기를 노리고 있던 유신입헌사조가 일어나기 시작했다.

갑오전쟁은 진정으로 중국헌정을 사상으로부터 실천으로 옮기게 한 촉진제라고 할 수 있다. 이 전쟁은 헌정이 비록 서양에서 비롯되었지만 동방에도 적용할 수 있다는 것을 증명해 보였다. 일본이 작은 힘으로 중국에 완승한 것은 또 하나의 도리를 증명하는데, 그것은 바로 나라의 크고 작음이 문제가 아니라 유신입헌이 강대함에 있다는 것이었다. 일본에 대한 새로운 인식은 끝내 헌정을 일반적인 학술'사조'로부터 유신변법운동으로 전 사회에 파급시켰다. 그러나 바로 이때부터 중국인들은 지난 날의 자신감과 안일함을 포기하고 천여 년 동안 경험해 본 적이 없는 국체 개혁의 길로 나아가야 했다.

1898년 당시 젊었던 광서황제는 입헌을 강력하게 주장하던 강유위의 뜻을 받아들여 '명정국시조(明定國是詔)'를 공포했다. 그때 의회, 국회, 입헌 등 서양에서 들여온 명사들이 사회적으로 널리 알려졌다. 강유위를 핵심으로 하는 입헌파 세력들은 헌정의 핵심을 '군주전제'에서 '군민공주(君民共主)'로 변화시키는 데 두었다. 그렇게 나라를 부유하게 하고 군대를 강하게 하며 외국의 침략과 억압을 막아내자는 헌정의 목적이 더욱 명확하게 되었다. 황제가 승인을 받고 바야흐로 실행을 앞둔 헌정은 많은 사람들의 사랑을 받으면서 헌정이야 말로 나라를 구하고 인민을 구하는 유일한 경로로 치부되었다. 만약 변법을 하지 않거나, 입헌을 하지 않으면 중국은 세상에서 설 자리를 잃게 되며 머지않아 망국이라는 현실이 곧 닥쳐오게 될 것이라고 믿었다. 반면에 헌정을 증오하는 사람들도 있었는데 그들은 헌정을 홍수나 맹수처럼 치부했다. 그들은 헌정을 실행하게 되면 군주의 위엄이 바닥에 떨어질 것이요, 종묘사직을 무너뜨리게 될 것이라고 걱정했다.

그리고 중국인들의 안중에 있는 목숨보다도 더 소중한 공맹의 도도 헌정으로 인해 더 이상 존재할 수 없게 될 것이라고 믿었다. 헌정에 대한 사랑과 증오를 두고 더 많은 사람들(서양에서 볼 때 이 부류의 사람들은 헌정 추진자들이라 할 수 있다)이 있었지만, 사실 그들은 헌정이라는 그 자체에 대해서 사랑이나 증오와 같은 감정을 가지고 있지는 않았다. 그들은 헌정의 의미에 대하여 근본적으로 홍미를 가지고 있지는 않았던 것이다. 민족의 존망이 위태로운 시각에 그들이 주목한 것은, 헌정이 중국을 곤경에서 해방하는 데 얼마만한 공헌을 할 수 있느냐 하는 것이었지, 헌정의 성패나 헌정이 보여주는 진가는 아니었던 것이다. 그러했기에 광서황제가 '명정국시조'를 공포한 후 103일이 되던 날, 서태후를 우두머리로 하는 조정의 보수파 세력들은 광서제를 연금하는 방법으로 경솔하게 변법을 끝냈다. 광서제가 연금되고 입헌구국을 주장했던 유신파들이 오라를 지고 형장으로 끌려가 목숨을 잃었다. 피비린내 나는 이 변법은 헌정의 여정이 중국에서 절대 순풍에 돛 단 듯이 나아갈 수 없다는 것을 예고하는 것이었다.

광서 29년(1903년)에 러일전쟁이 발발했다. 전쟁결과는 중국 조정의 예상을 벗어났다. 일본은 "손바닥만 한 세 개의 섬을 가지고 있는 작은 나라가 방대한 러시아를 꺾었던 것이다. 세계 여론은 모두 이 결과에 대해 '입헌'과 '비입헌' 간의 승부라고 입을 모았다. 일본은 입헌을 실행하였기에 승리했고, 러시아는 입헌을 실행하지 않았기에 실패했다는 것이었다", "중국에서의 입헌에 대한 의논은 이때 기세를 올리기 시작했다", "당시 사람들은 저마다 입헌은 나라를 강대하게 하는 유일한 방법"[50]이라고 믿었다. 조정의 '후당(后黨)'들은 국내외의 압력에 의하여 유신변법을 압살하더니 몇 년이 지난 후 갑자기 입헌의 주최자와 추진자가 되어 앞으로 나섰다. 1905년 청 조정에서는 사신들을 파견하여 입헌국들의 정치를 고찰하게 했다. 청조정부는 1906년에 광서제의 명으로 '예비방행헌정(例批仿行憲政)'에 대한 조서를 공포하였고 아울러 9년을 기한으로 하여 중국에서 점차 헌정을 실시한다고 선포했다.

헌정으로 중국의 폐단을 바로잡고 중국의 정치사상을 개조하자는 열풍이 1870, 80년대에 일어나기 시작했다. 1840년에 중·서 무력충돌이 시작된 후, 1830·40년 사이에 '서강중약'의 구조는 이미 부정할 수 없는 사실이 되었다. 집정자들도 부득불 서양의 강대함을 인정하지 않을 수 없었다. 전대미문의 이 비상 국면에서 중국인들은 부득불 서양이 왜 강대해졌고 중국이 무엇 때문에 왜소해 졌는지에 대해 깊은 연구를 하지 않으면 안 되었다. 헌정사상은 바로 이 탐구에서 사람들의 각별한 주목을 받게 되었다.

당시 사회 개량파들이 시대의 형국을 논한 글이나 조정에서 변법을 논한 대신들의 조서를 종합해보면, 당시 사람들이 중국이 서양을 당해낼 수 없는 원인을 상하 간의 거리에서 찾았다는 것을 능히 알 수가 있다. 다시 말하면 아래의 정황이 위에 반영되지 못하고 조정의 뜻이 순조롭게 아래에 전달되지 못하였던 것이다. "상하가 상통하고 군민이 함께 주인이 되며 민심을 중히 여긴다"는 말은 당시 개혁자들이 늘 사용하던

---

50) 오경웅(吳經熊), 황공각(黃公覺), 『중국제헌사(中國制憲史)』, 상해서점, 1992년 영문판, 10쪽.

말이었다. 서양 의회는 바로 '군중의 뜻이 모이는 곳'이요, 상하가 상통하는 무대가 되었던 것이다. 그리하여 중국의 개혁자들은 의회에 희망을 걸게 되었다.

19세기 7, 80년대의 개혁자들은 여전히 의회와 '삼대유의(三代遺意)'를 함께 의논했다. 이를테면 정관응(鄭觀應)은 의회에서 '상하의 정황이 통하게 된다'고 말하면서 이렇게 덧붙였다. "이 일은 삼대법도와 제법 부합된다고 할 수 있다. 중국의 입장에서 말한다면 위로는 3대로 내려오는 풍속이 있고 아래로는 서양을 모방한 양호한 법들이 있다. 백성들의 정황을 잘 살피고 모든 이들의 뜻을 따른다면 반드시 상하가 충돌하는 걱정을 덜게 될 것이다. 신민은 서로 다른 뜻을 없애고 장기적인 안정을 실현하는 길을 모색할 수 있을 것이다."[51] 이홍장의 높은 평가를 받은 청조의 지방고위관리인 주채(朱采)도는 "의회와 중국 고대의 '나라에 큰 일이 있으면 서민들과 의논한다'는 유지가 부합된다"[52]고 했다. 하지만 이때의 비교는 이미 위원, 서계여 등과 같지 않았다. 서양의 의회, 헌정제도는 비교 속에서 점점 더 분명하게 당시 사람들의 눈앞에 나타나게 되었고, 따라서 중국의 옛 제도는 점점 더 모호하게 되었다.

사실 무술변법이 헌정사상을 실천하고 당시 사람들의 옹호를 받게 된 것은 황제의 지지와 '옛 것에서 벗어나 제도를 개혁'하는 형식과 관계가 있었다. 강유위가 쓴 『신학위경고』와 『공자개제고』는 서양의 헌정이론에다 공자의 학술적인 모자를 씌워놓은 것이었다. 『신학위경고』는 중국 고대에 전해지는 유가경전을 한(漢)나라 유흠(劉歆)의 '위설(僞說)'에 귀납한 것으로서 공맹의 본의가 아니었다. 하지만 이때부터 중국에서 2천여 년의 역사를 가지고 있던, 시종 주도적 지위에 있던 유가학설의 가치관이 전복하게 되었다. 『공자개제고』는 더구나 공자의 주장을 고쳐 입헌공화국을 설립하는 이론의 본보기를 보여주었다. '옛 것에서 벗어나 제도를 개혁'하는 열기는 민심을 하나로

---

51) 정관응(鄭觀應), 『역언·상권·논의정(易言·上卷·論議政)』 광서연각(光緒年刻) 본. 이 책은 1880년에 완성되었는데 후에 이 토대 위에서 정관응이 또 『성세위언(盛世危言)』을 만들었다.

52) 주채(朱采), 『해방의(海防議)』, 『양무운동(洋貿運動)』 제1권, 상해인민출판사, 2007.

모았다. 공자의 성망은 과연 개혁자들의 소원에 맞게 입헌을 위한 길을 열어주었다. 당시 사람들은 이렇게 입헌사조의 충격을 평론했다. "전국에 불어 닥친 그 열풍을 수습할 수가 없었다. 땅이 꺼지고 하늘이 무너져도 두려움이 없을 것 같았다."[53] 기세가 높은 헌법에 대한 선전과 공자의 호소력은 헌정사상이 중국에서 풍미하게 했다.

이것은 서태후가 무술변법을 진압한 후 부득불 입헌의 깃발을 받아 들고 민심에 순응하겠다고 선포하게 된 예비입헌의 원인이 되었다. 그러나 소홀히 할 수 없는 것은 '옛 것에서 벗어나 제도를 개혁'하는 사조가 전통에 대하여 나쁜 영향을 끼쳤다는 것은 쉽게 알 수 있는 것이다. 당시 중국인들의 안중에 공자는 서양 선철(先哲)들과 비교할 수 없었다. 그러나 강유위는 '백성들 마음속에는 유일한 성인'이라는 의미 외에, 또 중국사회에서 전민이 신앙하는 대상이었을 뿐으로만 보았던 것이다. 이러한 신앙은 '준 종교적인 신앙'으로 형용할 수 있는 것이었다. 강유위는 바로 이러한 공자의 이름에 기대어 변혁을 진행하였던 것이다. 비록 짧은 시간 안에 효과가 현저하기는 하였지만 장기적인 영향이라는 점에서 볼 때 "겉으로는 공자를 따르고 속으로는 외국을 믿는 식"의 "옛 것에서 벗어나 제도를 개혁"하는 사조는 분명 사람들의 신앙에 대한 속임과 말살이 아닐 수 없었다.[54]

---

53) 소여(蘇輿) 집, 『익교총편(翼教叢編) · 권4』. 소여는 광서30년(1904년)의 진사이다. 그는 변법유신을 반대했다. 『익교총편』은 변법유신을 반대하는 내용의 문장들을 묶은 것이다. 소여는 "청 말에 사설이 떠돌아 인심이 횡행했는데 그 재난은 남해 강유위가 일으킨 것이다", "그 말은 강의 『신학위경고(新學僞經考)』, 『공자개제고(孔子改制考)』에서 비롯된 것이다." 변법을 반박하기 위하여 소여는 "제공들의 논설과 조정 관리들의 조서를 모으고 관련 학자들로 하여금 모두 글을 집필하게 하여 제목을 『익교』라고 달았다. 『익교총편』은 광서24년(1898년) 7월 이전의 주일신(朱一新), 홍량품(洪良品), 안유준(安維峻), 허응규(許應騤), 문제(文悌), 손가내(孫家鼐), 손보감(孫寶箴), 장지동(張之洞), 왕인준(王仁俊), 도인수(屠仁守), 엽덕휘(葉德輝), 양정분(梁鼎芬), 왕선겸(王先謙) 등 13명이 쓴 변법유신을 반대한 문장을 수록했다.
54) 소여, 『익교총편 · 권6』을 참고.

2. 민국시기에 헌정사상의 발전은 이상적이지 못했다

　무술변법 후, 중국은 '국가를 멸망의 위기로부터 구하여 생존을 도모해야 할 일'이 시급하게 되었다. 민국의 헌정은 막막하게 간신히 발전을 하고 있었는데, 그 원인은 원래 중국에 있던 전통과 신념이 훼손되었기 때문이었다. 반면에 헌정이념은 아직 사람들의 새로운 신념이 되지 못하고 있었다. 더구나 빈번한 정권교체는 헌법을 권력합법성의 도구와 장식품으로 만들어 버렸다. 이에 대하여 손문(孫文)은 아주 깊은 감정을 가지고 있었다. 일찍이 1895년에 흥중회(興中會)는 광주에서 거사를 일으켰다가 실패했다. 그 후 손문은 해외로 망명하여 각국 정치원류의 득실에 대하여 연구하기 시작했다. 여러 나라의 헌법에 대하여 연구한 후 손문은 중·서문화를 일체화한 "오권헌법(五權憲法)" 이론이라는 '독자적인 사상'을 이루게 되었다. 하지만 이 '오권헌법 이론'은 손문이 임시대통령이 되어 제정한 '중화민국 약법(約法, 잠정헌법)'에는 흔적도 남기지 못했다. 1924년 손문은 '오권헌법'에 대한 연설에서 "남경에서 제정한 민국약법에 오직 '중화민국의 주권은 국민 전체에 속한다'는 그 한 가지 조례만이 내가 주장한 것일 뿐 다른 것들은 모두 나의 뜻이 아니다. 나는 그 책임을 지지 않을 것이다"라고 말했다.

　손문이 말한 '오권헌법' 주장이 사람들에게 받아들여 지지 못한 원인은 "각국의 헌법은 오직 국가의 정권을 세 개로 나누어 그것을 삼권이라고 불렀을 뿐 종래 오권으로 분리하지 않았다"는 데 있었다. 당시 손문의 지위와 명망도 헌법에서 전통을 위해 자리 하나도 쟁취할 수가 없었던 것이다. 무술변법 후 짧은 십여 년 사이에 중국인들의 공자에 대한 신앙과 전통에 대한 자신감은 이미 완전히 사라져버렸던 것이다. 전통적인 발언권은 헌정 중에 거의 다 없어지게 되었다. 비록 민국의 입헌사상 '공교입헌(孔敎入憲)'에 대한 논쟁이 있은 적이 있기는 하지만, 무술변법 때 "'옛 것에서 벗어나 제도를 개혁' 하던 것처럼 입헌의 '공교'는 정치의 이용물에 지나지 않았다. 공자는 이미 무술변법 때 가지고 있던, 전 국민에게 통용되던 몇 가지 호소력조차 모두 잃었던 것이다. 1916년 진독수(陳獨秀)는 "'공교'는 영혼을 잃은 우상이요, 지나간 화석이라고 할 수 있다."

오직 민주국헌법만이 문제를 일으키지 않게 된다. 하지만 원세개(袁世凱)가 헌법에 간섭한 나쁜 결과로 말미암아 헌법은 뿌리를 내릴 수 없는 풀이 되고 말았다. 제19조에 공자를 존경하는 조목을 첨부하는데 성공하고 인민의 적에 대하여 자세히 서술한 것은 오늘에 와서도 논쟁할 여지가 없는 것이다"[55)라고 말했다. 전통을 포기한 헌법은 또 군벌 간에 권력을 다투는 도구로 전락하고 말았다. 19세기 헌정은 사람들로 하여금 억압과 미망(迷妄)을 느끼게 했다. 진독수는 공교를 비판한 후 헌정에 대해 신심을 잃으면서 이렇게 말했다. "입헌정치는 19세기에는 그런대로 유행하던 단어라고 할 수 있을 것이지만, 19에 이를 다시 보면 자세하게 부연되지 못한 정치제도에 지나지 않는다. 군주국이거나 민주국이거나를 막론하고 모두 인민의 신앙, 집회, 언론출판 등 3대 자유권을 완전히 보장할 수는 없지만 한 무리의 정객들이 정권을 쟁탈하는 무기가 될 수는 있다. 지금은 사람들 모두가 정신을 차렸다. 입헌정치와 정당은 모두가 이제 곧 역사에나 남을 지나가 버린 단어가 될 것이다. 그러므로 우리는 그것들에 대해 더 이상 미련을 둘 필요가 없다. 언제 정치를 담론할 시간이 있겠는가? 모두가 밥을 얻어먹는 일이 급할 텐데…"[56)

비록 1912년부터 1949년의 민국사에서 전통을 위한 수호자들이 적지는 않았지만, 사회에 대해서나 입헌에 대해서 그 효과는 아주 미약했다.[57) 당시 헌정과 전통에 대하여 모두 신심을 잃은 사람들이 적지 않았는데 그들은 사회의 주류를 위하여 여론을 일으켰다. 근대 철학자 장동손(張東蓀)은 중국 근대의 불행에 대하여 이렇게 인식하고 있었다.

---

55) 진독수(陳獨秀), 『독수문존(獨秀文存)』, 안휘인민출판사, 1987, 73쪽.

56) 진독수, 『독수문존』, 위의 책, 534쪽.

57) 이를테면 전목(錢穆)은 『중국문화와 중국청년(中國文化與中國靑年)』에서 이렇게 썼다. "공자는 청년들의 본보기이고 『논어』는 청년들의 보전이다. 이는 선현의 정혈이 깃든 것으로서 이 나라 민족의 문화에 운명을 기탁했다. 길 잃은 어린양은 깨끗하고 향기로운 꽃이나 아름다운 풀을 찾아 돌아설 것이다." 채상사(蔡尙思) 주필, 『중국현대사상사 자료 간편(中國現代思想史資料簡編)』 제4권, 절강인민출판사, 1983, 402쪽.

"중국의 첫 번째 큰 불행은 바로 아편전쟁 당시 중국이 즉시 서양개인주의의 문화를 바싹 따르지 않았다는 것이다. 만약 그때 서양개인주의를 바싹 뒤쫓았다면 그들을 따라잡았을지도 모른다. 하지만 오늘에 와서는 이미 시기를 놓쳐버린 것이다. 중국의 두 번째 큰 불행은 오늘날 중국이 개인의 인격을 수립하려고 할 때 서양에서는 자본주의의 말류(末流)를 걷고 있다는 것이다. 그야말로 백 가지 폐단이 한꺼번에 생겨나는 시대라고 할 수 있다."[58] 중국의 전통에 대하여 장동손은 희망을 걸지 않았다. 그는 이렇게 말했다. "가령 중국이 서양과 왕래를 하지 않는다면 문을 닫아걸고 자기만을 고집하는 꼴이 될 것이다. 그들에게 일정한 물건이 있는데 그 물건 대부분이 망가졌고 그들에게는 또 그 망가진 물건들을 고칠만한 어느 정도의 방법이 있다. 즉 이상에서 말한 세 가지 문제와 비슷한 것이다. 즉 향약적인 인민자치, 무위사상, 쉽게 완조를 바꾸는 등의 경우는 모두 전제군주의 폭정에 대한 자신만의 면역요소라고 할 수 있다."[59]

---

58) 장동손(張東蓀), 「헌정문제로부터 비교문화로 중국의 전도를 논하다(由憲政問題起從比較文化論中國前途)」, 채상사 주필, 『중국 현대사상사 자료 간편』 제5권, 216쪽.
59) 장동손, 위의 논문.

제3절
근대중국 헌정의 잘못된 방법

1. 중국헌정의 잘못된 방법은 우리가 '무엇을 헌정이라고 하는가?'에 대한 오해로부터 기인했다

세계상의 기타 식민지, 반식민지 국가와 민족들은 마찬가지로 근대중국의 헌정은 전통으로부터 시작된 것이 아니라 피동적으로 서양의 것을 받아들인 것이다. 이른바 '피동적'이라고 하는 것은 당시 서양산업혁명에 이어 도래된 식민풍조가 세상을 휘감아 전 세계가 모두 서양의 식민풍조에 끌려 '근대'발전과정에 들어선 것이지, 절대 스스로 들어선 것이 아니기 때문이다. 중국도 예외는 아니었다. 중·영 아편전쟁 이래, 서양을 본받는 것은 당시의 중국이 "국가를 멸망의 위기에서 구하여 생존을 도모하는 유일한 선택"이었다. 식민포화가 몰아치는 중에도 중국은 침착하게 자강의 길을 찾아나갔다. 서양을 본보기로 삼았던 당시 중국인들은 현명하였지만 고통스러운 선택을 하지 않으면 안 되었다. 중국에서의 헌정의 여정을 고찰해 보면 우리는 헌정을 선양한 선인들에게 무한한 경의를 품지 않을 수 없다. 그들의 용기와 열정, 심혈이 있었기에 우리는 굴욕으로 가득 찼던 역사의 흐름 속에서 자신감과 희망을 볼 수 있었으며 암흑 속에서 광명을 볼 수 있었다. 그들의 지혜가 있었기에 중국의 '근대'는 굴곡 속에서 발전을 할 수 있었고, 나중에는 자립, 자강으로 나아갈 수 있었던 것이다.

중국 헌정의 잘못된 방법은 우리들이 "무엇 때문에 헌정을 해야 하는가"에 대한 오해로부터 기인된 것이었다. 이러한 오해는 '법치'가 근대 중국에서 조우(遭遇)한 것과 비슷하다고 할 수 있다. 한 부류의 학자들이 "서양인들이 나라를 다스리는 데 법과 제도가 있다"고 인식하면서 서양을 모방하여 법치를 보급하고 있을 때, 중국의 정계 및 사회민중들의 법치에 대한 인식은 여전히 전통적인 측면에 머물러 있었다. 그들은 서양에서 온 법치의 의미에 대하여 어느 정도 이해는 하면서도 실제 행동은 목적과 상반되게 했다. 이른바 학계·정계의 인물들, 이를테면 양계초를 비롯한 이들도 서양 법치와 중국전통 법치 분야에 대해 그다지 분명하게 알지는 못하고 있었기에 늘 그 두 가지를 혼돈하여 담론하곤 했다. 이를테면 '선진정치사상사'에서 양계초는 중국 '법치주의'의 실패에 대하여 큰 아쉬움을 나타내면서 '예치주의'의 승리가 중국법치의 발전을 저해하였으며 나중에는 중국의 고대법치가 쇠락해지고 사회를 발전할 수 없게 만들었다고 기술했다. 뜻밖에도 양계초가 말한 중국의 '법치주의'는 군주제와 밀접히 관계되어 있었다.

비록 형식상에서 근대 법치와 비슷한 점은 있었지만, 그들의 본질은 전혀 어울리지 않았다. 반면에 '예치주의'가 창도한 관용, 화합, 개화와 근대 법치는 연결되는 면이 있었다. 이렇게 "글자만 보고 대개 뜻을 짐작하는 혼효(混淆)"는 1980, 90년대에 이르기까지 학계로 하여금 '법제'와 '법치'를 구분하는데 신경 쓰게 하였으며, 전통법치와 서양법치를 정확하게 분별하여 잘못을 바로 잡느라 고심했다. 헌정에 대한 우리의 오해는 법치에 대한 오해보다도 더 컸다.

서양에서 헌정의 기원을 고찰해 보면 누구도 헌정이 서양에서 산생된 데는 그 특정된 전통을 기초로 했다는 것을 부인하지 않는다. 근대 헌정이 요구하는 권력에 대한 제약과 평형 제도 및 민주사상은 고대 그리스 사상가의 논저에서 그 근거를 찾을 수 있다. 만약 우리가 고대그리스의 철학자 플라톤의 『법편』, 아리스토텔레스의 『정치학』과 근대 헌정이론의 창시자 몽테스키외의 『법의 정신을 논하다』를 나란히 비교한다면, 그들의 계승관계를 쉽게 알아 낼 수가 있다. 몽테스키외의 정체유형에 대한 논술, 공화정체와 민주정치의 제도설치에는 아테네, 로마의 폴리스 체제의 역사적 흔적이 찍혀있지 않는 데가 없다. 헌정은 전통의 지지와 역사의 근거가 있어야만 합리적이고 신성하게 될 수 있는 것이다. 헌정에 대하여 말하려면 '헌법'에 대하여 말하지 않을 수가 없다. 헌법은 헌정의 원전이고 강령이기 때문이다. 서양인들은 전통으로부터 헌법을 인식하고 이해하게 되는 것이다. 일반적인 헌정이론에 따르면 헌법은 사회계약의 토대 위에서 건립된다. 헌법은 기본법의 형식으로 공민의 기본 권리와 의무를 규정하며 국가기구의 직권과 상호간의 관계를 규정하게 되는 것이다.

사회계약의 시각에서 서술할 때 국가의 권력은 공민의 위탁에서 생기는 것이다. 따라서 헌법은 바로 국가와 공민 간의 계약이라고 할 수 있다. 국가는 권력을 행사함에 있어서 절대로 공민의 권리에 손해를 입혀서는 안 된다. 반대로 당연히 공민의 권익을 보장하는 것을 목적으로 해야 한다. 권력을 제한하는 목적은 바로 이 범위 안에서 생활하는 모든 공민 한 사람 한 사람이 모두 자신의 직접적인 이익이 헌법과 관계된다는 것을 느끼도록 하며, 실제 생활에서 헌법이 없어서는 절대 안 된다는 것을 느끼게 하려는 것이다. 이보다도 더 중요하지만 평소 우리들에게 늘 경시되고 있는 것이 한 가지 있다.

그것이 바로 서양에서 헌법은 민족정신의 응집이자 체현이고 전통문화와 가치관의 긍정이자 집약이라는 것이다. 바로 이렇게 전체 공민들이 긴 시간을 거쳐 형성하고 공인하는 가치관이 있었기에 '계약'은 진정으로 구속력이 있게 되고 형식에 매이지 않게 되는 것이다. 민족정신과 전통이 밀접하게 연관되어 있기에 나라마다 헌법이 다르게 되는 것이다. "나라마다 그 나라의 정치 정세가 있고 나라마다 그 나라 인민들만의 정치 관념이 있다. 갑국(甲國) 인민들이 응당 습관에 속한다고 믿고 인민들 공통의 가치관을 체현하는 '대법'이라고 믿는 것을 을국(乙國) 인민들은 헌법에 넣을 필요성을 느끼지 않을 수 있다"는 것이다.[60] 역사적 전통과 사회의 풍속습관 및 인민들의 공통가치관을 체현한 이러한 '대법'들 중 일부는 중국 고대사회의 '예(禮)'와 비슷한 것이다. 인민들의 눈에 이들의 지위는 그 무엇과도 비길 수 없는 것으로서 추구할 가치가 있는 것이다. 비록 현실에서 '이것'들은 완전하게 실현하기 힘든 이상적인 법일 수 있지만, 일단 누군가가 이것을 어지럽히기만 하면 즉시 민중들의 반대를 받게 되고 심지어는 분노를 자아내게 될

---

60) 전단승(錢端升), 『전단승 학술 논저 자선집(錢端升學術論著自選集)』, 북경사범대학출판사, 1991, 122쪽.

것이다. 프랑스의 계몽사상가 루소는 치밀하고 훌륭하게 헌법을 이른바 '근본 대법'이라고 하는 근본 원인을 논술했다.

"이 세 가지 법 외에 또 한 가지 네 번째가 되는 것을 더해야 할 것이다. 이것은 모든 것들 중에서 제일 중요하다고 할 수 있다. 이것은 대리석에 새기는 것도 아니고, 구리기둥에 새기는 것도 아니다. 응당 공민들의 마음속에 새겨야 할 것이다. 이것은 반드시 국가의 진정한 헌법이 되어 날마다 새로운 힘을 얻어야 할 것이다. 다른 법들이 쇠망할 때에도 이것은 쇠망하는 법들을 부활시켜야 할 것이며, 또 그러한 법을 대체해야 할 것이다. 이것은 한 민족의 창제정신을 보존하게 해야 하며, 부지불식간에 습관적인 힘으로 권위의 힘을 대체하게 해야 할 것이다. 내가 말하는 이것은 바로 풍조와 습속이며, 특히 여론이다. 이 방면에 대해서 우리 정론가들은 잘 모르고 있다. 그러나 다른 성공 모두는 이것에 연관되어 있는 것이다. 이것은 위대한 입법자들이 비밀리에 큰 공을 들인 부분이라고 할 수 있다. 이것은 어쩌면 자기를 개별적인 규칙에 국한시킨다고 볼 수 있지만, 기실 이런 규정은 모두 아치의 정상에 지나지 않는다. 하기에 오직 오래 시간을 두고 형성된 풍조여야만이 나중에 그 아치 정상의 동요하지 않는 쐐기돌(拱心石)이 될 수 있는 것이다."[61]

백여 년 중국의 헌정사에서 사람들은 '권리', '분권', '인권'을 보았고, 심지어는 고서에서도 찾기 힘든 이런 명사들과 익숙해졌다. 학자들은 심혈을 기울여 서양 헌법의 종류, 헌정의 모식을 소개했다. 하지만 헌정과 역사전통의 관계, 헌법과 민족가치관의 관계는 경시하고 회피했다. 중국의 유구한 역사에서 외래문화의 충격은 적지 않았다. 어쩌면 중국문화 자체가 바로 다른 문화들의 융합으로 만들어진 산물이라고 할 수 있다. 하지만 이 '융합'은 절대 간단한 '가져오기 식'의 모방이 아니라 자신이 가지고 있는 문화의 기초 상에서 진행된 대창조라고 할 수 있다. 외래문화는 융합하는 가운데서 '중국화'가 되었다.

---

61) 루소, 『사회계약론』, 하조무 역, 73쪽.

중국문화는 융합하는 중에 부단히 자신을 갱신하였다. 일본과 다른 것은 중국의 문화는 창조형에 속한다. 외래의 문화를 받아들일 때 '마음으로 깨닫는다'는 식으로 고유문화와 외래문화의 상통함에 대해 체득하게 된 것이지, 형식적으로 '가져오기'를 한 것이 아니기 때문이다.

외국문화가 중국문화에 융합되는 과정을 우리는 능히 "정밀하게 다듬고 세심하게 갈다(濺錄抹堊 :말록말무)"라는 말로 형용할 수 있다. 민족이나 국가의 발전 및 생존에 적합하고 문화의 내용을 풍부하게 할 수 있는 성분은 넓고 심오한 중국문화체계에서 더욱 합당한 표현형식을 찾게 되고 지속적으로 발전하게 된 것이다. 하지만 일부 국정, 민풍에 적합하지 않은 성분은 선별과 비판 속에서 개조되었다. 동한 후에 들어온 불교는 전형적으로 중국문화의 이러한 융합과 창조성을 보여주고 있다. 한대로부터 당대에 이르기까지 불교는 중국에서 발전하면서 역시 비판과 개조를 거쳤다. 그 속에는 신앙을 위하여 갖은 곤란을 물리치고 서천에 가서 경을 구해온 중국의 승려들, 이성적으로 불교의 원리를 분석하고 그 사회 작용에 대해 이의를 제기한 유생들의 노력이 깃들어 있다. 이런 사람들의 신중한 탐구와 분석이 있었기에 불교는 중국문화의 유기적인 조성부분이 될 수 있었다. 불교는 중국식으로 변하면서 새로운 모습을 가지게 되었고 더구나 발전의 잠재력을 구비하게 되었다. 중국문화도 그로 인하여 불교를 융합하였기에 더욱 생기를 띠게 되었다. 문화 융합의 힘과 창조성은 역대로 중국인들의 긍지를 불러일으켜 주었다.

중국 근대 헌정의 불행은 헌정이 서양에서 중국으로 들어올 때가 바로 중화민족이 생사존망의 가장 위급한 상황에 처해있을 때였다는 것이다. 진정으로 헌정을 찬미하던 사람들도 당시에는 냉정하게 헌정과 시대의 흐름을 따라 닥쳐오는 역사문화의 정취를 음미하지 않을 수 없었다. 그들은 더구나 한대나 당대의 조상들처럼 침착하게 자신의 문화와 헌정이라는 이 수입품의 같은 점과 차이점 및 그들의 적응과정을 탐구하지 않을 수 없었다. 불평등, 피동, 심지어 핍박에 의한 수용과 모방은 중국문화의 거대한 융합을 파괴하였을 뿐만 아니라 그의 창조력마저 파괴해버렸다. 전에 없이 전통문화에 대하여 자신감을 잃고 있는 상황에서 중국인들은 처음에는 어쩔 수 없었고, 다음에는 관성에 국한되거나 선입견 때문에 '융합'과 '창조'적인 습관을 포기하고 기계적인 '가져오기'를 했다.

　무술유신 후의 비교와 평가에서 중·서 문화의 이동은 학계의 유행이 되었다. 비참하다고 할 수 있는 것은 이때의 비교와 평가 표준이 완전히 국력의 강약으로 정해졌고 그것으로 문화의 우열을 논했다는 것이다. 그리하여 중국에 있고 서양에 없는 것들은 필연적으로 사회발전의 독버섯으로 치부되었고, 중국에 없고 서양에 있는 것들은 중국문화의 '결함'으로 치부되었다. 자신감과 공정성을 잃은 '비교'가 도출해낸 결론은 바로 전통을 포기하고 서양을 그대로 본받아야 한다는 주장이었다. 이것은 '답습'이 중국 근대법학의 주된 선율이 된 원인이라고 할 수 있다.

　사실, 서양의 헌정을 받아들일 때 우리는 이미 "중·서를 융합하고 중외에 정통하여" 헌정의 새로운 모식을 만들어 내려는 욕심마저 가질 수 없었다. 더구나 선인들처럼 자신의 문화 속에서 침착하고 태연하게 새로운 천지를 개척할 수 없었으며, 새로운 토양을 개량하여 창조적으로 헌정문화를 받아들이고 개정하여 중국의 문화와 사회에 융합시킬 수가 없었다. 하지만 빠른 답습은 서양 헌정으로 하여금 중국에 '같은 사물이라도 환경에 따라 성질이 변하는 결과'가 나타나게 했다. 사실 전통의 이식에 대한 분리는 민족정감과 정신적 묵시 및 외래문화(헌정)에 대한 실제에 부합되지 않는 기대로서 이런 결과를 초래하게 된 주요 원인이 되는 것이다. 이에 대하여 미국의 사회법학자 파운드는 '방관자가 더 똑똑하다'는 말의 참뜻을 알게 된 것 같다. 중국의 헌법을 논술할 때 파운드는 중국에서 요구하는 것은 일종의 중국 성격이고 중국 국정에 부합되는 헌법으로서 외국의 것을 답습할 필요가 없다고 강조했다. 파운드는 또 사람들에게 "입헌정치는 단시기 내에 이상만으로 창조할 수 있는 물건이 아니다.

　입헌정부는 반드시 그 나라 인민들이 이미 가지고 있던 문물 및 전통적인 이상 속에서 점진적으로 형성되고 발전되어야 하지 절대 다 자란 후 한 나라에서 다른 나라로 옮겨갈 수 없다"고 충고했다. 파운드의 이 관점이 가지고 있는 정치관점이 어떠하든지를 떠나서 헌정의 본질과 문화교류의 법칙으로 말할 때 파운드의 이 말은 크게 비난할 수 없는 상식인 것이다. 그러나 이 관점은 전통문화에 대하여 이미 자신감을 잃은 중국 법학계에 큰 풍파를 일으켰다. 그들은 상식을 위배하여 헌정 '국정설'을 비판하였으며 놀랍게도 그것이 주도적인 여론이 되게 했다.[62] '국정 적응'과 '입헌 정치'는 엄연하게 대립되는 관계이다. 심지어 '국정 적응'은 '위헌'을 위하여 구실을 제공하여 인민들의 전통에 대한 편견을 조성하였을 뿐만 아니라, 헌정과 헌법에 대한 인민들의 오해를 조성했다. 현실적으로 헌정을 목적으로 한 이상주의자들은 한편으로 헌정은 마땅히 본국의 습속과 인민들이 수요로부터 시작되어야 한다는 법칙을 무시하고 공공연히 서양의 헌정을 빌어다 중국의 정치와 문화를 대체하고 개조하려고 했다. 다른 한편으로는 역사와 문화의 영향을 받은 민중들은 이상주의자들이 '미리 설치해 놓은' 헌정 모식을 이해하기 힘들어 했을 뿐만 아니라 관심마저도 가지지 않았다. 모방으로부터 시작된 전통풍속이 아닌 헌법과 민족정감은 엄중하게 분리되었다. 오직 그것이 "국가를 멸망의 위기에서 구하여 생존을 도모할 수 있는 도구"가 될 때만이 사람들은 그에 대하여 흥미를 가지게 될 것이다. 그렇기 때문에 이상주의자들이 '인민의 갑주'인 헌법을 널리 알리고, 통치자들이 헌법의 '근본 대법'을 강조한다 하더라도, 문화와 민중의 지지를 떠난다면 나중에는 탁상공론이 될 것이며, '서양의 이야기'밖에 될 수 없을 것이다.

2. 정치적인 축적과 가르침은 헌정의 처지를 더욱 난처하게 했다

만약 학계에서 급박하게 실제에 맞지 않는 이상으로부터 출발하여 헌정을 '서양문화로부터 자연적으로 진화 발전'시켰다면 그 결과 헌정은 중국에서 '예기했던

---

62) 왕건(王健), 『서법동점－외국인과 중국법의 근대변혁(西法東漸-外國人與中國法的近代變革)』, 130쪽.

국가와 민족의 생존과 발전을 위한 일종의 도구'[63]로 변하게 되었다고 말할 수 있다. 하지만 그 때문에 존재와 발전의 사회적 기초를 잃게 된다면, 정치적인 축적과 인도는 헌정의 처지를 더욱 난처하게 하게 될 것으로, 이것은 중국 헌정의 또 하나의 잘못된 방법이라고 할 수 있다.

청말부터 시작하여 정권의 합법성을 증명하는 것은 헌법의 제일 중요한 기능이 되었다. 그리하여 '근본 대법'과 풍속, 민심은 그야말로 서로 아무런 상관이 없게 되었고, 반면에 정권과 쌍둥이 자매처럼 나란히 하게 되었다. 그 헌법은 정권이나 그 정권을 장악하고 있는 '국회'에서 나오게 되었다. 청나라 말의 '대권을 조정이 총괄한다'는 '예비 입헌'과 북양군벌정부의 연속되는 헌정활극은 헌정으로 하여금 정치집단 간 투쟁의 도구가 되게 하였으며 따라서 그 본의를 잃게 만들었다. 더욱 심각한 결과는 그 기만성이 헌정에 대하여 익숙하지 못하던 민중들의 오해를 사거나 심지어 그들의 반감을 자아내게 된 것이다. 민주도 좋고 헌정도 좋지만 그들 모두 군벌들의 혼전을 저지하지 못했으며 도리어 그들이 전쟁을 끝내지 않게 되는 구실이 되게 했던 것이다. 백성들이 안심하고 살 수 없었던 그 사회에서 헌법에 규정한 공민의 권리는 민중의 눈에 근근이 기만으로 밖에 보이지 않았는데, 이것이 바로 헌법이 파괴되는 상황에 직면하게 되었을 때 민중들이 냉정한 태도를 보인 주요 원인이었다.

유신입헌을 짓밟아버린 청조 조정의 '후당(后黨)'은 '예비입헌'을 선포하였는데, 이 불길한 시작은 그 자체가 중국 헌정의 길이 절대로 순조롭지 못할 것이라는 것을 암시했다. 서태후가 헌정에 부여한 사명은 황당하고 음험하고 악독했다. 즉 "내 만주왕조의 기초를 영원히 공고하게 하고 그 밖의 혁명당은 그로 인해 소멸되게 하라"는 식이었다.[64] 후당들의 이러한 속마음을 헤아리기 어려운 입헌목적은 헌정의 본의를

---

63) 왕인박(王人博), 『헌법문화와 근대중국(憲法文化與近代中國)』, 법률출판사, 1997, '서언'.
64) 송교인(宋敎仁), 『청태후의 헌정담(淸太后之憲政談)』, 장단(張檀), 왕인지(王忍之) 편, 『신해혁명전 10년간의 시론 선집』 제2권·상책, 생활·독서·신지삼연서점 1963, 70쪽.

변화시켰을 뿐만 아니라 헌정을 입헌파들과 모든 당들이 희망하던 '국가를 멸망의 위기로부터 구하여 생존을 도모하는 도구'가 되게 하자던 헌법은, 권력을 권력의 도구로 전락하게 만들었다. 헌법이 권력에 들어붙게 한 것은 서태후만의 것이 아니며 청조 말에만 국한되는 것은 더 더욱 아니었다. 청조황제가 퇴위하고 청조 조정이 중국역사무대에서 물러난 후에도 헌정 활극은 점점 더 고조되었다.

이른바 민국 대통령이라고 불리고 실제는 군벌의 괴수로 행동한 원세개는 행정권을 독점하고 국회의 입법을 방해했다. 그는 어용 성격을 가진 '정치회의'를 설립하고 그것을 이용하여 국회를 해산시켰다. 원세개의 통치아래 민국원년(1912년)에 공포한 '중화민국약법', 1913년에 국회헌법기초위원회에서 기초한 '천단(天壇)헌법초안'은 모두 공문(空文)이 되었다. 1914년 5월에 공포한 '중화민국 약법'은 확실한 '원기 약법(袁記約法)'이다. 그 '약법(約法)'에는 원세개의 '독재' 염원이 그대로 반영되어 있다. 원세개가 죽은 후에도 중국의 헌정 운명은 호전되지 못했다. 군벌들이 혼전하는 환경에서 국회는 군인들의 손에 장악되었다. 전쟁의 포화 속에서 국회는 모였다가 해산되고 열렸다가는 정지되었다. 그들은 나라 일을 토론하고 민심을 반영한다고 했지만 사실은 연극에 지나지 않았다. 헌법의 제정과 출범은 더구나 각 군벌파벌 간의 실력의 흥망과 밀접한 관계가 있었다. 1923년에 공포한 중화민국 제1부 헌법 '중화민국헌법'은 놀랍게도 조곤(曹琨)이 선거에서 당선되기 위해 뇌물로 쓰인 흑막에 지나지 않았다. 이런 헌정, 이런 헌법을 어찌 민중의 정감을 대표했다고 할 수 있으며 어찌 근본 대법의 존엄을 수립했다고 할 수 있겠는가?

중국의 정치무대에서 물론 헌정의 진정한 옹호자들이 적지 않았다. 하지만 그들도 민족과 국가의 생사존망이 화급한 고비에 처해 있을 때 헌법을 일종의 도구로 삼으려고 할 뿐이었다. 1912년에 '약법'이 서둘러 공포되었다. 1913년 '천단헌초'의 급한 작성은 부득이한 정황 하에서 이루어진 것이지만, 이런 급한 거동은 확실히 헌정의 형상에 부정적인 영향을 일으켰으며 그 후 군벌들이 헌정을 이용하게 되는 큰 우환을 남겨 놓게 되었다. "빨리 끝내고 싶지만 뜻대로 되지 못하는 것"은 늘 사회변혁이 실패하게 되는 원인이 되었다. 1908년에 '흠정헌법요강'을 공포해서부터 1947년에 '중화민국헌법'이 완성되기까지 40년도 안 되는 사이에 정권의 빈번한 교체와 더불어 중국에서는 10부의 전국적 성격의 헌법이 출범되었다. 놀랍게도 중국헌법의 교체속도가 동쪽의 이웃나라인 일본의 십여 배나 빨랐다.

일본의 헌정역사를 잘 알고 있는 양계초는 이렇게 말한 적이 있다. "헌법자(憲法者)란 어떠한 사람들인가? 만사로도 바꿀 수 없는 법을 세우는 이들이다. 한 나라에 사는 사람으로서 군주나 관리를 막론하고 인민들을 지켜주는 사람들이다. 이들은 나라의 모든 법도의 근원이 된다. 금후 어떠한 령이 떨어지거나 어떻게 법이 바뀌더라도 그 종지를 떠나서는 안 될 것이다. 서양어로는 THE CONSTITUTION, 번역하면 원기(元氣)라는 말과 같다. 다시 말하면 헌법자들이 바로 나라의 원기라는 것이다."[65] 바로 이렇게 법을 원기로 보았기에 일본 근대헌법의 출범이 비록 위에서부터 아래로 내려온 듯한 '예설(豫設)'적인 특성이 있기는 하지만 그것은 확실히 신중하고 또 신중을 기한 것이다. 양계초는 또 이렇게 말했다. "일본에서는 메이지 23년(1889년)에 헌법을 실행했다. 헌법을 공포한 것은 메이지 13년이고 처음으로 헌법을 시작한 것은 메이지 5년이다. 초창기에 대신 5명을 유럽에 파견하여 여러 나라 헌법의 다름을 고찰하게 하여 그 득실을 헤아려보게 했다. 귀국한 후 그들은 헌법을 제정하기 시작했다. 그들은 신중함에 또 신중함을 기했고 최대한 백성들에게 부담이 되지 않게 했다."[66]

근 20년의 교육과 학습을 거친 후 헌법은 일본의 새로운 전통이 되었다. 메이지 헌법은 일본에서 반세기 이상 실시되었다. 이런 안정성은 헌법을 위해 당연한 존엄을 가져다주었다. 하지만 중국은 그와 같은 길을 걷지 않았다. 인민들이 아직 헌정이 어떤 산물인지를 정확하게 이해하기도 전에 정치 및 권력의 수요로부터 출발하여 연이어

---

65) 양계초(梁啓超), 『입헌법의(立憲法議)』, 『음빙실합집(飮氷室合集)1, 음빙실문집 5』, 중화서국 1989, 1쪽.
66) 양계초, 『입헌법의』, 『음빙실합집』 1 · 『음빙실문집 5』, 6쪽.

헌법을 출범시켰다. 그로 인하여 중국에서의 헌법은 그 무게를 잃게 되었고 헌법의
존엄을 파괴하였으며 헌정으로 하여금 중국에서 '권력을 제약하여 균형을 이루는 힘'이
없게 만들었다. 따라서 민중들로 하여금 헌정의 참뜻을 느낄 수 없게 하였으며, 헌정의
전통도 형성될 수 없게 했다. 문제는 이 뿐만이 아니었다. 더욱 불행한 것은 연이어
출범된 헌법이 오직 일종의 시세(時勢)의 수요에서 나온 것이라는 것이다. 그러한 헌법은
인민들의 염원과 이탈되어 있었다. 때문에 형식적으로 모든 헌법이 명확하게 헌법의
수정절차를 규정해 놓은 것 같지만 이런 헌법의 존엄과 안정을 보호하는 절차는 권력
앞에서 유명무실하게 될 수밖에 없었다. 헌법의 이런 형성과정을 일본국민들의 헌법에
대한 존중과 수호 및 개헌의 신중한 태도와 비교해 볼 필요가 있다.

　1946년 일본에서는 전쟁 후의 새로운 헌법을 공포했다. 이 헌법이 비록 점령국인
미국의 영향을 깊이 받았지만 헌법의 구절마다에서 확실히 국민들의 강렬한 요구를 알
수가 있다. 헌법의 '서언'에는 전쟁을 반대하는 일본국민들의 목소리가 담겨져 있었다.
즉 "일본국민들이 정식으로 국회의 대표를 선출하는 행동은 나와 나의 자손들에 의해
결정된다. 여러 나라 인민들과 화합하여 얻은 그 성과와 자유가 중국 국토에 퍼질 수
있는 그 은덕을 확실하게 보장받을 수 있다. 그리고 정부의 행위로 인하여 다시 전쟁이
발발하는 참극을 방지할 수 있다. 특히 주권이 국민들에게 있음을 선언하면서 본 헌법을
확정한다"는 것이었다.[67] 눈 깜박할 사이에 또 반세기가 흘렀다.

　비록 일본 군국주의의 전통이 그들의 환경에 적응하는 데 부단한 작용을 일으켰지만
헌법에 의해 승인을 받은 일본국민들의 심각한 반성을 거친 평화를 수호하려는 새로운
전통은, 항상 일본군국주의의 부활을 억제시켰다. 정부 관리들의 헌법을 위배한 언행은
민간의 강렬한 질타를 받았다. 일본국민들은 평화를 보호하고 헌법을 수호하는 것만이

---

67)　「일본국헌법」(1947년 5월 3일 실행), 키노시타 다로(木下太郎) 편, 『구국헌법선별소개(九國憲法選介)』,
　　강수화(姜樹華) 역, 군중출판사 1981.

자기들의 안정된 생활권리를 보호하고 유지하는 것이라는 것을 알고 있었던 것이다. 이런 면에서 말할 때 헌법은 정객들의 탐욕과 야심을 억제시켰을 뿐만 아니라 민중생활의 복지를 보장하는 근원이 되었다.

3. 일본을 본보기로 삼은 것은 중국헌정의 세 번째 잘못이다

근대에 와서 중·일은 모두 서양을 모방하여 갖은 변화를 꾀하면서 강대해 지려고 몸부림을 쳤다. 일본은 '변화' 속에서 풍부한 성과를 이룩하여 예기한 목적에 도달하였지만, 중국은 늘 '변화' 중에 진퇴양난의 궁지에 빠졌다. 중국의 '변화'의 결과는 언제나 뜻밖이었다. 나름대로 달콤한 '귤나무'를 심으려고 했지만 그 결실은 쓰디 쓴 '탱자'를 심은 결과로 나타났다. 중일 갑오 해전 후, 중국인들은 지난 날의 속국이었던 일본의 실력과 그들이 서양을 모방하여 이룬 성공을 인정하지 않을 수 없었다. 중국인들의 불안하고 조급한 정서는 이로부터 생성되었다.

그리하여 일부의 사람들은 일본을 모방하는 것으로 법제를 개혁하여 강성해지기를 꾀하는 지름길로 생각하고 유럽과 미국을 모방하던 것에서부터 눈길을 일본으로 돌리게 되었다. 학계로부터 듬직하고 진중하다고 평가를 받아오던 청조조정의 중신 장지동(張之洞)은 당시 모두를 놀라게 했던 저작 『권학편』에서 대대적으로 일본에 유학할 것을 제창했다. 그는 "유학에 있어서는 서양이 동양보다 못하다"고 명확하게 지적했다. 장지동은 그 이유를 이렇게 밝혔다. "거리가 가깝고 비용이 절감되어 많이 파견할 수 있다", "중국과 가깝기에 고찰하기가 쉽다", "일본의 문자는 중국의 문자와 비슷하기에 알기 쉽다", "서양의 책은 번잡하기에 배우기 힘들어 하는 자들이 있는데 일본 사람들이 이미 일부를 삭제하여 배우기 쉽게 개조했다. 중국과 일본은 시세와 풍속이 비슷하여 모방하기 쉽기에 적은 노력을 들여 큰 성과를 올릴 수 있다. 그러므로 일본유학은 절대로 지나치지 않다." 장지동의 이러한 "노력을 적게 들여 큰 성과를 올릴 수 있다"는 설득력 있는 주장은 중국의 전통적인 관료나 사대부들의 사물에 대한 완벽한 추구와 무슨 일이나 그 근본부터 따지는 침착하고 태연한 풍도와는 차이점이 많았다.

전통과의 차이를 미봉하기 위하여 장지동은 이렇게 보충했다. "만약 더욱 완벽을 추구하기를 원한다면 다시 서양으로 나가 배울 수도 있다. 안 될 일이 무엇인가?' 19세기 초 중국의 변법들, 이를테면 헌정을 중국에 도입한 것을 포함해서 모두 확실하게 변화를 꾀한 것이라고 할 수 있다. 비록 나중에 유럽을 모방하던 것에서부터 일본을 따라 배우기는 했어도 말이다. 이렇게 변화를 거듭한 원인은 물론 장지동이 말한 것처럼 "중국이 빨리 강대해지기를 바라는 사상"과 "중일의 시세와 풍속이 비슷하다는 사상"이 작용했기 때문이다. 하지만 유감스러운 것은 이 두 가지 사상이 당시 사람들의 눈에 아주 자연스럽고 중요한 이유로 보였다는 것이다. 이 점은 바로 중화문화의 큰 금기를 어긴 것이 되었던 것이다. 만약 문화의 특징만으로 고찰하고 연구한다고 할 때 중일간의 차이는 절대로 중·서간의 차이보다 못하지 않을 것이다. 이것이 바로 일본의 전통은 '학습'하는 데 장점이 있고, 중국의 전통은 '창조'하는 것을 중시한 것이라 볼 수 있다는 것이다. 일본은 학습을 매우 잘할 줄 아는 나라라고 할 수 있다.

'모방'은 그들의 제일 큰 특색이요, 특징이다. 일본사람들의 학습방법은 매우 간단하지만 효과가 대단한데 그것은 그들이 다른 사람의 장점을 학습할 때 거의 그대로 옮겨오기 때문이다. 645년에 시작된 '다이카개신(大化改新)'은 바로 당조(唐朝) 사회를 본보기로 시작한 변혁이었다. 50여 년 후인 다이호(大寶) 원년(서기 701년)에 일본은 당조의 법과 거의 같은 '다이호 율령'을 공포하였는데 이것은 당조를 모방한 개혁이 순조롭게 완성되었음을 표하며 천황제 국가의 형성을 의미하는 것이었다. '다이카 개신'의 핵심은 바로 당조의 율령제도를 모방하여 중앙으로부터 지방에 이르는 완전한 관료기구를 건립하는 것이었다. 중세시기에 일본은 끊임없이 사절, 문인, 유학생, 승려들을 중국에 파견하여 학습하게 했다. 근대에 들어 중국의 조정과 재야가 유학생을 유럽에 파견하는 것이 자신들의 체통을 잃는 것이 아닌가를 논쟁하고 있을 때, 일본의 중신, 사절, 유학생들은 이미 바다를 건너 서양에 가서 고찰하고 학습하고 있었다. 중국이 일본을 본받아 5명의 대신들을 유럽에 파견하여 헌정을 고찰하고 있을 때 일본은 벌써 헌법을 공포하였고, 이내 헌법의 실시단계에 들어가 있었다.

그들은 기회를 놓지 않고 학습하였고, 학습과정에서 무엇을 얻을 것인가를 중요하게 생각하였지 무엇을 잃을 수 있는 가는 신경을 쓰지 않았다. 이런 '학습형' 전통문화는 근대 일본으로 하여금 서양을 모방하는 것에 대해 먼저 기회를 잡을 수 있게 했다.

중국은 이 점에서 일본과 달랐다. 진나라 이후의 '통일문화' 는 줄곧 중국 역사발전의 주류가 되었다. 중화문화는 중국인들을 주체로 하여 누적된 수천 년의 문화체계를 이루고 있었다. 비록 일본과 동남아의 일부 지역과 나라들도 모두 이러한 문화체계에 포함되어 있으면서 이 문화를 받아들였지만, 그들은 그 문화의 '창시자'들이 아니었던 것이다. 중국인들이야말로 그 문화의 '창시자'들이었기에 그 문화에 대하여 특별한 사랑을 가지고 있었다. 하지만 그때도 중국문화는 폐쇄된 상태에 있었던 것은 아니었다.

역사가 증명하다시피 중국문화는 강한 융합의 힘을 가지고 있었다. 다른 문화와의 교류 중에서 중국인들은 '융합관통'을 강조하였는데 이것이 바로 문화의 확장이요, 갱신이었다. 학습과 흡수 중에서 중국인들은 자신의 문화를 포기하려고 하지 않았을 뿐만 아니라 각종 완화적인 경로를 통하여 상대방을 한화(漢化)시켰다. 이질문화가 한화되는 과정은 바로 중국문화가 갱신되는 과정이었다. 이런 학습은 사실 학습이라기보다 창조라고 하는 것이 더 적절했을 것이다. 하기에 중국인들은 학습에서 '그대로 옮겨 오기'와 '그대로 따라 하기'를 제일 꺼려했다. '그 뿌리를 깊이 파헤치고', '많이 누적한 후 적게 이용하며', '실시구시'하는 것은 중국인들의 학습원칙이었다. 이러한 학습방법은 전통을 기초로 하였기에 침착하게 판별하고 올바르게 연구해야 했다. 이질문화 속의 우량한 성분을 자신의 문화에 용해시켜 유기적으로 구성되게 해야 했던 것이다. 중국문화가 '창조성 문화'에 속했기에 일본에서는 쉽게 성공할 수 있는 '서양화'가 중국에서는 효과가 적었던 것이다.

그렇기 때문에 우리는 '좋다', '나쁘다'로 중일 양국의 전통이 부여한 '학습'방면에서 상이한 특징들을 간단하게 평가할 수 없는 것이다. 역사는 다음과 같은 사실을 증명했을 뿐이다. 동시에 서양을 모방하고 동시에 헌정을 실시하는 과정에서 일본은 형식에서부터 직접 그것을 옮겨왔지만 중국은 그렇게 하지 않았다. 만약 직접 옮겨 왔다고 해도 중국이 성공할 수 있었다고 장담할 수는 없다. 중국이 외래문화를 흡수할 때의 자아갱신과 새로운 과정에 대한 개척 같은 학습의 경지는 일본에서 찾아볼 수 없는 것이다. 우리는 근대 수많은 유력인사들이 민족의 생사존망의 관두에서 보여준 전통에 대한 초조함을 힐난하지 말아야 한다. 역사는 그들에게 '여유로움'을 보일 수 있는 조건을 쥐어주지 않았고 더구나 올바르게 연구할 만한 기회를 주지 않았던 것이다. 우리는 인내심을 갖고 자신의 문화에 적응될 만한 헌정의 길을 모색해야지 절대 급히 성공하겠다고 행동하는 중에 자아를 잃지 말아야 한다. 중국에서 성공한 어떠한 개혁도 모두 비판으로부터 시작되었고 계승과 융합 속에서 원만하게 완성되었다.

제4절
근대 헌정에서 전통의 빈자리 ― 예치의 개조와 전통문화의 발굴

　'예(禮)'는 근대 이후 중국인들에게 비판의 과녁이었다. 경제가 발달되지 못했고 사회의 발전이 정체되고 사상이 경직되고 법치가 시대에 뒤떨어지고 민권을 펼칠 수가 없었기에 낙후되어 외세의 수모를 받을 수밖에 없었다. 그 근원을 따져보면 중국인들이 일관적으로 자부심을 느껴오던 '예'와 관계되는 것이다. '예'가 중국 고대사회에서 받아오던 추앙과 근대사회에서 받은 비판은 또 한 번 일부 국민들이 극단적으로 '좋다 주의'를 주장하는 성격을 증명하는 것이다. 오늘날 과녁은 이미 보잘 것 없이 망가져 버렸다. 하지만 국민들이 예측하지 못했던 것은 '예'에 대한 의식과 관념이 여전히 완강하게 존재하고 사회에 대하여 크나큰 영향을 일으키고 있다는 것이다. 크게는 영원히 논쟁이 끝나지 않는 도덕과 법이 결국 어느 것이 크고 어느 것이 작은가 하는 것이고, 작게는 한 사람의 생활 중의 언어나 행동에 대한 평가에까지 이르는 것이다. '예를 알고', '덕성이 있다는 것'은 여전히 한 사람에 대한 제일 좋은 긍정이 된다. 반면에 '덕성이 없다'는 평가는 한 사람에 대한 제일 엄격한 질책과 부정이 되는 것이다.

　공자는 "예를 배우지 않으면 인격을 세울 수 없다"고 말했다. 이 충고는 사람들의 가치관을 좌우했고 심지어는 사회 변혁에 영향을 주었다. 만약 실사구시적으로 말해서 국력의 강약으로 문화 우열에 대한 편견을 논하지 않는다면, 만약 더욱 객관적이고 이지적으로 과거를 돌아보고 현재와 미래를 살핀다면, 만약 유일한 '표준'이나 신형의 '대통일'의 일원화 가치관으로 분석하고 판단하지 않는다면 우리는 능히 오늘날 '예'에 대한 사람들의 비판이 비록 전혀 근거가 없는 것은 아니지만, 옛 사람들의 '예'에 대한 추앙 및 '예'가 가지고 있던 강대한 생명력 역시 아무 이유가 없는 것은 아니다. 그리고 우리는 또 비판이나 추앙을 막론하고 현실적으로나 미래적으로나 완전히 '예'를 부흥시키거나

포기한다는 것은 모두 불가능하다는 것을 알 수 있다. '개조'는 유일한 출로이다. 이로부터 알 수 있는 것은 '예'는 고대사회가 그에게 부여해 준 사명을 완수했다고 할 수 있다. 그리고 '예'가 현실사회에 대해 어떤 작용을 하는가 하는 추세는 오늘날 사람들이 '예'를 어떻게 보는가 하는 데 달린 것이다. "주나라는 비록 옛 나라이나 그 사명은 혁신에 있었다"는 말이 있듯이 우리는 중화민족의 위대한 부흥에서 전통적인 '예' 및 예치가 현대사회에서의 유신을 기대하게 하며, 다양한 현대 모식의 출현과 형성을 기대하게 하는 것이다.

1. '예치(禮治)'에 대한 반성

'예치'란 '예'로 사회를 조직하고 관리함을 이른다. 여기서 말하는 '예'는 인류사회발전 초기에 형성된 규범과 관념을 가리킨다. 이 '예'에는 원시적인 종교 (이를테면 천, 지, 귀, 신이나 선조에 제사를 지내는 것), 도덕(같은 부락 성원들에 대한 친선이나 우애 그리고 적들에 대한 원한), 습관(일상적인 생활행위 및 언어 행동거지) 등등이 포함된다. 이런 의미에서 볼 때 예치는 인류사회가 아직 혈연사회에 있을 때의 산물에 지나지 않는 것이다. 당시 사회에 '법'이 존재했었는지는 학계에서도 아직 일치된 결론을 내리지 못하고 있다. 하지만 능히 긍정할 수 있는 것은 당시 사회에 법이 있었다고 하더라도 그것 역시 '예'의 한 구성부분이었을 것이라는 것이다.

이로 볼 때 세계 각지, 이를테면 동서양을 막론하고 사회의 발전은 모두 반드시 '예치'의 단계를 거쳤다는 것이다. '예치'는 결코 중국 고대사회의 특별한 산물이 아니다.

문제는 혈연사회가 와해된 후, 세계 각 지역의 문명이 각자 자신의 길을 가게 되었다는 것이다. 근대 국제화 과정에서 기선을 잡고 있는 서양은 자신들의 강대한 국력과 무력을 빌어 식민지화 과정에서 자신들의 발전모식과 가치관을 '유일한' 것으로 변화시키려고 하고 있다. 이러한 조짐은 법학에서도 반영되고 있다. 영국의 위대한 법학자

메인(Maine)의 거작 『고대법』은 매 구절마다 '통설'이 되고 있다. 법학계에서 오늘까지도 신봉하고 있는 이 통설들은 우리에게 습관적인 법이 끝나고 법전의 시대가 도래할 때 오직 서양의 법만 부단히 진보하고 완미하게 된다면, 다른 지역의 법은 정지되고 정체된다는 것을 알려주고 있다. 메인은 자부심에 넘쳐 이렇게 말했다. "로마 법학에는 인류제도 중에서 제일 장구하고 저명한 일종의 어떤 역사가 존재해 있다. 그것이 거친 변화의 모든 성질은 이미 대체로 매우 긍정을 받았다. 그의 시작으로부터 결속에 이르기까지 점차 더욱 좋게 바뀌었거나 수정주의자들이 생각하는 이른바 더욱 좋은 방향으로 발전하였던 것이다. 그러한 개선은 여러 시기에 부단히 진행되어 왔었다. 이 시기에서 이른바 나머지 인류의 사상과 행동은 실질적으로 이미 발걸음을 늦추고 있었으며 여러 차례나 완전히 정체상태에 빠지게 되었던 것이다."[68]

메인은 또 이렇게 인정했다. "서양법 및 법학의 발전은 서양사회의 문명을 촉진했다. 그러나 세계의 다른 지역의 법 및 법학의 정체는 문명의 발전을 제약했다. 그렇기 때문에 서양사회는 '진보적'인 것이지만 다른 지역은 도리어 '정체적'인 것이다." 메인의 눈에 인도는 여전히 "모든 인류의 여러 민족 역사에 모두 발생한 적이 있었던 단계에 처해 있었는데 그 단계는 바로 법의 통치가 아직 종교적인 통치에서 분리되어 나오지 않은 그 단계인 것이다"고 보았던 것이다. 중국은 인도와는 달리 이미 인류최초의 법 단계를 거치기는 하였지만 "진보는 마치 거기서 멈춘 듯 했다." 이런 상황은 주로 중국의 '민사법'이 난잡하고 무질서한 것으로 표현된다. "그의 민사법에 이 민족이 능히 상상할 수 있는 모든 관념이 동시에 포함되어 있기 때문이다." 불행한 것은 메인의 이 문화와 지역 차별이 충만한 관념이 식민주의자들을 위해 노래를 부른 것이고, 또 이 관념이 식민주의자들에게 보편적으로 수용되었다는 것이다. 이로부터 서양의 법과 법학은 한 나라와 지역 법의 '진보'와 '낙후'를 가늠하고, '문명'과 '야만'을 판단하는 잣대가 되었다.

---

68) [영] 메인, 『고대법』, 신징이(沈景一) 역, 상무인서관, 1959, 14 15쪽.

중국도 물론 예외는 아니었다. 그렇기에 우리는 근대 이후 중국 고대의 예치가 무엇 때문에 뭇 사람들의 비난의 대상이 되었는지를 이해하기가 어렵지는 않다. 서양법의 모식과 표준에 따르면 중국 고대의 '민법'은 확실히 '규칙'과 체계가 적은 것이다. 민간의 자질구레한 일을 재판할 때 서양의 민법과 비교되는 '예'는 혈연사회의 '예', '예치'와 일맥상통했고, 그것은 하나의 개방된 융통적인 체계였다. 그 내용에는 중국 고대사회의 여러 방면이 포함되었는데 크게는 국가의 질서, 작게는 보통 백성들의 행위와 그들 간의 재산, 가정의 분규도 취급되었다. 예는 그 규범제도로부터 말할 때 일정한 구체적인 조문이 있었다. 하지만 더욱 많이 안정된 생활을 하며 즐겁게 일하기 위함을 목적으로 한 '잘 아는 사람들의 사회'라는 습관적인 풍속이라고 할 수 있었다. 이데올로기에서 말할 때 논리도덕과 충효절의의 가치관이야말로 '예' 혹은 예치의 핵심이라고 할 수 있다.

만약 역사의 기나긴 관습법적 시대에 서양이 자기들의 경제발전과 지역 환경에 근거하여 '씨족제도를 청산'한 후 법치사회에 들어갔다고 할 때 중국은 자신의 환경과 경제정황에 근거하여 '유신씨족제도'를 선택하였고 후에 예치사회로 들어가게 된 것이다. 이 두 가지 선택은 우열이 없었다. 문명과 문화 모식의 형성 및 발달은 근본적으로 환경과 역사가 부여해 준 것이다. 그러기에 선진과 낙후를 따질 필요가 없는 것이다.

하지만 근대에 와서 국력과 무력의 강약으로 문화의 우열을 논하고 문명 문화의 모식을 간직했는가, 하지 못했는가 하는 것을 유행으로 간주할 때, 메인의 '고대법'에서 말한 논단은 순리롭게 정론, 통설이 될 수 있었던 것이다. 서양의 모식과 다른 일체의 법제도와 사상은 모두 불가피하게 흠집이 있거나 불합리한 것으로 치부되었던 것이다.

서양법치문명과 완전히 다른 중국의 예치문명이 과녁이 된 원인은 두 말할 나위가 없는 것이다. '예치'는 근대사회에서 마치 보수, 암흑, 허위, 야만, 진부, 낙후의 대명사처럼 되었다.

서양에서 무역과 무력으로 자기들의 가치를 세상에 내세운 후 예치에 대한 반성과 비판은 세계적인 사조가 되었다. 예치가 비록 많은 '당연한' 도리를 포함하고 있었지만 근대의 식민지 포화에 모두 현실에 맞지 않는 이론이 되어버렸다. 경쟁의 법칙에는

'당연'하거나 '당연하지 않은 것'이 없다. 양육강식과 승부만 존재할 뿐이다. 강국과 약국의 관계는 '칼도마'와 '어육'의 관계이다.

이른바 '평등'은 강국 간의 교역의 원칙 하에서만 존재하는 것이다. 전에 희망을 '만국공법'에 기댔던 중국인들은 갖은 고통을 다 맛본 후에야 끝내 "낙후하면 곧 얻어맞게 될 것이다"라는 현실적인 도리를 알게 된 것이다. 이 '실제 존재하는 상태의 도리'는 바로 중국의 전통가치관이 제일 경멸하고 반대하는 "자신의 강한 세력을 믿고 약자를 깔보고", "모여들어 외로운 자를 업신여기는" 도리였다.

어떻게 말해도 근대 중국인들이 계속 현실을 직시하지 않고 "강대한 세력의 대국을 꿋꿋이 지켜나가고 겸손하고 고상한 자태를 유지하려 했다"면 그 결과는 '얻어맞는' 것에 끝나는 것이 아니라 '국가가 멸망하고 가정이 파괴되는 엄중한 결과'를 초래하게 되었을 것이다. 민족의 독립, 나라의 강성은 한 나라가 세계라는 숲에 우뚝 설 수 있는가 없는가 하는 기본적인 전제이다. 만약 이 전제가 없다면 평등, 민주, 발언권이나 민족문화의 부흥, 우량한 전통에 대한 계승은 모두 일종의 욕심이나 빈말에 지나지 않을 것이다.

이것은 바로 우리가 응당 선인들의 끊임없는 노력에 대해 탄복하고 그들에게 감격해야 하는 원인이다. 이 '현재 존재하는 상태의 도리'에 대한 그들의 통찰, 세계의 발전추세에 대한 포착은 전통에 대한 학설과 서학 실무에 대한 지혜가 충만한 응용이라고 볼 수 있다.

이러한 응용은 민족의 독립을 실현하고 국가의 강성을 도모하는 데 앞길을 열어주는 것과 다름없다. 선조들이 노력한 기초 위에서 우리는 지금 적당히 느긋하게 예치에 대하여 반성하고 근대 이후 우리가 부득이한 상황에서 전통에 대하여 불공평하게 처사한 점에 대하여 반성해야 한다. 이렇게 돼야만 우리는 평등하게 중서문화의 차이점을 평등하게 관찰할 수 있는 것이다.

예치에 대한 반성은 보편적인 의의가 있다. 그것은 예치가 인류사회발전에서 보편적으로 지나쳐야 하는 하나의 시기이기 때문이다. 그렇기 때문에 예치는 인류사회와 상통하는 응당한 도리를 많이 포함하게 되는 것이다.

예치에 대하여 올바르게 반성하면 우리는 인류사회와 상통하거나 우리가 당연히 지니고 있어야 할 미덕을 발견하게 될 것이다. 이런 미덕과 '당연한 도리'는 근대 물질의 쾌속발전으로 하여 경시되었거나 약화되었다. 만약 근대 이후 법치가 우리에게 알려주는 것이 이지와 '실연적인 도리'라고 할 때, 우리는 아주 오래된 예치에서 인류 공통의 이상과 '응당한 도리'를 많이 찾아낼 수 있을 것이다.

2. 중국 '예치'에 대한 반성

우리들이 예치에 대하여 반성하고 예치 개혁에 대해 탐구하는 더욱 중요한 원인은 다음과 같다. 5천여 년의 문명을 가지고 있는 중국은 하나의 '예치국가'라고 할 수 있다. 혈연사회 그리고 관습법시대 이후, 서양은 법치문명을 창조했지만 중국은 예치문명을 창조했다. 만약 우리가 메인의 '진보적'이고 '정지된' 분류 표준을 유일한 분류 표준으로 보지 않는다면 실사구시적으로 말해서 중국의 예치문명은 동시대 서양의 법치문명과 비교해도 손색이 없을 것이다. 중국의 예치와 서양의 법치 모식, 가치관에는 확실히 일정한 차이점이 존재한다. 하지만 진보와 낙후의 구별이 없으며 문명과 야만의 차이는 더욱 없다. 정치사회, 법전시대에 중국은 전통을 더 많이 계승했다. 그러기에 예치 중에 포함된 응당한 도리들에는 이론적인 귀납이 더해져 있고, 예치에 새로운 내용과 사명이 부여된 것이다. 우리는 응당 중국 선현들의 지혜에 감사를 드려야 한다.

그들의 노력과 탐구를 거쳐 중국의 예치는 더 이상 일반적인 혈연사회의 산물이라는 인식을 벗어나 중화문명의 상징이 되었다.

이때부터 일반 예치가 가지고 있지 않는 특징들을 가지게 되었다. 우리는 기본 이론과 역사발전이라는 이 두 가지 방면으로 중국의 예치에 대해 반성해 볼 수 있다.

예치에 대한 이론을 말하자면 반드시 공자와 맹자가 만들어 낸 유가학설을 이야기 해야 할 것이다. 실천에서 이론으로 승화되기까지 2천여 년의 세월을 거쳐 온 예치는 오늘까지도 그 영향력이 계속되고 있으며 날로 세계학계의 주목을 받고 있다. 여기에서 공자의 공적을 말하지 않을 수 없다. 유가는 "고풍스럽고 추앙받을 만한 학파"이다.

전통적인 예치는 유가학설 중에서 계통적인 결론을 지을 수 있었고 이론을 귀납할 수 있었다. 오늘날 다시 생각해보아도 사람들로 하여금 잊을 수 없게 하는 유가의 아름다운 이상이었다. "큰 도가 성행하던 고대의 천하는 모든 사람들 공동의 천하였다. 재덕이 겸비한 자를 선발하여 나라를 다스리게 했다. 사람마다 신용을 지키고 화목하게 지냈다.

사람들의 덕행은 곳곳에서 보였다. 그렇기에 자신의 친인이나 자신의 자식만 가까이 하고 사랑한 것이 아니었다. 그리하여 사회 전반적으로 노인은 천수를 편안히 누릴 수 있었고, 장년은 각자가 능력에 따라 일을 할 수 있었으며, 어린이들은 보호를 받으면서 배우고 자랄 수 있었다. 의지할 곳이 없는 사람들과 병이 있는 사람들도 좋은 보살핌을 받을 수 있었다. 남자들은 할 일이 있고 여자들은 귀속이 있게 되었다. 재산과 힘을 모두 사회를 위하여 바치려 했지, 개인의 사리만을 위하여 전심전력하지 않았다. 그리하여 사람과 사람 사이는 솔직하고 성실했으며 서로가 아귀다툼을 하지 않았다. 절도가 없었고 강탈이 없었으며 살상도 발생하지 않았다. 사람들은 외출을 해도 나쁜 사람들을 방비하기 위해 문을 잠그지 않았다."

이것이 바로 아름다운 대동세계인 것이다. 유가의 대동세계는 이렇게 이상적인 색채로 충만 하였다. '인성은 워낙 선하다'는 것이 이 대동세계의 기초이다. 이처럼 인성에 대하여 희망으로 충만했기에 선진시기의 유가들은 인성을 압살하지 않았을 뿐만 아니라, 물질을 통찰하고 풍요롭지 못한 혈연사회에서 '예치'의 합리적인 성분을 애써 발전시켰다.

맹자는 사람은 누구에게나 '연민과 다른 사람을 돌보려는 마음'이 있다고 말했다. 즉 사람마다 측은지심이 있다는 것이다. 그렇기에 "자기 집의 어른들을 봉양하고 그들에게 효도할 때 자기와 혈연관계가 없는 다른 집의 어른들도 봉양하고 그들에게 효도를 다해야 하며 자기 자식들을 부양하고 교육할 때 자기와 혈연관계가 없는 다른 집 어린이들도 부양하고 교육해야 한다"고 한 것이다. 공맹의 학설에서 '민'은 애초부터 심신이 건전하고 도리와 법도를 아는 것이었다. '민'이 악하게 변하게 되는 원인은 통치자들이 스스로 단속하지 않은 것과 관계가 있다. 즉 통치자들이 '민'의 선량한 본성을 훌륭하게 이끌고 상행하효(上行下效)하지 않았기 때문이다. 이른바 장기간 어떠한 생활환경에서 생활하면 그에 해당하는 습성을 양성하게 된다는 것이다. 또한 "윗사람의 행동이 바르면 호령하지 않아도 따라서 행하게 되고 윗사람의 행동이 바르지 않으면 호령해도 따르지 아니 한다"는 말도 있다.

이처럼 인성에 대하여 희망이 충만해 있었기에 공자와 맹자는 통치자는 선왕을 본받을 것을 주장하였으며 "이치에 맞게 남을 설득시키는 왕도"를 실행하려고 했던 것이다. 왕도의 특징은 실제적으로 혈연사회에서의 예치의 특징이다. 이를테면 통치자들이 국민을 자기 집 식구처럼 대해야 한다는 것이다. 그 때문에 국민을 교화해야지 절대 징벌로써 나라를 다스리는 중요한 수단으로 삼아서는 안 된다는 것이었다. 하지만 유가의 예치는 이미 가족혈연의 속박을 벗어나 전체 인민들에게 보급되어 있었다.

국가, 가족 및 사회 전반은 오직 인성의 아름다움을 믿고 교화를 진행하는 것을 통하여 인성을 고양하고 회복해야만 난세를 평정하고 나라를 구할 수 있고 대동사회를 창건할 수 있으며 태평성대를 이룰 수 있다는 것이다. 이상(理想)의 실현이 민의 본성을 '퍼뜨리는 과정'에 세워져야 하지 민의 본성을 '억제'하거나 '이용'하는 토대 위에 세워져서는 안 되기 때문이다. 그래서 선진 유가들은 인민들을 감히 멸시하지 못하였고 인민에 대하여 태만하지 못했다. 통치자들의 가혹한 정치를 마주하고 맹자는 감히 "민이 제일 귀하고 사직이 그 다음이며 군은 제일 가볍다"고 호소할 수 있었던 것이다. '민이 귀하고 군이 가볍다'는 민본주의는 바로 유가 통치사상의 정화라고 할 수 있다.

선진(先秦) 유가의 사상을 말할 때 우리는 선진 법가의 법치에 대해 간단하게 비교하지 않을 수 없다. 법가는 춘추전국시기에 날로 번영하던 하나의 학파이다.

누군가는 유가와 법가는 군주의 권위를 수호하는 것을 비롯하여 제반 방면의 주장이 아주 비슷하다고 말하지만, 선진 유가와 법가가 전통을 대하는 방면에서의 주장이 예리하게 대립되고 있다는 것은 누구도 부정하지 못 할 것이다. 어떠한 통치방법을 선택하고 어떻게 민중을 대할 것인가 하는 문제에서 유가와 법가는 서로 대립되는 면이 있었다. 이러한 대립은 어쩌면 그들이 인성을 대하는 서로 다른 관점에서 기인한 것이라고 할 수 있다. 사람들로 하여금 깊이 반성하게 하는 것은 법가의 법치이론과 서양 법치, 현대 법치의 주장이 본질적으로 다르지만(하나는 군주의 지고무상의 권위를 목적으로 하고, 하나는 군주의 권력을 제약하거나 민주를 수호하는 것을 임무로 한다) 오직 법치를 주장한다면 중국이나 서양을 막론하고, 고금을 막론하고 '인성의 악'은 바로 그들 이론의 공통 토대가 될 것이라는 것이다.[69]

　인성이 악하기 때문에 법치적인 사회에서는 '힘'으로 사람을 굴복시켜야 하는 것이다. 이른바 "힘이 있는 자는 사람들이 따르게 되고 힘이 없는 자는 사람을 따르게 된다"는 것이다. 춘추전국시기에 일단의 제후에게 분봉된 자, 즉 '백(伯)'의 힘은 천자보다도 더 컸다. 천자도 강대해진 '백'에게 달라붙어 자신을 보호해 주기를 희망했다. 강대해진 '백'은 또 '천자를 끼고 제후를 부리거나' 직접 다른 나라를 삼키고 천자를 대신해 일을 처리했다. 유가에서 숭상하던 도리로 사람을 설득시키던 왕도가 무너졌고 힘으로 사람을 굴복시키는 '백도' 즉 '패도'가 머리를 쳐들기 시작했다. 힘의 겨룸에서 상호 제약할 뿐 서로 방조하지 않는 '제도(制度)'는 통치자들에게 힘이 있다는 것을 명확하고 구체적으로 체현한 것이다. 그리하여 법가는 '제도'로 '사람'을 예속하고, 이용하고 다스리는 데 각별한 흥미를 가졌다. 그들은 '제도'를 완벽하게 하는 일에 특히 주목했다. 그러나 '유가'에서 탄복하는 것은 "부귀하면 방종하지 말아야 하고 빈곤하면 옮겨 앉지 말아야 하며 위풍당당하면 굴복하지 말아야 한다"는 도덕군자들이 부르짖는 인, 의, 예, 지, 신의 품격이었다. 하지만 이러한 것들은 법가의 눈에는 근본적으로 존재하지 않았었다. 그들은 이른바 '도덕군자'란 일부 국가의 힘이나 군주의 권위에 맞서려고 설치는 '아둔한 벌레'에

---

69) 어떤 사람들은 법가의 인성론은 '이로운 것만 좋아 하고 해로운 것은 싫어하는 것'이라고 믿었는데 이들은 '인성악(人性惡)'론자가 아니다. 하지만 법가의 해당 인성론 사상의 근원은 순자로 부터 온 것이라고 할 수 있다. 순자는 심지어 '인성은 아름답지 않다'고 말했고 공개적으로 인성은 워낙 악한 것이라고 인정했다. 그렇기 때문에 법가의 '이로운 것만 좋아 하고 해로운 것은 싫어하는 인성론'은 응당 인성악에 대한 설명이어야지 인성악에 대한 부정이 되어서는 안 된다. 순자는 교화를 주장하였기에 유가에 들어가게 되었다. 하지만 그는 인성을 주장하는 방면에서 공자와 맹자와는 다르다.

지나지 않을 뿐이라고 보았다. 이런 '아둔한 벌레'들은 도덕적 표준을 빌려서 '제도'의 힘을 약화하려고 하기 때문에 모두가 나라의 부강을 저해하는 걸림돌에 지나지 않는다고 보았던 것이다. 우리는 여기서 유가와 법가의 다른 점을 정리해 볼 필요가 있다.

유가는 인간의 선량한 본성을 믿고 있었다. 그들은 인성에 순응하여 사람과 사람 간에 서로 도와야 한다고 주장했다. 유가는 사회의 화목, 통치자와 인민 간의 상호 이해, 상명하달의 도덕적 자율 등은 최종적으로 '공(功)과 이(利)'와 같은 것으로서 일시적인 성패에 관계될 뿐이기에 역사발전의 시각에서는 그렇게 중요한 것이 아니라고 보았다. 하지만 '시와 비'에 대한 도리는 천고의 준칙에 관계되는 것으로서 나라의 근본과 인간의 근본에 영향을 주게 되는 것으로 인류사회에서 제일 중요한 기초가 된다고 보았다. 그들은 또 시비가 없는 '힘'은 폭력이고, 시비가 없는 '군(君)'은 어리석고 무능한 군주이며, 시비가 없는 '위풍'은 폭위(淫威)이고, 시비가 없는 '정(政)'은 학정이며, 시비가 없는 '법'은 가혹한 법이고, 시비가 없는 '사람'은 소인이라고 했다. 반면에 법가는 인간의 본성에 대하여 충분한 경각심을 가지고 있었다. 그들은 법제를 주장하여 인성에 순응하는 관리를 해야 한다고 믿었다. 사람과 사람 간에는 응당 상호 제약하고, 사회적인 경쟁을 해야 하며, 통치자는 피통치자에게 반드시 위력을 보여야 한다는 것이었다. 즉 '법'으로 백성을 규제해야 하고 이용해야 하며 진압해야 한다는 것이었다.

그러므로 법가와 유가의 설법은 모두 현실에 맞지 않는 이론이라고 결론 지을 수 있다. 그들은 '시와 비'의 이론에 대해서는 그다지 관심을 보이지 않았지만, '공과 이', '성과 패'에 대해서는 결코 등한시 하지 않았다. 사회경쟁과 사람과 사람 간의 규제 속에서 '이'는 어쩌면 '힘'보다 훨씬 중요하지 않고 현실적이지 못할 수도 있는 것이다. 법가는 사람들에게 경쟁 중의 '현재 존재하는 상황의 이(理)'에 대하여 알려주었다. '이'는 반드시 '힘'의 기초 위에서 건립되어야 한다고 주장했는데, 이 점은 근대 서양법치가 우리에게 알려주는 도리와 아주 비슷하다고 할 수 있다. 유가의 '예치사상'은 비록 아주 광범위하게 전파되었지만 공자에 이르러서 여러 번 역경을 거쳤다. 하지만 이른바 '초췌하고 초라한 모양이 상가집 개'와 같았던 공자의 제자들은 "선비는 반드시 흉금이 넓고 견인불발(堅忍不拔)한 품격이 있어야 한다. 임무는 중하고 길은 멀다"라고 간곡하게 말한 적이 있다. 진나라 때, 유가는 치명적인 타격을 받게 되었다. 유가의 경서는 진시황에 의해 모두 불에 타버렸다. 그러나 '분서갱유'의 극단적인 수단은 홍익을 주장하는 유사들을 물러서게 하지는 못했다.

　도리어 천하에는 공자를 구가하는 소리가 끊이지 않았다. 당시 유사 이래 전에 없었던 통일을 이룬 강대한 진 왕조는 법가의 학설을 따르면서부터 사회모순이 격화되었다. 진왕조가 짧은 목숨을 다한 후 '이'와 '힘'의 겨룸에서 중국인들은 다시 '이'로 돌아서서 분명하게 '예치'를 선택하게 되었다. 한무제에 이르러 유가학설이 정통적인 지위를 차지하게 되었고 '예치'도 부활했다. 사실 예치의 부활은 통치자의 필요에 따라 자연적으로 이루어진 것이지 통치자의 의식적인 배치는 아니었다. 예치가 중국에서 부흥하게 된 원인을 탐구할 때, 우리는 당연히 예치에 포함된 인류사회에 그 공로를 돌려야 할 것이다. 혈연사회나 정치사회를 막론하고 그들이 '상통'한 '당연한 도리'는 유가가 예치에 부여한 새로운 내용, 새로운 형식, 새로운 사명이라고 할 수 있다. 법가의 법치와 비교할 때 '예치'는 더욱 자상하게 '약자'를 돌보고 인민들에게 관심을 갖고 사랑했으며 사람들의 정신적인 수요에 눈길을 돌렸다. 또한 사회모순을 완화시키고 사회 각 계층이 조화롭게 지낼 수 있게 했다. 만약 인류사회의 생활이 건강하고 '행복'한 것만 추구할 뿐 '발전'을 최종목적으로 하지 않는다면 유가 '예치'의 생명력은 영원히 소실되지 않았을 것이다. 심오한 사상을 가지고 있는 프랑스 사상가 볼테르는 중국인들이 물질에 연연하지 않고 발전에 연연하지 않는 소탈함을 충분히 긍정했다. "중국인들은 어떠한 정신예술도 완전무결할 것을 바라지 않았다. 하지만 그들은 자기들이 익숙히 알고 있는 것들을 충분하게 즐겼다. 종합적으로 그들은 인성의 수요에 따라 행복을 향수했던 것이다."[70] 우리가 중국 전통의 근대 계몽이 결핍돼 있고 '인성'이 자유롭지 못했다고

---

70) [프] 볼테르, 『풍속론』 하책, 량수장(梁守鏘) 역, 461쪽.

유감스러워 할 때, 중국의 선인들은 어쩌면 그것을 다행으로 생각할지도 모른다. 그들과 동시대의 서양을 비교할 때 인성의 억제는 큰 차이를 보인다. 우리의 선인들은 근본 '인성'을 해방할 필요성을 느끼지 못했던 것이다. 하지만 우리가 중국의 전통에 종교가 없고 신앙이 없다고 아쉬워 할 때, 선인들은 당연히 자기들의 '도덕적 선택'에 대하여 자부심을 느껴야 할 것이다. 그들의 '도덕적 선택'이 있었기에 종교전쟁의 참혹한 피해와 이교도들의 비인간적인 간담을 서늘케 하는 박해를 피할 수 있었던 것이다. 중국의 예치는 유가가 있었기에 하나의 이론체계를 확립할 수 있었다. 이 이론체계는 중국 역사의 발전과 일맥상통하면서 주변의 지역과 국가들에 영향을 주었지만 각기 다른 시대에 이 이론은 역시 각기 다른 과정을 거쳤고 각기 다른 특징을 가지게 되었다. 선진 유가의 특징은 이상에 있었고 인간에 대한 신임과 관심에 있었다. 그들은 예로써 인성을 움직이려고 했지 절대 압제하려고 하지 않았다.

한나라에 와서 유가의 사상을 최고의 권좌에 앉히려고 할 때 선진 유가의 이상적인 색채는 이미 대대적으로 손상되었다. 그들의 '인간'에 대한 관심은 이미 자연적인 인성에서 비롯된 것이 아니라 통치자의 상명하달, 일종의 은혜로 간주되었던 것이다. 좀 더 엄격하게 말하면 한나라의 유가는 통치자들의 어용산물이라는 것이다. 한나라 '신유가'의 창시자 동중서는 유가학설의 자연관, 정치관, 가치관을 천명할 때 선진 유가학설에 대하여 많은 개혁을 진행했다. 이러한 개혁은 절반은 유가학설이 더욱 형세에 부합되게 하려는 것이었고 다른 절반은 한무제의 환심을 사기 위한 것으로서 그 특징은 실천성을 강화한 데 있다. 적극적인 방면에서 말하면 한나라의 예치 부흥은 백가지언(百家之言)의 수용에서 이루어질 수 있었다. 그들은 진나라의 전통에 대해서도 중용적인 개량방식을 채취했다. 즉 진나라의 정치에 대해서는 반대하였지만 진나라의 일부 제도는 수용하였던 것이다. 유가에서 주장하는 가치관은 진나라의 제도를 수용한다고 해서 파괴되는 것이 아니라 도리어 호랑이에게 날개를 달아준 격으로 예치의 활용성을 크게 강화했던 것이다. 예와 법의 관계는 한나라 유가의 학설에서 이미 이것일까 저것일까 하던 우왕좌왕하던 관계가 아니라 이것이 아니면 저것이라는 대립적인 관계,

조화로운 통일된 제도와 원칙 간의 관계가 되었던 것이다. 예치의 원칙은 제도를 통하여 체현되었다. 하지만 정황이야 어찌 되었든 한나라의 새 유가학설에서 우리는 이미 선진 유가의 그러한 '폭군이나 매국노는 되도록 징벌해야 한다는 민본주장'을 보기 힘들었고, 선진 유가의 폐부로부터 우러나오는 백성들에 대한 관심과 동정을 보기 힘들었으며, 선진 유가의 인성에 대한 희망으로 넘치던 기대를 보기 힘들었다.

송, 명시기의 이학은 유가 발전의 또 하나의 새로운 시기이다. 이학의 창시자 주희가 주장한 '예치'는 종교와 다르지 않았는데, 예치로 창도된 '천리'라고 해야 할지 아니면 보존과 천리의 두 가지 대립된 '인욕'이라 해야 할지 모르겠다. 아무튼 이 두 가지 중의 하나라고 해야 할 것이다. 사회 주류가 '천리를 남기고 인욕을 멸하라'고 강조할 때 인성에 대한 억제는 불가피한 것이었다. 중국사회의 '예교로 사람을 잡아먹다', '이로 사람을 죽이다'는 말은 확실히 송·명 시대에 생겨난 것이라고 할 수 있다. 솔직하게 말한다면 유가의 예치는 전국시기에서부터 명·청시대에 변화 발전을 거쳐 형식상 점점 더 엄밀해 보이지만, 그 사상의 정수, 즉 사람에 대한 존중, 선의, 관심은 점점 약화되었고, '대동지세'의 이상적인 색채도 날마다 소실되었으며, '폭군이나 매국노를 되도록 징벌해야 한다는 민본 주장'도 점점 약화되었다. 오랜 세월 개혁과정을 거쳐 '예치'는 점점 더 사람들의 사상과 정신을 통제하는 도구로 전락되었다. 만약 '5.4운동'의 선구자들이 "주가점(朱家店)을 타도하자"고 부르짖지 않고 "공가점(孔家店)을 타도하자"고 부르짖었다면, 우리는 근대의 예치에 대한 평가를 훨씬 더 객관적으로 할 수 있었을 것이다. 현재 우리는 서양의 모식을 유일한 표준으로 삼을 필요를 느끼지 않는다. 참착하게 중국의 예치를 반성해 볼 때, 우리가 전통에 대하여 일종의 서양 계몽사상가들과 비슷한 정감을 가지는 것은 어쩔 수 없다. 우리 민족의 사상근원에 대한 경의와 희망이 충만하게 되는 것이다. 이를테면 고대 그리스, 이집트의 전통이 서양 계몽사상에서 다시 태어난 것과 같은 것이다. 우리는 물론 춘추전국시기의 선철들의 학설이 민족 부흥 이론의 기초가 되기를 바란다.

이것이 바로 우리가 예치를 새롭게 인식하고 연구하고 개조하고 갱신해야지 단순하게 비판하고 포기해서는 안 되는 근본적인 이유이다.

3. 예치에 대한 개혁

오늘날, 우리는 예치에 대하여 새롭게 인식하면서 춘추전국이 후대들에게 남겨놓은 풍부한 문화유산과 사상적 보물 창고에 대해 감탄하지 않을 수 없다. 사람들로 하여금 희망으로 가득 차게 하면서도 반면에 망연함을 느끼게 하는 시대는 이성적인 유가를 만들어 냈고 영명한 도가를 만들어 냈으며 현실적인 법가를 만들어 냈다. 오늘날 다시금 춘추전국시기 유가와 법가의 쟁투를 돌이켜보면 우리는 역사가 확실히 일시적인 성패로 영웅을 논하지 않았다는 것에 감탄하게 된다. 당년에 여러 제후국들을 휩쓸었던 법가의 학설은 한나라 이후 전해진 것이 없다. 명·청에 와서 사람들은 사조나 소송을 하는 거간꾼들의 비적에서 법가의 그림자를 찾아볼 수 있을 뿐이다. 하지만 사방에서 코를 떼인 '세상물정에 어두운 학설'을 주장한 유가들은 한나라 이후 도리어 시종 '국학'의 정종 위치에 자리하게 되었다. 눈 깜빡할 새에 2천여 년이 흘렀다. 근대에 와서 경제의 국제화에 따라 동서문화는 서로 융합을 이루게 되었고, 사회구조도 전면적인 변화를 일어나게 되었다. 그로 인하여 우리는 또 선택의 길에 놓였다. 춘추전국시기의 사람들보다 '전통'과 '비 전통'의 선택에서 더욱 복잡하고 힘들었던 것은 근대에 와서 더 많은 선택에 처한 사람들이 서양의 식민풍조에서 시세를 따르는 '힘'을 빼고는 다른 것을 선택할 수 있는 것이 없었던 것이다. 현실은 사람들에게 '힘'이 없으면 곧 발언권도 없으며 심지어는 생존권도 없게 된다는 것을 알려주고 있다. 국력의 강약은 문명적이고 선진적이 되는가 아니면 낙후하게 되는가와 문화가 우수한가 아니면 뒤떨어졌는가 하는 표준이 된다. 역사의 발전은 확실히 사람들의 의지에 따라 전이되는 것이 아니다. '힘'에 대한 경쟁에서 한 차례 자아를 상실하게 된 후, 부득이하게 '힘'으로 '힘'에 대항하고 '폭력'으로 '폭력'에 대항하게 된 민족은 국가와 민족의 독립을 이룬 후에도 시세를 따르던 '힘'의 대가에 대해 반성하지 않을 수 없는 것이다. 그들은 '힘'으로 세계경제, 정치 심지어는 문화와 가치관을 통제하려 한다. 국가, 민족도 '힘'의 결함과 그의 무능력에 대하여 반성하지 않을 수 없는 것이다. 그것은 서양식민지 이후 '힘'으로 구축한 세계질서가 종래로 세상에 안녕을 가져온 적이 없었고 세상의 각기 다른 인종에게 평등과 자유를 가져다 준 적이 없었기 때문이다. 인류는 발전을 추구할 뿐만 아니라 안정도 갈망하고, 경쟁을 바랄 뿐만 아니라 서로간의 양보도 갈망하며, 제약을 필요로 할 뿐만 아니라 화목도 갈망하고, 개성을 추구할 뿐만 아니라 소통도 갈망한다. 또한 '힘'을 필요로 할 뿐만 아니라 '이'를 추구하며 현재 실제 존재하는 상태를 승인하고 받아들일 뿐만 아니라 신앙과 당연한 도리도 추구한다. 오직 이렇게 돼야만 인류는 더욱 행복해질 수 있고 더욱 아름다운 미래를 창조할 수 있다. 법의 시각에서 볼 때, 예치에 대한 개조는 중국에서 아주 중요한 의의를 가진다. 근대 중국의 법 변혁의 길은 아주 험난했는데, 그 중요한 원인은 개혁 후 새로운 법체계에서의 전통적인 예치의 지위를 확정할 겨를이 없었기 때문이었다. 새로운 법체계에서 '예치'의 지위는 민중의 법에 대한 인식과 받아들이는 정도와 밀접한 관계가 있었다. 헌법의 시각으로 볼 때, 만약 중국 고대에 헌법과 비견될 만한 일반 법 의의상의 법이 있었다면 그것은 오직 '예'였을 것이다. 중국의 학자들도 다음과 같이 인식했다. 이를테면 첸돤성(錢端升)은 『비교헌법』에서 "중국에는 헌법이 있었을 뿐만 아니라 『주례(周禮)』가 형성될 때 벌써 성문화된 헌법형식을 구비하고 있었다"[71]고 말했다. 외국학자들도 이 점을 인정했다. 이를테면 헤겔은 중국 '헌법'이 체현한 정신은 바로 '가정효경(家庭孝敬)'이라고 보았다. 가족의 토대가 바로 '헌법'의 토대라는 것이다.

그는 "중국은 순전히 도덕의 결합 위에 세워졌다"[72]고 말했다. 효와 도덕은 바로 예치의

---

71) 『전단승학술논문자선집(錢端升學術論文自選集)』, 130, 141쪽.
72) 헤겔, 『역사철학』, 왕조시 역, 162 168쪽.

핵심이다. 이 관점을 다시 루소의 헌법에 대한 정의에 대조해 보면, 우리는 '예'나 '예치'가 바로 중국 고대헌법이라는 이러한 일종의 비유에 동의하게 될 이유를 찾을 수 있는 것이다. 루소는 이렇게 말했다. "헌법은 모든 법 중에서 제일 중요한 하나이다. 이런 법은 대리석에 새긴 것이 아니고 구리종에 새긴 것도 아니다. 이런 법은 바로 민중의 가슴속에 새겨져 있는 것이다. 그것은 국가의 진정한 헌법을 형성했고 매일 새로운 힘을 산생하고 있다. 다른 법이 진부해지거나 쇠망할 때 그것은 그 다른 법을 부활시키고 그 다른 법을 대신하게 되는 것이다. 그것은 한 민족의 창제정신을 유지하게 하며 저도 모르는 사이에 자연적인 힘으로 권위적인 역량을 대신하게 하는 것이다."[73] 예치는 중국 고대에서 사실상 서양의 헌법과 같은 지위에 있었고 그 역할을 했으며 민족정감과 밀접한 관련이 있었다.

　관리, 백성, 귀족, 서민을 막론하고 모두 예치의 파괴를 보고 싶어 하지 않았다. 예치의 가치관, 예치의 정신은 여기서 태어났거나 자라난 사람들의 심령 하나하나에 지워버릴 수 없는 흔적을 남겨놓았다. 정권이 바뀌거나 법제가 변화되어도 예치에 대한 사람들의 신앙에는 영향을 주지 못했고 그 신념을 동요시키지는 못했다. 삼대(하 · 은 · 주)로부터 명, 청에 이르기까지 성세거나 난세를 막론하고 '예치'는 언제나 사람들이 추구하는 이상이었다. '예'에 대한 정신과 예치에 대한 이상을 빌어 사람들은 난세에서 "망한 나라를 다시 일으켜 세우고 세상을 살기 좋게 다스리며 은거자들을 다시 천거하려" 했다. 또한 왕조가 전복되고 제도가 파괴된 정황 하에서도 어지러운 세상을 바로잡으려 노력했고 문명의 발전에 따른 예치에 대한 추구 중에서 제도를 건립하려 했던 것이다. 근대 이후 헌법이 짓밟히고 민중의 반응이 냉담한 정황과 선명하게 대조되는 것은 '예'나 예치가 중국 고대에서 일단 파괴를 받으면 민중들이 무리를 지어 일어나 그것을 수호하려 한 점이다. 춘추전국시기 '옛 법'이 파괴되면서 '극기복례'를 과업으로 하는 유가가 출현했다. 아울러 『시경』에서는 사람을 만나 무례하게 행동하거나 아예 예절을 무시하는 언행을

---

73) 루소, 『사회계약론』, 하조무 역, 3쪽.

엄격하게 질책하고 편달했다. "쥐도 껍질이 있는데 사람이 예절이 없다. 사람이 예절이 없는데 왜 아직 죽지도 않는가?"[74] 청말에 이르러 수정된 법 내용이 예치의 가치관을 건드리고 동요시킨 데서 예교파의 강렬한 반대를 받았다. 청조시기 학자들의 필기나 야사를 뒤져보면 당시 사람들의 예치에 대한 동요와 근심을 찾아볼 수 있다.

예치는 중국 고대에 단순하게 통치자들이 나라를 다스리는 도구로 사용된 것이 아니다. 예치는 또 백성들이 군주를 평하고 관리를 남겨두는가 해임하는가 하는 표준이 되었다. 예치는 일종의 신념과 사회 각 계층이 소통하는 주요 경로가 되었다. 그러했기에 '예' 및 예치는 중국 고대의 '근본대법'이 되었다. 청조 말 이후, 중국사회 발전의 기조는 '예'를 포기하고 법(서학에서의 법)을 고양하는 것이었다. 그 발전과정에서 비록 예교파의 반대를 받기는 하였지만 서양화는 이미 호호탕탕한 세계의 조류가 되어 막을 수 없었다.

그러나 서양에서 옮겨온 헌법은 중국에서 민중들이 이탈한 책속의 빈말이 되었다. 더욱 사람을 난처하게 만든 것은 그 헌법이 일부 정객들의 권력쟁투의 도구로 전락된 것이었다. 여기서 당연히 중국 근대 헌법사상 발생한 '공교(孔敎)' 입헌 논쟁에 대하여 분석을 해야 할 것이다.

원세개는 집정한 후, '예로써 천하를 호령하려는 욕망'을 품고 '공자의 교시'를 전력을 다해 국가의 기본방침으로 정했다. 1913년에 공포한 '중화민국 헌법초안(천단 헌법초안)' 제3장 제19조에는 "국민교육은 공자의 학설을 수양의 기본으로 삼아야 한다"고 규정했다. 1916년 원세개는 황제제도를 회복하려다가 실패하고 별세했다. 국회에서는 계속하여 '천단헌법초안'에 대하여 논의하였으며 그로부터 헌법제도의 제정을 완성하려고 시도했다. '공교' 조문에 대한 수정은 이 때문에 국회와 사회가 주목하는 초점이 되었다.

진독수는 이렇게 말했다. '공교'는 영험함을 잃은 우상으로서 민주국의 헌법으로 응용해도 문제가 될 것은 없었다. 하지만 원세개가 헌법을 간섭하면서 나쁜 결과가

---

74) 『시경 · 용풍 · 상서(詩經 · 鄘風 · 相鼠)』.

초래된 것이다. 천단 헌법초안 제19조에 공자의 학설을 넣어 민의를 자세히 설명하였는데 오늘에 이르러서는 논쟁할 가치가 없다.[75] 진독수는 '공교'가 헌법에 들어가는 것을 단호히 반대했다. 그는 이렇게 천명했다. "서양식의 새로운 국가를 건설하고 서양식의 새로운 사회를 조직하는 것은 오늘의 세상에 적합한 생존을 추구하는 근본 문제가 된다. 이른바 평등한 인권에서의 새로운 신앙, 새 사회, 새 국가의 새 신앙은 절대 서로 받아들여질 수 없는 것이다. 철저한 각오가 없어서는 안 되며 용맹한 결심이 없어서도 안 된다.

낡고 잘못된 것을 타파하지 않고는 새롭고 올바른 것을 세울 수 없다." 이대쇠(李大釗)는 이렇게 인정했다. "공자와 헌법은 절대 어울릴 수 없다 … 공자는 역대황제들의 특별한 수호를 받았지만 헌법은 현대 국민들에게 있어서 자유의 보증서라고 할 수 있다. 전제는 절대 자유를 용납할 수 없는 것이다. 즉, 공자는 절대 헌법에 남을 수 없는 것이다." [76]

우리는 '공교 입헌' 논쟁에 대한 평가를 잠시 미뤄야 한다. 당시 이 문제가 반영한 것은 단순히 헌법과 법문제가 아니었으며 학술문제는 더욱 아니었기 때문이다. 한마디로 이 문제는 정치문제였고 사회문제였다. 당시의 사회상황을 분석할 때 우리는 다음 몇 가지에 주의를 기울여야 할 것이다.

첫째, 공교 입헌을 주장한 정치세력들이 헌법과 '공교'를 일종의 정치투쟁의 도구로 삼았다는 것이다. 헌법은 그다지 사리에 맞지 않는 그들의 정권에 합법적인 옷을 입힌 것이 되었다. '공교'는 백성들의 입을 틀어막는 데 전통적인 근거를 제공해 주는 것이 되었다. 원세개의 '공교'에서는 절대 민본사상을 볼 수 없고 통치자에 대한 규제를 볼 수 없다. 거기서 볼 수 있는 것은 오직 인민들에 대한 속박과 통제일 뿐이다. 이러한 '공교입헌'은 서양에서 들여온 헌법정신에 대한 악의적인 곡해가 될 뿐이며 전통적인

---

75) 진독수, 『독수문존』, 73쪽.
76) 이대쇠(李大釗), 『이대쇠문집』 제1집, 인민출판사, 1999, 245쪽.

공가지도(孔家之道)에 대한 폄하가 될 뿐이다.

둘째, '공교 입헌'을 반대한 사회역량은 서양을 모방하고 새로운 것을 배우고 낡은 것을 포기하며 통치자들의 도리에 어긋나는 시각에서 공교입헌을 반대했을 뿐이다. 이러한 반대는 어쩌면 역사를 나름대로 갈라놓았다고 볼 수 있으며, 이러한 정치적 의분(義憤)은 전통을 확대하는 데에 장애가 되었다고 할 수도 있다. 더욱 중요한 것은 당시의 헌법 원리를 이용하여 이러한 문제를 논술한 점은 아주 보기 드문 일이라는 것이다. 민중들은 이 문제에 대하여 더구나 반응이 냉담했다. 뒷심이 되는 민족정감이 결핍하고 풍속에서 나오는 것이 아니라 늘 전쟁이나 혁명을 통해 생산된 근대의 '헌법'은 민중들을 크게 이탈한 정치적인 장식품이나 단장이 될 뿐이었다. 사실 양심적으로 말해서 중국 전통의 예치와 헌법은 절대로 어울릴 수 없는 것이 아니었다. 예치에 포함되어 있는 일부 고금 상통의 도리와 일부 소멸할 수 없는 민족정신이 헌법에서 체현될 때만이 그 헌법이 진정으로 중국의 헌법이 될 수 있는 것이고 민중들의 주목과 수호를 받을 수 있는 것이다. 물론 헌법에 체현된 민족정신은 반드시 갱신되어야 한다. 다시 태어난 전통은 바로 개조를 거쳐 현대사회에 부합되는 예치인 것이지 절대 역사적인 '예치'를 그대로 간단하게 옮겨온 것이 아니다. 우리는 함께 몇 가지 예를 들어 예치와 현대사회 진보사조 및 제도의 우연한 일치를 실증해 봐야한다. 주지하는 바와 같이 예치는 조화로움을 강조한다. 여기서 말하는 조화로움은 단순한 화목이 아니다. 이 조화로움은 인류가 보편적으로 가지고 있는 '경외지심'을 토대로 하여 구축된 것이다. 이 경외감은 종교적인 신앙이 아니지만 사람들로 하여금 악을 멀리하고 선을 따르게 하며 인생을 소중하게 여기라고 교육한다.

그 경외감이 자연스럽기에 중국인들은 경지의 천인합일에 도달하려고 하지 절대 자연을 정복하려고 하지 않는 것이다. 제왕의 천인합일관은 자연을 본받아 정책강령을 공포하는 것으로 체현된다. 이를테면 일 년 사계절 올리는 산과 들에서의 제사, 백성들에 대한 춘교추벌(春敎秋罰)과 같은 활동에서 나다나는 것이다. 보통 사람들의 천인합일관은 자연에 순응하는 생활에서 표현된다. 이를테면 "봄에 태어나 여름에 자라고 가을에 수확을 하고 겨울에 절강을 하는 것"과 같은 생활이다. 자연을 경외하기 때문에 중국인들은 자원을 소중하게 여긴다. 봄과 가을에는 산에 들어가 벌채하거나 수렵하는 것을 금기한다. 특히 어린 짐승이거나 임신을 한 암컷을 잡지 않는다. 그리고 늪과 호수에 들어가 물고기도 잡지 않는다. 자연을 경외하고 소중히 여기는 마음은 인류의 생존의 필요로부터 우러나온 것이다. 하지만 어디까지나 생명력이 감당할 수 있는 범위에서의 경외지심이라고 해야 할 것이다. 인간의 생명을 경외하기에 중국 전통적 '인'의 관념은 보편적이고 사람에 대한 존중도 보편적인 것으로 서양 고대의 귀족과 천민과 같은 구별이 없었으며, 남자와 여자 심지어는 종족간의 차별도 없었다. 그렇기 때문에 선진의 묵가는 "관리라도 영원히 고귀한 것이 아니요, 서민이라도 끝까지 비천한 것은 아니다"라는 점을 느꼈던 것이다. 그래서 진나라의 농민들은 "왕후장상이라고 씨종자가 따로 있겠는가?"라고 감히 외칠 수 있었던 것이다. 중국인들은 약자를 동정하기에 "권세를 믿고 남을 업신여기고 무리를 지어 외로운 사람을 괴롭히는 것"을 반대한다. 또한 사람과 사람 간에 서로 사이좋게 지내고 상호 존경할 것을 주장한다. 서주 때의 『여형(呂刑)』에서는 "홀아비와 과부와 고아와 무자식의 노인을 감히 깔보지 말라"고 강조했다. 중국 고대의 법이 약한 집단에 대하여 관심을 기울인 것은 바로 도덕적인 체현이라고 할 수 있다.

한나라 때에 '양노령(養老令)'이 시작되었는데 노동 능력을 상실한 노인들을 위로의 대상으로 삼고 그들에게 필요한 생활용품을 하사했고 가족들에게 할당하는 일부 노역과 조세를 경감했다. '우승열패', '물경천택(物竟天擇)'은 중국인들의 가치관에 부합되는 것이다. 인생을 경외하기에 중국의 전통 예치는 백성들에게 선을 가르쳤고 인정을 소중히 여길 것을 주장했다. 또한 의무, 책임, 인내, 양보와 자율을 강조했다. 중국 고대의 법도 바로 이러했다. 학계에서는 줄곧 중국 고대에 '민법이 발달하지 못했다'거나 '형법을 중요한 수단으로 했다'고 인정해왔는데, 이것은 사실 서양학자들의 편견에 영향을 받았기 때문이다. 중국 고대에도 감옥과 소송의 구별이 있었다. 옥사에 관계되는 죄명과 형벌의 이름은 모두 형법에 의거하여 정했다. 하지만 소송에 관계되는 일명 '사소한 일들, 이를테면 재산에 관계되는 분쟁 같은 것은 오늘날의 민사 분규처럼 보통 '예'적으로 처리했던 것이다. 고대 각급 관원들 ― 현(縣), 주(州)부 관아의 장관들의 일상적인 직책은 예로써 백성들을 교육하고 예로써 소송을 처리하는 것이었다.

소송으로 끝나는 안건이 감옥으로 가는 안건보다 훨씬 더 많았다. 그렇기 때문에 중국 고대에는 '중형으로 백성들을 마구 다루는 문제'가 존재하지 않았다. '소송'을 취소하거나 '소송이 없는' 예치 교화가 중국인들이 법 관념이 약하다는 것을 나타내지는 않는다. 사실 어떠한 정상적인 사회를 막론하고 이성적인 법 시스템은 백성들의 소송을 고무하는 것이 아니라 억제시키는 것이다. 심지가 건전하고 일정한 도덕기준이 있는 사람이라면 소송을 그 무슨 영광으로 간주하지는 않을 것이다. 유스티니아누스의 『법학총론―법학의 계단』 제16편에서는 이렇게 쓰고 있다. "반드시 지적해야 할 것은 법을 제정하고 수호하는 사람들은 언제나 경솔하게 소송을 제기하는 것을 방지하기에 주의해 왔다는 점이다. 이것은 또한 황제가 관심을 갖는 것이었다. 이 점을 제대로 체현하는 데 제일 좋은 방법은 가끔 벌금을 부과하고 장엄하게 선서를 하게하고 사람들이 명예가 실추되는 것을 두려워하는 심리를 이용하여 원고와 피고의 경거망동을 억제시키는 것이다."

하지만 중국은 벌금, 선서와 같은 방법이나 명예를 실추시키는 심리적인 방법으로 소송을 철회하게 하는 경우가 없이 오직 교화의 방법만 사용하였던 것이다. 효과적인 면에서 볼 때 교화작용이 어쩌면 벌금이나 선서·명예를 실추시키는 방법보다 효과가 더 있을 수 있다. 예치는 중국 고대법에서 두 가지의 뚜렷한 작용이 있다. 그중 하나는 '율'의 영혼으로서 형사법 조목과 안건을 심리, 판결하는 전반적인 과정을 관통하고 있다.

'예'의 지도와 교화 때문에 피고와 일반 백성들은 법을 어겨서 초래되는 엄중한 결과를 알게 될 뿐만 아니라 범죄의 수치스러움도 알게 된다. 그렇게 해서 범죄를 예방하는 데 효과적인 작용을 하게 되는 것이다. 다음 하나는 소송을 취소하거나 조정을 하는 데 의거가 된다는 것이다. '예'가 강조하는 일상 교육 및 매 소송마다 취소하고 조정을 하는 과정은 역시 예치가 주장하는 가치관을 보급하고 심화시키는 과정이 되는 것이다. 이외에 예치의 더욱 중요한 사명은 도덕에 대한 정표(旌表)이다. 위로는 군주에서 아래로는 서민에 이르기까지 모두 도덕을 평가하는 일종 체계에 처해 있었던 것이다. 사람들은 '예'를 표준으로 군주의 인, 성, 명(仁, 聖, 明)을 평가했고 '폭, 혼, 용(暴, 昏, 庸)'을 가렸으며 '예'로써 관리들의 덕성과 능력을 판단했으며 '예'로써 인간의 생존가치를 평가했다.

이러한 도덕의 상호 제약은 비록 법제의 제약과 같이 그렇게 명백하고 강경하지는 않았지만 사리에 부합되었기에 더욱 쉽게 사회에 받아들여질 수 있었고 오랜 세월을 두고 전해질 수 있었다. 중국의 예치는 여태까지 모순을 격화시키는 것을 능사로 생각하지 않았다. 주변지역과 국가들과의 가치관이 저촉되는 상황에서도 절대 무력으로 문화를 수출하려고 하지 않았다. 예치는 조화로움을 강조하고 서로 다른 지역의 풍속과 인민들을 존중할 것을 강조하며 도리로 사람들을 설득하는 '왕도'를 주장한다. 경쟁을 피하려고 하는 것은 예치의 결함이지만 사람들에게 안정적이고 상서로운 환경을 느끼게 하고 여유로운 마음으로 인생의 의의와 가치를 사색하게 한다. 이것이 지금 세상에서 도움이 안 되는 것은 아니다. 지난 세기 초에 예치를 단호히 부정했던 혁명가, 사상가들도 전통 예치를 결코 현실과 갈라 놓치는 못할 것이다. 이대쇠는 입헌국민의 수양을 논할 때 이렇게 말했다. "유가의 충성과 용서라는 도리와 서양 철학자들의 자유, 박애, 평등의 도리에 의하여 자중해야 하며 인간과 인격을 중하게 여겨야 한다. 개인은 이것으로 스스로를 자제하고 삼가야 한다. 정신을 극기하고 법을 지키며 예를 따르는 습관을 양성해야 입헌국 신사의 풍도를 갖출 수가 있다. 우리는 나라를 위해 봉사하고 스스로 마음을 합쳐 서로를 도와야 한다. 한 마음 한 뜻으로 정당함을 주장해야지 절대 주먹을 휘두르고 언쟁을 일삼아서는 안 될 것이다."[77]

---

77) 이대쇠, 『이대쇠문집』 제1집, 319쪽.

제1부

중국 헌법학설사의 형성과 발전의 국내배경

제2장 근대 헌법학설에 구현된 중국의 전통적 법률문화

제1절 근대 헌법, 헌정에 관한 기본학설

제2절 여러 학파의 관점에서 보는 중국 전통문화의 흔적

제2장
근대 헌법학설에 구현된 중국의 전통적 법률문화

    1840년 아편전쟁 이후, 서양 열강들의 침략이 심화됨에 따라 중국은 국가와 민족이 심각한 위기에 빠지게 되었다. 국가를 멸망의 위기로부터 구하고 생존을 도모하고 세계 강국들 속에 우뚝 일으켜 세우려는 중화민족의 꿈을 실현하기 위하여, 많은 유지인사들은 앞 다투어 서양을 따라 배우는 헌정운동을 일으켰다. 그 사이 의원, 공법, 공권, 자유, 민주, 민권, 헌법, 헌정, 입헌, 공화 등의 개념이 중국으로 들어와 자리를 잡았다. 본 장절에서는 헌법 및 그 헌정에 대한 근대 헌법선행자들의 관점에만 기초를 두고 논술하면서 서로 다른 관점을 비교하고 그들과 중국 전통(법)문화 사이의 관계를 분석했다.

제1절

근대 헌법, 헌정에 관한 기본 학설

본 절에서는 중국 헌법에 대한 근대 일부 헌법 선행자들의 여러 가지 관점을 선택하여 옮겨 놓았다. 이 관점들이 군주의 권력을 제한하고 민주권리를 보장하는 것을 헌법을 가늠하는 표준으로 삼았는가와 이들이 중국 고대 헌법의 존재 여부를 직접 알았는가 아니면 추측했는가에 대해서 종합적으로 3가지 다른 견해가 있다. 이러한 분류법은 근대 헌법관점을 정리하고 전통과 대조를 하는데 편리하다.

1. 무헌파(无憲派)의 관점

이 학파의 주요한 관점은 종합적으로 서양의 헌법과 헌정을 모델로 하여 전제주의를 반대하고 민주와 규범적인 헌법, 헌정을 극력 제창한 것이다.

아편전쟁 후, 중국사회에 유례없는 대 변국이 일어났다. 일부 애국주의 지식인들은 서양의 선진기술을 배워 서양의 제도를 제도화할 수 있기를 희망했다. 그리하여 서양의 기술을 배우기 시작했다. 서양의 법제와 헌법 문제에 비교적 빨리 눈길을 돌린 이는 왕도(王韜)와 정관응이었다. 장진반은 서양국가의 '헌법'이라는 단어는 중국에서 19세기 후기에 보이기 시작했다고 했다. 왕도가 동치 9년(1870년)에 집필한 『프랑스지략』에서는 프랑스가 1791년에 "헌법을 제정하여 국내에 반포했다"고 했다. 정관응은 『성세위언후편 자서』에서 이미 헌법을 나라의 기본법으로 삼아야 한다는 사상을 드러내면서 "헌법을 국가의 기초로 해야 한다", "헌법은 전제와 같이 엄해서는 안 된다"고 주장했다. 그렇기 때문에 헌법은 적당하게 제정하여야 한다는 것이었다. 이는

중국 근대 헌법사의 중요한 시작이라고 할 수 있다.[78]

저명한 사학자 위경원의 고증에 의하면 1893년에 정관응은 『성세위언』에서 처음으로 청나라 조정에 '헌법 제정', '의원 설립', 입헌정치를 실행할 것을 제기했다.[79] 이때 헌법과 의원 등의 개념이 서양이 강대해진 중요한 정치적 요소로 인정되어 중국정치무대에 들어오게 되었던 것이다.

갑오 중일전쟁은 국가와 민족의 위기를 한층 더 심화시켰다. 대 유학자 강유위와 양계초를 대표로 하는 수많은 지식인들이 정치유신을 전력적으로 창도하고 입헌정치를 추진했다. 입헌정치라는 이 모델은 국가를 멸망의 위기로부터 구하여 생존을 도모하고 나라를 부유하게 하고 군대를 강하게 하는 두 가지 중임을 지니고 정식으로 중국의 정치실천에 뛰어들었다. 강유위는 「입헌개국회제를 제정하는 것에 대하여 청함」이라는 주청에서 "입헌하고 국회를 여는 것으로 중국의 안정을 도모하소서"라고 썼다.

강유위는 동·서 각국의 강대함은 헌법을 제정하고 국회를 열어야 하는 원인이 된다고 생각했다. 그는 또 국회가 있어야만 군주와 민중이 함께 나라의 정법을 의논할 수 있기 때문에 "삼권을 정립해야 한다는 주장은 국회로 입법하고 법관으로 사법을 다스리며 정부로 행정을 돌본다는 뜻"이라고 강조했다. 종합적으로 군주는 헌법을 제정하고 함께 그 다스림을 받아야 한다는 것이었다. 그는 또 "헌법을 제정하고 실시해야 하며 국회를 크게 열고 여러 방면의 정치를 국민과 함께 해야 한다", "삼권정립제도를 실시하면 중국을 강대하게 다스리는 것은 시간문제 일 뿐이다"라고 천명했다.[80]

양계초는 「중국 성문법 편제의 연혁득실을 논함(論中國成文法編制之沿革得失)」(1904년)에서 일본 아사이 웃토토라 (『사학잡지』 제14권 제8호)의 중서법

---

78) 장진반(張晉藩), 『중국헌법사』, 길림인민출판사, 2004, 25쪽.

79) 위경원(韋慶遠) 등, 『청말헌정사(清末憲政史)』, 중국인민대학출판사, 1993, 15쪽.

80) 하신화(夏新華), 호욱성(胡旭晟) 등 정리, 『근대 중국 헌정여정(近代中國憲政歷程): 사료모음』, 중국정법대학출판사 2004, 16~17쪽.

분류비교표를 인용했다. 그는 국내의 공법에 중국에 상응하는 헌법이 없다고 인정했다. 양계초는 비록 부언에서 자신의 부본이 십분 정확한 것은 아니라고 말했지만, 자신에게 특별함을 느끼게 하였기에 비교하지 않을 수 없게 되었으니 참고로 하라고 말했다.[81] 하지만 이것은 양계초가 대체로 이 관점을 찬성했다는 것을 설명한다. 「헌법제정을 논함」에서 그는 한층 더 헌법에 대한 개념을 명확히 했다. "헌법이란 무엇인가? 영원히 변하지 않는 법전이다. 나라의 한 사람으로서 군주나 관리는 모두 인민을 위해야 하고 함께 나라를 수호해야 한다. 헌법은 나라의 모든 법도의 근원이다. 이후 어떠한 영을 내리거나 어떠한 법을 개정하더라도 절대로 이 종지에 어긋나서는 안 된다."[82]

같은 시기의 엄복은 서양에서 신봉하는 진화론에서 서양국가가 부강해질 수 있었던 토대인 자유를 찾아냈다. 『엄기도 유작』에서 우리는 양계초와 대체로 비슷한 헌법에 대한 정의를 찾아볼 수 있다. 그는 군민이 함께 수호하는 서양 국가들의 모든 법도의 근원은 바로 헌법이라고 찬양했다. 그 외 번역을 하는데 사유한 것은 그로 하여금 '헌법'이라는 두 글자에 대한 번역과 중국 고대에 헌법이 있었는가 없었는가 하는 문제에 대해 신중한 태도를 취하게 했다. 그는 『헌법대의』에서 다음과 같이 생각했다.

"헌법이란 두 글자를 같이 사용한 적이 이전에는 없었다. 중국의 옛 말씀 중 공자의 문왕과 무왕의 헌장은 법을 갖춰 이를 가까이에 두고 지키는 것이다. 즉 헌장은 법과 같아 두 자를 함께 사용할 필요가 없다는 것이다. 현재 새로운 단어가 일본 상인으로부터 들어와 매번 문제가 생기고 있다. 입헌은 그 이름에 비교적 흠이 없고 질로 해결하므로 입법과 같다. 중국은 최근에 조정과 재야에서 모두 알든 모르든 입헌을 논하고 있다.

입헌은 입법과 같은데, 즉 오제삼왕으로부터 지금까지 그 말을 들었다. 그런데 법이 없었기 때문에 구미 시찰에서 돌아오길 기다려야 한다고 하는데, 그것은 오척동자라도 그

81) 양계초, 『양계초법학문집(梁啓超法學文集)』, 범충신 신편(選編), 중국정법대학출판사, 2000, 173~174쪽.
82) 하신화, 호욱성 등 정리, 『근대 중국 헌정여정: 사료모음』, 24쪽.

말이 모두 엉터리이고 방자하다는 것을 알 수 있다. 신식 학자들의 뜻은 그러한 법이라는 것이 중국에는 오랫동안 없었기 때문에 서양의 제도를 모방하여 취하겠다는 것이다. 그러나 이 법은 중국도 이전에는 있었다고 할 수 있고, 없었다고도 할 수 있으며, 혹은 옛날에는 사용했지만 오늘날에는 사용하지 않고 있다거나, 혹은 이름이 다르지만 실제는 같은 것이라 할 수 있으니, 무릇 이것은 모두 깊이 생각하고 토론한 후에야 해결할 수 있는 것이다. 헌법은 영문으로 constitution라고 하는데, 이것은 cons—titute에서 나왔다. 그 뜻은 본래 일을 건립하고 합성한다는 것이다. 그러므로 국가뿐만 아니라 모든 동식물 나아가 단체 소송에까지 무릇 형체가 있는 모든 것에는 constitution이 있는 것이다. 오늘날 헌법이란 두 글자는 국가의 법제에 사용할 수 있으나 송사에 이르기 까지, 인신초목에까지 모든 언어의 형체가 반드시 헌법이라고는 칭할 수가 없으므로 본래의 해석으로 이 이름을 바라본다면 정확하고 세밀하지가 않다."[83] "국가가 항상 평안하고 백성이 항상 포악한 자를 피하고자 한다면, 역시 제도에 의지해야지 사람의 어짐(인)에 의지해서는 안 된다."[84] "입헌은 법을 세우는 것이지 나라를 다스리기 위해 형법을 세우는 것이 아니다."[85]

'5·4시기'는 중국의 사상과 정치에 치열한 변화가 일어났던 시기이다. 신해혁명이 중국의 2천여 년 간 지속되어 오던 전제군주제도를 뒤엎고 자산계급의 성질을 띤 새로운 '헌법'인 약법(약법)을 공포하고 민주공화국을 수립했다. 하지만 눈 깜빡 할 사이에 중국사회는 또 전제와 혼란한 국면에 빠져들었다. 이러한 상황은 수많은 인사들로 하여금 중국의 전통적 문화 가치관에 대해 심각한 반성을 하게 했다. 그들은 민주와 과학이라는 두 폭의 깃발을 추켜들고 사람을 잡아먹는 전통 삼강오륜의 예교사상에 대해 맹렬한 비판을 진행했다. 동시에 대대적으로 개인주의를 고취하고 개인의 권리와 국민의 능력을

---

83) 엄복(嚴復), 『헌법주의(憲法主義)』, 왕스(王栻) 주필, 『엄복집』 제2권, 중화서국, 1986, 238~239쪽.
84) [프] 몽테스키외, 『몽테스키외 법의』 상권, 엄복 역, 상무인서관, 1981, 제11권 19장, 259쪽.
85) 엄복, 『엄기도선생유저(嚴機道先生遺著)』, 유계생(劉桂生), 임계산(林啓産),
　　왕헌명(王憲明), 『엄복사상신론』, 청화대학출판사 1999, 218쪽.

발전시키는 문제에 관심을 돌렸다.

진독수는 『공교(孔敎)와 헌법』이라는 책에서 이렇게 썼다. "공교는 효험을 잃은 우상이요, 쓸데가 없게 된 화석일 뿐이다. 민주헌법을 응용하는 일은 이미 아무 문제가 없게 되었다. 공교가 주장하는 바는 곧 예교(禮敎)로서 중국정치의 논리적 근본이었다. 공교를 포기하는가, 전승하는가 하는 문제는 진즉에 해결되어야 할 문제였다. 응당 국체(國體)헌법을 해결하기 전에 해결했어야 했다. 그보다 먼저 헌법이 제정된 것은 유럽의 제도를 채용한 데 지나지 않는다. 유럽법제의 정신은 인권에 대한 평등을 기초로 하지 않은 것이 없다. 그러기에 먼저 서양식 사회국가의 기초를 주입하지 않을 수 없었던 것이다. 그 기초란 이른바 인권평등의 새로운 신앙이라고 할 수 있다. 이 새 사회, 새 국가는 공교를 용납할 수 없다고 철저히 각오하고 용감히 결단을 내려야 한다. 낡고 잘못된 것을 타파하지 않고는 새롭고 올바른 것을 세울 수가 없는 것이다."[86]

『나의 최후의 각오』에서는 또 이렇게 썼다. "이른바 입헌정치, 이른바 국민정치를 실현할 수 있는가 없는가 하는 것에서 대다수의 국민들이 자각적으로 이 정치의 주인이 되어 주도적인 위치에 서는가, 서지 못 하는가 하는 문제가 유일한 근본 조건이 된다.

주인이라는 주도적인 위치에 선다는 것은 바로 군민이 정부 건설에 참여하고 자체적으로 법을 제정하며 그 법에 복종하는 것을 의미한다. 또한 자체적으로 권리를 제정하고 존경받을 수 있어야 한다는 것이다. 만약 헌정정치의 주도적 지위가 정부에 속하고 인민에게는 부여되지 않고 헌법이 독립되지 못한다면 빈문서에 지나지 않는 것으로, 영원히 실행될 수 있다는 보장이 없게 되며 헌법에서 제정한 자유 권리는 인민을 아예 안중에 두지 않게 될 것이다. 그렇기에 만약 생명으로 헌법정치를 옹호하지 않는다면 헌정정치의 정신을 완전히 상실하게 될 것이다.

입헌정치가 대다수 국민들의 자각적인 힘이나 자각적인 행동에서 나오지 않고 오직

---

86) 장보명(張寶明), 왕중강(王中江), 『〈신청년〉을 돌아보다: 철학사조권』, 하남문예출판사, 1998, 418~421쪽.

선량한 정부나 현인정치만을 바란다면 그 비굴함과 초라함은 노예가 주인의 은총을 바라는 것과 다를 바 없는 것으로서 군민은 성왕과 현명한 재상들이 어진 정치를 베풀기를 바라는 것이나 다름없는 것이다."[87]

호적은 '우리에게 통하는 헌정과 헌법'이라는 글에서 이렇게 강조했다. "헌정은 사실 우리가 바라 볼 수 없는 대단한 이상이 아니다. 그것은 우리가 능히 배울 수 있는 일종의 정치 생활습관이다. 헌정은 사람마다 직접 참여할 필요가 없으며, 또 사람마다 '창제', '복귀', '파면' 등에 참가할 수도 없다. 민주헌정이란 사실 일종의 규칙으로 정부와 인민 간의 활동범위를 제정하는 것으로 헌정이라고 부른다. 이 규정된 범위 안에서 능력이 있는 국민들이 모두 정치에 참여하고 그들의 의견이 모두 정당하게 표현될 기회를 가지게 하며 또 정당한 방식으로 정치능력을 발휘할 수 있게 하는데 이것을 민주헌정이라고 부른다. 이렇게 공동으로 준수할 수 있는 정치생활이 바로 헌정인 것이다. 지금 우리가 필요로 하는 헌법은 일종의 쉽게 알 수 있고 쉽게 행할 수 있으며 모두 실행할 수 있는 헌법인 것이다. 헌정의 의의는 공동으로 법을 준수하는 정치로서 헌정이란 바로 법을 준수하는 정치라고 할 수 있다. 만약 근본 대법이 되는 조항도 실행할 수 없다면 그것을 준수한다는 것은 더욱 불가능하며 인민들이 법을 준수하기를 바란다는 것은 기대할 수조차 없다. 또 우리는 인민들로 하여금 법을 준수하는 습관을 양성하도록 훈련시킬 수도 없다."[88]

두 차례 세계대전의 발발은 서양열강들로 하여금 중국내정에 크게 관심을 가질 겨를이 없게 만들었다. 국내에 거세게 일어나기 시작한 혁명운동과 전쟁은 중국의 헌정운동에 중대한 영향을 일으켰다. 거정(居正)과 모택동은 중국의 신 국민혁명의 목표를 헌정의 표준으로 삼았다. 거정은 '헌법에 대한 몇 가지 문제'에서 이렇게 썼다. "헌법은 근대 헌정국가의 기본법이다. 헌법은 한 나라의 입헌정치규정이 정치형태를 규정하는 것에

---

87) 『청년잡지』, 제1권 6호, 당보림(唐寶林)편, 「진독수어록 모음」을 참고, 화하출판사, 1993, 210~211쪽.
88) 『독립평론』, 제242호, 경운지(耿雲志) 편, 「호적어록모음(胡適語萃)」, 화하출판사, 1993, 146~148쪽.

의거하게 되는 주요한 법칙이 된다. 헌법의 형식은 왕왕 각국의 민족사회 진화의 특수한 수요에 순응하게 되며 장기간의 노력과 분투를 거쳐 이룩되는 것이다. 헌법을 창조하기 위한 이러한 투쟁 혹은 새로운 일종의 평화개혁운동, 치열한 유혈혁명이 추구하는 목적은 아주 명확한데, 그것은 하나의 평화개혁의 강령이며 혁명주의인 것이다.

한 나라의 헌정운동이 이미 성공의 길에 들어섰을 때, 비록 헌정의 법규, 즉 형식적인 헌법이 아직 구체적인 규정이 없다고 해도, 헌법의 내용에 여러 가지 조항을 아직 확실하게 작성하지 못했다 해도 헌정운동의 목적인 헌정의 기초원칙과 건국의 기본정신은 이전에 혁명의 승리나 평화개혁운동의 승리를 따라 명확하게 확정되는 것이다. 이런 헌법의 기초원칙과 건국의 기본정신은 헌법을 창조하는 생명력이 된다. 삼민주의의 실행은 우리 중국 헌정운동의 유일한 목적이다."[89]

모택동은 1940년 1월에 '신민주주의론'이라는 글에서 이렇게 밝혔다. "… 중화인민공화국은 무산계급의 지도 아래 반제국주의와 반봉건주의를 주장하는 모든 인민들에 의한 연합 독재의 민주공화국이다", "헌정이란 무엇인가? 바로 민주정치이다", "신민주주의의 헌정이란 무엇인가? 바로 몇 개의 혁명계급들이 연합하여 부패한 반동파에 대해 독재를 실시하는 것이다."[90]

동·서양의 학문을 통달한 일부 학자들은 학문적인 시각에서 서양 헌정의 모델과 그 이로운 점을 냉정하게 연구하고 그것으로 중국 헌법, 헌정 및 헌정건설의 원인과 목적을 논증하려고 시도했다. 장우어(張友漁)는 이렇게 말한 적이 있다. "헌정이란 무엇인가? 헌정이란 바로 민주정치에서 헌법으로 국가체제를 규정하는 것이다. 정권조직 및 정부와 인민 지간의 권리와 의무의 관계는 정부와 인민들로 하여금 모두 이 규정 안에서 당연한 권리를 향수하게 하고 당연한 의무를 책임지게 하는 것이다. 누구를 막론하고

---

89) 거정(居正), 『거정문집』 하, 라복혜(羅福惠), 소이(簫怡) 주필, 중화사범대학출판사, 1989, 715~719쪽.
90) 모택동선집』 제2권, 인민출판사, 1991, 675, 732~733쪽.

이러한 규정을 위반하거나 이러한 정치형태를 초월해서는 안 된다. 모방헌정의 정의는 억지스럽기는 하지만 한마디로 헌법에 대한 정의라고 할 수 있다. 헌법은 국가체제에 대한 규정으로서 정권조직 및 정부와 인민 간의 권리와 의무 관계에 대한 국가의 기본법이다. 우리가 '헌법이란 무엇인가?'에 대하여 이렇게 해답할 수 있는 것은 형식방면에서만 헌법을 본 것이 아니라 그 본질에 대해서도 적당하게 지적했기 때문이다. 하지만 아직도 그렇게 철저하게, 깊이 들어가 파헤쳤다고는 할 수는 없다. 이 문제를 더욱 철저하게 깊이 들어가 연구하기 위해서는 아래의 몇 가지를 보충해야 할 것이다. 첫째, 헌법의 힘, 즉 강제적인 힘이다. 둘째, 헌법은 절대적이거나 부분적인 사회역량의 표현이다… 종합적으로 헌법은 일부 사회 역량의 강제적인 힘이라고 할 수 있다."[91]

장군매(張君勱)는 『국가는 왜 헌법을 요구하는가?』 라는 책에서 이렇게 쓰고 있다. "헌법은 사실 한 장의 문서이다. 그렇기 때문에 정부의 권리가 어떻게 각 기관이 인민의 안전과 자유를 수호하는 목적에 도달할 것인가를 규정하게 된다. 하지만 이 한 장의 문서로는 역부족이다. 반드시 국민이 시시각각 부단히 주의를 기울여야 한다. 그렇게 헌법으로 일을 처리하는 습관을 양성해야만 차츰 헌법의 기초를 확실하게 닦을 수 있다.

우리는 왜 헌법을 요구하는가? 이 문제에 확답하자면 우리는 우선 우리가 왜 국가를 필요로 하는가에 정답을 내려야 할 것이다. 우리가 헌법을 요구하는 것은 우선 인민의 생존을 수호하자는 것이고 다음은 인민의 자유를 보장하자는 것이며 다른 하나는 법질서를 조성하자는 것이다."[92]

오종자(吳宗慈), 장백렬(張伯烈)은 이렇게 밝혔다. "헌법을 실시하는 자들은 인민조직에서 국가의 근본인 헌법정신이 생성될 수 있게 관철해야 한다. 인민들이 공동으로 발전하고 나라의 정치가 인민들의 공통 발전을 촉진하기 위한 일종의 수단으로

---

91) 장우어(張友漁), 『중국 헌정론』, 중경생생출판사, 1944, 25~35쪽.
92) 장군매(張君勱), 『중화민국 헌법 10강』, 상무인서관, 1947, 6~9쪽.

작용할 수 있도록 중시를 돌리려는 것이지 나라만 진보하게 하는 것이 최종목적이 아니다. 중국의 헌법창조가 어렵고 험난하다는 것은 이런 의미에서 하는 말이다."[93]

2. 유헌파(有憲派)의 관점

유헌파의 주장은 다음과 같다. "헌법은 국가를 근본적으로 조직하는 대법이다. 국가가 존재하고 운행한다면 바로 근본조직대법으로서의 헌법이 존재한다. 즉, 국가가 있으면 헌법은 반드시 존재하게 되는 것이다."

강유위의 헌법사상은 만년에 비교적 큰 변화를 일으켰다. 그는 헌법의 "적이 이 나라에서 전제를 실시하지 못하게 하기 위해 헌법을 제정해야 하며, 거인(去人)이 이 나라를 개인의 소유로 삼지 못하게 하기 위해 헌법을 제정해야 한다"는 기능을 더욱 분명하게 천명했다.) 동시에 중국고대에 이미 비교적 현명한 헌법과 헌정이 있었음을 분명히 강조했다. "중국은 심각한 위기에 처해 있다. 그러나 가치가 있는 헌법으로 능히 구할 수 있다. 헌법을 어떻게 해야 세울 수 있는가? 적이 이 나라에서 전제를 실시하지 못하게 하기 위해 헌법을 제정해야 하며, 거인(去人)이 이 나라를 개인의 소유로 삼지 못하게 하기 위해 헌법을 제정해야 하고 국가의 평안을 위하여 관직에 있는 사람들이 세워야 한다. 춘추시대 이전의 천자, 제후 대부 모두 전제로써 천하를 사유화하고 백성을 잔혹하게 대했다. 공자는 여전히 춘추시대의 제후, 대부, 선비, 백성의 명분을 정하여 각기 그 직무를 다해야 하며 크고 작음에 구분이 있어 서로 침범할 수 없다고 했다. 이는 중국 수천 년 동안 치안(治安)의 법이 되었다.

소위 어지러운 세상을 바로 잡고, 전제를 없애 헌법을 세우면, 천하인 모두 헌법

---

93) 오종자(吳宗慈) 편, 『중화민국헌법사』, 동방시보관, 1924, '서' 2쪽.

아래에 있게 할 수 있다. 고로 춘추시대에는 명분이 정해졌었는데, 명분은 작은 의미로 권한(權限)이고, 큰 의미로는 그리스어로 소위 constitution이다. 그리스어의 의미와 중국의 예는 약간 비슷하다. 그러나 공자의 예는 천지귀신을 아우르는 헌법의 정치적 명분을 포함한 대법으로 약간 다르다. 한대 이후 공교를 존숭하고 육경을 세웠다. 조정의 의례와 유생군신의 상서, 모두 경의(經義)를 인용하여 공평하게 심의했다. 그래서 춘추는 인간을 위한 의(義)라고 했다.… 한대의 사람들은 보통 수많은 일들에 대해 춘추를 헌법으로 삼았다.

그러므로 큰 정치는 모두 헌법을 받들고 규범이 되었다. 전제의 대권이 군주에게 있으면 현명하지 못하다. 결코 성스러운 법에 기꺼이 순응하지 않아 왕왕 무너지기도 한다. 비록 유생이 강하게 경의를 주장하여 군주와 싸우지만 결코 승리하지는 못한다. 청조 신하들의 상소는 조서를 인용하는 경우가 많았고 경의를 인용하는 경우는 적었다. 그리하여 공자의 헌법은 점점 추락하였고 군주의 전제는 극에 달했다.”[94]

상대적으로 볼 때 강유위가 중국 고대 헌정의 정수를 파헤친 방법과, 이대소가 주로 이학 상에서 국가와 헌법의 관계에 대해 논술을 한 것과 아울러 헌법의 효과 및 그 행정법과의 차이는 구분해야 한다. 이대소는 『법학 통론』에서 이렇게 인정했다.

“서양이나 동양, 진보와 낙후를 막론하고 세계적인 범위에서 국가가 있으면 반드시 헌법이 존재해야 한다. 각국의 차이점은 오직 성문 법전이 있는가, 어떠한 성문 법전인가 하는 것일 뿐이다. 국가는 일정한 조직적인 질서가 시작되면 수립될 수 있고 운영될 수 있다. 이런 조직과 질서는 다만 헌법에 의거해야 만 보존할 수 있는 것이다. 그렇기 때문에 법학에서 ‘헌법이 없으면 국가도 없다’는 견해가 존재하게 되는 것이다. 헌법과 관계가 제일 밀접한 것은 물론 행정법이다. 그들의 관계를 연구할 때 우리는 헌법을 항목으로 행정법을 세칙으로 볼 수 있다. 헌법은 국가의 대권을 포함한 그에 분담되어 있는 규칙을

---

94) 강유위(康有爲), 『의중화민국헌법초안발범(擬中華民國憲法草案發凡)』, 상해광지서국, 1916, 제2~3쪽.

명시하고 행정법은 국가 대권을 집행하는 기관, 조직 및 그 권력범위를 규정하고 그들이 분담한 사무 및 그 운영방식에 대한 여러 가지 문제를 규정하게 된다.[95]

사실 유헌파는 손문과 그의 추종자들을 전형적인 대표로 꼽아야 할 것이다. 그들은 주로 헌법과 헌정의 특수한 효과, 특히 국가조직의 관계방면으로부터 헌법과 헌정을 담론했다. 손문은 이렇게 말한 적이 있다. "영국의 불문헌법과 우리 중국의 독재시대 정황을 비교해 보면 알 수 있듯이 우리 중국에도 삼권헌법이 있었다. 현재의 제일도(第一圖)와 같은 것이다. 중국의 헌법에는 고시권(考試權), 군권과 탄핵권이 있다. 군권은 입법권, 행정권과 사법권을 겸하고 있다. 하지만 외국의 헌법은 입법권, 행정권과 사법권이 분리되어 있고 입법권과 탄핵권, 행정권, 고시권은 겸하고 있다.

헌법이란 도대체 무엇인가? 간단하게 말해서 한 나라의 정권을 몇 개 부분으로 나눈 후 그 부분이 모두 각자 독립하고 서로 전문적으로 책임지는 부서를 갖는 것이다. 여러 나라의 헌법은 국가의 정권을 세 부분으로 나누는데 이것을 삼권이라고 부른다. 지금까지 다섯 개 부분으로 나눈 적은 없다. 오권 헌법은 내가 혼자 만들어 낸 것이다. 우리가 지금 민주정치를 선양하는데 이것은 바로 기계를 인민에게 주어 그들이 직접 운전하게 하려는 것이다. 마음대로 자유롭게 달려보라는 것이다. 이 기계란 무엇인가? 바로 헌법이다. '오권헌법은 바로 근대의 자동차요, 비행기요, 선박인 것이다.'[96]

이외 일부 민국학자들도 유헌파의 관점을 지지했다. 그들은 주로 헌법의 개념, 분류, 기본 특징에 대하여 비교적 깊이 있게 분석을 진행하고 정의를 내렸다. 유정문은 『중국헌정원리』에서 이렇게 인정했다. "헌법은 국가조직의 기본체계로서 최고의 법적 효력을 가지고 있기 때문에 국가의 정치생활의 안정을 목적으로 한다. 이 정의는 국가조직의 기본법, 국가조직의 최고 법 , 정치생활의 안정 등 세 관념을 포함하고 있다.

95) 이대쇠, 『이대쇠전집』 , 주문통(朱文通) 등 편집, 하북 교육출판사, 1999, 51쪽~53쪽.
96) 오경웅(吳經熊), 황공각(黃公覺), 『중국제헌사』 , 상해서점, 1937, 641~656쪽.

이에 대해 필요한 토론을 하는 것은 헌법의 기본특성을 명확하게 하려는 것이다."[97] 장지본은 또 이렇게 말했다. "국가가 성립되려면 반드시 일정한 헌법이 있어야 한다. 이른바 헌법이라고 하는 것은 현대 국가들이 가지고 있는 성문헌법법전을 가리키는 것이 아니라 국가를 조직할 수 있는 기본법들을 말하는 것이다. 습관법이나 성문법을 불문하고 모두 안에 포함되는 것이다. 고대는 국가가 성립될 때 물론 현대 헌법 같은 것을 염두에 두지 못했을 것이고 성문법의 형식도 없었을 것이다. 하지만 당시에도 국가가 창립될 때 국가의 조직 및 그 직권의 기본법규(헌법)에 대한 규정은 반드시 존재했을 것이다. 이러한 일상 법규마저 없었다면 국가가 결코 형성될 수 없었을 것이다."[98]

정수덕은 또 이렇게 인정했다. "헌법이란 원문을 직역한 것으로서 국가조직법이라는 뜻이다. 일본에서도 헌법이라고 번역했다. 그 용어는 『국어』 및 『관자』 에서 온 것으로서 후에 군주가 사용하게 된 것이다. 중국에서는 약법(약법)이라고 고쳐 불렀는데 비교적 합당하다고 생각한다. … 헌법이란 국법의 일부이다 … 약법(약법)은 한고조가 관문에 들어가는 것과 같은 것이다. … 백성들과의 약속과 일치하게 된 것이다."[99]

3. 구별파(區別派)의 관점

이 학파의 관점은 다음과 같다. "중국에는 실질적인 특정상의 헌법은 있지만 근대적인 의미에서의 헌법은 없다. 즉, 헌법의 실질적인 특성으로 보면 헌법이 있지만 형식적인 특성으로 보면 헌법이 없는 것이다." 실체적 의의를 가지는 헌법과 관용적 의의에서의 헌법개념은 더욱 분명하게 구별파들의 관점을 설명할 수 있고 실천과 결부시킬 수 있다.

---

97) 유정문(劉靜文), 『중국 헌정 원리』 , 정중서국, 1944, 1쪽.
98) 장지본(張知本), 『헌법론』 , 중국방정출판사, 2004, 5~31쪽.
99) 정수덕(程樹德), 『헌법역사 및 비교연구』 , 조양학원출판부 1933, 66쪽.

민국학자들은 대부분 이 관점을 고집했다. 그들은 중국의 헌법과 헌정을 서양의 헌정과 비교하면서 깊이 있는 연구를 진행하였는데 모두 나름대로의 특징을 가지고 있다. 주로 세 가지 정황을 알아낼 수 있다.

(1) 서양의 헌법관념에 대하여 명확한 구분을 한 후, 중국에는 비록 형식상의 헌법은 없지만 본토 특색을 가진 헌법은 존재한다고 인정했다

왕세걸(王世杰)과 전단승은 이렇게 인정했다. "실질적 특징으로만 본다면 중국도 다른 국가들처럼 역대로 자체적인 헌법이 있었다. 하지만 이 헌법은 줄곧 성문헌법의 형식으로 존재한 것이 아니었다. 중국의 성문헌법은 어느 때부터 존재했는가? 이 점은 아직 확정하기 어렵다. 하지만 당 왕조 이후에는 확실히 성문형식의 헌법제도인 개원시대에 공포된 6전(六典)이 있었다. 이 유형의 헌법제도는 지금까지 제일 오래 보존되어 온 헌법제도라고 할 수 있다. 이 제도는 주례 6관(周禮六官)을 모방하여 만든 것이라고 하는데 이전, 교전, 예전, 정전, 형전, 사전 등 6부로 나뉜다. 이 제도는 각기 국가의 여러 중요한 기관의 조직과 담당을 구분하고 그들의 시정준칙에 대하여 규정했다.

명 청시대의 회전(會典)은 바로 이 6전과 비슷하다. 건륭황제가 제정한 대청회전범례에 근거하면, 이른바 '회전'이란 법규를 중심으로 한다는 뜻으로서 오랫동안 행해야 할 제도인 것이다. 무릇 소송을 하여 보호를 받을 수 있고 조정과 민간이 서로 존경할 수 있는 것이라면 모두 강령에 통과될 수 있고 아울러 이 '국가의 대경대법'에 들어갈 수 있다.

몇 번이나 이야기를 했기에 이미 이러한 유형의 헌법제도의 성질에 대하여 대략 알았을 것이다. 비록 무릇 국가의 근본조직과 관계되는 사항을 일일이 이 헌법제도에 열거하지는 않았지만(이를테면 황위계승에 대한 문제, 습관에만 국한된 것) 이러한 헌법제도는 한두 가지 사항을 생략했다고 하여 그 성문화된 성질을 잃게 되는 것은 아니다. 하지만 근대론 자들의 상층부는 헌법의 이름을 달가워하지 않았다. 독재를 실행하는 국가의 모든 법학자들은 자신들의 관점에 따라 헌법을 인민들의 권리서로 삼았다. 입헌 국가들은 반드시 인민들이 약간의 참정권을 향수할 수 있는 국가라는 것을 인정해야 했다.

한 국가가 자신의 인민들이 정권을 행사하는 데 참가하는 것을 허락하지 않는다면 절대 그 국가를 헌법국가 혹은 입헌국가라고 부를 수 없다. 이런 주장에 비춰 볼 때 헌법의 실질적인 면만 말한다면 중국은 역대로 헌법이 없었다고도 할 수 있는 것이다.

6전이나 회전 같은 것은 비록 일종의 근본 조직법이라고는 하지만 일종의 인민권리서라고는 할 수 없는 것이다."

"헌법의 형식적 특징으로만 이야기 할 때 헌법관념은 서양문화의 산물로서 중국문화에는 워낙 존재하지 않았다. 중국은 역대로 국가를 근본 조직하는 법과 관계되었다. 이를테면 6전, 회전과 같은 것들을 들 수 있는데, 이러한 제도는 관료층에서 기초한 후 황제의 비준을 거쳐 공포했다. 그 외에 다른 법(이를테면 역대 조대의 형률)도 모두 관료층에서 기초한 후 황제의 비준을 거쳐 공포했다. 서로간의 이러한 제약은 처음부터 근본적인 차이가 없었다. 모든 법은 군주가 제정하였고 모든 법의 효력은 같았다… 통속적 관계가 될 수 없었던 것이다."

"근대 헌법과 근대 인사의 헌법관념에 대한 차이는 이전과 같이 형식에 매여 있었다. 형식적인 특징으로 보아 중국은 역대로 근대헌법과 비슷한 것마저 존재하지 않았던 것이다."[100]

'헌' 혹은 '헌법'이라는 말은 중국에 오래전부터 있었던 명사이다. 형식의 특성으로 말할 때 헌법의 효율은 보통 법의 효과보다 높고 그 수정 순서 역시 보통 법과 다르다. 이런 의미에서 말하면 영국이나 이탈리아에는 전혀 헌법이 없었다고 할 수 있다. 실질적인 특성으로 말할 때 내용상에서는 국가의 근본적인 조직을 규정하는데 이 사항은 중국와

---

100) 왕세걸, 전단승, 『비교헌법』, 중국정법대학출판사, 1997, 13~14쪽.

다르다."[101]

백붕비(白鵬飛)는 이렇게 말한 적이 있다. "헌법이라는 말에는 몇 가지 의미가 담겨져 있는데 대개 아래의 세 가지로 나눌 수 있다. ① 실질적인 의의. 국가의 조직에 대한 그 작용의 기초법칙을 헌법이라고 한다. 상세하게 말한다면 국가 영토의 범위에서 국민의 자격을 주요 조건으로 한 국가의 통치조직의 요강이다. 또한 국가와 인민 간의 관계와 같은 기초법칙도 모두 포함되어 있다. 옛날 실질적인 의미에서의 헌법은 어떠한 국가에도 모두 존재했었다. ② 형식적인 의미에서의 헌법. 실질적인 의미에서의 헌법을 빼고 그 형식적인 면만 본다면 기타 모든 법도 대체로 비슷하다. 문자로 된 성문법을 제정했을 따름이다. 불문의 관습법으로 된 조례로 대체했을 따름이다… 형식적인 의미에서의 헌법을 성문헌법이라고 한다. 영국에는 없다. ③ 관용적인 의미는 입헌국가와 독재국가가 구별되는 유일한 점이다. 전자는 국민에게 참정권이 있다는 것을 승인하고 대의제도를 확립하여 국민이 기관을 대표해 권리를 행사하게 할 수 있다. 그렇지 않다면 그 나라는 입헌 독재국가라고 말할 수 없다."[102]

손증수(孫增修)는 이렇게 믿고 있었다. "헌법은 형식 및 실질적인 특성이 있다." 실질적인 특성으로 따져본다면 무릇 국가통치기관의 조직자들이 규정한 것이면 헌법이라고 할 수 있다. 이런 표준으로 볼 때 중국의 당조 6전이나 청조 회전은 모두 헌법이라고 부를 수 있다. 하지만 단순히 형식적인 특징으로만 헌법을 관찰한다면 인민들의 생명재산과 자유권리는 이 법의 보장을 받을 수 없다. 그 법이 포괄하는 범위가 비교적 넓고 그 발달 정도가 비교적 늦기 때문이다. 중국 헌법사를 고증해 보면 제일 먼저 생산된 것은 중화민국 약법(임시약법)이다. 이 약법은 민국 원년(1912년)에 공포되었다.[103] 손문도 가끔 구별파의 관점을 가지고 있었다. "헌법이란 국가의 구성법이며 또한 인민권리의

101) 왕세걸, 전단승, 『비교헌법』, 1~7쪽.
102) 백붕비, 『헌법과 헌정』, 상해화통서국, 1920, 17~18쪽.
103) 손증수(孫增修), 『중국 헌법문제』 상, 상무인서관, 1936, 1쪽.

보증서이기도 하다."104)

  (2) 임기동(林紀東), 진여현(陳茹玄), 장우어 등이 서양 헌정의 역사적 배경과 그
      사회발전 연구에 더 한층 깊이 들어갔고 그 방법으로 중국의 헌정 건설과 발전을
      지도하려 했다

  임기동은 『법률개론』에서 이렇게 밝혔다. "헌법은 국가의 기본조직과 국가와 인민
상호간의 기본 권리와 의무 관계를 규정하는 기본법이다. 헌정의 구체 내용은 국가마다
다르다. 중국 헌정 역사를 담론하려면 자연히 중국 헌정운동의 역사를 들먹이게 된다.
…청조 말엽 러일전쟁 후부터 시작되었다."105) 그는 『중화민국헌법 해석론』에서 이렇게
밝혔다. "헌법은 국가를 규정하는 근본조직이며 인민의 권리와 의무 및 근본국책을
규정하는 기본법이다. 이른바 기본법이라고 하는 데는 세 가지 의의가 있다. 첫째, 헌법은
모든 법령의 근거이다. 둘째, 모든 법과 명령은 헌법과 대립될 수 없다. 셋째, 헌법은
국가의 기본규범으로 국가의 기본조직과 기본 작용은 모두 헌법안에서 규정되어야
한다."106)

  진여현은 이렇게 인정했다. 드류스커시(德儒斯苟西)는 이렇게 말했다. "세상에는
헌법이 없는 국가가 존재하지 않는다. 국가가 있으면 반드시 주권이 있게 되고 주권이
있으면 반드시 주권을 대표하거나 주권의지를 표현하는 법 규칙이 있게 되는데 그것이
정부와 인민의 관계를 결정하게 한다. 이 모든 권리와 책임의 분배는 행동의 기준이 된다.
이러한 법 규칙이 바로 헌법이다." 미국의 법률가 캑스턴은 이렇게 헌법을 해석했다.
"헌법이란 최고 주권자의 의지가 법에서 표현된 것이다."

---

104) 장우어(張友漁), 『중국 헌정론』, 32쪽.
105) 임기동(林紀東), 『법률 개론』, 대동서국, 1949, 75~80쪽.
106) 임기동, 『중화민국헌법 해석론』, 대중도서회사, 1972, 1~7쪽.

이 광의적인 의미에 비추어 보면 한 나라의 정치제도 중 대법의 성질이 유순하든 강력하든, 효력이 오래가든 일시적이든, 형식이 성문으로 되었든 습관적으로 되었든 모두 헌법이라고 할 수 있다. 하지만 우리 중국은 유사 이래 하루도 정부가 없었던 적이 없었다. 정부가 있으면 그 조직의 결정이 있게 되고 권력을 분배하는 법이 있게 된다. 우리는 나라가 세워져 5천 년간, 하루라도 헌법이 없으면 안 되었기 때문이었다. 하지만 이러한 정의는 너무 평범하다고 할 수 있다. 이른바 근대 헌법에 대해 생각해보면 모두 민치운동의 결과라는 것을 알 수 있는데 그것은 헌법이 바로 민치의 기본법이기 때문으로 정부조직의 원칙이 되기 때문이다. 국가정권의 배분에 대해 규정하고 그것을 행사하려는 그 민치정신이 존재하고 있었기 때문에 국가체제가 군주의 것인지 민주의 것인지를 가리지도 않았던 것이다. 민치의 기본법은 중국역사에서 찾을 수 없다. 그것이 생겨난 것은 최근 30년 사이이다."[107]

장우어는 이렇게 분석하고 해명했다. "헌법이라는 이 글자의 기본 뜻은 조직, 제도, 원칙 기초, 규칙이다. 한 나라의 헌법은 바로 한 나라의 제도와 조직의 기본법을 규정한다. 인민의 권리를 보증한다는 것과 같은 내용은 어쩌면 헌법에 필요한 조목이 아닐지도 모른다. 사실, 일부 국가의 헌법은 상술한 내용을 포함하지 않았다. 프랑스 1875년의 헌법과 독일의 1871년의 헌법이 그러하다. 하지만 모든 국가의 체제와 정권조직은 여러 가지 사회역량의 상호관계의 구체적인 표현을 벗어나지 못한다. 혁명적인 정부는 인민의 정권조직을 대표하고 반동적인 정부는 인민을 압박하는 정권조직을 대표하게 된다. 전자가 충분하게, 충실하게 인민들이 부여한 정권을 행사하게 하기 위하여, 후자가 인민들이 부여하지도 않은 정권을 마음대로 남용하는 것을 방지하기 위하여 모든 헌법은 당연히 정부와 인민 간의 권리와 의무의 관계를 명백하게 규정해야 하는 것이다.

---

107) 진여현(陳茹玄), 『중화민국헌법사』, 심운용(沈雲龍) 주필, 『근대 중국 사료총간 후속 집』, 문해출판유한회사, 1976, 1~2쪽.

간단하게 말해서 인민의 권리를 보장해야 하는 것이다.

유럽전쟁 후, 여러 나라의 새로운 헌법은 인민의 권리를 보장하기 위하여 복잡하고 구체적인 규정을 하게 된 것이 아니었겠는가?"[108]

(3) 오종자, 양조룡(楊兆龍) 등은 헌법과 국가, 인민 간의 관계 및 그 실천적 연구를 더욱 깊이 했다

오종자는 이렇게 말했다. "헌법의 내용은 한 방면으로는 국가의 구성을 규정하고 다른 한 방면으로는 인민의 권리를 보장한다." 이른바 국가의 구성이라고 하는 것은 바로 국가의 체제(사회주의의 소련에서는 국가의 토대가 되는 사회제도마저 헌법으로 규정했다), 정권조직(이를테면 손문의 권한과 역할을 분리하자는 학설은 주로 정권조직을 말한 것이다)와 같은 것이다. 이른바 인민의 권리를 보장하자는 주장은 헌법에 정부와 인민 간의 권리와 의무의 관계를 명확하게 규정하자는 뜻밖에 없다.[109] 양조룡은 중국의 현실에 긴밀히 결합시켜 중국 헌정의 중심과 실현방식을 이렇게 제기했다. "헌정의 의의와 중심에 대하여 논할 때 보통 범하기 쉬운 착오는 헌법의 조문과 원칙을 너무 중시하는 것이다. 그들은 헌법의 규정을 헌정을 실시하는 중심사업으로 착각하는 것이다.

우리는 반드시 이른바 헌정은 서면상의 헌법과 구별이 있다는 것을 알아야 한다.

전자는 실제 정치가 헌법의 추상적인 원칙의 지배를 받은 결과이거나 헌법의 추상적인 원칙이 실제정치 상에서 구체화된 결과일 뿐이다. 한마디로 실제정치상에서 작용을 일으키기 시작한 헌법이라고 말할 수 있는 것이다. 하지만 후자는 일부 실제정치와 아직 관계가 발생하지 못한 추상적인 원칙의 총칭일 뿐이다. 이른바 서면상의 헌법이란

---

108) 장우어, 『중국 헌정론』, 33~34쪽.
109) 장우어, 『중국 헌정론』, 32~33쪽.

헌법원칙으로 하여금 실제작용을 발휘하게 하는 방식이다.

헌정국가란 일종의 개량된 법치국가일 뿐이다. … 헌정국가란 법치국가에 법의 민주화를 보태거나 법의 민주화를 강화했을 따름이다. … 헌정 건설이란 국가대법의 질서건설에 근거한 것으로서 제일 실제적이고 제일 광범위한 질서의 건설이 된다. 그것을 추진하고 실행하기란 쉽지 않고 그 발걸음도 완만하다는 것은 더 의심할 나위가 없다."[110]

4. 간단한 평가

(1) 주요내용

무헌파 내부에도 두 개의 파가 있었다. 첫째, 강·양 등의 전기 관점을 대표하는 사람들이다. 그들은 서양 현대모식의 국가 직능, 헌법 분류표준(공법)과 독재, 상대적인 민주보장의 헌법내용으로부터 출발하여 중국 고대에 헌법이 없었다고 판단했다. 그들은 이로부터 원인을 찾아 중국이 서양보다 선진적이지 못하다고 객관적으로 평가하려 했던 것이다. 그 주요 이유는 서양 헌정제도를 이용하여 중국의 헌정을 발전시키려는 것이었다. 국가를 멸망의 위기로부터 구하여 생존을 도모하고 나라를 부유하게 하고 군대를 강하게 하려는 배경 하에서의 급박한 심정은 그들로 하여금 청조의 독재제도를 전부 부정하고 열강들을 본보기로 삼아 법제를 개혁하여 강성해지기를 꾀하였던 것이다. 그들은 또 입헌정치를 실행하고 외국의 기술을 배워 외국을 제압하려고 시도했다. 둘째, 장군매(張君勱), 장우어 등을 대표로 하는 사람들이다. 그들은 서양 정치상의 선진적인 점을 본보기로 삼아 중국이 정상적인 길로 나아가기를 애써 탐구했다.

---

110) 양조룡(楊兆龍), 『양조룡법학문선』, 학철천(郝鐵川), 육진벽(陸錦璧) 편, 중국정법대학출판사, 2000, 43~46쪽.

유헌파들은 서양 특히 영국, 미국, 독일 일본 등 열강들의 헌법, 헌정에 대하여 적지 않은 영향을 받고 있었는데 그로부터 이로움과 폐단에 대하여 분석을 진행했다. 또한 중국 고대의 정치제도와 사상이론의 우열 및 헌정 요소에 대한 연구와 분석을 깊이 있게 진행하고 그것을 파헤치면서 제대로 된 판정을 내리려고 했다.

그 목적은 바로 중국에 발을 붙이고 본 국의 특색에 맞는 헌정을 발전시키려는 것이었고, 다른 한 방면으로는 나라를 부유하게 하고 군대를 강하게 하여 혁명에서 승리하려는 것이었다. 하지만 실천 중에 그들은 헌법의 도구적인 가치만 중요시하고 헌법의 목적가치에 대해서는 소홀히 했다. 구별파들은 텍스트 상에서의 헌법연구만 중시했다. 그들은 주권국가 및 그 행정 운행의 근대이론으로부터 출발하여 헌법문제를 파헤치려 했던 것이다. 그들은 서양 국가들의 현대 직능을 대대적으로 선전하고 서양적 의미에서의 헌정을 주장했다. 하지만 그들은 국가와 민족의 위난과 동란으로부터 오는 것에 심각한 영향을 받지 않을 수 없었다.

(2) 세 학파의 관점이 보여준 네 가지 특징

첫째, 서양의 영향을 크게 받았다는 점이다. 무헌파의 대표자들은 헌법과 헌정은 응당 서양식의 선진적인, 민권을 보장할 수 있는 내용이 구비되어야 한다고 주장했다. 유헌파와 구별파의 주요 구별의 하나는 실천 상에서 서양 근대 헌정을 우리의 헌정 표준으로 하는가 하지 않는가와 중국 고대와 구분하는가 하지 않는가 하는 문제였다. 실질적으로 종합해보면, 세 학파의 관점은 모두 서양헌법과 헌정의 그림자를 참고의 배경으로 삼았었다.

둘째, 정치영향을 쉽게 받았다는 점이다. 이 점은 일부 학자들로 하여금 일정한 정도에서 사고력과 독립성 및 비판성을 잃게 했다. 이를테면 손문의 영향을 많이 받은 일부 학자들, 살맹무(薩孟武), 사상관(史尚寬) 등은 전문적으로 '오권헌법'에 대하여 해석한 역작들을 내놓았다.

셋째, 헌법관념이 통일되지 않았다는 점이다. 이 점은 근대 중국 헌정의 기점이 일치하지 않았고 중국 헌정이 공통의 플랫폼에 도달하지 못했기 때문이었다. 또한 유헌파들은 대부분 혁명가, 정치가, 실천가들이었기에 헌법논술에서 그렇게 상세하지 못했다. 반면에 무헌파와 구별파들은 대부분 학자들로서 주로 이론연구를 주업으로 하였기에 논리상에서 비교적 상세했다.

넷째, 변동성 혹은 발전성에 대해 말할 수 있다는 점이다. ① 각 학파의 관점은 그 구분이 뚜렷하지 않았다. ② 일부 사람들의 관점은 논리상, 심지어는 개인 신분의 전후가 모두 통일되지 못하여 동시에 여러 가지 학파에 속할 가능성이 있었던 것이다. ③ 소홀히 할 수 없는 것은 많은 헌정 선행자들이 사상적인 방면에서 모두 변화과정이 있었다는 것이다. 이를테면 강, 양 등도 만년에는 그들의 헌정사상에 큰 변화가 있었다. 그들은 만년에 공화헌법을 반대하였을 뿐만 아니라 또 서행헌정을 주장하면서 중국에게는 오랜 시간과 예비기간이 필요하다고 주장했다. 그러하기에 우리는 그들을 '보수적으로 나갔다'는 말로 간단하게 부정하지 말고 올바르게 그 원인을 연구해야 하는 것이다. 그중 모방의 대상인 서양헌정이 보기에는 찬란한 것 같지만 폐단도 보이는 과정이 있었다는 것도 그 원인이 된다.

결론적으로 말해 여러 학파의 관점이 모두 서양헌정의 영향을 받은 것만은 사실이다. 하지만 동시에 세 학파가 지닌 관점의 지도아래 진행된 헌정건설은 모두 그렇다할 성공을 거두지는 못했다. 그 주요 원인은 서양식 헌법이론과 헌정 실천(중국 전통과 현실)이 단절되거나 연결이 잘되지 못했기 때문이다. 근대 헌정운동은 실천 중에서 중국 전통문화의 심각한 영향을 받는 것을 피할 수 없었기 때문에 중국토양에서 발전하면서 중국특색을 깊이 띠게 되었다.

제2절
여러 학파의 관점에서 보는 중국 전통문화의 흔적

중국전통문화는 관념형태로 볼 때 바로 중국 고대 사상가들이 도출해낸 이론화와 비이론화로서 사회 전반에 퍼지면서 큰 영향을 주었다. 중국전통문화는 안정된 구조를 가진 공동정신, 심리상태, 사유방식, 가치취향 등을 구비한 정신적 성과의 총화라고 할 수 있기 때문에 유가에서 발전한 전통문화의 주체정신이기도 하다. 넓은 문화적인 시야로 관찰할 때 전통문화는 물질적, 제도적, 심리적인 이 세 차원의 문화로 구성되었다고 할 수 있다.[111]

중국 전통 법문화의 기본정신은 인문주의(정신)로 정치이론을 주축으로 하며 사상방향은 군주주의이고 내용주제는 윤리도덕이다.[112]

근대 중국 헌법과 헌정은 종합적으로 서양을 모방하고 본보기로 삼았는데 그 목적이 아주 명확했기 때문에 주로 국가를 멸망의 위기로부터 구하여 생존을 도모하고 나라를 부유하게 하고 군대를 강하게 하려는 데 있었다.

전통문화는 근대 헌정운동의 여러 가지 방면에 심각한 영향을 일으켰다. 헌정은 그 자체로도 많은 문제점들을 가지고 있었다. 이 글에서는 주로 근대 헌정운동을 목적으로 하여 두 가지 측면으로부터 중국 전통의 정치윤리문화의 헌법(헌정)에 대한 관점을 기술하고 그 지도아래의 헌정운동에 대한 영향에 대해 연구하려고 한다.

---

111) 유개민(劉介民), 『중국전통문화정신』, 기남대학출판사, 1997, 9, 104~105쪽.
112) 왕형화(王炯華), 『중국전통 12강』, 중화과학기술대학출판사, 2001, 18쪽.

1. 정치주도형 문화

(1) 헌법의 '도구'와 '술(術)' 론

상앙(商鞅)으로부터 장거정(張居正)에 이르기까지 기나긴 중국의 변법역사를 살펴보면 대부분 새로운 법은 나라를 구하고 부강하게 하며 군대를 강대하게 하는 수단으로 삼았지 치국의 근본 원칙으로 삼은 것은 아니었다. 근대 헌법운동은 서양헌법과 헌정도 역시 세상을 구하고 부강하게 하며 군대를 강대하게 하는 수단으로 받아들였다. (적어도 객관적인 효과는 이러했다) 헌정을 나라를 부강하게 만드는 목표 아래에 둔 것은 근대 중국의 헌정이론과 실천의 근본 모델이 되었다.

왕도, 정관응으로부터 강유위, 양계초 그 뒤로 호적, 진독수 등에 이르기까지 헌정사상에 대한 중국인들의 추구는 이 3대를 걸쳐 내려왔다. 관념상으로 볼 때 이 3대의 추구는 일치했다고 할 수 있다. 그들은 모두 헌정은 위난에 처한 중국을 구할 수 있는 유일한 수단이라고 믿었고 오직 헌정만이 중국을 부강의 길로 나아가게 할 수 있다고 판단했던 것이다.[113]

더 깊이 살펴보면 우리는 중국헌정의 인입은 사실 주로 중국전통문화의 민본자원을 빌렸다는 점을 발견할 수 있다. 19세기 7, 80년대에 와서 유신사상가들인 정관응, 강유위 등이 장악하고 있던 서양사상에 대한 자료는 많지 않았다. 그래서 그들은 중국의 체계를 서양사상이론에 이용하는 방법을 찾아냈고 민본사상에 대해 해석하고 서양의 의회제도와 헌법, 민권 등 개념을 받아들였다. 또한 군민이 공동으로 주인이 되려는 정치개혁구상과 의회를 설립하려는 개혁방안을 제기했는데, 그 논증자원은 주로 '중민(重民)', '치민', '입군애민(立君愛民)' 등 전통의 민본사상이었다. 왕도는 『중민상(重民上)』에서

---

113) 하신화, 호욱성 등 정리, 『근대중국헌정여정: 사료모음집』, 18쪽.

이렇게 썼다. "천하를 다스림에 있어서 백성을 첫 번째 자리에 놓아야 한다. 백성은 나라를 이루는 근본으로서 근본이 공고해야 나라가 안녕할 수 있다. … 나라가 부강하고 군대가 강대해지는 근본은 바로 위에 백성들을 믿어주는 군주가 있어 백성들이 군주를 우러르며 상하가 간격이 없어져 군민의 정이 돈독해지는 것이다." 강유위 역시 이렇게 말한 바 있다. "위로는 요순 3대를 스승으로 하고 밖으로는 동서강국을 본받아 헌법을 제정하고 실행하여 여러 정치를 국민들과 함께 해야 한다. 삼권정립제도를 실행하여만 중국을 강국으로 다스릴 수 있다. … 가히 기다려볼만 한 일이다." [114] 후에 손문을 비롯한 사람들이 민권을 건국의 기초로 삼기는 했었지만 사상의 심처에는 여전히 백성들의 주인이 되려는 사상이 남아있었다. 이로부터 그들은 백성을 이끌어 정치에 참가하는 실천을 하게 되었던 것이다. 손문은 민권주의에서의 민본주의의 흔적을 감추려고 하지 않았을 뿐만 아니라, 도리어 시시각각 민본주의로 민중들에게 민권주의의 함의를 해석해 주었다.

손문은 이렇게 말했다. "공자가 이르기를 대도로 가야만 천하가 공평하게 된다고 했다. 이 말의 뜻은 민권의 대동세계를 주장한 것이다. … 요순의 정치는 명의상 군권을 이용한 것 같지만 실제로는 민권을 응용한 것이다. 그러하기에 공자는 언제나 그들을 추앙했던 것이다. …이로부터 알 수 있는 것은 민권에 대한 중국인들의 견해는 2천여 년 전부터 생각했다는 것이다. 하지만 그때는 실행할 수 없는 것으로 생각했던 것이다. 어쩌면 외국 사람들이 '유토피아'는 이상세계일 뿐이라고 믿었듯이 이내 실현할 수 없는 것이라고 믿었던 것이다."[115]

하지만 민본주의의 주체는 군주였지 민주가 아니었다. 민본적 조치는 군주를 비롯한 집권자들이 백성들의 주인이 되어 그들을 통치하는 데 더 좋은 수단을 마련하기 위한 것에

---

114) 왕덕지(王德志), 『중국에서 헌법개념의 기원』, 산동인민출판사, 2005, 52~53쪽.
115) 『손문전집』 제9권, 중화서국, 1986, 262쪽.

지나지 않았다. 집권자들은 헌법과 헌정을 "권술"이라고 해석하면서 "왕의 집정을 위한 것"이라고 말했다. 청조 말기 서태후를 비롯한 사람들의 예비입헌과 북양군벌들이 연달아 입헌을 하느라고 설쳐대던 사기극은 전형적인 실례가 되는 것이다.

그렇기 때문에 이론이든 실천이든 그리고 집권자들이든 이론가들이든 모두 헌정을 일반적인 구세의 도구로 삼았던 것이다. 그들은 헌법의 도구적 역할에 대하여 지나치게 강조하였기에 헌법을 도구로 착각하는 잘못된 인식을 크게 가지게 되었던 것이다.

(2) 권력지상(權力至上)

"중앙집권제 형식의 국가 구조에서 황제는 유일무이한 명분과 최상의 권력을 가지게 된다. 황권은 그 무엇보다도 높다. 이것이 바로 구조상의 근본 특징이다."[116] 중국 고대 정치제도의 역사 발전, 변화는 종합적으로 군주라는 이 축을 둘러싸고 돌았다. 모든 규장제도의 건립과 수정은 언제나 군주의 권위적인 통치이익과 운용의 편리를 선택의 표준으로 했던 것이다. 중국의 전통 통치책략은 외유내법(外儒內法)이었다. 법가의 한비(韓非), 신도(愼到), 신불해(申不害) 등이 창도한 '법', '술', '세(勢)'도 모두 군주의 편리를 위하여 봉사했다. 공자가 칭찬한 자산(子産)의 '관맹상제(寬猛相濟)'나 동중서가 건의하고 한무제가 받아들여 후세에 봉행한 '덕주형보(德主刑輔)'도 모두 기본적으로는 제왕의 독재집권을 위한 것이었다.

장진반(張晉藩)은 황권과 법의 관계를 이렇게 묘사했다. 첫째, 황권이 법률의 위에서 작용했기에 법은 권력에 복종해야 했다. 그래서 법은 바로 황제에게서 나왔다. 황제의 입에는 천하의 법이 물려 있었기에 황제는 나라의 운명을 거머쥔 최상의 자리에 놓이게

---

116) 유택화(劉澤華), 왕무화(王茂和), 왕란중(王蘭仲), 『독재 권력과 중국사회』, 길림문사출판사 1988, 15쪽.

되었던 것이다. 둘째, 군권이 최고라는 이론을 위해 수많은 학자들이 변호에 나섰다. 이를테면 천명신권론과 순종을 창도한 윤리도덕설은 모두 군주의 독재제도를 위하여 사상환경을 마련한 것이다. 종합적으로 법은 군주에게 속해 있었고 권력이 법을 지배하였으며 법은 군권을 수호하는 데 이용되었기에 군권은 법률의 위에서 마음대로 행사할 수 있었던 것이다. 이것이 바로 중국 고대의 법률 전통이다. 역대의 지식인들은 이론과 실천으로 이 문제를 해결하려고 노력했었다. 동중서는 하늘과 인간이 서로 감응할 만한 천벌설로 황권을 제약하려 하다가 한무제에게 죽음을 당할 뻔했다. 황종희는 군주에게 정치, 군사, 입법, 사법 등 대권이 집중된 것이 전제제도의 제일 큰 폐단이라고 하면서 군주 한 사람의 뜻에 따라 천하의 공정한 시비가 흐려져서는 안 된다고 지적했다.

그는 천하의 법으로 한 가족의 법을 대체하여야 하고, 분권으로 집권을 대체하여야 하며, 자치로써 독재를 대체하여야 한다고 주장했다. 하지만 그의 주장은 실제적인 효과를 크게 보지 못하고 도리어 청조에 '문자옥'의 공격대상이 되었다. 심지어 청조 말에는 '권존어법(權尊於法)'과 '법존어권(法尊於權)'에 대한 변론 및 "대권은 조정을 따르고 정치는 여론에 공개하는 것"[117]으로 끝을 보게 되었다.

근대 실천 중에서의 헌정 역시 주로 황제나 강권자들이 정권을 쟁탈하기 위하여 이용하는 수단에 지나지 않았다. 중국 근대 헌정운동 중의 헌정 텍스트는 대체로 네 가지 유형이 있었다. ① 집권자들이 시국에 부응하기 위하여 핍박에 의해 헌법을 제정한 것으로 자신들의 흔들리는 통치지위를 수호하기 위한 산물이었다. 제일 전형적인 것은 『흠정헌법요강』과 『헌법중대신조19조』였다. ② 혁명가들이 혁명 승리의 성과를 공고히 하기 위하여 제정한 산물이었다. 이를테면 『중화민국 임시정부 조직요강』과 『중화민국 약법』이다. 여기서 후자는 "제도의 선택이라고 하기 보다는

---

117) 장진반, 『중국법의 전통과 근대전환』, 법률출판사, 1997, 104~112쪽.

권력투쟁의 필요"였다고 하는 것이 나을 것이다.[118] ③ 집권자들이 자기들이 독재통치를 건립하고 수호하기 위하여 주도적으로 제정한 산물이다. 이를테면 『중화민국 약법』, 『유훈정치강령』과 『중화민국 유훈정치시기 약법』이다. 그 종합적인 본질은 국민당의 일당독재와 장개석의 개인독재를 강화하기 위한 것이었다. ④ 제헌을 하기 위한 민주파들의 장기적인 노력과 집권자들의 기편적인 여론이 힘을 합쳐서 생겨난 산물이다. 이를테면 조곤(曹錕)의 뇌물선거 헌법인 『중화민국헌법』과 장개석이 1947년에 민주적 진보인사들에게 설명했던 『중화민국헌법』과 같은 것이다.[119]

(3) 부분적인 총화

"황제는 한 나라의 최고 권위이고 주재자이다. 황권은 그 무엇보다 높고 크기 때문에 그의 권위에는 포함되지 않는 것이 없다."[120] 중국의 전통문화는 정치를 중심으로 하는 문화로서 정치는 사회사상, 경제 등 여러 방면과 통하지 않은 데가 없기 때문에, 가족을 기반으로 하는 천하의 군주정권을 위해 봉사했다. 중국 전통문화는 또한 일종의 황제를 비롯한 최고 통치자들의 지고무상한 권력과 그들의 안정된 통치를 전제로 한 문화이다.

춘추전국 시기는 중국문화의 주축으로 정형화되어 가던 시기이다. 종합하여 보면 제자백가의 관점에는 모두 하나의 핵심이 있었는데, 그것은 바로 사마담(司馬談)이 말한 "반드시 통치자들을 위하는 것"이었다. 공자가 예법이 파괴되는 것을 반대하고 주변 국가들을 두루 돌아다니면서 계책을 내놓던 때로부터 역대의 선비들과 글깨나

---

118) 장진반, 증헌의(曾憲義), 『중국헌법사략』, 북경출판사, 1979, 110쪽.
119) 변수전(卞修全), 『근대 중국헌법 텍스트의 역사해독(近代中國憲法文本的歷史解讀)』, 지적산권출판사, 2006, 164~168쪽.
120) 양홍년(楊鴻年), 구양흠(歐陽鑫), 『중국정제사(中國政制史)』, 무한대학출판사, 2005, 27쪽.

읽은 사람들이 학문의 경세치용과 "나라의 흥망성쇠는 백성들에게도 책임이 있다"는 주장을 강조하고, 경제적으로 농업을 중시하고 상업을 억압하기에 이르기까지 그들은 제왕 일가의 부귀만을 수호하고, 정치적으로 중앙집권제를 주장했기에 사상적으로 3강 5상은 점점 더 경직되어 갔다. 전목(錢穆)이 『중국역대정치득실』에서 고증한 중국의 관직제도는 줄곧 안으로부터 밖에 이르면서 낡은 것을 밀어버리고 새로운 것을 만들어 내는 형성과정이라는 것과 구동조(瞿同祖)가 『중국법과 중국사회』에서 묘사한 신분사회로부터 양치평(梁治平)이 논증한 '귀부합일'과 중국전통도시의 정치성까지는 모두 이 점을 증명했다.

근대의 정치는 고대와 비교적 큰 차이점이 있는데 더 이상 통치를 수호하는 것을 유일한 목적으로 하지 않았다는 것이다. 중화민족을 "국가 멸망의 위기로부터 구하여 생존을 도모하려는 주장"은 근대의 새로운 주제가 되었다. 따라서 그 봉사의 대상에도 변화가 일어났는데 독재통치를 위해 복무했을 뿐만 아니라 민족의 존속과 발전, 장래를 위해서도 고심했다. 하지만 근대의 헌법 선행자들은 처음에는 서양의 헌정으로 중국의 정치적 전통을 대체하려고 생각지 못했거나 미처 고려하지 못하고, 그저 서양의 헌정을 들여와 중국의 생존문제를 해결하려고 했을 것이다. 그러기에 헌정 자체의 가치는 부차적인 것으로 간주되었을 것이다. 국가와 민족의 생사존망에 대한 초조한 마음은 중국의 변혁을 점점 더 급진적으로 진행되게 하였다. 따라서 헌정문화를 정치상에서 근본적으로 해결하는 문제가 근대 중국변혁의 초점이 되었다.

이 초점에서 전통문화는 정치적인 소용돌이에 휘말려 들어가지 않을 수 없었으며 줄곧 정치변혁에 이용되고 좌지우지 되었던 것이다. 따라서 정치는 문화를 판정하고 취사선택하는 최고 표준이 되었다.[121]

---

121) 왕인박(王人博), 『중국에서의 헌정의 길』, 산동인민출판사, 2003, 264, 537쪽.

2. 사회 정체적 개념

중국전통문화는 중화민족의 정신적인 캐리어이고 집단주의 정신은 중화민족의 우수한 도덕전통의 핵심이다. 예로부터 중화민족은 공적인 것으로 사적인 것을 소멸하고 공적인 일을 위해 사적인 일을 잃었으며, 민족의 이익과 국가의 이익을 개인의 일보다 중하게 여기는 특유한 민족정신을 형성해 왔다. 이것은 중화민족의 강대한 응집력과 애국주의 사상의 기초였다.[122]

문화전통의 심층적 구조에서 사유방식 및 가치체계는 핵심적인 부분이라고 할 수 있다. 문화전통은 생활방식, 행위방식과 관계된다. 사람들의 생활과 행위방식을 제약하는 중요한 요소는 우선 문화가치관과 사유방식이다.[123]

(1) 집단주의 가치관

중국의 전통철학은 통일을 숭상하고 조화를 추구하며 실용을 중시하고 도덕을 강조한다.[124] 본질적으로 볼 때 주로 인생철학이라고 할 수 있는데, 인간의 생명활동과 인간의 사회생활을 포함한 인간성을 주요 연구대상으로 하는 것이다. 도덕과 정치, 도덕수양과 도덕실천, 정신적 경지를 제고하는 것과 정치포부를 실현하는 것, 그리고 내성(內聖)과 외왕(外王)은 긴밀하게 결합되어 있는데, 그 목적은 사람들로 하여금 일종의 이상적인 사회생활과 정치생활을 추구할 수 있도록 인도하려는 것이다.[125]

---

122) 유개민(劉介民), 『중국 전통문화정신』, 머리말, 4~5쪽.
123) 주한민(朱漢民), 『전통문화입문』, 호남대학출판사, 2000, 327쪽.
124) 상취덕(商聚德), 유영홍(劉榮興), 이진강(李振剛), 『중국전통문화입문』, 하북대학출판사, 1996, 27~35쪽.
125) 채준생(蔡俊生), 진하청(陳荷清), 한림덕(韓林德), 『문화론(文化論)』, 인민출판사, 2003, 296~297쪽.

하지만 유가에서 이야기하는 '인(人)'은 주로 자아나 개체가 아니라 '중(衆)', '군', '민'을 두드러지게 하는 것이다. 즉, 인간집단과 사회를 말하는 것이다. 가치적 추세에서 집단을 첫 번째 자리에 놓고 사람들로 하여금 절대적으로 집단과 사회의 이익과 도덕준칙에 복종하라고 주장하는 것이다.[126]

① 이상사회 학설

소강사회(小康社會)와 대동사회는 중국 전통 주류사회의 생활에 대한 이상적인 상상도라고 할 수 있다. 소강사회는 가정에 대한 감정과 의무를 기초로 한다. 가정 관계는 천연적인 일면을 가지고 있고 예의제도의 일면도 가지고 있다. 대동사회는 가정을 초월한 인류 박애정신에 기초한 이상사회이다. 그 화목의 기초는 고도의 주체적인 자각이라고 할 수 있다. 소강사회나 대동사회를 막론하고 모두 의무의 본위를 주장한다. 그들은 모두 인간의 자유와 인격의 독립문제에 접근하지 못하고 있는데, 그 원인은 그들이 사회 전체의 화합이나 안정을 출발점으로 하지 않았기 때문이다.

그들은 사회 전반이 소강사회나 대동사회에 도달하면 개인은 자연히 필요로 하는 것들을 얻을 수 있기에 강조할 필요가 없을 것이라고 믿었던 것이다. 선조들은 이상사회를 설계할 때 의식적으로 개인을 소홀히 한 것은 아니다. 종합적으로 볼 때 문제를 관찰하는 특수한 시각으로부터 무의식중에 개인이라는 이 객체를 소홀히 했던 것이다.[127] 중국문화전통에 대하여 깊이 있는 분석을 진행하고 서양헌정의 이식이 국가의 부강에 미치는 실제효능에 대해 사려 깊이 생각한 선행자들은 대부분 소강사회와 대동사회의 주장에 영향을 받았다.

강유위는 이렇게 믿고 있었다. "대동의 길은 평탄하고 공정하며 인의로 다스리는

126) 이유청(李瑜青) 등, 『인본사조와 중국문화』, 동방출판사, 1998, 157~158쪽.
127) 백조시(白祖詩), 『중국문명투시』, 운남대학출판사, 2000, 114~116쪽.

것이다. 비록 선도(善道)가 있기는 하지만 여기에 보태진 것은 아니다." 강유위는 유가의 대동형식을 빌었으며 도덕이상에서도 유가의 '인(仁)'의 이념을 가치핵심으로 삼았다. 동시에 불가의 평등관념과 서양의 평등자유의 내용을 통합하여 대동의 경지를 그렸다. 이것으로 사회민주의 방향을 추구하고 선을 지향하는 도덕정신의 통일을 추구했던 것이다. 이것은 강유위가 그의 사상을 종합하는 이론구조이기도 했다.[128]

손문은 이렇게 생각하고 있었다. "『예기 · 예운』에서 공자가 묘사한 대동세계는 '인류의 방주요, 정치의 최고 규칙'이었다. 공자의 '대도지행, 천하위공'은 바로 민권의 대동세계를 주장한 것이다."[129] 거정은 『왜 중화의 법계(法系)를 다시 세워야 하는가』 하는 글에서 이렇게 썼다. "삼민주의, 이를테면 일월경천, 강하위지 등은 사상, 학식이 넓고 심오하다. 바로 유훈어록처럼 '우리 당이 숭상하는 것은 민국을 건립하고 대동으로 들어가는 것'이기 때문이다."[130]

②"의리를 중시하고 재물을 가벼이 여기다" 혹은 "온 세상은 일반 국민이 공유하는 것이다"에 대한 견해

사권(개인이익)문화는 중국전통문화에서 집단이익의 압제를 받았다. 중국 몇 천년의 전통은 "넓고 넓은 하늘 아래에 왕토가 아닌 것이 없고 온 나라 안의 주민은 왕의 신하가 아닌 것이 없다", "공적인 것으로 사적인 것을 없앤다"(『서(書) 주관(周官)』)는 것이었다. 또한 대세로부터 출발하여 개인의 이익은 집단이익에 복종해야 했던 것이다.

『논어 이인(里仁)』에서는 "군자는 의를 따르고 소인은 이를 따른다"고 했다. 『맹자

---

128) 왕인박, 『헌정문화와 근대중국』, 109~110쪽. 강유위, 『대동서』, 탕지균(湯志鈞) 해석, 상해고적출판사, 2005, 8쪽.
129) 『손문전집』 제9권, 262쪽.
130) 거정, 『거정문집』 하, 나복혜, 소이 주필, 508쪽. 사실 '어록'은 손문이 쓴 황포군관학교 훈화에서 나온 것이다.

량혜왕上』에서는 또 "왜 이를 따지는가, 인의가 있으면 되는 것을"이라고 했다. 『한서 동중서전』에서는 "바로 그들이 우정에서 이익을 추구 하지 않으니 분명 그 공도 따지지 않을 것이다"라고 했다. 동중서의 이 말은 후세 유학자들의 존경을 자아냈고 높은 추앙을 받았다. 한조로부터 청조에 이르기까지 전통가치관의 주류는 바로 의리(義)를 중히 여기고 이(利)를 가볍게 여기는 것이었다. 의를 중하게 여기고 이를 반대하는 유가의 관점은 우리민족의 심리에 커다란 영향을 주었다. 이 영향은 중국전통이론문화에서 일종의 의를 중하게 여기고 이를 가볍게 여기는 농후한 전통을 축적시켰다.[131] 개인이익은 중국문화에서 '사'적인 범주에 속했으며 그 지위는 '공'적인 범주에 속하는 집단이익에 비해 형편없이 낮았다.

이러한 전통의 영향을 받아 관리와 백성들은 근대 헌정운동에서 개인의 권리와 이익에 대해 큰 요구가 없었다. 선행자들이 쟁취해 놓은 헌법은 끊임없이 변화하는 '텍스트'로 충당되었을 뿐 대중들의 행동표준으로는 존재하지 않았다. 그렇기 때문에 헌정선행자들 특히 지식인들의 헌정이상과 대중의 생활현실 및 그 추구 사이에는 커다란 차이가 있었다.

(2) 정체적 사유

사유모식은 한 민족이 문제를 사고하고 관찰하는 안정적인 정형화된 사유결구이다. 중국 전통사유방식은 주로 세 가지 특징이 있다. 즉 변증사유, 경험사유와 전체사유이다. 관민의 사유와 체용론(중체서용), 이 근대 '서양의 패러다임에 대한 학습'은 중국 전통의 변증사조에서 기원한 것이다. 또한 조대마다 그대로 답습되어온 전통 정치모식은 주로 역사의 경험교훈을 총결한 것이다. 경전과 역사에서 문제해결의 근원을 찾으려는 것은

---

131) 장응항(張應杭) 주필, 『중국전통문화개론』, 절강대학출판사, 2005, 96~97쪽.

바로 '경험을 일체 사유의 기점과 기초'로 하는 경험사유의 방식이다.[132]

중국헌정에 대해 영향을 제일 크게 미친 것은 전체성 사유이다. 중국 전통법문화의 총체적인 정신은 일방적인 집단본위로서 선후로 신 중심-가족 중심-나라 중심-나라 가족 중심-나라 사회 중심으로 되었다. 그 공통적 특징은 정도 부동하게 개인의 가치를 홀대하고 개인의 권리를 제약하는 방법으로 특정된 사회질서를 수호하는 것이다.[133] 근대 헌정운동 중에서 서양 자유민주사상과 학설의 부단한 충격을 받기는 하였지만 개인의 민주, 자유 등 민권 지위는 지속적으로 상승했다. 하지만 여전히 근본적으로 이 특징을 변화시 키지는 못했다. 근대 중국특색의 부강 설과 자유 설은 이 점을 충분하게 드러냈다.

① 부강 학설

가경ㆍ도광제 시기의 경세사조 중에서 아편전쟁을 비롯한 사건들은 정치문화 중심에 있는 천조대국의 왕도 천하적인 경관을 타파해버리고 중국에 '천년 대변혁'이 일어나게 했다. "외국의 기술을 배워 외국을 제압하자"는 가운데 "나라를 부강하게 건설하고 군대를 강하게 하자"는 주장은 위원(魏源)을 비롯한 사람들의 최고의 가치목표라고 할 수 있었지만 여전히 완전한 근대적인 내용은 없었다. 1880년대 이후, 양무파와 개량사상가 시기의 자강설(自强說)은 '본부(本富)', '절용'의 전통적인 국부 교조를 초월하였을 뿐만 아니라 1860년대의 자강설을 대대적으로 발전시켰다. 그들은 자본주의 상공업을 발전시키는 것을 부강의 내용으로 삼고 부를 강(强)의 전제로 삼았다. 이홍장은 『방직국을 시험적으로 설립하는 것에 관한 상주문』에서 이렇게 말했다. "서양 국가의 강대함은 부에 있다.

132) 주한민, 『중국전통문화입문』, 327쪽.
133) 무수신(武樹臣), 『중국전통법문화』, 북경대학출판사, 1994, 63~69쪽.

나라가 부강해야 군대가 강대해질 수 있다. 반드시 먼저 부유해져야 후에 능히 강대해질 수 있다."[134] 이러한 관점은 점점 더 많은 중국인들에게 인정을 받았고 그러한 의의는 제고되어 갔다. 설복성(薛福成)을 비롯한 이들은 심지어 부강을 치국의 정치원칙으로 삼자고 주장했다. 관념영역에서의 내용은 이미 갱신된 부강이 되어 한층 더 그 시대의 최고 가치 준칙으로 확인되었다. 부강은 이미 역사적으로 필연적인 것이 되었던 것이다. 그리하여 왕에게 술을 올릴 때는 겸허하게 이렇게 말했다. "종래로 왕도는 그 공리를 따지지 않는다고 했사옵니다. 만약 외적들이 몰려들어온다면 그 또한 부강을 이루기 위한 조치를 취하기마저 어려울 것이 옵니다."[135] 중국사회사조가 강대함을 추구하던 것에서부터 부유함을 추구하는 것으로 변화됨에 따라 사회문화의 지향도 피동적인 생존추구로부터 발전을 추구하는 것으로 제고되었다. 이 목표의 부름에 따라서 중국인들은 점점 더 크게 서양의 문명을 받아들였다.[136]

생존환경의 핍박으로 인하여 생산된 눈앞의 이익에만 급급해 하는 실용적인 심리상태와 거기에 첨가된 서양의 민주와 그것의 물질문명, 이 두 가지 체험과 관찰 중에서 인식하게 된 헌정문제 그리고 근대 중국 헌정선행자들의 헌법과 헌정에 대한 믿음과 중국의 국가독립은 모두 부강과 밀접한 관계를 가지고 있는 것이었다. "부강을 본체로 하고 헌정을 응용하는 것"은 중국 근대 이후 그 영향이 제일 크고 깊으며 장원한 하나의 헌정문화 양식이 되었다. 많은 선행자들, 이를테면 엄복, 양계초, 손문, 진독수 등은 모두 이 양식의 중대한 영향을 받았다. 중국 근대헌법 선행자들의 주요 목적은 바로 중국사회가 부강으로 나아갈 수 있는 길이었다고 해도 과언이 아닐 것이다.

부강을 추구하는 것은 근대의 주선율이었기 때문에 그 속에는 "나라를 멸망의 위기에서 구하려는 큰 목소리"도 들어 있었다. 부강은 마치 하나의 붉은 선처럼 근대문화의 전부를

134) 이홍장(李鴻章), 『이문충공 전집 주고(李文忠公全集 奏稿)』 권43, 오여윤, 1,349쪽.
135) 중국근대사자료총간, 『양무운동』 (6), 상해서점, 2000, 96쪽.
136) 왕림무(汪林茂), 『만청문화사』, 인민출판사, 2005, 92~136쪽.

이어나갔다. 애국지식인들의 사상 깊은 곳에는 민권, 의회마저 독립적인 가치가 없는 것으로 각인되었다. … 개인은 기껏해야 민족과 국가를 부강으로 이끌어가는 일종의 도구로 상기될 뿐이었다.[137] 엄복은 서양의 자유와 국가의 부강 사이에 연계를 건립하고 국가 부강의 요구에 근거하여 "자유롭게 자유의 가치에 대하여 선택을 하게 하자"고 주장했다.[138] "삼민주의"라는 이 통일체에서 사실 손문의 혁명이상의 세 가지 측면이 체현되었다. 즉 민족주의로 민족의 국가를 건립하고 민권주의로 국민의 국가를 건립하며 민생주의로 사회적인 국가를 건립하려는 것이었다. 이 세 가지 측면의 목표 중에서 민족주의와 민권주의는 모두 도구적인 의의가 담겨 있는 것이었다. 오직 민생주의가 건립하려고 했던 사회국가만이 진정으로 손문의 종합적인 관심과 애호를 체현하였는데, 그것은 바로 국가를 부강하게 만들고 인민들을 강대하게 하여 대동세계에 들어서자는 것이었다.[139]

사실 부강과 헌정은 가치적으로 볼 때 일정한 충돌이 존재한다. 만약 헌정이 인민들의 권리를 수호하고 개성의 발전을 중심으로 하는 것을 뜻한다면 국가의 부강은 바로 국가 집단이란 의미에서의 부강이 될 것으로서 우선 필요로 하는 것은 개인의 국가에 대한 공헌일 것이다. 혹은 호적의 말대로 개인은 응당 국가, 민족을 위하여 책임을 져야 할 것이다. 물론 인민들 개인의 권리와 개성의 발전 및 국가의 발전 간에는 동일시되는 점이 있다. 하지만 그 두 가지 점에서 일단 모순이 발생했을 때 근대의 선행자들의 주류적인 가치는 물론 국가의 부강을 위하여 개인을 희생하는 것이다. 이 점은 바로 전통문화가 국가라는 통일체의 이익을 최고로 해야 한다는 영향을 크게 받은 결과라고 할 수 있다.

---

137) 왕인박, 『중국에서의 헌정의 길』, 84~89쪽.
138) 왕인박, 『헌정문화와 근대중국』, 530~534쪽.
139) 우동(牛彤), 『손문헌정사상연구』, 화하출판사, 2003, 89쪽.

② 자유학설

자유라는 낱말이 서양문화의 어투로부터 중국으로 전해 들어온 후 중국인들은 먼저 자신의 문화로부터, 특히 본 민족의 생존수요로부터 출발하여 다른 문화해석을 진행했다. 하여 문화는 '군(群)'이라는 함의를 가지게 되었고 민족의 진흥과 국가의 부강을 실현할 수 있는 예리한 무기로 보이게 되었던 것이다.[140]

근대 중국에서 자유문제에 대하여 열정을 제일 많이 보인 첫 번째 사람으로 양계초를 꼽아야 할 것이다. 당시 중국의 정세에 비추어 그는 중국은 정치자유를 제일 급박하게 요구하고 있다고 믿었는데 그것은 바로 대중들이 참여하는 자유였던 것이다. 하지만 그 자유 역시 개인의 권리를 위한 것이 아니라 신민공덕의 한 가지에 지나지 않았으며 자유의 가치는 대중에 대한 능력의 증진에서 나타나지 개인의 성장을 의미하는 것이 아니라고 믿었던 것이다. 집단 응집력과 국가 통일에 대한 관심은 양계초의 자유사상으로 하여금 루소주의로부터 사회 다원주의로 옮겨가게 했다. "자유를 말하자면 단결의 자유이지 절대 개인의 자유가 아니다. 야만적인 시대에는 개인의 자유가 집단의 자유를 초과하였기에 결국은 망하고 말았다. 문명한 시대에는 단결의 자유가 강화되고 개인의 자유가 감소된다." 그것이 제일 급진적인 시각이라고 해도 양계초는 자유를 완전히 개인에게 부여하려고 하지 않았다. 그는 여전히 가족관계를 기초로 하는 사회윤리관념의 완고한 영향을 받았던 것이다. 그는 심지어 "복종은 자유의 어머니이다"[141] 라고 선포하기까지 했다.

엄복은 중국 근대의 서양에 대한 인식수준을 대표한다고 할 수 있다. 그는 서양의 헌정 패러다임은 "자유를 기본으로 하고 민주를 응용하는 것"이라고 주장했다. 하지만

---

140) 왕인박, 『중국에서의 헌정의 길』, 98쪽.
141) 왕인박, 중국에서의 헌정의 길』, 99~103쪽.

그는 중국의 부강을 위하여 서양의 자유의 본의를 왜곡하는 것마저 서슴지 않고 모호한 '국군자유(國群自由)'와 '소기자유(小己自由)'의 관념을 제기했다. 손문의 자유 개념의 중국 도입은 중·서 두 가지의 다른 역사를 분석하면서 시작되었다.

그는 유럽에서는 이미 군주독재제도가 극단으로 발전되었기에 인민들에게 사상언론이나 행동의 자유가 없다고 믿었다. 하지만 중국인들의 자유는 오래 전부터 아주 충분히 있었다고 생각했다. 그는 이렇게 판단했다. "중국은 일관적으로 하나하나 자유가 있고 사람마다 자유가 있기에 이미 그 자유를 최대로 확장했다. 하기에 중국은 흩어진 모래모양이 된 것이다." 손문은 이른바 중·서의 이 차별에 대해 조금도 의심하지 않았다. 그래서 그는 국가의 자유와 개인의 자유 관계에서 응당 개인의 자유가 국가의 자유에 복종해야 한다고 주장했다. "국가를 견고한 대집단으로 만든다면 혁명주의가 성공하지 못할 수가 없다. 우리의 혁명주의는 바로 모여 일어난 백성들의 토양이다. 우리가 4천만의 백성들을 모두 혁명주의에 집합시킨다면 하나의 대집단이 될 수 있다. 이 대집단이 자유로울 수 있다면 중국이라는 이 국가는 당연히 자유롭게 될 것이고 중국민족은 진정으로 자유를 누릴 수 있을 것이다."[142]

거정은 『중국헌법의 몇 가지 문제』에서 이렇게 제기했다. "인민의 사상이 비록 응당 자유로워야 한다고 하지만, 종합적으로는 국가의 역량이 반드시 집중되어야 하는 것이다. 특히 민족과 국가가 위난에 처해 생사존망을 다툴 때 그 누구를 막론하고 무릇 중국 국민이라면, 어떤 당, 어떤 학파에 속해 있더라도 당연히 국가와 민족의 자유평등을 중요한 자리에 놓고 냉정하게 공동으로 중국을 몇 백, 몇 천 년 동안 다스릴 수 있는 헌법을 제정해야 한다. 우리는 응당 중국의 근본 대법인 헌법을 알아야 한다. 헌법은 중국 민족의 생명이며 국민당의 생명이 된다. 삼민주의는 전국의 동포들이 나라를 구하고 백성을 구할 수 있는 보전(寶典)이며 국민당의 영혼이다. 국민당이 주도하는 중국혁명당의 운동은

---

142) 손문, 『손문전집』 제9권, 181~283쪽.

반드시 전체 국민이 성실하게 실행하는 삼민주의의 '오권헌법'에 의거하여야만 비로소 전면적인 공적을 쌓을 수 있을 것이다."[143]

왕세걸, 전단승의 『비교헌법』은 민국 혹은 근대 헌정운동 중의 대표작이라고 할 수 있는데 그것의 최대의 특징은 체제적으로 개인의 기본 권리를 크게 중요시했다는 것이다. 심지어는 개인의 기본 권리를 국가기관 및 직권의 앞에 놓았다. 그들은 한 방면으로는 하늘이 인권을 부여했다는 학설의 허술한 이론이며 그 이론이 사실적 근거가 없음을 비판하고, 다른 한 방면으로는 인격 발전설에 찬동했다. 그들은 개인의 인격 발전과 사회의 진화는 연관되어 있기 때문에 후자가 더욱 필요하다고 인정했다. 그래서 사회의 전체적인 진화를 요구하였고 전체 인민들에게 여러 가지 자유를 주지 않을 수 없다고 주장했다. 사회주의 경향과 개인주의 경향의 인권학설은 개인의 자유문제에서 논거가 달랐지만 그 귀속은 같았기 때문에 모두 자유 권리를 보장하고 인간의 우월한 발전을 실현하려는 것이었다. 개인자유의 실체는 개인이 신체, 지식과 도덕상에서 자유를 누릴 수 있고 권한과 역할을 보여줄 수 있는 것이다. 개인이 자유 권리를 행사할 때 국가에서 승인하는 개인 자유의 목적을 위반해서는 안 되고 개인의 지식과 도덕 혹은 신체상의 우성발전을 저해해서도 안 된다.[144] 그들의 기본 권리와 개인자유의 인격발전학설 및 우성발전학설은 사회전체의 진화를 개인 자유의 최종 목표로 삼는 것이다. 이것 역시 중국 전통문화의 사회전체적 관념의 영향을 받은 것이 분명하다.

엄복, 양계초와 같은 '5.4'시기의 학자들 및 민국의 헌법전문가들은 민권자유를 크게 발전시켰고 그것에 존중을 보였다. 양계초의 '신민'으로부터 '5.4'시기의 '신청년'에 이르기까지 모두 시대적으로 개인의 자각의식의 부단한 제고를 보여주었다. 하지만 국가 앞에서는 언제나 은연중에 서양의 자유를 전체적인 이익과 국가 자유에 복종시켰다.

---

143) 거정, 『거정문집』 하, 722쪽.
144) 두강건(杜鋼健), 범충신(範忠信), 『기본권리이론과 학술비판태도(基本權利論與學術批判態度)-왕세걸, 전단승과 「비교헌법」』, 왕세걸, 전단승, 『비교헌법』, 5~13쪽.

'5.4'시기는 민본으로부터 개인본위로의 대 전환시기였을 뿐 완전한 전환은 이루지 못하고 있었다. 그중에서 중국 전통문화의 중대한 영향을 받았다는 것은 부인할 수 없다.

중국 전통문화의 영향은 정체관(整體觀) 방면에 국한되었을 뿐만 아니라 다른 여러 방면에서도 보인다. 손문은 하나의 집중적인 사례이고 전형이다. 그 혁명사상의 기초를 기술할 때 손문은 이렇게 명확하게 지적했다. "중국에는 하나의 전통적인 도덕사상이 있다. 요, 순 우, 탕, 문, 무, 주공으로부터 공학(孔學)에 이르러 절정을 보인다. 나의 사상은 바로 이 정통적인 도덕사상을 이어받아 확대발전시킨 것이다."[145] 그는 헌법은 중국 민족 역사 풍속습관이 반드시 필요로 하는 것이라고 주장했다.

삼민주의는 손문의 헌정사상의 요지이다. 민족주의 면에서 그는 "민족사상은 사실 중국 선민들이 남겨놓은 것으로서 절대 밖에서 녹아들어온 것이 아니며 민족주의가 남겨놓은 것 특히 선민들이 남겨놓은 것을 발휘하고 빛냈을 뿐"이라고 믿었으며 또 "적극적으로 중국의 고유한 도덕, 지능을 발양하고 우리 민족의 자신감을 회복해야 한다"고 주장했다. 민권주의방면에서도 그는 이렇게 말한 적이 있다. "요순의 정치는 명의상 비록 군권을 대표한 것 같지만 실제로는 민권을 행사한 것이다. 맹자는 '백성은 고귀하고 사직은 다음이며 군은 제일 하잘 것 없다'고 말했다. 또한 '하늘은 우리 백성을 내려다보고 하늘은 우리 백성의 말을 듣는다'고 했다." 여기서부터 중국인들의 민권에 대한 견해를 알 수 있다. 2천여 년 전에 벌써 이 점을 생각하고 있었던 것이다. 『반드시 먼저 혁명을 달성한 후에 공화주의에 도달해야 한다』는 글에서 손문은 이렇게 말했다. "공화는 중국 치세의 정수로서 선철들이 남겨놓은 것이다. 중국 백성들은 옛날부터 삼대지치를 숭배하지 않은 적이 없다. 삼대지치를 모르고 어찌 공화(共和)의 정수를 얻을 수 있고 그것을 따라 나아갈 수 있단 말인가?" 민생에 대하여 그는 또 이렇게 말했다. "민생이라는 말은

---

145) 대계도(戴季陶), 『손문주의 철학적 기초』, 대북중앙문물공급사, 1973, 4~35쪽. 임가긍(林家肯), [일] 고교강(高橋强) 책임 편집, 『이상 도덕 대동세계(理想 道德 大同世界)-손문과 세계평화국제학술연구토론회 논문집』, 중산대학출판사 2001, 99쪽.

중국에서 역대로 습관처럼 써오던 명사이다. 마치 주조(周朝)에서 행하던 정전제도와 같다. … 민생주의에 편리한 사실인 것이다."

 다시 말한다면 '정전제도란 바로 민생주의가 토지 균분을 주장하는 연원으로 되는 것이다.'[146]

'오권헌법'은 손문의 구체적인 헌정구조이다. 서양의 삼권구조에다 중국 고유의 시험, 감찰 2권을 첨가하여 손문이 중국 문화의 정수로 서양헌정과 구조를 중국의 특색에 맞는 헌정으로 개조하려는 노력을 했다.[147]

유영근(俞榮根)은 이렇게 말했다. "손문이 인정한 유가윤리, 정치윤리 법과 집단본위의 법률 본질론은 '세상은 일반 국민이 공유하는 것이다'라는 주장과 대동세계의 가치목표를 추구하는 것이었다. 그는 민본사상으로 민권주의와 소통하는 것을 중요하게 생각했다. 사실상에서 유가의 왕도, 인의, 민본주의 등은 서양의 민주를 통달하는 과정에서 벌써 그에 의하여 새롭게 상세한 해석을 거쳤었다. 그렇게 하여 그것들이 현대화에 들어설 수 있게 되었고 그로부터 그의 헌정학설인 삼민주의와 '오권헌법'은 일종의 내재적 정신이 되었던 것이다. 그렇기 때문에 손문의 학설은 하나의 '진실한 민주주의자'의 유가법 사상에 대한 개조라고 말할 수 있다.[148]

(3) 결론

이상사회 학설, 부강학설, 자유학설, "세상은 일반 국민이 공유하는 것이다"는 학설

---

146) 『손문전집』 제2권, 중화서국 1986, 775쪽.
147) 임가긍, 〔일〕 고교강(高橋强) 책임 편집, 『이상 도덕 대동세계-손문과 세계평화국제학술연구토론회 논문집』 , 99쪽.
148) 유영근(劉榮根), 『유가법사상통론(儒家法思想通論)』 , 광서인민출판사, 1992, 647-651쪽.

등은 공동으로 중국이 종합적인 목적 취향을 가진 사회본위의 헌법과 헌정을 구축하는 데 촉진적인 작용을 일으켰다.

장호는 이렇게 말했다. "강, 양 등의 일대 지식인들과 '5.4'시대 사람들은 비록 중대한 차이가 있기는 하지만 역시 일부 같은 점도 가지고 있다. 그들에게는 공동의 인격과 사회이상이 있었고 모두 어느 정도에서는 집단주의와 민족주의를 지켰다."[149] 이 방면에서 왕세걸, 전단승, 장군매, 살맹무, 장우어 등 많은 헌법 선행자들을 빼놓을 수 없다.

나라를 구하기 위하여 근대 헌법의 선행자들은 대부분 약속도 없이 비슷하거나 혹은 다른 길을 걸었다. 그들은 전통을 전적으로 부정하거나 또는 전통을 전적으로 변명하였는데 그 중에는 이론상에서 서양헌법, 헌정의 내용을 자기들에게 맞게 왜곡한 점도 포함된다. 일부 학자들은 서양의 헌법, 헌정 개념과 운행의 이폐(利弊) 및 중국사회의 전통과 현실에 대하여 모두 비교적 냉정한 분석을 가했다. 하지만 그들도 애국과 전체주의 관념의 영향에서 벗어나지 못하였고 조급한 성공과 눈앞의 이익에만 급급해 이론과 일치하지 못한 행동 혹은 헌정이론과 제도설계에서 집권에 찬성을 하는 것과 같은 모습을 보였던 것이다. 왕세걸, 전단승은 그래도 중국의 헌법과 헌정을 추진하기 위하여 구체적인 설계도를 그렸고 또 그에 적극적으로 참여했다. 동시에 시시각각 집권자들이 대권을 혼자 장악하는 현상과 법을 파괴하는 현상에 대하여 경각심을 높이고 예리한 비판을 진행했다.

전체적으로 볼 때 헌정운동은 국가를 멸망의 위기로부터 구하여 생존을 도모하려는 우환의식에 휩싸여 있었다. 강렬한 정치실용주의는 학술과 문화에 대하여 과다한 실용성과 가치를 선택하게 하였던 것이다. 그렇기 때문에 학술연구의 냉정성을 약화시켰고 정치, 이상, 현실 간의 공간과 장력을 말살해버렸으며 근대 헌정운동의 깊이와

---

149) [미] 장호(張灝), 『양계초와 중국사상의 과도(梁啓超與中國思想的過渡)』, 강소인민출판사, 1993, 212~217쪽.

학술의 원만성에 영향을 주었다.[150]

전통은 절대 단번에 잘라버릴 수 없다. 그것은 강인함을 가지고 오랫동안 실천 속에 존재하게 된다. 그렇기 때문에 전통을 전력으로 부정하고 전반적인 범위에서 서양화가 된 헌정이론은 이론과 실제가 어긋나는 현상을 초래하게 될 것이다. 또한 대대적으로 전통을 위해 변명하면 서양의 선진적인 것을 배워 우리의 헌정을 개조하고 완벽하게 하는 데 저해를 받게 되거나 서양의 헌정내용을 왜곡하고 생각대로 수용하여 중국의 정치에 억지로 붙여놓아 전통의 이폐가 모두 커지게 될 것이다. 그중 집단주의 정치구조는 만약 적당하게 조절하지 않거나 유력하게 제약하지 않는다면 독재로 발전하기 쉬울 것이다.

근대헌정운동 중에서 수많은 지식인사들 모두 동·서 두 가지 문화 속에서 배회하고 몸부림을 치면서 뚫고 나오려고 했다. 하지만 중국 전통문화와 서양의 헌정을 어떻게 접목해야 하는가와 접목효과는 어떠할 것인가 그리고 어떻게 이러한 접목을 평가하고 완벽하게 수정해야 진정으로 중국에 적합한 헌정으로 만들 수 있는가 등의 사업은 모두 수많은 차이점을 가지고 있었다. 그렇기 때문에 이상과 현실, 이론과 현실이 어긋나는 현상을 초래하게 된 것이다.

전통문화의 영향으로 볼 때 정치상에서 근본적으로 중국의 곤경을 돌파할 만한 사고의 맥락과 민족의 집단주의 영향은 중국 근대헌정운동의 전통적인 역량이었다고 할 수 있었다. 그러나 민족 집단주의의 정신적 작용은 절대 간단하게 부정할 수 없고 완전히 말살할 수도 없으며 또 완전히 말살되지도 않을 것이다. 민족 집단주의는 개인의 도덕과 인격 수양을 중시하는 한편 인간관계의 조화로운 중화(中和)정신 및 사회 집단이익이 우선이라는 가치 관념을 강조한다. 또한 새로운 사회질서의 안정을 수호하고, 조화롭게 적극적인 작용을 발휘하게 하며 사회를 위하여 거대한 원동력이 될 수 있는 기둥을 제공하게 된다. 1840년 이후, 중화의 대지에 홍기하기 시작한 중국을 근대발전의 길로

---

150) 상취덕, 유용성, 이전강, 『중국 전통문화 입문』, 하북대학출판사, 1996, 481~483쪽.

나아가도록 추진해 준 이 운동은 그 방식 방면에서 서양의 것을 배워 중국의 사회변혁과 문화전환을 추진한 것이다. 하지만 이 운동을 추진한 심층적 동력은 일종의 강렬한 분발, 발전하는 민족의식과 애국주의의 감정이었다.[151]

결론적으로 중국의 역사공간과 문화조건 및 이 두 가지가 도출해낸 사유방식, 행위양식은 헌정건설의 영향을 회피할 수 없다. 그러므로 이러한 요소를 중시해야 하고 이것을 헌정건설의 중요한 구성부분으로 삼아 연구하고 발전시켜야 한다. 오직 이렇게 해야만 중국특색이 있는 헌정건설은 비로소 더욱 건전하고 완벽하게 될 수 있는 것이다.

---

151) 주한민, 『중국 전통문화 입문』, 13~15쪽.

제2부

중국헌법학설의 형성과 발전의 국외 배경

제1장 중국 헌법학설에 대한 프랑스 헌법학의 영향

제1절 법치 근대화에 대한 프랑스 정치·법률사상의 의의
제2절 프랑스 헌법학설이 중국에 전파된 경로에 대한 고찰
제3절 프랑스 헌법학설이 중국에서의 지속적인 수용과 발전
제4절 소결론

제1장
중국 헌법학설에 대한 프랑스 헌법학의 영향

중국헌법학설사를 정리하는 과정에서는 중국학자들의 헌법학설에 대한 논술과 발전에 관심을 기울여야 할 뿐만 아니라, 국외의 헌법학설이 중국헌법학설의 발전에 일으킨 영향도 주목해야 한다. 만약 중국헌법학설의 기본 범주인 발전사가 중국 헌법학설사의 내부구조상 중국헌법학설의 발전정황에 대하여 일으킨 일종의 묘사라고 한다면, 외국헌법학설이 중국헌법학설의 발전사에 대한 영향은 외부요소적인 방면에서 중국 헌법학설의 발전과정에서 받은 외부 자극과 추진에 대한 일종의 분석과 정리라고 할 수 있다. 헌법은 그 기원으로 볼 때 유럽풍이 다분한 아름다운 침습의 산물이라고 할 수 있다. 그렇기 때문에 중국헌법학설 발전사에 대하여 정리를 할 때, 외국의 일부 발달한 헌법이론, 헌법학설과 헌법실천은 모두 중국헌법학설의 형성과 발전에 어느 정도 일정한 영향을 일으킨 것이다. 비록 중국 헌법학설사의 연구가 중국헌법학설발전사에 대한 정리라고 할 수 있지만, 이 연구과정에서 우리는 외국헌법학설이 중국헌법학설에 끼친 영향에 대한 고찰을 외면할 수 없다.

외국헌법학설이 중국헌법학설에 미친 영향은 여러 가지이다. 외국헌법학설은 이론상으로 중국헌법학설의 형성과 발전에 큰 영향을 일으켰을 뿐만 아니라, 중국헌정 실천의 발전과 추진에도 적지 않은 영향을 끼쳤다. 그렇기 때문에 외국헌법학설의 영향에 대하여 연구할 때 일종의 종합적인 사유로 외국헌법학설의 영향에 대한 문제를 살펴보아야 할 것이다. 비록 세계 절대 다수의 헌법이 발전한 국가들이 모두 중국 헌법학설의 형성과 발전에 일정한 정도로 영향을 주기는 했지만 실제정황으로부터 볼 때, 중국 헌법학설의 형성과 발전에 비교적 큰 영향을 준 주요 국가는 프랑스, 미국,

일본, 영국, 독일 구소련 등이다. 사실상 이 몇 개 국가의 헌법발전 정황은 현재 세계 주요 헌법 발달국가의 헌법형성과 헌정 유형을 대표하는 것이다. 이 때문에 이 6개 국가의 헌법학설이 중국헌법학설에 대한 영향을 연구하는 실천을 통하여, 우리는 중국헌법학설의 발전과정에서 일으킨 외재적 요소의 영향을 분명하게 알아낼 수 있는 것이다.

외국헌법학설이 중국헌법학설에 미친 영향을 고찰할 때 반드시 고려해야 할 한 가지 요소는 경제글로벌화가 중국 헌법학설의 발전에 가져다 준 영향일 것이다. 경제글로벌화 배경아래에서의 법의 발전은 여러 나라들이 헌정을 건설하는 중에 반드시 마주쳐야 할 하나의 현실적인 문제였다. 그래서 우리는 헌법학연구와 헌정건설에서 특히 중국 헌법학설의 정리와 연구에서 경제 글로벌화가 가져다 준 헌정발전의 길에서의 "글로벌화와 현지화"의 투쟁에 초점을 맞춰야 할 것이다. 글로벌화의 발전과정에서 서양 선진국들이 주도적인 작용을 일으켰기에 법 영역에서 경제 글로벌화는 주로 서양화 즉 서양 선진국들의 규칙형태와 가치취향으로 체현되었던 것이다. 이러한 배경아래 헌법학설의 연구문제에서 한 가지 회피할 수 없는 문제는 서양문화를 위주로 하는 경제글로벌화와 중국 헌법문화를 주도 하는 헌법학설의 관계문제이다.

다시 말하면 중국 헌법학설의 양성과정에서 어떻게 글로벌화와 본토화의 관계를 해결하는가와 어떻게 본토 헌법문화와 서양 헌법문화의 충돌과 융합문제를 해결하는가의 문제이다. 문화형태의 본토적인 특징으로 볼 때, 중국 헌법학자들은 본 민족정신에 근거하여 민족의 의지와 중국의 실제정황으로부터 형성된 헌법학설이 중국 헌법학설의 주도적인 요소로 되어야 한다고 보았다. 비록 경제 글로벌화의 배경은 중국 헌법학설이 국제적인 영향을 이탈하여 단독으로 존재할 수 없다는 것을 의미하지만, 이러한 영향은 오직 일종의 외재적인 참고요소가 될 뿐, 중국 헌법학설의 결정적인 요소가 되지는 않는다. 중국 헌법학설의 수립에서 본토성은 일종의 주도성 요소가 될 것이고 국제성은 일종의 보조적인 요소가 될 것이다.

제1절

법치 근대화에 대한 프랑스 정치 · 법률 사상의 의의

　　세계 근대문명은 유럽에서 기원하여 지리 대 발견, 문예부흥운동과 종교개혁운동 등 중대한 사건은 16세기에 이르러 유럽과 세계근대문명의 기점이 되었다. 그 후 이성주의의 광범위한 전파와 프랑스대혁명의 폭발을 거쳐 세계 고대문명과 근대문명의 분수령이 되었다. 사실 14세기 말엽에 이르러 북유럽과 지중해 이 두 개의 대 경제체제가 동시에 형성되면서 유럽경제시대가 도래했다. 당시의 프랑스는 역사의 조류를 주도하지는 못하고 있었는데 그것은 "자본주의와 현대화를 발전시키는 우월적 노선이 13세기가 끝나기 전에 이미 결정되었고 이 노선이 프랑스를 에워싸고 있었지만 시종 상당한 차이를 두고 있어서 직접 프랑스에 영향을 일으키지는 못했기 때문이다."[152] 하지만 프랑스는 바로 유럽 남북의 접경지대에 위치해있었기 때문에 나중에는 역사의 기회를 잡고 "유럽문화의 중심과 전파의 근원이 된 것"이다.[153] 일부 사람들은 "17, 18세기의 프랑스는 유럽 사상과 영혼의 영수"[154] 라고 말하기도 하고 또 일부 사람들은 사상 문화 영역으로 말할 때 18세기의 유럽은 프랑스의 유럽이라고 말하기도 한다.

　　당시 유럽 사람들은 프랑스 계몽 사상가들의 시대의 조류에 순응하는 새로운 사상, 새로운 이론에 설득되었던 것이다.[155] 그렇기 때문에 모종의 의미에서 말할 때

---

152) [프] 브로델, 『15-18세기의 물질문명, 경제와 자본주의(15至18世紀的物質文明, 經濟和資本主義)』 제3권, 시강강(施康强), 고량(顧良) 역, 생활 독서 신지삼련서점, 1993, 115쪽.
153) 장저치엔(張澤乾), 『프랑스문화사』, 장강문예출판사, 1997, 54쪽.
154) [오스트레일리아] 프레드리히 힐, 『유럽사상사』, 조복삼(趙復三) 역, 광서사범대학출판사, 2007, 497쪽.
155) 여일민(呂一民), 『프랑스통사』, 상해사회과학출판사, 2002, 84쪽.

세계의 근대문명은 유럽에서 기원되었고 유럽의 근대문명은 상당부분 프랑스로부터 시작되었다고 할 수 있는 것이다.

프랑스의 정법 사상은 세계 각국 근대 헌법의 탄생과 그 후의 헌법실천에 대하여 모두 중요한 영향을 주었다. 계몽시대 프랑스에서는 디드로, 몽테스키외, 볼테르, 루소를 대표로 하는 '백과전서파' 정법사상가들이 나타났다.[156] 그들은 분권을 제약하여 균형을 이루게 하는 문제와 사회평등, 인민주권, 사회계약 등 방면의 학설과 사상 등이 국가의 경계를 초월하여 세계 각국에 전파되게 했다. 또한 여러 나라 엘리트들에 의해 번역과 소개, 천명을 통하여 각 나라들에 보편적으로 수용되었으며 인정을 받기도 했다. 그 거대한 침투력과 영향은 세계 사상계의 귀중한 재산이 되었다. 이러한 의미에서 말할 때 그들의 정치사상과 헌법학설의 영향은 근대 세계 각국의 법치진행과정을 변화 시켰을 뿐만 아니라, 그 후 2, 3백년 간의 세계 각국 법치발전의 기본경로와 방향을 결정했다. 이를테면 미국 헌법의 제정과정에서 제헌의회의 대표들은 몽테스키외의 분권학설을 아주 익숙하게 장악하고 있었다. 그들은 이 학설을 아메리카 대륙의 실제와 결부시켜 창조성을 발휘하였는데 비교적 전형적인 권력분립과 상호제약으로 균형을 이루는 헌정체제를 설계해 냈다. 루소의 인민정권 학설은 그 혁명성과 철저함으로 세계 각국 근대 헌법실천의 기초적 이론이 되었는데 서양국가나 동방국가 심지어 봉건왕권의 통치아래에 신음하던 국가와 민족들마저도 그 헌법이 표명한 인민주권에 대하여 승인하고 존중했다.[157] 이용은 이렇게 말했다. "만약 영국 사람들이 고전헌법이론의 창시 단계에

---

156) 프랑스 계몽운동시기, 디드로, 달랑베르는 『백과전서』 주필을 맡은 적이 있다. 볼테르, 몽테스키외, 루소, 콩도르세, 홀바하 등 사람들은 학설상의 논쟁을 밀어두고 적극적으로 계몽운동에 뛰어들었다. 그들은 또 『백과전서』 집필에 참여하였는데 이로 인하여 『백과전서』 파라고 불리게 되었다.

157) 이 점은 아시아 국가들인 일본과 중국을 실례로 들 수 있다. 1946년에 제정한 일본헌법은 천황제를 보류했다. 하지만 1889년의 메이지헌법과 비교할 때, 하나의 중요한 변화라면 바로 국민주권을 승인한 것이다. 헌법의 서언에서는 이렇게 천명했다. "여기서 우리는 주권이 국민에게 속한다고 선포하며 헌법으로 규정한다. 국정은 국민의 엄숙한 신탁에 의거하게 되는데 그 권위는 국민으로부터 오는 것이고 그 권력은 국민이 대표하는 것이며 그 복리는 국민이 향수하게 되는 것이다." 이 헌법의 제1조에서는 이렇게 규정했다. "천황은 일본의

그들의 재화를 보여주었다면 프랑스 사람들은 고전헌법 기초이론계통방면에서 아주 가치가 있는 일들을 해냈다고 할 수 있다. 이로부터 헌법학은 하나의 학과로 세계과학의 숲에 자리를 잡게 된 것이다."[158)

위에서 말한 계몽사상가들 외에 프랑스에서는 또 헌법학과 정치사상 방면에서 많은 학자들이 나타났다. 그들로는 시에스(1748-1836), 콩스탕(1767-1830), 토크빌(1805-1859), 아이스만(1848-1913), 뒤귀(1859-1928), 맘버그(1861-1935) 등이다. 그들은 저마다 각자의 특색이 있는 헌법학설과 정치사상을 연달아 내놓았다. 아이스맨은 고전헌법학설이론을 집대성한 사람으로서 프랑스 현대헌법학설의 창시자이다. 그는 헌법기초이론방면에서 국민주권, 권력분립, 개인권리와 성문헌법 등 헌법기초이론과 제도의 개괄에서 내용이 풍부하고 기세가 드넓은 헌법학체계를 세워 놓았다. 뒤귀는 '사회연대관계이론'을 기초로 하여 자신의 헌법학설을 천명하였는데, 프랑스 제3공화 시기 헌법학의 주요 대표인물 중의 한 사람이 되었다. 그의 저작과 학설은 동ㆍ서양에서 모두 광범위하게 전해졌으며 19세기 초기 많은 나라의 헌법학설과 헌법실천에 영향을 주었다. 맘버그는 실증주의법학의 입장에서 프랑스헌법학설에 대하여 비판을 진행하였는데, 제3공화 시기에 '절대의회주의'방법에 대해 질의했다. 그의 기본주장은 정부에 권력을 부여하라는 것이었다. 맘버그의 헌법학설은 프랑스에서 광범위하게 인용되었다. 하지만 상술한 헌법학자들에 비해 그들의 학설이 국외에서 일으킨 영향력은 상대적으로 조금 손색이 있다고 해야 할 것이다.

당대에 들어서 프랑스는 여전히 그의 독립적인 민족의 개성으로 세계에 영향을

상징이고 일본 국민의 통일의 상징으로서 그 지위는 주권에 속하는 일본 국민의 의지에 의거한 것이다." 중국은 근대에 와서 입헌 초기에 봉건왕권을 최고의 권위로 수호하면서 국민주권을 승인하지 않았다. 하지만 1912년의 『중화민국 약법』 제1조에서는 "중화민국은 중화인민들로 조직되었다"고 명확하게 선포했다. 그리고 제2조에서는 "중화민국의 주권은 국민전체에 속한다"고 선포했다. 여기로부터 인민주권학설의 혁명성을 볼 수 있으며 그 영향력이 얼마나 거대한가를 알 수 있는 것이다.

158) 이용(李龍), 『헌법 기초이론』, 무한대학출판사, 1999, 11쪽.

주고 있다. 드골이 창도한 헌법이념 및 그가 창건하고 주도한 제5공화의 헌법실천 역시 세인들의 주목을 받았다. 모종의 의미에서 볼 때, 당시 프랑스의 '반(半) 대통령, 반 의회제도'는 헌법학설과 실천은 심지어 일종의 조류와 정치유행이 되었다. 세계적으로 많은 국가들, 특히 아시아, 아프리카 각 나라들에서는 자신들의 전통적인 정치체제를 개조하고 정치민주화를 실현하는 과정에 프랑스의 경험을 다투어 모방했다. 그 외 프랑스 제5공화 헌법이 설계한 헌법위원회는 자신들의 창조적인 실천으로 역시 세계헌법감독제도의 성공적인 본보기가 되었다. 현재, 프랑스 헌법위원회의 재결(裁決)은 이미 프랑스 헌법학중의 기본 요소이자 가장 핵심적인 내용이 되었다. 반세기가 넘는 기간의 헌법실천은 프랑스 헌법이론이 프랑스 헌정의 일부 영역에서 일정한 정도의 성과를 가져올 수 있도록 추진하였으며 동시에 더 나아가 프랑스 헌법학이론의 발전 을 촉진하게 되었다. 프랑스 법의 영향을 깊이 받은 일부 국가들은 분분히 프랑스 헌법 위원회의 제도와 실천을 모방하고 참고로 하였는데, 이것은 세계 각국 헌법과 헌법학설의 발전을 위해 풍부한 연구소재를 제공한 것임에 틀림없다.

제2절
프랑스 헌법학설이 중국에 전파된 경로에 대한 고찰

중국은 근대화 과정에서 서양열강들의 무력위협을 받았을 뿐만 아니라 동시에 관념상에서도 서양문명의 충격을 받았고 많은 충돌에 부딪치게 되었다. 이 고통스러운 탈피 과정은 정치, 경제, 사회 등 여러 영역에서의 극복과 발전으로 표현되었고 서양 정치, 법률 사상에 대한 유구한 동방민족의 배척과 수용이라는 이 두 개의 고통스러운 선택으로 표현되었다. 특히 봉건왕권과 민주공화정치역량의 대결과정에서 각양각색의 정치, 법 이론이 연이어 생겨났다가 정치형세의 기복과 더불어 필연적으로 소실되었다. 프랑스는 근대 초기에 유럽 사조의 선두를 달렸지만 낡은 왕조 돌변과 공화정체의 사이에서 여러 차례의 반복과 풍파를 경험하게 되었다. 그 독특한 헌정발전경로는 후발 국가들이 민주공화의 길로 나아가는 데 유익한 경험을 제공해 주었다. 이 기간에 여러 가지 헌법이론이 끊임없이 나타났다. 이 점은 비슷한 경력을 가지고 있는 중국으로 말할 때 더욱 설득력이 있고 지도적 의의가 있은 것만은 의심할 여지가 없다.

종합적으로 볼 때, 프랑스의 헌법학설이 중국에 들어온 것은 직접적, 간접적 이 두 경로를 거쳤다고 할 수 있다. 이른바 직접적인 경로라고 하는 것은 제 삼자의 연구와 소화를 거치지 않고 곧게 프랑스의 정치, 법적 사상을 마주하고 프랑스문자로 된 저작이나 글을 번역하거나 직접적인 체험과 경력을 통하여 여러 시기의 헌법학설이나 헌법실천을 국내에 이끌어 들인 것을 말한다. 그리고 이른바 간접적인 경로라고 하는 것은 프랑스 외의 매개를 통하여 프랑스의 정치 법률 사상에 접촉하고 프랑스의 헌법학설과 헌법실천을 학습하고 이해하는 것을 말한다. 중국의 근대화 진행과정에서 일본의 궐기는 직접적인 자극의 근본 원인이 되었고 참조가 되었다. 그것은 많은 내용들이 일본학자들의 번역과 소개를 통하여 중국의 지식인들에게 전해졌기 때문이다. 양계초는 이렇게 말한

적이 있다. "임인, 계묘년에 책을 번역하는 일이 아주 인기를 끌었다. … 일본에서 새로운 책이 나올 때마다 번역하려는 이들이 많았다. 새로운 사상에 대한 수입 열기가 기세를 돋우었다."[159] 그때부터 사회적으로 많은 번역기구들이 생겨났다. 이를테면 대동역서국, 역서공회, 절강 역서국, 상해 통사, 상해 남양공학역서원, 신민역서국, 역서회편사, 국학사, 호남 편역사, 민학회 등이다. 서양국가의 정치, 법률사상 계열의 서적들이 대량으로 이들에 의하여 번역되었는데 몽테스키외와 루소의 저작 중 일부 내용들도 포함되었다. 당시 몽테스키외의 『논법의 정신』은 『만법정리(万法精理)』라고 번역되었고 루소의 『사회계약론』은 『민약론』으로 번역되었다. 물론 일본이라는 이 매개체 외에 영어로 된 서적을 통하여 수입된 것도 적지 않았다. 이를테면 엄복은 영국에서 유학을 한 적이 있었는데 그는 몽테스키외의 『논법의 정신』을 번역할 때 바로 그 저작의 영문 판에 근거하였기에 비교적 전면적으로 번역할 수 있었다. 후에 중국사회의 발전은 '러시아를 스승으로 삼는 길'을 걷게 되었다. 많은 지식인들은 러시아를 통하여 '혁명주장'을 받아들이게 되었다. 1789년의 프랑스대혁명으로부터 1917년의 러시아혁명 그리고 훗날의 중국혁명과 중국 근대화 역사과정을 연구할 때, 적지 않은 학자들 모두 중국이 비바람이 몰아치는 식의 혁명을 통하여 사회변혁을 실현한 방식은 프랑스대혁명의 사조와 밀접한 관계가 있다고 인정했다. 그렇기 때문에 중국 정법 사상에 대한 프랑스의 영향은 러시아라는 매개를 하나 더 거치게 되었다고 할 수 있다.

---

159) 양계초, 『청대학술개론』, 상해 고적출판사, 1998, 97쪽.

1. 첫 번째 고찰 : 다섯 대신이 해외로 나가 고찰하는 과정에서의 프랑스
  헌정 정황에 대한 이해

  광서 31년 6월 14일(1905년 7월 16일), 청나라 조정에서는 『재택(載澤) 등을 동서양에
파견하여 정치를 고찰할 것에 대한 황제의 령』을 발송했다. 이 명령에서 제기한 당시의
정치형세가 "시국이 험난하고 처리해야 할 일들이 가득"했기 때문에 조정에서는 "힘을
써서 변법을 도모하고 진흥을 쟁취하기 위하여" 모든 정치를 고찰하고 연구하며 좋은 것을
택하여 그대로 따르는 것을 목적으로 한다고 제기했다. 처음에 청나라조정에서 파견한
다섯 대신들로는 재택, 대홍자(戴鴻慈), 단방(端方), 서세창(徐世昌), 소영(紹英)이었다.
이 다섯 대신이 출발할 때 혁명파들이 암살, 습격을 시도했다. 그들은 청나라 조정이
입헌 준비활동을 통하여 국민들의 민심을 사려는 시도를 제지시키려는 것이었다. 하지만
이 행동은 청나라 조정의 새로운 정치를 확고하게 펼치고자 하는 결심을 동요시키지는
못했다. 청나라 조정에서는 간단한 조정을 거친 후 서슴없이 새로운 한 무리의 대신들을
파견하여 해외로 떠나게 했다.(조정을 거쳐 이성탁(李盛鐸), 상기향(尙其享)이 서세창과
소영을 대신했다.) 그중에서 단방, 대홍자 일행은 광서 31년 11월 23일(1905년 12월
19일)에 출발했다. 그들은 독일 미국, 오스트리아, 러시아, 이탈리아제국으로 갔고 재택,
이성택, 상기향 일행은 광서 31년 12월 20일(1906년 1월 14일)에 출발하여 일본, 영국,
프랑스, 벨기에를 고찰했다.
  광서 32년 3월 25일부터 4월 16일까지(1906년 4월 18일~5월 9일) 재택, 이성택, 상기향
일행은 프랑스에서 고찰을 진행했는데 그 기간에 파리 공동국, 사법대심원, 파리총순서,
호부, 국가은행, 우정국, 육군사관학교 등 부문과 기구를 방문하였고 "그 나라의
유명한 정치가들을 초청하여 참다운 토론을 진행했다." 그들은 52일간에 거쳐 프랑스

'남북각지'를 돌아보았으며 이 고찰의 시일이 제일 길었다.[160]

재택은 파리에 도착한 이튿날에 프랑스 대통령을 알현했다. 그들은 필요한 절차를 거친 후 특히 프랑스 제심원의 재판관 진야스를 초청하여 프랑스 헌정의 원류에 대하여 해석하게 했다. 재택은 일기에 이렇게 적었다. "프랑스에서 아직 입헌을 하지 않았을 때는 군주가 독재를 실시했고 귀족들이 권력을 독차지했으며 정치가 부패했다. 그리하여 인민들은 근심과 고뇌에 시달려야 했다. 프랑스 왕 루이 제16세에 와서 그들은 귀족, 전도사, 민당 이렇게 삼당 대표들을 소집하여 봉기했다. 그때는 이미 자유사상이 점차 발전하고 있었다. 그리하여 국가를 향해 입헌을 하자는 제의가 쏟아져 나왔던 것이다."[161] 재택은 이 일기에서 또 프랑스 역대 헌법발전의 개황을 비교적 상세하게 기술했다. 즉, 1791년의 헌법으로부터 1875년 제3공화 헌법의 탄생과 그 진화발전과정을 기술하였는데 프랑스 헌법발전의 과정을 매우 세심하게 정리하여 어쩌면 어느 한 가지도 빠지지 않았다고 할 수 있다. 일기는 역대 헌법에서 규정한 기본정치제도에 대해서도 대략적인 묘사를 했는데, 이러한 것들을 통하여 그들 일행이 매우 세심하고 올바르게 고찰했다는 것을 알 수 있다.

재택 등은 마지막으로 조정에 "각국에 출사하여 정치를 고찰한 대신 재택 등이 프랑스를 고찰한 대략적인 정형 및 다시 영국에 가서 국서를 전달한 것에 대한 상주문"을 올렸다. 그들은 상주문에서 독일과 프랑스의 민주헌정실천에 대하여 집중적으로 소개하고 평가를 내렸다. "프랑스는 유럽 민주국가이다. 그 규모는 동아시아 각국에 비해 서로 다른 점과 같은 점이 어느 정도 존재한다. 즉 영국, 독일 등 여러 나라에 비해 차이가 없는 것이 아니다. …그 건국 자체를 다시 알아보면 비록 민주라고 불리지만 통치권은

---

160) 재택(載澤), 이성탁(李盛鐸), 상기향(尙其享) 일행의 일본 고찰은 29일 영국 고찰은 45일 벨기에 고찰은 16일 걸렸다.
161) 재택, 『정치고찰일기(考察政治日記)』, 종숙하(鐘叔河) 책임 편집, 『세계로 나아가다(走向世界總書)』, 악록서사, 1986, 630~364쪽.

사실 제국들과 비슷하다. 조례가 정연하고 주도면밀하며 특히 정신이 굳게 뭉쳐있고 막힘이 없다. 거친 것을 버리고 정교한 것만 취하는데 그것들은 양호하다고 할 수는 있지만 역시 그렇게 신선하지는 않은 것 같다. 대체로 유럽 각국 정치의 근원은 로마의 낡은 제도에서 온 것이다. 그들은 언제나 먼저 로마를 입에 올리는데 그들의 정법은 사실 로마의 유전을 받은 것이다. 나폴레옹은 뛰어난 재능과 원대한 계략으로 나라를 세우고 백성들을 다스리는 법을 손수 제정했다. 그렇기 때문에 공과 사, 아래와 위의 권력 경계선이 분명했다. 그들은 수십 년 이래 수차례나 변혁을 거쳐 (결국 세상이 바뀌어 선출된 것이다), 그 규칙 조목들은 대대로 전해져 내려왔지만 없거나 약간 다르다.

그것이 변하는 것은 관가의 형세이고 변하지 않는 것은 입법의 훌륭함이므로, 그 현행의 성법을 보면 대권이 정부에 집중되어 있고, 중앙이 외부를 통제하여 질서가 잘 정리되어 있다. 그 부서를 설치하고 직무를 나누는 것에는 삼권이 서로 관여한다. 무겁고 가볍거나 편향의 불만이 없이 지방자치를 한다. 즉 모두 관청이 중추가 되어 손가락과 팔이 연결된 형세이다. 영국에 비교하면 한편으로는 인민이 먼저 자치의 힘을 가지고 그 후에 정부가 그 관계를 장악한다. 다른 한편으로는 정부가 사실 모든 제도에 대한 규율을 가지고 후에 인민이 그 의(議)를 받드는 것으로 넓은 땅을 가진 사람들의 나라에 실시한다. 대권을 하나로 모으는 것을 당연한 것으로 그러나 지나친 것을 없애는 바람이 루이 16세 이래 계승되어 변하지 않았으니 그 습속이 여전하여 정치와 무관하다.[162] 여기서 재택이 프랑스 양식의 특수성에 대해 매우 강조하고, 그 프랑스 민주공화정체에 대한 배척의 입장을 표시했음을 알 수 있다.

2. 두 번째 고찰 : 다시 해외로 나가 헌정을 고찰한 대신들의 프랑스 헌정에 대한 입장

광서 36년 6월 19일(1907년 7월 28일), 원세개는 한 가지 중요한 상주문과 첨부서류를

---

162) 고궁박물원 명청서류부 편, 『청나라 말엽 입헌준비 서류사료』 상책, 14-15쪽.

올렸는데 그중에는 "대신들을 독일과 일본에 파견하여 헌법을 상세하게 고찰하게 하고", "황궁의 가까운 일가들을 영국, 독일에 파견하여 정치, 군사를 배우게 하는 것에 대한 내용"도 들어있었다.[163] 내부의 서로 다른 견해를 면밀하고 신중하게 해결하려는 생각에 이 상주문은 청나라 조정에 받아들여졌다. 광서 38년 8월(1912년 9월), 청 조정에서는 달수(達壽), 왕대섭(汪大燮), 우식매(于式枚)를 각기 일본, 영국, 독일에 파견하여 각국의 헌정제도 및 그 실천을 고찰하게 했다. 후에 이가구(李家駒)가 달수를 대신하게 되었다. 고찰이 끝나 귀국한 후 헌정에 대한 고찰을 진행하였던 대신들은 청나라 조정에 자기들이 편찬한 헌정저작과 상주문을 올렸다. 왕대섭이 편찬한 헌정저작들로는 『영국 헌정 요의』, 『국회통전』이 있고 달수가 편찬한 헌정 저작들로는 『일본 헌법론』, 『의회설명』이 있다. 그들은 또 『헌정고찰대신 달수가 올리는 일본 헌정 정형에 대한 상주문』(광서 34년(1908년) 7월 11일)을 올렸다. 상주문은 장절이 정연하고 예문이 상세하였으며 분석이 심각하고 투철했다. 그들은 힘차게 정체체제를 개혁할 것을 호소하였으며 입헌의 세계조류를 이끌어 오려고 했다. 일반적으로 말할 때 중국이 후에 제헌과정에서 동양의 일본을 본보기로 삼은 것은 달수, 이가구 등 사람들이 두 번째로 헌정고찰을 한 것에서 얻은 성과와 나눠 생각할 수 없는 것이다.

독일에 가서 헌정고찰을 한 대신 우식매는 비록 프랑스의 헌정실천을 고찰하지는 못하였지만, 도리어 그가 올린 상주문은 프랑스 헌법발전의 양식에 대하여 경각심을 가지고 근심을 나타내는 내용이었다. 그는 특히 프랑스 대혁명을 실례로 들어 입헌이 타당하지 못하면 중국에 위험을 가져올 가능성이 있다고 천명했다. 그는 "입헌은 반드시 먼저 명분을 정확히 해야지 맹목적으로 외국을 따르지 말아야 함에 대하여 고찰헌정대신 우식매가 올리는 글"에서 이렇게 썼다. "여러 나라의 경험을 들여다 입헌을 함에 있어서 대중들의 요구에 따라야 한다. 구한다고 해서 맹목적으로 쟁취하려고 해서는 안 되며

163) 하신화, 호욱성 등, 『근대중국헌정역성:사료정선』, 53쪽.

쟁취한다고 해서 혼란을 일으켜서는 더욱 안 된다. …행동은 선(善)에서 비롯되어야 한다. 일본의 유신은 선에서 비롯된 것이 아니라 프랑스 혁명을 본보기로 삼은 것이다. 예전 프랑스의 대장 라페이예(辣飛叶)가 아메리카를 도와 독립을 이루게 하였고 큰 성공을 거둬 큰 명성을 떨쳤다." [164] 그가 귀국하여 프랑스 인민들이 고통을 받는 모습을 보고 입헌을 제창하고 아메리카와 같이 프랑스를 다스리고자 했다. 그러나 상황이 다름을 파악하지 못하여 점점 받아들여지지 않았고 결국 화(禍)가 극에 달했다. 여러 차례 가혹함을 겪은 뒤에 프랑스 백성들의 고통은 이미 깊어졌으며, 입헌으로 나라를 구하고자 하였으나 그 혼란이 빨라질 줄은 몰랐다.

이들의 고찰대상에 대한 선택과 여러 유형의 고찰 성과에 대한 분석을 통하여 당시 청나라 조정 및 그 고급관원들의 명확한 태도를 알 수 있으며 그들의 기본선택방향을 알 수 있다. 그들은 프랑스 헌법학설과 헌정체제에 대하여 종합적으로 배척하는 태도를 보였다. 프랑스의 공화정체는 더 이상 제2차 고찰범위에 들어가지 않았던 것이다. "다른 사람의 장점을 널리 받아들이던 태도"가 "각국 정체와 중국 정체의 적합한 부분을 선택하는 태도"로 변화를 보였던 것이다. 그렇기 때문에 프랑스의 공화체제는 청나라 조정의 입헌군주제에 맞지 않았고 더 나아가서는 중국의 입헌과정에 프랑스 헌정발전과정에 나타났던 여러 가지 문제들이 생겨날 것을 두려워했던 것이다.

3. 세 번째 고찰 : 유럽을 돌아본 관원들과 학자들이 프랑스 헌정실천과 그 헌법학설에 대하여 주의를 기울이다

청조 말에 들어서 적지 않은 관원들과 학자들이 유럽을 돌아보았다. 그들은 프랑스의

---

164) 고궁박물원 명청서류부 편, 『청나라 말엽입헌준비서류사료』 상책, 336~338쪽.

헌법학설과 헌법실천에 대하여 모두 자기들만의 이해와 체험을 가지고 있었다. 이를테면 설복성, 이홍장, 왕도, 강유위, 여서창 등이다. 황준헌은 1832년에 일본에서 미국으로 들어갔고 그 후 한층 더 자산계급의 정치주장과 정치제도를 접촉하게 되면서 점차 '헌법', "민권" 사상을 형성하게 되었다. 당시는 민주혁명학설이 성행되기 시작하던 때로서, 황준헌은 "처음에는 그것이 이상하게 느껴졌지만 후에 루소나 몽테스키외의 글을 읽으면서 생각이 바뀌어 태평성세는 반드시 민주의 기초 위에서만 이루어질 수 있다"[165]는 것을 알게 되었다고 말했다.

설복성은 전에 영국, 프랑스, 이탈리아, 벨기에 등을 돌면서 4년이라는 시간을 보낸 적이 있었다. 그 후『영국, 프랑스, 벨기에, 이탈리아 4개국 출사일기』라는 저서를 펴냈다. 그 책에는 프랑스 헌정에 대한 평가도 들어있다. "서양 각국의 건국 규모로 볼 때 의회가 제일 낫다고 할 수 있다. 미국은 민권을 너무 중하게 여기는 것 같고, 프랑스는 기세가 너무 과한 것 같다. 그래도 모든 면에서 적당하다고 생각되는 나라는 영국과 독일이다. 그들은 그래도 선으로부터 입헌을 연구한다고 생각된다."[166] 그는 여러 나라의 헌정제도와 헌정실천을 비교한 후 '군민공주'제도가 제일 훌륭하다고 제기했다.

왕도는 근대 중국의 저명한 정치가이다. 그도 2년간 유럽을 돌아본 경력이 있다. 그 사이 왕도는 프랑스를 경과한 후 마르세유를 거쳐 프랑스에 들어선다. 그는 기차를 타고 파리에 도착했으며 계속하여 영국으로 갔다. 왕도는 프랑스의 풍속과 민간풍정에 비교적 많은 관심을 가졌다. 그는 말이나 글에서 늘 그러한 것들에 대한 호기심과 신선한 감정을 내비쳤다. 그는 글에서 이렇게 쓴 적이 있다. "마르세유를 거쳐 프랑스 부두에 도착하니 시야가 확 트이는 것 같았다. 어쩌면 한 세기를 갈라져 있다가 만난 듯 했다." 그는 자신의

165) 중수허,『황준헌과 그의 일본연구(黃遵憲及其日本硏究)』, 황준헌,『일본 잡사시(日本雜社詩, 광주)』, 중수허 주필,『세계로 나아가다』총서, 546쪽.
166) 설복성,『영국, 프랑스, 벨기에, 이탈리아 4 개국 출사 일기』, 중수허 주필,『세계로 나아가다』총서, 제197쪽.

글에서 프랑스의 헌법과 정치실천에 대해서 많이 담론하지는 않았다.

여서창(黎庶昌)은 프랑스에 간 적이 있는데, 초청에 의해 의회를 참관하고 방청한 적이 있다. 그는 프랑스의 의정원에 대하여 묘사한 적이 있는데 참으로 생동감 있고 비교적 객관적이라 할 수 있다. "대청은 크지 않았는데 2백여 명의 신사들이 모였었다. 강베이다(剛貝達)가 문건을 들고 탁상 중앙에 앉았고 옆에는 방울이 놓여있었다. 한 신사가 탁상 아래에서 발언을 했는데 그의 뜻에 관심을 보이지 않고 방울을 흔들어 발언을 중단시켰다. 그 사람은 방울소리를 못 들은 듯 계속 말을 중복했다. 모두들 아니꼬운 듯 그 사람을 두고 수군거렸다. 또 한 신사가 모두를 향해 발언을 하고는 손을 들어보라고 했지만 대부분 그 사람을 따르지 않았다. 오른손을 든 사람은 열 사람도 되지 않았다.

나머지 사람들은 손바닥을 짝짝 마주치면서 웃음보를 터뜨렸다. 의론이 한창 전개될 때도 많은 신사들이 아래위로 마구 지나다녀 여간 소란스럽지 않았다. 마치 쟁투를 벌리는 것 같아 조금도 숙연한 분위기를 찾아볼 수 없었다. 이것이 아마 민정의 효과인 것 같다."[167]

장덕이(張德彝)는 프랑스 당시 정치에 대하여 자기만의 독특한 관찰을 했다. 그는 특히 파리공사의 과정을 경험한 적이 있는데 자신의 저작 『프랑스 출사기』에 파리공사사건을 기재했다. 이것은 중국인이 파리공사과정을 비교적 완정하게 경험하고 소개한 저작이다. 하지만 글에는 파리공사의 동경 같은 것은 보이지 않고 정치동란의 과정만 그려져 있었다.[168] 당시 청나라 조정의 충신 이홍장도 유럽을 돌아보았다. 이홍장은 조정의 신하였기에 프랑스를 고찰할 때 특별한 대우를 받았다. 하지만 그 역시 글에서 프랑스 정치에 대하여 그렇게 많이 담론하지는 않았다.

이 사람들 중에서 강유위의 프랑스 헌법에 대한 이해가 가장 심각하고 전면적이었다.

---

167) 여서창(黎庶昌), 『서양잡지』, 중수허 주필, 『세계로 나아가다』 총서, 432쪽.
168) 장덕이(張德彝), 『프랑스출사기(隨使法國記)』, 중수허 주필, 『세계로 나아가다』 총서, 287쪽.

그는 『프랑스혁명기』라는 저작도 펴냈다. 그는 저작에서 입헌에 대한 태도를 표명했다. 이것은 프랑스헌법학설 및 그 헌법실천에 대하여 반복적인 사고를 거친 이후의 결론이라고 할 수 있다. "백성은 어리석어 공평천하의 뜻을 모르기는 하지만 귀로 듣고는 있었다. 즉 안다고 할 수 있다. 한사람에게 평안을 주면 수많은 국민이 적이 될 수 있는데, 즉 제왕이 결정하는 것만 못한 것으로, 백성 요구하는 것을 위협할 필요가 없으므로 백성과 공통된 것이다. 예를 들어 윌리엄 3세 후에 모두가 주장한 것과 같이 분명하게 헌법을 정하고 군주와 신하가 그 직분을 얻었다. 그러나 유감스럽게도 루이 16세는 판단력과 결단력이 없어서 머뭇거리며 허송세월하고 직무를 소홀히 하여, 결국 자신도 죽고 나라를 망하게 하여 천하의 웃음거리가 되었다. 그렇게 매우 현명하지 못했으니 어찌 비통하지 않겠는가?"[169]

강유위는 또 1907년 3월 6일에 『프랑스 여행기』를 출판했다. 책은 4개 부분으로 나뉘어졌는데 (1) 프랑스여행기, (2) 프랑스 형세, (3) 프랑스의 흥성과 창조 연혁, (4) 프랑스 대 혁명기이다. 강유위의 글을 통하여 우리는 그가 가지고 있던 "입헌은 할 수 있지만 혁명은 허락할 수 없다"는 기본 주장을 알 수 있다.

프랑스 대혁명에 대한 강유위의 인식은 다음과 같았다. "이민족은 도살하고 같은 민족은 서로 학살하고, 가깝지 않은 사람은 도살하고 가까운 사람들은 서로 도살했다. 사람들은 모두 서로를 시기하고 스스로 보호했다. 가난은 같지도 다르지도 않았고 가깝지도 멀지도 않았다. 그 가난으로 수백만 혁명가들의 유혈이 모여 로베스피에르의 전제민주를 이룩했으며, 수천 만 양민의 유혈로 나폴레옹의 전제군주제로 복귀했다. 이렇게 대유혈의 잔인문도한 자로 인하여 그 결과가 어떠했는가?"[170]

강유위는 또 다음과 같이 생각했다. "프랑스의 루소, 볼테르 모두 경험이 얕고 쉽게

---

169) 강유위, 『유럽 11개국 여행기 2종(歐洲十一國遊記二種)』, 중수허 책임 편집, 『세계로 나아가다』 총서, 29쪽.
170) 강유위, 『유럽 11개국 여행기 2종』, 43쪽.

이야기하는 점이 있다. 우리 중국은 평등과 자유가 이미 깊어 프랑스와 완전히 반대이다. 입헌 후에 아마도 더욱 세금 징수가 늘어나고 법률적인 일이 세밀해지고 증가할 것이다. 나는 아마도 줄곧 자유의 명령을 백성 모두가 봉행하고 더 이상 자유로울 수가 없을 따름이다!" [171]

강유위는 서방의 의회제도를 비교적 숭상했다. 그는 서방국가의 입법은 의원 공중의 의견에서 나온 것이며, 민송(民訟)은 모두 배심 변호인이 있다고 생각했다. 또 인민은 모두 국정에 참여하여 내막을 알고 있고 의원을 선거하는 특권이 있으며 국왕은 헌법에 종속되어 있어 국토와 백성을 사유할 수 없다고 생각했다. 그리고 서방의 정치 법률은 "신세기 문명", "중국에는 아직 미치지 못한 것"으로 당연히 자신의 의견을 버리고 남의 의견을 따르는 태도로 자세를 낮추어 스승으로 삼아야 한다고 했다. 그래서 그 장점을 취하기만 하면, 즉 정치와 법률을 헤아리고 짐작하고 손해와 이익을 따지고 끊어짐과 이어짐을 헤아리고 단정을 버리고 장점을 취하면 구미의 신문명은 모두 우리 손에 있을 것이라고 밝혔다. [172]

이외에도 강유위는 또 "프랑스와 중국 형세의 다른 점과 같은 점"에 대하여 비교하고 중국과 프랑스 정치에서 완전하게 다른 점을 찾아 프랑스를 본보기로 삼을 수 없다는 결론을 도출했다. 그는 이렇게 제시했다. "군주, 민주의 법도는 마치 약과 같다. 약은 병을 치료할 수 있다. 법으로 다스리는 일은 바로 이 일과 같은 것이다. 중국은 아직 그때에 이르지 않았으므로 터무니없이 프랑스를 스승으로 하고자 한다면 매우 잘못된 것이다. 가까운 사람들은 민권 공화혁명이 프랑스에서 시작하여 프랑스 사람들을 훌륭하다 한다! 제후의 권한이 이미 없어진 것과 귀족은 여전히 억압하고 승려는 생산을 점유하고 또 철학을 계승하여 개화된 후 형세는 사람을 재촉하는 상황에 이르렀다는 것을 어찌

---

171) 강유위, 『유럽 11개국 여행기 2종』, 44쪽.
172) 강유위, 『유럽 11개국 여행기 2종』, 45쪽.

알겠는가? 프랑스 사람이 아니면 민첩하고 용맹하게 자립하여 민권을 취할 수 있다. 고로 맹자가 논한 그 세상이다."

프랑스 헌법학설과 헌법실천에 대한 강유위의 이해는 응당 비교적 객관적이라고 해야 할 것이다. 하지만 그 결론은 또 비교적 주관적으로 그의 비교적 견고한 "입헌으로 황제를 보호하려는 입장"을 반영했다. 이렇게 말할 수 있는 것은 강유위가 유럽을 돌아본 시간이 비교적 길고 또 직접적인 체험으로 프랑스를 고찰했기 때문이다. 영국 등 나라들의 헌정실천, 특히는 프랑스의 폭풍우와 같은 혁명 및 그 결과에 대하여 비교적 심각한 인식을 가지고 있었던 것이다. 이 점은 서양의 보수주의자들과 비교할 때 그야말로 "곡조는 다르지만 모두 미묘하다"고 할 수 있는 것이다. 그들은 혁명을 반대하는 방식으로 사회변혁을 실현하였고 이미 가지고 있는 정치역량으로 개량을 진행하려고 희망하였던 것이다. 이러한 헌정발전의 길은 보수적인 것으로서 사실 급진적이라고 할 수 없는 것이다. 이러한 헌법학설은 정체적으로 볼 때 중국의 헌법학자들은 헌정실천에서 버림받게 되었다. 하지만 그에 내포되어 있는 심각한 헌법문화의 의의는 다시 인식해 볼 필요가 있는 것이다.

강유위는 어릴 때부터 정통적인 유가교육을 받았다. 하지만 두 번이나 시험을 보았지만 모두 낙방했다. 이러한 경력은 그로 하여금 중국의 현실에 대해여 깊은 사색을 하게 했다. 또한 실의와 고민 속에서 정신적 지주를 찾게 하였던 것이다. 후에 그는 눈길을 서학에 돌리게 되었다. 1879년 강유위는 장정화(張鼎華, 字延秋)를 알게 되었다. 그 후부터 그는 "낡은 것을 고증하기 위한 글"을 버리고 "서양나라들의 근대사건"에 대한 글들을 읽기 시작했다. 그는 이해 겨울에 홍콩을 돌아보았는데 "서양인들의 궁이 화려하고 도로가 깨끗하였으며 순시가 매우 엄밀했다.

이로 인하여 서양인들이 나라를 다스리는 데 법도가 있다는 것을 알게 되었으며 옛날처럼 이적(夷狄)으로 볼 수 없었다."[173] 광서 8년(1882년), 강유위는 수도에서 남해로 가게 되었는데 상해를 지나가다가 강남 제조총국역서소에서 출판한 여러 가지 서학서적들을 발견했다. 강유위는 그 서적들을 보고 보물을 얻은 듯이 기뻐했다. 그는 그 책들을 대량으로 사들여 탐독하면서 차츰 서양의 정치이론과 사회과학을 접하게 되었다.

신해혁명 후, 중국의 정치형세는 줄곧 동란과 군벌들의 혼전이라는 상태에 처해있었는데 여러 정치역량들이 분분히 무대에 올라섰다. 한 사람이 금방 한 곡조를 넘기면 다른 사람이 잇달아 무대에 나서는 판국이었다. 이러한 혼란한 정치의 실천은 프랑스의 상황과 아주 비슷했다.[174] 강유위는 당시 중국의 정치와 프랑스의 헌법실천을 두고 비교를 하여 이러한 결론을 내렸다. "우리가 프랑스 책임 내각제를 도입하면 대통령, 총리가 날마다 논쟁을 하면서 깔아뭉개려고 할 것이고 여송경, 풍화보, 서국인과 단기서 등이 독일과 싸우고 호남과 싸우려고 할 것이다. 심지어 군사 21조(軍事二十一條)와 일본이 전쟁준비를 하고, 몇 번 나라가 망한 후에 전쟁이 일어나 갈라져 운 좋게도 독일이 패하고 미국이 승리하고 일본은 조약을 해지할 것이다. 그렇지 않으면 중국의 멸망이 지연될 것이다. 이 프랑스 공화제는 불가능한 것이다. 스위스의 7총재 제의를 광동에서 시행하자는 잠, 오, 손, 당의 논쟁이 지금까지 이어지고 있는데 스위스 제도는 불가능하다.

20년 이래 공화라고 호칭하지만 사실은 공쟁(共爭), 공란(共亂), 공살(共殺)로

---

173) 강유위, 『강남해 자편 연보　무술변법(康南海自編年譜　戊戌變法)』　4책, 115쪽. 콩시앙지(孔祥吉), 『강유위 변법 주장 연구(康有爲變法奏議研究)』, 랴오닝 인민출판사, 1988, 8쪽.

174) 자산계급 대 혁명 후, 프랑스는 1791년에 입헌군주제 정체를 구축했고, 1792년에 공화정체의 확립을 실현하면서 프랑스는 제1공화시기에 진입했다. 1804년 나폴레옹이 복고하여 프랑스 제1제국을 건립했다. 1848년의 2월 혁명은 공화정치를 회복하였는데, 이것이 바로 프랑스 제2공화이다. 하지만 연달아 루이 보나파르트에 의하여 무너지고 말았다. 아울러 1852년 2월에 프랑스 제2 제국이 수립되어 1875년에 헌법을 통과되고 실시하게 되었다. 이때부터 프랑스는 제3공화시기에 들어서게 된다. 공화정체가 프랑스에서 비교적 공고하게 자리를 잡은 것이다. 이렇게 고찰해 볼 때 1789년의 대혁명부터 1875년까지의 86년 간 입헌군주 정체, 공화 정체, 사람을 억압하는 독재정체 등을 반복하여 겪은 정치가 프랑스 근대 정치의 주요한 특징이 되는 것이다.

공동관리라고 부를 따름이다."[175] 민국은 "진시황의 독재와 같은 것이지만 듣기 좋게 공화라고 부르는 것이다…"[176] 군주제에 대하여 상당히 특수한 감정을 가지고 있던 강유위는 신해혁명을 거치면서 공화정치를 실현한 정황 아래 복잡한 정치난국을 마주하고 프랑스정치발전의 경험과 교훈을 결합하여 최대한의 정치적 보수성을 보여주었던 것이다. 그는 중국민주공화의 전도에 대하여 신심이 없었다. 그렇기 때문에 고유한 정치입장을 수호하려고 했고 여러 가지 정치역량의 복고를 지지했으며 공화정체를 반대하였던 것이다.

---

175) 상해시문물보관위원회 편, 『무술변법전후 오패부에게 보내는 전보(戊戌變法后 致吳佩孚電)』, 상해인민출판사, 1986, 590쪽.
176) 상해시문물보관위원회 편, 『무술변법전후 오패부에게 보내는 전보』, 486쪽.

제3절
프랑스 헌법학설이 중국에서의 지속적인 수용과 발전

종합적으로 말하여 프랑스헌법은 중국 헌법학설의 발전에 비교적 큰 영향을 미쳤다. 특히 중국의 정치 근대화 초기에 보수파든 급진파든 모두 프랑스 정치, 법률 사상의 보물창고에서 유익한 지식을 얻어 지지를 받으려고 시도했다. 이것은 근대 계몽운동의 몇몇 주요 선두주자들이 모두 프랑스에 있었던 것과 관련이 있으며, 또한 중국이 프랑스 대혁명 사상을 비교적 전면적으로 받아들인 것과 떨어뜨려 생각할 수 없다.

1. 주권학설

주권학설은 현대 헌법학이론체계에서 중요한 기초적 지위를 차지하고 있다. 그것은 헌법이 국가의 구성법이기 때문이다. 국가의 요소에는 세 가지가 있는데 그것은 바로 인민, 영토, 주권이다. 그중 앞의 두 가지는 구체적인 것이고 뒤의 한 가지는 추상적인 것이다. 인위적으로 창조해 낸 헌법학과 정치학 개념에 속하는 것이다. 이 개념의 출현과 광범위한 수용은 프랑스의 정치사상과 떨어뜨려 생각할 수 없다. '국가주권이론'을 처음 내놓은 사람은 장 보댕이다. 대표작 『공화 6논』에서 장 보댕(Jean Bodin)은 국가는 최고주권에 의해 지배되는 집단이라고 천명했다. 이른바 주권이란 "한 나라에서 지휘를 담당하고 있는 … 절대적이고 영구적인 권력"이라는 것이다. 그 권력은 "공민 즉 관리와 백성들의 위에 있는 것으로서 법의 제한을 받지 않는 최고의 권력"이라는 것이다.[177] 장 보댕이 제기한 주권학설은 현대 헌법학의 기초이론으로 후세의 헌법학에 이론적 기초가 되었다. '인민주권'학설, 제헌권(制憲權)과 권력의 정당성 이론 등 헌법이론과 주권학설은 모두 밀접한 관계가 있다.

그로티우스, 홉스, 로크, 루소 등 사상가와 이론가들이 장 보댕의 주권학설을 계승하고 발전시켰다. 루소는 급진적인 자산계급 사상가로서 한층 더 명확하게 '인민주권'학설을 제기했다. 그는 인민은 사회계약을 기초로 국가를 건립해야 하는데, 그 최고의 권력은 인민에게 속하며 인민이 국가주권을 행사하는 것이 곧 인민주권이라고 천명했다. "주권은 양도할 수 없는 것과 똑같은 이유로 주권은 분할할 수 없는 것이다."[178] "주권은 본질적인 면에서 총의(總意)로 구성된 것으로 그 의지는 절대 다른 그 무엇으로도 대표할 수 없다."[179] 그렇기 때문에 그는 총의와 주권을 연계시켜 최고의 절대적인 위치에 올려놓은 것이다. 그는 『사회계약론』에서 이렇게 총의를 묘사했다. "총의는 영원히 공정한 것으로서 영원히 공공의 이익을 의거로 할 것이다."[180] 그는 또 총의와 대중의 의사를 이렇게 구분했다. "대중의 의사와 총의 사이에는 언제나 아주 큰 차이가 있게 된다. 총의는 공공의 이익에만 주목하지만 대중의 의사는 개인의 이익에 더 많은 눈길을 돌리게 되는 것이다. 대중의 의사란 바로 개별적인 의지의 총합이다. 하지만 이런 개인적인 의지 중 응당 없애버려야 할 부분을 제하고난 그 외 나머지 부분의 총합도 여전히 총의가 된다", "인민들이 정황을 충분하게 이해한 후 토론을 진행 할 때 피차간에는 아무런 내통도 없다. 그렇다면 대량의 작은 불일치 속에서도 총의는 여전히 생산될 수 있는 것이다."[181] 그는

177) [프] 장 보댕, 『국가6논 권 집』, 영문 판, 제 1권, 제8장, 장계림(張桂琳), 『서양정치철학-고대그리스에서 당대에 이르기까지』, 중국정법대학출판사 1999, 91쪽.
178) [프] 루소, 『사회계약론』, 하조무 역, 33쪽.
179) [프] 루소, 『사회계약론』, 하조무 역, 116쪽.
180) [프] 루소, 『사회계약론』, 하조무 역, 39쪽.
181) [프] 루소, 『사회계약론』, 하조무 역, 39쪽.

또 특별히 이렇게 제기했다. "더 훌륭하게 총의를 표명함에 있어서 제일 중요한 것은 국가 내부에 파벌이 존재하지 않는 것이다. 아울러 모든 공민은 오직 자신의 의견만 발표해야 한다. 하지만 만약 파벌이 존재하게 된다면 반드시 서로 자신들의 수효를 증가시키려고 할 것이고 서로 간의 불평등을 방지하려고 할 것이다.

이런 경계방법은 총의가 영원히 폭넓게 발양될 수 있게 하고 인민들이 착오를 범하지 않게 하는 유일한 방법이 될 수도 있을 것이다."[182] 동시에 그는 또 이렇게 강조했다. "입법권은 인민에게 속하는 것이다. 오직 인민에게만 속해야 한다." 입법권은 일종의 보편적인 권력으로서 주권자에게 속해야 하지 그 무슨 행정권처럼 개별적인 행위가 되어서는 안 된다.[183] 루소가 제기한 주권은 절대 양도할 수 없고 분할할 수 없으며 대표할 수 없는 것으로서 절대성과 본위성을 가지고 있는바 불가침의 특성을 가지게 되는 것이다. 그렇기 때문에 이러한 특성을 기초로 대표제를 배척하게 되는 것이다. 루소의 민주사상은 이내 많은 사람들에게 받아들여졌으며 대혁명시기에 주도적인 어록이 되었다. 토크빌은 이 문제에 대하여 이렇게 지적한 적이 있다. "처음에 사람들은 더 훌륭하게 계급관계를 조절하자고만 말했다. 하지만 이내 빠르게 걸음마를 시작하고, 빨리 달리고, 질주하는 것은 순전히 민주적 관념이다. 사람들은 먼저 몽테스키외에 대하여 인정을 하고 평론을 했지만 나중에는 루소에게만 눈길을 돌렸다. 루소는 혁명의 스승이 되었으며 대혁명시기의 유일한 스승으로 군림하였던 것이다."[184] 급진적인 색채가 다분한 루소의 이 학설은 프랑스 대혁명의 예언이 되었을 뿐만 아니라 그 후의 프랑스사회에 대해서도 중요한 영향을 일으켰다.[185]

---

182) [프] 루소, 『사회계약론』, 하조무 역, 40~41쪽.
183) [프] 루소, 『사회계약론』, 하조무 역, 78쪽.
184) [프] 프랑수아 퓌레, 『프랑스 대혁명에 대한 사고(思考法國大革命)』, 맹명(孟明) 역, 중국사회과학출판사, 2005, 67쪽.
185) 루소의 학설이 프랑스사회에 대한 영향에 대해 프랑수아 퓌레는 자신의 저작 『프랑스 대 혁명에 대한 사고』에서 이렇게 평가했다. "루소는 어쩌면 사상사에서 탁월한 천재일지도 모른다. 그가 발명한(혹은 예측한)

1789년의 『인권선언』과 당시의 헌법 문건은 아주 넓은 범위에서 직접적으로 루소의 정치사상의 핵심가치를 계승하였고 루소의 '인권주의' 학설의 기본정신과 정치 이상을 체현했다. 『인권선언』 제3조에서는 이렇게 명확하게 선포했다. "모든 주권의 원칙의 본질은 국민이 향수한다. 어떠한 집단, 어떠한 개인도 주권이 명백하게 부여하지 않은 권력을 행사할 수 없다." 그리고 제6조에서는 또 이렇게 명확하게 규정했다. "법은 총의의 체현이다. 전국 공민들은 모두 직접적으로나 대표적으로 법제정에 참여할 수 있는 권리가 있다. 법 앞에서 모든 공민은 평등하다. 어느 누구도 법을 위반할 수 없다." 이것은 프랑스 대혁명가들의 총의에 대한 보편적인 믿음이다. 그들은 입법자들의 이상에 대하여 충분한 믿음을 가지고 있었다. 그렇기 때문에 그들은 양도할 수 없는 신성하고 자연적인 권리를 실제적인 법의 형식을 통하여 규정했던 것이다."[186] 이성주의의 경향은 이러한 판단을 더욱 확증했다. 이 때문에 미국 사람들은 독립 이후의 몇 년 사이에 법이 완전하지 못함을 인정했지만 독일 사람들은 이성주의의 낙관적인 경솔함 때문에 법은 완전하지 않을 수 없다고 주장했던 것이다.[187] 이렇게 법의 최고 지위가 확정되었다. 그리하여 사법기관들이 법에 대하여 심사를 하지 못하게 되었을 뿐만 아니라 사실상에서 또 이러한 결과 -모든 기관들이 법에 대하여 합헌적인 심사를 하는 것마저 아주 어려운 일이 되었던 것이다. 프랑스의 이후 헌법발전과정이 이 점을 충분하게 설명한다.

　　주권이론방면에서 맘버그의 학설 역시 주목을 끌만 하다. 그는 제3공화 시기의 저명한 프랑스 헌법학자로서 그의 기본 입장은 실증주의 법학을 분석하는 것이었다.

사상은 전반 19세기와 19에 영향을 주었다. 그의 정치사상은 파시즘주의와 혁명어록의 개념적인 구조를 앞서서 구축했다. 이것은 그의 철학 전제(개인은 정치를 경과하여 욕망을 실현한다)로서 역사행위에 대한 새로운 인식과 인민 자체가 주권을 행사하는 데 필요한 조건이 되는 이론분석과 긴밀히 결합되어 있다. 기실 루소는 어느 한 방면에서도 프랑스 대 혁명에 대하여 '책임'을 지지 않았다. 그러나 그는 확실히 무의식중에 혁명의식과 혁명실천의 문화자료를 만들어 낸 것이다. [프] 프랑수아 퓌레, 『프랑스 대혁명에 대한 사고』, 명밍 역, 중국사회과학출판사 2005, 48쪽.

186) Elisabeth Zoller, Droit constitutionnel, PUF, 1999, p183.

187) V.S. Rials, La Declaration des droits de l'homme et du citoyen, Paris, Hachette, 『Pluriel』, 1988, pp.369~373.

그는 인민주권과 국가주권을 서로 구별해야 한다고 주장했다. 그는 명저 『법적 총의의 표현』에서 한층 더 법과 총의를 연결시켜 법의 지상성(至上性)과 주권의 지상성을 직접 세웠다. 그는 제3공화에는 법을 초월한 어떠한 헌법도 존재하지 않는다고 주장했다. 그는 "해석은 응당 입법자들의 행위가 되어야 한다. 이보다 더 자연적인 것은 없다. 다시 말해 법이 헌법에 부합되는가, 나타날 수 있는 문제를 해결할 수 있는가 하는 문제는 역시 법을 제정할 때의 임무이다."[188] 그의 저작 『국가의 일반 이론』에서는 이렇게 지적했다. "법의 의지는 바로 총의의 표현으로 국민주권의 반응이 되기 때문에 어떠한 제한도 받아서는 안 된다. 공민 개인의 권리와 자유도 바로 이러한 것이다."[189] 더 오래전의 역사배경으로 분석해 보면 총의의 표현과 인민주권 및 프랑스 역사상의 군주주권은 역시 내재적인 관계와 일정 부분 관련이 있다. 하지만 왕권의 지상성은 국가주권의 형식변화를 통하여 인민의 총의 위에 올라서게 되었다. 역사적으로 국왕은 주권을 가지고 있었는데, 왕권은 최고로 치부되었고 정의와 선의 상징이 되어 필요한 법으로 간주되었던 것이다. 이러한 최고의 특징은 왕권으로 하여금 그 무엇보다도 더 높은 특수한 위치에 놓이게 하였으며 다른 모든 것들을 제한하고 속박할 수 있게 했다. 국왕은 능히 왕국의 3급 회의를 소집하고 여러 정치집단을 움직일 수 있었기 때문에 여러 정치이익집단을 초월하는, 모든 집단을 단결시키는 상징이 되었다. 국가의 주권을 표현함에 있어서 법은 능히 압박과 소수의 폭정에 대한 저항을 보장할 수 있는 제일 좋은 유일한 무기가 되었다. 법에는 잘못이 없다. 법을 제한하는 것은 아무런 효과가 없는 것으로서 황당하다고 할 수 있다. 법관으로 말할 때, 이 점은 더구나 명백한 것이다. 법을 반대한다는 점에 대해 그들은 상상도 하지 못할 것이다. 법관이 아니라 오직 법만이 비로소 권리란 무엇인가에 대해

---

188) Carre de Malberg, La Loi, Expression de la volonte generale, p.292; 번역 John bell, French Constitutional Law, p25; 장천범(張千帆), 『서방헌정체계(西方憲政世界)』, 중국정법대학출판사, 2001, 142쪽.

189) Francois Luchaire, Procedures et techniques de protection des droits fondamentaux: Conseil constitutionnel francais, see: Courseuropeenes et droits fondamentaux, dir, Louis Favoreu. Economica, 1982, p.54.

말할 권한이 있다.[190]

사실 루소보다 한 시대를 일찍 활동한 몽테스키외는 분권을 상호 제약하여 균형을 이루는 시각에서 입법권은 절대적인 것이 아니며, 당연히 다른 권력의 제약을 받아야 한다고 주장했다. 아울러 그는 직접대표제를 주장하지 않으면서 "입법권은 당연히 인민집단이 향수해야 한다"고 했다. 하지만 또 "이 방법은 대국에서 실시가 불가능하며 그 효과를 발휘함에 있어서도 여러 가지 불편이 따른다. 때문에 인민은 반드시 그들의 대표를 파견하여 그들이 할 수 없는 일체 사건들을 처리해야 한다"[191]고 했다. 프랑스헌법 발전사에서 또 다른 일부 학자들이 루소의 총의설과 인민주권학설에 대하여 질의를 제기했다. 마치 토크빌이 그의 저작 『낡은 제도와 대 혁명』 이라는 책에서 언급한 것과 같이 인민주권 학설에 대하여 돌이켜 생각하게 된 것이다.

그 외 소수의 공법(公法)학자들은 차츰 이것은 수용할 수 없는 현실이라는 것을 인식하기 시작했다. 하지만 그들은 여전히 루소의 많은 신도들에게 포위되어 있었다. 하지만 그들은 우선 헌법과 입법 간의 관계를 분명하게 해야 했고 입법권이 무한하다는 이론을 반박해야 했다. 인민들은 최상의 권력을 가지고 있었지만 이 권력은 헌법을 통하여, 그리고 동시에 입법과 사법기구에 위탁해야 했다. 비록 의원은 선거인들이 직접 선거하는 것이었지만 그들 역시 헌법을 초월하는 권력은 가지고 있지 못했다. 그들도 헌법의 제약을 받아야 했던 것이다. 무릇 헌법의 통제를 초월하려는 입법은 모두 무효가 되었다. 헌법학자 모리스 오류는 1929년에 다음과 같이 지적했다. "국가 헌법의 규칙에 근거하여 어떠한 공공권력기구도 모두 무한주권을 가질 수 없다. 무한주권은 권력이나 직능을 행사할 때 그 어떤 통제도 받지 않는 것이다. … 통제할 수 없는 주권은 오직 국가에만 속하게 된다. 그렇기 때문에 무한주권은 위탁을 해서는 절대 안 된다. 위탁을

---

190) Elisabeth Zoller, Droit constitutionnel, PUF, 1999, p185.
191) [프] 몽테스키외, 『논법의 정신(論法的精神)』 상권, 장안심(張雁心) 역, 158쪽. 그 외 몽테스키외의 프랑스헌법발전에 대한 영향은 아래 문장에서 상세하게 설명했다.

받은 모든 주권은 통제가 가능하기 때문이다."[192]

1923년의 『헌법학과정』에서 레옹 뒤귀는 전면적으로 루소의 이론을 반박했다. 그는 이렇게 말했다. "권이신언 체계의 역할은 여전히 국가의 제한을 받는다고 정의할 수 있다. 보통 입법자들은 반드시 그것이 형성된 더 높은 원칙을 존중해야 하기 때문이다. 선언은 이러한 더 높은 원칙을 창조해 내지는 못한다. 오직 그 원칙을 식별하고 장엄하게 선포할 뿐이다. 이론상 어떠한 사람도 모두 인권의 심판대 앞에서 위헌제소를 위임할 수 있다. 즉 자신의 입법이 법원에 응용되지 못하는 점에 대하여 제소를 할 수 있는 것이다. 그것이 성문 혹은 비성문적인 더욱 높은 차원의 법에 저촉되기 때문이다.

후자는 보통 입법자를 지배한다. … 1789년의 프랑스 헌법과 미국 헌법의 이해에 근거하여 분권원칙을 승인하는 국가는 특히 이러한 결과에 도달할 수 있을 것이다. 이러한 개념에 근거하여 입법과 사법의 권리는 그에 상응하는 영역 내부에서 똑같은 주권을 구비하게 되는 것이다. 그들은 완전히 상호 독립할 수 있다. 하지만 그들은 하나의 공통의 상급—유권자의 권한을 가지게 되는 것이다. 입법권리든 사법권리든 모두 유권자의 권한에 저촉되는 행동을 할 수 없다. 만약 입법권리가 헌법의 규칙을 침범했다면 입법권리는 자기들이 침범한 책임을 강압적으로 사법 권리에 첨가할 수 없는 것이다. 그 본신의 영역 내에서 후자는 여전히 독립주권이 된다. 만약 그것이 입법권리의 강박 때문에 헌법을 위반하게 된다면 그는 본신의 영역 내에서 더 이상 독립주권으로 존재할 수 없다. 분권원칙과 헌법이 최상이라는 원칙이 바로 폐기 당하게 되기 때문이다."[193]

보댕의 주권학설에 대하여 말할 때 중국 헌법학자들은 첫 접촉에서부터 시작하여

---

192) Precis de droit constitutionnel (2nd Ed.), p.266; 번역 john: French Constitutional Law, Clarendon Press Oxford, 1992, p.23.

193) Traite de droit constitutionnel (2nd Ed), p.560; 번역 Arthur von Mehren and james Gordley, Civil Law System (2nd Ed.) Boston: Little, Brown & Co., pp. 246~247. 장천범, 『헌정을 올바르게 대하자—헌정심사의 필요성과 가능성을 논함』, 『중외법학』 2003년 제5호.

이 기본적인 정치학 혹은 헌법 용어를 받아들여 일반적으로 국가의 탄생과정이나 국가 권력의 필요성을 해석할 때 사용했다. 하지만 그에 대한 평가와 반응은 완전히 같은 것이 아니었다. 헌법학자 장지본은 자신의 『헌법론』에서 이렇게 지적했다. "프랑스 학자 보댕의 주장으로부터 '주권은 유일하게 절대적이며 영구적인 권력으로서 법 및 기타 국가의 제약을 받지 않는다'는 것을 알 수 있다. 다수의 학자들의 견해도 이 학설에 부합된다. 그들도 나라의 주권은 절대적으로 제한을 받지 않는 권력을 가지고 있다고 인정했던 것이다." 장지본은 또 이렇게 지적했다. "이러한 학설은 봉건시대에는 합당한 이유를 가지고 있지 못했다. 그리고 오늘에 와서도 아무런 가치가 없게 되었다."[194] 그는 국제조약의 구속력이라는 시각에서 보댕의 주권학설에 대하여 비판을 진행했다.

헌법학자 이육민이 책임 편집을 맡은 『헌법요론』은 주권에 대하여 비교적 깊이 있는 토론을 진행했다. 그는 "주권"이라는 이 명사의 기원은 아랍어의 Superanus에서 왔는데 이 단어의 원뜻은 Superior 밖에 없기 때문에 바로 "다른 사람의 위에서 나와"라는 의미이다. 이 단어는 후에 "최상"이라는 뜻으로 사용되었다. 프랑스 학자 보댕은 1576년에 그의 저작 『국가론』에서 주권은 독립적이고, 최고의, 무상의 권력으로서 어떠한 인위적인 법도 제한 할 수 없다고 말한 적이 있다. 그는 주권은 국가의 요소라고 인정했다. "무릇 국가에 속하는 것이라면 반드시 일종의 중심기관으로서 전국인민들이 일종의 최고 권력으로 누릴 수 있다고 지적했다. 이러한 권력의 향수는 오직 상제의 법과 자연의 법의 제한만 받게 된다"고 인정했다.

작자는 또 주권의 귀속, 주권의 분할 및 주권의 제한 문제를 토론했다. 주권의 귀속에 대하여 작자는 "중국 『약법』은 주권이 인민전체에 속한다는 것을 승인한다"고 인정했다. 작자는 주권은 분할할 수 없다는 것을 승인하였지만 주권이 제한을 받지 않는다는 점은 승인하지 않았다. "주권의 분할 문제를 논할 때, 만약 주권이 최상이라고 인정한다면

194) 장지본, 『헌법론』, 중국방정출판사, 2004, 4~5쪽.

국가의 모든 기관의 권한과 권력을 결정 할 때 반드시 법률상에서 자연히 다른 기관이 주권을 제한하지 못하게 되는 것이다. 때문에 주권은 당연히 분할할 수 없는 것이다", "주권의 제한 문제를 논할 때, 보통의 헌법학이나 정치학자들은 모두 응당 무한한 권력이 있어야 한다고 인정했다. 바꾸어 말하면 국가에서 주권을 행사하는 사람들이나 기관을 두고 말할 때, 그들의 권력은 국내외의 어떠한 방면의 규제도 받지 않게 되는 것이다. 하지만 사실 주권은 법적으로 형식적으로 어떤 최상의 위치에 놓여 있다고 하지만 주권을 행사할 때는 사실상 제한을 받지 않을 수 없게 되는 것이다."[195]

『정치학과 비교헌법』이라는 책에서는 또 주권문제에 대하여 계통적인 정리와 비교적 심도 있는 토론을 진행했다. '주권'이라는 단어는 중세 프랑스어의 sovrain에서 유래되었고 sovrain는 또 아랍어의 superanus에서 왔는데 권력이 비교적 높다는 뜻이라고 했다. 즉 국왕이 제후들에 대하여 제후들이 신하들에 대하여 모두 sovrain이라고 불렀던 것이다.[196] …16세기에 와서 프랑스는 이미 중앙집권제 국가가 되었다. 이때 국왕의 권리는 대외로 독립적이었고 대내로는 최상이었다. 이로부터 보댕의 주권학설이 생산되게 된 것이다. 그는 군주는 독립적인 최고의 주권이 있다는 것이다. 그렇기 때문에 당시 이른바 주권이라고 하는 국가의 권리가 아니라 군주의 권력으로 인식되었던 것이다. … 군권이 제고된 후 곧바로 군주의 독재가 시작되었다. 동시에 해외무역의 발전은 바로 국내 공업의 진보를 추진했다. 공업이 진보할수록 자산계급은 군주의 압박을 느끼게 되었고 따라서 군주의 권력을 제한해야 할 필요성을 느끼게 된 것이다. 하여 민주주의는 투쟁의 무기가 되었던 것이다. 하지만 로크, 루소 등은 인민주권을 제창했다. 1647년 영국의 『영국인협약』, 1776년의 『독립선언』, 1789년 프랑스의 『인권선언』 등은 모두 주권은 인민에게 속한다고 인정했으며, 따라서 군주주권설은 국민주권설로 변하게 되었다.[197]

---

195) 이육민(李毓民), 『헌법요론』, 28~30쪽.
196) 살맹무(薩孟武), 『정치학과 비교헌법』, 상무인서관, 1936, 10쪽.
197) 살맹무, 『정치학과 비교헌법』, 11쪽.

비교의 관점으로 볼 때 프랑스의 주권이론에 대한 인식은 그 헌법학설에 있어 중요한 내용으로써의 루소의 인민주권학설은 바로 그중의 요지가 되는 것이다. 또한 이 학설은 중국에서 광범위하게 전파되었고 수용되었다. 중국 후세의 헌법학자들은 비교적 보편적으로 이 학설을 수용했다. 그 연원으로 볼 때 루소가 창설한 "인민주권" 학설은 루소의 자유, 총의, 사회계약 등 기본관념에 대한 분석을 기초로 한 것이다. 이것은 바로 보댕, 로크, 그로티우스 등의 주권학설의 발전이며, 루소의 혁명성과 창조성이 풍부한 정치이론이 되는 것이다. 이 점은 주로 그의 저작 『사회계약론』과 그의 기타 몇 부의 정치학 명작에서 나타나고 있다. 인민주권학설은 프랑스 대 혁명에 직접적인 이론적 지지를 제공한 동시에 프랑스 및 기타 국가의 근대 헌법실천에 가장 직접적인 이론기초를 제공해 주었다. 모종의 의미에서 말할 때, 인민주권학설은 세계 각국의 헌법발전과 헌법실천에서 보편적인 영향력을 일으킨 중요한 학설이라고 할 수 있다.

그 외 중국 헌법학자들은 처음부터 루소의 사회계약론에 비교적 큰 흥미를 보였으며 이 관점을 수용하고 평가하는 과정에서 점차 객관적인 태도를 취했다. 루소의 사상은 19세기 후기에 외국 전도사들에 의해 중국에 소개되었다. 19세기 초 신해혁명 전기에 루소의 『민약론』은 중국 인민들의 보편적인 주목을 받게 되었다. 일본 유학생 양정동(楊廷棟)은 1900년에 일본어로 된 『민약론』을 번역하여 『역서회편』에 연재했다. 그리고 1902년에는 당시의 문명서국에서 『루소민약론』이라는 제목으로 출판했다. 이것이 최초의 『민약론』 중문 완정번역본이다. 1916년 마군무는 프랑스어 판 원작을 기초로 하여 『민약론』을 중역하였으며 적극적인 평가를 했다. "주권이 인민에게 속한다는 원리는 루소가 천명한 것이라고 생각된다."[198] 추용은 그의 저작 『혁명군』에서 루소의 학설을 높이 평가하면서 "기사회생의 명약이고 죽은 자의 넋마저 살아 돌아오게

---

198) 마군무(馬君武), 『민약론 역서』, 『마군무집』, 화중사범대학출판사, 1991.

하는 보배"[199]라고 평가했다. 양계초는 1902년에 『신민총보』에 '루소학 기록'을
발표하였는데, 글에서 루소의 학설을 적극 발전시켰다. 그는 또 다른 글에서 심지어
이렇게 쓰기까지 했다. "유럽에서 근대에 나라를 잘 다스리는 이는 수십에 달한다. 내가
보건데 이 점은 오늘의 중국과 아주 부합되는데, 루소의 『민약론』(民約論)과 비슷하다고
생각한다."[200] 이로부터 루소 및 그 사회계약론은 중국의 지식인들에게 광범위하게
받아들여졌다. 하지만 그 후 얼마 안 되어 양계초는 자신의 긍정적인 입장을 바꾸고 루소
이론의 가치에 대하여 질의를 제기했다.

엄복은 1914년에 양계초의 요청에 의하여 『용언보』에 『민약 평론』이라는 글을
발표했다. 그는 천부인권학설 및 '자연 상태 하에서의 사람'과 '사회속의 사람'이라는
루소의 구별에 대하여 비판을 진행했다. 아울러 루소의 '민약'은 17~18세기의 "혁명독립의
낡은 이론으로 이미 완전히 시기가 지나버렸다"[201]고 천명하면서 중국의 국정에 부합되지
않는다고 했다.

당시 적지 않은 헌법학자들이 자신들의 저작 중 헌법의 기본이론을 해석한 부분에서
국가기원에 대한 학설을 언급할 때, 일반적으로 모두 루소의 공헌을 담론했다. 그들은
루소의 신의설, 도덕설, 계급설, 가족설, 재산설, 실력설을 사회계약설과 나란히 보았던
것이다. 이육민이 주필한 『헌법요론』에서는 루소의 '계약설'에 대한 기본문제에 분석을
진행하면서 '자연상태'와 '민약'에 대하여 모두 간단한 분석을 진행했다.[202]

손문이 제창한 민권주의는 어느 정도에서 루소 사상의 영향을 받았다고 볼 수 있다.
민권에 대하여 해석할 때 그는 루소와 그의 『민약론』을 담론했다.[203]

---

199) 추용(鄒容), 『혁명군』, 중국사학회 편, 『신해혁명』, 상해인민출판사, 1981, 335쪽.
200) 양계초, 『자유서 파괴주의』, 『음빙실합집6 음빙실전집 2』, 25쪽.
201) 엄복, 『엄복집』, 중화서국, 1986, 648쪽.
202) 이육민, 『헌법요론』, 12쪽.
203) 손문, 『삼민주의』, 악록출판사 2000, 79쪽. '오권헌법을 더욱 구체적이고 명확하게 하기 위하여 손문은 후에
   '오권헌법에 대하여 더욱 심도 있는 논술을 진행했다. 그는 "직접민권이야 말로 진정한 민권"이라고 인정했다.

비록 그가 루소의 천부인권설과 사회계약론을 수용하지는 않았지만 민권에 대한 그의 강조는 루소의 인민주권학설의 영향을 벗어날 수 없게 했다. '중화민국 건설의 기초(中華民國之 建設基礎)'라는 글에서 손문은 한층 더 나아가 이렇게 지적했다.

"정치주권은 인민에게 있기에 직접 행사되거나 간접적으로 행사된다. 그것이 간접적으로 행사될 때 인민을 대표하거나 인민의 위탁을 받게 되는 것이다. 주권은 오직 이러한 기능만 있을 뿐 다른 권력은 없다. 그렇기 때문에 자유는 여전히 인민이 결정하게 되는 것이다."[204] 이것 역시 손문의 "권력과 직능을 분리하여 다스리는 이론"의 전면적인 표현이다. 그가 설계한 민권은 바로 인민들로 하여금 직접민권을 향수하게 하려는 것이었다. 그렇게 되면 인민에게는 선거권이 있게 될 뿐만 아니라 또한 창제권, 의결권, 파면권 등 권리가 있게 되는 것이다. 이것은 인민주권을 견지하는 원칙적인 기초에서의 일종의 발휘이고 창조라고 능히 말할 수 있는 것이다. 손문의 이러한 사상은 후에 약법에서 구체적으로 체현되었다. 약법 제2조는 이렇게 규정했다. "중화민국의 주권은 국민전체에게 속한다." 그 후 1931년의 유훈정치 시기의 약법, 중화민국헌법초안(1936년) 및 중화민국헌법(1946년)에는 모두 같은 조목이 있다. 그리고 1946년의 헌법 제25조에는 이렇게 규정되어 있다. "국민대회는 본 헌법의 규정에 근거하여 전국 국민을 대표하여 정권을 행사하게 된다." 이것은 인민주권 원칙이 당시에 헌법문헌에 직접 체현된

유럽과 미국의 대의제도는 정체적으로 간접민권에 속하는 것으로서 절대로 직접민권은 아니다. 이러한 정치체제 아래에서 인민들은 직접 정부를 관리하지 못하게 되는 것이다. 인민들은 정부의 힘이 너무 커져 통제를 하지 못하게 될 것을 근심하게 된다. 그렇기 때문에 인민들이 정부를 두려워하는 것을 피하기 위하여 중국에서는 응당 국가정치대권을 '권과 능'으로 분리해야 하며 '정부의 권력'과 '인민의 권력'으로 나누고 '정부를 기계로 삼고 인민을 공정사로 삼아야 하는 것'이다. 그는 또 진정으로 직접민권을 실행하려면 '정부의 권력'과 '인민의 권력'이 평형을 유지하게 해야 한다고 강조했다. 오직 그렇게 돼야만 인민방면에서 네 가지 '정권'을 누리게 되는 것이다. 즉 선거권, 파면권, 창조권과 의결권을 가지게 되는 것이다. 이렇게 되면 정부방면에서는 다섯 가지 '권력'을 향수하게 된다. 즉 행정권, 입법권, 사법권, 시험권, 감찰권을 누리게 되는 것이다. 그는 "인민의 네 가지 권력으로 정부의 다섯 가지 권력을 관리해야만 비로소 완정한 민권정치기관이라고 할 수 있다"고 인정했다. 이러한 정치기관이 있게 된다면 인민과 정부의 힘은 비로소 평형을 이루게 될 수 있는 것이다.

204) 호한민 편, 『총리전집』 제1집, 상해, 민지서국, 1920, 1026쪽.

실례이다. 민국시기 중국의 헌법학자들은 여러 가지 주권이론에 대하여 세심하게 정리하고 깊게 인식했다. 당시 국내에 가장 널리 유행하였던 책은 『비교 헌법』(왕세걸, 전단승 작)이었다. 이 책에서 제2장의 대부분을 할애하여 주권문제를 분석했다. 보댕, 루소, 맘버그, 뒤귀의 관점을 모두 언급했다. 보댕의 공헌, 루소의 인민주권, 뒤귀의 국가주권 유한학설 등에 대하여 모두 분석을 했던 것이다. 그중 루소의 인민주권학설에 대하여 그는 이렇게 인정했다. "이것은 순전히 루소의 허구적인 이론으로써 처음부터 사실적인 근거가 없는 것이다."[205] 물론 그는 인민주권학설의 실제적인 효과에 대해서도 인정하였지만 그 약점에 대해서도 특별히 제기하였던 것이다.

그중 한 가지는 그 학설이 국민전체의 이익을 위한 정부를 건설할 수 없을지도 모른다는 것이고 다른 한 가지는 개인의 자유에 위협을 가져다 줄 수 있을지도 모른다는 것이다.[206]

신중국의 헌법학자들은 기본적으로 보댕의 주권학설과 루소의 인민주권학설에 대하여 주목했고 충분한 연구를 진행했다. 그들은 보편적으로 근대적인 의미에서의 주권관념은 프랑스의 보댕이 처음으로 창설하였고 인민주권학설은 프랑스의 루소가 처음으로 창설했다고 인정했다.[207] 이용은 인민주권학설에 대해 세심하게 정리했다. 그는 인민주권관념은 14세기의 이탈리아에서 싹트기 시작했다고 제기했다. 당시 저명한 사상가 마르세유는 '전권(全權)'은 응당 인민전체의 이름으로 행사하여야 한다고 제기했다. 이론적으로 인민주권을 천명하고 해석한 이는 영국의 저명한 사상가 로크이다. 하지만 인민주권을 명확하게 제기하였고 그것을 계통적인 일종의 이론으로 체계화 한 이는 프랑스의 저명한 사상가 루소이다. 인민주권이론은 프랑스의 저명한 헌법학자

---

205) 왕세걸, 전단승, 『비교헌법』, 44쪽.
206) 왕세걸, 전단승, 『비교헌법』, 44~45쪽.
207) 하화휘, 『비교헌법학』, 50쪽, 허숭덕(許崇德) 주필, 『중국헌법』 수정본, 중국인민대학출판사, 1989, 41쪽, 장벽곤 책임 편집, 『헌법학』, 중국정법대학출판사, 1994, 19쪽, 장경복 주필, 『헌법학기본이론』, 사회과학문헌출판사, 1999, 180쪽.

아이스만이 더 발전된 해석을 천명하였다. 그는 '인민주권'을 '국민주권'으로 변화시켰다. 그것이 바로 국민주권원리가 되는 것이다. 마르크스주의 비판은 인민주권이론을 흡수하였고 아울러 유물주의사관을 기초로 하여 충분하게 인민이 역사의 창조라는 이 원리를 충분하게 논했다. 또한 이 이론과 실천을 긴밀하게 연결시켜 인민주권을 실현했다.[208]

프랑스의 주권학설에 대하여 말할 때 하화휘는 그의 저작 『비교 헌법학』에서 '주권부정론'을 주장하는 뒤귀의 학설을 소개했다. 그는 뒤귀의 주권부정론은 그 사회적 연대주의 법학의 일부분이라고 인정했다. 동시에 그는 또 프랑스의 '인권선언'은 미국의 '독립선언'에 비해 더욱 인민주권적인 원칙을 명확하게 선포했다고 믿었다. 프랑스 제5공화 시기 헌법의 군주전문주권이라는 장절에 공민의 의결권을 통하여 국가주권의 형식을 실현한다고 첨가했다. 이것은 민주헌정제도에 있어 하나의 중대한 발전이라고 할 수 있다.[209] 초홍창이 책임 편집을 맡은 『헌법학』에서 제기한 바에 의하면, 주권이론은 16세기 유럽대륙과 17세기 영국 현대화 운동에서 시작된 일종의 이론상의 논증과 귀납으로 동시에 보댕의 공헌이라고 긍정했다. 인민주권이론에 대하여 이 책에서는 학설로부터 원칙에 이르는 발전과정을 거쳤다고 제기했다. 1791년의 프랑스 헌법이 '인권선언'을 서언으로 기재한 후 인민주권원칙은 자산계급헌법의 가장 일반적인 원칙이 되었다.[210]

여러 헌법학 저작을 두루 살펴보면 중국의 헌법학자들이 인민주권원칙을 어쩌면 하나도 빠짐없이 여러 가지 방식으로 인정했다는 것을 알 수 있다. 일반적인 방법은 인민주권원칙에 대하여 전면적인 분석을 진행한 동시에 서양 국가들의 헌법중에 있는 인민주권 원칙을 보수적으로 평가했다는 것이다. 그러나 기본상 모두

---

208) 이용, 『헌법 기초 이론』, 177~179쪽.
209) 하화휘(何華輝), 『비교헌법학』, 52~56쪽.
210) 초홍창 책임 편집, 『헌법학』 제4판, 북경대학출판사, 2010, 26~27쪽.

'인민주권원칙'을 중국 헌법의 기본원칙의 하나로 삼았던 것이다. 오가린이 주최하여 집필한 『헌법학』에서는 이렇게 제기했다. "인민주권원칙은 응당 긍정을 받아야 한다", "사회주의는 가능할 뿐만 아니라 반드시 이 원칙을 실현하여야 한다."[211] 허숭덕의 『중국헌법』도 이렇게 제기했다. "사회주의 국가의 출현 이후, 역시 헌법으로 인민주권 원칙을 표현했다.", "인민주권과 국가주권은 모두 전체인민으로부터 온 것이다."[212] 한대원은 또 더 나아가 인민주권형식과 제헌권 이론을 상호 결합하여 이렇게 제기했다. "국민주권이 반영하는 민의의 최고 가치와 제헌권이 체현하는 사회개체가치의 존중은 제헌권의 정당성의 기초가 된다."[213] 물론 중국 헌법학자들은 인민주권원칙을 담론할 때 더 많이 인민주권의 사회주의 계급 성질을 강조하게 되며, 동시에 '사회계약론'의 이론 기초를 포기하는 것이다.

　　헌법의 규정으로부터 볼 때, 1946년의 중화민국헌법은 국민주권원칙을 분명히 했다. 제2조에 "중화민국의 주권은 국민 전체에 속한다"고 규정했다. 신중국이 수립된 후 1954년 헌법의 제2조에서는 또 "중화인민공화국의 일체 권력은 인민에게 속한다. 인민의 권리를 행사하는 기관은 전국인민대표대회와 지방 각급 인민대표대회이다"라고 규정했다. 1978년 헌법과 1982년의 헌법은 이 조목의 규정을 다시 심의했다.[214] 이 점은 중국 헌법에서 비록 명확하게 인민주권이라는 말을 사용하지는 않았지만, 인민주권원칙을 중국 헌법의 기초원칙으로 삼는 것은 헌법에 의거한다는 것을 말해 준다. 상술한 직접적인 헌법연원 외에 이것은 또한 마르크스주의 기본원리의 필연적인 요구가 된다.

211) 오가린 책임 편집, 『헌법학』, 군중출판사, 1987, 34쪽.
212) 허숭덕 책임 편집, 『중국헌법』 수정본, 43쪽.
213) 한대원, 임래범(林來梵), 정현군(鄭賢君), 『헌법학전문연구(憲法學專題硏究)』, 중국인민대학출판사, 2004, 102쪽.
214) 신중국이 성립된 후의 4부 헌법 중에서 1954년 헌법, 1978년 헌법, 1982년 헌법은 모두 이 규정을 수용했다. 오직 1975년 헌법에서 이러한 규정을 했을 뿐이다. "중화인민공화국의 일체 권력은 인민에게 속한다. 인민이 권력을 행사하는 기관은 노동자, 농민, 군인 대표를 주최로 하는 각급 인민대표대회이다."

오직 인민주권원칙을 기초로 해야만 중국 헌법실천은 제일 기초적인 합법성에 의거하게 되기 때문이다. 일부 학자들은 이로부터 주권이 인민에게 있다는 학설은 마르크스주의 국가학설의 기초위에서 루소의 사회계약론사상을 포기한 것으로 진정한 과학성을 가지고 있다고 인정하고 있다.[215] 또 일부 학자들은 이러한 규정이 표명하듯이 헌법은 인민주권원칙을 확인하였을 뿐만 아니라 인민주권원칙의 형식을 확인했다고 인정하고 있다.[216]

2. 분권 학설

그는 정치권력의 사이에는 분업을 진행할 필요성이 있다고 지적했다. 동일하지 않은 사람이 이 권력을 행사할 수 있기에 "만약 동시에 한 무리의 사람들이 법을 제정하고 집행할 수 있는 권력을 가지게 된다면, 사람들의 약점에 절대적인 유혹을 가할 수 있기 때문에 그들은 권력을 탈취하려고 하게 될 것"이라고 충고했다.[217] 몽테스키외의 주요한 공헌은 로크의 권력분립학설을 발전시키고 동시에 삼권분리의 주장을 제기한 것이다. 이로부터 권력분립은 각국의 입헌과 헌법실행의 기본원칙이 되었다.

몽테스키외가 분권을 제약하여 균형을 이루게 하는 시각에서 입법을 절대적으로 주장한 것은 아니다. 당연히 다른 권력의 제약을 받았다고 해야 할 것이다. 그는 동시에 직접 대표제를 주장하지 않았을 뿐만 아니라 "입법권은 응당 인민집단이 향유해야 한다"고 인정했다. 하지만 이 관점은 대국에서는 실행이 불가능한 것이고 작은 나라들에서도 많은 불편을 겪게 될 것이다. 그것은 인민들은 반드시 그들의

---

215) 장벽곤(張碧昆) 책임 편집, 『헌법학』 수정판, 44쪽.
216) 장경복 책임 편집, 『헌법학 기본론(憲法學基本理論)』, 182쪽.
217) [프] 로크, 『성부론』 하편, 엽계방(葉啓芳),구국농(瞿菊農) 역, 상무인서관, 1986, 91쪽.

대표를 통하여 그들이 해낼 수 없는 모든 일들을 할 수 있게 하려고 하기 때문이다.[218] 몽테스키외의 사법권과 행정권, 사법권과 입법권 사이에는 분립이 이루어져야 한다는 주장은 후에 프랑스 사람들이 단호한 정치신념이 되었다.[219]

분권이론에 대한 엄수와 동시에 프랑스 역사상의 행정권과 사법권 지간의 관계의 영향으로 프랑스 대혁명 후의 헌법제도에 대한 설계는 사법권 행정권의 엄격한 분리를 체현하게 하였던 것이다. 1789년의 '인권선언' 제16조에서 이렇게 명확하게 제기했다. "무릇 개인의 권리가 확실하게 보장 받지 못하고 분권이 확립되지 못한 사회는 헌법이 없다." 여기에서부터 우리는 몽테스키외가 명확하게 분권학설을 제기하였음을 알 수 있다. 국가권력 간의 분립은 국가권력분배의 기본원칙으로 프랑스 인민들에게 수용되었고 아울러 직접적으로 그 역사적인 헌법문건에 체현되었던 것이다. 분권이론은 프랑스 근대의 헌법실천에 영향을 주었을 뿐만 아니라, 당대 프랑스 제5공화국의 헌법제도에도 영향을 주었다. 물론 프랑스의 특수한 역사배경과 정치, 법률제도는 상당한 정도에서 몽테스키외의 분권이론에 대한 그들의 해석을 결정하게 했으며, 이후의 헌법제도의 선택에 영향을 주고 결정적인 역할을 했던 것이다.

시간적으로 볼 때 몽테스키외는 루소에 비하여 한 시대 정도 일찍 등장한 인물이라고 할 수 있다. 분권학설 외에도 몽테스키외의 기본주장에는 또 정체인식과 연관되어 있으며 정치자유의 내용, 법제도와 본 민족의 성격에 적응하는 것에 대한 관점 등도

---

218) [프] 몽테스키외, 『법의 정신을 논하다』 상책, 장안심 역, 158쪽.

219) 몽테스키외는 이렇게 제기했다. "입법권과 행정권이 한 사람이나 한 기관에 집중되어 있다면 자유는 다시 존재할 수 없게 된다. 그것은 인민들이 국왕이나 의회에서 제정한 폭력적인 법을 두려워하기 때문이다", "만약 사법권이 입법권과 행정권과 분리되지 않는다면 역시 자유는 존재할 수 없다. 만약 사법권이 입법권과 하나가 되면 곧 공민의 생명과 자유에 독재를 실행할 수 있는 권력을 가지게 될 것이다. 그것은 법관이 곧 입법자이기 때문이다. 만약 사법권과 행정권이 하나가 된다면 법관은 또 공민을 압박할 수 있는 힘을 가지게 되는 것이다", "만약 한 사람이나 어느 중요한 인물, 귀족이나 평민 이 동일한 기관을 조직하여 동시에 이 세 가지 권리를 행사한다면, 즉 법권을 제정하고 공공결의권을 집행하며, 개인 범죄를 재판하고 소송권을 행사한다면 이 모든 것은 곧 끝장을 보게 될 것이다."[프] 몽테스키외, 『법의 정신을 논함』, 장안심 역, 153쪽.

망라되어 있다. 그가 제기한 권력분립 이론은 프랑스 헌법사상에서 또 다른 하나의 창조성이 풍부하고 기초적 의의가 있는 이론이 되었다. 그 이론은 대체로 여러 나라 헌법학자들에게 보편적으로 수용되었으며 헌법학의 발전에 중대한 영향을 일으켰다. 아울러 여러 나라의 헌법실천에 중요한 지도원칙을 제공하여 주었다.

권력분립이론은 중국에도 지대한 영향을 미쳤다. 19세기 말, 중국의 지식인들은 대량으로 서양 계몽주의사상에 접촉하기 시작했다. 강유위를 선두로 하는 유신파들은 변법을 제창하였고 강유위는 또 『무술주고(戊戌奏稿)』에서 명확하게 몽테스키외의 입헌군주사상을 제기했다. 그는 이렇게 지적했다. "근래에 와서 서양에서 삼권에 대해 크게 논쟁하고 있다. 삼권이란 즉 의정권, 행정권, 사법권이다.

삼권이 이루어져야 정체라고 할 수 있다."[220] 양계초도 초기에 몽테스키외의 삼권분립에 대한 이론에 대하여 반복적인 소개를 했고 그것을 입헌군주의 정치 강령으로 삼았다.[221] 1901년 장상문은 일어문판으로 된 몽테스키외의 저작 『법의 정신을 논한다』를 중문으로 번역하였으며, 1903년에 상해문명서국에서 출판하였는데 당시의 책 제목은 『만법정리』였다. 후에 엄복도 이 책을 번역하여 『법의』라는 제목을 달았었다. 엄복은 비교적 일찍 서양의 정치, 법적 사상을 중국에 소개한 학자이다. 엄복도 헌법을 제정하고 '삼권분립'제도를 실행할 것을 주장했다.[222] 몽테스키외의 학설은 중국 법치의 근대화 진행과정에서 헌법실천에 더욱 깊고 큰 영향을 주었다. 우리는 비록 삼권분립의 이론을 전면적으로 수용하지는 않았지만, 수많은 헌법제도의 설계와 몽테스키외의 삼권분립학설은 긴밀하게 연관되어 있었던 것이다. 후에 손문은 '오권 분립학설'을 제기했다. 오권 분립은 몽테스키외의 '삼권분립'을 확장시킨 것이다.[223]

---

220) 강유위, 「청나라 황제에게 올리는 제4서」, 『무술변법』, 제2책.
221) 이용, 『헌법기초이론』 제41쪽.
222) 이용, 『헌법기초이론』 제44쪽.
223) 웅월지(熊月之), 『중국 근대 민주사상사(中國近代民主思想史)』, 상해사회과학출판사, 2002, 403쪽.

왕세걸, 전단승의 『비교헌법』에는 이런 글이 있다. "입법, 행정, 사법의 삼권 분립은 18세기 이래 유럽과 미국의 정치학자들의 전통사상이다. 손문은 이러한 삼권분립주의만으로 정부의 독재를 방지한다는 것은 충분하지 못하지만 정부의 효율을 증가시키는 작용은 하게 될 것이라고 말했다. 그리하여 손문은 정부기관의 구성 및 그 직권을 나누고 오권분립제도를 주장하였던 것이다."[224] 이로부터 중국의 지식인들과 정치가들은 몽테스키외의 분권이론의 기초를 보편적으로 수용하고 인정했다. 특히 손문이 제기한 오권 헌법학설은 몽테스키외의 분권이론과 중국정치문명의 창조성의 결합이라고 할 수 있다.

1949년 신중국이 성립된 후의 헌법학설은 분권학설에 대한 태도에 분화적인 태세가 나타나게 했다. 일부 학자들은 권력분립을 중국 헌법의 기본원칙으로 삼기에 적합하지 않다고 생각했다. 그것은 "삼권분립"원칙을 막 제기하던 당시에는 그것이 비록 역사적인 진보작용을 일으키기는 하였지만 다른 한 방면으로는 계급과 시대적인 국한성을 가지고 있기 때문이라는 것이었다.[225] 그 외 일부 학자들은 비록 권력분립원칙을 중국 헌법의 기본원칙으로 할 것을 주장하지는 않았지만, 반면에 "민주 집중제도는 국가권력의 여러 부문 사이의 분업을 배척하지는 않으며"[226], "여러 권력은 상호 간에 감독을 필요로 한다"[227]고 주장했다. 그 외에도 많은 학설들이 나타났는데 "어떠한 국가든지 모두 분권을 해야 한다. 행정권과 사법권이 분리되어야 할 뿐만 아니라 중앙과 지방도 적당하게 분리되어야 한다. 그렇지 않다면 국가라는 기계는 움직이기 쉽지 않을 것이다", "우리가 만약 분권을 제약하여 균형을 이루지 않는다면 반드시 권력을 제한해야 한다"이다.[228]

---

224) 왕세걸, 전단승, 『비교헌법』, 393쪽.
225) 하화휘, 『비교헌법』, 83~96쪽. 허숭덕 주필, 『중국헌법』 수정본, 49~54쪽.
226) 위정인(魏定仁), 감초영(甘超英), 부사명(傅思明), 『헌법학』, 북경대학출판사, 2004, 23쪽.
227) 초홍창(焦洪昌) 주필, 『헌법학』 제4판, 40쪽.
228) 이용, 『헌법기초이론』, 195쪽.

또 일부 학자들은 권력에 대한 제약은 응당 헌법의 기본원칙이 되어야 한다고 인정했다. "이것은 권력소유자들과 권력을 행사하는 자들을 분리해야 하는 필연적인 요구이다", "파리코뮌의 창립은 마르크스주의의 경전의 작가가 천명하고 강조한 감독원칙을 통하여 사회주의 국가의 헌법에서 명확하게 체현된 것으로서 권력제약원칙이 사회주의 헌법에서 구체적으로 표현된 형식"[229]이라는 것이다.

　여기서 또 특별히 지적할 것이 있다. 종적으로 비교하면, 프랑스 헌법이론과 실천의 시작에는 주로 두 가지 대 이론이 있는데, 그것은 바로 루소의 인민주권학설과 몽테스키외의 주권분립이론이다.[230]

　인민주권학설과 기타 헌법학설의 관계로부터 볼 때, 시에스(Sieyes)의 제헌권이론은 사실 인민주권학설의 전환과 연속이다. 그러나 맘버그의 헌법이론은 사실 인민주권학설의 발전이며 또 다른 표현이 된다. 몽테스키외의 분권학설은 프랑스의 헌법이론과 실천에 대하여 기초적인 의미에서의 영향을 주었다. 그것은 "1789년에 프랑스 사람들이 신봉하던 정화된 내용"으로 "일종의 명확한 이데올로기에서 격렬하게 지켜졌으며", "강렬하게 장기적으로 사람들의 두뇌를 점유하였던 것이다."[231] 횡적으로 비교하면, 프랑스 헌법학설이 세계에 이룬 공헌은 주로 이 두 가지 이론을 체현하는 것이다. 인민주권학설은 헌법과 민주실천의 기초이론이고 분권학설은 '고전 헌법 기초이론의 존재와 발전의 토대'가 되는 것이다.[232] 그 후의 헌법학설은 대부분 이 두 가지

---

229) 한대원 책임 편집, 『헌법학』, 고등교육출판사, 2006, 66쪽.
230) 프랑스 저명한 공법학자 Francois Luchaire은 프랑스의 헌법사상은 주로 루소와 몽테스키외로부터 온 것이라고 인정했다. 루소는 옛날의 자유에 대한 이해로 자유를 해석했다. 즉 자유의 기초는 민주로서 민주헌법을 가지게 되면 완전히 자유를 실현할 수 있다고 주장했던 것이다. 그러나 몽테스키외는 자유와 권력분립을 상호 연계시키면서 이러한 정체에서 권력을 제한하여 균형을 이루면 다시는 독재주의를 두려워하지 않게 될 것이라고 믿었다. 법을 제정하는 의원 역시 기타 공민들과 똑 같은 결과를 얻게 될 것이라는 것이다. Francois Luchaire, Procedures et techniques de protection des droits fondamentaux; Conseil constitutionnel francais, see: Course- uropeenes et droits fondamentaux, dir, Louis Favoreu. Economica, 1982, p.54.
231) [영] M.J.C 위어, 『헌법과 분권』, 쑤리(蘇力) 역, 생활 독서 신지삼련서점, 1997, 165쪽.
232) 이용, 『헌법기초이론』, 12쪽.

대 이론을 둘러싸고 전개되었다. 그것들은 동시에 프랑스와 기타 국가의 제헌과 헌법실행 활동에 결정적인 영향을 미쳤다. 프랑스의 헌법학설이 중국에 대한 영향을 연구할 때 응당 루소의 인민주권학설과 몽테스키외의 권력분립이론이라는 이 두 가지 독창성이 풍부하고 기초의의가 있는 헌법학설의 핵심을 중국의 헌법학과 헌법실천 발전에 결합하여 분석을 진행해야 할 것이다.

3. 제헌권(制憲權) 이론

제헌권 이론을 논할 때 중국의 헌법학자들은 시에스의 공헌에 대해 충분히 긍정하고 있다. "제헌권 이론은 고대 아테네, 고대 로마의 법제 및 그 중세 기본법 사상에서 기원했다. 하지만 가장 일찍, 가장 계통적으로 헌법제정권개념 및 그 이론체계를 제기한 학자는 프랑스 대 혁명시기의 저명한 사상가 에마누엘 조셉 시에스(Sieys)(1748-1836)이다."[233]

시에스에게는 『특권을 논함: 제3등급이란 무엇인가』라는 저작이 있다. 바로 이 얇은 책자에서 그는 제헌권 학설을 명확하게 제기했다. 그는 "모든 자유국가에서ㅡ 국가는 응당 자유를 누려야 한다. 해당 헌법의 여러 가지 불일치를 결속하는 방법은 오직 하나이다. 그것은 바로 국민이 스스로 구해야 하지 일부 존귀한 사람들에게 구해서는 안 된다는 것이다. 만약 우리에게 헌법이 없다면 우리는 반드시 제정하여야 한다. 국민은 반드시 제헌권을 가져야 하는 것이다."[234] 시에스의 주장에 근거하면 제헌권는 국민에게 속한다. 그렇기 때문에 국민은 헌법의 규제를 받지 않는 것이다. 그것은 국민의

---

233) 서수의(徐秀義), 한대원, 『헌법학 원리』, 중국인민공안대학출판사, 1993, 33쪽. 장천범이 주필을 맡은 『헌법학』에도 비슷한 견해가 있다. 장천범 책임 편집, 『헌법학』제2판, 법률출판사, 2008, 62쪽.
234) 시에스, 『특권을 논함: 제3등급이란 무엇인가』, 풍당(馮棠) 역, 상무인서관, 1990, 56쪽.

의지가 가장 당연한 합법성을 갖추고 있기 때문이다. 그는 또 이렇게 지적했다. "정부는 오직 헌법에 부합되어야만 비로소 실제적인 권력을 행사할 수 있다. 헌법에 충실하고 필연적으로 실시하는 법규만이 합법적인 것이다. 국민의지는 이와 상반된다. 국민은 그것의 실제적인 존재를 보고 영원히 합법적인 것으로 생각하게 되며, 그것이야말로 모든 합법성의 근원이라고 믿게 되는 것이다", "국민은 헌법의 제약을 받지 않을 뿐만 아니라, 헌법의 제약을 받을 수도 없으며 또 헌법의 제약을 받아서도 안 되는 것이다." 이것은 바로 그것이 헌법의 제한을 받지 않는 것과 같은 점이다."[235]

국민이 제헌권를 가지고 있다는 시에스의 주장과 루소의 인민주권학설은 내재적인 연관이 있다. 즉, 모두가 국민의지의 지고함을 인정하는 것이다. 여기서 루소의 표현이 좀 더 정치화되었을 뿐이다. 루소에 비해 시에스의 표현은 규범화되었다고 말할 수 있다. 더욱 합법화의 필요에 부합된다고 할 수 있는 것이다. 이런 의미에서 제헌권 이론은 능히 인민주권학설을 한층 더 규범화, 법률화 한다고 해석할 수 있는 것이다. 헌법을 제정할 수 있는 권리와 입법권은 구별이 없이 한 데 어울려 있다. 이 점은 상당히 긴 시간동안 프랑스와 허다한 나라들의 헌법학설과 헌법실천에 영향을 주었다. 훗날 프랑스의 적지 않은 헌법학자들은 모두 법률, 즉 총의(公意)를 인정하고 지켰다. 프랑스 헌법 실천 중 위헌 심사와 합헌적 심사제도는 상당히 긴 시간 동안 줄곧 충분히 발전할 수 있었다. 상당한 정도에서 그 근원은 인민주권의의 실행 및 제헌권의 인식에 있었다.

시에스의 제헌 학설에 대하여 근대 중국 헌법학자들은 직접 프랑스 문자로 된 자료를 탐독하면서 일부를 장악하게 되었다. 이를테면 왕세걸, 전단생이 집필한 『비교헌법』은 서두에서 헌법의 특성을 토론할 때, 바로 헌법 수정의 여러 가지 학설에 대하여 정리를 진행하였고, 그중에서 시에스의 제헌권 학설을 제기했다. "헌법에 대한 수정은 되도록 인민들이 수시로 자유롭게 그 기관과 방법을 결정할 수 있어야 한다. 그리고 일부 수속도

---

235) 시에스, 『특권을 논함: 제3등급이란 무엇인가』, 풍당 역, 상무인서관, 1990, 62쪽.

필요 없어야 한다. 그것은 인민이 주권의 주체이기 때문이다. 인민이 주권의 주체라고 할 때 그 의지가 제한을 받지 않게 되는 것이다. 그렇기 때문에 헌법을 수정하려고 할 때에는 당연히 수속을 거치지 말아야 하는 것이다. 헌법은 오직 의회를 속박하게 된다. 헌법에 근거하여 생산된 기관을 속박하게 되는 것이다. 프랑스 대 혁명시기의 정론가 시에스는 바로 이러한 주장을 했다."[236] 작자는 물론 시에스의 관점에 찬성하지 않는다. 그것은 "이러한 학설로 추론할 때 인민의 제헌 권리는 어떠한 예정된 제한도 받지 않기 때문이다. 그것은 헌법에 수정 수속을 규정하는 조목이 당연히 없어야 하기 때문이다." 하지만 실제적으로 말할 때, 이 주장의 약점은 "견고함이 매우 분명하고, 헌법의 수정이 예정된 제한을 받지 않기 때문이다. 헌법을 한 번 수정하려면 마치 한 차례의 혁명을 거치는 것이나 다름이 없었다. 수정할 때의 곤란과 위험은 어떠한 정도에 이를 것인가?" 작자는 "헌법에 대한 수정은 당연히 본 헌법의 조목에 의해 규정되어야 한다"고 인정했다. 즉 "헌법 수정에 관한 기관과 수속은 비록 고정불변의 원칙은 없지만, 이런 기관과 수속은 반드시 헌법을 규정하게 되는 것이다. 아니라면 절대로 부정할 수 없다. 루소는 바로 이러한 주장을 가지고 있었던 사람이다."[237]

그밖에 번역을 통하여 외국어판 헌법학 저작을 번역하기도 했다. 중국학자들도 시에스의 제헌권 학설에 대하여 일부 이해를 하고 그에 주목하게 되었다. 비교적 영향력이 있었던 것은 구종우와 하작림이 번역한 일본의 저명한 헌법학자 미노베 다츠기치의 『헌법학 원리』라는 책이다. 이 책은 시에스의 제헌권 학설에 대하여 전면적인 토론을 진행했다. 이 책에서는 시에스를 스아이(斯藹)라고 번역했다.

책에서는 시에스가 제기한 Pouboir constituant와 Pouboir constitues 두 가지 개념에 대해 구별하였는데, 각기 '제헌법의 권력'과 '헌법에 의거하여 누릴 수 있는 권력'이라고

236) 왕세걸, 전단생, 『비교헌법』, 4쪽.
237) 왕세걸, 전단생, 『비교헌법』, 4~5쪽.

번역했다. 즉 현재의 헌법이 말하는 '제헌권'과 '제헌으로 인하여 파생하는 권력'이다. 작자는 여기서 진일보 한 해석을 했다. "헌법을 제정하는 권력는 반드시 국민에서 속해야 한다. 동시에 절대로 다른 사람에게 위임할 수 없쪽. 주권은 분리할 수 없는 국민에게 속하는 권력이다. 이로부터 볼 수 있는바 입법, 사법과 행정은 헌법에 의거하여 제정해야 하는 권력"[238]이다. 미노베 다츠기치의 이러한 인식과 왕세걸, 전단생이 『비교헌법』에서 담론한 내용은 비슷한 데가 있다. 하지만 그들이 인용한 개념은 상대적으로 더욱 적절하다. 미노베 다츠기치는 시에스의 제헌권 이론에 대하여 비판했다. 그는 이렇게 쓰고 있다. "스아이의 이 말은 이론상적으로 성립될 수 없는 것이다. 그렇기 때문에 프랑스는 사실상 그 원형을 채용하지 않는 것이다. 국민은 헌법 위에 놓여있기에 헌법의 구속을 받지 않는다. 이것은 국민들이 부단히 혁명을 할 수 있는 권리가 있다는 것을 인정하는 것이 된다. 이 관점은 독재주의의 군주주권설과 어울리는 것이다. 군주의 권력이 헌법을 초월하는 최상의 권력이라고 하는 것은 아무 때나 헌법을 폐지하거나 변경할 수 있다는 말로서 똑같은 잘못을 범하게 되는 것이다."[239]

신중국이 성립된 후의 아주 오랜 시간동안 시에스의 제헌권학설은 국내의 헌법학자들에게 홀대를 받아왔다. 그렇기 때문에 중국학자들 속에서는 제헌 권리에 대한 연구가 매우 적게 이루어졌다. 하지만 최근에 와서 시에스의 제헌권 학설은 또다시 헌법계에 의해 '새롭게 발견'된 것이다. 초위운은 자신의 「신중국 제헌권 연구」라는 글에서 제헌권 문제를 다루기 시작했다.[240] 그 후 이용도 자신의 저작에서 제헌권의 해당 문제에 대하여 연구하기 시작했다.[241] 서수의, 한대원이 집필한 『헌법학원리』(상)에서도

---

238) [일] 미노베 다츠기치, 『헌법학 원리』, 구종우(歐宗佑), 하작림(何作霖) 역, 중국정법대학출판사, 2003, 179쪽.
239) [일] 미노베 다츠기치, 『헌법학원리』, 구종우, 하작림 역, 391쪽.
240) 초위운(肖蔚雲), 「신중국 제헌 권리 연구(新中國制憲權研究)」, 『중국법학』 1호, 1984.
241) 이용은 자신의 저서 『헌법기초이론연구』에서 제헌 권리의 정의를 내놓았다. 그는 제헌 권리는 통치자가 일정한 법적 순서에 따라 입법기관을 통하여 헌법을 제정하는 활동이라고 정의했다. 이용, 『헌법기초이론연구』, 무한대학출판사, 1994, 111쪽. 이용의 후기 저작 『헌법기초이론』에서는 또 헌법의

제헌권에 대하여 비교적 깊이가 있는 완정한 논술을 진행했다.[242] 이보운이 주필을 맡은 『헌법비교연구』는 전문적으로 제헌권에 대하여 탐구했다.[243] 주복혜는 저작 『헌법지상-법치지본』에서 중국근대헌법 실패의 교훈을 실례로 제헌 권리를 분석했다.[244] 양해곤도 자기가 주필을 담당한 제작에서 제헌 권리에 대하여 충분한 중시를 돌렸다.[245] 장경복도 전문적으로「제헌 권리에 대한 간략한 분석」이라는 글을 발표한 적이 있다.[246] 제헌 권리에 대한 실증연구에서 한대원은 1949년의 '공동 강령'과 1954년의 헌법제정과정을 결합하여 제헌권을 운용하는 것에 관한 이론에 대하여 역사적인 분석을 진행했다. 동시에 제헌권 자체에 대해서도 넓은 범위에서 해석했다.[247] 『1954년의 헌법과 신중국의 헌정』이라는 저작에서 한대원은 신중국의 헌법제정과정(1954년)을 실례로 제헌권에 대한 인식을 피력하면서 제헌권에 대한 이론을 창조적으로 중국헌법실천에 결합시켰다. 그리고 제헌권의 공능, 제헌권의 경계 및 제헌기관과 제헌순서 등 문제에 대하여 분석을 진행했다. 아울러 1954년 헌법제정의 정당성 대하여 논증을 더했다.

종합적으로 당대 중국의 헌법학자들은 "시에스의 제헌권학설이 줄곧 입헌국가의 헌법제정에 영향을 주고 있으며 아울러 인민주권의 헌법사상과 상호 결합을 이루고

규정과 수정 부분에서 제헌권의 성질, 지위 및 그 집행정황에 대하여 탐구했다. 이용, 『헌법기초이론』, 227~231쪽.

242) 『헌법학원리』에서는 제헌 권리를 "제헌 주최가 일정한 원칙에 따라 국가 기본법이 되는 헌법을 창조하는 일종의 권력"이라고 정의했다. 서수의,한대원, 『헌법학 원리』, 32쪽.

243) 이보운(李步雲) 책임 편집, 『헌법 비교연구』, 법률 출판사, 1998, 제5장의 제목은 '헌법의 창제'인데 제1절에서 제헌 권리에 대하여 논술했다. 서수의가 집필했다.

244) 주복혜(朱福惠), 『헌법지상-법치지본』, 법률출판사 2000년 판 제6부분의 '근대중국헌법의 실패'에는 '근대헌법실패의 표현형식'이라는 글이 있는데 그 글에서 제헌권의 착란에 대해 분석했다.

245) 양해곤(楊海坤) 책임 편집, 『신세기를 뛰어넘는 중국헌법학(跨入新世紀的中國憲法學)-중국헌법학 연구 현황과 평가』, 중국인사관사, 2001. 양해곤 책임 편집, 『헌법학 기초 이론』, 중국인사관사, 2002.

246) 장경복, 「제헌 권리에 대한 간략한 분석」, 『헌법논단』 제1권, 중국민항출판사, 2003, 221쪽.

247) 한대원, 「1949년 '공동강령'의 제헌 권리를 논함」, 『중국법학』, 2010년 제5호, 한대원, 『1954년의 헌법과 신중국의 헌정』, 호남인민출판사, 2004.

있다"[248]고 주장했다. 이 관점은 시에스의 제헌권 학설을 수용하는 것이 되는 동시에 중국의 헌법실천과 결합하여 일정 부분 발전을 이룩하게 되었다. 한대원은 이렇게 인정했다. "일반적인 의미에서 말 할 때 제헌 권리는 국민들이 헌법을 제정하는 시원적, 창조적인 권력으로서 일종의 안정적인 최고의 권력 형태이다. 제헌권의 주최는 인민이다. 즉 인민이 헌법행위를 제정하는 주최와 동력이 되는 것이다 … 헌법은 기본법으로서 인민들의 최고 의지를 체현했다. 즉 계약을 유대로 하여 건립한 사회공동체의 가치체계가 되는 것이다. 이런 의미에서 말할 때, 어떠한 형식의 입헌권도 계약으로서의 헌법을 바꿀 수 없고 헌법과 저촉될 수도 없는 것이다. 제헌권의 주체는 인민에게 속한다. … 규범적인 시각에서 말 할 때, 제헌권의 주체가 인민에게 속한다는 관점은 바로 헌법의 최고 규범적인 효력을 결정하는 제일 중요한 의거가 되는 것이다."[249] 또 일부 학자들은 이런 관점을 제기하기도 했다. "제헌권의 발생과 형성 및 그 운용과정은 국가의 권력 활동을 떠날 수 없다. 국가권력이 제헌권 생성의 전제 조건이라고 하더라도 국가권력이 없으면 완전한 제헌권을 운운할 수 없는 것이다. 그리고 제헌권 자체도 능히 국가권력의 중요한 조성부분 혹은 주요한 활동형식이 될 수 있는 것이다."[250] 일부 학자들은 또 이렇게 제기했다. "제헌권은 일종의 독립적인 국가권력이다. 역사적으로 볼 때, 제헌 권리는 국가의 탄생과 함께 발생하는 것이 아니다… 헌법은 발생한 이래 국가의 정치 활동 중에서 중요한 작용을 발휘했다. 제헌권은 일종의 매우 중요한 국가권력이 되었다."[251]

---

248) 양해곤 책임 편집, 『신세기를 뛰어넘는 중국헌법학-중국헌법학 연구 현황과 평가』, 중국인사출판사, 2001, 599쪽.
249) 한대원, 「1949년 '공동강령'의 제헌 권리를 논함」, 『중국법학』 제5호, 2010.
250) 이보운 책임 편집, 『헌법비교연구』, 214쪽.
251) 이용, 『헌법기초이론』, 229쪽.

신중국의 제헌 문제에 대해 한대원은 역사적인 분석을 통하여 이렇게 제기했다. "신중국 제헌권의 정당성은 제헌권주체로서의 중국인민들이 국가의 권력을 장악하고 있다는 기본사실에서 비롯된 것이다. 즉 인민정권의 성질이 제헌권의 인민성과 통일성을 결정하게 되는 것이다."[252] 이상의 분석을 토대로 하여 한대원은 또 이렇게 제기했다. "『공동강령』의 내용과 형식은 일정한 규범성을 가지고 있다. 아울러 그것의 발생과 통과 절차로 볼 때, 특정된 역사조건 아래에서 민주적 기반을 구비하고 있는 것이다… 이러한 민주적 기반은 역사 조건의 제약을 받게 되는데, 엄격한 의미에서 헌법이 요구하는 기본조건을 아직 구비하지 못하고 있는 것이다. 그렇기 때문에 이는 신중국의 제1부 헌법이라고 할 수 없다."[253] "제헌권은 중국사회의 발전과정에서 자연법 중에 존재하는 일종의 '시원(始原)의 창조성'을 가진 권력으로 표현되지 못했다. 실제로 국가 권력의 배후에 모종의 성숙된 정치역량이 존재하고 있는 것이다. 일정한 정치 배경과 정치 역량의 추진아래 제헌 임무를 완성해 나가게 되는 것이다."[254] 일부 학자들은 또 이렇게 제기했다. "인민주권 원리의 보급에 따라 인민 혹은 국민은 자연적으로 제헌권의 주체를 이루게 되는 것이다. 중국에서의 제헌권와 입법권은 모두 전국인민대표대회에서 행사하게 된다."[255]

　　시에스는 자신의 제헌권 학설과 결합하여 합헌적 심사 제도를 건립하는 것에 관한 주장을 제기했다. 즉 사법기관 외에 전문적인 기구를 건립하여 합헌성 심사를 진행하자고 제기하였던 것이다. 이 관점은 프랑스 학자들과 정치인물 중 비교적 일찍 합헌성 심사기구에 대하여 비교적 계통적인 인식을 한 실례가 된다. 그러나 국내의 헌법학자들은 시에스의 합헌성 심사에 관한 주장에 대해 시종 관심을 기울이지 않았다."[256]

---

252) 한대원, 「1949년 '공동강령'의 제헌 권리를 논함」, 『중국법학』 제5호, 2010.
253) 한대원, 「1949년 '공동강령'의 제헌 권리를 논함」, 『중국법학』 제5호, 2010.
254) 한대원, 『1954년의 헌법과 신중국의 헌정』, 제40쪽.
255) 이보운 책임 편집, 『헌법비교연구』, 216~218쪽. 1949년 공동강령의 제정과정은 "정치협상회의 준비위원회 상무위원회에서 인민들의 위탁을 받고 제헌 권리를 행사했다"는 것을 설명하고 있다.
256) 시에스의 합헌성심사제도방면의 주장은 이효병(李曉兵)의 『프랑스 제5공화헌법과 헌법위원

4. 기타의 헌법학설

(1) 콩스탕의 헌법사상

콩스탕(1787년 출생)은 고전 자유주의 사상의 선구자이다. 그는 제일 처음으로 집권주의제도 형태에 대하여 계통적인 비판을 진행하였고 경전 자유주의 주장을 발전시켰다. 영국 정치제도와 프랑스 정치제도의 비교과정에서 콩스탕은 자유에 대하여 깊은 인식을 하게 되었다. 콩스탕의 학설은 주로 『고대인의 자유와 현대인의 자유』라는 책에서 집중적으로 표현되고 있다. 이사야 벌린은 자유에 대한 콩스탕의 탐구는 '소극적인 자유 이론의 본보기'라고 평가했다.[257] 바로 이러한 '적극적인 자유'와 '소극적인 자유'의 구분에 기초하여 헌법학의 공민의 기본권리에 대한 보장 및 국가권리의 경계에 대한 연구는 비로소 효과적인 연관성을 가지게 되는 것이다. 이로부터 '적극적인 자유'와 '소극적인 자유'의 구별은 헌법학의 중요한 기초이론으로 치부되었던 것이다. 종합적으로 소극적인 자유와 적극적인 자유에 대한 중국 헌법학자들의 논술은 비교적 적은 편이다. 하지만 이러한 자유 권리에 대한 분류는 공민의 권리를 보장하는 데 중대한 의의를 가지고 있다. 그렇기 때문에 우리는 반드시 다시 한 번 콩스탕의 자유에 대한 분류를 심사해 봐야 하는 것이다. 사실 왕세걸, 전단생의 저작 『비교헌법』은 바로 이러한 문제를 폭넓게 논술한 것이다. 그들은 이렇게 쓰고 있다. "각국의 헌법에서 다음 논술하는 세 가지 유형의 권리는 모두 개인의 기본 권리자라 간주할 수 있기도 하고 간주할 수 없기도 하다. 첫 유형은 소극적인 기본 권리로서 이른바 인신자유, 언론자유, 신앙자유, 집회자유 등 각종 개인의 자유를 말하는 것이다. 개인의 지식, 도덕 및 신체상의 우월성이 최대한 발전되면

회(法國第五共和憲法與憲法委員)』, 지식재산권출판사, 2008.

257) [프] 콩스탕, 『고대인의 자유와 현대인의 자유(古代人的自由與現代人的自由)』, 염극문(閻克文), 유만귀(劉滿貴) 역, 상해인민출판사, 2003, 24쪽.

국가는 이러한 자유가 침범을 받지 않거나 침범을 받는 것을 예방해야 하는 의무를 가지게 되는 것이다. 그렇기 때문에 이 유형의 권리는 국가가 개인에 대한 소극적인 의무라고 볼 수 있는 것이다. 두 번째 유형의 권리는 적극적인 기본 권리로서 수익권이라고 볼 수 있다. 이를테면 국가에서 발급하는 최저 한도의 교육을 받을 권리가 있고 실업을 했거나 재난을 당했을 때 국가로부터 구제를 받을 권리가 있다는 것이다. 어느 개인의 지식, 도덕 및 신체상의 양호한 발육을 위해 국가는 가끔 개인이 적극적으로 약간의 활동에 참가하기를 바라게 된다. 동시에 국가의 이러한 적극적인 의무는 우리들의 이른바 개인의 적극적인 권리를 구성하게 되는 것이다. 세 번째 유형의 권리는 바로 참정권이다. 이를테면 선거권, 피선거권, 의결권, 창제권, 직접 소추권 등의 권리이다. 이러한 권리는 국가의 의사를 구성하는 데 포함되며 국가의 의사를 집행하는 데도 참여한다."[258] 하화휘는 자신의 저작 『비교 헌법학』에서 왕세걸, 전단생이 『비교 헌법』에서 사용한 방법을 계속하여 사용하지 않았다. 그는 국민의 권리를 '공민의 정치생활방면의 기본권리', '공민의 사회생활방면의 기본권리', '공민의 개인생활방면의 기본권리'로 나누었다.[259] 이것은 왕세걸, 전단생이 『비교헌법』에서 취급한 공민의 권리에 대한 분류의 발전이라고 볼 수 있다. 하지만 이 관점에도 여전히 '적극적인 권리'와 '소극적인 권리'의 그림자가 남아있음을 알 수 있다.

(2) 토크빌의 헌법사상

토크빌의 헌법학설은 주로 『미국의 민주를 논하다』(1835년 판)와 『낡은 제도와

---

258) 왕세걸, 전단생, 『비교헌법』, 61쪽.
259) 하화휘, 『비교헌법학』, 206쪽.

대 혁명』(1856년) 등 저작에 집중되어 있다. 프랑스 귀족으로서의 토크빌은 『미국의 민주를 논함』이라는 저작에서 충실하게 자신이 미국을 방문했을 때 관찰한 견문을 기록했다. 그는 미국의 헌법실시 과정과 여러 가지 민주적 실천을 서술하였는데, 이것은 일종의 프랑스인의 헌법이념과 민주사상을 반영한 것이라고 볼 수 있다. 그는 프랑스의 민주혁명, 헌법실천의 방식과 미국을 비교하면서 한발 더 나아가 더욱 훌륭하게 프랑스 자체의 민주혁명과 헌법실천을 인식하게 되었던 것이다. 여기에는 미국의 민주혁명, 헌법실천에 대한 포상, 평가 그리고 프랑스 민주혁명, 헌법실천에 대한 반성과 제한된 비평도 포함되어 있다. 그렇기 때문에 이것은 프랑스만이 가지고 있는 헌법학설의 유기적인 구성부분이 된다고 볼 수 있다."[260]

중국의 저명한 헌정학자 유군녕(劉軍寧)은 헌정, 민주 등 문제를 연구하는 과정에서 토크빌의 영향을 깊이 받았다. 그는 이렇게 지적했다. "자유 국가라고 해서 꼭 민주국가인 것은 아니다. 또한 민주적인 제도가 꼭 자유를 방해하는 것도 아니다. 역사상 많은 자유국가들이 있었지만 그 나라의 공민들도 정치참여의 부분에서 엄중한 제한을 받았다."[261] 당대의 민주에 대하여 그는 이렇게 지적했다. "19세기 이래 민주는 더욱 신성하게 변했다. 민주에 대한 위협은 더 이상 공개적인 적으로부터 오는 것이 아니라

---

260) 토크빌은 『미국의 민주를 논하다』라는 저작을 집필하는 과정에서 시종 자기가 생장한 그 땅을 잊지 않았다. 이것은 국외에서 장기간 생활경험이 있는 사람으로서 가질 수 있는 자연적인 정감이다. 토크빌은 이렇게 말한 적이 있다. "나는 묵묵히 통상적으로 프랑스와 대비를 했는데 이것은 이 책이 성공할 수 있는 주요한 원인이다." [소] 카랜스키, 『아레크스 토크빌』, 소련과학원 국가와 법 연구소 편, 『정치학설: 역사와 당대논문집』, 87쪽. 『미국의 민주를 논하다』 상권에서 인용, 동국량 역, 상무인서관 1988, "역자서언". 토크빌은 이 책의 서론에서 이렇게 지적했다. "내가 미국을 고찰한 것은 단순히 호기심을 만족하기 위한 것만이 아니었다… 나의 희망은 미국에서 우리가 능히 거울로 삼을만한 교훈을 찾으려는 것이었다." [프] 토크빌, 『미국의 민주를 논함』(상권), 동국량(董國良) 역, 16쪽.
261) 유군녕(劉軍寧)은 이렇게 지적했다. "자유와 민주는 비록 똑같이 세인들이 추구하는 목표이지만 그 내재적인 논리는 각기 다르다. 이 두 가지 논리가 어울리지 못하면 곧 충돌이 발생하게 되는 것이다. 이것은 내가 프랑스 자유주의 사상가 토크빌의 『낡은 제도와 대혁명』(북경, 상무인서관, 1992년)이라는 저작을 읽고 느낀 제일 큰 느낌이다. 유군녕, 「민주가 자유를 방해할 때」, 유군녕의 『공화 민주 헌정―자유주의사상 연구』, 상해 삼연서점, 1998, 85쪽.

민주에 대한 지나친 열정과 칭송으로부터 오게 되는 것이다. 만약 민주에 적당한 위치를 찾아주지 않고 민주를 자유와 나란히 담론하거나 민주의 명의로 자유를 방해한다면 그 민주는 곧 자유와 충돌할 것이다. 민주에 대한 추구는 오직 자유의 경로를 통해서만이 이룰 수 있다. 만약 자유를 포기하고 민주만 추구한다면 반드시 대 혁명식의 노예화와 폭정을 초래하게 될 것이다. 어쩌면 이것이 바로 토크빌이 전 인류를 위해 결론을 내린 정치적인 교훈인지도 모른다. 이것이 바로 『낡은 제도와 대 혁명』의 가치가 긴 세월이 지나도 쇠퇴하지 않는 원인이다.[262]

종합적으로 토크빌의 헌법학설에 대한 중국 헌법학자들의 주목은 아직도 상대적으로 부족하다. 이것은 주로 토크빌의 사상이 비교적 보수적인 유형이기 때문이다. 그렇기 때문에 우리들이 이미 익숙하게 알고 있는 급진에 가까운 혁명유형의 사상과 어울리지 않는다.

(3) 뒤귀의 헌법학설

뒤귀는 프랑스의 법학자이고 사회연대주의학파의 대표적 인물이다. 그는 오랫동안 프랑스 보르도 대학의 교수와 법학학원 원장으로 일했다. 그의 헌법학설은 주로 『법과 국가』, 『공법연구』(제1권, 『국가, 객관법과 실정법』, 제2권, 『국가, 정부 및 집권자』), 『사회권리, 개인권리와 국가의 변천』, 『헌법론』, 『나폴레옹 법전이래의 사법변천』과 『공법의 변천』에 집중되었다. 그중 『헌법론』이란 책에서 집중적으로 뒤귀의 헌법사상이 나타나고 있다. 그는 자신만의 독특한 국가학설을 제기하였고 이미 존재하는 주권개념과 공법학설에 대하여 비판을 진행했다. 그는 또 국가주권학설을

---

262) 유군녕, 「민주가 자유를 방해할 때」, 유균녕의 『공회 민주 헌정—자유주의사상 연구』, 93쪽.

부정하였고 17, 18세기에 서양사회에서 성행한 계약론 학설도 부정했다. 그러한 학설을 주장하는 국가들은 강자가 약자에 대한 통치를 고집하거나 통치자와 피통치자의 정치상의 분화를 고취시킬 뿐이라고 지적하면서 절대로 사회계약의 산물이 아니라고 단정했다. 하지만 국가와 법의 관계에서 국가는 법에 복종해야 하기 때문에 국가는 법을 실현하기 위하여 존재하게 된다고 강조했다.[263] 그의 헌법학설은 "한동안 서양에서 아주 광범위하게 유전되었는데, 그 뚜렷한 특징은 헌법을 19세기 초엽의 자본주의사회의 현실에 놓고 연구를 진행한 것이다. 또한 헌법연구의 시야를 넓혀주었고, 그로부터 헌법학과 현실을 더욱 긴밀하게 결합시키기 시작했던 것이다."[264]

중국의 법제 근대화과정에서 뒤귀의 헌법학설은 중국 헌법학의 발전에 중대한 영향을 미친 적이 있다.[265] 그의 헌법학 저작은 19세기 초에 이미 국내 헌법학자들의 관심을 끌기 시작했다. 그의 저작들이 그때 이미 중문으로 번역되었다. 이를테면 상무인서관에서는 1920년에 장명시(張明時)가 번역한 뒤귀의 대표작 『헌법학』을 출판, 발행했다. 일부 학자들은 이렇게 지적했다. "뒤귀의 국가학설은 구중국 시대에 이미 들어왔다. 그의 『헌법학』,『공법의 변천』,『나폴레옹법전이래의 사법 변천』 등 저작들은 모두 중문으로 번역, 출판되었다. 뒤귀의 법학 관념이 구 법학계에 상당히 광범위한 영향을 주었을 뿐만 아니라 그의 국가학설과 반주권론의 관점은 법학계, 정치학계에도 영향을 끼쳤다."[266] 이것은 주로 당시 국내에서 공화제도가 막 확립되기 시작했기 때문이다. 당시 중국은

---

263) 왕철(王哲), 『서양 정치 법률 학설사』, 북경대학출판사, 1988, 461~462쪽.

264) 이용, 『헌법기초이론』, 30쪽.

265) 필자는 이 과제를 연구하는 기간에 남경대학 도서관에서 1920년대 프랑스에서 출판한 뒤귀의 일부 원판 프랑스문 서적을 찾아본 적이 있다. 이를테면 『Traite de Droit Constitutionnel』(1, 2, 3권) 과 같은 서적이다. 그러나 오늘 우리는 당대 프랑스헌법학자들의 프랑스어 판 헌법학저작을 찾아보기 어렵다. 이로부터 우리는 뒤귀의 헌법학설이 그 시대에 국내 학자들의 주목을 받았음을 충분하게 알 수 있다. 따라서 그 영향력이 오늘 우리가 상상할 수 없을 만큼 컸었다는 것도 알 수 있다.

266) 추영현(鄒永賢), 유가평(兪可平), 낙사주(駱沙舟), 진병휘(陳炳輝), 『현대 서양국가 학설』, 복건인민출판사, 1993, 252쪽.

이미 정치근대화 초기의 서양세계의 정치법 사상에 대한 간단한 호기심에서 벗어나기 시작하였고 학자와 정치인물들이 모두 이성을 가지고 전면적으로 국가, 사회 및 국민의 관계를 반성하기 시작하였던 것이다. 프랑스도 그때 정치적 동란과 번복을 경험한 후, 상대적으로 안정된 제3공화시기에 진입하게 되었다. 뒤귀의 사회연대주의는 사회의 안정을 수호하고 정치역량의 대립으로 인하여 도출된 사회위기를 해소하는 데 적극적인 작용을 일으켰다. 그렇기 때문에 뒤귀의 사회연대주의 헌법학설은 당시의 프랑스와 중국의 시대수요에 십분 적용되는 일종의 이론이 되었던 것이다. 그의 국가에 대한 헌법학설은 국내의 정치인물과 법을 연구하는 헌법학자들에게 소중한 사고할 만한 체계를 제공해 준 것이 된 것이다. 중국 학자들은 이 점에 대하여 이렇게 지적한 바 있다. "19세기 초에 산생되고 자리를 잡은 사회연대주의 사상이 십분 전형적으로 이러한 요구를 반영하였으며 중국에 들어와 당시 중국의 법에 매우 중대한 영향을 일으켰던 것이다. 국가 사회 본위주의로부터 시작하여 '55헌장'의 표현에 이르기까지 미루어 볼 때, 우리는 손과(孫科), 호한민(胡漢民) 등의 언론과 뒤귀의 사회연대사상은 놀랍게도 같다는 것을 알 수 있는 것이다."[267]

그러나 뒤귀의 사회 연대주의의 토대 위에서 구축된 헌법학설은 시대의 검증을 거치지 못하고 점차 헌법학계와 실무계통으로부터 잊혀졌다. "제2차대전 후에는 그 영향이 더 적어졌다. 1980년대에 와서는 이 학설을 제기하는 사람들이 더욱 줄었다. 그렇기 때문에 이 학설은 프랑스문화의 유산으로 분석되고 결론지어질 뿐이었다."[268] 이것은 주로 그 헌법학설이 국가주권을 부정하려고 시도한 동시에 또 국가 권력에 대하여 현실적인 해석을 진행하였기 때문이다. 하지만 공민개인의 권리는 도리어 그 사회연대주의 학설로 평형을 이루려고 하면서 천부인권설을 부정하였던 것이다. 이것은 세계 각국 법치발전의

---

267) 하신화, 『근대 헌법사상과 헌정연구』, 중국법제출판사, 2007, 283쪽.
268) 이용, 『헌법기초이론』, 30쪽.

조류와 방향과 그렇게 잘 어울리는 것은 아니었다.

(4) 드골의 헌법이념

드골의 헌법사상은 주로 불경연설과 정무를 주관하던 프랑스 제5공화헌법 시기의 헌법실천방면에서 나타나고 있다. 그 헌법실천이란 1958년의 헌법제정과 1962년 헌법수정의 성공, 1969년 헌법수정의 실패 등등을 포함한다. 드골은 자신의 연설에서 프랑스인의 민족성격과 정치문화 및 당시의 정치 국난과 목표 및 정체 변천의 조건과 잠재적 위험을 심각하게 분석하였으며, 자신의 미래 정치체제에 대한 구상을 제출했다. 그 구상은 바로 '행정을 강화하고 의회를 약화'시키는 제헌 이념으로 그는 현대적 정치권위의 통치를 건립하자고 주장했다. 제5공화 헌정체제를 설계하면서 그는 또 반(半) 대통령제도와 반 의회제도의 정체를 주장하고 제시했다.[269] 이밖에도 프랑스 제5공화 기간에는 또 일부 독자적이 헌법실천이 있었는데, 이러한 실천은 중국헌법학설의 발전에 어느 정도의 직접 혹은 간접적인 영향을 미쳤다. 특히 목전의 중국 헌법실천의 기조를 살펴 볼 때, 안정적으로 일체를 압도하는 헌법실천은 주로 정치권위를 수호하고 국가주권을 강조하는 등에 중점을 두고 있다. 이러한 실천은 많은 방면에서 드골의 헌법이념과 내재적인 유사성을 가진다.

특히 제기할 필요가 있는 것은 드골이 설계한 제5송화의 헌정체제가 후에 '쌍수장제(雙首長制)'의 헌법 모델로 변화되었다는 점이다. 이 점은 중국 대만 지역의 당시 정치실천과 모종의 유사성을 가지고 있다. 정치 현실과 실천의 수요로 인해 대만지역의 적지 않은 학자들은 이미 이 점에 대하여 연구를 하기 시작했고 풍부한 연구 성과를

---

269) 허신회, 『근대 중국헌법과 헌정 연구』, 중국법제출판사, 2007, 283쪽.

취득했다.[270] 사실 '중화민국' 헌법의 아버지로 불리는 장군매는 1946년 헌법의 헌정체계를 '수정식의 내각제'라고 불렀는데, 이는 대통령제와 의회내각제 외의 세 번째 경로를 말한 것이다. 대만 지역의 일부 학자들도 이렇게 주장했다. "대만의 '헌정'실천은 프랑스의 '반 대통령제' 모델로 나가지 않고 기타의 모델로 나갈 것이다.

이를테면 대통령 의회제(독일 바이마르헌법모델)거나 러시아식의 대통령제를 초월한 모델로 나갈 것이다."[271] 하지만 현재 대만 지역의 많은 학자들은 쌍수장제를 담론할 때 늘 대만의 '헌정실천'과 프랑스의 제5공화를 비교하기 좋아한다. 특히 1997년에 '중화민국헌법'이 제4차 수정을 끝낸 후 이미 '중화민국 헌정체제'에 대한 중대한 변화를 실시하였는데, 이는 프랑스 '반 대통령제' 혹은 '쌍수장제'와 비슷한 방향으로 넘어가게

---

270) 프랑스 반 대통령제에 대한 중국 대만 지역 학자들의 연구는 이미 아주 깊은 단계에 이르렀다. 그들이 대만의 '헌정 체제'와 프랑스의 헌정체제를 비교하는 것은 아주 보편적인 현상이 되었다. 2010년 6월 5일 대만대학 정치학계, '중앙연구원' 정치학연구소 준비위원회는 대만대학 사회과학원과 연합으로 전문 '반대통령제 이론과 실천'이라는 학술연구회의를 소집했다. 이 회의에 올랐던 저작과 문장을 실례로 든다면 다음과 같다. 서정융(徐正戌), 여병관(呂炳寬), 『반 대통령제의 이론과 실제』, 대북정무서점, 1979. 서정융, 「'좌우공치(左右共治)'-'이중 수장 제도'의 숙명」, 『정책월간』 제59호. 서정융, 「'좌우공치'헌정체제의 초보적인 탐구-겸론법, 우리 두 '나라'의 비교」, 『대만대학 법학논총』 제 30권 제1호. 서정융, 장준호(張峻豪), 「신구 제도로부터 논의하여 본 '중국'의 이중 수장 제도」, 『정치과학논총』 제22호, 2004 12월. 석지유(石之瑜), 「권위 인격과 이중 수장 제도」, 『미국 유럽 계간』 제12권 제4호. 주운한(朱雲漢), 「프랑스 헌정 체계가 '중국' 헌정에 주는 계시」, 『국가정책 쌍 주간』 제73호. 주운한, 「프랑스 제5공화와 '행정권 이원화 제도로 현 계단 국회 구조와 공능조절문제를 살펴보다」, 『'상무위원회' 위탁 특집 연구보고 제2집』. 대북(臺北), '국민대회 비서실', 1997, 이병남(李炳南), 『대통령' 민선 후 '헌정'개혁의 발전-제4차 '헌법수정'의 연구」, 『'행정원 국가 고학위원회' 특집연구계획성과보고』, 대만대학 삼민주의연구소 주최, 대북, 1999, 황금당(黃錦堂), 「대만 쌍수장제의 의미」, 『정책월간』 제59호. 임계문(林繼文), 「반 대통령제 아래의 삼각정치의 균형」, 임계문 주필, 『정치제도』에 수록. 『중연원 사회과학연구소』 전서, 대북, 2000. 황금당, 『대만 쌍 수장제의 의미-대통령제와 내각제도에 향한 편향」, 대북재단 법인 신 대만인 문화교육기금회, 2001. 수사경(隋杜卿), 『중화민국'의 '헌정 공사', 쌍 수장제를 중심으로 하는 탐구」, 위백문화출판사, 대북, 2002, 진지화(陳志華), 「쌍 수장제에 심취한 사고-대통령제의 국한성에 대한 돌파와 개혁추세」, 『행정 및 정책학보』, 제34호, 2002, 진굉명(陳宏銘), 「대통령제와 내각제 이원대립의 선택을 초월하다, '사권 반 대통령제'의 시대성 탐구」. 2004년 대만 정치학회 연례회의 「관건적인 년대와 다원정치」 학술연구토론회논문, 학배지(郝培芝), 「프랑스 반 대통령제의 발전 변화: 2008, 프랑스에서 수정한 헌정 영향에 대한 분석」, 『문제와 연구』 제49권 제2호, 2010.

271) 소자교(蘇子喬), 「프랑스 제5공화와 대만 당전의 '헌정'체제 비교: 헌정 선택과 헌정 구조를 중심으로」, 『미국 유럽 계간』 제13권 제4호(1999년 겨울호), 465~515쪽.

된 것이다. 제4차 헌법수정 후, 헌정체제가 보편적으로 '쌍수장제'로 인식되게 된 것은 수정후의 '중화민국헌법'에 대한 분석에 기초한 결과이다. 이것은 당시 '헌법을 수정'할 때 정부와 민간, 각 당에서 공통으로 인식을 한 결과이기도 하다. 1997년 제4차 '헌정 수정' 전의 '국가발전회의'에서 발표한 국민당 방면의 '중앙정부체제'의 주장인 이른바 '개량식 혼합제 수정헌법'은 사실 프랑스 제5공화 시기 반 대통령제의 번역본에 지나지 않거나 그 자체가 바로 사실상 쌍수장제일 수도 있다.

헌정이념에서 전굉무(田弘茂)와 채정문(蔡政文)은 모두 반 대통령제의 창시자들이다.[272] 그들은 이등휘에게 쌍수장제를 받아들일 것을 간곡하게 건의했었다. 이 목적을 달성하기 위하여 그들은 제3차 헌법수정 전에 프랑스 학자 Ooliver Duhemel과 프랑스헌법위원회 주석 Roberti Badinter를 초청하여 대만지역을 방문하게 했다. 민진당(民進黨)은 그때까지도 쌍수장제를 선택할 것인가 아니면 대통령제를 선택할 것인가 하는 문제를 둘러싸고 의견 차이를 해소하지 못했다. 민진당이 매우 지지하던 '대만 헌정초안'은 대통령제를 주장했다. 하지만 허신량(許信良)은 쌍수장제를 주장했다.[273] 그는 이등휘(李登輝)를 만나기 위하여 쌍 수장제를 소개하기도 했다. 이리하여 '헌정'의 대치국면은 끝내 타개되었다.[274] 물론 일부 학자들은 "대만 제4차 '헌법수정'은 먼저 있었던 몇 번의 '헌법수정'을 이어온 것이며, 또한 프랑스 제5공화의 반 대통령제를 모방한 결과"라고 지적하기도 했다. 그러나 대만지역에서 진행한 "6차 '헌법 수정' 전부가 프랑스 제5공화와 반 대통령제를 모방한 것은 아니다. 그들은 당시의 현황을 다시 약간 조절했던 것이다.

---

272) 전홍무(田宏茂)는 반 대통령제의 창시자이다. 그는 "국가정책연구센터 주임"을 역임한 적이 있다. 그는 이등휘의 중용을 받았다. 채정문, 반 대통령제의 창시자이다. '정무위원'을 역임한 적이 있다.
273) 쉬신량(許信良), 전 민주당 주석. 1991년과 1996년에 두 차례나 민진당 주석에 당선되었다.
274) 이병남(李炳南), 『97헌정 수정 실록』, 세신대학출판센터, 2000; 구중화(顧忠華), 김항휘(金恒輝) 편, 『헌법 수정' 대 대결('憲改'大對決): 97'헌정 수정의 교훈』, 계관도서회사, 2004; 증권원(曾建元), 「대만 '헌정'체제원리와 민주통치 실천」, 『담강 인문사회 계간』 제 17호(2003년 12월).

프랑스의 반 대통령제와 비교할 때 대만지역에서 최종적으로 형성된 '헌정'체제는 자신만의 독특함이 있는 것이다."[275)

---

275) 종국윤(鐘國允), 『헌정체제의 구성과 발전』, 한로도서출판유한회사, 2006, 268~272쪽. 목전에 이르기까지 '중화민국헌법'은 7차례 수정되었다. 제5차 수정이 대법관에 의하여 '위헌'으로 폐기된 외에 기타 6차는 모두 실질적인 결과를 거뒀다. 이 글에서 인용한 6차 '헌법수정' 견해는 최종적으로 '헌법수정'에 효과를 일으킨 것을 말한다.

제4절
소결론

　프랑스의 헌법학설은 인류 사상적 보물창고의 귀중한 재산으로서 근 현대 정치, 법률 사상에서 중요한 지위를 차지한다. 이러한 학설은 프랑스와 유럽의 민주법치의 근대화 과정에 큰 영향을 주었을 뿐만 아니라, 세계 각국의 민주화 물결과 법치의 현대화에 이론적 기초를 닦아놓은 것이다. 이중에서 특히 루소의 인민주권학설과 몽테스키외의 권력분립이론은 제일 중요하고 제일 기초적인 의의가 있는 헌법학설이다. 중국의 헌법학자들도 자체적인 발전과정 중에서 이 두 가지 헌법학설에 깊은 영향을 받았다. 중국이 근대에 들어와 입헌주의를 수용하고 공화정체를 선택하고 인민주권 혹은 민주주권의 원칙을 긍정하기 시작하면서부터 오권 분립의 정체는 인민들로 하여금 권력분립이론에 대하여 초보적으로 인정을 하게 되었다. 오늘날, 중국의 헌법학과 헌법실천은 여전히 이러한 학설의 직접 혹은 간접적인 영향을 벗어날 수 없다. 우리는 여전히 이러한 기본원리에 대하여 새로운 인식을 하고 해석을 해야 한다. 이러한 의미에서 인민주권학설과 권력분립이론에 대한 인식과 해독은 앞으로 중국 헌법학 미래의 발전방향을 결정하게 한다고 말할 수 있는 것이다. 또한 중국의 헌법실천에 새로운 동력과 이론적 의거를 제공하게 될 것이다. 중국 민주법치의 진행과정의 끊임없는 심화에 따라 외국 헌법이론과 실천에 대한 우리의 연구는 역시 새롭고 보다 세밀하며 한층 더 깊이 있는 단계로 진입하게 될 것이다. 프랑스의 풍부하고 다채로운 헌법학설과 창조적인 헌법실천은 앞으로 반드시 중국 헌법학연구와 헌법실천의 발전에 중요한 영향을 일으키게 될 것이다.

중국헌법학설의 형성과 발전의 국외 배경

제2장   중국 헌법학설에 대한 미국 헌법학의 영향

제1절 청말 미국 헌정 사상의 도입과 그 경로

제2절 미국 헌정 사상에 대한 청말 각파 정치 역량의 반응

제3절 미국 헌정 사상의 영향 하에서 민국시기의 본토 언론

1. 청조 말 미국헌정사상이 중국에 수입된 경로

주지하다시피 19세기 하반기에 제국주의 열강들이 봉쇄되었던 중화의 대문을 열어 젖혔다. 새로운 언어 환경에 들어서게 된 중국의 고대 지식, 사상과 신앙 계통은 전에 없던 충격을 받았다. 지식인들과 인자하고 지조가 있는 사람들은 부득이하게 사상의 금지구역을 타파하지 않을 수 없었다. 그들은 자각적으로 시야를 서양세계에 돌려 자신들의 지식체계를 달리하고 새로운 세계에 적응할 수 있는 지식을 다시 배우지 않을 수 없었다. "외국의 지식"은 나날이 중시를 받게 되었고, 서학이나 새로운 지식은 대대적으로 중국을 침습할 태세를 보였다. 이러한 역사적 배경 하에서 미국의 헌정사상도 서학의 조류와 함께 대체로 세 가지 경로를 통해 점차 만청사회에 넓고 깊게 전파되기 시작했다.

(1) 중국에 온 서양인들의 번역소개

서양의 전도사들은 서양의 법문화를 중국에 들여오는 과정에서 중요한 역할을 했다. 그들은 17, 18세기부터 중국에 들어오기 시작했다. 그 숫자는 많지 않지만 서양문명이 처음 주도적인 자세로 중국사회에 들어온 실례가 되었다. 19세기에 와서 서양의 전도사들은 물밀듯이 중국으로 들어왔다. 당시 중국에 있던 서양인들 중 전도사의 숫자가 가장 많았다. 그들은 중국에서 종교와 고전과학기술을 전파했을 뿐만 아니라 신문을 창간하고 서양 서적들을 번역했으며 서양 사회제도와 풍토를 소개했다. 이는 중국사회로 하여금 스스로 깊은 반성을 하게 했다. 본토문화가 비록 서양문화에 대하여 저촉되는 정서를 가지고는 있었지만 서양문화는 여전히 본토문화에 많은 영향을 주었다. 이에 대해 페어뱅크는 이렇게 말한 적이 있다. "어떠한 국가라도 역사는 모두 민족주의적이다. 이것은 바로 그 국가가 자신의 국토에 들어온 외국인들의 활동을 여과해버리기 때문이다. 물론 중국의 역사는 처음에 한족들이 창조한 것이다. 하지만 외래인들, 이를테면 몽골과 만족 정복자들도 그중에서 작용을 발휘했다. 이와 같은 의미에서 기독교 교회도 영향을 일으켰다고 할 수 있다." [276] 초기의 경제, 문화 교류에서 미국인들은 수적으로 비교적 큰 비율을 차지했기에 교류 중 중요한 영향을 미쳤다. 동인도회사의 기록에 의하면 1830년 광주에 있던 외국 거류민이 86명에 달했는데 그 중 미국인이 59명이었다고 한다.

그중의 브리지먼 목사와 아비리 목사는 마예손 목사의 뒤를 이어 중국에 온 미국의 첫 번째 전도사들이었다. [277] 이로부터 미국과 유럽 각국의 전도사들에 대한 통계로 보면, 미국은 비교적 많은 비중을 차지했다. 『중국총보』 1807-1843년의 통계에 의하면 중국에 들어온 영국, 미국 등 나라의 전도사는 총 64명인데 그중 미국 전도사가 35명이었다. [278] 또 다른 통계에서 보면 1830년부터 1847까지 여러 나라 신교가 중국에 파견한 전도사는 98명인데, 그중 미국에서 파견한 전도사는 73명으로 서양의 각국이 중국에 파견한 전도사 총수의 3분의 2 이상을 차지했다. [279] 문화교류가 깊어짐에 따라 이 미국 전도사들은 중외문화교류 등 방면에서 중요한 작용을 발휘했다.

---

276) [미] 페어뱅크, 『위대한 중국혁명(偉大的中國革命)』, 유존기(劉尊棋) 역, 세계지식출판사, 2000, 153쪽.
277) [미] 마토, 『동인도회사의 중국에 대한 무역 편년사(東印度公司對華貿易編年史) 1635-1834』 제4권, 구종화(區宗華) 역, 임수혜(林樹惠) 교열, 중산대학출판사, 1991, 240쪽.
278) 량비잉(梁碧瑩), 『용과 매(龍與鷹): 중미 왕래의 역사적 고찰』, 광동인민출판사, 2004, 159쪽.
279) 이정일(李定一), 『중미 초기 외교사(美國早期外交史, 1884년부터 1894년까지)』, 대북전기문학출판사, 1978, 65쪽.

중국에 들어온 미국인들을 위주로 하는 서양인들이 자기들의 문화를 전파한 방법은 대체로 세 가지였다.

■ 저서를 집필하고 강연을 하며 서양의 문선을 번역했다

서양의 헌정제도는 최초에 전도사들이 서양의 문명을 소개하는 중에 섞여서 중국으로 들어오게 되었다. 이러한 문화 소개활동은 먼저 저서를 집필하거나 연설을 하고 서양의 문선을 소개하는 가운데 표현되었다. 1834년 11월 서양전도사와 상인 및 영사들은 광주에서 "재화실용지식전파회(在華實用知識傳播會)"를 설립했다. 미국인 전도사 브리지먼과 파커 등이 이 조직에 참가했다. 이 조직은 네 권으로 된 『동서양고매월통기전』과 브리지먼이 집필한 『미국 지략』을 출판했다. 이러한 출판물들은 미국의 지리지식과 사회정황을 소개하였는데 당시 중국사회를 위해 미국정황을 이해하는 방법을 제공하여 주었다. 특히 브리지먼의 『미국지략』은 몇 차례의 수정을 거쳤지만 처음으로 미국의 정치제도를 중국에 소개했다. 후에 이 책의 내용들은 위원의 『해국지략』과 서계여(徐繼畬)의 『영환지략』에 대량으로 인용되었다.

하지만 이 책은 미국의 헌정문화에 대하여 계통적인 논술을 하지는 못하고 겨우 헌정제도 하의 미국사회에 대한 상황을 묘사하였을 뿐이었다. 이를테면 연방제도가 "메어리거국(미국)으로 하여금 수도에 관리를 두게 하였고 각 지역에 관리가 있게 했다", "대통령제도는 수도의 중앙정부에 정, 부 통령을 두었는데 선거를 통하여 선출된다"는 것과 같은 내용들이었다. 또한 국회제도와 지방자치제도에 대해서도 논술했다. 글은

이렇게 쓰고 있다. "각 성에서는 두 사람을 선택해 수도에 보내어 의사각(議事閣)에 합류케 하고, 또 몇 사람을 뽑아 선의처(選議處)에 합류하게 했다.

의사각과 선의처는 매년 12월 첫 월요일에 수도에 모여 회의를 했다 … 회의에서는 나라의 농업사무, 공업, 군사, 무역, 상벌, 왕래하는 사절들에 대한 사무를 토론했고, 건축을 하거나 다리를 놓는 것과 같은 일도 상의했다. 각 지방에는 수령 한 사람, 부 수령 한 사람을 둔다고 결정했을 뿐 구체적인 의원 수는 결정하지 않았다. 의원 수는 일반적으로 십여 명 혹은 수십 명이 되었는데 구체적으로 결정하지는 않았다. 각 성에는 공회당 한 채를 두고 수령, 부 수령, 의원들이 사용하게 했다. 일은 크든 작든 반드시 의원들이 공동으로 토론한 후 집행하게 했다. 만장일치로 동의하지 않을 때에는 열 사람 중에서 여섯 사람이 동의해야만 실시했다. 성의 관리는 그 성의 백성들이 선출했다." 이외에도 분권제도에 대해 소개했다. 즉, "판사는 회의제례를 맡을 수 없었으며 회의제례관은 또 심문자가 될 수 없었다." 법원, 즉 '찰원(察院)'의 작용은 "당사자가 왜 법을 준수하지 않는가 하는 원인을 연구했다." 이를테면 '찰원'의 심판이 공정하지 않으면 통령이 능히 '국내의 형벌이나 옥사를 개정'할 수 있었다.[280]

당시 진보적인 중국 지식인에게 『미국지략』의 영향은 대단했다. 양정남(梁廷枏)은 『합성국설(合省國說)』 서문에서 이렇게 썼다. "정남은 칙서를 받들어 『월해관지』를 편찬하였는데 옛날 여러 나라들을 나누어 게재했다. 그런데 아메리카가 세워진지 얼마 안 되었기에 그전의 기록이 많이 부족했다. 있어도 모두가 공문서로 보존되어 있거나 대부분 유동이 금지되어 있는 상태였다. 항간에 들을 수 있는 사실들은 대부분 행상들의 입으로 유전된 것뿐이기에 매우 복잡하여 두서를 잡기 어려워서 저작을 편찬할 때 사용할

---

280) [미] 브리지먼, 『미국 지략(美理哥國志略)』, 『소방호재여지총초(小方壺齋輿地叢抄)』 제12질에서 게재; 섭자로(聶資魯), 『미국헌법의 도입 및 청나라 말엽 민초 중국입헌에 대한 그의 영향』에서 재인용; 장핑(江平) 책임 편집, 『중국에서의 비교법』, 2005년 권, 법률출판사 2005.

수 없었다. 2년이나 이를 고심하고 있다가 이 나라 사람들이 새로 『합성국설』 281) 이라는 책자를 만들어 내놓는다.

처음으로 한문을 배웠기에 저술체계에 대하여 익숙하지 못하다. 전에 서국에서 수집하고 기재했던 낡은 것에 좀 더 우수한 사람들의 이야기를 모아 책으로 만들었다. 이를테면 5국 이야기나 오월(吳越)의 비사(祕事) 같은 것들을 첨가한 것이다.″282)

브리지먼이 중국에 들어온 이후 십여 년간 서양인들은 헌정문화의 전파 방면에서 더욱 제도의 세분화에 중점을 두었다. 그렇기 때문에 왕왕 체계적인 서면자료를 만들어 다른 나라들에서 그것을 모방하게 했다. 이를테면 미국 전도사 Richard Quanterman이 집필한 『지구도설』(1848년 초판, 1856년 재판. 역명은 『지구설약』)에서 미국의 대통령제도를 소개했다. "나라에는 왕이 없고 총통령 한 사람이 있는데 백성들을 관리하는 책임을 진다. 임기는 만 4년이다. 나라를 다스리는 법률제도에 대해서는 각 성에서 지혜롭고 능력이 있는 사람들이 수도에 모여 의논하며 어느 한 사람이 책임지고 일을 주재하지 못한다. 통령이란 직무는 특별한 것이 아니므로 자격의 구속을 받지 않는다. 덕이 있는 사람이라면 모두 선택을 받을 기회가 있다. 통령의 임기가 끝나면 각 성에서 몇 사람씩 뽑아 수도에 올려 보내 서면형식으로 다음 번 통령이 될 사람의 성명을 적어서 상자에 넣는다. 행사가 끝나면 열어서 헤아리는데 이름이 제일 많이 적혀 있는 사람이 다음 임기의 통령을 계승한다.″283)

파커는 제일 처음으로 국제법을 중국에 들여온 미국 전도사이다. 1839년 파커는

---

281) [미] 브리지먼, 『미국 지략』, 초판은 1838년에 싱가포르에서 인쇄, 발행했다. 1844년 수정을 거친 후 책 제목을 『아메이리거합성국지략』 이라고 달아 홍콩에서 인쇄, 발행했다. 1861년 상해에서 제 3판을 발행하였는데, 책 제목을 『연방지략』 이라고 했다.

282) 양정남(梁廷枬), 『각 성도설 서(各省圖說)』 , 『해국사설(海國四說)』 , 청 도광 26년 각본을 참고; 섭자로, 『미국 헌법의 도입 및 청 말 민초 중국입헌에 대한 그의 영향』 에서 재인용; 강평 주필, 『중국에서의 비교법』 을 참고.

283) [미] 의리철(禕理哲), 『지구설약(地球說略)』 .

임칙서의 위탁을 받고 바텔의 『국가법』 중의 일부 단락을 번역하여 그가 참고하게 했다. 1860년 미국 전도사 정위량(丁韙良, Martin)은 상해 독리화미서국(督理華美書局)에서 일을 볼 때 휘튼이 집필한 『만국공법』의 대부분을 번역했다. 이것은 중국 최초의 법률 번역 도서이다. 이 책은 1864년에 경사동문관(京師同文館)이 출판했다. 그 후 정위량은 또 『공법역통』, 『성초지장』, 『공법편람』 등의 책을 번역했다. 그때 강남제조국에 임직해있던 영국 전도사 프라이어도 다섯 종의 서양 법학저작을 번역했다. 『만국공법』에서 휘튼은 미국을 실례로 들면서 국가 주권의 체현이 대내에 일으키는 통치권의 세 가지 방면에 대해 설명했다. 즉 미국의 삼권분립제도에 대해 천명한 것이다.

그는 이렇게 썼다. 첫 번째는 "상국 제법권리"로서 즉 입법권이다. 주권국가에서 법을 제정하게 되는 것이다. 미국의 정황은 "합방(연방)제법권리"이다. 그 총회(의회)에는 상하 두 개의 권력기구가 있는데 상원은 각 연방국의 권력층이 선출하고 하원은 각국의 백성들이 선출하여 총회는 집권을 하게 된다 … 총회는 능히 내외 통상 장정을 제정하고 외국인의 관리법규를 제정하며 재산부채 관리법규를 제정한다 … 수륙 체포 법규를 제정한다 … 법령을 제정하고 동맹이 이루어진 후 담당할 직책을 제정한다. 이러한 것들은 모두 총회의 권리이다. 두 번째는 '수령의 집정권'으로서, 즉 행정권이다. 이 권리는 주권국가의 군주나 총통이 집행하게 된다. 미국의 경우는 다음과 같다. "그 주권의 책임은 아주 번잡한데 연방국의 수령이 통일적으로 행사하게 된다. 수령은 미국 말로 일명 '프레지던트'라고도 한다." 세 번째는 사법권이다. 미국에서 사법권은 법원에 있게 된다. 하원에는 입법원이 설치되어 있다. 일체 법에 관계되는 연방의 안건은 모두 이곳의 심판을 받게 된다. 그렇기 때문에 총회나 각 연방국의 제법은 일괄적으로 연방법에 귀결되는 것이다.[284]

1909년 이후, 상해 화미서국에서는 미국 전도사 이가백(李佳白)이 번역 편집한 『구미

---

284) [미] 휘튼, 『만국공법(萬國公法)』, 월리엄 마틴 역, 하근화(何勤華) 교감. 중국정법대학출판사, 2003, 50~51쪽.

강국 헌법총집』을 출판하였는데, 그 중에 미국헌법에 대한 평론이 많은 부분을 차지했다.

■ 신문을 통한 홍보

서양 전도사들은 전파범위가 넓고 효과가 빠른 신문의 특징을 알고 있었기에 특히 신문에 눈을 돌렸다. 1860년까지 외국 전도사들이 중국에서 출판한 신문은 32종에 달했는데 이 숫자는 아편전쟁 이전의 두 배였다. 1890년에 들어서서 76종으로 늘어났으며 1860년의 두 배를 넘어섰다.[285] 비록 이런 신문의 주최자나 집필자들이 전도사라고 하지만 교의를 선전하는 것이 간행물의 주요 내용이 된 것은 아니다. 신문뉴스이거나 서학에 대한 소개 그리고 시사평론 같은 내용이 간행물의 주류를 이루었다. 이를테면 『교회신보』는 제5권부터 네 부분을 개설하였는데, 그것은 교사뉴스, 정사뉴스, 잡사뉴스와 과학뉴스였다. 그중 정사뉴스는 주로 각국의 소식을 다루었는데 그중에는 구미 각국의 선거와 의회의 회의소식이 포함되어 있었다.

중국에 있는 기타 서양기구나 인물들도 중국의 자유무역항에서 일부 중문 간행물들을 간행했다. 그들은 간행물에 대한 간섭이 삼엄한 정황에서도 전도사들과 함께 서학을 소개하고 뉴스를 실었으며 평론을 발표하고 낙후를 지적하였으며 개혁을 제창했다. 심지어는 중국인들이 두려워서 하지 못하거나 하지 말아야 하는 말들도 과감하게 실었다.

이러한 거동은 봉건, 보수 세력들이 여론을 농단하던 국면을 타개하여 중국인들의 시야를 크게 틔워주었다. 미국과 미국의 헌법에 대한 소개와 평론은 바로 이때부터 중국 지식인들의 시야에 들어오기 시작했다. 1875년 『만국공보』는 "미국은 백여 년래 태평성세를 이루고 날로 강성해 간다"고 보도했다. 1881년 『만국공보』 제 55권은 앨런(중국 명은 林樂知)의 『환유지구약술(環遊地球略述)』을 연재하여 처음으로 완전하게 미국의 1787년의 헌법을 소개했다. 헌법 전문은 7조에 달한다. "① 입법권은

---

285) 방한기(方漢奇), 『중국 근대 간행물사(中國近代報刊社)』 상, 산서인민출판사, 1981, 19쪽.

종합적으로 국회의 양원 원로 중신이 장악한다. 즉 상하 양원의 대신들이 장악하게 된다. 외직은 지나치게 일을 처리할 수 없다. ② 행정법권은 종합적으로 민주가 주도하게 된다. 직무는 정, 부 직으로 나누며 임기는 만 4년이다. ③ 무릇 국내 심판의 총 권리는 국회의 심판총원 및 산하의 여러 기관에 귀결된다. ④ 연방 각국 의회에서 정무를 처리할 때에는 어떠한 일도 모두 연방이 모두 인정하는 바를 실제로 취해야지 이것저것 관여해서는 안 된다. ⑤ 중국 정체가 세워진 후 국회와 연방 각국 의회에서 만약 3분의 2가 나라정체를 수정하려고 하면 곧 함께 토론할 수 있다. ⑥ 중국 13개 연방국 중 어느 연방이 영국과 전쟁을 할 시, 군수 공무로 인하여 금전을 빚지거나 주민들에게서 꾸고 다른 나라에서 대여를 하게 되었다면 나라에서 책임지고 액수에 따라 물어줘야 한다. ⑦ 중국 연방 정체나 9개 연방국의 뜻이 가능하다고 생각될 때 다른 의견이 없는 나라들은 다수를 따라야지 다른 뜻을 남겨서는 안 된다."[286] 1902년 8월 『만국공보』 163권에는 또 「미국인민의 권리를 논하다」는 글이 게재되었는데 미국 연방헌법의 『권리법안』을 소개했다.

"여러 신문들에서 논하기를 보편적으로 도로나 선박, 항공, 우정을 개설하고 시정소력(市政水利)을 개량할 것을 건의했다. 무릇 나라에 유리하고 백성들을 편리하게 하는 모든 일은 당국에 의하여 받아들여지지 못했더라도 반드시 주의를 기울여야 할 것이다. 그것은 큰일이기 때문이다."[287] 사학자들은 19세기 후반기에 무렵 서양의 자연과학과 민주사상은 중국에 들어와 자리를 잡았다고 생각했다. 양무사조, 유신사조가 중국에서 연달아 유행하게 되었는데, 이처럼 서양인들의 간행물을 통한 홍보 역할을 말살할 수는 없는 것이다.

---

286) 「지구 주유 약술(環遊地球略述)」, 『만국공보』, 642권.
287) 『민국총서』 제2편 제49권, 과공진(戈公振), 『중국보학사(中國報學史)』, 상해서점출판사, 1898, 108쪽.

■ 학교를 운영하여 전도하다

서양인들, 특히 전도사들이 헌정문화를 전파한 다른 한 가지 방법은 학교를 운영하는 것이었다. 1860년에 제2차 아편전쟁이 발발한 후, 자유무역항구의 증가와 함께 전도사들이 자유롭게 내지로 진입할 수 있게 되었고, 따라서 전도활동도 신속하게 발전되었다. 중국의 사회풍기는 점차 개화되었고 서학을 숭상하는 사람들이 차츰 늘어났다. 교회학교가 증가되었고 교회학교에 다니는 학생들도 늘어났다. 1896년에 이르러 36개의 신교단체가 중국에서 활동했는데, 그들은 대부분 학교를 운영했다. 만약 로마 천주교 방면의 숫자까지 합친다면 당시 중국에서는 그야말로 수 천 수 만의 학생들이 서양식 종교교육을 받았다고 해도 과언이 아닐 것이다.[288]

서양인들이 학교를 세우는 현상은 초기 국내 인들의 관심을 일으키지 못했다. 서양인들이 학교를 세우면서부터 국내인들과 서양인들의 관계는 껄끄러운 처지에 놓이기까지 했다. 이를테면 북경 동문관의 첫 기수 학생들은 외국인들에게 무릎을 꿇었다는 오해를 받아 국내 인들의 조소나 배척을 받게 되었다. 비커스태프는 "정규적인 교육 관념과 체제에서 볼 때 이 학교들은 중국인들의 눈에 전혀 맞지 않았다"고 했다.

하지만 중국정부가 서양 학력을 대대적으로 지지하면서 고급관원들에 의하여 전국적인 학교 체계가 건립되었다. 이때부터 서학을 유가학설과 동등한 지위에 놓아야 한다는 강렬한 반향이 일어났고 사회적으로도 나날이 받아들여졌다. 19세기 하반기 무렵에 교회학교의 학생은 왕왕 과거에 급제할 수 없어 다른 벼슬길을 모색하는 빈곤한 가정의 자식들이었다. 19세기 초에 들어와서 서양인들이 세운 학당은 이미 계몽교육을 보급하는 정도를 벗어나 중국의 신 인재들에게 깊은 영향을 주었고, 또 직접 그들을 양성하는 역할을 했다. 1896년 상해의 중영위리공회학원(中英衛理公會學院)은 2,000명의 교우들이 "중국의 전보국, 해관, 관아 등에서 일하고 있다"고 선전했다. 중영위리공회에서는 또

---

288) [미] 길버터 뢰즈만, 『중국의 현대화』, 현대화비교과제팀 역, 강소인민출판사, 2003, 179쪽.

상해에 여학교를 세우기도 했는데, 대부분의 학생이 줄곧 여자애들을 보통교회학교에 보내기를 거절하던 상류층 가정의 자녀였다.[289]

교회학교가 융성하던 과정에서 미국 교회와 전도사들의 행동은 매우 적극적이었고 활기찼다. 그들은 모든 면에서 중요한 작용을 일으켰다. 이를테면 1845년 미국 장로회에서는 영파(寧波)에 숭신의숙(崇信義塾)을 세웠다. 1847년 미국 장로회의 전도사인 하퍼(Andrew Pat수 Happer)는 오문에 세웠던 기숙학교를 광주로 옮겨왔다.

1848년 미국 미이회(美以會) 전도사 컬린스(J.D Collins)는 복주(福州)에 주일학교를 설립했다. 1850년 미국 감리회 전도사 젠킨스(Benjamin Jenkins)와 테일러(Charler Taylor)는 상해 정가목교에 소학교와 여자학교를 설립했다. 1851년 미국 성교회 전도사 경사(琼司,Emma Jones)여사는 상해에 문기(文紀)여학교를 설립했다. 1853년 미국 공리회 전도사는 복주에서 격치서원(格致書院)을 설립했고 예수회에서는 상해에서 명덕서원(明德書院)을 세웠다. 1860년 제2차 아편전쟁 이후에 설립된 유명한 교회학교들 중 많은 수가 미국 교회와 전도사들이 세운 것이다. 1864년 브리지먼의 부인은 북경에서 패만(貝滿)여자학교를 설립했는데 후에 패만여자중학교로 발전했다.

그해 마티어와 그의 부인은 산동에서 몽양(蒙養)학당을 설립하였는데 1876년에 문회관(文會館)이라 이름을 고쳤다. 1865년 윌리엄 마틴은 북경에 숭실관을 설립했는데 후에 숭실중학교라고 이름을 고쳤다. 1867년 미국 공리회는 통주에 노하(潞河)서원을 세웠는데 후에 화북 협화(協和)대학으로 발전했다. 1871년 미국 감리회는 소주에 존양(存養)서원을 설립했다.

1879년 미국 성공회의 주교 조셉은 일찍이 세웠던 패아(佩雅)학당과 도은(度恩))서원을 합병하여 상해에다 세인트존스서원을 세웠는데 후에 세인트존스대학으로 발전했다.

---

289) 『중국 교회 수첩(中國敎會手冊)』, 1896, [미] 길버터 뤄즈만, 『중국의 현대화』, 현대화비교과제팀 역, 179쪽에서 재인용.

1881년 미국의 전도사 윌리엄 마틴은 상해에 중서(中西)서원을 세웠는데 후에
동오(東吳)대학[290]으로 발전했다. 1860년 이후 설립된 교회학교도 비록 적지 않은 단점이
있었지만 이런 학교들은 그래도 교과 과정의 설정, 교재 편찬 등의 방면에서 초기의
교회학교들보다 많은 장점이 있었다.

그들은 서양의 자연과학, 사회과학 및 직업교육 학과를 개설하였고 일부 학교에서는
법률 방면의 전문 인재[291]도 양성하기 시작했다. 19세기 말, 적어도 6개의 신교 전도사들이
세운 학교는 서양 대학학교와 대체로 비슷한 교과 과정을 개설했다.[292]

미국이 중국에서 학교를 세우는 것을 중요하게 생각한 원인은 여러 가지이다. 1868년
미국 공사 포안신(蒲安臣)은 임기가 찬 후 총리아문(總理衙門)에 의해 중국 전권특사로
임명되어 구미를 방문하게 되었다. 하지만 그에게 조약을 체결할 수 있는 권한은 주지
않았다. 포안신은 미국에 도착한 후, 사사로이 월권하여 1868년 7월 28일에 미국과
『중미속증조약(中美續增條約)』을 체결했다. 이 조약에서는 양국 인민들은 모두
상대방의 크고 작은 관학에 들어갈 수 있고 그곳에서 특혜를 받을 수 있으며 쌍방은
모두 상대국에 학당을 설립할 수 있다고 규정했다.[293] 미국 교회에서는 학교를 세우면
더욱 많은 군중들을 얻을 수 있을 것이라고 믿었다. 특히 상층 지식인들의 눈길을 끌 수
있을 것이라고 확신했던 것이다. 교회를 통하여 서양문화를 주입하고 더 나아가서는
중국에서 "기독교문화"의 기초를 닦으려는 것이었다. 그리하여 미국인들은 특히 학교를
세우는 문제를 중요하게 생각했던 것이다. 중국에 세워진 기독교 학교의 총 학생 수는
1869년에는 4,389명에 달했고, 1876년에는 5,917명으로 증가되었다. 그중 대부분은 미국

---

290) 장해림(張海林), 『근대중외문화교류사』, 남경대학출판사, 2003, 172~174쪽. 고장성(顧長聲, 『전도사와
　　근대중국(傳敎士與近代中國)』, 상해인민출판사, 1995, 228쪽.
291) 장해림, 『근대중외문화교류사』, 179쪽.
292) 길버터 뤄즈만, 『중국의 현대화』, 비교현대화과제팀 역, 179쪽.
293) 왕철애(王鐵崖), 『중외구약장모음(中外舊約章匯編)』 제1책, 생활 독서 신지삼련서점, 1957, 261~263쪽.

교회 계통에 속했다.[294] 청나라의 문이 열리고 중외교류가 점차 활발해지는 배경에서 중국정부도 신식 학당을 세워 인재를 양성하고 대외교류의 수요에 부응하려 시도했다. 이러한 학교들 중 가장 일찍 설립된 학교는 1862년에 세워진 경사동문관이다. 그 후 상해에서 광방언관(廣方言館)이 설립되었고 광주에 동문관이 설립되었다. 이어 일부 공과학교와 군사학교들이 연달아 개설되었다. 이런 학교들은 그때 이미 각 나라들과의 교류에 대한 중요성에 주의를 기울여 국제법 과정을 개설했다. 그중 동문관(同文館)은 서양 근대의 국가법을 최초로 중국에 도입하여 그것을 정식 과목으로 삼았다. 양무운동 중에 발전한 다른 신식 학당들도 '공법학(公法學)' 추구에 대한 전주곡을 울렸다.[295] 1863년 이홍장이 상해에서 설립한 광방언관 역시 '외국 공리공법을 학습'하는 것을 과정에 넣고 외국의 언어문자, 풍속, 국정 학습과제로 삼았다. 많은 전도사들이 이러한 학교에서 강의를 하거나 교습을 맡았는데, 이를테면 존 쇼 버튼, 프라이어, 윌리엄 마틴 등과 같은 이들이다.[296] 그중 경사동문관과 경사대학당에서 총 교사로 있었던 윌리엄 마틴은 특히 강조할만한 인물이다. 1869년 11월 윌리엄 마틴은 동문관에서 총 교사로 일하기 시작했다. 그는 부임한 후 동문관의 학제에 대하여 개혁을 진행하였는데 5년제 교육과 8년제 교육으로 나누었다. 이 두 가지 유형의 학제 교육은 모두 국제법을 학습의 주요과정으로 삼았다.[297]

1960년대에 이르러 양무파가 서양 과학기술을 학습할 것을 제창하면서 전문적인 학교들을 개설한 이래, 신식 교육의 내용은 언어, 기예 등 범위에 국한되게 되었을 뿐 법학과는 간신히 다른 나라들과 교류를 하기 위한 목적으로 개설되었다. 청조 말에

---

294) Kenneth S. Latourette, A History of Christian Mission in China, New York: The Macmillan Company 1929, p.442. 도문쇠(陶文釗), 『중미관계사(1911-1949)』 상권, 상해인민출판사, 2004, 10쪽.

295) 왕건(王健), 『중국근대의 법교육(中國近代的法律教育)』, 중국정법대학출판사, 2001, 148쪽.

296) 구창성, 『전도사와 근대중국』, 243쪽.

297) 구창성, 『모리슨으로부터 스튜어트에 이르기까지(總馬禮遜到司徒雷登)-중국에 온 신교 전도사 평전』, 193-194쪽.

이르러 변법을 요구하는 목소리가 날로 높아지고 낡은 제도를 개혁하자는 사회풍조가 미룰 수 없는 사회배경이 되었다. 따라서 과거제도를 폐지하고 학당이 홍성하는 사회적 변혁이 중요한 현상으로 대두하게 되었다. 중국 근대의 비교적 완전한 의의에서의 법률교육이 이때부터 형성되기 시작한 것이다. 그 주요 표현은 바로 일련의 근대 대학 법학과의 연이은 개설이었다.[298] 이 법학과 교육의 발전과정에서 미국의 전도사들이 많은 역할을 했다. 1892년 양무관료 성선회(洋務官僚盛宣懷)는 미국 전도사 정가립(丁家立)과 공동으로 대학 건립하는 것을 토론했다. 1895년 성선회는 천진중서학당(1903년에 북양대학으로 개명했다)을 설립할 것에 대해 상주하였고 정가립을 총 교사로 초빙했다.

학당의 학과와 수업 연한은 정가립이 미국 예일대학과 하버드대학의 학제를 기초로 하여 제정했다. 그중에서 특등학당은 법판례학과를 개설하였는데 법통론, 로마 법판례, 상무 법판례, 만국공법 등의 과정이 포함된다.[299] 갑오전쟁 이후, 각지에서 끊임없이 신식학당을 개설하는 가운데 손가내(孫家鼐), 강유위 및 미국 전도사 이가백, 마티어 등은 청 정부를 향해 경사에 대학당을 설립할 것을 상주했다. 경사대학당은 개설을 준비하던 당시부터 교과과정에 법학과를 편입시켰다. 『주정대학당장정(奏定大學堂章程)』에 근거하면 '정법과 대학'도 대학당의 분과중의 한가지였다. 그 아래에는 "정치문"과 "법률문"을 배치했다.[300] 법교육의 발전은 서양법제도, 정치학설을 전파하는데 조건을 창조해 주었다.

---

298) 왕건, 『중국근대의 법교육』, 153쪽.
299)   왕건, 『중국근대의 법교육』, 154쪽.
300) 「광서 28년 정월 초 엿새 날 장백희가 경사대학당을 개설하는 것에 대하여 올린 상서」, 『광서조동화록(光緖朝東華錄)』, 4,818쪽.

(2) 상인, 유람객들과 유학생들의 선전

중국의 상인, 유람객들과 유학생들의 서양 헌정에 대한 소개 역시 미국의 헌정문화를 만청에 전하는 하나의 주요 경로가 되었다. 이들은 자기 나라의 국정과 문화를 익숙하게 이해하고 있었을 뿐만 아니라, 주도적으로 서양사회에 들어갔기에 직접 서양헌정문화를 접촉하면서 자연적으로 두 가지 문화의 뜻밖의 충돌을 경험하게 된 것이다. 이러한 충돌은 물론 그들로 하여금 나라를 부강하게 하고 강대하게 하는 길로 나아감에 있어 서양의 체제적인 요소를 끌어들이게 하였던 것이다. 그래서 서양헌정에 대한 그들의 선전은 서양인들의 번역, 소개에 비하여 더욱 강력한 목적성과 대상성을 가지고 있었다.

이러한 대상성과 목적성은 국세의 쇠락과 함께 점차 심화되었다. 이런 소개는 처음에는 후대들에게 미국에 대한 인식에서 보다 확실한 소재를 제공해 주기 위한 것이었다. 이를테면 미국에서 사업을 한 적이 있었던 복건사람인 임침(林鍼)이 저술한 『서해기유초(西解紀遊草)』는 중국인이 쓴 첫 번째 미국유람기이다. 이 책에서 임침은 미국의 정치제도와 법제도에 대하여 큰 관심을 가졌다. 특히 그는 정치제도에서 미국의 선거제에 대하여 중점적으로 기술했다. "사관들이 모여서 현량(賢良)한 사람을 선출했다. 득표수가 많은 사람이 선출되었다." 그는 또 미국의 대통령제를 '통령위존, 사연갱대(統領爲尊, 四年更代)'라고 귀납했다. 뜻인즉 "모두들 워싱턴이 나라에 공로가 있다는 것을 알고 그를 대통령으로 내세웠다. 4년을 임기로 하고 한 임기를 연임할 수 있도록 했다. 오늘 날, 이것은 관례가 되고 있다."[301] 1877년 이규(李圭)가 미국을 유람했다. 그는 필라델피아 세계박람회에 참석한 후 『지구일주신록』을 집필하여 미국의 의회제도와 대통령제도 등을 소개했다. 사방에 유학생을 파견하기 시작한 것은 아편전쟁시기부터였다. 이때 대부분의 양무파 인사들도 중·서양의 차이를 인식하게

---

301) 임침(林鍼), 『서해기유초』, 중수허 주필, 『세계를 향한 총서』, 악록서사 1985, 38~39쪽.

된 것이다. 중·서양의 교류를 촉진하고 이러한 차이를 보이는 국면에서 벗어나기 위하여 그들은 중국에 처음으로 유학 열풍을 일으켰다. 1872년 용굉(容閎)의 제의아래, 증국번이 조정에 국비 유학생을 파견하는 것에 관한 용굉의 계획을 비준할 것을 상주했다. 조정에서는 증국번 등이 이 일을 책임지고 준비할 것을 비준했다. 그해 8월 진란빈(陳蘭彬)을 감독으로 용증상(容增祥)을 교사로 한 첫 번째 유학생들이 미국으로 떠났다. 중국의 첫 번째 유학 열풍는 이렇게 서서히 막을 열었다. 이 유학 열풍은 봉건적인 낡은 사상을 고수하는 인사들의 파괴로 인하여 요절하고 말았지만, 미국문화의 중국 수입에 적극적인 영향을 일으켰으며 중국 근대유학운동의 본보기가 되었다. 그 후, 특히 중일갑오전쟁 이후의 민족 멸망의 위기는 수많은 중국인들에게 경종을 울려주었다. 국외로 유학하여 새로운 것을 배워 멸망의 위기에 처한 나라를 구하자는 것이 당시 중국인들이 제일 관심을 갖는 화제였다. 국외에 유학하여 새로운 것들을 배워 위기에 처한 나라를 구하자는 것이 지조 있는 애국인사들의 공통된 부르짖음이었다. 그들은 일본이 강대해질 수 있었던 것은 역시 많은 왕공대신들을 출국시켜 선진기술을 배워온 결과라고 판단했다. 그렇기 때문에 청나라도 부흥을 하려면 반드시 이 길을 걸어야 한다고 믿었던 것이다. 그리하여 구미나 일본으로의 유학이 끝없이 이어져 중국 근대사상 전에 없었던 유학운동을 일으키게 되었던 것이다.

중일갑오전쟁(청일전쟁)은 중국인들로 하여금 나라의 쇠락은 과학기술이 낙후 해서만이 아니라 봉건독재제도가 부패해서라는 것을 의식하게 했다. 가슴 속에 변혁의 웅대한 설계도를 그려가고 있던 유학생들은 재난이 첩첩한 식민지 상황인 중국에서 부강한 서양에 들어서게 되자 그 나라의 선진적인 과학기술과 자산계급사회 정치학설에 주목하게 되었다.

수많은 사람들이 서양에서 유학을 하고는 청정부의 노예가 아니라 군주를 반대하는 투사가 되었다. 19세기 초, 서양에 유학을 다녀온 중국의 유학생들은 귀국 후 수많은 정치학적 문장을 발표하여 미국헌정사상을 전파하였는데 그들의 언사에는 위험에 처한 나라를 구하여 생존을 도모하려는 영웅심이 선명하게 깃들어 있었다. 그중 대표적인 인물은 추용(鄒容)과 진천화(陳天華)를 꼽아야 할 것이다.

추용은 1903년에 『소보(蘇報)』에 대표작 『혁명군』을 발표했다. "나는 루소, 워싱턴, 와이먼을 믿는다 … 나는 그들의 법을 보았다. 미국 등 나라들은 군주가 따로 없다. 그 나라 사람들은 모두 나라 일에 충성을 다할 의무가 있다. 한시도 태만해서는 안 된다고 생각한다. 미국의 헌법을 참조하여 중국의 성질에 따라 헌법을 제정해야 한다. 자치법도 미국의 자치법을 상세히 따라야 한다."[302] 진천화는 또 『맹회두(猛回頭)』, 『경세종(警世鐘)』, 『사자후』『중국혁명론』, 『중국민주정체를 적당히 개혁하고 창조할 데 대해 논함(論中國宜改創民主政體)』 등 일련의 중요한 저작을 통하여 서양민주사상을 소개했다. "프랑스의 몽테스키외가 제창하는 법과 정치는 영국의 것처럼 우호적이지 않았다. 『만세정리(萬世精理)』라는 책은 삼권분립의 이치를 이야기했는데 공화에 귀속하는 것이다. 미국은 이것을 가져다가 건국을 실현했다고 할 수 있다. 고금에 있어서 정치 비교론자들은 모두 국가가 아닌 것으로부터 제한을 받아 온 횡목과도 같은 존재라고 말할 수 있다. 공화야 말로 좋은 것이라고 해야 하겠다."[303] 이로부터 알 수 있는데 만청사회에서 '공화'는 이미 민간에서 변혁을 요구하는 대중들의 목소리로 자리를 굳혀갔으며 봉건독재를 뒤흔드는 근본적인 강대한 힘이 되어갔다.

(3) 청조 말 관원들이 서양으로 가서 고찰하다

중외 결합의 민간 전파는 만청사회에 미국 헌정제도와 사상을 주입시켰다. 당시의 사회

---

302) 추용, 「혁명군」, 장단, 왕인지 편, 『신해혁명 전 10년간의 시론선집』 제1권 하책, 생활 독서 신지 삼련서점, 1960, 649~677쪽.
303) 진천화, 『중국민주정체를 적당히 개혁하고 창조할 것에 대해 논함』, 장단, 왕인지 편, 『신해혁명 전 10년간의 시론선집』 제2권 상책, 생활 독서 신지 삼련서점, 1963, 120~124쪽.

배경 아래에서 관방에서도 의식적이거나 혹은 무의식적으로 미국정치제도의 실천에 대해 이해하게 되었다. 열강들의 능욕을 받을 대로 다 받은 청조정부는 위기에 처한 자신들의 통치를 수호하기 위하여 부득이하게 '천조대국'의 틀을 내려놓고 국가의 문을 넘어 서양의 정치와 법제도를 배우게 되었다.

양무운동시기에 청 정부는 대신들을 서양에 파견하여 시찰, 고찰하게 하였고 또한 국외에 상주하는 사절을 파견하기도 했다. 이러한 조취를 취한 목적은 외국의 외피를 빌려 대내적으로 봉건통치를 수호하고 새로운 충돌을 방지하며 식민화를 피하려는 것이었다. 이렇게 파견된 인원들은 서양에 대한 고찰과 학습을 '외국의 기술을 배워오는 것'에만 그친 것이 아니라 서양의 민주정치 영역에도 시선을 돌리기 시작했다. 이를테면 1876년에 파견된 외국주재 사절 곽숭도(郭嵩燾)는 외국에 체류하는 2년 동안 의회민주와 자유선거를 특징으로 하는 서양의 민주정치의 역사적인 현장을 고찰하였고, 애덤 스미스를 대표로 하는 자본주의경제이론과 영국자본주의 발전의 실제상황을 접촉하게 되었다. 이를 통하여 "비 민주국가는 그 국세가 시대를 따르지 못함"을 더욱 인식하게 되었고, 진, 한 이래 2천여 년 동안 역효과만 일으킨 봉건독재제도에 대하여 비판을 진행했다.[304] 1887년 청 정부에서는 부운룡(傅云龍) 등 12명을 외국에 파견하여 시찰하게 하였는데, 이들도 서양 민주정치에 대하여 논술을 했다.

이를테면 『아메리카합중국 시찰경로』에서는 이렇게 썼다. "미국은 민주국가로서 군주국가와 차이가 있다. 그들은 공의를 바로 법으로 제정하고 백성들과 함께 정사를 풀어나갔다. 그렇기 때문에 상하에 간격이 없는 것을 곧 권리라고 생각했다." 이러한 사실을 통하여 그들은 미국의 정치체제는 삼권분립이라고 지적했다. "하나는 입법권으로 국회가 장악하고 다음은 법을 행사할 수 있는 권력으로써 행정최고수장이 장악하며,

---

304) 장해림, 『근대중외문화교류사』, 164쪽.

또 다른 한 가지는 정법권, 즉 집법(사법권), 율정관(법관)을 말한다."[305] 정부관원들의 출국고찰은 통치계급과 상층귀족들이 미국의 헌정을 이해하는데 주요한 작용을 일으켰고, 고급관원들이 점차 국가를 도와 헌정개혁사상을 형성하는 데 도움이 되게 했다. 이러한 과정에서 미국의 헌정제도는 예비방안 중의 중요한 한 가지가 되었다.

1905년 6월 청나라 조정에서는 엄중한 국내외 형세 및 각 파벌의 정치역량의 압력아래 핍박에 의해 입헌을 준비하면서 5명의 대신을 파견하여 서양에 대한 고찰을 진행하게 했다. 재택, 단방 등 5명의 대신은 두 개조로 나누어 두 번에 걸쳐 미국을 방문했다. 그들은 미국의 정치에 대하여 비교적 오랜 기간 정식 고찰을 진행했다. 단방은 고찰을 끝내고 돌아온 후『각국을 고찰하고 돌아온 정치대신 대홍자 등의 미국 고찰에 대한 대략적인 정황 및 유럽에 다녀온 기간에 대한 상주문』을 올려 미국의 정황에 대하여 진술을 진행했다. "신들은 미국 대통령을 알현한 후, 미국 조정에서 파견한 관들의 안내 하에 여러 곳을 돌아보았다.

이를테면 공서, 학당, 의원 그리고 기층의 상사, 공장을 돌아보고 고찰했다. 또한 미국의 동부 뉴욕, 필라델피아, 보스턴 등등을 돌면서 자세히 고찰했다. 이르는 곳마다 그 나라의 국민들은 매우 진정으로 우리를 대하는 것이었다. 또한 주미 사신 량성(梁誠)이 우리와 함께 고찰실적을 심사하고 참다운 토론을 진행하여 많은 일들을 더욱 자세하게 수정했다. 미국에서 한 달 정도 체류하면서 한 시각의 여유도 가질 수 없었다. 미처 조사하지 못한 곳은 동행한 여러 관원들을 찾아가 정황을 들을 수 있기를 희망했다. 미국 행정 각 부서에서 실행하고 있는 장정에 대하여 동행한 학생들이 번역을 하여 참고로 했다." 최후 결론은 다음과 같다. "대체로 미국은 공상으로 건국했다고 할 수 있으며, 순전히 민권의 힘을 입었다 할 수 있다. 그렇기 때문에 중국정체와 동등한 부류에 속한다고 억지로

---

305) 부운룡, 『실학총서』의 『아메리카합중국 시찰경로(遊歷美利加合衆國圖經)』, 장해림, 『근대중외문화교류사』, 163쪽.

강조할 수 없다." [306) 그리고 "오늘날, 중국 정세는 확실히 일본의 당시와 차이가 없다." [307) 일본의 입헌을 모방하여도 "나라의 근본을 든든히 하고 조정을 안전하게 해야 하는 것이다." [308)

이로부터 청나라 조정에서는 점차 입헌군주제도의 이론을 형성했다. 그들은 "미국의 헌정이 비록 좋다고는 하지만 중국사회에 적합하지는 않다. 그래도 입헌군주가 비교적 적합하다"고 인정했다. 그리하여 청나라 조정에서는 예비 입헌과 변법을 선포하고 각 부문의 법을 수정했다. 1908년에 제정한 「흠정헌법요강」은 당시의 독일, 일본과 같은 입헌군주정체를 건립하려고 꾀하면서 황위가 영원할 것을 희망했다. 동시에 관료체제, 사법기구 등에서도 일련의 개혁을 진행했다. 이들도 일정한 정도에서 영국이나 미국을 모방하였지만 주요 학습대상은 역시 일본이었다.

2. 청나라 말엽 미국 헌정사상의 중국 전파

(1) 중국 사회의 진보적 지식인들에 의한 미국 헌정사상의 전파

서양인들의 번역 소개, 특히 수많은 전도사들의 적극적인 추천과 소개는 미국의 헌정사상이 중국에 전파된 첫 번째 경로가 되었다. 미국의 헌정사상은 19세기 중엽의 중국사회로 하여금 미국헌정사상과 제도를 대략적으로 이해하게 했다. 비교할 수 없이

---

306) 고궁박물관 명청 서류부 편, 『청나라 말엽 입헌 준비서류 사료』 상권, 7쪽.
307) 단방, 「나라가 평안하려면 안정적인 대계에 의존해야」, 『단충민공주고(端忠敏公奏稿)』 권 6, 광서 32년 7월 초8일(1906년 8월 26일) 주고.
308) 「고찰헌정대신 달수가 일본 헌정 상황을 고찰하고 올리는 상주문」, 고궁박물관 명청 서류부 편, 『청나라 말엽 입헌 준비 서류 사료』 상권, 제41쪽.

큰 중화의 절대적인 수요에 서양인들이 학교를 세우고 신문, 잡지를 만드는 등의 행동은 그야말로 계란으로 바위치기와 같은 것이라고 할 수 있었다.

당시 서양문화에 대한 번역, 전파가 아직 체계를 이루지 못하였지만 급하게 서양세계를 이해하고 싶어 했던 중국인들은 그와 같은 소량의 소개에서 나름대로 바깥세계에 대한 호기심을 충분하게 해소할 수 있었고 그에 대하여 적극적으로 대응할 수 있었다. 넓은 시야로 세계를 바라보던 중국 지식인들은 미국 헌정제도에 대한 미국 전도사들의 논술을 대량으로 자기들의 저작에 인용했다. (그중 제일 많이 인용된 저작으로는 비치민의 『미국지략』 인데, 『해국도지』, 『영환지략』 에서 미국정황에 대한 주요 자료는 바로 이 저작에서 인용한 것이다) 이러한 현상은 서양인들이 적극적으로 전도를 한 효과를 보여주는 것이다. 또한 '중국인들이 서양의 정치를 알아가는 시작'[309]으로 광활한 출로를 열어놓게 했던 것이다. 그들은 숙련된 문자, 간결한 문체로 미국헌정에 대한 재 전파를 완성하였고 서방 사람들의 번역, 소개의 성과가 중국에 뿌리를 내리게 하였으며 사람들로 하여금 깊은 사색을 하게 했다. 또한 그 후의 헌정에 대한 이해와 수용에 사상적 자원을 남겨주었고 전통사상세계를 전복하는 길고긴 도화선에 불을 붙이게 되었다. 중국에서의 서학의 전파가 일으킨 주요 작용은 다음과 같다. "중국의 각급 정부관원, 신사, 학자와 상인들은 서학서적에 대한 탐독을 통하여 세계관과 정치사상에서 큰 변화를 일으켰고 만청 시기에 일련의 사회변혁운동의 선도자와 핵심적 역량이 되었다."[310]

이를테면 임칙서가 번역 편집한 『사주지(四洲志)』는 미국 각 주의 민주의회정치에 대하여 소개했다. "각 부락은 자체적으로 소 총령 한 사람을 두어 부락의 일들을 처리하게 했다. 모든 부락에는 의사공관을 두었는데 2개의 급으로 나누고 하나는 참의원 하나는 총의원이라고 했다. 부락에서는 각기 한 사람씩 뽑아 본 부락에서 제기되는

---

309) 장지동, 『권학편(勸學編) 외편 광택(廣澤)제5』 .
310) 우화평(虞和平), 『중국현대화여정(中國現代化歷程)』 , 제1권 "전제와 준비", 강시인민출판사 2001, 97쪽.

일을 처리했다. 작은 일들에 대하여 각기 조례를 제정하고 그 지역에서 처리하였으며 큰일들은 나라의 규례(연방정부의 규례)에 따라서 처리했다 …"[311] 임칙서는 비록 미국의 지방자치제도에 대하여 소개하였지만 중국에서 그것을 모방하여 진행해야 한다고 주장하지는 않았다. 그는 금연으로부터 출발하여 외국의 정황을 이해하려는 목적에서 출발했을 뿐이다.

위원은 그가 편찬한 『해국도지』에서 여러 번 서양의 선진적인 민주정치제도를 제기했다. 그는 미국의 정치제도에 대하여 이렇게 서술했다. "27개의 부락은 동서로 나누어졌는데 공동으로 총장을 뽑아 관리하게 했다. 그들은 영원히 수장으로 있는 것이 아니라 4년이 지나면 연임하지 못한다. 오늘에 이르러 갑자기 변화된 국면으로 인하여 이 나라 사람들은 말이나 행동이 일치하게 되었고 일처리가 공평하지 않다고 할 수 없게 되었다. 안건이 있으면 공정하게 심의를 했고 관리를 뽑을 때는 현명한 자를 추천했다. 모든 일은 아래로부터 시작되었는데 모두가 가능하다고 해야 가능했고 부정을 하면 성사될 수 없었으며 대중이 좋다고 해야 훌륭한 것으로 간주되었고 간악한 것으로 판정되면 곧 간악한 것으로 치부되었다. 셋 중에서 둘이 좋다고 하면 나머지 하나는 곧 그 둘을 따라야 했다. 아래에서 추천할 사람은 반드시 공동으로 선거하여야 하지 다른 도움을 줄 수 없었다."[312] 이밖에도 『해국도지』는 또 비교적 구체적으로 대통령제에 관계되는 일부 정황들을 소개했다. "각 성의 금기(衿耆)회의는 버지니아에서 있었다. 그들은 공동으로 워싱턴을 대통령으로 추대한 후 현자를 추천했다. 여전히 임기를 두어 영원히 대통령 자리에 앉을 수는 없게 했다.", "대통령은 4년을 임기로 했다. 워싱턴은 한 번 연임하였는데 모두 8년이 걸렸다.

---

311) 심회옥(沈懷玉), 「청계 서양 지방자치 사상의 도입(淸季西洋地方自治思想的輸入)」, 『근대사 연구소 집간』 제8호, 162쪽.
312) 위원, 『해국도지』 권59, 『외대서양아메리카주총서(外大西洋墨利加洲總敍)』, 악록서사, 2004, 1611쪽.

그 후 아담스에게 넘겨주었다."313) "통령은 해마다 각 성에서 군량을 받아들였다. 국가 저축고의 것은 남용하지 못하지만 해마다 정례적으로 봉록 2만 5천원을 받았다. 만약 35세 이상이나 본지에서 태어나지 않은 자는 통령을 맡을 수 없었다. 임기는 4년이었고 시간이 지나면 다시 선거했다. 만약 우수한 자가 없어서 통령으로 적합한 사람이 없으면 공동의 동의를 거쳐 연임할 수 있다. 통령이 4년이 못되어 세상을 뜨게 되면 자연적으로 해임되고 부통령이 통령의 직무를 이어받게 된다. 부통령이 부임할 것을 거부한다면 의사회의 수령이 부임하게 되며 그마저 부임을 거부한다면 선의처의 수령이 사무를 처리하게 된다. 만약 끝까지 통령이 되려는 사람이 나서지 않으면 정부에서 통지하여 각부에서 빠른 시일 내에 새 통령을 선거하게 한다. 부통령도 백성들이 선거하게 되는데 역시 임기는 4년이다."314) 이상의 서술을 통하여 우리는 미국 대통령제에 대한 위원의 추앙하는 마음을 알 수 있고 우수한 자를 뽑아서 대통령으로 선거하며 임기가 4년이라는 것을 알 수 있다. 또한 오늘에 이르러 갑자기 변화된 세습제도와 같은 임기제도에 대하여 찬사를 아끼지 않았다. 이밖에도 위원은 미국 민주제도에 대한 소개에서 특별히 지방의사제도 및 선거제에 대하여 지적했다. "21세 이하의 사람들은 의사(議事)인이 될 수 없다. 회의는 3, 4개월에 한 번씩 열린다. 만약 급한 일이 생기면 기한에 제한이 없이 열리게 된다. 1년에 몇 번 회의를 하고 어떤 일을 얼마만큼 논의하느냐는 엄격한 규정이 없다. 현임 관리가 어느 날, 어디서 무슨 일을 논의한다고 결정을 하면 원로들이 대중들에게 통지를 하게 된다. 대중들은 자신의 생각을 종이에 적은 후 사발에 넣는다. 사발 안에 있는 종이를 꺼내어 읽은 후 다수의 뜻에 따라 일을 처리하게 된다. 관리를 선거하거나 사람을 뽑을 때에는 주최자가 먼저 대중들에 후보자를 내놓는다. 만약 다른 사람들이 이의를 제기하면 주최자가 자체적으로 결정하게 한다. 주최자는 대중들에게

---

313) 위원, 『해국도지』 권59, 『미리견즉미리가국총기상(彌利堅卽美理哥國總記上)』, 1626~1627쪽
314) 위원, 『해국도지』 권59, 『미리견즉미리가국총기상』, 1632~1633쪽.

다시 후보자를 논의하게 한다. 만약 후보자로 나서는 사람이 생기면 손을 들어 자신의 뜻을 밝힌다. 동의하는 사람이 절반을 넘으면 선거되고 절반에 미치지 못하면 선출될 수 없다. 만약 도나 부 혹은 주에서 중요한 회의가 있으면 현에서는 응당 사람을 파견하여 참가하게 해야 한다. 주최자는 대중들에게 다음과 같이 공시한다. '오늘 사람을 뽑아 성에 보내어 회의에 참가시키게 됩니다. 누구를 보낼지 선출하고 싶은 사람의 이름을 종이에 적으세요.' 이후 사발에 담긴 종이를 열어 후선인의 득표수를 세고 대중에 공시하는 과정은 전과 같다."[315]

양정남, 서계여 등 사람들도 미국의 헌정에 대하여 일부 소개를 한 적이 있다. 양정남의 『합성국설서』에서 그는 "미국에는 대통령이 있기 전에 국법이 있었다"고 소개했다. "대통령의 임기는 제한되어 있기에 때가 되어도 퇴임을 거부하면 안 된다. 그리고 스스로 누구를 대신 시켜도 안 된다. 반드시 선거를 해야 하고 임기가 되면 퇴임한다. 선거에 참가하려는 뜻을 가진 사람은 절대 쟁투를 벌려서는 안 되며 누군가를 특별히 추대해서도 안 된다. 세도를 부리거나 한 곳에 오래 머물러 있어도 안 된다. 백성들은 반드시 명령에 따라야 한다." 양정남은 이 때문에 미국의 이러한 제도는 그 자체로 우월성을 가지고 있다고 인정했다. 대통령은 반드시 "당은 내가 세운 것이 아니고 개인도 내가 구제해야 할 바가 아니다. 내가 해야 하는 일은 바로 엄격하게 법을 지키는 것이다. 순식간에 지나버리는 4년간 전심전력으로 고심하게 사색하여 앞에 놓인 일들을 올바르게 처리해야 한다. 탐욕이 과하거나 횡포한 자는 그 자리에 앉힐 수 없고 재임시킬 수도 없다. 그때는 반드시 백성들을 바라보면서 그들의 뜻을 따라야 한다."[316]

미국헌정제도에 대한 그의 칭찬으로 볼 때, 그는 이러한 제도가 능히 대통령의 "탐욕과 횡포"를 방지할 수 있고 "전심전력"으로 국사를 돌볼 수 있을 것이라고 믿은 것 같다.

---

315) 위원, 『해국도지』 권59, 『미리견즉미리가국총기상』, 1635쪽.
316) 서계여, 『합성국설 서』, 장쉬에런(張學仁), 천닝성(陳寧生), 『19세기의 중국헌정』, 무한대학출판사, 2002, 8쪽.

서계여는 또 『영환지략』에서 서양 각국 특히 미국의 풍토와 인정, 그리고 정치제도를 소개했다. 그는 이렇게 썼다. "아메리카합중국은 국토의 면적이 넓다. 이 나라에서는 왕이라는 말을 쓰지 않으며 세습 제도가 없다. 나라의 일은 공중이 함께 의논하는데 그야말로 고금에 없었던 일이라고 할 수 있겠다. 실로 특별하다고 아니 할 수 없다."[317]

그는 또 미국 대통령 워싱턴을 극구 칭찬했다. "워싱턴은 괴이한 사람이다. 그는 병권을 내려놓고 밭으로 돌아가려고 했다. 하지만 백성들은 그의 재능을 아쉽게 여겨 그를 나라의 주인으로 추앙했다. 그는 대중들에게 이렇게 말했다. '나라의 정권을 자손들에게 넘겨주는 것은 이기적인 것이다. 관리의 책임은 응당 유덕한 사람이 이어받아야 한다.' 각 부락은 각기 방국을 세우고 방국마다에는 정 통령 한 사람을 두었는데 부통령이 그들을 보좌하게 했다. 부통령은 한 사람을 둘 수도 있고 몇 사람을 둘 수도 있었다. 4년을 한 임기로 했다. 만약 1년이나 2년 후 바꿔야 할 때는 모여서 따로 논의해야 했다. 우수한 자는 임기가 끝난 후 또 4년을 연임할 수 있다. 두 임기가 끝난 후에는 다시 연임할 수 없다. 정 통령이 임기가 끝난 후 부통령이 권력을 이어받을 수 있으며 부통령이 계승하기에 적합하지 않을 경우 다른 사람을 추천할 수 있다. 각 부락에서 올라 온 대표들이 이름을 적어 사발에 넣고 선거가 끝나면 사발에 담긴 종이를 열어 득표수가 제일 많은 사람을 정 통령으로 결정한다. 관리나 서민이나 자격에 구애를 받지 않는다.

퇴위한 통령은 서민들과 다를 바 없다. 각국의 통령들 중에서 한 사람을 뽑아 총 통령으로 추대하는데 총 통령이 연방의 일상사무나 전쟁에 관한 사무를 주관하게 된다. 각 연방국들은 반드시 총 통령의 명령을 들어야 한다. 총 통령을 선거하는 방법은 각 연방국의 통령을 선거하는 방법과 같다. 총 통령의 임기 역시 4년이다. 우수한 자는 한 임기를 연임할 수 있는데 8년 후에는 연임할 수 없다", "군사를 일으킴에 용맹하여 승리할 수 있었고 범위를 넓힐 수 있었으며 할거함이 조조나 유비보다 기백이 있었다.

317) 서계여, 『영환지략』, 상해서점출판사, 2001, 291쪽.

석자의 검을 빼들어 만리 변강을 개척하였지만 분수를 알아 위호(位號)를 세우지 않았고 자손들에게 물려주지 않았다. 우수한 자를 천거하는 법을 창조하여 천하를 공평하게 하였고 삼대를 내려오던 뜻을 일사천리로 펼쳤다."[318] 그는 또 미국은 관직제도 방면에서 '왕후'라는 제위를 설치하지 않았고 대대로 제위를 이어 받는 법도 없었다. 관리는 반드시 공중의 선거를 거쳐야만 임명될 수 있었다. 임기가 끝나 퇴위를 하게 되면 서민들과 똑같은 신분이 되었다.

미국의 민주 정치제도에 대한 임, 위, 량, 서 등 사람들의 소개가 비록 그렇게 계통적이지는 않고 인식에서 심각하지 못하며 일부 표면적인 특징에만 주의를 돌렸다고는 하지만 결코 기물이 사람보다 못하다는 차원에 정지한 것은 아니었다. 『해국도지 주해편(籌海) 의수상(議守)』에서는 이렇게 쓰고 있다. "비록 외국의 대포와 선박을 계약한다고 하지만 큰 바다에서의 각축전이 아니겠는가? 그것을 모르고 도리어 배에게만 잘못을 돌리면서 바라는 것보다 못하다고 한다면 그것은 의사가 재간이 없어 처방을 못한다고 하는 것과 다를 바 없지 않겠는가? 사실은 약재가 병을 고치는 효과가 없는 데도 말이다." 이러한 인식은 장기간 봉건독재통치하의 중국인들의 입장에서 말할 때, 본국의 실정으로부터 출발한 것으로 전도사들로부터 경험을 섭취하지 않은 외세를 배척하는 장애가 되는 것이다. 이는 실로 세인들로 하여금 새로운 느낌을 가지게 하는 것이다. 그들의 서술은 헌정사상의 전파에서 발단이 되며 후세에 헌정사상의 발생에 계몽작용을 일으켰다. 그들의 인식은 "근대 중국인들이 세계를 새롭게 인식하는 과정의 상징이 되었으며 낮은 단계의 기술이 높은 단계의 기술로 발전하는 상층건축의 진화발전으로 되는 것이었다.[319]

---

318) 서계여, 『영환지략』, 277쪽.
319) 리시수오(李喜所), 『중국 근대사회와 문화연구』, 인민출판사, 2003, 63쪽

(2) 미국 헌정사상에 대한 중국 내 사회 역량의 대담한 시도와 그 혜택

동일한 시기에 하층 사회에서도 자기들만의 방식으로 전해져 들어온 서양의 문화에 대하여 반응을 보였다. 그 표현 중의 하나는 태평천국봉기이다. 이 봉기의 영도자는 '천조 전무제도'라는 혁명 강령을 공포했다. 그중 향관에 대한 선거제도, 남녀 평등과 여권을 존중할 것에 관한 내용 등은 모두 일정한 민주색채를 띠고 있다. 이러한 내용들은 비록 헌정의 차원으로 올라서지는 못하였지만, 이 혁명 후기에 와서는 능히 당시의 발전조류에 부합되는 강령을 나타나게 하였는데 그 강령이 바로 홍인간(洪仁玕)의 『자정신편(資政新篇)』이다. 한시기 동안 세상에 널리 알려졌던 이 문건에서 홍인간은 자본주의를 발전시키는 것에 대한 시대적인 과제를 제기했다. 『자정신편』의 핵심내용은 서양의 제도를 소개하고 학습하는 것이었다. 영국을 소개할 때 그는 "영국은 제일 강대한 국가로 불린다"고 쓰고 나서 영국이 강국으로 불리는 원인은 법제가 완전하기 때문이라고 덧붙였다. 미국을 소개할 때는 "화기방(花旗邦)을 표식으로 하는 미리견(미국)은 부유하고 강성한 나라이다. '방장(邦長)' 즉 대통령은 선거를 통하여 선출된다. 많은 사람들은 현능한 자를 추천하게 된다. 많은 사람들의 추천을 받은 자가 대통령을 담임한다. 모든 국가의 대사, 즉 관리를 뽑고 보충하며 취사를 할 때는 언제나 큰 궤를 대청 가운데에 놓고 모든 관리들과 인자하고 지혜로운 자들이 모여 후선인의 이름을 적어 궤에 넣는다. 그 후 대중들 앞에서 궤를 열어 득표수가 많은 자를 가려 뽑는다."[320] 이러한 일미지언(溢美之言)을 통하여 우리는 청정부와 서로 대립되는 입장에 서있던 농민봉기군들도 이미 서양헌정제도의 정체가 국내의 전통적인 관습보다 진보했음을 의식했음을 알 수 있다.

상층사회는 서학이 대규모로 흘러 들어오는 형세 하에서 불가피하게 적극적으로 혹은

---

320) 홍인간(洪仁玕), 『자정신편 법법류』, 장해림, 『근대중외문화교류사』, 127쪽.

피동적으로 세계에 대한 인지도를 넓힐 수밖에 없었다. 양무운동 후기에 서양으로 나가 유럽, 미국 각국의 사회제도에 대한 고찰을 마치고 귀국한 인사들의 보고는 중국인들의 세계에 대한 인식이 한층 더 발전하였음을 표시한다. 임, 위 등 사람들이 서양헌정제도를 마주하고 보여준 비교적 단순하고 산재적인 소개와 비교할 때, 의회의 조직형식, 의회의 민주정신과 의회제도의 효과에 대한 그들의 논술은 비교적 심층적이었는데 그들은 이 원인에 대하여 분석을 진행하기도 했다. 그에 대한 분석에서 그들은 이렇게 쓰고 있다. "미국에서 대통령은 4년을 임기로 하고 있다. 임기가 찬 후에는 퇴위를 하고 현능한 자에게 자리를 넘겨준다."[321] 이러한 제도가 형성된 중요한 원인은 바로 교육의 발달이다. "수도에는 학당이 즐비했다. … 문과를 배우는 자들에게는 사학원이 있었고 무예를 배우는 자들에게는 무학원이 있었다. 농업을 배우는 자들에게는 농정원이 있었고 공업을 배우는 자들에게는 공예원이 있었으며 상업을 배우는 자들에게는 통상원이 있었다. 선비가 되려는 자만 배우는 것이 아니라 병, 공, 농, 상을 꿈꾸는 자들도 모두 배울 수 있었다."[322] 이렇게 교육이 번성하면서 인재들이 나와 의회제도의 추진을 보장하였고 자산계급사회제도의 완미한 개선을 촉구했다.[323] 서양으로 가서 고찰을 진행하였던 사람들의 눈에 미국의 의회제도는 그렇게 완미한 모식은 아니었다. 그렇기 때문에 '민권이 너무 많다'고 판단한 이 모식과 그들이 수호하려고 했던 봉건군주통치의 목적은 서로 상반되기도 했다.

사실상 당시 서양 각국의 선진적인 민주정치제도는 모두 소개, 보급되었고 모두 민간과 관방의 주목을 끌었다. 하지만 1840년 아편전쟁 중 중국에 대한 영국의

---

321) 최국인(崔國因), 『미국 대통령 워싱턴을 이야기 한다(記論美總統華盛頓)』, 『성초일기류편(星軺日記類編)』, 권39 『거민 상』.
322) 설복성, 『영국, 프랑스, 벨기에, 이탈리아 4개국 출사일기』, 중수허 책임 편집, 『세계로 나아가다』 총서, 악록출판사 1985, 291쪽.
323) 리시수오, 『중국 근대사회와 문화연구』, 116~117쪽.

대폭적인 침략으로 인하여 사람들은 구미사회제도를 소개할 때, 영국보다도 미국을 더 숭상하게 되었던 것이다.[324] 『해국도지』에서의 위원의 서술은 미국에 대한 그의 평가를 충분히 표명했다. "금광이 가득했다. 물물교환 외에도 1년 내내 금은을 수송하여 중국의 돈을 보강해 주었다. 그야말로 부유하다고 아니 할 수 없었다.[325] 서계여는 『영환지략』에서 미국의 첫 대통령 워싱턴을 '환우제일류인'이라고 불렀고 미국을 '삼대 호기락읍(毫岐洛邑)'에 비유했다. 이로써 당시 미국을 추앙하는 경향이 일반적인 것을 넘어섰음을 알 수 있다.

324) 리시수오, 『중국 근대사회와 문화연구』, 61쪽.
325) 위원, 『해국도지』권59, 『외대서양아메리카주총서』, 1611쪽.

제2절
미국 헌정사상에 대한 청나라 말엽 각파 정치 역량의 반응

19세기 중엽 이후, 개량파, 유신파, 혁명파 및 청정부는 각기 다른 개혁의 명목으로 연이어 중국의 정치무대에서 활약했다. 그들의 주장에는 미국헌정사상이 다르게 반영되었다. 개량파와 유신파들은 주로 의회제와 입헌제를 주장했다. 그들은 영국식 헌정을 비교적 많이 흡수하였기에 미국헌정사상의 정신과 실질을 많게는 의회제와 입헌 분권에 대한 토론에서 체현하려고 했다. 하지만 혁명파들은 명확하게 미국공화정체를 모방하자는 주장을 제기했다. 만청시기에 미국헌정사조의 전파는 그 고조를 이루었다. 청정부의 예비입헌은 종합적인 비교를 거친 후, 일본의 헌정모식을 채취하게 되었다.

1. 미국헌정사상에 대한 개량파들의 반응

개량파들은 19세기 중, 후기에 직접적인 양무사상에서 분화되어 나온 집단이다. 그들 중 많은 사람들은 양무운동 중에 파견되어 직접 서양 자본주의의 '부강'을 접촉하면서 중국의 낙후함을 심각하게 느끼게 되었다. 특히 1884년의 중국, 프랑스 전쟁, 1895년의

중일전쟁에서 양무운동이 추구하던 '전투함이 견고하고 대포가 맹렬하다'는 현실은 참혹한 체험을 하게 되었던 것이다. 이러한 현실은 나라의 정영들로 하여금 "기둥이 뽑히고 집이 무너지는 국면은 단지 기술의 책임만이 아니라 정치체제가 병들어 있기 때문"이라는 인식을 다시 하게 했다. 그들 양무파의 변법은 "작은 변화일 뿐 절대 큰 변법은 아니며 겉만 변했을 뿐 절대 속은 진정으로 변하지 않았다" [326] 고 비판했다. 그들은 또 이렇게 말했다. "무릇 유사 이래 정치를 변혁하지 않으면 나라가 부강할 수 없고 군사가 강대할 수 없으며 내정을 변화하지 않고는 외교에서 승리할 수 없다. 내정을 변화시켜야 하는가와 변화시키지 말아야 하는가는 남들에게 묻지 말고 자신의 정체(政體)에 물어 판단을 해야 한다." [327] 일시 수많은 영재와 걸출한 인사들의 시선의 초점이 서양 국가의 기물 문명에 대한 모방으로부터 정치체제의 개량으로 몰렸다. 왕도(王韜), 마건충(馬建忠), 설복성(薛福成), 정관응(鄭觀應) 등은 바로 그들 중의 대표적인 인물이다.

왕도는 '변법'과 '변법자강'이라는 두 편의 글에서 군주독재를 개혁하고 입헌군주 의회제도를 실행해야 한다고 명확하게 제기했다. 이러한 개혁을 통하여 서양의 선진적인 과학기술을 학습하고 민족자본주의의 공상업을 발전시키며 서양 민주 정치제도를 실행하는 것과 연계시켜야 한다고 주장했다. 그는 당시의 서양 국가를 '군주 국가', '민주 국가', '군민공주 국가'로 분류했다. 이 세 가지 유형에서 그는 '군민공주 국가'를 찬미했다. "상하가 소통할 수 있고 서민들의 뜻이 위로 반영될 수 있다. 군주의 배려를 아래에서 받을 수 있다. … 이것은 중국에서 3대 이상 전해 내려온 뜻이기도 하다." [328] 그는 중국이 가난하고 기력이 쇠하게 된 근원은 바로 상하가 소통이 되지 못한 것이라고 지적했다. "그 유래를 짐작하면 빈곤이 늘 따르는 근원은 보기만 하고 상호 지적만 할뿐 상, 하의 정황을

326) 왕도, 『강약론에 답한다(答強弱論)』, 『도원문록외편(弢園文錄外編)』 권7, 랴오닝인민출판사 1994, 293쪽.
327) 단방, 『청정국시이안대계절(請定國是以安大計折)』, 『단충민공주고』 권6, 광서32년 7월 초8일(1906년 8월 26일)주고.
328) 왕도, 『중민하』, 『도원문록외편』 권1, 35쪽.

덮어놓고 상호간에 알리지 않는 것이다"[329]

　왕도와 의기투합이 잘 되었던 마건충(馬建忠)은 『상이백상언출양공 과서(上李伯相言出洋工課書)』에서 이렇게 말했다. "의회를 세우면 아래 정황이 가히 위에 달할 수 있다", "각국 관리의 품행과 치적은 일치하지 않다. 군이 주인이 되는 나라도 있고 백성이 주인이 되는 나라도 있으며 군민이 함께 주인이 되는 나라도 있다." 한층 진보한 주장은 그가 자산계급의 삼권분립제도를 초보적으로 체현했다는 것이다. 그는 서양 국가들이 집행하는 삼권분립에 대해 이렇게 서술했다. "법을 정하고 법을 집행하고 법을 심사하는 권력을 한 사람이 다 장악하는 것이 아니라 나누어 집행하기에 상호 권력을 침범할 수 없게 된다. 그렇기 때문에 그 정사 집행과정이 조리 정연하여 참으로 보기에 훌륭하다. …사람마다 자신의 권력을 행사할 수 있고 사람마다 자신을 위하려는 뜻을 펼칠 수 있다."[330]

　헌법제도 개량에 대한 논술에서 제일 정확하고 심오하며 정미한 이는 정관응이라고 해야겠다. 그는 『성세위언』에서 의회를 설립하는 것과 설립하지 않는 정반대인 두 개의 방면에서 그래도 의회를 설립하는 쪽이 훨씬 더 좋다고 지적했다. 그는 서양 나라들이 부강할 수 있는 근본이 바로 제도에 있기 때문에 "합중(合衆)만이 성(城)을 이룰 수 있다"는 것이다. "나라를 세울 수 있는 근본은 대중을 얻는 것이다.

　대중을 얻으려면 그들과 마음이 통해야 한다. 그렇기 때문에 선인들은 '정이 있는 자는 천자의 발'과 같다고 했다. 도리는 바로 여기에서 생기는 것이다. 이 설법을 어디서 행해야 하는가? 바로 서양의 의회이다. 의회란 정사를 의논하는 곳이다. 모여서 사색을 하고 대중들을 이롭게 한다. 사람을 뽑아 정계에 세울 때에는 공평하게 처리한다. 법은 진실하고 뜻은 깨끗하다. 의회가 없으면 군주와 백성들 사이에 간격이 생기게 되고

---

329) 왕도, 『달민정』, 『도원문록외편』 권3, 97쪽.
330) 마건충, 『적가재기언(適可齋紀言)』 권2. 장진반, 『서학동점과 중국헌정사상의 맹발(萌發)』, 『법사학연구』 제1집에서 인용.

뜻이 왜곡된다. 힘은 권력에 있기 때문에 권력을 분리하면 힘이 적어지게 된다. 비록 만국공법 중에 주어진 권력이라고 하지만 반드시 공평한 것도 있고 공평하지 못한 것도 있게 되며 법으로 일을 처리하는가 하지 않는가 하는 고리에 고리를 이은 서로 얽힌 공격적인 기세도 있게 되는 것이다. 공법을 빌려 전반적인 정세를 수호하려면 반드시 먼저 의회를 설립하여 민심을 공고히 해야 한다. 서양 각국들은 모두 의회를 설립해야 한다고 부르짖고 조치를 취하며 모두의 동의를 구하고 있다. 그들은 백성들이 불편하다고 생각하는 일은 결코 하지 않고 백성들이 할 수 없다고 생각하는 일은 강요하지 않는다. 이렇게 해야 조정과 민, 위아래가 한마음으로 협력하게 된다. 이웃 주변국들과 자주 왕래를 해야 하며, 내가 남을 야박하게 대하지 않고 나를 야박하게 대하는 사람이 없어야 한다. 군대의 강함, 배와 화포의 강력함, 새로운 기계를 사용하여 천하를 응시하는데 이는 적군의 침략을 물리치고 승리할 줄 모르는 것으로, 다수의 의견을 모아야 성을 세우는 것이 정무를 다스리는 근본이다.”[331]

이 기초위에서 그는 또 의회의 사회 효용에 대하여 설명했다. “무릇 의회가 여러 정치강령을 장악하고 있으면, 군상신민(君相臣民)의 기운이 통한다. 상하가 청렴하여 거리가 사라지고 전국의 마음이 하나가 되어 복잡하게 얽힌 것들이 조리 있고 질서 정연하게 될 것이며, 그 군주 되는 자가 올바르게 본분을 다할 것이다. 고로 의회가 있어야 혼미하고 난폭한 군주가 잔혹할 수 없을 것이며, 제멋대로인 신하가 그 권한을 휘두를 수 없을 것이다. 또 대소논쟁이 그 책무를 지배할 수 없어, 초야 백성들의 책망이 쌓일 수 없다. 고로 결코 수대에 이르러 망하거나 하루아침에 소멸하지는 않을 것이다.”[332] 동시에 의회는 현능한 자를 선거함에 있어서도 양호한 작용을 하게 된다. “국가의 성쇠는 거의 인재와 관계가 있는데, 인재가 현명한 지를 선거로 가릴 수 있다. 의회는 국민을

---

331) 정관응, 『성세위언　의회 상』, 진지량(陳志良) 선주, 요녕인민출판사, 1994, 47쪽.
332) 정관응, 『성세위언　의회 상』, 진지량 선주, 48쪽.

위해 설립된 것이며 의원은 국민을 위해 선출한 것이다. 한사람을 지목하여 현명하지 못하거나, 사사로움이 있으면 중인들이 제기하는데, 현명하지 못할 경우 공론을 벗어나기 힘들다."[333]

서방을 고찰해 보면, 의원의 논쟁을 숨기는 것 없이 공포하고, 의회의 일을 저녁신문에 게재하여 모두가 알게 한다. 론은 서로 칭찬하는 것이지 비방하는 것이 아니다. 이는 일국이 현명해 지기 위한 준비이며 인재들이 대량으로 배출되고 국가도 왕성하게 흥성하는 것이다. 중국의 향거이신제는 서방국가의 투표공개선거의 방법으로 의원을 신중하게 고르기 위한 방법이었다. 각 성에 여러 신문사를 설치하여 의회가 분명하게 시비를 가려 천하의 뛰어난 선비와 재주가 있는 백성을 뽑아 충성을 다하게 하고 그 포부를 펼치게 했다. 그래서 군주가 홀로 책임을 지지 않고 백성이 은둔에 치우치지 않는 군주와 백성이 서로 다스리는 정의가 서로 교차하고 믿는 것이다.

천하의 일에는 시비가 있고 또 상과 벌이 있다. 그러나 세계는 크고 사람이 많아 동고동락하면서 우울하기도 즐겁기도 하므로 상하가 한마음으로 군민이 일체가 되면 어떻게 적국의 우환이 감히 우롱하고 얕볼 수 있겠는가? 중화는 스스로를 낮추고 허약한데, 부국강병하여 천하의 희망국이 되려하지 않는다. 항상 그렇다. 그래서 내부를 안정시키고 외적의 침입을 막을 수 있기를 희망하면서, 국가를 다스리고 백성을 부양하고 영원한 태평성세를 유지하는 공법을 주장한다. 그러기 위해서는 반드시 의회가 설립되어야 한다.[334] 의회를 중추로 한 군민공주의 사상의 발전을 보여주며 부민과 강국을 연결시켰다. 이로부터 정관응은 서양의 선거제도와 의회제도의 우월성을 개괄하고 자신의 염원을 표현했다. 즉 중국이 '서양의 투표를 하여 공평하게 선거하는 방법'을 참고하여 '상하가 합심하고 군민이 일체가 되는' 전에 없던 목적에 도달하려는 것이었다.

---

333) 정관응, 『성세위언　의회 상』, 진지량 선주, 49쪽.
334) 정관응, 『성세위언　의회 상』, 천즈량 선주, 47~50쪽.

왕도나 마건충 그리고 정관응을 막론하고 그들은 서양의 의회제도에 대하여 고찰을 진행한 기초 위에서 구미 각국의 의회조직을 두 가지 유형으로 나누었다. "하나는 민권을 중요시 하는 나라들로 미국, 프랑스, 스위스 및 남북아메리카의 작은 나라들이다. 그 나라에는 군주라는 직위가 없이 수령만 있다. 그들은 의회의 명령을 받는다.

다른 하나는 군민공주의 국가들이다. 영국, 독일 및 유럽의 여러 국가들이다. 이런 나라들에는 군주가 있을 뿐만 아니라 의회도 있다. 일을 처리할 때는 먼저 의회에서 토론을 하고 군주가 결정을 내린다."[335] 이 두 가지 유형에서 "미국은 민권이 너무 중요하고 프랑스는 너무 떠들어 댄다. 이 중에서 가장 적당한 나라는 영국과 독일 두 나라인데 이들의 군민공주가 제일 적당하다."[336] 이 때문에 아편전쟁 초기 중국인들이 미국정치제도를 비교적 추앙하던 것과는 달리 이 시기에는 영국의 의회제도를 비교적 많이 소개했다.

의회제도에 대한 인식이 깊어짐에 따라 개량파들은 중국 의회의 조직, 순서 등 문제에 대하여 날로 열띤 토론을 진행했다. 각자 서로 다른 주장이 자주 나왔다. 그중 전형적인 인물을 들면 진치(陳熾), 탕진(湯震), 하계(何啓), 호예원(胡禮垣)이다. 진치는 의회의 상원은 '국가에서 임명한 관리'들로 구성되어야 하고 하원은 '지방 유지인사나 백성들이 공동으로 선거한 사람'들로 구성해야 한다고 주장했다. "현에서 선거하여 부에 보내고 부에서 선거하여 성에 보내며 성에서 뽑아 직접 조정에 보내는 선거방식을 채용했다. 서양에서 이름을 적어 사발에 넣는 방식을 모방하였는데 득표수가 많은 자가 선출될 수 있었다." 의원을 선거한 후 "의회에 기거하게 했고 그들에게 봉급을 주어 살아가게 했다. 하지만 의회는 여전히 정부에서 사무를 토의하는 기구로써 반드시 일을 어떻게

335) 『서정기정(西征紀程)』 권4, 『광서11년 3월 25일기』, 『유기회간』을 참고. 리시수오, 『중국근대사회와 문화연구』, 116쪽.
336) 설복성, 『영국, 프랑스, 벨기에, 이탈리아 출사일기』, 197쪽.

처리하는가는 군주의 주장에 따랐다."337)

탕진은 이렇게 지적했다. 의회는 "왕으로부터 아문의 관리들에 이르기까지 또한 한림원의 4품 이상의 관리들로 구성되는데 군기처에서 관리한다. 하의원은 여러 관아의 관리들 및 한림원의 4품 이하 관리들로 구성되며 도찰원에서 관리한다."338)

하계, 호예원 제기한 구체적인 방법은 현, 부, 성에 각기 의원 60명을 두고 "현 의원은 수재들 중에서 뽑아 백성들을 관리하게 하고 부 의원은 거인들 중에서 뽑아 수재들을 관리하게 하며 성 의원은 진사들 중에서 뽑아 거인들을 관리하게 한다"는 것이었다. 의원의 임기는 몇 년이라고만 제기했다. 의원들의 직책은 바로 정치를 논하는 것이었다. "지방의 이익과 폐단, 민심의 좋고 나쁨은 모두 의원들이 관리하게 했다. 혁신에 관계되는 일 관리들이 염원하는 일은 모두 의원들이 계책을 내놓게 했다. 의원들은 하고 싶은 대로 하였는데 대부분 관리들을 위해 일했다. 법을 논할 때에는 관리와 의원들이 합의한 후 결정했다. 의회에서 논의 된 사항은 층층이 위에 보고를 하였는데 마지막에 황제에 이르게 되었고 황제가 어필로 서명을 해야 효과가 발생했다. 만약 부당한 곳이 있어서 황제가 서명을 하지 않으면 다시 논의하여 상주했다. 종합적으로 일처리가 빈틈이 없어야 끝을 볼 수 있었다."339)

개량파들의 의회를 설립하자는 것부터 군민공주를 실시하자는 견결한 주장과 강렬한 호소 속에서 우리는 헌정사상에 대한 주장은 19세기 하반기에 이미 중국에서는 막을 수 없게 되었었다는 것을 알 수 있다. 군민공주사상이 잉태되던 그 과정은 서양 전도사들이 동방으로 오면서 중국인들에게 민주헌정의 전경을 보여주었고 임칙서, 위원 등 사람들이 다투어 전파를 하던 과정이었다. 또한 양무파들이 서양 공업국가의 기술을 모방하고 서양의 문명, 헌정사상을 보급하고 계승하면서 전파가 파죽지세로 빨라졌다.

---

337) 진치, 『용서(庸書) 의회』, 『무술변법』 제1책, 신주국광사, 1953, 246쪽.
338) 탕진(湯震), 『위언(危言) 의회』, 『무술변법』 제1책, 177쪽.
339) 하계, 호예담, 『신정진천(新政眞詮) 신정논의』, 『무술변법』 제1책, 196~198쪽.

그러나 애국적인 관료사대부들과 지주계급 지식인들이 쇠락에 처한 나라를 구하여 생사를 도모하려는 애국열정이 정치개혁의 헌정이상과 연결되면서, 서양의 제도문명을 주목하게 되었고 의회를 설립할 것을 주장하고 군민공주를 주장하게 된 것이다.

이로부터 헌정문명이 진정으로 정치무대에 올라서게 된 것이다. 장기간 봉건적인 삼강오륜의 명교와 논리도덕에 속박당해 오던 환경에서 정치적으로 군민공주를 실행하자고 직접 제기하는 것은 당시로 말하면, 대지를 진동시키는 파격적인 거동이 아닐 수 없었다. 비록 이러한 입헌주장들이 당시에는 필묵을 통해 선전되고 헌정에 대한 인식이 그렇게 깊지는 못하였지만 역사적으로 볼 때 그 위치를 소홀히 할 수 없다.[340]

2. 미국헌정사상에 대한 유신파들의 반응

1895년 중일 '마관조약(馬關條約)'의 체결은 획기적인 상징적 의의를 가지고 있다. 이를 통하여 중국의 유지인사들의 사상은 철저히 평형을 잃었다고 할 수 있다. 하늘과 땅이 뒤바뀌는 것 같은 느낌이 전국을 휩쓸었던 것이다. 옹동화(翁同龢)가 눈물을 흘리면서 황제 앞에서 격동을 감추지 못하였고, 광서는 비록 공개문서에서 '비록 땅을 포기할 수 없고 배상도 할 수 없다'는 여전히 조약파기의 결전을 주장하는 사람들 일부의 '겸권심처(兼權審處)'의 주장에도 불구하고 비공식적으로 또 분노했다.

"대만 할양은 천하인심이 모두 떠나는 것인데 짐이 어찌 천하의 주인이라 할 수 있겠는가?" '천조대국'이 '작은 소국'의 화포아래 굴욕적인 조약을 맺은 것으로, 이는 분하고 굴욕적인 감정이 조정의 문부백관을 아프게 찌른 것이다. 보수적인 관원조차도 분노하여 '개혁자강'을 요구하였다. 절강학정(浙江學政) 서치상(徐致祥)이 상주하기를

---

340) 『서학동점과 중국헌정사상의 맹발』, 『법사연구』 제1집, 9쪽.

"오늘날 중왜의 일은 전쟁도 화해도 이룰 수 없는 것으로 사실 이전에 없었던 처음 겪는 상황이다." "이전의 영국, 프랑스의 침범에서는 할양 없이 극복했는데, 지금은 동쪽 끝의 섬나라 소국인 왜에게 중국 전체가 수난을 당했으니 국가를 어떻게 국가라고 여길 수 있는가?" 이 '국가를 어찌 국가라 여길 수 있겠는가'라는 대목에서 그들의 참을 수 없는 분노와 고통의 감정을 알 수 있다. 이러한 배경아래에서 국가를 멸망의 위기로부터 구하여 생존을 도모하고 봉건독재제도를 개혁하며 입헌군주를 실행하는 무술변법운동이 발생했다. 1898년 광서황제는 『명정국시조』를 내려 유신인사들을 기용하기 시작하였고 유신변법을 선포했다. 새로 제정한 정치 강령에는 정치, 경제, 문교 등 여러 가지방면에 포함되었는데, 어쩌면 모든 국무정사를 개괄했다고 할 수 있다. 유신파들은 흥민권(興民權), 의회 개설권, 군민공주 등 자산계급 참여정권에 대해 제기하였고 입헌군주의 주장을 실행하였으며 유신변법이 한차례의 애국구국운동만이 아니라 심각한 헌정사상문화운동이 되게 했다. 강유위, 양계초, 엄복 등의 언론이나 저작에서 우리는 그들의 헌정사상이 또 한 걸음 발전하였음을 알 수 있다.

양계초는 무술변법 전후에 연속으로 글을 발표하여 민권을 고취시켰다. 그는 이렇게 높이 호소했다. "19세기는 민권의 세계이다. 민권을 개방하는 것은 이미 목전 세계의 역사조류가 되었다. 나라가 있는 사람이라면 모두 민권을 펼칠 수 있기를 갈망한다. … 오늘날 우리는 생존경쟁의 우승열패의 세계에 처해있다. 민권이 없이는 나라의 권리도 수호할 수 없다."[341] 그는 또 이렇게 말했다. "나라는 백성들로 구성되었다. 나라에 백성이 있음은 사지가 있고 오장이 있고 맥박이 있고 혈맥이 있는 것과 같다. 사지가 끊어지지 않고 내장이 파괴되지 않고 혈맥이 상하지 않고 피가 응고되지 않으면 사람은 능히 생존할 수 있는 것이다."[342]

341) 양계초, 「상월독 이부상서」, 『음빙실합집 1 음빙실문집 5』, 61쪽.
342) 양계초, 「신민설 서론」, 『음빙실합집 6 음빙실문집 4』, 1쪽.

엄복은 '천부인권'이론을 소개하고 선전했다. 또한 '군권은 신이 부여한 것'이라는 전통적인 관념을 비판하는 것에서 출발하여 민권을 주장했다. 그는 천하의 군민관계는 '분담하고 협조하면 일을 쉽게 처리할 수 있다'는 원리에 의하여 설립된 사회계약관계라고 지적했다. '인민들이 현명한 자를 선택하여 군주로 세웠다'는 것이다. 그렇기 때문에 군주는 백성들이 "밭을 갈고 직물을 짜고 작업을 하고 장사를 하게 해야 하며 백성들이 자신의 생명과 재산을 보위할 수 있게 해야 한다. 아니면 백성들은 군주를 폐위시키려고 할 것이다. 그의 결론은 "백성들이야말로 천하의 주인이고 나라는 백성들의 공동의 재산이며 왕후장상은 나라의 종복"이라는 것이다.[343] 엄복의 눈에서 의회제도와 선거제도는 제일 완미한 제도였다. 엄복은 이렇게 말했다. "과히 도리라고 할 수 있다.

백성들을 충성하게 하려면 이것을 취해야 하고 백성들을 훌륭하게 교화하려면 역시 이것을 취해야 한다. 토지를 비옥하게 하려면 이것을 취해야 하고 길을 개척하고 장사를 흥성하게 하려면 반드시 이것을 취해야 하며 백성들의 순결을 지키고 깨끗하게 선을 행하게 하려면 이것을 취해야 한다."[344] 엄복은 대량으로 서학 저작을 번역한 후에 부연 설명을 많이 첨가하는 새로운 번역 방식을 취했다. 이러한 부연 설명은 대부분 중국사회의 정황에 기초하여 발전시킨 것이다. 엄복은 『법의』를 번역할 때 민주자유사상과 삼권분립의 원칙에서 이런 부연 설명을 첨부했다. "이 말은 바로 중심 요해부분이라고 할 수 있다. 중국이 발전하지 못하는 이유에 대해 학자들이 관심을 기울이지 않으면 안 된다." 이 말은 중국독자들의 깊은 사색을 자아냈다.

강유위도 역시 의회를 설립하는 것에 대한 정치적 주장을 내세웠다. 그는 단도 직입적으로 이렇게 말했다. "중국봉건정치의 폐단의 근원은 상층이 너무 위엄을 부려 아래의 정황이 제대로 전해지지 못하는 데 있다." 이 점에 대해 강유위는 한마디로 정곡을

343) 엄복, 「벽한(辟韓)」, 왕스(王栻) 주필, 『엄복집』 제1책, 중화서국, 1986, 36쪽.
344) 엄복, 「원강(原强)」 수정원고, 왕스 주필, 『엄복집』 제1책, 31~32쪽.

찔렀다. "중국에서 독재정치를 실행하는데 … 나라가 안정될 수 있겠는가? 쇠락하지 않을 수 있겠는가?"[345] 이 폐단에 대하여 그는 1897년에 『청나라 황제에게 올리는 제5서』에서 의회를 설립해야 하는 것에 관한 주장을 명확하게 제기하였고, 『청나라 황제에게 올리는 제6서』에서는 삼권분립의 원칙을 소개했다. 그리고 『청강 명국시정정방침절(請講明國是正定方針折)』에서는 삼권분립의 우월성에 대한 자신의 인식을 천명했다. 『청정입헌개국회절』에서 그는 '삼권정립'의 중요성과 필요성을 다시 한 번 강조하면서 자신의 구상을 제기했다. "국회로 입법하고 법관으로 사법을 펴나가야 한다. 정부에서의 행정은 반드시 사람을 주체로 해야 한다", "헌법을 세우고 실행하며 국회를 크게 열고 서정(庶政)을 국민과 함께 해야 한다. 삼권정립제도를 실행하여야 한다." 그때에 가면 "군주와 천백만의 국민은 하나로 합심하게 될 것이다. 그렇게 되면 왜 나라가 안정하고 부강해 질 수 없겠는가?"[346]

　이런 주장에는 미국헌정에서의 권력에 대한 제한과 분권정신이 선명하게 표현되었는데 비교적 완정한 헌정이론계통이 형성되었다. 물론 형세의 핍박에 의해 그 정체에 대한 선택은 군주의 입헌제를 초월할 수 없었다. 강유위는 당시 중국에서는 오직 입헌군주정체를 실현해야 할 이유를 제기하였는데 주로 세 가지로 귀납했다. "첫째, 입헌군주제와 민주공화제는 서로 다른 시대에 적응되어야 한다. 입헌군주제는 승평세(升平世)에 부합하며 민주공화제도 태평세(太平世)에 적합하다." 당시 중국은 바로 태평성세로 발전하고 있었기 때문에 오직 입헌군주제가 형세에 적합하다고 주장했다. "둘째, 당시 중국의 근본문제는 나라를 개인의 것으로 간주하는 사상으로부터 나라를 모두의 것으로 간주하는 사상"으로의 변화였다. 입헌군주제를 실시하려는 목적은 바로 봉건독재를 반대하고 나라를 모두의 것으로 만들려는 것이었다. "셋째,

---

345) 강유위, 『청정입헌개국회절(請定立憲開國會折)』, 탕지균(湯志鈞) 편, 『강유위정론집』
　　 상책, 중화서국, 1981, 제38쪽.
346) 강유위, 『청정입헌개국회절』, 탕지균 편, 『강유위정론집』 상책, 338쪽.

입헌군주제와 민주공화제는 제도가 기본상적으로 일치한다. 다른 것은 오직 전자가 이른바 '허상의 군주'를 가지고 있다는 것이다." 그는 이렇게 말했다. "입헌군주제는 바로 입헌민주제도로서 그 민권은 같은 것이다. 또한 국회내각도 같고 총리대신의 권리와 대통령의 권리도 같다.

호칭이 비록 다르다고는 하지만 군주를 대신한 주인이 되는 것이다."[347] 양계초도 같은 뜻으로 "입헌군주는 정체적으로 제일 훌륭한 것이다"라고 호응했다.[348] 중국에서는 오직 입헌군주를 실행할 수 있을 뿐 민주공화는 실현할 수 없었다. 그는 중국의 국민들은 자치능력이 결핍돼 있기에 만약 억지로 민주공화정체를 실시한다면 이익이 없을 뿐만 아니라 도리어 혼란을 조성할 수도 있다고 보았다. 그렇기 때문에 왕권을 존중하고 입헌군주를 실시하는 것만이 상책이라고 주장했다.

3. 미국헌정사상에 대한 혁명파들의 반응

무술변법이 실패한 후, 여야 쌍방은 사분오열되었다. 민간에서 정부를 비난하는 목소리가 한층 더 높아졌고 더욱 풍부한 헌정이론과 더욱 격렬한 변혁운동의 시대가 도래했다.[349] 혁명파들은 손문, 장태염 등을 대표로 하여 미국을 본보기로 하는 민주공화사상을 창도하였는데, 영국식 입헌군주제도를 고수하는 개량파들과 헌정의 구체적인 주장에서 길을 달리했다.

두 파의 논쟁은 19세기 초에 시작되어 1905년에 전면적으로 펼쳐졌는데 그 논쟁시간이

---

347) 강유위, 『공화정체론(共和政體論)』, 탕지균 편, 『강유위정론집』 하책, 682쪽.

348) 양계초, 『입헌법의』, 『음빙실합집 5』, 제1쪽.

349) 하근화(何勤華), 이수청(李秀清), 『외국법과 중국법(外國法與中國法)―19 중국에서 외국법을 도입한 것에 대한 반성』, 중국정법대학출판사, 2003, 30쪽.

길고 규모가 전에 없이 컸으며 제기된 문제도 아주 많았다.[350] 이 기간에 개량 파들은 『신민총서』,『청의보』,『시무보』등 신문과 잡지를 진지로 삼아 서양의 입헌군주제, 의회제 등 헌정사상이론을 발전시켰다. 그리고 혁명파들은 『국민보』,『소보』, 『민보』등 신문과 잡지를 진지로 삼아 언론을 발표하면서 개량파들의 관점에 맞불을 놓았다. 그들은 서양 자산계급혁명의 역사와 학설을 이론적 의거로 삼았다. 그들은 민족민주국가를 건립하는 것을 시대의 조류로 생각해 절대 거슬러 갈 수 없다고 주장했다. 이런 기초위에서 그들은 자산계급 정당을 건립할 것과 자산계급 공화국을 건립하는 것에 관한 주장을 제기했다. 추용은 『소보』에 '혁명군'이라는 글을 발표하여 자유평등, 천부인권을 분석하면서 봉건독재를 비판했다. 그는 "봉건독재가 인민의 권리를 침범하면 인민들은 즉시 혁명을 할 것이고 새로운 정부를 세우게 될 것이라고 지적했고, 새로운 정부는 미국의 법을 배워 인민들의 권력을 보장해 줄 것"이라고 역설했다. 이로부터 우리는 추용이 미국공화제를 매우 추앙했다는 것을 알 수 있다.

"나는 루소, 워싱턴, 와이먼… 을 믿는다."

"우리의 동포들은 매우 운 좋게도 루소의 '민약론', 몽테스키외의 '만국정리', 조니 밀러의 '자유의 도리', '프랑스혁명사', '미국독립격문' 등 번역된 책을 읽을 수 있게 되었다."

"사람은 갓 태어났을 때 모두 자유로웠다. 즉 누구나 평등하여 군주를 두려워하지 않고 오직 민중만을 고집했다. 오늘날 우리 동포들이 혁명을 일으켜 함께 군주를 쫓아내려고 하는 것은 나로 말할 때 이종(異種)이라고 할 수 있다. 이른바 독재를 소멸하고 민중이 주인이 되려는 것이다. 이렇게 되어야만 하늘이 부여한 인권을 찾을 수 있고 하늘이 준 본질적인 지혜로 우리 동포들이 즐겁고 행복하게 평등과 자유를 마음껏 누릴 수 있게 될 것이다."

"국민은 자치능력이 있고 독립적인 성질을 가지고 있다. 또한 공권을 행사하고 자유와

---

350) 하근화, 이수청, 『외국법과 중국법-19 중국에서 외국법을 도입한 것에 대한 반성』, 39쪽.

행복을 누릴 수 있다. 어떠한 일에 종사하든지 흠잡을 데가 없을 것이다."

"법을 살펴 보건대 미국 등 나라들은 꼭 충성해야 할 군주가 따로 없다. 하지만 그 나라의 군민들은 한마음으로 나라에 충성할 의무를 가지고 있다. 그들은 어느 하루도 이 점을 망각하지 않는다."

"격치로부터 일명(日明)을 배우면서 하늘이 황제를 내렸다는 사이비 학설을 일축했다. 세계의 문명과 서광이 열리면서 한 사람이 천하를 독점하던 독재정체 제도가 무너지게 되었다. 사람들은 지혜와 총명으로 저마다 하늘이 부여한 권리를 향수하게 되었다."

"나라에서는 남여 불문하고 모두 국민으로 불린다. 무릇 국민이라면 남여는 모두 평등한 것으로 상, 하 귀천이 따로 없다. 누구도 다른 사람의 권리를 빼앗을 수 없다. 그 권리는 하늘이 준 것이기 때문이다. 생명의 자유와 일체 이익과 관계되는 일은 모두 하늘이 준 권리이다. 그렇기 때문에 누구도 자유를 침범할 수 없다. 이를테면 언론, 사상, 출판 등과 같은 일을 일컫는다."

"모두의 권리는 반드시 보장되어야 한다. 오직 대중들 공통의 허락이 있어야만 정부를 건설할 수 있다. 각자는 주어진 권리에 의거하여 모든 인민의 권리를 보호하는 일을 관장해야 한다."

"어느 때든지 정부에서 대중들의 권리를 침범하는 일이 발생하면 대중들은 곧 혁명을 하게 된다. 낡은 정부를 뒤엎고 나라의 안전과 평화를 추구하게 된다."

"나라의 이름을 '중화공화국'이라고 할 수 있다. '중화공화국'은 반드시 독립국이 되어야 한다." "입헌법은 반드시 미국의 헌법을 따르고 중국의 성질에 근거하여 결정되어야 한다. 자치 법률은 미국의 자치법을 참조하여야 한다…"[351]

진천화는 『민보』에 "중국에 적합한 민주정체를 개혁, 창조할 것에 대하여"를 발표하여 미국에서 삼권분리 원칙을 채택하여 공화제국가를 건립한 것을 찬양하면서

351) 추용, 「혁명군」, 장단, 왕인지 편, 『신해혁명 전 10년간 시론선집』, 제1권, 하책, 649~677쪽.

중국도 미국처럼 공화제를 채택해야 한다고 주장했다. 글은 이렇게 썼다. "프랑스 몽테스키외가 주장하는 법과 정치는 영국의 법과 정치보다 못하다. '만법정리'라는 책은 삼권분립의 도리를 설명하였는데 공화에 속한다. 미국은 이 제도를 빌려 건국했다. 동서고금 정치 비교론자들은 모두 국가가 아닌 것으로부터 제한을 받아온 횡목과도 같은 존재로, '공화(共和)가 좋다', '공화가 좋다'고 말하지 않을 수 없다. 중국에서 제일 아름답고 제일 적합한 정체는 공화라고 해야 할 것이다."³⁵²⁾ 개량파와 혁명파들의 쟁투는 사실상 영국식 헌정과 미국식 헌정의 쟁투였다. 개량주의 사상가들의 사상에서 일부 내용들은 미국헌정의 정신과 실질을 포함하고 있었다. 이를테면 마건충의 『상이백상언출양공과서』에서의 삼권분립제도의 초보적인 서술, 강유위의 『청정입헌개국회절』에서의 "삼권정립"의 중요성과 필요성에 대한 강조와 '삼권정립'에 대한 구상, 엄복의 몽테스키외의 『법의』에 대한 번역과 평가는 그들이 미국의 헌정원칙과 시스템의 우월성을 의식하고 있었다는 것을 보여주며, 그 헌정원칙과 중국사회 결합에 대한 염원을 보여준다. 하지만 그들은 미국의 공화제에 대해서는 찬성하지 않았다. 이 두 가지 방면으로부터 우리는 미국 헌정사상이 중국인들의 지혜에 주입되었고 중국인들의 대대적인 지지를 받게 되었다는 것을 알 수 있다. 하지만 청나라 말 마지막 10년 중에 개량파나 혁명파들의 논쟁, 헌정에 대한 저작, 논문과 역문의 대량 출판과 발표는 헌정사상, 특히 미국헌정사상의 전파를 대폭적으로 추진하였고 중국에 미국식 헌정을 옮겨오고 배양하는 토양이 되었다.

---

352) 진천화, 「중국민주정체를 적당히 개혁하고 창조하는 것에 대해 논함」, 장단, 왕인지 편, 『신해혁명 전 10년간 시론선집』, 제2권, 상책, 120~124쪽.

4. 만청정부가 미국헌정사상을 거부한 원인

예비입헌은 청나라 정부 본체의 정치혁신이었다. 이러한 정치혁신은 민족의 생사존망이 위기에 처해있고 국가가 내우외환에 처한 긴요한 시기에 진행되었다. 미국의 헌정사상은 중국에 전파되면서 한차례 돌풍을 일으켰지만 청나라 정부는 도리어 일본의 헌정모식을 본보기로 삼았다. 심지어는 헌법초안의 집필마저 일본의 저명한 헌법학자 키타키 사부로에게 맡겼다.[353] 이로부터 청나라 정부는 입헌 문제에서 늘 일본을 따라가는 경향이 있었음을 알 수 있다. 이러한 경향은 여러 면에서 나타나고 있다.

입헌의 방침으로부터 볼 때 청나라 정부는 '예비입헌'방침을 채택하였는데, 이것은 일본이 처음에 했던 예비입헌 방침과 비슷하다. 메이지 8년(1875년), 천황은 「입헌정체를 수립하는 것에 관한 조서」를 발포하면서 점차 나라에서 입헌정체를 수립한다고 선포했다. 청나라 정부는 1906년에 '예비모방헌정'을 선포했다.

청나라 정부는 입헌방침을 확립한 후, 1905년을 전후로 재택, 대홍자, 서세창, 단방 등을 서양에 보내 고찰하게 하였는데, 그 목적은 일본이 메이지 15년(1882년)에 이토 히로부미를 유럽에 보내어 헌정을 고찰하게 한 선례를 모방한 것이다. 청나라 정부는 1906년에 '예비모방헌정'을 공포하고 1908년에 또 조서를 발표하여 준비시간을 9년으로 확정하였고 이 기간 동안 완전히 일본을 따르기로 했다. 일본은 메이지 14년(1881년)에 메이지 23년(1890년) 개국회를 선포하고 시간을 9년으로 정했었다.

입헌을 선포한 후, 준비방법도 대부분 일본을 모방했다. 관직제도를 개혁하는 것을 준비과정으로 삼은 것도 사실은 일본의 경험이다. 9년의 준비과정에서 처리해야 할 일들을 열거하고 준비사항과 그 내용들을 자세히 작성했다. 기제(旗制)문제를 제외한 대부분 사항은 일본에서 실행하던 것과 다를 바 없다. 이외 자정원(咨政院),

---

353) 유강(兪江), 「청조 말기 두 가지 헌법초안원고의 발견과 초보적인 연구」, 『역사연구』 6호, 1999.

자의국(諮議局)의 설립 역시 일본의 '의원(議院)을 세우는 기초'의 정신에 의거한 것이다.

제일 결정적인 것은 『흠정헌법요강』이 일본헌법의 복제판이라는 것이다.

이 요강에서는 군주에게 막대한 권력을 주었는데 이원제입헌군주제의 특징을 체현했다.

중국은 입헌군주제를 시도하는 데 실패한 후, 미국헌정제도를 옮겨오자는 주장을 제기했다. 1902년 장종원(章宗元)은 1787년 『미국 헌법』 및 15조 수정안을 번역했다. 그는 매 마디마다를 따져가며 직역을 하였고 다른 저작에 근거하여 정리하면서 설명을 첨가했다. 추용, 진천화 등 혁명민주주의자들은 공화를 기치로 미국을 방향으로 삼아 입헌군주제와 격렬한 논쟁을 벌였다. 청나라 말기 입헌을 준비하던 그때 청나라 정부는 미국정치제도의 실천에 대하여 전문적으로 이해했다. 하지만 청나라 정부는 무엇 때문에 최종적으로 미국의 헌정 양식을 선택하지 않았는가? 그 원인을 알려면 당시의 사회상황, 역사전통 등 여러 가지 방면으로부터 사색해야 할 것이다.

(1) 실제상황: 발을 붙일 근본이 없었고 황실권익이 상실되었으며 군사적 요구가 달랐다

① 미국식 헌정이 발을 붙일 근본이 부족했다

청나라 말기의 중신 단방은 "미국은 대체로 상공업으로 나라를 세우고 완전하게 민권을 행사한다. 그렇기 때문에 중국의 정체와는 본질적으로 비슷하다고 할 수 없다"[354]고 말했다. 이 말은 많은 자료에서 정수를 골라 취한 것이다. 또 이 말은 한마디로 미국식 헌정의 가능성을 시사해 준 것이다. 당시 경제방면에서 중국사회의 상공업의 발전은

---

354) 고궁박물관 명청서류부 편, 『청나라 말엽 입헌 준비서류 사료』 상권, 7쪽.

매우 제한되어 있었다. 비록 제국주의의 침입이 객관적으로 중국 민족자본의 상공업의 발전을 추진하였지만, 양무운동 후 중국 농촌의 자연경제는 신속하게 해체되었다. 그리고 민족상공업의 발전수준도 여전히 매우 낮았다.

중국의 역대 왕조는 일관적으로 '농업을 중시하고 상업을 경시하는 정책'을 실행해 왔다. 이러한 정책은 청나라 말에 상층사회의 수많은 사람들의 강대한 옹호를 여전히 받고 있었다. 전통적인 소농생산은 나라의 적극적인 보호를 받았다. 조정의 완고한 사람들은 심지어 어떠한 형식의 민족상공업과 과학문화에도 찬성하지 않으면서 최대한 민간자본의 발전을 압제했다. 그들은 광산 개발, 철도 부설, 공장 건설 등 일체 자본주의를 발전시키는 조치들을 모두 반대하면서 다시 한 번 '농업을 중시하고 상공업을 경시'하는 봉건주의의 진부한 이론을 반복했다. 또한 전통적인 농업생산을 전력으로 보호하고 봉건주의 경제기초를 수호하려고 시도했다. 이 이론은 당시 조정에서 강대한 세력을 형성했다. 민간관념에서 사람들은 토지에 대한 투자에 힘을 기울였다. 그들은 농업을 제일 안전한 산업으로 생각하였고 토지를 제일 가치 있는 재부로 간주했다. 이러한 관념은 상공업발전의 자본을 강제로 점유하게 되었다. 이 때문에 강서간 동안 상공업이 건국의 서광을 맞는 다는 것은 상상할 수조차 없게 되었다.

이러한 형세 아래에서 민족자산계급은 독립적인 하나의 정치적 역량으로 형성될 수 없었다. 그들은 평등, 자유, 민주, 권리를 부르짖을 만한 강대한 힘과 충분한 목소리를 가지고 있지 못하였던 것이다. 만약 우연하게 그러한 것들을 쟁취한다 하더라도 사회를 위하여 안정적인 중간층을 제공해 그 성과의 공고함을 보장할 수 없었던 것이다. 민족자산계급은 봉건주의에 대하여 여전히 아주 큰 의존성을 가지고 있었는데 정체헌정사상 더욱 선진적이고 더욱 급진적인 미국식에 접근하는 것을 제약했다. 그리고 지엽적인 개혁이 제일 이지적이고 현실적인 선택이 되게 했다.

② 청나라정부는 황실의 권익을 상실하게 할 수 있는 미국식 헌정을 용인하지 않았다

청정부가 전력으로 독재통치를 수호하려고 한 태도 역시 미국헌정사상을 국내에

전파하는데 불리했다. 청나라 정부 통치하에서 개혁의 성질을 띤 '무술변법'을 보장하려고 노력하는 자는 반드시 서태후의 참혹한 탄압을 당하게 되었다. 이것을 통하여 우리는 집권자들이 얼마나 독재 권력에 집착했는가를 알 수 있다. 집권자들은 "나라가 망하더라도 절대 변법을 할 수 없다"는 태도를 고수했던 것이다.

의화단운동 이후, 내우외환이 점점 더 엄중해졌다. 자신들의 권력을 더 이상 유지하기 힘들다는 것을 의식한 청나라 정부의 집권자들은 부득불 조서를 내려 입헌을 허락하기에 이른 것이다. 이 시기 변법개혁자들이 심적으로 심한 갈등상태에 처해 있었다는 것은 불 보듯 빤한 사실이다. 그들은 한 편으로 개혁을 통해 청제국의 원기를 회복하고 서양 열강들의 억압과 유린에서 벗어나 백성들 앞에서 위신을 수립하여 자신들의 통치를 유지하려 했다. 그리고 또 다른 한 편으로는 자기들의 이익으로부터 출발하여 반드시 변법으로 '군권이 최고'라는 전제를 깔아놓아야 할 필요성을 느꼈다. 이로부터 '황실을 안전하게 하고 주권을 공고히 하려는 목적'에 도달하려고 했던 것이다. 이렇게 하자면 반드시 일본을 모방하여 헌법흠정을 이루어야 했다. 반면에 황실권익이 상실될 수 있는 미국식의 헌정을 선택할 수 없었던 것이다. 청나라 정부에서는 재택, 단방 등을 파견하여 여러 방면에서 고찰과 비교를 진행한 후 최종적으로 '이성적'으로 청나라 정부의 운명을 입헌군주에 걸게 된 것이다.

이외, 미국헌정을 선전했던 많은 유학생들이 '배만주의(排滿主義)'와 연결되어 있었는데 이는 청나라 조정의 정황에 불리했기 때문에 역시 청나라 정부의 적의를 불러일으켰던 것이다.

③ 정치형세가 군사적인 수요와 미국제도에 부합되지 않았다

아편전쟁 이래, 청나라 정부는 실패에 실패를 거듭하여 누구나 짓밟을 수 있는 처참한 처지에 놓이게 되었다. 갖은 능욕을 다 당하게 된 중국인들은 열강들의 침략을 마음속의 제일 큰 고통으로 간주했다. 그들은 이 처참한 곤경에서 해탈하려면 반드시 '외환'을

제거해야 하는 것으로 이것이야 말로 시급히 해결해야 하는 정치임무라고 생각했다. '외환'을 제거하는 이 목적에 도달하려면 오직 군사적으로 강대해지는 길밖에 없다고 생각했다. 또한 미국 제도를 모방해서는 절대 이 목적에 도달할 수 없다고 확신했다. 미국군대의 행정권은 바로 행정권에 속해 있었기 때문에 문무를 분리하지 않았던 것이다. "오늘날, 군대의 행정권이 국무대신의 행정권 아래에 놓여있기에 군대의 세력이 약해질 우려가 있게 되는 것이다. 미국의 법은 이에 좋은 사례가 된다."[355] "미국의 제도를 살펴보면 문무가 분리되어 있지 않다. 대통령은 문직으로서 육해공군을 통솔한다. 육해공군 장령들도 모두 문직들이다. 그들의 평소 병력은 6만 명을 초과하지 않았는데 이는 일본의 경찰관의 총수에도 미치지 못한다. 미국의 병력은 게다가 의용과 고용으로 나누기에 국민들의 당연한 의무로 간주하지 않는다. 이런 원인으로 미국의 병력은 매우 박약하다. 만약 전쟁에 부딪치게 되면 그들은 오직 실패를 하게 될 뿐 승리는 바라기 힘들다." [356] 그렇기 때문에 그들은 '군대에서의 통솔권리를 천황이 한손에 장악하는 일본식'[357]을 추앙하게 된 것이다. 그들은 '일본의 군사력이 강대해진 것' [358]은 모두 이 제도 때문이라고 보았던 것이다.

(2) 전통문화에 대한 배척: 지방자치와 대통일 개인본위와 사회군락주의

① 미국의 지방자치사상과 중국전통의 상호 배척

미국에는 각 주에 모두 자체적으로 '통령'이 있기 때문에 충분하게 지방자치를

355) 고궁박물관 명청서류부 편, 『청나라 말엽 입헌 준비서류 사료』 상책, 7쪽.
356) 고궁박물관 명청서류부 편, 『청나라 말엽 입헌 준비서류 사료』 상책, 39쪽.
357) 고궁박물관 명청서류부 편, 『청나라 말엽 입헌 준비서류 사료』 상책, 39쪽.
358) 고궁박물관 명청서류부 편, 『청나라 말엽 입헌 준비서류 사료』 상책, 40쪽.

실시한다. 그렇기 때문에 '나누어 통치하는 한 뙈기의 땅'[359)]이라고 말할 수 있다. 브리지먼은 『미국 지략』에서 주를 '부락'으로 번역하여 미국의 지방권력이 얼마나 큰가에 대한 국민들의 인식을 보여주었다. 중국인들의 일반적인 문화인식으로 말할 때 미국 지방분권의 이러한 분리된 것 같은 상태의 설계는 실로 상상할 수 없다. 전국적인 통일은 학계사상의 주류로서 천여 년을 경과하면서 사회사상의 일부분이 되었다. '통일된 국가'는 모든 통치자들이 추구하는 목표가 되었고 또한 민간지식자원의 공리가 되었다.

진시황으로부터 시작하여 황제집권통치는 중국에서 이미 2천여 년 동안 지속되었다. 중앙집권은 일정한 정도에서 사회안정 여부의 표지가 될 수 있는가 없는가를 공고히 했다. 중국의 정치사에서는 반복적으로 지방 세력이 팽창하여 마음대로 지휘할 수 없는 국면이 초래했다. 이러한 국면을 타개하는 것이 나라의 대사가 되었다. 정치경험은 중국의 정영들로 하여금 잠재의식적으로 지방자치의 설계에 대하여 의문을 제기하게 했다. 청나라 정부는 천하의 주재자가 된 소수민족 통치자로서 집권국의 문제에 대하여 더욱 민감했다. 삼번의 난을 평정한 이후, 청나라 정부의 중앙집권은 중국역사상 전성기에 속한다. 청나라 말기, 농민봉기를 진압하고 증, 좌 등 지방 세력이 흥기하는 객관적인 상황에서 지방자치를 촉진하지 못했을 뿐만 아니라, 관방으로 하여금 중앙정책 차원에서 더욱 지방권력이 제약에서 벗어나는 것을 방지하고 면밀하게 중앙집권제에 주목했다. 그리하여 미국 지방분권의 헌정양식은 근본적으로 정치무대에 나설 기회가 없었다.

② 비교적 강한 미국의 개인본위사상과 중국전통의 호상배척

사회본위를 강조하는 중국의 전통사상도 미국 헌정사상의 전파에 불리한 작용을 했다. 중국의 전통은 사회본위를 강조하는 것으로서 사회정체로부터 출발하여 개인을 사회에

---

359) 린다(林達), 『나에게도 하나의 꿈이 있다』, 생활 독서 신지삼련서점 1999, 83쪽.

복종시켰다. 하지만 미국은 '순임(純任)민권'[360]을 부르짖으면서 개인을 강조하고 개인을 본위로 개인의 자유평등을 궁극적인 목표로 삼았던 것이다. 당시사회에서 민권관념은 강유위, 양계초, 엄복 등 사람들이 창도한 것으로서 일정한 발전이 있었지만, 여전히 사회 각층에 심입되지는 못했다. 그렇기 때문에 미국사회처럼 일종의 신앙으로 삼을 수 없었던 것이다. 통치자들은 사실 민권을 인정하지 않았다. 그들은 "민권은 조종하는 법으로서 반드시 위에서 부여해야 하지 서민들이 스스로 쟁취하려 해서는 안 된다"[361]고 인정했다. 그 외 서양의 다른 나라들도 개인본위주의를 제창하기는 했지만 미국처럼 그렇게 철저하지는 못했다. 그들은 당시의 중국과 마찬가지로 사회본위를 중시했다. 이런 나라들로는 독일이나 일본을 들 수 있다. 그렇기 때문에 미국의 문명은 자연적으로 뒤로 밀리게 되었던 것이다.

(3) 전파: 종교를 매개로 하는 질곡, 언어의 장애, 지리적 간격 및 국세의 흡인

미국의 헌정제도는 비교적 일찍 중국에 들어왔다. 하지만 만청의 헌정개혁은 미국식을 거절했다. 그것은 정치방면의 원인 외에 전파방식에도 일정한 부족한 점이 있었다. 청조 말기, 미국헌정제도에 대한 산발적인 소개는 있었지만 헌정사상에 대한 효과적인 전파는 부족했다. 헌정제도는 그 내용이 넓고 심오하기 때문에 그 사상연원이 매우 심각하다. 여러 가지 경로를 통하여 중국에 들어온 미국헌정은 오늘날 돌이켜 볼 때 빙산의 일각에 지나지 않는데 계통성과 과학성이 모두 부족하다고 할 수 있다. 전파의 범위나 심도에서 볼 때 모두 치국방략의 정도에는 미치지 못했던 것이다.

---

360) 고궁박물관 명청서류부 편, 『청나라 말엽 입헌 준비서류 사료』 상책, 7쪽.
361) 고궁박물관 명청서류부 편, 『청나라 말엽 입헌 준비서류 사료』 상책, 36쪽.

이러한 상황은 아래 몇 가지 방면에서 그 원인을 찾아볼 수 있다.

① 종교를 수레로 삼음으로써 미국헌정사상 전파를 속박했다

종교를 수레로 삼아 미국헌법사상전파가 불충분하게 될 것임을 결정지었다. 이는 당시 중국의 정치현실과 사회현실이 결정한 것이다.

　a. 왕실과 사대부들의 종교에 대한 태도가 미국헌정사상 전파에 불리한 작용을 했다.

청나라 초기, 만족은 소수민족정권이었기에 종교의 자유 책략은 정권을 공고히 하는 수단 중 하나가 되었다. 그러나 정권을 공고히 한 후, 통치자들은 유가전통사상을 사상노역의 도구로 삼기 시작했다. 게다가 순치황제가 출가한 것은 줄곧 왕실의 음영으로 남아 있었다. 그렇기 때문에 그 뒤의 정권은 모두 종교를 멀리하는 방침을 취했다. 또한 사방의 기독교도 자연적으로 멀리하게 되었던 것이다. 특히 통치자들이 용인할 수 없는 것은 로마 교황청과 청나라 조정의 예의(禮儀) 다툼, 전도사가 참여한 궁정의 권력투쟁 등 요소는 청나라 정부로 하여금 종교를 금지하는 정책을 실시하게 했다. 옹정시기, 북경에서 일을 보는 것 외에 모든 서양인들은 다 오문으로 보내졌다. 각지의 천주교당은 모두 공해(公廨)가 되거나 사당 혹은 의숙이 되었다. 건륭시대에는 종교에 대한 단속이 더욱 엄했다. 그들은 내지의 서양인들과 사적인 천주교를 엄격하게 수사하였으며 심지어는 외국의 전도사들을 붙잡아 사형에 처하기도 했다. 가경(嘉慶)시기, 조정에서 일하는 서양인은 더욱 적어졌다. 나중에는 흠천감(欽天監) 내에도 외국인들의 자리가 없어졌다.[362] 아편전쟁 후, 서양 전도사들의 활동이 비록 대폭적으로 활발해졌다고는 하지만 그들은 주로 상공인들이나 군인들을 따라 중국으로 들어왔던 것이다. 그렇기 때문에 종교에 대한 청나라 통치자들의 태도에는 실질적인 변화가 없었다.

---

362) 곽정이(郭廷以), 「중국근대화의 지연(中國近代化的延誤)」, 『대륙잡지』 제1권 제2호, 8쪽.

기독교는 중국 신사들에게도 그다지 호감을 사지 못했다. 시종 통치계급의 입장에 서 있었던 사대부계층에게는 자기들만의 자급자족적인 사상이론체계가 있게 되었고 유가의 정통적인 지위도 이미 오랜 세월을 거치면서 튼튼한 기초를 다지게 되었다. 그러나 "전통유가의 정사관념과 이단을 배제하는 정신은 중국 사대부들이 종교를 증오하는 사상배경이 되었다."[363] 17세기로부터 시작하여 중국의 유가학자들은 기독교 신앙은 일종의 미신으로 정통적이 아니라고 믿었다. 그들은 하나의 만능적인 동정심이 가득한 상제가 왜 원죄를 허락하느냐고 반문했다. 태평천국운동 때, 봉기군들은 스스로 기독교 교도라고 자칭했다. 하지만 침입자들이 신앙한 것 역시 기독교였다. 중국의 신사들은 자기들이 사회공능을 집정함에 있어서 전도사들이야말로 적수라고 인정했다. 전도사들은 자기들의 종교 신앙을 전파하기 위하여 반드시 중국의 시골 유지들이 주재하는 사회질서에 대해 질의했다. 그들은 일부 사무 방면에서 시골 유지들과 논쟁을 벌였다. 이를테면 영아들을 수양하거나 가난한 사람이나 이재민을 구제하는 등의 일들에서 시골 유지들을 대신할 수 있기를 희망했다. 이러한 거동은 시골 유지들로 하여금 더구나 전도사들을 혐오하게 했다. 중국 신사들의 눈에는 중국에 침입한 목사들과 복음전도사들의 언행은 기이하거나 거칠고 무례하다고 생각되었다. 또한 중국을 파괴하고 전복하려는 목적이 명확하게 보이기도 하여 적대적으로 느껴졌던 것이다.

1860년으로부터 1899년 사이, 중국에서는 만여 차례가 넘는 전도사들을 반대하는 사건이 일어났는데, 그중 240차례는 전도사들에 대한 폭동과 습격이었다.[364] 이러한 사실을 통하여 우리는 외국 전도사들에 대한 국민들의 적대적인 감정을 엿볼 수 있다.

---

363) 주앙지파(庄吉發), 「청조교안사료의 수집과 편찬(淸代敎案史料的搜集與編纂)」, 『청조사료논술』 (2), 문사철출판사, 1979, 140~141쪽.

364) See John K. Fairbank, Edwin O.Reischauer, China: Tradition & Transformation. Boston: Houghton Mifflin, 1989.

b. 전도행위의 성질과 목적은 국민들의 배척을 받지 않을 수 없었다.

전도활동 자체로 볼 때 미국 전도사들은 중국에 서양의 법, 정치 제도를 들여왔는데 이는 중국의 법, 사상, 문화 발전에 중요한 공헌을 한 것이 되었다. 하지만 그들은 서양의 이익을 대표로 하는 식민세력의 일부분에 지나지 않았기 때문에 그 진정한 목적은 기독교를 전파하려는 것이었다. 그들이 제기한 '기독교 폄하론'이나 '기독교가 중국을 구할 수 있다'는 논설은 '강렬한 종교문화의 우월성 및 식민주의 망상'[365]을 반영한 것이다. 당시 기독교는 중국인들에게 일종의 새로운 종교로서 전통적인 종교 신앙과 커다란 차이가 있었다. 종교를 유대로 헌정제도와 사상을 전파한다는 것은 필연적으로 당시 군중들의 배척을 받을 수밖에 없었다.

게다가 서양 전도사들 대부분은 서양침략자들을 바싹 쫓아서 그들의 무력의 보호아래 중국으로 들어왔었다. 이렇게 폭력의 형식으로 중국에 들어온 외국 전도사들의 거동은 중국민중들의 반감과 증오를 자아내기에 충분했다. 그러나 전도사들과 중국의 신도들은 조금도 자기들의 행동을 자제하지 않았을 뿐만 아니라, 도리어 불평등조약이 부여한 특권을 가지고 중국에서 지방의 정치에 관여하기 시작했다. 그들은 소송을 독점하였고 재산을 빼앗았으며 불교와 유교 사상을 모독했다. 그밖에 많은 전도사들은 중국에서 전도사를 한다는 허울을 쓰고 뒤에서 자신의 국가를 위해 정보를 수집하여 중국을 침략할 무기로 삼았으며 일부 전도사들은 아예 직접 침략활동에 참가하기도 했다. 그들의 이러한 여러 가지 행동에 대해 중국 민중들은 강렬하게 저항했다.

---

365) 왕리신(王立新), 『미국 전도사와 만청 중국현대화(美國傳教士與晚淸中國現代化)—중국에서 근대 기독신교 전도사들의 사회문화 및 교육활동 연구』, 천진인민출판사, 1997, 504쪽.

c. 교파간의 쟁투는 전도사의 서방문명에 대한 전파를 방해했다

교파간의 경쟁과 모순으로 인하여 서양문명에 대한 전도사들의 전파는 그렇게 충분하지 않았다. 로마 천주교와 신교 간의 경쟁과 충돌이 그 실례가 된다. 로마 천주교는 중국에서의 전파 역사가 오래되었다. 일찍 1800년에 중국에는 벌써 15만 명의 신도들이 있었고 1870년에 와서는 40만 명으로 발전했다. 중국의 천주교 목사는 1870년에 250여 명에서 1896년에는 750명 전후로 발전했다. 1860년의 "중불조약"에서는 외국인들이 중국에서 토지를 임대하고 구매하여 집을 짓고 교회당을 지으며 지주가 되는 것을 허락한다고 규정했다. 학교를 관리하고 신학교와 고아원을 짓는 것 외에도 밖으로 토지를 임대할 수 있다고 규정했다. 천주교에 대한 신앙은 중국사회에 깊이 뿌리내려 있었다.

하지만 중국에서의 신교 전파는 천주교처럼 그렇게 순리롭지는 않았다. 1850년에 와서야 신교는 겨우 80명 전후로 신도들을 발전시켰는데 지점도 마카오, 홍콩과 다섯 개의 연해도시 뿐이었다. 전도사들도 중국 외각에 자리 잡고 있었다. 신교들은 해마다 절반 이상씩 신도를 발전시키기는 했지만 1870년에 이르러서도 신도는 겨우 6,000 명에 지나지 않았다. 신교의 전파 지점도 신속하게 늘었다고 할 수 있는데, 1860년의 14개 지역 35개 지점에서 1900년에는 356개 지역의 498개 지점으로 늘어났다. 1890년에 와서 신교 전도사들이 1,300명이 되어 천주교 전도사들의 배가 될 때 그들의 신도는 겨우 3만 7천명밖에 안되었다. 반면에 천주교는 50만 명의 신도들을 가지고 있었다. 신교도들로 말할 때 천주교는 반 기독교적으로서 그들의 신앙은 일종의 적대적인 신앙이었다. 이 두 개 교파 사이에는 접촉과 합작의 가능성이 조금도 없었다. 또한 그들 사이의 경쟁과 충돌은 일정한 정도에서 서양의 전도사들이 중국에서 서양문명을 전파하는 데 방해가 되었다.[366]

---

366) See John K. Fairbank, Edwin O.Reischauer, China: Tradition & Transformation. Boston: Houghton Mifflin,

이상의 여러 가지 원인은 모두 전도활동이 깊이 발전하는데 장애가 되었다. 그렇게 하여 신도들의 절대다수는 "빈민, 유랑민, 행상인과 심부름꾼, 시정잡배 및 주류사회에 들어올 수 없는 인물"[367]들이었다. 중교에 대한 이런 사람들의 이해는 깊지 못했다. 종교를 빌어 현실의 고통스러운 생활에서 일시적인 위안을 받으려는 것이 더 큰 목적이라고 할 수 있었다. 이 때문에 이들은 서양 종교의 배후에 있는 인문정신과 전도사들이 지니고 온 신선한 정취를 이해하고 흡수할 능력이 없었다. 또한 사회적 지위가 낮고 생활이 빈곤한 것에서 그들은 새로운 지식을 정치적 요구로 승화시킬 기회가 아주 적었고 평화와 정의의 심리상태를 지니고 실질적으로 비교적 높은 도덕을 요구하는 헌정표준을 이해할 수 없었던 것이다.

② 동 서양 언어에 뛰어넘기 힘든 장애가 존재했다

동 서양의 언어는 문체상 큰 차이가 있었다. 근대 백화문 운동이 동서양 문체의 번역구조를 형성하기 전에 서양의 언어를 번역한다는 것은 줄곧 전도사들의 골칫거리였다. 초기에 중국으로 들어온 전도사들이 번역을 담론할 때 의논이 제일 많은 것 역시 번역의 어려움이었다. 1607년 마테오리치는 『기하독본』의 번역 서문에 이렇게 썼다. "동서양의 문리는 자연적으로 다른 점이 있다. 서로 뜻이 맞는 글자를 구하려고 해도 모자라는 것이 여전히 많아 입으로만 대개 뜻을 알고 있을 뿐인데, 글로 번역하면 사람들이 이해할 수 없다." 루드비코(利類思, Lodovico Buglio)는 1654년에 『초성학요』의 서문에서 다음과 같이 말했다. "부끄럽게도 재지가 평범하여 번역하기가 어렵다. 게다가 문자가 서로 다르고 언어가 제한적이다. 그래서 반복적으로 상의하면

1989.

367) 장해림 편, 『근대중외 문화교류사』, 남경대학출판사, 2003, 215쪽.

충분히 새로운 언어가 늘어나, 제일 큰 몇 권을 열심히 완성한다면 원문과 상당히 가까워질 것이다. (自惭才智庸陋,下笔维难,兼之文以地殊, 言以数限,反复商求,加增新语,勉完第一大支数卷,然犹未敢必其尽当于原文也)" 이탈리아의 전도사 자코모 로(羅雅各)는 1633년에 『애긍행전(哀矜行詮)』의 서문에서 "중국은 서양과 음이 다르고 단어의 의미가 정확하지 않고 소박하고 검소하며 글자가 부족하여 어려울 수밖에 없다." [368] 19세기에 와서 번역 사업이 비록 일정한 발전을 가져오기는 했지만 전도사들은 여전히 서양의 언어를 유창한 문언문으로 번역해 내지는 못했다. 1838년 3월의 『동서양고매월통기전(東西洋考每月統紀傳)』상에서 『아메리카겸합국 (亞美利加兼合國)』중의 한 단락에는 미국의회를 소개하는 문자가 있다. "오늘날, 곳곳에 (p157 상13~15) 일이 실패하는 경우가 있는데 상인은 이익을 보지 못하고 그 피해가 끝이 없다. 수령은 선례에 따라 원로회의의 결정을 듣고 나라를 운영하여 모함을 피할 수 있다. 사람들이 모두 한마음 되고 하나의 의견 집행되면 언사를 용서하여 일이 뜻대로 되고, 백성은 이후를 바라지 않는다." [369] 이러한 문자들은 문구가 어렵고 까다로우며 읽기에도 부자연스럽고 이해하기도 어렵다. 이러한 번역문들이 비록 헌정사상의 전파에 일정한 소재를 제공하기는 했지만 그 뜻을 완전히 이해하기에는 상당한 난이도가 있었다.

전도사들의 일부 법률언어에 대한 번역에서도 우리는 언어상에서의 장애를 알 수 있다. 이를테면 '연방'을 '합방'으로 '총군'을 '통령'으로 번역하였으며 '황제'를 '원수'로 '통령'을 '패리새천덕(伯理璽天德)', '괴수령(魁首領)'으로 '참의원'과 '중의원'을 '상방', '작방'과 '하방', '향사방'으로 '법치'를 '자주의 리(理)'로 번역했다. [370] 이런 단어의 역법과 기본 뜻에는 커다란 차이가 있게 되며 그에 대한 이해에서도 난이도가 증가하게 되는 것이다.

368) 천푸캉(陳福康), 『중국역학이론사고(中國譯學理論史稿)』, 상해외국어교육출판사, 2000, 49~50쪽.
369) 리즈강(李志剛), 『기독교와 근대중국문화 논문집(基督敎與近代中國文化論文集)』, 대북우주광출판사, 1989, 223쪽.
370) 하근화, 「전도사와 중국근대법학」, 『법제와 사회발전』제5호, 2004.

일부는 심지어 오해를 불러오게도 된다. 심지어 문장의 여기저기에 내포된 헌정정신도 파악하기 어렵게 된다. 양정남이 『합성국설』 서언에서 한 주장도 한 측면으로는 이러한 문제를 설명한다. "정남은 조서를 받들고 『월해관지』 를 집필하여 올린다. 아메리카는 세워진지 오래지 않기에 전현들의 기록이 적다. … 이 나라에서 새로 펴낸 『합성지략』[371] 이라는 책자가 있어 처음 한어로 배우게 되었다. 하지만 저술자들의 체제는 자세하게 알 수 없다. 이전에 서방에서 수집했던 낡은 기록들이 있어 좋은 것들만 모아 한 질을 묶었다." [372] 이러한 소개로 보면 미국헌정정보에 대한 전파가 그렇게 충분한 것이 아니었음을 알 수 있다. 문화방면의 차이로 하여 만청의 일부 진보적인 인사들은 다소 봉건적인 시각으로 미국헌정을 수용하고 전파하기는 하였지만, 서양문명의 중국식 번역의 흔적은 필연적으로 존재하고 있다. 번역이 그렇게 힘들고 뜻이 제대로 전달되지 못했기 때문에 헌정의 배후에 숨어있는 풍부한 민주, 자유사상과 민중문화전통, 종교 신앙, 역사상황, 경제정치의 조건 등에 대한 오해가 더욱 심화되었다. 그들은 비록 문자로 된 제도를 이해하고 미국제도의 우수성을 이해하고 있는 것 같았지만, 최종적으로 지식의 폭발과 중요한 구성의 단계에는 닿지 못했다. 그렇기 때문에 당시에는 미국헌정제도를 중국정치의 실천에 옮겨올 수 없었다.

③태평양은 지리적으로 중국과 미국의 효과적인 교류를 가로 막았다

중국과 미국 간의 지리적인 위치는 중국인들로 하여금 미국헌정제도를 수용함에

---

371) 브리지먼, 『미국 지략』 , 1838년에 처음 인쇄되어 싱가포르에서 발행되었다. 1844년에 수정을 거친 후 『아메리카합성국지략』 이라는 제목으로 홍콩에서 인쇄, 발행되었다. 1861년 상해에서 제3판이 나왔는데 제목을 『연방지략』 이라고 했다.
372) 양정남, 『합성국설서』 , 『해국4설』 , 청 도광26년 각본, 섭자로, 『미국헌법의 수입 및 청 말 민초 중국입헌에 대한 그 영향』 , 쟝핑 주필, 『중국에서의 비교법』 (2005년).

있어서 선천적인 장애가 있다는 것을 알게 했다. 하지만 일본은 지리적으로 비교적 가깝기에 그들의 법률을 모방하기 편리했다. 그렇기 때문에 일본을 따라 배우는 열풍이 쉽게 일어날 수 있었고 일본으로의 유학도 하나의 사조가 되었던 것이다. 일본으로 유학을 가는 장점에 대하여 만청의 중신 장지동은 자신의 저작 『권학편』에서 아주 명확하게 지적했다. "거리가 가까워서 여비를 절약할 수 있고 고찰하기도 쉽다. 문자나 풍속이 비슷하기에 알기 쉽고 모방하기 편리하다." 1905년에 청정부에서 5대 대신을 일본에 보내어 외국고찰을 하게 한 후, 더욱 많은 애국지사들이 일본으로 유학을 가서 새로운 사상을 수용했다. 고중에 의하면 1906년까지 중국에서 일본으로 유학을 간 학생이 8,000명에 달한다고 한다. 하지만 1905년부터 1911년 사이에 유럽과 미국으로 유학을 간 학생은 겨우 142명밖에 안 된다. 1905년 청정부에서 본 유학생 졸업시험은 7차나 되며 합격한 사람은 1,388명에 달하는데 그중 일본유학생이 1,252명으로서 절대적인 우세를 차지한다. 그중 정법을 배운 학생이 813명이다.[373]

수많은 일본유학생들이 일본의 법과 사상을 중국에 들여왔고, 일본법에 대한 번역이 주류를 이루게 되었다. 일본은 중국과 인접하여 있고 문화도 비슷하며 정치체제도 비교적 깊은 연원을 가지고 있다. 또한 일본의 유신변법의 성공은 내우외한에서 벗어나려고 몸부림을 쳐오던 청나라 정부에 강렬한 계시를 주었고 시범적인 역할을 했다. 그렇기 때문에 청조 말의 입법이 대륙 법률계의 영향을 받게 된 것도 어쩔 수 없는 일이다. 일본 유학생들이 일본의 정치양식을 직접보고 듣게 된 것에서 일본의 입헌군주사상을 더 많이 수용하고 그것을 민족을 멸망에서 구하는 일종의 경로로 생각하였던 것이다. 이 시기 미국은 물론 여전히 이들에게 있어서 '머나먼 천당'으로 느껴질 뿐이었을 것이다.

---

373) 장진반, 『중국법의 전통과 근대 전환』, 377쪽, [일] 후지메구미슈우, 『일본으로 간 중국인 유학생』, 담여겸(임계언), 린치옌(林啓彦) 역, 생활, 독서, 신지삼령서점, 1983, 451쪽.

④ 미국의 국세는 전파할 만한 힘이 없었다

　어떠한 문화의 보급도 모두 굳은 뒷심이 있어야 한다. 제2차 세계대전 후, 미국은 세계범위에서 자신의 가치 관념을 보급했다. 즉 자신들의 강대한 종합국력을 기초로 하였던 것이다. 하지만 미국은 건국초기 이러한 힘이 없었다. 1783년 미국은 독립전쟁에서 승리하고 통일된 독립적이고 초보적인 민주화 된 국가를 건립했다. 1784년 '황후호'는 중국에 와서 중미교류의 역사적인 서막을 열어놓았다. 1834년 『메리거국(미국)지략』의 출판으로 인하여 미국헌정사상은 중국에 전파되기 시작했다. 당시 미국의 국세가 영국이나 독일과 같은 오래된 제국들보다 강대하지 못했다. 그리고 아주 오랜 시간 내에 미국의 헌정은 전파에서 큰 힘을 발휘하지 못했다. 19세기 말부터 19세기 초에 이르면서 미국 국세가 상승하기 시작함에 따라 미국 헌정에 대한 사람들의 추구가 더욱 열렬해졌다. 하지만 이 시기의 전파 역시 유학생들에게 국한되어 있었기에 광범위한 기초가 없었다. 게다가 일본이 신속하게 궐기하면서 중미 양국의 내왕은 중일 간의 내왕처럼 밀접하지 못하였고 시간적으로 오래되지도 못했다. 그렇기 때문에 정부와 민간에서는 모두 일본의 양식을 따르게 되었으며, 미국 양식에 대한 선양은 여전히 일종의 비주류적인 사상에 지나지 않게 되었다.

미국 헌정 사상의 영향 하에서 민국시기 본토 언론

1. 헌정기초로서의 민생사상의 역사적인 변화발전 및 최종 추세

(1) 민생사상의 함의

① '민생사상'에 대한 손문의 주장

1905년 11월에 손문은 자신이 쓴 『민보』의 창간사에 대해 토론하면서 평소 제창하던 혁명에 '줄곧 백성을 관철'하자고 했으며, 민족혁명, 정치혁명을 '민족', '민권'이라고 명명하자고 제기했다. 토론을 거쳐 "사회혁명을 '민생' [374]이라고 명명"하며 "3대 주의는 모두 백성을 기초로 하는 정신"을 관철하기로 했다. 그리하여 '민생주의'라는 단어가 『민보』의 창간사에 나타나게 된 것이다.

민생사상의 주요 뜻은 종합적으로 경제적인 의미에서 체현되는 것으로 바로 부유함을 추구하는데서 나타난다. 부유함을 추구하는 경로는 바로 상공업을 발전시키는 것으로써 구호는 '실업을 진흥시키자'는 것이었다. 신해혁명 이후, 손문은 '실업(實業)을 진흥시키자'고 제기하면서 국민경제 자본주의의 현대화를 실현하자는 방안을 제기했다.

그는 도처로 다니면서 연설을 했는데 열정적으로 실업을 진흥시키자는 주장을 제기했다. 1912~1913년 사이에만 해도 손문은 실업을 진흥시키는 문제를 두고 수십

---

374) 『「민보」 창간사』, 『손문선집』, 인민출판사, 1981, 75쪽.

차례의 연설을 했다. 임시 대통령으로 있는 기간에도 그는 실업을 회복하고 발전시키는 데 유리한 명령을 여러 차례나 내렸고 임시정부에 실업을 진흥시키는 사업을 전담한 '실업부'를 설립했다. 실업을 진흥시키는 최종목적은 무엇인가? 그것은 바로 민생을 발전시키는 것이었다. 손문은 이렇게 말했다. 민생문제는 '의, 식, 주, 행' 네 가지로 나뉜다. 민생주의자들은 반드시 '네 가지 취지'가 있어야 하는바 "첫째는 국민들이 밥을 먹을 수 있게 해야 하고, 둘째는 국민들이 옷을 입을 수 있게 해야 하며, 셋째는 국민들이 들어갈 수 있는 집이 있게 해야 하며, 넷째는 국민들이 나아갈 길이 있게 해야 한다." 민생문제에서의 이 네 가지 취지를 해결하기 위해서는 반드시 실업을 진흥시켜야 한다는 것이다. 국민들에게 공급할 수 있는 물자를 생산하는 목적을 실현해야 하는 것이다.

민생사상은 손문의 사상체계에서 중요한 위치를 차지하고 있었다. 민권과 민족은 모두 민생이라는 이 목적을 달성하기 위한 것이었다. 이 때문에 그는 임시 대통령의 직책에서 퇴임하는 공식 송별회에서 이렇게 말했다. "…오늘 중화민국이 성립되었고 나는 임시대통령 직에서 퇴임하게 되었다. 퇴임한다고 해서 내가 일을 전혀 돌보지 않겠다는 것은 아니다. 퇴임 후 정치보다도 더 중요한 일이 나의 손을 기다리고 있다…"[375] 그는 또 이렇게 덧붙였다. "퇴임한 후 나는 더욱 중요한 일에 정력을 기울여야 한다. … 몇 년 전, 우리의 몇몇 친구들이 일본에서 집회를 열고 중국동맹회를 창립하였었다. 그때 우리는 삼민주의를 채취했다. '삼민주의(三民主義)'란 민족, 민권, 민생을 말한다. 앞의 두 가지 '주의'는 청나라조정이 물러나면서 이미 실현되었다. 그렇기 때문에 우리는 지금 경제혁명을 실현해야 하는 것이다."[376] 모종의 의미에서 볼 때 이 말은 절대 허위적인 말이 아니다.

손문은 민생주의 학설에 대한 높은 자신감 때문에 가끔 연설에서 그다지 겸손하지 못

---

375) 손문, 『손문전집』 제2권, 중화서국, 1982, 319쪽.
376) 손문, 『손문전집』 제2권, 중화서국, 1982, 324쪽.

할 때도 있었다. 그중 제일 두드러진 표현은 '민생'에 대한 여러 가지 발휘에서 나타난다. 그는 민생주의를 말할 때, 왕왕 '민생'을 '민생문제', '민생불수의', '민생주의', '사회문제', '사회주의', '사회경제문제', '생활문제', '생존문제', '밥을 먹는 문제' 등과 혼동하여 사용했다. 이로부터 그가 사용한 '민생' 개념은 외연적으로 너무나 넓게 펼쳐나갔음을 알 수 있다. 그러나 우리가 만약 이에 대하여 객관적으로 평가를 하게 된다면 물론 손문이 말한 '민생'은 하나의 '사회경제'로서의 본의적인 함의가 있다는 것을 인정하게 될 것이며, 그 뜻이 갖고 있는 경제성, 물질성이 확정한 것이지만 반면에 또 커다란 포용성이 있기 때문에 경제성과 물질성의 기본 핵심과 그 포용성이 보여주는 일종의 그렇게 항구불변적이지 않은 외연과 구별된다는 것을 알게 될 것이다. 사실상에서 민생사상은 바로 부민(富民)에 도달하려는 사상으로 나라를 부강하게 하려는 목적과 같은 것이다. '재부를 민간에 절강하는 것'과 '재무를 모아 나라를 부강하게 하는 것' 사이에는 구별이 있는데, 전자는 시민사회와 방대한 중산계층을 형성하는 데 유리한다. 민생주의의 두 가지 큰 부분-평균지권(平均地權)과 절제자본(節制資本)-에서 우리는 민생주의가 방대한 중산계층을 형성하고 있는 추세를 완전히 알 수 있는 것이다.

② 전통사상 중 '민생'의 함의에 대한 손문의 흡수

'민생'을 개괄할 때 주로 그 수용정도를 봐야 한다. '민생'이란 단어는 유가전통사상의 자원의 뒷심이 되고 있기에 수용하기가 쉽다. 옛 사람들이 말하는 '민생'은 군중 혹은 일반적인 인민의 생활을 가리키는 것이다. 손문은 바로 이 개념을 답습하고 인용하였기에 국민들이 쉽게 받아들일 수 있는 것이다. 손문 자신도 사실은 개념문제에서는 그렇게 정확했다고 할 수 없다. 윗글에서 말했다시피 손문은 왕왕 '민생'을 두고 여러 가지 뜻을 생각하여 해석했고 여러 가지 술어와 혼동하여 사용하였던 것이다. 하지만 나중에 가장 정식으로 사용한 것은 그래도 유가전통 영향 아래의 '민생'이라는 단어였다. 그는 이렇게 말한 적이 있다. "민생주의란 바로 목전의 사회주의이다. 무엇 때문에 외국을 따라 배우지 않고 직접 사회주의를 말하게 되었는가? '민생'이라는 중국의 이 옛 단어를 가져다가 '사회주의'란 말을 대신하게 되었는가? 그 의미는 바로 근본에서부터 바로잡으려는 것이다. 즉 이 문제의 진실한 성질을 분명히 표명하고 일반 사람들이 이 단어를 듣는 즉시 이해할 수 있게 하려는 것이다."[377] 여기서 말하는 '일반 사람들'은 바로 중국의 보통백성들이다. 손문이 늘 '민생'을 '밥을 먹는 문제'와 동일시한 것과 같은 맥락이 되는 것으로 국민들로 하여금 이해하기 쉽게 하려는 것이었다.

　　손문이 받았던 유가 전통사상의 영향도 그로 하여금 '민생'이라는 이 단어를 선택하여 자신의 사상을 개괄하도록 촉구하였던 것이다. 손문에게는 유가 민본사상에서의 '양민', '휼민'사상이 짙게 깔려있었다. 그도 그 어떠한 유가 인물처럼 유가의 "대동평등"의 경지를 가슴에 늘 품고 있었던 것이다. 유가에는 이런 말이 있다. "'민생의 길'을 열어주어야 하고 백성들에게 은혜를 베풀어 주어야 하며 백성들을 사랑함에 인의가 있어야 한다." 손문은 이 말을 이렇게 해석했다. "국가는 백성을 기본으로 하고 백성은 식(食)을 생명으로 여긴다. 먹을 것이 부족하고서야 어찌 백성들을 위한다고 할 수 있으랴. 백성들을 위하지 않고 어이 나라를 운운할 수 있으랴?" 유가에서 말한 '대동세계'에 대하여 손문은 이렇게 해석했다. '진정한 사회주의는 바로 공자가 희망했던 대동세계'[378]이다. 그렇기 때문에 손문의 민생주의의 실체는 사실상 사회주의가 아니고 또 다른 무슨 주의도 아닌 유가적인 것의 체현인 것이다. 이른바 유가에서의 민본주의적인 '양민', '휼민' 사상이 민생주의의

---

377) 펑즈유(馮自由), 『혁명일사(革命逸史)』 제3집, 중화서국 1981, 209쪽.
378) 손문, 『손문전집』 제1권, 1쪽.

기본적인 문화적 함의를 구성하였던 것이다. 그렇기 때문에 유가의 대동평등사상은 민생주의의 한 버팀목이 될 뿐이다.

③ 민국의 실천 중에서 '민생사상'의 뜻에 대한 손문의 새로운 해석

정통의 유가사상은 모종 방면에서 경제발전에 대하여 일정한 적극적인 공능을 가지고 있다. 이를테면 교육을 중시한다든가 근검하다든가 성공하기 위하여 노력한다든가 신용을 지키고 약속을 이행한다든가 하는 등 방면에서 모두 유가문화권의 경제발전을 추진하는 무형의 손이 되었다고 평가할 수 있다. 하지만 정통 유가사상은 아래와 같은 경향이 있는 것도 사실이다. 첫째, 기본적으로 안분낙도의 청빈사상을 고무 격려한다. 이른바 "깨끗한 얼굴이야 말로 기쁨이며 군자가 어찌 이익을 따지는 가치관을 가질 수 있겠는가?" 라는 것이다. 둘째, 분배를 중시하고 생산을 경시하는 평균주의 사상이 있다. 이를테면 (p161 하3 ~하2)"든건데 국가가 있고 가정이 있는 자는 모자람을 두려워하지 않고 균등하지 않음을 두려워하며, 빈곤함을 두려워하지 않고 편안하지 않음을 두려워한다. 균등하면 빈곤함이 없고 모자람이 없으며 치우침이 없다" 셋째, 농업을 중시하고 상공을 경시하며 문화를 중시하고 기술을 경시하는 사상이 있다. 이를테면 군자는 도구를 다루지 않는다는 것이다. 이러한 가치관이 선택은 경제발전에 불리한 작용을 했다. 한 나라의 경제가 발전할 수 있는가 없는가 하는 문제는 물론 여러 가지 요소의 제한을 받게 된다. 그러나 문화와 심리적인 면에서 이익을 추구하는 것을 정당화하는 것도 일종의 필요한 '장애를 제거하는 수술'이라고 할 수 있는 것이다. 이익을

추구하는 것을 적대시하는 사상을 없애버려야만 이익을 추구하는 자들이 당당하게 재부를 축적하기 위해 노력하게 될 것이다.

손문의 민생사상은 비록 유가의 민본전통과 일정한 연원적인 연계가 있기는 하지만, 손문은 맹목적으로 유가의 인문정신과 경제논리를 숭배한 것은 아니다. 그는 선택적으로 그러한 것들을 계승하고 이용하였으며 그것을 혁명선전의 수요에 결부시켜 창조성으로 발휘하고 발전시켰던 것이다. 그런 기초위에서 '민생'에 새로운 외연을 부여하여 '민생주의'를 형성하였던 것이다.

손문의 말을 빈다면 "옛 사람들을 이용하여 옛 사람들을 현혹시키고 옛 사람들을 부리기만 할 뿐 옛 사람들의 노예가 되지 않는다"는 것이다.[379]

손문이 농업을 중시한 사상은 근대농업을 발전시킨 것이지 전통적인 봉건 소농경제를 발전시킨 것이 아니었다. 동시에 그는 농업을 중시했기 때문에 상공업을 경시한 것도 아니다. 그는 도리어 그것 때문에 유가의 전통적인 농본사상을 크게 초월하게 되었던 것이다. 그는 비록 유가의 대동이상을 매우 찬양하였지만 '부자들의 재산을 공동 분배하자'고 주장한 것이 아니고 '평균주의'를 찬성한 것도 아니다.

그는 가끔 각기 다른 장소에서 각기 다른 문제를 논술할 때, 유가학설에 대해서도 각기 다른 태도를 취했다. 그는 민생주의를 실행해야 할 필요성을 논술할 때는 유가의 "적게 분배되는 것을 근심하지 말고 분배가 고르지 못한 것을 근심하라"는 말을 찬성했다. 하지만 또 다른 장소에서 연설할 때는 "중국은 청빈한 것을 근심해야지 분배가 고르지 못한 것을 근심할 필요가 없다"고 하면서 목전의 주요 임무는 "나라를 부강하게 만들고 백성들을 부유하게 하는 것"이라고 역설했다. 그는 중국의 실제를 떠나 대동세계를 이룩하는 것에 찬성하지 않았다. 그는 확실한 혁명투쟁의 실천을 통하여 "사람마다 생산하는 자가 되고 의식이 풍족하게 하며 봉급이 가가호호, 사람마다 만족을 자아내는

---

379) 손문, 『손문전집』 제6권, 중화서국, 1985, 186쪽.

착취가 없고 압박이 없는 대동사회"를 이룩할 수 있기를 희망했다. 그렇기 때문에 손문의 민생주의는 비록 유가의 민생, 민본 및 대동사상과 모종의 연원적인 관계를 가지고 있지만 절대로 유가사상의 간단한 종합이 아니다. 그것은 손문의 '답습'과 '법에 대한 기대'를 중국의 국정에 결합시켜 창조해 낸 독특한 민주혁명사상이라고 할 수 있다.

손문이 받아들인 것은 절대 단순한 유가의 전통문화인 것이 아니라, 중외 기타 학설을 포함한 이를테면 "무릇 모든 학술은 혁명의 지식과 능력에 유리하고 연구의 원료로 쓸 수 있으며 혁명학설로 구성될 수 있다"[380]는 주장이 될 수 있다는 것이다. 이로부터 손문의 민생사상은 절대 유가의 전형적인 주장을 그대로 옮겨온 것이 아니라 창조와 발휘를 거친 것이라는 것을 알 수 있다.

(2) 민생사상의 역사적인 변천

① 민생사상의 형성

손문은 일찍 농업의 발전에 대하여 매우 큰 관심을 기울였다. 하지만 그는 상업의 진흥도 소홀히 하지는 않았다. 그의 정치사상과 전통적인 '농업을 중시하고 상공업을 경시'하는 관점은 다른 점이 많다. 농업을 발전시키는 것과 상업을 진흥시키는 것을 결합하려고 시도했던 것이다. 이 때문에 그는 "농업을 날줄로 하고 상업을 씨줄로 한다면 농업과 상업이 모두 구비되어 크고 작은 것이 두루 갖추어지게 될 것이다. 군사가 강대해지고 나라가 부유해짐은 나라를 잘 다스리는 서곡이 될 것이요, 천하를 평정하는 유대가 될 것이다." [381]

---

380) 손문, 『손문전집』 제5권, 중화서국, 1985, 55쪽.
381) 손문, 『손문전집』 제1권, 6쪽.

중국사회의 전통으로 볼 때 워낙 농업을 중시하고 상업을 경시했기 때문에 손문은 특별히 나라를 부강하게 하려면 반드시 상업을 진흥시켜야 한다고 강조한 것이다. 이른바 "나라를 부유하게 하려면 상업이 효과가 있다. 아니면 아무리 노동력을 착취하고 헌납을 강요해도 부유해질 수 없다"[382]는 뜻이다. 「이홍장에게 보내는 글」에서 그는 당시의 상업이 흥성하고 나라가 부유해지는 관건을 '물건이 유창하게 유통되는 것'이라고 개괄하고 나서 '물건이 유창하게 유통될 수 있는 구체적인 조치'를 밝혔다. 그 중의 한 가지는 세관이 장애를 조성하지 않는 것이었다.

세관에서 상인들을 괴롭히는 일이 적어져야 하고 상인들의 부담을 경감시켜야 한다는 것이었다. 이렇게 해야만 상무가 원활하게 처리될 수 있고 상업이 흥성하게 될 수 있다는 것이다. 다음 한 가지는 상업 활동을 보호하는 효과적인 방법이 있어야 한다는 것이다. 효과적인 방법을 채취하여 상업에 혜택을 주고 구제해야 하며 상인들을 보호해야 한다고 했다. 또 다른 한 가지는 증기선이나 철로를 이용하여 물건을 운송해야 한다는 것이다. 대대적으로 근대 운송업을 발전시키고 사업의 진흥을 위해 편리한 조건을 창조해야 한다는 것이다. 이 세 가지 방법에 대하여 손문은 자신만만해 하면서 이렇게 밝혔다.

"만약 해관에서 장애를 조성하지 않는다면 상인들은 장사에 적극 나서려 할 것이고, 상인들을 보호하는 좋은 방법이 있으면 흔쾌하게 장사를 할 것이다. 증기선이나 철로를 이용하여 물건을 운송하게 되면 한 번에 많은 물건을 운송할 수 있고 비용도 적게 될 것이다. 이렇게 된다면 물건이 유창하게 유통되지 못할까봐 근심할 일이 있겠는가? 물건이 원활하게 유통되면 자금원천이 충분하게 될 것이다."[383] 손문은 비록 경제혁명 역시 "나라의 대본(大本)"이라는 것을 분명하게 의식했었지만, 그때 그는 아직 정치혁명에 몸을 담그지 않았었고 상업으로 부를 창조하자는 주장도 아직 사회계층의 정치에 대한

---

382) 손문, 『손문전집』 제1권, 15쪽.
383) 손문, 「이홍장에게 보내는 글」, 『손문전집』 제1권, 13~15쪽.

관심을 불러일으키지 못하고 있었다.

이홍장에게 올리는 글이 아무런 결과도 없게 되자 손문은 '중화를 진흥시키는 책임을 자신의 어깨에 걸머지는 정치혁명'에 뛰어들게 된 것이다. 그 후 십여 년 동안 손문은 여러 차례 미국, 일본, 영국 등의 나라들을 돌아보면서 자본주의 근대화를 실현하는 경험을 고찰했다. 그 후 손문은 자신만만하게 지적했다. "중국은 민주혁명을 통하여 공업과 과학기술방면에서 세계적으로 가장 최신의 성과를 채택해야 한다. 건설방면에서는 서양의 선진적인 경험을 흡수하여 굽은 길을 걷는 것을 미연에 피해야 한다. 이렇게 한다면 머지않아 서양의 문명을 본받아 승리할 수 있을 것이다."

그렇게 함으로써 중국에서는 자본주의 공업화를 실현할 수 있을 것이다. 이때 손문의 '실업을 진흥시키자'는 사상이 새로운 발전단계에 들어서게 되었다. 그는 한편의 '실업계획'을 내놓았다. 이 문건에서 손문은 민생주의의 실험 경로-실업진흥-에 대하여 자세하고 실제적이며 구체적인 계획을 내놓았으며 그것을 정치적인 차원으로 상승시켰다. 심지어 손문이 중국의 공업화 진행과정과 사회진보의 평화적 발전의 민생주의 공업화발전 책략을 제시했다고 평가할 수 있다. 이로부터 경제적으로 중국 자산계급혁명의 진행과정을 추진할 수 있는 하나의 깃발을 내걸게 된 것이다. 동시에 처음으로 근대 시장경제의 사상 양식으로 중국이 서양의 발달한 자본주의 국가를 초월할 수 있는 사회경제 현대화의 길을 시도하게 된 것이다.

민생사상은 손문이 제일 처음 제기하였는데 이는 후에 동맹회의 정치 강령이 되었다. 그 후 1923년 1월 1일에 국민당의 강령에 삽입되어 국민당의 경제의 강령이 되었으며 전당을 구속하게 되었다. 이것은 손문의 민생주장이 국민당의 중요 지도사상이 되었음을 나타낸다.

② 민생사상의 발전

첫째, 민생주의의 실현경로는 자유식 또는 집권식 경제 양식인데, 여론경향과 정치정영의 관점에는 차이가 존재했다.

민국건립 초기, 민족자산계급을 주체로 하는 해당 경제정책의 사회적인 여론에는 민족주의적이고 자유주의적인 정신이 가득했다. 1912년 상공부에서 전국적인 상공회의를 소집하였는데 이 사상이 집중적으로 표현되었다. 상공업자들은 농단(壟斷)정책을 변화시키고 상인들의 자유 경영을 방임시켜 달라고 요구했다. 또한 금후 중국의 상업에는 더 이상 관영상업이 없어야 하고 관방 성격을 띤 경영이 없어야 한다고 강조했다. 만약 관리계층이 계속 경영을 하게 된다면 상공업은 반드시 실패하게 될 것이라고 제기했다. 그리고 이 시대에 보호주의를 실시해야 하지 농단주의를 감행해서는 안 된다고 제기했다.

그들은 또 정부가 민족 상공업에 대하여 특별하고 적극적인 보호정책을 실시해야 한다고 요구했다. 또한 "수출은 장려하고 수입은 세금을 크게 안겨야 한다"고 덧붙였다. 국산품을 제창하고 외국제품을 복제하며 국산품을 중소학교의 교과서에 써넣어야 한다고 강조했다.[384] 경제자유주의와 민족주의사상은 제일 대표적인 여론이었다. 이를테면 "국가의 가장 주요한 대사는 실업으로서 대대적으로 부양해야 한다. 그들의 자유에 대하여 마구 간섭하지 말아야 한다. 더구나 맹목적인 경쟁은 삼가야 한다"[385]는 것과 같은 것이다.

북경 정부의 경제정책을 제정함에 있어서, 장건(張謇)과 주학희(周學熙)는 정책의 철학에서 커다란 차이가 있었다. 동남실업의 수령이었던 장건은 관업이 농단하는 방법은 영업의 자유를 손상시키며, 국민들과 이익을 쟁탈하는 것이라고 하면서 무익하고

---

384) 『상공업회의보고록(工商會議報告錄)』 결의안, 상공부 1913, 쉬지엔셩(徐建生), 『민국 북경, 남경 정부 경제정책의 사상기초(民國北京,南京政府經濟政策的思想基礎)』, 『중국경제사연구』 3호, 2003.

385) 『중화실업총서』 제5호, 1913년 9월 1일.

비능률적인 것으로 실패로 돌아갈 것이라고 인정했다. 이 주장은 민국 초기 실업계에서 관영상업을 반대하던 목소리를 대변한 것이다. 장건은 일관적으로 관영 상업을 축소하고 민영 상업을 확대해야 한다고 주장했다. 목적은 바로 '천만 죽음의 고비에서 살아남기'위한 자유적인 개인 자본주의가 정부의 보호와 부추김을 받아 '약간의 의지를 얻어 안정을 찾기 위한 것'이었다.[386] 그렇기 때문에 그는 농상총장으로 있던 기간에 이런 공고를 발표했다. "오늘부터 무릇 본부에 예속되어 있는 관영상업은 업종을 바꾸거나 중단하며 상인을 초빙하여 대체한다.

건사나 차와 같은 한두 개의 주요 산업을 선택하여 개량제조 관업을 맡긴다. 개인이나 어느 한 회사가 담당할 수 없는 경우에는 사회농상업계에서 나갔거나 퇴출한 자를 골라 재력을 참작하여 계획적으로 경영하게 한다. 인민들의 흥미를 유발하는 것이라면 그들의 말을 자세하게 듣고 민간에 맡길 수도 있다."[387]

입헌파 영수와 유력 실업가 장건은 달랐다. 청조의 높은 관리인 주복의 아들 주학희는 북양군벌 군사정치집단의 일원으로서 그와 관영상업은 매우 깊은 인연이 있었다. 그는 '경제정책'을 재정을 정리하는 간접적인 방법으로 삼았다. 그는 반드시 "국채정책, 화폐제도정책, 은행정책, 산업정책을 동시에 강화하여 그들이 상호 보완하면서 효과를 봐야 한다"고 인정했다.[388] 실업과 재정의 관계에서 주학희는 "세금은 상공업에서 나와야 한다"는 주장이다. 그는 상공업은 국가의 중대한 재정 내원으로서 세금을 징수함에 있어서 반드시 첫 번째로 나서야 한다고 인정했다. 그는 재정을 관리함에 있어서 세금내원을 중시해야 하며 세금 내원은 산업을 중시하는 재산관리의 관점을 지녀야 한다고 인정했다. 그렇기 때문에 실업을 진흥시키는 것을 재원을 개발하는 필연적인

386) 『장계자9록(張季子) 실업록』 권4. 서건생, 『민국 북경, 남경 정부의 경제정책 사상기초』, 『중국경제사연구』 2003년 3호.
387) 『장건농상부장임기경제자료선편(張謇農商總長任期經濟資料選編)』, 남경대학출판사, 1987, 8~9쪽.
388) 주숙정(周淑貞), 『주지암선생별전(周止庵先生別傳)』, 54쪽. (작자 임의로 발간, 출판 시간, 장소 알 수 없음.)

경로로 보았다. 그렇기 때문에 주학희는 자신의 '경제정책' 실시방안에서 "국가사회주의를 실시하여 여러 가지 산업으로 하여금 융성발전하게 하고 대대적으로 재원을 개발하게 해야 한다"[389]고 제기했다. 그는 운남(雲南) 동광, 연장(延長) 석유, 이국(利國) 철광, 막하(漠河) 금광, 진황도 무역항, 방파제의 도크, 구북(口北) 철로, 각 성의 철로, 강안 일대의 삼림법, 방직공장개설 등 10대 실업과 교통건설항목을 기획했다.

장건과 주학희는 자본주의발전에 대하여 다른 구상과 정책적인 주장이 있었다. 장건은 자유 자본주의 길을 가자고 주장하였고 주학희는 재정 세수경제의 여러 방면에서 강렬한 국가주의를 체현했다. 그에게는 이른바 중앙집권주의적인 경향이 있었다.

둘째, 손문은 자유식과 집권식의 경제 양식을 선택할 때 관점이 모호하고 모순적 이었다. 이후 그는 국가주의, 통제경제의 길을 선택했다.

손문은 이론상 어쩌면 소자본의 발전과 국가 자본의 발전이 동등하게 중요한 위치에 처해있다는 것을 인식한 것 같았지만, 그의 실업계획에는 수륙교통, 도시건설, 중공업, 광산업, 농업, 소력, 조임과 이민개발 등을 포함한 10대 건설항목이 열거되어 있었는데, 여기서 그는 이것들이 도대체 국가경영범위에 속하는지 속하지 않는지는 해명하지 않았다. 도로, 부두, 시가지 및 중공업은 모두 '독점적 성질'을 띠고 있으며 "개인들에게 맡겨 건설할 수 없는 것"이라는 점은 이해하기 어렵지 않다. 그러나 농업, 임업이나 광산업을 개인들에게 맡기지 않고 국가에서 독점한다는 것은 극히 현실적이지 못한 것이라고 할 수 있었다. 하물며 이러한 항목들이 모든 경제 영역 중에 포함되지 않고 있었다. 그렇다면 나머지 항목들은 개인자본이 경영해도 된다고 허용한 것인가? 손문이 국영과 사영의 경계선을 가른 원칙은 바로 "무릇 일을 개인에게 맡겨 경영해도 되고 국가에서 경영해도 되는 경우는 개인을 위주로 한다", "일을 개인에게 맡겨 경영할 수 없고

---

389) 주숙정, 『주지암선생별전』, 71쪽.

또 그 항목이 독점성질을 띠고 있을 때는 국가에서 맡아 경영을 한다"[390]는 것이었다.

그중 능히 개인(사인, 주식제를 포함)에게 맡길 수 있는가, 개인이 담당할 수 있는데 독점적 성질은 없는가, 국가 혹은 개인의 경영에서 어느 쪽이 비교적 적합한가와 같은 문제에 대한 판단은 사람(이익집단)에 따라, 시간에 따라, 지점에 따라 다르게 판단할 수 있다고 했다. 그렇기 때문에 국가와 사영의 경계선은 모호한 것으로서 임의성이 매우 강했다. 손문은 심지어 "모든 공업을 하나의 아주 큰 회사로 구성하여 중국인민이 공유하게 할 수 있다"고까지 구상했다. 이 관점은 '일률적으로 국가에 귀결시키자'는 강렬한 경향을 보여준 것이기도 하기에 두 가지 경로를 통해 진행하자는 사상과 상호 모순된다.[391]

실업(實業)계획으로부터 출발하여 공업화를 실현하던 길에 포함되어 있던 국영사업의 거대한 범위와 전경 및 사인의 자본을 부수적 성분으로 하여 그 존재를 승인하고 허용하자던 의도 등으로부터 볼 때 손문이 선택한 경제 양식의 성질은 사실 국가자본주의라고 할 수 있는 것이다. 국영과 사영 범위 등 문제에서의 손문의 모순은 이것도 저것도 아닌 애매모호한 것이었다. 게다가 그의 추종자들의 선택과 해설에서의 경향성은 최종적으로 이러한 모호함을 이론의 큰 틈으로 만들어 버렸던 것이다.

민국경제정책의 제정과 실시에서 사인의 자본주의 운명에 중요한 영향을 일으켰던 것이다. 이러한 현상은 그 후 자본주의경제의 발전과 최후의 발전방향을 국가주의와 통제경제가 되게 하였던 것이다.

민국초기, 손문 이후에 국가주의의 극단적인 주장이 나타났었다. 경제정책사상에서 그들은 '국가주의의 경제학 혹은 국가사회주의'를 제기했다. 그들은 "구체적인 국가주의의 경제주장을 가지고 추상적인 개인주의의 경제주장을 대체하자는 것"이었다. 그들은 또

---

390) 손문, 『손문전집』 제6권, 253~254쪽.
391) 손문, 『손문전집』 제6권, 397쪽.

"사람마다 장사를 한다고 헤매게 하는 혼란한 경제정책을 취소하고 국가에서 배치한 계통적인 경제정책을 마련하자는 것"이었다. 한 방면으로 대외적인 '보호주의'로 세수자주의 정책을 이용하여 '외국물품에 대한 세수를 강화하는 방법'을 채취해 외국물품이 너무 많이 수입되는 것을 방지하여 본 국에서 생산된 물품들이 잘 팔릴 수 있게 해야 한다는 것이다. 이렇게 하면 국가 재정방면에서 손해를 입는 국면을 막을 수 있으며 국산품이 자유롭게 발전할 수 있다고 인정했다. 다른 한 방면은 대내적 '간섭주의'로 '국가의 힘으로 국민경제생활을 간섭하는 것'을 말한다. 즉 이러한 방법으로 사적인 이익을 위한 자유경쟁에서 오는 충돌을 조절할 수 있다고 했다.

이렇게 하면 한나라의 국민들이 경제생활에서 모두 평균적으로 발전할 수 있다는 것이다. 구체적으로 말하면 "장기적으로 공공의 이익에 관심을 가져야지 개인의 이익만을 위해서 이러한 기업을 경영해서는 안 되며 국가도 나서서 이러한 기업을 맡아야 하고 감독해야 한다는 것이다. 이를테면 도로, 운하, 우전(郵電), 수도시설, 철도, 광산, 은행 등과 같은 사업을 말한다. 이러한 사업들은 세수 분배를 조절해야 한다.

"국가가 최고"라는 원칙 하에 그들은 심지어 "현존하는 정치조직을 뒤엎거나 취소할 필요가 없으며 국가는 경제생활의 공정성을 승인해야 한다"[392]고 주장했다.

그 후, 1930년대 초 중국에 계통적인 통제경제의 사상과 이론이 나타났다. 특히 1933년부터 1934년 초에 이르러서는 통제경제, 계획경제와 같은 단어들이 우후죽순 신문이나 잡지 및 저작에 나타났다. 정치가와 실업가들은 모두 여론의 제의에 따라 어떻게 진행할 것인가를 토론했다.

통제경제를 주장하는 사람들은 이렇게 말했다. "통제경제의 주장은 비록 최근에 여러 나라들에서 보편적으로 흥성하기 시작하지만 이러한 경제통제의 방법은 일찍이 유럽대전 때부터 벌써 실행되었다." 경제통제는 바로 국가경제와 국민경제에 대하여

---

392) 「국가주의의 경제정책(國家主義的經濟政策)」, 『국가주의 논문집』 제2집, 중화서국, 1926, 1~38쪽.

사업 수요의 방면으로부터 방안을 제정하여 지도하고 관리하는 것이다. 그렇기 때문에 적극적으로 보급할 필요가 있다.[393] 그들은 또 통제를 "여러 공업 국가들과 실업의 발걸음을 나란히 하여 대외침략을 대처할 수 있는 최신정책"이라고 인정하면서 "중국은 완급을 나누어 순서에 따라 참고하여 행할 수 있다." 여기서 제일 대표적인 것은 학자이자 정부관원인 라돈위(羅敦僞)의 주장이다. 라돈위는 실업부 통계장을 담임한 적이 있고, 『중국경제통제론』과 같은 저서들을 출판한 적이 있다. 또한 문장을 발표하고 연설을 하면서 전력으로 통제를 실시하려고 노력했다. 그렇기 때문에 라돈위는 이 문제에서 전문가라고 할 수 있다. 그는 '9.18'사변 후 진정으로 국난에서 벗어날 수 있는 기본정책은… 바로 '통제경제정책'을 실시하는 것이라고 했다. 또한 중국의 경제학자들은 절반 이상 "자유주의의 이상을 가진 자들로서 몽환에 살 뿐"이라고 비판했다. 그리고 "사실이 알려주듯이 국가들이 통제경제의 길에서 발전하고 있다"고 하면서 그 실례로 독일 영국, 프랑스, 이탈리아, 미국, 일본 등을 들었다. 이런 점에서는 소비에트 러시아가 더욱 그러하다고 강조했다.

그는 또 여러 나라들이 정부를 생산의 관리기관으로 만들어버리고 싶어 한다고 지적했다. 통제는 '민족자본이 산만하고 사회질서가 혼란하며 정치사회변화가 예측하기 어려운 국면'을 해결하는 양호한 방안이 될 것이라고 말했다. 그 후, 라돈위는 또 통제를 통상과 비상 두 가지로 나누었다. 전자는 '산업실행의 기본구역의 금융통제'로 중앙정부의 통제기관이 여러 기업들의 생산을 어떻게 진행하는가를 지휘하며 동시에 여러 기업의 생산 진행과정에 대하여 끊임없이 지원을 하게 된다. 후자는 '국방중심구역을 통제하는 경제건설'이다. 라돈위는 "중국은 물론 아직 통제경제를 실행할만한 조건이 부족하지만 그렇다고 해서 자유경제를 실행할 만한 조건이 그렇게 충분한 것도 아니다"라고 사실적으로 이야기했다. 민족자본의 위기에서 실업부는 13개 성 상공업자들의 요청을

---

393) 소원충(昭元冲), 「경제통제와 인력통제(經濟統制與人力統制)」, 『건국월간』 11권, 3호, 1934년 9월 10일.

받게 되었다. 이 사실은 통제가 가능한 구제방법이라는 것을 증명한다. 그는 심지어 "경제적 강권이 실시되면 정치적 강권도 자연히 실시할 방법이 생기게 된다"고 말했다. 또한 통제경제를 이용하여 "중국정치현대화를 촉진할 수 있다"[394]고 했다.

이러한 정황들은 중국의 여론계, 사상이론계와 정계 인물들의 심리에 큰 부담을 주어 줄곧 정책 결정에 대한 그들의 건의와 그 자체에 영향을 주었다. 이를테면 1932년 CC파의 형성 및 남의사(藍衣社)의 건립 등 강권정치에 따라 국방설계위원회에서는 일련의 '경제통제계획'을 기초했다. 이 계획에는 주로 석탄통제계획, 양식통제계획, 기계, 화공 및 면방직, 정미, 밀가루, 채유, 성냥 등 경공업을 포함한 공업의 통제계획, 전쟁 시 교통운수의 동원과 통제계획 등이 포함되어 있었다. 1935년에 국민당은 제5기 1중전회에서 '국민경제건설실시 계획 요강 안'을 확정하였고, "국민경제를 건설하려면 반드시 전면적으로 통제를 실시해야 한다"고 결정했다. 1937년 2월 장개석은 국민당 제5기 3중전회에서 '중국경제건설방안'을 제기하였는데 이 방안에서 '국가통제경제사상'을 명확하게 제기했다.

이 사상은 다음과 같다. "중국경제건설의 정책은 계획경제를 실시하는 것이다. 정부에서 나라 국정의 수요에 따라 전반적인 국가경제 즉 생산, 분배, 교역, 소모 등 여러 방면에서 서로 상호 연계하여 세밀하게 계획을 짜는 것이다. 이것을 모든 경제건설의 방침으로 한다."[395] 이것 역시 자유식경제 양식을 핵심으로 하던 '민생사상'이 집권식 경제양식을 핵심으로 하는 '국가통제경제사상'으로 쏠렸음을 보여주는 것이다.

(3) '민생사상'이 '국가통제경제사상'으로 쏠리게 된 원인 탐구

---

394) 라돈위(羅敦偉), 「중국통제경제문제」, 『실업부 월간』 1권, 1호, 1936년 4월 30일.
395) 진샤오이(秦孝儀) 주필, 『혁명문선』 제79집, 대북 '중앙'문물공급사, 1979, 389, 426쪽.

① '시민계층'의 결실은 민생사상의 발전을 보장하기 힘들었다

다렌도르프는 전에 우리에게 이런 계발을 준 적이 있다. "한 차례의 정치혁명이 비록 정치구조, 계급구조를 변화시킬 수 있지만, 만약 시민사회를 건립하지 않는다면 인민의 의지를 반영하는 것에 의거한 입헌은 진정으로 헌정을 실현할 수 없다."[396] 마르크스의 계급의식론에 의하면 이러한 주장들은 자산계급을 위하여 분포한다는 혐의를 받을 수 있거나 적어도 확대한다는 의심을 받을 수 있다. 하지만 오늘의 경험으로 볼 때 시민사회와 민주화진행과정에 확실히 연관성이 존재한다. 시장경제는 정치권력이 쇠락해질 것을 요구하고 국가가 간섭을 적게 할 것을 바라며 민주를 체현할 것을 희망한다. 물론 시장으로 가는 과정도 역시 정치권력과 상호 충돌하는 과정이긴 하지만 서로의 이익이 다르기 때문에 시장경제는 민주화가 이내 실현될 수 없는 국면을 초래하게 되며, 또한 헌정과 일정한 거리가 생기게 되는 것이다. 하지만 시장역량의 자유 확장에 대한 효력을 맹목적으로 믿지 않는다면 시장경제 및 그것이 양성적으로 발전되어온 시민사회는 바로 민주정치를 잉태하게 될 것이며 헌정의 안정을 보장할 수 있을 것이다. 바로 북아메리카 사회에서 초기에 민주화를 실현한 진정한 동기가 북아메리카경제의 발전과 중자산계급사회의 역량을 키우기 위한 것이었던 것처럼, 미국헌정의 여정도 똑같이 비교적 방대한 중산계급 혹은 안정적인 시민계층이 민주헌정을 결정하고 보장했다고 할 수 있는 것이다. 이 때문에 우리 중국은 미국헌정의 양식을 채택하기 어렵고 또한 '민주사상'의 실현은 중국 당시의 경제발전수준 및 해당 사회계층과 관계가 있다는 결론을 내리는 것은 어렵지 않다. 이러한 배경아래에서 중국도 별수 없이 민생사상의 경로에 의거하여 미국 중산계급에 속하는 시민계급이나 민국을 창조해야만이 미국헌정을 채취할 가능성이 있게 된 것이다.

---

396) 청화(程華), 「시민사회와 미국헌정의 성장」, 『법제와 사회발전』 2호 2002.

② '국가통제경제사상'의 정치적인 선택이 민생사상의 핵심을 변화시켰다

　　국가주의의 사상과 이론은 표면상 '5.4'애국운동과 민주정신의 연장과 비슷하지만 사실 그 이론은 근대 이후 자산계급 민주주의사상의 극단화에 지나지 않는다. 바로 그 극단민족주의, 집권주의 성격 때문에 이 이론은 자산계급 자유주의, 개인주의 사상으로부터 배척을 받았고 자산계급의 생존과 발전에 대하여 과유불급의 부정적인 영향을 일으켰다. 다른 정도와 방식의 정부간섭에 대한 희망과 장려에서부터 경제통제에 이르기까지, 관영경영과 민영경영의 합병으로부터 대홍국가(농단)자본주의(국가사회주의라고도 부름), 실현이 가능하거나 불가능한 기본적 사회조건, 특히 정치제도의 공정성과 그 효율, 정치현대화의 정도와 같은 이러한 문제는 통제경제에 관한 토론 중 여러 번 제기되었지만, 여전히 '근본적인 것은 버리고 지엽적인 것만 추구'하거나 '경제에 손상을 주는 것'과 같은 등 우려를 자아내게 되었다.

　　여기에는 나라가 부강해지고 국민들이 강대해지려는 염원과 사상 이론이 포함되어있다. 특히 국가만능, 중앙강권의 사상경향, 개인의 정치, 군사야심이 가득한 봉건성이 농후한 군벌정권, 혹은 '일당독재' 그리고 다른 역량이 군사진압을 실행하는 정권(남경정부), 쌍방이 상호 결합하거나 접목하는 등의 현상들로 인하여 이후 관료자본주의가 중국에서 횡행하게 되었던 것이다. 여기에는 또한 국가에서 간섭하는 경제활동 부작용, 정부에 의존하는 유효성, 이를테면 법제가 완전한가 하지 않은가, 국가기관의 사업일군들이 정책을 집행하는 능력이 높은가 낮은가, 탐오가 저지되었는가 등의 요소들이 포함된다. 국민정부시기에는 이러한 조건들이 모두 완벽하게 도달하지 못한 상황이었다. 그들은 순서를 소홀히 하면서 최종목적을 실행하려 했다. 이 때문에 나중에는 소수의 관료자본가들이 국가경제를 농단하는 국면이 나타났던 것도 이해할 수 있는 것이다.

　　정부가 '국가통제경제사상'을 받아들였기에 최종적으로 민생사상의 기본 뜻이 변화하게 된 것이다.

③ '구성주의' 민생사상은 중국에서 사회적인 인정을 받지 못했다

　법률적 '구성주의'와 '진화론이성주의'는 하이에크의 법률형성에 관한 두 가지 수단이다. 진화론이성주의는 서양 자신의 문화전통에 뿌리를 두고 있는데 사회의 자연발전진보의 결과로써 경험적인 것이지 절대 계통적이 아닌 자유이론의 전통인 것이다. 또한 자신이 낳아 직접 발전시킨 질서발전의 인식에 입각한 것이다. 이와 상대되는 이론은 구성론유리주의(建構論唯理主義)이다. 이 이론이 가리키는 것은 하나 혹은 일부 선현들이 미리 상상했던 이성(理性)구성으로 이 이론은 사변 및 유리주의의 자유이론전통에 입각한 것으로써 사전에 이미 종이에 그려놓은 사회를 구성하려는 것이다. 손문은 미국헌정사상을 중국정치계에 끌어들여 민생사상을 창립하였고 구성주의의 길을 걸었다. 민생사상의 '구성주의'는 선천적인 것으로 기후와 풍토가 맞지 않듯이 사회주체의 승인이 결핍했었기에 짧은 시간 안에 생활방식으로 심화될 수 없었고 일련의 헌정실천과 배합될 만한 헌정관념을 더욱 형성할 수 없었다.

　첫째, 구성식 헌정체제는 일종의 생활방식으로 심화되기 힘들었다
　구성헌정을 이식하는 과정에서 중국도 확실히 헌법으로 불릴만한 헌법판본이 있었다. 하지만 그러한 헌법판본이 있다하여 꼭 효력을 발생하는 것은 아니었다. 헌법판본의 존재는 헌정실현의 충분한 조건이 되지는 않았다. 헌정이 진정으로 헌정의 형성과 내재적인 연계를 가질 수 있기 위한 전제는 헌법이 반드시 진정한 권위성을 가지는 것이었다. 즉 아주 우연한 경로를 통하여 심각하게 감지한다는 전제하에서 헌법판본과 사람들의 생활이 밀접한 연계를 가지거나 능히 사람들의 생활경험의 일부분이 되는 것이었다.
　이 때문에 일부 헌법들이 진정으로 사람들의 생활과 밀접한 관계를 가지고 진정 법률이 되어 사람들의 숭상을 받으려면 반드시 사람들의 실제적인 이익과 밀접하게 관계되어야 했다. 이것은 반드시 사법성이 부여된 실용적인 공능을 통하여 실현해야 했고, 다른

사람들의 사유방식, 관념 및 생각과 확실하게 부합되어야 했다. 그리고 오직 민중의 문화생활 혹은 장기적인 적용과정을 통하여 자연적으로 정밀하게 대중들의 가슴에 침투되어야 예기했던 목적에 도달할 수 있었다. 구성식의 헌정체제가 비록 중국에서는 침투적인 길로 나아가고 있었지만, 그 길로 가는 발걸음은 너무 느리고 끝도 보이지 않았다. 제도가 이화하기 전에 그 헌정체제를 실행한다는 것은 중국이 아니라 세계적인 범위에서도 성공할 수 있는 자가 몇 없었을 것이었다.

둘째, 헌법의 실시에는 그와 정합되는 헌정관념이 부족했다

만약 도입한 이론과 이식한 제도가 법률을 이식한 국가에 순리롭게 집행되고 깊은 영향을 일으키게 하자면 이식국과 비 이식국의 문화특징이 비슷하거나 이식국의 사회 진화 발전이 비 이식국과 비슷한 정도여야 할 것이다. 그런데 중국과 미국의 문화는 커다란 차이를 보이고 있다. 우리는 앞의 논술들을 통하여 중국 근대자본주의 발전수준이 서양 국가들의 자연적 발전정도에 비해 한참이나 떨어져 있다는 것을 알게 되었다. 그렇기 때문에 중국에 미국헌정을 도입하는 것은 국가의 발전을 추진하고 나라를 부강하게 하자는 목적에서 출발한 것이다. 낡은 중국의 쇠락은 민족의 자신감에 심한 타격을 주었고 그로 인하여 사람들은 급히 부강의 길을 찾아 나서기 시작했다.

'외국의 기술을 배워다가 외국에 대처하는 것'은 당시 제일 편리한 수단이 되었다. 서양의 병기제조기술을 배우는 것으로부터 시작하여 공업화학기술 그리고 서양의 헌정에 대한 학습은 모두 국민들이 나를 강하게 하고 백성들을 부유하게 하는 '좋은 약'이라고 믿었다. 이런 확신의 독촉아래 서양사회발전의 '결과'가 중국에서 '원인'의 위치에 오르게 된 것이다. 그리하여 '헌정'은 분명한 위치에 놓이게 되었다. 이러한 배경은 개혁자들의 눈길을 문법의 수정에 돌려지게 하여 헌법의 제정과 헌정관념의 배양이 분리되게 되었다. 헌법의 실시에는 그와 배합되는 헌정관념이 존재하지 않았다. 그렇기 때문에 헌법을 일단 적용하기 시작하자 변질된 결과가 이내 뒤따랐던 것이다.

④ 백성들과 부를 쟁탈하는 정부의 행위가 민생사상의 발전을 왜곡했다

근대 정치의 목적은 줄곧 부민강국의 심리상태를 부추겼다. 민생 또한 바로 이런 것이었다. 중국헌정의 목적은 바로 '부강'이었다. 근대에 들어선 중국의 제일 중요한 문제는 나라를 멸망에서 구하여 생존을 도모하는 것이었다. 국세의 긴박함은 사람들로 하여금 제일 실용적인 태도로 강대한 문화를 학습하고 그것을 받아들이게 했다. 또한 생사의 위기는 사람들로 하여금 서양의 부강에는 서양헌정문화와 제도가 내포되어 있다는 관념을 수용하게 했다.

부강의 목적을 실현하기 위하여 한 세대 또 한 세대의 유력 지식인들은 여러 가지 방식을 통하여 끊임없이 헌정을 추구했다. 청조 말에 이르러 왕도, 정관응, 진치, 설복성 등은 이런 추구에 있어서 개척자라고 할 수 있다. 그들은 서양식 의회가 능히 국민의 뜻을 모을 수 있을 것이라고 굳게 믿었고 군민 간의 간격을 없애고 '군민공화'에 도달하는 새로운 관계를 맺을 수 있을 것이라고 굳게 믿었다. 군민 간에 이러한 관계가 맺어지면 서로 협조하여 똑같이 나라의 부강을 촉진하게 될 것이라고 확신했다. 이것이 바로 서양의 여러 나라들이 신속하게 발전을 도모할 수 있었던 근본 원인이라고 판단했다. 백일유신은 여전히 국가의 부강을 목적으로 했다.

강유위나 양계초와 같은 사람들은 '입헌'으로 '조종의 법'을 대체하자고 주장했는데 그 출발점 역시 그들이 확신하는 독재주의가 중국의 부강을 저해하는 장애물로서 헌정의 수단을 통하여 그 장애를 없애버리고 부강의 길로 나아가자는 것이었다.

이 시기 오직 엄복만이 서양문화에 숨어있는 개인의 자유정신과 서양 강성의 이유와의 관계를 알아냈다. 그는 헌정제도는 개인자유가 발원할 수 있는 에너지들을 합쳐서 나라가 부강해 질 수 있는 '공동역량'이 되게 한다고 믿었던 것이다. 개인자유, 헌정제도와 국가부강의 관계는 항상 그가 주목한 중심이었고, 그가 선배들의 헌정이념을 "나라가 부강하려면 헌정을 이용해야 한다"는 문화 패러다임으로 발전시켰던 것이다. 얼마 후, 손문이 이끄는 혁명당 사람들과 강유위의 입헌파들이 공화혁명인가 아니면

입헌군주인가를 놓고 대 변론을 벌였다. 이 변론에서 쌍방은 사실상 공통점을 가지고 있었는데 그것이 바로 모두가 알 수 있었던 나라를 부강으로 이끌자는 주장이었다. 그들의 쟁점은 부강을 실천하는 목표로 가는 길이 과연 어느 것인가라는 것이었다.

주도적으로 부강을 추구하는 정부의 행위에는 물론 잘못된 점이 없었다. 관건은 부강을 추구하는 목적이 "재부를 민간에 축적하는가 아니면 나라에 축적하는가"하는 문제였다. 국민들이 주도적으로 부강을 추구하고 민주헌정을 보장하는 것이 아닌 국가가 주도적으로 부강을 추구하는 것은 도리어 민주헌정의 위험을 증가시킨다. "모방하는 것이 상책이다"는 사상은 손문이 아메리카합중국의 헌정제도를 선택한 주요한 원인이다. 그는 이 헌정이야말로 중국이 부강으로 나아갈 수 있는 유일한 길이라고 확신했던 것이다. 그는 헌법을 제정하는 운동을 통하여 중산계급을 위주로 하는 재부를 국민들에게 축적하는 민생사회를 건립할 수 있기를 희망했다.

미국헌정의 가장 큰 핵심은 바로 민권으로서 국민주동식이다. 그렇기 때문에 자연적으로 재부가 국민들에게 축적되는 길을 걸을 수밖에 없는 것이다. 유명한 『5월화호공약(五月花號公約)』은 민중자치의 이념을 충분하게 표현했다. 그 공약은 보통사람들이 한데 모이면 충분한 이성과 지혜가 생기게 되어 자신들이 공동으로 관심을 갖는 일을 잘 관리할 수 있게 보장한다고 믿었던 것이다. 역사 앞에서 미국의 첫 번째 헌법제정자들도 "권력은 부패를 불러올 수 있고 절대적인 권력은 절대적인 부패를 불러온다"는 것을 의식했던 것이다. 그렇기에 권력을 제약하는 법을 제정하지 않고 근근이 집권자들의 양심과 지혜만을 믿는다는 것은 절대 있을 수 없다는 것을 확신했던 것이다. 미국사람들의 눈에서 국가는 무서운 '레비아탄'이었다. 그들의 정감의 기점은 바로 개인, 고향, 이웃이었다. 그래서 그들은 제일 약소한 개인자유를 국가의 이익과 나란히 놓고 생각하고 논쟁할 수 있었던 것이다. 미국에서 개체로서의 공민은 자신의 방식대로 자신을 관리할 권리가 있었다. 그러나 국가기구 및 그 성원들은 시시각각 공민들의 감독아래에 있어야 했다. 이것이 바로 사람들이 말하는 권력이 권력을 제약하는 공민주동식인 것이다.

중국의 민생사상은 결과주의적인 사고의 맥락을 따라 나아가고 있었다. 바로 정부 주동방식에 강렬한 정치목적을 겸했던 것이다. 민생이 보여주는 재부를 국민들에게 축적하고 나라를 부강하게 하고 국민을 부유하게 하는 것은 중국헌정의 '국민을 부유하게 하는 목적'이었다. 그러나 미국에서 이식해 오려고 했지만 경제기초가 결핍한 헌정제도는 그 진행과정에서 여전히 자유경제를 발전시킬 만한 체제적인 만족을 얻을 수 없었다. 손문은 경제 강령을 제정하는 과정에서 자유식 경제방식을 실시하는가 아니면 집권 경제방식을 실시하는가 하는 면에서 관점이 분명하지 못했다. 그리하여 헌정이란 상층의 건축이 경제라는 기초와 떨어지게 된 것이다.

손문은 헌정을 실행하는 자신의 관념이 비록 중국을 부강으로 나아가게 할 수 있다고는 믿었지만 어떠한 경제 방식을 채용하는가 하는 문제는 그가 고려하는 중점이 아니었다. 당시는 헌정과 배합될 만한 자유경제가 아직 활발하게 발전되지 못하고 있었던 것이다. 근대 중국에는 안정되게 자신의 경제실력으로 사회를 좌우지할만한 계층이 적었다. 중국의 국민들은 헌정의 진보를 추진할 만한 능력을 구비하지 못했던 것이다. 그렇기 때문에 우리는 늘 손문의 주장과 저작 혹은 그가 공포한 정책과 법률 중에서 위로부터 아래로 관철되어 온 일종의 정신을 감지할 수 있는 것이다. 민중이 능력이 없기에 정부는 고립적으로 나아갈 수밖에 없었다. 이러한 상황은 나중에 민국시기 자본주의가 국가자본주의, 관료자본주의로 발전하게 했던 것이다.

⑤사회의 이익다원화 체현기제의 결핍은 민생사상의 발전을 저해했다

손문의 민생사상의 본질은 경제권리상 기본평등과 소비재료 분배상 대체적인 평균이다. 자신의 빈곤했던 경력과 유럽과 미국에서의 직접적인 체험으로부터 중산은 자본가에 대해 좋은 인상을 가질 수 없었다. 반면에 그는 빈곤한 대중들에게 깊은 감정을 가지고 있었고 못내 그들을 동정했다. 이러한 심리상태는 그로 하여금 사회 대다수의 청빈한 백성들을 위해 평등을 도모해 주고 행복을 안겨주자는 진정한 염원을 가지게

했던 것이다. 동시에 손문은 또 절대적인 애국자였다. 그렇기 때문에 그는 자신의 나라가 장기간 빈곤하고 낙후한 상태를 지속하는 것을 보고만 있을 수 없었고 외세의 능욕을 당하는 것을 수수방관할 수 없었던 것이다. 이로부터 손문은 국가주의를 선택하게 되었던 것이다. 손문은 이러한 주장만이 국가로 하여금 개인의 자본을 억제시킬 능력을 보장할 수 있게 할 것이고 평등분배의 가능성을 실현할 수 있게 할 것이며 경제발전을 파괴하지 않을 것이라고 보았던 것이다.

손문의 사상 중에 미국의 선진헌정을 따라 배우자는 강렬한 주장이 있기는 했지만 그는 여전히 중국 전통 관념의 틀에서 벗어나지는 못했던 것이다. 이익의 다원화와 대동(大同) 사이에서 손문은 대동을 선택했던 것이다. 따라서 '민생사상'도 나중에는 '국가통제경제사상'으로 나아가 헌정의 이상은 더욱 실현할 방법이 없어졌던 것이다.

2. 중국 근대헌정에 대한 미국연방제 사상의 영향

(1) 만청 중앙정부의 '지방자치사상'

'지방자치사상' 중에서 '지방자치'란 단어는 서양연방제에서 온 것이다. 지방자치란 사실 미국연방제의 두 가지 주권 양식아래 지방권력의 운행체계를 말한다. 체제적 원인으로 청조 관방은 서양의 법을 거울로 들여왔을 뿐이지 절대 연방제를 추앙할 수는 없었다. 하지만 만청은 연방주의에서 '지방자치'라는 방법은 괜찮은 것이라고 점찍었었다. 19세기 중엽, 태평군과 기타 반란군들로부터 시작된 위기로 인하여 성급정부에서는 뜻밖에도 많은 임시 지방권력을 얻게 되어 지방의 실력파들이 궐기하게 되었다. 그들은 입헌을 지지하는 동시에 지방자치를 실행할 것을 주장했다. 러시아로 출사했던 대사 호유덕(胡唯德), 정부가 파견하여 외국의 헌정을 고찰하러 갔던 5명의 대신, 프랑스로 출사했던 손보기(孫寶琦), 형부시랑 심가본(沈家本) 등은 모두 입헌을 위한 조서에서 지방자치에 대한 주장을 제기했다. 직립총독 원세개, 양강총독 단방 등 사람들은 더욱 앞장서서 지방자치를 실험했다.

1905년 "여러 나라에 출사하여 고찰한 정치대신 재택 등이 5년을 기한으로 입헌정체로 바꾸는 것에 대해 올리는 조서"에서 이렇게 썼다. "우선 세 가지 일을 해야 한다. … 두 번째로는 지방자치를 펼쳐야 한다. 오늘의 주나 현의 경계는 대체로 천 리쯤 된다. 작은 곳은 수백 리 정도이다. (p173 상3~ 상8) 타 성의 사람이 목민의 직무에 부임하여 사무를 수집하고 더 여러 번 조사하여 더 높은 이치에 이르러 어려움을 해결하기를 바란다. 각국 군읍의 경계를 통제하여 호구를 조사하여 그 크기가 작은 현의 반에 해당하는데 향관이 일반적으로 수십 명이다. 반드시 군읍회의에서 공개 선출하여 주 향대부의 제도와 같이 각종 직무를 담당한다. 의회가 이것을 감독 관리하고 관계가 밀접하여 이해가 일치하면 뜻이 맞지 않아 받아들여 지지 못하는 어려움이 없다.

일을 모두 선거로 처리하니 모인 백성이 편하다. 각국의 지방자치 제도를 적당히 받아들여 그 장점을 채택해야 하며 전문서적을 연구하여 훌륭한 법규를 만들어야 한다. 그리고 기한을 정해 반포해야 하며, 각 성의 총독과 순무가 이를 이해하고 기한을 정해 이 일을 완성해야 한다.[397]

1906년 단방은 『청정국시이안대계절』에서 이렇게 썼다. (p173상9~하5)"정국은 6항으로 중앙과 지방의 권한을 정한 것이다. 중국 각 성 신하들의 권한이 비교적 각 입헌국의 지방장관보다 크다. 이 때문에 토지는 지나치게 넓고 교통은 불편하다. 만약 중앙집권제도를 시행하면 중앙통치의 힘이 절대 따라잡을 수 없어 국가 대사를 오히려 좌시하고 모른 척 한다. 그래서 일체의 권력을 중앙에 집중시키길 원하지만 사실 현재 중국에서 능히 실현할 수 있는 것은 아니다. 그리고 그 권한은 결코 단정할 수 있는 것은 아니다. 법치국과 인치국의 차이점 때문에 일체의 권한은 무법률적인 규정이 있으며 또한 제일 중요한 것이다. 무릇 일의 크기와 직책의 경중을 떠나 반드시 각각 일정한 권한이 있다. 그 권한 내에서 자유롭게 행동할 수 있고, 후에 일이 모두 시작함에 있어 어려운 일에 연류 되지 않는다. 현재 중국은 자연스럽지 못하고 각종 행정기관 사이에 그 권한이 모두 일정하지 않은데, 즉 이는 책임이 모두 일정하지 않아 단지 일이 발생했을 때 적당히 주고 빼앗았기 때문이다. 즉 만약 중앙 각부의 신하들과 각 성의 도독 순무들이 모두 일국의 중요한 일을 위한다면 그 사이에는 결코 일정한 권한이 없을 것이다.

---

397) 고궁박물원 명청서류부 편, 『청나라 말엽준비입헌서류사료』 상책, 1쪽.

그렇기 때문에 일체의 외교, 내정, 그리고 그것에 의지하는 이익이 매우 적기 때문에 서로 견제하는 해로움이 매우 많은 것이다. 국가의 일은 이 때문에 빠르게 황폐해지게 되었으며 이런 것이 부지기수이다. 그래서 각국의 관제를 참작하지 않으면 무엇이 정부에 속하는 것이고 무엇이 지방에 속하는 권한인지 분명하게 정하는 데에 충분하지 않을 것이다. 지방행정은 관치일 뿐만 아니라 자치이다. 지방자치제도는 중국에는 없었지만 각 입헌국에는 모두 있었던 것으로, 이는 입헌을 준비하는 시대에서 선행연습이 아닐 수 없다."[398]

1907년 9월 관직제도를 편찬하던 대신이 정식으로 각 성의 총독들에게 전보를 보내 "모든 부와 현에서는 의사회와 이사회를 설립한 후 차츰 성진이나 향에도 넓게 보급하라. 여러 향, 성진의 의사회, 이사회 등 자치기관의 조직구성은 인민들의 투표에 의거하라. 이상 사항은 모두 지방관이 감독하라"[399]고 지시했다. 이로부터 '지방자치사상'을 실행하게 되었고 정치적 국세의 추진은 결국 만청정부가 정치체제개혁을 실시하는 총제적인 방안중 하나의 중요한 연결고리가 되었다. 동시에 청정부에서는 '민정부에서 기초한 자치장정'을 내려 보냈다. 1909년 1월 28일 청정부는 정식으로 『성진향지방자치장정(城鎭鄉地方自治章程)』[400]을 공포했다. 1910년 2월 3일 『경사지방자치장정(京師地方自治章程)』과 『경사비장자치선거장정』[401]이 공포되었고 6일에는 『부, 청, 주, 현 지방자치장정(府廳州縣地方自治章程)』과 『부, 청, 주, 현 의사회 의원 선거장정』이 공포되었다. 이로부터 지방자치제도가 기초적인 규모를 이루게 되었다.

---

398) 단방, 『청정국시이안대계절』, 『단충민공주고』 권6, 광서32년 7월 초8일(1906년 8월 26일)주고.

399) 「내무(內務)」, 『동방잡지』 제4년 제8기에 게재.

400) 주수붕(朱壽朋), 『광서조동화록』, 5742쪽.

401) 이 세 가지 장정은 각기 광서 34년 12월 28일 선통원년 12월 23일 선통2년 정월 초8일의 『정치관보』에 게재되었다.

(2) 만청 각파 정치세력의 '지방자치사상'

강유위는 1902년에 이렇게 제기했다. "지방자치는 강국으로 가는 길이며 건국의 기본이다. 때문에 유럽과 미국 각국은 '세상을 쥐락펴락하고 동방을 멸하려 하며, 일본은 메이지유신 이후에 능히 궐기할 수 있었던 것'이다. 러시아와 중국은 모두 독재정체이지만 강, 약의 차이가 있다. 그것은 그들이 지방자치를 실시했기 때문이다. '국민들이 각자 힘을 다하고 지혜를 다하여 자신들의 소속인 향을 잘 다스리는 것은 나라의 근본이다.' 중국이 날로 '쇠락'해지는 것은 관리가 백성들을 대신하여 나라를 다스리기 때문이다. 중국을 구하는 길은 오직 지방자치를 실시하는 것뿐이다."[402]

입헌파의 주요 대표 장건 등은 직접 일본을 모방하여 부, 현 의회를 건설하자고 했다. 그들은 '입헌의 기초는 지방자치에 있다'[403]고 믿었던 것이다. 여러 파들의 이러한 거동은 사실 이해의 초점을 회피한 것으로 전력으로 청나라 왕조의 진정한 위험을 숨기려는 것이었다. 그리하여 중앙으로 하여금 합법화를 잃게 하고 연방제에 부합하는 길로 나아가게 하려는 것이었다.

양계초는 자치와 민권을 하나로 이어놓았다. 그는 지방자치는 민권을 발전시킨 것으로서 헌정을 실시하는 기초라고 보았던 것이다. 그는 1902년에 『신민총보』에 '민약론의 거장 루소의 학설'[404]이라는 글을 발표하여 서양 연방제를 소개했다. 1903년 그는 아메리카주를 시찰했다. 그는 미국 정치제도의 여러 방면에 대해 나름대로의 비판을 진행했다. 하지만 그는 특히 미국의 연방제에 대해 자세히 탐문하였고 그것에 대하여 높은 평가를 했다. 그는 "연방제는 미국정치의 일대 특색으로서 공화정치가 오래 동안 실시될

---

402) 강유위, 『공민자치편』, 『신민총보』, 5, 6, 7호.
403) 장건, 『지방자치경비예산을 제정할 때 지방세금계선은 응당 개국회의에 제기되어야한다 (預計地方自治經費厘訂地方稅界限應請開國會議)』, 『장계자 9록 자치록』.
404) 『신민총보』 제11, 12호를 참고. 1902년 6월.

수 있는 원인이 된다" [405]고 말했다. 이로부터 알 수 있듯이 보황파(保皇派)로서의 양계초 본인도 이미 자치주장에서 연방제로 나아가고 있었던 것이다.

혁명파들이 '지방자치'로부터 출발하여 전개한 방침은 더구나 청나라 왕조로 하여금 낙관적인 태도를 취할 수 없게 했다. 1894년 손문은 흥중회를 설립할 때 '합중정부'를 설립하는 것에 대한 정치 강령을 제기하였는데 여기서 명확하게 미국식 연방제 국가를 설립하는 것에 대한 이상을 제기했다. 이 이상의 배후에는 "자치야 말로 정치의 극치"라는 사상과 여러 성에 '자치정부'를 설립하자는 주장이었다.

만청 통치의 마지막 10년 중, 지방자치의 창도자들은 향토의 정을 연방주의 헌법 이론에 넣어 교묘하게 성 자치와 인민주권을 하나로 결합하고 중앙입권통치와 다른 목소리를 크게 냈는데 이는 청나라 왕조에 큰 위협이 되었다. 만청 정부는 '지방자치'를 봉건전통적인 구조에서 서술하려고 노력하였지만 역시 연방정부의 사조를 막을 수는 없었다. 연방제 사상은 '지방자치'를 빌려 중국 근대헌정역사에서 점차 모습을 드러내기 시작했다.

(3) 남경 임시정부 시기의 연방제 토론

신해혁명이 폭발하자 여러 성에서 분분히 독립을 요구했다. 이 시기 연방주의는 정식으로 중국에서 대두되었다. 산동성에서는 독립을 선포하기 전에 각계 연합회에서 순무(巡撫) 손보기에게 8가지 요구를 제기했다. 손보기는 청나라 조정에 조서를 올려 보냈는데 그중의 한 조목이 헌법에 '중국은 연방제'라고 적어 넣으라는 것이었다. 산동성 자문국에서 청나라 조정에 올려 보낸 조서에는 8가지 건의가 있었는데, 그중 마지막 네 부분의 내용은 다음과 같다. "헌법에 중국이 연방제국가라는 것을 밝혀라.

---

405) 둥쓰리(董四禮), 『만청거인전(晚清巨人傳) 양계초』, 하얼빈출판사, 1996, 450쪽.

외관제(外官制)와 지방세를 본 성에서 제정하게 하고 정부는 관여하지 마라. 자문국의 장정은 본 성의 헌법으로서 자유롭게 개정할 수 있게 하라. 군대를 훈련시켜 본 성을 보위할 수 있는 자치 자유를 행사할 수 있게 하라."[406]

여원홍(黎元洪)은 무창 도독부에서 도독을 맡은 후, 각 성의 지지를 얻기 위하여 각 성의 파견대표들을 무창에 파견해 달라는 전보에서 "연방국가를 건립하고 대외교섭을 하자"는 주장을 강조하였으며 여러 성의 지지를 얻어냈다.[407]

손문은 또 이런 담화를 발표했다. "중국은 지리상 22개 행정 구역이 있으며 그 외 3개의 속지가 있는데 그곳은 몽골, 서장, 신강이다. 그 면적은 실제로 유럽만큼 크다. 여러 성은 기후가 다르고 백성들의 생활 습관, 성질과 기후가 차이를 보인다. 이러한 형세 때문에 정치상 중앙집권제를 실시하기에 불리하다. 그렇기 때문에 미국의 연방제를 모방하는 것이 제일 적합하다. 각 성의 내정은 서로 완전한 자유를 가지고 있었고 서로가 정리하고 통솔할 책임을 가지고 있다. 그러나 여러 성 위에 중앙정부를 두어 군사, 외교, 재정을 전문적으로 관리한다. 그렇기 때문에 기본 흐름은 서로 연결되어 있다."

1912년 1월 1일 손문은 중화민국 임시 대통령에 취임했다. 그는 취임연설에서 또 이렇게 천명했다. "중국은 국토면적이 아주 넓다. 성마다 서로 다른 풍토와 인정을 가지고 있다. 이전에 청나라 정부는 중앙집권제를 실시하여 그것을 입헌의 수단으로 삼았다. 오늘날 각 성이 연합하여 각자 자치를 실시하고 있다. 이후의 행정은 중앙정부와 여러 성의 관계에 놓이게 된다. 합리적으로 조절해야 할 것이다. "요강을 제정해야 하고 조목도 자체적으로 만들어야 한다. 이것을 이른바 내정의 통일이라고 한다."[408] 여기서 손문은 각 성의 자주 권력에 관심을 기울여야 하고 중앙과 각 성 간의 권력 평형을 중요하게 생각해야 한다고 강조했다. 그중에서 "요강을 제정해야 하고 조목도 자체로

---

406) 전국정치협상위원회 문사자료연구위원회 편, 『신해혁명 회고록』 제5집, 문사자료출판사 1981, 294쪽.
407) 시에쥔메이(謝俊美), 『정치제도와 근대중국』, 상해인민출판사, 1995, 277쪽.
408) 『손문전집』 제2권, 2쪽.

만들어야 한다"는 내용은 연방제 국가의 중앙과 지방권한을 나눈다는 일반적인 특징이다. 이에 대응하여 1911년부터 1912년 사이에 탄생한 『중화민국임시정부조작요강』, 『중화민국약법』, 『중화민국국회조직법』은 모두 성을 단위로 선거권과 참의원 정원을 배치했다. 특히 『중화민국임시정부조작요강』은 대통령선거와 참의원의 구성에서 연방대통령제를 실시하였지만 실제상 미국연방제의 일부 사상과 제도를 받아들인 것이다. 그렇기 때문에 학자들로부터 "연방제의 색채를 갖추고 있다"는 평가를 받았다.

(4) 민국 북경정부시기 학자들이 토론한 연방제

민국 북경정부시기, 연방주의는 "먹물통에서 일어나는 잔물결"이라고 할 수 있었다. 연방주의는 정식으로 사상이 예민한 자들의 주의를 불러일으켰다. 학자들은 연방제 문제를 둘러싸고 한차례 논쟁을 벌였다. 이 논쟁은 비록 중국 현실정치의 주목으로부터 시작되었지만 그 연구의 목적은 '경세치용'이었다. 하지만 본질상 여전히 학술연구와 이론탐구의 범주에 속했다. 이번 논쟁은 사색이 비교적 이성적이고 서로의 관점과 입장도 더욱 견고했다. 장사쇠는 이렇게 말했다. "오늘의 대세를 살펴보면 각 성들이 여전히 자치를 실시하고 있다. … 그 후 중국의 모든 정부가 각 성의 정부 위에 건립되어야 한다고 공론하고 있다. 이를테면 게르만연방, 합중국연방을 실례로 들 수 있다. 그렇기 때문에 전체 중국이 자립해도 가능한 것이다. 1914년 장사쇠는 『갑인잡지』에 추진이라는 필명으로 문장을 발표하여 연방제의 진정한 장애는 중앙집권국가의 역사전통과 그 전통에 대한 인식이라고 강조했다.

그는 "이전에 독립적인 국가는 연방제 민족국가라는 전제하에 건립된 것이 아니다. 특히 중국과 같은 이러한 중앙집권제 나라는 응당 연방제 나라로 개조되어야 한다. 연방을 조직한다고 하여 방국이 먼저 나라를 구성해야 할 필요는 없다. "단일국으로부터 연방국으로 전환하는 것은 불합리한 면이 절대로 없는 것이다." 이로부터 그는 무릇 연방이라면 반드시 먼저 방국을 만들고 다음 연방국을 이루어야 한다는 이른바 '통례론'에 반대하는 입장을 고수했다. 또한 '연방'이라는 이 단어를 포기하지도 않았다. 그는 이렇게 중앙집권제의 전통적인 이데올로기에 투항하지 않았음을 보여주었으며 스스로 선양하던 명명권(命名權)을 두고 타협하지 않았다.

당시 학계에서 제기한 연방제에 있어 하나의 중요한 문제는 바로 분권정치에 관한 문제였다. 이 문제를 처음으로 제기한 사람은 이기전(李其筌)이었다. 그는 1914년 7월에 쓴 한편의 문장에서 이렇게 썼다. "통일을 바라면서도 내란을 꾀한다. 강하고 힘있는 정부가 없으면 통일은 불가능하다. 통일을 바라는 것은 가능한 일이지만 통일을 내걸고 집권을 꾀해서는 안 된다. 모든 일은 도리로 말해야 한다. 이것이 중국에서 분권을 제정하기 어려운 원인이다."[409] 하지만 어떻게 해야 집권과 분권의 통일체를 건립할 수 있는가 하는 문제에 대해 이기전은 이론상에서 상세한 논증과 설명을 하지는 않았다.

이론상에서 볼 때 이 문제를 한층 발전시킨 것은 장동손(張東蓀)과 정불언(丁佛言)이다. 장동손은 민국 이래의 정치혼란을 이용하여 "영국, 미국의 자치정신을 중국에 도입할 것을 제창하면서 "대륙파들의 군주제 정신을 중국에 이식할 수 없다"고 강조했다. 그는 "중국이 생존을 도모하고 강대해지려면 영국이나 미국 파들의 자치를 수용하지 않고는 성공을 거둘 수 없다", "반드시 자치정신을 오늘날 지방제도의 종극적인 문제를 해결하는 열쇠로 삼아야 한다"고 주장했다. 그는 연방제 정신은 자치에 있다고 강조했다. 하지만 목전의 중국은 단지 연방제 정신을 채용한 것이라고 강조했다.[410] 정불언은 중국 국정의 특별한 색채와 나라의 기초는 지방 각 성에 있다고 주장했다.

그는 이렇게 말했다. "여러 지방을 하나의 나라로 합한다는 뜻은 나라를 세운다는 것이고 공공하게 건설한다는 것이다. 지방 세력을 모아 정부를 감독하고 정치를 개량하려는

---

409) 이기전(李其筌), 「중앙집권과 지방자치를 논함(論中央集權與地方分治)」, 『중화잡지(中華雜志)』 제1권 5호, 1914년 7월.
410) 장동손(張東蓀), 「지방자치종극관(地方自治終極觀)」, 『중화잡지』 제1권 7호, 1914년 7월.

것이다." 건전한 중화정치체제는 반드시 헌법을 제정할 때, 중앙과 지방의 권한에 충분한 관심을 기울여야 한다. 그 요점은 중앙에서 열거주의를 채취하고 지방에서 개괄주의를 채취하는 것이다.[411] 장동손과 정불언의 학설은 신속하게 국내사상계에서 고도의 중시를 불러일으켰다. 장사쇠은 장동손의 문장은 "아주 가치가 있는데 사실은 한편의 연방이론"이라고 평가했다. 하지만 정불언의 문장은 "그의 말은 대부분 어울리는 일절의 거짓도 없는 연방이론이다"라고 평가했다.[412]

(5) 연성(聯省) 자치운동 중의 연방제 토론

1920년 전후, 연방제에 관한 논쟁은 이미 실제 정치로부터 오는 지방정치, 헌정문제, 연성자치 등과 연관되어 있었다. 해당 연방제와 자치, 연방제와 헌법연구 등 방면의 논문들이 계속 나타났다. 『태평양』 잡지 제3권은 '연성자치 특별호'이었다. 『개조』 잡지 제3권의 '자치문제연구', '연방문제 연구' 등 두 개의 특별호와 『동방잡지』에 연구 두 개 호의 '헌법연구특별호'는 이 방면의 장편문장들을 대폭적으로 실었다. 장백리의 『동일호가 자치를 담론한 한통의 편지』, 남공식(藍公式)의 『나의 연방론』, 장사쇠의 『방을 뭇다』, 이검농의 『민국통일문제』, 손기이(孫機伊)의 『자치운동과 연방』 및 『제헌 문제의 이론과 실질』, 종협만(宗協萬)의 『헌법은 응당 연성 민주제를 채취해야 한다』 진계수(陳啓修)의 『나의 이상중의 중국 국가 헌법과 성의 헌법』 등은 이 시기에 영향력이 비교적 컸던 글이다.[413]

이 시기 연방주의에 대한 학계의 토론은 전에 없이 열렬했다. 그 열풍은 1920년에 있었던 정국에 있었던 연성자치운동과 밀접한 관계가 있다. '연성자치'란 바로 연성을

411) 정불언(丁佛言), 「민국국시론」, 『중화잡지』 제1권, 제4호, 1914년.
412) 추진(장사쇠), 『연방론』, 『갑인잡지』 제1권 제4호, 1914년.
413) 왕여평(王麗萍), 『연방제와 세계질서(聯邦制與世界秩序)』, 북경대학출판사 2000.

말하는 것으로서 연방이다. 이 때문에 연방제를 포기하는 것은 바로 연성자치를 취소하는 것이나 다름없는 것으로 국민들은 분열의 죄명을 피할 수 있을 것이다. 그들은 교묘하게 명칭을 바꿨을 뿐이다. '연성자치'라는 이 단어는 1920년 9월에 생겨났는데 학자들은 장계가 처음 사용했다고 보고 있다. 장계는 회고록에 이렇게 썼다. "민국 9년⋯ 얼마간 스페인을 돌아보고 왔다. 그 후 호남에 갔다. 적태염은 자치동맹을 주장했고 여이명은 연성자치를 고집했다."[414] 장태염은 년보를 만들어 이 점을 더욱 더 증명했다. "그때 호남과 사천에서는 모두 옛 이름을 회복하려고 했다. 여이명은 의상, 사천동맹, 지군정부라는 이름은 타당하지 않다고 보았다. 그리하여 자치동맹으로 부르자고⋯ 보천이 유럽에서 돌아왔다. 여의 말은 사실에 가까웠다⋯ 보천은 여이명을 위해 연성자치를 주장했다."[415]

연성자치운동은 1920년 7월에 호남에서 시작된 후 빠른 속도로 전국에 퍼져나갔다. 절강, 운남, 사천, 광동에서는 잇달아 헌법을 제정했다. 그 외 호북, 복건, 섬서, 산서, 귀주, 강서, 강소 등등 성에서도 적극적으로 제헌 자치를 준비했다. 1920~1925년 사이, 연방학설은 전에 없는 대성황을 이루었다.

『국민당헌법주장전안』에서 이렇게 말했다. "연방제헌법을 취할 뿐 다른 것은 있을 수 없다. 연방제는 사실 성숙되지는 못했기에 강압적으로 실행할 수 없다. 그것은 민국 집단의 힘을 격감시킬 수 있기 때문이다. 첫째, 연방제는 국권을 제약하여 원만하게 활동할 수 없게 한다. 그렇기 때문에 현실정치에 적합하지 않다. 둘째, 일국주의를 취해야 한다." 하지만 현실적으로는 각 성의 자치를 막을 수 없었다.

얼마 후, 손문은 장태염의 건의와 주장을 받아들였다. 1921년 1월에 발표한 『남북통일 의견』에서 그는 급하게 연성제도를 실시하기 위해 노력했음을 보여주었다. 또한

---

414) 『장보천선생회고록(張溥泉先生回憶錄) 일기』, 21쪽.
415) 『장태염년보장편(章太炎年譜長編)』 하책, 중화서국 1979, 600쪽.

"여가 고집하는 연성제도"[416]를 상해 평화회의와 북경 담판의 '두 가지 조건중의 하나'로 삼았다. 8월 손문은 각 성의 군정장관들에게 전보를 쳐서 9월 1일 광동에서 "연성정부 대표대회"를 거행하자고 건의했다. 손문은 이런 방법으로 연성자치의 바람이 일어나고 있는 서남 각 성의 지지를 얻으려고 하면서 북경 정부와 맞섰다. 손문은 『남북통일 의견』에서 또 "북경정부에서 만약 '연성'의 요구를 수용하지 않으면 나는 남방으로 북방을 통일시키겠다"고 제기했다. 손문은 중화민국 수립 후의 '성제(省制)문제' 및 1920년 이후의 '자치운동', 1921년 5월 5일 '대통령 취임선언'에서 제기한 '분현(分縣) 자치' 주장에 입각하여 중앙과 지방의 관계상 중앙은 반드시 각 성에 권력을 내려 보내야 하고, 각 성은 권력을 각 현에 내려 보내어, 지방자치와 국가통일을 결합시켜야 한다[417]고 강조했다.

1922년 3월 상해에서 국시회의(國是會議)를 소집했는데 회의에서는 연방제형식으로 자치의 연합을 희망했다. 이 회의는 전국상회연합회와 전국교육연합회에서 발기했다. 각 성, 성의회, 교육회, 상회, 농회, 공회, 은행공회, 변호사공회, 신문계 연합회 대표들이 회의에 출석했다. 회의는 저명한 헌정전문가 장군매가 집필했다. 두개의 연방헌법초안이 통과하고 사회에 공포되었다. 이 회의는 연방제를 추진하는 전형적인 노력을 보여준 실례가 되었다.

(6) 남경정부시기 민국의 연방제 구성의 몰락과 그 원인

① 남경정부시기 민국의 연방제 구상의 몰락

광주 민국정부가 북벌에서 호남을 점령한 후, 호남성의 자치는 없어졌고 성 의회는

---

416) 손문, 「남북통일 의견」, 『손문전집』 제5권, 453쪽.
417) 손문, 「대통령취임선언」, 『손문전집』 제5권, 531쪽.

해산되었다. 기타 성의 자치운동 역시 핍박으로 인하여 종지부를 찍었다.

1928년 중국은 훈정약법시기에 들어섰고 『중화민국 국민정부조직법』을 공포했다. 제1장 제1조에서는 "국민정부는 중화민국의 통치권을 통괄한다"고 규정했다. 제6장은 비록 '중앙과 지방의 권한, 조약권을 규정하는 제도'이지만 제78조에서는 성에는 성 정부를 설립하고 중앙의 지휘를 받으며 종합적으로 전 성의 정무를 관리한다. 이 조직은 법적으로 규정되어 있어 연방의 뜻은 근본적으로 존재하지 않는다. 그렇기 때문에 "중앙집권을 위해서도 지방 정권을 위해서도 이러한 실례는 볼 수 없다. … 다른 지방 권력과 분리되며 수시로 법적인 규정을 하게 된다. 지방정권은 중앙에서 부여한 것이지만 법적으로 박탈할 수도 있다. 중앙의 권력은 단일국가가 가지고 있는 당연한 권력이다."[418]

일당독재와 연방분권정신은 물과 불처럼 어울릴 수 없다. 이때 집권을 하게 된 당정 전체가 연방주의의 제일 큰 장애가 되었다. 1932년 3월 17일 국민정부는 『국난회의조직요강』을 공포했다. 이어서 국민정부는 또 『국난회의의사규칙』을 공포하여 국민당중앙 집행위원, 감찰위원, 국민정부 5원 원장 및 소속 각 부의 부장과 위원들이 모두 회의에 출석해야 한다고 규정했다.

제21조에 본 회의 산하에는 "외국의 침략을 막고 재해를 퇴치하며 지방의 평정을 유지하는 심사위원회를 각각 설치한다"고 규정했다. 이 조목을 설치한 목적은 회의 의정을 이 세 가지 내용에 든든히 고정시키자는 것으로서 절대 다른 제안을 받아들이지 않으려는 것이었다. 그러나 회의 참가자들은 많지 않은 이 기회를 잡아 5일간의 회의기간에 결의를 채택하여 정부에서는 응당 지방자치문제를 타당하게 처리하고 기한에 따라 훈정(訓政)을 결속해야 한다고 요구했다. 이 제의는 이내 비난을 받았다. 국난회의가 끝난 후, 당시 행정원 원장을 담임하고 있던 왕정위(汪精衛)와 감찰원장 어우임(於右任)

---

418) 『훈정약법내용 설명 및 비평(訓政約法內容說明及批評)』, 진여현(陳茹玄),
『증정중국헌법 사(增訂中國憲法史)』, 상해세계서국, 1947.

등은 5월 3, 5, 6일에 여러 신문에 연설문을 발표하여 훈정을 포기하면 당국에 해를 입히게 될 우려가 있다면서 지방자치를 통렬하게 비판했다.

1936년에 이르러 '55헌장'이 출범하였는데 기본제도는 국민당의 일당독재와 장개석의 개인독재를 확립하는 것이었다. '55헌장' 제 90조에서는 "성에는 성 정부를 설립하여 중앙의 법령을 집행하고 지방자치를 감독하게 한다"고 규정했다. 제99조에서는 "성 정부에는 성장 1명을 두고 임기를 3년으로 한다. 임면권은 중앙정부에 있다. 입법원 원장 손과(孫科)는 1940년에 이 헌장초안의 설명에 관하여 설명하고 해석을 가했다. "우선: …자치단위는 현으로 하며 그 성질과 역할은 모두 중앙정부를 대표한다. … 다음으로 10년 동안의 실제 정치경험, 성의 자치정치 혹은 군인들이 지방에서 장악한 정권, 군권은 일종의 반독립 상태를 형성하였는데 이것은 국가의 통일을 방해하게 된다. 그렇기 때문에 항일전쟁시기 중앙은 전력을 다하여 먼저 나라의 통일을 꾀하였고 국가의 통일을 방해하고 지방으로 하여금 반독립상태를 형성하게 하고 할거의 국면을 형성하게 하는 일체의 조건들을 타개하려고 했던 것이다. 10여년의 교훈을 통하여 중앙의 인원들은 국가는 절대적인 통일을 이루어야 한다. 절대적인 통일을 이루어야 할 뿐만 아니라 지방권력이 지나치게 발전하는 것을 막아 전철을 밟지 말아야 한다."[419]

항일전쟁 승리 후, 국민당과 공산당은 중경에서 회담을 가지고 『국민정부와 중공대표회담기요(雙十協定)』를 체결했다. 이 회담 기요에서 쌍방은 각지에서 응당 적극적으로 각 지방자치를 추진할 것에 동의했다. 그 후, 정치협상회의에서 중간 당파들은 "55헌장"에서 제기한 각 성의 특수한 세력을 약화시키고 중앙에서 집권하자는 방법을 질책했다. 그들은 '헌정 초안안'의 결의를 통과하고 '55헌장'에 대하여 중대한 수정을 진행했다. 정치협상위원회헌법초안 수정 원칙은 나중에 "성은 지방자치의 최고 단위이다. 성과 중앙의 권력 경계선의 구분은 응당 군권주의의 규정에 의거해야 한다.

---

419) 양지(楊紀), 『헌정요점(憲政要點)』, 대북, 문해출판사, 1981, 38~46쪽.

성장은 인민이 선거한다. 성에서는 자체적인 헌법을 제정할 수 있다. 그러나 나라의 헌법과 저촉되어서는 안 된다"고 규정했다.

이런 규정은 바로 균권주의(均權主義) 아래 지방자치를 실현하려는 것이었으며, 지방자치가 보장 받게 하려는 것이었다. 또한 중앙의 권력을 제약할 수 있는데, 국가권력 사이에서 종횡 교차된 입체적으로 권력을 제약하여 균형을 이루게 하는 구상을 하게 된 것이다. 하지만 이 방안은 이미 연방주의는 '힘이 이미 다 빠진 상태(強弩之末)'이었다. 국민당 당국은 역대로 연방주의에 대하여 사정없이 공격해왔고 성과도 뚜렷했다. 그렇기 때문에 연방주의는 근본적으로 실현될 만한 기회가 없었다. 연방제는 비록 한시기 사람들의 입에 올랐었지만 국민정부시기에 와서는 겨우 작은 물결만 남았을 뿐이다.

② 남경정부시기 민국의 연방제 구상이 몰락한 원인 분석

우선 민주시기의 연방제도는 이미 단일국가 집권하의 지방자치제도로 변했다. 이러한 제도는 실제 인재들의 통치와 영도아래에서의 정치였다. 이 점은 특히 성 및 성 관할하의 민주정치, 즉 성이 성 관할하의 지방내부에서 효과적으로 자신의 대리인들을 양성하여 정권의 합법화를 건설하는 것을 실현하는 것으로 표현되었다. 지방정부 주도하의 자치유형은 기층관료의 배합을 필요로 하고 또한 민중들의 지식 축적과 사상측면에서의 각 성 등의 요소를 발휘하는 것에서 적극적인 작용을 일으켰다. 하지만 바로 이러한 요소들의 결핍은 연방주의제도가 중국에서의 운용이 반드시 중국전통의 정치운행 시스템 속박에서만 가능함을 예시했다.

다음으로 당시의 중국에서 연방제 국가 하의 중앙과 지방권력의 구분도 근본적으로 권력운행의 원리를 건드리지는 못했다. 그러한 것들은 오직 간단하게 정부의 통치범위를(성 혹은 한 개 방국 범위에 제한했다) 하나의 중요한 분권지표로 삼았을 뿐이다. 이러한 사상이 현실에 반영되면 바로 군권의 지방화와 성급 인사권의 확대였다. 이것은 엄중하게 중앙의 권력을 위협하였는데 중국의 연성자치가 '무인할거(武人割據)'로

나가고 나중에 파산된 중요한 원인이었다.

3. 대통령제와 관련 있는 구상이 중국에서 냉대를 받고 이화된 원인 분석

대통령제 사상은 만청정부시기에 채택하였던 입헌군주사상으로 보아 절대 받아들일 수 없는 것이었다. 이 시기 대통령제의 구상은 필연적으로 냉대를 받을 수밖에 없었고 학자들의 토론 속에서나 존재할 수밖에 없었다. 이를테면 위원의『해국도지』, 1860년 정위량이 상해 독리미화서국에 있을 때 번역한 휘튼의『만국공법』중의 '수령이 행사할 수 있는 권력'(행정권), 1881년『만국공법』제55권부터 연재하기 시작한 임낙지의『환유지구약술』, 중국인이 쓴 최초의 미국 유람기인 복건사람 임침이 저술한『서해기유초』, 1877년 이규가 미국을 돌아볼 때 필라델피아 세계박람회에 참가한 후 쓴『환유지구신록』, 서계번이 계통적으로 서양 각국을 소개한, 특히 미국의 풍토와 인정, 그리고 정치제도를 소개한『영환지략』과 같은 책들에서 모두 대통령제 사상을 언급했다.

(1) 중화민국임시정부 시기 혁명파들의 대통령제 구상

1911년 신해혁명은 사회의 격변을 가져왔다. 하북의 군정부는 청나라 조정이 와해국면에 처해있을 때 제일 먼저 봉기를 일으켰다는 자격으로 전국의 각 성에 전보를 보내 각 성에서 대표를 무한에 파견하여 회의를 열고 임시중앙정부를 조직하자고 제의했다. 11월 30일 대표들이 무한에 모여 「임시정부 조직 요강」을 제정하고 통과시켰다. 헌법적 성질을 띤 이 글에서 혁명파들이 중국에서 대통령제를 시험했던 모습을 알 수 있다.

『임시정부 조직 요강』은 그 자체가 정부조직법이었다. 하지만 그것은 임시헌법의 특수한 성격을 띠고 있었다. 요강은 "실행기한은 중화민국 헌법이 출범하는 날까지"라고 규정했다. 요강은 이 시기 혁명파들의 대통령제 사상은 바로 미국의 국가제도를 본보기로 했다는 것을 반영하고 있었다. 또한 임시정부는 대통령제 공화정부이고 삼권분립의 정치원칙을 실시한다는 것을 규정했다. 요강의 중요 내용은 다음과 같았다.

첫째, 임시대통령과 부통령은 각 성도의 도독부에서 대표를 파견하여 선거한다. 각 성은 오직 한 표만 행사할 수 있다. 대통령은 바로 나라의 원수이고 정부의 수뇌이다. 대통령의 권력은 전국을 통치하고 해군과 육군을 인솔하며, 참의원의 동의를 거쳐 전쟁을 선포하거나 강화하며 조약을 체결할 수 있는 권리가 있다. 또한 참의원에서 동의하면 각 부의 부장을 임명하고 외교특사를 파견할 권리도 있고 임시 중앙심판소를 설립할 권한도 있다. 임시 대통령은 각 부를 설립하고 부장을 국무위원으로 하여 대통령을 보좌하여 각 부서의 실무를 처리하게 한다. 각 부서의 부장들은 반드시 대통령에게 책임을 져야 한다. 둘째, 참의원은 입법권을 행사하는 기관이다. 그렇기 때문에 각 성도 도독부 부위에서 각각 세 명의 참의원을 파견하여 참가시킨다. 셋째, 임시 중앙재판소는 사법권을 행사하는 기관으로서 임시 대통령이 참의원의 동의를 거친 후 설치한다.

『임시정부 조직요강』 수정안에서는 대통령의 권리에 대하여 수정을 진행했다. 원래의 제1조를 "임시대통령, 부통령은 모두 각 성에서 대표를 파견하여 선거한다. 참가자 수의 3분의 2 이상이 동의하면 선출될 수 있다. 각 성에서는 한 표만 행사할 수 있다"고 규정했다. 제5조는 또 "임시대통령은 관직제도와 규정을 제정할 수 있으며 문무관원들을 임면할 수 있다. 하지만 관직제도와 법규를 제정하고 국무원 각 위원회 위원 및 외교 특사를 임면할 때는 반드시 참의원의 동의를 거쳐야 한다"고 수정했다. 제6조 뒤에는 "임시부통령은 대통령이 돌발적으로 세상을 떠났을 때 그 자리를 대신하게 된다. 임시대통령이 사유가 있어 대통령 직무를 행사할 수 없을 때에는 대통령의 위임을 받고 대리로 대통령 직무를 행사할 수 있다"고 보충했다.

「임시정부 조직 요강」은 미국을 모방하여 대통령제를 채택하게 되었는데 수많은 저항과 질의를 받으면서 갖은 역경을 이겨내고 나오게 되었다. 이와 제일 완고하게 대항한 것은 책임내각제의 설계였다. 송교인(宋敎仁)을 대표로 하는 일부 자산계급혁명파들은 프랑스를 모방하여 책임내각제를 세우자고 강력하게 주장했다.

그들은 혁명당 인원들이 출사하여 내각을 조직할 것을 희망했다. 이를 계기로 정부에서의 혁명당 인원들의 권력과 지위를 확대하고 공고히 하려고 했던 것이다. 그러나 손문은 이에 반대를 했다. "내각제에서 원수는 평소 정치에 간섭하지 않는다. 그것은 총리가 국회에 책임을 다하기 때문이다. 이것은 물론 비상시기를 대비해 하는 말이 아니다. 나는 '유일하게 믿고 천거할만한 사람'에 대하여 '방비를 할 법과 제도를 설립하지 않을 수 없다.' 또 모든 사람의 의견을 따르려하지 않는 것은 스스로 쓸데없는 것임을 자처하는 것으로 이것은 잘못된 혁명의 대계이다."[420] 손문은 또 이렇게 말했다. "신해혁명 후, 각 성에서 분분히 독립을 선포하는 형세는 마치 당년에 미국의 13개 주가 영국 식민지통치에서 벗어나 독립을 선포할 때의 정황과 같다." 이것은 미국을 모방한 결과이다. 최종적으로 이러한 관점이 우세를 점하였기에 송교인 외 전체인원들의 동의를 얻게 되었고 최종적으로 대통령제를 채택하게 되었다.

이 시기 대통령제는 차츰 중국의 주류 정치체제에 들어가게 되었지만 순조롭게 운행되지는 못했다. 손문은 "유일하게 믿고 천거할 만한 사람'에 대하여 '방비를 할 법과 제도를 설립하지 않는 태도"는 미국의 대통령제 정신과 완전히 위배된다고 제기했다. 하지만 대통령의 명의로, 막대한 대통령의 권한으로도 덕치의 음영에서 완전히 벗어날 수 없기에 집권의 유령을 방비하지 않을 수 없는 것이다. 그렇기 때문에 이후에 원세개의 세력이 일어나려고 할 때 『약법』은 송교인이 주도한 책임내각제로 전환되었던 것이다.

---

420) 차이지오우(蔡寄鷗), 『악주혈사(鄂州血史)』, 용문연합서국, 1958, 163쪽.

(2) 『중화민국약법』중에 체현된 대통령제 구상의 몰락

　　1912년 1월 1일 남경임시정부가 출범하면서 자산계급 민주공화국이 탄생했다. 1912년 3월 11일 『중화민국약법』이 공포되었다. 중국의 헌정은 이때부터 새로운 시기에 들어서게 되었다. 그런데 원세개는 혁명의 과실을 훔치려고 들었다. 『중화민국약법』의 제일 큰 특징은 「임시정부 조직 요강」에서 확정한 대통령제를 전력으로 고치고 책임내각제로 전환하는 것이었다. 그렇기 때문에 『약법』의 헌정 설계과정에서 복잡한 흔적들을 심심치 않게 볼 수 있는 것이다.

　　사실상에서 손문의 주최로 당시 『약법』을 제정할 때의 지도사상은 매우 명확했다. 그는 『중국문제의 진정한 해결』이라는 글에서 한편으로는 "우리는 당신(미국)들의 정부를 모방하여 우리의 새로운 정부를 세우려고 하고" 다른 한편으로는 "중국의 실제에 결합하여 특정된 역사조건에 따라 법적인 수단으로 원세개의 전권을 제한하여 그가 탈선하는 것을 방비해야 한다"고 했다. 그렇기 때문에 결국 대통령제 본래의 뜻을 지키지 못하고 상응하는 변화를 주어 내각을 도입해 대통령의 권한을 약화시켰다. 이렇게 원세개의 독재통치를 방지하여 공화제도가 폐기되지 않고 민국의 운명을 수호할 수 있기를 희망하였던 것이다.

　　정치제도에서 말할 때 이러한 최초의 소망을 제일 두드러지게 표현한 것은 내각제가 남경임시정부의 '대통령제'를 대체한 것이다. 이 뜻은 조목의 내용마다 명확하게 보이는데 바로 참의원의 직권을 확대하고 대통령의 권력을 줄이며 국가의 사무를 내각에서 책임지자는 것이었다. 이렇게 되면 대통령은 명령을 공포할 때 언제나 국무원의 동의와 서명을 얻어야 하며 그 외는 무효가 되는 것이었다. 또한 모든 국무위원은 반드시 참의원의 동의를 거쳐야 한다고 규정했는데 이것은 내각에서 참의원에게 책임을 져야 할 뿐 대통령에게는 책임을 질 필요가 없음을 의미한다. 이것으로 보아 대통령의 권력은 사실 그렇게 막강한 것이 아니었다. 이점을 두고 당시 국외의 간행물에서도 "대통령의 권력을 엄격하게 제한했다. … 원 대통령은 이로써 가시밭에 들어선 셈이 되었는데 헤집고 나오기

쉽지 않을 것이다"라고 평론했다.

『약법』을 제정할 당시 중화민국은 아직 강보에 싸여있는 형편이었다. 중앙기관의 조직형식에서 대통령제와 내각제에 대한 논쟁과 경질이 있었는데 그 치명적인 약점은 개인적 요소가 너무 많거나 사람에 따라 일을 만드는 것이었다. 이를 테면 「임시정부 조직 요강」을 기초할 때 손문을 위주로 한 대통령제와 송교인이 고수 하던 내각제의 논쟁이 있었다. 일부 사람들은 이로 인해 송교인이 총리가 되려한다고 공격했다. 그리하여 이 논쟁은 나중에 손문의 승리로 막을 내리게 되었던 것이다. 『약법』을 기초한 것은 손문이 대통령의 자리를 원세개에게 내어준 역사적인 배경 하에서 대책을 세우기 위한 것이었다. 만약 손문이 대통령 자리를 내놓지 않았다면 대통령제는 변화되지 않았을 수도 있었다고 볼 수 있다. 그 후의 역사가 증명한 것과 같이 대통령제에서 내각제로의 변동은 원세개에게 그렇게 큰 견제가 되지는 못했다.

(3) 독재통치하의 대통령제 구상의 이화(異化)

① 독재통치하의 대통령제의 사상 이화에 대한 표현

원세개는 대통령에 취임했던 초기 헌법제도를 파괴하고 개인의 권력을 확대하려 하였는데, '책임내각제'는 그의 눈에 박힌 못이 되어 넘어야 할 첫 목표가 되었다. 1912년 6월 그는 '전달선서(展達宣誓)', '헌법엄수'라고 쓴 필묵이 채 마르기도 전에 공공연히 『약법』 중의 대통령이 명령을 공포할 때는 반드시 국무위원들이 부서해야 한다는 규정을 무시하고 자신의 신하들을 지방 고위관리로 임명했다. 『천단헌법초안』은 여전히 『약법 조직요강』, 『중화민국 약법』 사이에서 계승 관계를 가지게 되었는데, 이것은 모두 손문과 혁명당원들이 민국을 세우고 원세개의 독단 전권을 제한하기 위하여 제정한 것이었다. 그중 대통령 직권에 대한 규정에 적은 변화가 있었지만 종합적으로 볼 때 이것은 헌법 중에서 대통령에 대한 완성이기 때문에 대통령의 권력에 대해서는 확대를 하지 않았다. 이 규정에서는 여전히 대통령이 직권을 행사할 때는 참의원이나 국회와 약속한 것에 따라야 했다. 동시에 『천단헌법초안』은 대통령임기에 대해서도 명확하게 규정했고 한발 더 나아가 대통령에 대한 제한을 규범화했다. 1914년 원기(袁記) 『중화민국약법』의 출범은 대통령제가 쓸데없이 헛된 명성만 있을 뿐 실효 없이 이화로 나갔음을 보여준다. 전문은 68조나 되는데 미국, 일본 및 유럽대륙 각 나라 헌법 중에서 행정조문에 편중한 조목만 뽑은 후 자신의 뜻을 첨부하여 독자적인 집권제도를 만들어 내어 '1인 정치' 실행에 유리하도록 했다. 이를테면 원수제도를 확정하고 대통령은 오직 국민에게만 책임을 진다고 규정했는데 이것은 미국을 모방한 것이었다. 대통령은 통치권을 가지고 전국의 육해군을 통솔하며 전쟁을 선포하고 강화하는 대권을 통괄하며 대통령의 명령은 법과 동등한 효력을 가지므로 명령을 내릴 수 있는 등 권력을 가진다고 규정했는데 이것은 일본을 모방한 것이었다. 입법원이 결의한 법에 대하여 대통령이 표결권을 행사하는 면에서는 절대적인 것으로서 그 효력이 아주 컸는데 미국 대통령의 표결권을 훨씬 초과했다. 이를테면 옛 독일황제의 '불공포(不公布)'처럼 국회의 모든 법을 완전히 취소할 수 있었던 것이다.

9년 후 북양군벌의 후견인 조곤(曹錕)의 '회선헌법'도 이렇게 규정했다. "중화민국의 행정권은 대통령이 국무위원들과 협조하여 행사하게 된다. 대통령이 법을 선포하면 국무위원들은 그 집행과정을 감독하고 보장하게 된다. 대통령은 법을 집행해야 하고 또 법에 의거하여 위임된다. 대통령은 명령을 공포할 수 있다. 대통령은 문무 관리를 임명할 수 있다. 대통령은 민국의 육해군 대원수로서 육해군을 통솔하게 된다. 외국을 대상할 때 대통령은 민국의 대표이다. 대통령은 국회의 동의를 얻은 후 전쟁을 선포할 수 있고 조약을 체결할 수 있다. 대통령은 법에 의거하여 계엄을 선포할 수 있다. 대통령은 최고법원의 동의를 거친 후 형벌을 감면할 수 있고 감형할 수 있으며 복권을 시킬 수 있다. 대통령은 중의원 혹은 참의원의 회의를 정지시킬 수 있다.

대통령은 국무위원들이 신임할 수 없는 결의를 채택할 때, 그들의 직을 면직할 수는 없지만 중의원을 해산할 수는 있다. 대통령은 반역죄 외에는 면직을 당한 후 형사적으로 소송을 당하지 않는다." 이 내용은 원기헌법(袁記憲法)에서 기인되었고 천단헌초(天壇憲草)를 베낀 것이다. 그 특징은 민주라는 이름아래 군벌독재를 실시하려는 것이었다. 헌법은 또 뇌물선거에 대한 인민들의 저항을 평정하려는 것이었고 원세개가 황제로 자처하고 장훈(張勳)이 복고를 하려는 것을 반대하는 태도를 표시하려는 것으로서 부득불 형식상 자산계급헌법 중의 민주에 관계되는 조항을 빌어서 쓸 수밖에 없었던 것이다. 그렇기 때문에 조항에는 "중화민국은 영원히 통일된 민주국"이고 "중화민국의 주권은 국민전체에 속하며", "나라의 체제는 수정할 수 있는 의제가 될 수 없다"고 규정했다. 그리고 대통령에 대한 규정에서 국회는 대통령에 대하여 표면상에서 상호 제약하여 균형을 형성하게 하려고 했다. 하지만 여전히 원기약법에 대한 계승으로 대통령이 민국의 행정권을 통괄하고 육해군을 통솔하게 규정하였으며 대통령이 "중의원과 참의원의 회의를 중단할 수 있는 권력이 있으며 중의원을 해산할 수 있다"고 규정했다. 이것은 법률상에서 대통령의 행정 독재를 승인한 것이 되며 의회 민주를 압도한 것이 된다. 민국정부의 두 가지 저명한 헌법성 문건인 『55헌장』과 장기 『중화민국헌법』은 똑같이 서양헌법제도 중의 대통령제라는 미명아래 집권을 실행한 사실을 기록하고 있다. 『55헌장』의 대통령에 관계되는 그 부분은 완전히 원기약법에서 베낀 것으로서 원기약법의 복제판에 지나지 않는다. 장기약법(蔣記約法)에서는 또 대통령의 권리는 지고무상한 것으로서 어떠한 기관에도 책임을 지지 않는다고 규정했다. 그들은 국민대회를 대통령의 장식품으로 만들어 버렸고 5원을 대통령의 부속물과 개인독재의 집행기관으로 이화시켰다. 대통령제 사상 중의 분권으로 상호 제약하여 균형을 이루자는 정신은 온데간데없이 사라져버렸다. 대통령이라는 단어는 도리어 독재정치를 위한 단어적인 장치가 되었을 뿐만 아니라 중국 헌정 근대화의 퇴보를 말해 주는 것이 된다.

② 대통령제가 최종적으로 중국에서 이화된 원인 분석

　우선 권력의 분립에서 균형을 잃었다. 중국은 대통령제 도입 이후 국가의 3대 권력은 지금까지 안정적으로 상호 제약하면서 균형을 이룬 적이 없다. 『임시정부 조직요강』은 중국에서 최초의 헌법적 성격을 가진 문건으로 명확하게 중국은 대통령제를 실시하고 삼권분립을 실행한다는 원칙을 규정하였다. 하지만 그 후의 헌법에서는 대통령의 행정권이 놀랍게 팽창되는 것을 어렵지 않게 알 수 있다. 후에 나온 원기 『중화민국약법』에서는 대통령의 권력에 대하여 많은 조정을 했는데 대통령의 임기를 10년으로 한다고 규정하였으며 수차 연임할 수 있다고 했다. 이것은 사실 대통령 종신제를 뜻하는 것이다. 이 헌법은 대통령의 세습제와 종신제를 법의 형식으로 확정했다. 또한 행정 기구들의 권력을 최대한 확대하여 입법, 사법, 행정 삼권이 평형을 이루지 못하는 상태를 초래했다. 이러한 상황은 사실 손문의 손에서 통과되었던 『중화민국약법』에서 시작되었다. 정치적인 목적과 국가 정세의 영향으로 인하여 입법자들은 헌법상 국가권력의 배치가 모호해지기 시작했고 평형을 이루지 못했던 것이다. 그들에게는 처음부터 대통령제를 추진할 만한 정확한 태도가 없었기 때문에 대통령제는 정치가들의 손에 쥐어진 도구에 지나지 않았던 것이다. 그들은 대통령제를 실시하는 것을 통하여 진정으로 권력의 분립을 실시하고 서로를 제약하면서 평형을 이루려고 하지 않았던 것이다. 그들은 이것으로 인민권리와 자유에 대한 헌정국가의 촉진을 보증하려는 것이었다.

　다음으로 대통령의 권력을 제한하지 않는 '이중 주권'은 존재할 수 없는 것이다. 미국 연방제의 주요 특징은 바로 삼권분립과 '이중 주권'[421] 개념의 상호 결합이다. 이러한

---

421) 이중 주권이란 바로 중앙정부와 지방자치정부에 모두 독립적인 행정 권력이 존재하는 것을 말한다. 이 두 가지 행정 권력의 존재에는 분공도 있고 합작도 있게 되는 것이다.

결합은 연방정부 내에서 제약하는 평형제도에 대한 발전을 지지하고 연방 정부와 주 정부 간의 제약평형제도의 발전도 지지하게 되는 것이다. 연방제 아래에서 각 주는 중앙정부 권력의 분권이라는 제약 속에서 중앙정부 내 개인 집권의 대통령제가 합리성을 가지게 하는 것이다. 지방정부와 중앙정부 행정 권력의 합리적인 배분은 대통령의 권력이 과도하게 인민들의 자유와 권리를 간섭하는 것을 제한하였고, 지방정부에 충분한 행정권을 주어 자치구역 내 인민들이 자신의 권리를 행사할 수 있고 자유를 실현할 수 있도록 보장하게 했다.

제2부

중국 헌법학설의 형성과 발전의 국외배경

제3장 중국 헌법학설에 대한 일본 헌법학의 영향

제3장

중국 헌법학설에 대한 일본 헌법학의 영향

중국 헌법학설의 백년사가 비록 청나라 말엽에 일본 헌법학이 들어오면서부터라고는 말할 수 없지만, 확실히 독보적인 작용을 일으킨 것만은 틀림이 없다. 청나라 말엽 일본헌법학의 수입은 중국의 법학 발전을 추진하였고, 특히 중국헌법학의 발전과정을 추진하였으며 중국헌법학의 발생에 제일 기본적이고 제일 중요한 기초가 되었다. 역사는 비록 수없이 흘러갔지만 그 영향은 지금도 남아있다. 객관적으로 그 한시기의 역사를 인식하는 것은 여전히 현실적인 의의가 있는 것이다.

제1절

일본 헌법학이 청나라 말엽에 흥성하게 된 원인

일본이 중국문화를 학습하기 시작한 역사는 아주 오래다. 근대에 와서도 이 과정은 여전히 끝나지 않고 있었다. 1887년에 이르러서도 일본은 중국에서 번역한 수많은 서양의 저작(이를테면 『해국도지』, 『영환저작』, 『만국공법』 등) 을 일본어로 다시 번역했다.

그들은 중국을 통하여 서양문화를 배웠던 것이다. 하지만 이 과정이 끝나고 이내 새로운 막이 열리게 되었는데 중국에서 오히려 일본을 따라 배우기 시작한 것이다. 중국은 일본을 본보기로 근대화를 실현하려고 했던 것이다. 그렇다면 당시 중국은 무엇 때문에 일본을 선택하여 학습의 대상으로 삼았는가? 무엇 때문에 일본의 헌법을 수입하게 되었고 일본의 헌법학을 기둥으로 삼는 국면이 초래되었는가?

그 정치적인 동기로 말하자면 청나라 정부와 사회는 일본과 같은 작은 나라가 일거에 궐기하는 것을 보고 깊은 감명을 받게 되었던 것이다. 일본은 메이지 헌법에 의하여 강대해졌고 천황의 권위를 수호했다고 믿었던 것이다. 그렇기 때문에 당시 중국은 일본의 헌법에 대하여 깊은 관심을 가지게 되었던 것이다. 유신지사 양계초는 이렇게 말한 적이 있다. "정법자는 건국의 기본이다. 일본의 변법은 바로 그 기본이 바탕이 된 것이다. 중국변법은 그들의 뒤에 있다. 비록 같은 변법이지만 효과는 큰 차이가 있는 것이다.

오늘 생각해 보면 절대 헌법을 고치는 것에만 급급해 할 필요는 없을 것 같다. 반드시 그들 나라의 법, 민간의 법, 형사법 등의 서적들을 많이 가져와 번역해야 한다."[422] 일본도 주도적으로 청나라와 관계를 개선하려고 노력했다. 그들은 청나라를 보호하고 청나라의

---

422) 양계초, 『변법통의(變法通議) 역서』, 『음빙실합집1 음빙실문집1』, 69쪽.

발전을 밀어주겠다고 장담하면서 자신들의 법정문화를 수출하여 서양문화의 침습을 막으려 나섰던 것이다.

그 외 두 나라의 국정과 민심은 비슷한 점이 많았다. 바꾸어 말하면 헌정을 하려는 마음과 사회배경이 극히 비슷했던 것이다. 이것 역시 청나라 말에 일본 헌법학이 대량으로 중국에 들어온 중요한 원인이었다. 두 나라는 모두 비교적 선명한 국가주의의 경향이 있었는데 황권을 존중하는 문화전통의 뿌리가 튼튼했던 것이다. 두 나라는 모두 외세의 침략을 받기도 했었기에 서양을 학습하고 '나라를 부강하게 하고 군대를 강하게 하는 것'은 공동의 사명이라고 할 수 있었다. 하지만 전쟁에서 매번 참패를 당했던 것이다. 그리하여 부득불 제도적으로 지지하는 일대 전환을 꿈꾸게 되었던 것이다. 두 나라는 모두 동방문화권에 속했다. 포화를 타고 서양문화가 날아 들어오게 되자 어떻게 서로 다른 문화 사이의 충돌을 없애겠는가 하는 면에서도 일본은 중국보다 앞에 서게 되었던 것이다.

정치적인 동기와 사회배경이 비슷한 것 외에도 일본헌법학이 중국으로 들어오게 된 중요한 요소는 문화적인 원인이었다. 이 점 역시 양계초의 말을 빌어서 증명할 수 있다. 일본과 우리는 동일한 문화를 가지고 있다. 전에 두 나라는 모두 한문을 사용하다가 일본은 일본문자로 발달하였고 히라가나, 가타카나 등에 이르러 한문과 섞어 쓰기 시작했다. 하지만 한문이 6, 7할을 차지했다. 일본은 유신 이후, 단호하게 서양을 학습할 것을 결정하고 번역하여 책을 만들었다. 초보적으로나마 서양의 사상을 수용하려 했던 것이다. 일본 본토에서 나온 책들도 아주 많았다. "오늘날 일본어를 배우고 일어로 된 책을 번역하려고 새로 힘을 들이고 있는데 이익도 수없이 많다. 일본어는 배우기 쉽고 자모가 간결하며 음이 적다. 첫째, 음절에 발음하기 어려운 음이 없다. 둘째, 문법이 자유롭다. 셋째, 상형문자로 중국문자와 비슷하다. 넷째, 한문이 6, 7할 쯤 차지한다. … 서양문과 비교해볼 때 일본문자는 노력을 적게 들이고 많은 성과를 올릴 수 있다고 할 수 있다."[423]

---

423) 양계초, 『변법통의 역서』, 『음빙실합집1 음빙실문집1』, 76쪽.

일본문자가 이렇게 편리하기 때문에 일본으로 유학을 가는 학생들이 부쩍 늘어났고 일본어 서적을 번역하는 사람들이 많아졌으며 일본헌법학의 영향이 날로 확대되었다.

상술한 원인으로 인하여 청나라 말기에 주도적으로 일본헌법을 도입하고 흡수하기 시작했던 것이다. 그렇기 때문에 이때는 다른 국가들의 헌법학을 들여오는 것이 일본의 헌법학을 들여오는 것 보다 효과가 못하다고 인정했던 것이다. 이로부터 일본 헌법학을 숭상하는 일대 파벌이 형성되는 독특한 국면이 나타났던 것이다.

청나라 말의 첫 번째 유학 대상국은 일본이 아니라 미국이었다. 당시 처음으로 유학을 나간 사람은 미국으로 갔던 용굉이다. 그 후 청나라 정부는 또 120명의 아이들을 미국으로 유학을 보냈지만 그 효과가 아주 미약했다. 유학을 간 학생들의 연령이 대부분 너무 어려 폐단이 많았기에 적극적인 영향을 일으키기 어려웠던 것이다. 그때 유학을 떠났던 사람들 중에서 오직 당소(唐紹)의 한 사람만이 그 후 정법계에서 비교적 큰 영향을 일으켰다. 다음으로 그때 유학을 간 아동들 대부분이 이공계열을 배웠기에 정법영역에서 역할을 발휘할 수 없었다. 청나라 정부는 또 프랑스, 독일 영국 등의 나라에도 유학생을 파견했다. 하지만 대부분이 선박, 기계제조, 군사기술 등을 배웠다. 일본 이외의 나라들은 중국을 대하는 정책에서 모두 일본처럼 적극적이지 않았고 헌법학 등 지식을 전수하려는 열정이 부족했다. 또한 청나라 말에 와서 일본 이외 나라들의 헌법학이 들어왔었지만 그 영향력이 극히 미약했던 것이다. 청나라 말기 헌법학에 대한 영향은 대부분 일본의 번역도서를 통하여 그 영향력을 과시했었다. 그렇기 때문에 일본의 헌법학은 당시 그 어느 나라 헌법학보다도 주도적인 절대적 역할을 하게 된 것이다.

제2절

청나라 말엽 일본 헌법학이 중국에 도입된 경로

일본헌법학이 중국으로 들어온 경로는 세 가지가 있다. 첫째, 대량의 일본 유학생들이 헌법학 서적을 번역하고 소개했고, 두 번째로는 일본의 교사들이 직접 중국에 와서 강의를 했으며, 세 번째로는 청나라 관리들이 일본을 방문 고찰하고 일본의 관원들이 중국에서 시찰한 것과 모두 일정한 관계가 있다.

1. 유학생들의 번역과 소개

중국의 유학역사는 비록 일본으로부터 시작된 것은 아니지만 일본으로의 유학이 제일 왕성했다. 정부에서 일본으로 유학생을 파견한 것은 1896년에 최고점을 찍었다. 그해 청나라 정부는 13명의 학생을 일본에 유학을 보냈다.[424] 그 후 장지동 등이 적극적으로 제창하여 그 성과가 전에 없는 성황을 이루었다. 당시 호광 총독을 맡고 있던 장지동은 이렇게 말했다. "유학할 대상 국가를 보면 서양은 동양보다 못하다. 일본은 중국과 가까워 경비가 적게 들기에 많은 유학생을 파견할 수 있다. 또한 중국과 가깝기에 고찰하기도 쉽다. 동쪽 문자는 중국문자와 비슷하기에 배우기 쉽다. 하지만 서양 서적은 번잡하여 완전하게 파악하기 쉽지 않다. 동인들은 세부적인 것을 삭제하고 상황을 참작하여 적당한 수정을 거쳤다. 동방의 정세나 풍속은 서로 비슷하기에 모방하기 쉽다.

---

424) 서신성(舒新城), 『근대중국유학사』, 중화서국, 1929, 21~22쪽.

적은 노력으로 많은 성과를 올린다는 것은 바로 이를 두고 하는 말일 것이다. 스스로 올바르게 준비를 한 후 다시 서양으로 가도 안 될 것은 없다."[425] 1906년에 일본 유학생 수가 최고봉을 이루었는데, 1년 사이에 8천 명 내지 1만 명이 일본으로 유학을 갔다. 일본유학생 장종상(도쿄제국대학), 육종여(와세다대학), 조여림(주오대학) 등이 일본헌법을 전수하는 방면에서 중요한 공헌을 했다. 그들은 일본헌법을 중국에 번역 소개했을 뿐만 아니라 이론을 실제와 연계하여 일정한 정도에서 만청 정부에 영향을 주었다.

2. 일본 교사(敎習)들의 전수

다른 하나의 도입 경로는 바로 '일본교사'들이었다. 즉 중국에 와서 각지 학당에서 강의를 하고 학생들을 양성하던 일본 교사들을 말하는 것이다. 일본인이 처음으로 중국에서 학교를 설립하기 시작한 것은 1890년 아라오 스쿠루가 상해에서 세운 일청무역연구소이다. 하지만 그 연구소는 중국인을 대상으로 한 것이 아니었다. 1898년 일본 동아동문회는 복주(福州)에 경영동문학사를 차렸다. 일본교사들이 중국에 들어오는 열풍은 이때부터 성세를 이루기 시작했다. 1905년에 와서 청나라 정부는 일본에 유학을 갔던 학생들이 일본을 이용하여 청나라 정부에 저항하는 것을 방지하기 위하여 일본유학을 제한하기로 결정하고 주도적으로 일본 교사들을 중국에 청하여 강의를 시켰다. 일본은 청나라와 뜻을 같이 하기 위해 적극적으로 이에 호응했다.

일본 교사들이 중국으로 오는 것은 1906년이 가장 많았는데 6백 명 정도였다. 당시의 교사는 법정과 사범 위주였다. 이런 일본교사 중 법정과 사법 방면의 교육에

---

425) 장지동, 『권학편 유학제이(遊學第二)』, 『장지동전집』 제12책, 하북인민출판사, 1998, 9738쪽.

종사하는 사람이 비교적 많았다. 경사대학당에서 공법을 강의했던 교사로는 이와타니 쿠라(법학박사, 후에 경도대학 교수로 임직함), 스키 사부로오(법학사, 후에 일본 황실박물관 관장을 지냄), 타이치만(법학사, 후법학박사, 경도대학 교수) 등이다. 임계칙(林棨則)은 중국 총교사의 신분으로 이와타니 쿠라와 스키 사부로오의 통역을 담당했다. 경사법정학당에서 통역을 담당한 이들로는 조여림, 장종상, 육종여, 왕영보, 범원렴 등이다.[426] 일본에 유학을 했던 이와 같은 사람들이 번역을 담당함으로써 지식전파에서의 정확성을 확실하게 보장할 수 있었다. 1907년부터 일본에 유학을 갔던 학생들이 계속 돌아오기 시작하였고 중국에서 서양인들의 교육사업도 발전을 가져왔다. 게다가 일본 교사들의 불량한 행위가 보편적인 질타를 받는 등의 원인으로 인해 일본교사들의 숫자가 점차 줄어들게 되었다.[427] 신해혁명이 폭발한 후 일본교사들은 거의 대부분 귀국하였고 이 전파경로는 이로 인해 중단되었다.

3. 관원들이 일본에 가서 고찰하다

1905년 청나라 정부는 다섯 명의 대신들을 서양에 파견하여 헌정을 고찰하게 하였는데 이것은 청나라 말엽 헌정의 중요한 시작이라고 할 수 있다. 서양의 전반적인 헌정을 고찰하였지만 그보다도 일본의 헌정이 더 광범한 효과를 발생시켰다. 고찰의 심득과 그들이 가져온 해당 서적은 청나라 말엽 헌법학 형성에 중요한 의의를 부여한다.

청조 중앙정부는 일본의 헌정을 두 번 고찰한 적이 있는데, 첫 번째는 주로 정치를 고찰하였고, 두 번째는 주로 헌정을 고찰했다. 처음 고찰에 나선 사람은 재택, 상기향과

---

426) 왕향영(汪向榮), 『일본교습(日本敎習)』, 중국청년출판사, 2000, 68~71, 74~75, 118, 121, 131쪽.
427) 후지메 구미슈우, 『중국인일본유학사』, 임계언, 린치옌 역, 생활 독서 신지삼연서국. 1983, 제76~80쪽.

이성택이다. 그들은 1906년 1월 16일부터 시작하여 29일간 고찰을 진행했다. 그들은 주로 현대시설을 고찰하였고 각 계층의 사람들을 찾아 교류하였으며 일본 헌정교수들의 강의를 들었다. 정부의 안배대로 메이지헌법 제정 과정에 참가했던 이토 히로부미[428], 카네코 타로오 및 저명한 법학자 미노루 야타바 등의 강의를 들었다.[429]

두 번째로 유달수(由達壽), 이가구(李家駒)를 비롯한 이들이 일본에서 헌정을 고찰했다. 1907년 12월 7일에 시작하였는데 시간은 첫 번째보다 더 길었다. 첫 번째와 다른 점은 이 고찰의 중점이 헌법문제(일본헌법사, 각국 헌법에 대한 비교, 의원법, 사법, 행정 및 재정 등 6가지 유형)였다. 일본 정부가 안배하여 구체적으로 강의를 한 학자들로는 미노루 야타바, 마타오스, 시미즈키요시이다. 유달수는 이 과정을 편집하여 성문화하였는데 『일본헌법사』,『유미헌사』,『일본헌법론』,『비교헌법』,『의원법』 등 5종 15권이나 된다. 이가구는 "장점을 취하고 단점을 버린다"는 취지로 일본제도의 요지와 체재를 해석했다. 또한 유럽 각국과 서로 다른 점과 같은 점을 비교하여 『일본관제통석』, 『일본자치제통석』,『일본관규통석』,『일본행정재판법제통석』 등과 『도삼십여만언』,『중국내각관제초안평의』,『자치제편』,『관규편』도 각각 한권,『일본사법제도고』 두 권을 편성했다. 그밖에 『일본황실제도고』,『일본조세제도고』,『회계제도고』 등도 있다.[430]

서양에서 헌정을 고찰하고 돌아온 대신들이 줄곧 일본 헌정이 성공한 의의를 강조하고 일본을 모방할 필요성에 대하여 강조하여 광서황제와 서태후는 항상 일본의 헌정정황을 주목했다. 그들은 헌정을 고찰한 대신들의 건의를 듣고 "법은 일본을 따라 배운다"는 지도사상을 확립했다. 광서황제가 세상 뜨기 6개월 전에 읽은 도서 목록만 보아도

428) 이토 히로부미의 인터뷰내용은 재택의 『재택일기』, 호남인민출판사, 1986, 578~583쪽.
429) 이에미노루 야타바는 메이지헌법을 제정하던 구체적인 과정을 상세하게 소개했다. 『일본헌정약론제요』를 참고. 『정치관보(政治官報)』 제4호, 1907년 10월 29일 22쪽.
430) 나화경(羅華慶), 『청나라 말엽 제2차 출양고정과 '예비입헌'이 일본에 대한 모방(淸末第二次出洋考政與'豫備立憲'對日本模倣)』, 『강한논단(江漢論壇)』 1992년 제1호, 45쪽.

일본헌법이 그에게 준 영향을 알 수 있다. 1908년 1월 29일 내무부 주사처(奏事處)에서 내놓은 도서 목록은 40여 가지나 되는데 그 중에는 『일본헌법설명서』, 『일본헌정약론』, 『비교국법학』, 『헌법론』, 『헌법연구서』 등 서적이 있다. 2월 17일에는 또 『일본헌정약론』 등 4부를 보충했다. 1909년 2월 이후, 계속 들여온 일본 헌법방면의 책들로는 『일본헌정설명서』, 『일본정치요람』, 『일본헌정소정』, 『일본관제통람』 등이 있다.[431] 중국 중앙정부의 첫 기관신문인 『정치관보』는 『일본헌정설명서제요』, 『일본 입헌사담제요』, 『일본헌정약론제요』 등 요점을 실었으며 『일본헌정설명서』, 『일본병오의회』 와 『일본행정관제』 등 전문을 실었다.

---

431) 예샤오징(葉曉靑), 「광서황제가 최후에 열독한 도서목록」, 『역사연구』 2007년 제2호, 181쪽.

일본 헌법학이 유학생들과 일본 교습들을 통하여 중국에 들어온 수단으로는 주로 번역저서, 교실강의, 신문매체, 일본 헌법학의 지식을 흡수한 자체적인 저작 등 4가지이다.

1. 번역저서

번역저서는 일본헌법학이 중국으로 들어오게 된 제일 중요하고 지금까지 제일 쉽게 고증할 수 있는 수단이 되었다. 일본에 유학을 갔던 학생들은 귀국할 때나 일본에 있을 때 대량으로 일본의 서적들을 번역했다. 유학생들 외에도 새로 설립된 여러 번역도서 집단들의 공헌도 빼놓을 수 없다. 이를테면 1897년에 강유위, 양계초는 상해에 대동역서국을 설립했다. 그들은 "동문을 위주로 서문을 보충하고 정치학을 우선으로 기술방면의 예학을 다음으로 한다"는 취지를 내세웠다.[432] 『중국에서 일본 도서를 번역한 종합목록』의 기록에 근거하면 1896년부터 1911년까지 총 366부의 사회과학저작을 번역하였는데, 그 중 법률방면의 도서가 98부이고 정치방면의 도서가 96부이다.[433] 이런 도서들은 모두 헌법과 연관이 있다. 제일 처음 번역한 일본헌법학 저서들은 1901년에

---

432) 양계초, 「대동역서국서예」, 『음빙실합집1 음빙실문집2』, 제58쪽.
433) 임계언, 「중일간의 역서사업의 과거, 현재와 미래(머리말을 대신하여)」, 임계언 주필, 『중국에서 일본 도서를 번역한 종합목록』. 홍콩중문대학출판사 1980년 판, 서언 47쪽.

출판되었는데, (1)이토 히로부미 저, 심굉 역의 『일본제국헌법의 의미와 해석』, 상해, 금조재, (2)이노우에 가로우 저, 장종상 역의 『각국국민공사권고 , 도쿄, 역서회편사, (3)이와사키 쇼오, 나카무라 타카시 저, 장종상 역의 『국법학』, 도쿄, 역서회편사, (4)타카타 사나에 저, 계경 역, 『국가학원리, 도쿄, 역서회편발행소 등이다. 『중국에서 일본 도서를 번역한 종합목록』과 필자의 수집에 의하면 1901년부터 1911년 사이에 직접 들어온 헌법유형의 도서들은 57부(어떤 것은 서로 다른 번역본이다)로 평균 해마다 5부가 들어온 셈이다. 실제 수량은 더 많을 수도 있다.

그들은 일본학자들의 저작을 번역했을 뿐만 아니라 일본학자들이 번역한 서양의 헌법학 저작도 포함된다. 이를테면 청의보(淸議報)』(양계초 주필, 일본 요코하마)에서 연재했던 독일학자 Bluntchli의 『국법범론』을 들 수 있다. 이 책은 양계초가 일본학 자가 번역한 책을 다시 번역한 것이다. 이 책은 일설에 의하면 아즈마 헤에지의 『국가학』을 중역한 것이라고도 하고 히라타타스의 『국가론』을 번역한 것이라고 한다.

다음으로 〔미국〕 J. W. 버지스 원작, 〔일본〕 타카타 사나에 역, 주학중 중역, 『정치학 및 비교 헌법론』, 상해, 상무인서관 1909년 제3판 그리고 〔프랑스〕 이주오(義佐) 저, 〔일본〕 야마구치마츠고로오 역, 왕둔 중역 『대의정체원론』, 대선서국 등이 있다.

작자	역자	서명	출판사	지점	시간
伊藤博文	沈紘	日本帝國憲法義解	金栗齋	上海	1901년
井上馨	章宗祥	各國國民公私權考	譯書匯編社	東京	1901년
岩崎昌, 中村孝	章宗祥	國法學	譯書匯編社	東京	1901년
高田早苗	稽鏡	國家學原理	譯書匯編發行所	東京	1901년
天野爲之, 石原健三	周逵	英國憲法學論	廣智書局	上海	1902년
高田早苗	稽鏡	憲法要義	文明書局	上海	1902년 1907년재판
辰巳小二郎	戢翼翬	萬國憲法比較	商貿印書館	上海	1902년

高田早苗	秦存仁	政體論	時中書社	武昌	1903년
菊池學而	林棨	憲法論	商貿印書館	上海	1903년초판, 1910년9판
菊池學而	範迪吉等	議會及政黨論	會文學社	上海	1903년
民有社	薩君陸編譯	國家政府界說	閩學會	東京	1903년
小野梓	陳鵬	國憲泛論	廣智書局	上海	1903년
松平康國編著	麥孟華	英國憲法史	廣智書局	上海	1903년
岩崎昌, 中村孝	範迪吉等	國法學	會文學社	上海	1903년
公藤重義編	汪有齡	日本議會史	翰墨林書局	江蘇 通州	1904년
筧克彦	陳武編譯	國法學	湖北法政編輯社	東京	1905년
伊藤博文	佚名	日本憲法義解	商貿印書館	上海	1905년
上杉愼吉		漢譯比較各 國憲法論	株式會社 東亞公司	東京	1906년
淸水澄	盧弼, 黃炳言	憲法	政治經濟社	東京	1906년
末岡精一	商務印書 館編譯所	比較國法學	商貿印書館	上海	1906년
公藤重義編	施爾常	日本議員法	第一書局	北京	1906년
市村光惠	李維翰譯, 黃宗麟校	憲法要論	普及書局	上海	1906년
	丁德威編譯	日本憲法義解		東京	1906년
穗積八束	河北憲政硏究社	憲法	群益書局	上海	1907년
丸山虎之助	李銘又	普通選擧法	開明書局		1907년
桑田雄三	陶懋立	地方自治	文明書局		1907년
美濃部達吉	孫云奎	國法學			1907년
美濃部達吉	谷鐘秀等	府縣制郡制要義	東華書局	東京	1907년

美濃部達吉	汪馥年	改正府縣制 郡制要義			1907년
筧克彦	熊範輿	國法學	丙午社	天津	1907년
富岡康郎	吳興讓	憲法研究書	商貿印書館	上海	1907년
市村光惠	葉翰	最新憲法要論	保定官書局		1907년
江木翼	王運嘉	地方自治模範	至誠書局	上海	1907년
桑田雄三	陶懋立	地方自治	文明書局		1907년
小原新三	王我臧	新譯日本議員必攜	商貿印書館	上海	1908년
公藤重義編	彭鈞	日本議會史	多文社 群益書局	東京 上海	1908년
[독]옐리네크	美濃部達吉譯, 林萬里, 陳承澤 重譯	各國憲法源 泉三種合編	中國圖書公司		1908년 제3판
[미]J. W. 버지스	[일]高田早苗譯, 朱學曾, 劉瑩澤, 董榮光 重譯	政治學及比較憲法論	商貿印書館	上海	1910년
獨逸協會	謝永	自治論	商貿印書館	上海	1910년
	商務編譯所	憲法大綱	商貿印書館	上海	1910년
小合伸	陸輔	日本府縣制郡制要義			1911년
副島義一	曾有瀾	日本帝國憲法論	江西公立 法政學堂		
	商務編譯所	地方自治精義	商貿印書館	上海	1911년

(2) 교실 강의

두 번째 수단은 교실 강의이다. 즉 일본의 교사들의 강의를 말한다. 중국에 들어온 일본교사들은 교실에서 직접 헌법학을 강의했는데 그 강의내용을 성문화한 것도 있다. 이 부분의 내용이 제일 많다고도 할 수 있는데 유학생들과 국내 학생들에게 끼친 영향도 제일 직접이고 일반적인 것이다. 일본의 교사들은 일본이나 중국에서 직접 학생들을 앉혀놓고 일본의 헌법학을 강의했는데 그 영향은 다른 수단들을 훨씬 초과했다. 하지만 대부분은 성문화되지 못하였기에 도대체 얼마나 되는지 고증할 방법이 없다. 그렇기 때문에 그 효과를 홀시하거나 적게 보는 경향이 있다. 물론 일부의 강의내용은 성문화된 것도 있다. 이를테면 경사법학출판사에서 출판한 『법학통론』의 부록 '헌법'은 바로 경사법학당의 필기에 의해 형성된 것이다.[434] 교사는 누구인지, 기록자가 누구인지는 알 수 없다. 하지만 내용은 명확한 일본 헌법학이다. 그밖에도 비슷한 강의내용을 필기한 기록도 출판된 적이 있지만 수량이 제한되어 있다.

다른 한 가지는 구술을 정리한 것이다. 일본 유학생들이 일본교수들의 강의내용을 기록하거나 정리한 것으로서 역시 교실 강의 형식에 포함시킬 수도 있다. 이러한 수단도 학자들이 연구할 때 빠지기 쉽다. 하지만 이 유형은 국내 학생들에게 아주 좋은 학습내용이었다. 이를테면 1907년 상해 상무인서관에서 출판한 『국법학』이라는 책에는 일본 법학박사 카히코의 구술, 녕파 진시하의 기록이라고 분명하게 밝혀져 있다.[435] 류쥐린이 편찬한 『비교헌법』은 서문에서 이렇게 썼다. "이 책은 일본 미노베 다츠기치(美濃部達吉)의 구술과 그가 일본 대학들에서 한 국법학 강의를 참고하여 정리, 편찬한 것이다. 요점을 간단명료하게 제시하였고 해설이 명확하고 분명하다. 이 책의

---

434) 왕경년(汪庚年)편, 『법학회편(法學匯編) 법학통론(法學通論)』 - '헌법', 경사법학편집사, 1907.
435) 이 책은 1913년에 제5판이 나왔다. 전후 6년 사이에 5판이 나온데 어떤 원인이 있는지는 알 수 없다.

중점은 각국 제도의 차이를 비교하고 비판을 곁들인 것이다. 독자들은 이 책을 읽고 득실을 알게 될 것이며 무엇을 취해야 할지를 알게 될 것이다."[436]

교학자	편역자	서명	출판사	지역	시간
美濃部達吉	王運嘉, 劉蕃	憲法講義	憲法社	東京	1907년
美濃部達吉	劉作霖	比較憲法	政法學社		1907년
筧克彦	陳時夏	國法學	常務	上海	1907년 초판, 1913년 제5판
岩井尊文	熊元翰	國法學 上,下	安徽法學社		1911년 초판, 1914년 제4판

(3) 신문매체

청나라 말기에 와서 매체는 이미 발달해 있었다. 『시무보(時務報)』, 『청의보(淸議報)』, 『민보(民報)』, 『신민총보(新民總報)』 등 여러 가지 정론성(政論性) 신문과 잡지들이 크게 발행의 기세를 일으키고 있었다. 이런 신문매체들은 일본헌법학을 전파하는 면에서 빼놓을 수 없는 공헌을 했다. 여기서 『정치관보』를 실례로 이 신문이 일본 헌법학을 중국에 수입하는 것에서 일으킨 작용에 대해 간략하여 설명하려 한다.

『정치관보』는 1907년 10월 26일(광서 33년 9월 20일)에 창간되었다. 『정치관보』는 중국에서 최초의 중앙정부기관보이다. 청정부가 『정치관보』를 발행하게 된 것은 아래와 같은 몇 가지 원인이 있다. 첫째, 공개적인 법제는 유익하기에 입법행정은 국민들에게

---

436) [일] 미노베다츠기치(美濃部達吉) 구수, 『비교헌법』 , 류쥐린(劉作霖) 편, 정법학사 1911, '일러두기' 1쪽,

공개해야 한다고 생각했던 것이다. 무릇 그 법이 훌륭하면 모두들 그 훌륭함을 알게 되어 명령을 내리지 않아도 집행할 것이기 때문이었다. 둘째, 관보의 형식으로 공개하면 유익한 점이 있었다. 개인이 꾸리는 신문들은 소문만 돌아도 그럴듯하게 게재하고 상세한 소개도 없이 두루 얼버무리는 경우가 많았으며 자칫 비밀을 누설할 우려도 있었다. 셋째, 중앙관보는 필요한 것이었다. 비록 지방이나 성에 관보가 한 부씩 있었지만 전국적인 정치사건을 통지하거나 국민들을 결집시키며 군중들을 계발시키는 데 관보가 절실하게 필요했다. 넷째, 중외에 모두 관례가 있었는데 효과가 매우 좋았다. 『정치관보』의 종지는 "신민들에게 국정 예비입헌의 뜻을 분명하게 알리는 것이었다. 그렇기 때문에 정치적인 문서가 분명하지 않은 것은 조심스럽게 다루었다. 신문을 통하여 국민들로 하여금 정치적인 지혜와 식견을 넓히게 하고 국가를 발전시키려는 사상을 가지고 있었다. 그렇게 입헌국민의 자격을 쌓으려는 것이었다." 한마디로 "국민의 지혜를 개발하여 민심을 바로잡으려는 것이었다."[437)

정치관보사는 북경 동장안패루(東長安牌樓) 왕부정(王府井) 대가에 세워졌다. 16절지 22쪽의 일보로 되어있었다. 1911년 8월 24일(선통 3년 7월 1일)에 『내각관보』로 개명 되었는데, 규격이 다소 승격되어 중앙의 법령을 통일적으로 공포하는 기관이 되었다. 이 신문은 1912년까지 발행되었는데 총 1,370호를 발행했다. 신문의 내용으로는 유지(諭旨), 비답(批答), 궁문초(宮門鈔), 전보, 주자(奏咨), 조서, 법제장정 등 공문 및 국민들이 알아야 할 중요한 사건들이었다. 그리고 게재한 번역저서는 정치대신들의 고찰 번역저서에서 선택한 것이었다. 번역저서의 유형은 청나라 정부가 그것을 통하여 어떠한 의견을 제시하는 것으로서 훗날의 행동을 위해 일정한 안배와 설명을 하려는 것이었다.

---

437) 『어사 조병린 청령회의 정무처주설관보국편(御史趙炳麟請令會議政務處籌設官報局片)』,
    『헌정편차관대신 혁광 등이 정치관보를 만드는 것에 관한 장정에 대한 조서
    (憲政 編査館大臣奕劻等奏辦政治官報酌擬章程折)』, 고궁박물관 명청 서류부 편,
    『청나라 말엽 준비 입헌 서류 사료』 하책, 1059-1061쪽.

번역저서는『정치관보』창간호부터 연속 게재되었는데 호마다 두 쪽씩 실었고 한쪽에 600자씩 실었다. 매 호의『정치관보』에서 11분의 1(약 9.1%)의 편폭을 차지했다. 번역저서는 총 276호에 거쳐 552쪽을 실었는데 33만여 자에 달했다.『정치관보』 번역저서의 목록은 다음과 같다.

국가	번역문	간행호	시간
일본	日本憲法說明書提要	第1號, 第2號	1907. 10. 26~10. 27
	日本自治理由提要	第2號	1907. 10. 27
	日本地方自治提要	第3號	1907. 10. 28
	日本立憲史譚提要	第3號, 第4號	1907. 10. 26~10. 29
	日本憲政略論提要	第4號	1907. 10. 29
	日本議會詁法提要	第4號, 第5號	1907. 10. 26~10. 30
	日本行政官制提要	第5號, 第6號	1907. 10. 30~10. 31
	日本統計釋例提要	第6號, 第7號	1907. 10. 26~11. 1
	日本統計類表敍論提要	第7號,	1907. 11. 1
	日本歲計豫算制度考提要	第7號, 第8號	1907. 11. 1~11. 2
	日本丙午議會提要	第8號, 第9號	1907. 11. 2~11. 3
	日本丙午豫算提要	第9號	1907. 11. 3
	日本稅制考提要	第9號, 第10號	1907. 11. 3~11. 4
	日本關稅制度提要	第10號	1907. 11. 4
	日本國債制度提要	第10號, 第11號	1907. 11. 4~11. 5
	日本戰爭財政史提要	第11號, 第12號	1907. 11. 5~11. 6
	日本中央銀行制度提要	第12號	1907. 11. 6
	日本貨幣制度考提要	第12號, 第13號	1907. 11. 6~11. 7
	日本敎育行政考提要	第13號, 第14號,	1907. 11. 7~11. 8
	日本現行學制要覽提要	第13號, 第14號, 第15號	1907. 11. 7~11. 9
	日本司法綱要提要	第15號	1907. 11. 9
	日本陸軍行政要覽提要	第15號, 第16號	1907. 11. 9~11. 10
	日英比警察制度提要	第16號, 第17號	1907. 11. 10~11. 11
영국	英國憲法正文提要	第16號,	1907. 11. 10~
	英國政治要覽提要	第17號	1907. 11. 11

프랑스	法國稅債幣制要覽提要	第17號, 第18號	1907. 11. 11.~11. 12
	法國司法制度提要	第18號	1907. 11. 12
벨기에	比利時司法制度提要	第18號, 第19號	1907. 11. 12.~11. 13
일본	日本憲法說明書	第20號~第79號	1907. 11. 14~1908. 1. 12
	日本丙午議會	第80號~第113號	1908. 1 13~2. 22
	日本行政官制	第114號~第276號	1908. 2. 23~8. 3

첫째, 모방할 입헌 대상에 대하여 『정치관보장정』은 이렇게 쓰고 있다. "무릇 개인의 논설 및 풍문이 사실과 맞지 않을 때에는 일률적으로 찾아 기록하지 않는다." [438] 하지만 번역저서는 완전한 개인의 논설에 지나지 않았지만 연속으로 257호나 게재했다. 이 점은 그들의 개인 논단이 관방의 승인을 받았었다는 것을 의미한다. 역문저서의 내용요지는 비록 역문저서에서 온 것이지만 왕왕 원문 작자와 원문저작에 대하여 부분적인 설명을 하고 비판도 진행했다. [439] 하지만 '고찰정치대신자송(考察政治大臣咨送)'은 비교적 짙은 지방색채를 가지고 있다.

목록을 보면, 이 28편의 번역저서제요에서 24편은 일본에 대해 서술한 것으로서 86%를 차지하는데 첫 편이 바로 일본을 서술한 것이고 그 뒤의 24편도 역시 일본헌법제도 등 방면의 저작들이다. 제요 뒤에는 더욱 완전하게 3권의 일본 저작을 제작했다. 편폭으로 볼 때 276호 『정치관보』의 일본 저작 및 그 제요는 274호에 있고 기타 나라의 것들은 그뒤 6호(그 속에는 일본과의 비교도 있다)만 있는데 취급된 것도 영국, 프랑스, 러시아, 벨기에

---

438) 『헌정편차관대신 혁광 등이 정치관보를 만드는 것에 관한 장정에 대한 조서』, 고궁박물관 명청 서류부 편, 『청나라 말엽준비입헌서류사료』 하책, 1062쪽.

439) 이를테면 『일본헌법설명서제요』에서는 이렇게 평론했다. "일본법학박사 미노루 야타바 헌법설명서는 총 12차로 여기서 인용한 학설은 대부분 독일에서 나온 것이며 영국이나 네델란드, 벨기에 등 여러 나라의 것을 참고했다. 그중 일본의 것이 중점을 이룬다. 이 책은 상세하며 사리에 가깝다." 「일본헌정설명서제요」, 『정치관보』 제1호, 1907년 10월 26일 제19쪽. 부대설명에 의하면 『정치관보』의 글은 손을 댈 곳이 없이 훌륭하다. 본문 인용자나 필자는 그대로 읽을 수 있다. 만약 착오가 있다면 스스로 책임을 져야 할 것이다.

등 4개국이다. 이로부터 중국에서 일어나기 시작하던 영국, 프랑스, 러시아 등의 제도의 잔물결은 그때 이미 일본 헌법제도라는 큰 파도에 매몰되었음을 알 수 있다.

완전하게 게재된 일본 번역저서는 3권이나 되는데 그것들로는 『일본헌법설명서』, 『일본병오의회』, 『일본 행정관제』이다. 이 세 권의 책을 다 게재한 후에는 다른 번역저서를 게재하지 않았다. 『정치관보』의 '번역저서유형'도 다시 나타나지 않았다. 『정치관보』에 연재했던 3권의 번역저서는 모두 청나라 말기의 헌법개혁과 밀접한 상관이 있는데 당시 제일 필요하고 또 이해하고 보급해야 했던 지식이었다. 헌법이란 무엇인가, 의회는 어떻게 운행하는가, 관제는 어떻게 개혁해야 하는가에 답을 주었던 것이다.

『정치관보』에 게재되었던 번역저서는 무엇 때문에 전부가 일본헌법 및 그에 상응하는 제도에 관한 소개였는가? 어쩌면 이것은 청나라 중앙정부의 대다수 사람들이 일본헌법을 인정했기 때문일 수도 있다. 또 어쩌면 청나라 중앙정부와 일본정부의 헌법에 대한 인식과 수요가 비슷했을 수도 있다. 『정치관보』는 바로 헌정편사관(憲政編査館)에서 주관하는 것이었는데 관보국에서 구체적으로 맡아 운영했다. 군기처 장경 화세규(華世奎) 정치관보국(政治官報局) 국장이 편집을 주관했다. 화세규는 전 군기처 장경 다라미(군기수령, "작은 군기"라고도 불렸다)로 정삼품이었다. 후에 내각으로 승격하여 정이품에 올랐다. 높은 자리에 올랐지만 화세규 본인은 일본에 유학을 간 적이 없다. 부범초(傅範初, 후선지부)는 관보국의 관원이었는데 역시 일본 유학의 경험이 없었다. 번역저서처의 총 편찬은 엄거(嚴璩)였다. 엄거는 엄복의 맏아들로서 어릴 때 영국에 유학을 간 적이 있다. 이로 볼 때, 정치관보국에서 번역저서를 선정할 때 스스로나 번역저서처의 수장의 개인 배경이나 애호로부터 시작된 것이 아니라는 것을 알 수 있다. 하지만 헌정 편사관 59명(총리 혁광 등 6명을 포함)중 24명은 일본 유학 경험이 있었는데 거의 반수를 차지했다.[440] 후에 구체적으로 헌법집필을 책임졌던 이가구, 왕영보, 역시 헌정편사관의 일원으로서 일본에 유학한 경험이 있었다. 이러한 배경은 정치관보국, 헌정편사관 및 청나라 정부의 헌법관 모두에게 일정한 영향을 일으켰던 것이다.

청나라 정부는 일본에 대하여 구미에 못지않게 잘 알고 있었다. 『정치관보』 번역저서에서도 여러 차례나 이점을 제기했다. 이를테면 『일본자치이유제요』에서는 이렇게 제기했다. "일본이 사용한 것은 자기 나라 국민들에게 적당한 정도로서 구미의 나라들처럼 그렇게 심오하지는 않았다. 구미 여러 나라의 역사를 돌이켜 볼 때, 모두 자치를 실시한 후에 나라를 세웠다. 그렇기 때문에 입헌을 할 때, 자기 나라의 원리가 있게 되었고 국민들이 쉽게 알 수 있어서 나라가 국민들에게 자치에 대하여 가르치지 않아도 별 문제가 없었다. 법령을 만들어 발포하는 자들은 국민들로 하여금 알게 하려는 것이지 우매하게 살게 하려는 것이 아니었다. 일본 정부는 이에 미안하지 않게 처리했던 것이다. 그렇기 때문에 나라가 부강해진 것이다."[441] 『일본자치지방제요』에서는 또 이렇게 지적했다. "일본의 병력은 능히 서양의 강국들과 대항할 수 있지만 지방자치는 서양보다 못하기에 언제나 정부에 의거하여 유지된다. 이점은 깨뜨릴 수 없는 것으로서 사람들은 구미에 대하여 감탄하지 않을 수 없는 것이다."[442] 청나라 정부는 번역저서의 제요를 빌려 이 말을 할 수 있었는데 그 속에는 "일본도 사실은 구미를 그대로 배울 수는 없는데 우리 청나라는 더욱더 말할 나위가 있으랴"는 것이다.

둘째, 입헌의 목표. 나라의 체제문제는 바로 청나라 정부가 제일 관심을 갖는 문제였다. 『일본헌법설명서제요』는 미노루 야타바를 극구 찬양하는 동시에 일본 헌법에 대한 존중, 군권을 공고히 한 것에 대한 부러움도 감추지 못했다. 글에서는 이렇게 쓰고 있다.

---

440) 구체적인 명단은 상소명이 집필한 『일본 유학생과 청나라 말엽 새 정치』 제2판을 참고. 강서교육출판사, 2003, 159~162쪽.
441) 「일본자치이유제요」, 『정치관보』 제2호, 1907년 10월 27일 20쪽.
442) 「일본지방자치제요」, 『정치관보』 제3호, 1907년 10월 28일 20쪽.

"미노루 야타바는 박사로서 일본의 법학대가이다. 메이지 유신 초기, 구미를 돌아보면서 각 국의 헌법에 대하여 깊이 이해하게 되었다. 그는 본 국의 국세와 민정에 대하여 속속들이 알고 있었고 경험도 매우 많았다. 그것을 참조하여 특히 그 체재를 발명하였는데 모범적이고 특별하다. 형식과 정신이 서로 다르게 표현되기도 한다. 일본헌법은 정치체제를 개량하는 데 중점을 두었다. 나라의 체제가 존중을 받고 있으며 사인의 권리가 억압을 받게 되고 군권이 단단해 지게 된다. 사실상 구미(歐美)의 것을 주조하여 일본의 특색을 만든 것이다. (P198 하 7~하5) 그중 신중하게 방비해야 한다는 뜻은 사물의 발전 추세에 따라 유리한 방향으로 이끌어야 한다는 것으로 가까운 것을 널리 인용하여 증거로 삼아야한다. 시류는 언어의 표현으로 나타나는데 좋은 감정이 적지 않다."[443] 이들이 『일본헌법설명서제요』를 『정치관보』 제1호에 넣은 것은 그야말로 그 뜻이 깊다고 해야 하겠다. 이것으로 청나라 말엽 입헌의 목표를 표명한 것과 같다.

셋째, 입헌의 방법. 청나라 말 입헌의 실제 절차는 1906년에 선포한 예비입헌, 1908년에 공포한 『흠정헌법요강』, 1910년에 기초한 헌법('대청천단헌법초안'[444]), 1911년에 공포한 『헌정중대신조』의 순서이다. 이 실시 절차는 『정치관보』의 번역저서에서 모두 인증되고 설명이 가해졌다. 『일본헌정약론』은 일본 남작 카네코 타로오가 서술했다. 이 책의 제요에는 이렇게 쓰고 있다. "이른바 일본헌법은 구미의 것을 채용한 것이다. 구미의 것을 자신의 것으로 만들자면 세 가지를 갖추어야 한다. 첫째, 예비시기에 충분한 연구가 있어야 한다. 구미의 헌법에서 장점을 취하고 단점을 미봉해야 한다. 둘째, 일본 역사상의 풍속습관을 기초로 하고 구미헌법의 정치를 헤아려 적당하게 사용하여야 한다. 셋째, 헌법발포를 최우선에 놓아야 한다. 요강을 열거할 뿐 세부를 상세하게 하지 않아도 괜찮다. 법은 수시로 수정할 수 있기 때문이다. 헌법이 너무 지속되면 유리한 점이

---

443) 「일본헌법설명서제요」, 『정치관보』 1호, 1907년 10월 26일 19쪽.
444) 왕영보(汪榮寶), 『왕영보 일기』, 문해출판사, 1991, 924쪽 이하, 『조여림 일생 회고(曹汝霖一生之回憶)』, 전기문학출판사, 1970, 46쪽.

없다. …고로 일본이 다음에 약한 것에서부터 강한 것으로의 전환을 실행한 것이 바로 우리 중국이 헌법을 준비하는 시기이다. 이것이 바로 핵심으로 빨리 일어설 수 있었던 원인이다."[445] 먼저 예비입헌하고 그 후 개요식의 헌법을 제정하는 기본적인 방침은 청나라 말 입헌에서 받아들인 방식이었다.

헌법을 어떻게 기초할 것인가 하는 문제에서 『정치관보』는 일본에 가서 헌정을 고찰하고 온 헌정대신 달수의 조서를 게재한 적도 있다. 조서에는 비록 번역저서와 큰 관계는 없지만 번역저서의 원작자와 토론에서 얻은 관점이 있다. 달수는 "이토 히로부미, 이야다 이오사무 및 학자 미노루 야타바, 오스 등과 토론한 후" 조서를 올리게 된 것이다.

중국에서 지금 예비입헌을 실행하려고 할 때 황태후, 황상님께옵서 국무가 바쁘심에도 여가를 내시어 조심스럽게 신하들을 뽑아 여러 나라의 헌법을 이야기 하게 하시어 소인들의 말을 가리지 않고 여러 가지를 받아들이신다면 현명하게 해주는 데 도움을 줄 것입니다. 사실 흠정헌법은 이익이 없지 않습니다. 헌법을 제정하기에 이르러 일본의 이토 미요지(伊東巳代治)의 말에 의하면 당시 일본이 헌법을 기초할 때 천황이 이일을 이토 히로부미에게 일임하고 일체를 원만하게 처리하게 했습니다. 무릇 각항의 조사, 각처의 건의를 균형 있게 이토 히로부미가 관리하여 전체를 책임지었습니다. 그리고 의견 충돌과 서로 저촉되고 갑자기 발생하는 폐단을 피했습니다. 헌법초안이 이미 정해졌을 무렵, 다시 천황이 신중하게 뽑은 중신들이 회의를 하고 비밀을 엄수했습니다.

일체의 초안이 조금이라도 새어나가는 것을 허락하지 않아야 합니다. 그렇게 해서 대중의 비난을 예방해야지 그렇지 않으면 폭동을 초래할 것입니다. 대저 입헌은 나라의 만년을 위한 대계입니다.

이 헌법을 제정할 당시에 아래에서는 반드시 힘을 다하여 논의하였고 위에서는 방만

---

445) 「일본 헌법 약론 제요」, 『정치관보』 4호, 1907년 10월 29일 22쪽.

해지는 것에 대처하고 방임하지도 간섭하지도 않았습니다. 조정이 영덕 협정(英德協定)의 예를 받아들인다면 말할 필요가 없습니다. 만약 일본 순수 흠정(純粹欽定)의 제도를 받아들인다면, 즉 법은 군주에 의해 정해지고 신하가 아니어도 토론에 참여할 수 있습니다. 그러나 비밀을 지키지 않고 일하면, 즉 신문에 유출하여 제멋대로 풍자하고 비판하여 인심을 부추기고 전국을 선동하고, 사대부들이 뛰어다니면서 대궐 앞에 엎드려 상소를 올릴 것입니다. 설령 재난과 변란을 초래하지 않더라도 일시적인 다툼과 분규를 피하기 어렵지만, 이것은 또 예방할 수 없는 것이 아닙니다.

이것이 어쩌면 바로 흠정헌법요강의 제정과정을 비밀에 붙이고 소문을 내지 않았던 지금도 고증할 수 없었던 원인이 아닌가 생각한다.

번역저서에서 여러 차례 제헌은 응당 자신의 역사, 국가형세 및 민심을 충분하게 고려해야 한다고 제기했다. 번역저서유형의 최초의 책 『일본헌법설명서제요』에서는 이렇게 제기하고 있다. "각국의 헌법에 근거하면 그 정치체제에는 차이가 있다. 풍속습관도 상호 살피면서 알아보아야 할 것으로 반드시 정법에서의 원리에 부합되어야 한다. 나라의 국세와 민정에 따라 자립에 불리한 법전은 탁상공론에만 근거하여 정해서는 안 된다. 그것은 나라마다 정형과 역사가 다르므로 그 나라에 유리하다고 하여 다른 나라에도 유리하다고 말할 수 없기 때문이다. 또한 자신한테 유리하다고 하여 다른 나라에도 존재해야 하는 것도 아니다.

만약 입법초기 국가의 사정에 대해 잘 알지 못하고 겉만 모방하면 그 위험을 피할 수 없다. 만약 이것을 강행하려 하면 그 폐단이 나타날 것이다. 그러면 어떻게 해야 후환이 없을 수 있는가? 후환을 없애려면 응당 몇 년 간의 실험을 거쳐 추세를 살피면서 남한테 배우는 것을 수치스러워 하지 말고 자신의 관점을 과감히 내려놓을 수 있어야 하며 개혁을 신중히 하여 알맞은 방법을 찾아야 한다."[446] 『일본헌법설명서제요』 중 일본헌법은

---

446) 「일본헌법설명서제요」, 『정치관보』 제1호, 1907년 10월 26일 19쪽.

많은 나라의 경험을 섭취하여 유럽, 미국과는 다른 특별한 제도를 사용하였는데 이는 일본자신의 실정으로부터 출발하여 고려한 것이라고 여러 곳에서 언급했다. 이는 청조 말기의 입법과정에 큰 계발을 주었다. 『흠정헌법요강』은 총 23조항으로 이루어져 있다. 요강은 일본의 메이지헌법을 근거로 제정되었지만 서로 같은 부분은 8조항뿐이다. 이는 헌법요강의 34.8%를 차지한다. 비슷한 부분이 13개 조항이고 이는 요강의 56.5%를 차지한다. 다른 부분은 2개 조항으로 8.7%차지한다.

넷째, 헌정의 요강. 청조말기에 입헌군주제 실시의 여러 중요한 방면은 『정치관보』에 실린 번역서에서 상세히 서술했다. 그중 첫 번째는 헌법의 제정이다. 『정치관보』에는 『일본헌법설명서제요』,『일본입헌역사 토론에 대한 제요』,『일본헌정에 대한 약술 제요』 및 『일본헌법설명서』의 전문을 등재하였는데, 이는 제헌에 필요한 사상적 기초와 여론을 준비한 것이다. 이중 가장 상세히 등재된 것은 글자 수가 7만 여 자에 달하고 60호에 거처 연재된 『일본헌법설명서』이다. 미노루 야노가 서술한 『일본헌법설명서』는 총 12회[447]로 이루어져 있는데, 이는 제1회 '입헌정체', 제2회 '헌법', 제3회 '군위 및 군주의 대권', 제4회 '신민의 권리', 제5회 '국회제도 및 상원의 조직', 제6회 '하원의 조직', 제7회 '제국의회의 권한', 제8회 '국무대신 및 극비고문', 제9회 '법 및 명령', 제10회 '예산', 제11회 '사법권', 제12회 '지방제도 및 중앙행정각부' 등으로 나뉜다. 12회의 내용은 일본 메이지 헌법에 기초하여 서술한 것이 아니다. 그 안에는 많은 학리분석에 관한 상세한 논술이 있는데 이는 헌법지식에 대한 전파에도 중요한

---

447) 『일본헌법설명서』는 비록 미노루 야노의 여러 차례의 연설에 기초하여 완성되기는 했지만 고찰정치대신 재택 등은 한 차례밖에 듣지 못했다. 그 외의 연설은 모두 속기에 의하여 기록된 것이다. 미노루 야노의 『일본헌정설명서 헌법설명소인』을 참조. 『정치관보』 21호, 1907년 11월 15일 제21쪽. 그러나 재택이 들은 내용이 유일하게 한 차례밖에 안 된다고는 하지만 그것을 『일본헌법설명서』의 한 회라고는 말할 수 없다. 어쩌면 전반 내용을 개괄한 것일 수도 있다. 『재택일기』의 기재에 의하면 미노루 야노가 연설을 한 날은 1906년 1월 27일이었다. 하지만 『일본헌법설명서』 제1회를 강의한 날자는 1906년 3월 5일이다. 이때 재택은 이미 미국을 고찰하고 있었다. 재택, 『재택일기』 제575~577쪽을 참고.

의의를 가진다.[448] 두 번째는 의회정치에 대한 실시이다. 『정치관보』에는 『일본의회고법제요』, 『일본병오의회 제요』, 『일본병오예산 제요』 및 『일본병오의회』의 전문을 등재하였는데 의회 혹은 자정원, 자의국의 개최에 사상적 기초와 기술적 방면에 지지를 제공했다. 번역저서에서는 우선 의회의 장점에 대해 서술했다. "정부는 의회에 대해 책임지고 천황을 대신하여 권력을 행사한다. 천황은 권력을 가질 수 없지만 국가사무에 대하여 책임을 지지 않아서는 안 된다. 이 말인즉 천황이 신성한 지위에 앉아 세상일을 관계하지 않는 것은 취할 바가 아니라는 것이다. 이것은 입헌국들에게서 영원히 혁명이 일어나지 않는 원인이 된다."[449] "의원이 대신한테 권력을 부여하므로 백성들의 고난은 대신이 책임져야하지 군주가 책임질 것이 아니다. 대신은 해마다 임명할 수 있지만 군주는 오랜 세월 바뀌지 않는다. 이는 입헌국만 가지고 있는 장점 중 하나이다. 또한 의회가 없는 나라들은 위아래가 서로 소통 안 되고 외적이 나타나면 백성은 이를 군주가 책임져야 하는 일이지 자신들의 일이라고 생각하지 않게 된다. 그렇기 때문에 재물과 군사를 모두 가지려고 해서는 안 된다. 의회가 있기에 백성들은 군주가 행해야 할 바를 알게 된다. 그렇기 때문에 반드시 온힘을 다하여 상태를 유지하려고 할 것이다. 대외를 향해 용감한가 아니면 담이 작은가는 절대 도리를 가지고 가늠할 수 없다. 이것 역시 입법국의 장점이라고 할 수 있다. 이렇게 두 가지 장점이 있기에 이 헌법을 정치 강령이라고 할 수 있는 것이다. 그렇기 때문에 의회는 헌정의 기본이라고 하는 것이다."[450] 34호에 연재한 『일본병오의회』에서 일본의회의 운행정황을 상세하게 기록하였는데

448) 정치 고찰 대신과 헌정 고찰 대신들이 연이어 일본을 고찰할 때, 일본정부에서는 이토 히로부미, 카네코 타오로, 미노루 야노, 유유오스, 시미즈키요시 등을 보내어 헌법에 대해 강의하게 했다. 하지만 『정치관보』에는 오직 미노루 야노의 저작박에 게재하지 않았다. 카네코 타오로의 저작도 제요에 지나지 않았다. 어쩌면 미노루 야노의 사상이 더욱 섬세하고 교묘한 경지에 이르고 보수적이고 표현이 숙련되어 청정부로 하여금 더욱 쉽게 수용할 수 있게 했는지도 모른다.

449) 「일본헌정소정제요」, 『정치관보』 제1호, 1907년 10월 26일 20쪽.

450) 「일본헌정소정제요」, 『정치관보』 제5호, 1907년 10월 30일 21~22쪽.

이러한 것을 통하여 의회지식을 보급하였을 뿐만 아니라 청조 의회의 소집을 위하여 기술적인 것을 제공했다. 지방자치를 실시했다. 만청정부에서는 지방자치 실시에 매우 큰 관심을 기울였는데 각지에서는 분분히 자치를 실시했다.[451] 『정치관보』 2호와 3호에는 『일본자치이유제요』, 『일본지방자치제요』를 게재하면서 자치의 좋은 점을 함께 피력했다. 이는 청조 말에 지방자치 실시를 위하여 필요한 여론적 지지를 제공한 것이 된다. "지방자치는 입헌의 근원이 된다. 국가는 입헌 후에 비로소 자치능력이 있게 되며 발달하게 되는 것이다. 국가가 입헌을 하기 전에 지방자치를 하려면 예비입헌을 실시하지 않을 수 없게 되는 것이다."[452] "헌정을 하느냐, 하지 않느냐 하는 원리는 아래에서 위로 올려 미느냐 아니면 위에서 아래로 내리 미느냐는 것과 같은 것이 아니다.

헌정의 좋은 점과 나쁜 점의 구분은 바로 여기에 있다. 만약 아래로 밀게 되면 지방인민들은 모든 일에 대하여 위의 말을 들어야 할 것이기에 지방 관리들이 할 일이 없어져 자칫 방임의 우려가 있다. 관아의 일을 투명하게 처리해야만 공덕을 키워갈 수 있고 앞날의 인재들을 키워낼 수 있는 것이다. 그렇기 때문에 지혜로운 자는 요강을 열독할 뿐 사소한 일에는 신경을 쓰지 않고도 쉽게 일을 하게 되고 직책을 쉽게 감당하게 되는데, 이야말로 두 가지 이로움이 아니겠는가."[453] 미노루 야노는 지방자치를 찬성하면서 이렇게 지적했다. "일본은 국회를 열기 전에 제일 먼저 지방자치제도를 정돈했다. 지방에 의회를 설치하여 국민들의 자치습관을 양성하였는데 이야말로 합당한 순서라고 믿은 것이다."[454] 그렇기 때문에 청나라 정부 역시 이 순서에 따라서 먼저 지방자치를 하고 자의국, 자정원을 개설했던 것이다. 이어서 관리 제도를 개혁했다. 관리제도 개혁은 청나라 예비입헌 중의 중요한 거동이었지만 결코 그렇게 쉬운 것이

451) 고궁발물원 명청서류당안부 편, 『청나라 말엽주비입헌서류사료』 하책, 711쪽 이하.
452) 「일본지방자치제요」, 『정치관보』 제3호, 1907년 10월 28일 20쪽.
453) 「일본지방자치제요」, 『정치관보』 제2호, 1907년 10월 27일 19, 20쪽.
454) [일] 미노루 야노, 「일본헌법설명서 제12회」, 『정치관보』 제76호, 1908년 1월 9일 21쪽.

아니었다. 『정치관보』는 『일본행정관리제도 제요』와 『일본행정관리제도』 전문을 게재하여 개혁을 위하여 유익한 본보기를 제공했다. 『일본행정관리제도』는 연속 163호에 거쳐 연재하였는데 약 20만 자에 달하여 『정치관보』에 연재한 번역저서에서 중 수위를 차지했다.

『정치관보』는 비록 발행량이 많지는 않았지만 청나라 정부의 중앙기관보로서 이 신문에서 제기한 관점은 최고의 권위성을 가지고 있었다. 『정치관보』의 번역저서와 청나라 입헌 간의 많은 재결합과 소통은 절대 우연한 일치가 아니다. 이 신문은 의식적으로 청나라 정부가 응당 세상 사람들에게 설명해야 하거나, 말하지 않을 수 없지만 또 말하기 거북한 입헌에 대한 화제를 담론했던 것이다. 이로부터 우리는 『정치관보』의 번역저서는 청나라 입헌의 목소리를 분명하게 세상에 알렸다는 것을 알 수 있다.

4. 자주적 저작

위에서 이야기한 세 가지 전파방식 외에 제일 자부심을 느끼게 하는 것은 중국인들이 일본헌법을 학습한 후 그것을 참고하여 집필한 헌법저작들이다. 비록 그러한 저작들이 출현한 시대는 상대적으로 늦지만 그 영향은 적지 않았다. 청나라 말기의 주요 임무는 바로 헌법저작을 번역하고 소개하는 것이었다. 당시 중국인들 대다수는 자주적으로 중국헌법학저작을 집필할 만한 능력이 없었고 그 절박성도 느끼지 못했다.

하지만 일본헌법이 들어오는 과정에서 이 문제를 심사숙고 하지 않을 수 없었다. 그들은 중국의 문제에 대하여 반성하기 시작하였고 점차 자신의 실정에 맞는 헌법학저작을 집필해야 할 충동을 느끼게 된 것이다. 여기서 짚고 넘어가야할 사람은 양계초이다. 그는 비록 일본에 유학을 가지는 않았지만 1898년에 일본으로 망명을 간 후 집필한 저작들을 보면 언어사용이나 문풍마저도 일본의 영향을 깊게 받았다는 것을 알 수 있다. 그는 1899년의 『각국 헌법이동론』부터 시작하여 임공(任公)의 일련의 헌법저작들의 가장 주요한 사상이나 정보는 모두 일본에서 온 것이었다. 그리고 일본법정대학에 유학을 했던 보정량(保廷樑)도 역시 이 시기의 대표하는 사람이라고 할 수 있다. 보정량은 일본에서 7년 동안이나 유학했다. 1910년에 그는 『대청헌법론』을 출판했다. 그는 서언에서 이렇게 썼다. "이 책은 비록 론이라고 했지만 사실은 강의체에 가깝다. 그 구체적인 사유를 말하자면 첫째, 일본의 헌법강의와 큰 차이가 없기 때문이다. 하지만 추상적인 논단은 확연히 차이가 있다." 이른바 차이란 창의적인 것이라고 말할 수 있다.

보정량은 또 이렇게 말했다. "동·서 입헌군주국의 헌법학설은 세 가지 유파가 있었는데, 그중 하나는 '군주기관설(기관설)'이고 다른 하나는 '군주 통치권 주체설(통치권설)'이며 마지막 하나는 '군주 주권 주체설(주권설)'이다. 저작은 연구결과를 확연하게 두루 여러 방면을 섭렵했다는 느낌을 준다. 독창적인 면을 말 할 때 이 책의 주요 취지는 군주국권주체설(국권설)이다. 이 책의 종지는 여전히 낡은 틀을 깨지 못했다. 책의 입론이 자기와 타인의 견해에서 화합을 이루지 못하였던 것이다. 이것은 이 책을 읽는 자들이 살펴야 할 점이다. [455]

---

455) 보정량(保廷樑), 『대청헌법론(大淸憲法論)』, 상해강좌서림, 모범서국, 1911, 12~13쪽.

제4절

청나라 말엽에 도입된 일본 헌법학 내용

청나라 말기에 많은 방면에서 일본 헌법학을 받아들였다. 이를테면 개념, 범주, 학파로부터 방법, 체계에 이르기까지 흡수를 하지 않은 것이 없다. 편폭상의 관계로 여기에서는 기본개념과 학설 유파의 수입 개황에 대해서만 소개한다.

1. 기본개념

헌법은 사실 수입품이라고 할 수 있기에 그에 해당하는 개념은 거의 다 해외에서 들여온 것이다. 일본의 신조어들이 중국에 들어오기 전, 엄복(嚴復) 등 학자들은 확실히 서양에 대한 자신들의 이해를 가지고 중국의 실정에 맞는 신조어를 만들어 헌법이 성장할 수 있는 토양을 메우려고 노력했었다. 엄복이 존 스튜어트 밀의 『자유를 논하다』를 『군이권계론(郡己權界論)』이라는 제목으로 번역한 것은 그 전형적인 실례이다. 하지만 일본어 번역 단어들이 급물살을 타고 밀려들어오면서 엄복의 노력은 이내 사라지고 말았다.[456]

헌법학의 일부 중요한 기본개념들은 대부분 일본으로부터 수입되었다. 구체적으로 말하면 다음과 같은 것들이 포함된다. 헌법, 원칙, 규칙, 규범, 주권, 공화, 정치, 정부, 기관,

---

456) [미] 임달(任達), 『신정혁명과 일본-중국(新政革命與日本-中國), 1898~1912』 제2판, 이중현(李仲賢) 역, 강소인민출판사, 2006, 124쪽.

의회, 의원, 주석, 총리, 정당, 사회단체, 사회, 예산, 재정, 제안, 의안, 투표, 결의, 제약, 지배, 침범, 복종, 복무, 보장, 제재, 집행, 표결, 부결, 공개, 인격, 인권, 자유, 동의, 청원, 자치 등이다.[457] 이 단어들 중 일부는 고대한어에 있었지만 일본 사람들이 새로운 의미를 부여하기도 했다. 이를테면 공화, 민주, 자유 등과 같은 단어들이 그 예가 된다. 그리고 일부는 일본 사람들이 고대한자로 구미의 단어(이를테면 주권, 의회, 정부 등)를 '의역'을 하였는데 그것을 중국에서 다시 수입한 것이다.

새로운 단어를 만들거나 외래어를 개조할 때, 현대중국어에는 한 가지 특수한 정황이 나타났는데, 그것은 바로 일본 사람들이 한자를 이용하여 만들어낸 외래어가 유럽언어에서 온 한어 외래어를 대신했다는 것이다. 헌법학에서 제일 전형적인 것은 '민주'라는 단어이다. Democracy라는 단어는 제일 처음에는 대부분 독음에서 번역 하였는데 '데모크라시'였다. 하지만 일본어에서는 '민주'라고 번역했던 것이다. 후에 중국에서도 '민주'라고 그대로 사용했던 것이다.[458]

새로운 단어에 대한 중국인들의 생소함을 없애주고 정확하게 그 새로운 개념들을 이해하게 하기 위하여 일본으로 간 중국 유학생들이나 심지어는 일본학자들도 직접 사전을 집필하여 해석을 했다. 1903년 왕영보, 엽란(葉瀾)은 『신이아(新爾雅)』[459]를 집필했다. 이 책에서 그는 국가, 정체, 입헌정체, 입법권, 행정권, 사법권, 정부, 기관, 의회, 법, 헌법, 공법, 모법(母法), 강행법, 법의 연원, 법의해석, 공권, 선거, 언론자유,

457) 고명개(高名凱), 유정담(劉正埮), 『현대 한어 외래어 단어연구(現代漢語外來詞硏究)』, 문자개혁출판사, 1958, 82~98쪽. 권리, 의무 역시 일본어로 수입했다고 인정하고 있다. 하지만 학자들이 고증한 바에 의하면 1864년에 정위량이 번역한 『만국공법』 권1 중에는 '권리', '의무'라는 단어가 이미 있었다. 일본 사람들은 바로 이 저작에서 이 두 개의 개념을 도입한 것이다. 이 점은 일본학자들도 승인했다. [일] 후지메 구미슈우의 『중국인일본유학사』 를 참조. 담여겸, 임계원 역, 283쪽.

458) 고명개, 유정담, 위의 책, 110쪽. 물론 소영분(紹榮苏)은 '민주'라는 단어를 왕지가 자신의 '해객일담'(1872년)에서 현재의 뜻으로 사용했다고 말했다. 일본 후지메 구미슈우의 『중국인 일본유학사』 를 참조. 담여겸, 린치엔 역, 325쪽. 하지만 부정할 수 없는 것은 이렇게 사용한 것은 극히 드문 일이라는 것이다. 일본 사람들의 번역방법을 들여온 후에야 광범위하게 채용되었다.

459) 왕영보, 엽란(葉瀾), 『신이야』, 상해명권사, 1903.

출판자유, 신앙자유, 이주자유, 가택자유, 신체자유, 서신비밀권, 기소권, 명원권(鳴原權), 참정권, 복관권(服官權), 납세의무, 병역의무 등 중요한 개념에 대하여 상세하게 해석했다. 1905년 경사역학관에서는 『한역신법사전』 [460]을 출판했다. 1907년 일본의 저명한 공법학자 시미즈 키요시는 특별히 중국인들을 위하여 『한역법경제사전』을 출판했다. 당시 도쿄 제국대학에 유학하던 장춘도(張春濤), 곽개문(郭開文)이 이 책을 번역하여 일본에서 출판했다. 이러한 사전의 출판은 새로운 단어와 낡은 세대 사람들 간의 간격을 없애주었으며 일본 헌법학이 영향을 발휘하는 데 중요한 작용을 일으켰다.

일본의 이러한 개념을 수용하자 그 후의 헌법학 사상내용, 구조체계, 연구방법 등의 방면에서 사실상 일본의 영향을 배격할 수 없게 되었다. 연구자들의 사유가 이미 그러한 개념을 수용하는 동시에 저도 모르는 사이에 그 속에 포함된 사유방식을 수용하게 되었던 것이다.

2. 학설유파

학설유파 방면에서 청나라 말에 받아들였던 것은 주로 일본헌법학의 '정통학파'였다. 1889년에 헌법을 공포한 이후 메이지 헌법의 해석학 문제를 둘러싸고 일본헌법학 상의 '정통학파'와 '입헌학파'가 형성되었다. 정통학파의 대표는 이노우에 타케시, 미노루 야노, 우에스기 신키치 등 이었다. 그들의 핵심적인 헌법사상은 바로 천황을 통치권의 주체로 삼고 국민들과 영토를 통치권의 객체로 한다는 것이다. 그들은 극구 '군주주의'의 가치관을 부르짖었다. 19세기 말, 19세기 초의 일본 헌법학의 주류는 '정통 헌법학'으로

---

460) 일본 신법전강습회 저, 장집광(張緝光) 주필, 『한역신법사전(漢譯新法律詞典)』, 서용석(徐用錫) 역, 경사역학관, 1905.

독일의 공법이론을 모방하여 국가이익과 천황의 지위를 강조했다. "나라를 부유하게 하고 군대를 강하게 하자"는 지도사상의 지배아래 계통적인 헌법체제를 구축했다. '입헌학파'들의 기본관점은 헌법의 공포와 함께 일본도 이미 입헌제국가가 되었기 때문에 헌법에 대한 해석은 응당 서양 국가들의 입헌주의의 원리를 빌려야 한다는 것이었다. 그렇기 때문에 국체만을 전제로 할 것이 아니라 '군주기관설(君主機關說)'을 제창하여야 한다고 주장했다. 그 대표학자는 이치키키 쿠이라츠와 미노베 다츠기치이다. 당시 중국에서 헌법을 주장하던 정치가와 학자들은 대부분 직접 일본의 '정통 헌법학' 사상의 영향을 받았다. 그렇기 때문에 '입헌학파'들의 영향은 매우 제한되어 있었다.[461] 영향력이 비교적 컸던 정통파들의 책으로는 이토오 히로부미(伊藤博文)의 『일본제국헌법의해(義解)』(1901년), 이노우에 다케시(井上毅)의 『각국 국민 공사권고(權考)』(1902년), 다카다 사나에(高田早苗)의 『헌법강의』(1902년), 키쿠치 가쿠지(菊池學而)의 『헌정론』(1903년), 오노 아즈사(小野梓)의 『국헌범론』(1903년), 미노루 야노(穗積八束)의 『헌법대의』(1903)와 같은 것들이다.

---

461) 한대원, 『일본 메이지 헌법이 '흠정헌법요강'에 대한 영향』, 『정치론단』 2009년 제3기.

제5절

일본헌법학이 중국에 미친 영향- 미노베 다츠기치를 실례로

중국 근대헌법의 수입은 청나라 말기의 수입으로부터 시작되었다. 그리고 근대법학과 그전의 법률학 등의 제일 큰 분기점은 바로 공법학에 있었다. 특히 헌법사상의 관철에서 알 수 있다. 일본은 중국 근대법학의 탄생에서 그 무엇으로도 대체할 수 없는 중요한 작용을 발휘했다. 그 중 미노베 다츠기치(美濃部達吉)의 공법학사상이 중국으로 전파됨은 제일 걸출한 대표라고 할 수 있다.

1. 미노베 다츠기치와 그의 학설

미노베 다츠기치는 1873년 5월 7일에 태어났고 1948년 5월 23일에 죽었다. 그는 일본 효고현 타카사시 사람이다. 1897년 동경제국대학을 졸업한 후 내무성에서 일했다. 1899년부터는 독일 프랑스, 영국에서 유학했다. 그중 대부분의 시간을 독일에서 보냈다. 그의 연구중심은 비교 연구학이었는데 독일 공법학자 예리네크(G. Jellinek)의 학설에 빠져 있었다. 1900년에 도쿄제국대학의 비교법제사 조교수로 들어갔다. 1902년(30세)에 교수로 승직했다. 1908년부터 행정법 제1강좌를 겸임하였고 1911년에는 행정법 제1강좌를 담임했다. 1920년부터 헌법 제2강좌 교수를 담임했다. 먼저 도쿄대학에서 교수를 시작한 후 히도츠바대학, 호세이대학, 규슈대학, 와세다대학, 니혼대학, 주오대학, 메이지대학 등에서 강의를 했다. 그에게는 많은 제자들이 있었는데 그가 직접 지도한 제자들로는 미나자와 도시요시(宮澤俊義), 타나카 지로(田中二郎), 다가미 죠지(田上穰治), 야나세 요호시(柳瀬良干), 우가이 노부나리(鵜飼信成), 기요칸

시로(清官四郎) 등으로서 그들은 모두 일본 전후 공법학의 대가들이다.

미노베 다츠기치는 법학연구에서 자신만의 독특한 주장을 가지고 있었고 정치상에서도 일정한 영향력을 가지고 있었다. 미노베 다츠기치는 일생을 근면하게 살았는데 근 100부에 달하는 저서를 남겼고 논문 등 문장으로 593편을 남겼다.[462] 컴퓨터가 없던 그 시대에 붓을 들어 그만한 분량의 원고를 집필했다는 것은 실로 놀라운 일이 아닐 수 없다. 미노베 다츠기치는 재능이 있고 사유가 민첩하며 기억력이 대단했다. 그가 집필한 문장은 어느 것이나 다시 손 댈 곳이 없이 직접 출판에 넘길 수 있었다. 그의 대표작이 되는 500여 쪽 분량의 『헌법촬요(憲法撮要)』는 여름방학 시간을 이용하여 집필한 것이다. 하지만 어느 한 곳도 손 댈 곳이 없어 직접 출판했다.[463] 제2차 세계대전 후, 이미 고희를 넘긴 미노베 다츠기치는 여전히 붓을 멈추지 않았다. 그는 3년도 채 되지 않는 시간에 초인적인 노력으로 『개정헌법촬요』, 『신헌법개론』, 『신헌법축조해설』 , 『신헌법의 기본원리』, 『미국 헌법개론』, 『일본국 헌법 원론』, 『선거법 상세한 설법』 , 『행정법서론』 등 8부를 집필했다. 그야말로 감탄하지 않을 수 없는 일이다. 어쩌면 너무도 부지런히 일하느라 지친 때문이었던지 아니면 워낙 몸이 허약해서였던지 미노베 다츠기치는 75세에 세상을 뜨고 말았다. 그가 전후에 집필을 시작한 행정법 저작 『행정법서론』은 채 완성되지 못한 채 유작으로 남았다. 미나자와 도시요시(宮澤俊義)가 미노베 다츠기치의 헌법학설을 계승하였고, 아시베 노부요시(芦部信喜)가 더욱 발양하여 오늘날 일본헌법학의 통설을 형성했다. 타나카 지로오(田中二郎)가 그의 행정법사상을 계승하였고, 그 후 시오노 히로시(鹽野宏)가 이어 받아 오늘의 일본 행정법학의 통설을 형성하고 있다. 오늘에 이르러 일본의 적지 않은 학자들은 여전히 미노베 다츠기치의 사상을 연구하고 있다.

---

462) 문장 통계는 일본 마츠다요시오 편저로 된 『미노베 다츠기치저작목록』을 참고. 2009년 10월 25일 www5.ocn.ne.jp/~ymatsuda/Minobe-mokuroku.doc.
463) [일] 키요시 시로오의 『美濃部達吉先生の人と學問』, 『法學セミナ』, 제157호, 1969년 4월 , 145쪽.

미노베 다츠기치의 저작은 오늘날에 와서도 여전히 재판되고 있다.[464] 미노베 다츠기치는 일본 공법학사에서 개척성 공헌을 하였는데 일본 공법학의 선조라고 불리며 헌법학과 행정법학의 일대 거장으로 손꼽힌다. 그렇기 때문에 그의 지위는 그 누구도 대신할 수 없다.

2. 미노베 다츠기치 공법학의 중국 도입

미노베 다츠기치는 사실 중국에 간 적이 없지만 그의 학설은 중국에 뿌리를 내렸고 각지에서 꽃을 피웠다. 이 점은 미노베 다츠기치의 공법학의 매력 때문이라고 할 수 있으며, 중국 초기의 공법학자들의 번역의 결과라고 할 수 있다.

1) 미노베 다츠기치의 공법학 번역저서

필자의 수집, 통계에 의하면 중문으로 번역된 미노베 다츠기치의 저작은 23부나 된다.[465] 외국학자들의 법학저작이 중문으로 번역된 수량으로 볼 때 미노베 다츠기치의

---

464) 미노베 다츠기치의 저작은 대부분 유히가쿠(有斐閣)에서 출판했다. 그중 『헌법촬요』, 『일본행정법』, 『일본국헌법원론』 등 저작은 유히가쿠에서 몇 번이나 재판하였고 다른 출판사에서도 가져다 인쇄했다. 이를테면 인문서방(人文書房)인 『ゆまに書房』은 2003년에 『헌법강화』, 『현대헌법평론』, 『의회정치연구』 등 3부의 저작을 재판했다. (다카미 쇼리)高見勝利는 2007년에 『미노베 다츠기치저작집』(慈學社)을 편집, 출판했다. 최근의 연구논문들로는 니시무라 유이치(西村裕一)의 『美濃部達吉先生の憲法學にする一考察』(『국가학회잡지』 제121권 제11 12호, 2008년 12월 제1,017-1,071쪽) 등.

465) 이 통계는 같은 제목의 다른 판본은 포함되지 않는다. 일부 학자들에 의하면 그 외에도 두 부의 저작이 중문으로 번역되었는데, 그 중 한부는 『상사행정법』으로서 메이지대학에서 편집, 출판한 것이다. 다른 한부는 『법개론』으로서 상무인서관에서 1937년에 인쇄한 것이다. 일본 미노베 다츠기치 저, 『공법과 사법』, 황풍명(黃馮明) 역, 중국정법대학출판사, 2003, '머리글' 제3쪽을 참조. 하지만 필자는 이 책을 찾아 증명할 수 없다. 이 저작은 사실 미노베 다츠기치가 집필한 것이 아닌 듯하다. 앞의 도서 역시 메이지대학 도서관 사이트에서 찾을 수 없기에 이 통계에 넣지 않았다. 그 밖에 또 일부 저작들은 미노베 다츠기치의 저작을

저작이 제일 많은데 그 누구도 비길 수 없다. 법학저작뿐만 아니라 모든 학과를 살펴보아도 미노베 다츠기치의 저작만큼 중문으로 많이 번역된 학자의 저작은 없을 것이다. 세계 법학계를 보아도 한 학자의 저작이 다른 나라 언어로 그렇게 많이 번역된 사례는 미노베 다츠기치 밖에 없다. 중문으로 번역된 미노베 다츠기치의 공법학저작은 아래와 같다.

순서	서명	역자 혹 편집자	출판사	시간	비고
1	地方制度要義	作新社譯	上海:作新社	1903年	
2	憲法泛論	袁希濂譯	上海:普及書局	1905年	
3	憲法講義	王運嘉, 劉蕃譯	東京:憲法社	1907年	
4	(改正)府縣制郡制要義	汪鬱年譯	普及書局	1907年	원저는 1899년 출판
5	行政法總論	熊範輿編輯	天津:丙午社	1907年	
6	行政法各論	陳崇基編輯	丙午社	1907年	법정강의 제1집 제4권
7	國法學講義	金泯瀾編譯	商務印書館	1910年	
8	比較憲法	劉作霖編	政法學社	1911年	원저는 美濃部達吉 일본대학에서의 국법학 강의(1905), 정법술의제3종
9	選擧法綱要	畢厚, 張步先譯	北京:內務部編譯處	1918年	원저는 『選擧法大意』
10	日本公用徵收法釋義	李信臣編譯	內務部編譯處	1919年	

참고하여 집필되었다고 밝히기도 했다. 이를테면 양수곡 편, 『지방제도』, 정법학사, 1904에 그렇게 밝혀졌는데 역시 통계에 넣지 않았다.

11	日本警察法釋義	李信臣編譯	內務部編譯處	1919年	
12	憲法學原理	歐宗祐, 何作霖譯述	上海:商 務印書館	1925年 초판 1927년 2제판	원저『일본헌법 제1권』1921년 출판 제1판, 003년 중국정법대학출판사 재판
13	議會制度論	鄭敬芳譯	上海:華通書局	1931年	2005년 중국정법대학출판사
14	日本行政法 撮要(上下)	楊開甲譯	上海:民智書局	1933年	원저 1924년 출판 제1판
15	行政法總論	黃屆譯	民智書局	1933年	
16	行政裁判法	鄭定人譯	商務印書館	1933年	원저 1929년 출판, 2005년 중국정법대학출판사 재판
17	行政法撮要	鄭隣芳, 陳思謙譯	商務印書館	1934年	1933년 일어판 제4판을 번역
18	法之本質	任紀東譯	商務印書館	1936年	원저 1935년 출판. 중문판 1966년 대만상무인서관재판, 2006년 중국정법대학출판사 재판
19	公法與私法	陳正明譯	漢口:陳正明 律師事務所	1937年	원저 1935년 출판. 황풍명 번역본 만유문고에 편입, 한역세계명저총서. 1966년대만상무인서관 재판, 2003년 중국정법대하굴판사 재판
		黃馮明譯	商務印書館	1937年	
20	日本新憲法釋義	陳固亭譯	台北:中正書局	1951年	원저『신헌법축조해설』 1947년 출판
21	各國憲法源 泉三種合編	[독]엘리네크 원저, 美濃部達吉 번역, 林萬里, 陳承澤 재번역	中國圖書公司	1908年	일어 원저가 1906년 출판
22	歐洲大陸市政論	[미]아이얼파더 원저,美濃部達吉번역, 胡爾林 재번역	商務印書館	1907年제1판 1916년제4판	일어 원저가 1899년 출판
23	世界最新之憲法	美濃部達吉 번역, 王揖唐 재번역	不詳	1922年	원저『歐洲諸國戰後 の新憲法』이 1922년 출판

미노베 다츠기치의 논문 일부도 중문으로 번역되었다. 이를테면 (1) 정붕년(程鵬年) 역 『공공단체(공법인)의 개념』, 『신역계』 제3호에 게재, 1906년. (2) 곡종수(谷鍾秀) 역 『지방자치회의 의의 및 의회참사회의 조직』, 『신역계』 제3호에 게재, 1906년. (3) 당연(唐演) 역 『일본헌법의 입법사항 및 그 범위』, 『학해』 제1년 제2호, 제3호, 제4호(갑편), 1908년[466]. (4) 두국상(杜國庠) 역 『의회는 국민의 대표기관이다』, 『헌정신지』 제8호, 1910년 3월 제95-102쪽. (5) 명수(明水) 편역 『최근 구미 각국 입헌정치의 추세』, 『국풍보』 제2년 제10호, 1911년 4월[467]. (6) 왕굉실(王宏實) 역 『의회의 질문권』, 『학예』 1권 제2호, 1917년.[468]

미노베 다츠기치가 번역한 구미의 저작들까지도 심지어 중문으로 중역되었다. 상술한 도표에서 보여준 독일의 저명한 국법학 대가 옐리네크의 『가국헌법원천3종 합편』,[469] 미국 아이얼파더(埃爾巴德)의 『유럽 대륙시정론』 등 도서 외에 개별적인 논문이 있다. 이를테면 옐리네크의 『헌법변화론』은 미노베 다츠기치가 집필하여 소개한 것인데 두국상(杜國庠)이 그것을 중문으로 번역하여 『헌정신지』에 소개한 것이다.[470]

---

466) 상술한 3편의 제목은 하근화, 이수청의 『민국법학논문모음(民國法學論文精粹)』 제2권 헌정법 편, 부록의 "민국시기 헌정논문편명색인"을 참조. 법출판사, 2002.

467) 이 문장은 하근화, 이수청의 『민국법학논문모음』 제2권 헌정법 편, 844~854쪽.

468) 이 문장은 하근화, 이수청의 『민국법학논문모음』 제2권 헌정법 편, 341~347쪽.

469) 구체적으로는 『인권선언론』, 『소수자의 권리를 논하다』와 『역사상 국가의 여러 가지 형태』가 포함되어 있다.

470) 옐리네크의 글은 일찍 19세기 초에 미노베 다츠기치에 의해 중문으로 중역되었는데, 실로 사람들의 감탄을 자아낸다. 하지만 사람들로 하여금 유감을 느끼게 하는 것은 오늘날에 와서 이러한 작품들이 휴지가 되어버렸다는 것이다. 옐리네크의 『헌법변화론』은 새롭게 교정을 거쳐 2011년 『헌법과 행정 법치 평론』 제5권에 게재되었다. 중국인민대학출판사, 2011, 97~213쪽,

2) 미노베 다츠기치의 공법학 역서의 특징

이렇게 많은 미노베 다츠기치의 저작이 중문으로 번역된 것은 사실 우연이 아니다. 이런 역서들은 사실 엄격하게 선택된 것이고 그 번역수준도 매우 높았다. 이러한 조건은 이런 역서들의 전파에 든든한 기초를 닦아놓았다.

메이지시기(1868-1912)의 일본 공법학은 신권학파의 국체론 헌법학을 주도로 했다. 미노베 다츠기치가 자유주의, 민주주의 입헌학파의 형상으로 출현한 것은 그야말로 전체 학계로 말할 때 커다란 충격이 아닐 수 없었다. 하지만 이것은 청나라 말, 민국 초기 일본으로 유학을 갔던 중국의 지식인들에게 있어서는 그야말로 봄바람 같은 존재였다고 할 수 있다. 미노베 다츠기치의 강의는 많은 중국 유학생들의 뜨거운 환영을 받았다. 미노베 다츠기치의 강의는 진보를 추구하고 나라를 구하며 국민들을 도탄 속에서 구해내려는 그들의 수요에 부합되었던 것이다.[471] 대정시기(1912-1926년)로부터 소화시기(1926-1989년) 초기에 천황 기관설 사건이 발생하기 직전, 미노베 다츠기치와 우에스기(上杉)의 논쟁이 끝나면서 미노베 다츠기치의 학설이 주류를 차지하게 되었기 때문에 추종자들이 많아진 것도 사실 당연한 일이었다. 바로 이 시기에 미노베 다츠기치의 많은 저작들이 중문으로 번역되었다. 1935년 "천황기관설(機關說)"사건이 있은 후, 미노베 다츠기치의 학설이 타격을 받게 되었다. 1937년 일본의 중국 침략전쟁이 전면적으로 폭발하였고 따라서 미노베 다츠기치의 저작에 대한 번역도 중단되었다. 전쟁이 끝난 후, 일본과 빈번한 접촉을 가지고 있었던 진고정(陳固亭)이 미노베 다츠기치가 전쟁 후에 집필한 저작 『일본신헌법석의』를 번역하여 타이베이에서 출판했다. 이것은 미노베 다츠기치의 마지막 중문 역서였다.

---

471) 이대소가 당년에 와세다대학에서 공부를 하던 첫 학기에 "제국헌법"과의 교수가 바로 미노베 다츠기치였다. (이 과목의 성적은 75점이었다.) 한일덕의 『이대소의 일본유학시기 사실고찰』을 참고. 『근대사연구』 1989년 제1기, 305, 307쪽,

미노베 다츠기치의 공법학 저작에 대한 번역은 치밀한 선택을 걸친 결과였다. 이를테면 『헌법학원리』에 대한 번역은 완전히 이 책에 대한 진계수(陳啓修)의 소개글(북경대학 『사회과학계간』 제1권 제2호)의 고무와 추진 때문이었다. 진계수는 1913년에 도쿄대학교에서 법학을 전공했고 신문화운동 중에 중요한 역할을 담당했다. 진계수는 문장에서 『헌법학 원리』의 장점은 원리에 대한 연구와 시의적절한 연구라고 말했다. 즉 "원리상에서 옐리네크의 『일반 국가학』, 레옹 뒤귀의 『헌법학』과 비길 수 있다. 적시성에서는 더구나 다른 사람들보다 독특함을 보였다"고 했다.[472] 이러한 인식은 매우 전문적인 인식이라고 할 수 있다.

이러한 사람이 추천한 저작을 번역한다는 것은 아주 믿음직한 일이 되는 것이다. 미노베 다츠기치의 공법학 저작의 번역은 믿음직하다고 말할 수 있다. 번역이 정확할 뿐만 아니라 문맥도 아주 자연스러운데 여기에는 다음과 같은 두 가지 보장이 뒷받침 되었기 때문이다.

첫째, 역자들은 모두 일본유학을 한 배경이 있었다. (1) 『헌법범론』의 저자 원희렴(袁希鎌, ?-1950)은 1904년에 일본에 유학을 가서 도쿄 정법대학교에서 공부했다. (2) 『공법과 사법』의 역자 황풍명(黃馮明, 1912-?)은 1933년에 규슈(九州) 제국대학교에 들어가 행정학을 배웠고 1937년에 귀국하여 항전에 참가했다. (3) 『일본신헌법석의』의 역자 진고정(陳固亭, 1902-1970년)은 1932년에 졸업 후 공비로 일본 메이지대학교 신문학과에서 공부했다. 졸업 후, 그는 일본 도쿄 제국대학교 신문 교육연구실에서 연구원으로 일했다. (4) 임기동(林紀東, 1915-1990년)은 조양(朝陽)대학교를 졸업한 후 일본 메이지대학교 연구원으로 있었다. (5) 『헌법변화론』의 중역자 두국상(杜國庠 1889-1961년)은 1907년에 일본유학을 갔다. 그는 와세다 대학교 유학생부 보통과, 제1고등학교 예비과에서 공부하였고 다시 제1고등학교에 진학했다. 1916년 가을, 도쿄 제국대학

---

472) [일] 미노베 다츠기치, 『헌법학원리』, 구종우(歐宗祐), 하작림(何作霖) 역, 서문 3~4쪽. 역자서문 1쪽.

정치경제과에서 공부하다가 1919년에 졸업하면서 경제학 학사학위를 받았다. 그는 유학 시간이 12년이나 된다.

둘째, 역자들 다수가 미노베 다츠기치와 익숙한 사이였다. 앞에서도 언급했지만 미노베 다츠기치는 여러 대학에 가서 강의를 하였기에 제자가 수없이 많았다. 미노베 다츠기치의 역자는 바로 당년에 그의 강의를 들었던 제자들이었다. "박사는 학자들의 창도자라고 할 수 있다. 중국 법학계의 많은 인사들이 일본 유학을 다녀왔기에 대부분 그의 강의를 들었다."[473] 이를테면 『헌법강의』의 역자 왕운가(王運嘉)는 이렇게 말했다. "미노베 다츠기치 박사는 일본 학계의 태두이다. 도쿄 제국대학교 법학학과 교수로서 지금은 법정대학에서도 강의를 겸하고 있다. 역자도 박사에게서 배운 적이 있다."[474] 비교헌법의 편자 유작림(劉作林)은 이렇게 말했다. "일본 미노베 다츠기치박사의 구술을 정리하여 편찬할 때 일본 대학에서의 법학 강의 자료를 편집하여 묶었다. 제강(提綱)의 윤곽이 뚜렷하고 해석이 명확하다. 중요한 것은 그가 각국 제도의 동일함과 부동함을 비교하면서 참고로 자신의 비평까지 덧붙였다는 것이다. 그렇기 때문에 독자들은 그의 강의를 들으면 이해득실을 이내 파악할 수 있어 취사를 쉽게 결정할 수 있는 것이다.[475] 이렇게 미노베 다츠기치를 잘 아는 사람들이 그의 저작을 번역하였기에 번역에서 질을 보장할 수 있었던 것이다. 원문과 번역문을 대조해 보면 이내 그 정확성을 인정하게 되는 것이다.

특히 주의해야 할 점은 미노베 다츠기치의 일부 중문 역서들은 일본어로 된 저작이 존재하지 않는다는 것이다. 이를테면 이신신(李信臣)이 1919년에 편역, 출판한 『일본 공용 징수법 석의』,『일본 경찰법 석의』 같은 역서들은 일본어로 된 원작이 존재하지 않는다. 미노베 다츠기치는 1936년이 되어서야 유비각(有斐閣)에서 『공용 수용법 원리』를 출판한다. 『일본 경찰법 석의』는 미노베 다츠기치의 강의내용과

---

473) [일] 미노베 다츠기치, 『행정법촬요』, 정인방(程隣芳), 진사겸(陳思謙) 역, 역자 서.
474) [일] 미노베 다츠기치 구술, 『비교헌법』, 유작림 편, 일러두기 1쪽.
475) [일] 미노베 다츠기치, 『일본경찰법석의』, 이신신(李信臣) 편역, 내무부편역처, 1919, 일러두기.

『일본행정법』 중에서 취급한 경찰법을 번역하여 편찬한 것이다.[476] 이 점 역시 역자들이 미노베 다츠기치를 얼마나 익숙하게 알고 있는가를 보여주는 대목이다.

3. 미노베 다츠기치 공법학의 중국 전파

미노베 다츠기치의 많은 공법학 저작들은 중국에서 광범위하게 전파되었고 오랫동안 전해져 내려오면서 중국 공법학의 산생과 발전에 큰 영향을 주었다.

1) 근대 중국 공법학에 대한 영향

청조 말, 민국 초기의 공법학 학자들은 대부분 일본공법학의 교육을 받았다. 그리고 일부는 직접 미노베 다츠기치에게서 강의를 듣기도 했다. 그리하여 그들은 진심으로 미노베 다츠기치를 추앙하였고 그를 "일본법학계의 거두로, 헌법학과 행정법학의 권위로 삼았다."[477] 여기서는 미노베 다츠기치의 저작이 민국 기간의 저작들에 인용된 실례만 들어 중국공법학에 끼친 미노베 다츠기치의 영향을 이야기하고자 한다.

민국시기에 조양대학교 법학과의 강의는 이름이 높았고 영향력이 제일 큰 강의로 손꼽혔다. 그중에서도 종갱언(鍾賡言)의 『헌법강의 요강』은 많은 부분에서 미노베 다츠기치의 저작을 참고로 했다. 『헌법강의요강』이 주로 참고한 것은 『일본헌법 제1권』(즉 중역본 『헌법학원리』)과 『헌법강화』이다. 종갱언은 도쿄대학교 법학사이기에 미노베 다츠기치의 영향을 많이 받게 된 것은 당연한 일이다. 외국법을 전파하는

---

476) [일] 미노베 다츠기치의 『일본경찰법석의』, 이신신 편역, 내무부편역처, 1919, 일러두기.
477) [일] 미노베 다츠기치, 『공법과 사법』, 황풍명(黃馮明) 역, 중국 정법대학교 출판사 2003년 판, 머리말 제1쪽,

면에서 미노베 다츠기치를 일본의 "옐리네크"라고 한다면 종갱언은 중국의 미노베 다츠기치라고 부를 수 있을 것이다. 그는 미노베 다츠기치를 계승하였지만 또 미노베 다츠기치의 이론에 구애되지는 않았다.

장우강(章友江)의 『비교헌법』은 모든 장절에서 거의 모두 미노베 다츠기치의 관점을 인용하였고 그의 저작을 참고했다. 구체적으로 말한다면 『헌법학원리』와 『의회제도론』[478]을 들 수 있다. 이 책들에는 비록 참고문헌에 대한 설명이나 주해를 달지 않았지만 미노베 다츠기치의 저작을 인용했다는 것을 명확하게 천명할 수 있다. 장지본(張知本, 일본 정법대학교 졸업)의 『헌법론』은 공사법(公私法)에 대한 구분, 사법(私法) 공법에 대한 문제에서 미노베 다츠기치의 『공법과 사법』의 내용을 대량으로 인용했다.[479] 무릇 영국, 미국 법이나 프랑스의 법률을 배경으로 하는 사람이라면 언제나 미노베 다츠기치의 저작을 인용하기를 좋아했던 것이다. 프랑스 파리대학 법학과 박사 왕세걸과 하버드대학 철학 박사 전단생이 합작하여 집필한 저작 『비교헌법』은 행정기관이 제정한 독립 명령을 담론할 때 바로 미노베 다츠기치의 『헌법촬요(撮要)』를 인용했다.[480]

2) 중국 당대공법학에 대한 영향

중화인민공화국이 수립된 후, 특히 법학이 회복되고 발전하던 시기, 미노베 다츠기치의 공법학은 여전히 중국 당대 공법학의 발생에 계속적인 영향력을 미쳤다. 이 과정에서 2003년이 하나의 분수령이 된다. 2003년 이전에는 미노베 다츠기치의 저작이 민국시기의 판본이나 대만 지역의 재판을 통하여 학술계에 전해지면서 한

---

478) 장우강(章友江) 편 『비교헌법』, 호망서점, 1933.
479) 장지본, 『헌법론』, 중국방정출판사, 2004(원 상해 법학 편역사 1933년 출판), 28~29쪽.
480) 왕세걸, 전단생, 『비교헌법』, 273쪽,

자리를 차지했었다. '법치국가'에 들어선 1999년 초부터 2002년 말까지 4년 사이, 중국 간행물 사이트에 수록된 문장 중에서 27편의 문장이 미노베 다츠기치의 저작을 인용했다. 그중 CSSCI잡지, 논문집에 수록된 18편의 문장에서 22차례에 걸쳐 6부의 미노베 다츠기치 저작을 인용했다. 그중 『중국법학』에서는 4편의 문장에서 5차례에 걸쳐 인용하였고 『공법과 사법』에서는 총 7차례 인용하여 제일 많이 인용한 사례가 되었다.[481] 『헌법학원리』에서는 5차례 인용했다.[482] 그리고 『법의 본질』에서는 3차례 인용했다.[483] 당시 대만 서적은 그렇게 쉽게 구할 수 있는 게 아니었다. 게다가 민국시기의 판본은 더구나 얻기 힘들었다. 하지만 소중한 것은 이런 문장들이 민국시기의 판본을 대량으로 인용했다는 점이다. 이 점은 한 방면으로는 학문에 있어서 학자들의 엄격함을 알 수 있고, 다른 한 방면으로는 미노베 다츠기치 저작의 매력과 생명력을 다시 한 번 느낄 수 있는 것이었다.

2003년부터 시작하여 미노베 다츠기치의 5부의 저작 - 『공법과 사법』, 『헌법학원리』, 『행정재판법』, 『의회제도론』, 『법의 본질』 이 다시 교정을 거친 후 중국 정법대학교 출판사에 의해 『중국근대법학역서 총서』라는 이름으로 출판되었다. 이로

---

481) 구체적인 문장은 동지위(童之偉)의 「법관계의 내용-재평가와 개념 재조정(法律關係的內容重估和概念重整)」, 『중국법학(中國法學)』 1999년 제6호(2차 인용), 왕커원(王克穩), 「시장주체의 기본정치권리 및 그 행정법배치를 논함(論市場主體的基本經濟權利及其行政法按排)」, 『중국법학』, 2001년 제3호, 주효칠(朱曉喆), 「자연인의 은유(自然人的隱喩)-중국 국민법 중 "자연인"이라는 단어의 언어연구」, 『북경대학법평론』 제4권 제2집(2001년), 조세의(趙世義), 「사법을 위해 증명한다(爲私法正名)」, 『중국법학』 제4기, 2002년 시옹웨이(熊偉), 「세수우선권과 담보물권의 경합을 논함(論稅收優先權與擔保物權的競合)」, 『법학평론』 제4호, 2002, 욱건홍(郁建興), 「국가와 사회관계시야 중의 중국공법변천」, 『절강사회과학』 제5호, 2002년.

482) 구체적인 문장은 유사원(劉嗣元)의 『헌정순서정의 론략(憲政程序正義論略)』, 『법상연구』 제3호, 2001, 형원(馨元), 「헌법개념의 분석」, 『현대법학』 제2호, 2002년 시옹원자오(熊文釗), 「헌법은 무엇인가」, 『강소사회과학』 2002년 제1호(3차인용)를 참고.

483) 『법의 본질』이라는 문장은 라소기(羅筱琦), 진계융(陳界融)의 「교역습관연구(交易習慣研究)」, 『법학가』 2002년 제2호, 라소기, 「교역습관'연구」, 『현대법학』 제2호, 2002년 양심우(楊心宇), 서회우(徐懷宇), 「법의 본체론사고- 소비에트 법 개념의 재사고」, 『정치와 법』 제2호, 2002.

인하여 미노베 다츠기치의 저작은 중국학자들에게 또 대량으로 인용되었다. 미노베 다츠기치라는 이 100년 전의 일본학자에 대한 추앙은 당대 법학자들에 비해도 손색이 없었다. 2003년 1월부터 2009년 12월까지 중국 간행물 사이트의 검색에 근거하면 총 278편의 문장에서 미노베 다츠기치의 저작을 인용했다. 『중국근대법학역서총서』에 실린 5부의 저작이 모두 인용되었다. 그 중에서 인용률이 가장 높은 것이 『공법과 사법』이다. 『중국법학』을 실례로 든다면 모두 6편의 문장이 실렸는데 8차례나 미노베 다츠기치의 저작을 인용했다. 6편 문장에서 모두 『공법과 사법』을 인용했다. 『행정 재판법』은 2번 인용했을 뿐이다.

4. 미노베 다츠기치의 공법학이 중국 공법학에 미친 영향

미노베 다츠기치의 공법학이 중국 공법학에 미친 영향은 지구적이었고, 중국 공법학의 형성과 발전에 대한 공헌도 탁월하였는데 그 점은 여러 방면으로 짚어 볼 수 있다. 여기서는 미노베 다츠기치의 공법학 중에 보이는 특색을 취하여 그의 저작이 중국에서 여전히 현실적 의의를 잃지 않고 공헌하고 있는 몇 가지 점에 대하여 소개하려고 한다.

1) 공법학의 고전자유주의 원색

"일본헌법학자들 속에서 자유적이고 진보적인 입장에서 헌법을 해석한 사람을 꼽자면 자연히 미노베 다츠기치를 꼽아야 할 것이다. 미노베 다츠기치는 자연주의자로서 시대의 발전에 적응하려고 노력했다. 그는 헌법학을 해석할 때 완강하게 전통주의와 보수의자들과 논쟁하고 투쟁했다. 일본헌법이 반봉건 혹은 반보수성에 빠져들 수 있는 때에 그는 전력으로 그러한 것들을 피하려고 하면서 자유적이고 진보적인

해석을 가했다. 미노베 다츠기치는 이렇게 자본주의의 발전을 촉구하였고 헌법정치의
건설에 도움을 주었다. 그리하여 그는 일본헌법의 권위자로 불리게 된 것이다."
국가법인설(國家法人說)과 천황기관설은 바로 그의 자유주의, 민주주의의 제일 좋은
상징이 된다. 미노베 다츠기치는 입헌군주시대를 살아온 사람이기에 군주 충헌사상에서
자유로울 수 없었다. 그러나 당시의 전통 관념과 비교해 볼 때 그의 사상이 진보하고
자유로웠던 것만은 의심할 여지가 없다.

2) 법적 해석학의 실증노선

미노베 다츠기치의 저작은 법 해석학의 기본 경로를 시사하고 있다. 그는 법학의
방법을 사용하려고 했을 뿐, 정치학이나 다른 과학의 방법으로 헌법과 행정법 현상을
해석하려고 하지 않았다. 제일 명확한 것은 그가 헌법학의 법학속성을 아주 강조했다는
점이다. 미노베 다츠기치의 『헌법학원리』라는 책에는 아주 특색이 있는 배치가 있다.
제목이 『헌법학원리』인데 도리어 '법'으로 시작하면서 법의 본질을 담론하였고 법학의
임무와 연구방법, 기본관념 등을 담론했다. 그 뒤의 4개의 장절은 또 국가, 통치권, 주권,
국가조직, 입헌정체를 담론하였고 제일 마지막 장에 가서야 비로소 '헌법'을 담론했다.
하지만 이런 배치를 두고 주제를 심각하게 벗어났다는 잘못을 씌울 수는 없다. 이것은 그
자체의 본위와 관계되는 것이다. 그는 법학의 시각에서 헌법에 대하여 원리성적인 분석을
진행하였던 것이다. 이 책은 『일본헌법』의 제1권이 된다. 미노베 다츠기치의 저작을
살펴보면 그는 보편적으로 현행법의 규정 및 그 적용에 대해 많은 관심을 기울였다.
『공법과 사법』과 같은 원리성적인 저작에서도 이 점을 중시했던 것이다. 이 책에서는
프랑스, 독일의 판례, 학설들을 인용하여 서술한 외에 대량으로 일본의 입법과 대심원의
판례를 인용했다. 이러한 판례들은 저작의 가독성을 높여주었을 뿐만 아니라 더욱더
공법학의 실증성을 더해주었다.

이러한 법 해석학의 연구방법은 중국 근대 공법학연구에 상당한 영향을 미쳤다. 헌법은

정치성이 아주 강한 법으로 정치학의 가도에서 연구를 할 수 있고 또한 법학의 각도에서 연구할 수도 있다. 이는 청조 말기, 민국 초기 정치학의 연구경로의 주류를 차지했다. 미노베 다츠기치의 공법학이 중국으로 들어온 이후, 법학으로서의 헌법학이 점차 형성되었다. 개척성을 가진 대표적 저서로는 종갱언의 『헌법강의요강』과 백붕비의 『헌법 및 헌정』이다. 그들은 미노베 다츠기치의 법 해석학의 실증노선을 그대로 답습했다. 신중국이 설립된 후, 대륙의 공법학연구방향에 전환이 일어났는데 계급분석의 방법이 그 자리를 대체하게 된 것이다. 하지만 대만지역의 공법학 연구는 여전히 법 해석학의 실증전통을 이어나갔다. 임기동은 4권으로 된 『중화민국 헌법축조석의』에서 이 방법을 최고조로 끌어 올렸다. 개혁개방 후, 대만의 저작들은 여러 가지 방식으로 대륙에 영향을 주었다. 헌법학은 정치학 등 방법 외에 새롭게 법 해석학의 연구방법을 내놓았다.

3) 공법학과 사법학의 상대이원론

공법학과 사법학의 구분은 비록 오랜 유래를 가지고 있지만 원리상 양자의 관계를 연구한 저작은 그렇게 많지 않다. 『공법과 사법』은 미노베 다츠기치가 천황기관설사건 이후인 1935년 말에 내놓은 저작이다. 1937년 중국에는 동시에 두 가지 중문 번역 판본이 나타났다. 이 점 역시 이 책의 중요성을 충분하게 설명할 수 있는 것이다. 또한 이 현상은 당시 중국학자들이 미노베 다츠기치를 이해하려 하고 일본 법학을 장악하려고 했던 그 절박성을 엿볼 수 있는 것이다. 이 책은 공법과 사법의 구별 및 그 관계에 대하여 전면적으로 귀납하였고 적극적으로 탐구했다. 미노베 다츠기치는 켈젠의 공법과 사법에 대한 1원론적 관점을 반대했다. 그러나 지나치게 양자의 구별을 강조하는 것도 반대했다. 그는 이 양자는 성질이 완전히 다른 것이 아니라 적용한 원리가 다를 뿐이라고 주장했다. 그렇기 때문에 양자 사이에는 일정한 관계가 있기 때문에 능히 상호 전환할 수 있다고 믿었다. 이 학설은 『공법과 사법의 상대이원론』이라고 불린다.

이 책은 번역 출판 된 이래 줄곧 학자들의 관심을 끌었다. 임기동은 이렇게 말한 적이 있다. "일본법학의 대가 미노베 다츠기치의 『공법과 사법』은 공법과 사법의 구별, 공법과 사법의 공동성 및 특수성, 공법과 사법의 관계 등 문제를 상세하게 해부했다. 정말 읽어볼 만한 책이다."[484] 이 책이 출판 된 후 공법과 사법을 담론할 때마다, 심지어는 민법학자들이 민법의 사법적 속성에 대해 정의를 내릴 때에도 늘 이 책을 인용했다. 이 책은 어쩌면 당전의 "공법열"과 법치국가를 건설하려는 사회의 수요와 아주 잘 어울릴지도 모른다. 이 책은 여전히 지금도 아주 높은 인용율을 가지고 있는데 미노베 다츠기치의 저작들 중에서도 첫손에 꼽힌다.

5. 세기를 내려오며 본보기가 되고 있는 미노베 다츠기치의 공법학

세월을 내려오며 수많은 영웅들이 본색을 빛냈다. 비록 미노베 다츠기치의 공법학에도 역사적인 결점은 있지만 또 일부 저작들이 이미 휴지가 되기는 했지만, 그의 주체는 여전히 빛을 발산하고 있는 없어서는 안 될 자리를 차지하고 있다. 미노베 다츠기치의 저작은 백여 년을 이어오면서 여전히 그 매력을 뽐내고 있는 것이다. 이러한 생명력은 미노베 다츠기치의 비교법학이 가지고 있는 튼실한 기초에서 비롯되는 것이며 미노베 다츠기치의 자유주의의 뜨거운 흉금에서 생기는 것이다. 거의 백부에 달하는 저작, 거의 6백 편에 달하는 문장은 그 숫자에서만 보아도 법학연구에서의 미노베 다츠기치의 피나는 노력을 가늠해 볼 수 있다. 국가주의가 창궐하던 때에 그는 완강하게 자유주의를 고양하였고 큰 정치풍랑 속에서도 두려움 없이 집필을 유지했던 것이다.

당시의 독재체제 아래에서 미노베 다츠기치와 그의 공법학은 여전히 작용을 발휘할

---

484) 임기동, 『중국 행정법 총론』 제5판, 정중서국, 1947, 221쪽.

무대가 있었고 그만의 독특한 매력을 가지고 있었던 것이다. 미노베 다츠기치는 중국 근대 공법학자들을 많이 양성했다고 할 수 있다. 그의 고귀한 품격과 덕망은 당시의 많은 공법학자들을 감동시켰던 것이다. 체계가 완정하고 실행성이 뛰어난 미노베 다츠기치의 공법학은 직접 중국의 조기 공법학을 키웠다고 말해도 과언은 아닐 것이며, 중국의 공법학의 형성과 발전에 영양분을 공급했다고 할 수 있는 것이다. 중국 공법학의 이론체계와 구체적인 관점으로부터 이 점을 증명할 수 있다.

여기서 상무인서관에서 김민란(金泯瀾)이 번역한 미노베 다츠기치의 『국법학강의』의 소개문장을 인용한다. 이 소개문은 미노베 다츠기치에 대한 당시의 일반적인 평가라고 볼 수 있다.

"미노베 다츠기치는 일본 공법학의 거장이다. 이 책은 네 가지 장점이 있다. 첫째, 완전히 법학의 각도에서 서술되어 정치적인 견해나 역사적인 정감 같은 것이 끼어 있지 않다. 둘째, 세계법학이라고 할 수 있는데 공동의 법적원리를 설명하여 어느 한 나라, 어느 한 지역의 특별한 정형에 치우치지 않았다. 셋째, 경험적으로 쓰인 법학이다. 이 책은 현대 법 현상을 설명하였지 관점이 이상적인 것에 쏠리지 않았다. 넷째 진정한 법학이라고 할 수 있다. 그는 국가가 통치권의 주체라는 이론을 강력히 주장하면서 옛날의 고루한 이론을 없애려고 했다."[485]

이 소개에서 마지막 한마디는 번역에 대한 평가인데 "번역에서 문맥이 유창하고 언어가 깨끗하다"고 했다. 유창하고 깨끗한 언어로 미노베 다츠기치의 깊고 심오한 공법학 저작을 전파한 것이다. 이러한 역서들이 중국에서 오래 동안 내려오며 모범적인 영향을 일으키지 못했다면 그것 역시 이상한 현상이라고 했을 것이다.

---

485) 이 소개문장은 견극언(筧克彦) 강좌, 진시하(陳時夏) 서술로 된 『국법학』(상무인서관 1912년 제5호)의 뒤표지 판권 에이지에 게재되었다.

제6절
소결론

청조 말에 일본헌법이 중국에 도입되던 정경을 '폭풍우'라는 말로 묘사하면 제일 적절할 것 같다. 그 속도, 수량, 규모, 영향의 정도는 모두 사실 그대로 '폭풍우'였던 것이다. 그에 비해 다른 나라 헌법학의 영향은 상대적으로 미약했다고 할 수 있다. 중국에서 일본 헌법을 도입한 목적은 두 가지가 있었는데, 하나는 일본을 그대로 배우려는 것이었고, 다른 하나는 일본을 통하여 서양을 배우려는 것이었다. 이 두 가지 목적은 많이 중복되어 나타났다. 일본의 헌법학은 서양의 지식을 '동양화'시켰기에 수용하기 비교적 쉬웠고, 심지어는 일본을 따라 배우는 것으로 서양을 배우는 것을 대체할 수 있었던 것이다. 이러한 작업은 그 후기 중국 헌법학의 기본 개념, 범주, 내용, 방법 등의 발전에 중요한 영향을 일으켰다. 청조 말기 후반에 중국의 헌법학은 자연적으로 일본 헌법학의 영향에서 벗어날 수가 없었다. 일본 헌법학의 절대적인 주도적 위치는 새로운 유학생들이 영국, 미국에 나가 배워 인재가 되고 중화민국 정부의 대외정책이 전환을 가져와서야 도전을 받게 되었다. 일본 헌법학의 주도적인 지위가 엎어진 후에도 중국 헌법학의 언어체계는 여전히 일본 헌법학의 영향에서 완전히 벗어날 수 없었는데 그 영향은 지금까지도 찾아볼 수 있다.

제2부

중국 헌법학설의 형성과 발전의 국외배경

제4장 중국 헌법학설에 대한 영국 헌법학의 영향

제4장
중국 헌법학설에 대한 영국 헌법학의 영향

1215년의 영국은 여전히 봉건시대에 처해 있었지만 지방 봉건귀족과 도시의
동업조합은 이미 거대한 세력을 가지고 있었고 일부는 국왕의 세력을 초월했다. 귀족과
국왕의 투쟁의 산물로, 영국 국왕 존(John)은 부득이하게 종교와 세속의 크고 작은
귀족들과 타협하여 공동으로 『대헌장(大憲章)』[486] 이라는 약법을 만들어냈다. 이 약법은
영국 군주의 권력을 제한했다. 특히 국왕이 세금, 조세를 거두어들이는 권력을 제한했다.
이 약법은 속칭 『자유대헌장』[487] 이라고도 불린다. 현대의 제한적 의의를 가지는 헌법의
종자 바로 이 『대헌장』에 기초하여 영국의 봉건시대에 성공적으로 파종되었다고 할
수 있다. 그렇기 때문에 영국은 세계 각국으로부터 『헌정의 어머니』라 불린다. 영국
헌정사상은 세계 각국의 헌법에 모두 깊고 중대한 영향을 미쳤다. 자연적으로 영국의
헌법학이 중국에 미친 영향도 경시할 수 없다.

1840년 아편전쟁이 실패로 돌아갔다. 특히 1860년 영국과 프랑스 연합군이 북경에
침입한 후, 당시 중국의 일부 유력인사들은 무기와 기계를 제조하는 것만으로는 절대
나라가 부강해질 수 없으며 반드시 서양의 근본을 학습해야 한다는 것을 절실히 느끼게
되었다. 그리하여 위원은 『해국도지』를 집필하여 "외국을 스승으로 하여 외국을
대처하자"는 주장을 내놓았다. 임칙서는 서양의 신문을 번역하여 그것을 자료로 삼았다.
청나라 조정은 세계 강국들의 경험과 교훈을 총정리한 후, 조정이나 민간을 막론하고

---

486) Great Charter의 라틴어
487) Great Charter of Freedoms의 라틴어

모두 "위험에 처한 시국에 나라를 멸망에서 구하는 길은 오직 입헌 뿐"이라고 믿었다.[488]
이 장절에서는 청조 말 5명의 대신이 출국하여 헌정을 고찰한 시기와 그 전 시기를 하나의
시간대(즉 1906년 전후)로 하여 아래 몇 가지 방면으로부터 영국이 중국 헌정학설에 끼친
영향을 분석하고자 한다.

488) 「헌정 고찰 대신 달수가 일본 헌정을 고찰하고 올린 조서」, 『동방잡지』, 제5년 제8호, 광서 34년(1908년) 7월 21일.

제1절

중국인들이 집필한 영국 헌법을 소개한 도서

의회제도는 영국에서 시작되었다. 필자가 고증한 바에 의하면 의회제도가 제일 처음 중국에 소개된 시간은 1821년으로 거슬러 올라갈 수 있다. 1821년 양정남이 집필한 14권에 달하는『해국사설』[489]에 보면 영국의 의회제도를 담론한 구절이 있다. 양정남이 책에서 말한 '난윤(蘭崙)'이 바로 영국의 수도 런던의 음역이다. 하지만 이 문장에서 양정남이 말한 '난윤'은 영국을 가리킨다고 볼 수 있다.『해국사설』은 4권으로 되어 있는데 영국의 정황에 대하여 상세하게 소개하였다. 책 제목을『난윤 우설(蘭崙愚說)』이라고 했다.『난윤우설』제3권에서 양정남은 영국의 의회제도에 대하여 소개했다. "의회는 공동으로 나라의 사무를 토론한다. 왕이 새롭게 뜻을 내놓으면 관리들과 국민들이 함께 토론하여 뜻을 모았다. 무릇 큰일은 왕과 국민들이 함께 토론하고 결정했다. 의회는 3년을 기한으로 했다. 대신과 형살(刑殺)의 관직을 두지 않았다. 군사에 관한 일은 아래 부서에서 토론하고 비준을 받은 후 행사했다. 일체의 선례를 타파했다. 해당 관리들에 관한 사무, 세수를 증가하거나 감면하는 일 화폐를 유통시키는 일 등은 모두 해당 부서에서 토론한 후 왕에게 상주하여 처리하게 했다. 만약 실수라도 있으면 책임자를 경중에 따라 처벌했다. 연말이 되면 해당 부서의 실무에 대하여 공과에 따라 처리하였다.

그중 병사를 전문으로 관리하는 자를 감미저아부살포사(甘彌底阿付撒布士)라고 하고, 사부세(司賦稅)를 전문으로 하는 자를 감미저아부위사암면사(甘彌底阿付委士菴綿士)라

---

489) 필자가 고증한 바에 의하면 이것은 제일 처음으로 영국 의회제도를 소개한 책이다.

부른다. 일이 있을때 감문호관사관과 각부의 사람들이 모두 모여 이를 회의한다."[490]

임칙서는 1839년에 『사주지(四洲志)』를 책임 편찬하였는데 그 중에 영국의 의회제도에 대한 간단한 소개가 있다. "무릇 국왕이 왕위를 이어받게 되면 관민들은 우선 관아에 모여 회의를 열었다. … 나라에 큰일이 있으면 왕과 관민들은 관아에 모여 회의를 열고 처리했다. 큰일은 3년에 한번 회의를 하고 결정하였는데 그것에는 군사를 일으켜 전쟁을 하는 것과 같은 일들이 포함되었다. 국왕이 먼저 뜻을 내놓고 관리들이 의논을 했다. 국왕이 일을 처리함에서 실수라도 있게 되면 그 일을 담당한 사람이 관아에 가서 처벌을 받았다. 새롭게 조례를 내오고 새롭게 관직을 설치하며 세금을 늘이거나 감면하며 봉급을 높이거나 낮추는 등의 일은 국왕이 관아에 넘겨 처리하게 했다. 대신이나 형부의 관원을 임명할 권리는 왕에게 속했다. 여러 관원을 남겨두는가 해임하는가 하는 일은 연말에 관아에서 토론하여 결정했다."[491]

청조의 사상가 위원은 임칙서가 수집한 서양 역사지리 자료 『사주지』에 근거하고 역대의 사지, 명조 이래의 『도지』 및 당시의 외국 지도, 외국 언어를 참고 하여 50권에 달하는 『해국도지』를 편성하였던 것이다. 그 후에 수정과 보충을 거쳐 1852년(함풍 2년)에 끝내 100권으로 편성해냈다. 『해국도지』에서도 영국의회의 해당 정황에 대하여 소개했다. "나라에 큰일이 있으면 왕과 관리, 국민들이 관아에 모여 함께 토론하고 처리했다. … 새롭게 조례를 고치거나 새롭게 관직을 설치하고 세금이나 임금을 높이거나 낮출 때는 왕이 관아에 명하여 해당부서에서 논의, 처리하게 했다.[492] 대사를 처리하는 회의에서는 각자가 자신의 견해를 말하곤 했다. 만약 기간 안에 변통해야 할 일이 있으면 서민들이 요점을 선택하고 각지의 향신들이 모여서 회의를 열어 논의한 후 통과되면

490) 양정남, 『해국사설』, 중화서국, 1993, 136쪽.
491) 라병량(羅炳良), 『임칙서사주지(林則徐四洲志)』, 화하출판사, 2002, 116쪽.
492) 위원, 『해국도지』, 이거한(李巨瀾) 평주, 중주고적출판사, 1999, 320쪽.

행하고 통과되지 못하면 부결했다."493)

영국의 의회제도를 소개한 이상의 고적(古籍)은 사실상 헌법학에서 탐구되던 아주 중요한 개념 즉 '공의'라고 할 수 있는데, 그것이 그대로 중국에 도입된 것이다. 중국의 초기 사상가들이 영국을 담론 할 때 의회제도를 이야기하지 않은 이들이 없었다. 그들은 모두 영국의 의회가 국가의 사무를 관리하는 방식에 대하여 상세한 소개를 했다. 인민들의 '공의'를 체현한 이러한 민주적 치국방식은 마치 매우 맑은 샘물처럼 당시 여전히 봉건사회에 처해있던 중원대지를 차분히 적셔주었던 것이다. 비록 국내의 초기 서적들에 '민주' 혹은 '공의'라는 단어들이 출현하기는 했었지만 영국의 의회제도를 소개하는 이러한 서적들이 사실상 국내의 사람들에게 새로운 관념들을 전파하는 중요한 역할을 한 것이다.

이외 19세기 말, 권력의 상관관계에 대한 사상이 중국 진보적 지식인들 속에서 광범위하게 유행되었다. 1899년 양계초는 『각국 헌법이동론』이라는 글에서 권력분립의 기본사상을 소개할 때 이렇게 썼다. "행정, 입법, 사법의 삼권 정립은 상호 가까워지려는 것이 아니라 정부의 독점 상태를 방지하여 인민들의 자유를 보장하려는 것이다. 이 학설은 프랑스의 석학 몽테스키외가 창도한 것이다. 몽테스키외는 영국의 정치 정형을 관찰하고 그들의 이론을 배워서 이 학설이 후세에 쉽게 이용될 수 있게 한 것이다.

"오늘날에 와서 무릇 입헌국이라면 모두 삼권이 분립되어 있다." 이로 볼 때, 국내에 제일 처음 '삼권분립'학설을 소개한 저작은 이 학설이 묘사, 서술한 것이 영국의 헌정 양식이라고 착각을 한 것이다. '삼권분립'학설을 완정하게 제기한 것은 하나의 '아름다운 착오'에서 시작된 것이라고 할 수 있다. 프랑스 학자 몽테스키외는 영국의 헌정모식으로부터 이 학설을 종합한 것이다. 하지만 사실상 의회를 최고의 헌정 초석으로 보는 영국은 당시에도, 오늘날에도 모두 몽테스키외의 이른바 엄격한 삼권분립을 실행한 적이 없다. 이 때문에 이른바 영국의 헌정운행 양식으로 개괄해낸 '삼권분립'학설은

---

493) 위원, 『해국도지』, 327쪽.

영국헌정의 진실한 면모를 반영해 냈다고 할 수 없다. 오늘날, 영국 공당에서 제창하는 헌정개혁에서는 정부의 3대 지류 간의 '권력분리'를 강화할 것을 제창하지만, 그 실질은 간신히 3대 지류 권한의 좋고 나쁨을 분명하게 하려는 것이지, 기구 간의 상대관계를 강화하려는 것은 절대 아니다. 의회는 영국에서 영원히 지고무상의 주권을 행사하게 될 것이다.

제2절
영국헌법을 소개한 외국어 서적의 번역서

중국 국내의 학자들은 책을 집필하여 자신의 관점을 피력하는 형식으로 영국에서 확립한 일부 근대 헌법의 기본원칙에 대해 소개했다. 그 외 영국 헌법학자들의 저작을 중국어로 번역하여 소개하는 것도 중국헌법학 발전에 영향을 주는 중요한 원천으로 작용했다. 영국의 전도사 티모시 리처드는 영국사람 부더리가 집필한 『열국세기정요 12권(列國世紀政要)』을 번역했다. 강유위는 이 책을 자기가 번역 편찬한 유럽열국변혁도서 계열 총서에 넣었다. 그 후 백일유신기간에 이 총서를 함께 광서황제에게 올려 채택하게 했다.[494] 부더리의 이 책은 후에 미국인 앨런이 통역하고 정창염이 기술하여 책으로 만들어졌다. 이 책은 광서 27년(1901년)에 상해 '보선재'에서 공식적으로 책을 만들어 출판했다. 이 책은 비록 무술변법의 영향을 받기는 했지만 "조야 상하가 모두 성지를 따라서 서양의 정치, 학문에 대해서는 한 글자도 들먹이지 못했다."[495] 하지만 "혁신의 기회는 점차 머리를 쳐들기 시작했다. 유지인사들은 구미 및 일본의 서적들을 번역하면서 그 헌법을 연구하는 자들이 차츰 늘어났다."[496] 1903년 임정옥은 영국인 비분로(俾芬路)가 영국의 헌정을 소개한 책 『영국헌정 및 정치문답』을 중문으로 번역하여 국내에 소개했다. 이것은 영국인이 집필하고 중국인이 번역한 영국헌법에 관한 첫 저작이다.

---

494) 양계초, 『무술정변기』 제1권 제1장, 중화서국, 1954, 19쪽.
495) 「"중국은 반드시 개혁을 해야만 정치가 유신으로 갈수 있다"를 논함(論中國必改革政治始能維新)」, 『동방잡지』 제9권 제1호.
496) 「입헌운동의 진행(立憲運動的進行」, 『동방잡지』, 제9권 7호.

이외, 일본 학자들이 번역한 구미의 서적들에 기초하여 국내의 학자들이 간접적인 번역을 한 서적도 적지 않았다. 이를테면 영국의 학자 시시리뤄두리커(希西利洛度利科)의 『영국 지방정치』는 바로 조필진이 일본의 쿠메킨야의 번역 저서를 중역을 한 것이다. 작신사(作新社)가 또 일본에서 들여다 번역한 『각국 헌법요강』은 역시 영국, 프랑스, 독일 일본 등 나라들의 헌법, 입헌군주 등 방면의 내용들을 수집했다. 채문삼(蔡文森)은 일본원로원의 『구미각국의원전례요략(歐美各國議員典例要略)』 번역 저서에 근거하여 『16국 의회전례』를 편역(編譯)했다. 그 책에는 영국, 미국, 독일 프랑스, 오스트리아, 벨기에, 덴마크, 네덜란드, 일본, 포르투갈, 스페인, 스위스 등 나라들의 의원 편성 상황이 수록되어 있다. 청조 말 입헌은 일본헌법의 경험을 주요 본보기로 삼았고 게다가 강유위, 양계초 등 대대적으로 입헌을 추진한 사람들이 일본과 많은 왕래를 해왔으며 그로 인하여 일본학자들의 많은 저작들이 중문으로 번역되어 중국으로 들어온 것과 직접적인 관계가 있다. 그중에는 또 일본학자들이 영국의 헌법저작을 번역한 내용도 포함된다. 이를테면 주규(周逵)가 광서 28년(1902년)에 번역하고 일본학자 아마노 타메유키(天野爲之), 이시하라 겐조오(石村健三)가 합작한 『영국헌법론』도 포함되어 있다. 『영국헌법론』은 중국에서 논문형식으로 된 영국의 헌법을 최초로 소개한 저작이다. 그 이듬해 상해광지서국에서 또 맥맹화(麥孟華)가 번역한 일본학자 마츠다 이라코오코쿠(松平康國)의 『영국헌법사』를 출판했다.

제3절

외국인이나 청나라 말엽 외교 대사들이 중국에 도입한 영국 헌법학설

영국의 헌법학설은 서책의 형식을 전파도구로 삼아 척박한 중국의 헌정사상을 빨리 싹트게 했다. 『남경조약』을 체결한 후, 중국에 와서 전도하고 수업을 하던 영국인들도 중국 초기의 헌법학설을 위하여 큰 기여를 했다. 그중에서 가장 영향력이 있던 이는 북경 동문관에서 영어교사로 있다가 후에 상해 강남제조국의 번역관으로 있었던 영국 성공회 전도사 존 프라이어를 꼽아야 할 것이다. 그는 단독 혹은 다른 사람과 합작하여 서양의 서적을 129부나 번역했다. 이 서학 번역 저서들 중에는 서양 과학기술을 소개한 책과 대량의 서양 법학에 관한 서적들이 포함되어 있었다. 존 프라이어는 당시 서학의 번역 열풍을 일으켰다. 번역 중심은 북경에서 이내 상해로 옮겨졌다. 1898년에 역사상 유명한 무술변법이 중국대지에서 시작되었다. 이 백일유신운동의 주요 참여자들은 모두 일본 헌법운동의 실정법에 의거했다. 강유위는 이번 백일유신운동의 중요 인물이었다.

곽숭도가 제창한 서양 '조정정교(朝廷政敎)' 20년 후, 강유위는 대대적으로 변법을 고취시켰다. 그는 정식으로 조정에서 "만국의 우수한 규칙을 받아들여 헌법의 공정성을 실행하여야 한다"[497]고 주장했다. 이 말은 당시 유신파들의 '군민합치'의 정치 강령이 되었다. 강유위가 제창한 '공의'는 사실 영국의회에서 체현한 '공의'의 의사방식인 것이다. 이 거창했던 입헌운동에 영국 전도사 티모시 리처드가 적극적으로 개입했다. 그는 강유위에게 부탁하여 청나라 정부가 일본의 이토오 히로부미를 초청하여 이번

---

497) 『무술변법자료』 제2책, 상해신주국광사, 1953, 208쪽.

입헌운동의 고문으로 삼게 했다.[498]

19세기 말, 민간의 학술교류도 이미 국민들이 영국의 헌정을 이해하는 데 많은 도움을 주었다. 그 후 청나라 말기 영국으로 파견나간 외교대사들도 중국이 영국의 헌정을 배우는 데 커다란 공헌을 했다. 많은 외교 대사들은 일기의 형식으로 당시 그들이 영국에서 보았던 신문이나 느낌을 기록했다. 영국의 헌정문명은 이미 그들의 기록에서 빠질 수 없는 중요한 내용이 되었는데 이러한 자료들은 당시 국민들이 영국의 헌정을 학습하는 면에서나 그 후의 학자들이 영국의 헌정을 연구하는 면에서 모두 풍부한 자료로 남게 되었다. 마르크스는 청나라 말기에 외교대사들을 파견한 원인을 자세하게 개괄했다. "영국의 대포가 황실의 권위를 파괴하여 천조제국과 땅위의 세계가 접촉할 수 있게 자극했다."[499] 광서 원년(1875년)의 봄, 영국 주화 대사관의 번역관 마가리가 운남에서 피살되어 외교교섭이 진행되었다. 영국은 자연히 '천조지국'과 '지상의 세계'가 접촉하는 최초의 대상이 되었다. 1876년부터 1879년까지 곽숭도는 흠차대신으로 영국에 나가게 되었다. 이름이 흠차대신이지 사실은 '마가리 사건' 때문에 영국에 사죄하러 가는 것이나 다를 바 없었다. 곽숭도는 청나라에서 파견한 청나라 정부의 정식대표였을 뿐만 아니라 중국 역사상에서 서양에 상주한 첫 외교관이기도 했다.

곽숭도는 영국에 출사하여 있었던 2년 사이의 견문과 그 후 프랑스에서 겪었던 경력을 합쳐 책으로 묶었는데 제목을 『런던과 파리일기』라고 붙였다. 이 일기는 유럽의 정치에 대한 그의 고찰과 감수를 상세하게 기록했다. 이 글을 통해 곽숭도가 중·서 문화의 비교연구를 어떻게 진행하였는가 하는 것을 알 수 있다. 곽숭도의 사상이 다분하게 표현된 『런던과 파리 일기』 중 부록인 '출국도중'의 『사서기정(使西紀程)』이란 제목의 글은 당시 청나라 정부의 모든 사대부들의 분개를 자아냈다. 영국으로 출사하기 전인

498) 라지연(羅志淵), 주이빈(周異斌), 『중국헌정발전사』, 상해 대동서점 중정판, 10쪽.
499) 마르크스 『중국혁명과 유럽혁명』, 『마르크스-엥겔스선집』 1권, 중국 인민출판사, 1995, 692쪽,

1875년에 쓴 『조의해방사의』라는 글에서 그는 세상을 놀라게 하는 관점을 진술한 적이 있다. 그는 글에서 양무파들이 제창하던 당시 제일 유행하던 '서양의 견고한 함선과 강력한 대포'라는 관점에 반대하고, 개혁하여 강대해 지는 것만이 '서양의 정치교육을 배우는 것'이라고 주장했었다. 곽숭도가 여기서 제창한 관점은 사실 '변법'이었다. 그리하여 곽숭도는 봉건 말기 사대부들 중에서 제일 처음 서양에서 진리를 찾으려고 한 인물이 된 것이다.

곽숭도가 영국에 도착하여 5일 째 되던 날에 쓴 일기는 영국정당에 대하여 간략한 소개를 하였다. "이 기간 국사나 분당은 중국을 능가했다. 그들은 당이 두 개로 나눠져 있다. 새로운 집정자은 로버트 월폴이고, 낡은 집정자은 글래드 스톤이었다. 하의정원(下議政院)에서 로버트의 당에 가입한 사람은 4백여 명에 달했고 글래드의 당에 입당한 사람은 3백여 명이었다. 두 당에서는 서로 공격하고 투쟁을 벌였다. 집정자가 어느 당에서 나왔는가에 따라 그들이 맡은 일은 모두 그 당에 따랐다. 그들의 암투와 권력투쟁은 중국을 능가했다."[500] 그는 또 청나라 정부 각부서의 초청으로 영국의 정부기관에 대하여 대체적인 소개를 했다. 이를테면 외부는 영국의 외교부에, 이부는 영국의 내정부에, 호부는 영국의 재정부에, 예부는 전례장에, 병부는 영국의 육군부에, 수사총리는 영국의 해군부에, 공부는 영국의 공정국에, 이번원(理藩院)은 영국의 식민지 판공실에, 순포(巡捕)는 영국의 경찰에, 이형은 영국의 형사법정에 해당한다는 것이었다. 곽숭도는 일기에서 전문적으로 영국의 참의원과 시장을 방문한 사실도 기록했다. "또 전문적으로 지방을 관리하는 자들이 있어서 국민들의 뒷심이 되고 지방을 나누어 관리하였는데 '아더문(참의원, alderman의 음역)'이라고 불렀다. 총관을 '매덜(시장, mayor의 음역)'이라고 불렀다." 영국에 도착하여 17일째 되던 날, 곽숭도는 상의원에서

---

500) 곽숭도, 『런던과 파리 일기』, 101~102쪽.

일을 토론하는 것을 방청하고는 "율법이 이렇게 엄격하구나"[501]하고 감탄했다. 곽숭도는 영국에 있던 기간에 특별히 하의원 의원을 방문하기도 했다.[502]

중국의 헌정문명 발전에서 곽숭도의 공로를 빼놓을 수 없다. 곽숭도를 따라 영국으로 출사했던 부사 유석홍(劉錫鴻)도 『영초일기』라는 책을 써서 전문적으로 9개월 간의 영국을 돌아보던 경험을 소개하였는데, 그 글에도 일부 영국 국정에 대한 대목이 있다.

손보기는 제일 처음 조정에 조서를 올려 프랑스에 출사했는데, 그는 조서에서 "영국, 독일 일본의 제도를 모방하여 입헌 정체국으로 정하여, 먼저 중외에 선포하여 민심을 한데 모으고 방국의 근본을 보존하자"는 건의를 했다.

501) 곽숭도, 『런던과 파리 일기』, 107쪽.
502) 곽숭도, 『런던과 파리 일기』, 115쪽.

제4절
영국 헌정에 대한 정부 측의 최초 고찰

중국 헌정사상 가장 기념할 가치가 있고, 또한 전체 중국 헌정사 발전에 가장 중대하게 직접적인 영향을 준 사건을 꼽는다면, 1905년 말에 청 정부에서 대신 5명을 외국에 파견하여 입헌 정치를 고찰한 일일 것이다. 대신 5명 중 재택(載澤), 상기형(尙其亨), 이성탁(李盛鐸)은 전문적으로 영국의 헌정을 고찰하는 임무를 맡고, 광서 32년(1906년) 정월 20일 일본 요코하마에서 미국 회사의 선박을 타고 미국을 경유하여 영국으로 향했다. [503] 광서황제가 대신 5명을 파견할 때 서열을 정하지 않았지만 재택이 패자함봉은진국공(貝子銜奉恩鎭國公)이고 황족인데다가 서태후의 신임을 받았으므로 통상 재택을 고찰단의 수장으로 여겼다. 그리하여 재택은 청 왕조의 이익을 대표하여 영국의 헌정을 고찰하게 되었다. 이 또한 당시 최대 강국인 영국에 대한 청 왕조의 마음을 알 수 있는 대목이기도 하다. 조정과 재야 상하가 합의한 "오직 변법만이 우리를 강하게 만들 수 있고, 국가의 안위를 지킬 수 있는 명맥"이라는 배경 하에서 영국의 헌정을 상세히 고찰하는 일은 당연지사였다.

재택은 귀국한 후 30부의 책을 번역 편집하여 채택하라고 조정에서 신설한 '고찰 정치관' [광서 33년 즉 1907년에 '헌정편사관'(憲政編査館)이라 개칭했음]에 제출했다. 편역서(編譯書) 중 영국 헌법과 관련된 책은 1906년 태선 서국(太宣書局)에서 출판한 『대의정체원론』(代議政體原論), 신민 역서국(新民譯書局)에서 출판한 『영국 지방자치』, 광지서국(廣智書局)에서 출판한 『지방자치론』이 있다.

---

503) 곽승도 고궁박물관 명청 서류부 편, 『청나라 말엽 입헌 준비서류 사료』 상권, 제6~7 쪽.

1907년에는 상해 군익서국(郡益書局)에서 『헌법』, 상해 작신사(作新社)에서 『법학 통론』, 광지서국에서 『국법학』, 상무인서관(商務印書館)에서 『의회 정치론』, 문명서국에서 『영국 통전(英國通典)』, 개명서국(開明書局)에서 『보통 선거법』, 상해 개진학사(開進學社)에서 『지방 행정 총집(地方行政匯編)』, 상해 중국도서사에서 『영국 미국 법』을 잇따라 출판했다. 1910년 상무인서관에서 『자치론』, 『헌정론』, 『헌정연구서』를 출판, 그리고 1911년에 『지방치정의(地方治精義)』 등의 책을 출판했다. 이 책 가운데서 2권만 영국을 체계적으로 소개했다. 하지만 기타 헌법 관련 책들도 모두 영국 헌법을 언급하지 않을 수 없었다. 재택의 『입헌정체를 5년을 주기로 개혁하는 것에 관한 상주문』에서 말한 것처럼, '헌법은 영국에서 기원했다.' 이 밖에 1907년 단방(端方)이 광서황제에게 올린 고찰 보고인 『열국의 정계요인』과 대홍자(戴鴻慈)와 단방이 같이 저술하여 1908년 상해 상무인서관에서 출판한 『유럽과 미국 정치 요의(歐美政治要義)』에서도 영국의 입헌 정치를 소개했다.

재택 자신은 또 친히 '정치 고찰 일기'를 썼는데, "다른 나라를 돌아보면서 여러 인사들에게 들은 말과, 몸소 겪은 일들을 일기로 남긴다"며 그 뜻을 밝혔다. 재택 일행은 5개국을 방문하면서, 미국에서 15일 일본에서 29일 프랑스에서 24일 벨기에서 14일 체류했지만 영국에서는 도합 43일이나 체류했다.[504] 체류 시간으로 미루어 볼 때, 헌정 고찰 대신들이 다른 국가들보다 영국에 더 큰 관심을 보였다는 것을 알 수 있다. 재택은 유력을 마치고 귀국하는 길에 쓴 일기에서 여러 나라를 돌면서 받은 환대를 이렇게 귀납했다. "일본 조정은 고상하고 친절하게 접대했고, 프랑스 상인들은 각별히 풍성하게 접대했으며, 영국은 검소하게 접대했지만 다른 나라들에 비하면 가장 훌륭했다." 이 일기에서 알 수 있듯이, 재택이 영국의 예의범절에 아주 만족스러워한 것은 아닌 것

504) 재택, 『정치고찰 일기』, 종숙하(鐘叔河) 주필, 악록서사(岳麓書社) 1986, 필자는 일기를 통하여 체류 날짜를 산출해 냈다.

같다. 그러나 왕대섭(汪大燮)이 광서황제에게 올린 상주문에는, 영국 옥스퍼드 대학교와 케임브리지 대학교에서 각기 재택 일행을 초청하여 학당을 참관하게 한 후, 재택 등에게 박사학위를 수여했다는 에피소드가 기록되어 있다.[505] 재택은 일기에 이 일을 상세히 적고 있다. "옥스퍼드 대학당에서 왕공에게 소개하라고 했으며, 독극라(篤克羅, 박사)학위를 수여했는데, 문학박사를 상 · 이 두 사람에게 수여하고 25일 학당에서 의식을 치렀다. 케임브리지 대학당에 가서는, 박사가운을 입고 역시 상 · 왕 두 사람은 문과박사라는 호칭을 받았다." [506] 영국을 제외한 다른 국가에서는 대학교에서 여러 대신들에게 이 같은 특수한 영예를 수여하지 않았다.

영국을 방문하는 전 과정에서, 가장 생동감 있게 묘사한 일을 꼽으라면 재택 등이 런던에 머물 때, 정법학(政法學) 강사 애슐리(ashley)를 사관(使館)에 특별히 초청하여 영국 헌법에 관련한 설명을 들은 장면이라 할 수 있다.[507] 유감스러운 것은 재택이나 그의 일행들이 일기에 애슐리 신상에 관한 상세한 정보를 그 누구도 남기지 않았다는 점이다. 재택은 일기에 애슐리에 대한 유일한 두 가지 단서를 남겼다. 즉, "애슐리는 정법학 교수이며, 자신이 집필한 저서 『지방자치법』과 『헌법해의(憲法解義)』를 우리에게 증정했다"는 대목이다. 이밖에 당시 청국의 사절로 영국에 나가 있었던 대신 왕대섭이 광서제에게 올린 『재택 등과 회동하여 영국 정치사(政治事)를 고찰한 상주문』에 "… 미국의 유명한 정치학 교사를 초청하여 영국 여러 부와 원 그리고 기타 자치사무 경찰 형옥 도시행정 상회 등 모든 정치적 일과 관련된 법을 …" [508] 이라고 적고 있다. 필자는 재택의 일기에 남긴 두 가지 중요한 단서와, 청조 대신들이 영국을 고찰한 시간을 연계시켜, 영국 국가 기록보관소에 문의했다. 결과, 대신들이 언급한 애슐리가 Sir Percy Walter Llewellyn

---

505) 고궁박물관 명청 서류부 편, 『청나라 말엽 입헌준비 서류 사료』 상권, 20쪽
506) 재택, 『정치 고찰 일기』, 660쪽.
507) 재택, 『정치 고찰 일기』, 596쪽.
508) 고궁박물관 명청 서류부 편, 『청나라 말엽 입헌준비 서류 사료』 상권, 20쪽.

Ashley와 가장 비슷했다. 하지만 이 사람은 왕대섭이 상주문에서 밝힌 미국인이 아니라 영국인이었다. 이 어긋난 정보를 배제하고 또한 도대체 누가 재택이 말한 애슐리일 가능성이 가장 큰지를 확인하고자 필자는 특별히 마틴 로클린 현임 런던 정치경제대학교 교수와 연락을 했다. 조사를 통해, 특히 재택 일행이 증정 받은 책 제목을 통하여 로클린 역시 그가 Sir Perey Walter Llewellyn Ashley일 것이라고 인정했다. 로클린은 필자에게 보낸 이메일에 이렇게 밝혔다. "애슐리가 유명한 헌법학자가 아님은 확실합니다. 그는 런던 정치경제대학교를 창설한 시드니 웨브(Sidney Webb)와 베아트리스 포터 웨브(Beatrice Potter Webb) 부부 [509]의 친구입니다. 아마 그래서 런던 정치경제대학교에 강사로 근무한 것 같습니다. 제가 인터넷에서 검색할 수 있는 모든 정보를 모아본 바에 따르면 그는 영국 정부의 공무원- 즉 영국 표준협회 부회장을 지낸 적이 있습니다. 영국 국가 초상 박물관에 그의 초상 한 점이 소장되어 있습니다."

그래서 필자는 런던 정치경제대학교 기록보관소의 직원에게 연락을 했다.[510] 런던 정치경제대학교 학사 일정표에 따르면, 애슐리는 영국인이며, 1876년에 태어나 1945년에 사망했다. 1899년부터 1908년까지 런던 정치경제대학교에서 강사로 근무, 1899년부터 1901년 사이에 '지방 정부'라는 학과목을 가르쳤고 1906년부터 1908년까지는 '역사'만 가르쳤다. 애슐리 기사는 영국 옥스퍼드 대학교 링컨 대학에서 문학 석사 학위(M.A)를 받았다.[511] 1898년 애슐리는 'Bertrand Russell 장학금'[512]을 받았으며 런던 정치경제대학교에서 공부했다. 애슐리의 저서로는 1903년에 출판한 『아일랜드 토지

---

509) The Webbs; Beatrice(1858~1943) and sSidney(1859~1947).
510) 필자는 많은 도움을 준 관계자들에게 감사의 인사를 올리는 바이다.
511) 영국에서 취득하는 M.A는 두 가지 뜻을 가지고 있다. 한 가지는 모든 문학 석사들이 취득하는 학위이고, 다른 한 가지는 법을 전공한 본과생은 아니지만 석사 과정에서 법(2년)을 전공하여 취득한 M.A를 말한다. 필자가 옥스퍼드 대학교 법학대학에서 공부한 경력에 따르면 옥스퍼드 대학교에서 법학 석사를 Mjur 혹은 BCL라고 칭하므로 애슐리가 취득한 학위는 문학 석사 학위일 수 있다.
512) 영국의 저명한 철학자 버트런드 러셀 (Bertrand Russell)의 명의로 설립한 장학금.

문제에 관한 수필: R. B. 홀데인을 위한 준비』[513], 1904년에 출판한 『현대 관세사: 독일 미국, 프랑스 등』[514], 1906년에 출판한 『지방과 중앙 정부: 잉글랜드 프랑스 프로이센과 미국에 대한 비교 연구』[515], 1924년에 출판한 『유럽 100년: 1814년부터 1914까지 정치 발전의 한 폭의 스케치』[516] 등이 있다. 그중 『현대 관세사』는 애슐리에게 있어서 대표작으로 R. B. 홀데인 자작이 서문을 썼다. 뿐만 아니라 아직도 미국에서 인쇄 출판되고 있다. 1920년 『현대 관세사』 3판이 영국에서 출판되었다.[517] 중국 국가도서관을 포함한 많은 국가의 도서관에 아직도 이 책이 소장되어 있다. 이밖에 『지방과 중앙 정부』는 1920년 프랑스인 루이스 마틴(Louis Martin)이 프랑스어로 번역하여 파리에서 출판했다.[518] 이 5부의 책은 런던 정체경제대학교 도서관에 모두 소장되어 있다.

그러나 재택 등이 영국을 방문하여 헌정을 고찰하던 시기, 영국에서 가장 이름난 헌법학자는 당연히 다이시(Dicey)라고 해야 할 것이다. 다이시는 1835년에 태어나 87세가 되는 해인 1922년에 사망했다. 다이시는 1885년에 『헌법학 입문』을 출판, 1915년에 이르러서는 증보판이 8판까지 나왔다. 이 책은 다이시가 영국 헌법 학계에서 그의 수석 위치를 정립해 주었다. 1896년 다이시는 『법 충돌과 관련된 잉글랜드 법 분류』라는 저서를 출판했다. 1905년 다이시는 옥스퍼드 대학교 비네린(Vinerian Professor)는 지고한 영예를 누리는 신분에서 세 번째 저작 『19세기 잉글랜드 법과 여론 관계에 관한 강의』를

---

513) See Percy W. L. Ashley, Notes on the Lrish Land Question: Prepared for R. B. Haldane , London John Murray Press 1903.

514) See Percy W. L. Ashley, Modern Tariff History: Germany, United States, France, etc. , London John Murray Press 1STed 1904.

515) See Percy W. L. Ashley, Local and Central Government: A Compartive Study of England, France, Prussia and he United States, London John Murray Press 1906.

516) See Percy W. L. Ashley, Twice Fifty Years of Europe, 1814~1914: A Skerch of Political Development, London John Murray Press 1924.

517) 런던정치경제대학이 소장하고 있는 제3판의 『현재관세사』.

518) See Percy W. L. Ashley, traduit de l' anglais… par Louis Martin, Le pouvoir central et les pouvoirs locaux(Angleterre, France, Prusse, Etats-Unis), Paris Press 1920.

저술했다. 다이시는 1898년 자신이 하버드 대학교 법학 대학에서 강의하던 내용을 토대로 하여 이 저작을 완성했다. 비록 다이시의 세 번째 저작이 전의 저작보다 학술계에 큰 영향을 미치지 못했지만 다이시의 헌법학설은 줄곧 영국 헌법 학계에서 지배적 위치를 차지했다.[519] 다이시는 85세의 고령 때에도 R. S. Rait과 합작하여 그의 생에서 마지막 저작인 『잉글랜드와 스코틀랜드 연맹에 대한 생각』을 저술했다. 청국의 대신 5명이 영국의 헌정을 고찰한 시간은 1906년이었다. 당시 다이시는 71세였다. 다이시가 85세의 고령에도 저술할 수 있었는데, 영국 정부에서 왜 당시 다이시를 초청하여, 헌정을 배우러 간 중국의 대신에게 영국 헌법을 설명하게 하지 않았을까?

필자는 영국의 자료 중에서 이에 대한 정부 측의 해석을 찾지 못했으므로, 상술한 자료를 가지고 초보적인 분석을 할 수밖에 없었다. 애슐리의 첫 번째 저작 『아일랜드 토지 문제에 관한 수필: R. B. 홀데인을 위한 준비』, 그리고 그의 가장 유명한 저작인 『현대 관세사』의 머리말을 R. B. 홀데인[520]에게 청탁하여 쓰게 한 것을 미루어 볼 때, R. B. 홀데인과 애슐리의 교분이 두터웠다는 것을 알 수 있다. 이밖에 로클린도 애슐리가 당시 영국의 유명한 사회개혁자이자 페비언 협회(Fabian Society) 창설자이며 런던 정치경제대학교 창설자인 웨브(webbs) 부부와 개인적 친분이 아주 깊었다고 했다. 애슐리 본인은 결코 영국의 역사상 유명한 인물은 아니었기 때문에 영국 기록보관소에서도 그에 관한 자료를 찾아보기 어렵지만 애슐리와 친분이 있었던 세 사람은 영국에서 아주 유명한 역사적 인물이었다. 로클린은 애슐리가 런던 정치경제대학교에서 강사로 근무할 수 있었던 원인이 웨브 부부와 가까운 친구였기 때문이라고 추측했다.

청 정부에서 헌정을 배우라고 파견한 대신들에게 애슐리가 강의를 할 수 있었던 것은

---

519) See Richard A. Cosqrove, Dicey Albert Venn (1835~1922), Jurist, Oxford Dictionary of National Biography, Oxford University Press 2004~8.
520) Richard Burdon Sanderson Haldane.

친구들의 강한 추천이 있었기 때문이 아니었을까?

R. B. 홀데인(1856~1928)은 당시 영국에서 아주 중요한 정치가 중의 한 사람(처음에는 자유당 인사였다가 후에 노동당 인사가 되었음)이자 변호사이며 철학자였다. 그는 영국 왕실로부터 세습 작위를 받은 홀데인 자작일 뿐만 아니라 엉겅퀴 훈장(Order of the Thistle)과 메리트 훈장(공훈 훈장, Order of merit)을 받았다. 이밖에 그는 또 추밀원에서 근무하고, 국왕의 법 고문으로 있었으며, 영국의 '황실 학회(Royal Society)'와 '런던 고물(古物) 전문가 협회(Society of Antiquares of Lodon)' 구성원이기도 했다. R. B. 홀데인은 맨 처음 에든버러 대학교에서 철학을 배웠는데, 학점이 '가장 우수했다.' 후에 그는 런던에서 법률을 연구했으며, 1879년부터 출정했는데 이어 그는 아주 뛰어난 대변호사로 부상했다. 1885년 R. B. 홀데인은 자유당인의 신분으로 의원에 선출되었다.

1895년 그는 런던 정치경제대학교의 창설을 도와주었다. 이로부터 알 수 있는 것은 R. B. 홀데인은 런던 정치경제대학교와도 인연이 있었다는 것이다. 1905년 헨리 캠벨(Henry Campbel-Bannerman) 당시 자유당 대표이며 영국 수상은 R. B. 홀데인을 육군 대신(大臣)으로 임명했다. 캠벨의 후임자 애스키스(Asquith) 수상도 R. B. 홀데인과 밀접한 관계를 유지했다. 1906년 R. B. 홀데인은 일명 '홀데인 개혁(Haldane Reforms)'이라 불리는, 영국군을 겨냥한 일련의 개혁안을 제안했다. 1912년 R. B. 홀데인은 자유당 정부로부터 상의원 대법관에 임명되었다. 후에 허위 고발을 받고 대법관 직을 사임했다. 차후, 그는 점차 노동당 쪽으로 기울어졌다. 1923년 노동당이 집권한 후, 1924년 수상 맥도널드(MacDonald)는 R. B. 홀데인을 재차 상의원 대법관으로 임명했다.

다시 웨브 부부의 이력을 살펴보자. 시드니 웨브와 베아트리스 포터 웨브는 지방자치에 힘을 기울였을 뿐, 의회 사무에는 별로 관심이 없었다. 하지만 후에 발생한 일부 사건으로 인하여 그들 부부와 정부 측과의 관계가 날로 밀접해졌다. 1905년부터 1909년까지 베아트리스 포터 웨브는 정부의 위임을 받고 '경제 빈곤법' 황실 조사위원회의 구성원(Royal Commission on Poor Law, 1905)이 되었다. 웨브 부부는 황실 조사위원회가 설립되기 전에 줄곧 '경제 빈곤법' 실제 운영 상황에 대해 매우 비판적인 견해가 있었다.

베아트리스 포터 웨브는 위원회에서 소수파에 속했다. 그녀와 시드니 웨브는 소수파를 대표하여 의견을 보고서로 작성한 다음 위원회에 제출했다. 웨브 부부는 정부의 관심 하에 인원을 편성하여 빈곤을 초래하게 된 특별한 원인을 찾아내고, 빈곤에 대처해야 한다고 주장했다. 그들의 건의는 당시에는 집권자들의 관심을 받지 못했지만 차기 정부는 얼마 안 되어 그들이 제창한 방식을 수용했다. 시드니 웨브는 노동당이 형성되는 데 핵심적 역할을 했을 뿐만 아니라 1915년부터 1925년까지 노동당 행정 기관에서 열심히 근무했다. 1918년 시드니 웨브는 많은 양의 노동당 조직 규약을 만들었다. 1922년부터 1929년까지 그는 노동당 인사의 신분으로 의원에 당선되었다. 1924년 시드니 웨브는 무역부 장관에 임명, 1929년부터 1930년까지 자치령의 사무를 책임지는 장관[521](식민지 장관)에 임명되었다. 1929년부터 1931년까지 그는 또 식민지 장관(Colonial Secretary)을 지냈다. 이밖에 1912년부터 그는 런던 정치경제대학교에서 15년 간 공공 행정학 교수를 지냈다.

R. B. 홀데인, 그리고 웨브 부부의 이력을 보면, 세 사람 모두 당시 영국 집권자의 신임을 받았다는 것을 알 수 있다. 재택 일행이 영국 헌정을 고찰한 시간은 1906년이었다.

1906년 R. B. 홀데인은 육군 대신에 임명되었는데, 점차 정치 생애의 절정기로 향하는 시작이었다고 볼 수 있다. 같은 해, 베아트리스 포터 웨브는 황실 조사위원회 성원이 되었고 또한 영국 정부는 시드니 웨브를 초청하여 베아트리스 포터 웨브의 일을 도와주도록 했다. 웨브 부부는 지방자치를 창도하는 데 열중하였고, 애슐리 또한 지방자치에 꽤나 깊은 연구가 있었다. 이 역시 애슐리를 런던 정치경제대학교 강사로 초빙한 원인 중 한 가지일 수 있다. 재택의 일기에는, 또 '한카'(韓喀)라는 대변호사를 연회에 초대했는데, "연회에는 다수의 의원이나 신사들이 참석했다"[522]고 적고 있다.

---

521) 이 직위는 1925년에 설정, 내각 각료와 같은 직급으로, 영국과 기타 해외 영토(캐나다 오스트레일리아 뉴질랜드 남아프리카 뉴펀들랜드 아일랜드의 자유 주와 남 로디지아 식민지)와의 관계를 전문 책임졌다.
522) 재택, 『정치 고찰 일기』, 626쪽.

연회에서, 영국인들은 "중국이 아편으로 인해 심각한 피해를 보고 있다"며 의논 끝에 중국이 아편을 금지하려면 지방자치를 실행해야 한다는 결론을 도출했다.[523] '지방자치'를 주장한 것은 당시 영국 정계에서 하나의 비교적 주된 관점이었기 때문이라고 필자는 사료된다. 마침 당시 애슐리가 '지방자치'에 어느 정도 연구가 있었고 또한 전문 저서를 출판하기도 했다. 당시 영국 집권자들이 애슐리에게 재택 등에게 강의를 하게 한 것도, 당시 영국 정계에서 활약하고 있던 중요한 인물인 R. B. 홀데인과 웨브 부부 이 세 사람이 영국 정부에 그를 추천했기 때문일 수도 있다.

이와는 달리 다이시는 '아일랜드 자치'를 강력하게 반대했다. 다이시도 한 때 옥스퍼드 대학교를 떠나 초창기 런던 정치경제대학교 교수가 되었다. 『법 충돌과 관련된 잉글랜드 법 분류』가 바로 다이시가 런던 정치경제대학교에서 재직해 있는 기간에 저술한 책이다. 하지만 다이시의 정치 관점은 웨브 부부와 분명하게 대립되어 있었다. 재택 일행이 영국을 고찰할 때는 영국 국내에서 아일랜드의 자치라는 중대한 정치 문제에 봉착해 있던 시기였다. 1800년 아일랜드(그레이트브리튼)는 잉글랜드와 같이 '연합법'(Act of Union 1800)을 제정, 아일랜드 왕국은 잉글랜드와 공식적인 연맹관계(통합)를 맺었다.

의회에서 제정하고 통과한 법령 또한 당연히 당시 헌법학자들이 논쟁하는 쟁점이 되었다. 헌법학자로서의 다이시는 사실 정치에 대해 아주 큰 기대를 걸고 있었고, 아일랜드가 영국의 연합왕국에서 분리시키지 않게 하는 것이 그의 만년의 핵심적 정치 신조가 되었다.

그리하여 다이시는 1886년 『잉글랜드 사례를 볼 때 지방자치를 반대해야 한다(Anglands Case Against Home Rule)』라는 저서를 특별히 출판하여 자기 견해를 피력했다. 아일랜드가 연합왕국에서 분리되어 나가려 한다는 공포감 때문에 다이시는 피곤도 잊은 채 이 작업에 몰두했다. 그는 끊임없이 간행물을 출간하고 서신을 보내는

---

523) 위의 책.

등의 방식을 통하여 사람들과 교류하면서 영국 연합왕국 성원이라는, 헌법이 부여한 아일랜드의 신분을 수정하려는 시도를 막으려고 최선을 다했다. 하나는 다이시가 신봉하고 있는 의회 주권 때문이고, 다음은 그가 미국의 연방제를 면밀히 검토해 보고나서 연방이라는 '허위적'인 해결책을 가지고 아일랜드의 헌법적 지위를 수정해서는 안 된다고 인정하여 단호히 반대하게 되었다. 다이시는 연방제 방식으로 만들어진 정부는 생성될 때부터 폐단이 존재할 뿐만 아니라, 여러 세기 동안의 역사 발전을 통해 입증되었다고 확신했기 때문이다.[524]

애슐리는 영국의 헌정을 고찰하러 간 대신들에게 도합 8일 동안 강의했는데, 매일 수업 시간이 최소한 두 시간이었다. 재택은 『정치 고찰 일기』에서 애슐리가 수업한 내용을 각별히 상세하게 기록했다. 첫 수업시간인 헌법 시간에 애슐리는 대신들에게 우선 "영국 헌법은 수백 년 동안 점차 발전했으며… 한 가지 법을 가지고 헌법의 포괄성을 취하려 한다는 불가능한 일이다"라고 설명했다.[525] 다음, 그는 '삼권정립(三權鼎立)을 줄거리로 하여, 군주의 권한'에 관한 내용을 가지고 수업을 시작했다. 첫 번째 화제는 조율권(造律勸, 즉 입법권)이었다. 입법권의 모든 권한은 의회에 있다고 하면서, "영국 헌법이 가장 필요한 것은 오로지 의회에 무한한 권력을 부여하는 것 뿐"이라고 했다.

입법권을 강의하기 전에 애슐리는 우선 영국 국왕과 의회의 관계에 대해 분명한 정의를 내렸다. "영국 의회는 군주, 귀족, 하원 의원 이렇게 3자로 구성되었다. 그러나 실제 권력은 하원에 있다. 왜 그러한가? 군주의 권력은, 다시 의원들에게 전달되고 그들이 모여 의논한 다음 개회 의식을 거행한다. 축사에서 이번에 정부에서 의회에 어느 법을 심의하고 의정해 줄 것을 청탁했는가를 상세히 설명한다.

그리고 법안이 통과되면 폐회한다. 설령 의회에서 법안을 통과하더라도 반드시 군주의

---

524) Dicey Albert Venn(1835~1922), Oxford Dictionary of National Biogrphy, Oxford University Press 2004~8.
525) 재택, 『정치 고찰 일기』, 596쪽.

비준을 받아야 실행할 수 있다. 그러나 군주는 정부 대신들의 신청 비준을 따랐을 뿐 반박한 적이 없었다. 이 같은 관례가 200년을 내려왔다. 무릇 양원에서 통과한 법안을 군주가 비준하지 않은 적이 없었다. 이는 구태여 말할 필요도 없는 관례이다. 상원의 권리는 하원에 미치지 못한다. 만일 양원의 의견이 맞지 않을 경우, 하원이 고집한다면 상원은 부득이하게 따라야 한다. 이는 비록 관례로 정한 것은 아니지만 그 유래가 아주 오래되었다. 그렇기 때문에 상원에서 회의를 열면 참석하는 의원이 아주 적었다. 하지만 하원에서 상원에 불만스러운 일이 있을 경우에는 절대 의사를 포기하지 않았다."[526]

의원 구성에 대해서도 재택은 일기에서 상세히 기록하고 있는데, 상원 의원은 다수가 세작(世爵)들이고, 하원 의원은 민주적으로 선거한다. 의회가 법을 어떻게 제정하고 통과시키며, '국민이 나이가 21세가 되지 않거나 범죄자, 정신병자, 성직자, 부녀 재직관료'는 의원이 될 수 없다는 등의 내용도 상세히 기술했다.[527] 이밖에 의회는 예산을 결정할 수 있을 뿐만 아니라 정부를 감독하고 정부의 권력 등을 제한할 권한이 있다.[528] 하지만 내각 역시 입법할 권리가 있다. "각 부의 대신은 소관 부서에서 제출한 중요한 법 조항을 내각에 입안했다가 의회에 상정하여 심의하게 한다. 의원이 법 조항을 공표하기를 요청한다 하더라도 정부의 윤허가 없으면 실행할 수 없다."[529]

두 번째 화제는 행정권이었다. 행정권은 내각 대신들이 책임지는데, "만약 대신들이 신청을 하지 않으면 군주는 굳이 할 일이 없다." 의회의 다수당 우두머리를 수상이라 부른다. 행정권을 소개할 때, 재택은 내각 책임제에 대해 비교적 상세히 소개했다. "여러 대신들은 각자가 독자적으로 한 분야를 전문적으로 책임지는 것이 아니라 여러 동료 대신들의 행위에 대해 역시 책임을 진다. 예컨대 하원에서 모 부처 대신의 행위에

526) 재택, 『정치 고찰 일기』, 611쪽.
527) 재택, 『정치 고찰 일기』, 612~613쪽.
528) 재택, 『정치 고찰 일기』, 612쪽.
529) 재택, 『정치 고찰 일기』, 597쪽.

부정하는 의원이 다수를 차지하면 내각 전원 사퇴를 요구하거나, 규탄을 받은 대신에 대해 단독 자퇴를 요구하는 것이다. 수상은 여러 대신들을 단속(규제)할 권리가 있다. 예컨대 모 대신의 행위가 옳지 않다고 여겨지면 그 대신에게 시정 의견을 보내거나 사퇴를 요구할 수 있다. 이 모든 것이 정부의 책임이다." [530] 행정권을 토론할 때, 또 행정권을 '중앙과 지방 두 가지'로 나누어 설명했다. 그러나 뒤에서 '지방자치'라는 개념을 자연스레 언급했다.

재택의 기록에 따르면, "(영국) 지방자치를 각국이 추앙하고 모방했다." 이에 애슐리는 많은 양을 할애하여 '지방자치'의 '제도'를 설명했다. "제도는 두 가지가 있는데 한 가지는 작은 촌락과 소도시이다. 무릇 마을이 있으면 자치국이 설치되어 있다. … 두 번째는 큰 도시인데 정부의 통치를 받지 않고 원래 옛 도시의 통치를 받는다." [531] 세 번째 화제는 법 집행권(오늘날의 사법권을 말함-필자 주)이었다. 여기에서는 사법 독립이라는 핵심적 원칙을 주로 강의하면서, 또한 절차의 합법 원칙과 최초의 국가 배상이라는 개념도 강의했다. "여러 재판관은 사법 대신이 군주에게 아뢰고 임명하며, 종신토록 할 수 있다.
양원의 탄핵을 받지 않으면 해임시킬 수 없다. 독립적이기 때문에 정부의 규제를 받지 않으며, 또한 보이지 않은 힘(군주의 힘- 필자 주)으로 인해 동요하지도 않는다. 그러나 여러 재판관들 역시 틀림없이 공정하게 처사하여 국민들을 신복(信服)시켜야 한다.

정부의 규제를 받지 않고 독립해야만이 서민들을 보호하고 대신 공신과 귀족 관리들의 압박과 억제를 받지 않게 할 수 있다. 만약 재판관이 관리의 뜻에 따라 처사한다면 서민들이 불복할 것이고, 그러면 관리는 법정만 통제할 수 있을 뿐이다. 재판관은 관리의 뜻이 합리적인지 여부를 따져봐야 한다. 만약 합리적이지 않다면 비록 관리가 고귀하다 하더라도 서민을 어찌할 수는 없다. 명을 내린 자가 누구의 편을 들고 있는지를 재판관이 살펴보지 않는다면, 조사받는 자는 그 명령의 합리성 여부를 따져볼 뿐이다.

530) 재택, 『정치 고찰 일기』, 597쪽
531) 재택, 『정치 고찰 일기』, 608쪽

재판관은 법을 준수하고 당사자를 보호해 줄 책임이 있다. 만약 한 사람이 합당하지 않게 구속되었다면 재판관은 석방 명령(판결)을 내릴 수 있다. 만약 무고하게 구속되어 손실을 초래했다면 재판관은 당사자에게 배상해 주라는 명령을 내릴 수 있다. 재판관은 의회에서 제정한 법 조례를 반드시 봉행해야 한다. 정부 대신이나 각 국, 서 관원들의 소청이 불법이라면 그 청탁을 무시할 수 있다. 그렇게 해야만 사법권이 독립할 수 있다."[532] '삼권'을 소개할 때, 애슐리는 대신들에게 영국 헌정의 전반적인 상황을 알려주었다.

애슐리의 수업 내용은 크게 두 가지 핵심으로 귀납할 수 있다. 하나는, 영국 국가 기관의 운영 상황을 대략적으로 설명했다. 즉, 영국의 내부(內部) 농어부(農漁部) 호부(戶部) 번부(藩部) 의회 사법부 경찰 학부(學部) 등의 제도에 대해 전문적으로 강술했으며, 또한 영국의 사무 처리 상황을 소개했다. 다음은 지방자치와 관련된 내용을 중점적으로 설명했다. 8일 동안의 헌법수업과정에서 애슐리는 다른 내용을 강의할 때 여러 번 '지방자치'를 언급했을 뿐만 아니라 또한 특별히 하루의 수업 시간을 할애하여 '영국 지방자치 규제(規制)'를 상세히 설명했다. 우선 여러 가지 사무를 분할하는 지방자치부의 휼빈(恤貧) 보건 서무(庶務) 재정 통계 등 부서를 소개했다.

그런 다음, 영국의 지방자치국을 소개했다. 애슐리는 "지방자치 제도를 실시하면서 각 지방의 자치국에서 주로 관리하고 있다"고 밝혔다. 그는 영국의 향과 현, 시와 읍, 부(향과 현, 시와 읍을 합친 것)에 자치국이 얼마나 있는지를 소개했다. 그리고 "대도시의 자치권한이 비교적 크다"며 최종적 개괄을 했다. 이어서 그는 런던의 자치국을 사례로 들어 이 최종적 개괄을 보다 상세히 설명하면서, "런던의 자치가 영국 헌정의 시작"이라고 했다.[533] 헌정 고찰단은 전문가들의 강의를 듣는 것 외에 런던에서 연이어 내부대신, 지방자치국 감독, 학부대신, 농어 감독, 번부 차관, 수상 겸 총리인 호부대신, 육군 대신,

---

532) 재택, 『정치 고찰 일기』, 599쪽
533) 재택, 『정치 고찰 일기』, 606~610쪽

해군 제독을 방문하여 영국 정부 여러 부처의 규약과 제도를 알아보았다. 영국 헌정에 대하여 자세한 연구와 고찰을 한 후, 광서 32년(1907년) 3월 24일 재택 등은 광서 황제에게 "영국의 정치는 의회가 입법을 장악하고, 대신이 행정을 책임지며, 사법이 법전을 장악하고… 모든 벼슬아치는 군주의 밑에 있지만, 여러 사람의 의견을 잘 수렴하여 나라를 다스리고 있다. 군주는 아무 것도 하지 않으면서 한가하고 안락한 나날을 보낸다… 때문에 관제를 설치할 때 직권을 나누어 분담시키기에 아주 복잡하고 까다로운 부분이 있으므로 중국 정체(政體)에 어울리지 않는다…"[534]고 영국의 대체적 상황을 상주했다.

이 또한 중국 헌법의 발전에 하나의 기본 관념으로 자리를 잡게 되면서, 영국의 헌정 체제를 모델로 삼을 수 없게 되었다. 일본이나 독일과 같은 나라만이 군주에게 '독존적 권력'이 있고, 백성들에게 '복종 주의'가 있는데 이 제도야말로 완전무결한 정체라 할 수 있었다.[535] 재택 일행이 헌정을 사찰한 후에 내린 결론의 옳고 그름을 잠시 논하지 않더라도, 우선 애슐리[536]가 강의한 내용을 분석해 볼 필요가 있다. 재택의 수업 필기를 살펴보면 알 수 있듯이 애슐리는 결코 헌법 전문 학자는 아니었다. 애슐리는 게다가 대신들에게 헌법의 일부 기본 원칙이나 기본 이론을 강의하지 않았다. 혹은 애슐리가 당시 영국 여러 연맹국 기구의 실제 운영 상황을 소개했을 뿐, 영국 의회와 정부를 지탱해 주는 복잡한 운영 시스템의 원리를 진술하지는 않았다고 말할 수 있다.

'지방자치'를 강의할 적에도 애슐리는 역시 헌법의 각도(즉 지방 차지 관련한 기본 이론, 예컨대 중앙과 지방의 분권 등)에서 강의한 것이 아니라 영국 지방자치의 현황을 피상적으로 설명한 것이다. 이로부터 애슐리가 대신들에게 '헌법'학을 강의했다기보다 '정부학'(政府學) 과정을 설명해 줬다고 정의를 내리는 것이 적절할 것 같다. 이 또한

---

534) 고궁박물관 명청 서류부 편, 『청나라 말엽 입헌 준비 서류 사료』 상권, 11쪽
535) 고궁박물관 명청 서류부 편, 위의 책, 24-40쪽
536) 재택의 일기에서 애슐리를 교수라고 칭했으므로 이 글에서도 이렇게 칭한다. 사실 애슐리는 당시 강사에 불과했다.

필자가 추정하고 있는 '애슐리'가 그 '애슐리'라고 재차 증명할 수 있는 근거인데, 1906년 런던 정치경제대학교의 강사 애슐리가 맡은 학과가 바로 '공공 행정'과 관련된 학과이기 때문이다. 헌법학의 다른 한 가지 범주로서의 개인 권리의 보장에 대해 애슐리는 수업 과정 전체에서 거의 언급하지 않았다. 단지 법 집행권을 소개할 때 "오직 사법권의 독립과 정부의 통제를 받지 않아야만이 백성을 보호할 수 있다"[537]고 슬쩍 언급했을 뿐이다. 애슐리가 설명한 '삼권'은 사실 미국 헌법의 기본 요소인 '삼권분립'과 더욱 흡사하다. 비록 그가 수업에서 이와 같은 헌법학의 기본 이론을 분명히 언급하지는 않았지만 말이다.

당시 헌법학계에서 주도적 지위를 차지하고 있던 다이시 학설 또한 결코 삼권분립을 제창하지 않고 있었다. 다이시는 그의 성공작 『헌법학 입문』에서 의회 주권 원칙, 법치 원칙, 헌법 관례 원칙이라는 3대 헌법 원칙을 제안했는데, 지금까지도 영국 헌법에 있어 효과적인 원칙이 되고 있다. 다이시의 경전적인 이론은 영국 헌법학의 전반적인 발전에 영향을 주었는데, 그중 헌법 관례 원칙 역시 오늘날 영국 집권당이 성문화된 헌법을 제안하고 제정할 때 봉착하는 최대 걸림돌이 되고 있다. 다이시를 이어 영국의 또 하나의 걸출한 법학자가 된 제닝스(W.L. Jennings)가 다이시의 이 같은 관점을 지적하기는 했지만, 영국 헌법학의 태두로서의 다이시의 위치를 흔들 수는 없었다.

영국이 유럽 연합에 가입한 후 직면한 엄청난 도전을 해결할 때에도 영국의 전통 헌법학 교육을 받은 법관, 변호사, 학자들은 여전히 다이시의 관점을 자기 논거에 활용했다.

다이시가 제안한 의회 주권 원칙은 지금까지도 영국이 미국식의 사법 심사 제도를 구축할 수 없게 직접적으로 규제하고 있다. 따라서 재택 일행의 영국 헌정 사찰은 중국의 헌법학에 당시 영국의 주류적인 헌법학설과 경전적인 헌법 이론을 도입시키지 못했다.

---

537) 재택, 『정치 고찰 일기』, 599쪽.

제5절
소결론

1906년 전후의 중국은 1215년의 영국이나 다름없었다. 1215년 '대헌장'(大憲章)이 영국에서 탄생하였고, 세계 최초의 헌정사상이 거기에서부터 싹트기 시작했다. 1908년 청 왕조 역시 중국 역사상 첫 번째 헌법적 법률 공문인 『흠정헌법요강(欽定憲法大綱)』을 제정했다. 비록 『흠정헌법요강』은 아주 적은 범위로 개인의 권리를 규정했지만, 그것은 동시에 이전에 아무런 속박도 받지 않던 왕권에 대해 어느 정도 규제하는 역할을 한 것이기도 했다. 그래서 이 또한 중국 헌법이 걸음마를 뗀 하나의 역사적 기원이기도 하다. 비록 『흠정헌법요강』이 『대헌장』이 영국의 헌정 발전사에 일으킨 엄청난 영향과는 비교가 안 되지만, 그 시기의 중국의 전반적인 헌정 발전사 역시 훗날 중국의 헌정 발전을 위해 하나의 기조를 마련해 주었다. 중국인들이 헌정을 학습한 자료를 살펴보면, 가장 많이 언급한 개념이 영국의 의회제도라고 할 수 있다. 의회 주권에서 최고의 원칙이 포괄하고 있는 '총의'(公意) 사상은 이미 전에 중국의 헌정 이념 속에 깊이 스며있었다.

이 같은 '총의'는 중국 헌정 양식의 초석이 되고 있는 인민대표대회 제도에서도 구현되고 있다. 영국이 고수하고 있는 '의회 지상'의 헌법 원칙과 마찬가지로 중국 인민대표대회 제도 역시 동요할 수 없다. 바로 이러하기 때문에 미국의 헌정 양식의 정수인 '삼권분립' 원칙에서 강조하고 있는 권력의 상호 제약을 영국이 수용하지 않았을 뿐만 아니라 중국에서도 수용하지 않는다. 이 각도에서 보면, 영국의 헌정 양식과 중국의 헌정 양식 그리고 헌법 문화가 꽤 비슷하다고 말할 수 있다. 영국이 근 8백년 간 누적한 헌정 문명을 '헌정의 어머니'라는 지위 때문에 우리가 학습할 가치가 있는 것이 아니라 비교법의 각도에서 보면, 영국 헌정의 합리적 경험 역시 중국의 헌법학 연구에 적합한 경험이라 말할 수 있기 때문이다.

설령, 1906년을 전후하여 중국 헌법학설에 대한 영국의 영향이 결코 엄청나지 않았다고 하더라도, 심지어 중국이 현재까지도 대부분 독일이나 일본, 그리고 미국의 헌법학설을 연구한다 하더라도 중국 헌법학 발전사에 미친 영국의 영향은 영원히 없어지지는 않을 것이다.

제2부

중국 헌법학설의 형성과 발전의 국외배경

제5장 중국 헌법학설에 대한 독일 헌법학의 영향

제1절 독일의 국가법 및 헌법학설 발전사

제2절 중국 헌법학설에 대한 독일 헌법학설의 영향

독일 국가법학(國家法學)의 발전은 매우 긴 과정을 거쳤다. 17세기 초, 독일은 일반원칙과 사유를 이론적 토대로 하는 국가법학이 존재했다. 이 시기 독일의 국가법은 아리스토텔레스의 정치학, 스콜라 철학의 자연법 이론 그리고 근대 서유럽의 국가 이론을 토대로 하고 있다. 하지만 엄격한 의미에서의 일반 국가법은 오히려 17세기 말부터 시작되었다. 그러나 19세기 중기 전까지의 국가법은 현대 자연법 이론을 국가법 분야에 적용하거나, 최소한 모 철학의 허울을 쓴 것에 불과했다.[538] 19세기 자연법 이론이 점차 그 지위를 잃은 후 낭만주의와 반이성주의의 영향을 잠깐 받게 되면서, 독일 국가법 분야에서 방법론적인 논쟁이 일어나기 시작했다. 1871년 독일이 민족 국가로 통일되자 국가법은 실정법과 성문법을 토대로 하게 되었고, 더는 분산된 여러 가지 자료 묶음이나 더는 일종의 형이상학 철학에 의존하지 않게 되었다. 바로 19세기 후반기부터 시작하여 독일 국가법학은 이성적 자연법의 속박에서 벗어나 번영으로 나아가기 시작했다.

1. 비스마르크 제국 시대의 실증주의

통상, 독일 국가법학은 방법론적으로 게르버(Gerber)와 라반트(Laband) 학파에서

---

538) H. Kuriki, Die Rolle des Allgemeinen Staatsrechts in Deutschland von der Mitte des 18. bis yur Mitte des 19. Jahrhuderts. Eine wisseschaftsund dogmengeschichtliche Untersuchng, in: A R 99(1974), 557.

기원하려고 노력했다고 말할 수 있다. 그러나 바이마르 시대가 돼서야 사실 국가법의 의미로서 '방법과 방향'에 관한 논쟁을 벌였다. 독일 학자 프리드리히 만프레드(Friedrich Manfred)는 일찍이 바이마르 시대의 '방법과 방향' 논쟁은 진정한 전사(前史)가 부족하다고 지적했다.[539] 즉 비스마르크 제국 시대의 국가법학은 결코 '방법에 관한 논쟁'이 제대로 이루어지지 않았다. 그 원인은 게르버와 라반트 체계가 비스마르크 제국 시대의 국가법률 이론에서 지배적 위치를 차지했기 때문이다.

바이마르 시대의 유명한 국가법 학자 하인리히 트리펠(Heinrich Triepel)은 "라반트의 저작은 한 세대의 독일 공법학자들만 완전히 지배한 것이 아니다"라고 밝혔다.[540] 그렇기 때문에 동시대의 기르케(Gierke) 등 학자들이 라반트 체계를 비판하기는 했지만 1918년에 이르러서도 게르버와 라반트의 실증주의가 의연히 지배적 위치를 차지했다.

1865년 칼 프리드리히 폰 게르버(Carl Friedrich von Gerber)가 『독일 국가법의 기본 특징』을 출판했다.[541] 여기서 주목할 것은, 1865년 독일(게르만)은 그때까지도 통일된 제국이 형성되지 않아, 북독일연방(Norddeutscher Bund)이라는 어수선한 국가 연방의 통치아래에 있었다는 점이다. 이 때문에 당시에는 통일적인 국가 헌법이 없었다. 하지만 그렇다 하더라도 게르버는 여전히 새로운 교의학(敎義學)적인 국가법 이론을 구축하였고, 또한 후에는 '독일제국의 국가법'으로 불리었다. 1876년과 1878년에 라반트가 두 권으로 출판했던 『독일 제국의 국가법』이 얼마 후 『제국 국가법 이론』[542] 이라는 공식적인 명칭이 붙여졌으며, 1911년부터 1914년 사이에는 5판까지 출판되고 편폭이 4권으로 늘어났다. 1919년에는 오토 마이어(Otto Mayer)에 의해 최종판, 즉 7판인 『독일 제국

---

539) M. Friedrich, Der Mthodenund Richtunsstreit. Zur Grundlagendiskussion der Weimarer Staatsrechtsleher, in: A R, 102(1977), 166.
540) H. Triepel, Staatsrecht und Politik, 1927, 8ff.
541) C. F v. Gerber, Grundz ge eines Systems des deutschen Staatsrechts, Leipzig 1865, 2. Aufl. 1869; 3. Aufl. 1880.
542) P. Laband, Das Staatsrecht des Deutschen Reiches, 1. Bd. T bingen 1876.

국가법』543)이 출판되었다. 1865년부터 1919년까지 반세기 남짓한 세월 속에 실증주의는 줄곧 국가법 중에서 지배적인 위치를 차지했다고 할 수 있다.

라반트 본인의 신념을 제외하고, 설령 실정법(實定法)을 실제적으로 교의화(敎義化)하는 과정에서 마땅히 모든 실질적 검증을 배제한다고 하더라도, 실증주의(法實證主義)가 당시의 국가법 이론 중에 나타난 것은 절대로 우연한 일이 아니었다.

국가법 중의 실증주의는 게르버가 1865년에 내재적인 사회정치 요소에 도입했다. 1948년 혁명의 실패는 자유주의자들로 하여금 정치의 참혹함과 이상과 현실 간의 차이를 깨닫게 했다. 이 때문에 자유주의자들은 급진적인 주장을 포기하고 보수적인 군주제와의 타협을 도모하여 비스마르크가 창설한 정치 질서를 보편적으로 수용해야 했으며, 새로운 정치 관계는 법학의 방법을 통해 안정시킬 필요가 있었다. 그리하여 게르버는 실정법의 토대 위에서 구축한 개념 체계이자 논리인 연역 체계를 점차 사법(私法)에서부터 국가법학의 영역으로 도입하기 시작했으며, 1871년 비스마르크 제국이 수립된 후에는 라반트가 한층 더 발전시켰다.

당시의 국가법 이론인 실증주의가 지배적 지위를 차지할 수 있었던 데에는 정치와 사회적 요소가 어느 정도 내재되어 있었다. 당시 독일 제국은 여전히 군주와 민주가 공동으로 통치하는 반(半) 군주제, 반(半) 민주제 국가였다. 이와 같은 군주제와 민주제가 공존하는 정치관계는 당시의 독일에서 아주 훌륭한 평형 작용을 일으키면서 여러 정치 역량의 타협을 이끌어냈다. 이 같은 기존의 정치관계를 수호하기 위하여 국가법 이론 중에서 정치와 사회적 요소를 제거하는 것이 당연한 이치일 수도 있었다. 이 뿐만 아니라 당시 철학적으로 혼란한 상태 또한 한바탕 국가 이론과 국가 철학의 혼란을 조성했다. 이 같은 상황에서 국가법학이 독특한 상태를 유지하려면 역사적, 정치적, 철학적인 깊은 생각으로부터 벗어날 필요가 있었다. 라반트의 명언이 이를 한마디로 개괄했다고

---

543) P. Laband, Deutsches Reichsstaatsrecht, Bearb. von Otto Mayer. - Neudr. d. 7. A fl. T bingen 1919, 1969.

할 수 있다. "모든 역사적, 정치적, 철학적인 심사숙고는… 구체적인 법에 대한 내용적 교의(Dogmatik)에 있어서 별로 의미가 없다."[544] 역사적 방법에 대한 배척은 게르버가, 세습 국가가 현재의 입헌군주제 국가로 전환하는 과정 중에 국가법이 독일의 발전에서 결코 역사적 연속성이 없었다고 본 것에서 비롯되었다. 그리고 국가 철학과 정치 철학에 대한 배척은 오히려 이 같은 이상적인 추상적 관념을 최종적으로 아무런 기초도 없는 '주관적 관념'[545]이 되게 했다. 게르버-라반트의 실증주의는 개념법학의 전통을 연장했다.

한 방면으로는 그들은 옛 실증주의는 단지 자료를 집대성(학설 휘찬)하는 방법만 진행했다고 질책했다. 1871년 독일 제국이 수립되기 전까지는 이런 방법이 그래도 아주 보편적이었다. 당시 흩어진 국가법 자료를 한데 묶는다는 것은 확실히 중요한 의미가 있었다. 그러나 제국이 수립되고, 제국 국가법도 통일적으로 편찬된 후, 이 같은 방법은 시대에 뒤떨어진 낡은 방법으로 여겨졌다. 그리하여 실정법을 토대로 한 조금도 빈틈없는 한 가지 개념체계를 구축할 필요가 있었다.

이 때문에 판데크텐(Pandekten)법학을 또 '구성주의 법학'이라 칭하기도 한다. 다른 한 방면으로 라반트의 실증주의는 또한 국가 철학적 반성, 그리고 정치적 고량(考量)과 거리를 유지했다. 비록 국가법학 중의 법학의 방법에서 국가는 법을 통하여 정치적 질서를 보다 잘 표현할 수 있음을 결코 부인하지 않았지만, 국가 철학과 정치적 고량은 실증된 국가법과 헌법적 개념이 형성되는데 그 어떤 기초도 제공해 주지 못했다.

하지만 실정법에 대한 관심은 오히려 국가법이 현실(Wirklichkeit)과 더욱 가까워지게 했다. 따라서 국가법학의 과도한 추상화 그리고 당면의 구체적 현실과의 이탈을 피할 수 있었다. 이 또한 한 가지 나쁜 결과를 초래했는데, 즉 계몽시기 이후의 국가철학과 국가이론은 점차 자취를 감추고, 국가법 이론이 오히려 보다 더 뚜렷해진 것이다.

---

544) P. Laband, Das Staatsrecht des Deutschen Reiches, 1. Bd. 4. Aufl. IX.
545) C. F. v. Gerber, ber ffentliche, 1852, 8ff., 25ff.

자못 아이러니한 것은, 게르버-라반트를 뜻하는 실증주의는 '현실'을 이유로 하여 자연법 사유와 국가철학을 배척했다면, 후세의 반실증주의자들도 마찬가지로 역시 '현실'을 이유로 하여 현실을 이탈하는 실증주의 개념 체계를 반대했다.

라반트의 국가법 실증주의 그리고 거기서부터 전개된 논리-개념 체계는, 19세기 사법(私法) 중에서 풍성한 열매를 거두었던 법학 실증주의와 비교하면 별로 새로운 큰 의미가 없었다. 가장 큰 특색이라면 '급진적'이라 할 수 있었다. 하지만 라반트가 국가법 중에 도입한 '법학' 방식과 사유 체계에 대해서는 동시대의 비평가들도 이 점을 부인할 수 없었다. 즉 '법학'의 사유방식은 이미 국가법이 피해갈 수 없는 방법이 되었다. 이 같은 통치는 바이마르 시대 초까지 줄곧 지속되었다. 이는 당시의 국가법이 겨우 순수한 국가 조직법에 불과하고, 기본권리가 헌법 범주에 들어가지 못했으며, 실천 가운데에서도 헌법이 기본법보다 더욱 높은 효력을 갖추고 있지 못한 덕분이라 할 수 있었다. 다시 말하면, 당시 독일제국의 헌법은 일종의 '고급법'이라는 배경이 부족했다. 이 같은 상황에서 독립적인 헌법사법(Verfassungsjudikatur)은 아예 운운조차 할 수 없었다. 따라서 제국시대의 국가법학이 실천에 영향을 준다는 것은 힘든 일이었고, 아울러 헌법 쟁의에 해결책을 제공할 수도 없었다. 그리하여 흔히는 실정법의 토대 위에서 개념을 구축하고 개념 체계의 내적 통일을 진행했다.[546]

비록 실증주의가 국가법학에서 주류를 차지하기는 했지만 국가법의 실증주의 내부에도 많은 시각적 차이가 존재했다. 예컨대, 게르버와 라반트 사이에도 미세한 차이가 존재했다. 게르버가 주목한 점은 독일 각 방국(邦國)에 새롭게 산생한 헌법 문서(Verfassungsurkunde)를 토대로 하여 발전한 법률사유(Rechtsgedanke)였으며, 그것을 과학적 체계로 가공하는 것이었다. 게르버에게 있어서 법학 체계는 원칙(S

---

546) Vgl. M. Fredrich, Paul Laband und die Staatsrechtswissenschsft seiner Zeit, in: Archiv des fentl Rechts 1986, 200ff.

tze)과 개념의 체계였지 실증주의에 직접 의존하는 법 규정이 아니었다. 이와는 반대로 라반트의 국가법은 오히려 새로운 제국 국가법에 대한 직접적인 교리화(敎理化)이며, 다만 실증주의 텍스트에 포함된 규정 중에서 개념적인 가공을 하는 것이었다. 게르버는 실정법 중에서 개념과 체계상 승화를 완성하고, 아울러 반대로 실정법의 '대립적 비전'이 되었다. 하지만 라반트는 국가법을 새로운 헌법학에 놓고 말하면서 아무런 전제 조건도 없는 구성 체계로 후진시키려 했다.[547] 이는 양자가 처해있던 서로 다른 시대적 배경을 운운하지 않을 수 없다. 게르버 시대에는 통일적인 실증 국가법을 구체화할 수 없었다. 그리하여 게르버는 여러 방국의 서로 다른 헌법 중에서 공통점을 찾아내어 법학적으로 하나의 일괄된 과학적 체계를 구축하여 보기에는 객관적이고 이성적인 이 과학적 체계를 통하여 자신의 정치 관념과 반자유주의 관념을 주입함으로써 역(逆)으로 당시 독일의 여러 방국이 실증한 헌법의 기준을 평가하는 과제에 직면했다.[548]

  1871년 독일 제국의 통일과 제국 국가법의 제정은 국가법의 통일이 실천 중에서 실현될 수 있게 했다. 또한 순수 학술상의 개념적 구상에 의해 당시 국가법이 확정한 정치 상태를 만족시켜줄 필요가 없이 학술상의 개념적 구상을 완전히 법과 실정법을 제정한 토대 위에서 구축할 수 있게 했다. 그리하여 라반트는 법(과)학적인 실증주의로부터 과학을 통하여 보다 더 유도할 수 있는 법실증주의로의 전환을 완수할 수 있었다. 그러나

---

547) M. Friedrich, Pail Laband und die Staatsrechtswissenschaft seiner Zeit, 204ff.
548) 게르버는 마침 시대적 전환기에 처해 있었다. 19세기 50년대, 게르버는 혼란스런 정치적 형세와 여러 정치 파벌 간의 싸움으로 인하여 '궁극적이고 폐쇄적'인 체계를 구축할 수 있을까를 의심했다. 하지만 60년대가 지난 후 정치 형세가 점차 안정되자 사람들은 더는 기존의 정치 상태가 붕괴될 것을 걱정하지 않았고, 기존의 정치 상태를 유지할 것인가에 진력했다. 정치 형세는 최종 게르버의 우려를 해소시켰고, '궁극적이고 폐쇄적'인 체계가 사법 중에 발전시킨 방법을 국가법에 도입함으로써 '궁극적이고 폐쇄적'인 국가법 체계를 구축하려 했다. 그러나 게르버에게 있어서, 법 과학의 사유 방식 역시 자체의 정치 사유와 국가 이념을 표현하는 방식에 불과했다. 방법적 탐구 역시 궁극적으로 한 시대의 사회관계 중에 내재되어 있는 법철학 조류를 위해 이바지하고, 방법의 변화는 절대 법 이론적인 문제만이 아니라 정치적 정세와 밀접하게 연계되어 있었다. Walter Wihelm, Zur Juristischen Methodenlehre im 19. Jahrhundert - Die Herkunft der Methode Paul Labands aus der Privatrechtswissenschaft, 2. , unver nderte Aufl. 2003 Frankfurt am Main, 129ff를 참고.

게르버와 라반트 간의 차이는 상상한 것처럼 그렇게 심하지 않았다. 라반트에게 있어서 법 제정 이외에도 마찬가지로 실증적이고 효과적인 법질서가 존재하기 때문이다.[549] 혹은 게르버에게 있어서, 완벽한 법질서 개념 체계는 학술상의 주요 추구였고, 실정법의 정리는 이 목표를 달성하기 위해서였다고 말할 수 있다. 라반트에게 있어서 개념 체계는 도리어 단지 실정법 중에 드러난 허점이나 빈틈을 미봉하기 위한 것일 뿐이었다.

게르버-라반트의 국가법 실증주의(법실증주의)는 줄곧 면면히 이어내려 왔는데, 게르하르트 안쉬츠(Gerhard Anschütz Anschütz)와 리차드 토마(Richard Thoma)를 거쳐 신칸트주의 영향을 받은 한스 켈젠(Hans Kelsen)까지 이다. 게르버-라반트로부터 기원한 실증주의 역시 줄곧 동시대 사람들의 지적을 받았다.

비스마르크 제국 시대, 지배적 지위에 있을 적에도 역시 다른 목소리가 존재했는데, 이 같은 목소리를 일종의 '실질적 헌법 사유'라고 개괄할 수 있다. 라반트와 동시대 사람인 기르케(Gierke)의 비평이 가장 유명하다. 기르케는 역사학파의 법학 전통을 고집했다. 그는 국가를 '현실적인 사회간체의 인격'이라고 보면서, 국가법에서 중심적 위치를 차지하는 것은 개념체계가 아니라 역사적으로 구체적으로 생겨난 공동체, 그리고 그로부터 생겨난 공통의 의지라고 인정했다. 이 때문에 기르케의 입장에서 말하면 의회주의의 인민대표제도, 연방국가, 그리고 기본 권리는 응당 국가법의 교의 중에 한 자리를 차지해야 했다.

하지만 당시의 제국 헌법에는 결코 기본 권리에 대한 규정이 없었다. 따라서 기르케의 국가법 이론은 결코 형식적 의미로서의 실정법에만 국한되지 않았다. 그러나 라반트의 실증주의의 입장에서 말하면, 국가의 개념과 민법 중의 회사 관리를 상호 비교하는 방법 또한 개념회의론자들의 지적을 받았다. 예컨대, Felix Stoerk는 사법에서 용이하게

---

549) 라반트와 게르버의 미세한 차이는 Michael Stolleis, Geschichte des öffentlichen Rechts in Deutschland, II 1800-1914, München 1992, 343ff를 참고.

유형화(類型化)될 수 있다고 생각했다. 그렇기 때문에 개념의 추상화는 실행 가능하다. 하지만 공법(公法)은 완전히 다르다. 공법의 본질은 민족, 역사 그리고 경제 형세가 다름에 따라 각각 확연히 다른 특징을 가지고 있다. 그래서 개념의 추상화는 구체적인 시대적 법률 비전(rechtsgebild)의 구체적 특징을 쉽고 지나치게 소홀히 할 수 있다.[550]

개념과 구성법학(建构法學)에서 말하자면, 그 우위가 법적 통일을 확보하고, 법치국가를 이룩할 수 있다는 데 있었다. 하지만 열세라면, 국가 실정법과 추상적 개념에 대한 추론을 엄격하게 객관적으로 평가해야 하므로 국가의 현실 생활을 객관적으로 평가할 수 없도록 만들었다. 그리하여 줄곧 "형식주의"라는 이름이 붙어 다녔다. 전통적 법학상의 실증주의는 법의 소재를 가공하려고 끊임없이 노력했으며, 또한 현행의 효과적인 법의 원칙을 확정하려고 시도했다. 제국 국가법의 시스템을 통해 이 과제를 달성하려고 라반트가 시도했을 뿐만 아니라 기타 동시대의 법학자들인 Georg Meyer, Albert H nel와 Gerhard Ansch tz 등도 노력했다. 동시대 사람들 가운데 이 과제를 거부한 유명한 법학자는 옐리네크(Jellinek)와 싸이델(Seydel) 뿐이었는데, 그들은 계약 이론에 치우쳤다.[551] 전통적 법학 실증주의는 비록 공통의 과제가 주어지기는 했지만, 모든 실증주의자들이 라반트와 같은 해결 방식을 채용한 것이 아니다.

사실 Albert H nel와 같은 학자들은 완전히 다른 해결 방식을 취했는데, 전통적인 실증주의의 개념을 분명히 밝히고 교의를 구축하는 데 그치지 않았다. 라반트와 비하면 그들은 실증적 헌법의 법률 내용의 이질성과 미숙성에 더욱 관심을 가졌다.[552] 1871년 제국 시대, H nel의 저작은 실증주의 국가 법학에 대해 무척 상세히 조명했다. 하지만

---

550) 이 같은 비평은 Walter Pauly가 보기에는 성립될 수 없었다. 라반트가 단지 개념을 이용하여 법 중의 허점을 미봉하려 했을 뿐, 연구하고 있는 법체계의 구체적 특징을 억압하지 않았기 때문이다.

551) Vgl. Manfred Friedrich, Zwischen Positivismus und mterialem Verfssunsdenken- Albert H nel und seine Bdeutung f r die deutsche Staatsrechtswissenschaft, 1971 Berin, 18ff.

552) Vgl. Manfred Friedrich, Zwischen Positivismus und mterialem Verfssunsdenken- Albert H nel und seine Bdeutung f r die deutsche Staatsrechtswissenschaft, 20ff.

바이마르 시대, Ansch tz 등은 이 작업을 계승했는데, 즉 실증주의 입장에서 라반트의 순수개념의 추론과 교의 구축에 대해 비평을 했다. Anscht 가 Georg Meyer를 다음과 같이 평가한 것처럼, "그 시대의 대다수 사람들과 마찬가지로 Georg Meyer은 전형적인 실증주의자이다… 그의 시각은 언제나 국가법의 현실에 집중했으며, 그의 관찰 방식의 실천성은 이론을 추월했다 … 이런 것들은 Georg Meyer의 관점만 에워싸고 말하는 것이 아니라 동시에 나 자신을 말하는 것이기도 하다."[553] 이 실증주의자들은 일종의 원법학(元法學)의 기초를 모색하지는 못했지만, 텍스트의 구조 안에서 어의(語義) 상의 확충과 해석에 전력을 다한 데서 자신의 정치적 이념을 실현할 수 있었다. 그러나 실증주의 내부에서는 라반트의 구성주의 개념 체계에 대한 교정이 날로 늘어나는 실증주의에 대한 불만 정서를 충족시킬 수 없었다.

보수적인 제국 국가법은 1918년 전쟁의 실패로 인하여 존재적 기반을 철저히 잃었다. 하지만 불법적인 혁명을 통해 수립된 바이마르 공화국과 함께 생성된 바이마르 헌법도 국가법 영역에서 끊임없이 신장하는 '정당성'의 요구를 잠재울 수 없었다. 사실, 바이마르 전기의 국가법학은 여전히 실증주의적 토대 위에서 구축되었다. 하지만 20년대에 들어선 후 자유주의에 대한 불만이 점차 늘어나면서 그로부터 생겨난 사회적 문제는 실증 국가법 혹은 입법 자체의 '정당성'에 대한 추궁을 유발하였고, 민주 입법 주권 그리고 헌법사법(憲法司法) 등 문제에 존재하던 분쟁 또한 궁극적으로 방법과 방향 간의 논쟁을 초래했다.

---

553) G. Ansch tz, Lebenserinnerungen, im: Ruperto-Carola. Mitt. d. Vereinigung d. Freude der Studentenschaft d. Universit t Heidelberg, 9 Jg., Bd. 21 (1957), 37ff.

2. 바이마르 시대의 방법과 방향 논쟁

바이마르 시대의 방법과 방향에 대한 논쟁은 대체로 실증주의와 반실증주의 이렇게 두 부분으로 나눌 수 있다. 실증주의 대표적 인물은 당연히 켈젠(Kelsen)이다. 반실증주의 대표적 인물은 C.슈미트(C.schmitt), R. 스멘트(R. Smend), 헬러(H.Heller)이다.

이 네 사람은 사실 바이마르 시대에서 가장 중요한 인물이다. 물론 트리펠(Triepel), 카우프만(Kaufmann), 홀슈타인(Holstein), 라이프홀츠(Leibholz)도 아주 중요한 인물이다. 그러나 상대적으로 말하면 그 영향력이 네 사람보다 못하다. 그런데 여기서 짚고 넘어가야 할 것은 반실증주의 진영 내부에도 의견 차이가 있어서 논쟁이 끊이지 않았다는 것이다.

우선, 켈젠인데 앞에서 말한 것처럼, 켈젠의 규범 실증주의는 신칸트주의의 마르부르크학파에서 기원했다. 마르부르크학파는 주로 선험적 논리 분석 구성법을 통하여 과학적 토대를 마련하려 시도했다. 그러나 코헨(Cohen)과 슈탐러(Stammler)의 작업 모두 켈젠에게 만족스런 답을 주지는 못했다. 코헨이 언급한 논리든, 슈탐러의 법이념이든 모두 자연법의 흔적을 떨쳐버릴 수 없었다. 켈젠은 이렇게 평가한 적이 있다. "코헨의 법철학은 슈탐러의 법철학과 마찬가지로 실정법 이론이 아니라 모두 자연법 이론이다. 이 실정법 이론은 칸트 철학의 이상 체계에서 자연-경험 이론의 한 측면에 불과하다."[554]

켈젠에게 있어서 그의 순수 법학 이론의 주요 목적은 두 가지였다. 한편으로 자연법의 독단적인 그늘에서 벗어나는 것이었고, 다른 한편으로, 내적 심리실증주의 각도에서 진행하는 분석과 외적 사회 경험의 인과 분석을 포함한 경험 분석의 사회과학 그늘에서 벗어나는 것이었다. 카우프만은 이를 사회적 실증주의이고, 실증주의로 진입하는

---

554) Wolfgang Kersting Neukantianische Rechtsbegr ndung. Rechtsbegriff und richtiges Recht bei Cohen, Stammler und Kelsen, in: R. Alexy/ L. H. Meyer/ S.L. Paulson/ G. Sprenger (Hrsg), Neukantianismus und Rechtsphilosophie, Baden-Baben 2002, 13ff.

경로라고 귀납하면서 켈젠의 규범-연역 논리인 실증주의와 구별했다.[555] 켈젠의 주요 기여는 법의 실증성과 규범성을 결부시킨 점이다. 법 전반을 경험과 사실로 간주한 것은 일종의 개연적(應然) 체계였다. 그렇기 때문에 법의 내부는 의연히 선험 논리의 방식에 따라 전개했는데 개연에서 개연에로 과도한 데서 법질서는 피라미드와 같은 층층의 연역적 체계로 조성되었다. 이 같은 개연과 실연이라는 2분법으로 구분한 점은 켈젠의 순수 법학이론과 인과과학을 구분시켰다.[556]

켈젠의 실증주의가 직면한 비평은 주로 다음과 같은 몇 가지가 있다. (1) 개연(應然)에서 개연에 이른 연역체계가 최종 요구하는 '기본 규범'에 이르러야 한다. 이 기본 규범이 그 어느 개연한 차원에서 연역할 수 없다면 '적나라한 사회-정치 사실'에 불과할 뿐이다.[557] 그리하여 켈젠의 전반 개연 체계 혹은 규범 체계는 궁극적으로 실연(實然)적인 토대 위에서 구축한 것으로 전체 규범 체계의 과학성이 흔들리게 되었다. (2) 형식상의 연연은 켈젠의 순수 법학이론을 '내용이 텅 빈' 형식주의로 변하게 했다. 이 같은 순수 형식적인 방법은 순수 법학이론에게 '창백한 외표'를 지니게 하여 법의 '질적 거세(去質化)'와 공동화(空洞化)를 초래했다.[558] 순수법의 이론은 기술법이라는 사회적 전제 조건도 없었을 뿐만 아니라 기술법의 폐해도 없었다. 단지 당연히 법이라는 이런 복잡한 사회적 현상을 '사회 현실 중에서 추상해낸 규범적 논리'를 줄이려 생각했을 뿐이다.[559] 혹자는 순수법의 이론을 '법이 없는 법(과)학'[560]이라거나 '국가가 없는 국가

555) Vgl. Kaufmann/ Hassemer/ Numann (Hrsg.), Einf hrung in Rechtsphilosophie und Rechtstheorie der Gegenwart, 7. Aufl., Heidelberg 2004, 72-80, 116ff.

556) Vgl. Horst Dreier, Rechtslehre, Staatssoziologie und Demokratietheorie bei Hans Klsen, 2. Aufl. 1990, 29ff

557) C. Schmitt, Pplitische Theologie, Vier Kapitel zur Lehre von der Souver nit t, M nchen und Leipzig 1934, 29.

558) Vgl. Arnold K ttgen, Nation und Staat, in : Bl tter f r deutsche Philosophie5 (1931), 194; Gerhard Leibholz, Zur Begriffsbildung im ffentlichen Recht (1931), 263; Hans-Peter Schneider, Rechtstheorie ohneRecht? Zur Kritil des spekulativen Positivismus in der Jurisprudenz, in Mensch und Recht. Festschrift f r Erik Wolf zum 70. Geburtstsg, Frankfurt am Main, 1972, 117ff.

559) Martin J. Sattler, Hans Kelsen, in: Staat und Recht, 100, 108.

560) Leonard Nelson, Rechtswissenschaft ohne Recht (1917), 2. Aufl., G ttingen-Hamburg 1949.

이론'[561]이라고 말한다. 방법의 순수성을 지나치게 강조하여 법의 현실성을 감퇴시켰다. C.슈미트는 만약 "형식적인 원인으로 말미암아 이 체계와 상호 모순되는 그 어떤 불순(不純)한 요소를 배제"한다면 틀림없이 "근본적인 어려움을 소홀히 하여, 방법론적 행위, 개념의 정확성과 기지가 넘치는 비평은… 여전히 법학의 문턱을 넘어서지 못할 것이다"[562]라고 했다. (3) 가치에 대한 맹목적인 추구와 실증주의를 능가하는 가치가 뒷받침해주지 않은 것 등은 법질서를 권력의 예속물이 되게 한다. 이 같은 관점은 특히 2차 세계대전 이후에 시장(市場)을 가지고 있었다.[563] 켈젠에 대한 비평에 도리가 전혀 없는 것이 아니다. 그러나 다소 오해가 있었다.

켈젠의 방법은 오늘날까지도 시대에 뒤떨어지지 않았는데, 바로 법학은 마땅히 정치에 관여하지 말아야 하며, 정치가 어떻게 변하든 법학은 실정법의 체계 내에서 개연적 연역을 해야 한다는 것이다. 이 같은 방법은 본래 크게 비난할 바가 못 된다. 혹은 켈젠이 지적을 가장 많이 받은 점이 법의 규범화라 할 수 있다. 게다가 헌법의 규범화는 현재까지도 개방성과 불확실성이라는 특징을 가지고 있다. 그러하다면 이런 규범 차원의 개연적 연역은 논리적으로 발을 붙이기 힘들 것 같다. 만약 헌법 규범이 다의(多義)성을 가지고 있다면 논리적 추론 역시 성립되기 어려워져 반드시 가치 결단이 필요한 문제에 봉착하게 되게 때문이다. 켈젠은 미리 이런 문제점을 발견하고, 고차원의 규범에서 저차원의 규범으로 과도하는 과정에서 시종 일부 빈틈을 메울 필요가 있다고 강조했다. 이로부터 그는 라반트가 말하는 국가법 중의 전통적 실증주의와 개념법학을 구분했다.

켈젠은 법 해석에서, '개방적' 특징을 보류하면서, '유일의 정확'한 결정은 절대 존재하지 않으며, 이는 '법을 안정시키려는 환상'에 지나지 않는다고 여겼다.[564] 이런 상대주의적

---

561) Hermann Heller, Die Krisis der Staatslehre, in: ASwSP55(1926), 303, 308.

562) C. Schmitt, Politische Theologie, 15.

563) 이런 비판은 Radbruch에서 주로 나온다.

564) H. Lelsen, Reine Rechtslehre, Einleitung in die rechtswissenschaftliche Problematik, 2 Neudruck der 1. Auflage

법 해석 이론은 켈젠 본인이 추구하던 중립-객관적 순수 법 이론에 어려움을 조성했다. 어떻게 하면 법 규범에 대한 해석을 보장하는 과정에서 각종 해석의 가능성이 주관적인 임의에 빠지지 않게 할 수 있느냐는 켈젠이 반드시 완수해야 할 과제였다. 켈젠의 해결책이라면, 법(과)학의 해석을 통해 모든 상상할 수 있는 '해석 변체(變體)'를 확정하는 작업이었다. 이 같은 해석 변체를 확정하는 것을 통하여 켈젠은 법학 체계 중의 과학성을 만회했다. 하지만 새로운 문제가 잇달아 생겼다. 즉 복잡한 사회 정세에 직면하여 '해석 변체'565)를 모두 열거한다는 것이 가능한 일인가? 그러나 여하튼 오늘날 법학을 논의하는 구조가 여전히 켈젠의 체계를 벗어나지 못했으며, 심지어 이런 '해석 변체'에 대한 열거 또한 오늘날의 법학 중의 유사한 관점학에 대한 토론과 비슷하다는 점을 우리는 반드시 인정해야 한다.

바이마르 시대의 불변의 교의는 현재에도 여전히 큰 논쟁거리였다. 예컨대, 1926년 뮌스터에서 개최된 독일 국가법 학자협회 연례회의에서 카우프만(Kaufmann)이 '제국 헌법 109조의 법 앞에서 평등하다는 의미'566)라는 주제로 보고를 했는데, "민주적 헌법에서 말하자면 근본적 의의가 있는 평등 원칙이 입법에 작용해야 하는지, 아니면 단지 법적 평등으로 간주하여 같은 의미를 적용하여 작용을 거듭 발휘시켜야 하는지, 혹은 바꾸어 말하면 행정적인 합법적 원칙의 구체화로만 간주해야 하는지"가 토론의 쟁점이었다. 이 문제는 사실 또 '법관 심사'라는 문제와도 관련돼 있고, 또한 평등원칙과 기타 권리의 배후가 대표하는 특수한 이익이 폄하되거나 은폐되느냐 하는 문제를 건드리기도 했다. 그리고 또 파생되어 헌법이 법보다 높은 효력을 구비하고 있느냐 하는 문제와도 관련되어 있다. 이는 결코 단순한 개념 분석을 통해 결론을 얻을 수 있는 문제가 아니었으므로,

---

Leipzig und 빠두 1934, 99ff.

565) H. Lelsen, Reine Rechtslehre, Mit einem Anhang: Das Problem der Gerechtigkeit, 2. Vollst ndigneu bearbeitete und erweiterte Auflage 1960, 353.

566) VVDStRL(Ver ffentlichungen der Vereinigung der deutschen Staatsrechtslehrer), 3(1927).

"법 원칙을 역사와 정치-사회적 배경이라는 넓은 공간 속에 놓으려"고 시도할 수밖에 없었다.[567] 1927년 뮌헨에서 열린 회의에서 바로 '제국 헌법 중의 법적 개념'[568]에 대해 논쟁을 벌였는데, 현재까지도 '주류'인 '형식'과 '실질'적인 법 개념에 따라 구별되어 헬러(Heller)의 지적을 받고 있다. 헬러는 보고에서 주로 당시의 '형식적인 법치국가의 사유'에 초점을 맞추고 있었는데, 형식적인 법치 국가는 국가 행위의 합법적 법만 바라고 '법 앞에서 형식적인 평등'만 만족시키고자 하기에 시민들의 실질적 자유와 자치를 보호하는 데는 불리하다고 인정했다. 그리하여 '국가 행위의 합법성'을 초월하여 '실질적 법치 국가'적인 이해를 제기했다.[569]

1926년 뮌스터에서, 카우프만은 보고자로서 당초의 실증주의를 시대 관계의 '완결'(完結)로 간주하는 관점을 바꾸어 놓았다.[570] 스멘트(Smend)는 한발 더 나아갔다. 그는 1927년의 맺음말에서, 자신은 '새로운 국가법의 사유 방식'을 신봉한다고 분명히 밝혔다.[571] 이에 관하여, 홀슈타인(Holstein)은 1926년의 뮌스터 연례회의서, 카우프만의 보고에 대해 이런 의미에서의 평가를 시도한 적이 있다.[572] 하지만 카우프만의 1926년 보고에서든 스멘트와 헬러의 1927년의 보고에서든 모두 새로운 방법에 대해 상세하게 진술하지는 않았다. 홀슈타인은 다른 곳에서, 뮌스터 연례회의 보고에서 "실증적 방법은 그 자체로부터 입각하여 더욱 높은 차원의 기타 질서를 도입하는 방법을 추진하는

---

567) U. scheuner, 50 Jahre deutsche Staatsrechtswissenschaft im Spiegel der Verhandlingen der Vereinigung der Deutschen Staatsrechtslehre. I. Die Veringung der Deutschen Staatsrechtslehre in der Zeit der Weimarer Republik, A R 97(1972), 372.

568) VVDStRL, 4(1928).

569) 헬러는 "헌법은 민주적인 인민 입법의 위에 구축해야 한다"는 사유를 기반으로 하여, 정치와 헌법사상의 검증을 통하여 통일적이고 민주와 상호 적합한 법적 개념을 구축했다. 이는 사실 헬런의 전반적인 국가 이론과 국가법 이론과 관련되어 있다. 즉 상호 영향을 주고 변증하는 과정에서의 동태적인 "정치 통일을 형성했다." VVDStRL, 4(1928), 115.

570) VVDStRL, 3(1927), 3.

571) VVDStRL, 4(1928), 96.

572) Vgl, VVDStRL, 3(1927), 55.

것을 통해 한층 더 극복해야 한다."고 밝혔다고 했다.[573] 이에 홀슈타인은 카우프만이 보고에서 언급한 "내용적으로 법실증주의에서 법(法)이상주의로의 전환"은 "개념상의 형식주의로부터 정신적 과학방법으로의 전환과 마찬가지로 동등한 의미가 있다"고 밝혔다.[574] 유감스러운 것은 이 같은 '정신적 과학 방법'에 대해 더욱 정확하게 기술하지 않았다는 점이다.

정신적 과학의 방향이든지 가치 정립의 방향이든지 모두 헌법의 정당성 내지 헌법이 의존하여 존립할 수 있는 초실증적 가치가 어디에서 오느냐 하는 문제에 반드시 답을 해줘야 했다. 즉 그 '실질적 법'은 무엇인가라는 물음에 회답해야 했다. 스멘트는 생명철학을 계승하여, 개체를 종합적 변증법으로 격상함으로써 헌법의 가치적 실현을 '통합적 발전 과정'이라고 귀결했다. 즉 '자아'의 개념으로부터 입각한 변증을 '통합 발전 과정(혼성 발전)'이라는 종합적 정신세계로 격상시켰다. 국가법 중의 조항을 민주적인 절차를 거치고, 하나하나의 '업그레이드 과정'(정신적 생활 과정으로 간주)에서 통합을 거치며, 국가의 현실을 '주권의 의지 연합체'라 할 수 있도록 지속적으로 구축하는 것으로, 이는 국가의 초경험적 본질을 구성한다고 구체적으로 언급했다. 스멘트는 '통합 발전 과정'을 르낭(Renan)의 플레비지트(plebiszit)와 루소의 '일반의지'(volonte generale)를 한데 섞어서 논했다.[575] 켈젠은 스멘트의 통합 이론을 맹렬하게 비평했다. 그는 스멘트의 국가 통합 이론은 국가를 '초인'으로 간주하면서, '현실에 대한 통합'을 풍자할 때가 경험이고 또한 초경험적인 패러독스라고 여겼다.[576] 헬러에게 있어서 국가란 결코 규범적인 질서일 뿐만이 아니라 인간 문화의 일부분이었다.

---

573) A R N. F. (1926), 28.

574) A R N. F. (1926), 31.

575) Vgl. R. Smend, Verfassung und Verfassungsrecht (1928), in: Staatsrechtliche Abhandlungen, Dritte, wiederum erweiterte Auflage , Berlin 1994, 119ff.

576) Vgl. H. Kelsen, Der Staat 민 Integration, (Wien1920), 2. Neudruckausgabe in einem Bnd, Darmstadt 1994, 29ff. , 35.

'문화 내용'으로서의 국가의 '현실'은 순수한 경험이 아니라, 단지 인류의 실제 경력과 이해 중에 융합된 '주관적 정신'이므로, 이른바 현실은 필연적으로 주관과 객관적 현실의 융합이다. 그렇기 때문에 국가법을 규범화하려면 반드시 전반적인 사회생활과 사회 연계라는 배경 하에 놓고 이해해야 한다. 실정법은 한편으로는 민주적 절차와의 조화를 보다 정당화시킬 필요가 있으며, 다른 한편으로는 또한 내재적인 역사와 특정한 문화의 정의적 원칙을 보다 정당화할 필요가 있다. 헬러는 규범과 현실 간의 결합을 시도했는데 구축한 국가 이론이 순수한 규범도 아니고 순수한 경험도 아니었다. 그러나 헬러가 봉착한 난제 또한 아주 분명했다. 즉 어떻게 하면 과학적으로 국가법의 규범이 생존할 수 있는 문화 배경을 묘사하느냐 하는 것이었다.[577]

정당화에 대한 묘사를 가장 깊이 있게 한 사람은 슈미트(Schmitt)라 할 수 있다. 슈미트의 헌법이론은 언제나 실연(實然)과 정치적 현실의 토대 위에서 구축되었다.

그의 사고방식 또한 언제나 법사회학의 범주에 속했다. 국가법과 헌법의 정당성도 동질적(Homogenity)인 인민민주(의회 민주가 아닌)의 토대 위에서 구축했다. 슈미트는 동질적인 인민민주를 현실적으로 완전히 실현할 수 없다고 여겼다. 바로 이러하기 때문에 질서가 위협을 받을 수 있으므로 독재를 통해 예외적인 상황에 대처해야 한다고 그는 생각했다. 독재의 정당성은 다원주의에 내재되어 있는 개인의 이익 뒤의 일반의지(루소의 견해)에서 기원한다. 즉 공동이익이다. 이런 공동이익은 이성에서 생긴다고 말하지만, 감각에서 생긴다고 말하는 것이 낫다. 이는 사실 슈미트가 실질적인 정당성을 찾아내어 형식적인 합법성에 대항하려는 열정이 더할 나위 없이 많았음을 의미하며, 또한 사상적인 전환을 여러 차례 거쳤음을 의미한다. 이는 호프만(Hoffmann)의 『정당성으로 합법성에 대항』이란 책에서 찾아볼 수 있다.[578]

---

577) 헬러의 국가 이론은 H. Heller, Staatslehre 6., revidierte Aufl., T bingen 1983, 44~48을 참고.

578) H. Hoffmann, Legitimit t gegen Legalit t, Der Weg der politischen Philosophie Carl Schmitts, 4. Aufl. mit einer nuen Einleitung, Berlin 2002.

슈미트가 국가와 법의 실질적 정당성을 추구할 때 이미 방법의 시야를 벗어나고 또한 법학의 범주를 크게 벗어난 데서 비이성적인 낭만주의 경향을 띠는 것을 피면할 수 없었다. 다시 말하면 슈미트의 정치법학과 결단주의(Dezionismus)는 줄곧 어떻게 하면 정당성을 찾아내겠는가 하는 난제에 봉착했다. 오늘의 기본법 중의 79조 3항의 기본법 수정에 관한 실질적 규제 조항과 19조 2항의 기본 권리에 대한 본질적 내용을 보장하는 것에 관한 조항이 바로 슈미트의 사유를 구현한 것이다. 특히 실질적 헌법을 통해 형식적인 헌법 개념에 대항했다.

현재 우리가 바이마르 시대의 반실증주의 조류를 돌아보며, 정당성의 진상을 철저히 밝히려 한다면 궁극적으로 법학 체계를 이탈하는 운명에서 벗어날 수 없을 것이다. 이 같은 방법은 오늘날 우리 중국의 실제에 있어서도 어느 정도 거울로 삼을 만한 가치가 있다. 즉 지칠 줄 모르는 정치적인 정당성에 대한 추구와 반성은 헌법학의 연구 내지 국가법학의 연구에 대체 얼마나 큰 의미가 있겠는가? 일종의 연구에서의 촉진인가, 아니면 일종의 파괴인가? 사실, 독일은 2차 세계대전 후에 비로소 기본법 시대에 들어섰으며, 바이마르 시대의 이 같은 논쟁에 대해 반성하기 시작했다.

3. 기본법 시대의 헌법 해석 방법에 대한 논쟁

독일의 기본법 시대와 바이마르 시대의 가장 큰 변화를 비교한다면, 중요한 의의가 있는 연방 헌법 법원의 설립이라 할 수 있다. 이는 사법이 입법의 합헌성을 심사할 수 있음을 의미하고, 헌법의 효력이 법보다 높음을 의미하며, 또한 헌법이 실제로 어느 정도 실증을 뛰어넘는 함의를 내포하고 있음을 의미했다. 연방 헌법 법원은 전쟁 후의 독일 국가법 이론의 발전에 매우 중요한 작용을 했다고 할 수 있다. 즉 연방 헌법 법원이 중요한 판결을 내릴 때 취한 방법과 헌법 이론, 기본법 시대의 국가법 이론 중 방법에 관한 논쟁을 헌법 해석의 방법에 대한 논쟁으로 전환한 것 등이다.

헌법 해석의 방법에 관한 논쟁을 언급하기 전에 라드브루흐(Radbruch)에 대해 반드시 분석할 필요가 있다. 라드브루흐가 개연(應然)과 실연 간의 모순을 극복하려고 시도했고, 이 같은 방법은 연구할 가치가 있기 때문이다. 라드브루흐는 방법상에서 신칸트주의 서남독일학파의 전통을 계승했는데, 사실과 가치 사이에 문화를 도입하여 문화를 사실과 가치의 결합물로 간주했다. 즉 라드브루흐는 사실상 사실　문화　가치 이 세 가지 요소를 구분하고, 법을 문화의 일종인 가치와 관련되는 현실이라고 생각했다. 하지만 이 같은 구분이 실제로는 이원론의 범주를 벗어나지 못했고, 개연과 실연 간의 격차가 여전히 존재했으며, 주체와 객체가 분명히 구별되는 모델을 의연히 극복하지 못했다. 그러나 라드브루흐를 자연법학파라고 하지 않는 것은 확실히 어느 정도 자연법과 실증주의를 초월했고, 가치를 상대주의적으로 보았기 때문이다. 라드브루흐를 실증주의자라고 하지 않는 것은 그에게 있어서, 가치적 탐구가 결코 의미가 없는 것이 아니므로 과학적 가치에 대한 사고 또한 여전히 가능했으며, 가치 체계의 수량이 제한되어 있으므로 특정한 형세 하에서 가치와 관련되는 완벽한 체계를 구축할 수 있었기 때문이다. 라드브루흐는 개체적 가치, 인격적 가치, 초(超)개체적 가치를 구분했는데, 이 세 가지 위계(位階)를 이성을 통해 가일층 해결할 수 없고, 오직 특정된 형세 하에서 판단할 수 있기 때문이다. 이는 사실 '현실'에 법학적 의미를 끌어들인 것이다. 이렇게 본다면, 그의 법학은 확실히 특정된 사회 형세와 결합된 가치법학이고 실질법학이다. 라드브루흐를 초기에는 실증주의자로 생각했다. 그가 제기한 법학이념 요소에 평등 원칙, 목적 이념, 그리고 법 안정성과 가치 상대주의를 지나치게 강조한 데에 후기의 실증주의자들이 높이 받들었기 때문이다.[579]

---

579) Vgl. G. Radbruch, "grundz ge der Rechtsphilosophie"(l. Aufl.1914), in: ders, Rechtsphilosophie, bearbeitet on Arthur Kaufmann, (Hrsg) Bd. 2, 1993, 9ff. G. Radbruch, Rechtsphilosophie(2, Aufl. 1932), in: Gesamtausgabe, Bd. 2, 206ff.; R. Dreier, Gustav Radbruch, Hans Kelsen, Carl Schmitt, in Staat und Recht. Festschrift f r G nther Wnkler, 1997, 202ff.;Lukas H. Meyer, "Gesetzen ihrer Ungerechtigkeit wegen die Geltung absprechen" - Gustav Radbruch und der Realativismus, in: R. Alexy/L. H. Meyer/ S. L. Paulson/G. Sprenger (Hrsg.), Neukantianismus und Rechtsphilosophie, l. Aufl, , 2005, 33ff. A. Kaufmann, Die Nturrechtsrensissance der ersten Nackriegsjahre-

라드브루흐가 가져다 준 계시는 다음과 같다. 가치가 상대주의라고 폭넓게 인정하고 있어서, 가치 간의 충돌을 이성을 통하여 가일층 해결할 수 없으므로 특정된 정세 하에서 가치에 대해 과학적으로 사고 할 수 있다. 법은 가치와 연관되어 있으므로 법 해석이거나 법 사안 중에 가치적 판단을 끌어들이는 것은 불가피한 일이다. 법이론 중의 근본 문제는 특정된 정세 하에서 어떻게 하면 과학적으로 상응하는 가치 토대를 얻어내느냐 하는 것이다. 비록 라드브루흐의 법 이론이 해석학적인 이론은 아니지만 실제로는 이 길에 들어서기 시작했다. 라드브루흐의 이론과 해석학이 완전히 다른 철학적 기반을 가지고는 있지만, 방법은 달라도 결과는 같았다. 그리고 연방 헌법 법원이 발전시킨 헌법 해석법 또한 상술한 문제의 범위를 벗어날 수 없었다. 기본법 시대, 헌법 해석법에는 주로 다음과 같은 몇 가지가 있었다.

(1) 전통 해석학적 방법

이 해석법은 사비니(Savigny) 이후 발전한 전통적 해석 규칙을 엄수했다. 예컨대 어의, 논리, 역사와 체계의 해석이다. 이 같은 해석법을 취하는 전제 조건은 헌법과 법의 특성 등을 동등하게 보는 것이다. 즉 헌법 규범을 내용적으로 확정성이 있고, 헌법 사안도 논리를 포섭하는 방식을 통하여 해결할 수 있다. 이 같은 방법을 채택한 대표적 인물은 에른스트 포르쉬토프(Ernst Forsthoff)이다. 포르쉬토프는 헌법의 안정성과 헌법 해석의 정태적(靜態的) 특징을 강조하면서, 헌법 해석은 마땅히 법 해석의 규칙을 적용해야 하며, 헌법 해석 중에 가치 판단을 도입하면 사법국가의 출현을 초래하여 법관이 헌법의 주인이 될 수 있다고 인정했다.[580] 이 같은 해석법은 온갖 지적을 받았는데, 주로는 헌법 규범을

---

und was daraus geworden ist (1991), 231ff.

580) Vgl. Ernst Forsthoff, DieUmbildung des Verfassungsgesetzes, in: ders. , Rwchtsstaat im Wandel, 2. Aufl. 1976, 130ff.

실질적 원칙으로 간주한 것에서 결국은 그 의미가 분명하지 않았기 때문이다. 실천 중에 연방 헌법 법원은 사실 전통적 해석법을 상당히 벗어나 있었다. 칼 라렌츠(K.Larenz)는 포르쉬토프의 방법은 응당 특정된 가치와 의미 관계를 존중해야 한다는 헌법 자체의 요구를 소홀히 했다고 지적했다.[581] 따라서 전통적 해석법은 헌법으로 말하면 단지 제한된 의미 밖에 없었다. 이는 Kon-rad Hesse가 『헌법의 기본 특징』이라는 저서에서 제기한 결론이다.[582]

(2) 유사관점(類觀點) 해석법

유사관점에 대한 해석법을 때로는 논제학(論題學, 논리학)적 해석법이라고도 번역한다. 그 생성 원인은 헌법의 불확정적 특징에서 비롯되었는데, 유사 관점 방식과 문제를 정위로 삼는 방식을 채용할 필요가 있으며 전통적 해석 방법의 부족한 점을 보충한 것이다. 국가법학에서 유사한 관점과 사유와 관련된 토론은 일반 법리적 토론에서 비롯되었는데, 유사 관점학의 종지는 각기 다른 방향에서 관련 문제를 토론함으로써, '기존'의 관련된 이해(Verst ndniszusammenhang)를 끊임없이 발굴하는 데 있었다.

논제학은 언제나 문제를 에워싸고 전개했다. '법학 사유는 유사 관점이다(topisch)'는 말은 법학 논점은 폐쇄적인 것이 아니라 엄격한 과학적 추론을 통하여 증명할 수 있는 공리라는 뜻이다. 반대로 법학 논점은 주류적 관점에 의존하거나 입증된 이론(bew hrte Lehre)과 전통에 의존할 수 있어서 마땅히 상응한 의견에 대해 동의하거나 반대할 수 있다. 또한 중요한 관련시각(Gesichtspunkt)을 누락하지 말아야 한다. 이 때문에 대화와 변론이 매우 중요하다. 이점만 놓고 말하면 논제학도 법학 수사학(Rhetorik), 법학 논증

---

581) [독] 칼 라렌츠(Karl Larenz), 『법학 방법론』, 진애아(陳愛娥) 역, 상무인서관, 2003, 235쪽.
582) Vgl. K. Hesse, Grundz ge des Verfassungsrechts der Bundesrepublik Deutschland, 20 Aufl., 1999 Hidelberg, 21ff.

이론 그리고 각종 언어 비평 이론의 보조 동력이 될 수 있다. 그러나 논제학 자체는 세밀한 방법 체계를 형성하지 못했다. 이 점에 대해 칼라렌츠(K.Larenz)는 만약 '논제학'의 작용이 법적인 중요한 견해를 수집하고, 단순한 관점의 목록을 수집하는 데 그친다면 그 가치 또한 상당히 제한적일 것이라고 생각했다.[583] 국가법학 중의 유사 관점 해석법 역시 수요와 공통 인식을 하나로 연계시켰다. 각종 시각을 융합하려면 반드시 어느 정도 공통의 인식을 이루어야 했기 때문이다. 엠크(Ehmke)는 일찍 "이성적으로 공정하게 사고하는 모든 사람들의 공통 인식"이라는 말을 제안한 적이 있다.[584]

크릴레(Kriele)는 논제학이 헌법 해석의 개방성과 불확정성을 효과적으로 피하지 못했다며 비판하기는 했지만, 이 역시 헌법 정치상의 이론적 논증을 논제학의 토대 위에서 최종 객관적으로 평가(定位)한 것이 된다.[585] 이 같은 이성 논증은 이성을 논의하는 것을 전제 조건으로 했다. 하지만 하버마스(Habermas)의 공통 인식의 진리를 토대로 한 토론은 사실 코프만(Kaufmann)의 비판을 받았다.

즉 공통 인식을 통해 도출해낸 진리가 반드시 진리라고 할 수 없으며, '악'을 도출할 수도 있다. 그리고 형식적인 논증 규칙에서 도출해낸 것은 내용이 공허한 규범적 뜻일 수밖에 없다.[586] Alexy를 포함한 법적 논증이론 모두 이 같은 문제가 존재한다.

국가법학 중에서 논제학에 대한 토론을 가장 극단적으로 한 사람은 헤벌레(H berle)일 것이다. 그가 말하는 이른바 헌법 해석이라는 개방된 사회에서 국가 기구와 모든 공공 역량, 그리고 모든 시민 참여가 헌법 해석의 범주에 속했다. 따라서 헌법 해석은 일종의 공공 진행 과정이 되었다. 사실 헤벌레의 추론에 따르면, 헌법법원의 법관들은 국민의

---

583) [독] 칼 라렌츠(Karl Larenz), 『법학 방법론』, 진애아 역, 상무인서관 2003년 판, 제27쪽.

584) Horst Ehmke, VVDStRL 20 (1963), 71ff.

585) Vgl. Martin Kriele, Theorie der Rechtsgewinnung, 1967, 177ff.

586) Vgl. A. Kaufmann, Rechtsphilosophie in der Nach-Neuzeit, 2. , durch ein Nachwort erweiterte Aufl. , Heidelberg 1992, 20ff.

뜻을 전하는 중개자에 불과했으며, 이른바 헌법 해석도 더는 해석이 아니라 해석이라는 라벨만 붙여서 창의적인 영원한 헌법 변천을 진행하려 했다. 이 같은 공공 진행 과정은 반드시 불확정적이고 임의적인 결과를 가져올 수밖에 없었다.[587]

실행 가능한 방법이라면, 기존의 공통 인식의 전제 하에서 여러 가지 문제를 정립한 관점과 시각을 도입하고, 누적하고 비교하여 얻어낸 판단을 통하는 것이다. 문제는 치열한 정치적 충돌이 생길 경우 흔히 공통 인식을 이루기 어려운 점이다. 이 상황에서, 법원은 판결을 내리기가 아주 힘들다. 이 역시 공통 인식의 진리가 비평을 받는 또 하나의 측면이다. 즉 일부 상황에서 흔히 공통 인식을 달성하기가 어렵기 때문이다.

(3) 현실적(Wirklichkeit)인 헌법 해석에 대한 객관적 평가(定位)

현실적인 헌법 해석에 대한 객관적 평가는 스멘트(R. Smend)의 혼성이론에서 비롯되었다. 스멘트의 이론은 기본법 시대에 심각한 영향을 끼쳤다. 스멘트는 주로 전통적 해석법을 헌법에 적용할 때 해결할 수 없는 문제에 초점을 맞추었는데, 그 해결책은 국가 현실과 헌법 현실을 객관적으로 평가한 혼성이론을 폭넓게 구축하여 개별적인 안건을 해석하는 것을 지지하는 것이었다. 스멘트 자신이 반실증주의 입장이었으므로, 헌법 해석의 토대와 기준은 텍스트와 교리적 개념 체계가 아니라 헌법의 의미와 헌법의 현실이라고 생각했다. 헌법의 의미는 스멘트가 구축한 통합 진행과정에서 비롯되었는데, 통합 진행과정에서 국가적 삶의 사실성(Lebenswirklichkeit)이 끊임없이 이루어질 수 있다. 헌법은 바로 이 같은 현실생활의 표현이며, 동시에 이와 같은 현실생활 또한 헌법 중에서 이루어 질 수 있다. 이에 상응해야 하는 것이 바로 기본 권리를 한

---

587) Vgl. Peter H berle, JZ 1975, 297ff.

민족의 특정된 문화 체계와 가치 체계로 간주하는 것이다.[588]

혼성이론의 지도하에, 헌법 해석의 과제가 '이해'를 일종의 현실적 정신의 헌법적 '의미'로 간주하여 '현실'화하는 데 있다고 생각했다. 헌법의 전반적 의미에서 헌법 규범의 내용을 미루어 판단하려면 정신과학적이고 직각적인 인지와 이해를 거쳐서, 끊임없이 변화하는 각종 정신적 가치관을 헌법에 집중시킬 필요가 있었다. 따라서 헌법은 자체적으로 처한 시대의 여러 가지 가치관을 수용할 필요가 있었다. 어떤 의미에서 말하면, 헌법이 유연해 지면서 각종 가능한 상상들을 담을 수 있었으며, 대체로 탄력적이고 자기 보충 능력이 있고 변동 능력이 있는 체계로 변화했다. 스멘트가 보기에는, 구체적이고 역사적인 헌법 현실은 '객관적 정신' 스스로의 운동이며, 이는 '그들에게 내재되어 있는 말할 필요가 없는 의미'였다.[589] 결과적으로는 헌법에 대한 이해는 반드시 변동 가능성과 보충 가능성을 포함해야 한다. 여기에 상응하여 스멘트의 혼성이론이 사실상 사회학의 방법과 상호 합쳐지고, 헌법의 규범적 의미와 사회 현실 간의 이원적 대립이 혼성이론을 통하여 무형 중에 제거되어, 헌법의 해석을 반드시 사회학-현상학의 지식을 토대로 하여 구축해야 했다. 그리하여 혼성이론은 사회학적 헌법 해석을 위해 정신적 과학이라는 허울을 걸치게 되었다. 그러나 본질적으로는 오히려 사회학적인 헌법 해석과 세밀하게 맥락을 같이 했다.[590]

(4) 해석학적 헌법 해석

해석학적 헌법 해석은 주로 콘라트 헤세(Konrad Hesse)와 프리드리히 뮐러(Friedrich

---

588) Vgl. R. Smend, Verfassung und Verfassungsrecht, in: der. , Staatsrechtliche Abhandlungen, 2. Aufl. 1968, 188ff.
589) R. Smend, Verfassung und Verfassungsrecht, 191.
590) Vgl. E. - W. Böckenförde, Die Methoden der verfassungsinterpretation - Bestandsaufnahme und Kritik, in: ders, Staat, Verfassung, Demokratie, Frankfurt am Main 1991, 73ff.

Müller)가 대표적 인물이다. 그들의 공통점이라면 둘 다 규범과 현실을 결합하려 시도한 점이다. 헤세는 헌법 해석이 해석자의 과거의 이해를 떠나서는 안 되며, 또한 해석자의 과거의 이해 역시 구체적인 역사적 조건의 제한을 받으므로, 과거의 이해를 더욱 입증하는 과제가 바로 헌법이론의 과제이다. 그렇게 하려면 유사 관점학의 분석을 거칠 필요가 있었다. 하지만 유사 관점학의 다양성과 불확정성을 피하고자 헤세는 한편으로는 헌법 해석을 구체적인 문제를 토대로 삼아 엄하게 제한하려 하였고, 다른 한편으로 헌법 해석의 원칙을 발전시킴으로써 여러 가지 관점과 시각을 가공하고 취사선택했다. 이 같은 원칙에는 헌법의 일괄 원칙, 실천과 화합의 원칙, 기능의 정당성 원칙 등이 포괄되어 있었다.[591] 뮐러는 헌법 규범의 구체화를 통하여 헌법 해석을 대체했다. 규범을 구체화하는 과정에서 규범과 현실을 동등하게 중요한 위치에 놓았다.[592] 그러나 규범에 대한 견해와 현실에 대한 견해를 규범을 구체화하는 과정에 자연스럽고 분명하게 묘사하지 못했고, 또한 구체적인 헌법 해석을 확정적으로 도출하지 못하여 결국은 여전히 불확정적인 유사 관점에 의존할 수밖에 없었다. 즉 헤세의 해석학이든 뮐러의 해석학이든 헌법 이론에 의지할 필요가 있었다. 설령 개개의 구체적인 사건에 대한 특정된 해석일지라도 한 가지 헌법이론이 절대적으로 필요했다. 이는 더는 철저한 방법론 체계를 언급할 필요가 없었던 것으로 필요한 것은 정치적 결단이었다.

---

591) Vgl. K. Hesse, Grundzüge des Verfassungsrechts der Bundesrepublik Deutschland, 20 Aufl., 1999 Heidelberg, 27ff.

592) Müller의 방법론은 Friedrich Müller/ Ralph Christernsen, Juristische Methodik, Bd. 1: Grundlagen öffentliches Recht,. 8. Aufl., Berlin 2002를 참고

제2절
중국 헌법학설에 대한 독일 헌법학설의 영향

1. 청나라 말년 입헌시대에 준 영향

청나라 말기 입헌 전후 시기인 1898년에 독일은 여전히 비스마르크 제국의 통치 하에 있었고, 당시 독일의 국가 법학과 헌법학설은 주로 라반트의 법실증주의의 지배 아래 있었다는 사실을 감안한다면, 방법에 대한 심각한 논쟁이나 이론적 논쟁이 별로 없었다고 할 수 있다. 그 당시 청나라가 입헌에 참고한 것은 학설이 아니라 주로 제도였고, 당시 독일의 국가법과 헌법학설에 관한 논쟁을 깊이 발굴하려는 것이 아니라 주로 정태적(靜態的)인 것을 참고했으며, 깊이 숨어있는 여러 가지 이익 균형이나 타협을 엿보려 한 것이 아니라 주로 독일을 세계 강국으로 여겨 그 나라의 정치체제의 장점을 거울로 삼으려 했다. 그렇기 때문에 청나라 말기 입헌 시기에 독일의 헌법학설이 중국 헌법학설에 준 영향은 아주 제한적이었다. 그리고 제도를 참고하는 방면에서, 청나라 말부터 신해혁명 시기의 헌법 저작을 연구해 보면, 당시 입헌 운동에서 각국의 입헌제도를 소개할 때 주로 일본의 제도를 소개했지, 독일 제도에 관한 소개는 소개를 목적으로 하는 저작에서만 이따금 가볍게 스쳐 지나간 정도라는 것을 발견할 수 있다. 예컨대, 일본어를 중역한 『각국의 헌법 요지』에는 독일 헌법과 입헌군주제에 관한 일부 내용이 들어있고, 『16개 국 의회의 대표적 사례』에는 독일 의회의 구성 상황을 소개했다.

제도적으로 간단하게 소개한 외에도 소량의 헌법학 저작도 출현했다. 예컨대, 원가유(袁嘉猷)의 『중외 헌법 비교』이다. 청나라 말에 영향을 준 헌법 저작은 주로 양계초(梁啓超)의 저작인데, 『각국의 헌법이동(異同)론』, 『헌정천설(淺說)』, 『입헌정체(政體)와 정치 도덕』, 『헌법의 3대 정신』 등에서 독일 헌법의 영향을 일부 찾아볼 수 있다. 한마디로 그 시대의 헌법 텍스트를 보게 되면 정태 정치제도의 영향을 지나치게 강조하였고, 학설의 영향은 강조하지 않았다는 것이다.

2. 중화민국시대에 준 영향

중화민국은 헌법학설을 참고함에 있어서 청나라 말보다 더 적극적이었다. 하지만 상대적으로 말하면 여전히 제도적 차원에 대한 참고가 위주였다. 중화민국은 대체로 독일 바이마르 시대의 제도와 상응했다. 이 기간은 독일 국가법상의 번영기로 백화제방의 시대라고 할 수 있었다. 아쉽게도 당시 중국은 그 시기 독일의 헌법학설 특히는 헌법 방법 논쟁을 소개한 것이 많지 않았다. 당시는 외국의 헌법 이론에 대한 소개가 주로 '비교헌법'의 형식으로 나타났고, 영국과 미국, 일본의 이론에 치우쳤다.

중화민국시대, 비교헌법 연구 열풍이 불어 닥쳤는데, 대표적인 저작은 왕세걸(王世杰)과 전단승(錢端升)이 1936년에 저술한 『비교헌법』, 장지본(張知本)의 『헌법론』, 심단린(沈端麟)의 『각국 헌법의 비교』, 살맹무(薩孟武)의 『각국 헌법 그리고 정부』, 마질(馬質)의 『비교헌법 론』 등이 있다. 이 저서들을 통해 당시 독일 헌법의 영향을 대체로 알 수 있다. 독일 헌법학설의 영향은 주로 독일에 유학했던 장군매(張君勱) 등에게 집중되었고, 또한 장군매 본인의 입헌 태도에서 구현되었다. 독일이 비스마르크 제국에서 바이마르 공화국으로의 전환은 장군매의 정치적 견해와 헌법사상에 직접적인 영향을 주었다. 장군매에 대한 분석을 통해서도 독일 헌법의 일부 영향을 알아낼 수 있다.

3. 중화인민공화국 수립 후부터 1978년까지의 영향

중화인민공화국이 수립된 후의 중국 헌법학설은 주로 소련의 영향을 받았으며, 독일 헌법학설의 영향은 적게 받았다. 하지만 1954년 헌법 제정 과정을 살펴보고 당시의 비교헌법을 살펴보면 독일 헌법에 대한 소개가 어느 정도 존재하고 있다.

4. 1978년부터 현재까지의 영향

중화인민공화국에 대한 독일 헌법학설의 영향은 대만 지역의 독일 헌법학설 연구에서 최초로 시작되었다. 독일에서 유학하는 사람이 날로 늘어남에 따라 독일 헌법학설에 대하여 직접적으로 소개하는 글도 대거 쏟아져 나왔다. 지금까지 독일 헌법학설에 대한 소개가 국가법과 헌법의 각 영역에 널리 파급되었다고 할 수 있으며, 방법론 기본권리 국가 조직법을 포괄한 중요한 문제를 두루 섭렵하고 있다. 최근 독일 연방 헌법법원의 관련 사례들도 날로 중요한 영향을 미치고 있다. 독일과 미국은 이미 당대 중국 헌법학에 가장 큰 영향을 주는 국가로 부상했다. 독일 헌법학설의 영향은 주로 방법론 토론, 헌법 해석이론, 기본 권리 이론, 중앙과 지방의 입법 권한 구분, 국가 조직법 이론, 연방 헌법법원의 판례를 토대로 하여 발전한 몇 가지 헌법 이론 등을 포괄한다. 동시에 중국은 현재 독일 헌법학설을 참고함에 있어서 일부 허점과 유감스러운 점이 존재하고 있다. 바이마르 헌법을 예로 든다면, 당시의 헌법 이론을 참고할 때 칼 슈미트의 영향을 지나치게 강조하고, 한스 켈젠, 헤르만 헬러, 루돌프 스멘트에 대한 소개가 부족하며, 또한 당시 정치 상황과 인문 배경에 대한 관련 소개가 부족하다.

한마디로 개괄한다면, 지금까지 비록 독일 헌법학설에 대한 소개가 아주 큰 진전을 가져오기는 했지만, 여전히 어느 정도 체계성이 미비하여 시대와 단절하는 경향이 존재하고, 중국 헌법 텍스트에 대한 해독과 연결시키기가 어려운 문제가 존재했다. 이 또한 향후 독일 헌법학설을 참고할 때 응당 주의해야 할 문제이다.

제2부

중국 헌법학설의 형성과 발전의 국외배경

제6장 중국 헌법학설에 대한 소련 헌법학의 영향

제1절
소련시기 헌법학설의 형성 및 변천과정

1. 1920년대의 소비에트 러시아 헌법학설

(1) 헌법에 관한 레닌의 인식

헌법과 헌정에 대한 레닌의 인식은 몸담고 있던 러시아 혁명투쟁과 떼어서 생각할 수 없다. 19세기 말부터 20세기 전기까지 헌법에 대한 레닌의 인식은 제정 러시아의 독재제도를 뒤엎고 신형의 프롤레타리아 독재정권을 확립하는 발전단계를 거치면서 끊임없이 개선되고 깊어졌다. 아래에 시간을 실마리로 삼아 혁명투쟁의 각기 다른 시기에 구현된 레닌의 헌법사상을 정리해 보자.

① 1893년부터 1904년 사이의 '민주적 입헌 사상'

1899년 말 레닌은 「우리 당의 강령 초안」이라는 글에서 '민주적 헌법'이라는 문제를 제기했다. 그는 "원칙적으로 사회주의가 승리했다고 하여 바로 인민입법으로 의회를 대체하는 이 점과 연계시켜서는 안 된다"[593]고 생각했다. 제정러시아 독재 제도의 통치하에 있던 러시아에서 마땅히 '인민입법'을 '민주입헌'으로 변경해야 했다. 레닌의 민주적 입헌사상은 카를 카우츠키(Karl Kautsky)와의 변론에서 제기되었다. 레닌이 인민 입헌을 반대한 이유는 러시아의 "'인민 입법'이 변질되어 제국주의의 '전민 투표'라는

---

593) 『레닌전집』 제4권, 중국 인민출판사, 1984,,194쪽.

심각한 위험을 초래할 수 있다" [594)]고 여겼기 때문이었다. 레닌이 주장한 '민주적 입헌'은 그 속에 세 가지 요구가 포괄되어 있었다. 첫째, 일반적 민주개혁이다. 둘째, 노동자를 보호하는 방법을 강구해야 한다. 셋째, 농민들에게 이로운 조치를 강구해야 한다. 물론 당시의 역사적 조건에서 레닌의 민주적 입헌 주장은 구상에 지나지 않았다. 만약 이 구상을 현실화하려면 제정러시아 독재 제도를 전복하고 민주적인 보통 선거라는 입헌의회(입법의회)를 수립해야 만이 실현이 가능했다. [595)]

② 1905년부터 1917년 사이의 '헌법으로 인민의 권리를 확인'하는 사상

이 시기 레닌의 헌법사상이 형성된 배경은, 1905년의 러시아 사회에는 세 부류의 세력이 존재했는데, 입헌에 대하여 각기 세 가지 다른 주장을 제시했다. 첫째는, 차르 (tsar)를 수반으로 하는 독재 관료층이었는데, 그들은 독재군주정체를 수호해야 한다고 주장했다. 둘째는, 부르주아계급 자유주의자들이었는데, 그들은 분권의 원칙을 채택하고 입헌군주정체를 실행해야 한다고 주장했다. 셋째는, 레닌을 대표로 하는 프롤레타리아 혁명파였는데, 그들은 민주공화 정체를 실현할 것을 주장했다. 레닌은 이 세 가지 헌법 주장을 구체적으로 분석한 후, "헌법이란 무엇인가? 헌법이란 바로 인민들의 권리를 종이에 적은 것이다. 이 같은 권리를 명실상부하게 보장할 수 있다는 약속은 어디에 있겠는가? 인민들 속에서 그 같은 권리를 의식하고 또한 쟁취하는 데에 능한 여러 계급의 역량에 있다"고 지적했다. [596)] 여기에서 레닌은 헌법의 핵심적 내용을 분석했을 뿐만 아니라 프롤레타리아 유형의 헌법을 생성하려면 오직 정권을 쟁탈해야 만이 이루어 질 수 있다는 이론을 내놓았다. 프롤레타리아 유형의 헌법은 마땅히 "어떤 내용을 규정해야

---

594) 『레닌전집』 제4권, 194쪽.
595) 『레닌 법 사상사』, 중국법출판사, 2000, 216쪽.
596) 『레닌전집』 12권, 중국 인민출판사, 1987, 50쪽

하는가?"라는 문제는 1917년 4월부터 5월 사이에 개최된 러시아 사회민주노동당 7차 대표대회에서 레닌이 발표한 당 규약을 수정하는 것에 관한 보고와 관련된 결의 보고에서 구현되었으며, 나중에 1918년의 소비에트 러시아 헌법에 침투되었다. 여기에는 다음과 같은 내용이 들어있었다.[597] 첫째, 인민 독재를 확립하고 단일한 의회를 확립했다. 레닌은 이렇게 밝혔다. 러시아 사회민주노동당은 마땅히 민주적인 프롤레타리아-농민공화국을 수립하여 인민 대표의 소비에트로 점차 의회제 대표기구를 대체하기 위해 노력해야 한다. 소비에트는 입법기관이자 집행 기관이다. "인민 독재를 구축하는 것은 국가의 최고 권력이 응당 모두 인민 대표에 있으며, 인민 대표는 인민이 선거하여 선출하며, 또한 인민들이 아무 때나 대표를 교체할 수 있다. 인민 대표는 단일한 인민회의로 구성된다. 즉 단일한 의회이다."[598]

여기서 설명해야 할 것은, 레닌의 단원제(一院制) 사상은 10월 혁명 후에 변화되었다는 점이다. 러시아 민족 구성의 특수성을 고려한 토대 위에서 소비에트 정권은 연방제 국가 구조 형식과 이원제(兩院制) 권력 기구 구성 형식을 택하게 되었다. 둘째, 인민 보통선거를 확립했다. 레닌은, 보통선거 제도를 확실하게 실행할 수 있느냐의 여부가 프롤레타리아 정권과 부르주아계급 정권을 구별하는 분수령이라고 여겼다.

레닌은 "입헌의회를 선거하든 각급 지방자치기관을 선거하든 무릇 20세의 남녀 공민이라면 누구나 보편적이고 평등하며, 직접 선거에 참여할 수 있다. 선거 시에는 무기명 투표 방식을 취하며, 유권자마다 각급 대표기구에 당선될 권리가 있다. 의회 임기는 2년이며, 인민대표는 임금을 받는다. 모든 선거는 비례 대표 제도를 실행하며, 모든 대표와 당선인을 대다수 유권자들의 결정에 의해 아무 때나 교체할 수 있다"[599]고 제안했다. 셋째, 지방자치와 민족 자치 확립했다. 레닌의 지방자치와 민족 자치 사상은

---

597) 『레닌 법 사상사』 중국법출판사, 2000, 216쪽.
598) 『레닌전집』 29권, 중국 인민출판사, 1985, 486쪽.
599) 『레닌전집』 29권, 중국 인민출판사, 486쪽.

러시아 국정을 구체적으로 분석한 토대 위에서 형성되었는데, 연방제와 노동자와 농민을 대표하는 소비에트 제도를 구축해야 한다는 사상과 맥락을 같이하고 있다. 레닌은, "폭넓은 지방자치를 실행하여 생활 습관이 특수하고 주민 신분이 특수한 지방에 지역 자치를 실행하며, 국가에서 임명한 모든 지방 정권 기관과 성 기관을 없애야 한다"[600]고 밝혔다. 넷째, 종교 신앙 자유를 확립했다. 레닌은 이렇게 인정했다. "마땅히 종교와 국가 정권, 교육을 분리함으로써 부르주아 계급이 종교를 이용하여 인민들을 속이고 마비시키며 혁명투쟁을 약화하고 파괴하는 행위를 막아야 한다. 국가는 응당 종교와 관계를 맺지 말아야 하며, 종교 단체는 응당 국가 정권과 관계를 맺지 말아야 한다."[601] "교회와 국가를 분리하고 학교와 교회를 분리해야 한다. 학교는 완전한 세속성(世俗性)을 갖춰야 한다."[602] 다른 한편으로 공민들은 종교를 믿을 수 있는 자유가 있다. "마땅히 종교는 개인적인 일이라는 정책을 공포해야 하며", "누구나 그 어떤 종교를 믿을 수 있는 자유가 있거나 혹은 인정하지 않을 자유가 있다 … 공민들 속에 종교 신앙으로 인한 권력 불균등 현상이 생기는 것을 절대로 허락해서는 안 된다."[603] 레닌의 이 같은 헌법에 대한 견해는 1918년 소비에트 러시아 헌법에 모두 구현되었다.

③ 1917년부터 1924년 사이의 '진실한 헌법'과 '허위적인 헌법'설

10월 혁명이 승리한 후, 1918년 1월 소비에트 러시아 3차 당 대표대회는 러시아 연방 헌법의 초안을 제정하기로 결정했으며, 동년 4월에 스베르들로프를 주석으로 하는 헌법위원회를 설립하고 헌법 초안 작성 작업을 했다. 1918년 7월 19일 전 소비에트 러시아

---

600) 『레닌전집』 29권, 중국 인민출판사, 486~487쪽
601) 『레닌전집』 12권, 중국 인민출판사, 132쪽.
602) 『레닌전집』 29권, 중국 인민출판사, 487쪽.
603) 『레닌전집』 12권, 중국 인민출판사, 132쪽.

5차 대표대회에서, 레닌이 이 헌법을 공포하는 과정에서, 부르주아 계급 유형의 헌법과의 비교를 통하여 양자 간의 본질적 차이를 분석했다. 그는 이렇게 지적했다. "소비에트 헌법은 '계획'에 의해 만든 것이 아니고, 서재에서 제정한 것이 아니며, 또한 부르주아계급 법학자들이 노동 군중들에게 강요하는 물건도 아니다", "이 헌법은 계급투쟁을 발전시키는 과정에서 계급 모순이 성숙됨에 따라 성장한 헌법이다." [604] "… 이 소비에트 헌법은 어느 위원회에서 주관적인 상상을 통해 만든 것이 아니고, 법학자들이 꾸며낸 것이 아니며, 다른 헌법을 모방한 것도 아니다. 세계적으로 여태껏 우리의 이런 헌법은 없었다.

이 헌법은 프롤레타리아 대중들이 국내와 국제 착취자들에 반대하여 투쟁한 경험과 조직 경험을 기재했다."[605] 여기서 레닌이 신규 소비에트 러시아 헌법과 부르주아계급 헌법을 구별하면서, 소비에트 러시아 헌법은 계급투쟁의 산물이라는 점을 거듭 강조했음을 알 수 있다. 레닌은 다음과 같이 밝혔다. "낡은 부르주아계급 민주 헌법은 형식적인 평등과 집회의 권리를 대서특필했지만, 프롤레타리아와 농민의 헌법이고, 소비에트의 헌법인 우리의 헌법은 평등이라는 형식적이고 허위적인 문구를 버렸다."[606] "현대 국가의 기본법을 검토하기만 하면, 그런 국가들의 관리 제도를 검토하기만 하면, 집회 자유나 출판 자유를 검토하기만 하면, '공민은 법적으로 누구나 평등하다'는 문구를 검토하기만 하면, 정직하고 각성한 노동자라면 아주 익숙한 부르주아 계급 민주의 허위성을 도처에서 찾아낼 수 있을 것이다."[607] 헌법에 대한 레닌의 인식은 차후 사회주의 국가가 헌법을 제정하는 데 중요한 영향을 주었다.

---

604) 『레닌전집』 35권, 중국 인민출판사, 302쪽.
605) 『레닌전집』 35권, 중국 인민출판사, 145쪽.
606) 『레닌전집』 35권, 중국 인민출판사, 61쪽.
607) 『레닌전집』 35권, 중국 인민출판사, 245쪽.

(2) 스투치카의 헌법사상

표트르 스투치카(Pyotr Ivanovich Stuchka, 1865-1932)는 소련의 유명한 정치 활동가, 법학자이며 소비에트 러시아 인민위원, 소비에트 최고재판소 장관을 지냈다. 스투치카의 법학 연구 분야는 주로 국가와 기본 이론이었다. 그의 대표 저작으로는 『법과 국가의 혁명적 역할-법 통론』(1921년 판), 『혁명적 마르크스 법 이론을 투쟁한 30년』(1931년 판)이 있다.

스투치카는 헌법에 대한 견해를 직접 언급한 적이 없다. 하지만 그의 저작에서 논증한 법의 본질, 공민과 국가와의 관계 등 문제는 헌법과 밀접한 관계가 있다.

스투치가는 법 개념에 대하여 이렇게 생각했다. "법은 통치계급의 이익에 부합되는 사회관계 제도(혹은 질서)로 통치계급의 조직적 역량의 보호를 받게 된다."[608] "법은 통치계급의 이익에 부합되어야 하며, 또한 그 계급의 조직적 무력이 보호하는 한 사회관계의 시스템(혹은 질서)이다."[609] 스투치카는 법적 본질을 언급할 때 다음과 같이 밝혔다. "어느 지역이든 어떤 형식으로 나타나든 인류가 계급으로 나누어지고 또한 어느 한 계급이 다른 한 계급을 통치한다면, 법이나 법과 유사한 것이 존재한다는 것을 발견하게 될 것이다."[610] "계급의 관점에서 법을 이해해야만이 그 본질을 분명히 할 수 있다. 만약 그 본질을 분명히 하지 않는다면 법리학은 보편적으로 못할 것이며 단어 사용의 기교에 지나지 않을 것이다."[611] 스투치카의 법과 법에 관한 본질적 인식은 그의 학설 가운에 최대 성과로 인정받고 있다.

---

608) 스투치카, 『스투치카 선집』, 모스크바, 1931, 러시아어, 58쪽.
609) 스투치카, 『소비에트 법철학』, 하버드대학교출판부, 1951, 17쪽. (오스트리아)한스 켈젠의 『공산주의적 법이론』을 재인용, 왕명양(王名揚) 역, 중국법출판사, 2005, 78쪽.
610) 스투치카, 『소비에트 법철학』, 42쪽. (오스트리아)한스 켈젠의 『공산주의 법이론』을 재인용, 왕명양 역, 중국법출판사, 2005, 85쪽.
611) 스투치카, 『소비에트 법철학』, 24쪽.

권리와 의무는 본래 법리학에서 한 쌍의 기본 범주였고, 또한 법 관계에서의 기본 내용이었다. 하지만 스투치카는 이렇게 인정했다. 권리와 의무는 대립되고 모순되며, 부르주아계급 국가에서 권리 주체는 자본가 계급으로 구현되지만 의무 주체는 프롤레타리아로 구현된다. 부르주아 계급의 정권 통치를 전복하고 프롤레타리아 혁명이 승리한다는 것은 "대립된 양극(권리와 의무)이 더는 대립되지 않는 것이며, 전체 노동 계급이 더는 자본가 계급을 위해 고용되어 노동에 종사하지 않는다는 것을 의미할 뿐만 아니라, 노동 계급을 위해 노동을 한다는 것을 의미한다. 이른바 자신을 위해 일하는 것이다. 이렇게 되면 권리와 의무의 대립이 사라지게 된다. 양이 질로 전환하는 이 관계는 이미 보편적 관계가 되었다."[612] 여기에서 스투치카는 계급 분석법으로 두 가지 서로 다른 유형의 국가에서의 권력과 의무의 관계를 구별하면서, 소비에트 러시아 정권 체제하에서 구현된 법의 권리와 의무의 관계가 엄청난 변화를 가져왔다는 결론을 도출해 냈다. 즉 권리와 의무의 대립과 충돌이 통일과 일치라는 관계로 전환하여, 권리와 의무의 주체가 동일하다는 결론이다. 바로 노동자와 농민이라는 두 가지 주체 계급이다. 스투치카의 권리와 의무의 관계에 관한 학설은 이런 까닭에 후에 소련이라는 국가가 헌법 규범과 헌법 이론에 국가 이익, 집단 이익과 개인 이익의 통일성과 일치성을 마련하는 데 중요한 사상 토대를 닦아 주었다.

(3) 마리츠키(馬里茨基)의 헌법사상

마리츠키는 소련 시대의 이름난 법리학 학자이자 헌법학자이다. 그의 대표 저작은 『소비에트 헌법』이다. 마리츠키의 헌법사상과 법학 사상을 개괄하면 다음과 같다.

---

612) 스투치카, 『스투치카 선집』, 592쪽.

① 법 본질에 관한 인식

마리츠키의 법학이론은 10월 혁명 후인 소비에트 정권 초창기에 생성됐다. 이는 그의 법학이론의 기본 출발점이 신생의 소비에트정권을 위해 봉사하고 소비에트 법률 체제 구축의 수요를 위해 봉사하는 것임을 정해 놓았다. 이 때문에 마리츠키는 법적 인식에 있어서도 '계급 의지'와 '강제력 실행', 이 두 가지 요소를 중점적으로 강조했다. 즉 그는 법이란 바로 통치계급이 자신의 계급 이익에 근거하여 규정한 것으로서 계급의 조직적인 폭력에 의해 유지된다.[613] 마리츠키의 이 관점은 어느 정도 뚜렷한 시대적 경향을 띠고 있으며, 또한 후에 등장한 일부 소련 법학자들의 깊이 있는 상세한 논술을 통해 보다 다양해지고 완벽해졌다.

② 법치국가에 관한 인식

마리츠키는, 프롤레타리아 독재가 '법치 국가'라는 관점을 내놓았다. 그는 "국가 정권의 모든 기관은 법의 명령에 복종해야 한다. 즉 법에 대한 복종은 '법 제도'라는 명목을 가져야 한다. 그리고 법제도를 보급하는 국가 또한 '법치국가'라고 부른다. 소비에트 공화국이 바로 법제도를 보급하는 조건하에서 자신의 활동적인 법치국가를 이룩해야 한다."[614] 하지만 사실상, 당시 소련 사회는 법치국가의 이론을 성실하게 수행할 수 없었다. 법의 지위가 당이 지시하는 정책의 아래에 있었으므로 국가 기관 그리고 사무원들은 법에 따라 처리하는 것이 아니라 규정에 따라 처리해야 했다. 여기서 말하는 규정이란, 주로 당의

---

613) 마리츠키, 『소비에트 헌법』, 하르키우출판사 1924, 27쪽. 양심우(陽心宇), 이개(李凱): 「중국 법에 대한 소련법의 영향 약론(略論蘇聯法對我國法學的影響)」, 『복단학보』(사회과학판), 4호, 2002.
614) 마리츠키, 『소비에트 헌법』, 하르키우출판사, 1924, 27~28쪽. 양심우, 이개 「중국 법에 대한 소련법의 영향」, 『복단학보』(사회과학판) 4호, 2002.

명령하는 지시를 가리킨다. 1929년에 이르러 마리츠키의 법치국가 사상은 부르주아계급 사상이라는 낙인이 찍혀 비판을 받았다. 국가가 '법치'를 실행하느냐 아니면 '당의 통치'를 실행하느냐 하는 문제도 명확한 결론이 나왔다. 즉 소비에트 법은 "프롤레타리아의 정책적 형식이며, 프롤레타리아의 정치적 영향을 행사하는 형식의 일종이다."[615]

③ 공민의 권리와 국가 권력 간의 관계

마리츠키는, "소비에트공화국에 있어서, 민사 권리이나 공공 권력이 개인의 자유라고 말하기보다 사회적 의무라고 말하는 것이 낫다. 권리가 바로 의무라는 관점이 곧 개인의 주체적 권리에 대한 사회주의 관점과 서양 부르주아계급 학설상 관점이 근본적으로 구별되는 점이다. 국가로부터 자신의 권리 즉 자신의 자유에 대한 경계선을 획득 했기 때문에 소비에트제도에서 '법이 금지하지 않은 것은 허락하는 것이다'라는 이 부르주아계급의 원칙이 이와 상반되는 규정인 '법이 허락해야 만이 허락하는 것이다'라는 원칙에 응당 자리를 내줘야 한다. 권리의 수단과 원천이 개인이 아니라 국가이기 때문이다"[616]라고 인정했다. 여기에서 우리는 마리츠키의 이 관점이 누군가의 관점과 비슷하다는 느낌이 들 것이다. 마리츠키는 공민의 권리에 대한 근원을 해석할 때에도 공민의 권리와 의무를 융합하여 해석함과 아울러 최종적으로 공민을 국가에 종속시켜 국가 이익과 공민의 이익의 고도의 통일을 실현해야 한다고 밝혔다. 이는 앞에서 서술한 스투치카의 관점과 약속이나 한 듯이 완전히 일치하다. 마리츠키의 저작 『소비에트 헌법』에서는 공민의 권리와 국가 권력 간의 관계, 혹은 공민과 국가 간의 관계를 더욱

---

615) 카가노비치, 「소비에트 국가 건설과 기회주의와의 20년 투쟁」, 『소비에트 국가와 법의 혁명』 1호, 1920년 1~12쪽.

616) 마리츠키, 『소비에트 헌법』, 하르키우출판사 1925, 49쪽. 양신위, 리카이 「중국 법에 대한 소련법의 영향」, 『복단학보』 (사회과학판) 4호, 2002.

분명하게 해석했다. "권리의 창조자는 국가이며, 국가는 권리의 원천이다. 이리하여 개인이 국가에 자신의 부분적 권리를 포기하는 것이 아니라 국가 자체가 공민에게 권리를 부여한다. 즉 국가는 개인을 위해 실제로 자신의 자유를 적극적으로 표현할 수 있는 범위를 정해줄 뿐만 아니라 개인이 표현할 수 있는 적극성도 국가가 부여한다. 개인이 실현할 수 있는 자유는 절대 자신 개인의 이익이 아니라 공동의 전반 집단의 이익 내지는 법이 줄곧 우리에게 말하고 있는 '생산력의 발전'을 위해서이다."[617] 이 또한 마리츠키의 저작과 헌법이론이 당시 소비에트국가에서 전파될 수 있었던 주요 원인이기도 하다.

2. 1920~50년대의 소련의 헌법학설

(1) 파슈카니스의 헌법사상

파슈카니스(1891-1937)는 리투아니아에서 출생했다. 상트페테르부르크대학에서 법을 공부했고 마르크스주의 법학자이며, 주로 법학이론을 연구했다. 1912년 볼셰비키에 가입했고, 10월 혁명이 승리한 후 외교 인민위원부(部) 법률 고문을 맡았다. 이후 부(部) 사법인민 위원으로 승진했으며, 1936년 소련 헌법 기초(起草) 위원회 위원으로 근무했다. 그의 대표 저작은 『법의 일반이론과 마르크스주의』(1924년 출판)이다.

파슈카니스의 헌법사상과 법학 사상은 아래와 같이 개괄할 수 있다.

---

617) 마리츠키, 『소비에트 헌법』, 하르키우출판사 1925, 48쪽. 양신위, 리카이 「중국 법에 대한 소련법의 영향」, 『복단학보』(사회과학판) 4호, 2002.

① 법의 생성과 쇠망 학설에 관하여

파슈카니스는 마르크스-레닌주의 국가 학설을 단단히 에워싸고 자신의 법적 이론을 상세히 논술했다. 동시에 그는 10월 혁명 후 수립한 소비에트정권과 연결하여, 착취계급을 소멸해야 한다는 위대한 목표를 제기했다. 또한 개념 도구설의 각도에서 법에 관한 견해를 내놓았다. 1918년 소비에트 헌법은, "3차 전(全) 러시아 노동자 농민 군대 대표 소비에트 대표 대회의 기본 사명은, 모든 사람 간의 착취를 소멸하고, 사회를 여러 계층 계급으로 나누는 현상을 완전히 없애며, 착취자들의 저항을 무자비하게 진압하여 사회주의의 사회조직을 구축함으로써 모든 국가에서 사회주의가 승리를 이룩하게 하는 것이다."(1편 2장 3조) "현재의 과도시기를 토대로 하는 러시아 사회주의 연방 소비에트 공화국 헌법의 기본 사명은, 강대한 전(全) 소비에트 정권 형식의 도시와 농촌 프롤레타리아 및 빈농 독재를 확립하여 부르주아 계급 완전히 진압하고 사람 간의 착취를 소멸시켜서 계급을 나누지 않고 국가 공권력이 없는 사회주의를 수립하기 위한 토대를 마련하는 것이다"(2편 5장 9조)라고 밝혔다. 이 헌법이 규정한 논리에 따라 추론하면, 헌법을 포괄한 법은 마땅히 날로 쇠망해야 한다.

스탈린이 집정한 후, 1936년의 소련 헌법을 상징으로 하여, 소련이 이미 발전된 사회주의 국가를 건설하였으므로, 법의 강제성과 도구의 기능이 마땅히 상응하게 약화되거나 쇠망해야 한다고 표명했다. 하지만 결과를 그렇지 않았다. 스탈린 시대에 구축한 방대한 국가 기관, 국가의 독재 진압 직능에 대한 강화 등은 "사회주의의 법은 프롤레타리아 독재의 도구이다"[618]라는 법의 도구 역할을 더욱더 증명했다. 법을 당의 영도를 강화하는 데 활용하고, 반대파를 제거하거나 개인의 권위를 강화하는 데 활용하려면, 법을 가장 높은 위치에 놓아야 할 것이다.

---

618) 파슈카니스, 「사회주의 조건 하에서의 국가와 법」, 『소비에트 국가』 3호, 1936.

그렇지 않으면 법이 앞으로 나아가는 데 걸림돌이 되어, 반드시 타파하거나 없애야 할 것이다. 그러나 어찌 되었든 간에 파슈카니스의 '법의 쇠망'이라는 학설은 1920년대에 아주 중요한 위치를 차지했으며, 그 학파가 '새로운 경제 정책' 시대에 소비에트 러시아와 소비에트 연방의 법 학계를 지배했다는 점을 인정하지 않으면 안 된다.

② 법의 개념에 관하여

파슈카니스는 법이라는 이 개념을 해석할 때, 법 분석과 이데올로기, 법과 국가, 법과 도덕, 법과 불법 등 문제를 통하여 완성했다. 파슈카니스는 법이 규범의 체계라는 관점을 부정하면서, 이 관점은 이데올로기의 특징을 가지고 있다고 생각했다. 이와 상응하게 그는 법을 일종의 사회 현상이라고 이해했다. 즉 법은 사회관계의 체계로서 "법은 구체적인 사회관계의 신비화 형식"이며, "법은 사회관계를 규범화한다."[619]

③ 공법과 사법(私法)의 분류에 관하여

파슈카니스는 이렇게 인정했다. 고립된 개인만이, 즉 이기적인 이익 주체와 관계가 있는 법만이 참된 의미로서의 법이다. 국가와 사인(私人) 간의 관계로의 이른바 공법은 참된 의미로서의 법이 아니다. 국가는 법을 능가하는 현상이므로 법적 주체를 담당할 수 없다. 응당 이 이론은 독일의 공법과 사법 이원론에서 비롯되었다고 말할 수 있다.

---

619) 파슈카니스, 『법의 일반이론과 마르크스주의(法的一般理論與馬克思主義)』, 중국법제출판사, 2008, 33쪽.

④ 헌정 국가에 관하여

당시 역사적 제한성으로 말미암아 파슈카니스는 헌정이론을 제대로 내놓고 구축할 수 없었다. 심지어 헌정에 대해 뚜렷한 편파적 인식까지 존재했으므로, 헌정이론과 부르주아 계급을 동일시하면서, 헌정국가는 기만적인 허황한 상상이라면서 실현이 불가능하다고 여겼다. "헌정 국가란 일종의 유토피아이기는 하지만 부르주아 계급에게는 무척 잘 어울린다. 그것은 쇠망하는 종교적 이데올로기를 대체하고는 부르주아계급의 패권이 대중들의 눈을 가렸기 때문이다. 헌정 국가의 이데올로기는 종교적 이데올로기보다 더욱 필요하다. 그것은 객관적 현실을 전적으로 반영하지 않고 다만 이 같은 현실 위에 구축하기 때문이다."[620]

(2) 비신스키(Vyshinsky)의 헌법학설

비신스키(1883-1954)는 1920년에 소련 볼셰비키에 입당했으며, 소련 검찰총장, 소련 인민위원회 부위원장, 외무 장관을 지냈다. 1939년부터 소련 볼셰비키 중앙위원, 소련 과학원 원사를 지냈다. 그의 주요 연구 분야는 법학 기초이론과 형법학이었다. 주요 대표작은 「소비에트 사회주의법의 기본문제(蘇維埃社會主義法律科學的基本任務」(1938년)이다. 비신스키의 법학사상과 헌법사상은 다음과 같은 몇 가지로 개괄할 수 있다.

① 법적 개념에 관하여

소비에트 법학이론에 대한 비신스키의 최대 공헌은 소련과 중국에 깊은 영향을 준 법적

---

620) 파슈카니스, 『법의 일반이론과 마르크스주의』, 중국법제출판사, 2008, 98쪽.

정의를 제기한 것이다. "법은 입법 형식을 통하여 규정하고, 통치계급의 의지를 구현한 행위 규범이며, 국가 정권이 인정하는 풍습과 공공 규칙의 총화이다. 국가는 통치에 이롭고 흡족할 만한 사회관계와 질서를 보호하고 공고히 하고 발전시키고자 강제적 힘에 의해 그 실행을 보장한다." "법의 내용은 사회적으로 통치적 위치에 있는 어떤 종류의 경제조건이나 생산조건에서 발생한다. 결국은 생산과 교환이 사회관계의 전반 성질을 결정한다. 법은 이 같은 사회관계의 조절자이다."[621] 법에 대한 이 정의는 법의 도구적 작용을 분명하게 강조하고, 국가 통치에서 발휘하는 법의 중요한 작용을 두드러지게 강조했다.

물론 법과 국가의 관계에서, 법은 국가에 속하고 국가를 위해 봉사해야 한다는 주장도 은연중 내포되어 있다.

② 소비에트 법에 관한 인식

비신스키는 법의 일반이론을 제기한 후, 소비에트 법의 개념을 한층 더 천명했다. 그는 이렇게 밝혔다. "소비에트 법은 노동인민의 정권이 입법 절차를 거쳐 제정한 행위 규범의 총화이며, 노동인민의 의지를 반영했다. 이 규칙은 사회주의 국가의 모든 강제적 힘의 보장을 받아야 운용될 수 있다. 통치계급에게 적합한 사회관계와 질서를 보호하고 공고히 하고 발전시키는 것을 이롭게 하는데 그 목적이 있다."[622] 우리는 이 말에서, 비신스키가 법적 정의의 공식에 좇아 소비에트 법을 해석하지 않았다는 것을 발견할 수 있다. 다시 말하면, 만약 공식적인 해석방식을 따른다면, 소비에트 법도 마땅히 소비에트 국가의

---

621) 1938년 7월 16일부터 19일까지 모스크바에서 1차 전소련 법과학자 회의가 열렸다. 당시 소련 검찰총장에 있던 비신스키는 회의에서 '소비에트 사회주의법의 기본문제'라는 제목의 보고를 했다. 보고에서 그는 법에 대한 정의를 내렸다.
622) 『소비에트 사회주의법의 기본문제』, 모스크바, 1938, 183쪽.

통치계급의 의지를 구현하는 규칙의 총화라고 해야 한다. 그러나 비신스키가 이 이론을 제기할 때, 소련이 사회주의를 건설한 것에서 착취계급과 착취제도가 더는 존재하지 않으며, 비록 노동자계급과 농민계급이 존재하기는 하지만 대립된 계급적 대항이 아니라 모두 통치계급의 범주에 속하는 계급이라고 선포한 뒤였다.

이리하여 비신스키는 1939년부터 자신의 소비에트 법의 이론을 수정하고 관점을 바꾸었다. "우리의 법규는 우리 노동자계급의 영도 아래에서 집행하고 통치함과 동시에 새로운 역사를 창조하고 있는 인민들의 의지를 나타냈다. 노동자 계급의 의지와 전체 인민들의 의지가 우리들 속에 융합되었다. 이는 우리가 우리 소비에트 사회주의의 법이 전 국민의 의지를 나타냈다고 말할 수 있는 근거를 제공했다."[623] 하지만 비신스키의 "소비에트 법은 전 국민의 의지를 표현"했다는 관점은 그의 "법은 통치계급의 의지를 표현"했다는 관점보다 논증을 깊이 하지는 못했으며, 중국의 법 이론과 학설에도 크게 영향을 미치지는 못했다.

(3) 스탈린의 헌법사상

스탈린의 집권 시기에 제정한 1936년 헌법은, 중국의 헌법학과 헌법 발전에 중요한 영향을 미쳤다. 동시에 이는 또한 소련 사회주의 제도가 구축되었음을 의미한다. 스탈린의 헌법이론은 1936년 소련 헌법을 기초하고 채택하던 시기와 중국 헌법에 대한 태도와 인식에서 집중적으로 구현되었다.

---

623) 『소비에트 법철학』, 339쪽. 켈젠의 『공산주의 법이론』을 재인용, 왕명양 역, 중국법출판사 2005, 164쪽.

① 헌법은 국가의 기본법

헌법은 국가의 기본법이라는 말은 스탈린이 1936년 11월에 한 『소련 헌법 초안에 관하여』라는 보고에서 제기했다. "헌법은 결코 법 묶음이 아니다. 헌법은 기본법이며, 기본법일 뿐이다. 헌법은 앞으로 입법기관의 일상적 입법 작업을 배제하지 않을 뿐더러 이러한 작업을 요구할 수 있다. 헌법은 이런 기관에서 향후 입법을 하는 법적인 토대가 된다."[624] 스탈린이 편성한 헌법은 기본법의 인식에 속하는데, 주로 두 가지 근거가 있다.

첫째, 내용적으로 볼 때 헌법이 규정한 내용에 기본적이고 원칙적인 것이 들어있으며, 반드시 일반 입법을 통해서만이 구체화할 수 있다. 그렇기 때문에 입법기관이 진행하는 일상적 입법 작업이 아주 중요하게 보여 진다. 둘째, 헌법과 개별적 법(部門法)과의 관계에서 볼 때에도 헌법이 기본법에 속한다는 특징이 구현되었다. 즉 헌법은 개별적 법을 세우는 '법적 토대'가 되었다. 그리고 만약 개별적 법을 제정할 때 헌법과의 일치성을 유지하려면 반드시 다방면에서 입법권을 행사하는 현상이 출현하지 않도록 예방하거나 제거해야 했다. 그렇게 하지 않으면 신규 법의 권위성에 영향을 줌과 동시에 법의 안정성에도 영향을 줄 수 있었다. 1936년 소련 헌법이 통과하기 전에 스탈린이 말한 것처럼, "결국은 한 기관이 아니라 많은 기관에서 법을 제정하는 상황이 벌어지지 않도록 반드시 깨끗이 제거해야 한다. 이와 같은 상황이 법의 안정성 원칙에 저촉되기 때문이다. 우리는 현재 그 어느 때보다 법의 안정성이 더욱 필요하다. 당연히 소련에서 입법권을 소련 최고 소비에트라는 하나의 기관에서만 행사하게 해야 한다."[625]

624) 스탈린, 「소련 헌법 초안에 관하여」, 『스탈린선집』 하권, 중국인민출판사, 1979, 409~410쪽.
625)   스탈린, 「소련 헌법 초안에 관하여」, 『스탈린선집』 하권, 중국 인민출판사, 1979, 416쪽.

② 헌법의 작용은 정권의 합법성과 정권의 안정성을 확인하는 것

헌법과 국가 정권의 긴밀한 관계에 관한 스탈린의 견해는 중국에서 헌법을 제정할 때 발표한 의견에서 분명하게 밝혀졌다. 1949년 7월 류사오치(劉少奇)가 중국공산당 대표단을 인솔하여 소련을 방문할 때, 그중의 한 가지 임무가 바로 중국 헌법 제정 문제에 대한 스탈린의 의견을 청취하는 것이었다. 당시 스탈린은 이렇게 말했다. "만약 당신들이 헌법을 제정하지 않고, 선거를 진행하지 않는다면, 적들은 두 가지 견해를 이용하여 노동자와 농민들에게 당신들을 반대하라고 선동을 할 것이다. 하나는, 당신들의 정부가 인민들이 선거한 정부가 아니라는 견해이다. 다음은, 당신들의 국가에 헌법이 없다고 할 것이다. 정치협상위원회는 인민들의 선거를 통해 탄생된 것이 아니기 때문이다.

적들은 당신들의 정권은 총검을 통해 구축한 것이며, 스스로 임명한 것이라고 떠벌릴 것이다."[626] 법의 가장 중요한 작용이 정권의 합법성을 확인하고 민주제도를 확인하는 것이며, 민주선거를 통해 산생한 정부는 또한 정권을 공고히 할 수 있어야 한다는 스탈린의 견해를 알 수 있는 대목이다. 헌법에 민주선거 제도를 규정했느냐, 어떻게 규정했느냐 하는 것은 한 부의 헌법이 민주적 헌법이 맞느냐를 결정할 수 있다. 스탈린은 "소련의 신규 헌법은 세계상의 모든 헌법 가운데 가장 민주적인 헌법인데, 그 원인은 1936년 소련 헌법에서, 평등하고 직접적이며 무기명 형식의 보통선거 제도를 채택했기 때문이며, 이 선거제도는 공무를 잘 이행하지 못하는 정부 기관에 지도 작용을 하게 될 것이다"라고 생각했다

---

626) 「모택동과 중앙에 보낸 스탈린과의 회담 상황에 관한 전보」, 『건국 이래의 류사오치 문고』 4권, 중앙문헌출판사, 2005, 536쪽.

③ 헌법은 마땅히 당의 영도적 지위를 확립해야 한다

스탈린은 『소련 헌법 초안에 관하여(關于蘇聯憲法草案)』라는 보고에서, 헌법은 공산당의 영도적 지위를 1936년 소련 헌법의 주요 특징과 최대 장점으로 간주하여 인정해야 한다고 밝혔다. 그는 다음과 같이 밝혔다. "신규 헌법 초안은 노동자 계급의 독재 제도를 확실히 유지했고, 현재 소련 공산당의 영도적 지위도 마찬가지로 유지했다. 만약 존경스러운 비평가들이 이것이 헌법 초안의 단점이라고 여긴다면 유감스럽게 생각할 수밖에 없다. 우리 볼셰비키는 오히려 이것이 바로 헌법 초안의 장점이라고 생각하고 있다."[627]

④ 헌법과 강령을 구별했다

기본법으로서의 헌법은 동시에 강령적(지도적 원칙) 특징도 가지고 있다. 따라서 헌법과 강령적 문건을 구분하는 것도 헌법 속성에 대한 인식을 강화하는 데 있어서 중요한 전제가 되었다. "헌법위원회에서 헌법 초안을 작성할 때, 헌법은 마땅히 강령과 뒤섞어서는 안 된다는 차원에서 출발했다. 이는 강령과 헌법이 큰 차이가 있음을 말해 준다. 강령에서는 아직 없거나, 앞으로 획득하고 쟁취해야 할 것을 취급하지만, 그와 반대로 헌법에서는 응당 없는 것이나 현재 이미 획득하고 쟁취한 것을 취급한다. 강령은 주로 미래를 취급하고 헌법은 오히려 현재를 취급한다."[628] 이와 같은 구별의 의의는 헌법이 지니고 있는 법의 속성을 한발 더 나아가 설명함으로써 헌법도 안정성과 현실성을 지니게 했다. 헌법의 안정성은 국가 정권을 안정시키는 데 도움을 주고, 헌법의 현실성은

---

627) 스탈린, 「소련 헌법 초안에 관하여」, 『스탈린선집』 하권, 중국 인민출판사, 1979년 398쪽.
628) 스탈린, 위의 책, 408쪽.

소련 공민들이 분투해야 할 목표를 달성하는 데 용기와 믿음을 북돋우어 줄 수 있다. 헌법은 반드시 규약이나 다른 강령적 문건과는 달리 법의 범주에 속하므로 국가의 강제력 실행을 보장하는 데 운용할 수 있다.

(4) 트라이닌(Трайнн)의 헌법관념[629]

트라이닌의 헌법관념은 주로 그가 편집을 주관한 『소련 국가법 커리큘럼(蘇聯國家法敎程)』(상·하권)에 드러난다. 아래에 그의 관점을 개괄적으로 알아보자.

① 헌법 개념에 관하여

트라이닌은 헌법 개념에 대한 인식에서 스탈린의 '헌법은 기본법'이라는 관점을 토대로 하여 헌법의 뜻을 세 가지 방면에서 다양화했다. 첫째, 헌법과 국가법의 관계에서, "소비에트 헌법은 소비에트 국가법에 있어서 기본적이고 가장 중요한 법의 원천이다."[630] 둘째, 헌법이 최고의 법적 효력을 가지고 있다는 점을 강조했다. 셋째, 헌법 작용의 측면에서, 헌법은 "통치계급의 이익에 적합한 사회경제 제도 그리고 사회 정치제도를 토대로 하여 정립한다."는 점을 강조했다.[631] 여기에서 헌법학자로서의 트라이닌의 헌법 개념에 대한 인식을 알 수 있다. 정치가인 스탈린이나 비신스키 등의 헌법에 대한 인식과 비교하면, 적당히 학술적 각도에 편중하여 헌법을 인식했으며, 방법상에서 과학성을

---

629) 중국 법학계에 널리 알려진 Трайнн의 전체 이름이 Арон Наумович Трайнн으로서 소련 시대의 유명한 형법 학자이자 공훈(功勳)법 학자이다. 대표작은 『범죄 구성의 일반 학설(犯罪构成的一般學說)』이다. 하지만 이 책에서 언급하는 Трайнн은 И П Трайнн로서 소련 시대의 유명한 헌법학자이다.

630) 트라이닌 등 편집, 『소련 국가법 커리큘럼』 상권, 풍건화(彭建華) 역, 중국 대동서국, 1951, 47쪽.

631) 트라이닌 등 편집, 위의 책, 49쪽.

강화하고 정치성을 약화했다는 데서 차이를 보이고 있다.

　② 헌법의 특징에 관하여

　1950년대 트라이닌은 자기가 편집을 주관한 『소련 국가법 커리큘럼』이라는 책에서 헌법과 일반법의 각도에서 헌법의 특징을 분석하기 시작했다. 그는 다음과 같이 인정했다. "헌법은 우선 내용적으로 일반법과 다르다. 헌법은 국가의 기본법으로서 국가 제도의 기본 원리와 입법 원칙을 정립하고 확정하며, 국가기관이 현행의 입법 작업 그리고 모든 나머지 문제를 적당히 조정하는 것을 허용해야 한다." "헌법은 그 형식 및 법적 효력에 있어서, 일반법과는 다르다. 관례에 따르면, 헌법을 통과하고 폐지하고 수정하려면 특별히 복잡한 절차를 거쳐야 하므로, 일반법을 통과하고 폐지하고 수정하는 데 필요한 절차와는 다르기 때문이다.[632] 이 말에서 트라이닌이 생각하고 있는, 헌법의 특징을 정리할 수 있다. 첫째, 헌법은 내용적으로 일반법과 다르다. 헌법은 주로 국가의 제도적 기본 원리와 입법 원칙을 책정하며 또한 기타 중대한 문제를 책정한다. 둘째, 헌법은 효력에서 일반법과 다르다. 헌법은 최상의 법적 효력을 가지고 있다. 셋째, 헌법은 통과하고 폐지하고 수정하는 절차가 일반법과 다르다. 헌법은 특별히 엄격하고 복잡한 절차가 필요하다. 여기에서 우리는 중화인민공화국이 수립한 후, 특히 1980년대의 헌법학에서 우리의 헌법의 개념과 특징에 대한 인식이 트라이닌과 그를 대표로 하는 헌법학자들의 관점과 비슷하다는 점을 발견할 수 있다.

---

632) 트라이닌 등 편집, 앞의 책, 47쪽.

③ 헌법의 성질에 관하여

헌법의 성질에 대한 인식에 있어서 트라이닌은 레닌의 관점을 받아들였다. 그는 헌법의 본질이 계급투쟁 중 역량의 사실적 대비 관계를 표현하고 있다는 레닌의 이 관점은 헌법 문제를 연구하는 방침이며, 헌법학설에 관한 마르크스-레닌주의의 토대가 된다고 인정했다. "헌법은 통치계급 정권에 적합한 형식을 이룸으로 그에 유익하고 흡족할 만한 질서를 확정한다." 트라이닌은 한발 더 나아가 이렇게 지적했다. 헌법을 연구할 때, 이미 제정한 국가 형식 및 공민의 권리에 관한 내용을 이해하는 데만 국한되지 말고, "이 같은 형식과 권리가 어떻게 계급투쟁 역량의 진실한 상호 관계를 반영하는가도 마땅히 밝혀내야 한다."[633] 이는 트라이닌이 레닌의 헌법 성질에 관한 관점을 그대로 따른 것이 아니라 레닌의 인식론을 운용하고 연구방법을 운용하여 구체적인 문제를 분석하는 것을 강조하고 있음을 말해 주고 있다. 구체적으로 말하면, 국가 형식의 선택과 공민의 기본권리에 대한 내용이 어떻게 헌법의 성질을 구현하고 있느냐를 올바르게 분석해야 한다고 요구하고 있다. 즉, 각종 정치 세력의 사실적 대비 관계를 어떻게 구현했냐는 것이다. 이렇게 함으로써 헌법 연구에 있어서 거시적 연구에서 미시적 연구로의 발전을 초보적으로 달성했다.

④ 공민의 기본 권리에 관하여

소련 시대에서 '권리'에 대한 인식은 두 가지 기본을 지켰다. 첫째, 권리는 절대 천부적인 것이 아니고, 하나님이 준 것도 아니다. 권리는 계급투쟁을 통해 쟁취한 것이다. 둘째, 권리는 정치성 혹은 계급성을 지니고 있다. 즉, 자본주의 국가와 사회주의 국가는

---

633) 트라이닌 등 편집, 위의 책, 47쪽.

각기 서로 다른 공민의 기본 권리를 가지고 있다. 트라이닌은 이와 같은 전제 하에서 두 가지 서로 다른 헌법의 각도에서 소련 공민의 기본 권리를 한층 더 구분했다. 그는 이렇게 인정했다. "사회주의 국가는 공민의 기본 권리를 인정한다. 노동자 국가라는 성질에 근원을 두고 있기 때문이다. 소련 사회에서 개인 이익과 사회 이익의 결합은 각종 사실에서 분명하게 드러나고 있는데, 국가는 개인 권리의 형식에 대한 인정 그리고 법적 보장을 규제하지 않음과 아울러 자체의 모든 활동을 통해 공민의 실제적이고 최적의 권리를 향유할 수 있는 물질적 조건을 마련해 주고 있다." "사회주의 사회에서, 공민의 기본 권리를 규범화한 실체는 권리에 대한 각 분야와 법에 있다. 우선 물질적 보장에 있다. 그 방법은 공민이 사실상 권리를 향유할 수 있는 모든 조건을 충분하게 마련해 주는 것이다."[634] 트라이닌은, 공민이 기본 권리를 보장받고 구체화할 수 있느냐를 국가 성질을 구별하는 기준의 하나로 삼았다는 것을 알 수 있다.

---

634) 트라이닌 등 편집, 『소련 국가법 커리큘럼』 상권, 펑젠화 역, 대동서국, 1951, 172쪽.

제2절

중국 헌법학설에 대한 소련 헌법학설의 영향

1. 소련 헌법학설이 중국 헌법학설에 영향을 준 과정

중국 법학계는 일반적으로 중국 법학에 대한 소련 법학의 영향이 1920, 30년대부터 시작되었다고 보고 있다. 손문(孫文)이 '러시아와의 연합 정책'을 확립한 것은 중국이 소련의 법을 도입하기 시작했다는 것을 나타낸다. 손문의 '신 삼민주의' 이론의 형성, '오권헌법' 이론 확립에서 모두 어느 정도 국민대회를 설립하고 최고 권력기관이라는 정치체제로 여겨질 때까지 소련 법학 이론의 영향을 받았다는 흔적을 찾아볼 수 있다. "국가 권력이 국민 의지거나 그 대표 기구의 정치 시스템과 일괄적인 점은 러시아 소비에트의 제도 하에서 인민대표 기관이 최고 권력기관이라는 정체와 일치한다."[635] 그러나 그후, 손문이 사망하자 장개석을 수반으로 하는 국민당 정부는 반혁명 정변을 일으켰다. "국민당은 소련을 반대하고 공산당을 반대하기 시작하면서 소련의 법을 도입하는 것을 내용으로 하는 법제 개혁을 중단했다."[636]

중국 법학에 대한 소련 법학의 영향이 확실하게 진행되고 또한 일맥상통하게 이어내려오기 시작한 것은 1921년 중국공산당이 창설된 후, 토지혁명 시기에 혁명의 근거지가 구축되면서부터였다. 이후 1930년대의 소비에트 정권 수립 시기, 40년대의 항일전쟁 시기, 50년대 중화인민공화국 수립의 사회주의 제도를 구축하는 시기를 경과했다. 중국이

---

635) 손광연(孫光姸), 우일생(于逸生), 「소련 법이 중국 법제 발전에 준 영향에 대한
    회고(蘇聯法影響中國法制發展進程之回顧)」, 『법학연구』 1호, 2003.
636) 하근화(何勤華) 등 저, 『법률 도입론(法律移植論)』, 북경대학 출판사, 2008, 175쪽.

소련 법 도입을 중지했다거나 중국 법에 대한 소련 법의 직접적 영향을 금지한 시기를 1960년대로 보는 것이 학술계의 대체적인 공통적 인식이다. 구체적으로, 헌법학설의 영향을 운운할 때도 대개 이 경로를 따른다. 아래에 시간의 순서에 따라 같지 않은 시기 중국 헌법학설에 준 소련 헌법학설의 영향과 그 과정을 각기 정리해 보자.

(1) 1920년대, 중국 헌법학설에 대한 소련 헌법학설의 영향

1920년대의 소련으로 말하자면 소비에트 정권이 수립된 지 얼마 되지 않았고, 연방제도로써의 소비에트 사회주의 연방 공화국이 1922년 막 탄생한 생태에서 정권을 안정시키고, 방치했거나 지체된 모든 일들이 다시 시행되기를 기다리는 국면 상태였다. 법제 건설도 막 걸음마를 뗀 상황이었다. 새로운 정권을 수호하기 위하여 10월 혁명이 승리한 후 1918년 소비에트 러시아 헌법을 공포했고, 소비에트 사회주의 연방 공화국을 수립한 후에는 1924년 소련 헌법을 채택하고 공포했다. 이 두 부의 헌법은 주로 레닌의 헌법사상을 구현했으며, 아울러 그 시기 모택동을 대표로 하는 중국공산당원들이 벌이고 있던 혁명투쟁과 초기 헌법사상에 영향을 미침으로써 그 후 중국 소비에트 정권을 수립하는 데 중요한 사상적 토대를 닦아주었다.

① 헌법과 정권의 관계에 관하여

1920년대 전기, 갓 태어난 소비에트 사회주의 연방 공화국은 소비에트정권을 수호하고 공고히 할 필요가 있었다. 연방국가로서 소련은 국가 정권과 밀접한 관계가 있는 민족 관계와 각 연방 공화국 간의 관계를 처리하는 데 치중했다. 중국 공산당은 1921년 창립된 후 역시 옛 정권을 뒤엎고 새로운 '혁명적 민중 정권'을 수립해야 하는 험난한 투쟁에 봉착했다. 그렇기 때문에 이 시기 헌법학설의 핵심 문제는 헌법과 정권의 관계를 에워싼 문제였다.

레닌의 초기 법제사상 중에는 허다한 내용이 헌법과 정권 관계와 관련된 논증이었다. 1905년 6월 24일 레닌은 『세 가지 헌법 또는 세 가지 국가제도』라는 제목의 전단지를 쓴 적이 있다. 그 글에서 레닌은 세 가지 헌법이 확인한 세 가지 서로 다른 국가제도를 논술했다. 즉 독재군주제(군주정체), 입헌군주제, 민주공화제인데 세 가지 각기 다른 국가제도가 구현하고 있는 서로 다른 계급의 본질을 각각 분석했다. 이 전단지를 유포하게 된 배경은 바로 러시아 1차 부르주아계급 민주혁명 시기였는데, 부르주아계급 자유주의자들의 혁명에 대한 불철저성, 부르주아계급 입헌민주당의 군주제를 보류해야 한다는 요구, 공화제를 반대한다는 주장에 초점을 맞추어 레닌은 다음과 같은 관점을 내놓았다. 광범위한 러시아 노동자와 농민들이 민주공화제라는 주장을 받아들이게 하려는 목적이었다. 10월 혁명이 승리하고 소비에트 정권을 수립한 후, 헌법은 혁명투쟁 중 생성되고 헌법은 국가 정권을 위해 봉사해야 한다는 레닌의 이 같은 사상은 한결 명확해지고 체계화 되었다. 그는 1918년 10월 '프롤레타리아 혁명과 배신자 카우츠키'라는 글에서 "소비에트 헌법은 이른바 '계획'에 좇아 작성한 것이 아니고, 서재에서 만든 것도 아니며, 부르주아계급 법학자들이 노동 대중들에게 강요한 물건도 아니다. 아니, 이 헌법은 계급투쟁이 발전하는 과정에서 계급 모순이 성숙됨에 따라 성장한 것이다."[637] 우선 정권 탈취 투쟁을 통하여 국가 정권을 장악하고 통제해야 만이 헌법을 만들고 채택할 수 있으며, 그리고 정권을 탈취하는 과정에는 법이 필요 없을 뿐더러 옛 법에 얽매일 필요도 없으며, 독재는 폭력에 직접적으로 의지할 뿐 그 어떤 법의 제한도 받지 않는 정권이라는 것을 표명했다.

레닌을 대표로 하는 소련공산당의 헌법과 정권 관계에 관한 인식은, 당시 모택동을 대표로 하는 중국 공산당이 진행하고 있던 혁명투쟁, 그리고 법제에 대한 인식에 영향을 주기 시작했다. 일찍 1920년에 모택동은 정치 활동과 헌법을 연계시켰다.

---

637) 『레닌전집』 35권, 302쪽.

그는 하숙형(何叔衡), 팽황(彭璜) 등 370여 명과 공동으로 선언을 발표하여 호남성 인민 제헌회의를 소집하고 호남 자치를 실행해야 한다고 요구했다. 호남 자치운동이 실패하자 모택동은 지방자치를 널리 시행하여 민주공화제를 실현하려는 사상은 중국에서 불가능하며, 오직 프롤레타리아 독재 이론을 운용해야 만이 낡은 국가 기구를 철저히 부수어 버리고, 새로운 노동자 농민 정권으로 대체할 수 있다는 이치를 깨닫기 시작했다. 당시 중국공산당이 봉착한 최우선 문제가 정권을 쟁취하는 것이었으므로 그 시기 체계적인 헌법학설이 형성될 수 없었으며, 소련의 헌법사상에 의해 생성된 영향 역시 체계적이지 못하고 분산되어 있었다. 헌법과 정권의 관계 문제에 관하여, 중국의 정치학계와 법학계는 한때 연구 방면에서 절정기를 이룬 적이 있었다. 예컨대, 이삼무(李三無)의 '헌법 문제와 중국', 진독수(陳獨秀)의 '헌법과 유교', 호적(胡適)의 '인권과 약법', 라융기(羅隆基)의 '인권을 논함' 등 글은 각기 다른 시각에서 헌법에 대한 인식, 그리고 헌법과 정권의 관계 문제를 제기했다. 하지만 헌법관념은 주로 서양 헌정사상을 소개하는 데 한정되었고, 소련의 헌법사상의 영향을 결코 받아들이지 않았다.

② 헌법과 민주의 관계에 관하여

이 시기, 레닌을 대표로 하는 볼셰비키 당은 헌법과 민주의 관계 문제를 아주 중시하면서, 헌법의 형식으로 국가의 민주 정체를 확인하는 데 치중했다.

레닌은 10월 혁명을 전후하여 민주에 대한 인식을 여러 번 상세히 진술했다. "민주는 국가의 형식이며, 일종의 국가 형태이다."[638] 헌법과 민주의 관계에 관하여, 그는 오히려 주로 민주적 형식에 대한 헌법의 확인, 그리고 구체적인 헌법 실천을 논술하는 방식을 통하여 완성했다. 레닌은 미래 정권의 민주 형식에 대한 선택을 아주 중시했다. 그는

---

638) 『레닌전집』 31권, 중국 인민출판사, 1985, 96쪽.

이렇게 밝혔다. 국내에 선거를 통해 발생한 관리기구가 없고, 인민대표회의가 없는 한, 노동자와 농민은 경찰과 관리들의 공갈과 협잡, 업신여김과 능욕을 당해야 할 것이다. 인민대표회 회의만이 인민들을 관리들의 노역에서 벗어나게 할 수 있다.[639] 이 같은 민주선거를 통해 탄생한 인민대표 회의가 바로 1918년 소비에트 러시아 헌법이 확립한 소비에트 인민대표제도이다. 1918년 소비에트 러시아 헌법 1조는 "러시아는 노동자 농민 사병이 소비에트 공화국을 대표함을 선포한다. 중앙과 지방의 모든 정권을 소비에트가 장악한다"고 규정했다. 12조는 "러시아 사회주의 연방 소비에트공화국의 최고 권력기관은 전(全) 소비에트 러시아대표대회이다. 그러나 대표대회가 폐회 기간에는 전(全)소비에트 러시아 중앙 집행위원회가 최고 권력기관이다"라고 규정했다. 1924년 소련헌법 8조는 "소비에트 사회주의 연방공화국의 최고 권력기관은 소비에트 대표대회이다. 소비에트 대표 대회가 폐막되어 있는 기간에는 연방 소비에트와 민족 소비에트로 구성된 소비에트 사회주의 연방공화국 중앙집행위원회가 연방의 최고 권력이관이다."[640]

중국공산당 인원들은 헌법과 민주 관계에 대한 인식 역시 소비에트 러시아의 영향을 받았다. 일찍이 1925년 11월 모택동은 "소년중국학회 개편위원회 물음에 답변"이라는 글에서 민주 정권을 수립해야 한다는 사상을 피력한 바가 있다. "프롤레타리아, 부르주아 계급 및 중산 계급 좌익의 연합 통치, 즉 혁명 대중의 통치를 실현해야 한다."[641] 1926년 호남성에서 소집된 1차 농민대표대회에서는 "호남성 1차 농민대표대회 선언"과 40건의 결의안이 통과되고, 민주제 정체라는 구상을 입법의 형식으로 확인했다. 1927년 3월 모택동은 『호남 농민운동의 고찰 보고』라는 글에서 "농회가 곧 유일의 권력기관이 되어

---

639) 여세윤(呂世倫), 『레닌 법 사상사』, 중국 법률출판사, 2000, 209쪽.
640) 1918년 소비에트 러시아 헌법, 1924년 소련 헌법과 1936년 소련 헌법 내용은 모두 중국 법학 교재편집부 "외국 법제사(法制史)" 편찬 팀에서 편찬한 『외국 법제사 자료 선집』 하권에서 인용했다.
641) 『모택동선집』 1권, 인민출판사, 1993, 19쪽.

명실상부하게 이른바 사람들이 말하는 모든 권력이 농회에 속하게 되었다"[642]고 했다.

여기에서 우리는 "모든 권력이 농회에 속한다"는 말이 바로 "모든 권력이 소비에트에 속한다"는 원칙의 복사판이라고 긍정할 수 있다. 그리고 이 같은 민주제 정체가 헌법의 확인을 거쳐 향상되어 1930년대 초에 드디어 실현되었다.

(2) 1920년대 중국 헌법학설에 대한 소련 헌법학설의 영향

1924년 초 레닌이 사망한 후, 소련은 스탈린 시대에 들어서기 시작했다. 만약 1920년대를 레닌의 법제사상 시대라고 할 수 있다면 30년대에 갓 들어섰을 때는 스탈린의 법제사상 시대라고 할 수 있다. 이 기간 중국 헌법학설에 대한 소련 헌법학설의 영향은 더욱 구체이고 체계적이었으며, 영향의 결과도 드러나기 시작했다.

① 소비에트 제도 : 정권 조직형식의 공동 선택

소비에트 인민대표대회 제도는 10월 혁명이 승리한 후 볼셰비키 당이 확립한 신형의 정권조직 형식으로써, 자본주의 국가 의회제와 구별했다. 소비에트 제도의 성질과 특징에 대해 레닌이 이미 전문적으로 논술한 적이 있었다. "소비에트는 신형의 국가기구이다. 첫째, 소비에트는 노동자와 농민으로 이루어진 무장 역량이 있다. 뿐만 아니라 이 무장 역량은 과거의 상비군처럼 인민들을 이탈한 것이 아니라 인민들과 밀접한 관계가 있다. 군사적으로, 이 무장 역량은 종전의 군대에 비해 훨씬 강대하다. 혁명적으로, 그 무엇도 이 무장 역량을 대체할 수 없다. 둘째, 이 기구는 대중들과, 대다수 인민들과 불가분의 아주 밀접하게 연계되어 있어서 검사하기 쉽고 혁신하기 쉽다. 이 같은 연계는 종전의

---

642) 『모택동선집』 1권, 위의 책, 14쪽.

국가기구에 아예 없었다. 셋째, 이 기구의 성원들은 관료주의적 수속을 거친 것이 아니라 인민들의 의지에 좇아 선거, 탄생되었을 뿐만 아니라 인원을 교체할 수도 있다. 그렇기 때문에 종전의 기구보다 민주적이다. 넷째, 이 기구는 여러 다양한 분야와 굳건한 관계를 가지고 있다. 따라서 관료주의를 범하지 않을 수 있기 때문에 심도 깊은 다양한 형식의 개혁을 쉽게 진행할 수 있다. 다섯째, 이 기구는 선봉대이다.

다시 말하면 압박받던 노동자계급과 농민계급 가운데서 각성된 의지가 가장 굳세며 가장 선진적인 부분으로 이루어진 조직 형식이다. 때문에 피압박 계급의 선봉 대로서, 광범위한 대중들을 동원, 교육, 훈련, 영도하는 기구이다. 그리고 여태까지 대중들은 정치적 생활과 역사에서 외면당하며 살았다. 여섯째, 이 기구는 의회제의 장점과 직접 민주제의 장점을 결합하고 있다. 즉 입법 직능과 집법 직능을 선출된 인민대표들을 통해 결합했다. 부르주아 계급 의회제와 비교하면, 이는 민주의 발전 과정에서 세계 역사적 의미를 가지는 거족적인 진보이다."[643] '소비에트'란 러시아어 COBET로 해석하면 회의, 위원회, 다수인 협상, 정책 입안 등 여러 가지 뜻을 가지고 있다. 일종 권력 조직 형식으로서의 '소비에트'는 19세기 초, 러시아 사회민주노동당이 창설될 때 나타났고, 1905년 우랄 공장의 노동자들이 파업을 하면서 우선적으로 전권을 가진 소비에트를 성립했다.

그 후, 이바노보-보즈네센스크시의 노동자들이 노동자대표 소비에트를 성립했다. 그리고 잇달아 페테르부르크 모스크바를 비롯한 각지에 노동자대표 소비에트가 성립되었다. 하지만 1905년 러시아 혁명이 실패하면서 소비에트도 활동을 중지했다.

"1905년 중국의 소비에트는 배 속의 태아에 불과했다. 도합 몇 주일밖에 존재하지 못했기 때문이다. 분명히 당시의 조건에서 소비에트의 전면적인 발전은 아예 운운할 수조차 없었다."[644] 1917년 '10월 혁명'시기가 되어서야 소비에트라는 조직형식이 재차

643) 『레닌전집』 32권, 중국 인민출판사, 1985, 297쪽.
644) 『레닌전집』 32권, 중국 인민출판사, 1985, 297쪽.

나타나기 시작했고, 또한 페테르부르크 노동자대표 소비에트를 성립하려 준비했고, 1917년 3월초에 드디어 노동자와 사병 대표가 참석한 소비에트 1차 회의가 소집되었다. 그러나 당시 볼셰비키는 소수였다. 그 후, 러시아 대부분의 도시에 소비에트를 설립, 도합 555개에 달했다. 지방 소비에트 정권을 설립한 토대 위에서 1917년 6월 페테르부르크에서 전(全)러시아 노동자 사병 대표의 소비에트 1차 대표대회를 소집했다. 하지만 "모든 정권이 소비에트에 속한다"는 주장을 실현하지는 못했고, 두 가지 정권이 병존하는 국면을 끝내지 못했다. 1917년 10월 25일 무장봉기를 통하여 케렌스키를 수반으로 한 임시정부를 전복할 때까지 이런 국면은 지속되었다. 10월 25일 그날, 소비에트는 전 소비에트 러시아 2차 대표대회를 소집하고 레닌의 「노동자, 사병, 농민들에게 보내는 글(告工人, 士兵과 農民書)」을 공포하면서 모든 정권이 소비에트에 속한다고 선포했다. 그 후 소비에트정권이라는 조직 형식은 연달아 1918년의 소비에트 러시아 헌법, 1924년의 소련 헌법, 1936년의 소련 헌법과 1977년의 소련 헌법 중에 확인되었으며, 1991년 소련이 해체되기 전까지 전승되었다.

소비에트라는 정권 조직 형식에 대한 중국의 인식은 1920년대에 형성되었고, 또한 시도해 보았다.[645] 일찍이 1925년 중국 공산당이 결성되어 일으킨 홍콩대파업(香港大罷業, 1925년 6월 19일 상해 시민들의 5.30 반제국주의 애국운동을 지원하여 광주와 홍콩에서 일어난 엄청난 규모의 파업으로 시간이 1년 4개월 동안 걸렸다-역자 주)이 바로 민주집중제 원칙을 좇아 형성된 동맹파업 조직이었고, 동시에 '광동성과 홍콩

---

645) 중국의 일부 학자들은 이 시기 소비에트제도를 도입하고 구축했느냐를 두고 이미 상세한 논증을 벌였다. 대체적인 맥락은, 1927년 '4.12' 반혁명 정변이 일어나기 전까지 스탈린과 공산 국제는 두 개 정부가 나타나는 결과를 초래할 것을 두려워 해 중국공산당이 국민당에서 탈퇴하는 것을 바라지 않았으며, 소비에트 정권을 수립하는 것도 반대했다. 추후인 1827년 9월 중국공산당 중앙위원회 정치국 회의에서 "'좌파 공산당' 및 소비에트 구호 문제에 관한 의안"을 통과하는 것을 표지로 하여, 소비에트 사상을 홍보하고 소비에트 정권을 수립하자는 주장을 제기했다. 한대매(韓大梅) 저 『신민주주의 헌법 연구(新民主主義憲政研究)』, 인민출판사, 2005, 39쪽을 참고.

파업노동자 대표대회'를 대파업을 결성하는 최고 권력기관으로 삼았다. 이후 1927년 11월 중국공산당은 또 유명한 광주봉기를 지도했고, 또한 중국 사상 최초의 노농병(勞農兵) 소비에트 정부를 수립했다. 1928년 초에는 정강산(井岡山)에 혁명 근거지를 설립하면서, 수천(遂川), 녕강(寧岡) 등 현(縣)에도 잇달아 노농병(工農兵) 민주정부를 설립했다. 그해 5월 영강현 모평(茅坪)에 호남성·강서성 노농병 소비에트 정부를 수립했다. 1928년 6월부터 7월까지, 중국 공산당 6차 당 대표 대회가 모스크바에서 소집되었다. 회의는 『소비에트 조직 문제 결의안』을 통과시켰고, "중국 소비에트 정부의 공식 명의는 마땅히 중국 노농병 대표회의(소비에트) 정부"라고 해야 한다고 분명하게 밝혔다. 중국공산당 6차 당대표대회의 회의 종지에 따르면, 1931년 11월 강서 서금(瑞金)에서 중화 소비에트 1차 전국대표대회가 열렸다. 회의는 중화소비에트공화국 수립을 선포하였으며, 아울러 '중화소비에트공화국 헌법요강'을 채택, 공포했다(이하 '헌법요강'으로 약칭). 이 '헌법요강'은 공화국 정권의 성질, 임무 그리고 소련 국가와의 밀접한 관계를 명확하게 규정했다. '헌법요강' 2조는 이렇게 규정했다. "중국소비에트 정권이 수립하려는 국가는, 노동자와 농민의 민주독재 국가이다. 소비에트 모든 정권은 노동자, 농민, 홍군 사병 그리고 모든 수고한 민중(勞苦民衆)에게 속한다." 17조는 이렇게 규정했다. "중국소비에트 정권은, 세계 프롤레타리아와 압박받는 민족들과 같은 혁명전선에서 있으며, 프롤레타리아 독재 국가인 소련은 중국 소비에트 정권의 공고한 연맹임을 선고한다." 이런 소비에트 제도라는 정권 조직 형식은 30년대 중, 후기 항일 전쟁이 발발하고, 여러 민주 근거지에서 구축한 참의원 제도에 대체될 때까지 지속되었다.

아래에 그래프를 통해 1918년 소련 헌법, 1924년 소련 헌법 중의 소비에트 관련 조항과 1931년 『중화 소비에트공화국 헌법요강』 중의 관련 조항에 관한 설명을 비교해 보자.

1918년 소련 헌법	1924년 소련 헌법	1931년 『중화 소비에트 공화국 헌법요강』
1조: 러시아는 노동병(工農兵)대표 소비에트 공화국을 선포했다. 중앙과 지방의 모든 정권을 소비에트가 장악한다.		2조: 중국 소비에트 정권이 수립하려는 국가는, 노동자와 농민의 민주 독재 국가이다. 소비에트의 모든 정권은 노동자, 농민, 홍군 사병, 그리고 모든 노고 민중들에게 속한다.
24조: 전 소비에트 러시아 대표대회가 러시아 사회주의 소비에트 연방 공화국의 최고 권력기관이다. 30조: 대표대회가 폐막되어 있는 기간, 전 소비에트 러시아 중앙집행위원회를 공화국 최고 권력기관으로 한다.	8조: 소비에트 사회주의 공화국 연방의 최고 권력기관은 소비에트 대표대회이다. 소비에트 대표대회가 폐막되어 있는 기간에는 연방 소비에트와 민족 소비에트로 편성된 소비에트 사회주의 연방공화국 중앙 집행위원회를 연방의 최고 권력기관으로 한다.	3조: 중화 소비에트공화국의 최고 권력기관은 전국 노농병 회의(소비에트)라는 대회이다. 대회가 폐막되어 있는 기간에는 전국 소비에트 임시 중앙 집행위원회를 최고 정권기관으로 하며, 중앙 집행위원회 아래에 인민위원회를 두어 일상 정무를 처리하고 모든 법령과 의결안을 선포한다.

　소결론: 우의 내용을 종합해 보면 다음과 같은 것을 알 수 있다. 첫째, 국가 정권 성질에 관한 설명에서, 1931년 『중화 소비에트 공화국 헌법요강』은 주로 1918년 소련 헌법의 설명 방식을 수용했는데, '노동자와 농민의 민주독재 국가', '노농병 대표 소비에트 공화국' 등 유사한 문구를 도입했다. 둘째, 최고 권력기관, 그리고 상설 기관에 관한 설명에서, 1931년 '중화 소비에트공화국 헌법요강'은 1918년 소련 헌법과 1924년 소련 헌법의 '소비에트 대표대회', '중앙 집행위원회' 라는 어구를 사용했으며, 기구 설치에서 모두 두 건의 소비에트 헌법의 내용을 답습했다.

　② 자유와 평등한 권리 보장 : 헌법의 주요 내용

　헌법을 통하여 인민의 권리와 자유를 확인한다는 것은 프롤레타리아 독재 정권의 주요 임무일 뿐만 아니라, 레닌을 대표로 하는 공산당원들이 사회주의 유형 헌법에 대한 본질적 인식이기도 했다. 1918년 소련 헌법과 1936년 소련 헌법 모두 인민 혹은 공민들의 자유권과 평등권을 보장한다는 조항을 중요한 내용으로 간주하여 규정했다. 아래에 그래프 방식을 통해 1918년 소련 헌법 중의 권리와 자유 관련 조항과 1931년 "중화 소비에트 공화국 헌법요강" 중 관련 조항을 비교해 보자.[646]

내용	1918년 소비에트 협법	1931년 『중화 소비에트공화국 헌법요강』
종교 신앙 자유	13조: 노동자가 참다운 신앙 자유를 향유하는 권리를 보장하고자 교회와 국가를 분리하고, 학교와 교회를 분리한다. 동시에 모든 공민이 선교를 할 수 있고, 또한 반대할 수 있다고 인정한다.	13조: 중국 소비에트 정권은 노동자와 농민 등 노고 민중들이 참다운 신교 자유를 목적으로 하는 실제 행위를 보장해 준다. 정치와 종교 분리 원칙, 모든 종교가 소비에트 국가 분리한다는 원칙을 무조건 실행해야 하며, 모든 종교가 소비에트국가의 그 어떤 보호나 비용을 받지 못하며, 모든 소비에트 공민은 선교를 반대할 수 있는 자유가 있다. 제국주의적 종교는 소비에트 법을 순종할 때만이 그 존재를 허용한다.

---

646) 1924년 소련 헌법에 소련 공민의 권리와 자유 관련 조항을 전문 언급하지 않았으므로 이 표에 넣지 않았다.

	14조: 노동자들이 명실상부하게 자신의 의견을 드러낼 수 있는 자유를 향유하는 권리를 보장하고자, 러시아 사회주의 소비에트 연방 공화국은 출판 업무에서 자본과의 종속관계를 없애며, 모든 신문과 서적 그리고 인쇄물 기술과 물가 수단을 프롤레타리아와 빈농에게 넘겨주어 장악하게 한다.	10조: 중국 소비에트정권은 노동자와 농민 등 수고한 민중들의 언론 출판 집회 결사 자유를 목적으로 하는 행위를 보장해 준다. … 지주와 부르주아계급의 경제적, 정치적 권리를 타파하고, 노동자와 농민들의 자유를 속박하는 모든 반동사회를 제거한다. 군중 정권의 힘을 활용하여 인쇄기관(신문사, 인새소 등), 회의장소 그리고 필요한 모든 설비를 입수하여 노동자와 농민 등 수고한 민중들에게 줌으로써 이들이 이와 같은 자유롭게 물질적 토대를 취득할 수 있게끔 보장해 준다. 동시에 소비에트 정권하에서의 모든 반혁명 선전과 활동, 착취자의 정치적 자유를 무조건 엄금한다.
언론 출판 집회 결사 자유	15조: 노동자들이 명실상부한 집회 자유를 향유하는 권리를 보장하고자 러시아 사회주의 소비에트 연방 공화국은 소비에트 공화국 공민에게 자유롭게 집회를 가지고 시위를 하는 등 권리가 있음을 인정한다. 아울러 인민대회를 거행하는 데 적합한 장소, 배치한 가구와 조명 그리고 난방설비 모두 노동자계급과 빈농들에게 맡겨 처리하게 한다.	
교육을 받을 권리 부여	17조: 노동자들이 지식을 습득할 수 있는 권리를 확실하게 보장하고자 러시아 사회주의 소비에트 연방 공화국의 임무는 노동자와 농민들에게 다각적이고 전적인 무료 교육을 시키는 것이다.	12조: 중국 소비에트 정권은 노동자와 농민 등 노고 민중들이 교육을 받을 권리를 보장해 준다. 계급 전쟁이 허락하는 범위 내에서 마땅히 완전한 무료 교육을 보급해야 한다.

소결론: 위의 내용을 종합해 보면, 1931년 『중화 소비에트 공화국 헌법요강』 중에서 권리와 자유를 보장한다는 내용은 당시 중국 혁명 형세라는 실제적 수요를 토대로 하여, 1918년 소비에트 러시아 헌법 중의 관련 규정을 결합했음을 알 수 있다. 앞의 그래프 중의 세 가지 권리와 자유 관련 내용은, 소비에트 러시아 헌법과 '헌법요강'이 서로

일치한 부분이다. 이밖에 권리와 자유에 관련한 내용이 일치하지 않은 곳도 있다. 1918년 소비에트 러시아 헌법에는 있지만 '헌법요강'에는 없는 권리와 자유로 그 내용은, 외국 인민 거류(居留)권, 공민의 평등권이다. 1931년 '헌법요강'에는 있지만 소비에트 러시아 헌법에는 없는 권리와 자유에 관련된 내용으로 노동자 생산 감독권, 혼인의 자유이다. 전반적으로, 양자는 서로 일치한 내용이 아주 많다.

(3) 1940~50년대 중국 헌법학설에 대한 소련 헌법학설의 영향

1949년 중화인민공화국이 수립된 후, 50년대부터 중국과 소련은 밀월시대에 들어섰고, 또한 중국 헌법학설에 대한 소련 헌법학설의 영향이 절정기를 이룬 때이기도 하다. 이 같은 영향은 중국이 1954년 헌법을 제정하던 과정과 최종 형성된 헌법 텍스트에서 집중적으로 구현되었다.

① 1954년 헌법 제정 과정에 끼친 소련 헌법학설의 영향

소련 헌법학설이 중국이 1954년 헌법 제정에 끼친 영향은 주로 두 가지 측면에서 볼 수 있다. 첫째, 중국 지도자에게 끼친 소련 최고 지도층의 헌법관념으로 이 같은 헌법관념은 후에 헌법을 제정하는 데 반영되었다. 둘째, 소련에서 주도적 위치를 차지하는 헌법 이론과 헌법학설이 1954년 헌법 제정에 끼친 영향이다. 이 영향을 준 두 가지 요소 가운데 첫 번째 요소가 당시 무척 중요한 작용을 했음은 의심할 여지가 없는 사실이다.

a. 소련 최고 지도층의 헌법관념이 끼친 영향

1949년 중화인민공화국이 수립되기 전 전국인민대표대회를 조직, 소집할 형편이 안 되어 1949년 9월 추천하고 초청하는 방식을 통하여 선발, 파견한 대표들로 1기인민정치협상회의 1차 회의를 개최했으며, 또한 임시 헌법 작용을 논한 『공동강령』이 통과됐다. 이 임시 헌법은 새로운 정권을 공고히 하고 사회질서를 안정시키며, 국민경제를 회복하고 인민들의 정치적 각 성을 향상시키는 방면에서 중차대한 역할을 했다.

『공동강령』의 존속 기한에 대한 중국공산당 중앙위원회의 최초의 구상을 볼 때, 『공동강령』이 비교적 긴 한 시기 동안 적용하기를 바랐다. 다시 말하면, 새로운 헌법을 서둘러 제정하여 『공동강령』을 대체할 생각이 없었다. 하지만 이런 구상은 1952년 10월 류사오치가 중국공산당 대표단을 인솔하여 모스크바에서 열린 소련공산당 19차 대표대회에 참석하면서 변화가 생겼다. 중공 대표단이 소련을 방문하기 전, 모택동은 스탈린에게 보내는 편지를 류사오치에게 위탁했는데, 편지는 스탈린에게 중국의 헌법 제정 문제와 전국인민대표대회를 소집하는 문제에 대해 의견을 제기해 달라는 내용이 들어 있었다. 중공 대표단이 모스크바에 도착한 후, 스탈린은 류사오치와 회담을 가지고, 자기 의견을 내놓았다. "만약 당신네가 전국인민대표대회를 소집할 준비가 제대로 되지 않았다면 잠시 회의를 소집하지 말고, 정치협상회의를 소집한다. 하지만 정치협상회의 대표는 인민이 선거한 것은 아니므로, 이는 하나의 단점이다.

대외적으로 누군가 이 점을 가지고 공격할 수 있고, 사람들은 상황을 모르기 때문에 납득해 하기 힘들어할 것이다. 현재 사용하고 있는 공동강령을 찬성한다. 그러나 마땅히 헌법을 준비해야 한다. 만약 당신네가 헌법을 제정하지 않고, 선거를 하지 않는다면 적들이 두 가지 견해를 가지고 당신들을 반대해야 한다고 노동자, 농민, 사병들을 선동할 것이다. 첫째, 당신네 정부를 인민들이 선거한 정부가 아니라고 선동할 것이다. 둘째, 당신네 국가에 헌법이 없다고 선동할 것이다. 정치협상회의는 인민들의 선거를 통하여 생긴 것이 아니기 때문이다. 적들은 당신네 정부가 총칼 위에 수립된, 자칭한 정부라고 공격할 것이다. 이밖에 '공동강령'도 인민들이 선거한 대표대회에서 통과한 것이 아니라 하나의 정당이 제안하고 기타 정당은 동의만 한 강령이다. 남들은 당신의 국가에 법률이 없다고 비웃을 것이다.

당신들은 마땅히 적(중국의 적과 외국의 적)들에게서 그런 무기를 제거하여, 그들에게 빌미를 주지 말아야 한다. 나는 편지에서 말한, 공동강령을 헌법 즉 기본 대법(大法)으로 변경하려 한다는 의견에 동의한다. 이런 헌법이 물론 일종의 조제품(粗製品)이라 할지라도 있다는 것은 없는 것보다 나을 것이다… 나는 1954년에 선거를 진행하고 헌법을 만들었으면 하는 생각이다. 이렇게 하면 당신들에게 이로울 것이다."[647]

스탈린의 이 말에서 알 수 있듯이, "신중국이 헌법을 제정하는 것에 관한 스탈린의 의견은 사실 정권의 합법성과 합헌성에 중대한 문제를 제기한 것으로서, 중공중앙이 제헌 시기를 거듭 고려하게 했으며, 또한 정권 존재와 발전의 각도에서, 공식적으로 헌법을 통해 정권의 합법성을 확인할 필요성이 있다는 것을 인식하게 되었다."[648] 그해 12월 1일 중공중앙은 "당의 전국대표대회 회의를 소집하는 것에 관한 통지"를 발부, 통지는 "전국인민대표대회 소집 관련 준비를 충분히 하기 위하여 1953년 2월 5일 당의 전국대표대회를 소집하며, 또한 1953년 9월에 전국인민대표대회를 소집하고, 헌법을 제정하기로 초보적으로 결정했다"고 밝혔다. 하지만 후에 국내에 고강(高崗) 사건이 터지면서, 1기 전국인민대표대회를 1954년 9월에야 소집할 수 있었다.

앞에서 서술했듯이, 소련 최고층을 구체적으로 말하자면, 바로 스탈린의 헌법 그리고 헌법과 국가 정권 관계에 대한 인식이 중국이 1954년에 헌법을 제정하도록 촉구했고, 또한 헌법에 영향을 주었다. 물론 스탈린의 건의가 없었다면 중국이 헌법을 제정하지 않을 수도 있다는 말이 아니라, 그의 건의가 없었다면 중국이 제헌 일정을 연기하여 천천히 만들 수도 있었다는 말이다. 당시 중공중앙이 "… 3년 동안 우리는 공동강령을 올바르게 실행한 까닭에 공동강령이 인민들과 여러 정당들 속에서 위신이 아주 높다. 만약 우리가 향후 2, 3년 사이에 헌법을 제정한다면 필연코 공동강령을 중복할 것이고, 자본가의 재산 그리고 고용 노동을 시키고 착취하는 행위를 합법화해야 할 것이다. 그러나 7, 8년이 지난

---

647) 「모택동과 중앙에 보낸 스탈린과의 회담 상황에 관한 전보」, 『건국 이래의 류사오치 문고』 4권, 중앙문헌출판사, 2005, 536~538쪽.
648) 한대원 편, 『1954년 헌법과 신중국 헌법』, 무한대학출판사, 2008, 51쪽.

후 우리가 재차 자본가의 기업을 국유화하고, 재차 사회주의 성질의 헌법을 제정한다면 타당치 못할 것이다."[649] 그렇기 때문에 스탈린의 건의는 헌법의 작용 및 헌법과 정권 관계에 관한 소련 최고 지도층의 분석이자 인식이었으므로, 중국이 1954년 헌법이 출범하도록 영향을 준 중요한 촉매제가 되었다.

b. 소련에서 주도적 위치를 차지했던 헌법이론과 헌법학설이 끼친 영향

1940~50년대 소련에서 주도적 위치를 차지했던 헌법이론과 헌법학설은 무엇이었는가? 이 같은 주류적 헌법학설이 당시 중국 사회에 도입되었는가? 중국의 제헌 과정에 영향을 주었는가? 첫 번째 문제에 대해 우리는 곧바로 정확한 답을 줄 수가 없다. 그러나 그 시기 우리가 번역해 들여온 소련 법학자들의 저작을 통하여 측면적으로 증명할 수 있다.

1954년 제헌 준비를 하기 전, 모택동은 정치국 위원들과 북경에 있는 중앙위원들에게 시간을 할애하여 다음과 같은 참고 문헌을 탐독하라고 요구했다. 1) 1936년 소련 헌법 및 스탈린 보고 2) 1918년 소비에트 러시아 헌법 3) 루마니아, 폴란드, 독일 체코 등 국가의 헌법 4) 1913년 천단(天壇)헌법 초안(중화민국헌법 초안), 1923년 조곤(曹錕)헌법(1923년 중화민국헌법)과 1946년 장개석(蔣介石)헌법(중화민국헌법) 5) 프랑스 1946년 헌법. 1936년 소련 헌법과 1918년 소비에트 러시아 헌법을 먼저 열거하고 있다. 이는 이 두 부의 헌법이 1954년 헌법을 제정하는 데 중요한 참고 자료였거나 의거하는 모델이 되었음을 말해준다. 이밖에 1954년 헌법을 공포하기 전까지 소련 헌법학자들의 저작이거나 교재를 다량 번역 출판하여 1954년 제헌에 헌법 이론을 제공했다. 그 시기 출판된 주요 번역 작품들로는 데니소프의 『소비에트 헌법과 발전사』(인민출판사 1953년 판), 『소비에트 국가와 법권의 토대』(중국인민대학출판사 1955년 판), 『소련

---

649) 「모택동과 중앙에 보낸 스탈린과의 회담 상황에 관한 전보」, 앞의 책, 535~536쪽.

헌법』(인민출판사 1954년 판), 칼레와의 『소련 헌법 커리큘럼』(50년대 출판사 1953년 판), 스트진니건(司徒金尼根)의 『소비에트 국가법』(중국인민대학출판사 1953년 판), 쿠토브(Kotov, 科托夫)의 『헌법의 개념과 본질』(인민출판사, 1953년 판), 『유럽 인민공화국 국가의 대표적 제도』(인민출판사 1953년 판), 칼빈스키(Карпинский)의 『소련헌법 통론』(인민출판사 1951년 판), 『소련헌법』(인민교육출판사 1951년 판), 『소련 헌법 강화』(인민출판사 1951년 판), 레온티(列文)의 『소련 국가법 개론』(이 책은 소련 사법부 법률출판국의 1947년 판 『소비에트국가와 법 토대』 모스크바 러시아어 판 337~396페이지에 근거하여 번역했다), 『소련 국가제도』(중화서국 1950년 판), 트라이닌의 『소련 국가법 커리큘럼(상하권)』(대동서국 1950년 판) 등이 있다.

위에서 열거한 헌법 저작 가운데, 공통성을 지니고 있는 헌법이론과 헌법학설을 주로 언급한 것은 첫째, 헌법 개념과 작용에 대한 이해이다. 헌법은 마땅히 부르주아 계급 헌법과 소비에트 헌법을 구분하며, 소비에트 헌법을 또한 국가법이라 일컬어야 한다고 인정했다. "헌법은 일국의 기본법이다. 헌법은 통치계급의 의지 및 그 의지를 공고히 하기 위한 독재를 표현하고, 사회 구조 원칙과 국가 구조 원칙을 규정하며, 국가 기관 편성 원칙과 활동 원칙 그리고 공민의 권리와 의무를 규정한다."[650] 소비에트 헌법의 작용은 "헌법은 지나온 길을 총화하고, 이미 취득한 여러 가지 성과를 총화"하는 데 있으며, "자유를 사랑하는 모든 인민들이 사회 해방을 쟁취하고 민족 해방을 쟁취하며, 평화적이고 민주적인 투쟁의 깃발을 쟁취"하려는 데 있다.[651] 둘째, 헌법 본질에 대한 인식이다. 레닌 헌법의 본질을 천명한 고전적 명언을 진일보 구체화하면서 "어느 헌법이나 실제로 존재하는 사회적 계급관계라는 조건에서 형성되었다.

---

650) 『소련 법률 사전』, 위건(魏甄)의 "50년 사이 중국 인민은 민주 헌법을 위해 어떻게 투쟁했는가"에서 인용함. 『교수와 연구』 7호, 1954.
651) 쿠토브, 「헌법의 개념과 본질」, 『교수와 연구』 3호, 1953.

그렇기 때문에 헌법은 그 사회의 계급 역량의 대비 관계를 반영할 뿐만 아니라 계급의 모순과 투쟁을 반영한다. 즉 헌법은 한 계급의 의지와 독재를 구현하고 있다"[652]고 인정했다. 셋째, 헌법 내용에 대한 인식에서 한 부의 헌법이 어떤 내용을 규정하는가는 헌법을 제정하는 과정에서 반드시 고려해야 할 문제였고, 기존의 헌법 법전은 직접 참조할 수 있는 근거가 되었다. 그리고 소련 헌법학자들이 상세히 해석한 학리도 중요한 작용을 했다. 따라서 헌법의 각 조성 부분의 내용을 단행본으로 상세히 논술한 저작들이 그 당시 역서의 특색이었다. 예컨대 칼빈스키(Карпинский)의 『소련 사회 제도와 국가 제도의 토대』(시대출판사, 1951)와 『소련 공민의 기본 권리와 의무』(중화서국, 1949년 판), 클라브트소브(克拉伏佐夫)의 『소련 최고 소비에트』(법률출판사, 1953), 수나르위치(蘇洛諾維奇)의 『소비에트 대표』(시대출판사, 1955), 비신스키의 『소련 선거 제도』(상무인서관, 1949)과 『소련법원과 검찰기관』(상무인서관, 1950), 레온티의 『소련 국가 제도』(중화서국, 1950) 등이다.

② 1954년 헌법 텍스트에 대한 소련 헌법학설의 영향

1954년 헌법은 글 짜임새로부터 기본 내용에 이르기까지 1936년 소련 헌법의 영향을 받았기 때문에, 양자가 많은 점에서 비슷하다는 것이 헌법학계와 사학계가 이룬 공통 인식이다. 다음의 그래프에서, 1936년 소련 헌법과 중국 1954년 헌법의 주요 부분에 대한 비교를 통해 두 헌법의 서로 같은 점을 알아보자.

---

652) 쿠토브, 위의 논문 1953.

내용	1936년 소련 헌법	1954년 중국 헌법
국가 성질	1조: 소비에트 사회주의 연방 공화국은 노동자와 농민을 위한 사회주의 국가	1조: 중화인민공화국은 노동자계급이 지도하고, 노농 동맹을 토대로 하는 인민민주 국가
정권 조직 형식	3조: 소련의 모든 권력은 도시와 농촌의 노동자들에게 속하며, 노동자 소비에트를 대표하여 권력을 행사한다.	2조: 중화인민공화국의 모든 권력은 인민에게 속한다. 인민이 권력을 행사하는 기관은 전국 인민대표대회와 지방 각급 인민대표대회이다.
생산수단 소유제	5조: 소련 사회주의 소유제는 국가 재산(전민 재산)과 합작사 집단농장 재산(각 집단농장 재산) 두 가지 형식으로 표현된다.	5조: 중화인민공화국의 생산수단 소유제는 현재 주로 다음과 같은 몇 가지이다. 국가소유제 즉 전민소유제, 합작사소유제 즉 노동대중의 집단소유제, 개체노동자 소유제 즉 자본가소유제이다.
공민의 재산 소유권과 상속권	10조: 공민은 노동 소득 및 예금, 가옥 및 가정 부업, 가정의 일상생활 및 일용 용기, 자기 소비 및 향락품은 개인에게 소유권이 있다. 공민은 개인 재산을 상속할 권리가 있다. 이 모든 것은 법적 보장을 받는다.	11조: 국가는 공민의 합법적 소득, 예금, 가옥과 각종 생활 물자 소유권을 보장해 준다. 12조: 국가는 법에 따라 공민의 사유 재산에 대한 상속권을 보장해 준다.
언론 출판 집회 결사 퍼레이드 시위 자유	125조: 노동자 이익에 부합되는 사회주의 제도를 공고히 하고자 법률은 소련 공민이 다음과 같은 여러 가지 자유를 향유하도록 보장해 준다. (1) 언론 자유 (2) 출판 자유 (3) 집회자유 (4) 퍼레이드 및 시위 자유	87조: 중화인민공화국 공민은 언론 출판 집회 결사 퍼레이드 시위를 할 수 있는 자유가 있다. 국가는 필수품을 공급하여 공민이 이 같은 자유를 향유할 수 있도록 보장해 준다.
인신의 자유를 침해할 수 없다	127조: 소련 공민은 신체가 침해를 받지 않도록 보장해 준다. 그 어떤 공민이든 법원의 결정이나 검찰장의 허가가 없으면 체포할 수 없다.	89조: 중화인민공화국 공민의 인민 자유를 침해해서는 안 된다. 그 어떤 공민이든 인민법원의 결정이나 인민검찰원의 허가가 없으면 체포할 수 없다.
가옥을 침범할 수 없다	128조: 법적 보호를 받으므로 공민의 가옥을 침범해서는 안 되고, 통신 비밀을 침해해서는 안 된다.	90조: 중화인민공화국 공민의 가옥을 침범해서는 안 되며, 통신의 비밀은 법적 보호를 받는다.

물질적 방조권(傍助權)	120조: 소련 공민은 늙고, 질병에 걸리거나 노동 능력을 상실했을 경우, 물질적 보장을 받을 수 있는 권리가 있다.	93조: 중화인민공화국 노동자가 늙고, 질병에 걸리거나 노동 능력을 상실했을 경우 물질적 방조를 받을 권리가 있다.
남녀평등권	122조: 소련 여성은 경제생활, 국가 생활, 문화생활, 사회 및 정치 생활 등 각 분야에서 남성과 평등한 권리를 향유한다.	100조: 중화인민공화국 여성은 정치적, 경제적, 문화적, 사회적 그리고 가정적 생활 여러 분야에서 남성과 평등한 권리를 향유한다.
헌법과 법률을 준수할 의무	130조: 무릇 소련 공민이라면 반드시 소비에트 사회주의 연방 공화국의 헌법을 준수하고, 법률을 준수하고 노동 기율을 준수하면서 사회주의 의무를 성실히 이행해야 하며, 사회주의 공공생활 규칙을 존중해야 한다.	100조: 중화인민공화국 공민은 반드시 헌법과 법률을 준수해야 하며, 노동 기율을 준수하고, 공공질서를 준수하고, 사회 공덕을 존중해야 한다.

소결론: 상술한 바를 종합해 보면 알 수 있듯이, 소련 헌법학설이 중국 1954년 헌법 텍스트에 끼친 영향은 주로 다음과 같은 방면에서 체현되었다. 첫째, 헌법 텍스트의 기본 구조에서 체현되었다. 1936년 소련 헌법은 도합 13장 146조로 구성되었다. 중국 1954년 헌법은 도합 4장 106조로 구성되었다. 만약 형식적으로만 본다면 양자는 다른 점이 꽤나 많은 것 같다. 하지만 1936년 소련 헌법의 글 짜임새를 놓고 볼 때 1장 '사회구조'는 헌법의 '총 강령' 부분에 해당된다고 할 수 있는데, 주로 국가 성질, 정체 형식, 경제제도, 개인 재산과 분배 원칙 등의 내용을 규정했다. 중국 1954년 헌법 1장은 '총 강령'인데 본 장의 내용 역시 주로 국가 성질, 정체 형식, 경제제도, 개인 재산과 분배 원칙 등의 내용을 규정했다. 아울러 국가 기구 그리고 공민의 권리와 의무 등 순서에 따라 편성했다.

두 헌법 모두 국가 기구 부분을 공민의 기본 권리와 의무 앞에 놓았는데, 이는 제헌 과정에서의 '국가 본위'의 관념을 체현한 것이다. 둘째, 헌법 텍스트의 기본 내용에서 체현되었다. 위의 그래프를 통해 알 수 있듯이, 두 부의 헌법은 주체적 내용에서 많은 공통점을 가지고 있다. 주로 국가 성질에 관한 설명, 국가 권력의 귀속 문제, 생산수단의 공유제에 관한 설명, 공민의 개인 재산, 공민의 기본 권리와 공민의 기본 의무 등의 내용이다. 셋째, 헌법 조항의 문자 설명이다. 위의 그래프에서 알 수 있듯이, 헌법 조항 간의 배열순서와 특정 조항의 언어 구조 모두 비슷한 점이 많다. 예컨대, 1936년 소련 헌법 120조와 중국 1954년 헌법 93조 모두 공민의 물질적 방조권 관련 조항 같은 것이며, 이 두 조항의 언어 설명이 거의 같다. 이 부분만 보고서도 두 헌법 간의 인연과 영향 관계를 짐작할 수 있다.

2. 소련 헌법학설이 중국 헌법학설에 영향을 주게 된 경로

중국 헌법학설에 대한 소련 헌법학설의 영향을 전반적으로 볼 때, 주로 소련 헌법전문가들로부터의 직접적 수업, 소련 헌법 교재 그리고 저작과 논문을 번역 출판, 국내 학자들이 자기 학술적 이론 체계를 가지고 소련 헌법이론을 소개한 저서 등 세 가지 방식을 통해 실현되었다.

(1) 소련 헌법 교재 그리고 저작과 논문 번역 출판

소비에트 러시아 헌법, 1924년과 1936년 소련 헌법을 중국에 번역하여 소개하는 작업은 '5.4 운동' 후에 이미 시작되었다. 당시 중국의 진보적 지식인들이 『매주 평론(每周評論)』, 『신청년(新靑年)』, 『각오(覺悟)』, 『노동자(勞動者)』, 『동방잡지』 와 같은 간행물에 소련 헌법을 평론하는 일부 글을 게재하여, 중국 사회가 소비에트 러시아의 엄청난 변혁을

제때에 알게 했고, 신형의 노농 민주정권 국가에서 인민들의 권리와 지위를 제때에 알게
했다. 예컨대, 1919년 6월 29일 발간한 『매주평론』 잡지는 소비에트 러시아 헌법을
소개할 때, "러시아는 마침내 정치적 역사에서 미증유의 작업을 개시했는데, 헌법은
개인의 모든 토지 삼림 광산 수자원 농기구 은행을 전부 몰수하여 국유화했으며,
모든 제조 및 운송 등 업무를 노동자들이 직접 관리한다고 규정했다. 러시아인들은
이렇게 해야 만이 모든 공용기관(즉 운송 교통, 거래 그리고 인민들의 공공생활과
관련되는 모든 일)을 노동자 스스로 관리할 수 있다고 생각하고 있다. 그 누구나 반드시
직장을 다녀야 한다고 여기고 있다."[653] 그 후 1929년 정빈(鄭斌)이 저술한 『민주주의적
신헌법(民主主義的新憲法)』(상무인서관)이 출판, 1935년 호경육(胡慶育)가 저술한
『소련 정부와 정치(蘇聯政府與政治)』(세계서국)가 출판, 1937년 장중실(張仲實)이
번역 편집한 『소련 신 헌법연구』(생활서점)와 오애장(吳藹長)이 번역 편집한 『소련
헌법연구』(대공신문사)가 출판, 1940년 소력자(邵力子)의 『중국, 미국, 영국, 소련
헌정운동의 교훈(中美英蘇憲政運動的敎訓)』(중주출판사)이 출판되었다. 당시 소비에트
러시아 헌법과 소련 헌법에 관한 소개는 중국이 인민민주 정권을 수립하고 사회주의
제도를 실행하는 것을 촉진하는 선동적 역할을 하는 것에 불과했다.

중화인민공화국이 수립되어 초기 몇년 간, 중국이 헌법을 제정하지 않았기 때문에
소련의 헌법을 주로 배우고 이해하려 했으며, 대학교 법률학과에서 강의하는 헌법도
소련의 헌법일 수밖에 없었다. 그리하여 1950년부터 1956년까지 소련의 헌법 교재,
저작과 논문을 번역하는 절정기가 되었다. 1952년 11월 12일 교육부는 각 대학교에서
소련 헌법을 번역, 편찬하는 계획을 세우라는 특별 지시까지 내렸다. 비공식적인 통계에
따르면, 1949년부터 1956년 사이에 헌법 서적을 총 344종 출판했는데, 그 중 저술한 것이

---

653) 장덕정(張德政) 등 저, 「5.4 시기 국가와 법권학설에 관한 마르크스주의의 중국에로의 전파"에서 인용」,
『교수와 연구』 5호, 1959.

206종, 자료가 138종이었다. 동시에 대량의 헌법 논문이 발표되었다. 이런 서적과 논문은 헌법총론, 중국과 외국의 헌법 문헌, 중국과 외국의 헌법사, 중국과 외국의 선거제도, 국가기구, 민족구역자치, 공민의 기본 권리와 의무 등 관련 내용을 언급했다.[654] 이 가운데 1949년 6월부터 1959년 11월까지 번역 출판한 헌법학 전문 저작 중에는 소련의 것이 51부로 총수의 5분의 4를 차지했다. 소련 헌법을 대량 번역 소개하는 목적이 두 가지였다. 하나는 헌법 기본 이론과 기초지식을 보급하려는 데 있었다. 다음은, 중국 헌법을 제정하는 데 이론을 제공하기 위한 준비였다. 이 시기 번역 출판한 소련 헌법 교재와 저작은 주로 다음과 같다.

비신스키의 『소련 선거제도』(장자미[張子美] 역, 상무인서관, 1949년 6),『소련 공민의 기본 권리와 의무(素聯公民的基本權利與義務)』(심대규[沈對珪] 역, 상무인서관, 1949년 6월),『소련 최고 권력기관과 각 연방 공화국 및 자치공화국 최고 국가 권력기관(蘇聯最高國家權力機關暨各盟員共和國及自治共和國最高國家權力機關)』(필주[弼遒] 역, 상무인서관, 1949년),『소련 법원과 검찰기관』(장자미 역, 상무인서관 1950년 판),『소련 국가조직』(우저옌 역, 상무인서관 1950년 3월 초판, 1951년 8월 재판), 칼빈스키(Каринский)의 『소련 공민의 기본 권리와 의무』(역금[易今] 역, 중화서국 1949년 초판, 1950년 1월 재판), 『소련 사회 제도와 국가 제도의 토대』(청하[淸河] 역, 시대출판사 1951년 판),『소련헌법』(심영[沈穎] 역, 인민교육출판사 1951년 11월 초판, 1955년 9월 재판),『소련헌법 강화』(심영 역, 인민출판사 1951년 11월 초판, 1953년 11월 재판, 1954년 7월 3판),『소련 헌법 통론』(심영 역, 인민출판사 1951년 11월 초판, 1953년 11월 재판),『소련 사회와 국가 구조』(문소문[文昭文] 역, 정풍출판사 1952년 판), 레온티의 『소련 국가 제도』(이소보[李少甫] 역, 중화서국 1950년 1월 판),『소련 국가법

---

654) 장경복(張慶福) 주간, 『헌법학 연구 약술』, 톈진교육출판사, 1989, 79쪽.

개론』(양욱[楊旭] 역, 인민출판사 1951년 9월 판), 칼레와(加列瓦)의 『소련 헌법 커리큘럼』(양달[梁達], 석광[石光] 역, 50년대 출판사 1949년 9월 초판, 1950년 9월 중정판, 1953년 5월 중정판 재판), 데니소프의 『소련 각 연방 공화국과 자치공화국 구조(蘇聯各加盟共和國和自治共和國的結構)』(강보전[康宝田] 역, 법률출판사 1955년 판), 『소련의 사회구조』(유가휘[劉家輝] 역, 법률출판사 1955년 판), 『소비에트 헌법과 발전사』(중앙인민정부 법제위원회 번역 편집실 역, 인민출판사 1951년 11월 초판, 1954년 7월 재판), 파르베로브(法爾別洛夫)의 『소련 국가법 커리큘럼』(축황[祝瑝] 역, 대동서국 1950년 11월 판), 스투진니건(司徒金尼根)의 『소비에트 국가법』(중국인민대학 법률학과 국가법강좌 역, 중국인민대학출판사 1953년 4월 판), 쿠토브의 『유럽 인민민주국가의 대표적 제도』(방애여[方藹如] 등 역, 인민출판사 1953년 판), 『헌법의 개념과 본질』(인민출판사, 1953년 11월 판)이다.

이 시기 번역 발표된 소련 헌법 관련의 소개 글은 주로 다음과 같다. 바라로프 스키(巴拉洛夫斯基)의 「스탈린 헌법의 특징」(『인민일보』 1949년 11월 5일자), 모로츠(克莫羅兹)의 「사회주의국가의 헌법」(『광명일보』 1953년 12월 5일자), 몰로토프(Molotov)의 「사회주의를 논함」(『신건설』 1954년 10호), 가이도코프(Gaidukov)의 「소비에트 헌법의 발전」(『정법 논총』 1958년 3호)이다.

(2) 소련 법학 전문가들로부터 직접 수업

중화인민공화국이 수립된 후, 모든 분야가 번영을 기다리는 국면에 봉착했다. 경제 건설이든, 기구 설치든, 법체 구축이든 따를 만한 선례가 없었다. 소련으로부터 같지 않은 분야의 전문가를 초청하여 도움을 받는 것이 당시 최적의 해결 방도였다. "국외로 많은 전문가와 고문을 파견하는 것은 전후(前後) 소련이 정치 경제 군사 외교 문화의 각도에서 사회주의국가와 제3세계로 끊임없이 영향력을 확대하는 하나의 중요한 조치였으며, 또한 냉전시대 사회주의 국가 간 관계에서 일종의 특수한 현상이었다."

통계에 따르면, 1947년부터 1956년 사이 소련은 여러 인민민주국가에 전문가를 도합 14,000여명을 파견했다.[655] 그리고 중국에 파견한 전문가 수가 가장 많고 시간도 가장 긴데, 현 러시아 문서기록관의 기제에 따르면, 1950년부터 1956년 사이 중국에 파견된 소련 전문가가 5,092명에 달한다.[656] 이 전문가들 가운데 교수가 차지하는 비율이 적었는데, 1948년부터 1960년까지 중국에 파견된 교수 총수가 615명밖에 안 되었다. 그 중 중국인민대학교에서 초청한 소련 교수의 수효가 가장 많았다. 1950년부터 1957년 사이, 중국인민대학교에서는 연달아 소련 전문가 98명을 초청했다. "이 소련 전문가들은 중국인민대학교가 소련의 경험을 전면적으로 받아들이는 데 중요한 역할을 했다. 그들은 주로 다음과 같은 방식을 통하여 역할을 발휘했다. 첫째, 학교를 도와 교수들을 양성했다. 1952년 이전, 대부분 소련 전문가들이 우선 교사들에게 강의를 한 다음, 교수들이 다시 학생들에게 수업을 했다. 일부 전문가들도 직접 학생들에게 수업을 했다.

1954년 이후, 소련 전문가들은 교사들에게 주제 강의와 체계적인 지도를 중점적으로 했으며, 또한 강좌의 과학과 지도교수의 신분으로 교사들의 과학연구를 도와주면서 그들의 이론 수준을 높여주었다. 둘째, 연구생(석박사생- 역자 주)들에게 수업을 했다. 중국인민대학교와 전국 대학교의 이론과 교사가 급히 필요한 바람에 소련 전문가들을 청하여 정치이론과 정법 재정경제를 전공하는 연구생들에게 체계적인 교수와 지도를 부탁했다. 통계에 따르면 소련 전문가들은 7년 사이에 중국인민대학교 2,574명 연구생들에게 강의(그중 정치이론 4개 학과의 연구생이 2021명)를 해 연구생을 양성하는 데 중요한 역할을 했다. 1956년 이후에 비로소 연구생을 양성하는 과제를 본 학교 교수들이 직접 담당했다. 셋째, 교수들을 지도하여 강의 노트와 교재를 편찬했다. 넷째, 교육 분야를 도와 일련의 고등교육 제도를 구축하고 교수 방법을 고안해 냈다. 다섯째,

---

655) 『인민일보』 1957년 2월 23일자.
656) 심지화(沈志華), 이단혜(李丹慧) 편, 『전후 중소 관계의 약간의 문제에 관한 연구(戰後中蘇關係若干問題研究)-중러 양측의 문서기록 문헌』, 인민출판사, 2006, 57~58쪽.

학교를 도와 교수들의 이론 수준과 재직 간부들의 이론 수준을 향상시켜 주었다.[657]

　소련 전문가들의 중국 대학교 근무 기간은 대체로 세 단계로 나눌 수 있다. 첫 번째 단계는 1949년부터 1952년까지인데, 소련 전문가를 전부 187명 초빙했다. 그중 정법과 재정경제 전문가가 52명으로 28%를 차지했다. 이 시기 소련 전문가들의 주요 임무는 소련 교재를 선택하여 전문 지식을 직접 가르치는 것이었다. 중국 대학교와 단과대학에서는 1950년부터 법률학과를 설치하고 헌법을 가르쳤는데, 주로 '중국 국가법', '소비에트 국가법', '인민민주 국가법', '부르주아 국가법' 등을 가르쳤다. 중국 국가법 외의 기타 학과목은 소련 전문가들이 강의했으며, 소련 헌법 교재를 사용했다. 그들은 주로 트라이닌이 편찬한 『소련 국가법 커리큘럼』, 파르베로브(法爾別洛夫)가 저술한 『인민민주 국가법 교과과정(人民民主國家法敎程)』, 칼리닌 등이 저술한 『부르주아 국가법 제강(資産階級國家法提綱)』을 가지고 강의했다. "책을 읽고 현지 조사를 하기보다 소련 전문가들과 날마다 얼굴을 맞대고 배우는 것이 영향력도 더 컸고, 성적도 더 좋았으며, 효과도 더 빨랐다고 해야 할 것이다."[658] 두 번째 단계는 1953년부터 1957년까지인데, 소련 전문가를 전부 567명 초빙했다.

　이 시기 소련 전문가들의 주요 임무는 대학교를 도와 전공을 개설하고 전공 양성 목표를 분명히 하며, 전공 교과과정을 수정하고 교수 요강과 관련 교수법을 제정하며, 강의 교재 편찬 석박사생 양성 교수 양성 등의 작업을 하였다. 세 번째 단계는 1958년부터 1960년 7월(소련 정부에서 전문가들을 철수함)까지인데, 소련 전문가들을 전부 107명 초청했다. 대체로 이공과와 관련된 첨단 분야의 전문가들이었다.

657) 중공중앙 공산당간부학교 이론연구실 편, 유해번(劉海藩) 주간, 『중화인민공화국 국사 총감(總監)-교육 권』, 중앙문헌출판사, 2005, 93쪽.
658) 심지화, 이단혜 편, 『전후 중소 관계의 약간의 문제에 관한 연구-중러 양측의 문서기록 문헌』, 100쪽.

(3) '소비에트 국가법' 학과를 개설하고 소련 헌법이론을 소개

'소비에트 헌법'을 단독 학과목으로 개설하여 대학교의 교수 시스템에 넣고 소련 헌법이론을 전파한 것은 그 시기 다른 또 하나의 주요 특색이었다.

'소비에트 헌법'을 개설한 최초의 대학교는 중국인민대학교이다. 중국인민대학교는 가장 일찍 법률학과를 개설하였으며 또한 1950년부터 학생을 모집했다. 뒤이어 헌법과 관련된 '중국 국가법', '인민민주 국가법', '부르주아 국가법', 그리고 '소비에트 국가법'을 개설했다. 여기서 사용한 '국가법'이란 말은 소련의 묘사 방식을 인용한 것인데, 50년대 중기에 이르러서야 중국 법학계서는 '국가법'을 '헌법'이라고 개칭했다.[659] 중국인민대학교 법률학과의 교수 내용과 교수 양식은 소련과 결합되어 있었는데, 이는 국가에서 이 학교를 세울 때 확립한 교육 방침, 즉 "수업과 실제를 연결시키고, 소련 경험과 중국 상황을 상호 결부시켜야 한다"와 밀접히 연관되어 있었다. 당시 사용한 교재는 주로 중국어로 번역한 소련 헌법 교재였고, 수업 방식도 소련 전문가들이 중국 법학 교수들에게 소련 헌법과 기본이론을 강의하여 강습하게 한 다음, 중국 교수들이 법률학과 학생들에게 가르쳤다.

이 시기 개설한 '중국 국가법'의 최초 강의 내용은 『공동강령』 이었는데, 1954년 헌법을 공포하고 실시한 후 이 학과목의 강의 내용을 1954년 헌법으로 조정했다. 그에 상응하여 사용한 교재 역시 대학교 교수들이 집단적으로 제작했는데, 주로 중국인 민대학교 헌법강좌에서 초안을 작성하고 대학교 법률전공 교수요강 심사회의에서 통과한 『인민대표대회 제도 강화(講話)』 (중경인민출판사 1955년 판), 서남정법대학 민법강좌에서 편찬한 『중국 공민의 기본 권리와 의무』 (중경인민출판사 1955년 판), 『중화인민공화국 헌법 교수 요강』 (법률출판사 1957년 판), 중앙정법간부학교 국가법강과에서 편찬한 『중화인민공화국 헌법 강의』 (법률출판사 1957년) 등이 있다.

---

659) 동번여(董璠興), 「중국 헌법 40년」, 『정법 논단』 5호, 1989.

하지만 전반적으로 볼 때, 교수들이 자체적으로 편찬한 교재가 적었을 뿐만 아니라 대부분 소련의 헌법을 소개하는 내용이었다. 진성청(陳盛淸)은 "중국 법률 출판계는 소련 법학 저작을 번역하는 데는 주의력을 지나치게 쏟으면서(물론 소련의 선진적 법률 과학 저작을 번역할 필요는 있다.) 중국 법률학자들이 스스로 저술한 저작은 아주 적게 출판하고 있다"[660]고 지적했다. 화둥 정법대학의 국가와 법적 이론에 관한 마르크스 레닌주의 강좌는 당시 교재를 자체적으로 편찬할 당시의 생활에 대해 객관적으로 평가한 적이 있다. "우리 몇 년 동안 가르칠 때 주로 소련의 교재에 근거하고 마르크스-레닌주의 고전저작을 참고했으며, 중국의 일부 실제 상황과 연결하여 요강과 강의록을 만들어 수업을 했다. 그리하여 내용적으로 소련의 것이 많고 중국의 것이 적었으며, 이론이 많고 사실이 적었다."[661]

3. 중국 헌법학설에 대한 소련 헌법학설의 영향과 그 내용

(1) 헌법의 개념에 관하여

헌법을 '기본법'이라고 정의를 내린, 헌법 개념에 대한 이 같은 의의가 있는 인식은 일찍이 1899년 양계초(梁啓超)가 집필한 『각국 헌법 동이(同異)론』에서 찾아볼 수 있다. 그는 "헌법을 영어로 Constitution이라 하는데, 그 뜻은 국가의 모든 법을 능가하고, 근본이 되는 법전이기 때문이다. 그런 까닭에 무릇 국가 법전이라면 독재 정체를 위하든

---

660) 진성청(陳盛淸), 「리다가 편찬한 '중화인민공화국 헌법 강화'를 읽고」, 『독서』 1호, 1957.
661) 화둥 정법대학 국가와 법적 이론에 관한 마르크스 레닌주의 강좌, 「마르크스-레닌주의의 국가와 법적 이론에 관한 교수 개혁의 초보적 체득」.

485

입헌 정체를 위하든 모두 헌법이라고 칭했다"[662]고 밝혔다. 그러나 헌법과 '국가법'의 뜻을 동등하게 보고, '국가법'이라는 정의를 내린 점은 오히려 헌법에 대한 소련의 해석 방식을 그대로 따른 것이다. 소련 헌법학계에서 줄곧 습관적으로 헌법을 '국가법'이라고 불렀는데, 법전이라는 의미로의 헌법을 특별히 지칭하는 외에 통상 '헌법'과 '국가법' 두 가지 개념을 서로 바꾸어 사용했다. 따라서 소련의 유명한 법학자 레온티의 저작 『소비에트 국가와 법 토대』에서 헌법 부분만 떼어 내어 중문으로 번역할 때, 『소련 국가법 개론』이라는 이름으로 번역 출판했다. 레온티는 국가법을 다음과 같이 해석했다. "국가법, 이것은 주도적인 법 부문이다. 국가법이 사회조직과 경제조직의 토대를 규정할 때, 역시 일부 다른 법 부문의 기본 원칙을 규정하기도 한다.

그 다음 이런 법 부문(특별법-역자 주)이 사회생활과 경제생활의 여러 분야를 더욱 상세하게 규정한다. 예컨대, 민법 집단 농장법 노동법 토지법 등이다. 국가법은 국가 정치조직의 토대를 규정함과 아울러 일부 다른 법 부문의 원칙을 고정하며, 심지어 기본 내용까지 고정한다. 그리고 그 법 부문이 그 정치조직의 각 방면을 더욱 상세하게 규정한다. 예컨대, 행정법 사법법 제정법 등이다." 레온티는 이 구절에서 국가법의 뜻 지위 내용 그리고 국가법과 기타 부문 법 간의 관계를 구체적으로 해석했다. 구토브(Kotov)의 『헌법의 개념과 본질』에서 "사실 헌법이란 일정한 통치계급의 의지를 표현하는 법"이라고 더욱 분명하게 밝혔다.[663]

중국 법학계의 헌법 개념에 대한 설명 방식에서 체현된, 소련 헌법학설의 영향은 1950년대로부터 80년대까지 줄곧 이어졌다. 1950년대 헌법 개념에 대한 해석은 주로 다음과 같다.

(1) 손국화(孫國華)는 『준법을 말하다』라는 저서에서 "헌법은 중국의 근본 대법이고,

---

662) 양계초, 「각국 헌법 동이(同異)론」, 범충신(範忠信) 편찬 『양계초 법학 문집』, 제1쪽.
663) 구토브, 「헌법의 개념과 본질」, 『교수와 연구』 3호, 1953.

인민 자체의 법이며, 전국 인민들이 행동하는 총 방향이고 종합적 규범이다"[664] 라고 밝혔다.

(2) 중앙정법간부학교 국가법강좌에서 편저한 헌법 강의에서는 이렇게 밝혔다. "헌법은 한 국가의 기본법이다. 헌법은 국가의 계급 역량의 대비 관계를 체현하며, 상부구조 전체의 중요한 조성 부분이다."[665] (3) 유배화(劉培華)가 편저한 헌법 강의 제강에서는 이렇게 밝혔다. "헌법은 국가의 근본 대법이다. 즉 국가의 가장 기본적이고 가장 중요한 법이다. 헌법은 통치계급이 국가 생활과 관련된 기본 방면의 의지를 표현하므로 일반법의 토대가 된다."[666] (4) 장벽곤(蔣碧昆)이 편저한 『중화인민공화국 헌법 명사 약설』에서는 이렇게 밝혔다. "헌법은 한 국가의 기본법이다. 헌법은 사회제도와 국가제도의 기본 원칙을 정한다. 구체적으로 말하면, 헌법은 특정된 경제제도 계급 구조 정치제도 민족관계 국가기관 조직 시스템과 활동 원칙, 그리고 공민의 기본 권리와 의무를 확인한다. 헌법은 계급 역량의 실제적 대비 관계를 반영하고, 통치계급의 의지와 이익을 반영함과 아울러 그 계급의 독재를 공고히 한다."[667] 헌법 개념에 있어서, 중국 헌법학과 소련 헌법학의 연원 관계가 확연히 드러나고 있다. 동번여는 일찍이 중국 헌법과 소련 헌법의 개념을 대비하고 이렇게 개괄했다.

"중국은 헌법 개념을 설명함에 있어서, 대체로 소련 헌법학자들이 확정한 틀을 벗어나지 못했다. 비록 상세하게 논술한 점과 간략하게 논술한 점이 다르기는 하지만 내용은 대동소이하다. '헌법은 국가의 기본법이다. 헌법은 국가의 기본제도를 규정한다. 헌법은 그 사회의 경제 토대를 결정한다' 등이다."[668] 1980년대 헌법 개념에 대한 해석에서,

---

664) 손국화, 『준법을 말하다』, 통속독물출판사, 1955, 『법리 모색(法理求索)』 (논문집), 중국검찰출판사, 2003, 5쪽.

665) 중앙정법간부학교 국가법강좌 편찬, 『중화인민공화국 헌법 강의』, 법률출판사, 1957, 9쪽.

666) 유배화(劉培華) 편, 『중화인민공화국 헌법 강의 제강』, 랴오닝인민출판사, 1957, 1쪽.

667) 장벽곤(蔣碧昆) 편, 『중화인민공화국 헌법 명사 약설』, 호북인민출판사, 1957, 1쪽.

668) 동번여, 「중국 헌법 40년」, 『정법 논단』 5호, 1989.

오가린(吳家麟)이 편집을 주관한 『헌법학』 교재 해석이 가장 대표적이라 할 수 있다. "헌법은 국가의 기본법이고, 민주제도의 법률화이며, 계급 역량의 비교하는 표현이다."[669] 이밖에 일부 다른 헌법 교재거나 저작에서도 대부분 헌법 개념에 대한 이 같은 확정 방식을 계속하여 따랐다. 예컨대 왕상명(王向明)의 견해이다. 그는 "이른바 헌법이란, 바로 계급 역량의 실제 대비 관계를 반영하고 일국의 사회제도와 국가제도의 기본 원칙을 규정하는 민주 제도화와 법률화 국가의 기본법이다"[670]라고 인정했다.

장광박(張光博)은 이렇게 인정했다. "헌법은 법의 한 부문으로서, 기타 법 부문과 마찬가지로 모두 통치계급의 의지를 반영한다. 이는 헌법이 다른 법 부문과 같은 점이다. 하지만 법의 일반 부문이 아니라 국가의 기본법으로 법적 시스템에서 가장 중요한 위치에 있으며, 법의 주도적 부문이다."[671] 이 말 속에서도 여전히 소련 헌법학에 근원을 두고, 헌법 개념을 구성하고 있는 '기본법', '계급의지', '계급 역량 대비' 등 기본 요소의 그림자를 찾아볼 수 있다.

(2) 헌법의 작용에 관하여

소련 헌법학자들은 헌법 작용에 대한 문제에서, 결코 헌법이론의 각도에서 깊은 연구를 한 것은 아니었기 때문에, 헌법은 마땅히 어떠한 작용을 해야 하는지, 헌법이 작용을 발휘할 수 있는 조건이 무엇인지, 헌법이 작용을 발휘하는 데 영향을 주는 원인이 무엇인지를 설명하지 않았다. 현실적 각도에서 보면, 소련 헌법학자들은 헌법의 작용에 대한 인식에서 두 가지 다른 유형의 헌법에 국한되어 있었으며, 또한 부르주아 계급 헌법을 비판하는 데 치중하는 토대 위에서 논술하면서, "무엇이 헌법이고, 헌법이

---

669) 오가린 편집 주관, 『헌법학』, 46쪽.
670) 왕상명 편, 『약간의 헌법 이론 문제에 관한 연구』, 중국인민대학출판사, 1983, 26쪽.
671) 장광저, 『헌법론』 길림인민출판사, 1984, 8쪽.

계급사회에서의 작용이 무엇인가라는 문제에 대해 과학적으로 해석한 부르주아계급 이론은 한 가지도 없다."[672] "부르주아 계급 학자들은 헌법을 일종의 '순수한' 추상적 규범이라고 말하고, 일종의 국가의 법이라고 말하면서, 이 같은 법 앞에서는 사람마다 평등할 뿐만 아니라, 이 같은 법은 마치 모든 사람들에 의해 만들어진 것처럼 하려고 시도하고 있다"고 인정했다. 소련 헌법학자들이 부르주아 계급 헌법의 작용에 대해 줄곧 부정적인 태도였으며, 동시에 부르주아 계급 헌법을 소비에트 헌법을 칭송하고 긍정하는 참조 물로 삼았다는 것을 알 수 있다. 그에 호응하여 프롤레타리아 헌법이나 소련 헌법에 대해서 모든 혁명적 낭만주의 언어를 다 사용하며 홍보하고 찬미했다. 이를테면 "소련 헌법은 자유를 사랑하는 전체 인민들이 사회 해방과 민족 해방을 쟁취하고, 평화와 민주를 쟁취하는 투쟁의 기치이다"[673]라고 했다. 그러나 소련 헌법이 상응한 작용을 효과적으로 발휘했느냐에 대해서는 오히려 회피했다.

중국 헌법학계는 헌법의 작용에 대한 인식에서 이론적으로 1950년대부터 80년대까지 그렇다 할 진전이 없었으며, 여전히 소련 헌법의 이론적 인식 양식을 답습하고 있었다. 우선, 헌법을 각기 다른 두 가지 유형으로 구분했다. 그 다음, 현실성에서 출발하고, 또한 헌법이 포함하고 있는 여러 가지 내용과 결부하여 현행 헌법의 작용을 개괄하고 총화를 했다. 구체적으로 말하면, 중국이 1954년 헌법을 공포되고 실행한 후, 오가인은 바로 글을 써서, "중화인민공화국 헌법은 인민 민주의 헌법이고, 사회주의 유형의 헌법이다. 이 헌법은 그 어떤 부르주아 국가의 헌법과는 근본적이고 원칙적인 차이가 있다." "중국 헌법은 사회주의 법권 의식과 도덕관념을 점진적으로 형성하는 엄청난 힘이다"[674]라고 고취시켰다. 여기서 헌법 작용에 대해 예견하듯이 설명하면서, 주로 1954년 헌법이

672) 구토브, 「헌법의 개념과 본질」, 『교수와 연구』 3호, 1953.
673) 구토브 , 위의 논문 1953.
674) 오가인, 「중국 사회주의 건설에 있어서의 전투적 기치(我國社會主義建設的戰鬪旗幟)-중화인민공화국 헌법 탄생을 축하하여」, 『교수와 연구』 9호, 1954.

공민의 법적 의식과 도덕관념 방면에서 발휘할 수 있는 작용을 강조했으며, 또한 건국 초기 이데올로기가 차지하고 있던 중요한 위치를 반영하기도 했다.

1980년대 초, 1982년 헌법을 공포하고 실행하게 되면서 중국 법제 구축이 정상적 궤도에 올라서게 되었고, 헌법 관련 학술연구 성과가 드러나기 시작했다. 하지만 최초의 헌법 서적과 논문들은 대부분 현행 헌법의 내용을 소개하고 홍보하거나, 여전히 각기 다른 시대의 소련 헌법을 소개하는 데 그쳤다. 헌법의 작용에 대해 언급한 것이 적을 뿐만 아니라 흔히 헌법의 내용과 결부하여 토론했다. 그 중 가장 대표적인 두 부의 저작은, 허숭덕(許崇德)과 하화휘(何華輝)가 공저한 『헌법과 민주제도』, 왕상명이 편저한 『약간의 헌법이론 문제에 관한 연구』이다.

『헌법과 민주제도』에서는 "헌법의 법적 지위와 중요 작용을 전문적인 테마로 삼아 상세히 논술했다. 첫째, 헌법 실행을 통해 인민 민주를 충분히 발휘시킬 수 있고, 광범위한 대중들의 창의성과 적극성을 불러일으켜 중국 네 가지 현대화 건설을 보다 확고하게 보장하고 더욱 신속히 달성할 수 있다. 둘째, 인민민주 독재를 한층 더 강화함으로써 사회질서, 작업 질서, 생산 질서를 안정시켜 인민들의 권익을 보장할 수 있다. 셋째, 법적 시스템을 보완하고 일괄적인 사회주의 법제를 구축하여 사회를 전반적으로 질서 정연하게 만들 수 있다. 넷째, 국가 기관의 조직과 그 활동을 각 차원에서 개선하여 국가 기관의 효율을 향상시키고 국가 기관과 대중들 간의 연계를 강화하며 관료주의를 피하고 사회경제 경제 발전을 추진할 수 있다.[675]

왕상명의 『약간의 헌법 이론 문제에 관한 연구』 3부분은 "헌법의 작용 문제"인데, 주로 헌법의 작용을 두 가지 측면에서 논술했다. 하나는 사회 경제 토대에 대한 헌법의 작용을 논술한 것이고, 다른 하나는 중국 사회주의 정신문명 건설에 대한 헌법의 작용을 논술한 것이다. 사회경제 토대에 대한 헌법의 작용은 주로 하부 구조와 상부 구조의

---

(675) 허숭덕, 하화휘, 『헌법과 민주 제도』, 11~13쪽.

관계에 마르크스, 엥겔스, 레닌의 이론을 응용하여 논술하고 또한 결론을 도출했다. "헌법은 언제나 사회적으로 생산 수단을 장악하고 있는 통치계급이, 경제 통치를 공고히 하는 법적 수단으로 활용되었다", "현재 부르주아트 헌법을 상부 구조의 각도에서 말하면, 근본적으로 독점 자본주의 생산 관계를 수호하고 독점 부르주아트의 이익을 보호해 주고 있기 때문에 사회 발전을 방해하고 있다. 그러나 프롤레타리아 계급 헌법은 사회주의 공유제라는 생산 수단을 토대로 하여 생성되었으므로 사회주의 하부 구조를 형성하고, 그것을 공고히 하고 발전시키는 데 적극적인 추진 작용을 할 수 있다. 이 뿐만 아니라 이와 같은 작용은 시간이 흐름에 따라 더욱 증강된다. 이는 프롤레타리아 계급 헌법이 부르주아 계급 헌법보다 우월하다는 것을 강조한 표현이다."[676]

계급적 분석 방법으로, 또한 본 국의 현행 헌법 내용에 입각하여 헌법의 작용을 논술 한 점은 기본 사유의 흐름이 중국 헌법학자들과 소련 헌법학자들 간의 계승 관계를 나타내고 있음을 알 수 있다.

(3) 헌법의 본질에 관하여

헌법의 본질에 관한 가장 전형적이고 권위적인 주장은 레닌의 논술이다. 그는 헌법의 실질은 국가의 모든 기본적 법률, 선거 대의기관의 선거권, 그리고 대의기관의 권한 등과 관련된 법률에 달려 있으며, 모두가 계급투쟁 중 각종 역량의 실제적 대비 관계를 표현하고 있다고 했다. 이후, 소련 헌법학자들은 헌법의 본질적 속성에 대한 인식에서 누구나 레닌의 이 주장을 벗어나지 못했다.

중국의 헌법학자들은 헌법의 본질에 대한 인식에서 거의 예외 없이 헌법 본질에 관한 레닌의 전형적 주장을 인정했다. 1950년대 출판한 일부 헌법 교재와 저작에서 바로

---

676) 왕상명, 『약간의 헌법 이론 문제에 관한 연구』, 29쪽.

헌법의 본질적 문제를 논술하고 있다. 예컨대, 중앙정법간부학교에서 편저한 헌법 강의는 "헌법은 한 국가의 기본법이다. 헌법은 국가의 계급 역량의 대비 관계를 체현하며, 전체 상부구조의 중요한 조성 부분이다."[677] 유배화가 편저한 『중화인민공화국 헌법 강의 제강』에는 "헌법은 계급 역량 대비 관계의 표현"이라는 문제를 전문적으로 취급하면서 "헌법은 통치계급의 의지를 반영"하고, "헌법은 계급 역량의 대비적 변화를 반영"한다고 한발 더 나아가 명시했다. 1980년대까지도 여전히 헌법의 본질을 분석할 때 '계급 역량의 대비 관계'를 핵심으로 간주하여 설명했다. 예컨대, 허숭덕과 하화휘가 공저한 『헌법과 민주 제도』에서 레닌의 헌법 본질에 관한 묘사를 인용하고 '계급 역량 대비 관계의 변화'와 민주 제도를 연계시켜 헌법의 본질 문제를 구체적으로 분석했다. 저자들은 책에서 다음과 같이 표현하였다. "계급투쟁에서 각종 역량의 실제 대비 관계의 변화는 민주 제도의 변화를 초래하는데 대체로 두 가지 상황 때문이다. 첫째는, 통치계급과 피(被)통치계급의 실제 역량 대비에 근본적 변화가 생겨 통치적 지위에 변화가 생기는 상황이다. 다음은, 양자의 역량 대비에 변화가 생겼다고 하더라도 통치계급과 피통치계급의 지위에 대한 상호 전화(轉化)를 초래하지 않는 상황이다. 이 두 가지 변화에 대응하여 국가의 헌법과 전체 민주 제도의 변화에도 두 가지 상황이 나타날 수 있다. 첫 번째 상황에 대응하여, 민주제와 헌법의 본질에 유형적 변화가 생기는 것이다. 두 번째 상황에 대응하여, 민주제와 헌법의 본질에 유형적 변화가 생기지는 않지만 구체적 내용에 크거나 작은 변혁과 수정이 생기는 상황이다."[678]

왕상명이 편저한 『약간의 헌법 이론 문제에 관한 연구』에서는 특별히 '헌법은 계급 역량의 실제 대비 관계 표현'이라는 주제를 내세워 헌법의 본질을 분석하면서, 동시에 레닌의 헌법 본질에 관한 권위적인 논술을 네 가지 측면을 통해 상세히 분석했다.

---

677) 중앙정법간부학교 국가법강좌 편찬, 『중화인민공화국 헌법 강의』, 법률출판사, 1957, 9쪽.
678) 허숭덕, 하화휘, 『헌법과 민주 제도』, 14쪽.

첫째, 본질적으로 말하면 헌법은 통치계급의 의지를 체현한다. 헌법은 통치계급 대 피통치계급이라는 일종의 계급 관계를 확인하며, 통치계급이 취득한 승리의 성과를 입법을 통해 고정함으로써 통치계급이 적합하고 유익하다고 인정하는 사회제도와 국가제도를 보다 분명히 확인한다. 둘째, 헌법은 한번 채택하면 불변하지 않는 것이 아니라, 계급투쟁의 역량 대비 관계가 변화함에 따라 변화한다. 셋째, 헌법은 통치계급의 이익과 의지를 집중적으로 반영하며, 또한 통치계급의 근본적 이익과 공통 의지를 반영한다. 넷째, 헌법은 당연히 통치계급의 의지를 집중적으로 반영한다. 하지만 계급투쟁 중, 특히 노동자 계급과 기타 노동자들이 피통치적 위치에 처해있거나 압박을 받는 상황이라면, 그들이 헌법을 이용하여 노동자 계급과 노동인민들의 절실한 이익을 쟁취하고 수호할 수 있다.[679]

'헌법의 본질-계급 역량의 대비 관계'라는 견해가 중국 헌법의 기본 이론에서 공식적 규칙이 되었음을 알 수 있다.

(4) 인민의 권리와 공민의 권리

소련 법 시스템의 개념 범주에 "인민의 권리"라는 말이 "공민의 권리"라는 말로 전환되는 과정을 거쳤다. 1918년 소비에트 러시아 헌법은 레닌의 『압박당하는 노동인민의 권리에 관한 선언』을 헌법 제1편으로 간주하고, 이 정치선언을 헌법의 규범으로 전환했다. 그 중 권리의 주체와 관련하여 '노동자', '빈농', '노동대중', '노동인민', '노동대중', '근로자' 등 단어를 많이 사용했으며, 정치 권리 조항 부분에 관련해서만이 "공민"이란 개념을 간혹 사용했다. 1936년 소련 헌법부터 '공민'이라는 개념을 '노농대중' 등 정치적 술어로 대체했다. 1936년 헌법 10장은 '공민의 기본 권리 및 의무'인데, 공민의

---

679) 왕상명, 『약간의 헌법 이론 문제에 관한 연구』, 17~24쪽.

노동권 휴식권(休息權) 물질 보장권 교육 받을 권리 남녀평등권 민족과 종족 평등권 신앙 자유, 언론, 자유, 출판 자유, 집회 자유, 퍼레이드 및 시위 자유 결사 자유 인신 불(不)침범 주택 불(不)침범 통신 비밀의 법적 보호 등 여러 가지 권리와 자유를 열거했다.

이 헌법에서 용어를 규범화한 것은 '인민의 권리'를 '공민의 권리'로 전환한 것인데, 이는 몇 가지 의미를 나타내고 있었다. 첫째, 성문(成文)화 된 헌법이 건국 초기의 '정치 강령적' 헌법에서 '헌법 규범적' 헌법으로 전환되었음을 표명했다. 둘째, 헌법에서 확인한 권리를 향유하는 주체의 범위가 확대되었는데, 건국 초기의 인민에서 공민으로 그 범위가 확대되었음을 표명했다. 셋째, 헌법이 조정한 관계에 있어서, 계급관계에 치중하던 것에서부터 사회관계로 치중함을 표명했다. 이렇게 되어 1936년 소련 헌법이 공포, 시행된 후 소련 헌법학계는 공민의 권리와 의무에 대한 연구를 강화하기 시작했다. 그들은 "소련 공민의 권리, 국가 기관과 사회단체의 구체적 권리, 의무와 법적 관계에 반드시 관심을 기울여야 하며, 법이 규범화하고 규정한 의무, 권리와 법적 관계가 규범에 완전히 부합되도록 반드시 보장해야 한다"[680]는 견해를 내놓았다.

중국은 1931의 '중화 소비에트공화국 헌법요강'으로부터 시작하여 현행의 1982년 헌법에 이르기까지, 권리의 주체와 관련된 술어 설명도 대체로 소비에트 러시아와 소련의 국가 운영의 궤적을 따랐다. "중화 소비에트공화국 헌법요강"은 권리 향유의 주체에 대해 '노동자', '농민', '홍군 사병', '수고한 대중', '노농 대중', '근로자', '부녀' 등 술어를 사용했고, 정치 권리와 관련되는 주체를 설명할 때만이 '공민'이란 개념을 사용했다.

중화인민공화국이 수립된 후 제정한 1954년 헌법 3장이 바로 '공민의 기본 권리와 의무'인데, 공민의 평등권 선거권과 피선거권 언론자유 출판 자유 집회 자유 결사 자유, 퍼레이드 자유, 시위 자유, 종교 신앙 자유, 인신 자유, 불침범 주택 불침범 거주와

---

680) [소] 극계극양(克契克揚), 『법 규범과 법적 관계(法律規範和法律關係)』, 『국가와 법적 이론 문선』 1권, 중국인민대학출판사, 1956, 199쪽.

이주 자유, 휴식권, 물질 방조권 등 여러 가지 기본 권리를 구체적으로 열거했다. 중국 헌법에서, 권리 주체에 대한 용어를 규범화한 것은 '인민의 권리'를 '공민의 권리'로 전환한 것인데, 역시 계급 구성의 변화, 사회관계의 조화, 법치 이념의 형성, 입헌 기술의 점진적 성숙 등을 표명한다.

(5) 헌법학 체계에 관하여

① 소련 헌법학 체계

소련 헌법학 또는 국가법학의 체계는 구성에 있어서 두 가지 기본 특징이 있다. 첫째, 꽤나 많은 분량을 들여 국가와 법의 역사 및 상호 관계를 상세히 논술했다. 둘째, 대체로 소련 헌법의 배치 순서에 따라 헌법 교재의 내용 체계를 구성했다. 예컨대, 칼빈스키(Карпинский)의 『소련 헌법 통론』은 도합 14장인데, 몇 장은 각 국가와 법의 역사, 소비에트 사회주의국가의 기본 특징, 소비에트 사회주의와 제도 그리고 조직 등 내용이 전반적으로 구성되었고, 후반 부분에서 헌법이 규정한 순서에 따라 소련의 국가 정권기관과 관리 기관의 직능, 소비에트 법원과 검찰기관의 기능, 소비에트 공민의 기본 권리와 의무, 소비에트 선거 제도 등의 내용을 논술했다. 레온티(列文)의 『소련 국가법 개론』은 도합 10장인데, 1장은 국가법의 개념, 대상, 체계 그리고 기본 원칙을 논술하고 2장은 소비에트 헌법의 발전 역사를 논술했다. 3장부터 10장까지는 오히려 1936년 소련 헌법의 순서에 따라 각기 소련의 사회구조, 국가 구조, 국가 최고 권력기관, 국가 관리 기관, 지방 국가 권력기관, 법원 및 검찰 기관, 공민의 기본 권리와 의무, 선거 제도 등을 설명했다.

② 중국의 헌법학 체계

중국 헌법학의 체계는 1950년대부터 시작하여 대체로 소련 헌법학 체계의 구조를 따랐다. 동번여는 그 시기 역사를 돌아보며 이렇게 말한 적이 있다. "1950년부터 중국 대학에서는 『중국 국가법』, 『소비에트 국가법』, 『인민민주 국가법』 및 『부르주아 국가법』을 개설했는데, 소련 교재를 제본으로 삼았을 뿐만 아니라 심지어 일부 학교나 기관에서는 소련 전문가한테서 직접 수업을 받았다." [681] 동성미(董成美)도 이렇게 말한 적이 있다. "이 시기에는 주로 소련의 것을 배웠는데, 소련 전문가들을 초청하여 소련 국가법 교재를 위주로 배웠다. 당시의 교재 커리큘럼 강의 수업 토론 등 모두 소련식으로 하여, 이를 '전면 서양화'의 시기라고 했다." [682] "1954년 첫 번째 『헌법』이 통과된 다음에야 중국 자체의 헌법학이 생성되기 시작했고, 중화인민공화국 헌법학에 대한 연구를 점차 강화하게 되었다. 1956년 소련 전문가들이 귀국한 후 비로소 체계적인 연구가 개시되었고, 이후 점차 우리 자체의 교재가 생겼다."[683] 소련 헌법 전문가들에게서 가르침을 받고 교재 또한 소련의 것을 배운 상황에서, 당시 중국 헌법학자들이 편저한 헌법 교재나 저작 역시 소련 헌법 교재의 체계를 도입할 수밖에 없었다. 중앙 정법간부학교 국가법 강좌 교수들이 편저한 교재인 『중화인민공화국 헌법 강의』만 보더라도 알 수 있다. 이 교재는 서론 외에 도합 8장으로 구성되었다.

서론 부분은 마르크스-레닌주의 헌법 이론에 입각하여 헌법의 개념, 유형과 작용 세 가지 측면으로 분석했다. 본문은 1장 '중화인민공화국 헌법은 인민 민주주의 헌법이고 사회주의 헌법', 2장 '중화인민공화국의 국가 성질', 3장 '중화인민공화국의 정치 제도', 4장 '중화인민공화국의 민족 관계', 5장 '중화인민공화국 과도시기의 경제 제도', 6장 '중화인민공화국 국가 기구', 7장 '중화인민공화국 공민의 기본 권리와 의무', 8장

681) 동번여, 「중국 헌법학 40년」, 『정법 논단』 5호, 1989.
682) 동성미(董成美), 「헌법학의 역사적 회고」, 『법률 학습과 연구』 1호, 1988.
683) 동성미, 위의 논문.

'중화인민공화국 국기 국장 수도'로 구성되어 있다.[684]

소련과 중국 양국 헌법학 체계의 연원 관계와 이와 같은 직접적인 모방 방식에 대해 당시에 이미 헌법학 교수들과 학자들이 우려를 표명했다. "하지만 이 커리큘럼은 지금까지도 중국 실제에 부합되는 교재가 없는 상황이므로 우리는 이 몇 해 동안 주로 소련의 교재에 의거하고, 마르크스-레닌주의 관련 고전 저작을 참고하면서 중국의 실제 상황과 일부 결부되는 요강과 강의 교재를 만들어 수업을 할 수밖에 없었다. 따라서 내용적으로 소련의 것이 많고 중국의 것이 적었으며, 이론이 많고 실제적인 것이 적었다", "마르크스-레닌주의와 중국의 실제 상황과 결부시킨다는 방침을 좇아 소련 법률 과학의 선진 성과를 학습하는 것을 유지했으며", "교수들이 편저한 강의 교재는 소련의 교재에 근거하고 관련 고전 저작과 자매 대학의 관련 강의 내용을 참고하여 만들 수밖에 없었다. 일부 중차대한 문제에 대해서도 심포지엄을 연다거나 특정 연구를 하지 않았다."[685] 이로써 헌법학의 체계와 수업 내용에 있어서 모두 소련 헌법의 영향을 상당히 받았음을 알 수 있다.

4. 소련 헌법학설이 중국 헌법학설에 준 영향에 대한 평가

(1) 헌법학 연구에서 '계급투쟁 기준' 형성

소련 헌법학의 이론적 토대는 마르크스-레닌주의의 국가와 법에 관한 학설이다. 이 학설의 기본 입각점은 국가의 유형을 구분하여 법의 본질을 분석하는 것이다. 마르크스의

---

684) 중앙 정법간부학교 국가법 강좌 편, 『중화인민공화국 헌법 강의』.
685) 화동정법대학 마르크스-레닌주의 국가와 법적 관련 이론 강좌 "마르크스-레닌주의의 국가와 법적 이론 교수 개혁에 관한 초보적 체득"

국가 이론에 따르면, 국가는 부르주아 유형의 국가와 프롤레타리아 유형의 국가로 구분하며 그에 상응하여 법도 부르주아적 법과 프롤레타리아적 법으로 구분하거나 자본주의적 법과 사회주의적 법으로 구분한다. 마르크스와 엥겔스가 공저한 『공산당 선언』에서 언급한, "… 마치 당신들의 법이, 법률이라 받들어 모시는 당신들 계급의 의지나 다름없는 것처럼, 그리고 이 같은 의지의 내용은 당신들 계급의 물질생활 조건에 의해 결정된다"[686]와 같이, 우선 마르크스와 엥겔스를 비롯하여 법의 계급적 본질에 대해 심각하게 분석하여, 법은 사회에서 통치적 지위를 차지하는 계급의 의지와 이익을 체현할 뿐만 아니라, 법의 내용은 사회적 물질생활에 달려 있다고 분명하게 밝혔다. 후에 마르크스는 또 한 국가의 진정한 헌법은 성문화 되지 않은 헌법이다. 또한 진정한 헌법은 현실적 역량의 대비에 달려 있다고 덧붙였다. 훗날 레닌이 법이란 바로 승리를 획득하고, 국가 정권을 장악한 계급의 의지의 표현이라고 한발 더 나아가 밝혔다. 헌법의 실체는 국가의 모든 기본법과 선거 관련 대의기관의 선거권, 그리고 대의기관의 권한 등 법에 달려 있으며, 계급투쟁 중 각종 역량의 실제 대비 관계를 표현한다는 것이다.

헌법과 법의 본질에 관한 레닌의 분석은, 법이든 헌법이든 오직 계급투쟁이라는 방식을 통해서만이 발생하며, 계급투쟁의 결과가 어떠한 유형과 내용의 헌법 및 법의 발생을 결정한다는 것을 분명히 했다. 그리하여 소련 학자들은 마르크스 엥겔스 레닌의 국가와 법적 학설에 좇아 구축된 소비에트 정권과 소비에트 법제 역시 계급 분석의 방법으로 국내의 계급 관계를 정리하고, 같지 않은 계급 진영을 구분하는 계급 분석의 방법을 운용하여 헌법학을 포괄한 법학의 이론 연구에 매진했다. 그들은 이에 상응하여 헌법학을 부르주아 헌법학과 프롤레타리아 헌법학으로 구분한 다음, 부르주아 헌법학이 연구하는 내용은 비과학적이고 진실하지 않고 허위적이지만, 프롤레타리아 헌법학이 연구하는 내용은 과학적이고 진실할 뿐만 아니라 실현할 수 있다고 인정했다. "전 소련 법학자들은

(686) 『마르크스 엥겔스선집』 1권, 289쪽.

마르크스주의 고전 저작의 교조적 논술에 대해 일련의 체계적인 추론을 내놓았는데, 이는 계급투쟁이라는 조건하에서의 문제에 어느 정도 답을 준 것으로, 마르크스주의 법학을 논술하는 방면에서 권위를 수립할 수 있었다."[687]

헌법학의 연구 패러다임 문제는 최근 학자들의 관심을 불러일으켰다. 특히 개혁개방, 법제 구축이 주기적인 회고와 반석의 단계에 들어서면서 이 학술적 문제가 더욱 자주 언급되고 있다. '패러다임'은 외래어로서 영어 Paradigm에서 왔는데, 미국의 과학사학자 겸 철학자인 토마스 쿤이 가장 일찍 제기했다. 그는 이렇게 생각했다. "'패러다임'이라는 말은 실제든 논리적이든 '과학자 공동체'라는 이 말과 아주 근접해 있다. 패러다임은 과학자 공동체 성원들만이 공유하고 있는 것이다. 역으로 말하면, 바로 그들이 공유할 수 있는 패러다임을 장악했기 때문에 이 공동체를 형성할 수 있었다. 설령 이 성원들이 다른 방면에서는 그 어떤 공통점이 없다고 해도 말이다."[688] 이후 1980년대 중국 법리학계에서 "패러다임" 이론 분석 방법을 도입하여, 그 뜻을 상응하게 풀이했다. 즉 "'패러다임'은 규칙 이론 기준 방법 등을 포함한 일련의 체계적인 신념이고, 한 학문 분야의 세계관으로서, 이는 어느 한 시대 과학자들이 세계를 관찰하고 세계를 연구하는 방식이다. 패러다임은 한 시대 과학자 그룹이 공유하고 있고, 이를 공유한 과학자들은 공통의 신념, 가치 기준, 이론 배경, 연구 기술을 소유하고 있으므로 '과학자 공동체'를 형성할 수 있다."[689] '패러다임' 이론을 법학 연구 분야에 도입하여 법학 연구에 새로운 연구 진로와 분석적 시각을 제공했다고 할 수 있다.

---

687) 채정검(蔡定劍), 「중국 법제 구축에 관한 전 소련 법의 영향(關于前蘇聯法對中國法制建設的影響)-건국 이래 법학계 중대 사건 연구(22)」, 『법학』 3호, 1999.

688) 이금국(李金國), 「중국 헌법학 연구에서 패러다임의 전환(我國憲法學研究範式的轉換)」, 『귀주 경찰관 직업대학 학보』 2호, 2004.

689) 이금국은 「중국 헌법학 연구에서 패러다임의 전환」이란 글에서, 중국 현행의 헌법학 연구 패러다임은 '계급투쟁의 패러다임'이라고 밝혔다. 헌법학계의 기타 학자들도 '계급투쟁법론', '이데올로기론', '통치계급 의지론' 등 유사한 설명을 한 적이 있다. 2003년 귀주성 헌법 법리학 연구 연례회 논문집을 참고.

앞에서 서술한 이론에 근거하여 우리는 소련 헌법학의 연구 방법과 구성 양식을 '계급투쟁 패러다임'이라고 개괄할 수 있다. 즉 소련 헌법학은 '계급투쟁'을 헌법과 국가 관계, 국가와 공민의 관계, 헌법의 작용과 본질 등 일련의 헌법 현상과 헌법 관계 등을 분석하는 일관된 중심선으로 간주했다. 중국은 1950년대부터 80년대까지 헌법학 연구 방법에서 대체로 '계급투쟁 패러다임'을 응용했다. '계급투쟁 패러다임'의 인도 하에서 초래된 결과는 첫째, 헌법학 기본 범주에서 계급투쟁을 헌법 현상을 관찰하고 분석하고 해석하는 근본 시각과 사유 모델로 확립한 것으로 헌법학 자체의 체계, 구조와 텍스트가 필요한 학술적 가치가 상실되었다. 둘째, 헌법학 기본 범주가 헌법학의 '정치화' 경향을 초래하고 정치적 논리가 헌법학 논리를 대체한 것으로 학술의 사회적 기능이 엄격한 제한을 받게 되었다. 셋째, 학술적 역량이 '계급투쟁'의 논리적 통치를 극복할 수 없어서 단독의 학과로서의 헌법학이 존재적 기반을 잃게 되었다. 넷째, 계급성을 기본 범주로 하는 헌법학 이론이 정치 수요에 복종해야 하는 필요성을 지나치게 강조한 것으로 헌법학 전문 지식 체계의 완전성이 파괴되었다. 다섯째, 헌법학 기본 범주의 자체 정체성이 상대적으로 약화되어 헌법학의 지식 통합 기능과 사회 공동체를 형성하는 의지의 조율 기능을 충분히 발휘할 수 없게 되었다.

(2) 국가 학설을 핵심으로 하는 헌법학 체계 구축

소련은 헌법학을 국가법이라고도 칭했다. 그 주체 부분이 바로 국가 학설이었는데, 통상 2분의 1 가량의 편폭으로 국가와 법의 기원, 국가의 유형과 특징, 국가와 법의 관계 등의 내용을 상세히 논술했다. 소련 헌법학은 정치학, 국가학, 법리학의 통합체라고 할 수 있기 때문에 독립적 법학 학과로서의 헌법이 응당 가지고 있어야 할 학술적 품격과 특수한 범주 체계가 부족했다.

중국도 1950년대 초 소련의 호칭을 따라 헌법학을 '국가법학'이라 부르다가 50년대 중기에 이르러서야 비로소 '헌법학'이라 개칭했다. 1950년에 설립된 중국인민대학교는 소련의 교육시스템을 모방하여 법학과를 설치한 후, "교수와 실천을 연관시키고, 소련의 선진 경험과 중국의 구체적 사정을 결부시킨다"는 교육방침에 따라 법학과의 양성 목표를 확정했다. 법학과는 국가와 법권 이론, 국가와 법권 역사, 국가법, 민법, 형법, 이렇게 5개 강좌를 두었다.

이로부터, 당시 법학연구의 주요 내용이 바로 국가법이었다는 것을 알 수 있다. 동시에 법학과에서 교재로 사용한 『소비에트 국가법』 1장 역시 '소비에트 국가법의 대상, 체계 및 연원'이었다. 중국가 1954년 헌법을 공포 시행한 후, 법학 대학 학과에서는 '중국 헌법학' 과목을 개설하기 시작했다. 수업도 대부분 국가학설과 관련된 내용이었다. 중앙 정법간부학교 국가법강좌에서 편저한 『중화인민공화국 헌법 강의』의 장절도 이 특징을 나타내고 있다. 헌법학의 학과 체계를 배치할 때 법학 학과의 속성을 고려하지 않고, 헌법 현상과 헌법 범주로부터 착수하여 연구한 것이 아니라, 대체로 '국가'를 입각점으로 하고 추구하는 목적으로 하여 설계했음을 알 수 있다. 이 같은 국가 학설을 핵심으로 하여 구축한 헌법학 체계의 양식의 그 연원이 바로 소련 헌법학이었다.

(3) 헌법 기초이론 연구에 대한 홀시

소련 시대, 법학 학과 조성 부분으로서의 헌법학이 독립적 학과의 지위를 잃고, 국가학과에 종속되거나 융합되었을 때, 헌법의 기초이론은 별로 관심을 받지 못했으며 헌법의 개념, 헌법의 본질, 헌법의 기능과 작용, 헌법 규범과 공민의 권리 등 기본 문제에 대한 인식 모두 사회주의국가 법제 구축의 수요에 복종해야 했다. 따라서 헌법의 기초이론 연구는 가망도 필요도 없었다. 1920년대, 한때 일부 소련 법학자들이 법학 연구 분야를 확충하고 법학 연구방법을 전환하며 전통적인 국가학설의 울타리를 뛰어 넘으려고 학술적 혁신을 진행했지만, 그 학술적 논쟁은 비판을 받았다.

중국의 헌법학 연구에서도 기초이론은 별로 관심을 받지 못했다. 1950년대부터

80년대의 헌법학 연구 저작과 논문들을 찾아보면, 헌법을 소개하고 홍보하는 내용이나 부르주아 헌법을 비판하는 내용은 꽤나 많지만, 헌법 개념, 헌법 규범, 헌법 관계, 헌법의 권리 등 헌법의 기본 문제를 언급한 학술적 성과는 아주 적다. 장경복(張慶福)이 편저한 『헌법학 연구 약술』에서는, 50년대부터 80년대까지의 헌법학 연구 저작과 논문을 일부러 수집, 정리했다.[690] 여기에서는 단지 그 중 몇 가지 유형의 논문 내용과 수량의 통계를 가지고 분석하고 살펴보려 한다.

헌법학 대상과 체계 방면의 논문이 도합 23편, 그중 외국 헌법학을 연구한 논문이 8편, 중국 헌법학을 연구한 논문이 15편이다. 헌법의 개념, 본질과 특징 방면의 논문이 도합 18편, 그 중 소련 헌법학을 소개하고 연구한 논문이 4편, 중국 헌법과 관련된 논문이 14편이다. 헌법 기본 원칙 방면의 논문이 도합 11편이지만 모두 1980년대에 발표된 논문이고, 50년대의 연구 성과는 찾아볼 수 없다. 설령 이 책에 수록되지 못하고 누락된 논문이 있다 하더라도 우리가 헌법 기초이론 연구에 대한 불충분한 현황을 객관적으로 평가하는 데 결코 영향을 주지 않는다.

---

690) 장경복 편, 『헌법학 연구 약술』, 189~253쪽.

제2부

중국 헌법학설의 형성과 발전의 국외배경

제1장 중국 헌법학설사의 발전 개황

제1절 중국 헌법학설사 발전의 역사적 배경

제2절 중국 헌법학설사 발전단계에 대한 구분

제1장

중국 헌법학설사의 발전 개황

    중국 헌법학설사의 발전단계란, 역사 발전의 시각에서 중국 헌법학설이 100여년의 발전 과정 중 형성한 단계적인 특징에 대한 개괄적 서술이다. 청나라 말, 중화민국 초의 헌법학설과 헌정제도는 서양 학문이 점점 동양으로 밀려들어 오면서 같이 중국에 유입되었는데, 중국학자들 역시 서양의 헌법학설과 헌정제도를 거울로 삼은 토대 위에서 이에 관한 자체적인 논술과 관점을 대거 쏟아냈고, 이에 따라서 탁월한 성과를 거둔 많은 법학자들이 배출되었다. 이 학자들과 실천가들의 노력이 중국 헌법학설사를 연구하는 역사적 중심선을 이루고 있다. 이른바 중국 헌법학설사 연구란, 주로 중국 헌법과 헌정에 관한 헌법학자들의 100여 년 동안의 관점과 논술을 정리하는 작업이다.

제1절

중국 헌법학설사 발전의 역사적 배경

중국에게 사상적 수입품인 헌법은 중국이 서양을 학습하면서 생긴 산물이다. 역사적 시각에서, 중국 헌법학설은 청나라 말엽 신정(淸末新政) 때부터 발전하기 시작했다. 이 시기, 두 건의 돌발적인 사건은 중국 헌법학 발전과 헌정의 실천과 발전에 모두 깊은 의의를 가지고 있다. 이 두 건의 사건이란, 청나라 말엽 두 차례의 서양 고찰과 『흠정헌법요강』을 공포한 것이다.

1. 청나라 말엽, 두 차례의 서양 고찰이 중국 헌정 진행 과정에 끼친 영향

청나라 말기는 국세가 혼란하고 정국이 불안했다. 서양 여러 열강들은 강력한 무기에 의존해 자주 중국을 침략했다. 여지없이 패배한 청 정부는 어쩔 수 없이 영토를 할양하여 배상하며 화해를 구할 수밖에 없었다. 그리고 국내에서는 민중봉기가 곳곳에서 일어나고 혁명의 물결이 거세게 몰려왔다. 안팎으로 곤경에 몰려 처참하게 쇠잔해진 서태후를 수반으로 하는 청 정부는 이 실패를 교훈으로 삼아 그 원인을 깊이 생각하기 시작했으며, 변혁하여 스스로 분발하기로 결심했다. 그리고 1901년 1월 29일 시안(西安)에서 "세상에는 만고에 고칠 수 없는 도리가 있는데, 변하지 않는 치국의 법은 하나도 없다.(世有萬古不易之常經, 無一成不變之治法)"는 내용의 '변법' 조서를 공포, 법령을 고치고 구습을 타파하고, 활기를 찾고 개혁을 하고자 '신정(新政)'을 시행한다고 밝혔다.

내용적으로 보면, 조서의 취지와 내용이 청 정부의 향후 개혁의 근본 조치였고, 청 정부의 변법 개혁을 위한 기본적인 제도적 기반을 확정한 것으로, 어느 정도 청나라 말엽 입헌 운동의 서곡이라 할 수 있었다. 그렇기 때문에 청나라 말엽 '개혁 운동의 헌장'으로서의 1901년 변법 조서는 청나라 말엽 입헌운동의 서막을 상징하고 있다.[691] 1901년 변법 조서가 공포되고, 1908년 8월 27일 『흠정헌법요강』이 공포될 때까지 청나라 말엽 입헌 운동은 파란만장한 여러 가지 곡절을 겪었다. 이런 곡절과 변화무쌍하고 불안정한 과정을 겪으면서 1905년에 조정 대신 5명이 서양을 방문하여 정치를 고찰하고, 1907년 조정대신 3명이 서양 헌정을 고찰한 사건은 청나라 말엽 입헌에 상당히 중요한 추진 역할을 놀했다.

(1) 입헌하지 않으면 나라를 구할 수 없다-1905년 대신 5명의 서양 정치 고찰

청나라 말엽 입헌운동이 일어나게 된 직접적 원인은 1904년의 '러일전쟁' 때문이다. 러시아는 오랜 제국주의 국가였고, 줄곧 동북(만주 지역) 지역을 전통적인 세력 범위에 넣었다. 그리고 일본은 오히려 신흥 자본주의 강국으로서, 메이지 유신과 갑오해전을 겪은 후 입헌군주제를 시행하여 동아시아의 패자(霸者)로 갑작스레 일어났다. 1904년 2월 6일 러시아와 일본은 동북지역에 대한 이익 충돌이 생기자 오래 전부터 음모를 꾸며오던 일본이 중국 여순(旅順)항에 정박해 있던 러시아 함대를 갑자기 습격하여 러일전쟁이 발발했다. 일러 양국 군대가 여러 차례의 교전을 거치면서 러시아는 극심한 손실을 입게 되었고, 결국은 실패의 운명을 받아들여야 했다. 이렇게 1년여 동안의 러일전쟁은 마침내 일본의 대승으로 막을 내렸다. 자그마한 섬나라 일본이 유라시아 대륙을 가로지르고 있는 거대 국가 러시아에 승리를 거두자 많은 사람들이 의아해했다.

그 원인을 분석할 때 일부 입헌을 주장하는 인사들은 일본이 하는 전쟁은 "군대의 경쟁이 아니라 정치의 경쟁이다. 결국 일본이 승하고 러시아가 패한 것은

---

691) 상소명(尚小明)의 『일본 유학생과 청나라 말엽 신정』 "서론" 2쪽을 참고.

입헌전제(군주제) 때문이므로 득실이 분명할 수밖에 없었다." "이 전쟁은 러일전쟁이 아니라 입헌과 전제 두 가지 정체 간의 전쟁이었다." "소국이 대국을 이기고, 아시아 국가가 유럽 국가를 패배시킨 것은 역사적 통례를 벗어난 느닷없는 사건으로 입헌 때문이라고 해석하는 것은 아마 근거 없는 결과일 것이다." 입헌 개혁이라는 청 왕조의 시각에서 보면, 일본이 러시아에 승리한 사실이 그들을 얼마나 놀라게 했는지 가히 짐작할 수 있다.

러일전쟁의 결과는 청 왕조의 군주 전제 정체를 영원히 편안하게 유지하려던 헛된 꿈을 여지없이 부숴버렸다. 조정의 의식 있는 관리와 입헌파 인사들의 추진 하에 청 정부는 1905년 7월 16일 대신들을 구미와 일본 등 입헌 국가에 파견하여 현지조사를 하고 국가의 정치제도를 중점적으로 고찰하라는 특히 헌정제도 방면의 정황을 고찰하라는 명령을 공식적으로 내렸다. 청 정부가 대신 5명(사절단)을 서양에 파견한 것은, 한편으로는 민심에 부응하려는 것이고, 다른 한편으로는 청 정부의 낙오하지 않고 개혁을 단호히 진행하려는 태도이기도 했다. 서양 국가에 대한 청 정부의 태도를 볼 때, 아편전쟁 전까지 줄곧 '천조상국'(天朝上國)이라 자처하며, 서양 국가를 '만이지국'(蠻夷之國)이라 얕잡아 보았다. 하지만 누차 패하는 참혹한 현실 앞에서 청 정부는 부득불 어느 정도 반성을 하여, 서양 국가들의 일부 방면에 확실히 배울 부분이 있다는 점을 인정하지 않을 수 없었다. 이는 사실상 일본과 구미 국가의 입헌 제도의 우월성도 묵인한 것이나 다름없었다.

서양에 파견할 대신 5명은, 황족 종실 진국공 재택, 호부좌랑 대홍자(戴鴻慈), 병부시랑 서세창(徐世昌), 호남 순무 단방(端方), 상부 우승 소영(紹英)이다. 이 5명 가운데는 황실 종친도 있고 지방 요원도 있었다.

청 정부의 본래 계획은 대신 5명을 "나눠 보내 동양과 서양 여러 나라의 모든 정치를 고찰한 후 그들의 장점을 택하여 그대로 따르기로 한" 것이다. 구체적으로 말하면, 재택 서세창 소영이 일본·영국·프랑스·벨기에를 방문하고, 대홍자와 서방은 미국, 독일, 이태리, 오스트리아, 러시아를 방문하기로 했다. 1905년 9월 24일 오전, 사절단 대신 5명이 출국 준비를 마치자, 장안(북경)의 대소 관원들이 그들을 환송하여 송별연을 베풀고 있을 때 혁명당 오월(吳樾)이 폭탄을 몸에 지니고 연회장에 들어와 고찰단을 폭살하려 했다. 오월은 현장에서 폭사하고 고찰단 수행 관원 10명이 사상했다. 그 중 소영이 중상을 입고 재택도 경상을 입었기 때문에 원래 계획했던 고찰 일정을 뒤로 미뤄야만 했다.

혁명당의 암살행동은 고찰을 구실로 삼아 전제제도를 수호하려는 청정부의 계획을 저지하려는 것이었다. 하지만 청 정부의 고찰은 입헌파와 당시 일부 의식 있는 요원들의 상주문에 의해 결정된 것이었다. 그리하여 혁명당의 암살행동은 입헌파의 반감을 사 오히려 청 정부에 입헌 고찰을 단호히 이행하도록 부채질을 한 꼴이 되었다. 서양 고찰단인 5명 대신 중 한 사람인 단방은 대외에 "폭약 폭발은 간사한 무리가 헌정을 반대하여 꾸민 사건으로 그 의도가 아주 음험하고 잔인하다. 그러나 입헌 고찰을 늦춰서는 안 된다"고 공언했다. 변경을 지키는 일부 총독들과 지방 요원들도 잇달아 조정에 전문을 보내어 "이 사건은 틀림없이 혁명당 당원들이, 정부가 신정(新政)을 하여 입헌하고 변법을 실행하면, 자신들의 혁명적 수단이 암암리에 사라지는 것을 두려워 해 꾸민 소행이다.

그러므로 이번 엄청난 사건을 저지른 것은 이를 저지하기 위한 데 있다. 이럴 때일수록 당연히 각 국의 정치를 고찰하여 입헌하고 변법을 실행해야 하며, 이를 저지하려 해서는 안 된다"[692]고 상소했다. 그렇기 때문에 비록 암살사건이 발생하기는 했지만 외국에 나가 헌정을 고찰하려는 청 정부의 의지는 도리어 더욱 단호해 졌다. 소영이 중상을 입고 또한 서세창이 신설한 순경부(巡警部) 상서로 임명되는 바람에 청 정부는 순천부에서 보좌하고 상기형(尙其亨) 산동 포정사와 이성탁(李盛鐸) 신임 벨기에 대사를 대신 파견하기로 했다. 혁명당이 재차 암살을 시도할 것을 고려해 고찰단은 팀을 나눠 조용히 장안을 떠났다.

대홍자와 단방은 1905년 12월 7일 차를 타고 장안을 떠났고, 19일 상해를 거쳐 출국했다. 재택 상기형 이성탁은 11일에 장안을 떠나 1906년 1월 14일 상해를 거쳐 출국했다. 대홍자 일행은 한 달 여 간의 거센 풍랑을 이겨내고 드디어 1906년 1월 23일

---

692) 『시보』 1905년 9월 25일자.

미국 뉴욕에 도착하고 다시 뉴욕을 출발하여 영국과 프랑스를 거쳐 독일 수도 베를린에 이르렀다. 다음 덴마크 스웨덴 노르웨이 여러 나라를 시찰하고 나서 재차 베를린으로 돌아왔다가 오스트리아-헝가리 제국과 러시아를 고찰했다. 그런 다음 네덜란드를 고찰하고 스위스를 거쳐 이탈리아 수도 로마에 이르렀으며, 1906년 6월 21일 이탈리아를 떠나 배를 타고 귀국 길에 올랐는데, 역시 한 달 여 간의 힘든 항해를 거쳐 7월 21일 마침내 상해에 도착, 8월 6일에 텐진을 거쳐 8월 10일 북경으로 귀환했다. 재택 일행은 1906년 1월 16일 고베 항을 통해 일본에 도착했고, 일본 고찰을 마친 다음 미국 시애틀로 출발, 미국을 경유하여 영국 리버풀에 도착해 영국을 고찰했다. 그리고 프랑스를 고찰한 다음 나중에 벨기에를 고찰했다. 벨기에 고찰을 마친 다음 이성탁은 벨기에 대사로 부임하고, 재택과 상기형 등은 귀국 길에 올라 7월 12일 상해에 입항했다. 대신들은 반년 여 동안 해외를 시찰하며 10여개 나라를 고찰했는데, 대부분 역사가 긴 자본주의 국가와 신흥 자본주의 강국이었다. 고찰 대상의 선택에서, 이번 외국 해외 고찰은 짙은 공리주의 경향이 배여 있음을 알 수 있다.

대신 5명은 해외 고찰 기간 당시, 각국 정치가와 황제 등 지도자들을 예방하고, 각국의 정치가와 대신들로부터 중국정치개혁에 대한 견해와 건의를 청취했다. 일본 프랑스 영국에 가서는 일부 정치학자와 헌법학자들에게서 헌법과 정치 분야의 강의를 들었으며, 그들의 눈에 새롭고도 신기한 많은 곳을 참관하기도 했다. 예컨대, 수족관ㆍ은행ㆍ의회 교도소ㆍ박물관 여러 유형의 공장ㆍ정신병원ㆍ제대군인ㆍ병원ㆍ동물원ㆍ각지 명문대학 등이다. 이 같은 현지 고찰을 통해 대신들은 서양의 헌정제도와 정치 문명을 몸소 체험하게 되었고, 이후 서양 헌정제도와 헌정 이론을 배우는 기반을 닦아놓았다. 단방과 대홍자가 같이 올린 『나라가 평안하려면 안정적인 대계에 의존해야 한다』 라는 상주문에서 다음과 같이 밝혔다. "여러 나라의 국토와 백성의 상황을 개괄하면, 대체로 중국에 미치지 못하며, 심지어 국토는 중국보다 10배나 작고, 백성은 중국보다 10배나 적지만, 군사력이 강하고, 경제력은 중국의 수십, 수백 배를 능가하고 있다 … 어떻게 되어 이토록 강대해질 수 있었는지 알아보니, 외부와의 영활한 교류가 적절치 않아 내정을 정리하고 살폈다고 한다. 대저 예로부터 천하에 정돈하지 않는 정치가 없었으며, 나라가 부유하고 군사력이 강해지고자 내정을 정돈하지 않은 적이 없다. 그리고 외교적인 승리도 마찬가지이다. 내정을 정돈해야 하느냐 하지 않느냐를 판단하려면 다른 것은 묻지 않아도 되지만, 정체가 무엇 때문에 이런가는 판단해야 한다." [693] 그러므로 동양과 서양 여러 나라가 강성할 수 있는 원인은 입헌 정체 때문이고, 중국이 누차 패배한 원인은 여전히 전제 정체를 고집하고 있기 때문이라는 결론을 얻어 냈다. 그리고 청 정부가 양육강식의 국제 사회에서 생존하려면 "입헌 정체를 도입하는 것 외에는 다른 방도가 없었다." 그리하여 청 정부의 '헌법 제정 준비', '모방 헌정'이 나타나게 되었다.

(2) 일본을 스승으로 - 1907년 대신 3명의 외국 헌정 고찰

대신 5명이 귀국한 후 서태후에게 입헌군주제를 시행하면 좋은 점을 여러 번 소개하고 설명했다. 서태후 역시 여러 번 어전회의를 열고 입헌 제정 여부의 문제와 입헌 시기의 문제를 의논했다. 입헌 제정 여부의 문제에서 재택이 올린 『외교 사절로 나가 각국의 정치를 고찰한 대신 재택이 입헌을 선포할 것을 바라는 기밀 상주문』은 서태후에게 가장 큰 충격을 주었다. 재택은 상주문에서 "헌법으로 말하자면, 나라에 이롭고 백성들에게 이롭다. 그리고 관리들에게 가장 불리하다"고 밝혔다. 입헌군주제가 "주권을 방해하고 해친다"는 논조에 대해 재택은 이렇게 반박했다. "입헌군주제의 대의가 국체를 존숭하고 군주의 권력을 공고히 할 뿐, 이를 손상주지 않는다는 도리를 모르는 것 같다. 한마디로 말하면 지금의 형세로 볼 때, 입헌을 하면 가장 이로운 것이 세 가지이다. 하나는, 황제의 통치적 지위를 영원히 공고히 할 수 있다.

---

693) 단방(端方), 「나라가 평안하려면 안정적인 대계에 의존해야」, 하신화 호욱성 정리, 『근대 중국 헌정 역정: 사료 모음』, 48쪽.

다음은, 외적의 침범에 대한 걱정을 줄일 수 있다. 그리고 마지막으로 내란을 없앨 수 있다."[694]

서태후는 재택의 상주문을 높이 평가했다. 1906년 8월 28일 순친왕 재풍(裁澧), 군기대신, 정무처 대신, 참여 정무 대신 원세개 등은 서태후의 뜻을 받들어 회의를 소집하고 재택과 단방의 상주문에 대해 토론을 한 후 입헌을 할 것인지 하지 않을 것인지를 결정했다. 중신들이 모인 그 회의에서 입헌을 반대하는 사람이 없었다. 다만 시행 방식과 추진 속도 면에서 의견 차이가 있었을 뿐이다. 회의에 참석한 대신들 가운데 서세창, 장백희(張百熙), 구홍기(瞿鴻禨), 원세개, 재풍은 입헌을 신속히 추진하는 것에 찬성하여 "입헌 급진파"라 칭할 수 있다. 그러나 철양(鐵良), 영경(榮慶), 손가내(孫家鼐)는 어느 정도 우려를 표하여 '입헌 연기파'라고 칭할 수 있다. 이 회의는 1906년 9월 1일 모방입헌 조령을 반포하게 되는 계기가 되었다. 광서 32년 7월 13일 즉 양력 1906년 9월 1일에 서태후는 『선시예비입헌선행이정관제유(宣示豫備立憲先行厘定官制諭)』를 반포했다. 즉 통칭 『모방입헌 시행 조서』인데, 입헌을 준비하여 모방 헌정을 시행한 것이다.

"… 각국이 부강한 이유는 헌법을 시행하여, 공론에 의존하고 임금과 백성이 한 몸이 되어 생각과 이해관계를 같이 하고 여러 장점을 널리 받아들이고 권한을 분명히 했기 때문이다. 그리고 재물을 준비하고 정무를 기획하고 경영함에 있어서 백성들을 불공정하게 대하는 일이 없었기 때문이다. 또한 각국이 상호 배우고 좋은 점을 변통하고자 힘쓰니 정치가 잘 이루어지고 백성들이 편안하게 살 수 있는 것이다. 지금에 와서 유일한 방도는 모방 헌정을 시행하는 것인데, 대권을 조정에서 총괄하고 조정과 집단의 여러 여론을 분명하고 자세히 판별한 다음 나라의 만년대계를 위한 기석을 마련하는 것이다.

---

694) 고궁박물관 명청 서류부 편, 『청나라 말엽 입헌 준비 서류 사료』 상권, 173~175쪽.

하지만 규제가 미비하고 백성들이 미개한 현 시점에서 서둘러 성사시키려 한다면 유명무실하고 화려한 규정에 불과하므로 국민들에게 어떻게 음으로 양으로 큰 믿음을 줄 수 있겠는가. 고로 쌓인 문제점을 제거하고 책임을 분명히 하려면 관제로부터 착수해야 하는 바, 마땅히 우선 관제를 따로따로 의정하고, 다음 관제를 개혁하여 여러 가지 법을 상세하고 신중하게 명문화해야 한다. 그리고 교육을 폭넓게 발전시키고, 재무를 정리하며, 군비를 정돈하고 경찰서를 전면 설치하여 토호와 일반 백성들이 국정을 분명하고 자세히 알게 함으로써 헌법을 제정할 수 있는 토대를 마련해야 한다…"[695] 『모방 입헌 시행 조서』의 공포는 청나라 말엽 입헌 운동이 구체적인 시행과정에 들어갔음을 의미할 뿐만 아니라, 중국 헌정사의 새로운 한 페이지가 시작되었음을 의미한다. 모방 입헌 시행 조서를 공포한 것은 청 정부가 입헌군주제를 시행하려 한다는 뜻을 표명한 것에 불과했다. 도대체 어떤 모델의 입헌 정체를 시행하느냐에 대해서 청 조정은 그때까지도 어느 정도 방황을 하고 있었다. 당시 세계에서 상대적으로 성공한 입헌 정체가 영국, 독일 일본 모델이 있었기 때문이다. 서양 각국의 정치 체제의 특징을 전문적으로 고찰하고자 대신 5명을 해외로 파견하기 전인 1905년 11월 25일 청 정부는 정치체제 연구기구 정치 고찰관(考察館)을 특별히 설립했다. 그 기능은 "중국정치 체제에 적합한 각국의 정치와 법을 선택하여 손익을 따져보고 책으로 만든 다음 그 취지를 심의하여 결정"하는 것이다.

다시 말하면 각국의 정치 체제를 연구하여 조정의 정치개혁을 위해 참고할 수 있는 의견을 제공하는 것이다. 모방 입헌 시행 조서를 공포한 후인 1907년 8월 경친왕(慶親王) 혁광(奕劻)의 상주문에 근거하여 청 정부는 '정치 고찰관'을 '헌정 편사관'(編查館)으로 개칭했다. 당면의 중심을 전반적인 정치 고찰로부터 구체적인 헌정 고찰로 전환한다는 뜻이 깔려 있었다.

각국의 입헌군주제 입헌 정체 모델의 우열을 보다 자세히 알아보고, 아울러 중국의

---

695) 고궁박물관 명청 서류부 편, 『청나라 말엽 입헌 준비 서류 사료』 상권, 43쪽.

거울로 삼고자, 총독 원세개는 반드시 대신들을 재차 독일 일본 등 나라에 파견하여 헌법을 상세히 고찰해야 한다는 상주문을 올렸다. "지난번 재택 등이 어명을 받고 외국에 나갈 때 원래는 주로 정치를 고찰하려 한 것이지, 헌법을 전문적으로 고찰하려 한 것이 아니었으며, 기간 또한 8개월 밖에 되지 않아 원류를 통찰한 시간이 없었다. … 각국의 정체를 볼 때, 독일과 일본의 정체가 중국와 비슷하고, 현재 명을 받들어 헌법 제정 준비를 확실히 하고 준칙이 갖춰져 있어서 참고로 삼을 수 있게 되었다. 특히 간단하게나마 정치체제를 아는 대신을 청하여 독일과 일본 양국으로 나누어 보내어 대신들로 하여금 헌법을 돌아보게 하여, 상세하게 조사하고 이에 정통한 사람에게 자문을 구하여 상세하게 이전의 제도를 고찰해서 어떻게 착수해야 하는지, 효과를 보기 위해서는 어떻게 해야 하는지를 본보기로 삼아 공개하고, 골격을 세워 형상을 취한다. 완급을 조절하여 수시로 정부에 상신하고 자정원(資政院) 회의에서 취사선택하여 목적에 따라 시행한다."[696]

원세개의 상주문에 근거하여 1907년 9월 9일 청 조정은 외무부 우시랑 왕대섭을 영국 헌정 고찰 대신으로 파견하고, 학부 우시랑 달수를 일본 헌정 고찰 대신으로 파견했으며, 우전부 우시랑 어식매(於式枚)를 독일 헌정 고찰 대신으로 파견했다. 이번 헌정 고찰을 통하여, 현재 중국의 국가 체제로 놓고 보면 군주 권력을 중심으로 하는 대권 정치가 최선이며, 대권 정치를 행하려면 반드시 흠정 헌법을 택해야 한다는 최종적인 공통 인식을 형성했다. 왜냐 하면 영국은 성문화 하지 않은 헌법을 가지고 있는 국가이므로 본받기가 어렵고, 독일헌법 중의 의회제는 군주권력에 대한 규제가 너무 많기 때문에, 일본의 입헌군주제 정치를 참조하여 입헌 정체를 시행하는 것이 청 정부의 유일한 선택이라고 생각했다.

---

696) 고궁박물관 명청 서류부 편, 『청나라 말엽 입헌 준비 서류 사료』 상권, 202쪽.

(3) 청나라 말엽 두 차례 외국 고찰의 역사적 영향

청나라 말엽 두 차례에 걸친 외국 고찰은 청 정부의 정치개혁운동에 극히 중요한 의의를 가지고 있다. 어떤 의미에서 말하면, 청나라 말엽 정치개혁이 바로 외국 고찰의 직접적 결과라고 말할 수 있다. 외국을 돌아다니며 구미의 정치와 문화, 경제적 영향을 받았기 때문에 청 정부가 부강하려고 분발하고 개혁을 고무시킬 수 있었다. 청나라 말엽 두 차례 외국 고찰의 역사적 영향은 주로 다음과 같은 방면에서 구현되고 있다.

① 청나라 말엽 두 차례의 외국 고찰은 청 정부의 정치적 시야를 넓혀주고 당시 세계의 전반적인 정치적 추세를 명확하게 했으며, 중국정치의 현대화에 있어 첫 걸음을 떼게 했다. 청 정부가 '세계로 눈을 돌리기' 시작한 것은 아편전쟁 후였다. 강대한 대국이 자그마한 오랑캐 나라에 누차 패한 사실은 청 조정의 일부 의식이 있는 인사들로 하여금 의식적으로 외국의 정치와 경제 상황에 관심을 돌리게 했다. 일부 외국 주재 대신들도 자신들이 몸소 겪은 경험에 근거하여 구미 세계의 기본 상황을 소개했다. 하지만 당시 서양에 대한 이해는 번역이나 일부 외국 주재 대신들에 그쳐서 중점이 분명하지 않고 규모도 형성하지 못하였다. 대신 5명과 3명이 외국 고찰을 떠날 때 비로소 서양에 대한 청 정부의 이해가 점차 깊어지기 시작했고, 대신 5명과 3명이 귀국하며 가져온 정보가 번역을 통해 얻은 정보보다 더욱 실제적이고 쓸모가 있었으며, 목적의식이 더욱 강했다. 자강하고 세계에 우뚝 서려면 반드시 개혁을 진행하고 입헌 강국의 길을 걸어야 한다는 것이 두 차례 외국 고찰을 통해 얻어진 공통 인식이다. 이 같은 공통 인식은 근대 중국의 정치적 전환을 위해 기본 격조를 마련해 주었다. 청나라 말엽의 입헌운동 역시 중국정치 개혁의 서막을 여는데 촉매제 역할을 했다.

② 청나라 말엽의 두 차례의 외국 고찰은 명확한 목적성과 일관된 연관성이 있었으며, 정치 개혁의 단계적 특징을 구현하였다. 1905년 대신 5명의 외국 고찰은 주로 정치상황을

고찰하여 내보냈지만, 당시의 청 정부는 서양의 정치에 대한 깊은 이해가 없었고, 서양의 장점을 배우려 해도 어디로부터 어떻게 착수해야 하는지를 몰랐다. 그리하여 대신 5명을 파견할 때 고찰 대상을 '정치적 고찰'이라고 대체적으로 정했는데, 이는 청 정부가 당시 중국이 낙후한 원인이 헌정제도의 낙후함 때문이라는 사실을 전반적으로 분명하게 이해하지 못했기 때문에 비롯된 일이었다. 1907년 대신 3명이 외국으로 헌정 고찰을 떠날 때가 되어서야 정 정부의 사고 방향이 점점 뚜렷해지면서, 헌정제도야말로 건국(立國)의 근본이며, 중국이 세계에 우뚝 서고 자강하려면 반드시 헌정제도를 개혁해야 한다는 도리를 의식하게 되었다. 그리하여 청 정부의 모방입헌의 시행이 탄생하게 되었고, 입헌 체제에서 '독일을 본받을 것인가', '일본을 본받을 것인가'의 논쟁이 일어나게 되었다. 그리고 대신 3명이 외국에 나가 헌정을 고찰하고 난 후의 직접적 결과는 일본을 본받아 입헌군주제를 도입하는 것이었다. 대신 5명의 정치 고찰로부터 대신 3명의 헌정 고찰에 이르기까지, 그 과정을 통하여 우리는 청 정부의 정치개혁 목표가 점차 분명해졌고, 이 또한 청 정부의 "헌법 제정을 준비하고 점진적으로 추진한다"는 점진적 개혁이라는 사고 방향에 부합된다는 것을 알 수 있다. 비록 청 정부의 이 같은 점진적 개혁방안에 대해 많은 사람들이 '정치적 사기극'이라고 비평했지만, 당시 온 나라가 입헌 체제에 대해 잘 알고 있지 못한 상황에서 이 같은 단계적 개혁방안은 안정적인 방식이라고 말할 수 있었다.

③ 청나라 말엽의 두 차례 외국 고찰의 최대 성과는, 중국의 입헌운동을 추진하여 근대 중국이 이후의 모든 정치 개혁에서 헌법에 근거하여 헌정을 목표로 하게 한 것이다. 대신 5명의 외국 정치 고찰의 직접적 성과는, 1936년 『모방 입헌 시행 조서』를 공포하게 한 것인데, 이는 청 정부의 입헌 운동이 준비 단계에 들어섰음을 의미한다. 그리고 대신 3명의 헌정 고찰의 직접적 결과는 1908년 『흠정헌법요강』을 공포하게 한 것인데, 이는 청 정부의 입헌 운동이 '헌법 제정 준비단계'에 정식으로 들어갔음을 의미한다. 『흠정헌법요강』의 종지는, 헌정 편사관(編査館)과 자정원(資政院)에서 공동으로 올린 상주문에 다음과 같이 상세히 밝혔다. "대저 헌법은 나라의 기본법이므로 임금이나

국민을 모두 지키고, 천자로부터 백성들에 이르기까지 누구나 범하지 말고 따라야 한다…
한마디로 개괄하면, 군권(君權)을 공고히 하고 아울러 신민을 보호해 준다… 헌법요강
1장에서 첫째는, 대권(大權) 사항을 언급하면서 명군은 신하의 줄(벼리)이 되어야 한다고
밝혔고, 다음은 신민의 권리와 의무 사항을 언급하면서, 국민이 나라의 근본이라고
밝혔다. 비록 임금과 국민 상하 모두가 법의 규제 범위에 속해 있기는 하지만 대권은
여전히 조정에서 총괄하며, 비록 아울러 나라의 양법(良法)을 모아서 열거하기는 했지만
자국의 법령을 위배하지는 않았다." [697] 이로써 헌법은 일본식 입헌군주제를 본받아야
한다는 것을 확립했다. "삼가 입헌군주제 정체에 의거하여 임금에게 국가를 통치할 수
있는 대권이 주어지게 해야 하며, 입법·행정·사법 모두를 총괄하게 해야 한다. 그리고
의회가 입법에 협조하고 정부가 행정을 보필하며, 법원은 사법 법령을 따라야 한다.
위로는 조정, 아래로는 신민에 이르기까지 흠정 헌법을 지켜야 한다. 이후부터 흠정
헌법을 영원히 따라야 하며, 이 규제를 어겨서는 안 된다."[698]

　　물론 『흠정헌법요강』 내용에 대한 역사적 평가가 일치하지 않다. 어떤 이는, '흠정
헌정 요강'은 청 정부가 혁명의 조류에 대처하기 위한 임시변통의 계책으로써 '허위적
입헌이고, 명실상부한 전제'적 도구라고 인정했다. 또 어떤 이는, 그것은 청 정부가 변혁을
모색하기 위한 한 차례 시도였다고 인정했다. 그것에 대한 역사적 평가가 어떠하든지
변하지 않는 사실은 중국 역사상 최초의 헌법적인 문건으로서, 중국 입헌 발전과 헌정
진행 과정에 간과할 수 없는 작용을 했다는 점이다. 그리고 이것이 바로 청나라 말엽
외국에 대한 두 차례 고찰의 직접적인 결과이기도 하다.

---

697) 고궁박물관 명청 서류부 편, 『청나라 말엽 입헌 준비 서류 사료』 상권, 56쪽.
698) 고궁박물관 명청 서류부 편, 위의 책, 57쪽.

2. 『흠정헌법요강』의 공포가 중국 헌법학 발전에 준 영향

(1) 『흠정헌법요강』이 출범하게 된 배경

『흠정헌법요강』은 청나라 말엽 입헌 운동 발전의 결과물이지만, 청나라 말엽 입헌 운동의 발단은 1901년의 '변법조서'까지 거슬러 올라갈 수 있다. 1900년 의화단 운동이 발발하고, 그로 인해 잇따라 8개국 연합군이 중국을 침략하는 전쟁이 일어났다. 강약이 분명하고, 승패가 이미 정해진 그 전쟁에서 청 정부는 또 한 번 패전의 쓴 맛을 맛보았다. 강대한 대국이 오랑캐 나라에 누차 패하는 참혹한 현실에 봉착한 서태후를 수반으로 하는 청 정부는, 안팎으로 궁지에 몰려 무참히 쇠잔해진 국면에 대처하고자 스스로 분발하여 변혁을 시도하기 시작했는데, 1901년 1월 29일 시안에서 '변법 조서'를 반포하며 "세상에는 만고에 고칠 수 없는 도리가 있는데, 변하지 않는 치국의 법은 하나도 없다"면서 '신정'을 곧 시행함을 표명했다. '변법 조서'의 반포는 자구(自救)를 취지로 하는 청나라 말엽의 입헌 운동이 개시되었음을 의미한다.[699]

서태후의 변법 조서는 비록 스스로 분발하여 변혁을 시도하는 것이었지만, 그 이념은 위에서 아래로의 개혁이고 또한 내적 개혁에 관한 조치뿐으로, 건국의 근본으로서의 황권 정체와는 아예 무관했다. 청 조정이 황권 정체를 진지하게 반성하도록 자극한 것은 1904년의 러일전쟁이었다. 러일전쟁이 시작되었을 때는 전국이 변화무쌍하여 결과를 예측할 수 없었다. 손바닥만 한 작은 나라 일본이 유라시아 대륙을 가로지른 전통 강국 차르 러시아에 승리할 것이라고는 많은 사람들, 특히 청 정부는 믿지 않았다. 당시 대다수 중국인들은 현저한 실력적 차이가 나는 이번 전쟁에서 러시아가 반드시 이길 것이라고 확신했다. 그리하여 청 정부는 정쟁이 발발하자 얼마 안 되어 러시아 쪽으로 치우치는

---

699) 상소명(尙小明), 『일본 유학생과 청나라 말엽 신정』 "서론", 2쪽.

외교정책을 채택하여, 미래 승전국의 호감을 사려 시도했다. 그러나 당시 일부 깨여있는 인사들, 특히 입헌파들은 입헌과 전제 정체에 대한 깊은 인식을 통하여, 입헌군주제를 시행하는 일본이 전제군주제를 시행하는 러시아에 반드시 승전하게 된다는 결론을 도출해냈다. 1년여 동안의 러일전쟁은 결국 일본의 완승으로 종전되었다.

　러일전쟁의 결과 역시 입헌파들의 주장이 민심을 크게 사로잡는 계기가 되었다. 순식간에 '입헌 구국'의 구호가 온 세상에 우렁차게 울려 퍼졌고, 그 구호를 막을 길이 없었다. 당시 여론은 보편적으로, "이번 전쟁이 최초의 시도로, 일본이 입헌국인 것을 모르고 러시아가 전제국인 것을 몰랐다면 전제국과 입헌국의 싸움에서 입헌국이 승리하고 전제국이 패한다는 것을 예견하지 못했을 것이다"[700]라고 인정했다. 입헌의 가치와 관련한 화제가 널리 퍼짐에 따라 날로 많은 민중들이, 중국이 부강하고 멸망의 위기에서 벗어나 생존을 도모하려면 튼튼한 함선과 강력한 무기가 필요할 뿐만 아니라, 헌법을 제정하고 국회를 열고 의회를 설립하여 입헌군주제를 시행하는 것이 더욱 필요하다는 도리를 깨닫게 되었다. 전제군주제 국가인 중국과 러시아라는 대국이 잇따라 입헌군주제 국가인 일본에 패한 사실 또한 중국인들에게 구체적이고도 직관적으로 입헌군주제 정체가 국가의 흥망에 중요하다는 것을 깨닫게 했다. 이 점에서 일관적으로 변혁에 반대하던 보수적인 수구파 대신들마저 부득이하게 입헌의 중요성을 승인하지 않을 수 없었으며, 일부 대신들은 더 나아가 입헌을 지지하는 인사로 변해 입헌운동에서 간과할 수 없는 추진 역량이 되었다. 그리하여 여론의 선전과 선동, 입헌파 인사들의 적극적인 추진 하에서 본디 중국과는 별로 큰 관계가 없던 러일전쟁이 뜻밖의 결과를 초래하여, 입헌이 관방과 민간, 그리고 지식인들이 보편적으로 중요하게 생각하는 문제로 부상함과 아울러 어느 정도 사조적인 공감대를 형성한 데, 어떤 의미에서는 근대 중국 사회에서 입헌 사조의 도화선 같은 구실을 했다고 할 수 있다.

---

700) 『대공보』 1905년 4월 13일 자.

이 같은 복잡한 배경 하에서 1905년 7월 16일 청 정부는, 대신 5명을 구미와 일본 등 입헌국에 파견하여 현지 고찰을 하게 하는데, 정치제도를 중점적으로, 특히 헌정제도 방면에 힘을 기울이게 될 것이라고 공식 선언했다. 이 고찰단 대신들이 귀국한 후의 공통적인 인식은 "입헌을 하지 않으면 나라를 구할 수 없다"는 것이었다. 이 같은 사상의 주도 하에서의 『흠정헌법요강』을 공포하는 일 역시 오이가 익으면 꼭지가 절로 떨어지고, 물이 흐르는 곳에 물길이 절로 생기는 격이 되었다.

(2) 『흠정헌법요강』의 성질과 지위

1908년 8월 27일 청 정부는 『흠정헌법요강』을 공포했다. 이 헌법요강의 성질과 역사적 지위에 대해, 중국 사상 최초로 관방에서 공포한 헌법적 문건이라는 것이 학술계의 공통적인 인식이다. 오랜 기간 동안 학술계에서 『흠정헌법요강』을 평가할 때, '반민주적'과 '반입헌주의'적 측면만 일방적으로 강조하면서, '군권을 규제'하고 '권리를 보장'하도록 한 역사적 작용에 대해서는 객관적인 평가가 잘 이루어지지 않았다. 일부 교과서는 『흠정헌법요강』을 평가할 때, 대부분 비판적이고 부정적인 평가를 했다. 100여 년 전에 공포한 헌법적 문건에 대해 객관적, 역사적, 이성적으로 평가를 하려면 역사적 한계성을 분석해야 할 뿐만 아니라, 중국 헌법 역사에서 일으킨 진보적 작용도 긍정해야 한다는 것이 필자의 견해이다. 학술계는 현재 『흠정헌법요강』의 성질 및 중국 헌법 발전 역사에 일으킨 영향에 대해 비록 다른 평가가 있기는 하지만 '중국 100년 헌법 발전사의 기점'이라는 인식에 있어서는 보편적으로 공감하고 있다.

『흠정헌법요강』을 공포하기 전에는 비록 적지 않은 지식인들이 '국회를 열고, 헌법을 제정하고, 의회를 설립'해야 한다고 호소했지만, 줄곧 구체적인 헌법 텍스트나 제도적 조작(操作)의 단계로까지 전환하지 못했으며, 공식적인 헌법이나 헌법요강도 나오지 않았었다. 그러나 『흠정헌법요강』이 공포된 후에 학술계에는 헌법학 연구에서 의거할 수 있는 텍스트가 있게 되었고, 이후 헌법 문건을 공포할 때마다 교훈을 포함한 역사적 전통과 경험을 받아들이고 거울로 삼았다. 그렇기 때문에 중국 헌법 연구에서 한 부의 제본(範本)인 『흠정헌법요강』은 최초의 헌법적 문건이라는 점에서, 당연히 중국 100년 헌법학 연구에 있어서 외면할 수 없는 하나의 문서가 되었으며, 100년 헌법 연구의 역사적 기점이 되었다.

『흠정헌법요강』을 '헌법'이라 칭하지 않고 '헌법요강'이라 칭하는 것은, 헌법의 조항을 구체적으로 규정한 것이 아니라 요강(要綱)적인 요구만 규정했기 때문이다. 즉 『흠정헌법요강』은 이후 제정한 '청조 헌법 초안'의 '준칙'이 되었으며, 앞으로 헌법을 제정하는 지도적인 '강령'의 구실을 했다. 요강은 '군주의 대권'과 '신민의 권리와 의무' 두 개 부분에 23개 조항으로 이루어져 있다. 그중 '군주의 대권'은 14개 조항으로 이루어졌으며, 요강 본문의 주체이다. '신민의 의무와 권리'는 9개 조항으로 이루어졌으며, 본문의 부록 부분이다. 『흠정헌법요강』의 종지에 대해서는 헌법 편사관과 자정원에서 공동으로 올린 상주문에 상세히 밝혀져 있다. "대저 헌법은 나라의 기본법이므로 임금이나 국민 모두가 지키고, 천자로부터 백성들에 이르기까지 누구나 범하지 말고 따라야 한다… 한마디로 개괄하면, 군권(君權)을 공고히 하고 아울러 신민을 보호해 준다… 헌법요강 1장에서 첫째는, 대권 사항을 언급하면서 명군은 신하의 벼리가 되어야 한다고 밝혔고, 다음은 신민의 권리와 의무사항을 언급하면서, 국민이 나라의 근본이라고 밝혔다. 비록 임금과 국민 상하 모두가 법의 규제 범위에 속해있기는 하지만 대권은 여전히 조정에서 총괄하며, 비록 아울러 나라의 양법(良法)을 모아서 열거하기는 했지만 자국의 법령을 위배하지 않았다."[701]

『흠정헌법요강』의 성질을 분석할 때에는 두 가지 측면으로 분석할 필요가 있다. 하나는 『흠정헌법요강』의 기본 종지가 "대권을 조정이 총괄하고 여러 정무를 여론에 공개한다"이므로, "대청 제국은 만세에 이어지고", "군주은 신성하고 존엄하므로 범해서는

701) 고궁박물관 명청 서류부 편, 앞의 책, 56쪽.

안 된다" 등 전제적 경향이 짙은 조항이 많다. 이는 『흠정헌법요강』이 본질적으로 반 입헌주의이고 역사적 제한성이 존재한다는 것을 말해 준다. 즉 종지가 여전히 군주 전제 통치를 공고히 하고 강화하려는 의도가 있는 한 부의 봉건적 법전이다. 이런 의미가 있기 때문에 적지 않은 인사들이 청나라 말엽의 헌법은 한 차례 '사기극'이라고 질책했다. 따라서 이는 터무니없는 질책은 아니다. 다음은, 우리 또한 『흠정헌법요강』이 반영한 일부 '입헌주의'의 정신이나 원리를 알아내야 하며, 객관적으로 존재한 긍정적인 작용을 말살해서는 안 된다는 것이다. 긍정적인 작용은 아래와 같은 두 가지 측면에서 구현되었다.

첫째, 비록 『흠정헌법요강』은 '군주의 대권' 부분에서 황제의 많은 대권을 열거했지만, 이 같은 열거는 어느 정도 황제의 권력에 대한 일종 제한이었다. 수천 년의 전제통치 역사 속에서 황제의 권력은 끝이 없었고 위엄은 예측할 수가 없었다. 하지만 『흠정헌법요강』에 명시된 후, 이 같은 권력이 최소한 형식적으로나마 반드시 헌법에 의거해야 한다는 의미가 되었다. 즉 황제는 반드시 헌법을 합법적인 통치 근원으로 삼아야 한다는 것을 의미했다. 예컨대 10조에서 규정한 것처럼, 임금은 "사법권을 총괄한다. 재판 관아를 위임하고 흠정 법률에 따라 행해야 하며, 조령을 수시로 고쳐서는 안 된다. 사법권은 임금이 모두 장악하며, 재판관은 본래부터 임금이 위임하고, 사법에서 대행하며, 조령을 수시로 고쳐서는 안 된다. 중대한 안건은 반드시 흠정의 기준을 따름으로써 의견 차이를 없애야 한다." 이 조항에 대해 우리는 이전에 황제의 전권이고 봉건 전제의 상징이라면서 주로 비평을 했다. 물론 본질적으로 말하면, 이 같은 비평은 어느 정도 일리가 있다. 하지만 만약 텍스트의 규정에 입각하여 심도 있게 분석해 본다면 그 중에서 일부 긍정적인 민주와 입헌주의 요소를 발견할 수 있다. 하나는, 이 조항에서 사법권의 행사 주체를 '재판 관아'라고 확립했지 황제와 행정기관이라고 하지 않았다.

이는 사법권과 행정권 분리의 원칙을 확립한 것으로 이 원칙은 근대 입헌주의의 기본 특징 중 하나이다. 다음은 이 조항에서 "흠정 법률에 따라 행해야 하며, 조령을 수시로 고쳐서는 안 된다"는 사법 원칙을 확립했다. 즉 재판을 할 때 이미 공포한 법을 의거로 해야 하며, 황제의 조령이라 해도 아무 때나 고쳐서는 안 된다는 말이다. 이는 사실 황제 권력에 대한 일종의 제한이며, 아주 취약하기는 하지만 어느 정도 사법의 독립 정신과 사법의 자치 정신을 가지고 있다. 『흠정헌법요강』 10조에는 황제의 '명령 공포 및 명령 행사권'을 규정했다. "단지 이미 정한 법을, 의회에 상정하지 않고 황제가 몸소 채택할 경우 법을 수정하거나 폐지하라는 황제의 명에 따르지 않아도 된다. 법은 임금이 사법권을 시행하는데 사용되고, 명령은 임금이 행정권을 시행하는데 사용되므로 두 가지 권리는 분립된다. 고로 법을 수정하거나 폐지하라는 명에 따르지 않아도 된다." 여기에서 알 수 있는 바는 황제는 효력이 발생한 법에 대해서도 마음대로 '수정하거나 폐지할 권리'가 없다고 했다. 이는 분명 지고무상의 황권에 대한 일종의 규제이다. 그리고 이 규정에는 어느 정도의 범위 내의 입법권, 행정권과 사법권이 분리된 삼권분립의 이념이 드러나 있다. 혁광(奕劻)과 푸룬(溥倫)이 『흠정헌법요강』에 관해 올린 상주문에도 "삼가 입헌군주제 정체에 의거하여 임금에게 국가를 통치할 수 있는 대권이 주어지게 해야 하며, 입법 행정 사법 모두 총괄하게 해야 한다. 그리고 의회가 입법을 협조하고 정부가 행정을 보필하며, 법원은 사법 법령을 따라야 한다. 위로는 조정, 아래로는 신민에 이르기까지 흠정 헌법을 지켜야 한다. 이후부터 흠정 헌법을 영원히 따라야 하며, 이 규제를 범해서는 안 된다."[702]

  둘째, '흠정 헌정 요강'은 '신민의 권리와 의무' 부분에서 공민의 일부 기본 권리를 명확히 했다. 요강의 부록 부분의 표제가 바로 '신민의 권리와 의무'이고, 9개 조항으로 이루어져 있다. 그중 앞의 6가지 조항이 기본 권리에 관한 내용이고, 뒤의 세 가지 조항이 기본 의무에 관한 내용을 언급하고 있다. 기본 권리의 범위로 볼 때, 『흠정헌법요강』이

---

702) 고궁박물관 명청 서류부 편, 위의 책, 57쪽.

규정한 범위가 역시 상대적으로 협소한데, 다만 인신·자유·언론·출판·결사 등 몇 가지 사항만 언급했을 뿐, 기타 대부분 권리는 언급하지 않았다. 단순히 요강 텍스트의 내용으로만 본다면, 당시의 민권을 충분히 보장했다고 말할 수 없다. 하지만 주목해야 할 것은, 『흠정헌법요강』이 한 부의 '요강'에 불과하다는 점이다. 즉 헌법적 강령이지 공식적인 헌법 본문이 아니라는 점이다. 혁광과 푸룬이 올린 상주문에도 "헌법요강의 그 세목은 헌법을 기초(起草)할 때 참작하여 결정하는 데 사용한다"고 분명하게 설명했다. 사실, 헌법과 헌법요강을 평가하는 기준이 같지 않을 수 있다. 따라서 『흠정헌법요강』 중의 민권 보장 조치가 효과성이 부족하고 일반성이 부족하다는 이유로 민권 보장 방면에서 실제로 있었던 건설적 의의를 부정해서는 안 된다. 예컨대, 2조의 "신민은 법의 제한을 받으며, 모든 언론, 출판, 집회, 결사 등이 모두 자유이다", 3조의 "신하나 백성을 법의 규정에 따르지 않고 체포 감금 처벌할 수 없다", 6조의 "신민의 재산과 주택을 이유 없이 침범해서는 안 된다", 7조의 "신민에게 세금을 부과한 후, 신규 법에서 그 법을 고치지 않았다면, 모두 이전의 법대로 조세를 징수한다" 등의 규정이다. 이 규정들은 어느 정도 근대 입헌주의의 숨결을 어느 정도 가지고 있다. 비록 당시에는 '공민'이라 칭하지 않고 '신민'이라 칭하고, 규정한 기본 권리의 내용이 상당히 공허하며, 범위 또한 아주 협소할 뿐더러 '부록'에 넣어 규정하기는 했지만 역사적인 관점으로 볼 때, 이 같은 내용들 모두 공민의 권리에 대한 일종의 '확인'이 되어 기본 권리가 어느 정도 보장을 받을 수 있게 되었다.

한마디로 말하면, 『흠정헌법요강』이 봉건적 전제 경향을 농후하게 띠고는 있지만, 내용상 지고무상의 황권에 대해 어느 정도 규제를 하고, 또한 공민의 기본 권리에 대해 어느 정도 확인을 했으며, 입법권, 행정권과 사법권이 상호 분리한 삼권분립 이념도 어느 정도 체현하였다. 이 때문에 전반적으로 볼 때, 한 부의 입헌군주제 취지를 구현한 헌법 강령이라 칭할 수 있다.

(3) 『흠정헌법요강』의 역사적 지위와 의의

중국 헌법은 이미 100년여의 발전 역사를 가지고 있다. 1954년 헌법은 중화인민공화국을 기점으로 하고 있다. 이는 의심할 여지가 없는 사실이다. 그러나 중화인민공화국 헌법사는 중국 헌법의 일부분일 뿐이며, 그 전의 중국 헌법사 역시 전반적인 중국 헌법사의 구성 부분이다. 여기에서 1954년 헌법 제정 과정에서 생긴 에피소드를 회고할 필요가 있다. 1954년 9월 14일 모택동은 중앙인민정부위원회 임시회의를 소집, 주재하고 1954년 헌법 초안 중의 두 가지 문제를 토론했다. 그중 한 가지 문제가 헌법의 머리말을 수정하는 것이었다. 1954년 헌법 초안은 머리말에서 '중국 첫 헌법'이라고 설명했었다. 모택동은, 과거에 중국에는 8부의 헌법이 있었다. 이를테면 청조 때의 『흠정헌법요강』, 『중화민국 임시 약법』 등이다. 1954년 헌법을 '중국 최초의 헌법'이라고 하는 것은 적합하지 않다. 『중화인민공화국 헌법』 이라고 해야 만이 정확하다고 자신의 의사를 밝혔다. 후에 토론을 거쳐 '중국 최초의 헌법'이라는 설명을 『중화인민공화국 헌법』 이라고 고쳤다. 이 에피소드는 입헌 자들의 중국 헌법 역사에 대한 객관적 태도를 표명했다.

우리가 신중국의 역사를 연구할 때 구중국의 헌법사에 대한 회고와 반성을 벗어나서는 안 된다. 그 어떤 헌법이든지 역사 과정 중에 존재하고, 반드시 특정한 역사적 환경과 헌법 전통 중에 속해 있어야만 생생한 생명력을 가질 수 있다. 우리가 신중국의 헌법을 연구할 때도 마찬가지로 중국 헌법의 전통을 연구하는 작업을 배제할 수 없으며, 중국 헌법사를 정리하는 작업을 배제할 수 없다. 역사에 대한 회고와 반성은 미래를 보다 멀리 내다보기 위한 데 있다. 따라서 『흠정헌법요강』 공포 100여 년을 맞이하고 있는 때에 학술계에서 『흠정헌법요강』 을 집중적으로 연구하는 것은 중요한 이론적 가치와 실천적 가치가 있다. 헌법학설사상에서, 『흠정헌법요강』 공포를 기념하는 가치 역시 다방면적인데, 역사 문헌적 가지, 헌법 본문(원전)의 가치와 헌법 문화적 가치로 개괄할 수 있다. 역사 문헌적 가치로서의 『흠정헌법요강』 은 중국 헌법 100년 역사 발전 과정에서의 역사적 유산으로 부상했으며, 특정한 역사적 가치를 반영하고 있다. 헌법의 본문적 가치로서의 『흠정헌법요강』은 중국 헌법 발전의 역사적 기점이 되었으며, 헌법 본문이 내포하고 있는 규범적 가치는 헌법 발전 100년 과정을 관통하고 있다. 헌법 문화적 가치로서의 『흠정헌법요강』은 풍부한 문화 전통을 통해 중국과 서양의 헌법 문화의 충돌과 융합 과정을 반영하고, 서학동점(西學東漸)의 역사 과정을 기록하고 있기 때문에 중국 헌법 문화 전통의 일부분이 되었으며, 헌법적 문건의 배경이라 할 수 있는 헌정 가치를 나타내고 있다. 한 학자는, 『흠정헌법요강』의 제정을 둘러싸고 나타난 학술 사조, 학술 쟁명, 그리고 학술계와 민간의 입헌 문제에 관한 폭넓은 토론은, 조기 중국 헌법학의 형성 에 양호한 환경과 토대를 마련해 주었다고 평가했다. 때문에 중국 역사상 최초의 헌법적 문건인 『흠정헌법요강』의 이론적 가치와 현실적 의의를 등한시해서는 안 된다. 중국처럼 헌법문화의 전통이 빈약한 국가에서, 『흠정헌법요강』은 최초로 헌법을 성문화 하는 형식으로 국가의 기본 통치원칙을 확정하여 헌법관념을 사람들의 마음속에 깊이 자리 잡게 한 것으로 중국정치 변천에서 없어서는 안 되는 중요한 요소로 부상했다.

청나라 말엽 이후의 정부는 교체할 때마다 입헌을 으뜸가는 일로 간주하고, 헌법을 통치의 합법적 근원으로 간주하면서, 차후의 현대화 법제 구축과 헌정 구축을 위해 필요한 역사적 기반과 정치적 기반을 마련했다는 점에서 중국 헌법학설사의 연구에 귀중한 학술적 유산을 남겨놓았다.

제2절
중국 헌법학설사 발전단계에 대한 구분

중국 헌법학설사의 발전단계와 역사시기에 대해 여러 기준에 따라 다르게 구분할 수 있다. 여기에서 사용한 구분기준은 하나의 대체적인 기준으로서, 100년여의 중국 헌법학설 발전사를 다음과 같이 세 단계로 나누었다.

1. 청나라 말엽 민국 초기부터 중화민국시기까지의 헌법학설

이 단계는 중국 헌법학설이 발원한 시기이자 발전하기 시작한 시기이다. 역사적 근원으로 볼 때, 중국의 헌법학설은 서양에서 기원했다. 이는 당연히 틀림없는 사실이다. 비록 중국 고문 서적 중에도 '헌법', '헌'과 같은 글자가 나오기는 하지만 그 뜻이 근대적인 의미로서의 '헌법'과 근본적으로 구별된다. 그렇기 때문에 이른바 중국 헌법학설은 그 기원 단계가 주로 서양 헌법학설의 도입과 중국의 헌법에 대한 개념, 헌법관념과 헌법학설을 받아들이는 것에서 체현되고 있다. 서양 헌법학설이 중국에 들어올 때, 중국은 피동적인 '자극-반응'식으로 받아들인 것이 아니라 중국의 법률문화 전통과 중국학자들의 서양 헌법 개념에 대한 이해를 토대로 하여 서양 헌법학설에 대해 특별히 효과적인 많은 변동과 개조를 하면서 서양 사회에서 생성되고 서양 사회에 뿌리를 두고 있는 헌법학설이 중국 땅에 들어와 접목하고 뿌리를 내리게 되었다.

우리가 이 단계에 특히 주목한 점은 청나라 말엽 민국 초기의 중국학자들이 서양 헌법학설을 어떻게 도입했느냐 하는 것이다. 당시 학자들이 남긴 저작이나 번역서들을 보면, 청나라 말엽 민국초기 중국의 학자들이 서양 헌법학설을 도입하고 받아들이는 일은 결코 순풍에 돛 단 듯이 순조로운 것은 아니었다. 사상적으로 수입품인 서양 헌법학설이 우선적으로 봉착한 문제가 중국어 언어체계와 연결이었다. 일종의 문화 표현 형식으로서의 헌법은 한 국가와 민족, 한 시대의 특징을 반영하고 있으며, 국가의 의지, 민족정신과 시대적 특징을 집중적으로 구현하고 있다. 따라서 문화 표현 형식으로서의 헌법을 번역을 통하여 완전무결하게 낯선 땅에 뿌리를 내리게 한다는 것은 무척 어려운 일이었다. 법적 언어, 특히 헌법 언어의 번역은 엄복(嚴複)이 말한 것처럼, '하나의 술어를 만들려면 달포 가량을 망설'이는, 지난(至難)한 과정을 겪어야 하는 운명적인 작업이었다.

우리는 번역과정을 보면서, 중국의 학자들이 서양의 헌법제도와 헌법학설을 도입해야 한다는 절박한 심정을 알 수 있을 뿐만 아니라, 그들이 서양 헌법제도와 헌법학설을 도입하는 과정에서 치른 어려움과 고통을 느낄 수 있다. 이런 의미에서, 중국의 헌법학설은 사실 원작이 아니라 번역에서 비롯되었다고 할 수 있다. 이후의 중국학자들은 헌법학설을 모두 번역을 기반으로 하여 발전시켰다. 만약 이와 같은 번역과 도입이 없었다면 중국 헌법학설은 그 기원이나 발전을 운운할 수조차 없었을 것이다.

2. 중화인민공화국 수립 후부터 '문화대혁명' 시기까지의 헌법학설

이 단계는 중국 헌법학설이 굴곡적으로 발전한 시기이다. 중화인민공화국의 수립은 중국의 발전이 새로운 시대에 들어섰음을 의미한다. 시대 발전과 사회 변천의 한편의 거울로서의 헌법 역시 당연히 시대적 변화와 사회적 변천을 반영하게 된다. 따라서 중화인민공화국이 수립되어서 '문화대혁명' 기간까지의 헌법학설은 이 시기의 중국정치발전 상황과 마찬가지로 굴곡의 발전 과정과 나선 형태의 발전 과정을 거쳤다.

텍스트에 의거해 보면, 신중국(중화인민공화국)의 헌법학설은 주로 『공동강령』, 1954년 헌법 제정 과정의 각종 학술 논쟁과 학술 쟁명에서 체현되고 있으며, 특히 1954년 헌법 제정과정에서 많은 학자들이 제기한 다양하고 소중한 의견이나 건의에서 체현되고 있다. 이 같은 의견이나 건의는 사실 이 학자들의 헌법학설을 구체적으로 반영하고 있다. 전반적으로 볼 때, 이 단계의 헌법학설은 굴곡적인 발전과정에 처해 있었다. 『공동강령』을 공포하고 1954년 헌법을 제정하던 시기, 헌법은 사회적으로 꽤나 높은 관심을 받았으며, 특히 1954년 헌법 제정을 둘러싸고 한차례 전 국민적인 대 토론이 벌어졌다. 1954년 헌법의 제정은 중국 헌법 발전을 대폭 발전시키면서 중국 헌법학설이 거족적인 발전을 했다. 1954년 헌법이 공포된 후 1964년 헌법 해석과 실시 문제를 둘러싸고 일부 학자들은 또 상당히 의미가 있는 탐구 작업을 진행했다. 이 학자들은 1954년 헌법 제정과 실시 상황에 관한 의견과 건의를 통해 중국 헌법학 발전과 중국 헌법학설의 형성에 적극적인 추진 역할을 했다.

1957년 '정풍운동(整風運動)'과 1958년 '대약진(大躍進)' 운동이 전개됨에 따라 1954년 헌법의 운명에 점차 변화가 생겼고, 또한 실천 중 폐기될 비참한 운명에 직면했다. 1954년 헌법 텍스트 중에 규정한 여러 가지 국가제도가 훼손되었고, 공민에게 부여된 여러 가지 기본 권리도 시행할 수 없어서, 사실상 최고법이 구비해야 할 법적 효력을 잃어버렸다. 그리하여 1960년대와 70년대 초, 중국의 헌법학설은 거의 반 정체 상태였으며, 심지어 퇴화될 국면에 처하게 되었다. 비록 이 시기에 우리는 재차 1975년 헌법을 공포하기는 했지만 당시 헌법의 성질과 지위에 대한 인식이 착오적인 이해에 좌지우지되었다. 이 같은 국면은 '문화대혁명'이 종료되어서야 점차 전환되었다. 전반적으로 볼 때, 중화인민공화국이 수립되어서부터 '문화대혁명'이 종료될 때까지 이 기간의 헌법학설은 굴곡적인 발전에 과정에 놓여 있었다.

3. 개혁개방 이래의 헌법학설

1978년 개혁개방 정책의 시행부터 2008년까지 장장 30년이라는 세월이 흘렀다. 이 30년 동안 중국 사회는 엄청난 변화가 생겼다. 특히 이 같은 변화는 법학계에 더욱 뚜렷하다.

30년 사이, 우리는 "법에 의해 나라를 다스리고, 사회주의 법치 국가를 구축한다"는 기본 방침을 확립했을 뿐만 아니라 사회주의 법률체계의 기초를 구축했다. 이는 중국 법치 구축이 현저한 효과를 거두었음을 의미한다. 법치 구축 과정에서 헌법은 최고법이라는 지위로서 통솔 작용을 했다. 이른바 '헌법이 최상이고, 법치가 근본'이라는 말이 바로 헌법 작용에 대한 진실한 묘사이다. 사실, 헌법학의 발전 수준은 일정 부분 한 국가의 법학 발전의 수준을 대표하거나 반영하며, 또한 법치의 발전 정도를 의미한다고 할 수 있다. 발전시기로 볼 때, 개혁개방 후의 중국 헌법 30년여 동안의 발전을 다음과 같이 세 단계로 나눌 수 있다.

(1) 1978년부터 1982년까지의 헌법학

역사적으로는 개혁개방 정책은 1978년 12월에 소집된 중국공산당 11기 3차 전체회의에서 제기되었다. 역사 경험을 총 정리하고, 특히 '문화대혁명'의 비통한 교훈을 받아들인 중국공산당은 국가사업의 중점을 사회주의 현대화 건설로 전향한다는 중대한 책략을 내놓았다. 아울러 반드시 법제로 나라를 다스려야 한다는 원칙을 분명히 함으로써, "법이 있으면 지켜야 하고, 법 집행은 반드시 엄하고 법을 어겼으면 반드시 추궁한다" 는 이념이 개혁개방 시기에 법치 구축의 기본 이념이 되었다. 시간적으로는 중국 법치의 발전은 중국공산당 11기 3차 전체회의 후부터 시작되었다. 그러나 '문화대혁명'에 대한 헌법계의 사상적 반성은 이 회의가 열리기 전인 1978년 3월 수정한 헌법이 통과되면서 시작되었다. 1978년 3월 5일 5기 전국인민대표대회 1차 회의에서 역사적으로 '1978년 헌법'이라 부르는 『중화인민공화국 헌법』이 통과되었다. 1978년 헌법부터 우리는 의식적으로 '문화대혁명' 사상의 해독(害毒)을 청산하기 시작했는데, 2장의 '공민의 기본 권리와 의무' 중에는 공민의 여러 가지 기본 권리를 규정하였다. 예컨대, 선거권과 피선거권, 노동권, 교육권, 휴식권(休息權), 물질적 방조를 받을 수 있는 권리, 고소권, 평등권, 언론, 출판, 집회, 결사, 퍼레이드, 시위, 파업, 종교 신앙 자유, 인신자유, 주거권 등의 기본 권리와 자유를 규정했다. 비록 1978년 헌법에 '무릇 두 가지'라는 사상, '무산계급 독재 하에서의 지속적인 혁명'이라는 관점, '계급투쟁을 중심으로 해야 한다'는 구호 등 역사적 발전에 어울리지 않는 많은 착오적인 규정이 여전히 남아있기는 하지만, 전반적으로 볼 때 이 시기의 헌법은 그 발전에 있어서 혼란스러운 국면을 바로잡아 정상으로 되돌려 놓는 '회복 시기'에 처해 있었으므로 발전을 시급히 기다리던 초기 단계에 속한다.

규범화 형태에서, 1978년 헌법은 가치 지향적으로 여전히 의식 형태의 요소를 강조하기는 했지만, 학문의 한 분야로서 헌법 자체가 지니고 있는 특유의 독립성은 학자들의 연구가 헌법 텍스트의 제한성을 어느 정도 벗어나거나 뛰어넘음으로써, 가치 계몽으로서의 혁신적 의의를 가지고 있다. 이 시기 비교적 중요한 헌법학 분야의 문장을 통하여, 헌법학 발전 초기, 중국 헌법학 연구가 어느 정도 학문 분야의 독립성을 가지고 있는 것을 알 수 있으며, 단지 헌법 텍스트 규정에만 의존한 것이 아니라 헌법관념과 헌법 가치에 치중한 초월적인 품격을 읽을 수 있다.

중국 학술계의 사상 해방 시기와 마찬가지로 법학계의 사상 해방 역시 1978년 말과 1979년 초에 시작되었다. 상징적인 글로는 이보운(李步雲)이 1978년 12월 6일 『인민일보』에 발표한 "공민은 법적으로 모두 평등하다 등 원칙을 지켜야", 교위(喬偉)가 1979년 5월 3일 『인민일보』에 발표한 "독립적 재판은 오직 법에 의거해야"를 들 수 있는데, 이 두 편의 글은 법학계의 사상 해방이 개시되었음을 의미한다.[703] 그리고 헌법이 국가 기본법이고 최고 법이라는 특수한 지위는 법학계의 사상 해방의 풍조를 이끌어 나갔다. '중국 정기 간행물 전문(全文) 데이터베이스'에 따르면, 1978년부터 1982년 사이, 제목에 '헌법'이라는 말이 들어간 글이 각기 1978년에 12편, 1979년에 4편,

---

703) 한복동(韓福東), 「30년 동안 한 글자 수정, '칼' 같은 제도에서 '물' 같은 관리에로(二十年改一字,從刀'制'到水'治')」, 『남방도시보』, 2008년 4월 1일자.

1980년에 9편, 1981년에 26편, 1982년에 166편이었다.[704] 종합적으로 보면, 헌법학 관련 연구 성과가 상대적으로 적었다. 이는 법학 연구 전체가 비틀거리며 걸음마를 떼던 당시 상황과 일치하다. 이 시기 중국 헌법학 발전 상황을 대표하는 헌법학 글로는 주로 장벽곤(蔣碧昆)의 '중국의 새로운 시기 사회주의 발전의 총 규약', 장광박(長光博)의 '사회주의 민주의 위대한 기치', 그리고 허숭덕(許崇德)의 '국가의 모든 권력은 인민에게 있다' 등이 있다.[705]

비록 이 시기 시대적 제한성과 법학 자체의 보수성에 얽매여 법학, 특히 헌법학은 사회 변혁과 사상 해방의 원동력이 될 수 없었다. 하지만 헌법이 푸대접을 받던 시대임에도 불구하고 오늘날의 시각에서 볼 때, 당시 법학연구는 여전히 비교적 높은 학술적 수준을 가지고 있었으며, 일부 분야에서는 심지어 미래지향적이고 전략적인 시각을 갖추고 있었다. 이는 당시 옛 세대의 헌법학자들의 학술적 추구와 학술적 존엄을 반영하고 있다.

이 시기의 헌법학 연구는 다음과 같은 두 가지 뚜렷한 특징을 가지고 있다.

첫째, 중국 헌법의 발전 초기, 일부 헌법학자들은 이미 30년 전에 중국 헌법학의 선도적 위치 문제에 대해 예리한 시각으로 주목했다. 예컨대, 마양총(馬驤聰)의 환경보호에 관한 중시, 종대(鍾岱)의 중국 헌법은 응당 파업 자유를 보류해야 한다는 관점, 강대민(康大民)의 헌법법원을 설립하는 것에 관한 건의인데, 이는 현재의 관점에서 봐도 여전히 시대적인 폐단을 정확하게 지적했으며 때가 지난 견해가 아니었다. 예컨대, 강대민은 중국에 헌법법원을 설립하는 것에 관한 건의에서 이렇게 분석했다. "헌법 감독의 핵심 문제는 위헌 문제를 해결하는 것이다. 즉 위헌을 어느 기구에서 관리하고,

---

704) 이는 단지 "중국 정기 간행물 전문 데이터 베이스"에만 근거한 비공식적인 통계임을 밝히는 바이다. 사실 당시 많은 전문가들과 학자들이 헌법 방면의 글을 대량 발표했는데, 데이터 베이스에 올리지 않았을 뿐이다.

705) 장벽곤(蔣碧昆), 「중국 새로운 시기 사회주의 발전의 총 규약(我國社會主義發展新時期的總章程)」, 『무한대학 학보』 3, 1978; 장광박(張光博), 「사회주의 민주의 위대한 기치(社會主義民主的偉大旗幟)」, 『사회과학 전선』 4, 1978; 허숭덕 「국가의 모든 권력은 인민에게 있다(國家的一切權力屬于人民)」, 『현대 법학』 1, 1981.

어떻게 관리하느냐의 문제이다. 외국에서는 헌법을 감독하는 기관을 설치하고 있는데, 그 형식이 다양하다. 그러나 기본 형식은 두 가지인데, 하나는 국가 권력기관으로서 의회나 대표대회 혹은 상설 기구와 같은 것을 통해 관리한다. 다른 한 가지는 헌법법원과 같은 사법기관을 통해 관리한다. 나는 중국은 마땅히 이 양자에 결부시켜야 한다고 생각한다. 즉 헌법 감독에 관한 일반 업무, 예컨대 권력기관의 입법 작업의 합헌성, 헌법의 해석권한과 같은 것은 국가 권력기관인 인민대표대회 상무위위원회에서 마땅히 집행해야 한다. 그러나 위헌 문제는 오히려 사법기관에서 처리해야 한다." 이 중국 헌법 감독이라는 실제 상황에 입각하고, 제도적 설계에 치중한, 시행 가능한 건의는 오늘날에 보아도 여전히 상당한 학술적 전망을 가지고 있으며, 훗날 학자들이 창도한 '복합적 위헌 심사제도'와 동공이곡(同工異曲)과 같은 뛰어난 견해이다.[706]

둘째, 중국 헌법 발전 초기, 헌법학자들은 당시 헌법 텍스트와 헌법 실천에 관심을 기울임과 동시에 헌법 역사와 국외 헌법에도 많은 관심을 보였다. 이 같은 문제의식과 헌법 역사와 전통에 대한 관심은 중국 헌법이 발전 초기부터 드넓은 시야와 양호한 심리 상태를 지니도록 했다. 예컨대, 1979년에 양구생(楊玖生)과 왕통(王統)이 미국 헌법과 관련된 글을 발표[707]했고, 천보음(陳寶音)도 소련의 신 헌법에 관한 연구 논문을 발표했다.[708] 국외 헌법에 관한 이와 같은 관심은 중국 헌법이 보다 개방적인 심리 상태로 발전하는 데 도움을 주었다. 이 시기 학자들은 국외의 헌법에 관심을 기울이는

---

706) 포만초(包萬超), 「헌법위원회와 최고법원 위헌 심사 정(庭)과 병행할 수 있는 복합적 심사 제도를 설립(設立憲法委員會和最高法院違憲審查庭並行的複合審查制)- 중국 위헌 심사 제도를 개선할 수 있는 다른 한 가지 사고의 방향", 『법학』 4, 1998; 장홍봉(張洪峰), 적조양(翟朝陽), 왕지봉(王志峰), 「복합적 위헌 심사 제도를 구축할 데 관한 몇 가지 가상적 건의(關于建立複合型違憲審查制的幾占設想)- 겸하여 각 성급 인민대표대회에서 전국 헌법위원회회를 산생하는 것에 관한 새로운 생각」, 『호북 사회과학』 6, 2004.
707) 양주성, 「190년의 미국 헌법」, 『프단 학보』 (사회과학 판) 4, 1979; 왕통, 「미국 헌법 약론」, 『청하이 민족대학 학보』 3, 1980.
708) 마양총(馬驤聰), 「헌법과 환경보호」, 『법학 잡지』 1981년 1호; 천바오인, 「소련 새 헌법 공포 이래의 입법 작업(蘇聯新憲法頒布以來的立法工作)」, 『국외 사회과학』 4, 1979.

동시에 중국 역사상의 헌법 전통도 역시 중요하게 생각했다. 예컨대, 황한성(黃漢升)은 '5권헌법'에 주목함으로써[709] 중국 헌법이 발전 초기부터 본 민족의 전통적 법문화 중에서 영양분을 받아들이는 중요성에 주의를 기울이도록 했다.

(2) 1982년부터 2002년까지의 헌법학

역사적 제한성으로 말미암아 1978년 헌법은 과도기적인 헌법이 될 수밖에 없었다. 1982년 12월 4일 5기 전국인민대표대회 5차 회의에서 헌법이 통과된 후, 중국 헌법학도 황금시대를 맞이했다. 기타 부문의 학과와는 상대적으로 헌법학은 헌법 텍스트에 대한 의존도가 비교적 높아서 헌법 텍스트의 내용과 구조가 헌법학 연구의 내용과 구조를 직접적으로 결정한다. 이런 의미에서 이른바 헌법학은 우선 마땅히 헌법 주해학 또는 헌법 해석학이라 할 수 있다. 즉 현행의 헌법 텍스트에 대한 주해나 해석이다. 따라서 이 단계의 헌법학 연구에서 하나의 뚜렷한 특징이 바로 1982년의 헌법을 둘러싸고 확립한 헌법 구조와 규정을 한 헌법 내용을 학리적으로 상세히 설명함과 아울러 이 토대 위에서 현행 헌법의 일부 특징적 문제를 비판적으로 반성함으로써 헌법 텍스트를 규범적으로 실천적으로 개선한 것이다. 그리고 헌법 구조와 내용 규범으로 볼 때, 1982년 헌법은 '건국 이래 최적의 헌법'[710]이라는 꽤나 높은 평가를 받았다. 그리하여 이 시기 1982년 헌법의 공포와 시행과 더불어 다양한 헌법 관련 홍보 서적, 소개 서적, 평가 서적과 문장이 대거 쏟아져 나왔다. 1982년 12월에 신 헌법이 공포되면서부터 1983년 8월까지 헌법을 소개한 책자가 13권이나 출판되고 400여 편의 글이 발표되었다.[711]

---

709) 황한성, 「손문의 '5권 헌법' 사상 약론」, 『항주대학 학보』 3, 1981; 종대, 「헌법이 파업의 자유를 보류해야 하는가?(憲法應否保留罷工自由)」, 『법학 잡지』 3, 1981.
710) 양해곤, 『신세기에 들어선 중국 헌법학』, 9쪽.
711) 양해곤, 『신세기에 들어선 중국 헌법학』, 41쪽.

동지위(童之偉)의 비공식적인 통계에 따르면, 1982년부터 1999년까지, 전국적으로 발표된 헌법학 논문이 약 2,900편, 그중 공민의 기본 권리와 인권에 관한 논문이 약 350편으로 전체 헌법학 논문의 12%를 차지했다. 그리고 전문적인 저작이 226권으로 공민의 권리와 인권 관련의 저작이 32권이었다. 대다수 논문은 1990년대 후에 발표되었거나 출판되었다. 그 밖의 논문이나 저작은 헌법의 기본 원리나 국가제도와 관련되어 있었다. 예컨대, 헌법의 개념, 헌법학 연구 방법, 헌법 실행과 보장 등 방면의 내용을 다루었다.[712]

헌법학의 발전은 필연적으로 헌법연구 집단을 강대해지게 했다. 1985년 10월 중국 법학회 헌법연구회가 설립된 후, 많은 성과 시, 자치구에서도 지역적인 헌법학 연구회를 설립하였다. 이 같은 전문적인 헌법연구 단체의 출현은 헌법학 연구가 정규화, 조직화, 규모화로 나아가기 시작했음을 의미했다. 아울러 헌법학연구회의 지도 아래에서 헌법학 연구도 그 열기가 날로 뜨거워지며 헌법학은 관심을 가지는 사람이 없던 비인기 분야로부터 점차 법학계 내지 전체 학술계에서 유명한 학문으로 부상하여 나날이 많은 이론법학자, 부문법학자, 정치학자, 역사학자들이 헌법과 헌정 문제에 관심을 보이기 시작했다.[713] 많은 대학교에서 입법대학을 설립했을 뿐만 아니라, '공법 연구센터', '헌법과 행정 법치 연구센터', '헌정과 정치 문명 연구센터'와 같은 연구기구까지 설립하고 헌법을 조직적, 전문적, 체계적으로 연구했다. 이 같은 전문적인 연구기구의 설립은 헌법연구를 보다 전문화하여 연구 성과를 심화하는데 조력했을 뿐만 아니라 자체의 연구 스타일을 형성하는 데에도 조력했다. 예컨대, 중국인민대학교 법학대학에서 헌법 역사와 헌법 텍스트에 주목한 것, 절강대학교 법학대학에서 위헌 심사 문제에 주목한 것, 산동대학교 법학대학에서 헌법 해석 문제에 주목한 것, 무한대학교 법학대학에서 중국 헌정 문제에

---

712) 동지위, "중국 30년래의 헌법학 교수와 연구", 『법률과학』 6, 2007.
713) 여왕희(如王希), 『원칙과 타협(原則與妥協: 미국 헌법의 정신과 실천)』, 북경대학 출판사 2000.

주목한 것 등인데, 이는 법학계에 긍정적인 영향을 일으켰다.

종합적으로 볼 때, 이 단계의 헌법학 발전은 주로 세 가지 특징이 있다.

첫째, 헌법학의 발전이 이전 단계의 이데올로기적 분야의 영향과 속박에서 점차 벗어나 학술 자주성과 학과 독립성을 갖추기 시작했다. 소련 헌법학의 영향으로 중국은 아주 긴 기간 동안 헌법학과 정치학을 하나로 묶었던 헌법학은 정치학의 부속물이 되었다. 비록 정치학과 헌법학은 내용적으로 어느 정도 관련성이 있기는 하지만 독립적인 법학학과로서의 헌법학은 자체적인 논리 구조와 학과의 특징을 가지고 있다. 그렇기 때문에 헌법학과 정치학은 학과 내용면에서 각자 독립성을 가지고 있다. 1982년 헌법에서부터 우리는 이미 의식적으로 '문화대혁명'시기의 이데올로기가 헌법학에 조성한 불리한 영향을 청산하여 가능한 헌법학 자체가 응당 구비해야 할 학술적 존엄을 되찾으려 했다. 그리하여 1982년의 헌법이 통과된 후의 헌법학 연구에서, 학자들은 흔히 헌법학 자체의 논리적 내용에 입각하여 헌법 내용을 발굴하고 해석하는 방법을 통하여, 헌법학 발전의 규범성과 자주성을 점차 실현함으로써 헌법학이 논리적으로 하나의 독립적인 법학학과로 자리를 잡게 했다.

둘째, 이 단계의 헌법 발전은 1982년 헌법의 영향을 꽤나 많이 받았는데, 연구 내용상 1982년 헌법에서 확립한 헌법 구조를 주요 내용으로 삼았으며, 연구 방향에서는 헌법학 주해를 위주로 했다. 1982년의 헌법은 구조적으로 '총 강령', '공민의 기본 권리와 의무', '국가기구', '국기 국장 수도' 이렇게 네 부분으로 구성되었다. 1982년 헌법이 확립한 헌법 구조는 훗날 헌법 교과서 그리고 헌법 저작에 엄청난 영향을 주었는 바, 많은 헌법 교재와 헌법 저작에서 편과 장의 구조가 대부분 1982년 헌법이 확립한 헌법 구조 양식에 따라 전개했으며, 대체로 일종의 헌법학 주해 연구 방향에 속하였다. 이 같은 연구 방향는 헌법 내용을 보급하고 헌법 지식을 세분화하는 데 중요한 작용을 했다. 그러나 1982년 헌법이 확립한 헌법 구조에 지나치게 의존하고 또한 주류가 되었기 때문에, 헌법 교재와 헌법

저작이 내용적으로 심각한 동질화와 모형화(模型化)를 초래하여 대부분 헌법 교재가 마치 한 틀에서 만들어 낸 듯 거의 비슷하였다.

이는 헌법학 연구에서 다원적인 표현 형식이 부족하여, 사상적 충돌로 인해 생성되는 지혜의 불꽃이 결여되는 현상을 초래하여 헌법학의 혁신성과 진보성을 어느 정도 제한하고 말살하였다.

셋째, 연구 내용면에서, 이 시기의 헌법학은 헌법 소개나 헌법의 기본 이론 방면에 대한 연구에 치중하였고, 공민의 기본 권리와 의무, 국가 기구 등 구체적인 내용에 대한 관심이 부족했으며, 관련 전문 테마의 연구 저작도 그리 많지 않았다. 헌법학은 국가 권력과 공민의 기본 권리와의 관계를 규범화하는 학과이다. 그렇기 때문에 공민의 기본 권리에 대한 관심, 국가 권력에 대한 관심이 언제나 헌법학의 중심이 된다. 하지만 중국은 역사적으로 헌법 전통이 길지 않고 헌법 자원이 부족하기 때문에 이 시기 헌법학자들은 헌법 연구를 할 때 부득불 매우 어렵게 처음부터 다시 시작할 수밖에 없었다. 이는 헌법 연구에서 많은 정력을 헌법 기본 이론을 소개하는 데 허비하고, 헌법의 기본 가치를 홍보하는 데 허비하게 했으며, 또한 헌법의 기본 구조를 확립하는 등 중요하면서도 기본적인 상식 문제에 정력을 허비하게 했다.

(3) 2002년 이후의 헌법학

21세기에 들어선 후, 중국의 헌정 건설은 뚜렷한 진보를 이룩했고, 잇따라 중국의 헌법학도 장족의 발전을 가져왔다. 21세기에 들어선 후 중국의 헌법학은 경제 글로벌화의 배경 하에서 지속적인 발전을 이룩하였다. 그리하여 이 시기의 중국 헌법학, 그리고 중국 헌법학설은 글로벌화라는 배경과 연결하여 연구할 필요가 있다. 응연(應然)적 양상에서, 서양의 헌법 문화를 기반으로 하는 글로벌화는 마땅히 본국의 헌법 문화를 기반으로 하는 현지화에 기여를 해야 한다. 중국은 헌법학설을 구축할 때, 외국의 유익한 경험을 적극적으로 받아들여 거울로 삼았다. 하지만 실제(實然)적 양상에서, 중국에서 헌법학설을 구축할 때 서양의 헌법 문화는 도리어 주객이 전도되어 때로는 그 작용에 있어서 본국의 헌법 문화의 작용을 초월하거나 본국의 헌법 문화의 발전을 제한하기도 했다. 서양 헌법 문화가 우세를 차지하게 된 원인은 헌법학자들의 주관적 요소뿐만 아니라, 중국 헌법이 낙후한 객관적 원인도 작용했다. 주관적으로 일부 학자들이 서양 헌법 문화에 지나치게 의지하면서 본국의 헌법 이론 자원을 발굴하는 데 등한시하고, 본국의 헌정 실천을 추진하는 데 등한시한 데서 앞 세대들이 이루어 놓은 헌법 연구의 성과가 점차 휴지 조각으로 전락되고 관심을 가지는 사람이 없게 되었다. 그러므로 본국의 헌법학설이 이루어지지 않은 것은 당연한 결과라 할 수 있었다. 객관적으로 헌법 문화는 서양 문화의 대표적 산물이다. 중국의 전통적 중화 법체계 중에는 지금까지 근대 서양의 헌법 개념과 관념이 없었다. 따라서 전통적 헌법 자원의 결핍이 우리로 하여금 헌법을 연구할 때 서양을 스승으로 삼고 서양의 헌법 문화 중에서 헌법을 발전시키고 헌정 건설을 하는 데 필요한 영양분을 섭취할 수밖에 없도록 만들었다.

역사적으로, 중국 근 현대적 의미로서의 법치 구축은 청나라 말엽의 제도 개혁에서 시작되었다. 군사 외교적으로 누차 패배를 당하자 당시의 학자들은 외국을 학습함에 있어서도 군함이나 대포와 같은 도구적 차원에 관심을 기울이던 것에서부터 정치적 의회 의미인 제도적 차원에 관심을 기울이게 된다. 나중에 민주적 법치 의미에서의 문화적 차원에 과심을 기울이기 시작했다. 본국의 헌법 문화와 외국의 헌법 문화의 충돌과 융합에 대한 깊은 사고가 부족했기 때문에 헌법 연구에서 '맹목적으로 외국의 것을 숭배'하거나 '맹목적으로 서양의 것을 숭배'하는 현상이 나타났다.

그리하여 중국 헌법학 연구에서 '중국 헌법학'에서의 '중국'과 '헌법학' 역시 가치적으로 상호 충돌하는 현상이 나타났는데, 본래는 연구 대상을 규제하는 의미에서의 '중국'이 도리어 지역 성질의 수식어로 변하여 헌법학의 연구 지역이 단지 중국이라고 밝히는 구실만 했다. 중국 헌법학에서의 '헌법학'이 중국의 헌법 문화와 헌법 전통에 의하여 정련되었느냐 하는 이론적 학설은 더는 중국 헌법학이 고려해야 할 근본적 문제 중

하나가 되지 못했다. 이는 중국 헌법학 연구에서 텍스트에 자주적인 언어 체계가 결여되는 필연적인 결과를 초래했다. 중국 헌법학은 발전 과정에서 서양의 헌법이론을 도입하고 거울로 삼을 필요가 있었다. 그러나 맹목적으로 도입하지 말아야 했다. 문화의 특수한 표현형식으로서의 헌법 문화는 역시 기타 문화와 마찬가지로 일국의 민족정신과 민족전통을 반영하므로, 본 민족의 정신과 전통에 뿌리를 두고 있는 헌법 문화는 다른 민족이나 국가의 것을 무조건적으로 답습해서는 안 된다. 따라서 글로벌화라는 배경 하에서라도 서양 헌법 문화를 폭넓게 참고하고 귀감으로 삼는 토대 위에서, 중국 헌법학 연구에서 여전히 본국의 헌법 문화를 육성하는 데 관심을 기울이고 본국의 헌법 전통에 관심을 기울여야 한다. 그리고 본국의 헌법 문화와 헌법 실천에 입각하고, 본토 학자들이 학술에 근거하여 본토에서 양성한 중국의 문제의식에 의존하며, 현지화의 헌법이론으로 중국의 헌법 현상을 해석하고 중국 헌법의 사례를 분석하는 방법을 통하여, 중국의 헌법 문제를 해결해야 한다. 이 같은 연구 방향을 필자는 '중국 헌법학 연구에서의 중국의 지향성'이라고 칭하고 싶다.

이른바, 중국 헌법연구에서의 지향성이란, 중국 헌법학 연구 과정에서, 특히 중국 헌법학설사를 정리하는 과정에서 중국을 출발점과 근본적인 귀착점으로 삼아 중국의 헌법 전통을 지향하고 중국의 헌법 텍스트를 지향하며, 중국의 헌법 실천을 지향하는 것을 말한다. 구체적으로 다음과 같은 세 가지 방면을 포괄한다.

① 중국의 헌법 전통을 지향해야 한다.

그 어떤 문화나 제도나 전통 속에 존재한다. 중국의 헌정 구축도 반드시 중국 헌법 전통과 유기적으로 결합해야 만이 그 작용을 발휘할 수 있다. 비록 제도적 차원에서, 중국 헌법 전통이 우리에게 남긴 이용 가능한 헌정 자원이 제한되어 있기는 하지만 문화적 심리 차원에서 볼 때, 중국의 헌법학 전통은 중국이 헌법을 연구하고 헌정 구축을 하는 데 없어서는 안 되는 이론적 원천이므로 그는 우리가 헌정을 구축하는 데 심리적

지지를 제공해 줄 뿐만 아니라, 그 자체 역시 헌법 발전과 헌법학설에 없어서는 안되는 불가결의 중요한 조성부분이기도 하다. 헌정을 구축하는 과정에서 오로지 서양의 제도를 받아들인다면 비교적 짧은 시간 내에 어느 정도 완벽한 헌정 시스템을 구축할 수는 있지만, 그 제도가 가지고 있는 실제 효력을 발휘시키려면 반드시 그 제도를 본 민족의 문화 전통과 융합시켜야 한다. 만약 제도 도입을 오로지 헌정을 구축하는 유일한 목적으로 여긴다면, 서양에서는 운영이 잘 되던 제도가 도리어 중국 국정에는 잘 적응하지 못하는 상황이 나타날 가능성이 있다. 그렇기 때문에 서양의 헌정제도를 참고할 할 경우, 반드시 중국 헌법 전통을 심리적 지지대로 삼아야 만이 제도적 우월성을 충분히 구현할 수 있다. 중국의 헌법 전통은 헌법 제도의 변혁 중에 들어있을 뿐만 아니라, 더욱 중요한 것은 중국학자들이 자체적인 노력을 통하여 이루어낸 헌법학설 중에도 존재한다는 점이다. 따라서 중국 헌법학 연구에서, 헌법학설에 관한 연구는 사실 우리의 헌법 전통을 수복하거나 복원하는 하나의 작업으로 정치와 경제 혹은 기타 원인으로 중단되었던 헌법 전통을 회복하고 또한 전승하여 궁극적으로 중국 특색의 헌법 문화, 헌법전통, 헌법학설을 형성하려는 것이다.

② 중국의 헌법 텍스트를 지향해야 한다.

헌법학은 헌법 규범에 관한 학문이다. 그리고 헌법 규범은 우선 헌법 텍스트에 구현된다. 이런 의미에서, 중국 헌법 텍스트의 규정은 중국 헌법 연구의 논리적 기점이므로, 중국 헌법학과 관련한 문제와 헌법학설은 중국 헌법 텍스트를 둘러싸고 전개할 필요가 있다. 그 어떤 국가의 헌법 텍스트든 중국에 들여오면 이런 저런 제한성이 존재할 수 있다. 헌법 텍스트의 일부 규정은 나날이 변화하고 발전하는 현실에 적응하기 어려울 수 있다. 하지만 헌법 텍스트가 낙후하다고 하여 결코 헌법 연구와 헌정 구축이 헌법 텍스트를 떠나 먼저 존재한다는 의미가 아니다. 현재 헌법학 연구에는 두 가지 경향이 존재한다. 하나는 헌법 연구에서 중국 헌법 텍스트 존재를 완전히 홀시하고 미국, 독일 일본 등 헌정이 발전한 서방세계 국가의 텍스트와 경험을 지나치게 강조하는 경향이다. 중국의 헌법 문제를 언급할 때에도 흔히 언어 환경을 고려하지 않고 본래는 일부 특정 국가에만 적용할 수 있는 헌정 경험을 무한대로 확대하여 중국 언어 환경에 무조건적으로 사용하고 있다. 다른 하나는 맹목적인 비판적 시각으로 중국 헌법 텍스트를 대하면서 현행의 헌법 텍스트는 특정된 역사 조건에서 수정했기 때문에 사회 형세의 발전에 따라 원래의 일부 텍스트, 특히 경제정책과 관련된 규정이 사회 발전의 요구에 적응하지 못하고 있다고 보고 있는 경향이다. 이 같은 사유에 근거하여 그들은, 중국의 헌법 텍스트는 문제가 너무 많으며, 심지어 옳은 것이 하나도 없으므로 설사 여러 차례 수정하더라도 여전히 근본적인 단점을 고칠 수 없다고 여기고 있다. 사실, 현행의 헌법 텍스트는 헌정 구축의 규범적 의거이자 논리적 기점으로서, 헌정 이념을 양성하고 헌정 실천을 실시하는 데 줄곧 적극적인 보장 역할을 했다. 헌정 텍스트의 일부 구체적인 내용을 규정함에 있어서 혹시 시간이 흐름에 따라 상황이 변하고, 사회 현실에 부합되지 않는 상황이 생기더라도 우리는 마땅히 신중한 태도를 취해야 하는데, 우리의 지혜와 우리가 배운 전문지식을 발휘하여 헌법을 해석하여 사회 현실에 적응시켜야지 걸핏하면 헌법을 수정해야 한다고 주장해서는 안 되며, 가능한 헌법의 안정성을 수호함으로써 그로부터 생성되는 헌법의 권위성을 수호해야 한다. 그렇기 때문에 중국 헌법 연구에서 더욱더 중국 헌법학설 연구에서 반드시 중국 헌법 텍스트에 의거하여 텍스트 규정과 사회 현실 간의 긴장 관계를 폭넓게 연구 토론하여 가능한 헌법 텍스트의 규정을 현실 속의 제도적 규범으로 전환해야 한다.

③ 중국의 헌법 실천을 지향해야 한다.

법학은 실천적 학문이며, 헌법학의 생명력은 헌법 실천 속에서 나온다. 일종의 규범 형태로 삼아 헌법 역시 반드시 적용성(適用性)을 갖추어 법치 구축에서 상응한 작용을 발휘하도록 해야 한다. 하지만 과거 우리의 잘못된 인식, 그리고 헌법 실천의 결여로 인하여 장기간 동안 실천 속에서 헌법의 최고 효력이 제대로 드러나지 못하였다. 이론적으로 보면, 최고 법으로서의 헌법의 가치는 우선 헌정 구축의 실천에서 구현된다. 헌정 실천을 떠나면 헌법이론과 헌법학설은 뿌리가 없는 나무가 되고, 원천이 없는 물에 불과하다. 헌법학이 생동한 사회 현실에 초점을 맞춰야 만이 사회 현실 중에서 끊임없이 영양분을 충분히 섭취할 수 있으며, 이론이라는 나무가 항상 푸를 수 있다. 주의할 점은 중국 헌법학은 반드시 헌법 실천의 지도적 작용을 강조해야 한다는 것이다. 법률, 특히 헌법이 본질적으로 "일종의 지역적 지식"[714]으로 매우 강한 본토 성향과 민족성을 구비하고 있기 때문이다. 일종 문화 현상으로의 헌법은 단지 법 이식과 제도 도입에 의해서만은 명실상부한 생명력을 얻을 수 없다. 그러므로 중국 헌정의 구축에서 반드시 중국 자체의 실천과 노력에 의존하여 사회 자체의 발전 가운데 중국 국정에 부합되는 일련의 헌정제도를 점차 육성해야 한다. 청나라 말엽의 입헌으로부터 지금에 이르기까지 중국의 헌법은 이미 100여년의 발전사를 가지고 있다. 이 100여년의 입헌 진행 과정에서 헤아릴 수 없이 많은 현학자들이 중국의 헌정 강국의 길을 도모하여 온갖 심혈을 다 쏟으면서 여러 가지 이론을 구축하고 제도를 설계했다. 이런 선대 현학들의 사상은 몇 세대 동안 후인들을 거쳐 누적되어 점차 우리의 헌법문화에 융합되어 헌법 전통의 중요한 조성 부분이 되었다. 그렇기 때문에 중국 헌법학 연구에서, 중국 헌정 전통에 근원을 두고 중국 헌정 실천에 입각점을 두며, 아울러 우리 헌정 문화를 반영한 헌법학설은 그 발전 정도가 중국 헌법학의 성숙도를 상징한다고 할 수 있다.

---

714) [미] 클리포드 기어츠, 「지역적 지식(地方性知識): 사실과 법의 비교 투시」, 덩정라이(鄧正來) 역, 『법적 문화 해석』 수정 본, 생활독서신지식삼연서점, 1998, 126쪽.

제2부

중국 헌법학설의 형성과 발전의 국외배경

제2장   청말민초(淸末民初)로부터 중화민국시기까지의 헌법학설

제1절   중국 헌법학설의 기원
제2절   중국 헌법학설의 초보적 형성
제3절   중국 헌법학설의 초보적 발전

제2장

청말민초(淸末民初)로부터 중화민국시기까지의 헌법학설

청말민초부터 중화민국시기까지의 헌법학설은 중국 헌법학설 발전사에 무척 중요한 위치를 차지하고 있다. 이 단계는 중국 헌법학설이 발전하기 시작한 시기로서 이후 100년여 동안의 중국 헌법학설의 발전에 이론 기초와 제도적 전제 조건을 제공해 주었다. 역사적으로 이 단계의 헌법학설을 중국 헌법학설이 기원한 시기, 중국 헌법학설이 초보적으로 형성한 시기로 나눌 수 있다. 이 시기 제헌권 이론 관련 헌법학설, 중앙과 지방 관계 이론 관련 헌법학설이 어느 정도 성숙되어 있으므로, 이 시기의 헌법학설의 발전을 보다 잘 설명하고자 본 장은 제헌권 이론과 중앙과 지방 관계 이론을 예로 들면서, 각기 다른 측면에서 이 시기 중국 헌법학설의 발전 상황을 드러내 보이려 한다.

제1절
중국 헌법학설의 기원

1. 중국 헌법학설 기원의 시대적 배경

(1) 아편전쟁과 의회 사상의 전파

가장 일찍 서양의 의회제도를 동양에 소개한 사람은 서양에서 온 선교사였다. 아편전쟁 이전, 동남아 일대에서 활동하던 선교사들은 입헌 군주제를 실시하던 영국의 정치제도, 그리고 민주공화제를 실시하던 미국의 정치제도를 개략적으로 소개했다. 영국 선교사 메더스트(Medhurst)가 1819년 말라카에서 집필하고 출판한 『지리편동약전(地理便童略傳, GeographicalCatechism)』이라는 책에서 영국의 입헌 군주제를 소개하면서 영국에서 실행하고 있는 군주제, 관리와 백성 간의 분권 정치, 분권 제체의 우월성이 바로 임금은 백성을 우롱하지 않고 백성들도 난을 일으키지 않으면 임금과 백성이 서로 갈등 없이 평화롭게 보낼 수 있다고 했다. 그는 또 영국의 형사 재판에서 증거를 중요시하고, 배심제 사법제도를 도입하고 있다고 소개했다. 이 같은 제도는 당시 중국과는 너무나 큰 차이가 나는 금시초문의 희귀한 제도였다.

1834년 독일 선교사 구츠라프(Gutzlaff)는 싱가포르에서 『대영국통지(大英國統志)』라는 책을 출판하여 양원제로 구성된 영국의 의회, 군주와 양원의 권한을 소개했다. 1838년에 한 선교사가 집필한 『동양과 서양에 대한 월간조사(東西洋考每月統紀傳)』라는 책에서도 영국의 사법제도를 소개했다. 미국의 정치제도를 비교적 상세히 소개한 저작은 미국의 선교사 브리지먼(Bridgman)이 1838년 싱가포르에서 번역 출판한 『아메리카 합성국 지략』(美理哥合省國志略)이다. 책에는 이런 내용이 있다.

"(대통령)을 예로 든다면, 임기는 4년이며, 임기가 차면 다시 선거한다. 유능한 자가 없을 경우 공천을 거쳐 재임할 수 있다.… 국정에는 세 가지가 있다. 첫째, 회의 제도이다. 둘째, 누구나 법(공문)을 성실히 지켜야 한다. 셋째, 법을 지키지 않으면 추궁한다.… 일국의 수반을 대통령이라 하고, 각 부처의 수반을 수령이라 하는데 그 권력은 중국의 총독이나 순무와 같다." [715] 미국 대통령 민주 선거제도, 임기가 제한되어 있는 민주제도와 삼권분립의 원칙을 소개했다.

서양 선교사들의 이 같은 소개는 비록 자질구레하고 분산적이었지만 최초로 동양의 전제 제국에 신선한 정치사상의 바람을 몰고 왔으며, 아편전쟁 후의 진보적인 중국인들에게 서양의 정치제도를 알 수 있는 자료의 원천이 되었다. 하지만 아편전쟁 전의 중국은, 전반적으로 통치계급이 오만하고 자고자대했는데, 군주가 "온 천하를 돌본다"고 공언했을 뿐만 아니라 지식층도 "오직 중국만이 가장 위대한 국가라고 우쭐해 하면서, 세상이 얼마나 크고 넓은지 까맣게 모르고 있었다." 광주의 청조 관리들은 영국과 미국 상인들을 통해 서양의 정치 제도를 어느 정도 알고 있었다.

예컨대, 1817년(가경 22년) 양과 총독 장유섬(蔣攸銛, 광동과 광서)은 조정에 미국 선박이 아편 밀수를 하는 문제에 대해 장계를 올린 적이 있었다. "이 오랑캐들은 임금이 없고 우두머리만 있을 뿐이다. 우두머리는 부락의 여러 사람 중에서 선거하고, 번갈아 가며 하는데, 임기는 4년이다. 무역은 우두머리가 파견해 보낸 사람이 아니라, 무역상 스스로 자금을 대고 한다." [716] 장유섬은 비록 미국 정치 체제가 중국과는 다르다는 점을 어렴풋이나마 알고 있으면서도 미국을 '부락'으로 이루어진 개화되지 않은 '오랑캐'로 보고 있었다. 이 역시 당시 서방 세계에 대한 중국인들의 보편적 시각이었다. 전통적인 '중국인과 오랑캐'라는 관념의 지배 하에서 중국인들은 "서양 여러 나라에서 무역을 하고

715) 웅월지(熊月之), 『중국 근대 민주 사상사』, 상해 사회과학원 출판사, 2002, 68쪽.
716) 웅월지, 『중국 근대 민주 사상사』, 상해 사회과학원 출판사, 2002, 65쪽.

친선을 도모하려고 보낸 특사를 모조리 조공을 하러 온 사신(공사, 貢使)으로 취급했으며, 아울러 "천조는 물산이 넘쳐나고 없는 물건이 없다.", "수입품은 모두 취미 생활에 제공하는 물건에 불과하다"[717]고 여기면서 깊은 '천조상국'의 꿈에 도취되어 있었다. 아편전쟁은 중국 역사의 새로운 한 페이지를 열었으며 또한 중국인들이 서양을 배우기 시작한 계기이기도 했다. 아편전쟁이 발발하자, 특히 중국이 전쟁에서 패하자 봉건 사대부 중에 식견이 있는 사람들은 "오랑캐(서양)들을 통제하려면 우선 그들의 사정을 잘 알아야 한다"는 점을 인식하고 "오랑캐들의 선진적인 군사 기술을 익혀가지고 그들의 침략에 맞서야 한다"는 구호를 제기했으며, "오랑캐에게서 제대로 배우지 않으면 그들의 지배를 받을 수 있다"고 단언했다. 서양 열강들을 상대하고 또한 싸워서 이기려면 반드시 서양에 대해 어느 정도 알아야 한다. 그들을 알아야 할뿐더러 그들의 '장기'도 배워야 한다는 이 같은 사상 아래에서 임칙서는 광동에서 아편 재배와 판매 복용을 금지하는 기간에 인원을 조직하여 서양의 관련 자료를 번역, 『4주지(四洲志)』를 편찬했다. 잇따라 위원(魏源)의 『해국도지(海國圖志)』, 요영(姚瑩)의 『강유기행(康輶紀行)』, 서계여(徐継畬)의 『영환지략(瀛寰志略)』, 양정남(梁廷枏)의 『해국사설(海國四說)』 등 국외의 역사 저작과 지리 저작이 출판되었다. 이 저작들은 중국인들에게 외국의 지리, 역사, 경제, 사회의 기풍을 소개함과 아울러 서양 정치제도의 대체적인 윤곽을 그려주었다. 위원은 『해국도지』(1842년에 50권으로 출판, 1852년에 증보하여 100권으로 출판했음)에서 이렇게 적고 있다.

"영국 제도적으로 수상 둘을 두는데, 한 사람은 국내 정무를 전문적으로 관리하고 한 사람은 국외의 사무를 전문적으로 처리한다. 이밖에 국고를 관리하는 대신, 출납을 관리하는 대신, 무역을 관리하는 대신, 소송을 관리하는 대신, 국새를 관리하는 대신, 인도(印度) 사무를 관리하는 대신, 수군을 관리하는 대신이 있는데 모두 보좌하여

---

717) 이검농, 『중국 근 백년 정치사』, 복단대학 출판사, 2002, 47쪽.

도와준다. 도성에는 두 개의 홀로 이루어진 회관(公會所, 의회)이 있는데, 한 홀은 귀족 홀이고 한 홀은 향신(鄕紳) 홀이다. 귀족 홀은 귀족들과 기독교 교직자의 모임 장소이다. 향신 홀은 사민들이 선정하여 공동 추천한 학식이 있는 유지들의 모임 장소이다. 나라에 큰 일이 있으면, 왕이 수상을 불러 영을 내리고, 수상은 그 뜻을 귀족 홀에 전하면, 귀족들이 모여 공론을 한 다음 참고 조항을 만들어 가결 여부를 결정한다. 그리고 여러 손을 거쳐 참고 조항이 향신 홀에 전해지는데, 반드시 향신 회의에서 허락해야 만이 시행할 수 있다. 그러지 않으면 그 사항을 더는 논의할 수 없게 된다. 민간에 이익이병(利病, 좋은 것과 나쁜 것)이 있으면 당사자가 우선 향신 홀에 진술하고 향신들이 자세히 따져서 확인한 다음 귀족 홀에 넘기면 귀족들이 참작하여 의논한다. 실현 가능한 안이면 수상에게 이첩하고 수상이 국왕에게 물어본다. 그렇게 하지 않으면 그 안이 통과되지 못한다. 민간에서 고소할 사건이 있으면 향신 홀에 상황을 진술한다. 향신들이 심사숙고한 후 재가를 하려면 귀족 홀에 이첩하여 귀족들의 심사 결정을 거쳐야 한다. 향신이 죄를 지으면 여러 향신들이 의논을 거쳐 처벌하는데, 서민들과 같은 곳에 수감하지 않는다. 형을 내리고 상을 주며 정벌을 하는 것과 같은 사안은 귀족 회의에서 주로 토의하고, 과세를 증감하고 공금이나 군량을 받아들이고 처리하는 일은 향신 회의에서 주로 토의한다. 이 제도를 영국만 실시하는 것이 아니라 유럽 여러 나라들도 마찬가지로 실시하고 있다."

위원은 이 단락에서 영국 정부 내부의 수상, 대신들 간의 직무 분담, 영국 의회의 구성, 그리고 양원 의원들의 출처를 소개하고 있다. 하원 의원은 "사민들이 선정하여 추천"하는 민주적 방식으로 선출된다. 국왕이든 수상이든 대신이든 대권을 독점해서는 안 되며, 의회는 국가 사무를 결정하는 중심이 되었다. 민간의 이병을 처리하든 혁신을 하든, 형이나 상을 내리거나 정벌을 하든, 과세를 증감하든 모두 "많은 사람들이 모여 공론"하고, "가결 여부를 결정"한다. 위원은 다른 단락에서 이렇게 적고 있다. "국왕의 '유명무실한 권력(虛權)'과 의회의 '주권'이 한결 현저한 대비를 이루고 있다. 국왕의 행사(行事)에 실책이 생겼을 경우, 그 담당자가 상응한 책임을 진다.

만약 군사를 부려 전쟁을 하는 것과 같은 일을 국왕이 판결하려 해도 반드시 의회에서 허락해야 한다. 국왕이 행사에서 실책을 할 경우 담당자를 의회에 넘겨 처벌한다."[718]

위원은 영국의 상황을 소개한 후, 필묵을 아끼지 않고 미국의 민주제도를 소개했다. 그의 붓 끝에서 미국의 정치제도는 다음과 같은 특징을 가지고 있다. 첫째, 관리들을 서민들이 선거한다. "본 성의 관리는 본 성의 서민들이 선택하여 공동으로 추천하고", 대통령과 부통령은 "역시 서민들이 선거한다." 둘째, 관리와 의원들의 임기가 제한되어 있는데, 대통령과 부통령은 "임기가 4년이며, 임기가 차면 다른 사람을 선거한다." '참의원(상원)'은 임기가 6년이며, 의원은 "2년을 임기로 하고 물러나면 새로운 의원을 다시 선거한다", "민의원(하원)"은 임기가 2년이며, 임기가 차면 다시 선거한다. 셋째, 삼권분립을 시행한다. "나라의 국정에는 세 가지가 있다." 하나는 회의제도(의회)이다.

다음은 공문을 모든 사람이 엄수해야 한다. 그 다음은 공문을 엄수하지 않는 자는 그 책임을 추궁한다. 넷째, 관리는 다른 직무를 겸하지 못한다. "재판관은 의원이 될 수 없다. 의원은 재판관을 겸할 수 없다." 끝으로 법치를 시행하고 관리가 법을 지키도록 강조하고 있다. "모든 조례를 대통령이 솔선수범하여 지켜야 한다. 법이 금하는 일을 대통령이 범해서는 안 되며, 이는 서민들과 다를 바가 없다. 그래야 만이 서민들이 믿고 복종할 수 있기 때문이다." 위원은 미국 정치제도를 소개하면서 다음과 같이 평가했다. "공동으로 추천한 대통령이 세습을 하지 않을 뿐만 아니라 임기가 4년이고 더는 연임하지 못하여, 예전과 지금의 조정을 바꿀 수 있으니 민심이 함께 할 수 있다. 이러니 공정하다고 하지 않다고 할 수 있는가? 관변의 사무를 의논하고, 소송을 심의하며, 관리를 선거하고 현자를 추천하는 일은 모두 아래로부터 시작한다. 서민들이 동의하면 동의하는 것이고 서민들이 좋다면 좋은 것이고, 서민들이 나쁘다면 나쁜 것이 되니 다수인의 뜻을 따르면 된다. 다음에 제의할 사람이라 할지라도 공동 추천을 해야 하므로, 주도면밀하다고 하지 않을

718) 정수화(丁守和) 책임 편찬, 『중국 근대 계몽 사조(中國近代啓蒙思潮)』 상권, 사회과학문헌출판사, 1999, 42쪽.

수 있는가?"⁷¹⁹⁾ 위원은 미국의 대통령제를 "세습하지 못하고", 정기적으로 개선(改選)하며, "관리를 선거하고 선자를 추천하는 일은 모두 아래로부터 시작"하는 방법을 취하고 있으므로 '공정'하고도 '주도면밀'한 제도라고 생각하고 있었다.

위원과 동시대 사람인 서계여가 1848년에 만든 『영환지략』이란 책에서도 영국과 미국의 정치제도를 소개하고 있다. 영국 의회제도에 관한 그의 소개는 위원의 소개와 대체적으로 같다. 미국의 정치제도에 대한 소개에서는 대통령과 주장(주지사)을 선거하는 과정에서 후보가 "관리이든 서민이든 그 자격에 구애되지 않는다"는 점을 강조하고 있다. "대통령이 그 자리에서 물러나면 서민과 다를 바가 없고", 그 어떤 특권도 누릴 수 없다. 서계여는, 미국의 최고 행정 장관은 아주 청렴하다고 보았다. "설사 대통령이 재산을 국고를 총괄한다 하더라도, 봉급 만원 외에는 한 푼도 사사로이 남용할 수 없다." 위원과 마찬가지로 서계여도 미국의 민주 정치 제도를 진심으로 흠모했다. "아메리카 합중국은 하나의 나라이자 국토 면적도 크지만 제왕과 제후를 두지 않고 세습을 하지 않으며, 나라의 물건을 사용하려면 공론을 거쳐야 한다. 고금에 없는 제도를 구축했으니 기적이라 하지 않을 수 있는가!" 서계여는 워싱턴(대통령)에 대하여 더욱 침이 마르도록 칭찬하고 있다. "워싱턴은 재주가 뛰어난 사람이다. 봉기군을 이끌고 싸울 때면 진승, 오광보다 더욱 용맹했고, 장막 안에서 작전 계획을 짤 때면 조조나 유비보다 더 대단했다. 비록 손에는 삼척의 검을 들었지만 만리의 강산을 개척했다. 하지만 그는 스스로 황제라 하지 않고 자손들에게 그 권력을 물려주지도 않았다. 그리고 선거제도를 만들어 놓았으니 그야말로 사심이 없이 천하를 공정하게 대했다고 할 수 있다. 그 뿐만 아니라 대통령을 세 번이나 연임하지 않는 선례를 창조했다. 나라를 다스림에 있어서 좋은 풍습을 존중하고 무공을 숭상하지 않으니, 이 역시 여러 나라와는 다르다 … 그야말로 인걸이라 할 수 있지

---

719) 정수화 책임 편찬, 『중국 근대 계몽 사조』 상권, 사회과학문헌출판사, 1999, 43, 44쪽.

않는가!"[720]

지명도나 영향력이 위원과 서계여에 버금가는 양정남은 『해국사설』을 집필하여 세상에 이름이 알려졌다. 그중 『합성국설』은 미국인의 저작 『합성지략』을 참고했는데, 미국의 민주 제도에 대하여 다음과 같이 묘사했다.

"(아메리카 합중국) 수립되면서부터 무릇 상벌과 금령을 백성들의 의지에 따라 결정했으며, 그런 연후에 사람들이 선택하여 준수한다. 대통령이 있기 전에 국법이 먼저 있었으며, 법은 민심에 부합되고 공정하다. 통령은 재임 기한이 있어 바뀌는데 대체로 중국의 명리(命吏)와 같아, 비록 비슷하지만 지금까지 인치에서 법치로 변한 적은 없다. 고정되어 물러날 수 없으며, 또 스스로를 선출할 수 없다. 선출과 물러남은 모두 민(民)에게 있다. 이러한 선거제를 유지하면 쟁탈할 것이 없으며, 전횡을 할 수 없으며, 임지에 오래 머무를 수 없어 군중이 명령에 따른다. 그러므로 이는 매우 분명한 방법이며 실사구시를 증명하는 것이다. 통령이 된 자는 전력으로 그 법을 지켜야하며 이 짧은 4년 동안 온힘을 다하고 충분히 심사숙고하면서 일을 하게 되면 감당하지 못하여 일을 그르치지는 않을 것이다. 또 사치와 탐욕 그리고 흉포함이 있으면, 절대 그 위치를 견고하게 할 수 없으며 재임할 수 없다. 그러므로 이는 백성에게 구실만 남기는 것이 아니겠는가?"[721]

이 글을 통해 알 수 있듯이, 미국은 중국과는 다른 일련의 민주제도를 실시하였다. 미국에서 법은 '민심에 부합되고 공정하며', 상벌이나 금령은 '백성들의 의지에 따라 결정'했다. 정부와 법의 관계에서, 미국은 '먼저 국법'이 있고 후에 대통령이 생긴, 일종의 법에 따라 정부가 생겨난 신형의 법권(法權) 관계였다. 미국 대통령이 '법을 사수'하고 '모든 심혈을 다 기울이는 것'은 '기한이 되면 교체'하고, 대통령 자리에 오르든 그 자리에서

720) 정수화 책임 편찬, 『중국 근대 계몽 사조』 상권, 사회과학문헌출판사, 1999, 51, 54쪽.
721) 웅월지, 『중국 근대 민주 사상사』 상해 사회과학원 출판사, 2002, 86쪽.

물러나든 백성들이 공정하게 결정하기 때문이며, 대통령이 전횡을 부리지 못하게 하고 그 자리에 오래 동안 앉아 있지 못하게 해야 만이 부정부패하고 흉포한 악의 정치를 피할 수 있기 때문이라는 것이다. 서계여의 미국 정치제도에 대한 분석과 이해는 동시대의 다른 사람들보다 한결 깊이가 있다고 볼 수 있다.

아편전쟁은 중국이 국제사회로 진출하게 된 발단이었으며, 그로부터 "중화와 오랑캐 나라가 단절되었던 세상이 순식간에 중국과 외국이 연결된 세상으로 변했다."[722] 임칙서, 위원 등이 개척한 "안목을 넓히고 세상과 대화하자"는 새로운 추세는, 중국인들이 서양의 문화에서 변화에 대응하는 무기를 찾으려는 최초의 시도였으며, 그들이 집필, 편찬한 『해국도지』, 『영환지략』 등 저작 또한 중국 지식인들이 서양을 터득하고자 하는 최초의 교재가 되었다. 위원 등은 "현대사, 세계사와 지리에 대한 연구를 통하여 천조가 완전무결한 것이 아니고, 또한 세상의 중심도 아니며, 무엇이든지 다 갖고 있다는 말은 더욱 근거가 없다는 것임을 증명했다… 전통적인 천조상국란 의식과 오랑캐 사상이 타파되기 시작했다."[723] 따라서 서양의 가치가 점차 인정을 받기 시작했다. 그로부터 나날이 많은 중국인들이, 중국 이외에도 허다한 선진국이 있고, 그들은 중국과는 다른 풍토와 인심을 가지고 있으며, 그들의 정치, 교육, 문화 중에도 취할 만한 것들이 있다는 것을 알게 되었다. 뒤이어 더욱 세차게 불어 닥친 침략의 물결, 그리고 그로 인한 민족의 위기는 중국인들이 '서양의 법을 모방'하는 길 위에서 끊임없이 앞으로 나아가도록 강요했다.

위원 등의 소개로 볼 때, 그들은 서양의 민주 정치에 긍정적이었으며, 심지어 매우 선망하면서 찬사를 아끼지 않았다. 그러하다면 이 같은 제도가 당시 중국이 마땅히 배워야 할 '장기(長技, 최고의 기술)'였을까? 물론 아니다. 당시 서양에 대한 중국인들의

---

722) 설복성(薛福成), 『주양추의 변법(籌洋芻議 變法)』, 띵서우 책임 편찬, 『중국 근대 계몽 사조』 상권, 사회과학문헌출판사, 1999, 73쪽.
723) 유대화(喩大華), 『청나라 말엽 문화 보수사상 연구(晚清文化保守思潮研究)』, 인민출판사, 2001, 19쪽.

이해는 아주 제한되어 있었고, 서양을 거울로 삼아 중국의 제도를 비교 연구한 적은 더욱 없었으며, 중국 제도와 서양 제도의 다른 점이나 차이점을 알지 못하고 있었다. 예컨대, 위원은 중국과 '오랑캐(서양)'의 차이점이 "첫째는 전함, 둘째는 화총, 셋째는 양병과 연병의 방법뿐이며, 이 세 가지가 오랑캐에게서 배워야 할 '장기'라고 생각했다. 그리하여 그는 중국이 여러 가지 선박이나 화총을 제조한다면 서양 침략자들에 승리할 수 있다고 생각하여 조선소와 화총 국(局)을 설치할 것을 건의했다. 이 뿐만 아니라 아편전쟁 역시 곧바로 중국 정부와 민간에 큰 충격을 가져다주지 못했고, 전쟁이 지난 후에도 정부와 민간의 풍조는 여전했다. 세찬 폭풍우가 지나가자 폭풍우를 잊은 듯이 민족의 위기의식 같은 것을 운운할 수 없었다. 그렇기 때문에 아편전쟁 후 20년 동안, 서양을 알 수 있는 경로는 예전보다 넓어졌지만, 서양에 대한 중국인들의 이해는 별로 깊어지지 않았다.

임칙서, 위원 등이 제기한 "오랑캐들의 장기를 배워서 그들을 저지해야 한다"는 주장은 20년 세월이 흐른 후에야 실천에 옮기기 시작했다."[724] 당시 '경세치용'(經世致用)을 주장하던, 일부 식견 있는 사대부들이 사회적 폐단을 폭로하며 '법을 고치고', '개혁'해야 한다는 주장을 내놓기는 했지만, 구체적인 조치는 수상운송, 세곡, 식염 제도, 역사 관리, 군사 사무 등 분야에 집중되었으며, 지도적 사상은 여전히 전통적 유가 경전이었다. 그들은 예의를 논하고, 염치를 알며, 민심이 바르기만 하면 '편향을 바로잡고 폐단을 만회'할 수 있다고 생각했다.

(2) 서법동점(西法東漸)과 자유사상의 전파

1856부터 1860년 사이에 영국과 프랑스가 중국을 침략하여 제2차 아편전쟁이 일어났다. 전쟁에서의 실패, 불평등 조약 체결, 거액의 배상 등은 중국의 양심 있는

---

724) 귀한민, 『청나라 말엽 사회 사조 연구』, 중국 사회과학출판사, 2003, 2쪽.

지식인들에게 강한 충격과 진통을 가져다주었으며, 치욕감과 분노를 자아냈다.

19세기 60년대부터 청의 통치 집단은 내우외환의 형세 하에서 '자강', '부의 추구'이라는 양무운동을 전개했는데, "서양(최초에는 서양 선진적 과학기술을 받아들이는 데 주목했고, 후에는 점차 정치, 문화교육, 사회 윤리 등 분야로 점차 폭을 넓혀나갔다)을 따라 배우고 국력을 증강시킴으로써 청 정부의 통치를 공고히 하려는 데 목적이 있었다."[725] 그 내용에는 신형의 해군과 육군을 편성 양성하고, 무기와 군함을 제조하며, 외교 기구를 설치하고 근대 광공업과 교통업을 창립하며, 외국어 학교를 세우고 해외에 유학생을 파견하는 등이 포함되어 있었다. 양무운동은 헌법사상이 중국으로 전파되는 데 어느 정도 추진제적인 역할을 했다. 첫째, 서양 서적을 번역했다. 청 정부는 외국인, 주로 선교들로 하여금 역사와 지리, 정치, 법학 분야의 서적을 번역하게 했다. 이를테면 『만국사기』, 『열국변통홍성기』, 『만국송법』, 『태서신사남요』, 『대영국지』, 『프랑스지』, 『연방지략』, 『만국공법』, 『공법 총론』 등 서적[726] 을 번역하여 영국, 미국과 프랑스의 입헌제도를 소개하고, 서양의 부르주아 혁명사를 소개하였다. 그리고 『좌치(조지)추언(佐治芻言)』은 서양의 의회민주제도를 전문적으로 소개한 서적이다. 하지만 이 시기 서양의 사회와 정치 분야의 저작의 번역 출판은 역시 의식적이고 자각적인 행위가 아니었으며, 당시 출판한 서양 서적은 대부분 군사학, 의학, 공예와 격치와 관련된 저작이었다. 서양의 정치 명작을 번역할 수 있는 사람이 아주 적었을 뿐만 아니라, 출판, 발행량도 아주 적어서 "내지의 여러 성의 시골 학자들은 여전히 간혹 목록만 볼 수 있었을 뿐 책을 읽으려 해도 구할 수가 없었다."[727] 둘째, 해외를 돌아보게 하고 해외 유학을 보냈다. 1866년 청 정부는 빈춘(斌椿)을 파견하여 로버트 하트를 따라 서유럽을 돌아보게

---

725) 주건파(周建波), 『양무운동과 중국 조기 현대화 사상』, 산동인민출판사, 2001, 1쪽.

726) 웅월지, 『중국 근대 민주 사상사』, 상해 사회과학원 출판사, 2002, 100~111쪽.

727) 양계초, 「서양학 도서목록 시리즈」, 『음병실 합집 1-음병실 문집 1』, 124쪽, 「서양 정치 총서 차례」, 『음병실 합집1-음병실 문집 2』, 63쪽.

했고, 지강(志剛), 손가곡(孫家谷)을 파견하여 앤슨 벌링게임을 따라 유럽과 미국을 방문하게 했으며, 숭후(崇厚) 일행으로 하여금 프랑스를 방문하게 했다. 1872년에는 진란빈(陳蘭彬)으로 하여금 유학생들을 인솔하여 미국 유학을 다녀오게 했다. 1875년부터 청 정부는 곽숭도를 영국 공사로 공식 파견했으며, 그 후부터 외국으로 파견하는 사절이 나날이 늘어났다. 그때로부터 중국인들은 서양의 정치제도에 대해 직관적 감성 인식을 가지게 되었다. 사절들은 필기, 일기, 저작 등 여러 가지 글을 통해 서양의 의회 조직 원칙, 조직 방법, 의사(議事) 절차, 정당의 거취 등의 상황을 소개하면서, 의회는 '임금과 백성들 간의 장벽', '상하가 소통하지 않는' 정치적 폐단을 해결할 수 있다고 평가했다.

그들은 글에서 이렇게 적고 있다. 서방 국가에서는 "임금이 신민을 만나려 하거나, 장관이 관리를 만나는 데 예의 격식이 간단하며, 상하 간에 장벽이 없어서 소통이 원활하고 응어리가 없어서 마음의 소통이 잘 된다." 송육인(宋育仁)은 의회는 유럽이 근 200년 간 진흥할 수 있는 근본이라고 생각했다. 그는 이렇게 말했다. "정부가 의회를 통해 이루어지지 않고, 의회가 백성들을 공정하게 대하지 않으며, 백성들이 호(戶)별로 말할 수 없다면, 그들은 길을 잡고 말할 수밖에 없을 것이다. 그렇기 때문에 백성들이 능력 있는 현자들을 추천 선거하여 마음 속의 말을 전하고, 이로운 점을 진술하여 손해를 제거하였다. 그러므로 의회는 유럽이 근 200년 간 진흥할 수 있는 근본이었다. 의회가 생기면서부터 임금은 무력을 남용하지 못하고, 가혹하게 세금을 받아들이지 못했으며, 마음대로 형벌을 내리고, 인재를 억압하지 못했으며, 아첨꾼을 받아들이지 못하였다. 관리들은 권력에 의지하여 벼슬자리를 튼튼히 하지 못했고 법을 어기며 개인 이득을 챙기지 못했으며, 나라와 백성을 해치지 못하였다. 따라서 이런 풍조가 성행하면서 의회는 나라의 근본이 되었다."[728]

즉 송육인은 백성들이 의원을 선거하여 의회를 만들고, 의원들은 백성들의 이익을

---

728) 웅월지, 『중국 근대 민주 사상사』, 123쪽.

대표해야 하며, 백성들이 선거한 의원이 있어야 만이 임금의 권력과 관리들의 권력을 규제할 수 있고 임금과 관리들이 제멋대로 나쁜 짓을 할 수 없기 때문에 정치적 청명과 나라의 발전을 이룰 수 있다고 여겼다. 의회 기능에 대한 깊은 견해라고 할 수 있다.

『톈진 조약』,『북경 조약』 등 불평등 조약을 체결한 후, 외국인들이 중국의 내지에서 여행하고 무역을 하며, 선교를 할 수 있는 권리가 커졌다. 그리고 외국 상인들과 선교사들은 여전히 중국에 헌법사상을 전파하는 중요한 일꾼으로의 역할을 했다. 선교사들은 서양의 역사와 지리, 정치와 법률 관련 서적을 집필하고 번역했을 뿐만 아니라 자체적으로 창설한 중문 판 『교회신보』,『만국공보』 등 신문을 통하여, 서방국가의 시사, 의회 선거, 대통령 경선 등을 보도함으로써 중국인들의 시야를 넓혀주었다. 그들은 보다 정확한 언어로 서양의 헌법 원칙을 소개하였다. 예컨대, 『만국공보』 는 삼권분립의 원칙에 관한 글을 특별히 실었다. "서양 입헌국가의 장정은 대동소이하다. 가장 중요한 것은 권력을 나누어 집행하는 조항이라 할 수 있다. 권력을 나누면 집행에 이로울 뿐 어긋나지 않고, 유익할 뿐 상극이 되지 않는다. 그 조항을 열거하면 대개 세 가지라 할 수 있다. 첫째는 행정, 두 번째는 법률 관장, 세 번째는 입법의회이다." 행정권을 행사함에 있어서 군주가 행사하든 대통령이 행사하든 모두 반드시 "장정에서 규정한 법, 그리고 의회의 결정에 따라 처사해야 한다." 사법권은 사법 기구에서 행사한다. 그 역할은 "사건을 실사하고 가산을 나누어 주며, 채무를 판단한다." 아울러 사법은 독립되어 있어서 "조정의 구속을 받지 않고 의회의 규제를 받지 않는다." 입법권은 의회에 있는데, "법을 의논하는 의원은, 임금이 파견하고 백성들이 선발하며, 민간의 사정을 잘 헤아리는 사람들로 이루어진다." [729] 여기서 삼권분립에 관한 소개가 아편전쟁 전후의 저작보다 더욱 정확하고 구체적이라는 것을 알 수 있다.

자연권 사상도 이 시기에 중국으로 들어왔다. 『좌치(조지)추언』 에 이런 구절이 있다.

---

729) 『만국공보』 , 1875, 340권

"하늘이 사람에게 생명을 주었으니, 의식(衣食)을 구하여 스스로 생명을 유지할 수 있는 그 어떤 능력을 분명히 부여했을 것이다. 그렇기 때문에 사람이 가지고 있는 이 같은 능력을 반드시 힘껏 발휘하면서, 소임을 다하기 위해 갖은 노력을 해야 한다 … 그러므로 그 어느 나라의 어떤 유형의 사람이든 각자가 자신의 몸을 가지고 있고, 각자가 자주성을 지니고 있으므로, 남에게 조금도 양보하지 말아야 한다. 가령 범행을 저지르지 않았다면, 조정의 관리라 하더라도 그 사람의 자주권을 빼앗을 수는 없다." [730] 이 글의 작자가, 인권 원리를 깊이 이해하고 있음을 알 수 있는데, 그는 국가 권력이 인권을 침해해서는 안 된다는 점을 강조하면서 생명권, 신체의 자주권을 자연권으로 간주해야 하며, '조정의 관리'라 해도 타인의 권리를 제멋대로 박탈해서는 안 된다는 점을 강조하고 있다.

19세기 60년대 이후, 민주사상 인권사상 분권사상 등의 사상이 '서학동점 (西學東漸)'의 큰 물결을 타고 중국으로 밀려들어와 당시의 인자하고 지조가 있는 사람들이 시대의 병폐를 바로잡는 방안을 설계하는데, 새로운 참조 물과 사상적 자료를 제공하여 중국의 사상계에 어느 정도 사상적으로 계몽 작용을 했다. 또한 초기의 유신사상 대가들은 모두가 비교적 "서학"적 배경을 강하게 가지고 있었다. 예컨대, 일찍 19세기 50년대에 곽숭도가 임금과 백성, 위아래가 마음을 소통해야 한다고 제안한 적이 있다. 그는 1875년에 각국의 사무를 총괄하는 관아에서 근무했고, 1876년에는 명을 받고 영국에 나가 외교 사무를 처리했으며, 얼마 후에는 영국 주재 공사를 담당했다. 그는 근대 중국 최초의 외교 사절이기도 했다. 설복성은 1889년에 영국, 프랑스, 이탈리아, 벨기에 4국의 공사로 근무했었다.

마건충(馬建忠)은 1877년 프랑스에 파견되어 나간 후, 파리 정치대학에 입학하여 프랑스 학위를 받은 최초의 동양인이 되었다. "군민공치(君民共治)"를 주장하던 왕도는 1848년 상해에서 영국 선교사 메드허스트(Medhurst) 등의 사람들과 사귀게 되었으며,

---

730) 존 프라이어(John Fryer) 통역, 응조석(應祖錫) 필기 『좌치추언』, 6쪽.

또한 선교사들이 창설한 묵해서관에서 13년 넘게 근무했다. 1862년 '황원상서(黃畹上書)' 사건이 터지는 바람에 하는 수 없이 홍콩으로 피난을 떠났다. 홍콩에서 그는 영국 선교사이고 유명한 한학자(漢學者)인 영화서원(英華書院) 원장 제임스 레그(James Legge)를 도와 유가 경전을 번역하였다. 아울러 레그를 따라 영국을 현지 조사하느라 영국에서 2년간이나 체류했다. 홍콩으로 돌아온 후 그는 『순환일보(循環日報)』를 창간하고 주필을 담당했다. 가장 일찍 의회를 설립해야 한다는 주장을 내놓은 정관응은 유신사상이 형성되기 전 비록 외국에 나가보지는 못했지만, 제임스 레그, 존 프라이어(John Fryer), 영 앨런(Young John Allen) 등의 선교사들과 폭넓게 사귀었을 뿐만 아니라 선교사들이 주관하는 『만국공보』, 『격치 휘편』(格致匯編) 등의 간행물에 여러 번 글을 발표하였다. 또한 일부 선교사들의 문장 전체를 자신의 저작에 편집해 넣기도 했다. 정권응은 자기 저작에서 일찍 이렇게 밝혔다. "중외의 달인이나 현자들을 만나 사귀며, 주흥이 무르익어 주고받는 그들의 말을 매번 옆에서 들어보면, 대부분 안위와 관련된 대계였다. 이따금 중외의 신문에 실린 '안내양외'(安內攘外)를 거론한 글을 보고나면 느끼는 바가 있어 붓이 가는대로 적어 보았다. 오랜 세월이 흐르니 어느덧 책 한 권으로 묶을 수 있게 되었다."[731]

정권응의 사상은 외국 선교사들과 서양인들이 창간한 간행물의 영향을 깊이 받았음을 말해주고 있다. 엄복은 1866년 양무파가 세운 푸저우선정학당(福州船政學堂)에 입학하여 영어와 자연과학을 배웠다. 1877년 그는 영국 해군학교에 파견되어 2년 간 유학했다. 유학하는 기간 그는 해군 지식을 전공한 것 외에 서양의 사회 정치 학설을 폭넓게 섭렵했으며, 헉슬리의 『진화론』, 아담 스미스의 『국부론』, 존 스튜어트 밀의 『자유론』, 몽테스키외의 『법의 정신』(엄복은 "法意"라고 번역했음) 등 서양철학과 정치 부문의 명작을 번역했다. 엄복의 서양에 대한 깊은 이해는 "민의 자유는 하늘이 준

---

731) 정관응, 『성세위언』, 116쪽.

것이다"와 "자유를 체제로 삼고, 민주를 도구로 삼아야 한다" 등의 유명한 주장을 제기할 수 있는 사상적 토대가 되었고, 서양 의회 민주제도에 대한 인식을 보다 투철하게 했는데, 그 인식은 동시대 지성인들을 훨씬 능가했다.

(3) 신흥 사회 계층과 지식인 집단 출현

1898년 서태후는 무술정변을 일으켜 '무술 육군자'를 처형하고, '100일 유신'을 파기하면서 여러 가지 새로운 정책을 반포하였다. 하지만 서양 정치사상의 전파를 막지는 못했다. 무술정변 이후, 개량파의 중견 양계초, 맥맹화(麥孟華), 구구갑(歐榘甲) 등은 해외로 탈주하여 『청의보』, 『신민총보』, 『대동일보』 등 간행물을 창간하고, 민권사상과 서양의 민주정치학설을 더욱 거리낌 없이 홍보했다.

청 정부가 8개국 연합군의에게 심각한 타격을 입은 후, 서태후는 변법유신이라는 깃발을 들고 청나라 말엽 신정(新政)을 개시했다. 1901년부터 1903년까지 중국 지식층에는 서양의 민주정치학설을 소개하는 열풍이 불었다. 이 시기 번역 소개된 서양 저작을 세 가지 부류로 나눌 수 있다. 첫째, 민주 헌정 관련 저작이다. 서양 헌법학 저작은 주로 루소의 『민약론』(『민간규약 통의』 혹은 『루소의 민간규약론』이라 번역하기도 했음), 몽테스키외의 『만법정리』(萬法精理 - 『법의 정신』), 존 스튜어트 밀의 『자유원리』(즉 『자유론』으로 번역), 스펜서의 『원정(原政)』(『제일원리』), 『여권(女權)편』, 『사회학의 원칙』 등, 캐스퍼(Bluntchli Johann Caspar)의 『국가론』, 『국법범론』, 『국가학 강령』 등이 있다. 이밖에 번역한 일본 헌법학 저작들로 『국가 헌법 범론』, 『헌법 요의』, 『헌법 법리 요의』, 『만국 헌법 비교』, 『헌법론』, 『영국 헌법론』 등이 있다. 둘째, 각국의 민주혁명사와 중요 문헌이다. 혁명사는 『19세기 유럽 문명 진화론』, 『프랑스 혁명사』, 『미국 민정 고증』, 『영국 헌법사』 등의 저작이 있다. 중요 문헌으로는 『미국 독립 격문』, 『프랑스 인권 선언』 등이 있다. 셋째, 서양 사상가와 유명한 정치 인물들의 생애 그리고 학술을 소개했다. 예컨대 양계초가 집필한 『루소

학안(學案)』, 『민간 규약 거장 루소의 학설』, 『법리학 대가 몽테스키외의 학설』, 『토마스 홉스 학안』, 『공리주의의 태두 벤덤의 학설』, 『정치학 대가 Bluntchli의 학설』 등이 있다.[732]

중국인들은 루소, 몽테스키외의 저작을 무술변법 전부터 읽었다. 하지만 당시에는 서양의 민주학설에 대한 이해가 체계적이 아니라 단편적이었다. 무술정변 이후, 서양의 근대 민주학설이 폭넓게 소개되면서 중국의 지식인들은 눈을 크게 뜨게 되었고, 그들이 사회정치 문제를 분석하는 데 새로운 무기로 작용했다. "그때부터 우리는 더는 먼지가 두텁게 앉은 사서오경이나 아득하고 아무런 사실적 근거도 없는 요순 전설 속에서 전제를 반대해야 한다는 법보나 근거를 찾을 필요가 없게 되었으며, 아예 직접 서양에서 찾은 무기를 휘두르며 싸움터에 나가면 되었다. … 예전의 것을 억지로 끌어다 붙이고 옛 사람을 통하여 제도를 바꾸려던 무력한 방법을 단번에 쓸어버렸다."[733]

1901년 이후, 경자년의 심각한 타격과 중상주의(重商主義) 영향으로 말미암아 청 정부는 농업을 중시하고 상업을 규제하던 정책의 위해성을 성찰하기 시작하고, 서양을 모방한 상업을 중시하고 공업을 우대하는 정책을 강구하였다. 1903년 조서를 내려 상부(商部)를 설치하고, 1904년 『흠정대청상률(欽定大淸商律)』 중의 『회사율(公司律-회사법)』 그리고 1권의 『상인 통례(商人通例)』를 공포하였다. 이는 중국 역사에서 최초로 공포한 공식적인 상법(商法)이다. 1904년부터 1908년까지 『회사율』에 근거하여 등록한 회사만 272개소에 달했고 심의(査定)한 자본 총액만 백은 1억 양에 달했다.[734] 1903년부터 청 정부는 상인과 기타 사회 인사들이 상공 실업에 투자하는 것을 격려하는 일련의 장정(章程)을 공포하였다. 주로 『화상회사 장려 장정(獎勵華商公司章程)』, 『실업 장려 장정(獎勵實業章程)』, 『상인 공로 장려 장정』, 『화상 회사 장려 장정

---

732) 웅월지, 『중국 근대 민주 사상사』, 334~341쪽.
733) 마민(馬敏), 『상인 정신의 변천(商人精神的嬗編)-중국 근대 상인 관념 연구』, 화중사범대학출판사, 2001, 149쪽.
734) 웅월지, 『중국 근대 민주 사상사』, 342쪽.

개정』,『군공(軍功) 관례에 따라 상업을 포상하는 것에 관한 장정』,『화상이 농·공·상실업 수속을 하면 작위를 하사하는 것에 관한 장정(華商辦理農工商實業爵賞章程)』등인데 장려 등급은 해마다 점차 향상되고 포상 범위도 해마다 점차 확대되었다. 이밖에 청나라 말엽에 제정한 경제법규로는 1904년의 『상표 등록 시험 운영 장정(商標注冊試辦章程)』,『상회 간명 장정』, 1936년의 『파산율(破産律-파산법)』,『해외 박람회 참가 장정(出洋賽會章程)』, 1908년의 『청조 은행 칙례(大淸銀行則例)』 등이 있다.

이런 경제 법규는 "농업을 중시하고 상업을 규제"하던 전통적 경제 정책을 타파하여 중국 상공업을 발전시키는 데 어느 정도 작용을 했다. 관방 측 통계에 따르면, 1912년(그해 포함) 전국적으로 공장이 도합 20,749개소가 있었는데, 그중 원동력을 사용하는 공장이 363개소, 원동력을 사용하지 않는 공장이 20,386개소가 되었다. 노동자가 7명에서 30명에 이르는 공장이 18,212개소, 30명에서 50명에 이르는 공장이 990개소, 50명에서 100명에 이르는 공장이 181개소, 100명에서 500명에 이르는 공장이 514개소, 500명에서 1000명에 이르는 공장이 181개서, 1000명 이상 되는 공장이 54개소가 있었다. 그중 순수 상업 등 3차 산업의 유통부문이 설립한 공장이나 광산이 121개소로서 자본 총액의 40%를 차지했고, 1901년부터 1911년까지는 277개소로 자본 총액의 60%를 차지했다.[735]

상품경제가 발전함에 따라 중국 사회구조가 변혁을 가져오기 시작했다. "이는 전통적인 농업 사회로부터 근대 공업과 상업 사회로의 점진적 과도 과정이었고, 과거의 사·농·공·상 네 가지 등급 사회로부터 근대 직업 사회로의 과도 과정이었다. 이 같은 이중의 과도 과정을 거치는 가운데 관가와 상업의 관계, 국가와 사회의 관계에 근대적 의미에서의 변화가 생기기 시작했는데, 전례 없는 상공업의 발전을 토대로 하는 부르주아 유지들과 상인들을 위주로 하는 민간 사회가 점차 두각을 보이기 시작했다."[736] 비록 이 계층의

735) 옌중핑(嚴中平), 『중국 근대 경제사 통계자료 선집(中國近代經濟史統計資料選編)』, 과학출판사 1955,, 92쪽.
736) 마민, 『상인 정신의 변천-중국 근대 상인 관념 연구』, 99쪽.

사람은 많지 않았지만 "다른 지역에서 온 신사들과 상인, 이 두 가지 부류의 사회 계층은 위로는 관청과 통하고 아래로는 상공인들과 사귀면서 사회적 명망과 금전을 한 몸에 지니고 있었다. 이들은 가장 중요한 도시 조직인 상회를 좌지우지하고 있어 과소평가할 수 없는 사회적 능력을 가지고 있었는데 청나라 말엽 중화민국 초기 도시 사회에서 가장 활약하는 세력으로 부상했다. 중국 이른바 조기 시민사회란 사실은 바로 이와 같은 신사와 상인(선비 출신의 상인)들의 사회였고, 이들이 주도적 역할을 한 사회였다."[737]

이 세력은 청나라 말엽 중국에서, 입헌운동을 추진한 선도적 역량이었고, 민간 청원 운동을 발기한 지도적 역량이었다. 1904년 청 정부의 『상회 간명 장정』은 상민(商民)들이 성도(省都)와 상업이 번화한 지역에 상회를 설립하고 중소도시에 지회를 설치하며, 읍과 마을에 사무소를 설치하도록 선도하면서 각지의 신상(紳商) 역량이 뭉치는 데 추진적인 역할을 했다. 1911년에 이르러, 전국적으로 티베트와 내몽골을 제외한 각 성도에 상회가 설립되었는데, 총회가 56개, 지회가 669개나 되었다.[738] 이리하여 전국적으로 상회를 연결고리로 하는, 대도시와 중소도시로부터 읍과 마을에 이르는 거대한 네트워크가 형성되었다. 이 뿐만 아니라 상회 총리, 부지배인, 이사 모두 선거를 통해 선출되었고, 소수가 다수의 의견을 따르는 의사 규칙을 강구한 것에서 신상(伸商)들은 어느 정도 민주에 관한 훈련을 받을 수 있었다.

청나라 말엽 입헌 운동을 추진한 역량에는 신흥의 신상 계층 외에도 새로운 사상을 가지고 있던 지식층도 포함되어 있었다. 청 정부가 신정(新政) 유학 장려 학당 창설을 널리 시행한 후 지식층도 전면적으로 변화하기 시작했는데, 서양의 과학 문화 지식의 영향을 받은 근대 정치사상의 의식을 갖춘 지식층이 나타났다. 이 신규 지식층의 일부분은 해외 유학생들로 주로 일본에 집중되어 있었다. 1902년에는 일본 유학생이 겨우 수백

737) 마민, 『상인 정신의 변천-중국 근대 상인 관념 연구』, 135쪽.
738) 『중화민국 원년 1차 농상 통계표(中華民國元年一次農商統計表)』 상권, 북경 법률 인쇄국, 1914, 176~196쪽.

명밖에 되지 않았지만 이듬해인 1903년에는 1,000명으로 늘어나고, 1905년에는 8,000여 명으로 급증했다.[739] 그들은 해외에서의 학습과 신구사상에 대한 논쟁을 거쳐 지식 구조가 변하게 되면서 대부분은 서양의 정치 학설을 받아들였다. 신지식인들의 다른 하나의 내원은 국내 구(舊)지식인들의 전환이다. 1901년 이후, 관립 공립 사립 학당이 점차 늘어났고, 1905년에는 과거제도를 폐지하게 되면서 근대식 교육이 구식 교육을 완전히 대체하게 되었다. 근대 교육문화 사업이 흥기함에 따라 학교 교사, 관리 인원, 재학생, 각 학교의 경영기구와 교육회, 그리고 신문, 출판계 인사들의 지식구조와 사상관념 역시 전환되면서 신지식인으로 부상했다.

2. 중국 헌법학설 발원 시기의 대표적 헌법학설

(1) 의회 강국론

서양의 의회 사상을 최초에는 건국의 근본, 강국의 수단으로 간주했었다. 그러나 중국이 의회제를 도입하고 설립한 목적은 대외적으로는 자강하고 구국하려는 것이었으며, 대내로는 중국정치 운영에 존재하는 임금과 백성들 간의 장벽을 없애고 소통을 이룩하여 군주제를 군민공주체제(君民共主體制, 입헌 군주제)로 전환하려는 것이었다.

의회를 설치하고 군민 공주의 정치개혁 사상을 실현해야 한다는 요구는 19세기 60년대 이후의 '자강'을 해야 한다는 사조에서 비롯하여 양무 사조 중에서 태동하였다. 이홍장, 장지동 등의 양무를 주장하는 대리(大吏)들과는 달리 곽숭도, 마건충, 설복성, 왕도

---

739) [일] 實藤惠秀, 『중국인 일본 유학사』(中國人留學日本史) 권1, 36, 39, 81쪽.

정관응 등의 양무 사상가들의 시각이 더욱 예리하고 넓었다. 그들 모두 양무변법 이론의 창도자이자 적극적인 지지자이면서도 양무운동의 폐단과 무(無) 실효성 문제를 가장 빨리 발견한 사람들이기도 하다. 왕도는 일찍이 그 당시 사람들의 사상적 동향에 대해 다음과 같은 날카로운 질의를 던진 적이 있다. "예전부터 기계국도 있고, 외국어 서당도 있는데, (젊은이들이) 활기를 찾지 못하는 것은 무엇 때문인가?"[740] 중국과 프랑스 전쟁을 전후하여 이 같은 질의는 공개적인 비평으로 발전하였다. 송육인은 1886년 『시무론(時務論)』에서 "방법을 배우지 않고 무기만 모방하려 한다. 천하의 마음과 재력을 다 소모하면서 양무하고 해방(海防)한다고 하지만 부강의 효과를 보지 못했으며, 공연히 나라로 하여금 재물을 긁어모으게 하여 중간에서 사리사욕만 채우려 하고 있다"[741]고 했다. 그때부터 양무 사조의 대표 인물들 사이에 분열이 생겼고, 양무를 주장하던 대리(大吏)들은 청 왕조의 봉건 통치를 수호하기 위해 양무운동을 상공 기술 범위 내로 엄하게 규제하고자 시도했다. 그러나 유신 사상가들은 도리어 양무운동의 폐단을 비평하고 반성하기 시작했으며, 정치개혁을 해야 한다는 요구를 제기하였다.

19세기 70년대부터 90년대까지 식견이 있는 사람들은 양무운동 중 반성을 하면서 서양의 '건국의 근본(나라 건설의 근본)'과 '강국의 근원'을 지속적으로 탐구하였다. 그들은 해외로 나가거나 기타 방도를 통하여 서양에 대해 더 많은 것을 알게 되었다. 그들은 거의 '의회'가 건국의 근본이며, 군함이나 강력한 무기를 만드는 것은 부차적인 일이라고 생각했다. 1875년 곽숭도는 『해방 사무 사항(條議海防事宜)』에서 이렇게 밝혔다.

"서양은 건국에 있어서 일차적인 것과 부차적인 것이 있었는데, 조정의 정교(政敎)가 일차적인 것이고 상인(경제)은 부차적인 것이었다. 선박을 만들고 무기를 만들어 상부상조하면서 국력을 강화하는 것은 부차적인 사항중 하나이다. 고로 먼저 경제를

---

740) 왕도, 『도원문록외편-변법 자강』(弢園文錄外編-變法 自强) 하권, 중주고서적 출판사, 1998, 91쪽.
741) 반년지(潘年之) 책임 편찬, 『중국 근대 법률 사상』, 상해 사회과학원출판사, 1992, 105쪽.

발전시키고 다음에 서법의 기초를 세우는 것은 소위 (하지만 중국은 아직 서양식을 따라 배울 조건이 갖춰지지 않았으므로) 경제를 발전시키고 선박과고 기계를 만듦으로써 향후 중요한 것을 실행하는 토대를 마련하는 것이다."[742] 곽숭도는 영국에 외교사절로 나간 후 서양의 의회제를 연구하고 나서 보다 분명하게 밝혔다. "영국 건국의 근본을 근원적으로 고증해 보면, 국력이 보다 지속적으로 성장할 수 있었던 이유는 의회 의정원(議政院)에 국력을 유지하려는 의지가 있었기 때문이며, 시장을 선거하여 백성들을 관리함으로써 백성들의 뜻을 따랐기 때문이다. 양자가 상호 의존하여 홍성과 쇠퇴를 반복하면서도 임금과 백성이 관계를 유지할 수 있었다. 그리고 건국한지 천년이 넘도록 부정행위가 없는 것은 인재와 학문이 끊임없이 이어지고, 모두가 전력을 다해 노력했기 때문이다.

이것이 바로 건국의 근본이다."[743] 진규(陳虯)는 1890년 산동 순무 장요(張曜)에게 올린 진정서에서 이렇게 밝혔다. "저의 어리석은 생각에 서양이 부강할 수 있었던 이유는 의정원이 위와 아래의 마음을 소통시켜주었기 때문입니다. 그러나 이 모든 것은 나중에 할 일입니다."[744] 마건충은 유럽에 사절로 다녀온 후 쓴 『이백상에게 올리는 해외 사찰 공과서(上李伯相言出洋工課書)』라는 글에서 아주 감명 깊은 말을 했다. "이번에 유럽에 1년 넘게 체류하다 왔습니다. 막 나갔을 때는 유럽 각국이 부강할 수 있는 것은 오로지 제품을 훌륭하게 만들고, 군율이 엄하기 때문이라고 생각했습니다. 판례를 펼쳐보고 문사를 연구하다 보니, 그 부(富)에 대하여 말하는 것을 알게 되었는데, 상회(商會)를 보호하는 것을 근본으로 하는 것이었습니다. 강함을 구하고자 하면 민심을 얻는 것을 중점으로 삼아야 합니다. 상회를 보호하면 세금이 증가하여 자족할 수 있게 됩니다.

민심을 얻으면, 즉 애국충성이 배로 늘어 적개심이 없어질 것입니다. 그는 학교를 세우면 지사가 많아진다는 것과 의원(議院)을 세우면 아래의 뜻이 올라올 수 있다는

---

742) 중국 근대사 총서 편찬 팀 편집, 『양무운동』 1권, 상해인민출판사, 1961, 142쪽.

743) 『곽숭도 일기』 3권, 호남인민출판사, 1982, 373쪽.

744) 진규, 『동유조의(東遊條議)』, 『치평통의(治平通議)』 6권, 구아당, 1893, 3쪽.

것을 알고 있습니다. 군대와 수군을 제조하는 것 모두 중요하지만 그 끝은 어디에 있겠습니까?"[745]

정관응은 『성세 위언』의 머리말에서 조기 유신 인사들의 심리 변화 과정을 다음과 정확하게 밝혔다. "60년 동안 만국이 통상하여 중국과 외국이 관계가 긴박해 지는데, 그러나 유신을 말하거나, 수구를 말하거나, 양무를 말하거나, 해방을 말하거나 옛날과 지금은 다르다는 본질을 간파하고 깊고 밝은 대 책략을 구하는 사람이 몇 명이겠는가? 배와 화포의 이점뿐만 아니라, 그 풍속의 득실과 성쇠의 원인을 고찰하고 나아가 혼란의 근원을 아는 것이 부강의 근본이다. 그리고 위원(議院)의 위아래가 한마음으로 법을 가르치고, 서양인이 나라를 세우는 것에는 본말이 있으며, 비록 예악교화(禮樂敎化)의 중화와는 차이가 있지만 점점 부강에 이른다. 또한 체용(體用)을 갖추어 학당에서 가르치고 의원에서 의논하여 군민(君民)이 일체가 되고 위아래가 한마음이 되어, 실제적인 일을 하여 거짓을 방비하고, 의논하여 결정한 다음 움직이는데 그것이 바로 체(體)이다. 증기선, 화포, 양총, 수뢰, 철로와 전선은 바로 용(用)이다. 중국은 그 체를 잃었는데 용을 구하려한다. 어렵다고 빨리 가려 하는 것은 아무런 도움도 안 된다. 철배가 움직이고 철로가 사방으로 연결되는 것은 다리에 의지하는 것일 뿐이다."[746]

조기(早期) 유신 사상가들이 양무 대리(大吏)들이 주장한 선박과 무기를 만들고 공장을 세워 기계를 제조해야 한다는 정책을 모두 부정한 것이 아니라, 이 같은 방법이 강국의 근본을 파악하지 못한 것으로 국가를 부강하기에는 상당히 불충분하기 때문에 강국의 목표를 달성할 수 없다고 여겼다는 것을 알 수 있다. 설령 '철갑선이 줄을 잇고, 철도가 사통팔달' 했다 하더라도 서양 열강들에 대항할 수 없다.(그들의 이 같은 논단은 불행하게도 중일 갑오해전에서 중국의 군사적 참패를 통해 증명되었다) 그들은, 서양이

---

745) 양가락(楊家駱) 책임 편찬, 『무술변법 문헌 휘편』 1권, 문헌서국 1973, 164쪽.
746) 양가락 책임 편찬, 『무술변법 문헌 휘편』 1권, 103쪽.

'부강할 수 있은 근본'이 '인재를 육성하는 학교, 논증을 하는 의회'가 있기 때문이라고 여겼다. 그러므로 중국이 국가를 부강하려는 목표를 달성하려면 반드시 서양의 교육제도, 의회제도, 그리고 산업을 보호하고 상업을 우대하는 정책을 학습해야 한다고 생각했다. 이 같은 인식에 근거하여 그들은 서양의 의회제도를 참고하여 그들이 알고 있는 비교적 제한된 사상 자료를 인용하여 중국정치체제에 대한 개혁 방안을 설계하기 시작했다. 이로부터 건국의 근본이고 강국의 근본인 의회제도가 중국의 정치체제 개혁 방안에 나타나기 시작했다.

정관응은 1875년에 출간한 『역언』(易言)에서, 중국과 서양의 정치제도에 대한 비교를 통하여 가장 먼저 의회를 설치했으면 하는 바람을 표출했다. 그는 책에서 이렇게 적고 있다. "서양 여러 나라는 도시에 상원과 하원을 두고 있다. 상원은 왕실의 유공자나 친척, 여러 고관들로 이루어졌는데, 임금과 가까이 지낸다. 하원은 지방의 유지, 지식인과 상인, 능력 있고 덕망이 있는 사람들로 이루어지는데 서민들과 가까이 지낸다. 무릇 국사가 있으면 먼저 하원에서 의논하여 결정한 후 상원에 상세히 알린다.

상원은 의정한 후 국왕에게 올린다. 만약 양원의 의사 결정이 일치하면, 국왕은 따를 것인지 거스를 것인지를 결정한다. 만약 의견이 엇갈리면 의논을 그만두라는 중지령을 내리거나 재심의한 후 결정한다. 서양의 정사는 전 국민이 다 알고 있고, 상하를 거치므로 의회제도는 훌륭한 조치라고 할 수 있다." 정관응은 이런 제도는 '삼대 법도에 자못 부합'된다고 생각했다. 그는 중국이 '위로는 삼대 유풍(遺風)을 본받고, 아래로는 서양의 양법(良法)을 본받아' 국가의 장기적인 안정을 실현하기를 희망했다.[747]

조기 유신 사상가들은 의회는 정사를 공론할 수 있는 조직이고, 상하가 소통할 수 있는 중추이므로, 임금과 백성 간의 장벽을 없애고 상하간의 정을 통하게 할 수 있는 기능을 가지고 있다고 생각했다. 정관응은 이렇게 말했다. "의회는 정사를 공론할 수 있는

---

747) 하동원(夏東元) 편, 『정관응집(集)』 상권, 상해인민출판사, 1982, 103쪽.

장소이다. 여러 사람의 생각을 모으고, 여러 사람의 이로움을 폭넓게 수용하며, 용인(用人) 행정을 대공무사하게 처리하므로 방법도 확실히 훌륭하고 뜻도 확실히 훌륭하다. 의회가 없다면 임금과 백성 사이에 많은 장벽이 생기므로 뜻을 반드시 거스르게 될 것이다. 또한 의회는 어리석고 무능한 임금이 폭력을 휘두르고, 대신들이 권력을 마음대로 휘두르는 것을 예방하는 기능을 가지고 있다. 즉 의회가 있으면 어리석고 포악한 임금이 폭정을 시행하지 못할 것이고, 횡포한 대신들이 권력을 마음대로 휘두르지 못할 것이며, 하층 관리들이 책임을 회피하지 못할 것이고, 일반 백성들이 원한을 품지 않을 것이다." 그리고 정관응은 의회를 설치하면 강국을 실현하는 오랜 염원을 달성할 수 있다고 낙관적으로 생각했다. "인구가 4억이나 되는 중국에서 진정으로 의회를 설립하여 백성들의 마음과 소통할 수 있다면 마치 몸에 팔이 달린 것과 같고, 팔에 손이 달린 것과 같으며, 4억 인구를 한 사람으로 묶을 수 있어서 천하를 병탄한다 해도 어려울 것이 없을 것이다. 민심을 얻고 백성들과 소통하며, 국력을 신장하고 태평한 세월을 유지하려면 반드시 의회를 설치하는 데로부터 착수해야 한다."[748]

의회 조직 방법 면에서, 그들은 서양 국가의 제도가 너무나 '번잡'하기에 "중국이 갑자기 본받으면 시행이 어려우므로 용이한 방법을 융통해야 한다"고 하고, 아울러 그들은 중국 국정에 부합되는 의회 조직 방안을 제안했다. 그들이 제안한 의회 조직 방안은 두 가지로 나눌 수 있는데, 하나는 왕공 대신이나 정부 관원들로 조성된 방안이고, 다른 하나는 민선(民選)을 통해 의회를 설치하고, 의원을 선출하는 방안이었다.

진치(陳熾)는 양원제 의회 방안을 내놓았다. 상원은 청 정부의 '각부(閣部)회의'의 간판만 바꾸어 다는 방안이다. 하원은 공천을 통해 이루어지는데, 피선거인 중에는 "반드시 벼슬아치가 들어가야 하며", 현에서 선거한 후보를 부에 추천하고, 부에서 선거한 후보를 성에 추천하며, 성에서 선거한 후보를 조정에 추천한다. 서양의 공천 방법대로

---

748) 정수화(丁守和) 책임 편찬, 『중국 근대 계몽 사조』 상권, 141~144쪽.

"많은 사람들의 추천을 받은 사람을 의원으로 선거하여 하원을 구성한다."[749]

진규는 의회 설치 방안에서, 중앙 의회의 조직 방법을 언급했을 뿐만 아니라 지방 의회의 조직 방법도 언급했다. 지방 의회 조직 방법은 다음과 같다. "예외 없이 의회를 설치하라고 각 성에 영을 내리고 주와 현에 공문서를 보낸다. 모든 서원 혹은 사원을 합병하고 개설한 다음 자리를 마련하고 널리 방문을 붙인다. 나라나 지방에 개혁 사항이 있거나 임관 사항에 근거하여 설문을 하며, 5일 안에 의논하고 답을 내놓아야 한다. 그러나 이해득실을 진술하고 문리(文理)를 취하지 않는다." 중앙 의회 조직 방법은 다음과 같다. "주로 삼공(三公)에 의존하여 중간에 의원 36명을 두고, 매부(部) 각기 6명을 두는데 품계에 구애되지 않으며, 세상 이치에 밝고 공정하게 처사하는 자를 공천을 통해 임관한다. 나라에 큰 일이 있으면 의정한 다음 비로소 행한다."[750] 진규의 지방 의회는 "서원과 사원"을 합병하여 개설하고, 중앙 의회는 조정의 명관들로 이루어져야 한다고 했는데, 이 같은 방안은 간편하여 시행하기는 용이하지만 '민간 위원'이 빠졌기 때문에 민주적 조건을 갖추지 못했다는 점을 알아낼 수 있다.

탕수잠(湯壽潛)은 진규와 대체로 같은 견해였는데, 양원 의원 모두 한결같이 조정의 고위 관리가 담당해야 한다고 했다. 그는 왕공으로부터 중앙 각 부 장관 이하의 관리, 정도(正途)이든 임자자랑(任子貲郎)이든 4품 이상 벼슬아치라면 누구나 상원에 예속되며, 군기처에서 주재한다. 각 부 장관 이하 벼슬아치, 그리고 한림원 4품 이하의 벼슬아치라면 누구나 하원에 예속되며, 도찰원에서 주재한다. "매번 큰 이익을 얻어 창성하고 큰 해를 입어 쇠퇴하며, 기본 제도를 답습하거나 변혁할 경우, 우선 공고문을 분명히 공시해야 한다. 의정자들은 고금을 정리하고 온갖 심혈을 기울여 심사숙고한 다음 득과 실을 정확하게 기록하여 기한이 되면 편을 이루어 나누어서 내각, 그리고 도찰원에 자기 소견을

749) 양가락 책임 편찬, 『무술변법 문헌 휘편』 1권, 246쪽.
750) 양가락 책임 편찬, 『무술변법 문헌 휘편』 1권, 219~220쪽.

진술한다. 그리고 재상이 견해에 대해 동이(同異)와 다소를 정리, 확인한 다음 임금에게 의정의 시행 여부를 묻는다."[751]

하계(何啓), 호례원(胡禮垣)은 민선을 통해 의회를 설치하고, 의원은 일률로 추천을 거쳐 뽑아야 한다는 방안을 내놓았는데, 비교적 민주적인 견해였다. 그 방안은 구체적으로 이러하다. 현(縣)에 의원 60명을 두며, 현 의원이라 칭한다. 부(府)에 의원 60명을 두며, 부 의원이라 칭한다. 성에 의원 60명을 두며, 성의원이라 칭한다. 현 의원은 수재들 가운데서 뽑으며, 백성들이 주로 추천한다. 부 의원은 거인(擧人)들 가운데서 뽑으며, 수재들이 주로 추천한다. 성 의원은 진사들 가운데서 뽑으며, 거인들이 주로 추천한다. 그들의 방안에는 매 급의 의회마다 공천하는 사람들과 후보들은 그 자격에 있어서 각기 다른 '학벌' 기준이 있는데, 가장 낮은 학벌이 수재이다.

그들이 공천을 통해 의원을 선거하며, 의원은 세습을 하지 못한다고 주장한 것은 다음과 같이 생각했기 때문이다. "정치란 백성의 일이지만, 임금이 처리한다. 임금이 처리하지 않는 일은 민간에서 처리할 수 있다. 백성의 일이자 역시 임금의 일이다. 백성은 목숨이 붙어있다 하더라도 생존하기가 힘들므로 임금에게 의존해야 한다." 의원이 바로 임금과 백성을 이어주고, 관청과 백성을 이어주는 유대, 즉 "의원이란, 적당한 인재를 뽑아 정치를 베풀어 백성들의 어려움을 구제하고 백성들의 화합을 유지하는 것으로, 지방의 이로움과 폐단, 민정(民情)의 호불호 모두 의원을 통하여 관청에 전한다. 관청에서 혁신과 같은 일을 진행하려면 의원들이 의논하고, 의원들이 해야 할 일이 있으면 역시 관청과 의논해야 하는데, 방도를 강구할 때까지 진술하고 의논한다. 관청과 의원들의 견해가 서로 일치되면, 그 뜻을 규정한다. 그리고 그 규정을 위반해서는 안 된다." 백성들이 의원을 선출해야 만이 "관유물(公器)을 공동 소유할 수 있고, 공적인 일은 공정하게 처리할 수 있으며", 민중의 질고(疾苦)를 헤아리고, 공정을 베풀 수 있다." 의원 공천제는 공후(公侯)

---

751) 정수화 책임 편찬, 『중국 근대 계몽 사조』 상권, 198쪽.

귀족들의 참정권에 영향을 주지 않는다. 하지만 이들도 정치에 참여하려면 재능과 덕을 갖춰야 하고 공천이라는 절차를 거쳐야 한다. "무릇 의원을 선출할 경우, 재능과 덕행을 중요시해야지, 재산이 많고 지위가 높음을 중요시해서는 안 된다. 그 공후가 과연 존귀하고 수양과 덕행을 겸비한 훌륭한 사람이라면, 사람들이 반드시 의원으로 추천하여 그 뜻을 펴게 할 것이며, 수양이나 덕행이 남보다 부족하다면 은퇴하여 산속에 들어가 편안하고 부유한 생활을 하는 것이 나을 것이다."[752]

그들은 중앙 의회의 집회 방안도 제시했다. "각 성의 의원들은 한 해에 한 번씩 도회(都會)에서 의회를 열고 일을 논하며, 재상(宰輔)이 주석을 맡는다. 의회에 참석한 의원들은 본 성에서 내년에 우선적으로 처리해야 할 사항을 진술한다. 예컨대, 공무 비용의 지출과 수익, 채용 인원의 조건 같은 것을 기명하고 서명하여 상주한 후, 임금이 어필로 서명하면 봉행의 근거가 된다. 만약 어명이 떨어지지 않으면 완전무결할 때까지 다시 만들어 상주한다." 중국이 국토가 광활하여 각 성의 의원들이 한 곳에 모이려면 어려움이 많은 점을 고려하여 그들은 "중국을 4개 도회로 나누고, 수도권에 소재한 도회를 총 도회로 하여 5개 도회로 나눈다. 외국과 교섭할 일이 생기거나 여러 성과 관련된 일이 생기면 총 도회에서 의논하며, 그 밖의 일은 소속 도회에서 의논한다. 임금은 4개 도회를 사계절 순행하며 의회 정치를 청취한 후 서명하고 시행하도록 공포한다"는 건의를 내놓았다. 하계, 호례원의 방안은 의원 모두 공천을 통해 선거하고 또한 의회의 권력이 비교적 커서, 마치 임금은 '어필로 서명'하는 권력만 있는 것 같았다.[753]

조기 유신 인사들 중에 정관응도 의원 민선에 찬성하는 한 사람이었다. 그는 공천은 인재를 등용하는 최적의 방법이라고 생각했다. "공천 방법, 즉 향거(鄉擧)를 통한 인재 선발은 옛날부터 전해 내려오던 방법인데, 한나라 때부터 시행했고 아주 성대히

752) 정수화 책임 편찬, 『중국 근대 계몽 사조』 상권, 120~122쪽.
753) 정수화 책임 편찬, 『중국 근대 계몽 사조』 상권, 124쪽.

치러졌다." 의원은 마땅히 공천을 통해 선거해야 한다. "의원은 민간 위원이기 때문에 현에서 부로 부에서 나라로 추천한다. 일의 좋은 점과 나쁜 점, 백성들이 좋아함과 싫어함은 말단 벼슬아치에 속한 위원들이 위에다 알린다. 위원은 배운 것으로 백성들의 어려움을 구제하고 백성들의 화합을 유지한다. 군을 통솔하고 나라를 다스리는 국정에 관한 권력은 비록 임금에게 있지만, 지출하고 군량을 수송하는 일과 같은 것은 백성들이니 병졸들에게 실권이 있다."

프랑스 · 벨기에 · 프로이센 · 덴마크 · 영국 · 이탈리아 · 스위스 · 스웨덴 등 국가의 의회 '공천 규약'을 대체적으로 조사한 정관응은 "의원 선거는 민주, 군민 공주(君民共主, 입헌 군주제) 등을 위한 나라의 가장 중요한 법령이다"라고 평가했다. 선거 방식에 있어서 그는 "향에서 공천하고, 현에서 공천하고, 부에서 공천하고, 성에서 공천해야 한다"고 밝혔다. 그는 또 선거인의 자격을 완화하고, 피선거인의 자격을 엄하게 규제해야 한다고 주장했다. "선거인에 대한 자격을 제한하지 말아야 하며, 그리고 각자가 잘 아는 사람을 천거하게 해야 한다. 그러나 피(被)추천인을 반드시 엄격하게 통제하여, 실속 없이 헛된 명성을 가진 사람을 추천하는 일이 없도록 해야 한다. 공천 방법을 시행함에 있어서 어떠한 사회적 조건이 필요한가? 의회는 한 지역의 일을 책임질 만한 사람들이 모이는 곳이지, 인물들이 무리지어 모이는 곳이 아니다. 백성들은 반드시 모든 지혜를 다하여 현명한 사람을 추천해야 한다. 현명한 사람을 추천한 다음 의원이 될 자격이 있는지를 의논한다. 그러지 않으면 헛된 명성만 조장하게 될 것이다. 그렇기 때문에 공천 방법을 효과적으로 시행하려면 반드시 학교를 널리 꾸리고 인재를 많이 양성해야 한다."[754]

재야인사들만 의회를 설치해야 한다고 공론한 것이 아니라, 조정의 관원 최국인 (崔國因)도 『국체를 세우지 않으면 심각한 후환이 생길 수 있으므로 선인들의 실패를 교훈으로 삼아 삼가 하루속히 방책을 강구하기를 상주합니다』 라는 상주문에서, 중국

---

754) 정수화 책임 편찬, 『중국 근대 계몽 사조』 상권, 152, 146쪽.

변강의 위기를 분석하면서 인재를 비축하고 나라와 백성들에게 이로운 사업을 창설하며, 군사를 훈련시키는 등 10가지 자강의 방도를 제안했다. 그중 아홉 번째 방도가 바로 '의회 설치'이다. 그는 이렇게 제안했다. "의회를 상원과 하원으로 나누어 설치한다. 상원은 왕공들과 대신들로 이루어지는데 정사를 통솔하여 처리하고, 법령을 신중히 살펴보고 완성하며, 중차대하고 장원한 사업을 주재한다.

하원은 각 성의 민간에서 공천한 사람들로 이루어지는데, 감추어져 드러나지 않은 미세한 일에 통달하고, 문제점을 보완하여 편향을 제지하며, 이로운 일을 창설하고 해로운 일을 제거하며, 자질구레한 일과 근간적인 일을 주재한다. 관리들은 국록을 먹고 살기에 임금과는 가깝고 백성들과는 멀어서 그들의 속사정을 잘 모를 수 있다. 오히려 하원 의원들이 더 잘 알 수 있다. 외지에서 시골로 갓 이사 온 백성은 마을의 이로움이나 병폐를 정확히 알지 못하고 재난이나 변란을 제대로 알지 못하여 소견이 짧을 수 있으므로 임용하는데 적합하지 않다. 오히려 상원에 의해 판단하는 것이 낫다."[755] 그는 또 의회를 설치하면 의원들이 그 지역에 몸을 담고 있고 처지를 바꿔 생각할 수 있으므로 조정의 근심을 나눌 수 있고, 징병을 하고 군량을 늘리는 데 편리하다고 했다.

(2) 군민 공주론(共主論)

군주 전제제도는 진나라 때부터 청나라 말엽에 이르기까지 2천여 년 동안 운영되어 왔는데, 난을 평정하면 또 난이 일어나는 평정과 난이 끊임없이 이어지는 주기적인 사회적 동란을 겪어야 했다.

매번 사회적 동란이 일어나서 민생이 고달파지고 나라의 형세가 쇠락할 때면 군주 전제제도는 사람들의 질책과 공격을 받았다. 하지만 서양의 민주사상이 중국으로

---

755) 웅월지, 『중국 근대 민주 사상사』, 133쪽.

유입되기 전까지 사람들은 군주 전제제도를 대체할 수 있는 새로운 정치제도를 찾지 못하였다. 사상가들은 백성들과 가까이 지내고 백성들을 사랑하는 민본 사상을 발휘하면서 심혈을 기울여 통치자들을 설득하려 하거나 아니면 유토피아적인 대동세계를 공상했다. 그러나 사회 하층민들은 질책이 아니라 무기를 들어, 즉 무장 봉기의 방식으로 통치계급에 저항했다. 새로운 사회 정치적 이념의 지도가 없었기 때문에 농민봉기는 정치 제도는 바꾸지 못하고, 왕조와 왕조의 성씨만 바꾸는 결과를 낳았다. 서양의 민주사상, 특히 의회 사상이 유입되면서 중국인들은 군주 전제제도를 개혁할 수 있는 참신한 모델을 찾게 되었고, 정치 체제를 변혁시킬 수 있는 새로운 관념을 가질 수 있게 되었다. 유신 사상가들은, 당시 세계에 군주 전제와는 확연히 다른 군민공주(君民共主), 민주 등의 참신한 정치체제가 있다는 것을 알게 되면서 전제적 폐단을 철저히 제거할 수 있다는 희망을 갖게 되었다. 조기 유신 인사들은 군주정체를 질책했을 뿐만 아니라 민주정체마저 반대하면서, 중국은 군민공주정체를 실행해야 한다고 주장했다. 그들은 군민공주는 세계에서 최상의 정체 형식이며, 군민공주의 모델은 영국의 입헌군주제라고 생각했다. 그리하여 그들은 중국 사상 최초로 정체 개혁이라는 발상을 내놓으면서 참정을 바라는 국민들의 염원을 어렴풋이 드러냈다.

19세기 60년대, 중국인들은 서양을 거울로 삼아 중국의 정치체제와 서양 정치체제와의 차이점을 분석했다. 풍계분(馮桂芬)이 제일 먼저 중국이 다음과 같은 면에서 서양과 격차가 난다는 것을 알아냈다. "인재를 등용하는 면에서 오랑캐(서양)만 못하고, 지상의 자원을 개발하는 면에서 오랑캐만 못하고, 임금과 백성 간의 소통이 오랑캐만 못하고, 명실(名實)이 부합되지 않는 것이 오랑캐만 못하다." 이 같은 비교는 이미 정치적 영역을 언급한 것으로 중국과 서양의 정치체제를 비교해 보는 발단이 되었다. 풍계분은 중국이 인재를 사용하고 자원을 이용하는 면에서 오랑캐보다 못할 뿐만 아니라 정체체제 면에서도 임금과 백성 사이에 두터운 장벽이 놓여있다고 지적했다. 그렇기 때문에 "임금과 백성 사이의 벽"을 없애버리고 "위와 아래를 소통"시키는 것이 유신변법시기의 중심 정치과제였다. 풍계분의 사고의 맥락을 따라 내려가면서 사람들은 중국에서 '임금과 백성 사이에 벽'이 존재하는 제도적 원인을 밝혀냈고, 서양에서 '임금과 백성 사이의 벽'을 없앨 수 있는 참신한 방법을 밝혀냈다. 아울러 서양의 방법을 중국에 도입하여 중국의 정치적 폐단을 해결해 보려고 시도했다. 하지만 풍계분이나 19세기 60년대 전후를 하여 나타난 기타 중국 인사들은, 비록 임금과 백성 관계에서 중국과 서양에 차이가 있다는 점을 발견하기는 했지만 '임금과 백성 사이의 벽'을 허물 수 있는 방법을 강구하지는 못했다. 이 뿐만 아니라 그들은 중국 전통 문화의 낡은 생각을 따라 '3대 성인의 법도'를 끊임없이 고취하면서, 구체적인 조치에서 "강등과 승진을 공정하게 처리해야 한다", "불필요한 인원을 없애야 한다", "스스로 진술하는 것을 허락해야 한다", "향직(鄕織)에 복귀시켜야 한다"는 방법에서 벗어나지 못했는데, 그 논증의 근거를 여전히 공자와 맹자의 성인의 말씀에 두고 있었다.[756]

군민공주 방안은 19세기 70년대부터 제기되었다. 특히 중국-프랑스 전쟁 이후 군주, 군민공주와 민주, 이 세 가지 체제 중에서 유신 인사들은 군주정체를 비판하면서 부정적 태도를 가지고 있었다. 정관응은 1875년 출판한 『역언』에서 전제제도는 예로부터 있었던 것이 아니며, 중국 상고시대에는 전제를 하지 않았다고 하면서 "열국이 정사가 있을 때면 임금과 경, 대부가 전정에서 상의했고, 선비나 백성, 벼슬아치들은 서당에서 상의했다"고 밝혔다. 그는 임금이 독단전행하면서 신민들과 의논하지 않은 것은 후에 생긴 일이라고 하면서, "후세를 살피지 않고 늘 천하가 태평하다고 하면서 서민들과 상의하지 않으며, 또한 처사(處土)들이 마구 의론을 내세우는 것을 경계하다가 결국은 청류(淸流)의 화(禍)를 당했다. 그리하여 정사에서 추천제도가 폐지되고 법령을 변경하는 바람에 오로지 임금이 인권을 판단하고 주재하게 되었으며, 임금의 뜻이 떨어지면 즉시 시행되었다. 설령 유지들이 간혹 가언(嘉言)을 올린다 하더라도 임금에게 상달되지 않았다"고 했다. 그가 군제제도를 비평한 것은 이 같은 제도가 "권세적 지위의 격차를

---

756) 풍계분, 『교빈려 항의(校邠廬抗議)』, 양쟈뤄 책임 편찬, 『무술변법 문헌 휘편』 1권, 정문서국 1973, 1~39쪽.

심하게 하고", 위와 아래와의 사이에 장벽을 형성하는 폐단이 존재한다고 여겼기 때문이다. "대저 위에 있는 사람(임금)은 직권이 있으므로 법령을 반드시 행할 수 있지만, 아랫사람(백성)은 권세와는 거리가 멀어서 은밀한 속사정이 있어도 고할 수가 없다.

그리하여 윗사람에게는 이롭고 아랫사람에게는 불리하며, 윗사람에게는 편리하고 아랫사람에게는 불편하다. 소통이 안 되고 좋은 점과 나쁜 점이 현저하니, 어찌 근본적인 것을 자세히 공정하게 조치할 수 있으며, 백성들의 소원을 모두 합당하게 윤허할 수 있겠는가!"[757] 군주 전제제도에 대한 왕도의 평가도 정관응과 비슷했다. "삼대(하, 상, 주) 이상의 임금은 백성들과 가까이 지내면서 치세를 했지만, 삼대 이하의 임금은 백성들과 날로 멀어져서 치도(治道)가 결국은 옛날보다 못한 듯하다. 임금은 고귀하고 백성은 비천하다는 견해는 진나라 제도에서 비롯되었다. 그리하여 궁궐은 아득히 깊고 높은 곳에 있게 되어 백성들의 목소리가 잘 전해지지 않게 되었으며, 백성들 누구나 머리를 조아리며 임금을 하늘 우러르듯 모셔야 하니 임금과 백성 사이는 구천처럼 멀어졌다. 설령 백성들에게 고통스럽고 참담한 일이 생겨도 임금은 알지 못하고 애타게 하소연해도 들을 수 없게 되었다." [758]

그들 역시 프랑스나 미국식의 민주제도를 반대했다. 송육인(宋育仁)은 이렇게 말했다. "만약 프랑스식 민주를 시행하면 정치를 사용할 수도 있고 버릴 수도 있으며, 대신을 강등시킬 수도 있고 승진시킬 수도 있으며, 대통령은 추천할 수도 있고 파면할 수도 있어서, 사실 전국이 의회의 말을 듣고 있고 세력이 지나치게 편중하는 현상이 갈수록 심해져, 마음대로 국법을 폐지하고 정당을 일으킨 다음에 균등한 빈부를 고려하고 있다." 진치는 심지어 "민주제도는 조정을 거스르고 반역을 꾀하는 남상(濫觴)이 되고 있다"[759]고 질타했다. 정관응 역시 "미국 의회는 오히려 민권이 지나치게 넘쳐나 민주가 근본이

757) 웅월지, 『중국 근대 민주 사상사』, 157쪽.
758) 정수화 책임 편찬, 『중국 근대 계몽 사조』 상권, 36쪽.
759) 웅월지, 『중국 근대 민주 사상사』, 53쪽.

되고 있다. 프랑스 의회는 기고만장해서 큰 소리로 떠드는 기풍을 피할 수 없는데, 이는 그들의 나쁜 습관 때문이다. 손익을 헤아리고 정도가 알맞게 오래 동안 지속하는 데에는 영국이나 독일 의회보다 못하다."[760]

군주, 군주공주와 민주, 이 세 가지 정치체제 중에서 그들은 최적의 정치체제가 군민공주정체라고 평가했다. 정관응은 『의회에 관하여』라는 글에서, "대저 5대주에는 군주 국가, 민주 국가, 군민 공주 국가가 있다. 군주 국가는 권력이 임금에게 쏠려있고, 민주 국가는 권력이 국민들에게 쏠려있다. 군민 공주 국가만이 권력이 고루 나눠져 있다. 모든 일을 상원과 하원에서 의정한다 하더라도 군주에게 상주하여 군주가 재결하는데, 군주가 긍정하고 바로 서명하면 시행하고, 군주가 부정하면 의회에서 재론한다.

법을 훌륭하게 만들려면 주도면밀하게 고려해야 하며, 이를 뛰어넘어서는 안 된다. 이런 제도는 즉시 제정해야 하며, 억만 민중들의 마음을 하나로 묶을 수 있어야 한다. 영국은 국토면적이 협소한 나라이고 여자가 국왕을 맡고 있지만 행정이나 사람을 쓰는 일 모두 상원과 하원에 의지하여 처리하고 있어서 매년 얻는 인재와 토지가 본국의 20배에 달한다. 의회가 이와 같이 현저한 효과를 얻을 수 있는 것은 군민 공주 국가이기 때문이다. 그리하여 천하에 10개국이 있다면 중 6개가 군민 공주 국가이고, 한두 개가 군주 국가이며, 두세 개가 민주 국가이다."[761]

정관응은 군민 공주 국가는 상하 간의 균권을 실현하고 법을 주도면밀하고 완벽하게 제정할 수 있어서, 민심을 단합시킬 수 있는 특징을 가지고 있다고 생각했다. 그가 군주 정체에 불만을 표한 이유는 '독단이라는 폐단이 있고', '권력이 임금에게 지나치게 쏠려있다'고 여겼기 때문이다. 미국이나 프랑스의 민주 정체를 꾸짖은 이유는 이 같은 '임금이 없는' 정체가 군주의 지위와 권력에 해를 입히고, 중국 정체와의 격차가 너무나

760) 정수화 책임 편찬, 『중국 근대 계몽 사조』 상권, 141쪽.
761) 정수화 책임 편찬, 『중국 근대 계몽 사조』 상권, 143쪽.

커서 집권자들이 받아들이지 않을 것이라고 여겼기 때문이다. 정관응이 군민 공주 정체를 매우 추앙한 한 이유는, 이 같은 정체가 군주와 백성 간의 균권을 실현하여 백성들의 이익이나 요구가 의회를 통하여 중요하게 생각되어 질 수 있으며, 군주의 지위와 권력이 조금도 손해를 입지 않아 군주의 반대에 봉착하지 않을 수 있는 누이 좋고 매부 좋은 실행 가능한 방안이라고 여겼기 때문이다. 그가 추앙한 정체 모델은 영국의 군민 공주(입헌 군주제)였다. 이는 그가 영국의 정체에 대해 잘 알지 못하고 있었다는 것을 말해 준다. 1688년 '명예혁명' 이후 영국의 국왕은 "군림하지만 통치하지 않는다"는 '실권 없는' 군주가 되었다. 이 같은 군민 공주 방안을 당시의 통치자들은 무조건 받아들일 수가 없었던 것이다.

왕도는 『백성들을 중시하자』라는 글에서 정관응과 비슷한 견해를 내놓았다. "서양의 건국 정체는 세 가지로 나눌 수 있는데, 군주국가, 민주국가, 군민공주국가(입헌군주제 국가)이다. … 한 사람만 위에 앉아 나라를 다스리고, 모든 벼슬아치들과 백성들이 밑에서 열심히 이바지하며, 그 사람의 명이라면 반드시 시행하고 그 뜻을 어길 수 없다면 군주 국가이다. 나라에 일이 있으면 의회에서 많은 사람들이 어떻게 할지를 의정하고 또한 그 뜻을 막을 수 없으며, 통령은 오로지 집대성만 한다면 민주 국가이다. 조정에 군대와 형벌, 예법과 음악, 상벌 등의 국정이 있으면 반드시 상하 의원이 집결하며, 군주가 동의한다 해도 민중들이 동의하지 않으면(부결) 실행할 수 없고, 민중들이 동의한다 해도 군주가 동의하지 않으면 실행하지 못하며, 반드시 군주와 민중들의 뜻이 같은 다음에야 세상에 공포한다면 군민 공주 국가(입헌 군주제 국가)이다.

군주를 중심으로 하는 정치를 베풀려면 군주가 반드시 순임금보다 더 훌륭해야 만이 치세를 장기간 안정적으로 할 수 있다. 민주가 중심인 정치를 베풀면 법제가 혼란스러워져 자주 변경해야 하므로 심지를 한곳에 모을 수 없으며, 미주알고주알 몹시 따지는 폐단이 따른다. 유독 군민 공주(입헌 군주제)만이 상하가 소통할 수 있고 백성들의 목소리가 군주에게 전해 질 수 있으며, 군주의 은혜가 백성들에게까지 전해질 수 있다."[762] 왕도가 이 세 가지 정체의 특징을 대체적으로 분석하면서, 군민 공주를 동경한 것은 이 같은 체제가 군주와 백성들 간의 장벽을 없애고 상하가 소통할 수 있다고 여겼기 때문이다. 그가 추앙한 정체 모델 역시 영국이었는데, "영국 정치의 훌륭함을 서양 여러 나라에서 흠모하고 있다는 것을 소문을 통해 알고 있다."고 밝혔다.

진치는 1892년 펴낸 『용서(庸書)』라는 저작에서 역시 군민공주정체를 시행해야 한다고 주장했다. "현재 군주제를 시행하는 국가는 러시아, 터키 등이고, 민주제를 시행하는 국가는 미국·프랑스·스위스 등이며, 군민공주제(입헌군주제)를 시행하는 국가는 영국·독일·이탈리아 등이다. 이른바 군주제란, 상원만 있고 하원이 없으며, 군사와 국정을 관청에서 장악하고 백성들은 풍문으로 들어 아는 제도를 말한다. 이른바 민주제란, 하원만 있고 상원이 없으며, 법령이나 국정 그리고 1년에 필요한 자금 같은 모든 것을 백성들이 의결하고, 군주는 여러 사람들과 궁궐을 지키기만 하면 되는 제도이다.

유독 군민공주 제도만이 상원이 있고, 나라에서 관직을 내릴 수 있으며, 하원이 있어서 신사와 민중들이 관리를 공천할 수 있다. 의회를 정기적으로 열거나 해산하고, 일의 진행 여부를 논하며, 사람의 유능 여부를 평가한다. 국가에는 관례적인 지출이 있고 공채도 있다. 관례적인 지출은 한해의 비용이고, 공채는 뜻밖의 일에 대비한 자금으로 군주와 백성들이 일치해야만 사용할 수 있다. 공채가 부족할 경우에는 사재를 털어 보충한다. 제안한 말들이 과언이 아니고, 진행한 일이 실패하지 않는 이유는 마치 몸이 팔을 움직이고 팔이 손을 움직이는 것처럼 여러 사람이 한 마음 한 뜻으로 뭉치기 때문이다."[763] 진치 역시 세 가지 정체의 기본 특징을 분석하려 했다. 그러나 민주국가에 대한 묘사가 그다지 정확하지 않는데 그것은 민주 국가는 군주라는 직함이 없기 때문이며, 의회를

---

762) 정수화 책임 편찬, 『중국 근대 계몽 사조』 상권, 136쪽.
763) 양가락 책임 편찬, 『무술변법 문헌 휘편』 1권, 246쪽.

구성함에 있어서 상원은 없고 하원만 있다는 그릇된 평가를 했기 때문이다.

1894년~1895년에 일어난 중일 갑오전쟁에서 강력한 세력을 가진 대국이라 뽐내던 중국은 '손바닥만 한 작은 나라'인 일본에 패하고 영토를 할양하고 배상하여 깊은 상처와 큰 타격을 받았다. 전쟁 전의 교만과 자고자대는 참패로 인한 경악과 치욕으로 대체되었고, 사람들은 전쟁에서 참패한 원인을 찾기 시작했다. 그러다 군주 전제제도가 나라를 망하게 주요 원인이라는 것을 깨닫게 되었고, 군주 전제제도는 사람들의 표적의 중심이 되었다. 갑오전쟁으로부터 무술변법에 이르기까지, 사람들은 비록 군민 공주라는 변혁적 사고의 맥락을 견지하기는 했지만, 군주제에 대한 질책의 목소리는 갑자기 거세졌다. 이는 갑오전쟁 전과 분명한 대조를 이루었다. 그들은 군주전제에 대해 극도로 증오하면서도 아직 군주제를 폐지할 때가 아니라고 생각했다. 사상이 꽤나 급진적인 하계와 호례원 마저 "백성들과 나라에 함부로 군주가 없어서야 되겠는가. 만약 군주가 있고 그 군주가 너무나 무도하지 않고, 늘 그런 군자가 아니라면 오히려 영광스러워 해야 할 것이다"라고 말했다.

양계초는 군주 전제가 중국이 오랫동안 빈곤이 쌓여 쇠약해지게 된 근본 원인이며, 중국의 전제 통치자들은 '방폐(防弊)'하는 방법만 전문적으로 강구했다고 평가했다. "진나라 때부터 명나라에 이르기까지 2천년 동안 내려오면서 법령은 날로 세밀해졌지만 정치와 교화는 날로 사라졌으며, 군권은 날로 고귀해졌지만 국위는 날로 훼손되었다.

위로는 여러 벼슬아치들로부터 아래로는 만백성에 이르기까지 엄밀한 법적 제도 속에서 살아가는데 습관이 되었고 만족하고 길들여져 변혁할 생각을 못하고 조용히 어리석은 삶을 유지하였다. 역대 국적(國賊)들은 자기들의 계략이 성공적이라고 여기면서 오히려 한결 더 극성을 부렸다. 방폐의 법은 위(군주)와 아래(백성)와의 관계가 벌어지게 했고, 민중의 의기를 소침하고 흐트러지게 하여 "외환이 생기자 나라를 구할 길이 없게 되었다."[764] 그는 "사람은 누구나 자주적인 권리가 있다"는 서양의 격언을 인용하며 국인은 분야마다 고유의 권리가 있어야 나라가 강대해 질 수 있다고 했다. 만약 한 나라에 어떤 사람은 자주적 권리가 있고, 어떤 사람은 자주적 권리가 없다면 이런 나라는 재앙을 입을 것이 당연하다. 민중에게 권리가 없는 나라는 망국의 길로 갈 수밖에 없다. 중국의 "방폐자(防弊者)들은 사람을 다스리는 자에게는 권력이 있고, 다스림을 받는 자에게는 권리가 없기를 원하여, 개개인의 자주권을 거둬들이고 한 사람에게만 귀속"시키면서 사람마다 권리가 없고 사람마다 책임감이 없게 만들었다. 그리하여 "방폐는 일만 그르쳤고, 일을 일으켜 세운 적이 한 번도 없었다."[765]

갑오전쟁이 발발하기 전에도 정관응 등이 군주전제를 비판하기는 했지만 언사나 어투가 어느 정도 부드러웠다. 갑오전쟁 이후 정관응은 『성세 위언』을 수정 보충하는 과정에서 군주전제에 대한 비난을 대폭 첨부했다.[766] 그는 '회남자' 중의 말을 인용하여 "옛날 제왕들은 봉양을 바라지 않았고, 일락을 바라지 않았다.

신농은 초췌했고, 요는 여위였으며, 순은 얼굴이 검었고, 우는 손발에 굳은살이 박였다. 그래서 성인이 바로 군주가 되었고, 백성들을 위해 부지런히 일했음을 알 수 있다." "어질고 유능한 자의 정치가 아닌 세습제로 바뀌면서 온 나라가 사유 재산이 되고 만백성이 노예"가 되는 군주전제가 생겨났다고 했다. 이와 같은 전제는 진나라 영정 이후에 그 가혹함이 극에 이르렀는데, "책을 불사르고 선비를 생매장하여 백성들을 어리석게 만들고 천하의 이목을 막고 손발을 묶어놓은 다음 자기 하고 싶은 대로 하려 하는 것"으로 나타났다. 정관응은 유종원(柳宗元), 황종희(黃宗羲) 등의 군왕을 확립하는 것은 백성을 위해서이고, 천하는 온 천하 사람들의 천하라는 천하사상을 계승하면서, "백성들을 마구 유린하고, 만백성과 벼슬아치들은 한 사람을 공양"해야 하는 전제제도의

764) 정수화 책임 편찬, 『중국 근대 계몽 사조』 상권, 296쪽.
765) 양계초, 「중국의 오랜 쇠퇴는 방폐 때문(論中國積弱由于防弊)」, 『임병실 합본1 음병실문집 1』, 97쪽.
766) 그중 '원군'이라는 제목 하에서의 '갑오 후속'이라는 글이 바로 1894년 이후에 쓴 글이다.

합리화를 부정했다. 그는 전제라는 고압적 수단은 빈드시 신민들의 저항을 초래할 것이며, 군주가 신민들을 "속박하면 할수록 천하의 백성들은 더욱 기를 펼 수 없게 되고 민심은 더욱 곤궁하게 되어 하소연할 데가 없게 된다. 울분을 오래 동안 참다보면 어느 순간 갑자기 폭발하게 되고, 제방이 갈라진 것처럼 강물은 사처로 넘쳐나지 않고 제방을 무너뜨리며 거침없이 세차게 흐를 것이다"라고 했다. 군주는 "창업을 시작할 때, 거짓 인의와 조그마한 혜택을 베풀어 천하를 농락하고 점차 큰 욕망을 추구하려 했다.

수성(守成)의 주인이 된 다음에는 인의를 저버리고 천방백계로 방비하고 수호하면서 모든 권력을 잡고 사리사욕을 다지며 자손들의 앞날을 도모하여, 천하의 이로움을 위해 살아야 한다는 옛 사람들의 마음가짐과는 나날이 멀어지는 삶을 살았다. 그리하여 끊임없이 치란(治亂)을 했지만 변한 것이 없었고 백년을 넘기지 못했다." 그는 『자강론』에서 이렇게 말했다. 중국이 위급한 이 시기에 나라를 다스리고 안정을 찾으려면 "독단전행"을 하는 전제 정치를 반드시 변혁시키고, 군민(君民)이 태평하고 상하가 한마음이 되어 군민이 서로 이로운 '입헌군주 정치'를 시행해야 한다. 군민 공주 국가에서만이 정령(政令)이 의회에서 채택될 수 있으므로, "조정과 민간이 한마음이 되고, 군민이 한 몸이 될 수 있으며, 위에서는 포악한 정치를 펼치지 않고 아래에서는 권력을 빼앗으려고 역모를 꾸미지 않을 것이다."[767]

전제주의 사상을 비판한 무술 인사들 중에서 엄복(嚴復)의 사상이 가장 깊이가 있었다. 그는 1895년에 발표한 『한유를 반박하다(闢韓)』라는 글에서, 한유의 군권은 신성하고, 임금은 주인이고 백성은 하인이라는 전제주의 사상을 규탄했다. 엄복이 이용한 규탄의 무기 중에는 중국 전통적 민본 사상 외에도 서양의 "인권은 태어날 때부터 주어진다"는 관념도 인용했으며, 왕후장상은 국민의 공복(公僕)이 되어야 한다는 민주사상도 인용했다. 그는 중국과 서양은 국가 생활 중에서 백성들의 지위가 하늘과 땅 차이라는

---

767) 정수화 책임 편찬, 『중국 근대 계몽 사조』 상권, 154~157쪽.

점을 발견하였다. "서양에서, 백성은 왕후장상과 비교하여 지위나 신분이 매우 높고 귀하다. 그러나 우리 중국의 백성들은 비천하여 누구나 노예 취급을 받는다." 이와 같이 엄청난 격차가 생긴 원인이 서양 국가는 "나라를 백성의 공공재산으로 여기고, 왕후장상을 나라의 일을 하는 공복으로 여긴다"는 민주 원리를 봉행하지만, 중국은 "천자는 부유함이 사해에 넘치고, 노예가 헤아릴 수 없이 많다"는 전제사상을 시행했기 때문이라고 했다.

한유는 『원도』라는 글에서 군주 전제 양식하에서의 군민 관계를 논증했다. 그는 제왕은 백성들의 이로움을 도모하고 해를 제거하며, 악한 사람을 물리치고 폭력을 제거하기 위하여 생겨났으며, 백성들의 먹고 입는 문제를 해결해주고 그들의 질고를 해결해주는 구세주라고 했다. "옛날 시절에는 사람들의 피해가 많았는데, 성인이 있어 벼슬에 나타나 그러한 후에 서로 도우며 살아가는 도리를 가르치셨다. 임금이 되고 스승이 되어 벌레와 뱀, 짐승을 몰아내고 중원의 땅에 살게 하였다. 추워지자 옷을 만들게 했고, 굶주리자 음식을 마련하게 했다. 나무에서 살다가 떨어지기도 하고, 땅에서 살다가 병이 나자 그 후에 집을 짓게 했다. 공법을 가르쳐줘 기물을 풍족하게 했고 장사하는 법을 가르쳐서 있는 물건과 없는 물건을 유통하게 했다. 의약을 만들어서 일찍 죽는 것을 구제하고 장례와 제례를 만들어 은혜와 사랑을 길이 품도록 했고, 예법을 만들어 나이가 앞선 사람과 늦은 사람의 차례를 정했고, 음악을 만들어 울적한 마음을 풀어주었다. 제도를 만들어서 태만함을 다스렸고, 형벌을 만들어 강포함을 없앴다. 서로 속이니 부절과 도장, 도량형을 만들어 신의를 지키게 했다. 서로 탐하여 성곽과 갑옷, 무기를 만들어 이것을 지키게 하고 피해가 나자 대비하게 했고 환난이 생기자 방어하게 하였다." 만약 성인이 없었다면 인류는 진작 멸망했을 것이다.

군주는 신성하고, 황은이 광대하다는 전제사상에 대해 엄복은 논리적 형식의 방법을 이용하여 그 황당함을 폭로했다. 그는 이렇게 지적했다. "만약 한유의 말처럼 그렇다면, 임금이나 그의 조상들은 털이나 깃이 있고, 발톱이 있는 비인(非人)일 것이다. 그렇지 않다면 어떻게, 태어나고 성장하는 과정에서 벌레와 뱀, 짐승, 굶주림과 추위의 피해를 입고 죽지 않았으며, 어떻게 남들의 환난에 대비하여 예악과 형벌 그리고 제도를 만들 수 있었겠는가?"

한유의 "임금은 법령을 내는 자이고, 신하는 임금의 법령을 시행하여 백성들에게 미치도록 하는 자이다. 백성은 곡식과 옷감을 내고 기물을 만들며 재화를 유통시켜 윗사람을 섬기는 자들이다. 임금이 법령을 내지 않으면 임금의 도리를 잃게 되고, 신하가 임금의 법령을 시행하여 백성들에게 이르게 하지 않는다면 신하의 도리를 잃게 되며, 백성이 곡식과 옷감을 내고 그릇을 만들며 재화를 유통시켜 윗사람을 섬기지 않으면 벌을 받게 된다"는 이 말에 엄복은 이렇게 평가했다. "한유는 '임금만 알고 만백성을 염두에 두지 않았다.' 심지어 백성은 고귀하고, 임금은 고귀하지 않다는 도리마저 모르고 있었다. 이 같은 사상은 걸(桀)과 주(紂), 진(秦)의 폭정만 야기할 것이며, 이 같은 임금은 틀림없이 역사의 흐름과 민의를 저버리고 국가의 최고 권력을 탈취한 가장 큰 사기꾼이었다. 그들은 백성들에게서 탈취한 권력을 수호하고, 백성들이 '각성하여 권력을 되찾는 것'을 방지하고자, 백성을 우민화하고 나약하게 만드는 법령을 실행하여 민재(民才)를 해치고 민력(民力)을 분산시키고, 민덕(民德)을 경박하게 만들었다"[768]고 했다.

그렇다면 당시 중국에서 군주제를 철저히 없앨 수 있었을까? 엄복은 가능하지 않다고 말했다. 그것은 때가 아직 되지 않았고, 풍속이 제대로 이루어지지 않았으며, 가장 근본적 원인은 백성들에게 자치(自治)를 할 수 있는 능력이 결핍하기 때문이라고 했다. 그는 다음과 같이 말했다. "그렇다고 지금에 와서 우리가 군신제도를 버릴 수 있는가? 절대 그래서는 안 된다. 때가 되지 않았고 풍속이 제대로 이루어지지 않았으며, 백성들에게 자치의 능력이 부족하기 때문이다. 서양의 선진국에서도 할 수 없는 일을 중국에서 해낼 수 있단 말인가!" 중국이 도입할 수 있는 제도는 '백성들과 함께 다스리는' 군민공주 정체밖에 없다. 군민공주 정체를 부득이하게 도입할 수밖에 없는 원인은 백성들이 자치를 할 수 없기 때문이다. 그리고 백성들이 자치를 할 수 없는 이유는 백성들의 "재능이 미치지

---

768) 정수화 책임 편찬, 『중국 근대 계몽 사조』 상권, 249~251쪽.

못하고, 능력이 자라지 못했으며, 덕이 부드럽지 못하기 때문이다." 엄복은 통치자들에게 마땅히 백성들의 재능, 덕, 능력을 증진하는 데 자기소임을 다해야 한다고 충고했다. 그는 '민의 자유는 하늘이 준 것'으로 백성들의 자유는 타고난 자유이기 때문에 만약 백성들이 자치 능력을 갖추었다면 통치자들은 마땅히 자유를 '모두 복구'하여 백성들에게 돌려줘야 한다고 제안했다.

군주전제를 질책한 무술 인사들 중에서 언사가 가장 격앙되었던 사람은 담사동 (譚嗣同)이었다. 그는 『인학(仁學)』에서 이렇게 말했다. "대대로 전해 내려온 제업 (帝業)에서, 요임금과 순임금 후에는 훌륭한 정치가 없었고, 유교가 쇠망하여 삼대 후에는 읽을 만한 책이 없었다." "2천년 동안의 정치는 진시황의 정치였고, 모두가 큰 도둑"이었으며, 2천년 동안의 제왕들 모두 "나라와 백성들에게 중죄를 저지른 포악한 통치자"들이었다. 전제통치를 수호하기 위해 그들은 백성들의 "귀와 눈을 막고, 손과 발을 묶어놓고, 사상을 억압하고, 재원을 차단하고, 지략을 막아버렸다. 번잡하게 무릎을 꿇고 절을 하는 형식으로 지조를 꺾어놓아 사대부들의 재능을 궁하게 했다. 즉위하자 입을 막으려고 저서(著書)를 금지하고, 세찬 필화(筆禍)를 일으켰다. 그 뿐만 아니라 옥자를 굳건히 지키고자 유교를 숭상한다는 고리타분하고 천박한 말로 견강부회하면서 사람을 속였다!"[769]

무술변법 인사들은 군주전제의 영구성을 부정하고, 중국 고대 춘추시대의 대의와 서양 정체 학설에서 양분을 흡수하여, 군주제로부터 군민 공주 제도(입헌 군주제)를 제안했으며, 나아가 민주적 정체로의 진화 사상을 제안했다. 양계초는 『군주 정체와 민주 정체가 상호 변천하는 이치를 논함』이란 글에서, 『춘추』 '공양삼세설'(公羊三世說)에 근거하여, '삼세육별'(三世六別)이라는 다음과 같은 정체 진화의 관점을 내놓았다. "천하를 다스림에 있어서 세 가지 유형의 시대가 있다. 하나는 다(多)군주 정체 시대이다. 다음은

---

769) 채상사(蔡尙思), 방행(方行) 편, 『담사동전집』 하권, 중화서국, 1981, 339쪽.

단일 군주 정치 시대이다. 그 다음은 민주 정체 시대이다. 다 군주 정치 시대는 두 가지로 나눌 수 있는데, 하나는 추장의 정치 시대이고, 다른 하나는 봉건 및 세경(世卿)의 정체 시대이다. 단일 군주 정체 역시 두 가지로 나눌 수 있는데, 한 가지는 군주 정체 시대이고, 다른 한 가지는 군민 공주 정체 시대이다. 민주 정체도 두 가지로 나눌 수 있는데, 한 가지는 대통령 정체 시대이고, 다른 한 가지는 무(無)대통령 정체 시대이다. 다군주 정체는 거란세(據亂世)이고, 단일 군주 정체는 승평세(升平世)이며, 민주적 정체는 태평세(太平世)이다. 삼세육별은 지구상에 최초로 인류가 생겨난 연원과 관련되어 있는 이치로 그 세계에 미치지도 못하고 뛰어넘지도 못한다. 그 뿐만 아니라 그 세계를 가로막지도 못한다."

양계초는 글에서, 여러 가지 정체에 대한 정의가 확실히 정확하다고 할 수 없지만, 그는 민주적 정체 시대가 인류 사회의 최고 정체 형식이라고 여겼을 뿐만 아니라, 인류사회의 정체 형식은 사회가 발전함에 따라 점차 진화하며, 조건이 성숙되지 않았을 경우에는 초월하지도 말고, 조건이 성숙되었을 경우라 해도 그 진화를 가로막지 말아야 한다고 생각했다. 서양 국가에서 '민주 정체'를 실행하는 이유는 국민의 지혜를 한껏 발휘할 수 있고, 국민의 재력이 엄청 풍부하기 때문이다. 그래서 일본 역시 2천년의 군주전제 역사를 가지고 있는 국가이지만, "민주적 정의는 신강시키면서도 영국과 독일 정체는 허용하지 않는다." 그렇기 때문에 민주 정체를 실현함에 있어서 "수천 년 전을 시점으로 할 필요가 없다"고 양계초는 생각했다. 인류 발전은 그 법칙에 있어서, 최종적으로 태평세에 들어서기 마련이다. 양계초는 "백년도 안 되어 5대주 모두 민주 정체를 따를 것"이며, 이 같은 법칙이 중국에도 예외가 아닐 것이고, 중국 정체 역시 독자적인 변화를 일으키지 못할 것이라고 예언했다.[770] 강유위가 무술변법 이후 집필한 『맹자미(孟子微)』, 『논어주(論語注)』 등의 저작에서도 양계초와 거의 같은 체제의 진화 사상을 표현했다.

---

770) 정수화 책임 편찬, 『중국 근대 계몽 사조』 상권, 249~251쪽.

그는 『춘추공양전』에서 사상적 양분을 흡수하여, 다음과 같은 견해를 내놓았다. "인류사회는 거란세로부터 승평세로, 그리고 태평세로 끊임없이 발전하고 진화한다.

또한 삼세(三世) 중 매 세마다 상응하는 정치제도가 존재하는데, 절대적 군주정체는 거란세에 적합하고, 입헌 군주제는 승평세에 적합하며, 공화제는 태평세에 적합하다. 인류가 보다 낮은 단계에서 보다 높은 단계로 발전할 때 정부 형식도 상응하게 전환해야 한다. 절대적 군주정체는 가장 낮은 정부의 형식으로 가장 낮은 문명에 적합하며, 그 존재의 원인은 백성들이 미개 상태에 처해 있었기 때문이다. 그리고 고대 중국은 이미 문명 시대에 이르렀고, 게다가 서기 7세기 이후 공자 학설의 영향을 받았으므로 야만국으로 취급해서는 안 된다. 하지만 중국의 백성들이 전제제도 아래서 2천년 동안 살아왔기 때문에 전제 정치는 중국에 적합하지 않다." 그렇다고 강유위는 군주제도를 즉시 뒤엎어야 한다고 주장하지는 않았다. 그것은 공화 정체가 비록 우월하기는 하지만 19세기 중국 국정에는 부합되지 않으며, 민주 역시 대평세에만 적합하다고 여겼기 때문이다. 그는 사회 발전의 수준에서 생각해 볼 때, 입헌 군주제는 당시 중국이 유일하게 도입할 수 있는 정부 형식이고, 사회 발전을 억제할 수도 없고 조장할 수도 없으며, 한 국가가 거란세로부터 승평세로 들어서면 반드시 적시에 변법을 하여 새로운 정부 형식을 도입해야 하지 그렇지 않으면 사회 동란이 일어난다고 생각했다.[771]

---

771) [미] 소공권(蕭公權), 『근대 중국과 신세계(近代中國與新世界), 강유위의 변법과 대동사상 연구』.
    왕영조(王榮祖) 역, 강소인민출판사, 1997, 74   .

(3) 자유 민권론

중일 갑오전쟁 이후, 군주전제를 성토하는 아우성 속에서 민권을 요구하는 목소리도 따라서 높아졌다. 유신인사들은 민권의 뜻을 해석하고, 무엇 때문에 민권을 신장해야 하며, 어떻게 해야 만이 민권을 신강시킬 수 있는가를 상세히 논술하면서, 정치 개혁에 대한 착상을 구체적인 권리에 대한 요구로 전환함으로써, 중국 사상 최초로 권리 보장 문제를 제기했다.

무술 유신 인사들이 사용한 문구 중에서 '민권'이라는 말은 세 가지 방면의 내용을 포함하고 있었다. 첫째, 민권은 '군권'이나 '관권'과 대조되는 일반 백성들의 권리이며, 다수의 권리이다. 뿐만 아니라 백성들이 가지고 있는 민권은 신분의 제한을 받지 않으며, 존비귀천의 차이가 없다. 하계, 호례원은 이렇게 말했다. "민권이란, 많은 사람들에게 권리가 부여되는 것을 말한다. 예컨대, 만 명이 사는 마을에서 5천 이상이 권리가 있다고 주장하고, 5천 이하가 권리가 없다고 주장한다고 할 경우, 중국 4억 인구로 말하면 2억 이상이 권리가 있다고 주장해야 하고, 2억 이하가 권리가 없다고 주장해야 한다. … 단지 동의하는 사람의 많고 적음만 따지고 신분의 귀천존비를 따지지 않는다면, 그 민권을 대의라고 할 수 있다." '권리'란 무엇인가? 권리란 이로움과 이익이다. 둘째, 민권은 타고난 인권이다. 그들은 '민권은 하늘이 부여한 것이다', '권리는 하늘이 내리는 것이지 사람이 주는 것이 아니다. 하늘이 사람에게 생명을 부여했으니, 반드시 그 생명의 권리와 그 범위를 배려해야 한다. 하늘이 사람을 만들고 만물을 마련해 놓았다면, 사람은 자신과 가정을 보호할 권리가 있다'고 생각했다. 민권은 천부적이지 인위적이 아니다. 사람이 자기 생명을 보호하고, 자기 집안을 돌보는 것은 하늘이 내린 권리를 행사하고 하늘이 내린 소임을 저버리지 않았다는 표현이다. 셋째, 민권은 국가와 정부가 생성되고 존재할 수 있는 기반이다. 백성들의 권리는 천부적이다. 그러나 백성들 자체가 자기가 가지고 있는 권리를 몸소 행사하려 하지 않고, 군주 그리고 각급 관원을 선택한 후 그들더러 백성들을 대표하여 통치권을 행사하게 하고 있다. 그렇기 때문에 군주와 각급 관원들의 권력은 백성들이 부여한 것이다. 그들은 또 다음가 같이 생각했다. 국가는 회사와 같은 것으로 의원은 회사의 이사이고, 군주는 회사의 이사장과 같으며, 지배인 등의 직무는 각 분야의 관원들이 맡는다. 의원은 서민들이 선출하는데, 주주들이 이사를 선출하는 것과 같다. 마을의 벼슬아치로부터 군주에 이르기까지 국가의 모든 관리는 마땅히 백성들이 선출해야 하며, 그들이 집권을 제대로 못할 때에는 마찬가지로 백성들에게 그들을 해임할 권리가 있다. 그렇기 때문에 "한 마을의 이장을 잘못 선출하면 그 향(鄕)이 쇠퇴해지고, 한 향의 향장을 잘못 선거하면 그 읍이 쇠퇴해지며, 한 읍의 읍장을 잘못 선출하면 그 군(郡)이 쇠퇴해진다. 한 군의 군수를 잘못 선거하면 일국이 쇠퇴해지고, 군주를 잘못 선출하면 천하가 쇠퇴해진다."[772]

그들이 민권을 주장했다고 하여 군권을 뒤엎자는 뜻은 아니었다. 그들이 주장하는 민권은 군권에 위배되지 않고, 병행하면서 상부상조하는 것이었다. "민권 국가와 민주 국가는 좀 다르다. 민권 국가는 군주가 세습을 하지만, 민주 국가는 군주를 백성들이 선거하며, 몇 년 동안의 임기가 있다. 우리가 주장하는 민권은, 군주를 짓밟고 대체하는 것이 아니라 군주를 대대로 이어가는 비민주 국가이다." 영국, 독일, 일본 등 모두 민권 국가이지만 군주의 지위가 결코 바뀌지 않았다. 프랑스가 민주 국가로 전환한 데에는 부득이한 경우 때문인데, 그 국가의 군주가 포악하고 민권을 여러 번 박탈했기 때문에 국민의 분노를 야기했고, 그리하여 맹렬한 공격을 받았던 것이다. 한 국가에 군주라는 지위가 없다면 몰라도, 일단 있다면 또한 매우 무도하지만 않다면 국민들은 군주가 있어 영광스러워할 것이다. 그들은 "건국은 군주가 있어 영광이고, 상공업은 통상을 중요시해야 한다. 중국은 마땅히 영국을 모방하여 "국가에 군주를 두고, 오로지 민권을 중요하게 여겨야 한다"[773]고 했다

---

772) 하계, 호례원, 「권학 편 후기」, 정수화, 『중국 근대 계몽 사조』 상권, 288~308쪽.
773) 하계, 호례원, 「권학 편 후기」, 정수화, 『중국 근대 계몽 사조』 상권, 295~296쪽.

민권의 시작에 관하여, 양계초는 민권 신장은 단시일 내에 이루어지는 일이 아니라고 지적했다. 그것은 "권리는 지능에서 생기기 때문이다." 민권을 행사하려면 백성들이 어느 정도 지혜와 능력을 갖춰야 할 필요가 있다. 백성들의 지능이 보편적으로 낮은 상황에서 민권을 신장하려면 반드시 백성들의 지능을 우선적으로 개발해야 한다. 백성들의 지능을 개발하고, 유지들의 지능을 개발하고, 관리들의 지능을 개발하는 것이 "바로 모든 민권의 근본이다." 그는 "오늘날 중국의 정책 입안자들은 반드시 민권 신장을 언급해야 하며, 민권은 물론 신장해야지만, 단시일 내에 이루어질 수 있는 일이 아니며, 권리는 지능에서 생긴다"고 했다. 1할의 지능이 있으면 1할의 권리가 생기고, 10할의 지능이 있으면 10할의 권리가 생긴다. 만약 국민들의 지능이 침략자들의 지능과 대등하다면, 침략자들이 중국을 멸망시킨다 할지라도 우리의 권리만은 없애지 못할 것이다. 백성들의 지혜가 진화한다면 그들의 권리도 날로 진화할 것이다. 만약 백성들의 지혜를 모두 폐쇄해 버린다면 그들의 권리 또한 모두 소멸될 것이다. 그렇기 때문에 "권리와 지능은 서로 의존하므로, 지난날에 민권을 억압하려면 백성들의 지능을 폐쇄해버리는 것이 가장 중요했는데, 오늘날에 민권을 신장하려면 백성들의 지능을 확충하는 것이 가장 중요하다"고 했다.

　백성들의 지능을 확충할 수 있는 방법은 하나는 조정의 과거제도를 대폭 개혁하고, 다음은 주와 현에 학교를 많이 세워야 한다는 것이다. 학생들이 학교에서 중국과 서양의 지식을 배우고, 정교 원리를 배우며, 중국과 외국의 정세를 알게 해야 만이 풍조를 폭넓게 일으켜 변법과 혁신에 대한 걸림돌을 제거할 수 있다는 것으로 "민권을 신장하려면 마땅히 우선 신권(紳權)을 신장해야 하고, 신권을 신장하려면 당연히 배움을 시작으로 해야 한다"고 했다. 서양 국가의 법도가 날마다 변하고, 변할수록 백성들에게 이로운 것은 "공사(公事)를 논의하는 사람이 민간에서 천거한 사람들이기 때문이다." 하지만 중국의 향신(鄕紳)들이 정사에 참여하면 국가 대사를 논의하는 능력이 없어 "소임을 다하지 못할 것을 걱정"하고 있다. 그것은 "민간인들이 평소에 지방 공사가(公事) 무엇인지 모르고 있고, 일의 두서를 잘 알지 못하고 있는 상황에서 갑자기 소임을 맡겨 스스로 처리하게 한다면, 젖먹이에게 젓가락을 쥐어주며 음식을 먹으라는 것처럼 위태로운 일이다."

그렇기 때문에 "신사(紳士)를 등용하려면 우선 신사를 교육"해서 민간의 훌륭한 사람들이 날마다 공사(公事)를 처리하는 방법을 익히게 해야 한다. 신사들의 지능을 신강시킬 수 있는 최적의 방법은 학회를 많이 설치하는 것이다. 구체적인 방법은 이러하다. "주와 현마다 품행이 올바르고 재능과 식견이 있는 신사들을 천거하여 학회에 집중시킨 다음 정기적으로 수업을 하는데, 중국이 존망의 위기에 봉착하게 된 원인, 그리고 서양이 강성할 수 있었던 이유를 알게 할 뿐만 아니라, 정치의 근원을 연구하고 일을 처리하는 순서를 강구하게 하며, "날마다 책을 읽고, 날마다 일을 처리하게 하여", 그들로 하여금 의원(議員)의 기본 자질을 갖추도록 양성한다.

양계초는 백성들의 지능을 개발하고 신사들의 지능을 개발하려면 관방의 협력이 필요하다고 했다. 하지만 당시 많은 관리들이 심지어 지구의 모양이나 유럽 여러 나라의 이름마저 모르고 있는 형편에서, 국가의 대사를 학문도 없고 지식도 없는 사람들에게 맡긴다는 것은 그야말로 위태로운 일이었다. 그러나 당시 정세에서 사무를 처리하려면 이 같은 사람들에게 의존하지 않으면 안 되었다. 유일한 방법이 바로 그들을 양성하는 것이었다. 그리하여 "관리들의 지능을 개발하는 것을 모든 일의 시작"이라고 여기게 되었다. 양계초는 하루빨리 "학교"(課史堂)을 만들고, 교실 중앙에 서적을 진열하고 벽에는 지도를 걸어놓아야 한다고 건의했다. 순무와 사도(司道)를 학교장과 교감으로 임명하고, 언제든지 사찰하도록 해야 하며, "전문가"(通人)들을 초빙하여 지도하고 수업을 평가하는 등 방식으로 관리들의 사무 능력을 양성해야 한다고 했다.[774]

---

774) 양계초, 「호남에서 학당을 꾸린 일을 논함」, 정수화 책임 편찬, 『중국 근대 계몽 사조』 상권, 214~222쪽.

제2절

중국 헌법학설의 초보적 형성

청나라 말엽 민국 초기, 중국이 제헌 작업을 시작하고 정치 체제가 근대화로 나아감에 따라, 중국의 헌법학술도 초보적으로 형성되었다. 아래에 그 시기를 청나라 말엽 예비입헌 시기, 민국 초기, 북경 정부 시기, 이렇게 세 개의 단계로 나눠 구체적으로 논술하고 분석하려 한다.

1. 청나라 말엽 예비 입헌 시기의 헌법학설

여기에서 말하는 청나라 말엽의 예비입헌 시기는 주로 청나라 말의 10년 동안을 가리킨다. 이 시기의 중국은 아래에서 추진하고 위에서 시행하면서, 기세등등한 한차례의 예비 입헌 작업을 진행하였다. 이로부터 중국 정체의 근대화 작업이 가동되었고, 이에 순응하여 중국의 헌법학설도 생겨났는데, 주로 입헌 군주제 실행의 필요성과 실행 모델을 둘러싸고 전개되었다.

(1) 입헌 군주제 실행 필요성 논쟁

19 세기 초, 한 가지 정치적 주장으로서의 입헌 군주제는 부르주아 입헌파와 관료 입헌파를 포괄한 조정과 재야인사들의 적극적인 찬성을 받았다. 그들 모두 이 정치적 주장을 대대적으로 홍보하고 적극적으로 간청하였다. 그중 부르주아 입헌파의 주요 인물들로는 장건(張謇), 양계초, 강유위 등 유교 전통의 교육을 받은 사람들이었으며, 아울러

부르주아 문화를 받아들인 일부 지식인들도 있었다. 그들 모두 현재의 봉건군주전제 정체에 깊은 불만을 품고 있었다. 하지만 그들은 또 봉건세력과의 관계를 완전히 끊을 생각은 없었다. 그들은 단지 청 조정에 촉구하여, 현재의 토대 위에서 평화적이고 청원의 방식으로 위로부터 아래로의 개혁을 실행하고 입헌 군주제를 구축함으로써 중국이 점차 부강해지기만을 희망했다. 이러한 목적을 이루기 위하여 그들은 글을 발표하고, 신문을 발간하면서 입헌 군주제를 부추기고 선전했다. 장건은 '변법 논의'를 저술하여, 일본의 제도를 본받아 의정원과 부와 현에 의회를 설치해야 한다고 주장했다. 또한 의회 설립과 관련하여 초보적인 방안, 즉 "대신 네다섯 명이 통솔하는데, 이 네다섯 명의 대신은 의원을 마음대로 임명할 수 있는 권한이 있는데, 인재(通才)를 신중하게 선발하고, 여러 사람의 의견을 모으고, 경중과 완급을 구별하고, 동서고금의 정치와 법을 수집하여 변혁에 절실한 도움을 주며, 장정을 명문화한다. 그리고 법과 사법을 각기 만들어 관원들에게 교부한 다음 순차적으로 거행한다"[775]는 계획안을 제시했다.

1903년 장건은 일본을 고찰했는데, 귀국한 후 그의 사상에 큰 변화가 일어났다. 입헌은 물론 정부 측이 먼저 느껴 깨닫고, 주장하여 실시해야 하지만, 백성들도 동시에 동원돼야 한다고 그는 생각했다. 그리하여 그 한 해 동안에 그는 관원을 만나든 친구를 만나든, 시사를 담론하든 여러 가지 입헌 문제를 절차탁마하라고 권유했다. 1904년 5월 그는 장지동(張之洞), 위광도(魏光燾)를 대신하여 『입헌을 바라며 임금에게 올리는 글(擬請立憲奏稿)』을 작성했다. 이 글은, 그와 그의 친구 네다섯 명이 모여 예닐곱 번을 심사숙고한 후 비로소 작성한 글이었다. 그 당시 다른 성의 총독과 순무들도 간혹 같은 상주문을 올렸다. 청 조정에서 헌법을 제정하여 입헌 정치를 실행하기를 기대하여, 동년 7월 장건은 조봉장(趙鳳昌)과 『일본 헌법』을 궁궐에 올렸다.[776]

---

775) 장건, 「변법 논의」, 장효약(張孝若) 편, 『장계자 9록·정문록』 권2, 중화서국, 1931.
776) 중국 근대사 자료 총서, 『신해혁명』 (4), 상해 인민출판사, 1957, 158~159쪽.

1901년 해외에서 망명생활을 하던 양계초도 『청의보(淸議報)』에 『입헌법의(立憲法議)』라는 글을 발표하여, 중국이 입헌 군주제 정체를 실행해야 한다고 주장했다. "세상에는 군주전제, 입헌 군주제, 입헌 민주제 세 가지 정체가 존재한다. 군주 전제와 입헌 민주제 모두 폐단이 있다. 전자는 군주와 백성이 대립하여 군주가 백성을 초개와 같이 여기고, 백성은 군주를 원수와 같이 여기며, 백성들은 극히 어렵게 살고 군주는 아주 위태로운 세월을 보내며, 태평세월이 적고 난세가 많다. 후자는 정치를 시행하는 측의 변화가 대개 너무 빠르고 대통령을 선거할 때 경쟁이 너무 심하여 역시 나라에 불리하다. 오직 입헌 군주제만이 최적의 정체로, 군권을 어느 정도 제한할 수 있고, 중대 사무를 의회가 의결할 수 있으며, 백성들의 질고(疾苦)도 의회에 신소(申訴)할 수 있다. 이 같은 정체를 세계 여러 나라에서 시행하여 효과를 보았는데, 역시 중국의 풍속과 시세에도 적합하다. 만약 중국이 시행한다면 이로울 뿐 폐단이 없으며, 아울러 반란의 싹을 영원히 잘라버릴 수 있다." 양계초는 입헌 군주제 정체와 군주제 정체의 근본적인 구별점이 헌법의 유무에 있다고 생각했다. 헌법은 "오랜 세월 변하지 않도록 세우는 법전으로서, 한 나라의 국민이라면 군주든 관리든 백성이든 모두 지켜야 하는, 모든 국가법의 근원이 되기 때문이다"라고 했다. 또 입헌 정체가 전제 정체를 대체하는 것은 정치 체제에서 신진대사와 같은 필연적 추세이며, 지구상의 각국은 모두 반드시 입헌 정체를 이룩할 것으로 중국이 전제 정체에서 입헌 정체로 나아가는 것은 시대 조류에 부합되는 발전이라고 했다. 양계초는 이에 비추어 중국이 입헌 정체를 시행함에 있어서의 구체적인 방안을 내놓았다. "우선, 황제가 입헌 정체를 시행한다고 선포한다. 다음, 관원들을 외국에 파견하여 헌정을 고찰하게 한다. 법국(法局)을 설치하고 헌법 초안을 작성하며, 또한 국민의 뜻을 널리 구한다. 5년 내지 10년 동안 토론한 후 공식적으로 공포하며, 조령을 내려 20년 후 헌법을 시행한다."[777] 1902년 양계초의 스승 강유위가 '공민 자치 편'을

---

777) 양계초, 「입헌 법의(立憲法議)」, 『음병실 합집1-음병실 문집 5』, 제6-7쪽.

저술했다. 그는 글에서, "현재 중국 백성들의 지능이 개화되지 않아 국회는 서둘러 설치할 수는 없지만, 각 성·부·주·현·향·촌의 의회는 설치하지 않으면 안 된다"[778]고 주장했다. 양계초는 아메리카에 거주하는 화교들에게 보내는 공개서한을 발표하여, 중국이 반드시 군주전제로부터 입헌 군주제를 거친 후에야 비로소 입헌 민주를 시행할 수 있다고 강력히 주장했다. 당시, 중국은 입헌은 가능하지만 혁명은 불가능하다고 했다.[779] 강유위는 또 상주문을 올려, 청 정부의 신정이 지엽적인 개혁에만 손을 대고 근본적인 개혁은 파악하지 못했다면서, 광서황제에게 권력을 이양하고, 영록(榮祿)을 처형하고, 내시를 파면하고 헌법을 제정해야 한다는 요구를 서태후에게 올렸다. 그는 구미 그리고 일본의 제도를 본받아 "모든 정치 제도를 국민들이 공론하고, 의원은 국민들이 선거하며, 지방은 지역민들이 자치"하여, 부국강병의 목적을 달성해야 한다[780]고 주장했다.

1902년부터 부르주아 입헌파와 관계가 밀접한 국내의 간행물들도 입헌에 대한 주장을 고취하기 시작했다. 당시 한 신문에서 "당세의 군자라면, 아침저녁으로 회의를 주재하고 입헌 안을 의논했다"[781]고 보도했다. 동년 6월 16일 상해 『중외일보』는 "동서양 각국이 시행하고 있는 헌법 중에서 장점을 취한 다음 헤아려서 정통해야 하고, 책으로 묶어서 시행에 전력을 다해야 한다. 반드시 위로는 황실, 아래로는 서민들까지 모두 헌법 사항의 범위에 포함시켜야 한다"[782]며, 청 조정에 청원하는 글을 실었다. 즉 임금과 신하 모두 지켜야 하는 헌법을 만들어 입헌 군주제 정체를 시행하는 것이었다. 1903년 4월 24일자 『대공보』에 실린 한 편의 글에 다음과 같이 지적했다. 나라의 내우외환이 이미 극에 이르렀는데, 이 모든 것은 봉건전제제도가 초래한 것으로, "그 근원을 다스리려면

778) 강유위, 「공민 자치 편」, 장단, 왕인지(王忍之) 편 『신해혁명 전 10년 간 시론 선집』 1권 상책, 174쪽.
779) 강유위, "남북 아메리카 화교들이 중국은 입헌은 가능하지만 혁명은 불가능하다는 견해를 논함", 『강유위 위정논집』 상권, 탕지균(湯志鈞) 편, 474~490쪽.
780) 강유위, 「황제께 권력을 이양하고 헌법을 제정하여」
781) 『신세계학보』 9호, 위이칭위안(韋慶遠) 등, 『청나라 말엽 헌정사』, 중국인민대학 출판사, 1993, 98쪽.
782) 「시국의 위태로움을 논함(論時局之可危)」, 『중외일보』 1902년 6월 16일자.

우선 헌법을 제정하고, 서민들에게 권리를 부여해야 한다. 이렇게 해야 만이 상하가 서로 화목하게 지내고, 임금과 백성이 한마음이 되어 외적의 침략을 물리칠 수 있으며, 중국의 미래를 혹시 만회하거나 근심을 조금이라도 덜 수 있을 것이다."[783] 1905년 2월 일러 전쟁이 끝났을 때 『대공보』는 발간 1,000호를 기념하여 글을 공모했는데, "입헌 군주제는 그 정체가 완전무결하다"고 밝힌 글이 일등상을 받았다.[784] 1903년 『역서휘편(譯書彙編)』을 『정법학보』로 개명하고, 부르주아 법제 사상을 대대적으로 선전하면서 "정치 법률학을 발전시키고, 정치와 법률을 통해 사회를 개선하고 진보"를 모색하고[785], 관직제도에서부터 착수하여 정치를 개혁하여 입헌 군주제를 시행해야 한다고 청 조정에 청원했다. 이에 『정법학보』는 『입헌론』이라는 글을 실어, 중국은 입헌 군주제를 시행해야 한다는 주장을 분명하게 밝혔다. 글은 다음과 같이 생각했다. 일인 정체에서 여러 사람의 정체로의 전환과, 독재 정치에서 입헌 정치로의 전환은 역사 발전의 필연적 추세이다. "입헌 정치는 마치 천군만마가 일사천리로 내닫는 것과 같은 추세이지만, 군주 정치는 동틀 무렵의 외로운 별처럼 가물거리다 사라지는 추세이다. 따라서 상대측과 부딪치면 마른 풀과 썩은 나무처럼 꺾어진다." 이 때문에 청 조정은 마땅히 세계 대세를 분명히 인식하고, 시기를 놓치지 말고 입헌 군주 정채로 전환하여, "국민이 정치에 참여하고, 임금이 종합하여 완성하며, 권리를 각기 나누고, 책임을 각기 나누어 가져야 한다." 입헌 군주 정체를 명실상부하게 시행하느냐 하지 않느냐는 중국의 흥망과 관련되며, "망국도 여기에 달렸고, 흥국도 여기에 달렸다."[786] 1904년 3월 하서방(夏瑞芳)은 상해에서 『동방잡지』를 창간하고, 입헌을 해야 한다는 주장을 대대적으로 고취했다. 러일전쟁이 발발하자 이 잡지는 『중외일보』에 "중국의 미래를

783) 「내란과 외환은 그 원인이 같음을 논함(論內亂外患有相因之勢)」, 『대공보』 1903년 4월 24일자.
784) 방한기(方漢奇), 『중국 근대 간행물 사』 상권, 산서인민출판사, 1981, 283쪽.
785) 「역서휘편개명공고」, 『역서휘편』 2년 12호.
786) 내헌(耐軒) 「입헌론」, 『정법학보』 계묘년(1904년) 1, 2호.

열 수 있는 기회"라는 논평을 전개하면서, 중국과 같은 황색 인종이고 또한 입헌 군주제 나라인 일본이 오랜 제국 러시아에 승리하여, "전제 정체가 나라를 망하게 하고 백색 인종을 욕되게 한 독약"이며, 황색 인종이 앞으로 백색 인종과 이 세상에 병존할 수 있다는 이치를 입증한 것으로 중국 정부가 입헌 군주제로 전환하기를 희망했다.[787] 러일전쟁 후 『동방잡지』는 또 글을 실어, 러시아의 패배는 "러시아가 패한 것이 아니라 전제국이 입헌 전제국에 패한 것이다"[788] 라고 평가하면서, 중국이 입헌 군주제를 행하는 것은 피할 수 없는 추세라고 밝혔다. 이와 유사한 글이 부지기수로 실렸다.

언론계는 신문이나 잡지를 이용한 외에 또 외국 서적을 번역하여, 입헌 군주제를 시행해야 한다는 주장을 선전했다. "임인(壬寅)년 계묘(癸卯)년에 번역서가 대거 쏟아져 나왔다… 일본에서 신규서적이 나오기만 하면 역자들이 번역하여 새로운 사상을 주입하려는 기세가 하늘을 찌를 듯 했다.[789] 집단적 협력을 강화하여 영향력을 확장하고자 언론계는 역서 휘편사, 국학사, 호남 편역사, 민학회 등과 같은 번역 기구를 편성하였다. 이런 기구들이 번역한 서적 대부분이 정치와 법률 분야와 관련된 서적이었다. 예컨대 『만법의 이치』, 『대의 정치론』, 『정치 진화론』, 『헌정론』, 『일본 의회사』, 『국체 정체 개론』, 『민약론』 등이다. 이 같은 서적의 번역과 발행은 서방국가의 부르주아 자유 민주 사상을 고취하고, 국민을 계몽 교육했으며, 입헌 군주제를 주장하는 영향을 확대시키었다.

관료 입헌파란, 19세기 초 중국의 근대와 운동이 한층 더 심화됨에 따라 청조 통치계급 내부에 심각한 3차 분열이 생기면서, 중국이 입헌 군주제 정체를 시행해야

---

787) 「중국의 미래를 열 수 있는 기회(記中國前途有望之機」, 『동방잡지』 1904년 3호.
788) 「입헌은 만사의 근본임을 논함(論立憲爲萬事之論)」, 『동방잡지』 1905년 10호, 「입헌과 교육의 관계를 논함(論立憲與敎育之關係)」, 『동방잡지』 1905년 11호.
789) 양계초, 『청대 학술 개론』, 상해 고서 출판사, 1998, 97쪽.

한다고 주장하던 황제의 근친이나 친신을 말한다.[790] 이들은 주로 네 부류였다. 첫 번째 부류는 지방의 총독이나 순무들로 실력파들인데, 원세개, 장지동, 정덕전(程德全), 주복(周馥), 유곤일(劉坤一), 도모(陶模), 석양(錫良), 잠춘훤(岑春煊), 정진탁(丁振鐸) 임소년(林紹年) 등이다. 두 번째 부류는 외국에 나가 헌정을 고찰했던 대신들인데, 재택, 서방, 대홍지, 달수, 이가구 등이다. 세 번째 부류는 외국에 나가있던 사절들인데, 이성탁, 손보기, 호유덕, 왕대섭, 양성 등이다. 네 번째 부류는 청 조정의 통치를 공고히 하려는 장안의 관료들인데, 군기대신 겸 외무부 상서 구홍기(瞿鴻禨), 학부 상서 장백희(張百熙), 예부시랑 당경숭(唐景崇), 회반상약(會辦商約) 대신 성선회(盛宣懷), 한림원 시강 학사 주복선(朱福詵), 한림원 편수 조병린(趙炳麟), 섭정왕 재풍(載灃) 등이다. 그들은 혁명의 제거, 부국강병, 권력과 이익의 추구라는 목적에서 출발하여, 입헌 군주제를 시행해야 한다는 상주문을 올렸다.

최초로 청 조정에 입헌 군주제를 시행해야 한다고 상주문을 올린 사람은 이성탁 주일본 공사였다. 그는 1901년 6월에 상주문을 올렸다. "변법의 방법은 우선 강령을 만드는 것이다. 강령을 만들지 않으면 지엽적인 일에 얽매어 신정을 도모하기 어렵다. 또한 지엽적인 일에 망설이고 끌려 다니다가는 변법의 이득을 보지 못할 뿐더러 도리어 해를 당할 수 있다." 각국은 변법을 함에 있어서 "법도를 건국의 토대로 삼아 우선시 하지 않은 적이 없었다. 단지 국체나 정체만 소위 군주제, 민주제라고 나누었을 뿐, 전통 제도를 개혁하고 변천하는 데 아무리 우여곡절이 많았어도 반드시 입헌에 의존하여 정리했다", "최근에 일본이 왕성하게 발전하고, 러시아의 교란을 징벌함에 있어서 굳센 의지로 일처리를 과단성 있게 할 수 있었던 것은 우선 헌법을 공포하여 국체를 분명히 했기 때문이다." 정무대신들로 하여금 각국의 헌법을 참고하는 것을 감독하라고 명을 내려,

790) 청나라 통치계급 내부의 심각한 1차 분열은, 19세기 60, 70년대에 양무파 관료들이 나타난 것이고, 심각한 2차 분열은, 19세기 말 황제를 지지하는 정치 그룹과 서태후를 지지하는 정치 그룹 간의 의견 불일치다.

"각국의 정수를 받아들이고 중국의 형편에 맞게 참작하고 변통한다. 회동하여 상의한 다음 초안을 작성하고 법령으로 규정하여 삼가 임금의 지혜로운 판정을 기다린다. 어명을 내려 공포하면, 오랜 세월 전해지고 지키는 법이 만들어진 것이다."[791] 이렇게 상주문에서 그는 입헌에 관한 주장을 아주 분명히 밝혔다.

회반상약 대신인 성선회는 1902년 2월 5일에 올린 상주문에서 이런 제안을 했다. "서양의 정치 풍속은 그 원류가 다름으로 군주전제 정치가 있고, 입헌 군주제 정치가 있으며, 민주 공화 정치가 있고, 민권 전제 정치도 있다. … 국체를 비교해 볼 때 유독 일본과 독일의 국체가 우리와 비슷하고, 또한 일본이나 독일의 법이 중국에 적합하여 이용할 수 있다. 상세하고 완전하게 준비하려면 반드시 고금에 정통한 인재를 널리 선발하여 독일에 보내어 자문을 구하는 것이 바람직하다."[792] 이렇게 청 조정이 일본이나 독일의 정체를 모방하여 입헌 군주제를 시행했으면 하는 자신의 소원을 알기 쉽게 천명했다.

한림원 시강학사 주복선은 1902년 여름에 올린 상주문에서 "오늘날의 정세를 만회하고 민심을 수습하려면 입헌을 하지 않으면 안 된다"고 평가했다. 그는 혁명을 대처하는 시각에서 이렇게 지적했다. "오직 헌법을 개정하여 천하의 이목을 옮겨놓아야 만이 온 세상을 벌벌 떨게 할 수 있으며, 평등한 권리와 자유를 위해 피를 흘리는 혁명 도당들이 다시 돌아와 복종하고 흔쾌히 우리를 위해 일할 것이다." 또 그는 조정에서 대신들을 구미에 파견하여 "각국의 정치를 수집 정리하여 본국의 제도에 참고로 이용하도록 개헌 장정으로 만들어서 귀국한 다음 상주했다가 임금이 허락하면 시행해야 한다"고 건의했다. 그는 중국이 헌법을 제정하고 입헌 군주전제 정체를 시행해야 하는 중요성을 단도직입적으로 설명했을 뿐만 아니라, 중국이 입헌 군주제 정체를 어떻게 시행할 것인가

791) "追錄李木齋星使條陳變法折", 『시보』 1905년 11월 28일 자.
792) 『우재존고 초간』(愚齋存稿初刊) 권6, 사보루 소장판, 16쪽.

하는 구체적인 방법까지 내놓았다.

한림원 편수 조병린은 동년 8월에 올린 상주문에서 "국체를 공고히 하려면 반드시 백성들과 마음을 소통해야 하며, 마음을 소통하려면 반드시 헌법을 시행해야 한다"고 밝혔다. "서양의 헌법은, … 군주와 국민 모두를 보호하고 상호 규제하는 공정한 이치이다. 옛 사람들이 서양은 법에 의해 건국했기 때문에 국운이 천년 넘게 전승될 수 있었다고 말했는데, 대개 헌법에 의존했기 때문이다"라고 평가했다. 그는 또 만약 중국이 헌법을 공포하고 시행하면 "군주는 중심으로 할 수 있고, 국민은 군주를 중심으로 할 수 있어서", "혁명이라는 주장을 가지고 국민들의 의지를 현혹하는 일"을 피할 수 있을 것이라고 했다. 그는 "민주나 연방 헌법제도는 결코 중국이 시행해서는 안 되며, 오직 입헌 군주제만이 군주가 모든 주권을 행사할 수 있고, 모든 국민이 일반 법칙을 참작하여 행할 수 있어서, 이로울 뿐 해로움은 없다" [793]고 했다. 그리고 그는 제헌을 하고 혁명을 척결해야 한다고 주장하면서도 미국식의 민주 헌법을 따라서는 안 된다고 주장했다. 그러면서 그는 중국은 영국, 독일 일본과 같은 입헌 군주 헌법을 좇아야 한다고 주장했다.

1904년 4월 주 프랑스 사절로 나가있던 대신 손보기는 정무처에 청원서를 올려, "영국, 독일 일본의 제도를 모방하여 입헌 정체 국가를 만든 다음, 우선 중외에 선포하여 민심을 굳게 단합시켜 나라의 근본을 보존해야 한다"고 강력히 요청했다. 동시에 그는 정무처에서 상원에 오랜 경력에 덕망이 높은 고관을 원장으로 특파하고, 왕공 세작들과 4품 이상 연로한 관료들을 의원으로 선발하며, 도찰원을 하원으로 하여 시무에 정통하고 재능과 지혜가 뛰어난 인사를 원장으로 임명하되, 의원은 황제가 몸소 파견한 관료들이 원장과 회동하여 한림원 및 과도(科道) 인원 가운데서 선발해야 한다 [794]고 제안했다. 손보기도 입헌 군주제 정체를 시행해야 하는 중요성을 지적함과 아울러 중국이 상원과

---

793) 조병린, "반란 방지론", 조병린 『조백암집』 10권, 1911년 활자본, 39쪽.
794) 「주 프랑스 사절 손보기가 정무처에 올리는 글(出仕法國大臣孫政務處書)」, 『동방잡지』 1년 7호.

하원이 완벽한 의회를 설치해야 한다고 주장했다. 그러나 그는 또 옛 관료들 중에서 의원을 선발해야 한다고 주장했는데 이것은 입헌에 대한 그의 주장이 확고하지 않았음을 말해 준다.

동년 주영국 공사 왕대섭이, 각 나라가 중국의 입헌을 기대하고 있다며 조정에서 하루속히 입헌 방법을 정하기를 바란다는 상주문을 올렸고, 주미국 공사 양성(梁誠)도 화교들의 요구에 의해 조정에 같은 상주문을 올렸다. 운남 귀주(云貴) 총독 정진탁, 운남 순무 임소년 학부 상서 장백희, 예부 시랑 당경송 등도 연이어 상주문을 올리어 입헌을 청원했다. 1905년 7월 2일 원세개, 장지동, 주복이 공동으로 상주문을 올려 12년 후 정식으로 입헌 정체를 시행하기를 희망했다. 원세개는 또 임금의 측근을 해외에 파견하여 정치를 고찰하게 해야 한다는 상주문을 단독으로 올렸다.[795] 조정과 재야의 입헌파들의 요구에 의해 청 조정은 1905년 7월 9일 해외에 고찰단을 파견하여 정치를 고찰한 다음, 입헌 군주제 정체 시행의 여부를 확정한다고 정식으로 결정했다. 아울러 최종적으로 서방·대홍자·재택·상기형·이성탁을 파견하여 구미와 일본 등 14개국을 돌며 정치를 고찰하기로 했다. 고찰을 하는 과정에서 그들은 시야가 넓어져 폐쇄적인 전제제도가 중국을 낙후하게 한 주요 원인이라는 점을 깨닫게 되었고, 중국이 부강하려면 우물 안의 개구리처럼 자만할 것이 아니라 반드시 각국의 선진 경험을 학습해야 한다는 이치를 깨닫게 되었다. 그리하여 그들은 1906년 8월 귀국한 후 청 조정과의 회견에서 "중국이 입헌을 하지 않으면 해로운 점과 입헌을 한 후의 이로운 점을 간곡히 진술하였다."[796] 구체적인 상주문을 올려 "5년 내에 입헌 군주 정체로 개혁해야 한다"고 요구하면서, "나라를 지키고 잘 다스리려면 이렇게 할 수밖에 없다"[797]고 강조했다. 이밖에 재택은

---

795) 「헌정초강(憲政初綱)」, 『동방잡지』 3년 임시 증간.

796) 「입헌기문(立憲紀聞)」, 『신해혁명』 (4), 제14쪽.

797) 고궁박물관 명청 서류부 편, 「각국에 사절로 나갔던 대신들이 입헌을 선포하라고 올린 상주문(出使各國大臣會奏宣布立憲折)」, 『동방잡지』 3년 7호.

「입헌 밀서를 선포하기를 아뢰는 글(奏請宣布立憲密折)」에서, 입헌 군주제를 시행하면 세 가지 좋은 점, 즉 "황위를 영원히 공고히 할 수 있고", "외환을 점차 줄일 수 있으며", "내란을 제거할 수 있다"고 하면서 조정이 입헌의 시행에 노력하기를 바랐다. 1906년 9월 1일 청 조정은 입헌파들에게 호응하고, 아울러 자구적인 목적에서 조서를 공포, 입헌을 준비한다고 선포했다. "오늘에 와서, 오직 제때에 외국의 입헌 군주제 정체를 분명하게 참작, 실사하고 그 헌정을 본떠 시행해야 만이, 대권을 조정에서 총괄하고 각종 정무를 여론에 공개할 수 있으며, 나라를 오랜 세월 보존할 수 있는 초석을 마련할 수 있다", "궁정 내외의 군신 백관(群臣百官)들은 확실히 분발하고 성과를 내기 위해 온갖 노력을 다해야 한다. 여러 나라에서 시행하고 있는 헌법을 참고하여 수년 후에는 범위를 대체적으로 확정하며, 입헌 시행 기한을 잘 합의하고 세상에 선포할지를 재검토한다. 그 진행 속도의 빠름과 늦음을 살핀 다음, 기한의 길고 짧음을 결정한다."[798] 이 조서는 입헌 준비를 시행함에 있어 기본적으로 국책을 확립한 것이며, 이로부터 국가가 예비 입헌 시기에 들어섰으며, 중국도 정치제도 근대화의 서막을 열게 되었다.[799]

부르주아 혁명 세력은 입헌파의 입헌 군주제 주장과 청 조정의 예비 입헌에 대해 맹렬하게 질책하면서, 자신들의 입헌 공화 정체를 주장했다. 중국 혁명의 선구자 손문은 다음과 같이 말했다. "헌법이란 두 글자는 요즘 누구나 즐겨 담론하는 화제이다. 만청 정부 역시 그 점을 알고 노비들을 해외에 파견하여 정치를 고찰하게 하고, 예비 입헌을 만든다는 조서까지 내려, 스스로 두려움에 떨면서 스스로 혼란을 조성하고 있다."[800] 이는 청 조정이 "헌법을 백성들을 속이는 도구로 활용하려는 수작에 불과하다."[801] 통일적으로 행동하고 역량을 집중하여 청 조정의 전제 통치를 뒤엎기 위해 손문은 1905년 8월 20일

---

798) 고궁박물관 명청 서류부 편, 『청나라 말엽 입헌 준비 문서 자료』 상권, 44쪽.
799) 변수전(卞修全), 『입헌 사조와 청나라 말엽 법제 개혁』, 중국 사회과학 출판사, 2003, 16~30쪽.
800) 『손문선집』, 인민출판사, 1957, 79쪽.
801) 『손문선집』, 인민출판사, 1957, 74쪽.

분산되어 있던 혁명파 단체를 규합하여 전국으로 통일된 부르주아 혁명 정당인 중국 동맹회를 결성하고, "만주족을 축출하고 중화를 회복하며, 민국을 수립하고 토지를 균등하게 배분한다"는 민주 혁명 강령을 확립하였다.[802] 이 강령은 청 조정의 전제 통치를 뒤엎고 부르주아 민주공화국을 수립한다는 국민 혁명의 정치 목표를 명확히 밝혔다.

이 목표를 이룩하고자 동맹회 지도부는 청 조정을 반대하는 일련의 무장봉기를 일으켰으며, 최종 신해혁명을 통하여 청 조정의 통치를 멸하고 중국 사상 최초의 부르주아 공화국-중화민국을 수립하였다. 이를 전후하여 혁명 세력은 민주 공화에 대한 입헌 군주제의 여러 가지 사항을 규탄하였다. 한편으로, 그들은 청 조정이 예비 입헌을 시행하려는 근본 목적이 "오랜 세월의 무도한 통치 기반을 공고히 하려는"[803] 것이기 때문에 "입헌을 할 리가 만무하며, 망국만이 유일한 결과이므로, 근본적 개혁만이 당연지사"[804]라고 비난했다. 다른 한편으로는 그들은 입헌파들이 중국은 입헌 군주제만 시행할 수 있을 뿐 공화제는 시행할 수 없다는 관점에 대해 논쟁을 벌였다. 혁명세력은 논쟁에서 입헌 군주제는 이미 시대에 뒤떨어진 정체이고, 입헌 군주제 정체 역시 중국에 적합하지 않으므로, 중국 인민들은 무력으로 청 조정 전제 통치를 뒤엎고 민주공화 정체를 수립해야 한다고 역설했다. 손문은 이렇게 지적했다. "또 누군가는 각국을 보면 야만에서 전제로, 전제에서 입헌 군주제로, 입헌 군주제에서 공화제로 순서 정연하게 진행되었으므로 한 단계를 뛰어넘어서는 안 된다고 하면서 오늘날의 중국 역시 입헌 군주제를 도입할 수 있을 뿐, 한 단계 뛰어넘어 공화제를 도입해서는 안 된다고 주장한다.

이 역시 터무니없는 주장이다. 이는 철도 건설을 보면 알 수 있다. 기차가 처음에 나왔을 때는 조악했지만, 점차 지속적으로 개량했다. 중국이 철도를 부설한다고 할 때, 최초의 조악한 기차를 사용해야 할까? 그렇지 않으면 최근에 개량한 기차를 사용해야 할까? 이런

---

802) 손문은 이 강령을 후에 민족, 민권, 민생 3대 주의, 즉 삼민주의라고 상세히 밝혔다.

803) 『민보』 26호.

804) 과공진(戈公振), 『중국 신문학사』, 생활 독서 신지 삼연서점, 1955, 171쪽.

예를 든다면 시비가 분명해진다."[805] 손문은 1897년 자신의 정치 이상을 언급할 때, "나는 군중들의 자치를 정치의 최고 준칙으로 삼는다. 그러므로 정치는 그 주지가 공화주의를 견지하는 것"[806]이라면서, 민주 공화를 최적의 정치 목표라고 생각했다. 이 같은 인식에 입각하여 그는 입헌파들과의 논쟁에서 이렇게 밝혔다. "우리가 지사들을 도우려면, 아무 때나 지구상에서 가장 문명적인 정치와 법을 가지고 우리의 중국을 구해야 한다. … 만약 전국이 입헌 군주제를 시행할 경우 전국의 대권은 그들의 손에 들어갈 것이며, 우리가 입헌을 한다 하더라도 역시 그들의 손에서 빼앗아 와야 할 것이다. 대권을 빼앗아 입헌 군주 국가를 세울 수 있다면 어찌하여 아예 공화국을 세울 수는 없단 말인가?"[807] "민주공화 정체가 입헌 군주제 정체보다 훌륭하다면 어찌하여 공화를 곧바로 진행하지 않고, 완벽하지도 않고 준비도 되지 않은 입헌 군주 국가를 세운단 말인가?"[808] 손문의 이 같은 사상은 당시 대다수 혁명 세력들의 정치 주장을 대표했다고 할 수 있다.

(2) 입헌파 내의 헌법양식 제정에 대한 분열

청 조정이 예비 입헌이라는 기본 국책을 확립하자, 입헌파 내부는 또 새로운 의견 차이가 생겼다. 그중 청 조정 내부의 일부 관료 입헌파들은 중국이 일본식 이원 군주제 헌법을 제정하고, 일본식 이원 군주정체를 시행해야 한다고 주장함과 아울러 1908년 청 조정이 일본식 이원 군주제 정체를 선택하도록 추진했다. 그러나 부르주아 입헌파를 주체로 하는 다수 입헌파들은 청 조정이 예비 헌법을 선포한 날부터 시작하여, 중국이 의회 군주제 헌법을 제정하고, 영국식 의회 군주제 정체를 시행해야 한다고 주장했다.

---

805) 『손문전집』 1권, 283쪽.
806) 『손문전집』 1권, 172쪽.
807) 『손문전집』 1권, 281쪽.
808) 『손문전집』 1권, 283쪽.

그리하여 그들은 대량의 작업을 진행했을 뿐만 아니라, 신해혁명 후 청 조정을 핍박하여 정체를 의회 군주제 정체로 전환시키는 데 성공했다.

　　① 이원 군주제의 초선(初選)

　부강한 일본을 따라 배우고 싶은 열망과 청나라 봉건 군권을 수호해야 할 필요, 게다가 일본 조정과 재야의 추진으로 말미암아 청 정부 내부의 일부 관료 입헌파들은 아주 일찍부터 중국이 일본식 이원 군주제 헌법을 제정하고, 일본식 이원 군주제 정체를 시행해야 한다고 주장했다.

　일찍이 대신 5명이 해외에 나가 정치를 고찰하던 초기, 사찰단을 인솔했던 재택은 군권에 손해를 주지 않는 일본의 이원 군주제에 대해 침이 마르도록 칭찬했다. "유신 이래 일본을 살펴보면, 유럽 정치를 모두 본받으면서도 본국의 인심과 풍속과 다른 점을 반복적으로 참작한 다음 근본으로 삼았다. … 대저 일본의 건국 법도는 신하와 백성들이 공론하고 정권은 군주가 다루지만 백성들에게 숨기는 것이 없으며, 군주에게 독존의 권력이 있다. 총명하고 강하고 부지런하고 소박한 것이 민풍이지만, 치국의 강령이 규칙적이고 획일적인 형태이다."[809] 재택의 입헌 요지를 총괄하면, 군권을 수호하는 것이 중심이다. 그의 말을 빈다면 "입헌 군주제는 그 종지가 국체를 존숭하고 군권을 공고히 하는 데 있다." "입헌 군주제 군주는 신성불가침이다. 그 때문에 행정에 관여하지 않으며, 대신들이 대신 책임진다. 설령 행정에서 적절치 못한 일에 봉착했다거나, 의회에서 반대한다거나, 의회의 탄핵을 받아 정부의 여러 대신들이 사임을 했다면 새로운 정부를 다그쳐 수립하면 된다. 고로 재상의 자리는 아침저녁으로 옮길 수 있지만, 군주의 자리는

---

809) 고궁박물관 명청 서류부 편, 『청나라 말엽 입헌 준비 문서 자료』 상권, 6쪽.

아주 오랜 세월이 흘러도 내놓으면 안 된다."[810]

재택이 일본을 고찰하던 기간 이토 히로부미는 그에게 이런 말을 했다. "귀국이 변법을 통하여 자강하려면 반드시 입헌을 우선적인 과업으로 삼아야 한다." 재택이 "입헌은 어떤 나라에 적합한가?"라고 묻자 이토 히로부미는 "각국의 헌정은 입헌 군주국과 입헌 민주국 두 가지 유형이 있다. 귀국은 수천 년 동안 군주국으로 주권은 군주가 가지고 있었고 백성에게는 없었다. 이는 사실 일본과 같으므로 일본의 정체를 참조하여 도입하는 것이 적합하다." 재택이 또 물었다. "입헌을 한 후 군주 국체에 장애가 생길 수 있지 않는가?" 이토 히로부미는 "자애가 없다"고 대답했다. 그는 "귀국은 군주국이기 때문에 반드시 주권을 군주에게 집중해야지 신하나 백성들 손에 넘어가게 해서는 안 된다"[811]고 덧붙였다. 이 말에 재택은 찬성을 표했다. 그리하여 재택은 귀국한 후 청 정부에 상주문을 올려, 일본 헌정을 본받아야 한다고 청원했다. 그의 고찰에 따르면, 일본의 헌법에 군주 대권을 규정한 조항만 17가지나 되기 때문이었다. "무릇 국가 내정과 외교, 군비와 재정, 상벌 및 강등과 승진, 생살여탈(生殺與奪), 그리고 의회를 조종하는 등 군주에게 모든 통치권이 있다. 군권이 빈틈이 없이 완전무결하여 신민들에게 넘어갈 우려가 전혀 없다."[812] 만약 중국이 이 같은 헌법을 제정한다면 청조 황제의 통치 대권을 수호하는 데 이로울 것이다.

청 정부가 예비 입헌이라는 기본 국책을 확립한 후, 시행 절차를 한층 더 확정하고자 원세개는 1907년 7월 17일 청 정부에 상주문을 올렸다. "수십 년 동안, 세계적으로 헌법을 공포하지 않은 나라가 없었다', '전에 재택 등이 어명을 받고 해외를 방문한 것은 모든 정치를 고찰하려는 것이지 헌법을 전문적으로 고찰하려는 것은 아니었다. 뿐만 아니라 왕복 기간이 8개월 밖에 안 되어 정치 기원과 발전을 고찰한 겨를이 없었다.'

810) 고궁박물관 명청 서류부 편, 『청나라 말엽 입헌 준비 문서 자료』 상권, 73~175쪽.
811) 재택, 『정치 고찰 일기』, 상무인서관, 1909, 8쪽.
812) 고궁박물관 명청 서류부 편, 『청나라 말엽 입헌 준비 문서 자료』 상권, 173~174쪽.

그리고 각국의 정체를 볼 때, 독일과 일본 두 나라의 정체가 중국와 비슷하므로 우리에게 가장 적합하다고 사료된다. 따라서 미리 대비하여 '정치적 법도에 정통한 대신들을 독일과 일본에 각기 파견하여 두 나라에 주재하고 있는 사절들과 같이 헌법 한 가지만을 전문적으로 연구하고 자세히 조사하고, 통인들을 널리 방문하여, 그 줄거리를 상세히 징집한다. 어느 것부터 착수하고 어느 것부터 효과를 볼 수 있는지를 검토한다.' 오로지 진리를 상세히 밝혀내려 한다면 귀국 시간을 미리 정할 필요가 없다. '귀감으로 삼을 만한 헌법 형태가 만들어져 즉시 효과를 볼 수 있고', 때가 되어 치세에 사용할 수 있으면 된다."[813] 원세개의 이 상주문은 각국의 헌법을 조사하고, 독일과 일본과 유사한 헌법 초안을 작성하여 본국의 헌법으로 제안하는 작업을 의사일정에 포함되게 하였다.

동년 8월 13일 경친왕 혁광(奕劻)이 또 상주문을 올려 정치 고찰관을 헌정 편사관으로 개명할 것을 청원했다. 그 목적 중 하나가 "동서양 각국의 헌법을 번역하여 참고로 삼으려" 한 데 있었는데, 그날로 조서가 내려와 정치 고찰관을 헌정 편사관으로 개칭, 개설했다. 얼마 후 임금의 허락을 받고 제정한 헌정 편사관 장정에 따르면, 편사관의 과업 중 하나가 각국의 헌법을 조사하여 헌법 초안을 편찬하고 교정하는 것이다. 초안을 편찬하고 교정한 후 "군기대신에게 올리면 군기대신이 검열하고 심사 결정한다. 그리고 임금에게 상주하여 허가를 받으면 시행한다"는 이 규정에 따르면, 편사관에서 기초한 헌법 초안은 반드시 흠정해야 만이 효력을 볼 수 있었다. 이는 군권을 수호하는 데 효과적인 역할을 했다. 8월 15일 양강총독(兩江總督, 지금의 장쑤, 안휘, 상해 일대를 관리하던 총독) 단방(端方)도 상주문을 올렸다.

"각국은 헌법을 각기 다르게 제정하고 있다. 전제 조정이 공포하고 시행하고 있는 헌법은 입헌 군주제인데, 군주가 오랜 세월 그 자리를 지키면서 통치하고 있다. 일본 천황이 바로 전국적으로 최고 통치법권을 언제나 장악하고 있다.

---

813) 심동생(沈桐生), 『광서정요(光緒政要)』 권 33, 대북, 문해출판사, 1966.

일본의 헌정 원류를 고증해 보면, 나라에서 처리해야 할 중요한 일이 생기면 공론을 통해 결정하고 백성들에게도 참여할 권한이 있다. 이는 제왕의 기반을 구제해 주고 있다. 그리하여 천황의 권력을 누구도 침범할 수 없다. 제국헌법과 황실전범은 상부상조하고 있다." 서방은, 청 정부가 일본을 모방해야 한다며 더욱 직설적으로 주장했다. "입헌을 희망하는 다수의 마음을 빌어 만족을 배척하려는 소수의 난당을 제거하기 바란다", "우리 청나라는 제국헌법과 황실전범 두 가지 제도를 도입한 다음, 발의하고 편찬하여 세상에 널리 알림으로써", "황제의 기반을 공고히 하고, 항상 법을 분명히 해야 한다." 즉, 일본식 이원 군주제를 제정하고 제국헌법을 흠정하여 내우외환을 제거함으로써 황권을 견고히 하려는 목적을 달성하려는 것이다.[814]

바로 위의 조정 중신들의 독촉 하에 1907년 11월 청 정부는 해외에 두 번째 고찰단을 파견하게 되었는데, 학부 시랑 달수는 일본을, 외무부 시랑 왕대섭은 영국을, 우전부 시랑 어식목은 독일을 고찰하게 되었다. 헌정 편사관에서 제출한 고찰에 대한 주요 항목에 의하면, 그들은 이번에 헌법사, 각국 헌법 비교, 의회법, 사법, 행정과 재정, 이렇게 6가지 내용을 중점적으로 고찰하였다. 고찰 대신 3명 중 청 정부에 영향력이 가장 큰 대신은 학부 시랑 달수였다. 5개 월 간의 고찰을 통하여 그는 중국은 마땅히 일본식 이원 군주제 헌법을 제정해야 한다는 것을 재차 강력하게 느꼈다. 1908년 3월 청 정부는 달수에게 장안에 돌아와 봉직하라는 명을 하달했다. 달수는 귀국하자마자 고찰한 내용을 재빨리 글로 만들어서 청 정부에 올리고, 일본을 본받아 이원 군주제 헌법을 제정하고 일본식 이원 군주제 정체를 시행해야 한다고 촉구했다. 바로 이 같은 관료 입헌파들의 적극적인 추진으로 인하여 청 정부는 일본식 이원 군주제 헌법을 제정하고, 일본식 이원 군주제 정체를 시행하기로 결정했다. 그리고 1908년 8월 27일 국회 청원 운동의 추진아래 이원 군주제 정체를 확립하는 『흠정헌법요강』을 공포하였다.

---

814) 고궁박물관 명청서류부 편, 『청나라 말엽 입헌 준비 문서 자료』 상권, 46~47쪽.

② 입헌(의회) 군주제로의 전환 그리고 결과

이상의 일부 관료 입헌파들이 일본식 이원 군주제 헌법을 제정해야 한다는 요구와는 반대로 부르주아 입헌파들을 주체로 하는 다수 입헌파들은 청 정부가 예비 입헌을 선포한 날부터 시작하여, 중국은 입헌 군주제 헌법을 제정하고 영국식 입헌 군주제 정체를 시행해야 한다고 주장했다. 부르주아 입헌파들은 각국의 헌법을 번역하고, 각국 헌법이 생성하게 된 배경을 연구하는 것을 통하여, 그들은 각국 헌법의 우열과 민주 정도의 높고 낮음에 대해 어느 정도 알게 되었다. 그들은 입헌 군주제 국가 중 헌법이 가장 완벽한 나라는 영국이고, 다음이 독일이며, 일본이 가장 떨어진다고 생각했다. 그들은 만약 중국이 헌법을 제정한다면 영국의 의회 군주제 헌법을 원본으로 해야 한다고 생각했으며, 일본식의 이원 군주제 헌법에 대해서는 오히려 사무치게 증오했다. 영국의 헌법은 군권을 규제하는 한 부의 헌법이고, 민권을 신장하는 헌법으로서, 오직 영국식의 입헌 군주제 헌법을 제정하고, 영국식 입헌 군주제 정체를 시행해야 만이 혁명을 소멸하고 부국강병의 목표를 이룩할 수 있다고 그들은 생각했다.

영국식 의회 군주제 헌법을 제정하기 위해 부르주아 입헌파들은 중국이 '국민적 입헌'을 시행해야 한다고 주장했다. 즉 "입헌은 정부에 의존해서는 안 되며, 오로지 우리 국민들 스스로 감당해야 한다."[815] "전 국민이 대의를 선거하여 헌법을 규정한 다음 군주의 재가를 받으면 되지 군주가 규정할 필요는 없다."[816] 그들은 입헌 군주제 헌법의 수준 차이가 흠정이냐 협정이냐를 결정하며, 만약 흠정에 입각한다면 일본식 이원 군주제와 같은 열등 헌법을 제정하고, 만약 협정에 입각한다면 영국식 의회 군주제와 같은 훌륭한 헌법을 제정할 수 있다고 보았다. 그리하여 의회 군주제와 같은 훌륭한 헌법을 제정하려면

815) 유청파(劉晴波) 책임 편찬, 『양도집(楊度集)』, 호남인민출판사, 1986, 211쪽.
816) 이경방(李慶芳), 『입헌혼(立憲魂)』, 중국 헌법 강습회, 1907, 26쪽.

"일본과 같은 단일한 흠정 형식의 헌법을 취해서는 절대 안 되며, 헌법 내용이 어떻든 반드시 입헌 군주제 헌법을 쟁취해야 한다." [817] "국민이 나서서 헌법을 공정하는 방식을 취해야지 군주가 나서서 혼자 헌법을 공포하는 방식을 취해서는 안 된다." [818] 반드시 협정의 방식을 취하여 국민들이 헌법을 제정하는 과정에 상응한 역할을 할 수 있도록 해야 한다. 이렇게 해야만 그들의 요구에 알맞은, 민주 정도가 꽤 높은 의회 군주제 헌법을 제정할 수 있다. 헌법은 군주 개인의 일이 아니라 전체 국민의 화복과 관련되는 공사이기 때문이며, "헌법과 같은 입법권은 세상 사람들과 공유하지 않으면 안 되기 때문이다." [819] 국가는 국민으로 조성되었으므로 국민에게 헌법 협정을 포함한 모든 국정에 참여할 권리가 있다. 이렇게 제정된 헌법이어야만 그들이 복종하고 지킬 수 있으며, "헌법이 의연하게 그 효력을 발생할 수 있다." 이밖에 헌법은 법의 범주에 속하므로, 법을 제정하려면 반드시 '다수의 동의'를 거쳐야만 "최저 하한선을 넘지 않을 수 있다." [820]

의회 군주제 헌법을 제정하는 과정에 관하여, 부르주아 입헌파들은, 전체 국민이 일어나 국회를 소집해야 한다고 청원해야만 국회가 헌법을 제정하거나 의결할 권력이 있으며, 그리고 국회가 국민이 공천한 대표들로 구성되고, 헌법을 제정할 때 국민이 참여할 수 있어서 헌법을 협정하는 목적에 이를 수 있다고 생각했다. 이 뿐만 아니라 그들은, "관료 입헌파들의 목적은 정부가 헌법을 정하여 국민을 좌지우지하려는 것이고, 우리 부르주아 입헌파들의 목적은 국민이 헌법을 정하여 정부를 좌우지 하려는 것이며, 관료 입헌파들은 정부 권리를 본위로 하여 정부를 수단으로 간주하지만, 우리 부르주아

817) 양계초, 「종족 혁명과 정치 혁명의 득실을 논함」, 장단, 왕인지 편, 『신해혁명 전 10년간의 시론선집』 제1권 상책, 231쪽.
818) 이경방, 『입헌혼』, 27쪽.
819) 오홍양(吳興讓), 「국회와 헌법」, 『북양 법정 공보』 67호.
820) 이경방, 「중국 국회 회의(中國國會議)」, 장단, 왕인지 편, 『신해혁명 전 10년간의 시론선집』 제3권, 생활 독서 신지삼련서점 1977, 119쪽.

입헌파들은 국민의 권리를 본위로 하여 국민을 수단으로 간주한다"[821]고 이해했다. 그리하여 그들은, 헌법을 제정하는 것과 국회를 소집하는 것 중에서 마땅히 국회를 소집하는 일을 먼저 추진해야 한다고 주장했다. 만약 헌법을 제정하는 일을 먼저 추진한다면 헌법을 제정하는 주체가 정부가 되므로, 제정한 헌법이 당연히 흠정이라는 이원 군주제 헌법이 되기 때문이다. 만약 반대로 국회를 소집한 다음 헌법을 제정한다면 헌법을 제정하는 주체가 국민이 되고, 이 국회 또한 "국민 다수가 정사에 참여할 수 있고 헌법을 협정할 권리가 있는" 국회가 되며, 그렇게 제정한 헌법은 분명히 협정을 통한 의회 군주제 헌법이 되기 때문이다. 이 역시 부르주아 입헌파를 주체로 한 조정과 재야 입헌파들이, 청 정부가 예비 헌법을 선포한지 얼마 안 되어 끊임없이 국회 청원 운동을 일으킨 목적 중 하나였다.

비록 부르주아 입헌파를 주체로 하는 다수 입헌파들 모두 영국식 의회 군주제 헌법을 주장했지만, 앞에서 말한 것처럼 일부 관료 입헌파들이 고취하고, 게다가 청 정부가 스스로 군권을 수호해야 한다는 필요성까지 겹쳐져 청 정부는 결국은 흠정 헌법 원칙을 확립했다. 아울러 국회 청원 운동의 촉진 하에서 일본의 제국헌법을 원본으로 하는 이원 군주제 『흠정헌법요강』을 공포하였다. 이는 부르주아 입헌파를 비롯한 많은 사람들의 반대를 받았다. 하지만 청 정부는 이 같은 반대에 동요하지 않았다. 청 정부는 1910년 거센 국회 청원 운동 과정에서도 여전히 흠정 헌법 원칙을 재천명했으며, 또한 1910년 11월 5일 부륜(溥倫), 재택을 헌법 편찬 대신으로 임명하고, 『흠정헌법요강』 요지에 따라 1913년 국회가 소집되기 전에 내용이 완벽한 한 부의 흠정 대청(大清) 헌법을 기초하라고 명했다. 이에 부르주아 입헌파를 주체로 하는 다수 입헌파들은 헌법 협정 권리를 쟁취하는 일을 더는 미루어서는 안 되겠다는 느낌을 가졌다. 그리하여 그들이 통제하고 있던 신문과 잡지에 연이어 글을 실어, 청 정부의 흠정 헌법 원칙의 폐단을 비난하면서 헌법 협정의

---

821) 이경방(李慶芳), 『입헌혼』, 27쪽.

필요성을 강조하였다.

『시보』는 이렇게 지적했다. 이른바 헌법은 군주와 국민 모두 관할 범위에 포함하고, 군주와 국민이 모두 지켜야 한다. 그렇기 때문에 군주와 국민은 응당 함께 헌법을 제정해야 한다. 그렇지 않으면 독재에 치우쳐 여전히 전제라는 오랜 근성을 깨끗이 제거하지 못할 것이며, 헌법 자체가 응당 가지고 있는 효력을 나타내지 못할 뿐만 아니라, 헌법 원칙에도 위배되는 일이다. "현재 헌법은 흠정에서 나왔고, 헌법은 군주의 전유물이라고 명시했을 뿐만 아니라, 우리 국민들이 참여도 결정도 하지 못하게 하고 있다. 게다가 헌법을 먼저 제정하고, 의회를 후에 소집한다는 것은 우리 국민들에게 듣는 정치를 하사함을 명시한 것이다. 입헌에 참여할 수 있는 권리에 관해서는 진작부터 인색하여 아득한 일이었다."[822]

『대공보』도 뒤쳐지지 않았다. 신문은 이렇게 평가했다. 만약 군주가 대권을 장악할 수 있는 흠정 헌법을 신중하고 면밀하게 검토하지 않는다면 군주전제로 변환하거나 끝이 없는 폐해를 초래할 수 있다. 당시 입헌 군주제를 시행한 국가들은 일반법을 제정할 때, 모두 반드시 국회를 통해야 했으며, 더욱이 헌법은 군주가 전적으로 결정할 수 없었다. 국회가 헌법 제정권을 포함한 완벽한 입법권을 가지고 있는 국가여야만 입헌국이라고 부를 수 있다. 그와 반대라면 전제국이라 불러야 한다. 이 때문에 반드시 국회를 연 다음 헌법을 제정하고 민권을 쟁취해야 한다. 만약 헌법이 국민들의 권리를 침탈하고 자유를 억압하며, 자정원의 심의와 전 국민의 공인을 거치지 않았다면, "설령 흠정을 공포했다고 하더라도 결국에는 효력을 보지 못할 뿐만 아니라, 국회를 열지 않았고 국민들을 토론이나 심사에 참여시키지 않았다는 비난을 면치 못할 것이다."[823] 『성경시보』는 이렇게 표명했다. "대권 정치란 사실 극도에 이른 전제 정치이다. 대권 정치가 주의를 기울이는

---

822) 『시보』 1910년 11월 21일 자.
823) 『대공보』 1910년 10월 30일 자.

것은 국민들의 손발을 묶어놓고 그들이 자유롭게 행동하지 못하게 하고, 국민들의 입을 봉하여 그들이 감히 마음속의 말을 속 시원히 털어놓지 못하게 하려는 것이다. 이렇게 되면 통치자들은 자기들 뜻대로 되어 만족할 수는 있겠지만, 19세기에 전제정치가 발붙일 자리가 있을지를 아예 고려한 것 같지 않다." "우리 국민이 아직 힘이 모자라 정부와 맞서지 못하고 있다. 하지만 사람마다 정부의 처사에 분노하면서 증오하고 있다. 원한이 쌓이면 결국에는 폭발하는 날이 있다." 사람들에게 적절한 시기에 폭력적 수단을 통해, 영국식 의회 군주제 헌법을 제정하도록 청 정부를 핍박하여, 중국이 영국식 의회 군주제 정체를 시행해야 한다는 것을 암시하였다.[824]

　비록 부르주아 입헌파를 주체로 하는 다수 입헌파들이 청 정부에 영국식 의회 군주제 헌법을 제정해야 한다고 거듭 요구했지만, 청 정부는 그 어떤 실제적인 양보를 하지 않았다. 신해혁명이 발발한 후, 입헌파들은 혁명의 힘을 빌려 영국식 의회 군주제 헌법을 제정하고 영국식 입헌 군주 정체를 시행해야 한다며 청 정부를 한층 더 핍박했다. 1911년 10월 29일 자정원 총재 세속(世續) 등은 '민심을 묶어놓고, 환란을 평정'하기 위하여, 청 정부에 상주문을 올려, 영명한 조서를 내리고, 관원과 백성들이 함께 협정한 의회 군주제 헌법을 공포하라고 청원했다. 협조하는 방법에 관해서는 "초안을 편찬한 후, 흠정하기 전 우선 협조하며, 전대 황제의 유훈에 따른 흠정의 뜻을 조금이라도 따라서는 안 된다"고 했다. 같은 날, 입헌 군주제 사상을 가지고 있는 란주(灤州)의 주둔군 제20진통제(第20鎭統制) 장소증(張紹曾)과 제2혼성협협통(第2混成協協統) 남천위(藍天蔚)가 공동으로 병간(兵諫)을 일으켜, 청 정부에서 즉시 영국식 입헌 군주제 정체를 시행할 것을 강요했으며, 아울러 12가지 정치 강령을 제출하면서 청 정부에서 참조하여 집행할 것을 요구했다. 만약 장병들의 정치 강령에 응하지 않으면 한 차례 병변이 곧 일어날 수 있었다.

---

824) 『성경시보』 1911년 7월 16일 자.

대내외로 곤경에 처한 청 정부는 민중을 안정시키고 권좌를 보존하기 위해 11월 2일 대청제국(大淸帝國)의 전반적인 헌법을 자정원에 넘겨 기초한 다음, 임금이 헤아려 결정한다는 명을 내리고, 조정과 민중은 공통의 좋고 나쁨(好惡)이 있으며, 대공무사(大公無私)하게 헌정을 시행할 수 있다는 점을 시사했다.[825] 동시에 원 헌법 초안의 편찬 대신 부륜과 재택 등이 작성한 『대청 흠정 헌법』 초안을 현재 종지에 부합되지 않는다는 이유로 전부 폐기하고 더는 자정원에 넘겨 심의하지 않는다고 했다. 그날로 장소증이 제출한 12가지 정치 강령을 좇아 의회 군주제 정체인 『헌법 중대 신조 19가지(憲法重大信條19條)』를 입안하고 통과했으며, 다음 날(11월 3일) 청 정부에 상주하여, 그날로 청 정부의 재가가 떨어져 공포했다. 부르주아 입헌파와 관료 입헌파 중의 지방 총독과 순무들이 다년간 추구하던 정치적 목표가 마침내 실현되었다. 하지만 3개월 후, 청 정부가 수종정침(壽終正寢)을 한다고 고하는 바람에 『헌법 중대 신조 19가지』에서 규정한 의회 군주제 정체는 결국 중국에서도 시행되지 못하였다.

2. 민국 수립 시기의 헌법학설

민국 수립 시기란, 우창(武昌)봉기가 일어나서부터 신해혁명의 성과를 원세개에게 절취당한 그 역사적인 기간을 말한다. 이 시기는 한편으로는 혁명 형세의 추진 하에서 입헌 군주제가 점차 민주 공화론에 밀려 정치무대에서 사라질 때였다. 다른 한편으로는 복잡한 혁명 형세 하의 부르주아 혁명 세력이, 국가의 헌정 설계에서 총통제로부터 내각 책임제로 넘어가는 과정을 겪는 시기이기도 했다.

---

825) 고궁박물관 명청 서류부 편, 『청나라 말엽 입헌 준비 문서 자료』 상권, 98쪽.

(1) 우창봉기 후 쇠퇴한 입헌 군주론

우창봉기 후, 입헌파가 한때 혁명이 성공한 기회를 타 청 정부를 핍박하여 의회 군주제 헌법인 『헌법 중대 신조 19가지(憲法重大信條十九條)』를 제정하고 반포하기는 했지만, 쾌속 발전하는 혁명 형세에 직면하자 부르주아 입헌파 중의 대부분 사람들이 그들이 다년간 간절히 추구하던 이상을 점차 포기하고, 민주 혁명에 전향하고 투신하였다. 장건이나 양계초와 같이 일관되게 입헌 군주제에 아주 열중하던 사람들마저 청 정부를 만회할 수 있는 가망이 보이지 않자 전향하였다. 관료 입헌파 역시 분열이 생기었는데, 그중 많은 사람들이 혁명의 진영으로 넘어오면서 혁명의 영향력을 넓혀주었다. 입헌 군주제 논은 중국 역사에서 잠시 쇠퇴되었다.

① 부르주아 입헌파의 전환

혁명의 진영으로 가장 먼저 전향한 사람은 당화룡(湯化龍)을 수반으로 하는 호북 부르주아 입헌파였다. 우창봉기가 일어난 이튿날 아침, 혁명당인들이 우창을 점령했다. 하지만 미리 배정했던 지도자들이 도망을 가거나 상하는 바람에 명성과 덕망이 높은 사람을 물색하여 혁명당인들을 지도해야 했다. 그들이 물색한 사람이 바로 당화룡이었다. 그날 아침, 혁명당인들은 대표를 파견하여 당화룡을 군정부(軍政府) 도독으로 임명하려 했다. 당화룡은 선비이기 때문에 군사를 모른다는 구실로 완곡하게 사절했다. 그러나 그는 정치, 민사 방면에서 옆에서 도와줄 수는 있다고 하면서, 신군 제21혼성협협통 려원홍(黎元洪)을 도독으로 천거했다. 이어서 그는 부의장 하수강(夏壽康)과 장국용(張國溶), 의원 호서림(胡瑞霖), 여규선(呂逵先), 완민숭(阮敏嵩), 유경조(劉庚藻), 서기장 석산엄(石山儼) 등도 혁명당인들이 자의국(諮議局)에서 소집한 회의에 참석했다. 회의에서 당화룡은, 제일 먼저 봉기를 한 동지들을 환영, 찬양하고 나서 려원홍을 군정부 도독으로 취임하라고 권유했다. 그러면서 그는 "나는 혁명을 진심으로 찬성한다. 그러나

이 시각 우창에서 반란이 일어났는데도 각 성에서 모두 모르고 있다. 이번 일이 성공을 거둘 수 있도록 우선 호응하라고 각 성에 알려야 한다. … 지금은 전시(戰時)이지만 나는 군인이 아니므로 군대를 다스릴 줄 모른다. 군사에 관해서는 여러분들이 작전을 짜고, 난 모든 힘을 다하여 옆에서 도와줄 것이다"[826] 라고 혁명을 지지한다는 자신의 정치적 입장을 매우 분명하게 밝혔으며, 또한 혁명 성세를 확대하고 혁명성과를 공고히 하는 방면에서 실제적인 건의를 제기했다. 그의 이 같은 확실한 입장은 혁명당인들의 깊은 호감을 자아냈다. 게다가 그가 숭고한 명예까지 얻은 적이 있었던 사람이기 때문에 혁명당인들은 당화룡을 협력할 수 있는 믿음직한 동지라고 여기게 되었다. 그리하여 그를 총 참의와 민정 총장에 천거, 선출했다. 이에 당화룡은 흔쾌히 받아들이면서 "본국(자의국)은 국민의 대표로서 부흥을 감당해야 할 고유의 책임이 있다. 여러분들의 천거로 이 소임을 맡은 바 목숨을 다하여 보답하겠다. 성공을 하면 함께 공훈과 명예를 얻을 수 있고, 패하면 백성들을 도탄에 빠뜨릴 수 있다. 우리 한인(漢人)들이 억압에서 벗어나 활개를 치며 살려면, 이번 거사에 운명이 달렸다. 우리 한인들이 영원히 회복할 수 없느냐가 이번 거사에 달려있다. 여러분들이 기율을 엄수하고 골육상잔하지 않는 의병의 모범이 되기를 바란다"[827]고 말하면서, 한편으로는 혁명당인들에게 혁명에 대한 자신의 충심을 맹세하고, 다른 한편으로는 혁명당인들에 대한 자신의 바람을 밝혔다.

회의가 끝난 후 당화룡은 혁명을 옹호한다는 자신의 열의를 보여주기 위해 호북성 자의국의 명의로 각 성 자의국에 전보를 보내어, 청 조정의 부패를 책망하면서 각지에서 혁명에 호응해 줄 것을 호소했다. "청 조정이 무도하여 스스로 멸망을 초래했다. … 전제를 완강히 주장해서 유신이 절망하고 대륙이 함몰하게 되었다. 우리의 황제가 천지신명의 후예라면 어찌 함께 망할 수 있겠는가? 초나라(호북성 지역)는 세 집만으로도

---

826) 장국감(張國淦), 『신해경명 사료』, 용문연합서국, 1958, 83쪽.
827) 이검농, 「무한 혁명 시말기(武漢革命始末記)」, 『신해혁명』(5), 176쪽.

기필코 진나라를 망하게 할 수 있다. 복수가 아니라 스스로를 구하려는 것이다. 무한의 이번 의거는 사람들에게 분발을 호소한 것이다. 만족의 우두머리 서징(瑞澂)이 황급히 야반도주를 하여 새로운 국면이 나타났다. 이 세상 대업을 위해 기반을 마련하고자 하니 온 나라가 한마음으로 호응하기를 바라여, 특히 전보를 보내며 위로하는 바이다. 우리의 신주(神州)를 되찾기 위해 무공에 구애되지 말고 칼에 피를 묻히지 않으면서 용감히 분발하여 전진하기를 바란다. 여러분들은 낭떠러지 밑에 오래 동안 서 있어서 통치자를 벌하려는 마음을 품고 있었으므로, 즉시 앞 다투어 의거를 하여 정의를 위해 용감히 나서고 의로운 일에 적극 동조하기를 바란다." [828] 뒤이어 그는 려원홍과 같이 자정원에 전보를 보내어, 이와 같은 주장을 밝혔다. 그 뿐만 아니라 그는 또 연설을 발표하여 사람들의 사기를 북돋우어 주면서, 혁명 형세가 신속히 발전하는데 큰 기여를 하였다.

당화룡의 인솔 하에서 다른 입헌파들도 잇따라 혁명을 위해 분주히 움직였다. 이를테면 호서림은 회의가 끝난 후 "임시 식비를 보충하려고 상회에 찾아가 돈 5만원을 빌려서"[829] 봉기군의 군량과 봉급을 잠시 해결할 수 있었다. 10월 11일 한커우(漢口) 신군(新軍)이 봉기를 하자, 상회 회장 채보경(蔡輔卿), 부회장 이자운(李紫云)은 즉시 군정 지부에 지지를 표하면서, 군비에 쓰라고 하면서 10만원을 보내주었다. "10월 11일부터 한커우가 함락될 때까지 군정 지부는 모든 비용에서 우창 관가의 돈을 한 푼도 쓰지 않았다."[830] 그들의 이 같은 행동은 혁명당인들이 곤란을 극복하고 투쟁을 고수하는데, 혁명을 전국적으로 밀고 나가는 데 아주 결정적 역할을 했다.

차후, 호남·섬서(陝西)·산서(山西) 등 성의 부르주아 입헌파들은 단독 혹은

828) 이검농, 『신해혁명 사료』, 101쪽.
829) 이서병(李西屛), 「우창 첫 봉기 기사(武昌首義紀事)」, 『신해 첫 봉기 회고록(辛亥首義回憶錄)』 4권, 호북 인민출판사, 1961, 34쪽.
830) 온초형(溫楚珩), 「신해혁명 실천 기(辛亥革命實踐記)」, 『신해 첫 봉기 회고록』 1권, 호북 인민출판사, 1961, 55쪽.

혁명당인들과 연합한 다음 연달아 청 조정의 통제에서 벗어나 독립을 선언하였다. 이에 『시보』는 사설을 발표하여, 부르주아 입헌파들의 이 같은 전향에 아주 입장을 분명히 밝혔다. "3년 전 혁명을 거론했을 때에는 완전한 방법이 아니며 여러분들이 신중하지 못하다고 했다. 즉 기자는 몹시 반대하는 입장을 보였다. 그런데 오늘은 혁명을 공개적으로 제창하는 바, 그것은 어짊과 의로움이 다했는데 이를 의심하는 자가 없기 때문이다. 오늘날 중국에서 혁명이라는 두 글자를 제외하고 평화적으로 개혁할 수 있는 다른 대책이 있단 말인가?"[831]

1911년 11월 27일 사천 군정부가 수립되면서 전국적으로 14개 성에서 독립을 선포, 청 조정은 사면초가라는 어려운 경지에 빠졌다. 혁명으로 전향한 상기 부르주아 입헌파들을 두 가지 유형으로 나누어 볼 수 있다. 한 가지 유형은, 당화룡처럼 혁명이 발발했다는 소문을 듣자 곧바로 혁명으로 전향한 사람들이다. 다른 한 가지 유형은, 보수적인 경향이 상대적으로 다분한 사람들이다. 그들은 우창 봉기가 일어난 후 한동안 망령되게 청 조정을 구하려고 시도하다가, 나중에 청 조정의 패망이 확실한 현실이 되자 상황을 파악하고 나서 일관적으로 추구하던 입헌 사상을 버리고 세찬 혁명의 물결 속에 뛰어든 사람들이다. 장건, 양계초와 같은 사람이 대표적인 인물이다.

우창봉기가 발발한 후 한동안, 바람 앞의 촛불처럼 가물거리는 청 왕조를 구하려고 한 때, 장건은 안칭(安慶), 남경, 수저우를 분주히 오르내리면서, 즉시 긴급조치를 강구하여 시국에 대처하라며 그 지역 집권자들을 설득하였다. 그가 힘써 대책을 강구하며 쟁취하려고 한 첫 번째 사람은 안휘 순무 주가보(朱家寶)였다. 그러나 그가 10월 12일 주가보 쪽을 통해, 안휘성은 "방어 계획을 세울 자금이 없고, 신군의 숫자가 믿을 바가 못 된다"는 정황을 일게 된 후, 그날 밤으로 안칭을 떠나 남경에 도착하여 강녕(江寧)

---

831) 「오늘날 국민이 가지고 있는 의심할 바 없는 견해(論國民今日不可存疑慮之見)」, 『시보』, 1911년 11월 7일 자.

장군 철량(鐵良)과 양강(兩江) 총독 장인준(張人駿)을 찾아가, 신속히 출병하여 호북성을 지원하라고 설득했다. 그들의 병력을 이용하여 호북 봉기를 탄압하여 혁명이 퍼지는 것을 막기 위해서였다. 그는 쟝닝과 호북의 이해관계를 설명하면서 쟝닝을 보존하려면 반드시 즉시 출병하여 호북성을 지원해야 한다고 철량과 장인준을 경고했다. 하지만 철량과 장인준은 자신들의 기반만 지키는 것에만 주의하고, 게다가 장인준은 후광(湖廣) 총독 서징(瑞澂)과 알력이 있었던 상황이라서, 철량과 장인준은 장건의 건의를 거절했다. 장건은 10월 16일 총망히 수저우에 도착하여 수저우 순무 정덕전(程德全)을 찾아가, 황족 내각을 해산하고 주모자를 징벌하며, 헌법을 앞당겨 선포하여 민심을 수습하고 혁명을 소멸하자고 선전했다. 장건이 정덕전과 산동 순무 손보기(孫寶琦)를 대신하여 조정에 올린 상주문에서 다음과 같이 말했다. "임금의 마음을 독단하고, 조상들이 만들어 놓은 방법에 따라 여러 나라의 훌륭한 규칙을 폭넓게 본받으며, 내각에서 근무하는 황실의 근친이나 친신들의 직무를 해임하고 어질고 재능이 있는 사람들을 파격적으로 등용하여 별도로 편성한 다음 임금을 대신하여 확실하게 책임지게 해야 한다. 대체로 황실의 존엄을 영원히 수호하려면 정치적 칼날이나 충돌을 일어나지 않을 수 없다. 칙명을 내려 반란을 일으킨 괴수를 처벌하여 천하의 민심을 가라앉혀야 한다. 그리고 기일을 정하여 알려 백성들에게 맹세한 다음 헌법을 앞당겨 선포하고 처음부터 다시 시작해야 한다. 감언이설은 뜬소문처럼 발붙일 자리가 없다. 봉기는 농병황지(弄兵潢池)라 장병들 마음을 돌려세운 다음 풀어놓으면 된다. (봉기군은) 토벌하면 이내 흩어질 수 있고, 위로하여 안정시키면 된다."[832]

10월 21일 장건은 또 강소성 자의국의 명의로 청 조정에 전보를 보내어, 헌법을 선포하고 국회를 열어 민심을 수습해야 한다고 청원했다. 그때까지도 그에게 청 조정을

832) 상해 사회과학원 역사연구소 편, 『상해에서의 신해혁명 사료 선집(辛亥革命在上海史料選集)』, 상해 인민출판사, 1981, 988~989쪽.

만회하고 혁명을 반대하는, 충신의 마음이 남아있었다는 것을 알 수 있다.

　그러나 장건의 이 같은 생각은 이내 큰 변화가 생겼다. 혁명 형세가 급격하게 발전하고, 각 성에서 잇달아 독립을 선언하자, 그제야 장건은 청 조정을 구할 길이 없다는 것을 깨달았다. 시국을 다시 판단하여 그는 무력적 탄압은 가망이 없다는 것을 알게 되었다. 그리하여 그는 일관되게 고수하던 입헌 군주제의 주장을 버리고 공화제로 전향하여 "평화적 광복" 중에서 다른 길을 찾아보려고 마음먹었다. 그는 자신의 친인인 선혜부(沈惠孚), 이평서(李平書) 등을 보내 혁명당 사람들과 협력하기로 합의했고, 11월 3일 상해가 광복을 맞이했다. 차후 그와 뢰분(雷奮), 양정동(楊廷棟) 등은 수저우에 대표를 파견하여 정덕전으로 하여금 독립을 선포하라고 선동했다. 11월 6일 장건은 원세개에게 보낸 전보문에서, 이 같은 정황을 아주 분명하게 밝혔다. "이 열흘 사이 동, 서, 남 10여개 성의 여론을 수집해 보니, 그 대세가 공화제로 넘어갔다. 한족·만족·회족·장족이 연합하고, 국내의 6개 성이 호응하고 있다. 추세가 이러하니 어찌할 수 없는 일이다. 공은 명철하게 멀리 내다보고 올바른 도리를 폭넓고 신중하게 받아들여 원대한 계획을 새롭게 세우리라 믿는다. 중국이 4등 국이라는 최근의 큰 치욕을 씻어내려면 입헌 공화정체에 두 번째의 씨앗을 남겨서는 안 된다." [833] 장건은 이 전보문을 보내면서, 철량, 장인준, 장쉰 등에게도 서신을 보내어, 군사적 저항을 절대로 하지 말고, 민주공화정체의 걸림돌이 절대 되지 말아야 한다고 충고했다. [834] 11월 8일 장건의 고향인 통주(通州)도 독립을 선포했지만, 지방의 질서는 예전과 다름없었으며, 그의 회사인 대성자본그룹도 아무런 손실을 입지 않았다. 게다가 그의 큰형은 총사령까지 맡게 되었다. 이는 혁명에 대한 그의 믿음을 보다 깊게 했다. 11월 12일 장건은 오정방(伍廷芳) 등과 연합하여 섭정왕 재풍에게 전보를 보내어, 청 황제를 퇴위시키고 공화제를 찬성하라고 요구했다. "대세가

---

833) 상해 사회과학원 역사연구소 편, 『상해에서의 신해혁명 사료 선집』, 989쪽.

834) 장건, 「철량 장군에게 충고하는 편지(勸告鐵將軍函)」, 『장계자 구록 정치 견문록(政聞錄)』 3권, 『신해혁명 회고록』 6집, 중화서국, 1963, 285쪽.

이러하니, 공화제가 아니면 백성들이 도탄 속에서 헤어 나오지 못할 것이고, 만족과 한족 간의 평화를 유지하지 못할 것이다. 국민들의 마음이 이와 같고, 외국의 지식인들의 의론 역시 이와 같으므로, 향후 중국이 입헌군주정체를 절대 용납하기 어렵다는 것이다. 황제를 위해 대책을 세워, 요임금과 순임금이 필요로 했던 것처럼 천하의 인재를 구해야 한다."[835] 11월 21일 장건은 강소성 임시 의회 의장에 당선된다. 그는 상해로 가서 장태염(章太炎), 송교인(宋敎仁), 황흥(黃興), 어유임(于右任) 등의 혁명당인들과 회담을 가졌다. 사람들에게 혁명으로 전향했다는 결심을 보여주기 위해 그는 청 조정에서 위임한 선위사와 농상공 대신 직무를 단호하게 사임했다. 그리고 12월 14일 청 조정의 신복(臣仆) 표징인 변발을 가위로 잘라 집에 보내어, 청 조정과의 결별을 공개적으로 드러냈다.

멀리 해외에 체류하던 양계초가 입헌에서 혁명으로 전향하던 과정도 장건과 같다. 우창 봉기가 일어난 후, 갓 타오르기 시작한 혁명의 불길을 진화하고자 양계초는 창망히 일본에서 봉천(奉天)으로 건너와 재도(載濤), 오록정(吳祿貞), 장소중(張紹曾), 남천위(藍天蔚) 등이 장악하고 있는 군대에 의존하여 북경 외곽 지역을 통제하여 원세개가 북경에 들어오는 것을 저지하려 시도했을 뿐만 아니라, 북경에서 정변을 일으켜 이전부터 앙숙이던 혁광, 재택을 축출하고 재도를 내각 총리대신에 앉히며, 청 조정의 이름으로 즉시 국회를 소집하여 국회가 실권을 장악하고 입헌 군주제를 이미 실현했다고 선포함으로써, 전 국민이 자기들에게 귀순하여 혁명당인들의 손발을 묶으려는 환상을 꿈꿨다. 그러나 양계초가 11월 9일 다롄에 도착했을 때에는 오록정이 원세개가 보낸 자객에게 이미 피살된 후였다. 잇달아 장소중도 군권을 박탈당하고, 아울러 남천위가 자신을 해칠 수 있다는 소문을 들은 양계초는 재차 일본으로 도망갔다.

일본으로 돌아간 양계초는 '신중국 건설 문제'라는 글을 발표하여, 입헌 군주제를 계속하여 주장했다. 하지만 사람들의 관심을 불러일으키지 못했다. 나중에 중화민국

---

835) 『오선생공독』 상권, 대만 문해 출판사, 1982, 11쪽.

임시정부가 수립되고, 청 황제의 퇴위가 확실시된 상황에서, 그를 수반으로 하는 해외 부르주아 입헌파 중의 대다수가 실현 불가능한 입헌 군주제 주장을 버리고 민주 공화제 쪽으로 가까이 다가섰다. 이에 관해 양계초는 이렇게 말했다.

"입헌파들은 쟁취하려는 것은 국체가 아니라 정체이다. 국체는 현 상태를 유지하면 된다. … 정체는 앞으로 관철해야 할 이상이다."[836] 즉 의회 정부를 수립할 수만 있다면 입헌 군주제든 민주 입헌제든 모두 받아들일 수 있다는 뜻이다. 비록 그들이 혁명적 수단을 통해 현 상태를 개변하는 것을 주장하지는 않았지만, 혁명이 이미 일어난 이상 그들 역시 부득불 입헌 군주제와 민주 혁명 간의 다른 점을 고려하지 않을 수 없었다. 의회 정치는 그들의 공통 신앙이었다. 입헌 군주제라는 그들의 이상을 달성하려면 아직 노력이 필요한데, 공화제로의 전향은 오히려 순풍에 돛 단 격이 되어 굽은 길을 적게 걷고도 자기들의 신앙을 이룩할 수 있었으며, 이는 국가나 국민들에게나 다 이로운 일이었다.

② 관료 입헌파들의 분열

많은 부르주아 입헌파들이 혁명으로 전향한 동시에 관료 입헌파들 역시 분열이 생겼다. 정덕전, 웅희령, 주가보, 원세개 등 한족 관료들은 각자의 이익에 입각하여 일관되게 고집하던 입헌 군주제 주장을 포기하고, 혁명 진영에 투신했다. 이는 혁명의 영향을 확대시키면서, 만족 청 조정의 멸망을 가속화하였다.

1911년 11월 5일 장건, 뢰분 등의 설득 하에 장쑤 순무 정덕전은 "군대와 나라 사정을 알고 있으면서도 할 수 있는 일이 없다"[837]면서 독립을 선포하고 중화민국 장쑤 도독에 취임했다. 그의 수하에 있던 주요 관리들도 그를 따라 민국 관원이 되었다. 이에 보조를

836) 양계초, 「괴이한 이른바 국체 문제자」(異哉所謂國體問題者), 『음병실 합집8 음병실 전문집 33』, 제86쪽.
837) 주조(朱照), 「운양 정공 60세 생신 서문」, 『장쑤 지역 신해혁명 사료』, 장쑤 인민출판사 1961, 60쪽.

맞추어 장쑤 자의국도 장쑤성 의회로 개편하고, 장건이 의장을 맡았다. 그리고 원래 자의국 의원을 의회 의원이라고 개칭했다. 이 같은 방법은 장쑤성에 대 동란이 일어나는 것을 피하고 평화적으로 광복을 맞이한 선례가 되어, 일부의 성에서 평화적으로 광복을 맞이하는 데에 적극적인 영향을 주었다.

정덕전이 완고한 관료 입헌파에서 혁명으로 전향할 수 있었던 데에는 물론 혁명적 폭풍의 충격과 부르주아 입헌파의 설득이 주요인이기는 하지만, 본인의 개인적 요소 역시 이 전향을 초래한 중요한 원인으로 작용했다. 신해혁명 후, 정덕전은 청 조정에 불만이 많았다. 정덕전은 청 조정에 환상을 품고 있어서, 원래 입헌에 아주 열정적이었다. 우창 봉기 이후, "정덕전은 청 조정에 최후 충고를 했다. 그는 대계를 진술하는 상주문을 도합 네 번 올렸다. 그 중 세 번째 상주문은 장건이 대신 초안을 작성했다." [838] 장건이 대신 기초한 세 번째 상주문은, 청 조정이 후에 설치한 황족 내각을 폐지하고 어질고 재능 있는 자를 등용하며, 헌법을 앞당겨 선포할 것을 요구했다. 당시 혁명에 대한 대중들의 열의가 매우 고조되어 있었지만, 청 조정은 여전히 깨우치지 못하고 잘못을 고집하면서 진압을 통해 위기를 평정하려고 정덕전의 요구를 받아들이지 않았다. 이에 정덕전은 불만이 많았다. "거듭 진술했지만 결국 들으려 하지 않는구나. 국체 개혁이 물거품이 되었는데도 날마다 서로 시기하고 아옹다옹 다투기만 하니, 화해시키려고 간곡히 타일러도 듣는 사람이 없구나. 오늘날 기강이 무너지고 도덕이 완전히 사라졌으며, 백성들이 도탄 속에 빠져 하루아침에 거처를 잃게 해서야 되겠는가? 오호! 묻노니, 임금에게 충언할 수 없고 국민들에게 도움을 줄 수 없다면 불효막심하고 죄 또한 엄청 크다 할 수 있는데, 이제 무슨 변명이 더 필요한가?" [839] 이는 청 조정에 대한 정덕전의 불만을 드러낸 말이라 할 수 있다. 역시 그가 혁명으로 전향하게 된 내재적 원인이기도 했다.

---

838) 황염배(黃炎培), 「신해혁명 중의 한 사람-정덕전(辛亥革命中之一人-鄭德全)」, 『인문』 2권 1호, 1931년.
839) 황염배, 「신해혁명 중의 한 사람-정덕전」, 『인문』 2권 1호, 1931년.

이밖에, 신해혁명의 충격을 받은 정덕전은 청 조정이 정치가 타락해서 인심을 얻지 못하고 고립에 직면하여 반드시 멸망하리라는 것을 예감했다. 그리하여 정덕전은 수저우가 광복되기 전날 밤에 반정의 뜻과 움직임이 있었다. "수저우 순무 정덕전이, 세계 조류와 국민들의 의향을 살펴보면, 청 조정의 기강이 사라져 난이 오랫동안 지속될 줄을 일찌감치 알고 있었다. 대국적인 입장에서 전체 국면을 살펴 반정의 뜻을 굳혔다."[840] 당시 정덕전은 신군들 속에서 활동하고 있는 혁명당인들의 상황을 손금 보듯이 잘 알고 있었다. 하지만 그는 모르는 듯 묵인했다. 반정에 참가했던 사람의 회상에 따르면, 수저우를 광복하기 전날 밤, 정덕전은 혁명당인들과 이미 연계를 가졌다. 하지만 외인들은 그 사실을 모르고 있었다. 어느 날 저녁 무렵, 그가 순무 관청의 응접실에 앉아있는데, 갑자기 조이풍의 아들이 찾아왔다. 조이풍의 아들은 수저우 한 학교의 교사였는데, 혁명당인들의 행적을 발견하고 밀고하러 정덕전을 찾아온 것이었다. 정덕전은 그의 말을 채 듣지도 않고 엄한 목소리로 호되게 꾸짖었다. "이 곳이 어디라고 감히 그런 허튼소리를 지껄이는가?"라고 하며 축객령(逐客令)을 내렸다. 조 씨는 무안해서 자리를 떴다.[841] 또한 이 시기 정덕전은 청 조정에 겉으로는 따르는 척 했지만, 사실은 대항하는 태도를 보였다. "우창 봉기 후, 양강(兩江) 총독 장인준이 남경을 사수하려다가 군자금이 부족해지자, 번사 좌효동에게 군자금을 보충하게 30만원을 꿔달라며 장쑤에 전보를 보냈다. 이에 분노한 정덕전이 강제로 명령을 내려 군자금을 도중에 억류했다."[842]

웅희령(熊希齡, 1870-1937)은 호남 펑황 사람이고, 자는 병삼이다. 광서 연간에 진사에 급제하고 한림원 서길사(庶起士)로 뽑혔으며, 진보잠(陳寶箴)과 황준헌(黃遵憲)을 도와 새로운 정책을 강력히 실천했다. 호남 시무학당 제조(提調), 서양을 고찰한 5명의 대신을 수행했고, 봉천 농공상무국 총판(總辦), 봉천 염운사(鹽運使), 동3성 주둔 개간국

---

840) 『강소지역 신해혁명 사료』, 제121쪽.
841) 『강소지역 신해혁명 사료』, 21쪽.
842) 정문강(丁文江), 조풍전(趙豐田) 편, 『양계초 연보 초고 본(梁啓超年譜長編)』, 상해인민출판사, 1983, 573쪽.

회판(會辦) 겸 봉천 화폐제조공장 총판 등의 직을 역임했다. 평소에 양계초, 양도(楊度) 등과 사이가 좋았고, 일찍이 부르주아 입헌파들의 대변인 역할을 한 『시보』에 경제적 후원을 하는 등 당시 입헌 군주제를 강력히 추진한 하층 관료였다. 우창 봉기가 일어날 때 그는 봉천에 있었다. 그는 양계초에게 협력하여 정변을 일으키고 청 조정의 이름으로 중국에 입헌 군주제를 시행하려 계획했다. 정변이 실패하자 그는 서둘러 봉천을 떠나 상해로 달려갔다. 누군가 왜 봉천을 떠나느냐고 묻자 그는 이렇게 대답했다. "내가 정책으로 조이손(趙爾巽)을 회유하려 했지만 그가 듣지 않았다. 그곳에 머물러 있으나 마나 하여 돌아왔다." 그는 조이손이 협력하지 않아서, 정변이 실패했다고 생각했다.

상해에 온 후, 웅희령의 정치적 태도가 변하기 시작했다. 특히 혁명당인인 황홍, 송교인 등을 만난 후 공화제 쪽으로 생각이 점차 바뀌었다. 12월 26일 그는 호남 공화협회 회장의 명의로 150여명의 회원을 대표하여 그때까지도 관망하는 태도를 보이고 있는 원세개에게 전보를 보냈는데, 그 전보에서 자신의 전향을 분명하게 드러냈다. "현재 남북의 인민들이 공화제를 주장하고 있지만, 유독 공만이 청 황실을 위해 싸우고 있고, 군주제를 위해 싸우고 있소이다. 이는 민심을 거슬리는 행위이며, 천하의 몹쓸 짓을 저지르고 있는 것입니다. 청 황실은 인민들의 신용을 잃어 사실 더는 군주의 자격이 없소이다. 그렇기 때문에 반드시 신속히 조정에서 물러나 백성들을 도탄 속에 빠지지 말게 해야 하옵니다… 때는 사람을 기다리지 않소이다. 공께서 대세를 그르치지 말고 결연히 영명하게 퇴위하시면 천하의 행운인 줄 아옵니다."[843] 원세개더러 역사의 걸림돌이 되지 말고 시대의 조류에 순응하여 제때에 결단을 내리기를 권고했다.

우창 봉기 후, "안휘 자의국 그리고 각 지역의 유지들이 강 연안의 여러 성도에서 독립을 선고해야 하는 바, 안휘가 독립하지 않으면 위아래로 협공을 받아 백성들이 도탄에 빠지고 그들의 생명과 재산을 보호할 수 없다"고 하면서 안휘 순무 주가보(朱家寶)더러

---

843) 임증평(林增平), 주추광(周秋光), 「웅희령소론」, 『호남사범대학학보』 5호, 1985.

독립을 선포하라고 거듭 요구했다.[844) 혁명당인들도 자의국과 연락을 가지고 두 파벌이 연합하여 "수저우 순무 정덕전의 사례처럼 주가보를 강압하여 독립을 선고"하게 하기를 희망했다.[845) 그러나 주가보는 처음에는 청 조정에 충성하려는 생각에서 혁명에 부응하지 않았을 뿐만 아니라 두 가지 조치를 취하였다. "첫째, 신군이 혁명당인들의 손에 넘어갔기에 신뢰도가 부족하므로, 성 밖으로 전출하여 해체한 후, 다른 방위 부대와 순찰 부대를 성(省)에 입주시켜 혁명당인을 굴복시킨다. 둘째, 혁명당인을 체포하여 후환을 없앤다."[846) 이에 부르주아 입헌파들은 불만이 많았다. 11월 5일 자의국 의장 두이각(竇以珏)과 부의장 동읍방(童悒芳) 등은 주가보에게 세 가지 물음을 제기하면서 답변을 요청했다. "첫째, 지방의 장관으로서 군대를 파견하여 혁명당인들과 결전한다면, 전쟁이 일어날 경우 안휘의 부모형제들의 생명과 재산은 누가 보호해 주는가? 둘째, 안휘에서 수억 원을 마련하여 조직한 신군을 이제 와서 해산한다면 수억 원을 버리는 일일 뿐만 아니라, 지방의 안전을 책임지는 사람이 없게 되므로 반드시 신군을 다시 불러들여야 한다. 셋째, 방위 부대의 군율이 형편없어서 시민들과 거래할 때 반수 이상이 강제로 빼앗기 때문에 부대를 원 주둔지로 돌려보내야 한다."[847) 이와 동시에 그들은 혁명당인들을 "너무 박해하여 궁지로 몰면 이판사판으로 몸에 품고 있는 맹렬한 폭탄을 가지고 온 도시를 가루로 만들 수 있다"[848)며 주가보를 위협했다. 주가보는 서석린이 은명(恩銘)을 사살하던 일이 기억에 생생했던지라 그들의 말을 듣자 겁이 났다. 그리하여 11월 6일 이 같은 답변을 줬다. "군심이 이러하고 민심이 이러하다면 각 성에서 잇따라 행동할 것인데, 내가 어찌 감히 홀로 다르게 행동할 수 있겠는가? 여러 분들은 대책을

---

844) 『선통정기(宣統政紀)』 43권을 참고.
845) 손전애(孫傳瑗), 『안휘혁명기개요』, 『신해혁명』 (7), 184쪽.
846) 장붕원(張朋園), 『입헌파와 신해혁명』, 길림출판그룹유한회사, 2007, 192쪽.
847) 곽효성(郭孝成), 『안휘광복기』, 『신해혁명』 "(7), 174쪽.
848) 손천원, 『안휘혁명기개요』, 『신해혁명』 (7), 185쪽.

강구하여 스스로를 보호하고, 나는 그대들의 뜻을 따를 뿐이다."[849] 주가보의 태도가 누그러졌기 때문에 안휘의 독립이 이루어질 수 있었다. 11월 8일 자의국은 독립을 선포하고 주가보를 안휘 도독부 초대 도독에 천거했다.

만약 정덕전과 웅희령의 전향이 혁명을 인정했기 때문이라면, 주가보의 전환은 부르주아 입헌파들의 압박 때문이었다고 할 수 있다. 그러하다면 당시 풍운아인 원세개가 입헌 군주에서 혁명으로 전환한 것은 권력 이익의 유혹 때문이라 할 수 있다.

원세개는 내각 총리대신이 되기 위해 청 조정의 실권을 장악했고, 입헌 군주제 시행에 계속 열중했다. 이 때문에 섭정왕 재풍이 그를 의심하고 질투했다. 결국 1909년 '족질(足疾)'에 걸렸다는 이유로 '고향에 돌아가 병을 치료' 하라는 강제 명령을 내렸다. 우창 봉기 후, 청 조정은 원세개가 통제하고 있는 군대를 이용하여 혁명을 진압하기 위해 1911년 10월 14일 원세개를 재임용, 호광(湖廣) 총독에 임명하여 '토벌과 귀순을 지휘하게 했다.' 직급이 낮고 권력이 적은 것에 불만을 품고 있던 원세개는 족질이 채 낫지 않았다는 핑계를 대고 이에 응하지 않았다. 혁명의 형세가 날로 고조되는 상황에서 청 조정은 어쩔 수 없이 11월 1일 황족 내각을 해산했다. 그리고 원세개를 내각 총리대신에 임명하고 책임 내각을 재편성했으며, 또한 호북에 파견한 모든 육군과 해군 그리고 창장(長江) 수군은 여전히 원세개가 통솔한다는 특별 조서를 내려 주요 권력과 전선 지휘의 권한을 원세개에게 모두 넘겨주었다. 그제서야 만족한 원세개는 그의 고향인 하남 장더에서 '성지'를 받고, 북양군에게 진격하라는 명을 내렸고, 11월 중순 남경에 들어가 부임했다.

원세개는 권력에 대한 욕망을 이룬 상황에서, 다시 권력을 잡은 초기에는 이미 얻은 이익을 수호하고자 여전히 입헌군주제를 고집했다. "내가 다시 벼슬길에 오르면 입헌군주제를 끝까지 고수하겠다"는 자신의 약속을 지킨 것이다. 11월 11일에 그는 특사 채정간, 류승은을 강 건너에 있는 혁명당에게 파견하여, 청 조정을 위해 하루빨리 헌법

---

849) 장국감(張國淦), 『신해혁명사료』, 243쪽.

초안을 작성하고 온전한 내각을 편성하여 영국식 입헌군주제를 시행하는 전제하에서 남북문제를 평화적으로 해결할 방도를 강구하게 했다. 물론 이는 혁명당에게 거절을 당했다. 12월 초, 남북 양측은 담판을 시작했다. 하지만 원세개는 내전을 피하고 질서를 회복하는 전제하에서 입헌군주제 정체를 유지하려고 마지막 노력을 했다. 그리하여 그는 담판 대표를 강 건너에 파견할 때 이렇게 지시했다. "입헌 군주제를 변경해서는 절대 안 된다." [850] 그러나 형세가 발전함에 따라 원세개는 자기 정치적 주장을 포기하고 혁명의 진영으로 다가가 한동안 민주혁명의 동행자가 되었다. 이 같은 전향을 가져오게 한 주요 원인은 권력에 대한 더욱 큰 그의 욕구 때문이었으며, 중화민국 임시 대총통이라는 자리를 탈취하기 위해서였다. 일찍 11월 30일 주중 영국 공사 조르단(John Newell Jordan)은 주 한커우 영국 영사에게 호북 군정부에 세 가지 강화 조건을 전달하라고 지시했다. 첫째, 양측은 당일로 정전해야 한다. 둘째, 청 황제는 퇴위해야 한다. 셋째, 원세개를 대총통으로 선거해야 한다. 이런 제국주의와 북양군의 이중의 압력에 의해 혁명당인들은 정전 요구에 응했고, 희망을 원세개에게 맡길 수밖에 없었다.

혁명당인들은 만약 원세개가 공화제를 찬성한다면 중화민국 대총통의 자리를 반드시 그에게 내준다는 약속을 했다. 또한 한커우에서 회의를 소집하고, 공석으로 남아있는 총통 자리를 원세개가 귀순하면 그에게 내어준다는 결의를 채택했다. 심지어 호북 군정부 도독 여원홍(黎元洪)은 원세개에게 보낸 서신에서 "초대 중화공화국 총통을 선거할 때, 공은 여유 있게 그 자리를 쟁탈할 수 있게 되었다" [851]고 밝히면서, 중화민국 대총통 자리를 경솔하게 원세개에게 주기로 약속했다. 이 같은 상황에서 원세개에게는 남의 의견을 받아들이지 않고 자신의 생각대로 입헌 군주제를 고집하느냐, 아니면 공화제에 순응하여 총통 자리를 쟁탈하느냐, 두 가지 선택권이 주어졌다. 팽배한 권력욕에 원세개는 이내

---

850) 장국감, 『신해혁명사료』, 289쪽.
851) 장국감, 『신해혁명사료』, 282쪽.

입헌 군주제 입장을 포기하고 혁명에 호응했다. 특히 손문이 1912년 1월 16일 청 황제가 퇴위하면 임시 대총통 자리를 그에게 내어 준다는 약속을 한 후 원세개의 태도는 더욱 빨리 돌아섰다. 그는 한편으로, 청 조정에 상주문을 올렸다. "해군이 모두 모반을 하여 천연의 요새가 사라진 상황에서" 북양 육진만으로는 경진(북경과 톈진 지역) 지역을 방위할 수 없게 되었다. "설령 힘을 다하여 유랑한다 하더라도 받아줄 곳이 없다.

청 황제가 스스로 물러나고 공화제를 실행한다면 몰라도 다른 길이 없다."[852] 다른 한편, 북양 고위 장교 단기서 등에게 공화를 옹호한다는 전보를 보내었다. "유지를 내리어, 공화 정체를 확고히 수립한다고 중외에 선고해야 한다."[853] 이 같은 정세에서, 1912년 2월 12일 청 황제는 할 수 없이 공식적으로 퇴위를 선포했다. 그리하여 원세개는 손쉽게 중화민국 임시 대총통에 즉위할 수 있었다.

원세개는 혁명에 부응한 후, 그가 공화제를 추종하기 위해 내놓은 일괄적인 주장들은, 청 통치자들을 이용하여 입헌 군주제를 시행하려던 관료 입헌파들까지 혁명으로 전향하는데 신속한 반응을 일으키게 했다. 이렇게 되어 부르주아 입헌파든 관료 입헌파든 대다수의 입헌파들이 혁명으로 전환했고, 입헌 군주론은 중국의 역사무대에서 잠시 퇴장하게 되었다.

(2) 부르주아 혁명파의 헌정 모델에 대한 논쟁

부르주아 혁명파의 헌정 모델 논쟁은 신해혁명을 전후하여 중국이 헌정을 구축함에 있어서의 두 가지 견해에 관한 불일치를 둘러싸고 부르주아 계급 내부에서 진행된 헌정 구축과 제도의 설계를 말하는 것으로, 이는 민국초기 총통부 그룹과 국무원 그룹이 여러

---

852) 아이신쥐러(賻儀) 부, 『나의 전반생(我的前半生)』, 군중출판사, 1964, 40.
853) 장국감, 『신해혁명사료』, 305쪽.

번 논쟁을 하는 데 어느 정도 영향을 미쳤다.

신해혁명이 성공한 후 중국이 마땅히 어떠한 공화 헌정 체제를 선택하느냐는 아주 중요하면서도 유난히 복잡한 문제였다. 당시 선택할 수 있는 체제는 두 가지가 있었다. 한 가지는, 미국식 총통제였고, 다른 한 가지는 프랑스식 내각 책임제였다. 이 문제에서 비록 혁명파 내부가 철통 같이 뭉친 것은 아니었지만, 초기 대다수의 사람들은 미국식 총통제를 믿어 의심치 않았다. 일찍 1894년 흥중회를 설립할 때 손문은 "오랑캐를 몰아내고, 중화를 회복하여 합중 정부를 수립하자"는 서언을 했다. 이른바 '합중 정부'란 바로 당시의 미국식의 총통제와 정부를 특별히 지칭한 것이다. 1903년 손문은 단향산(檀香山)에서 화교들과 "혁명이 성공하는 날, 전제를 폐지하고 미국 총통 선거 방법을 모방하여 공화제를 시행한다"[854]고 말했다. 1906년 가을이 지나고 겨울이 시작될 무렵 손문은 황흥(黃興) 등과 일본에서 '중국 동맹회 혁명 방략'을 제정하고, 세 단계로 나누어 혁명 강령을 실시한다고 밝혔으며, 세 번째 단계 즉 헌법으로 나라를 다스리는 단계에 "반드시 국민들이 대총통을 공천하고 의원을 공천하여 국회를 만든다. 일국의 정사는 헌법에 의해 행한다"[855]고 명시했다. 미국을 모방하여 총통제를 실시하는 것은 손문 등의 일관된 정치적 주장이라는 것을 알 수 있다.

우창 봉기 후 한 달도 안 되어 부르주아 혁명파는 천하를 3분의 2를 차지하여 신정권의 정체 구축이 의사일정에 올랐다. 1911년 11월 말부터 12월 초까지 독립을 한 각 성의 대표들은 대세를 따라, 한커우에 모여서 중앙정부를 구성하는 사항을 토의하기로 대체로 정했다. 대표들이 기초한, 임시 헌법과 정부 조직법의 성질을 두루 갖춘 '중화민국 임시 정부 조직 요강'은 미국의 정체 양식에 따라 총통제를 실시하며, 임시 대총통을 선거하여 전국의 군정 사무를 총괄하게 한다[856]고 결정했다. 하지만 임시 대총통 인선을

---

854) 『손문전집』 1권, 226쪽.
855) 『손문전집』 1권, 298쪽.
856) "조직 요강"은 1911년 12월 3일 반포하고, 1912년 1월 2일 수정했다.

토의할 때, 호북과 절강 지역 대표들 사이에 이익 갈등이 생겨서 각 측이 수긍할 수 있는 입후보자를 잠시 정할 수 없었다. 12월 25일 손문이 해외에서 귀국하면서 임시 정부 조직에서 생긴 대치 국면이 타파되었다. 하지만 동맹회 내부에 임시 정부 정체 선택에 대한 의견이 불일치가 일어나 한바탕 논쟁이 벌어졌다. 손문은 줄곧 총통제를 주장했으므로, 당연히 초지를 굽히지 않았다. 논쟁을 일으킨 사람은 송교인이었다. 우창 봉기 후, 독립한 각 성에 리더십이 있는 사람이 부족하다는 느낌이 든 송교인이 한때 황흥(黃興)을 총통으로 추대할 생각이 있었다.[857] 그러나 손문이 임시 대통총 선거에 응하자, 그는 책임 내각제를 강력히 주장하면서 생각을 바꾸었다. "동맹회는 1912년 12월 26일 가하동화원(假哈同花園)에서 총리(손문) 공식 연회가 열렸는데, 송둔초(宋鈍初, 송교인의 자)는 자원하여 연회에 참석했다. 석차에 따라 극강(황흥), 영사(陳其美, 진기미)와 둔초(鈍初, 송교인)는 총리를 대총통으로 선거하기로 밀담을 나눈 후, 각자가 여러 대표들에게 그 뜻을 전하기로 했다. 계책이 정해지자 총리 거처에 다시 모여 정부 조직 방안을 의논했다. 송돈초는 내각제를 주장하면서 총리가 없어서는 안 된다며 자신의 의견을 굽히지 않았다. 극강은 돈초에게 제의를 철회하라고 설득했지만 실패했다.

그리하여 극강은 어느 날 남경에 가서 여러 대표들과 토의하여 결정하기로 했다."[858] 이날 회의에는 손문, 진영사, 송교인, 황흥 외에도 왕정위, 마군무, 거정, 장인걸 등이 참석했다. 손문은 회의에서 자기 의견을 상세히 진술했다. "내각제는 평소에 원수를 정치적 충돌에 끼어들지 못하게 하므로 총리가 국회를 책임진다. 그렇기 때문에 지금과 같은 비상시국에는 적절하지 않다… 나 또한 여러 사람의 생각을 따르지 않고, 혹 실수를 한다면 신성한 혁명 대계를 그르치게 될 것이다."[859] 비록 그 회의에서 책임 내각제 주장을 포기하라고 송교인을 설득하지는 못했지만, 동맹회의 다수 주요 지도자들은 의견 일치를

---

857) 「호한민 자서전」, 『근대사자료』 총 45호, 54쪽.
858) 진욱록(陳旭麓) 편, 『송교인문집』 상권, 중화서국, 1981, 머리말 9쪽.
859) 왕경웅(王耿雄) 등 편, 『孫文集外集』, 상해인민출판사, 1990, 47쪽.

보았다. 회의가 끝난 후 황흥은 남경에 가서 그곳에서 임시 정부 수립을 준비하고 있던 각 성의 대표들과 손문을 임시 대총통으로 추대할 일을 토의했다. 12월 29일 17개 성에서 온 대표들이 회의를 열고 임시 대총통을 선거했다. 손문이 16표를 얻어, 사흘 후 취임 선서를 하기로 결정했다. 얼마 후 임시 참의원도 남경에서 설립되었다. 그리하여 남경 임시 정부에서 중국 사상 최초의 총통제 공화국 정권이 탄생했다.

하지만 얼마 안 되어 『중화민국 임시정부 조직 요강』의 부족으로 인해, 특히 정부 조직법이라는 법적 성질에 구애돼서 인민의 권리와 의무를 규정할 수 없게 되었다. 아울러 한창 진행하고 있던 남북 간의 평화적 담판의 수요와 원세개가 손문을 대신하여 중화민국 임시 대총통에 취임하는 현실적 수요에 의해, 그리고 신해혁명의 정치적 성과를 수호하고 원세개가 정권을 잡은 후 역행하여 봉건적 복고를 꾀하는 것을 방지하기 위해서는 남경 임시 정부 역시 국가의 기본법을 제정하여 국가의 근본적 정치 제도를 규정하기를 절박하게 바라고 있었다. 이 같은 배경에서, 남경 임시 정부 참의원은 1912년 3월 8일에 『중화민국 임시 약법(임시 헌법)』을 급하게 통과시키고, 손문이 3월 11일 반포했다.

『중화민국 임시정부 조직 요강』에 비해 『중화민국 임시 약법』은 남경 임시정부가 시행을 개시한 총통제를 책임 내각제로 개정한 것이 가장 중대한 개혁이라 할 수 있었다. 이 중대한 개혁은 분명 총통 인선 변경과 관련되어 있었다. 남북이 평화적인 담판을 하고 있을 때, 각 성의 대표들은 자리를 비워놓고 원세개가 귀순하겠다던 약속을 지키기를 기다렸다. 손문도 임시 대총통에 취임한 후, 청 황제가 퇴위하고 원세개가 공화제를 찬성한다면 임시 대총통 직을 사임하겠다고 말한 적이 있었다. '약법'을 제정할 때 청 황제의 퇴위는 이미 확정돼 있었고, 원세개 역시 공화제를 찬성하겠다고 약속한 후였다. 이 같은 정세에서 손문은 총통 자리를 양보하겠다던 언약을 지키지 않을 수 없었다.

하지만 원세개의 정치적 품격을 믿기는 어려웠다. 무술변법 이래 원세개의 정치적 표현을 놓고 보면, 민주공화제를 수호하는 정치가라면 누구나 그에게 경계심을 가지고 있었다. 손문이 중국 혁명을 지도한 근 20년 동안, 민주공화제를 수립하기 위해 혁명 지사들이 엄청난 대가를 치르지 않았던가. 그런데 어떻게 이미 취득한 정권을 기꺼이

내어줄 수 있단 말인가? 그러나 역량적인 면에서 현저한 차이가 있었기 때문에 양보하지 않으면 안 되었다. 그리하여 자리를 양보함과 동시에 경계 조치를 강구했다. 경계 조치 중 하나가 바로 시행하고 있던 총통제를 책임 내각제로 개정함으로써, 원세개가 권력을 독점하고 시대를 역행하는 것을 막는 것이었다. 이검농(李劍農)은 이렇게 지적했다. "이전에 임시정부 조직 요강을 수정할 때, 송교인이 책임 내각제로 변경하자고 하자 송교인을 의심하고 경계하던 대표들이 송교인을 공격하려는 의도에서 그의 뜻을 결사반대해서 책임 내각제를 달성하지 못했다. 현재 제정하고 있는 약법은 원세개의 임시 총통 임기 내에 시행하려 하면서도, 또 원세개의 야심을 견제하려는 이유에서 의외로 총통제를 책임내각제로 개혁하려 하고 있는 것이다."[860] 이검농이 이전에 손문을 비롯한 대다수의 부르주아 혁명파 그리고 독립된 각 성의 인사들이 주장한 총통제를 송교인을 반대하고 원세개를 견제하기 위해 필용했기 때문이라고 말한 점은 분명 편면적인 견해이기는 하지만, 실시하고 있던 총통제를 책임내각제로 개혁한 이유가 원세개를 견제하기 위한 수단이었다고 귀납한 점은 역사적 사실에 부합된다고 할 수 있다.

이에 손문 자신도 이렇게 해명한 적이 있다. "정부를 조직함에 있어서, 총통제도 있고 내각제도 있다. 프랑스는 내각제이고, 미국은 총통제이다. 내각제는 내각이 모든 책임을 진다. 내각이 그릇된 행위를 하면 인민들이 뒤엎고 다른 내각을 만들 수 있다. 총통제는 총통이 책임을 지며 황제의 성질을 가지고 있을 뿐만 아니라, 영국이나 독일과 같은 입헌 국가에서는 그 권력이 황제보다 더 많다. 미국이 총통제를 채택한 이유는 정체가 연방이라는 특징을 가지고 있기 때문으로 권력을 총통에게 집중하여 일괄적인 행정을 꾀할 수밖에 없었다. 현재의 중국 정세를 놓고 볼 때, 내각제가 최적이라 할 수 있다."[861] 이 같은 상황에서, 손문은 이전에 총통제를 강조하면서 한 많은 주장을 더는 한 마디도

860) 이검농, 『중국 근 백년 정치사』, 309~310쪽.
861) 『손문전집』 3권, 중화서국, 1984, 44쪽.

언급하지 않았다.

'사람에 따라 방법을 강구'하는 혁명당인들의 처사에 대해 원세개는 용납하지 못했을 뿐만 아니라 법조계에서도 질책했다. 간웅 원세개는 이런 생각을 했다. 오늘날 혁명당인들이 『중화민국 임시 약법』을 만들어, 시행하고 있던 총통제를 책임 내각제로 개정하여 내가 대권을 독점하는 것을 견제하려 한다면, 다음에는 정체를 바로잡기 위해 내가 다른 한 부의 약법을 만들어 재차 총통제 내지 대총통 집권제를 실행함으로써, 권력을 독점하고 황제 복고를 시도하는 데 법적 근거로 삼으면 되지 않는가? 법조계 인사들은 이런 생각을 했다. 비록 이와 같은 방법이 혁명당인들의 고심과 정치적인 미숙을 드러내기는 했지만, 한 사람을 겨냥하여 입법을 통해 정체를 변경하는 방법은 근대 중국 헌법사에 아주 나쁜 선례를 남겨놓았다. 이에 당덕강(唐德剛)은 이렇게 평가했다. "이는 순전히 원세개를 겨냥해 꾸민 일이다. 앞으로 중산(손문)이 원세개에게 자리를 내줄 경우, 원 총통의 직권과 현재 손 총통의 직권을 동등시할 수 없을 것이다. 사실 이는 동맹회가 장악하고 있는 참의원이 미래의 대총통에 대한 불신임 투표이다. 이는 노지심(魯智深)이 대상국사(大相國寺)에 들어가 갓 중이 되었을 때, 과수원의 어중이떠중이들이 새로 온 그가 발을 붙이기 전에 본때를 보여주려다 도리어 채소밭에서 중의 권위를 세워줄 줄 미처 생각지 못한 것이나 마찬가지이다."[862] 이 평가는 비록 해학적인 요소가 있기는 하지만, 사실은 확실히 그러했다. 1912년 4월 1일 손문이 임시 대총통 직을 사임하면서, 남경 임시정부는 막을 내렸고, 『중화민국 임시 약법』도 액운이 찾아와 곧 사라지게 되었다.[863]

---

862) 당덕강(唐德剛), 『원씨집정(袁氏當國)』, 광서 사범대학출판사, 2004, 18~19쪽.
863) 양천굉(楊天宏), 「민국 정체 설계와 기획에 대한 '임시 약법'의 영향(論'臨時約法'對國民政體的設計規劃)」, 『근대사연구』 1, 1998.

3. 북양정부 시기의 헌법학설

북양정부 시기란, 원세개가 국가 정권을 찬탈한 날부터 북양정부의 붕괴까지의 16년이라는 역사 단계를 가리킨다. 이 시기, 한편으로는 신해혁명이 확립한 공화 정치체제를 수호하기 위해 부르주아 민주파들은 자신들의 헌법학설을 계승하고 발전시켰다.[864] 다른 한편으로는 북양군벌이 한 때 복고를 하면서 입헌 군주제도 다시 거론되었다. 따라서 이 시기의 헌법학설은 이중적인 특징이 뚜렷하다.

(1) 부르주아 헌법학설의 계승과 발전

① 책임 내각제를 수호

원세개는 임시 대총통에 취임한 후 자신의 말을 듣는 내각을 조직하기로 마음먹었다. 그러나 부르주아 민주파들은 도리어 원세개의 권력을 견제할 수 있는 내각을 조직하려 시도했다. 이 문제를 둘러싸고 양측은 치열한 겨룸을 벌였다. 양측이 내각 총리 인선을 토론할 때, 혁명파들은 내각 총리는 반드시 동맹회 회원이 되어야 하며, 총리 인선이 통과된 후 총리가 전체 각료를 추천해야 한다고 주장했다. 양측은 이 문제에서 서로 자신의 의견을 고집했다. 후에 회의에 참석해 방청하고 있던 조봉창이 양쪽 모두 만족하는 방법을 내놓았다. 초대 내각은 신구 총통 교체의 연결고리와 같은 역할을 하므로 국무원 총리는 반드시 손문과 원세개가 공통으로 신임하는 사람을 후보로 추천해야 하는데, 당소의(唐紹儀)가 가장 적합하다. 최적의 방법은 당소의가 동맹회에

---

864) 여기서 말하는 부르주아 민주파는 꽤나 광범위한 개념으로, 이전의 부르주아 혁명파를 포괄할 뿐만 아니라 이후의 역대 국회주의 민주사상을 가졌던 인사들도 포괄한다.

가입하는 것이며, 이러면 문제가 자연히 해결될 것이라고 생각했다. 그러나 이전에 동맹회가 당소의와 접촉하는 가운데, 당소의는 이미 동맹회의 정치적 주장을 받아들였다. 또한 바로 그때 그는 동맹회에 가입하겠다는 의향을 제출했다. 손문과 황흥 등은 조봉창의 건의에 찬성함과 아울러 당소의가 동맹회에 가입하는데 환영을 표했으며, 또한 당소의에게 국무원 총리 관직을 맡기기로 결정했다.[865] 원세개는 취임 사흘 후, 즉 1912년 3월 13일에 당소의를 국무원 총리로 공식 임명하고, 30일 참의원에서 비준한 다음, 각 부 총장을 임명했다.

표면상 10개 부 중 5개 부의 총장이 동맹회 회원으로 자신의 목적을 달성했다고 여긴 동맹회에서는 은근히 기뻐했다. 하지만 중요한 군정 대권은 원세개의 친신들이나 부하들이 전부 통제했다. 원세개가 당소의를 국무총리로 임명한 데에는 주관적인 것으로 당소의를 자기 사람으로 간주하고, 그가 주도하는 내각이 자신의 말을 듣기를 희망했기 때문이다. 하지만 당소의는 총리 직을 맡은 후 도리어 국무총리의 권한을 진지하게 수행했다. 취임한 후, "국무총리 당소의는 여전히 내각제를 주장하고 국무회의를 설립하여 직권을 수행하는 중추 역할을 했다. 그리하여 총통부와 국무원 간에 대치 형국이 형성되었다."[866] 이후 당소의는 『중화민국 임시 약법』이 부여한 권력을 이용하여 "원세개의 행위를 도처에서 견제했다."[867] 참의원 회의에 처음으로 참석한 원세개는 서면 연설에서, "당 씨가 중간에서 고친 다음에야 내가 공표할 수 있다"[868]고 밝혔다. 총통부 직원은, "총통부의 의견을 내보내려면 반드시 국무원의 단계를 거쳐야 하고 또한 때로는 기각되는 바람에 우환이 되고 있다." 하지만 당소의는 자신의 주장을 굽히지 않았고, 소임을 조금도 소홀히 하지 않았다. "이따금 총통에게 이견이 있으면, 자기 견해를 굽히지

---

865) 유후생(劉厚生), 『장건전기(張謇傳記)』, 용문연합서국, 1958, 196~197쪽.
866) 백초(白蕉), 「원세개와 중화민국」, 『근대 야사』 3권, 사천인민출판사, 1985, 41쪽.
867) 이검농, 『중국 근 백년 정치사』, 331쪽.
868) 원생(遠生), 「정계 내막 기록(政界內形期)」, 『민국초기 정쟁과 2차 혁명』 상권, 상해인민출판사, 1981, 30쪽.

않았다." 총통부의 측근 무관들은 당소의가 총통부를 찾아올 때마다 "당 총리가 총통부를 괴롭히러 또 왔군." 하면서 뒤에서 숙덕거렸다. 원세개는 "소천(少川, 당소의 자)이 나를 늙은이 취급을 하면서, 총통 행세를 하는군"[869] 하고 불만을 토했다. 따라서 양측의 갈등은 날로 깊어졌다. 결국 왕지상(王芝祥)을 즈리(직예, 直隸) 총독으로 임명하는 문제에서 직접적인 충돌이 일어났다. 왕지상은 일찍이 혁명파에 종속되어 있던 군정 요원이었는데, 즈리 민당운동 성 직속 의회에서 그를 즈리 도독으로 천거했다. 여기에는 북경에서 임시 대총통에 취임한 후 닌징으로 내려오려 하지 않는 원세개를 견제하려는 의도가 숨어있었다. 당소의는 한때 혁명에 찬동했기에, 남경에서 내각을 구성할 때 왕지상이 도독이 되는 것을 무척 지지했다. 당소의는 북경에서 원세개를 만나 왕지상을 도독으로 임명하는 문제를 의논했다. "원세개는 무척 불쾌해 했다. 양측은 서로 양보하려 하지 않았다."[870] 얼마 후, 당소의가 전보를 보내어 왕지상을 북경에 불러들이자 즈리 군 대표들이 전보를 보내어 반대 의견을 밝혔다.

원세개는 장병들이 반대한다는 구실로, 왕지상에게 위임하여 남경의 부대를 해산서키라는 명을 내렸다. 당소의는, 정부는 성 직석의회의 뜻을 무시해서는 안 된다는 이유로 이를 거절했다. 이전부터 『중화민국 임시 약법』이 국무원들에게 부여한 '배치'의 권한을 못마땅하게 여기고 있던 원세개는 당소의가 서명한 위임장도 없이 "왕지상에게 직접 위임장을 하사했다."[871] 진노한 당소의는 6월 14일 분연히 사임했으며, 원세개의 인가도 받지 않고 홀로 텐진을 떠났다. 이어 채원배 등 동맹회 4명 각료들도 21일 함께 사임하는 것으로 원세개가 책임 내각제를 손상시킨 행위에 항의를 표했다. 그리하여 중화민국 초대 책임 내각제는 1912년 4월 21일에 공식 출범하여 6월 14일 당소의가 사임하면서, 2개월 동안 존재하다 폐지되었다.

869) 곡종수(谷鐘秀), 「중화민국 개국사(中華民國開國史)」, 『북양군벌』 2권, 무한출판사, 1990년 2쪽.
870) 임장민(林長民), 『참의원 1년사』, 『북양군벌』 2권, 12쪽.
871) 곡종수, 『중화민국 개국사』, 『북양군벌』 2권, 2쪽.

당소의가 사임한 후, 동맹회는 책임 내각제를 수호하려면 반드시 정당 정치의 길을 걸어야 한다고 인정했다. 동맹회 본부는 전체 직원 대회를 소집하고, 동맹회에서 내각을 조직하여 정당 내각을 구성하며 그렇지 않으면 회원들이 절대로 내각에 들어가지 않는다는 결의안을 채택했다. 6월 20일 장요증(張耀曾), 이조보(李肇甫), 웅성장(熊成章), 류언(劉彦)이 동맹회를 대표하여 원세개에게 향후 정당 내각제를 채택해야 하며, 그렇지 않으면 동맹회 회원들이 더는 내각 참여하지 않겠다는 요구를 했다. 이 요구는 그자리에서 원세개에게 거절을 당했다. 원세개는 표명했다. "현재 중국은 정당이 맹아적인 상태여서 순수한 정당 내각을 창설하기가 힘들다 … 정치 체제를 구축하려면 사람이 필요하다.

하지만 그 사람이 인재인가 아닌가는 동맹회 사람인가의 여부를 가지고 논하지 말아야 한다."[872] 원세개는 동요를 두려워하여 채원배(蔡元培) 등 동맹회 각료들에게 사임하지 말라고 요구했지만 거절당했다. 7월 14일 채원배는 "정당 내각제를 실현하려는 이상은 우리 당의 신성불가침한 조건이다. 이 조건을 묵살하는 자는 우리 당의 변절자일 뿐만 아니라 민국의 죄인이다"[873]라고 선포했다. 16일 원세개는 자신의 계책이 실패하자 각 성의 도독들에게 통전을 보내어, 동맹회에 적(籍)을 가진 각료들을 만류하지 못했다고 통고했다. 18일 육정상(陸徵祥)이 주자기 등 6명을 각료 후보로 천거했다. 하지만 육정상이 조심성 없이 말을 함부로 하여 다음날 참의원 회의에서 6명 후보가 모두 부결되었다. 7월 21일 원세개가 연회를 베풀고 참의원 60여명 의원을 초대하여 그들과 소통을 하려 했다. 이 뿐만 아니라 마육보, 여대홍, 등옥린, 왕천종 등 고위 장교들을 불러 북경 군경 특별회의를 열고 "당의 의견을 빌미로 삼아" "전반 국면을 파괴하고" "판단력을 완전히 상실하여 인민들의 공적이 되었다"[874]고 참의원을 비난했다. 26일

872) 「원세개와 동맹회 대표들이 나눈 담화(遠世凱與同盟會代表的談話)」, 『민국초기 정쟁과 2차 혁명』 상권, 49쪽.
873) 채원배, 「손님의 물음에 답함(答客問)」, 『채원배 전집』 2권, 중화서국, 1984, 269쪽.
874) 「3일 관천기(觀天記)」, 『민국초기 정쟁과 2차 혁명』 상편, 89쪽.

참의원은 단기서가 육정상을 대표하여 제안한 6명 각료들을 심의했는데, 상공총장 인선된 장작빈(蔣作賓)만 기각되고, 재정부장 주학희(周學熙), 교육 총장 범원렴(範源濂), 사법 총장 허세영(許世英), 농림 총장 진전선(陳摶先), 교통 총장 주계령(朱啓鈐) 모두 통과되었다. 8월 2일에는 동맹회에서 퇴출한 유구일(劉揆一)을 상공 총장으로 보선하였다. 이렇게 해서 내각이 구성되었다. 하지만 이 내각은 구성된 지 두 달도 채 안 되는 9월 22일 장진무, 방유의 피살 사건이 일어나는 바람에 실각하고, 조병균 내각이 이를 대체했다.

이 과정에서, 동맹회는 정당정치의 길을 지속적으로 고수했다. 특히 송교인은 국회의 다수 의석을 쟁취하고 정당 내각을 조직하여 원세개를 허수아비로 만들고, 대선에서 원세개를 낙선시키고 여원홍을 총통으로 선거함으로써 명실상부한 책임 내각제를 실행할 수 있기를 희망했다. 그리하여 그는 한편으로는 1912년 8월 동맹회를 국민당으로 확대, 개편했다. 다른 한편으로는 1912년 12월부터 1913년 2월까지 열리는 1회 국회 대선에서 승리하려고 열심히 뛰어다니면서 국민당이 국회에서 다수의 의석을 차지하여 책임 내각을 조직함으로써 중화민국이 진정한 민주국가가 되기를 기대했다. 하지만 이는 당시 중국 국정에 전혀 맞지 않는 공상이었다. "옆 침대에서 코 고는 소리를 어찌 용서할 수 있었겠는가!" 원세개는 송교인이 정당 내각을 조직하여 자신의 권력을 찬탈하려는 시도를 용인할 리가 없었다. 1913년 3월 20일 그는 자객을 파견하여 상해 기차역에서 송교인을 암살했다. 이로써 부르주아 민주파가 수호하던 책임 내각제는 폭력에 의해 물거품이 되고 말았다. 이후, 원세개는 공식적인 중화민국 헌법을 제정하고 책임 내각제를 폐지하고자 국회 회의를 소집하고 제헌 활동을 가동했다. 하지만 국회의 국민당 의원들의 반대에 목적을 달성하지 못했다. 그러자 원세개는 국회를 해산하고 약법 회의라는 기구를 따로 설립한 다음 『중화민국 약법』을 조작하여 대총통 집권 제도를 확립했다. 이로써 독재 통치를 위한 기반을 마련했다. 원세개는 그래도 만족하지 못하고 1915년 정변을 일으켜 정권을 장악하려 시도했다. 하지만 이듬해 전국 백성들의 반대와 저주 속에서 절망해 죽고 말았다.

② 신구 약법 논쟁

원세개가 죽은 후, 보수파인 국무경(국무 장관) 단기서는 수중에 장악한 군사적 파워를 이용하여 원세개처럼 지속적으로 독재 총통이 되려 했다. 그러나 일본, 영국, 러시아, 이탈리아, 벨기에 등의 공사와 독립한 서남의 각 성에서 반대하고, 게다가 북양군벌 내부에 알력이 생겨서 잠시 이 생각을 접고, 우선 여원홍을 총통에 앉힌 다음 다시 시도하려 마음먹었다. 그리하여 그는 6월 6일 즉 원세개가 사망한 당일 전국에 통전을 발송하여 원세개가 "병으로 서거했으므로, 약법 29조에 따라 부총통 여원홍이 중화민국의 대총통 직을 대행한다"[875]고 선고했다. 단기서가 이렇게 한데는 여러 가지 목적이 있었다. 첫째, 『중화민국 약법』에 의해 만들어진 『개정 대총통 선거법』 11조의 규정에 따라 부총통은 대총통 직권을 대행한 3일 내에 대총통 임시 선거회의를 소집하고 선거를 진행해야지, 대총통 직권을 장기간 대행할 수 없었다.[876] 둘째, 대총통을 선거할 때 원세개의 방법을 모방해 어용 선거기구를 만들고 군경들을 이용하여 유권자들을 협박하는 방법을 통해 자신을 대총통으로 선출하게 함으로써 최종적으로 자신의 정치적 야심을 실현하는 것이었다. 셋째, 만약 그가 대총통 자리를 차지한다면 원세개처럼 집권(集權) 형식의 독재 통치 시스템을 구축할 수 있었다. 상기 단기서의 방법은 즉시 각 방면의 강렬한 반대를 받았다. 국회의원들이 우선 반대의 목소리를 높였다. "원세개가 민국 3년에 반포한 이른바 중화민국 약법은 원세개 혼자 제멋대로 꾸며 만든 것이기에 모든 수정 절차가 임시 약법을 위반했다… 국법으로서의 효력이 없으므로 민국을 수립하면서 제정한 임시약법은 그 효력에 변함이 없다. 현재 여 대총통이 담임하게 된 것은 민국 2년 10월에 채택한 대총통 선거법 5조 규정에 의한 것이기에 후임 기간은

---

875) 「국무원 통전(國務院通電)」, 『호국 운동 자료 선집』 하권, 중화서국, 1984, 665쪽.
876) 하신화, 호욱성 등 정리, 『근대 중국 헌정 역정: 사료 모음』, 465쪽.

640 중국 헌법학설사 연구(상)

원세개 이후 부임한 날부터 민국 7년 10월까지이다. 원세개의 유언, 그리고 단기서의 통고에서 말하는 약법 29조에 따라 부총통이 대행한다는 것은, 원세개가 민국 3년에 사사로이 만든 약법에 따른 것이기에 인정하기는 매우 어렵다."[877] 뒤이어 6월 9일 손문도 '약법 회복 선언'을 발표하여 "원 씨의 수많은 죄는, 국가의 정권이 개인의 것이라는 생각에서 비롯되었다. 잔학한 전제는 하지 않았다 하더라도, 금전과 기만술로 나라를 다스리려 하다가 결국 패하고 말았다. 그가 없을 때 바로 잡아야 한다. 한마디로 말해서 상대방과 상반된 방법이다. 여러 가지 일들을 개량하고 갑자기 일어나기 어려우면 약법을 회복하여 민의기관을 존중하는 것이 곧 유일무이한 방법이고, 그것을 실행함에 망설여서는 안 된다.

이 시기에 개인의 이익을 추구하고 거짓을 품은, 전혀 대국을 고려하지 않는 흐름이 여전히 존재하는데, 즉 이는 국민의 고통으로 이 또한 원 씨를 증오하는 것과 같다. 우리들은 단호하게 분명하지 않은 사람을 만나는 것을 결코 원하지 않으며, 나아가 중국과 분명하지 않은 일을 남기는 것은 더욱 원하지 않는다."[878] 그는 같은 날 여원홍에게 전보를 보냈다. "이전의 법을 좇아 취임한다고 하니 국가의 경사로 매우 훌륭하다.

중국의 전제(中邦專制)는 수 천 년의 역사를 가지지만, 공화는 새로운 것이므로 갑자기 시련을 당하여 국가가 혼란에 빠졌으며 이전으로 돌아가기를 매우 희망했다. 만약 약법이 회복하면 국회를 존중할 것이며, 특히 늦춰서는 안 될 것이다. 민국 총통의 직무는 공공의 종복으로 일체 직권을 넘어 제도를 만들거나 일을 벌이는 즉시 바로 제거하여 기세가 변하길 바란다. 목전의 분규는 확정된 것으로 앞으로 희망이 무궁무진하다. 특히 국가근본이 발전하는 고결한 취지가 웅대한 규모로 용감하고 의연한 정신으로 정밀한 짜임새로 국민과 건설에 몸담아 천하에 행운이다."[879]

---

877) 이검농, 『중국 근 백년 정치사』, 424쪽.
878) 『손문전집』 3권, 305쪽.
879) 『손문전집』 3권, 306쪽.

이어서 독립한 서남의 각 성에서도 상호 전보를 주고받으면서, 국회의원들과 손문의 반대 의견을 멀리서 호응했다. 그중 6월 10일 당계요(唐繼堯)의 통전 내용이 가장 대표적으로 최종적으로 독립한 서남 각 성의 주장이 되었다. 통전 주요 내용은 이러했다. "첫째, 여 대총통이 그날 국회가 해산하기 전에 공포한 근본법을 기준으로 한 국가의 근본법을 선언하기를 바란다. 둘째, 이전의 참의원과 중의원 의원들을 소집하여 하루속히 톈진에서 국회 회의를 열고, 법에 따라 부총통을 보궐 선거하고 국무원을 임명하는 데 동의함으로써 공식적인 국무원을 조직하기 바란다. 셋째, 호국군에 저항하고자 파견한 북군을 철수하기 바란다. 넷째, 상해에서 각 성의 도독이나 장군, 각 성의 대표들이 참석한 군사 특별회의를 소집하여 모든 사후 군사문제를 의결하기 바란다." 이상의 주장에 대해 여원홍은 전적으로 찬성했다. 단기서는 명령의 형식으로 법(헌법)을 변경해서는 안 된다고 고집하면서, 22일 통전에서 이렇게 밝혔다. "(민국) 3년에 수정한 약법을 오랫동안 시행해 왔는데, 하루아침에 총통이 명령하여 폐지를 선고하고 원년의 약법을 재사용한다면 정부가 처음에는 효과를 볼 수 있겠으나 점차 정부의 명령으로 법을 변경하는 시작이 될 수도 있을 것이다."

단기서의 견해에 대해 당소의, 양계초, 오정방 등은 공동으로 통전을 보내어 반박했다. 그들은, (민국) 3년의 약법은 법이 될 수 없으므로 명령하여 법을 변경했다고 말할 수 없으며, 당면의 실정에서 폐지를 선고하는 것은 당연한 일이다고 인정했다. "정부가 이번 대총통의 후임을 법에 따라 처사한 것이라며 대내외에 수차 천명했는데, 법적 근거가 어디 있는가? 원년 약법이 규정한 절차를 따르지 않고 파생된(수정) 대총통 선거법이란 말인가? 두 가지 법이 병존할 수 없어 3년의 약법을 법으로 해야 한다면, 이 법에 의해 폐지된 대총통 선거법은 틀림없는 불법으로 어찌 법에 따랐다고 말할 수 있겠는가? 과연 그렇다면 왜 6월 9일 이른바 금궤석실 회의를 열고 다른 원수를 선거해야 하지 않겠는가? 대저 대총통에 공식적으로 즉위하려면, 국내외에서 모두 탄복하는 합법적으로 선거한 사람이 선출되어야 한다. 그런 총통이 아니라 3년 약법에 의해 즉위한 총통은 합법적이라 할 수 없다. 또한 우리 공공 사무 처리 기관을 국무원이라 하는데, 국무원이란 원년 약법에서 정한 기관이고, 3년의 약법에서는 언급한 적이 없다. 만약 3년의 약법이 법이고 원년의 약법은 불법이라 한다면, 공공 사무 기관인 국무원을 무슨 근거로 설립했으며, 이제 와서 국무원이 중외에서 모두 인정하는 합법적인 기구라고 한다면 3년의 약법을 법이라 할 수 없는 것이다. 여러 가지 법리를 헤아려보아도 이러하고 사실적 증거가 이러하다면 3년의 약법이 불법임은 변할 수 없는 결정된 안건이다." 이에 단기서는 구실을 대며 따르려 하지 않았다. 6월 25일 해군 총사령관 이정신(李鼎新)과 제1함대 사령 임보역(林葆懌), 연습함대 사령 증조린(贈兆麟) 등은 군함을 몰고 상해 오송구(吳淞口) 부근에 집결하여 독립적인 선언을 발표했다. "여 대총통이 취임했는데도 북경 정부가 여전히 원 씨가 제멋대로 뜯어고친 약법에 근거하여 영을 선포하니 어찌 천하의 민심을 얻을 수 있겠는가? 오늘 해군 장병들을 인솔하여 대총통을 옹호하고 공화를 보장하려는 취지에서, 원년 약법을 엄수하고 국회가 열리고 내각이 공식적으로 설립하기를 기다리지 않고 6월 25일 호국군에 가입하려 한다. 북경 해군부의 명령을 더는 받아들이지 않는다." 풍국장(馮國璋)은 송호(淞滬)가 자신의 관할 구역으로 해군들이 자신한테 해를 끼칠 것을 두려워하여 단기서에게 전보를 보내어 하루속히 이 일을 철저히 해결해 주기를 희망했다.[880]

이 같은 형세에서 단기서는 부득이하게 한 가지 문제를 고려하지 않을 수 없었다. 즉 만약 『중화민국 약법』을 계속하여 사용한다면 반드시 원세개처럼 신세를 망치는 결과를 초래할 수 있다는 생각이었다. 가령 방침을 변경하여 겉으로는 '임시 약법'을 회복하고 국회를 회복하고 헌법을 제정하는 등의 수단을 이용한 가짜 공화제, 진짜 독재를 실행한다면 자신의 통치를 공고히 하는데 이로울 수 있었다. 이와 같은 생각에서 1916년 6월 29일 여원홍이 서명하고 단기서가 부서(副署)한 "공화 국체는 국민의 뜻이 우선이다. 국민의 뜻을 전할 수 있는 헌법이 없는 것이 유일한 잘못이다. 헌법을 만들려면

---

880) 이상의 내용은 이검농의 『중국 근 백년 정치사』, 426~427쪽을 참고.

국회가 특별히 필요하다. 우리 중화민국 국회는 3년 1월 10일에 중지되어 2년이 지났지만 아직까지 회복되지 않았고, 개국한지 5년이 되었는데도 헌법을 채택하지 못하고 있다. 대본(大本)을 세우지 않는다면 여러 정사를 진행할 수 없으므로 반드시 국회를 소집하고 헌법을 제정하여 국민의 뜻에 부응하는 것으로 국체를 튼튼히 해야 한다. 헌법을 채택하기 전까지는 여전히 중화민국 원년 3월 11일에 공포한 임시 약법을 따라야 한다. 2년 10월 5일에 선포한 대총통 선거법은 헌법의 일부분이기에 여전히 법적 효력이 있다"는 명령을 내렸다. 같은 날 여원홍은 또 "임시 약법 53조에 근거하여 올해 8월 1일에 계속하여 국회를 소집한다"[881]는 명령을 내렸다. 이 두 건의 명령에 따라 『중화민국 임시 약법』은 잠시 효력을 회복했고, 국회도 1916년 8월 1일에 북경에서 회복했다. 그 국회는 민국 2년의 국회 회의에 이어 소집되었기에 역사적으로 '국회 2차 정기회의'라고 칭했다. 국회 회의에서 여원홍을 대총통 후임으로 확정하고, 단기서를 국무총리로 임명했으며, 풍국장을 부총통으로 선거했다. 차후 6, 7년 동안 비록 국회가 열렸다 해체되었다 하기는 했지만, 부르주아 민주파들의 노력으로 말미암아 중국 헌법 문화 사상 중대한 의미를 가지는 1923년 『중화민국 헌법』이 끝내 채택되었다.[882]

③ 손문의 "오권헌법' 학설

이 시기 가장 특징적인 것이라면 손문의 "오권헌법' 학설을 개선한 것이라 할 수 있다. 일찍 1906년 손문은 도쿄 동맹회가 『민보』 창간 1주년 기념행사에서 한 연설에서 최초로 "오권헌법' 이론을 천명했다. "형제가 각국의 헌법을 두루 살펴보니, 문자로 된 헌법은 미국의 헌법이 가장 훌륭하고, 문자 기록이 없는 헌법은 영국의 헌법이 가장

---

881) 『헌법 공언』 1916년 1월 10일.
882) 변수전(卞修全), 『근대 중국 헌법 텍스트의 역사적 해독(近代中國憲法文本的歷史解讀)』, 119~124쪽 참고.

홀륭했다. 영국의 헌법은 배울 수 없는 것이고, 미국의 헌법은 배울 필요가 없다. 영국 헌법은 이른바 삼권분립, 즉 행정권, 입법권, 재판권이 각기 독립되어 있는데, 이는 600, 700년 전에 점차 생성되고 습관화되었다. 하지만 그 경계선이 아직 분명하지 않다. 후에 프랑스의 몽테스키외가 영국의 제도를 바탕으로 하여 자기 사상을 참고하고 종합한 다음 하나의 학설로 만들었다. 미국의 헌법은 몽테스키외의 학설을 바탕으로 하여 삼권의 경계선을 보다 분명히 했는데, 100년 전으로 말하면 가장 완벽한 헌법이라 할 수 있다. 120년 사이 비록 수차례 수정하기는 했지만, 그 줄거리는 여전히 변하지 않았다. 하지만 100년 여 동안 미국의 문명은 날로 진보하고 있으며 토지와 재산도 날마다 늘어나고 있어서, 당시의 헌법이 지금에 와서는 적절치 못하다. 형제의 생각은 앞으로 중화민국의 헌법을 만들 경우, 일종의 신규 주의를 표방해야 하는데 바로 '오권 분립'이다."[883] 여기서 말하는 오권은 손문이 앞에서 언급한 행정권, 입법권, 재판권(사법권)에 중국 역사에 존재한 적이 있는 고시권(考試權)과 감찰권(監察權)을 더해 제안한 새로운 명사였다.

1924년 손문은 『민권주의』 제5강에서 "오권헌법" 학설을 한층 더 나아가 해석했다. 그의 해석에 따르면, "오권헌법"은 다섯 가지 권력을 단순하게 나눈 것이 아니라, 민주를 위해 분권했다. 서방 국가의 삼권분립의 큰 병폐 중 하나가 바로 직접적 민권(直接民權)을 실현할 수 없는 것이다. 이 문제를 해결하려면, 권력과 직능을 나누어서 다스리는 토대 위에서 "오권헌법"을 실행해야 한다는 것이다. 대의제도의 정체는 "정부가 과도하게 전횡하기에 인민들이 관리에 참여할 방법이 없다. 인민들이 공격하든 칭송하든 정부가 전혀 신경 쓰지 않기에 결국 아무런 효력도 생성하지 못한다"[884]는 것이다. 이것이 바로 정부가 권력을 남용하는 표현이다. 그렇다면 이 난제를 어떻게 해결하겠는가? 그것은 권력과 직능을 나누어 관리해야 하는 것으로, 권력으로 직능을 견제하고 국민들의

---

883) 『손문전집』 1권, 329~330쪽.
884) 『손문전집』 9권, 340쪽.

권력과 정부의 권력 간의 관계를 잘 처리하여 명실상부한 민권을 실행해야 한다. 이에 손문은 '정치'라는 뜻을 이렇게 해석했다. "정(政)이란 뭇 사람들의 일이고 뭇 사람들의 일을 집중할 수 있는 큰 힘이므로 정권이라 하며, 정권을 민권이라 할 수도 있다. 치(治)란 뭇 사람들의 일을 관리하고 뭇 사람들의 일을 집중하고 관리하는 큰 힘이기에 통치권(治權)이라 하며, 통치권은 정부의 권리(政府權)라 할 수 있다. 그리하여 정치 속에는 두 가지 힘이 포함되어 있는데, 하나는 정권이고 하나는 통치권이다. 이 두 가지 힘 중 하나는 정부를 관리하는 힘이고 하나는 정부 자체의 힘이다."[885] 손문은 여기에서 정치적 관력을 권력과 직능으로 분리했는데, 권력이란 바로 그가 말하는 정권이고, 민중의 수중에 있으면 민권이라 일컬을 수 있었다. 직능이란 그가 말하는 통치권인데, 정부의 수중에 있으면 정부의 권력이라 일컬을 수 있었다. 손문은 이렇게 생각했다.

국가의 대권을 정권과 통치권으로 분리하여 각기 인민들과 정부에 맡겨야 하며, 권력과 직능을 분리한 다음 인민들에게는 권력을 부여하고 정부에는 직능을 부여함으로써 정부가 권력을 남용하는 행위를 피해야 한다. 그는 또 기계에 비유해 말했다. "무엇이 능력이 있는 물건인가? 기계 본체가 바로 능력이 있는 물건이다. 예컨대, 10만 마력짜리 기계에 그에 맞먹는 석탄과 물을 공급해 준다면 그에 맞먹는 능력을 생성하게 된다. 누가 권력자인가? 기계를 관리하는 엔지니어가 바로 권력자이다. 마력이 얼마가 되든 간에 엔지니어는 기계를 가동하고 싶으면 가동하고 정지하고 싶으면 정지할 수 있다. 선박이든 기관차든 기계를 작동해야 빨리 달리고, 기계를 멈추면 멈추는 것과 마찬가지이다.

기계가 능력이 아주 많은 물건이라면 엔지니어는 권력이 아주 큰 사람이라고 할 수 있다. 인민들이 정부를 관리할 경우, 만약 권력과 직능을 분리한다면 엔지니어가 기계를 관리하는 것과 마찬가지일 것이다. 민권이 무척 강하던 시대에는 정부를 관리하는 방법이 매우 완전했다. 정부에 강력한 힘이 있다고 해도 인민들이 자신들의 의사를 국민대회에

---

885) 『손문전집』 9권, 345쪽.

밝히면서 공격하기만 하면 정부를 뒤엎을 수 있었으며, 정부를 칭송하여 그 기반을 더욱 튼튼히 다져줄 수도 있었다. 하지만 지금은 권력과 직능을 나누지 않아 정부가 지나치게 전횡을 하고 있어서 인민들이 정부를 관리할 방법이 없게 되었다."[886]

구체적으로 말하면, 인민의 권력은 선거권, 파면권, 창제권(創製權), 복결권(複決權), 의결권)이 포함된다. 그중 선거권과 파면권은 정부 관리를 선거하거나 파면할 수 있는 권력을 말하고, 창제권과 의결권은 창제하거나 부결할 수 있는 권력을 말한다. "인민에게 이 네 가지 권력이 있어야 만이 민권이 충분하다고 할 수 있으며, 이 네 가지 권력을 실행해야 만이 완전한 직접적인 민권이라 할 수 있다. 예전에 민권이 충분하지 못할 때에는 인민들이 관리나 의원을 선출한 후에는 거듭 물어볼 수 없었다. 이와 같은 민권은 간접적 민권이었다. 간접적 민권이 대의 정체인데, 대의사(代議士)가 정부를 관리하고 인민들은 정부를 직접적으로 관리할 수 없다. 인민들이 정부를 직접 관리하려면, 인민들에게 네 가지 민권이 있어야 한다.

인민들에게 네 가지 민권이 있어야만 전민정치(全民政治)라 할 수 있다. 전민정치란? 4억 국민이 황제 노릇을 하는 것이다. 어떻게 하면 4억 국민이 황제 노릇을 할 수 있겠는가? 이 네 가지 민권을 가지고 국가의 대사를 관리하면 된다. 이 때문에 이 네 가지 민권은 네 개의 밸브 혹은 전기 버튼이라고 말할 수 있다. 우리는 밸브가 있어서 수돗물을 직접 관리하는 데 편리하고, 누름단추가 있어서 전등을 직접 관리하는 데 편리하듯이 네 가지 민권이 있어야 국가의 정치를 직접 관리하는 데 편리하다. 이 네 가지 민권을 정부를 관리할 수 있는 권력인 정권이라고 부를 수도 있다."[887] 정부의 직능은 다섯 가지 권력(오권), 즉 입법권, 행정권, 사법권, 고시권, 감찰권이 포함된다. 우리가 알고 있듯이 근대이후 서방 자본주의 국가들은 몽테스키외의 "권력으로 권력을 제약"해야 한다는

---

886) 『손문전집』 9권, 340쪽.
887) 『손문전집』 9권, 350~351쪽.

원칙을 따라 삼권분립 제도를 구축했다. 하지만 오랫동안 운영하는 가운데 그 병폐가 얼마쯤 드러났다. 서방의 정치체제를 깊이 연구하고 또한 여러 번 현지조사를 한 적이 있었던 손문은 그 같은 병폐를 잘 알고 있었다. 이 때문에 그는 삼권분립의 토대 위에서 고시권과 감찰권을 넣어 오권분립이라는 관점을 내놓았으며, 오권을 정부 수뇌의 통솔 하에서 분담, 협조하여 만능의 정부를 창설해야 한다고 주장했다. "우리는 중국과 외국의 정화를 집합하여 모든 유폐를 막으려면, 외국의 행정권, 입법권, 사법권을 도입하고 중국의 고시권과 감찰권을 추가하여 완벽한 오권분립의 정부를 만들어야 한다. 이 같은 정부야 말로 세상에서 가장 완벽하고 가장 선량한 정부라 할 수 있다. 국가에 이 같은 순결하고 선량한 정부가 있어야 비로소 민유(民有), 민치(民治), 민향(民享)의 국가를 만들 수 있다." [888]

이에 손문은 특별히 아래와 같은 도표를 작성하여 설명했다.

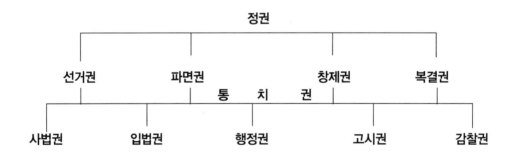

손문은 또 이렇게 설명했다. "이 도표에서 위의 정권은 인민의 정권을 가리키고, 아래의 통치권은 정부 권력을 가리킨다. 인민이 이렇게 관리하려면 선거권, 파면권, 창제권,

---

888) 『손문전집』 9권, 353~354쪽.

복결권을 실행해야 하고, 정부가 인민을 대신해 이렇게 행사하려면 행정권, 입법권, 사법권, 고시권, 감찰권을 실행해야 한다. 이 아홉 가지 권력이 있어야 만이 상호 간에 균형을 유지할 수 있고 민권 문제를 해결할 수 있으며 정치를 제대로 운영할 수 있다.ˮ[889] 이 모든 것은, 손문이 서방 헌법학설을 본보기로 하여 그 학설을 더욱더 발전시켰다는 것을 말해 주고 있다. 하지만 시대적 제한과 사상적 인식의 제한으로 말미암아 그의 학설은 실천적 수단과 방법에서 시련을 이겨내지 못하고 결국 장개석 정권이 인민을 기만하고 독재 통치를 실행하는 도구로 전락하고 말았다.

(2) 진부한 입헌 군주론의 재등장

이 시기 앞에서 서술한, 부르주아 민주파들이 주장하던 공화제를 수호하고 계승하고 발전시키자는 부르주아 헌법학설과 정반대되는 학설은 연이어 일어난 원세개와 장훈의 두 차례 군주제 복고 활동이었다. 그중 원세개가 군주제의 복벽을 시도하던 기간에 양도(楊度)와 프랭크 굿노(Frank Johnson Goodnow)가 나타나 중국이 입헌 군주제를 실행해야 한다고 주장하면서, 원세개의 군주제 복벽 활동에 이론적 근거를 제공해 주었다.

1915년 3월 양도는 『입헌 군주제 구국 론』이란 글을 써서 동창생이자 원세개의 막료 중 한 사람인 하수전(夏壽田)으로 하여금 비밀리에 원세개에게 제출하게 했다. 양도는 이미 하수전을 통해 원세개에게 황제가 되려는 야심이 있다는 것을 알았고, 따라서 원세개의 비위를 맞추려는 속셈이었던 것이다. 원세개는 양도의 글을 읽어본 후 대단히 높이 평가했을 뿐만 아니라, '세상에 보기 드문 영재'(曠代逸才)라는 친필 제사까지 쓴 다음 정사당에 편액을 만들어 양도에게 수여하라고 명했다. 『입헌 군주제 구국 논』은

---

889) 『손문전집』 9권, 352쪽.

상, 중, 하 세 편으로 나누어졌는데, 상편에서 양도는 "공화제 하에서는 중국이 강대해질 가망도 없고 부유해질 가망도 없으며 입헌국이 될 가망도 없다"고 생각했다. 첫째, "강국이 되려면 군사력이 가장 중요한바, '군사적인 교육, 절대적인 복무, 관직 등급에 대한 극도의 중시'가 필요하다. 그러려면 통솔과 근엄함을 강조해야 한다는 것이다. 예컨대, 독일이나 일본이 '강력한 나라'로 부상할 수 있었던 것은 입헌 군주제를 실행했기 때문이다. 그러나 프랑스나 미국은 도리어 공화제를 실행해서 '부유해졌지만 강한 나라가 되지는 못했는데', 그 원인은 군대를 '통솔하지' 못한 데 있다. 이로부터 '공화제는 강국을 만들 수 없다는 것이 통례'라는 결론을 도출해 낼 수 있다. 이 뿐만 아니라 중국 민중은 '수준이 너무 낮아' 국민 교육이 부족하다.

군주 시대에는 병정들이 '오직 황실을 위해 전력을 다한다'는 도리를 알고 있었지만, 당면의 공화제 하의 병사들은 누굴 위해 목숨을 바치는지 모르고 있다. '고로 민국의 병사들은 내란을 일으키지 않으면 다행이다.' 군대가 이러할진대 어찌 강국으로 부상할 수 있겠는가?" 둘째, "나라가 부유해지려면 전적으로 실업에 의지해야 하는데, 실업이 가장 두려워하는 것이 군사적인 교란이라 할 수 있다. 하지만 민국이 수립된 이래 전란이 끊이지 않고 있다. '실업이 청나라 말의 절반도 미치지 못하고 있다.' 어찌하여 이 같은 '전란' 국면이 생기게 되었는가? 2차 혁명 후, 거의 해마다 한 번씩 대총통 선거 경쟁으로 인한 전란이 일어났고, 전란이 일어난 이유가 '공화제' 때문이다. 따라서 '공화제' 하에서는 나라가 강해질 수 없다." 셋째, "'공화 정치를 하려면 반드시 다수의 인민들에게 일반적인 도덕상식이 있어야 한다.' 하지만 당시 중국 민중들은 '수준이 너무 낮아' 도덕상식이 분명히 부족했다. 공화를 시작할 때 이름은 공화였지만 사실은 전제였다. 공화는 절대 입헌국이 될 수 없다. 중국이 입헌국이 되려면 반드시 공화제를 없애야 한다. 그렇지 않으면 입헌국을 세울 수 없다. 그러므로 '입헌하지 않으면 중국을 구하기 어렵고, 군주제가 아니면 입헌하기 어렵다.'"

글의 중편에서 양도는 당시 중국의 정치 계승 문제를 분석했다. 그는 다음과 같이 인정했다. 만약 중국이 계속하여 공화제를 추진하면 "앞으로 틀림없이 대총통 경쟁으로 인한 전란이 일어나게 될 것이다.” “오늘날 중국의 4억 국민이 생존을 위해 목숨을 의지할 사람이 대총통 밖에 없기 때문이다.” “가령 대총통이 몸이 좋지 않아 열흘이나 스무날 동안만 국사를 돌보지 않으면 곧바로 나라를 진동하여 난이 일어날 것이다.” 공화제 하에서는 정권이 합법적인 계승자를 내놓을 수 없기 때문에 중국은 최종적으로 전란을 초래하게 될 것이라는 것이다. “고로 중국은 어찌 되었든 간에 결국 공화제를 포기할 수밖에 없다.” 그럼 어떻게 해야 이런 ‘전란 국면’을 피할 수 있는가? 유일한 선택이 대총통을 군주제 황제로 변경하고, 공화제를 입헌 군주제로 변경해야 한다는 것이다. “대총통의 명의이면 경쟁이 생기지만 군주 명의이면 경쟁이 생기지 않는다.”

글 하편에서 양도는 청나라 말의 가짜 입헌과 민국이 수립된 후의 민주 입헌에 대해 다음과 같이 평가했다. 중국에서 입헌을 시도하지 않은 것이 아니다. 하지만 왜 청나라 말의 입헌이 청 왕조에 활력을 불어넣지 못했을 뿐만 아니라 오히려 혁명을 초래하게 되었는가? 이는 청나라 말의 입헌이 ‘가짜’였기 때문이다. 다시 말하면 입헌 군주제 중 하나의 중요한 요인 성실성을 위반했기 때문이다. “청 왕실이 입헌을 올바르게 했더라면 신해혁명 같은 일이 생기지 않았을 것이다.” ‘민국 입헌’ 역시 입헌 군주제 중 다른 하나의 중요한 이치인 정당성을 위반했다. 국민당이 말하는 이른바 입헌은 입헌이 아니며, 입헌이라는 수단을 이용해 혁명의 목적을 달성하려 했을 뿐이다.[890]” 양도는 또 다른 한 각도에서 중국이 입헌 군주제를 실행해야 하는 필요성을 논증했다. 이상의 내용 모두 원세개를 위해 군주제를 복벽하려고 응원하는 양도의 목적이 드러나고 있다.

1915년 8월 11일 원세개의 어론 문인이며 미국 정치학자인 프랭크 굿노도 『공화와 군주 론』이란 글을 발표하여 중국이 군주제를 복벽할 수 있는 가능성을 제기했다. 굿노는 다음과 같이 인정했다. “중국은 수천 년 동안 군주 독재 정치에 얽매어 학교가 부족하였기 때문에 대다수 국민들의 지식이 그렇게 고매하지는 못하다. 그리고 그

---

890) 양도, 「입헌 군주 구국론」, 류칭버 편찬, 『양도집』, 호남 인민출판사, 1986.

무리들은 정부의 행위에 관심이 없어서 정치를 연구할 능력이 없다. 4년 전 전제제도를 공화제로 전환했는데, 너무 갑작스러운 그 행위는 좋은 결과를 기대하기 어렵게 되었다. 인민들이 오랫동안 희망하는 바를 외족이 아닌 청나라 군주를 위해 뒤엎기 보다는, 임금의 자리를 보존하면서 점차 입헌 정치를 도입하는 것이 오늘날 최적의 방법일 수 있다. 대체로 그 당시 헌정 고찰 대신들과 그 계획자도 모두 이 같은 순서로 진행되기를 희망했다. 불행하게도 백성들이 외국의 정치 체제를 몹시 증오했다. 그리하여 임금의 자리를 보존하는 일이 절대 불가능했다. 하지만 군주를 뒤엎은 후 공화제를 버리면 결국 다른 방법이 없었다. 그 이유는 중국이 수 천 년 동안 점점 입헌정치로 나아가고 있었는데, 단지 시작의 기초가 아직 완전하기 못했기 때문이다. 당시 어느 날 귀족으로 하여금 인민을 위해 경례하게 하고 충성을 다하길 희망했는데, 그 효과가 멈추지 않았다. 그래서 현 제도를 논하자면, 총통 계승문제는 아직 해결되지 않았다.

목전의 규정은 원래 아름답고 원만하지 않았는데, 일단 총통의 직무를 해지하고 바로 각국이 경험한 곤란한 정황을 곧 중국에서 보게 될 것이다. 대개 각국 상황의 근본이 중국과 서로 비슷하기 때문에 그 위험성도 같다. 그러나 지난날 혹은 이런 문제로 인하여 재난과 변란이 일어날 때, 만약 이를 일시에 진압하지 못하거나 혹은 중국의 독립을 손상시키는 지경에 이르는 것 역시 염두에 두고 있는 일이다." 그가 볼 때 중국인민의 교육정도가 낮아 신해혁명시기에 봉건군주제에서 민주공화제로 전환한 것이 확실히 약간 너무 성급하게 일처리를 한 것으로 보았으며, 당시 정국의 불안정을 초래했으며, 중국의 독립을 파괴할 수 있었다고 생각했다. 이 때문에 그는 또 주장했다. "중국의 복리를 중심으로 삼아, 이런 정세에 처하여 어떠한 태도를 가져야 하겠는가? 공화제를 계속 주장해야겠는가? 아니면 군주제의 재건을 건의해야겠는가? 이런 종류의 의문에 대해서는 대답하기가 매우 어렵다. 중국은 군주제 채용이 비교적 공화제보다 편리하다.

이에 대체로 의문이 없을 것이다. 중국이 독립을 보존하기 위해서는 부득이하게 입헌정치를 해야 하며, 그 국가의 역사 습관, 사회경제의 정황, 열강과의 관계를 보아, 중국의 입헌에서 군주제의 실행은 쉽고 공화제의 실행은 어렵다." 그리고 중국은 군주제를 회복해야 한다면서 그는 다음과 같이 반드시 세 가지 조건을 갖추어야 한다고 했다. "

(1) 이런 종류의 개혁은 국민 및 열강의 반대를 일으키지 않을 것이다. 최근에 공화정부가 적극적으로 진압한 재난이 중국에 다시 찾아왔다. 대개 목전의 태평한 정황을 전력으로 유지하면 위험이 발생하지 않을 것이다.

(2) 군주 계승의 법률이 만약 분명하게 확정되지 않는다면 왕위계승의 문제가 절대로 없을 것이다. 즉 공화제에서 군주제로 바꾸면 사실 이익이 없다고 말할 수 있다. 왕위계승에 이르러 군주의 선택을 받들지 않으면 내가 지나치게 자세하게 말한 것이다. 비록 군주의 권한이 비교적 대통령보다 높지만 중국 백성은 군주가 익숙하지 대통령은 생소할 것이다. 고로 군주는 항상 사람들의 존경을 받고 있기 때문에, 원수의 권한이 높아지는 이런 개혁이 된다면 계승의 문제에서 의문이 확실히 없다고 하지 못할 것이다. 즉 이런 개혁은 충분한 이유가 없는 것으로 대체로 사실이다. 이는 사실 공화제와 비교할 때 군주제의 가장 큰 장점이다.

(3) 만약 정부가 계획 없이 입헌정치를 추구하면, 비록 공화에서 군주제로 바뀌지만 역시 영구적인 이익이 있다고 할 수 없다. 중국이 만약 여러 나라 사이에 있고자 한다면 그에 상당한 지위를 가지고 있어야 하고, 반드시 인민애국의 마음이 나날이 발전해야 한다. 정부는 인민의 열성적인 도움이 없으면 반드시 강하고 단호한 힘을 잃게 된다. 인민이 정부를 도와줄 수 있다면 반드시 먼저 정치 중심의 일부분을 자각하고 난 후에 계속 그 능력을 다해야 한다. 이에 정부는 반드시 인민으로 하여금 정부가 인민을 위해 세운 기관을 위하도록 해야 하며, 인민으로 하여금 이 정부를 감독하는 행위를 알게 한 후에야

비로소 발전의 가능성이 클 수 있다."[891] 굿노의 이 세 가지 이유는 분명 자가당착이다.

만약 인민들에게 정치에 참여할 능력이 있다면 군주제를 복고할 필요가 없는 것이다. 만약 인민들의 능력이 부족하다면 군주제를 회복한다 하더라도 반드시 성과를 낸다고 할 수 없을 것이며, 공화제가 당시 중국에 적합하지 않다고 증명할 수도 없었을 것이다. 한마디로, 원세개가 복고를 하던 시기, 입헌 군주제라는 케케묵은 화제가 한때는 논쟁거리가 되었다. 그러나 이 같은 논단은 역사적 조류를 역행한 것으로 원세개의 복벽이 실패함에 따라 이내 역사의 쓰레기더미에 버려졌다.

---

891) [미] 굿노, 『공화와 군주론』, 1915년 9월 전국 청원 연합회에서 편찬한 『입헌 군주 실록』을 참고.

제3절
중국 헌법학설의 기초적 발전

　청나라 말 민국 초, 서양의 법이 동양으로 점차 들어옴에 따라 중국의 헌법학설도 초기 단계에서 점차 성장하기 시작했다. 중국 헌법학설이 발원하던 시기에서의 헌법학설의 특징은 서양의 헌법이론을 주로 도입하고 학습하는 것이었다. 중국의 헌법학설은 그 기원 단계가 지나자 기초적 형성 단계에 들어섰는데, 학자들은 선별하지 않고 무작위로 도입하고 소개하던 기원 단계에서 중국의 구체적인 상황에 근거하여 국외의 헌법학설을 선택하여 소개하는 단계로 전환했을 뿐만 아니라, 이 토대 위에서 중국 헌법학의 지식 구조를 구축하려고 시도했다. 중국 사회가 한층 더 발전함에 따라 중국 헌법학설도 점차 초보적인 발전단계에 들어섰다. 청나라 말엽 민국 초기부터 중화민국시기까지의 중앙과 지방 학설의 기원, 형성과 발전 상황을 통해, 우리는 중국의 헌법학설의 기원, 기초적 형성, 기초적 발전의 맥락과 궤적을 비교적 분명하게 알 수 있다.

　수천 년 동안 지속되던 황권 통치를 전복하고 중화민국을 수립한 후, 새롭게 태어난 중화민국은 일종의 어떠한 중앙과 지방의 권력 배정의 양식을 취해야 하는가가 당시 정치가들과 학자들이 봉착한 제도적 선택이자 이론적 난제였다. 그리하여 입헌 실천에서든 입헌 이론에서든 연방제냐 단일제냐 하는 파급력이 큰 학설 논쟁이 몇 차례 일어났다. 이밖에 원세개가 실각하고 북양군벌이 사분오열되자, 하나의 성(省)에서 헌정을 실현한 다음 성간 연합자치를 하고 마지막에는 전국적으로 헌정을 실현하여 군벌이 할거하고 혼전하는 국면을 타개하려고 시도하는 사람도 있었다. 그리하여 '호남성 헌법', '절강성 헌법', '광동성 헌법' 등 연방제 의미가 아주 다분한 헌법적 문건이 생겨났다. 당시 헌법학계와 정치학계에서는 성 연합자치와 성 헌법에 매우 큰 이론적 열정을 투입했을 뿐만 아니라, 몸소 체험하고 전력으로 실천했다. 예컨대, '호남성 헌법'이 제정될 수 있었던 이유는 유명한 역사학자이며 중국정치제도사 분야에서 조예가 깊은 이검농(李劍農)의 이론적 지지와 떨어뜨려 놓을 수 없다.

사실 중화민국 초기 제헌사(製憲史)에서, 횡적인 정치구조를 도입함에 있어서 내각제냐 아니면 총통제냐는 주요 논쟁 외에도 중앙과 지방의 관계를 연방제로 하느냐 집권(集權)제로 하느냐는 논쟁도 있었다. 물론 학리적 논쟁과 정치적 갈등이 뒤엉켜 있어서 기존의 헌정이론이나 과학적 정치 양식을 답습하기가 아주 어려웠다. 이 역시 근대 중국 헌정학설을 정리함에 있어서 한 가지 특별한 점이다.

변화무쌍한 민국의 정치 세계에서, 중앙과 지방 관계라는 천여 년의 난제 앞에서 우리가 어찌 결정적 인물인 손문의 관련 주장과 실천을 등한시할 수 있겠는가? 손문은 당시 중앙과 지방의 관계를 처리함에 있어서, 일찍이 미국 연방 헌법의 영향을 받았으며 대총통 자리에서 물러난 후 지방 군벌에 의지하여 북경 정부에 대항해야 했으므로 연방제를 찬성한다고 선언했다. 하지만 혁명이 전개됨에 따라, 더욱이 진형명(陳炯明) 사건의 영향으로 말미암아 연방제가 중국을 혼전의 국면에 빠뜨릴 수 있다는 우려가 생겼다. 그리하여 중앙 집권과 지방 분권을 초월한, 중앙과 지방 관계를 처리할 수 있는 새로운 방도를 시도하기 시작했다. 바로 손문의 헌정 이념에서 중요한 내용인 권력균형주의이다. 권력균형원칙 역시 국민정부가 후에 제헌 중에서 중앙과 지방 관계를 처리하는 기본 원칙이 되었고, 학계의 논쟁 또한 거의 대부분 권력균형을 전제로 해야 하는데 집중했지 권력균형 자체에는 집중하지 않았다.[892]

이밖에 민국시기, 지방자치, 현정(縣政), 향치(鄕治) 등 구체적인 국가 제도 면에서도 꽤 많은 이론적 탐구를 했다. 한 학자가 이렇게 말한 적이 있다. "전반적으로 볼 때, 19세기 말부터 1949년까지 수십 년 사이 국가 구조에 관한 논쟁에 있어서, 주로 정치 투쟁이라는 층면에만 시끌벅적했지 학술적인 각도에서 국가 구조의 형식을 진지하게

---

892) 왕향민, 『민국 정치와 민국 정치학』, 상해 신세기 출판그룹, 2008, 226쪽.

연구하여 이루어 낸 성과는 극히 적었다."[893] 확실히 1949년 이전까지 중국 헌법학자들이 집필한 헌법학과 정치학 저작들 중에는 연방제를 주제로 한 저작이 얼마 되지 않는다. 하지만 당시 제헌 실천에서든 이론 탐구에서든 연방제와 단일제와 관련된 엄숙한 논쟁이 부족한 것은 아니었다. 이밖에 지방자치, 현정, 향치 등 방면의 탐구 역시 당시 중국정치 건설 중의 중요한 화제였으며, 국가 구조 형식 연구의 중요한 내용이었다. 뿐만 아니라 단일제와 연방제를 초월하는 것을 취지로 하는 권력균형주의를 헌법적 문건인 국가 구조 학설에 분명하게 적어 넣지 않았다. 이 때문에 비록 민국시기의 국가 구조 학설에 혹시 현재 우리가 요구하는 체계적이고 과학적인 영역이 부족할 수 있다고 하더라도, 이는 단지 일종의 표현형식이 다르고 사유방식의 의존 경로가 다름으로 인한 것일 수 있다. 게다가 객관적으로 말하면, 민국의 한 세대 학자들의 지식 소양이나 국민들의 운명을 걱정하는 등의 우국지심, 천여 년 동안 중국 정국의 난제였던 중앙과 지방의 관계 처리에 관한 사색은 우리가 존중해야 한다.

본 장에서는 두 부분으로 나눠 논술했다. 첫 부분에서는 근대 이후 연방제 이론이 중국으로 전파되는 과정과 그와 관련된 논쟁, 민국시기의 몇 차례 연방제와 단일제 논쟁을 집중적으로 정리했다. 그리고 1920년대의 성(省) 연합 자치와 성(省) 헌법운동 중, 관련된 이론과 실천을 정리하고, 성 헌법이라는 중요한 헌정 사건에 대한 당시 학자들이 태도와 기여에 치중하여 정리했다. 두 번째 부분에서는 손문 헌정사상의 주요 내용인 권력균형 학설의 이론적 원류와 헌정 실천, 그리고 학계의 권력균형 관련 논쟁에 치중하여 분석했다. 이 또한 근대 중국 헌정 학설사(學說史)에서, 중앙과 지방 관계 처리 중 권력 집중과 분권을 초월하기 위한 한 창의적인 사색이자 시도였다.

---

893) 동지위(童之僞), 『국가 구조 형식 시론』, 무한대학출판사, 1997, 13쪽.

1. 근대 이래의 연방제 이론과 국민시기의 연방제 학설

(1) 서양 선교사와 조기 지식인들의 연방제에 관한 소개

학계에서는 근대 이후 연방제 이론이 중국에 전파되는 과정을 언급할 때, 일반적으로 아편전쟁 이후 선견지명을 가진 지식인들의 정치 법률 제도에 관한 소개로부터 착수하고 있다. 예컨대 위원(魏源)의 『해국도지(海國圖志)』, 서계여(徐継畬)의 『영환지략(瀛寰志略)』 등이다. 사실 19세기 40년대, 중국인들이 세계 인식에 관한 글을 저술하고 편찬할 때 대부분 예전에 중국에 다녀간 선교사들이 본국을 소개한 서적들을 원본으로 삼았다. 예컨대 현재 우리가 익숙히 알고 있는 위원의 『해국도지』, 서계여의 『영환지략』 등의 저서에서 미국 정치 법률 제도와 관련되어 있는 부분은 모두 브리지먼의 『아메리카 합성국 지략』에서 따온 것이다. 브리지먼은 미국 매사추세츠 주에서 태어났고, 중국을 찾은 미국의 첫 선교사이다. 1830년 중국에 왔고 1832년부터 1847년까지 15년 동안 『중국일보』의 주간을 맡고 서양 세계에 중국의 역사와 지리, 환경과 풍속, 물산과 통상 상황을 소개했다. 아울러 1834년 광주에서 중국 민중들에게 서양의 사회과학과 문화지식을 전파하는 것을 취지로 하는 '중국에 유용한 지식을 전파하는 협회'를 창설했다. 브리지먼이 1838년에 판각한 『아메리카 합성국 지략』에서 연방 제도를 비롯한 미국의 정치 법률제도를 어느 정도 소개했다. 책명인 『아메리카 합성국』에서 알 수 있다시피 작자는 미국의 국가 구조 형식을 연방제라고 인식하고 판단했다. 이 책은 1846년에 『아메리카 합중국 지략』이라고 제목을 바꿔 광주에서 재판했다. 1862년에는 또 『연방지략』이라고 제목을 바꿔 출판[894], 이때부터 연방제라는 말이 책 제목에 공식적으로 등장했다.

---

894) [미] 브리지먼, 『아메리카 합성국 지략』, 『근대사 사료 총서』, 92호.

브리지먼은 『아메리카 합성국 지략』에서 우선 북미에서 13개 식민지가 구축되던 과정과 그 후 영국 식민지 통치에 저항하던 과정을 상세히 서술하고 있다. 책에 수록한 "독립선언"의 한 단락에는 "그리하여 성을 합쳐 하나의 나라를 만들었다. 합성국이라는 이름은 여기에서 유래되었다"고 밝혔다. 책 권14 국정 2에서는 "합성국이 제정한 조례는 다섯 가지이다. 하나는 국가 조례로서, 26개 성에서 통용한다. 두 번째는 성 조례로서 각 성이 다르며, 성마다 각기 준수하고 통용하는 조례가 있다"고 밝히면서 연방 헌법과 각 주 헌법의 차이점을 간단히 설명했다. 당시 중국은 단일제 중앙집권 국가로 조정과 민간인들에게 미국의 연방제를 이해시키기는 매우 힘든 일이었다. 그리하여 브리지먼 등 중국을 일찍 찾은 선교사들은 'United States'이라는 용어를 번역하느라 골머리를 무척 앓았다. 최초에 그들은 중국 고유의 지방 행정제도인 '군'이나 '방' 등 기존의 개념에다 '합', '총', '통', '겸(兼)', '겸합(兼合)'과 같은 글자를 조합하여 신조어를 만들었다.

우리는 현재 United States of America를 '아메리카 합중국'이라 번역하고 있다. 브리지먼은 『아메리카 합성국 지략』에서 United States를 '합성국'이라 번역했다가 1846년 출판한 『아메리카 합중국 지략』에서는 '합중국'이라고 번역하면서, 오늘까지 사용하고 있다. 하지만 『아메리카 합성국 지략』을 출판하기 전까지 United States를 여러 가지로 번역했다. 『동양과 서양에 대한 월 조사(東西洋考每月統記傳, Eastern Western Monthly Magazine)』에서만 해도 겸군, 합군, 겸열국, 겸합국, 열성 합국, 열국, 겸합방, 겸합열방, 통군, 총군겸합방 등 다양한 칭호가 나오고 있다. 브리지먼은, '합성국'이란 용어를 선정하게 된 이유를 "전에 대용한 용어는 자기 지역을 관리하는 지방 단체에서 나랏일과 관련되어 있지 않고, 정사를 전문 관리하는 사람이 없었다. 후에 성(省)이라고 대용한 것은, 성은 한 사람을 수령으로 하고 있기 때문이다"라고 해석했다. 이는 아마 United States라는 개념을 최초로 비교적 정확하게 설명하여 당시 중국 독자들이 미국의

연방제를 이해하는 데 어느 정도 도움을 줬을 것이다.[895]

물론 선교사들의 국적, 종교, 활동 범위 등의 원인으로 인해 국정 이념에 끼친 영향은 어디까지나 제한되어 있었다. 그리하여 후에 비록 위원의 『해국도지』, 서계여의 『영환지략』 등 저작에서 서양 정치 법률제도와 관련된 부분에 중국에 들어온 선교사들이 본국을 소개한 서적을 원본으로 하고 있지만, 그 영향력에 있어서 함께 논할 수는 없다. 이 같은 의미에서 아편전쟁 후 선견지명을 가졌던 그 시대의 지식인들을 근대 중국에 연방제 이념을 가장 일찍 도입하고 소개한 사람들이라고 말하고 있다. 예컨대, 위원은 『해국도지』에서 미국의 연방제를 소개할 때, "각 부락은 각기 작은 우두머리를 선거하여, 부락의 일을 관리하게 하고 있다", "미국의 군주는 장정에 의해 대대로 교체할 수 있지만 폐단이 없다"고 밝혔다. 이는 찬양하는 의미가 다분하다.[896] 동시에 위원은 스위스 연방제도 언급하고 있다. "최초에는 세 개의 부처로 나눴다가 후에 10개 부처로 나누었는데, 제왕이나 제후를 옹립하지 않고 마을 사람들이 관리를 추천하여 국사를 돌보고 있다", "그야말로 서양의 무릉도원이라 할 수 있다."[897] 과분한 찬사를 아끼지 않았다. "대대로 교체할 수 있지만, 폐단이 없다"는 연방제가 있었기에 미국의 정치가 나날이 새롭게 발전할 수 있었다는 것이 그의 견해였다.

1864년 선교사 윌리엄 마틴(丁韙良)이 미국의 법학자 휘튼의 국제법 저서 『만국공법』을 번역해 출판했는데, 이 책은 중국 근대에 공식적으로 출판된 최초의 서양 국제법 저서였다. 게다가 각국의 사무를 총괄하는 관아의 지지로 한때 중국 법조계에 엄청난 영향을 끼쳤다. 『만국공법』은 미국의 정치 법률 제도를 서술하는 부분에서 역시 미국의 연방제를 언급하고 있다. 예컨대, "미국 합방(合邦)의 대법(大法)은 각 방의 민주를 보장해

---

895) 강서연(강서娟), 『브리지먼의 아메리카 합성국 지략(神治文的'美利堅合盛國志略')』, 절강대학 박사논문, 86쪽.
896) 위원, 「외대서양 아메리카 총기」, 『해국도지』 권 60.
897) 위원, 「스위스(瑞士國)」, 『해국도지』 권 47.

주고, 외적의 침범을 막아주고 있다"와 같은 내용이다. 1881년부터 『만국공보』는 미국 선교사 앨런(林樂知)의 글 『지구 주유 약술』을 연재하여 처음으로 완전하게 미국의 1787년의 헌법을 중국에 소개했다. 헌법 전문은 7조에 달한다. "1. 입법권은 종합적으로 국회 양원의 원로중신이 장악한다. 즉 상하 양원의 대신들이 장악하게 된다. 외직은 월권하여 일을 처리할 수 없다. 2. 행정법권은 종합적으로 민주가 주최하게 된다. 직무는 정, 부 직으로 나누며 임기는 만 4년이다. 3. 무릇 국내 심판의 총 권리는 국회의 심판총원 및 산하의 여러 기관에 귀결된다. 4. 연방 각국 의회에서 정무를 처리할 때에는 어떠한 모든 일도 연방국들이 모두 인정하는 바를 실제로 취해야지 이것저것 시비를 해서는 안 된다. 5. 중국 정체가 세워진 후 국회와 연방 각국 의회에서 만약 3분의 2가 나라 정체를 수정하려고 하면 곧 함께 토론할 수 있다. 6. 중국 연방의 13개 나라 중 어느 나라에서 영국과 전쟁을 할 때에 군수적인 공무로 금전을 빚지거나 주민들에게서 차용하고 다른 나라에서 대여를 하게 되었다면 새로운 나라가 책임지고 액수에 따라 물어주어야 한다. 7. 중국 연방 정체나 9개 나라의 뜻이 가능하다고 생각 될 때, 다른 의견이 갖지 않은 나라들은 다수를 따라야지 다른 뜻을 남겨서는 안 된다."[898]

객관적으로 말하면, 이 시기 연방제에 관한 선교사들의 소개든, 서양의 정치 법률 제도를 찬미하여 우선적으로 세계에 눈을 돌린 선각자들이든 연방제에 대한 소개가 조잡하고 간단했다. 연방제라는 이 개념을 번역하고 확립하는 과정을 통해서도 짐작할 수 있다시피, 이는 어느 정도 국내 시국에 불만을 표할 수 있는 일종의 의탁이었다. 하지만 확실히 국민들의 시야를 대폭 넓혀주었다. 그리고 중국 민족의 위기가 끊임없이 심화되고 서양의 헌정 이론이 더욱 많이 유입됨에 따라 일부 사람들은 연방제를 비롯한 서양의 헌정제도를 사색하기 시작했으며, 이를 통해 중국의 정치제도를 구조할 수 있는 청사진을 그려나갔다.

898) 앨런, 「지구 주유 약술」, 『만국공보』 642권, 1881년 6월 4일 13본, 8144쪽.

(2) 청나라 말엽 혁명파와 유신파의 연방제 사상

비록 유신파와 혁명파 간에 훗날 중국정치 발전의 길에서 치열한 논쟁이 일어나기는 했지만, 당시 중국의 위기는 도구가 아니라 제도에 있었다. 이 때문에 반드시 서양의 정치 법률 제도를 거울로 삼아 정치 변혁을 진행해야 한다는 점에서는 견해를 같이 하고 있었다. 또한 양측은 약속이나 한 듯이 일치하게 연방제에 무척 흥취를 가지고 있었으며, 연방제를 통해 균형이 심하게 파괴된 청나라 말엽의 중앙과 지방의 관계를 개선하고 국력을 재차 통합할 수 있는 좋은 해결책으로 이용하려 시도했다.

① 손문의 연방제 구상

위대한 혁명 선구자 손문을 예로 든다면, 그는 생의 3분의 2를 해외에서 보내며 적지 않은 나라를 돌아다니면서 서양의 정치제도와 정치사상을 몸소 경험했다. 그리하여 혁명에 투신한 초기에 이미 혁명이 성공하면 중국에 연방공화제 정체를 수립하겠다는 청사진을 확정해 놓았다. 1894년 흥중회를 설립할 때 손문은 "외적을 쫓아내고 중화를 회복하며 합중정부를 창립하자"는 선서문을 발표했다. 대계도(戴季陶)가 『중화민국과 연방조직』에서 한 해석에 따르면, '합중정부'는 "합중이라는 조직은 이념이 연방제와 같다", 즉 손문이 초기에 중앙과 지방의 관계를 구상할 때 미국의 연방제를 원본으로 삼았다는 것이다.[899]

우창 봉기가 승리한 후, 손문은 귀국 도중에 기자의 취재에 응했는데, 중국은 계속하여 중앙집권제를 실시할 것이 아니라 미국을 본떠 연방제를 실행해야 한다고 재차 표명했다.

---

899) 원서굉(袁曙宏), 동문원(董文媛), 「손문, 워싱턴 헌정실천 및 그 결과 비교(孫中山,華盛頓憲政實踐及其結果之比較)」, 『법학』 9, 2004.

손문은 중국의 국가 구조 형식을 전환하는 것을 통하여, 즉 연방제를 통하여 사회적 개조를 완성하려 했다.[900] 손무의 이 같은 연방제에 대한 동경은 일찍이 해외를 경험한 경력과 관련될 뿐만 아니라, 특히 국가를 멸망의 위기로부터 구하여 생존을 도모해야 하는 당시의 전반적인 시국과도 관련되어 있었다. 중국의 정치를 변혁하려면 남의 훌륭한 것을 준칙으로 하여 본받아야 했다. "우리가 지사라면, 언제나 지구상에서 가장 문명적인 정치 법률을 선택하여 우리의 중국을 구해야 한다."[901] 가장 훌륭한 제도, 가장 빠른 속도를 통해 나라를 지키고 민족을 지키는 목표는 손문 세대의 공통된 꿈이었다.

혁명당은 1906년 동맹회 기관지 『민보』 4호에 "공화 정치나 연방 정체가 우리 당이 중국을 건설하려는 최상의 종지와 어긋난다고 할 수 있는가? 만약 우리 당의 목적이 이루어진다면 중국의 정체는 프랑스의 공화제나 미국의 연방제로 변하게 될 것이다"라고 밝혔다. 혁명당인 펑즈유(馮自由)도 『민생주의와 중국 혁명의 전도』(『민보』 1906년 4호)라는 글에서 "공화 정치나 연방 정체가 우리 당이 중국을 건설하려는 최상의 종지와 어긋난다고 할 수 있는가? 만약 우리 당의 목적이 이루어진다면 중국의 정체는 프랑스의 공화제나 미국의 연방제로 변하게 될 것이다"고 밝혔다. 진천화, 추용 등도 이와 유사한 구상을 밝혔다.[902] 하지만 연방공화제를 기반으로 하여 수립된 남경 임시정부는 재력이나 권력, 그리고 호소력이 없어서 지방 총독이나 순무들은 중앙의 권위를 거의 무시했다. 그리하여 손문은 1912년 "연방제는 중국에서 시행 불가능함으로, 행정 방침에서 중앙집권제를 주장한다"[903]는 뜻을 밝혔다. 그 후 '국민당 선언'에서 그는 "단일 국가를

900) 왕쌍인(王雙印), 「중앙과 지방의 관계를 인식한데 관한 손문의 연설(孫中山對于中央與地方關係認識的演講)」, 『중국 사회과학원 학보』 4, 2005.

901) 손문, 「재 도쿄 중국 유학생 환영대회에서 한 연설(在東京中國留學生歡迎大會的演說)」, 『손문전집』, 단결출판사, 1997, 605쪽.

902) 섭자로, 「한 부의 헌법과 한 시대: 청나라 말엽 민국 초기 미국 헌법의 도래 및 민국 초기 중국 헌법에 끼친 영향」, 『징법 논단』 5, 2005.

903) 『손문 집외집』, 상해인민출판사, 1992, 340쪽.

수립하고 집권 제도를 시행한다"고 공개적으로 주장했다.[904]

② 양계초의 연방제 구상

유신파의 연방제 구상은 양계초가 대표적이라 할 수 있다. 일찍 1897년 그는 호남 순무 진보잠(陳寶箴)에게 보낸 서신에서 호남이 자립해야 한다는 주장을 했다. 양계초가 지방이 자립을 해야 한다고 한 건의는 사실 서양의 연방제를 본보기로 삼은 것이었다. 양계초는 이렇게 생각했다. "민족의 위기가 전례 없이 심각한 상황에서 변법만이 생존을 도모할 수 있는 길이다. 하지만 청 조정의 관료들에 의존해서는 변법을 성사시키기 어렵다. 민족을 생사존망의 위기에서 구할 수 있는 한 가지 방도가 바로 일부의 성이 자립하는 것이다. 이렇게 해야 다른 나라가 중국을 분할하려 위협하는 등 상황이 일어나더라도 중국이 활로를 찾을 수 있다. 전국의 여러 성 가운데 호남은 자립할 수 있는 조건이 가장 우월한 성이다. 자립은 결코 할거(割據)가 아니며, 중앙의 통치에서 완전히 벗어나는 것이 아니다. 그리고 태평세월에는 '인재를 정돈하고 지리적 우세를 발전'시킴으로써 일단 외국이 중국을 대거 침입할 경우 제왕이 몸을 피해 머무를 땅이 있으며, 천하 통일의 대업이 쇠락하더라도 의지할 곳이 있어서 중국을 부흥시킬 수 있는 근거지가 있게 된다. 서양은 여러 성이 자치를 하고 있는데, 그 규모와 체계가 한 나라와 모두 같다."[905] 양계초가 서양 연방제와 같은 지방자치제도를 중국에 도입하고자, 우선 호남성을 전국의 변법 시행의 기점으로 삼으려 했다는 것을 알 수 있다.[906]

무술변법이 실패한 후 양계초는 일본으로 건너갔다. 그는 일본에 있는 기간 서양의

904) 이명강(李明強), 「손문의 균권주의를 논함(論孫中山的均權主義)」, 『강한 논단』 6, 2003, 60쪽.
905) 양계초, 「진보에게 보내는 서한(上陳寶讀書)」, 『중국 근대사 자료 총서』 "무술 변법"(2), 534쪽.
906) 전진명(錢振明), 주자동(周子東), 「근대 중국 연방제 사상에 대한 역사적 연구(近代中國聯邦制思想的歷史考察)」, 『정치학 연구』 5, 1988, 31~32쪽.

정치 법률 제도를 체계적으로 소개하려고 적지 않은 글을 집필하여 발표했다. 1902년 양계초는 『신민 총보』에 '민약론 거장 루소의 학설'이라는 글을 발표하여, 루소의 민주주의 사상을 소개했다. 그는 연방 민주제를 언급한 부분에서 "루소는 '작은 나라들을 하나로 묶는다면 대외로는 외세의 갑작스런 괴롭힘을 충분히 막을 수 있고 대내로는 국민들의 자유를 충분히 보장할 수 있다. 그러므로 연방 민주라는 우수한 제도를 중시해야 한다'고 말했다. 루소는 스위스 연방은 너무 약소해 이웃 나라의 침략을 받지 않았다고 생각했다. 큰 나라가 스위스처럼 자체적으로 소국으로 나누어 연방제도에 근거하여 민주정을 실행하는 것은, 즉 그 국세의 강약은 인민에게 자유가 있어야 한다는 것으로 반드시 세상을 떠들썩하게 할 수 있는 후세에 영원한 만국법이다." 그리고 중국은 "민간자치의 바람이 크게 성행하여 각국의 지방제도 문명을 다채롭게 수용할 수 있고, 성부, 주현, 향시 마다 각각 단체가 있어 그곳에 적합한 법률을 세우고, 인민이 원하는 방향으로 정령을 시행한다. 루소가 마음속으로 희망한 국가가 되는 것이다. 그 길은 가장 가깝고, 그 일은 가장 쉬운 것이다. 그러므로 나는 중국의 정체를 실행하는데 있어 이것을 스승으로 삼아야 한다고 생각한다." [907] 그 후 양계초는 아메리카를 시찰하는 기간에도 미국 연방제를 찬양하는 글을 발표하여 연방제가 미국 헌정제도의 가장 큰 특징이자 공화 정체를 보존하고 발전시킬 수 있는 중요한 요인이라고 인정했다.[908]

설령 손문과 양계초가, 부르주아 연방 공화국을 수립하느냐 아니면 군주를 보류한 연방 정체를 수립하느냐는 연방제의 실현 방식에서 근본적인 충돌이 존재하기는 했지만, 양자 모두 연방제를 중앙과 지방의 관계를 재차 합리적으로 처리하고, 정치 역량을 통합할 수 있는 중요한 수단으로 생각했다. 물론 객관적으로 말하면, 연방제에 대한 그들의 인식은 그다지 명료하지 못했다. 이밖에 당시 특정된 정치적 수요에서 출발하였기에 민국시기가

---

907) 『신민 총보』 11, 12호 1902년 6월.
908) 이수청(李秀淸), 「근대 연방제 이론과 실천(近代聯邦制の理論與實踐): 북양군벌 시기 성 헌법 운동 논평」, 『월드 법률 평론』 동계 호, 2001.

이르러서야 연방제에 관한 비교적 학리적인 토론을 명실상부하게 벌일 수 있었다.

(3) 민국시기 연방제 학설 전파 및 관련 논쟁

신해혁명의 포성은 청 왕조의 통치가 종결되었음을 의미할 뿐만 아니라, 중국이 새로운 정치 발전단계에 들어섰음을 의미하며, 2천 여 동안 지속되어 온 봉건 정치제도가 종결되고 현대적 민족 국가를 구축하는 긴긴 여정이 시작되었음을 의미했다. 현대적 민족 국가를 구축함에 있어서 첫 번째로 봉착한 문제가 바로 헌정제도를 선택하는 근본적인 문제였다. 신생 중화민국이 어떠한 중앙과 지방의 관계 양식을 채택하느냐 역시 당시 정치가들과 학자들이 공통으로 봉착한 제도의 선택이자 이론적 난제였다. 그리하여 입헌 실천에서든 이론 논쟁에서든 파급력이 매우 큰 연방제와 단일제에 대한 논쟁이 몇 번 벌어졌다. 그러나 중화인민공화국이 수립된 후 우리는 단일제로 된 중앙과 지방 관계 양식을 명확히 채택하고, 상당히 긴 시기 동안 국가 구조 형식에 관한 논쟁에 일단락을 지으면서, 민국시기의 연방제 논쟁은 중국 헌법학설사상에 있어 독특한 현상이 되었다.

민국시기(원세개 집권 시기), 특히 1914년부터 1916년 사이를 이후 학자들은 "국내에 연방 논의가 있은 이래 전성기라 할 수 있으며, 국민들이 연방제를 학리적으로 심도 있게 토론하기 시작한 시기였다"[909]고 칭하고 있다. 이 시기 연방제를 주장한 비교적 대표적인 저서나 문장으로는 대계도(戴季陶)의 『중화민국과 연방조직』, 장사쇠(장사쇠)의 『학리적인 연방론』, 장동손(張東蓀)의 『연방건국론』 등이다. 연방제를 반대한 글로는 장군매의 『연방제에서 논하지 말아야 할 10가지』, 반력산(潘力山)의 『봉건과 연방』 등이다. 양측의 주요한 이론적 진지는 『갑인』, 『대중화』

---

909) 이다가(李達嘉), 『민국 초기의 연방 성 자치 운동』, 홍문관출판사, 1988년 판, 22쪽.

,『개조』,『동방잡지』,『민립보』,『당언』이었다.

　　① 대계도와 『중화민국과 연방 조직』

　　국민당들은 대계도를 이론가라고 부르고 있다. 대계도는 소년시절 일본에 건너가 니혼 대학에서 법과를 전공했다. 후에 국민당 정부 고시원 원장 등의 직을 역임했다. 2차 혁명이 실패하자 국민당 내의 꽤 많은 사람들이 연방제 쪽으로 생각을 바꿨는데, 이는 어느 정도 원세개가 대권을 독점하는 것을 막기 위한 부득이한 대응이었다.

　　1914년 대계도는 중화 국민당 기관 간행물 『민국잡지』에 '중화민국과 연방 조직'이라는 장문(1914년 7월 출판, 9월 재판, 1917년 12월 3판, 80여 쪽)을 게재했다. 이 글은 3장으로 나누어졌는데, 각 장에 연방제의 개념을 강술하고, 근대 서양 연방국가의 기본 개황과 세계 발전 추세를 소개했으며, 중국 당시의 정치 상황, 그리고 중앙과 지방 관계의 득실을 분석하면서, 중국은 마땅히 연방제를 채택해야 한다고 인정했다. 대계도는 우선 당시 중앙집권제의 폐단을 강조해 지적했다.

　　"이전의 중국정치의 명분은 집권이지만 사실 총괄 통치를 할 수 없었고, 지방은 자치를 할 수 있었지만 자치권이 없었다. 직언하면, 지방은 헌법적인 보장이 없는 까닭에 사사건건 중앙의 간섭을 받았다. 중앙의 역량이 미치지 못하는 지역에 중요한 사안이 생기면 지방에 위탁하여 처리하게 했다. 그러다 중앙의 영향력이 커지면 행정상 독재가 이루어졌고, 중앙의 힘이 약하면 지방에서 제멋대로 날뛸까봐 우려했다. 남경 정부 때에는 각 성이 자립하는 바람이 불었다. 원세개가 집권한 후에는 중앙이 더욱 지방을 압제했다. 이 뿐만 아니라 각 성은 상호 간에 충돌하지 않을 때가 없었으며, 중앙 정당의 증감의 영향이 지방 관리에게 직접 미쳤다. 지방 관리는 자리를 지키려고, 각자가 점차 사사로이 자리를 마련하지 않으면 안 되었다. 정치적 사악한 기풍이 극에 달했다. 그렇지만 성 의회는 헌법적인 기관이 될 수 없었고, 도독, 민정장(民政長)은 중앙 관리의 앞잡이 노릇을 할 수밖에 없었다. 그리고 현(縣)이라는 구역은 법적으로 아예 보장을 받지 못하고, 정치적으로는 더욱 위치가 없었다. 사법기관 또한 있으나마나 했다. 정치적 상황이 이러하니, 인민들의 권리나 재유가 유린당하는 것이 이상한 일이 아니다."[910]

이어서 대계도는 다음과 같이 생각했다. 연방제는 단일제에 비해 다섯 가지 이로운 점과 해로운 점이 있다. 양자가 다 해로울 때면 덜 해로운 쪽을 취하고, 양자 다 이로울 때면 더 이로운 쪽을 취한다는 원칙에 근거하면 중국이 연방제를 실행하는 것이 마땅하다는 것이다. 그리고 연방제 운용 범위 그리고 중국의 역사적 상황과 현황에 비춰본다 해도 중국은 연방제가 적합하다. 그렇기 때문에 "중화민국은 연방을 결성하지 않으면 안 된다." "우리가 중화민국이 연방을 결성하지 않으면 안 된다고 주장하려면 두 가지 선결 조건이 따르는데, 그것은 통일된 중국과 발전된 중국이다. 만약 연방제를 채택하면 중앙과 지방이 충돌이 발생할 염려가 사라져 독재와 혁명이라는 양대 화근을 모두 뽑아버릴 수 있다. 그 다음 민족의 융합을 도모하고, 미개발지를 개발함으로써 나라를 안정시킬 수 있는 기반을 마련하고 분열을 모면할 수 있다."

그 후 대계도는 "졸작 『중화민국과 연방 조직』에 대한 물음에 답함"이라는 글을 발표했다. 그는 글에서, 만일 "연방"이라는 두 글자가 적합하지 않다고 하여 "연주(聯州)"나 "연성(聯省)"이라는 말까지 사용할 수 없다는 법은 없다고 밝혔다. 대계도는 이 글에서 중국 근대사상 최초로 연방제를 학리적으로 사고하고 체계적으로 진술했다. 이전에 유신파나 혁명파들도 연방제 이론이나 일부 연방국가의 기본 정치제도에 대해 어느 정도 알고는 있었지만, 그들은 서양의 헌정제도를 동경했을 뿐 체계적인 학리적 분석은 하지 않았다. 대계도는 글에서, 연방제가 지니고 있는 학리적 내용을 분석하기 시작하여 중국이

---

910) 대계도, 『중화민국과 연방조직(中華民國與聯邦組織)』, 장카이웬(章開沅) 편찬, 『대계도집』, 화중사범대학출판사, 1990.

연방제를 실행하면 얻을 수 있는 이점과 폐단을 실용적으로 사고하고 훌륭하게 분석해서 당시 엄청난 영향을 불러일으켰을 뿐만 아니라 장사쇠, 장동손 등의 호응을 얻었다.

② 장사쇠의 연방제 학설 그리고 관련 논쟁

장사쇠는 민국시기 유명한 사상가이자 정치이론가, 변호사였다. 그는 연이어 일본, 영국에서 유학하여 법률과 정치를 전공했을 뿐만 아니라, 1912년『민주보』를 창간했다. 후에 그는 또『독립주보』를 창간하고 서양의 정치 법률 이념을 선전했다. 1914년 그는『갑인』잡지를 창간하고 선후하여 추진이라는 필명으로『연방론』(『갑인』1권 4호, 1914년),『학리적연방 논』(『갑인』1권 5호, 1914년), 「연방 논에 관한 반력산의 물음에 답함」(『갑인』1권 7호, 1915년), 「연방 론에 관한 반력산 군의 물음에 재차 답함」(『갑인』1권 9호, 1915년) 등 글을 발표해, 연방제 기본 이론 방면에 관한 관련 관점을 천명함과 아울러 연방제에 대한 다른 학자들의 여러 질의에 응답했다. 게다가 반력산의 「추진의 학리적인 연방 논을 읽고」"(『갑인』1권 7호, 1915년)와 「추진의 연방 논을 재차 읽고」(『갑인』1권 9호, 1915년) 응답하는 글을 게재하면서『갑인』은 점차 연방제를 토론하는 중요한 이론의 진지로 부상했다.

장사쇠가 연방제 학설을 토론하게 된 최초의 원인은 근본으로부터 고쳐야 한다는 장동손과 정불언(丁佛言)의 연방제적 관점의 관련 글을 고려했기 때문이다. 장동손은 「지방제도에 관한 최종 관점」(『중화잡지』1권 7호)이란 글에서, "연방제의 취지는 자치에 있다. 우리는 자치만 필요하므로 연방제란 명칭을 달지 않아도 된다"고 하면서 중국은 형식적으로 우선 나라를 분할했다가 다시 나라를 연합할 필요가 없다고 생각했다. "자치라는 취지를 가지고 현재의 '지방제도의 최종 문제'를 해결하는 열쇠로 간주하여 쓸데없이 형식적인 제도에 관한 논쟁을 벌이는 것은 실수라 할 수 있다. 요컨대, 현재의 지방제도 문제를 해결하려면 자치를 발전시키는 것을 취지로 하는 제도를 무조건 채택해야 하는 것으로 존속하느냐 폐지하느냐는 당신이 요구하는 답안이 아니다. 성(省)

특별한 제도를 보존해야지 개혁한다며 공연히 긁어 부스럼을 만들 필요가 없다."[911] 정불언은 "민국 국가를 세우는 것이 옳다는 관점을 논함(民國國是論)"(『중화잡지』 1권 9호)이라는 글에서, 미국의 나라 기반이 각 주에 있듯이 중국의 나라 기반은 각 성에 있다면서 헌법에서 중앙과 각 성의 권한을 분명하게 구분해야 한다고 주장했다. 장동손과 정불언 두 사람의 논쟁을 지켜보던 장사쇠는 『중화잡지』 1권 4호에 『연방론』이라는 글을 발표했다. 그는 장동손의 "방(邦)이 우선이고 국(國)은 다음이라는 지론(先邦後國之論)"은 근거를 알 수 없는데도 오로지 이것만 추구해야 한다고 거듭 말하는 것은 백성들의 눈과 귀를 기만하는 것이며, "연방제의 해로움이 연방이라는 사실에 있는 것이 아니라 연방이라는 그 명칭에 있다"는 견해는 성립되기 어렵다고 지적했다.[912] 장사쇠는 이 글에 이어 발표한 『학리적인 연방론』이란 글에서 연방제 이론을 체계적으로 천명했다.

a. 『학리적인 연방론』

당시 연방제를 제창하던 인사들이 일반적으로 연방제가 어떠어떠하게 중국 국정에 부합되고 정치 국세에 부합되며, 연방제를 실시하면 중국에 어떠한 좋은 점을 가져다줄 수 있다는 등 공리적인 성향이 다분한 각도에서 논증하던 것과는 달리, 서방 국가를 여러 번 다녀온 경력이 있고 또한 서방의 정법이론을 체계적으로 배우고 연구한 적이 있는 장사쇠는 연방제를 논증함에 있어서 학리적인 각도에 입각하고 서방의 정치 법률 학설과 관련된 제도적 실천을 소급하는 것을 통하여, 당시 연방제에 관한 사람들의 일부 모호한 인식을 벗겨주고, 이론적으로 '학리적인 연방론'을 위하여 한층 더 연방제의

---

911) 장사쇠, 「연방론」, 『갑인잡지』 1권 4호.
912) 주수용(朱秀蓉), 「북양 정법 시기의 성 연합 자치 사상을 시론(識論北洋政法時期的聯省自治思想)」, 『운남대학학보』(법제판)4, 2004.

명분을 바로 잡아주었다. 그리하여 작자는 글의 첫머리에서 "연방제의 논의는 국내에서 비롯되었고, 그 부정적인 면과 긍정적인 면과 관련해 해석이 너무나 많고 길어 이 글에서 일일이 열거할 수 없다. 그러므로 학리를 제목으로 달아 독자들에게 그 범위를 어느 정도 이해시키는 것이 타당하다고 생각했다. 한 마디로 이글에서 연방 자체의 관념에 관하여 논하려 한다"고 요지를 밝혔다.[913]

　　이 글에서 장사쇠는 우선 "연방을 함에 있어서 방(邦)이 먼저이고 국(國)은 다음"(사실이는 미국 연방제가 생성된 역사에 대한 극단적인 견해였다)이라는 주장을 겨냥했다. 그는 프랑스 역사에서 "프랑스 연방"에 관한 제안과 프랑스 사회학자 프루동의 "연방주의"와 관련된 논술, 그리고 프랑스 공법학자 A. Esmein(프랑스 고전 헌법학 이론의 집대성자이며 프랑스 현대 헌법학 창시자)과 레옹 뒤귀(프랑스 공법 학자이자 사회 연대주의 이론의 발기자)의 연방주의 학설에 관한 고취와 결부하고, 동시에 당시 영국 연방의 정치 구성 상황(당시 영국 연합 왕국은 잉글랜드, 아일랜드, 스코틀랜드, 웨일스로 이루어졌음)과 결부하여 연방국가를 조성함에 있어서 국(國)보다 방(邦)을 우선시 할 필요가 없다고 지적했다. 아울러 글은 중남미 여러 나라, 예컨대 콜롬비아, 멕시코, 브라질 등의 나라가 단일국에서 연방국가로 들어선 정치 사례, 그리고 당시 독일의 유명한 헌법학자 게오르크 옐리네크(19세기 독일 공법 이론의 집대성자)의 "국가는 일종의 사회단체이며, 그 자체로 법으로부터 독립된 존재를 지니고 있으며, 그 내용은 하나의 힘으로 법규범을 만들어내는 전제가 되지만, 이렇게 만들어진 법규범은 또한 국가마저도 구속한다"는 관점을 인용하면서, "연방을 함에 있어서 방이 먼저이고 국은 다음"이라는 것이 금과옥조가 아니며, "단일국이 연방국가로 전환하는 것이 절대 법리에 어긋나는 일이 아니다"라고 했다. 그러므로 "단일국이 연방을 창설하는 것은 헌법을 변천하는 일이지 나라의 근본을 파괴하는 일이 아니다"라고 입증했다. 이어서

---

913) 장사쇠, 「학리적인 연방 론」, 『갑인잡지』 1권 5호, 아래 인용문도 위와 같음.

장사쇠는 당시 사람들이 연방제 하에서의 각 방(邦)의 지위에 대해 인식이 모호한 것에 비추어 다음과 같이 지적했다. "방은 나라가 아니라 지방의 단체와 비교할 수 있는 것으로 권력의 정도에 차이가 있을 뿐, 원칙적으로 근본적인 차이는 없다." "이 견해가 책망을 받는 것은 그들이 아직도 연방(聯邦)과 방련(邦聯)의 차이를 소홀히 하여 자세히 구분하지 않았기 때문이다. 게다가 논자들은 연방이라는 방자에 지나치게 얽매어 있다. 예컨대, 이른바 지방의 권한을 나라에서 부여한다면 연방이라 할 수 없다고 여기고 있다. 이는 방이라는 말에 얽매어 있기 때문이다." 장사쇠는 연방을 함에 있어서 각 방(邦)에 대한 독일 학자들과 미국 학자들의 서로 다른 관점을 인용하면서, "중국의 국정에 더욱 적합한 제도를 채택해야 하는 바, 주인이 말하면 종이 따르는 제도를 채택해서는 안 된다, 논자의 병폐라면 인심을 얻을 수 있는 견해만 지키면서 독일인들이 독일의 견해로 독일의 제도를 채택했다는 이치를 깨닫지 못한 데 있다. 우리는 독일을 모델로 삼지 않으므로 그 이론을 억지로 적용하기 어려울 뿐더러 변통할 점도 없다"고 했다. 한 논자가 파울 라반트(독일의 유명한 국법학자)의 "연방제에서 토지와 인민은 방권(邦權)의 직할에 속하고, 그 방(邦)은 국권(國權)에 예속된다. 방은 강역(疆域)이고 나라의 간접적인 영토이며, 방의 인민은 나라의 간접적인 인민이다"라는 관점을 인용한 적이 있었다. 이에 장사쇠는 글에서 이렇게 지적했다. 영국의 헌법학자 앨버트 다이시는 이 관점을 인정하지 않았다. 같은 독일의 헌법학자인 옐리네크마저도 이 관점을 반대했다. 이 뿐만 아니라 독일 미국, 그리고 아메리카 여러 나라도 연방제를 실제로 운영하는 면에서 각기 달랐다. 그러므로 그 중의 하나를 유일한 모델로 간주할 필요는 없다.

끝으로 장사쇠는 "연방제를 실행함에 있어서 여론의 힘이 필요할 뿐 혁명을 할 필요는 없다"고 역설하면서, 서방 연방제도와 관련된 이론 학설을 정리하고 제도가 진화 발전하는 과정에 대하여 분석하고 비교하는 것을 통하여, 가끔 연방제에 관한 설이 나오면 언제나 폭란(暴亂)이라고 지목하는 당시 당국의 독단적인 방법에 응답했다.

b. 연방제에 관한 장사쇠와 반력산의 논쟁과 장사쇠가 연방제 학설을 전파한 의의

"연방을 편성함에 있어서 방을 국(國)보다 우선시 할 필요가 없다. 방은 나라가 아니라 지방의 단체와 비교할 수 있는 것으로 권력의 정도에 차이가 있을 뿐, 원칙적으로 근본적인 차이는 없다. 연방제를 실행함에 있어서 여론의 힘이 필요할 뿐 혁명을 할 필요는 없다"는 연방제와 관련된 장사쇠의 관점은 반력산의 맹렬한 질의를 받았다. 반력산은 이렇게 주장했다. "연방이라는 제도를 채택하려면, 반드시 국(國)보다 방(邦)이 먼저 존재해야 한다. 중국은 국은 있지만 방이 없다. 그렇다고 기존의 국을 나누어 각 방으로 할 수는 없다. 이것이 첫째이다. 방과 지방 단체를 비교하면, 전자의 권력은 고유한 것이고 후자의 권력은 국가가 부여한 것이다. 중국의 지방 단체의 권력 역시 국가가 부여한 것으로서 설령 여러 곳에 부여한다 해도 지방 단체의 성질은 다르지 않으므로 연방이라 할 수 없다. 이것이 두 번째이다. 한 가지 제도를 실행하려면 우선 일국의 근본 제도에 어긋나지 말아야 한다. 단일국인 중국이 연방국가로 전환하려면 반드시 혁명을 해야 한다. 이것이 세 번째이다."[914] 이는 장사쇠의 견해에 날카롭게 맞선 관점이었다. 반력산은 이 글을 장사쇠의 「반력산의 연방론에 답함」 이란 글과 동시에 『갑인 잡지』 1권 7호에 실었다. 그리고 『갑인 잡지』 1권 9호에 실은 "추진의 연방 론을 재차 읽고"(반력산)와 "반력산의 연방론에 재차 답함"(장사쇠)이라는 두 편의 글은 연방제에 대한 학리적 탐구를 심화시킨 동시에 연방제를 당시 정계와 학계의 핫이슈로 떠오르게 했다.[915]

당시 일부 학자들이 연방제를 실제적인 연방제나 은폐적인 연방제라 호칭하자고 주장하던 것과는 달리 장사쇠는 단호히 연방이라는 단어를 유지해야 한다고 주장했다. 이 뿐만 아니라 이론적 논술을 통해 연방제 관련 학리를 천명하면서 당시 연방제에 관한 일부 착오적인 견해와 터무니없는 비판을 정리함으로써 당시 연방제 학설이 중국에

---

914) 반력산, 「추진 군의 학리적인 연방 론을 읽고(獨秋桐君學理上之聯邦論)」, 『갑인잡지』 1권 7호.
915) 그 당시 논쟁에 관련된 논문은, 논쟁의 주요 인물이었던 장사쇠가 편찬한 『갑인 잡지 존고(存稿)』 (상무인서관 1925년 판)를 참조.

전파되는데 큰 공로를 세웠다고 할 수 있다.

중국에서 연방제를 실행하는 데 진정한 걸림돌은 중국 중앙집권제라는 역사적 전통이라고 장사쇠는 생각했다. 그의 견해에 따르면, 중국은 이미 연방제를 수립할 수 있는 기회를 잃었다. 즉 신해혁명이 발발한 후 각 성에서 청조 정부로부터 독립을 한다고 선포하고서도 각 성이 민국시기까지 독립적 지위나 자치권을 취득하지 못한 것은 자치나 연방이라는 단어가 전국적인 통일 국가라는 역사와 문화 전통에 의해 이단적인 사설(邪說)이라고 인정되었기 때문이다. 바로 이 때문에 일부 학자들은 연방제의 장점을 알고 있으면서도 연방이라는 개념을 회피했다. 더욱이 중국어에서 '방(邦)'이란 글자는 '국(國)'이란 글자와 뜻이 같은 것으로 주권이라는 의미가 들어 있었기 때문이다. 이리하여 '학리적인 연방론' 등의 글에서 장사쇠는 한편으로 연방이란 방이 '지방 단체'(원칙적으로 역사상의 성에 해당하며, 이 같은 지방 단체가 일반적인 지방 단체보다 권력이 좀 클 뿐이다)고 주권이 없는 국가라고 정리했다. 다른 한편, '연방'이라는 개념을 지속적으로 사용하면서, 이 개념을 포기한다는 것은 중앙집권제라는 이데올로기에 투항하는 것임을 의미하고, 스스로 공언하는 명명권(命名權)과 타협하는 것을 의미한다고 지적했다. 바로 이과 같은 중앙집권과 무력이라는 전통이 '연방'이라는 개념을 '이단적 사설'이라고 여기게 하였기 때문에, '연방'이 그 어떤 불법적인 의미를 가지게 되었다. 이 때문에 '연방'이라는 개념을 반드시 유지해야 했다. 이밖에 그는 중앙집권이라는 전통과 '연방'이라는 개념의 부정적인 뜻 사이의 관계를 밝힘과 동시에 교육 운동을 통하여 연방제 및 그 장점에 대한 공중 여론의 인식을 비교적 분명히 했을 뿐만 아니라, 여론을 설득하여 연방제가 혁명을 대체할 수 있는 유일한 방식임을 알게 했다.[916]

---

916) [미] 두아라, 『민족국가로부터 역사를 구조: 민족주의 화제와 중국 현대사 연구』, 강소인민출판사, 2008, 177~178쪽.

③ 장동손의 연방제 학설

장동손은 중화민국시기의 유명한 철학자이자 정치평론가, 언론인이다. 그는 한 때 성심(聖心)이라는 필명을 사용했다. 장동손은 학술과 정치 사이를 오가며 일생을 학계와 정계에서 활약한 인물이다. 한편으로는 그는 철학에 깊은 조예가 있었다. 다른 한편으로는 국가의 정치적 시국에 깊은 관심을 가지고 정치가의 역할을 적극적으로 했다. 그는 상층 통치 그룹에 대해 일관적으로 비평하는 태도를 보였는데, 대량의 시론적인 글을 발표하여 전제를 비판하고 민주 사상과 헌정 사상을 발전시키면서 법치국의 길을 가야 한다고 주장했다.[917] 이 뿐만 아니라 민국 초기 연방제에 관한 열띤 논쟁에서도 역시 중요한 한 페이지를 남겼다. 그는 1915년부터 1916년 사이 『신중화』,『갑인 잡지』 등 간행물에 성심이라는 필명으로 『연방 건국론』,『연방의 성질과 정신』,『옐리네크의 연방과 공권론』,『연방 제도와 헌법 제정』,『미국 연방의 헌법과 정부』 등의 글을 발표하여, 당시에 연방제를 고취시킨 중요한 인물 중의 한 사람이라 할 수 있다.

1915년 간인한 『신중화』 1권 1호는 장동손이 연방제를 토론하는 『연방 건국론』, 『연방의 성질과 정신』,『옐리네크의 연방과 공권론』 세 편의 글을 실었다. 그는 『연방 건국론』에서 이렇게 지적했다. "중화민국이 어떠한 제도를 채택해야 가장 적합하겠는가?", "나는 이 문제를 해결하려면, 한마디로 말해서 연방제를 채택해야 한다고 본다." 어떤 것이 연방제인가? 추진(장사쇠)은 "연방이란, 무릇 전 민족의 시무와 관련된 일은 중앙정부에서 처리하고, 공통의 이익과 관계없는 일은 각 방 정부에서 처리한다"고 정의했다. "제도를 토론하려면 우선 조직을 언급한 다음 사무와 권한을 논해야 한다." 이 때문에 장사쇠의 사무를 나눠야 한다는 말은 정확한 것이다. 하지만 조직 역시 두루 미칠 수 있다. "연방 조직은 이중의 정부이다. 통일국가의 하부에서 자치를 한 적이 없어서

---

917) 용상안(龍常安), 「장동손의 연방제 사상(張東蓀的聯邦制思想)」, 『퉁지대학 학보』(사회과학 판) 6, 2007.

지방 정부가 없다면 양자가 다르지 않겠는가? 그러므로 나는 이 정의에, 연방의 지방 정부는 중앙정부가 만드는 것이 아니라는 말을 보태고 싶다." 연방제에 대한 정의를 내릴 바에는 한발 더 나아가 연방제를 통해 건국을 할 수 있는가를 논증해야 한다. 이렇게 하려면 연방제의 이해득실을 깊이 따져봐야 한다. 중국이 연방제를 채택하면, 첫 번째 이로운 점이 '역사적 추세에 부합되는 것'이고 두 번째 이로운 점이 정치력에 대한 태도를 분명하게 나눌 수 있는 것이다."[918]

"중국이 향후 연방이라는 제도를 채택한다고 선언"한 다음 뒤이어 나타난 문제가 바로 "연방제의 성질을 어떻게 생각하느냐"하는 것이었다. 장동손은 "연방의 방과 지방 단체는 권력의 정도가 다를 뿐, 근본적으로는 다르지 않다"는 장사쇠의 논단에 찬성하지 않고, 옐리네크의 연방국가의 성질에 관한 관점에 찬성했다. 즉, "연방의 방은 한편으로는 지방이라는 성질을 가지고 있다. 예컨대 지방자치단체이다. 다른 한편으로는 국가라는 성질을 가지고 있어서 비주권(非主權) 국가와 같은 범주에 속한다. 연방은 국가 성질을 가지고 있다. 자체적인 조직과 권리를 가지고 있으므로, 나름대로의 법적 조직이라는 자체 기구를 가지고 있으며, 또한 조직 권리를 가지고 있기 때문에 독립적인 통치권을 가지고 있다." 때문에 "지방 정부의 행사권은 중앙 정부에서 부여한 것이고, 방(邦) 정부의 행사권은 본래부터 가지고 있는 권리이다. 그러나 중앙정부의 허락을 받아야 한다." 다시 말하면 연방의 방과 지방 단체는 권력의 정도가 다를 뿐만 아니라, 권력의 출처, 권력의 범위, 중앙 정부와의 관계 등의 방면에서도 실질적인 차이가 있다.[919]

한 학자가 말한 것처럼, 장동손의 연방제 사상은 사실 중국의 현실정치에서 출발한 것으로 그는 지방에 연방 정부를 수립하고 중앙에 내각을 구성하는 등을 통하여 단일제 국가로부터 연방제 국가로의 전환이 이루어지기를 희망했다. 또한 장동손의 연방제

---

918) 장동손, 「연방건국론」, 『신중화』 1권 1호.
919) 장동손, 「우리의 이상적인 제도와 연방」, 『갑인』 1권 10호.

사상은 그의 헌정 법치 사상과 조화로운 철학 사상과 떨어뜨려 놓을 수 없다. 그는 연방제가 자치권을 실현하고 분권을 실현하려면, 한편으로는 국가의 정치적 기상이 늘 새로워야 하고, 한편으로는 국가 권력이 인민들의 권력을 훼손하는 것을 방지하고 인민들의 자유를 방해하는 것을 방지해야 한다[920]고 생각했다. 장동손의 관점에 따르면, 연방제는 "그리하여 지방이 확실하게 중앙에 복종하고 확실하게 중앙을 옹호하며, 중앙이 절대로 강력한 힘으로 지방을 압제해서는 안 되는"[921] 것이다. 이는 중국 국정에 부합될 뿐만 아니라 당시 중앙과 지방의 혼란한 관계를 개선하는 데에도 좋은 해결책으로 시국을 만회하고 국가의 진정한 통일을 이루는 효과적인 방도라 할 수 있었다.

그러나 황제라고 자처하던 원세개가 실각, 사망한 후 중국이 크고 작은 군벌이 혼전하는 형국에 빠지는 바람에 민국초기의 연방제 토론이 이전의 정치적 슬로건에 비해 학리적으로 논증하는 경향이 뚜렷해지기는 했지만, 여전히 당시의 정치적 현실에 의해 무자비하게 깨어지고 말았다.

④ 연방제 반대에 관한 학설

a. 양계초의 『신중국 건설문제』

1911년 신해혁명이 일어난 후 양계초는 그의 이상국 건설의 미래상이라 할 수 있는 『신중국 건설문제』라는 글에서, 연방제가 중국의 정치적 현실에 부합되지 않는다며, 젊은 시절 연방제를 찬성하던 자신의 생각을 바꾸었다고 했다. 글의 첫머리에 양계초는 이렇게 적고 있다. "중국은 땅이 넓고 통일된 지 2,000여 년이 되지만, '단일국'이요,

---

920) 용상안(龍常安), 「장동손의 연방제 사상」, 『동지대학학보』(사회과학 판) 2007년 6호.
921) 장동손, 「우리의 통일적인 주장」, 『정의』 1914년 1호.

'연방제요'라고 하는 문제가 생긴 적이 없었다." 1월부터 이를 결합한다며 각 성에서 잇달아 독립을 선언하고, 유식한 사람들이 비로소 그 의미를 사색하기 시작했는데 대단하지 않는가? 그 진행 방법은 어떠한가?[922] 연방제를 주장하는 사람들은 중국은 국토면적이 넓어서 단일 제도를 가지고는 중앙정부가 나라를 효과적으로 다스릴 수 없으며, 각 성은 자기 지역의 장단점을 잘 알기 때문에 자치를 하는 것이 최상의 방법이라는 등의 이유를 내놓았다. 연방제를 반대하는 사람들은, 연방제 하에서는 강력한 정부를 구성할 수 없고, 몽골이나 티베트 등 변강지역의 안정을 보장할 수 없으며, 또한 충분한 역사적 기반이 없다는 등의 이유를 내놓았다. 양계초는 비록 양측이 내놓은 이유가 각자 합리성을 가지고 있다고 인정하기는 했지만, 뒷부분에서 논증할 때 그래도 연방제를 반대하는 견해에 가까웠다.

양계초의 견해에 따르면, "국가는 일종의 유기체이므로 갑자기 한 시기 동안 근거 없이 만들어지는 것이 아니다." 그러므로 정치적 현상은 변화의 기반을 반드시 역사에 두어야 한다. 이어서 양계초는 스위스 연방, 독일 연방, 북미 연방의 역사를 고찰했는데, 스위스 연방은 국토가 너무 작기에 자세히 논할 필요가 없고, 독일의 각 방은 중세기부터 존재했으며, 미국의 각 방은 본래 자치령이므로, 연방국가의 각 자치기구는 오래 전부터 존재했음을 설명하는 것으로, 연방을 형성한 것은 일종의 적합한 국가 형식을 찾는 것에 불과하다는 것이다. 중국이 만일 "갑작스런 효과는 노린다면" 목적을 이루기 어려울 것이다. 중국은 독일이나 미국 등 연방국가와 같은 자치기구가 없기 때문이다. "대저 독일의 각 방이나 미국의 각 주는 내부에 세웠기 때문에 사실 한 나라나 다름없다." 만약 기어이 중국을 연방국가로 개조하려면 장차 어떤 방법을 통해 연방국가를 만들려 하는가?' 그러려면 현재 존재하는 20여 개 성을 20여 개 방국(邦國)으로 개조해야 하는데, 이는 분명 가능성이 적을 뿐더러 나라의 통일과 안정에도 불리하다.

---

922) 양계초, 「신 중국 건설 문제」 (1911년), 『양계초 법학문집』, 범충신 편찬, 316~323쪽.

게다가 양계초는 또 다음과 같이 생각했다. "연방국가는 단일국가의 과도 단계에 불과하며", 결국은 반드시 단일국가로 귀환하게 된다. "단일국가를 요망하면서도 아직 이루지 못할 경우에만 비로소 임시변통으로 연방이라는 일시적인 조치를 강구하는 것이다." 즉 "이에 앞서 여러 소국만 있고 하나의 대국을 형성하지 못할 경우에 소국을 연합하여 대국을 이루려 한다." "더구나 하나의 대국을 여러 소국으로 조절했다가 다시 연합하여 하나의 대국으로 만들려 시도하는 것"은 사실 쓸데없는 짓이다. 물론 신해혁명 후 각 성이 할거상태에 처한 실정으로 인해 "사람마다 장차 통일이 힘들어질 것을 걱정했고, 연후에 심리적으로 비로소 연방제를 추구하게 되었다." 이 때문에 만약 연방 국체를 채택할 경우 어떤 문제에 주의를 돌려야 하는지를 연구할 필요가 있다는 것이다. 첫째는 연방 중의 각 방 수장의 자격 문제이다. 독일은 세습이고, 미국은 공선이며, 오스트레일리아는 중앙에서 임명한다. 독일과 미국은 중국이 본받기 어렵고, 오스트레일리아는 우리가 현재 행하고 있는 성 제도와 별 차이가 없으므로 변혁할 필요가 없다. 두 번째는 연방정부의 권한과 중앙정부의 권한이다. 미국은 대표적인 연방국가이다. 그러나 지방의 권한을 무작정 확대하면서 남북전쟁이라는 뼈아픈 교훈을 초래했다. 중국은 근대 이후 내우외환의 민족 위기에 처해 있었으므로, 지방에 권력을 이양할 것이 아니라 중앙정부의 권력을 더욱 강화할 필요가 있다. "오늘날의 중국을 다스리려면 참된 규칙과 엄숙함을 주장하는 것이 첫 번째 도리이다." 동시에 연방의 구역, 연방과 지난 조정과의 관계, 연방과 변방 지역과의 관계 등의 면에서도 허다한 문제가 존재한다. 즉 "힘이 부치어 능히 감당하지 못하고, 대(大)연방을 소(小)연방으로 거듭 나누고, 소연방을 더욱 작은 소연방으로 나눈다면 중국을 가루로 만들게 될 것이다." "현재 중국은 우선 견고하고 통일된 중앙정부를 요망해야 한다."

신해혁명 후 중국이 한때 연방제를 실행할 수 있는 동기가 있었다는 장사쇠의 생각과는 달리, 양계초는 당시 만약 어설프게 연방제를 실행했더라면 나라가 분열하고 민족이 분립하고 변방이 불안정한 국면이 나타나 뚜렷한 내셔널리즘적인 경향을 초래했을 것이라고 생각했다. 비록 양계초가 당시 연방제에 대해 이러저러한 오해가 있기는 했지만,

강력한 정부에 대한 그의 갈망을 심각한 민족위기와 정치위기라는 근대 중국의 전체 분위기 속에서 고려한다면 혹시 어느 정도 마음이 개운해 질 것이다. 이밖에 양계초 역시 청 왕조의 군주 집권이라는 옛길로 가는 것을 주장하지 않고, 입헌정치의 구조 하에서 중앙정부를 강화해야 한다는 일종의 제도적 구상을 주장했다.

b. 장군매(張君勱)의 『연방제십불가론(聯邦十不可論)』

장군매는 중국 근대 학술사와 정치사에 있어 중요한 인물 중 한 사람이다. 그는 한편으로는 신유학을 창도하고 철학적 논쟁에 여러 번 참여하여 현대 신유학에 있어 중요한 인물로 평가받고 있다. 다른 한편으로는 그는 중화민국이 수립될 때부터 정치 활동에 종사했고, 양계초를 추종하여 입헌 활동에 종사했으며, 중화민국 수립 이후 벌어진 입헌 토론에 여러 번 참여했다. 특히 1946년 헌법 제정 과정에서 "중화민국 헌법의 아버지"라는 명성을 얻었다. 그리고 중화민국 초기의 연방제 토론에서도 중요한 역할을 했는데, 그 대표작이 바로 『대중화 잡지』에 발표한 『연방제십불가론』이다.

당시의 연방제 토론을 할 때, 장문매가 일본이나 독일에서 정치와 법률을 배우고 유학을 마치고 귀국하자 적지 않은 사람들이 연방제에 관한 그의 견해를 물었다. 그리하여 장군매는 3년 전에 집필한 『성(省)제도 조의(條議)』를 보충하여 『연방제십불가론』라는 제목으로 양계초가 주간하는 『대중화 잡지』 2권 9호에 발표했다. 제목을 통해서만도 당시 장군매가 연방제에 관한 태도에서 양계초와는 일치했지만, 장동손이나 장사쇠와는 정반대였다는 것을 알 수 있다.[923]

연방제를 반대하는 상투적인 관점, 즉 연방제가 생성되려면 우선 각 방이 있은 다음 연방을 해야 한다는 지적에 대하여 장사쇠는 연방국가를 구성하는 방면에서 방을

---

923) 정대화 저, 『장군매전』, 제49쪽.

국보다 우선시 할 필요가 없다고 응답했다. "대저 연방의 각 방은 어쩌면 건국할 때 이미 존재했거나, 어쩌면 건국 후에 가입을 시작했을 수도 있다." 아메리카주의 여러 신흥국이 바로 그 예이다. 그러나 장군매는 이렇게 지적했다. 세계 연방제 국가들 가운데 "방이 먼저이고 국이 후인 나라는 그 다스림에 있어서 한번 형성되면 더는 변경하지 않았지만, 국이 먼저이고 방이 후인 나라는 늘 어수선하고 혼란스러웠고 수십 년이 지난 후에야 안정이 되었다." 그리고 남아메리카 여러 나라가 연방제를 시행한 것에는 어느 정도 '정세'와 '원인'이 있었다. 즉 남아메리카의 여러 나라는 스페인이나 포르투갈의 식민지였고, 나폴레옹이 유럽을 제패한 후에야 잇달아 종주국의 속박에서 벗어나 새로운 나라를 수립했다. 때문에 남아메리카 여러 나라는 '오랜 역사를 가진 통일 국가'가 아니었다. 게다가 이웃 나라인 미국이 연방제를 시행하고 강성해지자 그들은 그 제도를 부러워하면서도 걱정했다. 동시에 남미에 연방제를 채택한 국가가 연달아 수립되었다. 그러나 결과는 그들의 뜻대로 되지 않았다.[924]

장군매는 이렇게 생각했다. 당시 연방제를 채택하자고 주장하는 사람들은 흔히 "중앙정부의 포악함에 분노하여 정치 기반을 지방에 두어야 한다며, 연방제 주장을 강력히 내세웠을 뿐이다." 하지만 중국이 연방제를 실행할 수 있는 가능성이 있는지에 대해서는 깊은 연구가 없었다. 연방제를 실행하려면 3가지 조건을 갖춰야 한다. 즉 성이나 주 헌법을 제정하고, 성이나 주의 주권을 확립하고, 성이나 주의 자치 기반을 형성해야 한다. 그러나 중국은 3가지 조건을 다 구비하지 못하고 있다. 이 때문에 이른바 연방제는 일방적인 공상이다. 세수, 군사, 국가 통일 등 측면에서 볼 때도 중국은 연방제를 실행하면 안 된다. 청조 말엽 이후부터 지방의 세력이 너무 강해 중앙정부에서 조종하기 힘들었고, 중앙 통치로부터 분리해 나가려는 경향도 심했다. "오늘날 세인들이 말하는

---

924) 공상동(孔祥東), 「국가 체제에 관한 민국 초기 한 차례 논쟁 시론(試論民國超關于國家體制的一場論)-『대중화 잡지』와 연방제 논쟁」, 『길수대학학보』(사회과학 판) 6, 2006.

세력이 강대한 대국은 통일된 나라라는 허울만 유지하고 있을 뿐이다." 만약 연방제까지 도입한다면 아마 통일국가라는 허울마저 유지하기 어려울 것이다. 그렇기 때문에 조건이 갖춰져 있지 않으므로 미국, 독일 스위스 등 나라에서는 효과적인 연방제가 장사쇠나 장동손이 등이 주장하는 것처럼 중국정치를 개량할 수 있는 좋은 해결책이라고 여겨서는 안 된다. 이는 마치 민국이 수립된 후 서양에서 도입한 책임 내각, 의회 감독, 사법 독립, 예산 동의 등의 제도가 중국의 정치를 개량하지 못한 것처럼 조건을 고려하지 않고 그대로 가져다 억지로 적용한다면 반드시 범을 그리려다가 강아지를 그리는 꼴이 되는 결과를 얻게 될 것이다. "기어코 연방제의 폐단을 이용한" 멕시코가 바로 그 교훈이다.[925]

그 시기 연방제 학설을 반대하는 학설은 주로 양계초가 주관하고 있는 『대중화 잡지』, 『용언』 등의 잡지에 실렸다. 연방제를 반대한 양계초, 장군매 등의 관점은 중앙 집권 통치를 수호하려는 북양정부의 관점이고, 북양군벌 정부쪽으로 기울어진 관점이며, 부르주아 상층부의 역량인 보수적 지식인들의 관점을 대표했다고 한 학자는 지적했다.[926] 이는 공정한 평가라 할 수 없을 뿐만 아니라 동정적 이해도 부족한 견해라 할 수 있다. 사실, 연방제를 찬성하든, 연방제를 반대하든, 연방제에 관한 토론이 벌어지게 된 원인이 당시 권력이 집중된 중국 북양정부의 정치 현실과 관련된다. 하지만 근대 중국이 변방이 불안정하고 민족 위기가 심각하여, 인민들이 오랫동안 대통일이라는 생각에 익숙해 있던 것도 사실이었다. 양측이 논쟁을 벌인 목적 역시 중국이 하루 빨리 오랜 가난과 쇠약에서 벗어나 강국이 되기를 바라는 마음에서였다. 이밖에 청나라 말엽의 연방제가 흔히 말로만 하는 정치적 동원에 머물러 있었던 것과는 달리 중화민국 초기의 연방제 토론은 학리적인 연구 성향이 강했다.

---

925) 공상동(孔祥東), 「국가 체제에 관한 민국 초기 한 차례 논쟁 시론- 『대중화 잡지』와 연방제 논쟁」, 『길수대학 학보』 (사회과학 판) 6, 2006.
926) 정대화(鄭大華), 『장군매전』, 49쪽.

(4) 중국에서의 연방학설 실천 -연성(聯省) 자치와 관련된 이론 논쟁

중화민국 초기의 연방제 토론은 원세개가 대권을 독점하는 것을 반대하는 것에서부터 시작되었다. 그리고 원세개가 황제로 등극하려다 실패하고, 북양군벌 내부가 사분오열한 후 근대 중국은 군벌이 혼전하는 시대에 들어서면서 국내 시국이 날로 혼란스러워졌다. 그리하여 이 시기 연방제 토론은 계속하여 학리를 깊이 파고드는 것 외에, 어떻게 하면 군벌할가를 끝내고 명실상부한 국가의 통일을 이룩할 수 있는가라는 정치적 목적 또한 더욱 뚜렷해졌다.

이 시기의 연방제 논쟁은 연방제를 어떻게 구체적으로 실현해야 하는가라는 일부 절차에까지 들어갔다. 예컨대, 자치문제, 성(省)과 특별 구역을 축소하는 문제, 연성(聯省) 문제 등이었다. 물론 아무리 변해도 본질은 달라지지 않았다. 그 논쟁의 실질은 여전히 중앙과 지방의 권력 배분이라는, 이 헌정제도를 구축하는 것이 핵심적 명제였다. 당시 『태평양』 잡지 3권의 「연성자치 특집호」, 『개조』 잡지 3권의 「자치 문제 연구」 특집호와 「연방 문제 연구」』 특집호, 『동방잡지』 19권이 연속 두 권으로 간행한 「헌법 연구 특집호」 등은 연방제와 관련한 장편의 글을 대량 게재했다. 큰 영향을 미친 글로는 양단육(楊端六)의 「시국 문제와 근본적 토론」, 난공무(蘭公武)의 「나의 연방론」, 장사쇠의 「방을 만들다(造邦)」, 이검농의 『민국통일문제』 (3편), 녕영만(寧協萬)의 『헌법은 연방제를 적절하게 채택해야(憲法宜采聯邦民族制)』 등이다.[927] 그리고 그중에서 1917년 상해에서 창간한 『태평양잡지』는 『갑인 잡지』에 이어서 영향력이 상당한 자유주의 간행물이었고, 또한 1917년 후 연방학설을 전파하는 중요한 진지가 되었다. 주요 기고자들로는 이검농,

---

927) 서모(徐矛), 「중국 부르주아계급 연방제 이론 탐구 50년(中國資産階級探索聯邦制理論五十年」, 『복단학보』 (사회과학 판) 2, 1989.

주경성, 왕세걸, 왕단육 등 이었는데, 모두 영국이나 일본에 유학을 가서 정치, 법률, 경제를 전공한 엘리트들이었다.(이검농, 양단육이 연이어 편집 주간을 맡았다)[928] 이검농은 이리하여 장사쇠, 장동손에 이어 민국시기 연방학설을 연구한 주요 인물로 부상했다. 동시에 이 시기 연방제 토론은 당시 중국의 현실적 정치 판도에 중요한 영향을 끼쳤는데, 그것이 바로 1920년대 초에 일어난 연성자치운동이다.

① 이검농의 연방제 학설

이검농은 민국시기 유명한 역사학자이자 정치가이다. 그는 일본과 영국에 유학하여 법정 사상을 전공했다. 1916년 원세개가 황제에 등극하려다 실패하고 사망하자, 광범위한 대중들은 민주공화제도가 회복되는 줄 알았지만 상황이 더욱 악화되었다. 당시 중국을 통치하고 있던 북양 파벌이 모두 인정하는 정치적 권위를 상실하고 사분오열되는 바람에 군벌이 혼전양상에 빠졌기 때문이다. 당시 학자들은 군벌들의 혼전으로 인해 온갖 고통을 겪으면서, 국내에 전국을 통일할 수 역량이 하나도 없다는 것을 알게 되었다. 그리하여 연성자치를 하거나 연방제를 실행하는 것을 통하여 국가 통일을 이룩해야 한다는 구상을 내놓게 되었다. 이검농은 영국에서 3년 간 유학하는 동안, 영국이나 미국 등 나라의 정치 제도를 깊이 연구하면서, 영국의 의회정치와 식민지 분쟁을 해결하기 위해 실행한 연방제에 각별한 관심을 가졌다.[929] 그는 1917년부터 1925년 사이 연방제와 관련한 글을 대량 발표했을 뿐만 아니라, 연방제의 구체적인 정치 실천에 참여했는데, 호남성 헌법 기초위원회 주석, 호남성 정무위원장을 맡고 호남성 헌법을 기초했다. 연방제를 논한 그의 글 중에서 『민국 통일문제』(3편)가 대표적이라 할 수 있다.

---

928) 등려란(鄧麗蘭), 왕홍하(王紅霞), 「법정 학자들의 헌정에 관한 요구 제기: 『태평양』 파벌 학자들의 헌정 사상을 약론(1917-1925)」, 『복건포럼』(인문사회과학 판) 3, 2006.
929) 이검농, 「민국 통일문제」 1편, 『태평양잡지』 1권 8호, 1917.

『민국 통일문제』(1편)에서, 이검농은 이렇게 밝혔다. 이런 지방의 초안이 "조금이라도 연방제를 언급하거나 지방의 자유권을 엇비슷하게 언급하면 바로 통일을 파괴하려는 것이 목적이라며 소란스럽게 반대하는데 어리석고 가소로울 뿐이다." 그러므로 그 취지가 연방제를 응원하려는 데 있는 것이 아니라 중앙집권제로 국가의 통일을 이룩하려는 어리석은 주장을 급하게 바로잡으려는 데 있다. 본래 "세계 각국에 연방제를 체제로 하는 나라 또한 적지 않고, 그 동안 부강해진 나라 역시 없는 것이 아닌데, 중국인들은 어찌하여 연방이라는 용어를 뱀이나 전갈처럼 무서워하는가! 이는 아마도 그들의 그릇된 정치 발전 이념과 관련이 있는 것 같다. 그들이 보기에는 국가의 조직 형식이란 바로 권력을 집중하거나 분산함에 있어서 단일제, 연방제, 방연제 이렇게 3등급으로 나누는 것이기 때문이다. "무릇 방연제에서 연방제에로 나아가고, 연방제에서 단일제에로 나아가가는 것을 모두 발전이라 생각하는데, 만약 나라의 근본이 단일 조직인데 연방제로 변경하려 한다면 분열의 시작이라고 여기고 있다. 대체로 단일제를 연방제로 변경하면, 연방제를 다시 방연제로 변경하는 상황이 벌어지며, 종당에는 나라가 완전히 분열하게 된다고 여기고 있다." 중국은 수 천 년 동안 줄곧 단일국가라는 형식에 익숙해 있었는데, 갑자기 연방제를 언급하고, 게다가 그들이 받아들인 것은 정치 진화론이 아니었으므로 연방제를 분열의 시작이라고 여기는 것이 당연하다. 이검농은 독일이 옛날 통일된 군합국(君合國)에서 방연국가로 집산했다가 다시 연방국가로 통일되었지만 결코 단일국가로 변경하지 않았다는 사례와 대영제국이 당시 비록 단일국가였지만 지방은 정치를 분리한 상태였기 때문에 연방제를 채택하지 않은 데서 분립의 목소리가 더욱 높아진 정치적 사례를 통하여 두 가지 결론을 얻어냈다.

첫째, 연방제를 단일제로 전환할 필요가 없으며, 또한 연방제는 진화를 의미한다는 것이다. 둘째, 단일제를 연방제로 변경한다 해도 분열이 일어나지 않을 뿐만 아니라, 오히려 정권을 공고히 할 수 있는 최적의 선택이 될 수 있다는 것이다. 그리고 단일제, 연방제, 방연제 사이에는 결코 직접적이고 직선적인 진화나 퇴화와 같은 곡선 관계가 존재하지 않으므로 중국이 연방제를 채택해도 분열의 위험이 없을 뿐만 아니라 중국의 정치적 실정에도 더욱 잘 부합될 수 있다는 것이다.

『민국통일문제』(2편)에서 이검농은 이렇게 인정했다. 무력의 방식을 통해 전국을 통일하려 시도한다면 "현실적인 가능성 여부는 물론이고, 모두가 기본적 이념에 큰 착오가 존재하고 있으므로" 북양군이 국가의 정통이라 자처하면서 지방 세력을 소멸하려 한다면 지방의 더욱 강력한 군사적 반발만 야기하여 폭력으로 폭력을 억제하는 악순환에 가일층 빠지게 될 것이라고 생각했다. 비스마르크가 운용한, 오늘날의 큰 문제는 언론이나 다수결이 아닌 철과 피에 의해 결정된다는 철혈정책의 종착점은 무력을 통해 독일 전체를 정복하는 것이 아니라, 종국에는 계약의 방식을 선택하여 연방제를 구축하는 것이라는 것이다. 북미 13개 주가 영국의 지배에서 벗어나 독립을 하고 연방헌법을 구축하기 전까지는 느슨한 연방 체제였지만, 워싱턴은 무력의 방식으로 통일을 이룩하는 정책을 취하지 않고, 최종적으로 연방 체제를 국가의 난제를 해결하는 방법이라고 여겨 선택했기 때문에 평화적 계약 방식인 연방주의가 상책이 되었다. 진정한 해결 방도는 정세의 발전 추세에 따라 유리하게 인도하는 것으로 중앙과 지방의 재정을 순차적으로 분리하여, 지방에 안정적인 재정 수익이 있게 하고, 군비를 집중하여 중앙에서 일괄 지불하며, 군권도 점차 통합해야 한다는 것이다.[930] "어째서 재정을 분리하는 문제를 선결 문제라고 하는가? 그것은 정치 문제이기 때문이다. 오늘날 중국이 해결해야 할 정치 문제는 무엇인가? 그것은 민치 문제, 다시 말하면 지방자치 문제이다. 중앙집권제와 지방분권제의 논쟁 역시 이 때문에 비롯되었다. 중국이 중앙집권제를 채택한다면 이른바 재정분리 문제가 생기지 않았을 것이다. 중국이 지방분권제를 채택하거나 연성자치제를 채택한다면 재정분리 문제가 당연히 우선 해결해야 할 급선무인 것이다."[931] 즉, 경제연방주의와 같은 평화적인 계약 방도를 취해야지, 중앙이 무력적 폭력을 통해 폭력을

---

930) 용상안(龍常安), 「이검농 연방제 이념 연구」, 『란저우 학간』 12, 2007.
931) 이검농, 「민국 통일문제」 2편, 『태평양잡지』 1권 9호, 1917.

정복하는 방법으로 국가의 통일을 이룩하려 해서는 안 된다는 것이다.

이검농이 『민국통일문제』 전 2편을 1917년부터 1922년까지 게재하는 동안, 지방은 여전히 군벌이 할거하는 상태로 무력에 의한 통일은 거의 가망이 없어 보였다. 그리하여 그는 1922년 『태평양잡지』 3권 7호에 『민국 통일문제』(3편)를 발표했다. 이 글은 의연히 연방제만이 진정한 민국의 통일을 완성할 수 있다는 주장을 취지로 삼았다. 이검농은 이렇게 생각했다. "민국 통일의 절차는, 연방 헌법을 제정하는 것을 시작점으로 하여 독군(督軍)을 폐지하는 것을 궁극적인 경지로 삼아야 한다. 거꾸로 말하면, 독군을 폐지하려면 반드시 먼저 군대를 감축해야 하고 군대를 감축하려면 반드시 먼저 통일을 이룩해야 하며 통일을 이룩하려면 반드시 먼저 연방제를 확정해야 한다." 비록 당시 독군을 폐지해야 한다는 목소리가 높기는 했지만 군대를 감축하지 않는다면 독군을 폐지하는 것이 형식에 지나지 않았다. 그리고 군대를 축감한다면 기존 군인들의 배치 문제가 일대 난제였다. 그러므로 "각 성의 일부분 자치권을 승인하는 것 외에 각 성 인사들로 하여금 상당한 자치 활동을 유지"(즉 연방제를 채택해야 했음)하도록 하지 않는다면 "중국이 군대를 감축하고 독군을 폐지하며, 진정한 통일을 이룩한다는 것은 공상에 지나지 않는다"고 했다.

연방제를 실현하는 방법에는, 우선 각 성에서 성 헌법을 제정하고 대표를 추천한 다음 연방헌법을 제정할 수도 있고, 국회에서 연방 헌법을 제정하여 중앙과 지방의 권한을 규정한 다음 성 헌법을 제정할 수도 있었다. 그러나 당시 전 국회가 한편으로는 부패할 데로 부패해져 있었고, 다른 한편으로는 국회의 권위가 대폭 떨어져 있어서(손문이 남쪽지역에서 비상 국회를 편성하여 대항하고 있었다) 국가 헌법을 제정하는 일도 끊어졌다 이어졌다 하면서 사람들의 뜻대로 되지 않았다. 반대로 각 성의 성 헌법 제정 운동은 도리어 기세가 하늘을 찌를 듯 했다. 그리하여 우선 각 성에서 대표를 선출하여 연성(聯省) 헌법요강을 제정한 다음 국회에 제출하여 통과시킴으로써 헌정 통일의 대업을 완수해야 했다. 이 뿐만 아니라 이 같은 방법은 헌정의 모국인 영국에서도 선례가 있었으므로 불법이라는 이치가 존재하지 않았다.[932] 성 헌법으로부터 연방헌법을 제정하여 국가의 법리적 통일을 실현한 다음, 통일국가라는 권위를 통해 군대를 감축하고 독군을 폐지하며, 정치적 폐단을 청산하려면 연방제가 그 핵심이었다. 그런 까닭에 1920년대 초의 연성자치운동을 중국 연방학설의 진실한 실천이었다고 말하고 있다.

②중국에서의 연방학설의 실천: 연성자치(聯省自治)

앞에서 서술한 바와 같이 1920년대에 무력으로 중국을 통일한 가망이 점점 희박해졌으므로 군벌할거로 인한 지방간의 혼전은 서민들을 도탄에 빠뜨렸을 뿐만 아니라 명목상 통일된 중국이 서양 열강들에게 갈가리 잠식될 수도 있었다. 그리하여 연방제를 통하여 명실상부한 국가 통일을 이룩하는 것이 당시 연방학설을 지지하는 많은 사람들의 이상이 되었다. 일찍 1914년 대계도는 『중화민국과 연방조직』 이라는 글에서 '연성'이라는 개념을 내놓은 적이 있었다. 글은 또한 연성과 자치와의 관계를 언급하면서, 연성이 "통일을 실현할 수 있을 뿐만 아니라 자치도 할 수 있어서" '연성자치'라는 의미를 크게 내포하고 있다고 밝혔다. 일반적으로 1920년 장계(張繼)가 '연성자치'라는 개념을 공식 제안했다고 한다.[933]

1920년 호남성 성장 조항척(調恒惕)은 우선 전국에 통전하여 "연방제의 단일 국가를 구축하자"고 주장하면서, "각 성에서 성 헌법을 제정하면 구애될 수 있으므로 국가 헌법이 이루어지기 전에는 성 헌법을 제정하지 말아야 한다"고 제안했다. 담연개(譚延闓)는 상군(湘軍, 호남지역 부대) 총사령의 명의로 전국에 통전하여 호남 자치를 선포했다. 당시 타향살이를 하고 있던 호남 인사들도 호남 자치에 찬성을 표했을 뿐만 아니라,

---

932) 「민국 통일문제」 3편, 『태평양잡지』 3권 7호, 1922.
933) 서모(徐矛), 『중화민국 정치제도사』, 상해인민출판사, 1992, 438쪽.

웅희령은 양계초를 청하여 "호남자치법요강"을 기초한 다음 호남에 보내주었다. 그해 11월 호남은 자치를 공식 선포함과 아울러 성 헌법을 제정하는 절차를 우선적으로 제안했다. 당시 중국 연방학설을 연구하던 주요 인물들을 호남성 헌법 기초위원회 주석, 호남성 정무원 원장에 임명하여 호남성 헌법의 기초 작업을 책임지게 했다. 1921년 11월 헌법 기초위원회의 기초, 심사위원회의 심사를 거친 후, 성 헌법 초안에 대한 전 성의 총 투표를 진행했다. 이 초안은 1,800만 여 표를 얻어 통과되었고, 1922년 1월 1일 공식 반포되었다. 그 후 절강, 광동 등 성에서도 잇달아 성 헌법을 제정했으며, 강소, 사천, 운남, 광서, 귀주, 산서, 강서, 호북, 복건 등 성의 의회에서도 헌법 회의 조직법을 공포하거나 행정 당국에서 헌법을 제정하고 자치를 선언 혹은 전문 인사들을 청하여 헌법 초안을 작성했다.[934] 그리고 왕복염(汪馥炎), 리작휘(李祚輝) 등은 『중화민국 연성 헌법 초안』을 작성하여 "중화민국을 연성 민주국가로 만들자"는 주장을 내세웠다. 전국 상회 그리고 전국 교육연합회 등 기구는 상해에서 중국 각 성과 구의 민간조직을 대표하는 '국시회의(國是會議)'[935]를 소집하고 장군매, 장태염 등에게 위탁하여 기초한 이른바 '국시회의 헌법 초안'을 채택하고 "중화민국을 연성 공화국으로 만들자"는 주장을 제안했다.

비록 많은 사람들이 성 헌법을 우선적으로 제정하고 후에 국가 헌법을 제정하자는 연방제를 인정하지 않았지만, 성 헌법 운동 그리고 이를 토대로 한 연성을 통하여, 국가의 진정한 통일을 이룩하려 한 연성자치의 붐은 중국정치 환경 하에서의 한차례 연방제를 시도한 것이었을 뿐만 아니라 연방제에 관한 학계의 토론 역시 한층 더 심화시켰다고 할

---

934) 이수청(李秀清), 「근대 연방제 이론과 실천: 북양군벌 시기 성 헌법 운동 논평」, 『월드 법률 평론』 2001년 동계 호.

935) 1921년 10월 전국 상회와 전국 교육연합회는 상해에서 연석회의를 소집하고 '국시회의'를 발기하고 개최하기로 결정했다. 이 회의는 상해 본 상회와 강소성 교육회의 주창 하에 1922년 5월 상해에서 설립대회를 가지고 '중화민국 8개 단체 국시회의'를 소집했다. 이른바 8개 단체란, 각 성의 성의회, 총 상회, 교육회, 농회, 은행 조합, 변호사 조합, 신문계 연합회, 공회이다.

수 있다. 앞에서 언급한 이검농의 『민국 통일문제』(3편)가 바로 당시 연방제를 주장하는 사람들의 연성자치 이념에 대한 하나의 체계적인 논술이라 할 수 있으며, 이 글을 실은 『태평양잡지』 3권 7호도 이번 호가 '연성자치' 특집호[936]라고 분명하게 밝혔다. 당시의 『개조잡지』, 『동방잡지』 등 잡지도 연성자치라는 실제와 결부하여, 연방제를 토론하는 대량의 글을 실었다.

1922년의 『동방잡지』 19권 17호는 연성자치를 토론하는 글을 여러 편 실었다. 그중 호적의 '연성자치와 군벌 구조', 진독수의 '연성자치와 중국의 정치상황'이라는 두 편의 글은 그 관점이 첨예하게 대립하였고 지식계에서 양측의 사회적 지위로 말미암아 꽤나 주목을 받았다. 진독수는 이렇게 주장했다. 호적의 주장은 연성자치라기보다는 연독할거(聯督割據)라고 하는 편이 나을 것 같다. 그리고 총독과 순무의 전횡이 바로 청나라 말 이후 중앙과 지방의 관계가 혼란해진 근원이다. 그러므로 더는 연성자치를 구실로 삼아 총독이나 순무의 권력을 더 강화시켜서는 안 되며, 연방제로는 통일을 이룰 수 없으므로 반드시 전국적인 통일 정부를 수립해야 한다. 이에 호적은 오히려 이런 주장을 내놓았다. 군벌할거는 중국정치가 혼란스런 현상이기는 하지만 그 근원은 아니다. "집권 형식의 정치 조직을 가지고 집권 정치가 가장 적합하지 않은 중국에 집권 정치를 가까스로 시행하는 것이야말로 오늘날 중국에 군벌이 할거할 수 있게 한 하나의 큰 원인이다." 그렇기 때문에 군벌을 뒤엎으려면 우선 반드시 연방제를 통하여 집권 조직을 제거해야 한다는 것이다. 또 어떤 논자는 이렇게 생각했다. 『집권제이든 연방제이든 군벌을 뒤엎을 수 없다』[937]는 제목의 글에서, 호적과 진독수 두 사람은 연방제와 군벌을

---

936) 이 호는 글의 논조를 확정한 이검농의 「민국 통일문제」 외에 양단육의 「중국 통일의 과거, 현재 그리고 미래」, 송자의 「연성자치 해석」, 주경생(周鯁生)의 「성(省)헌법과 국가헌법」, 당덕창의 「연성자치와 현재의 중국」, 왕세걸의 「연방과 방연을 논함」, 북경대학 교수 6명의 「분권과 통일에 관한 의논 글」 등의 글을 실었는데, 그 주제가 모두 연방제 관련 이론 그리고 성헌, 연성자치와 중국 통일 등 연방제의 구체적인 실천에 관한 것이었다.

937) 작자 불명, 「집권제이든 연방제이든 군벌을 뒤엎을 수 없디(集權與聯邦階不能推翻軍閥)」, 『동방잡지』

하나로 섞어 동일 사물로 논하고 있는데, 이는 사실 수단과 현황 간의 관계를 뒤섞은 것이다. 연방제이든 단일제이든 모두 군벌과 직접적으로 동등하게 대할 수 없으며, 군벌에게 이로운 그 어떤 형식도 존재하지 않는다.

성(省) 헌법, 성 헌법과 국가 헌법 간의 관계 등 연방제의 구체적인 실천 문제 역시 당시 연방제 학설 논쟁의 중점 대상이었다. 1922년의 『소사임시특간(蘇社臨時特刊)』 1호의 주제는 성 헌법, 2호의 주제는 지방자치로 설정하고 강소, 산서, 사천 등지의 성 헌법 초안이나 성 헌법회의 조직법, 그리고 세계 각국의 지방자치제도를 전문적으로 연구하고 토론했다.[938] 진계수(陳啓修)는 「나의 이상적인 국가 헌법과 성 헌법」 이라는 글에서, 청나라 말 이래 벌어진 제헌 운동을 소급하는 것을 통해 제헌을 만능으로 여기는 생각, 제헌을 분식하려는 태도, 제헌을 일시적인 정치 수단으로 여기려는 생각 등 그릇된 생각이나 태도를 꾸짖으면서 이렇게 인정했다. 반드시 제헌을 공통으로 살아갈 수 있는 방법이나 모델을 근본적으로 개조하는 수단으로 간주해야 한다. 그러므로 중국 헌법을 이상적으로 연구하려면, 마땅히 철학적 이상, 중국의 현황, 중국정치 경제의 추세와 미래에 대한 예측, 외국의 현재 사례, 외국의 전례를 기반으로 하여 고려해야 한다. 상술한 다섯 가지 조건에 근거하면 이상적인 중국 헌법은 응당 연합적인 공화국을 위한 헌법이어야 한다. 그리고 여러 가지 유형의 연방제 모델 가운데 러시아 모델을 채택할 수도 있으며, 국가 경제와 국제 정치와 중차대한 관계가 있는 사무를 제외한 기타 권력은 대체로 「특정한 여러 통치 그룹」 등에 귀속시킬 수 있다. 주경생의 『광동성의 헌법 초안을 읽고』, 이경사(李敬思)의 『호남성 헌법 문제』 등 글에서는 오히려 당시

19권 17호.

938) 예컨대, 장군매는 이 잡지에 「영국, 독일 미국 3국의 시 제도 그리고 광주시 제도에 대한 관찰(英獨美三國市制及廣州市制上之觀察)」 이라는 글을 발표했다. 심기(沈錡), 구월(瞿鉞) 등은 중국 지방자치제도의 발전 변혁 시기와 과도시기에 어떻게 지방자치를 실현하겠는가라는 주제를 가지고 토론을 벌였다.

광동성이나 호남성 등지의 성 헌법의 입법 기술, 적응 정도, 타당성 등 방면에 대해 연구하고 토론했다. 당시 연방제 학설의 주요 창도자이자 호남성 헌법 기초 주재자였던 이검농도 호남성의 헌법 제정과 결부하여 『호남 제헌에서 얻은 교훈』 등의 글을 발표하여 성 헌법, 연방제 등 정치 실천에서의 교훈을 정리했다. 그래서 한 학자는 "성 헌법 운동은 연방제를 반대하는 자들과 찬성하는 자들의 논쟁 중 진행되었다"[939]고 말했다. 이는 사실 그 당시의 연방제 연구나 토론이 단순한 학리적인 심오한 사색만이 아니라 뚜렷한 정치적 실천의 의미가 있었다는 것을 말해준다.

중화민국시기 시끌벅적했던 이른바 연성자치는 상당한 정도에서 청나라 말엽의 지방자치의 한 가지 연장선에 자나지 않았을 뿐만 아니라 연방제에 심취한 학자들이 의존한 대상 역시 청나라 말엽 북양군의 연병(練兵)의 산물이거나 지방의 크고 작은 군벌이었다. 그리고 이 대상들은 바로 당시 중국의 부국강병과 보국보화(保國保和)라는 큰 목표에 위배되었다. 이 또한 그 학자들이 늘 지탄을 받은 이유이다. 그러나 당시 이 같은 정치를 실천하려면 목표가 단순하지 않았으며, 심지어 자신의 지방할거에 헌정이라는 합법적인 허울을 씌우려는 지방 군벌에 의존하지 않으면 별도의 방법이 없는 듯 했다.[940] 그래서 1926년 이후 북벌군이 파죽지세로 대소 군벌을 연이어 토벌하자 이른바 연성자치도 당연히 "거죽이 없어지는 바람에 털이 붙어있을 자리가 사라진 것"처럼 공상적인 이론으로 전락했다. 하지만 어찌 되었든 간에 연성자치는 당시 중국인들이 군벌이 혼전하는 국면을 타개하고 평화적인 방식으로 국가의 진정한 통일을 실현해보려는 일종 정치적 노력이었다. 또한 이를 전후하여 중국은 중앙과 지방 관계에 있어서 단일제인 상황에서, 연성자치운동은 연방학설에 있어 중국 역사에서의 단 한번 밖에 없는 정치적 실천이라 할 수 있다.

---

939) 이수청(李秀淸), 「근대 연방제 이론과 실천: 북양군벌 시기 성 헌법 운동 논평」, 『세계 법률 평론』 2001년 동계 호.
940) 장명(張鳴), 「실패한 자치, 그리고 반드시 정시해야 할 난제」, 『독서』 3, 2007.

1928년 장학량(長學良)이 동북의 정치적 방향을 바꾸겠다고 선포한 후 국민정부는 북양군벌에 대한 통치를 종료함과 동시에 형식적인 통일을 완수했다. 국민정부 시기 중앙과 지방의 관계 처리 방식에 있어서 명목상 손문이 『건국요강』에서 확정한 균권 원칙에 의존한 것 같았지만 사실은 상당한 정도에서 집권 양식을 행했다. 차후 연방학설에 관한 토론도 일단락 지었다. 비록 『연방정치』, 『세계연방주의』 등[941] 저작이 출판되었지만 거의 다 서양의 연방제를 소개하는 데 집중했으며, 중앙과 지방의 관계에 대한 연구나 토론은 주로 성 제도, 현 정권, 향촌 관리 등의 구체적인 내용에 집중했다. 따라서 통상 북양정부 시기의 연방제에 관한 토론을 근대 중국에서 연방제 학설을 전파하는 클라이맥스라고 여기고 있는데, 연방제 학설에 관한 몇 차례 토론이 강도(强度)에 있어서나 정치적 실천과의 밀접한 관계에 있어서나 모두 중국 역사상 보기 드문 일이었기 때문이다.

(5) 연방제 학설과 근대 중국에 관한 간단한 총화

중국에 온 선교사들이 연방학설을 처음으로 소개하면서부터 청나라 말엽 유신파와 혁명파들이 연방제를 중앙과 지방의 관계를 처리하는 정치적 방략의 하나로 여기기까지, 그리고 다시 민국시기 연방학설에 관한 몇 차례의 학리적이고 체계적인 이론적 논쟁을 벌이고 또한 연성자치 등과 관련한 헌정을 실천하기까지 연방 사조는 근대 중국의 중앙과 지방의 관계를 처리하는 학설에 있어서 독특한 현상으로 되었는데, 이는 시국이 불안하여 사회적, 제도적, 지식적 대전환을 위한 사조가 연달아 출현한 것과 관련된다.

---

941) 예컨대 고루(高魯)의 『세계연방론』(중화서국 1931년 판), 천여현(陳茹玄)의 『연방정치』(상무인서관 1934년 판), 소금방(蕭金芳)의 『유럽연방문제』(1946년 판) 등 저작이 출간되었다.

① '건국시대'의 헌정 학설 : 근대 중국에 연방학설이 발전하게 된 배경

한 학자가 이렇게 밝힌 적이 있다. 민국 정치학자들이 집필한 『정치학개론』이나 『정치학원리』 중에는 '중앙과 지방'의 관계를 논술한 장절이 아주 적다. 그 원인이 서양국가는 중앙과 지방의 관계가 이미 확정되었으므로, 각국의 양식을 비교하거나 연혁과 추세를 비교하는 일만 필요했기 때문이다. 즉 '치국' 문제만 비교하면 되었다. 그리고 민국 정치학자들은 중앙과 지방의 관계를 토론함에 있어서 '건국' 분야에 더 많이 집중했다.[942] 사실 한 가지 개념이나 범주, 학설, 사조가 생기고 흥성하려면 흔히 바로 이와 같은 신구제도를 교체하고 지식을 교체하는 시기여야 한다. 연방학설이 근대 중국에서 기원할 때는 마침 옛 중앙의 대통일 구조가 점차 해체되고 중앙과 지방의 새로운 제도적 관계가 한창 완만하게 생성하던 시기였다. 민국시기 중앙과 지방에 관한 학설 논쟁에서 다원화 양상이 나타난 것도 아마도 이와 같은 특정한 "건국시기"였기 때문에 법정학설의 다원화를 위해 필요한 지식을 제공했었을 수 있다.

헌법학설은 본질적으로 하나의 실천적 학설이므로 그것과 현실 정치는 상당히 밀접한 관계를 가지고 있다. 민국시기에 연방학설을 체계적이고 학리적인 토론을 벌일 수 있었던 이유는 물론 당시 연방제에 대한 논자들의 인식이 한층 더 깊어진 것과도 연관되어 있다. 하지만 더욱 심층적인 원인은 아마도 당시 신생 중화민국이 도대체 중앙과 지방의 관계를 확실히 할 수 있는 어떠한 양식을 갖춰야 하는가 하는 헌정제도를 선택하는 문제 때문일 수도 있다. 심지어 어느 정도에서 보면 이 같은 연방제냐 아니면 단일제냐 하는 제도적 선택이야말로 정계와 학계에서 연방제에 관한 학리적 토론을 벌이게끔 자극하고 생동하게 했을 수 있다. 예컨대, 당시 헌법학계와 정치학계의 일부 학자들은 연방제 이론에 관한 논쟁에 지대한 열정을 쏟아 부었을 뿐만 아니라, 관련된 헌법 양식을

---

942) 왕향민(王向民), 『민국정치와 민국정치학』, 상해세기출판그룹, 2008, 226쪽.

계획하고 연방제를 탐구, 실천하는 데 몸소 참여했다. 이를테면 『호남성헌법』 제정은 유명한 역사학자이며 중국정치제도사 분야에 조예가 깊은 이검농의 이론적 지지와 떼어놓을 수 없다.

또한 이는 결코 중국에서만 일어난 특수한 사례가 아니었다. 서양에서도 연방제에 관하여 체계적인 토론을 벌이고 지식을 생산하는 과정에서 현실적인 제도를 선택하는 문제에 봉착한 적이 있었는데, 해밀턴이 논문「연방주의자」를 신문에 발표하여 미국이 1787년 헌법을 채택할 때 미국 국민들이 방연제를 선택하지 않고 연방제를 선택하도록 믿음을 다져주었다. 독일의 국법학설 중 연방제에 관한 토론 역시 당시 통일 건국의 현실 정치에서 비롯되었다. 영국은 비록 연방제 국가는 아니었지만 연방학설 발전사에 중요한 위치를 차지했다. 그 원인은 19세기 말엽부터 19세기 초까지 대영제국이 식민지의 독립운동이라는 정치적 난제에 봉착하여 부득이 하게 어떻게 연방제 방식을 활용하여 대영제국의 정치적 이익을 최대한으로 확보할 것인가를 사고하지 않으면 안 되었다.[943] 그리하여 당시 캐나다, 오스트레일리아, 인도 등 전 대영제국의 식민지들이 독립하자 중앙과 지방의 관계에서 모두 연방제라는 양식을 채택하게 되었다.

② 근대 중국 연방학설 논쟁에서 나타난 형식 : 책론성(策論性)과 기능성(功用性)

앞에서 서술했듯이 근대 중국의 연방학설은 당시 특정된 정치 실천과 밀접하게 관련되어 있음으로 인하여 일종의 책론적이고 기능적인 표현 형식이 나타나게 되었다. 그렇다면 혹시 당시 관련 논쟁이 학리적인 내용이 결핍했던 것은 아니었을까? 꼭 그렇다고 단정할 수는 없다. 비록 초기의 선교사들이나 선견지명을 가진 지식인들은 연방제에 관한 최초의 인식이 단지 단순한 이국의 풍토와 인정을 소개하는 수준에 머물러

943) 왕려평(王麗萍), 「당대 외국 연방제 연구 개술(當代國外聯邦制研究槪述)」, 『정치학 연구』 4, 1996.

있었지만, 청나라 말엽 유신파와 혁명파들의 연방제에 대한 이해는 보다 한 차원 향상되어 있었다. 이 뿐만 아니라 민국시기 몇 차례의 연방제 논쟁은 학리적 경향이 아주 짙었다.

몇 차례 논쟁에 참여한 장사쇠, 장동손, 장군매, 이검농 등은 모두가 해외에 유학하여 서양의 정치와 법률을 전공하였기 때문에 관련 논쟁을 할 때 연방제에 관한 학리와 서양 연방제의 실천에 대해 많이 숙지하고 있었다. 장군매의 『학리적인 연방론』을 예로 든다면, 프루동, A. Esmein, 뒤귀, 다이시, 옐리네크, 라반트 등 10여 명의 서양학자들의 학설이나 관점을 인용했다. 이들 중에서 A. Esmein, 뒤귀는 프랑스 공법학의 대가였고, 다이시는 근대 헌법학의 주요한 창시자이며, 옐리네크와 라반트는 독일 공법학설사에서 중요한 위치를 차지하는 인물이었다. 이로부터 장사쇠가 당시 서양의 법정 학설에 익숙했으며, 그 이해도 아주 전면적이었다는 것을 알 수 있다.[944] 이밖에 당시 학자들은 연방제 토론을 할 때, 서양의 법정학설의 부동한 관점에 관심을 기울이는 것 외에 관련 헌법 실천에 있어서 조문을 정리하는 데에만 머물지 않고, 서로 다른 국가에서 각자 제도를 설계하게 된 배후의 심층적 원인, 즉 민족적 습관, 정치적 전통, 사회적 배경 등도 깊이 있게 연구했다. 헌법학설이 단지 순수하게 학리적 연구를 하거나 발생 가능한 상황을 예측하고 상응하는 조치를 취한 것이 아니라 어디까지나 현실정치와 밀접히 관련된 실천적 학설이었기 때문이다.

이 뿐만 아니라 현재 우리가 학술 세미나를 할 때, 늘 나타나는 '유미주의(唯美主義)' 경향과는 달리 당시 학자들은 서양의 연방제 학설을 정리하고 실천할 때 눈길을 미국이나 독일 등 선진국에만 돌린 것이 아니라, "활용할 수 있는 모든 자료와 경험을 번역하고

944) 유성(劉星)은 이렇게 인정했다. 민국시기의 중국 법학은 단순히 '서학동점'(西學東漸)이나 '반식민지 풍경'이 아니라 당시 세계 법학의 일부분이었다. 『한 가지 역사적 실천: 근현대 중국과 서양의 법 개념 이론 비교 연구(近現代中西法概念理論比較研究)』에 실린 관련 논술을 보면 당시 중국과 서양 간에 법학을 교류한 역사 그리고 원활함이 현재 우리의 평가를 능가할 수 있다.

찾아내어 도움을 주려 했다."[945] 예컨대, 당시 학자들은 캐나다, 오스트레일리아, 스위스, 콜롬비아, 멕시코 등의 국가에서 연방제가 탄생하게 된 배경이나 운영 상황에 대한 관심과 이해로 민국헌법의 아버지라는 이름을 가진 장군매가 캐나다 헌법에서 중앙과 지방의 권력을 구분하는 양식[946]을 무척 찬성한 적이 있는 것과 같은 예이다. 이는 현재 우리처럼 평화적인 시대에 생겨난 후대 헌법학자들마저 부끄럽게 만드는 일이다.

이밖에 이와 같이 헌정학설이 기능이나 책론적인 성질을 많이 지니고 있다 하더라도 일부 분야에서 이론적인 완벽한 융합을 달성하지는 못했다. 이에 대해서도 우리는 동정적인 이해를 해야 한다. 그 밑바탕이 단순히 이론을 구축하려는 데 있는 것이 아니라 헌정제도를 설계하는 데 있었기 때문이다. 그리하여 비록 형식상 민국시기 헌정학자들의 많은 저술들이 아주 짧은 책론적인 편폭으로 출현했지만, 그리고 설령 장편 저술이라 할지라도 헌정을 가지고 나라를 구하겠다는 심후한 정으로 가득 차 있었다. 현재 평화적이고 안정적인 환경에서 살고 있는 우리는 특히 동정하는 입장에서, 선배들이 어수선한 정국에서 헌정이라는 아름다운 청사진을 탐구하고자 살얼음을 걷는 것과 같은 복잡한 형태를 거쳤다는 점을 이해해야 한다.

③구국과 통일 : 근대 중국 연방학설이 논쟁할 수 있은 현실정치의 언어 환경

근대 중국이 봉착한 두 가지 근본적인 문제는 대외적으로 어떻게 외세의 침략과 압박에 저항하느냐 하는 것이었다. 특히 청나라 말엽 민국초기 정국이 불안한 기회를 이용하여 신장, 티베트, 동북, 몽골 등 중국의 영토를 갈기갈기 잠식하려는 외세의 흉악한 야심이었다. 대내적으로는 나라의 실질적인 통일을 완수하여 청나라 말엽 이후 중앙과

---

945) 소공권(蕭公權), 「헌법 초안을 어떻게 연구할 것인가(如何研究憲章)」, 『연경신문』 1943년 2월 6일자.
946) 장군매, 『헌정의 방법』, 청화대학출판사, 2006, 22쪽.

지방간의 관계가 혼란한 국면을 타개하는 것이었다. 당시 연방제 학설에 관한 논쟁은 단순한 학리적 탐구가 아니라, 역시 '구국과 통일'이라는 현실정치라는 언어 환경을 토대로 하고 있었다.

이런 까닭에 민국시기 연방제를 주장하든 반대하든 모두들 논술의 편폭을 나라나 민족을 멸망의 위기에서 구하고 생존을 도모할 수 있고 나라의 통일을 이룩할 수 있는가라는 현실적인 헌정 명제에 두었다. 이는 결코 당시 학자들이 연방제 학설을 충분히 이해하지 못해서 그런 것이 아니라 특정된 시간과 공간이라는 배경 하에서, 특정된 종족의 근본적 임무라는 요구에 응한 필연적 반응이었다. 예컨대, 양계초는 『신 중국 건설 문제』라는 글에서 솔직하게 밝혔다. "연방제에서 가장 처리하기 어려운 문제가 몽골, 신장, 티베트 등 여러 변방의 속지 문제이다." "그때부터 강력한 이웃들이 끼어들어 부추겨서, 오래 전에 이미 두 마음을 품고 있다." "그러므로 건설 초기부터 항상 몽골, 신장, 티베트 등 변방 지역을 마음에 두어, 그들이 스스로 중국 밖으로 물러나게 해서는 절대 안 된다." 사실 영국은 티베트를 노리고 있었고, 제정 러시아는 신장을 잠식하고 있었으며, 동북(만주)은 일본과 러시아가 쟁탈하는 지역이 되었다. 그리하여 중국 변방의 안전을 어떻게 확보하는가가 당시 연방제 논쟁의 주요 쟁점 중 하나가 되었다. 연방제를 주장하는 측은 "몽골, 신장, 티베트 등 변방 지역에서 각자 연방을 위해 자유롭게 가입하게 하여 분열을 막아야 한다"고 인정했고, 연방제를 반대하는 측은 "몽골, 신장, 티베트 등 변방지역은 특히 각자가 연방이 될 수 있는 근거가 없다. 이를 기준으로 하여 결합한다면 사실 포기하는 것이나 마찬가지이다."[947] 이 때문에 당시 연방제 논쟁은 국가의 영토를 외세에 갈가리 뜯기지 않게 확보할 수 있는가라는 하나의 현실적 정치 책략이었다.[948]

---

947) 양계초, 「신 중국 선설 문제」(1911년), 『양계초 법학 문집』, 범중신 선별 편찬, 316~323쪽.
948) 바로 이러한 원인으로 인하여 민국 초기의 제헌 쟁의에서 영토 조항을 분명하게 열거하느냐 하는 문제도 쟁의가 끊이지 않았다. 그 목적은 모두 국가의 영토 완정을 확보하고 변방 안전을 확보하기 위한 데에 있었다. 하신화, 후신성 정리, 『근대 중국 헌정 역정: 사료 묶음』, 중국 정법대학출판사, 2004, 201쪽 참조.

다른 한편으로, 당시 중앙정부는 무력으로 전국을 통일하려 하고, 지방은 군대를 이용하여 할거하는 혼란한 국면으로, 이 역시 연방제 논쟁이 평화적으로 통일을 이룰 수 있는가라는 현실정치를 가늠하는 기준이 되게 했다. 연방제 토론을 심도 있게 벌일 수 있었던 이유는 당시 일부 학자들이 연방제를 통해 군벌할거를 끝내고 국가의 진정한 통일을 이룩하려 시도했기 때문이다. 예컨대, 이검농의 『민국 통일문제』(3편)의 핵심은 무력을 통해 통일을 실현하려는 것은 바람직한 일이 아니며, 연방제를 통해서만이 진정한 국가의 통일을 실현할 수 있고, 국가가 법리적으로 통일되어야 비로소 군벌이 혼전하는 정치적 불안을 종결시킬 수 있다는 것에 있다. 즉 "민국 통일의 절차는, 연방 헌법을 제정하는 것을 시작점으로 하여 독군을 폐지하는 것을 궁극적인 경지로 해야 한다. 거꾸로 말하면, 독군을 폐지하려면 반드시 먼저 군대를 감축해야 하고 군대를 감축하려면 반드시 먼저 통일을 이룩해야 하며 통일을 이룩하려면 반드시 먼저 연방제를 확정해야 한다."[949]

당시 연방제학설 논쟁은 사실 외적으로는 열강들이 호시탐탐 노리고 내적으로는 군벌이 혼전하는 난국에서 진행되었으며, 논쟁 자체 또한 나라를 멸망의 위기에서 구하여 생존을 도모하고 나라의 통일을 실현하는 중국의 현실 문제를 해결하려는 데 있었으므로, 뚜렷한 시대적인 특징과 본토적인 특징을 띤 학술 논쟁이었다고 할 수 있다. 그리하여 논쟁 양측은 논술의 편폭을 연방제가 중국에 적합한지, 중국에 이로운 점을 가져다 줄 수 있는지와 같은, 오늘날에 보면 지극히 공리적인 경향을 가진 이른바 입헌 실용주의에 치중했다. 그렇지만 우리의 선배들은 안팎으로 곤경에 처해 있는 복잡한 정국에서 오히려 애초부터 입헌을 통해 나라를 구하려는 심정을 자신의 현실적인 위치로 정한 것 같다. 평화적인 시대에서 살고 있는 우리는 한편으로는 동정하는 각도에서, 선배들이 어수선한 정국에서 헌정이라는 아름다운 청사진을 탐구하고자 살얼음을 걷는 것과 같은 복잡한

---

949) 이검농, 「민국 통일문제」 1편, 『태평양잡지』 1917년 1권 9호.

형태를 거쳤다는 점을 이해해야 하며, 다른 한편으로는 연방제 논쟁을 나라를 멸망의 위기에서 구하여 생존을 도모할 수 있는 정치적 언어 환경에 놓아야만, 어쩌면 선철들이 연방학설에 대해 논쟁을 할 때 무엇 때문에 그러한 논술 방식을 취했는가를 타당하게 파악할 수 있다.

④ 번복적인 언론과 오리무중에 빠진 정국: 근대 중국 연방제학설의 복작함과 기이함

근대 중국 연방제학설 논쟁 중에서 꽤 흥미 있는 현상이 바로 논쟁자들이 연방제를 도대체 찬성하느냐 하지 않느냐 하는 부분에서 흔히 전후의 입장이 확연히 달랐다는 점이다. 예컨대, 손문은 젊은 시절에 미국을 모방한 연방정부를 수립하려고 시도했지만, 갓 수립된 남경 임시정부의 강령이 백리도 벗어나지 못하고 그 권위가 크게 떨어지자 연방제에 회의를 품었다. 하지만 그 후 서남 군벌의 신임과 지지를 얻어 북양정부에 대항하기 위해서는 부득이 연방제를 승인하고 지지할 수밖에 없었다. 그러다 진형명(陳炯明)이 변절하고 나서야 그는 연방제가 중국 국정에 부합되지 않는다고 단호히 인정했다. 또 예를 들면, 양계초는 일본에 체류하는 기간에는 연방학설에 관한 글을 적지 않게 번역하여 중국에 소개했다. 그러나 민국을 수립할 때에 그는 도리어 연방제가 나라를 통일하는 데 이롭지 않다고 여기면서, 그 후 민국헌법을 제정할 때에도 연방제를 실행하는 것에 반대했다. 그가 주간하는 『대중화잡지』, 『용언』 등 잡지도 연방제를 반대하는 논조를 싣는 주요 매체가 되었다. 손문은 정치가이기 때문에 그의 언론이 정치적 이익의 영향을 많이 받았다고 한다면, 양계초는 비록 정계와 학계를 오가는 이중 신분이기는 했지만 그의 관점 역시 민국정치에 심각한 영향을 주었다. 그러나 본질적으로 그는 여전히 학자였다. 이 같은 번복적인 언론과 얼기설기 엉킨 복잡한 정치적 국면은 근대 중국의 연방학설을 더욱 복잡하고 기괴하게 만들었다.

이 뿐만 아니라 민국시기 유명한 헌정학자 장군매의 연방제에 관한 태도 역시 이 같은 언론이 입장을 바꾸는 데 영향을 미쳤다. 민국 초기에 임시 제정한 『성제헌조례』 는

대체로 국가 근본주의 사유방식을 채택하면서 중앙정부의 권위를 강조했다. 1916년에 발표한 '연방제 10가지 불가론'('성연방제조례'를 원본으로 해 수정함)은 의연히 연방제를 실행하려면, 성이나 주의 헌법을 명문화하고, 성이나 주의 주권을 확립하며, 성이나 주의 자치 기반을 형성하는, 세 가지 조건을 갖춰야 한다고 밝혔다. 하지만 당시 중국은 세 가지 조건 중 한 가지도 구비하지 못한 상황이었다. 따라서 당시 이른바 연방제는 일방적인 공상에 지나지 않았다. 그러나 1922년에 이르러 연성자치운동이 급속히 일면서 기세 또한 막강해지고, '중화민국 8개 단체 국시회의'의 위탁을 받고 '국시회의 헌법 초안'을 기초할 때, 장군매는 도리어 "중화민국을 연성 공화국"으로 만들어야 한다고 주장했다. 그 원인을 '국시회의 헌법 초안'을 해석한 『국민제헌회의』의 자서에서 찾아볼 수 있다.

"이전에 모두가 연방제의 실시는 옛날 중국에서는 실행할 수 없다고 했다. 친구가 헌법초안의 나머지를 기초할 때 보면, 완전히 연성(聯省)을 건국의 방법을 삼았다. 면전에서 힐책하는 사람이 있었고 책으로 옮겨 서로 묻는 자도 있다. 나는 이렇게 주장을 세우는 방법은 여러 가지라고 생각한다. 국정의 관찰에 대하여 변화가 있지 않다. 예전에 국인(國人)이라고 부르던 사람이 말한 까닭에 반드시 성민(省民)은 스스로 성권(省權)을 잡을 수 있고, 무릇 이것은 당연히 갖추어야 할 조건이다. 나는 하나도 갖춘 것이 없기 때문에 연방은 불가능하다고 단언한다. 지금부터 민국 초기까지 거슬러 올라가면 10여년이다. 국정이 약간 변화할 수가 있다고 묻지만 이에 유일한 대답은 아니다이다. 그래서 묻지 않는데, 즉 간사함이 향성을 지나는 것과 같다. 군대가 각기 한 성에 주둔하여 전국이 사분오열되는 형국이다. 이런 기초위에 멸망에 이르는 것이 소위 방(邦)으로, 방국에서 연방국으로의 진입이다. 어찌 모래로 밥을 짓는 것이나 나무위에서 물고기를 구하는 것이 아니겠는가? 나는 입국(立國)의 법은 다음의 방법밖에는 없다고 생각한다. 그것은 중앙에서부터 지방에 이르는 통일 국가이고, 지방에서부터 중앙에 이르는 연방국가이다. 연구자의 수중에 있는 두 번째는 중앙이 먼저냐 아니면 각 성이 먼저냐 인데, 나는 의심할 여지없이 각 성이 먼저이다. 왜냐하면 오주(五洲)에서 북미는 연방국이고 남미도 연방국이다. 유럽역시 연방국이다. 대체로 세계의 대세가 이와 같다. 그러나 나는 중앙이 오랫동안 이미 국인에게 이와 같은 믿음을 보여주지 못했다고 생각한다. 즉 금후 입국의 기초는 연방을 포기해야 한다. 대체로 성의 범위는 지역이 작고 인구가 적은 곳이기 때문에 한 성의 인재, 재력을 집중하여 도모하는 것이 효과를 쉽게 볼 수 있는 것이다. 그리고 비교적 잘 장악할 수 있다. 게다가 하나의 성에 많은 실제적인 이해의 문제와 일부 기초가 없는 정책문제는 쉽게 정할 수 없다. 그리고 사람과 사람의 경쟁은 중앙에 뒤지지 않는다. 그래서 성정(省政)을 모색하고 국정을 모색하는 데 용이하다. 이것은 바로 내가 연성정치로 국인을 인도하자는 이유이다. 그러므로 나는 소위 연방주의자의 그 기초가 아직 창조되기를 기다릴 필요가 있으며, 목전의 할거 정세에서 연방으로 바뀌는 것은 아니라고 생각한다. 나는 과거에는 이것이 완전하지 않았기 때문에 연방주의가 적합하지 않다고 말했으며, 또 피차의 조건이 완전하지 않으므로 연방이 적합하지 않다고 했다. 현재 나는 이 말을 바꾸어 말하면, 이 조건을 갖추면 후에 연방을 할 수 있다는 것이며, 또 서로의 조건이 갖추어지면 후에 연방을 할 수 있다는 것이다. 비록 어휘의 사용이 이상하지만 정신은 같다. 이것은 나의 친한 벗과 밝은 눈을 가진 국인이라면 반드시 분별할 수 있을 것이다."

장군매의 자술을 통해 알 수 있듯이, 연방제를 찬성한다고 입장을 바꾸게 된 데에는 첫째, 미국, 독일 등 선진국에서 연방제를 채택한 사례를 제외하고도 1차 세계대전 후 소비에트 러시아, 남아프리카 등 일부 신흥국들까지 연방제를 채택하여 한때 연방제가 세계의 대세로 부상했기 때문이다. 둘째, 당시 북양군벌이 통제하고 있던 중앙정부가 "오래전부터 국민들을 믿지 못하고 있었고" 게다가 연성자치 활동이 왕성하게 전개되었기 때문이다. 그리하여 짧은 몇 년 사이에 국제, 국내 정국은 중대한 변화가 일어났다. 이 또한 논자들이 중국에서 연방제를 실현하는 가능성을 판단하는 데 직접적인 영향을 미쳤는데, 비록 구두로는 "이 입언은 방법이 다를 따름이다. 국정을 관찰하는 데 변함이 없다"고 했지만, "이 같은 조건을 구비하지 못하면 연방제가 적합하지 않으며, 이 조항이 없으면 연방이라는 말이 어울리지 않는다"고 하던 것에서부터 "이 같은 조건이 구비된 후에는 연방제를 채택할 수 있으며, 이 같은 조건이 구비되면 연방이라 할 수 있다"는 어휘의 변화에서 우리는 작자가 당시 중국이 연방제를 실현할 수 있는가에 대하여 낙관적인 태도를 가지고 있었음을 알 수 있다.

그렇기 때문에 근대 중국 연방학설 논쟁에서 나타난, 이 같은 주장을 번복하는 현상을 이해하려면 당시 중국 정국의 변천 과정을 충분히 파악할 필요가 있을 뿐만 아니라, 당시 세계 범위에서 일어난 연방제의 큰 조류가 중국에 미친 영향을 이해할 필요가 있다. 커비(W.C.Kirby)의 말을 빌리면, "민국시대의 중국 역사는 그의 대외 관계에 대한 성질에 의해 확정되고 만들어 졌을 뿐만 아니라 최종적으로 이를 통해 이해해야 한다. 민국시대에서 특색 있는 중국 중심의 역사적 서술을 찾으려 한다면 도리어 흡사한 이점을 찾지 못할 수도 있으므로 그 시대의 모든 대사가 국제적 범위의 영향을 받았기 때문이다."[950] 물론 민국 정치에서 나타난 국제화가 헌정학설과 관련하여 내용의 변화에 더욱 더 영향을 줄 수 있게 된 데는 당시 세계 정치 판도에서 중국이 처해있던 반식민지라는 성질과 깊은 관련이 있었다.

동시에 이 같은 주장의 번복으로 인하여 우리는 근대 중국 연방제 학설을 정리하고 논쟁과 관련된 일부 특정 인물을 평가할 때, 대충 '연방제론자'이니 '반연방제론자'이니 하고 한 마디로 이름표를 달아주기는 어려우므로, 반드시 그 학설을 특정한 정치적 언어 환경 속에 놓고 보다 깊이 분석해야 한다. 민국의 역사적 사건은 정국의 이익에서 비롯된

---

950) [미] 커버; 「중국의 국제화: 민국시대의 대외 관계」, 『21세기』 44호, 1997년 12월.

얼기설기 엉킨 복잡한 현상이다. 게다가 그 중의 많은 논자들은 결코 순수한 서재 형의 학자가 아니라 정계와 학계를 두루 유학한 인물들이었기에 이는 무형 중에 연방제 학설 논쟁을 포괄한 근대 중국의 정법 학설을 정리하는 데 어려움을 가져다주었다. 물론 다른 한편으로는 어쩌면 바로 이런 특정된 시간과 공간이라는 배경 하에서의 헌정 언론 그리고 그 정치적 언어 환경에서의 복잡함과 기괴함이야말로 학설사를 정리하는 의미이자 매력이라 할 수 있다.

2. 민국시기의 중앙과 지방의 관계 학설

(1) 문제의 제기: 민국시기의 중앙과 지방의 난제

어떤 의미에서 말하면, 중국은 땅이 넓고 남북의 차이가 있으며, 다양한 민족으로 구성되었다는 지리적 특징으로 인해 번진이 할거하여 중앙이 힘들 정도로 연약하다든지, 중앙이 권력을 집중하여 지방은 산송장이라 다름없는 것과 같은, 중앙과 지방의 관계를 어떻게 처리하느냐를 결정하는 것이 천년의 난제가 되었다. 한대(漢代)를 제외하고는 우리가 오늘날 말하는 중앙의 통일적인 지위를 수호하면서, 지방의 능동성과 적극성을 충분히 드러낼 수 있는 명실상부한 서로에게 이익이 되는 구조가 나타난 적이 거의 없었다.[951]

---

951) 정체에 미치는 지리적 영향은 서양 정법학설에서 오랜 화제였다. 플라톤, 아리스토텔레스의 정체 학설 중의 지리적 요소를 강조한 것을 예로 들 수 있다. 그 후 지리는 정체 연구에서 없어서는 안 되는 문제가 되었다. 근대에 이르러 지리적 문제는 한결 더 정치학자들의 깊은 관심을 받았다. 홉스, 몽테스키외, 해밀턴, 토크빌 등의 사상가들은 누구나 이 문제에 대해 깊이 사고하고 논술했다. 그중 가장 대표적인 논술이 '지리 결정론'이란 감투를 쓴 몽테스키외이다. 전목(錢穆)의 견해에 따르면, 대체로 보면 한대의 군국제(郡國制度)가 중앙의 권위를 수호하면서, 지방에 권력을 충분히 이양한, 강한 지방과 강한 중앙이라는 윈-윈 구조를 형성했다고 할 수 있다.(전목, 『중국 역대 정치의 득과 실』 삼연 서점 2001년 판을 참고) 또한 장명(張鳴)의 글, 「실패한 지치의

한 학자가 말한 것처럼, 민국시대 시끌벅적했던 이른바 연성자치는 청나라 말엽의 지방자치의 연장에 지나지 않았으며, 연방제에 심취한 학자들이 의존한 대상 역시 청나라 말엽 북양 연병의 산물인 지방의 크고 작은 군벌들뿐이었다. 그러나 공교롭게도 이는 부국강병을 하여 나라와 민족을 지키려는 당시 중국의 큰 목표에 어긋났다. 이 또한 연성자치를 주장하던 학자들이 비난을 받는 이유이다. 하지만 당시 이 같은 정치를 실천하려면, 목표가 같으면서도 결코 단순하지 않은 심지어 지방할거에 헌정이라는 합법적인 허울을 쓰려고 시도하는 지방 군벌에 의존하지 않고서는 신통한 방법이 별로 없었다.[952] 그리하여 북벌군이 파죽지세로 크고 작은 군벌을 전멸시키게 되자 이른바 연성자치 또한 자연스레 "거죽이 사라져 털이 붙어있을 자리가 없는 것"처럼 공상적 이론으로 전락하였다.

손문의 균권주의가 바로 연방제를 초월하고 중앙집권제를 초월한, 중국의 중앙과 지방의 관계를 해결하려는 새로운 발상이었다. 국민정부의 기나긴 입헌 과정에서 몇 차례 반복을 겪기는 했지만, 중앙과 지방 세력의 정치적 이익이 달라서 균권에 관한 구체적인 제도를 구축할 때 전혀 다른 답을 내놓았을 뿐, 균권주의는 대체로 중앙과 지방의 관계를 처리하는 기본 원칙으로 간주해왔다. 당시 학자들도 이와 관련해 의론이 분분했다. 그렇기 때문에 민국 법정학설 중의 균권 언론을 꿰뚫어 보면 그 당시 정치세계에서의 이익 게임을 부각시킨 점을 발견할 수 있는데, 우리는 선철들이 어지럽고 위급한 정세에서 중앙과 지방간의 난제를 해결하고자 헌정에 쏟은 그들의 노력을 적절히 이해해 줘야 한다.

반드시 정시해야 할 문제(失敗的自治和必須正視的難題)」(『독서』 2007년 3호)에서, 중앙과 지방의 관계를 처리함에 있어서 중국 역대의 득과 실에 관한 분석을 참고할 수도 있다.

952) 태평천국 이후 호남 파벌, 안휘 파벌 세력이 무척 강해지면서 중앙의 통제가 불가능해졌다. 그리고 청나라 정권을 접수한 원세개 역시 톈진 간이역에서 군사를 훈련하며 세력을 키운 인물이었다. 원세개가 사망한 후 북양군벌은 사분오열이 되었고, 비록 민국을 공화라고 칭하기는 했지만 사실 군벌과 혼전하는 처지에 놓여 있었다.

비록 손문이 당시 정치 판도의 변화와 자신의 인식의 전환으로 인하여 관점도 여러 번 변하기는 했지만, 민국시기의 중앙과 지방 관계 학설이념을 체계적으로 이해하려면 우리는 이와 관련한 논단에 주의를 돌리지 않을 수 없다. 한편으로는 당시 국민당 정권의 중앙과 지방의 관계를 처리하는 법정 실천이든 중앙의 권위에 대항하는 지방 세력이든 모두 균권주의 등 손문의 유훈을 정치 합법성을 인증하기 위한 주요 출처로 자주 인용했다. 다른 한편으로는 당시 유명한 많은 법학자들이 손과(孫科), 호한민(胡漢民), 거정(居正) 등 정부 측에 배경이 있는 사람들을 버렸는데, 소공권(蕭公權), 양유형(梁幼炯), 진지매(陳之邁), 장금감(張金鑒) 등 정치적 경향이 상대적으로 중립인 학자들은 물론이고 장우어(張友漁)와 같이 혁명적 학자들마저 손문의 주장에 영향을 깊이 받았다.

그리고 "명목은 같지만 실제로는 그런 조건을 구비하지 못한" 복잡하고 혼란스러운 정치 판도는 이와 같이 겉으로는 일치하게 합법성을 인용하면서도 배후에서는 각기 다른 정치 이익만 충족시키려는 국면이 벌어지도록 운명적으로 정해놓았다. 비록 각 측이 총리의 유훈을 수호한다며 균권주의를 소리높이 외쳤지만, 중앙에서 균권주의를 실현하려면 우선 정치적 통일을 이루어야 한다고 강조하는 바람에 지방은 부득이하게 중앙에 대항해 나섰다. 그리고 지방 세력은 자신을 보호하고자, 관련 사항이 지방에 속하므로 균권주의 발상에 따라 중앙에서 간섭해서는 안 된다며 강하게 반발했다.

동시에 손문 본인은 정치 이론가가 아니라 정치 실천가였고, 게다가 균권 학설 또한 만년에 제기한 것으로 완벽하게 수정할 시간이 없었다. 이 때문에 민국 법정학설 중의 균권의 주장을 꿰뚫어 보면 그 당시 정치세계에서 이익 게임을 부각시킨 점을 발견할 수 있는데, 우리는 선철들이 어지럽고 위급한 정세에서 중앙과 지방 사이의 난제를 해결하고자 헌정에 쏟은 그들의 노력을 적절하게 이해해 줘야 한다. 이밖에 비록 많은 사람들이 손문의 균권주의를 단지 이상적인 비전으로 여기었고, 민국시기에 중앙과 지방의 난제를 거의 해결하지 못했다 하더라도, 선철들이 원해도 누리지 못한 헌법이 시행되는 태평성세에서 살고 있는 우리는 동을 거울로 삼고 역사를 귀감으로 삼듯이 근 한 세기 전의 헌정 선구자들의 "실패한 유산"을 연구하는 것이 결코 전혀 의미가 없는 작업이 아니라고 본다.

(2) 균권주의: 이론의 근원과 기본적 주장

이른바 헌정을 기능적 의미에서 말하자면 국가의 근본적 정치권력인 체제를 만드는 것에서 벗어나지 못하지만, 횡적으로 말하면 입법·행정·사법 등 정치권력을 분립하고 상호 제약하여 균형을 이루게 하는 것이며, 종적으로 말하면 바로 중앙과 지방의 권력 관계에 관한 문제이다. 손문의 헌정 이념 중에서 횡적인 권력 배치가 유명한 "오권헌법' 이념이라고 한다면, 종적으로는 바로 균권주의이다. 비록 후자 역시 국민당 정부의 제헌자들이 중앙과 지방의 관계를 처리할 수 있는, 정치 합법성을 인증하는 출처로 여겨서 당시 헌법학설이 발전하는 데 중요한 영향을 일으키기는 했지만, 전자보다 주목을 훨씬 적게 받았다. 이는 한편으로 혹시 사람들이 흔히 횡적인 권력 배치에 주목하는 데 습관이 되어 있는 것과 관련 있는 것 같다.

예컨대 우리가 헌정만 언급하면 우리는 흔히 본능적으로 삼권분립 등 서양의 헌정 학리를 떠올릴 뿐, 중국처럼 국토 면적이 넓고 남북의 차이가 큰 다민족 대국에서는 횡적인 권력 배치 역시 천년 난제였다는 점을 고려하지 않고 있다. 다른 한편으로 혹시 균권 학설을 공식적으로 제기한 시간이 1924년 즉 손문이 만년에 제기했으며, 중앙과 지방 관계에 관한 정치적 주장마저 그의 정치 생애에서 서로 다른 정치적 국세와 정치적 적수에 의해 각기 다른 정치적 양상을 띠었던 원인도 작용하는 것 같다.

① 균권주의의 전세: 연방제와 중앙집권제 사이에서 우왕좌왕하다

손문은 인생의 3분의 2를 해외에서 보내면서 많은 나라를 유학했기 때문에, 서양의 정치제도와 정치 이념을 몸소 경험할 수 있었다. 그래서 혁명에 투신하던 초기부터 혁명이 승리하면 연방공화제를 실행한다는 중국의 정체에 대한 청사진을 정해놓았다.

1894년 흥중회를 창립할 때, 손문은 본 회의 서언을 "오랑캐를 몰아내고, 중화를 회복하여 합중 정부를 수립하자"는 내용으로 정했다. 이른바 '합중 정부'란, 대계도의 '중화민국과 연방조직' 중의 해석에 따르면, "합중 조직이라 밝혔지만 연방제의 이념임이 분명하다." 다시 말하면 젊은 시절 손문의 중앙과 지방의 관계를 처리함에 있어서의 구상은 미국의 연방제를 모델로 했다.[953] 이 같은 연방제에 대한 열망은 젊은 시절 해외를 유학한 경력과도 관련되어 있는 것 외에, 깊이 있는 차원에서 말하면 당시 나라를 멸망의 위기로부터 구하여 생존을 도모해야 하는 전반적인 국면과도 관련되어 있었는데, 중국의 정치를 변혁하려면 반드시 본보기가 있어야만 했다. "우리가 지사가 되려면, 지구상에서 가장 문명적인 정치와 법률을 택하여 우리의 중국을 구해야 한다."[954] 가장 훌륭한 제도, 가장 빠른 속도로 나라를 지키고 민족을 지키려는 이 목표는 그 시대 사람들의 한결 같은 꿈이었다. 그러나 연방공화제를 기반으로 하여 수립한 남경 임시정부가 재력이나 권력이 없었고 법령에 효력이 없었기 때문에 지방의 독군이나 순무들은 중앙의 권위를 거의 무시했다. 그리하여 1912년에 이르러 손문은 "앞으로 중국에서 연방제를 실행하는 것이 불가능하다. 행정방침에 있어서 중앙집권제를 주장한다"[955]고 밝혔다. 그 후 '국민당 선언'에서 최초로 "단일 국가를 수립하고 집권제도를 시행한다"고 공개적으로 주장했다.[956]

그러나 얼마 후 손문이 대총통 자리에서 물러나고 원세개가 대총통이 되자 그는 중앙집권의 권위 체제를 구축했다. 원세개가 사망한 후의 북양군벌 정부 역시 지방 세력을 약화시키고 전국을 통일하는 것을 정치적 목표로 삼았다. 손문은 북경 정부에 대응하려면 오직 연해 지역과 서남 지역의 군벌 세력에 의존해야 한다고 생각했다. 그리고 지방

953) 원서굉(袁曙宏), 동문애(董文媛), 「손문, 워싱턴의 헌정 실천 그리고 그 결과 비교」, 『법학』 9, 2004.
954) 손문, 「도쿄 중국 유학생 환영대회에서 한 연설」, 『손문 문집』, 605쪽.
955) 『손문문집 외 문집』, 제340쪽.
956) 이명강(李明强), 「손문의 균권주의를 논함」, 『장한 논단』 6, 2003.

군벌은 자기 관할 지역을 중앙이 잠식하는 것을 막고자 '연성자치' 혹은 연방제라는 정치적 슬로건을 내놓았다. 손문은 비록 마음속으로는 더는 연방제를 찬성할 수 없었지만 지방 군벌의 지지를 얻기 위해서는 반대할 수도 없었다. 심지어 때로는 공개적으로 지지를 표할 수밖에 없었다. 예컨대, 1916년 항저우에서 소집된 성의회 회의에서 연설할 때 "만약 지방자치가 발달되면 정치를 개선할 수 있고, 또한 나라를 공고히 할 수 있다. 이번에 돌아가면 이 일에 관심을 기울이겠다. 여러분들이 지도를 펼치면 서반구는 공화국이 아닌 나라가 없다는 것을 발견할 것이다. 프랑스와 미국 두 나라는 나날이 왕성해질 수 있었던 것은 지방자치를 근본으로 하는 데 주의를 기울였기 때문이다"[957]라고 밝혔다.

민국의 정국은 변화를 예측할 수 없을 만큼 사람들의 예상을 뛰어넘었다. 1922년 진형명이 변절하자 손문은 한편으로는 지방 군벌에 의존해 혁명의 승리를 취득하려던 환상을 더는 하지 않게 되었을 뿐만 아니라, 연방제가 결코 당시 군벌이 혼전하고 사분오열된 중국의 정치 판도에 적합하지 않다는 것을 확신하게 되었다. 그는 "연방제는 원심력과 같은 작용을 하여 결국 중국를 많은 소국으로 분열시킬 것이며, 결국은 무원칙적인 질투와 적대시로 그들 간의 상호 관계를 결정하도록 만들 것이다. 중국이 하나의 통일된 국가라는 이 점은 우리의 역사적 의식 속에 확실하게 각인되었다. 바로 이와 같은 의식이 있음으로 인하여 비로소 우리는 하나의 국가를 유지할 수 있었다… 그러나 연방제는 도리어 이런 의식을 약화시고 말 것이다"[958]라고 인정했다.

손문은 중앙집권으로 인하여 중국이 낙후해지고 수모를 당하고 있다는 점을 통감하면서도, 연방제가 북양정부에 무력으로 통일을 이룩하려는 구실을 만들어 줄 수 있어 중국 국정에 부합되지 않는 상황에서, 중앙과 지방의 권력을 새롭게 배치할 수 있는 시스템을 고안하기 시작했다. 이것이 바로 후에 국민당 정부가 중앙과 지방의 관계

---

957) 『손문전집』, 3권, 345쪽.
958) 『손문전집』 5권, 518쪽.

문제를 처리하는 이론적 근거가 된 '균권' 학설이다.

　② 균권주의의 기본적 주장

　중앙과 지방의 관계 문제는 줄곧 민국 정국을 괴롭히는 있는 일대 난제였다. 특히 국민당정부가 형식적인 통일을 이룩하기 전까지 말이다. 중국 혁명의 선구자로서의 손문은 중앙집권과 지방할거라는 난제를 어떻게 해결할 것인가를 다년간 꾸준히 사색했다. 그는 연방제와 중앙집권제 사이에서 우왕좌왕할 때 일부 모호한 균권 이념이 싹텄다. 예컨대, 프랑스어 신문 『L'ECHO DE CHINE(中法新彙報)』의 주간 모네스티에(莫耐斯梯埃)의 인터뷰에 응할 때 이렇게 밝혔다. "나는 개인적으로 아메리카합중국과 프랑스공화국의 각 장점을 받아들여 양자를 결합한 일종의 공화체제를 채택하는 것에 찬성한다. 우리는 기타 민족의 경험을 본보기로 삼을 수 있기를 간절히 바란다." [959] 사실 그는 한때 프랑스와 미국의 정체 형식을 융합하려 시도한 적이 있었다. 그러나 미국은 대표적인 연방제 국가였고 프랑스는 오히려 중앙집권제 국가였다. 손문이 균권이념을 대체로 확립하고 공식적으로 제기할 때는 인생이 거의 끝날 무렵이었다. 1923년 손문은 "민치를 선양하기 위한 진정서"라는 글에서, 균권 원칙이 바로 민치를 실현하는 결정적 요인이라고 밝히면서, 지역 자치의 기본 단위를 성이 아니라 현으로 해야 한다고 주장했다.[960]

　1924년 1월 손문은 국민당을 재편성하고자 1차 전국대표대회를 소집하고 『중국국민당 1차 전국대표대회선언』, 『중국국민당 총칙』, 『국민당 정부조직에 필요한 결의안』 등 문건을 통과시켰다. 『중국 국민당 제1차 전국대표대회 선언』 제3부분인

---

959) 『손문문집 외 문집』, 340쪽.
960) 『손문문집 외 문집』, 37~38쪽, 이명강의 「손문의 균권주의를 논함」, 『장한 논단』 2003년 6호를 참고.

『중국 국민당 정치 강령』중 대내 정책(乙部分) 1조는 "중국 그리고 지방의 권한에 관해서 균권주의를 채택하여, 무릇 전 국민에 일관된 특성의 사무는 중앙에 돌리고, 지역에 따라 알맞게 제정해야 하는 특성의 사무는 지방에 돌리어, 중앙집권제나 지방분권제도 한쪽에 치우치지 않는다."[961]

초기의 한 단락의 주장을 인용한다면 이러하다. "현재 지방분권제도를 주장하는 정치가도 있고, 중앙집권제를 주장하는 정치가도 있지만, 나는 겉으로는 애매한 것 같은 견해를 내놓고 싶다. 나는 양자를 모두 찬성한다. 한 나라의 외교 사무는 각 성에서 주지 말고 중앙에서 맡아 처리해야 한다. 미국은 공화제를 우리보다 먼저 도입했지만, 외교사건은 여전히 여러 주에서 처리할 수 없다. 그 외 해군과 육군, 체신사업 등도 지방에 권한을 주지 않는다. 나는 이 점에서는 중앙집권제를 찬성한다."[962] 그렇기 때문에 손문의 균권주의는 전통적인 중앙과 지방의 권력 구분 양식을 혼합한 것이라고 할 수도 있고, 그중 한 가지를 초월한 것이라고 할 수도 있다. 이 점은 손문이 후에 발표한 연설에서 더욱 극명하게 밝혔다.

"그러므로 이른바 중앙집권제이든 지방분권제이든, 나아가 연성자치제이든 내부를 엄하게 하고 외부를 느슨히 하거나 내부를 느슨히 하고 외부를 엄하게 하는데 지나지 않는다는 것이 늘 하는 말이다. 권력을 배분함에 있어서 중앙이나 지방을 대상으로 하지 않고 권력의 성질을 대상으로 해야 하는 것으로 중앙에 적절한 권력은 응당 중앙에 맡기고 지방에 적절한 권력은 지방에 맡겨야 한다. 예컨대, 군사나 외교 같은 것은 나누지 말고 일괄 관리하는 것이 적절하므로 당연히 권력을 중앙에 맡기며, 교육이나 보건 같은 것은 지방마다 상황이

---

961) 「중화민국 법규 집요」1권, 14~15쪽, 중앙 훈련 팀 편집 인쇄, 하신화 호욱성 등 정리, 『근대 중국 헌정 역정, 사료 모음』, 597쪽에서 인용.
962) 『손문전집』 3권, 322쪽.

다르므로 권리를 지방에 맡겨야 한다. 한 걸음 더나가 분석하면, 같은 군사 사무라도 국방은 물론 중앙에서 맡는 것이 적절하다.

그러나 경비대 시설 같은 것까지 중앙에서 대신 수고할 필요는 없으므로, 그래도 지방에서 맡는 것이 적합하다. 같은 교육일지라도 연해 지역은 수산업에 치중하고, 산악지대라면 광업이나 임업에 치중하는 것이 적절하지만, 물론 지방에서 적절한 조치를 강구하는 것은 자유이다. 그러나 학제 및 의무교육 연한은 중앙의 기획 범위에 넣지 않으면 안 된다. 중앙에서 교육사업에 관여하지 않으면 안 되기 때문이다. 설령 같은 사실이라도 오히려 어느 정도 이상이면 중앙에서 담당하고, 어느 정도 이하이면 지방에서 담당해야 한다고 하는 것처럼 되는대로 중앙집권이나 지방분권을 주장하거나 심지어 연성자치를 주장하면서 걸핏하면 그 어떤 개괄주의를 취하거나 열거주의를 취해야 한다고 말하는데 두루뭉술하다는 의혹을 받지 않을 수 있겠는가? 이런 견해들은 모두가 권력 배분이라는 본 화제와 무관하다. 권력의 배분을 검토하려면 중앙이나 지방이라는 편견을 가지지 말고, 오로지 사무 자체의 특성을 권력 배분의 출발점과 귀착점으로 삼아야 한다. 거국일치해야 할 사무라면 그 권력을 중앙에 맡겨야 하고, 각 지역의 구체적인 실정에 맞게 적절히 조처해야 하는 사무라면 그 권력을 지방에 맡겨야 한다. 지역에 맞게 분류하고 과학적으로 분류하는 방법을 알아야 현 시대의 정치학자라 할 수 있으며, 이를 알고 행하면 애초부터 분분한 논쟁을 잠재울 수 있다."[963] 그러므로 손문의 균권주의 핵심은 "권력 배분이었고, 중앙이나 지방을 대상으로 한 것이 아니라 권력의 성질을 대상으로 했으며" 중앙과 지방의 권력을 구분함에 있어서 사무의 기본 성질에 의해 정하는 것이었다. 이른바 "권력이 중앙에 적절하면 중앙에 맡기고, 지방에 적절하면

---

963) 『손문문집 외 문집』, 32~33쪽.

지방에 맡기는 것이었다."

  균권주의가 비록 국민당의 최고 문건에 수록되고 또한 중앙과 지방의 관계를 처리하는
기본 원칙이 되기는 했지만, 손문은 전문적인 정치이론가가 아니었기에 그의 균권주의는
객관적이고 엄밀한 체계와 세밀한 논증이 부족했다. 그렇기 때문에 손문의 균권주의를
이해하려면 반드시 관련 헌정이념과 연계시켜야 한다. 예컨대, 손문의 균권주의 이론은
그 선결 조건이 사실 일관적인 권력과 역할을 분리해야 한다는 것이다. 즉 '정권'과
'통치권'을 분리하는 것이다. 손문은 국가의 정치 대권을 두 가지로 나누었다. 하나는 정권,
즉 민권으로서 인민의 권력인 인민이 '정부를 관리할 수 있는 권력'을 말한다. 여기에는
국가 권력의 주체를 이루는 4대 권력인 · 선거권 · 파면권 · 창제권 · 표결권이 포함된다.
다음은 통치권, 즉 정부의 권력으로서 정부가 '인민을 대신하여 일을 하는 권력'을
말하는데, 여기에는 행정권 · 입법권 · 사법권 · 고시권 · 감찰권 5가지 권력이 포함된다.
정권과 통치권을 분립하고 두 가지 권력을 부동한 주체에게 맡기어 행사하여 정권이
통치권을 효과적으로 지배할 수 있도록 함으로써 정권과 통치권 사이를 상호 제약하여
균형을 이루는 관계가 아니라 일방적인 주권자와 집행자의 관계가 되게 만드는 것이었다.
  그리고 정권은 나눌 수 없으므로, 중앙과 지방에 균등하게 부여한 권력이 실제로는
정권이 아니라 통치권이었다. 아울러 균권을 실현하려면 지방자치가 없어서는 안
되었다. 손문의 주장에 따르면, 지방자치의 주체는 마땅히 성이 아니라 현이 되어야
한다는 것이다. 이는 한편으로는 중국은 지역이 넓어 현을 단위로 하면 일반인들이
정치에 참여하는 데 편리할 수 있었다. 다른 한편으로는 아마도 당시 각 성의 지방
세력이 커지면서 중앙의 권위에 심각한 영향을 주었기 때문일 수 있다. 만약 성에 충분한
자치권을 부여하고, 게다가 성 자체가 막강한 재력과 군사력을 가지고 있다면 중앙 정부의
법령이 효력을 일으킬 수 없다. 그러나 현을 자치 단위로 한다면 어느 정도 한나라 때,
주부언(主父偃)의 추은령(推恩令)과 같은 효과를 거둘 수 있다고 손문은 생각했다.
  그러므로 우리가 손문의 균권주의가 가지고 있는 의미를 이해하려면 반드시 그 당시

중앙과 지방의 관계를 고려해야 한다. 그 외 손문은 어디까지나 정치학자나 헌법학자가 아니라 정치가였으므로 그의 이론은 이론 자체의 완벽함이나 정교함에 치우친 것이 아니라 시급히 해결해야 할 현실 문제에 초점을 맞춰져 있다. 물론 민국 헌법학설에 끼친 손문의 영향에 비하면 아마 그 어느 헌법학자나 정치학자도 그와 어깨를 겨룰 수 없을 것이다. 사실 민국 1세대 헌법학자들을 포함하여 이와 같이 나라를 걱정하는 마음을 가지지 않은 학자가 어디 있겠는가? 그렇기 때문에 그 당시의 헌법학설이 이론적으로 어쩌면 그다지 완벽하지 못하여 어설픈 곳이 있기는 하지만, 모두가 당시 정치 세계의 특수한 현실적 명제를 해결하려 고심했다. 이점을 이해하지 못한다면 우리 역시 당시 헌정 선배들의 고심을 이해할 수 없을 것이다.

(3) 민국입헌사에서의 균권 실천 : 중앙과 지방의 권한을 구분하고, 성의 지위를 중심으로 정하다

손문의 균권주의는 연방제와 중앙집권제를 초월하여 당시 중앙이 무력하고 지방이 할거로 인해 백성들이 도탄에 빠진 혼란한 정치 국면을 바꿀 수 있다는 데 의미가 있었다. 그러나 유감스럽게도 그는 균권주의를 제기하고 얼마 안 되어 세상을 떠나고 말았다. 그 후 국민당 정부 집권자들은 비록 내적으로는 여전히 분쟁이 끊이지 않았지만 겉으로는 모두 "건국 대강에 따르고 총리의 유훈에 따라" 한때 균권 이론을 이용하여 중앙과 지방의 관계를 처리하려 시도했다. 하지만 중앙의 집권자와 지방 세력은 서로 다른 정치적 이익으로 말미암아 '균권'이 지니고 있는 의미와 거기에 필요한 제도를 구축하는 데 전혀 다른 이해를 표시했다.

① 『태원(太原) 확대회의 약법 초안』과 『유훈정치 시기 약법』 [964] 중의

　중앙과 지방의 권력 배치 비교

　1928년 12월 29일 장학량이 "삼민주의를 준수하고 국민정부에 복종하며 정치적 주장을 변경"한다고 선언하면서 북양군벌이 판을 치던 시대가 막을 내렸고, 국민당정부는 형식적인 통일을 달성하게 되었다. 그러나 겨우 1년 반 만에 규모가 엄청난 중원대전이 발발했다. 염석산　풍옥상　이종인 등 지방 군벌 세력과 국민당 내부 권력 싸움에서 장개석으로부터 배척을 당한 왕정위와　진공박(陳公博)을 우두머리로 하는 국민당 개조파(改組派)는 추로(鄒魯)와　사지(謝持)를 우두머리로 하는 서산회의파벌과 연합하여, 장개석을 우두머리로 하는 남경정부가 유훈정치를 하면서도 약법을 공포하지 않은 것은 '총리의 유명'에 어긋나는 일이라고 질책하면서 '국민회의'를 소집하고 '약법을 제정'하겠다고 선포했을 뿐만 아니라 왕정위 등 7명을 약법 기초위원회 위원으로 천거했다. 후에 군사적 정세가 변하자 태원으로 옮긴 장개석 반대파들은 1920년 1월 27일 왕정위가 기초한 『중화민국 장점 헌법 초안(태원 확대회의 약법 초안)』을 반포했다.

　『태원 확대회의 약법 초안』 54조는 "국가 사항에 관한 국권은 본 약법에 따라 행사해야 하고, 지방 사항에 관하여 국가는 본 약법 및 지방 법규에 따라 행사해야 한다"고 밝혔다. 그 다음 55조는, 국가가 입법한 17가지 조항으로 된 집행 사항을 열거했다.

　56조는 국가가 입법한 15가지 조항 그리고 집행하거나 지방에 위임하여 집행하는 사항을 열거했다. 59조는 "본 약법에 따라 무릇 국가에 속하지 않는 직권은 모두 지방의 직권에 속한다"고 밝혔다. 이어 60조는 "55조 그리고 56조에서 열거한 국가 직권 외에, 예컨대 새로운 사항이 생겼을 경우 그 성질이 국가에 속하므로 국민정부에서 약법

---

964) 이 두 건의 초안 원문은 『중화민국 법규 모음』 1권, 하신화, 호욱성 등이 재인용하고 정리한 『근대 중국 헌정 역정: 사료 모음』, 824, 833, 824쪽.

해석위원회에 제청하여 해석을 하며, 해당 사항은 국가 직권 범위에 속한다"고 밝혔다. 상술한 규정에서 알 수 있다시피, 비록 『태원 확대회의 약법 초안』이 중앙과 지방의 권력 배치에 있어서 손문의 "권력 배분에 있어서 중앙이나 지방을 대상으로 할 것이 아니라 권력의 특성을 대상으로 한다"는 "총리 유훈"을 따랐는데, 구체적으로 처리하는 면에서 중앙의 권력은 입법으로 열거하는 방식을 취했으나, 지방의 권력은 별도로 열거하지 않고 열거한 외의 모든 권력은 지방에 속한다고 규정했다. 만약 새로운 사항이 생겨 쟁의가 있을 경우 국가의 직권에 속하려면 국민정부에서 약법 해석위원회에 제청하여 해석한다고 밝혔지만, 약법 해석위원회는 장개석 일파에서 조종할 수 있는 기구가 아니었다. 다시 말하면, 『태원 확대회의 약법 초안』은 역시 권력의 특성에 따라 중앙과 지방의 권력을 구분하는 균권주의를 주장하기는 했지만, 사실 제도를 구축하는 면에서는 지방 세력에 치우친 것이다.

1931년 장개석을 우두머리로 하는 남경 국민정부는 8장 89조로 된 『중화민국 유훈정치 시기 약법』을 통과시켰는데, 이는 국민정부 시기 헌법 성질을 가진 최초의 문건이기도 하다. 『유훈정치시기 약법』은 중앙과 지방의 권한에 관한 장을 특별히 설정(제6장, 도합 6가지 조항으로 되어있음)했다. 제6장 1조(즉 제59조)에서 "중앙과 지방의 권한은 건국 대강 17조의 규정에 따라 균권 제도를 취한다"며 취지를 강조했다. 그러나 이어 69조는 "각 지방에서는 이 직권 범위 내에서 지방 법규를 제정할 수 있다. 하지만 중앙 법규에 저촉될 경우에는 무효"라고 밝혔다. 61조와 62조는 중앙과 지방의 과세 방면에서의 구분 문제를 규정했다. 64조는 "무릇 하나의 성으로부터 헌정이 시작된 시기에 이르기까지 중앙 및 지방의 권한은 마땅히 건국 대강이 정한 법에 따라 상세히 정해야 한다"고 규정했다. 즉 『유훈정치 시기 약법』에서, 중앙과 지방의 권한을 구분하는 문제는 분명히 『건국 대강』에서 확립한 균권 원칙에 따라 구축했다. 이 뿐만 아니라 이 부분의 1조에서는 특별히 균권 제도를 중앙과 지방의 권한 문제를 처리하는 기본 준칙이라고 강조해 밝혔다. 하지만 7장의 정부 조직에 관한 1절 중앙제도와 2절 지방제도에서 구체적인 제도를 구축하는 사항 중 65조에서 "국민정부는 중화민국 통치권을 총괄한다"고 밝혔는데, 이는 사실 변칙적인 중앙집권제를 실행한다는 것을 의미했다.

더욱 흥미로운 것은 이 두 건의 법령에서 성에 대한 지위를 다르게 정했다는 점이다. 『태원 확대회의 약법』제5장 지방제도에서 1절은 성 제도인데, 그 중 141조는 "건국 대강 16조에 따라 성에서부터 헌정이 시작된 시기에 이르기까지 그 성의 국민대표회의는 스스로 성 헌법을 제정하고 스스로 성장을 선거할 수 있으며, 성 헌법은 국가 헌법에 저촉돼서는 안 된다"고 규정했다. 비록 "성 헌법이 국가 헌법을 저촉해서는 안 된다"고 규정하기는 했지만 "스스로 성 헌법을 제정하고 스스로 성장을 선거할 수 있다"고 규정한 것은 고도의 자치 상태를 취한다는 의미나 다름없다. 이 뿐만 아니라 그중 144조에서 규정한 성 정부의 여러 가지 직권은 지방의 정치·행정·군사·재정 등 기본 권력을 독점했다. 그러나 『유훈정치 시기 약법』78조는 "성에 성 정부를 설치하는데 중앙의 지휘를 받는다. 성 정부는 성의 정무를 총괄하며, 그 조직은 법적으로 규정한다"고 밝혔다. 즉 성 정부는 중앙의 지휘를 받는, 중앙의 하부 기구에 불과했다.

그러므로 비록 『태원 확대회의 약법 초안』과 『유훈정치 시기 약법』모두 중앙과 지방에 대한 권력 배치에 있어서 '건국 대강의 총리 유훈'을 지켜 균권주의를 따랐다고 밝히고, 특히 '유훈정치 시기 약법'은 특별히 명문 조항으로 밝혀 강조하기는 했지만, 『태원확대회의 약법초안』에서는 지방자치의 색깔이 짙어 연방제 냄새가 다분했고, 『유훈정치 시기약법』은 "국민정부가 중화민국을 총괄한다"고 강조하여 오히려 중앙집권제 냄새가 다분했다. 두 건의 법령은 불과 1년 반을 사이 두고 채택되고, 모두 손문이 제출한 균권주의를 자기 제도를 구축하는 합법적인 토대로 삼기는 했지만, 그들이 배후에서 대표하는 정치적 이익이 달랐기 때문에 전혀 같지 않은 두 가지 이해와 사고의 방향이 생기게 된 것이다. 우리는 늘 헌법은 마땅히 정치와 분리해야 한다고 말하지만, 헌법은 많은 경우에서 정치와 분리된 적이 거의 없었다.

특히 기본 정치 질서가 확립되지 못한 상황인 이른바 '헌정 정치' 시기와[965], 심지어 일부 어떤 언어 환경에서는 헌법문제가 철저한 정치문제가 될 수 있었다.

②5.5헌법 초안 입법 과정에서 균권에 대한 서로 다른 제도의 구축 그리고 정치적 의미

9.18 사변(만주사변) 이후, 중국이 전반적으로 내우외환이라는 매우 불안정한 시국에 빠지면서 국민당정부 안팎으로 "유훈정치를 종결짓고 헌정을 시행하자"는 목소리가 점차 높아졌다. 국민당은 이와 같은 압박에 못 이겨 1932년 12월 『국민당 4기 3차 전원회의 결의』를 통과시키고 헌법을 기초하기로 결정했다. 그리고 1933년 손과(孫科)를 위원장으로, 오경웅(吳經熊)과 장지본(張知本)을 부위원장으로 하는 기초위원회를 설립하고, 또 『헌법 초안 기초 원칙과 연구 절차』가 통과되었다. 『헌법초안 기초원칙과 연구절차』의 『헌법초안 기초원칙 25부분』 중의 22조에서 "성에서는 반드시 성 헌법을 제정해야 한다"고 밝혔고, 『헌법초안연구절차표』의 다섯 번째 부분에서 지방제도 문제를 전문적으로 토론했다. "중앙과 지방의 권한을 어떻게 나눌 것인가에 관하여 총리는 균권주의를 채택하자고 주장했다. 앞으로 우리가 헌법을 규정할 때, 중앙의 권력을 모두 열거한 다음 나머지 권력을 지방에 부여할 것인지, 아니면 지방의 권력을 열거한 다음 나머지 권력을 중앙에 부여할 것인지, 혹은 중앙과 지방의 권력을 모두 열거하여 향후 문제가 생기지 않도록 해야 한다."[966] 겉으로 보면, 중앙의 권력을 열거한 것인지, 지방의 권력을 열거할 것인지 하는 문제는 입법의 기술을 선택하는 문제인 것 같지만 이 기술의 배후에는 노골적인 정치적 이익이 있었는데, 작게는 논쟁이 끊이지 않았고, 크게는 정치 위기를 초래할 수 있었다. 당시 헌법학자들이 위험한 정세에서 헌정을 제창하면서

---

965) [미] 애커만 (Bruce Ackerman), 『헌법 변혁의 원동력(憲法變革的原動力): 우리 국민』, 손문개(孫文凱) 역, 법률출판사, 2003.
966) 「헌법초안 기초원칙과 연구절차」", 하신화, 호욱성 등 정리, 『근대중국 헌정역정: 사료 모음』, 863, 865쪽.

느꼈던 살얼음 위를 걷는 것 같은 느낌을 시간이 100년쯤 흐른 지금 돌이켜 보아도 저도 모르게 감탄을 자아내게 한다.

그 후, 우선 오경웅, 장지본, 설육진(薛毓津) 등이 초안을 작성하고, 다음 '오경웅의 초안'을 원본으로, 여러 분야의 의견과 장지본의 초안을 참고로 하여 초안 심사 회의, 초안 작성자 회의 등 세 차례 절차를 거쳐 초안이 통과되었다. 그들은 초안이 작성되자 헌법 기초위원회에 제출했다. 헌법 기초위원회에서 회의를 11차례 소집하고 한 조목 한 조목 토론하면서 점차 『중화민국헌법초안초고』를 완성해나갔다. 그 다음 초고 심사 절차에 들어가고 또한 『헌법초안초고심사수정안』이 완성되자 토론을 7차례 거친 후 입법원에 제출, 입법원에서 세 번 검토하고 통과되자 국민정부에 상신하여 두 차례 심사한 후 입법원에서 세 번째로 세 번 검토하고 통과되었다. 그리고 국민정부의 명령을 받고 1936년 5월 5일 선포했다. 그리하여 역사적으로 5.5 헌법 초안이라 칭했다. 전반 입법 과정을 놓고 볼 때 균권주의 자체를 원칙으로 간주한 것에는 이의가 없었지만, 제도를 구체적으로 어떻게 구축할 것인가 하는 입법 용어의 배후에는 깊은 정치적 목적이 숨어 있었다.

a. 개인의 균권주의에 관한 규정은 '오경웅 초안'과 '장지본 초안'을 위주로 하다

입헌의 기본 원칙, 절차, 주의 사항을 토론한 후, 우선 몇몇 헌법 기초위원회 성원들이 각자 초안을 작성했는데, 그중 오경웅이 작성한 초안이 후에 원본이 되었다. 오경웅은 초안 153조에서 "중앙과 지방 모두 균권제도를 채택한다. 무릇 전국적으로 일관된 성질을 가진 사무는 중앙에 귀속시키고, 지역에 따라 알맞게 제정할 수 있는 성질의 권력은 지방에 귀속시킨다"고 밝히면서 손문의 균권주의를 중앙과 지방의 관계를 처리하는 기본 준칙이라고 재차 분명히 강조했다. 그리고 제도를 구체적으로 구축함에 있어서, 154조와 155조에서 "중앙에서 입법하고 또한 집행"하는 사항을 열거하거나 "중앙에서 입법하고 또한 집행하거나 지방에서 집행"해야 하는 사항을 열거했으며, 156조에서는 "무릇 앞 두

가지 조항에서 열거하지 않은 사항은 지방에서 입법하고 집행한다"고 밝혔다. 하지만 "그 성질이 중앙에도 관련되고 지방에도 관련되는 사항이라면 중앙에서 입법하고 집행하거나 지방에 위탁하여 집행할 수도 있고, 중앙에서 규정한 원칙을 지방에서 입법하고 집행할 수도 있다. 다만 중앙이 관할권을 밝히기 전에는 그 과할권이 지방에 속한다"고 밝혔다. 객관적으로 보면, 이 조항의 규정은 전적으로 손문의 "권력을 배분함에 있어서 중앙이나 지방을 대상으로 하지 않고 권력의 성질을 대상으로 한다"는 발상을 따랐을 뿐만 아니라, 중앙의 권위와 지방의 자주성을 고루 돌보았으므로 입법 기교와 정치적 지혜가 아주 잘 구비되었다고 말할 수 있다. 오경웅의 초안에서 중앙과 지방의 관계와 관련되는 구체적인 사무인 상공업을 창설하고 진작시키는 것에 관한 사례를 들어보면, 그중 158조에 "지방에서 천연자원을 개발하고 상공업을 대대적으로 발전시키려 해도 자금이 부족하여 독자적으로 개발하거나 창설하지 못할 경우 중앙에서는 마땅히 능력껏 협조해 줘야 하며, 순이익은 중앙과 지방이 반씩 나누어 가져야 한다"고 밝혔다.

중앙과 지방의 이익을 동시에 돌보는 현대적인 계약의 취지를 자못 갖추고 있어서 그야말로 156조에서 규정한 제도적 측면을 훌륭하게 구현했다고 할 수 있다. 오경웅의 초안은 성의 지위 방면에서, 성장은 성민(省民)대표대회에서 선출한다고 밝혔다. 그러나 세 명을 선출한 다음 국민정부에서 그중 한 명을 택하여 임명한다고 밝혔다. 이는 성장 임명권을 여전히 중앙에서 거의 장악하고 있는 것이나 다름없었다. 동시에 초안은 "성장은 중앙의 지휘를 받고 성내의 행정을 집행하며, 성장은 성민을 대표하여 성의 사무를 처리하고 전 성의 현 자치를 감독한다"[967]고 밝혔다. 즉 오경웅 초안에서 성은 결코 연방제에서의 자치 단위가 아니며, 성 헌법을 제정해야 한다고 분명히 밝히지도 않았다. 또한 성은 자치 단위가 아니라, 전 성의 현 자치를 감독할 권리가 있을 뿐이었다.

오경웅의 초안 외에 장지본이 작성한 헌법 초안의 일부 내용도 후에 채택되었다.

967) 오경웅, 황공걸, 『중국제헌사』 하권, 상무인서관, 1937, 793~832쪽.

'장지본의 초안'은 기본원칙, 민족, 민권, 민생 네 개 부분으로 이루어져 있다. 그중 민권 부분의 2절은 중앙과 지방의 권한(1절은 인민의 권리와 의무이다)를 열거했는데, 33조와 34조는 오경웅의 초안처럼 열거하는 방식으로, 중앙이 입법하고 집행해야 할 사항이나 지방에 영을 내려 집행할 사항을 열거했다. 그리고 35조는 "본 법의 규정에 따라 중앙에 속하지 않는 사무는 지방에서 독자적으로 법을 제정하고 집행할 수 있다"고 밝혔다. 이로부터 '장지본의 초안'은 비록 균권주의라는 명칭을 분명히 넣지는 않았지만 입법 취지는 역시 권력의 성질을 대상으로 하여 권력을 배분해야 한다고 한 손문 생전의 입법 발상에 따랐다는 것을 알 수 있다. '장지본의 초안'은 성의 지위 면에서, 성장을 선거함에 있어서 "성민대표대회는 후보자를 선거하고 선임할 자격이 있다"고 밝혔다. 이는 '오경웅의 초안'보다 중앙의 인사 통제권이 뚜렷이 약화된 것이다. 이밖에 성장은 "전 성의 자치 행정을 처리하고 감독하는 외에 그 성의 중앙 행정에 대해 중앙의 지휘를 받고 명령을 집행할 수 있는 직권이 있다"면서 마찬가지로 보다 큰 자유도를 부여했다.

그러므로 '오경웅의 초안'이든 '장지본의 초안'이든 모두 손문의 균권 이념을 관철했다고 할 수 있다. 다만 전자는 중앙의 인사 통제권을 좀 더 강조했고(사실 철저히 통제한 것도 아니다), 후자는 지방에 보다 큰 자유를 부여했을 뿐이다. 동시에 입법 용어를 선택하고 배치한 상황을 놓고 볼 때, 학자들이 작성한 초안이라고는 하지만 손문의 관련 주장의 영향이 뼛속 깊이 스며있다. 예컨대, '장지본 초안'은 격식 배치에 있어서 전적으로 손문의 삼민주의에 따라 나누었다. 그리고 오경웅은 일찍 여러 해 동안 해외에 체류했기 때문에 당시 동서양의 세계적 법학자들과 소통할 수 있었던 보기 드문 뛰어난 인재였다. 장지본 역시 일찍 일본에서 법률을 전공했다. 비록 이런 학자들이었지만 두 사람의 법학 이념과 입법 실천은 여전히 법학 교육을 체계적으로 받지 못한 한 정치가의 영향을 깊이 받았다. 그 어느 전문적인 헌법학자나 정치학자도 헌법학설에 끼친 손문의 영향과 비길 수 없다고 해도 과언은 아닐 것이다. 그래서 오늘날 우리가 민국의 헌법학설사를 재정리하려면 그 속에 포함되어 있는 의미를 올바르게 대할 필요가 있다.

b. 초안 초고로부터 공식적인 문서에 이르기까지, 균권주의에 대한 변통인가 아니면
　곡해인가?

　1933년 8월 31일부터 11월 16일까지, 기초위원회는 회의를 18차례나 연이어 열고,
마침내 『중화민국헌법초고초안(中華民國憲法草稿草案)』을 완료했는데, 중앙과
지방의 권한에 관한 내용을 주요 조항으로 규정했다. 초안 62조에서 "중앙과 지방은 모두
균권제도를 채택한다. 무릇 전국에 일관된 성질의 사무는 중앙에 귀속시키고 지역에
따라 알맞게 제정할 수 있는 성질의 사무는 지방에 귀속시킨다"고 밝혔는데, 오경웅의
초안과 마찬가지로 『건국대강』을 답습했다. 63조에서는 중앙의 사항에 관하여 열거하고
설명했으며, 열거하지 않은 사항에 대해서는 "지방에서 독자적으로 규칙을 제정하거나
중앙이 원칙을 제정하고, 지방에서 규칙을 제정할 수 있으나 지방의 규칙이 중앙의
법률과 저촉되면 무효이다"라고 밝혔다. 성 제도 측면에서, "성은 중앙이 직접 관할하는
행정 구역이다", "성장은 성 참의원에서 행정원에 제출한 후보자 5명 중에서 한 명을
선출하는데, 국민정부에서 임명하며, 임기는 3년이다.

　군인은 군직에서 물러 난지 3년이 지나지 않으면 성장 후보자가 될 수 없다."[968] 앞에서
서술했다 시피 오경웅의 초안에서는, 성장을 성민 대표대회에서 세 사람을 선거하여
국민정부에 천거하면 그중 한 사람을 택하여 위임한다고 하면서 인사 통제권을 중앙이
거의 다 장악할 수 있었고, 장지본의 초안에서는 지방에서 선거하고 임명한다고 했다.
하지만 공식적인 『중화민국헌법초고초안』은 절충하는 방법을 취하여, 중앙(행정원)에서
후보자(5명으로 선택 폭이 보다 넓어졌다)를 제기하면 지방에서 선거하고 위임한다고
밝혔다.(오경웅의 초안과는 공교롭게도 상반됨) 그렇게 해서 최종 선출된 성장은
사실 중앙과 지방이 타협한 결과물이라고 할 수 있다. 아울러 "군인은 군직에서 물러

968) 오경웅, 황공걸, 『중국제헌사』 하권, 상무인서관, 1937, 833~861쪽.

난지 3년이 지나지 않으면 성장 후보자로 될 수 없다"는 규정을 새로 첨부한 것은 역시 군인들이 정치에 간섭하며 할거하던 민국시대의 특정된 시국과 관련되어 있다. 이 조항 역시 후에 여러 번 수정한 초안은 물론 5.5헌법 초안 텍스트에도 채택되었다. 겉보기에는 초안이 매우 잡다하고 입법 기교가 뛰어나지 못한 것 같지만 당시 정치 정세의 압박 때문에 그럴 수밖에 없었다. 그래서 헌법사를 읽을 때 당시 정치 형세에 대한 이해가 부족하다면 편파적인 결론을 내리기가 쉬울 것이며, 당연히 헌정 선배들을 '동정적으로 이해'하기도 아주 힘들 것이다.

『중화민국헌법초고초안』이 나오자 헌법 기초위원회에서는 11차례나 회의를 열고 한 조항 한 조항 세밀하게 검토한 끝에 드디어 1934년 2월 23일에 『중화민국초안초고』가 수정, 통과되었다. 중앙과 지방의 권한 그리고 성의 지위 등 결정적인 문제에서 『중화민국 헌법 초고 초안』과 비교해 보면 여전히 손문의 균권주의를 채택했다. 헌법 초고가 완성되자 헌법 기초위원회는 해체되었다. 손과(孫科)는 부병상(傅秉常) 등 36명으로 된 헌법 초고 심사위원회를 편성한 다음 각 측의 의견을 정리하여 심사 수정안을 작성하게 했다.[969] 그러나 기초한 『중화민국 헌법 초안 초고 심사 수정안』에서는 『중화민국 헌법 초고 초안』에 있던 '중앙과 지방의 권한'이라는 한 장을 삭제해 버리고 성장은 중앙에서 임명하게 되었다. 그리하여 초고가 나오자마자, "전적으로 행정 집권제도를 채택했고", "중앙집권제에 기울어진 것이 분명하였기에, 성장은 국민들이 선거하고 지방자치는 현을 기점으로 해야 한다는 손문이 주장과 어울리지 않는다"는 질책의 목소리가 빗발쳤다.[970] 그렇지만 그 후 입법회의에서 공식 통과한 『중화민국헌법초안』, 『중화민국헌법초안(수정본)』, 그리고 국민정부에서 공식 선포한 『중화민국헌법초안(5.5 헌법초안)』[971]에 이르기까지 중앙과 지방의 권한 문제, 성 제도

---

969) 하신화, 호욱성 등 정리, 『근대중국헌정역정: 사료 모음』, 941쪽을 참고.
970) 진여현(陳茹玄), 『증정(增定) 중국헌법사』, 217~222쪽.
971) 중도에 항일 전쟁이 발발하여 헌법 초안을 공식적으로 표결에 넘기지 못하는 바람에 효력을 일으키지 못했다.

방면 등 논쟁이 있는 문제에서는 여전히 중앙집권제 색체가 분명했다.

이는 손문이 제기한 균권주의에 분명히 위배되고 '5.5 헌법 초안' 서언에서 역설한 "중화민국을 손문의 유훈에 따라 수립한다"는 취지와도 모순되는 듯했다. 그리하여 1940년에 입법원장 손과는 국민 참정회의 5기 대회에서 '5.5 헌법 초안' 결의 과정과 그 내용을 설명할 때 다음과 같은 해석을 했다.

"사실 성은 그 성질에 있어서 전적으로 지방인 것만은 아니다. 총리의 유훈에 따라 국민정부의 건국 대강 18조는 '현을 자치 단위로 하며, 성은 중앙과 현 사이를 소통하는 역할을 한다'고 규정했다. 여기서 알 수 있듯이, 자치 단위는 성이 아니라 현이다. 그러므로 성의 성질은 사실 중앙의 행정구이다.… 성장은 국민들이 선거하는 것이 아니라 중앙에서 위임하며, 성 참의원은 자문 기구이고 입법기관은 아니다. 이를 건국 대강의 규정에 비추어 볼 때 오차가 전혀 없는 것은 아니다. 건국 대강 16조는 '한 성의 전 현에 자치를 실현하고, 헌정을 시작한 시기부터 국민대표회의는 성장을 선거하여 본 성의 자치를 감독한다'고 규정했다. 하지만 건국 대강 체계에 규정한 바를 종합해 보면 그 체계가 아래로부터 위로 올라오는 형식인데, 우선 현이 자치를 할 수 있어야 하는 바, 한 성의 모든 현이 자치를 한 다음에야 헌정을 할 수 있다. 23조는 "전국의 반수 이상의 성이 헌정을 시작하는 시기가 되어야, 즉 전 성의 지방자치가 완전히 성립되는 시기가 되어야 국민대회를 열고 헌법을 결정하고 반포할 수 있다'고 규정했다. 현재는 국가의 수요에 순응하여 현 자치를 완성하기 전에 앞당겨 국민대회를 소집하고 헌법을 반포하게 되었다. 그렇기 때문에 성의 성질을 약간 변통하지 않을 수 없었다. 다음, 10년간의 실제 정치 경험을 돌아보면 성이 독자적으로 정사를 행하거나 군인이 지방의 정권과 군권을 장악하면 반독립 상태를 형성함과 아울러 국가의 통일을 방해했다. 그리하여 항일 전쟁 전까지 중앙은 국가의 통일을 우선적으로 추구하고자 지방을 충분히 반독립 상태에 처하게 하여 할거국면을 초래할 수 있는 모든 조건을 소멸하는 데 심혈을 크게 기울였다.

10년간의 교훈을 통해 중앙의 동인들은, 국가는 마땅히 절대적인 통일을 이루어야 하며, 절대적인 통일을 이룩하려면, 지방의 권력을 지나치게 신강시키는 전철을 밟아서는 안 된다고 인정했다. 이렇게 현 단계에서 성이 지방 단위가 될 수 없는 것은 건국 대강 17조에 의한 것이다. 이 기간(즉 한 성의 모든 현이 자치를 실현하는 시기) 중앙과 성의 권한에 관하여 균권제도를 채택한다. 무릇 전국에 일관된 성질의 사무는 중앙에 귀속시키고 지역에 따라 알맞게 정할 수 있는 성질의 사무는 지방에 귀속시킴으로써 중앙집권제에 치우치거나 지방 분권에 치우치지 않게 했다. 이 방안을 중앙과 성의 관계에 적용하지 않고 중앙과 현 관계에 적용했는데, 이것이 방안을 약간 변통한 것이다. 입법원에서 헌법 초안을 기초할 때 균권에 대하여 자세히 토론했다. 하지만 상술한 원인으로 말미암아 별도로 한 장을 설정하지 않았다. 그러나 5장 104조는 '지역에 따라 알맞게 정할 수 있는 성질의 사무는 지방에 귀속시키고, 자치 사항은 현에 속한다'고 규정했다."[972]

그러므로 국민정부 측의 해석에 따르면, '5.5 헌법 초안'의 취지는 전적으로 삼민주의의 건국 원칙을 받들어 기초한 것으로 그 내용에 있어서 '오권헌법'을 참조하고 건국대강의 규정을 참조했다. 하지만 현재의 환경 그리고 근년의 경험에 순응하기 위해 건국대강의 조문을 묵수하지 않고 있었을 뿐만 아니라 그 취지를 받듦에 있어서도 당면의 환경에 초점을 맞추고 10년여의 정치적 경험에 맞추어 인용했다. 게다가 세계적으로 근대 헌법의 변천이 빠르고 수정이 잦은 현상을 건국대강의 조문을 수정하는 하나의 합법적인 해석으로 간주했다.[973] 그러나 이 같은 수정이 도대체 변통인지 아니면 곡해인지는 결코 판단하기가 어렵지 않았다. 바로 이 같은 원인으로 인하여 후에 나온 '5.5헌법초안' 수정안에서 부득불 특별히 열거하지 않았던 중앙과 지방의 권한에 대해 해석을 하지 않으면 안 되었다. 비록 이런 해석이 아주 창백하고 무력했지만 말이다.

---

972) 양기(楊紀) 편, 『헌정요람』, 38~46쪽.
973) 양기 편, 『헌정요람』, 38~46쪽을 참고.

c. '기성(期成) 헌법초안'의 수습

    1939년 8월 9일 국민 참정회 1기 4차 대회가 중경에서 소집되었다. 회의에서 천샤오위(陳紹禹), 쥐순성(左舜生), 장선푸(張申府), 왕조시(王造時), 장군매 등은 각기 헌법을 제정하고 헌정을 개시하는 것에 관하여 제안을 했다. 심사위원회는 설전 끝에 심사보고서를 작성하여 8월 16일 오후에 열린 7차 전체회의에서 "정부에서 민국대회를 정기적으로 소집하여 헌정을 시행하는 것에 관한 청구 결의안"을 통과시켰다. 결의 안은 "법령을 공포하여 국민대회를 정기적으로 소집해야 하며, 헌법을 제정하여 헌정을 시행해야 한다. 그리고 의장이 참정의원 몇 명을 지정하여 국민 참정회 헌정기성(期成)회를 조직한 다음 정부를 도와 헌정을 서둘러 성사시켜야 한다"고 정부에 요구했다.[974] 장개석은 참정회 대회가 폐막되기 전에 황염배, 장사쇠, 저보성(褚輔成), 쥐순성, 장군매, 부사년(傅斯年) 등 19명으로 이루어진 '국민 참정회 헌정 기성회'를 설립했다. 11월 17일 국민당 5기 6차 전체회의에서 "국민대회를 정기적으로 소집하고 또한 기한 내에 선거 안을 처리하고 완성한다"는 결의안이 통과하고, 1940년 11월 12일에 국민대회를 소집하기로 결정했다. 이렇게 헌법 수정 작업이 공식적으로 일정에 오르게 되면서 항일 전쟁 기간에 처음으로 헌정운동의 붐이 일어나게 되었다. 3월 20일 헌정기성회는 3차 전체회의를 소집했는데, 후에 『국민 참정회 헌정기성회에서 제안한 중화민국 헌법 초안(5.5 헌법초안) 수정 초안』 (즉 '기성 헌법초안')이 이루어졌다.

    '기성 헌법초안' 원문과 '5.5 헌법초안'을 비교해 보면, 중앙과 지방 관계라는 한 장을 재차 첨부했는데, "무릇 전국에 일관된 성질의 사무는 중앙에 귀속시키고 지역에 따라 알맞게 제정할 수 있는 성질의 사무는 지방에 귀속시킨다"고 분명히 밝혔다. 여러

---

974) 추도분(鄒韜奮), 「헌정 제안에 관한 한 차례 설전(關于憲政提案的一場舌戰)」, 『국민 참정회 실기』, 중경출판사, 1985.

차례 있었던 기성위원회의 토론에서나 각지 헌정 좌담회에서도 이따금 누군가 '중앙과 지방'이라는 장을 첨부하자고 제안했다.(이를테면 홍콩 외근기자 헌정 좌담회에서 성사아(成舍我) 참의원이 수정안 대요에 관한 설명을 한 것과 같은 것이다) 기성 헌법초안에서 중앙과 지방의 권력 배치를 균권 원칙을 채택한다고 재차 강조한 것은 어느 정도 '5.5 헌법초안'에서 손문의 유훈을 위배하고 중앙집권제를 강조한 것에 대한 수습이라고 할 수 있다.

③ 균권주의의 여운: '1947년 헌법'

항일 전쟁이 끝난 후, 1946년 1월 10일에 소집한 정치협상회의에서 수정한 '5.5 헌법초안'의 12가지 원칙이 통과되었다. 그중 8조에서 "성을 지방자치의 최고 행정 단위로 확정한다. 성은 성 헌법을 제정할 수 있다. 그러나 국가 헌법에 저촉되어서는 안 되며, 균권주의에 따라 권한을 나눈다"고 분명하게 밝혔다. "균권주의를 따른다"고 더욱 강조한 것 외, 한 가지 대담한 변화라면 성의 지위를 대폭 격상하고 성 헌법을 제정할 수 있다는 것이다. 이 같은 입법 규정은 이전에 단지 왕정위 등이 제정한 『태원 확대회의 약법 초안』에서 나타났을 뿐이었다. 그러나 당시 그들의 목적은 장개석 정부의 중앙 권위에 대항하기 위해서였으며, 동시에 이는 손문 본래의 건국 대강에서, 균권에 관한 제도적 설계와는 다소 다른 점이 있었다. 손문의 관점에 따르면, 성은 원래 현과 중앙을 연락하는 단위이지 결코 최고 자치 기관이 아니었다. 그 후 공식적으로 통과된 헌법 초안 역시 대체로 이 12가지 원칙을 따랐다. 그리고 12가지 원칙을 주창한 장군매 또한 이로 인해서 민국 헌정의 아버지라는 명예를 얻었다.

그 후 1946년 3월 8일에 열린 헌법초안 심의위원회 협상소조 1차 회의에서 국민당 대표 왕총훼이(王寵惠)가 "성에서는 스스로 성 헌법을 제정할 수 없으며, 지방자치 법규만 제정할 수 있다"는 등의 세 가지 주장을 내놓았다. 그 때문에 회의는 일시적으로 교착 국면에 빠졌다. 후에 여러 파벌이 협상하고, 게다가 저우언라이(周恩來)가 중간에서 교섭하면서 "성 헌법을 성 자치법으로 변경한다"는 등의 내용을 포함한 세 가지 협의를 이루어냈다. 그리하여 헌법 제정 작업이 재차 시작되었다.[975] 1946년 11월 초, 정치협상회의는 '5.5 헌법 초안'의 수정안 초안을 완성했는데, 여전히 중앙과 지방의 권한을 단독으로 한 장에 열거했는데, 균권 원칙을 재차 언급하고, 성과 현 제도를 단독으로 한 장에 설정함으로써 성이 최고 자치기관이라는 제도적 원칙을 확인했다.[976]

1946년 12월 25일 국민대회는 중화민국 헌법초안을 세 차례 검토한 다음 통과시키고, 그리고 이듬해 1월 1일 공포했다. 즉 1947년 헌법을 공포했다. 이 헌법은 국민당 정부가 재위 기간에 공포한 유일한 헌법이기도 하다. 『중화민국 헌법』(1947년 헌법)은 10장에서 중앙과 지방의 권한을 특별히 열거했는데, 앞 두 가지 조항(107조와 108조)은 '중앙 입법과 집행'과 '중앙이 입법하고 또한 집행하거나, 성에 이양하여 성이나 현에서 집행'하는 사항을 열거했다. 109조와 110조는 성과 현의 입법 그리고 집행 사항을 각각 열거했다. 다음 111조는 "만약 열거하지 않은 사항이 발생할 경우, 그 사무가 전국에 일관된 성질의 사무는 중앙에 속하고, 전 성에 일관된 성질의 사무는 성에 속하며, 전 현에 일관된 성질의 사무는 현에 속한다. 쟁의가 생길 경우에는 입법원에서 해결한다"고 밝혔다. 지방제도 면에서, 112조에서는 "성은 성민대표대회를 소집하고 성과 현 자치의 통칙에 따라 성 자치 법을 제정해야 하지만 헌법에 저촉되어서는 안 되며 성민 대표대회의 조직 그리고 선거는 법에 의해 정한다"고 밝혔다. 113조는, "성 자치 법은 마땅히 성에 성 의회를 설치하는 것을 포함해야 하며, 성 의회 의원은 성민이 선거한다. 성에 성 정부를 설립하고 성장 한 명을 두는 데 성장은 성민이 선거한다"는 등등의 내용과 성과 현의 관계를 열거했다. 그리고 성에 속하는 입법권은 성 의회에서 행한다고 밝혔다. 114조는 "성 자치 법을 제정한 후 반드시 사법원에 이첩해야 하며, 만약 사법원에서 위헌 조항이 있다고 인정할 경우에는

975) 하신화, 호욱성 등 정리, 『근대 중국 헌정 역정: 사료 모음』, 1076쪽.
976) 정대화(鄭大華), 『장군매 전』, 415쪽.

위헌 조항을 무효라고 선포할 수 있다"고 밝혔다.

상술한 규정에서 알 수 있듯이, 『중화민국 헌법('1947년 헌법')』을 '5.5 헌법 초안'과 『유훈정치 시기 약법』에 비교해 보면 중앙과 지방의 권한에 대한 구분에 있어서, "권력을 배분함에 있어서, 중앙과 지방을 대상으로 하지 않고, 권력의 성질을 대상으로 하여, 권력이 중앙에 속하는 것이 적절하면 중앙에 귀속시키고, 권력이 지방에 속하는 것이 적절하면 지방에 귀속시킨다"는 손문의 균권주의 원칙을 분명하게 지켰다. 제도를 구체적으로 구축하는 면에 있어서도 건국 대강보다 노리는 바가 더욱 확실해졌는데, 107조부터 114조까지의 4개 조항에서 "균권" 원칙을 명확히 밝혔을 뿐만 아니라, 중앙과 지방의 직권 사항 또한 확실하게 열거함으로써 성의 자치권을 충실하게 했을 뿐만 아니라 현의 자치권 역시 보장을 받을 수 있게 했다.[977] 동시에 『중화민국헌법』의 규정에 따라 최고 자치기관으로서의 성의 지위가 공식적으로 확인되었다. 이는 사실 손문이 건국 대강에서 한 원래의 제도적 구상을 추월한, 고차원적인 균권이었다. 물론 국민당과 공산당 그리고 기타 당파 간의 거듭되는 겨룸을 거쳐서야 비로소 120조에서 최종적으로 '성 자치 법'이라도 제정할 수 있다는 규정을 채택할 수 있었다. 비록 '성헌법'을 제정할 수 있다는 규정은 아니지만, 이는 헌법 자체가 정치적 이익과 타협한 결과물이며, 헌정 질서를 형성함에 있어서 서로 다른 이익 그룹과 서로 다른 계급, 서로 다른 계층 간의 타협과 균형을 떠날 수 없다는 것을 충분히 설명해 주었다. 이 밖에 만약 '성 헌법'을 채택할 수 있다면 연방제를 채택했다는 의심을 피할 수 없었을 뿐만 아니라 당시 단일체제라는 중화민국의 국체와도 어울리지도 않았다. 그러므로 '성 헌법'을 '성 자치 법'으로 수정한 것은 논리적으로도 필요했고 성의 자치적 지위 또한 흔들지 못했다.

하지만 얼마 안 되어 내전이 발발하는 바람에 국민정부 시기에 유일하게 공식적으로 반포한 헌법 역시 유명무실하게 되었고, 균권주의 역시 중화민국 입헌의 역사에서 결국

---

977) 정치협상회의, '5.5 헌법초안' 수정안 초안, 현지인(荊知仁), 『중국입헌사』 부록, 574~593쪽.

사라지고 말았다. 그러나 『중국 국민당 정치 강령』 과 『국민정부 건국 대강』 에서 균권주의를 중앙과 지방 관계를 처리하는 기본 원칙으로 간주하고, 『유훈정치 시기 약법』 에 이르러서는 비록 균권주의를 분명히 밝히기는 했지만 그 어떤 구체적인 제도를 구축하지 않았으며, 다시 '5.5 헌법 초안'에 이르러 몇 차례 반복적인 기초 과정을 거쳐 확립한 중앙집권제 경향이 뚜렷한 균권 주의에 대한 곡해, 그리고 '5.5헌법 초안'에 대한 '기성헌법 초안'의 수습, 그리고 최종적으로 국민당 정부 시기 유일하게 공식 반포한 헌법인 『중화민국 헌법』 (1946년)에 이르러서 균권 원칙을 채택함과 아울러 성의 지위를 최고 자치 단위로 격상시키기는 했지만, 그 입법 내용의 변천 과정을 되돌아보면, 얼기설기 엉킨 복잡한 정치적 이익의 다툼과 순식간에 변하는 정치적 형세가 그것의 뒷받침이 되고 있었음을 알 수 있다. 그렇지만 내전이 발발하는 바람에 아무리 아름다운 이상적인 제도적 구상일지라도 결국은 휴지가 되고 말았다.

중화민국 20년 입헌 변천 역사에서, 선배들이 균권주의라는 아름다운 헌정 미래상을 추구하던 시기가 살얼음 위를 걷는 듯 복잡한 어지러운 정국이었다는 것에 우리는 실망을 하면서도, 평화적이고 안정적인 정치구조가 헌정질서를 확립하고 공민의 권리를 보장하는 데 중요한 의미를 가지고 있다는 것에 또한 감사한 마음을 가지지 않을 수 없게 한다.

(4) 민국 헌정학설 중 균권에 대한 이해 : 소공권(蕭公權)과 진지매(陳之邁)의
    '균권과 세력 균형' 논쟁을 사례로

민국시기 중앙과 지방의 관계 문제를 언급한 관련 학설 중에는, 북양정부 초기의 연방제와 지방자치와 관련된 토론이 많은 비중을 차지한다. 예컨대, 추진(장사쇠)와 반력산이 1941년부터 1915년 사이에 『갑인 잡지』 를 통해 벌인 연방제 실행 여부에 관한 논쟁이 있었고, 1920년부터 1924년까지는 호남, 광동, 절강 등에서 성 헌법운동과 연성자치운동으로 인해 성 헌법과 연성자치에 관한 논술이 대량으로 쏟아져 나왔다. 물론

서방국가의 지방제도를 소개하는 논술도 적지 않게 나왔다. 그중에는 현재 우리가 별로 중요시하지 않고 있는 캐나다나 스위스 등 국가에서 중앙과 지방의 권력을 나눈 사례를 소개하고 관련 학설을 번역, 소개한 글도 포함된다. 그리하여 그 당시의 헌법학설을 이론적으로 말하면, 혹시 거칠어서 그다지 완벽하지 않다고 생각할 수 있다. 그러나 모두 당시 정치세계 특유의 현실적 명제를 해결하려 했기에 수준을 뛰어넘는 시간적 특성과 책론(策論) 같은 특성을 가지고 있다. 이는 당시 재난을 당하여 위기에 처한 나라의 운명을 걱정하는 마음에서 비롯되었기 때문이다. 이 점을 이해하지 못한다면 우리 역시 선배들이 고심하던 애초의 심경을 이해할 수 없을 것이다.

앞에서 서술했듯이, 당시 정치구조의 변화와 인식의 변화로 인해 손문의 관점 역시 여러 번 변하기는 했지만, 민국시기, 특히 국민당 통치 시기의 중앙과 지방의 관계 학설을 이해하려면 관련 논단에 주의하지 않으면 안 된다. 왜냐하면 국민당 정권이 중앙과 지방의 관계를 처리한 법정 실천에 있어서 대체로 손문이 확립한 균권 원칙에 의거했기 때문이다. 한편, 당시 많은 유명한 법학자들이 정부 측 배경이 뚜렷한 손과, 호민 등을 버리고 손문의 주장을 따랐을 뿐만 아니라, 소공권 량유종 진지매 등 상대적으로 중립을 지키던 학자, 물론 장유어와 같은 혁명적 학자들까지 이와 관련된 손문의 주장의 영향을 깊이 받았다.

① 균권 제도와 관련된 저술

예컨대 장금감(張金鑒)의 『균권주의와 지방제도』(정중서국 출판), 반공전(潘公展)의 『권능 구분과 균권 정치』 등이 있다. 오상춘(吳詳春)은 『삼민주의반월간』(1929년 3권 8호)에 「국체 문제로부터 균권제도를 언급하다(從國體問題論及均權制度)」를, 진지(眞之)는 『민중삼일간』(1931년 1호)에 「건설을 통해 통일을 추구하고 균권을 통해 공동 통치를 추구하자(以建設求統一以均權求共治)」를, 황공각(黃公覺)은 1933년 『사회 건설』 1권 2호에 「균권에 관한 헌법상의 규정(憲法上關于均權之規定)」을,

김명성(金鳴盛)은 『정치 평론』 70호와 94호에 각기 「균권 문제와 장래의 지방 정치(均權問題與將來之地方政治)」와 「헌법 초고 중의 권력 균형 제도 및 지방제도(憲法草稿中之均權制及地方制度)」(1933년)를 게재했다. 국민당이 입법 시스템을 구축하는 과정에서 중요한 역할을 한 국민당 원로 호한민은 『삼민주의월간』 1934년 2호, 3호, 4호에 연속으로 「균권제도를 논함(論均權制度)」, 「균권 제도를 재차 논함(再論均權制度)」, 「군권과 균권(軍權과均權)」 등의 글을 게재했다. 구창위(邱昌渭)는 『삼민주의 월간』 1934년 4호에 「균권과 연방을 논함」, 조해금(趙海金)은 『중앙주간』(1939년 1호)에 「균권주의 연구를 논함」, 장금갱(張金鏗)은 『삼민주의반월간』(1943년 3호)에 「균권주의의 참다운 의미를 논함(論均權主義的眞實意義)」, 사정(史靖) 『민주 반월간』에 「헌법의 민주성과 균권 특성을 논함」(1947년 1호) 등 글을 게재했다.[978]

량유종은 「균권 제도와 지방 정부」라는 글에서, 우선 지방정부의 제도 확정이 국가 통치에 미치는 중요성부터 서술했는데, 손문이 「민국 5년 상해 정견(政見) 연설회에서 한 강한 연설」에서 주장한 지방자치의 중요성에 관한 논단을 인정하면서 지방자치가 가지고 있는 의미를 천명했다. 이어서 그는 중국 고대의 군과 현 제도가 민권을 행사하는 데에 적당치 않았던 점과 손문의 현을 자치 단위로 해야 한다는 주장이 가지고 있는 의미를 분석했다. 세 번째 부분에서는, 근대 서방 각국이 채택한 중앙집권제와 지방 분권이라는 두 가지 모식의 구체적인 제도 구축과 각자의 장단점을 분석했다. 네 번째 부분에서는, 균권 제도의 기본 원칙을 천명했다. 즉 균권 제도는 중앙집권제와 지방분권제도가 가지고 있는 장점을 택하고 단점을 버린 절충안이고, 균권 제도 아래서의 지방 정부는 '균권 민치'를 원칙으로 하므로 집권으로부터 균권에 이르기까지 반드시 지방 정부의 직무 범위를 확대하고 지방 정부의 권력을 늘리는 두 가지 단계를 거쳐야

---

978) 소공권(蕭公權), 「헌법과 헌법 초안」, 『헌정과 민주』, 123쪽.

한다는 것이다. 균권 제도 아래서의 지방 정부는 상당하는 독립적 입법권이 있어서 성 헌법을 제정할 수 있다. 그러나 국가 헌법을 위배해서는 안 된다. 각 성의 관리들과 재정은 당연히 자치권을 행사할 수 있다. 그러나 국가 사무를 처리하는 지방 관리는 마땅히 중앙의 지휘를 받아야 한다. 균권 제도 아래서의 지방 정부는 민권을 원칙으로 한다. 그러나 오히려 지방 정부의 관리를 국민이 선거하고 네 가지 정권을 활용하는 등의 특징이 있다.[979] 그는 정치학을 전공, 국립 중앙대학교 등 대학교에서 교수로 근무했으며, 중앙통신사 주간, 국민정부 입법원 입법위원 등의 직무를 역임하면서 헌정 학리와 입법 실천을 겸비한 인물이다. 이 글도 구미 여러 나라의 지방제도를 비교하는 방식을 통해, 손문의 균권 이론의 기본 원칙과 실천 요지를 밝혔다. 그리고 이 글을 통해서 헌정 학설에 대한 손문의 영향을 충분히 엿볼 수 있다.

② 소공권과 진지매의 '균권과 세력균형' 논쟁

손문 자신은 정치 이론가가 아니라 정치 실천가였고, 또한 균권 학설을 만년에 제기했기 때문에 완벽하게 수정할 시간이 없었다. 게다가 학자들 간의 정치적 취향에 차이가 있었기 대문에 균권주의에 대한 이해 역시 그 견해가 완전히 달랐다. 이어서 필자는 1936년 '양광 사변'(兩廣事變) 기간 소공권과 진지매 두 학자가 벌인 '균권'이 지니고 있는 구체적인 뜻에 대한 논쟁을 사례로 하어 설명하려 한다.

진지매는 『독립 평론』 208호에 게재한 『중앙과 지방의 관계를 논함』 이라는 글에서

---

979) 상해 도서관 '전국 간행물 검색 데이터'(1930-1949년)에서 균권이라는 검색어로 1928년부터 1948년 사이의 글을 검색한 결과 도합 77편의 글이 검색되었다. 그중 1928년의 글 4편, 193년의 글 1편, 1933년의 글 7편, 1934년의 글 13편, 1935년의 글 12편, 1936년의 글 2편, 1940년의 글 2편, 1944년의 글 3편, 1945년의 글 1편. 1946년의 4편, 1947년의 7편, 1948년의 글 2편이다. 작자들로는 사영주(謝瀛洲) 장우어 왕원성 장금감 군형(君衡, 소공권) 김명생 왕정위 황공걸 등이다.

이렇게 밝혔다. "2천여 년 동안, 중앙정부는 줄곧 중앙집권이라는 이상을 높이 내걸고 감시자와 감시를 받는 자가 상호 견제하기를 희망했기 때문에 관원이나 기관을 층층이 감시하도록 통제했으며, 그 속에서 중앙의 권력를 철저히 실현했다. 아울러 2천여 년 동안 지방정부의 관리는 관직에 임명된 초기에는 설령 임금에게 가장 충성하고 나라를 가장 사랑했다고 하더라도 일단 지방에 부임하면 중앙에서 견제한다는 느낌이 들어 집권을 반대하고자 하는 심리가 생기게 된다." 이 같은 집권 반대 심리는 근거지를 봉쇄하고 지방 군대를 편성하며, 다른 지방과 연합하여 중앙에 대항하거나 심지어 외국의 세력을 빌려 중앙에 대항하는 것으로 나타난다. 이와 같은 일이 일어나는 것을 막기 위해서는 "중앙은 마땅히 집권의 꿈을 버리고 한 가지 적합한 '중앙과 지방의 권한과 책임을 구분한 강령'을 만들어야 하며, 지방 정부는 당연히 중앙정부와 잘 협력해야 한다. 이 두 가지를 보면 '중앙정부가 지방 정부보다 더욱 중요하다고 할 수 있다.' 그리고 균권을 실현하려면 중앙과 지방이 진정성 있게 협상해야 한다." 진지매가 글의 서두를 고대 지방제도에서부터 시작한 의도는 옛 것을 빌어 오늘을 설명하려는 데에 있었다. 그리고 그가 제기한 보완 조치 가운데 오히려 중앙과 지방의 관계를 확립함에 있어서 균권의 권한과 책임을 구분하는 강령을 언급하고 있지만, 중앙과 지방의 관계 문제에 있어서는 중앙의 책임을 더 강조했다. 광동 군벌 진제당(陳濟棠)과 신규 광서파벌이 손잡고 1936년 6월 1일 거병하여 장개석에 반대하여 내전을 일으킬 가능성이 있는 정치적 위기가 초래되자, 그 책임이 국민당 정부가 광동과 광서 세력, 특히 광서 파벌인 이종인(李宗仁)과 백숭희(白崇僖)의 지도부를 신임하지 않은 것에 있으므로 위기를 평화적으로 해결하려면 중앙이 응당 더욱 많은 노력을 기울여야 한다는 뜻이었다.[980]

소공권은 『독립 평론』 210호에 '균권과 세력 균형' 라는 글을 발표했다. 그는 우선 이렇게 밝혔다.

---

980) 양유종, 「균권 제도와 지방 정부」, 『중산 문화교육관 계간』 2권 2호, 1935년.

중국은 역사적으로 언제나 통일적인 집권 상태에 처해 있었던 것은 아니며, 진기매가 글에서 언급한 중앙에 저항하는 그 같은 심리는 정치가 쇠퇴한 후의 비정상적인 현상이지 결코 '천하가 통일된' 태평성세에 일어난 정상적 현상은 아니었다. 지역주의가 성행하게 된 원인은 지방의 장관들이 군대, 정치, 재정을 총괄하고 대권을 집중했기 때문이지 결코 중앙집권 때문은 아니었다. 균권은 정치학적으로 이론적 장점이 있기는 하지만, 반드시 그 적용 조건을 잘 파악해야 한다. 첫째, 균권을 행하려면 반드시 정치적 통일을 조건으로 해야 한다. 그리고 지역주의자들은 욕심이 많기 때문에 균권은 호랑이와 가죽을 벗기자고 의논하는 것이나 마찬가지이므로 '균권'을 지역주의를 대체하는 도구로 삼지 말아야 한다. 둘째, 균권제도를 시행하려면 반드시 각급 정부에서 대체로 '법으로 다스리는' 습관을 양성하고 국내와 중앙의 정치나 군사 분규를 해결할 때까지 기다려야 한다. 그렇지 않으면 그 어떤 균권 규정도 공문에 지나지 않을 수 있다. 진기매가 균권제도를 실현하는 것에 열중한 이유는 정치적 통일의 중요성을 지나치게 소홀히 하는 것으로 이는 지역주의에 양보하는 위험을 초래할 수 있어서였다. 통일을 공유하지 않는 중앙과 지방의 분권은 사실 세력 균형이지 균권이 될 자격이 없다. 명실상부한 균권을 실현하려면 반드시 지방 집권을 소멸하고, 지방 정부는 반드시 군대와 백성을 나누어 다스려야 하며, 전국의 군령은 반드시 중앙에 통일시켜야 한다. 지방은 자치를 실현하려면 지방 전제를 제거하고 지방의 정치능력을 키워야 한다. 그렇기 때문에 명실상부한 균권을 실현하려면 업무에 착실하게 매진해야지 모든 것을 임기응변하는 징치 협상에 희망을 걸지 말아야 한다는 것이다.

진지매는 『독립 평론』 211호에 「균권과 통일을 논함」 이라는 글을 실어 소공권의 글에 응답했다. 그는 소공권이 집권과 통일을 헷갈리고 있다면서 이렇게 지적했다. "연방 균권을 실행하고 있는 국가도 통일할 수 있다. 통일에 대응하는 명사는 분할 구조이고 연방에 대응하는 명사는 단일 국가이다. 그렇기 때문에 민국 초기처럼 연방제만 언급하면 통일을 파괴한다고 생각할 필요가 없다. 다음은 합리적인 원칙을 토대로 중앙과 지방의 권한과 책임을 분명하게 나눈 균권제도를 구축해야 한다." 소공권은 「균권과 연방」이라는 글로 응답했다. "연방과 균권을 동일시하지 말아야 한다. 『건국 대강』의 입법 원칙의 본의는 분명 단일제이지 연방제가 아니다. 진지매가 중앙정부와 지방 당국이 균권을 협의할 수 있고 지방주의를 소멸시킬 수 있다는 생각을 가지고 있는데, 이 같은 생각은 환상에 지나지 않는다. 진제당, 이종인, 백숭희가 나의 잘못을 입증하기 바란다."

만약 특정한 역사 사실만 가지고 말한다면 진제당, 이종인, 백숭희는 확실히 소공권이 틀렸다는 것을 부분적으로 입증했다. 광동과 광서의 위기가 청치엔(程潛), 거정(居正) 등 사람들의 중재 하에서 평화적으로 해결한 것이지 소공권이 주장한 것처럼 미국의 남북전쟁과 같이 부득이한 경우에 무력을 통해 정치적 통일을 이룬 것이 아니기 때문이다. 역사의 전반적인 형세를 가지고 말한다면, 사실 지방의 군벌할거라는 구조적인 정세에는 아무런 변화도 가져오지 못했다. 청나라 말엽부터 시작된 이 같은 지방의 전횡 현상은 중화인민공화국이 수립되어서야 비로소 없어졌다.[981]

구체적으로 균권주의를 이해함에 있어서 소공권은 중앙의 권위를 수립하는 것에 치우쳤다. 그는 균권을 실현하려면 우선 정치적 통일을 이룩해야 하며, 균권은 세력 균형이 아니므로 반드시 지방군의 세력을 제거하고 군대와 백성을 나눠 다스려야 한다고 역설했다. 하지만 진지매는 이렇게 생각했다. 지방이 중앙에 대항하는 이유는

---

981) 광동과 광서 두 지방의 파벌은 1931년 이후 독립과 반독립 상태에 처해있으면서 남경 중앙 정권과 대치해 있었다. 장개석은 줄곧 어떻게 하면 두 지방의 할거세력을 없애버릴까 부심하고 있었다. 2일 광동과 광서는 군사위원회와 항일 구국군(救國軍)을 창설하고 진제당을 위원장 겸 총사령으로, 이종인을 부총사령으로 추대한 다음 호남으로 진군했다. 장개석은 한편으로 군대를 집결시켜 호남을 방어하게 한 다음 다른 한편으로 진제당의 부하들을 매수했다. 7월 광동 공군사령 황광예(黃光銳)가 비행기 70여대를 몰고 진제당을 배반하고 장개석에게 투항했다. 뒤이어 광동 제1군 군장 여한모(餘漢謀)도 남경 정권을 옹호한다는 전보를 보내자 장개석은 그를 광동 수정(綏靖) 주임 겸 제4군 총사령으로 임명했다. 진제당은 싸우지도 못하고 패하게 되자 7월 18일 하야한다는 통전을 한 후 홍콩으로 피신했다. 장개석은 광동 진제당의 반란을 평정한 후 광서 평정에 나섰다. 수십만 대군이 광동, 호남, 귀주, 운남 사면에서 광서를 포위했다. 광서도 10만 군대를 징집하여 변경 관문을 지키면서 결전 태세를 취했다. 후에 중재를 거쳐 양 측은 타협을 했는데, 남경정부는 백숭희, 이종인이 제안한 '항일 계획 확정' 등 조건을 받아들였다. 9월 하순, 장개석과 이종인은 광주에서 회담을 갖고 광서에 대한 문제를 평화적으로 해결하기로 했다. 이로서 광동, 광서의 지방세력이 남경 장개석 정부와 대치하던 국면이 종결되었다.

우선 중앙이 지방을 믿지 못하는 것에 있다. 그러므로 그 책임이 중앙에 있다는 것이다. 객관적으로 말하면, 절대적 균권이란 어디까지나 하나의 정치적 이상에 불과하므로 당연히 지방에 치우치든지 중앙에 치우치든지 하는 문제가 존재한다.

그 당시 정치구조에서 국민당 중앙정부와 지방 세력 간에 사실 토머스 홉스가 말한 전형적인 자연 상태가 나타났기 때문에 상호 간에 누구도 참다운 신임 같은 것을 운운하기가 어려웠다. 비록 당시 반란을 일으켰던 광서 파벌처럼 관할 지역을 다스리는 데 정치적 업적이 뛰어난 지방 세력이 적지 않았지만, 이 같은 반독립 상태는 어디까지나 전국적인 정치 통치와 국력의 통합에는 불리했다.

사실 청나라 말엽부터 민국 초기까지 서방의 식민지 개척자들이 중국을 억누를 수 있었던 주요 원인이 바로 크고 작은 식민지를 설립하거나 측근 세력을 키운 것에 있었다. 한 나라의 공민이 인권을 과시하고 헌정 시스템을 효과적으로 운영하려면 안정되고 통일된 정치 질서가 근본적인 선결 조건이다. 이 같은 안정된 대환경과 안정된 정치 질서를 전쟁을 통해 이룩하든 평화적인 방법을 통해 이룩하든 관계없이 말이다. 또한 모든 정치 위기를 해결하는데 전쟁이라는 수단이 꼭 필요한 것은 아니다. 광동 광서 사변을 평화적으로 해결한 것이 그 사례이다. 중국은 1908년에 첫 번째 헌법적 문건인 『흠정헌법요강』을 공식 반포하여 『중화민국 헌법』(1946년)이 한 장의 휴지가 되기까지, 그 동안 청나라 말엽이든 북양정부 시기든 국민당 정부 시기든 평화적안 협상을 통해 헌정을 시행할 가능성이 없는 것은 아니었지만, 그렇게 하려면 고도의 정치적 지혜, 두려움 모르는 민족 책임감, 그리고 관용과 타협의 헌정 정신이 필요했다.

(5) 민국 법정학설의 일부 특징과 민국 헌정학설사 연구에 관한 약간의 소견

근대 중국의 입법 활동은 그야말로 예사롭지 않을 정도로 잦았다고 할 수 있다. 상술한 국민당 정권 시기만 보더라도, 정치의 합법성과 입헌의 근거가 된 『국민당정부 건국 대강』으로부터 시작하여 국민당 정부가 수립된 후, 군사 정치를 종결하면서 반포한

『유훈정치 시기 약법』, 기나긴 우여곡절과 반복적인 수정을 거쳐 채택한 '5.5 헌법 초안', 그리고 『중화민국 헌법』(1946년) 등의 사례를 들 수 있다. 항일 전쟁의 영향과 내전의 발발로 인해 중단된 것 외에 제헌과 수정의 과정이 국민당 정부의 짧은 통치 과정과 거의 함께 했다고 말할 수 있다. 설사 항일 전쟁 시기라고 하더라도, 국민당 내부의 헌정을 통해 항일 구국을 해야 한다는 주장을 포함한 여러 정치 파벌들의 주장이 끊임없이 제기되었다. 그러나 종적으로 보면, 제헌이나 헌법 시행은 줄곧 "건국 대강에 따르고 총리의 유훈을 따르는 것"을 합법적인 입법의 근원으로 간주했다. 민국시기의 이와 같은 정치 실천 역시 당시의 학술 발상에 깊은 영향을 주었는데, 민국시기의 정법 학설(특히 국민당정부 통치 시기)에 확연히 다른 경로와 의존 양식을 나타나게 했다.

국민당 정부 통치 시기에서의 길고 긴 헌법 제정 과정과 헌법 수정 과정에서, 헌법학자들이 대부분 정력을 현행 헌정제도의 설계나 헌정 실천에 들였기 때문에 그 학설에 뚜렷한 시간성과 기능성이 들어나게 되었다. 그 시기 균권, 오권 헌법, 지방자치, 현치(縣治), 성 지위 등의 논쟁과 관련한 학술 저술의 이론적 요인을 그 헌정 실천에서 찾을 수 있다. 당시 학자들이 서방의 헌정 학설을 번역 소개하는 경우에도 순전히 학술만 도입한 것이 아니라 기능을 목적으로 하여 소개했다. 예컨대, 소공권은 『헌법과 헌법 초안』이라는 글에서, "구미의 주요 민국국가의 헌법이든 중국과 외국의 학자들이 지은 헌법 서적이나 논문이든 모두 우리가 찾아서 깊이 연구할 필요가 있다"[982]고 했다. 우리는 당시의 헌정학설을 연구하는 당사자이자 상술한 헌정 논쟁의 주요 인물 중 한 사람이며, 민국시기 저명한 헌법학자이자 정치학자인 소공권이 쓴 한편의 짧은 글에서 밝힌 그의 견해를 예로 든다. 비록 소공권의 상술한 견해는 헌법 초안 연구만 겨냥하고 그 자체도 개인의 견해이지만, 그 언론 중에는 민국 헌법학(특히 국민당 통치 시기)의 일부 특징을

---

982) 소력(蘇力), 「모택동의 '10대 관계를 논함' 다섯 번째 부분을 다시 읽고(重讀毛澤東'論十大關係'第五節)」, 『중국 사회과학』 2004년 5호를 참고.

엿볼 수 있다.

"중국의 헌정은 손문의 유지를 근거로 하므로 우리는 삼민(三民), 오권(五權), 권능(權能) 등을 보다 깊이 이해하지 않을 수 없다. 우리는 마땅히 전체 조문을 일일이 깊이 연구하고 이 조문이 중국 헌정의 기본 취지를 충분히 드러냈는가? 문자가 타당한가? 기초한 헌법 초안이 국정에 부합되고 활용하는데 편리하며 효율적인가? 등을 보아야 한다. 그렇기 때문에 연구 자료가 아주 풍부해야 하는데, 헌법 초안 외에도 손문의 저작, 헌정의 주요 법규, 민국 이후의 헌법, 약법, 헌법 초안, 구미 주요 민주국가의 헌법, 중국과 외국 헌법학자들이 쓴 서적이나 논문 등도 찾아서 깊이 연구해야 한다.

우리가 헌법 초안 연구를 추진하는 목적은 국민들이 정확하게 인식하고 투철한 견해를 내놓기를 바라고, 수정을 통하여 헌법 초안을 개선하려는 것이지만, 헌법에 대한 국민들의 흥취를 불러일으키고 헌법을 하루 빨리 이해시키려는 목적도 있다. 헌정은 민주적인 법치이므로 인민들이 헌법에 흥취를 가지지 않고 헌법을 이해하지 못한다면 헌정은 성공할 수 없다. 우리가 중요시하는 것은 학술에서의 득과 실이 아니라 전 국민의 민심을 얻을 수 있느냐 없느냐이다."[983]

민국헌정학설 연구는 기능적 성질과 책론(策論)적 성질이 다분하기에 그 의도가 헌정제도를 설계하는 데 있지 이론적인 완벽함을 추구하는 데 있는 것이 아니다. 그렇기 때문에 형식적으로 보면 민국시기 헌정 학자들의 많은 저술이 아주 짧은 책론적인 방면으로 나타났다. 설령 장편 저술이라 할지라도 순수한 학리적인 논술이 아니라 현실적인 관심을 드러내었다. 그러므로 평화적이고 안정적인 환경에서 살고 있는 우리는

---

983) 소공권, 「헌법 초안을 어떻게 연구할 것인가」, 1943년 2월 6일자 『연경 신문』. 사실 민국시기 서방 헌정학설에 대한 이해는 우리가 현재처럼 몇 개 선진국에만 국한되어 있는 것이 아니라 이용할 수 있는 모든 자료와 경험을 다 찾아 번역했다. 예컨대 캐나다, 스위스 등 국가의 지방제도에 관한 이해 같은 것인데, 평화로운 시대에 살고 있는 우리 후세 헌정 학자들을 부끄럽게 하고 있다.

선배들이 헌정에 들인 노력을 더욱 동정적으로 이해해야 한다.

　민국헌정학설을 정리하고 이해하려면 아래와 같은 몇 가지에 주의해야 한다.

　우선, 관련 학설의 내적 맥락과 순서, 학술적 도입 상황을 정리하는 것도 물론 중요하지만 학술 자체가 생성하게 된 배후의 심층적 사회 원인을 정리하는 것도 중요하다. 하지만 이는 개념적인 역사에 근거한 단순한 정리만으로는 완성할 수 없으며, 헌법학설을 과학적 의미에서 규범화한다고 감당할 수 있는 것도 아니다. 그렇게 하려면 당시 특정된 언어 뒤에 가려진 역사적 언어 환경과 정치적 정세를 적절하게 파악하고 신중하게 증거를 찾는 작업이 필요하다. 우리는 흔히 헌법은 마땅히 정치와 분리해야 한다고 말한다. 하지만 헌법이 어느 때 정치와 분리된 적이 있었던가? 특히 기본 정치 질서를 확립하지 못한 상태에서의 이른바 '헌법 정치 시기', 심지어 일부 특정된 언어 환경 하에서 헌법 문제는 전적으로 정치 문제였다. 예컨대 민국시기에 제헌을 할 때, 비록 각 측 모두 총리의 유훈에 따라 균권을 해야 한다며 목소리를 높였지만, 중앙에서는 균권을 실현하려면 우선 정치적 통일을 만족시킬 필요가 있다는 점을 강조했다. 즉, 지방은 마땅히 중앙에 복종해야 한다는 점을 강조했다. 한편, 지방 세력은 자기 세력을 지키고자 관련 사항은 지방 사무에 속하므로 균권 발상에 따라 중앙에서 간섭해서는 안 된다는 점을 강조했다. 이는 완전히 다른 정치 이익 간의 겨룸이었다.

　다음은 앞에서 서술한 민국 정법학설을 예로 든다면, 당시 헌정 학자들에게 영향을 준 인물이 혹시 몽테스키외, 루소, 존 로크, 켈젠, 뒤귀, 래스키 등 서방 학자들만이 아닐 수 있다는 것이다. 비록 당시 헌법학자들, 이를테면 소공권, 오경웅, 진지매 등 누구나 서방 헌정학설을 깊이 알고 있었지만, 손문이라는 이 국민정부의 기본 정치강령을 창조한 인물의 주장과 실천적 영향을 깊이 받았다. 그 어느 전문 헌법학자나 정치학자도 민국 헌법학설에 준 손문의 영향과에 비할 수가 없다고 말해도 과언이 아니다. 그중에는 우리가 현재 재차 정리하고 있는 민국 헌법학설사를 올바르게 대하는 것을 포함해서 말이다.

　그 다음은 민국 법정학설을 언급하려면 소공권, 오경웅, 장군매 등 학자들의 주장이 물론 중요하지만, 민국 법정 실천에 더욱 깊은 영향을 준, 정치학자이자 법학자신분이었던 소노가, 호한민, 거정 등의 헌정 이념과 국민당 정부의 입헌이라는 기본 강령을 만든 손문의 관련 헌정 이념을 이해하는 것도 마찬가지로 중요하다는 것이다. 이 뿐만 아니라 손과, 호한민, 거정은 법학에 조예가 깊어서 모두 대량의 법정 저술을 발표했다.

끝으로, 우리는 서방의 헌법 학리에만 주목할 것이 아니라, 중국 대륙에서 일어난 헌법 현상에도 주목할 필요가 있지는 않을까라는 의문이 든다. 이를테면 중국처럼 국토가 넓고 남북의 차이가 뚜렷한 다민족 국가에서 중앙과 지방의 관계를 어떻게 처리하느냐를 결정하는 것은 천년의 난제일 수 있다. 민국시기의 헌법학자들은 나라가 위기에 처했음에도 불구하고 중국의 헌정 양식에 대한 사고를 진행했다. '오권헌법'이나 균권주의가 이론적으로 말하면 이러저런 부족점이 있기는 하지만, 어쨌든 당시 중국인들이 자신의 정치적 운명을 걸었던 하나의 정치적 사고였다. 왜냐 하면 중국인들의 헌정 명제는 결국 중국인들의 지혜와 노력에 의해 해결해야 하기 때문이다. 민국시대 학자들의 학설을 오늘날에 보면 혹시 이론이나 논리 등의 방면에서 이러저런 결함이 존재하더라도 본국의 헌정 대업을 위해 부지런히 탐구하면서 몸과 마음을 다 바친 헌신정신, 중국 국정에 부합되는 헌정 양식을 탐구한 본토 의식, 나라가 위기에 처했을 때 선뜻 헌정의 아름다운 청사진을 찾아 나선 책임감 등은 안정된 대환경과 통일된 정치질서에서 살아가고 있는 우리 후배들이 공민의 신분이든 공법학자의 신분이든 간에 따라 배울 점이다.

중국 헌법학설의 형성과 발전의 국외배경

제3장   중화인민공화국 수립부터 '문화대혁명' 시기까지의 헌법학설

제1절   1950년대의 헌법학설
제2절   1960년대부터 70년대까지의 헌법학설

3장
중화인민공화국 수립부터 '문화대혁명'시기까지의 헌법학설

중화인민공화국 수립은 중국의 헌법학설이 새로운 발전단계에 진입했음을 의미한다. 특히『공동강령』과 1954년 헌법의 제정과 반포는 중국의 헌법학설이 새로운 역사단계에 진입했음을 뜻한다. 하지만 그 후에 일어난 정풍운동과 "문화대혁명"으로 인해 중국헌법학설의 발전은 상대적으로 저조한 상황에 처하게 되었다.

제1절

1950년대의 헌법학설

    문자기록으로 볼 때 중화인민공화국의 헌법학설은 『공동강령』과 1954년 헌법에서 기원하였다. 『공동강령』과 1954년 헌법의 제정과 실시는 중화인민공화국의 이론체계에 이론적인 토대를 마련해 주었다. 1950년대라는 이 특정한 사회배경 하에 헌법학이론은 헌정체계의 수립과 발전에 다양한 형식의 학술적 영향력을 발휘하였다. 하지만 그 당시 헌법학의 이론체계가 수립되지 않았고 헌법학이 전승되어 나갈 수 있는 역사적인 조건이 부족하였기 때문에 헌법학 이론의 작용은 매우 제한적이었다. 또한 헌법이론과 실천 사이에 많은 충돌이 일어나기도 했다. 성숙한 헌정제도에는 성숙한 헌법이론의 지지가 필요한데 실천이성(理性)은 이론의 영향력과 가치를 근거로 한다. 1950년대의 헌법학설을 정리하는 과정에서 가장 전형적인 의미를 갖는 것은 중국헌법학의 기본범주를 연구하는 상황과 관련 있는 학설을 정리하는 일이다. 그것은 학과의 생명력은 기본범주와 학술규범의 수립을 통해 표현되기 때문이다. 헌법학은 헌법현상을 연구하는 지식체계이다. 그렇기 때문에 그 독립학과로서의 범주와 학술관점을 표명해야 할 필요가 있다. 중국 당대 헌법학의 발전은 새로운 전환 시기에 처해있다. 그러므로 지난 60년의 헌법학 범주가 겪어온 역사과정을 다시 되돌아보면서 중국사회의 발전을 배경으로 중국헌법의 기본범주를 구성해야 한다. 1950년대 중국헌법학의 기본범주에 관한 학설을 정리하는 일은 1950년대 중화인민공화국의 헌법학설을 정리하는 돌파구이자 중요한 내용이다.

1. 1954년 헌법을 제정하던 시기의 헌법학설

1954년 헌법의 제정과 선전 그리고 실시 과정에서 헌법이론은 일정한 학술적 영향을 일으켰고 전문지식으로서의 기능을 발휘했다. 『공동강령』과 1954년 헌법의 제정과 반행은 중화인민공화국의 학술이론체계에 기초를 마련해 주었다. 중국의 헌법학자들은 1954년 헌법의 반포와 제정을 계기로 삼아 마르크스주의 헌법학 이론과 방법을 운용하였으며 혁명근거지에서 그리고 외국(특히 소련)에서 헌법을 제정하고 실시하였던 경험을 참고로 하여 1954년 헌법을 광범위하게 선전하고 연구를 진행하였다. 또한 낡은 법학 관념에 대한 비판을 기초로 새로운 사회주의 헌법제도를 건립하는 데 필요한 이론적 기초를 제공하였다.

(1) 학자들이 헌법제정과정에 참여한 방법과 주요 연구 성과

헌법을 비교하는 각도에서 볼 때, 헌법을 제정하는 과정은 이익이 서로 충돌하면서 또 조화를 이루는 과정으로, 정치적인 결단, 헌법문화와 헌법환경 사이에서 합리적인 평형을 찾아야 한다. 이러한 평형을 찾는 것은 정치가의 정치적인 지혜에 의해 결정될 뿐만 아니라, 헌법학지식의 전문화 정도, 특히 헌법제정과정에서 학자가 담당하는 역할과 기능에 의해 결정된다. 학술계의 참여는 학술의 이성과 성과를 헌법제정과정에 반영하여 헌법체계의 객관성과 이성을 유지하는 데 유리하다. 각국의 헌법제정 역사에 대한 연구를 통해 우리는 학자의 이론적인 공헌과 구체적인 참여가 중요한 역할을 일으킨다는 것을 알 수 있다. 1954년 헌법에 대한 연구에서 사람들은 학술계의 참여 상황에 대해 비교적 많은 관심을 가졌다. 일부 학자들은 "중화인민공화국이 수립된 이후 헌법을 제정할 때, 중국의 법학인재에는 거의 모든 계층의 사람들이 다 포함되어 있었으나 이런 사람들은 거의 아무

작용도 일으키지 못했다"고 말한다.[984] 이것은 1954년 헌법을 제정하는 과정에 학자들의 참여가 부족했다는 뜻이다. 하지만 이러한 관점은 사실에 부합되지 않는 면도 있다. 그 당시의 헌법제정자들은 학자들의 의견을 비교적 존중했고 그들에게서 제헌과정에 참여하는 데 필요한 형식과 경로를 제공했었다.

우선, 1954년 헌법의 제정과 선전 과정에서 중국의 법학계는 어느 정도 연구 성과를 거두었다. 대략적인 통계에 따르면 1949년부터 1956년에 이르기까지 총 344종의 헌법서적이 출판되었는데, 그 가운데 206종이 저술이고 138종이 자료였다고 한다. 그 외에 논문도 많이 발표되었다. 이러한 서적들은 총론, 중외헌법문헌과 헌법사, 중외선거제도, 국가기구, 민족구역자치, 공민의 기본 권리와 의무 등의 내용과 관련 있다고 한다.[985] 그 당시의 헌법저술의 주요내용은 주로 『공동강령』과 1954년 헌법을 소개하고 선전하는 것이었다. 예를 들면 우덕봉(吳德峰)이 엮은 『중화인민공화국 헌법강화』(1956년), 이달(李達)이 저술한 『헌법을 말하다』(1954년), 이광찬(李光燦)이 저술한 『중국 공민의 기본 권리와 의무(我國公民的基本權利與義務)』(1954년), 오가린(吳家麟)의 『헌법 기본지식 강화』(1954년), 장하(張何)가 저술한 『인민대표대회제도란 무엇인가?(什麼是人民代表大會制度)』(1955년) 등과 같은 것들이다. 이 시기에 이미 우리의 헌법학과체계가 기본적으로 수립되었다. 예를 들면 1954년에 중국 인민대학의 국가법 연구실에서 『중화인민공화국 헌법학 요강』 등이 있다. 1954년 헌법의 초안에 대한 토론에서 중국 인민들이 드러낸 뜨거운 열정과 적극적인 참여의식은 그 당시의 헌법학 종사자들이 헌법지식을 광범위하게 보급시킨 것과 밀접한 연관이 있다.

다음, 헌법을 제정하는 과정에서 볼 때, 학자의 참여에는 일정한 공간이 존재한다. 헌법초안 작성위원회의 33명 위원들은 정치가와 민주당파들로 구성되었는데 여기에는

---

984) 소공권, 「헌법 초안을 어떻게 연구할 것인가」, 1943년 2월 6일자 『연경 신문』.
985) 장명(張鳴), 『제헌의식의 배후에 숨겨진 내막-공동강령에서 1954년 헌법에 이르기까지(制憲儀式背後的曲衷-從共同綱領到1954年憲法)』, 공법평론사이트 www.gongfa.com/zhangming54xianfa.htm.

마엔추(馬寅初), 장란 등 학술계대표도 포함되었다. 일부 학자들은 헌법초안 작성위원회 아래에 설치한 기구에 참여하기도 했다. 헌법초안에 대해 토론할 때 중앙에서는 둥비우(董必武), 펑전(彭眞)과 장지춘(張際春) 등으로 구성된 연구팀을 파견하였다. 또한 쥐우겅성(周鯁生), 전단승(錢端升) 등을 법률고문으로, 엽성도(葉聖陶), 여숙상(呂叔湘)을 어문 고문으로 초청하여 헌법초안의 내용에 대해 구체적으로 토론하고 전문적인 논증을 진행하였다. 왕철애(王鐵崖) 의 회고에 따르면 1954년 헌법을 제정할 당시, 헌법초안 작성위원회에서는 법률 팀을 조직하기도 했다고 한다. 승이 법률 팀의 팀장을 맡았다. 팀원에는 페이칭(費靑), 러우방앤(樓邦彦)과 왕철애가 있었다. 왕철애의 기억에 따르면 그 당시 이 팀은 헌법초안에서 국제법과 관련 있는 문제에 대해서 토론하였다고 한다. 예를 들면 국가대표권, 비호권, 전쟁과 조약 체결권 등과 같은 것들이다. 팀원들은 헌법과 국제법의 관계에 대해 토론할 계획을 세웠지만 구체적인 토론을 진행하지 못했다고 한다.[986]

　　마지막으로 학자들은 1954년 헌법의 초안에 대한 토론과 논증에 참여하기도 했다. 헌법초안 작성위원회의 정식 심의가 있기 전에 개최된 전국정치협상회의 헌법초안 좌담회의에서 학자들은 헌법초안에 대한 많은 견해를 발표하였다. 헌법초안 작성위원회는 총 17개 좌담조로 나뉘었는데 매 조마다 2~4명의 사람을 청할 수 있었다. 우리는 명단에서 장란(張瀾), 라융기(羅隆基), 페이소우퉁(費孝通), 선쥔루(沈鈞儒), 황염배(黃炎培), 장나이치(章乃器), 강서루(張奚若), 허우와이루(侯外廬), 마엔추 등 학자들의 이름을 찾아볼 수 있다. 지금까지 보존된 자료를 살펴보면 초안에 대한 토론에서 학자들은 헌법의 전문성에 관한 문제를 중점적으로 다루었다는 걸 알 수 있는데 여기서 학술적 가치에 대한 학자들의 추구를 엿볼 수 있다.[987]

---

986) 문정방(文正邦) 등, 『공화국헌법여정(共和國憲法歷程)』, 하남인민출판사, 1994, 54쪽.
987) 왕철애, 『헌법과 국제법』. 『승 기념문집』, 중국정법대학출판사, 2000, 7쪽.

사실 그 당시 사회적 환경의 영향을 받아 헌법학이론의 연구와 학술적인 기능에 일정한 한계가 존재하기는 한다. 하지만 1954년 헌법을 제정하고 실시하는 과정에서 헌법이론이 일으킨 영향을 부인할 수는 없다.

(2) 헌법의 기본이론 문제에 관한 연구

① 헌법의 개념과 연구방법

1950년대, 헌법개념에 관한 학술계의 인식은 주로 헌법은 국가의 근본법이라는 인식에 집중되었고 또 기본범주에서 헌법과 일반 법률을 구분하였다. 하지만 헌법의 본질에 대한 인식은 주로 헌법의 계급본질에 관한 토론에 집중되었고 헌법개념과 본질에 관한 구소련의 이론도 많이 도입했다.

1950년대 학자들 대부분은 계급본질로부터 사회주의헌법과 자본주의헌법을 구분하였고, 또한 자본주의헌법과 비교했을 때 사회주의헌법이 가지는 우월성을 이론적으로 논술하기도 했다. 마르크스-레닌주의 국가학설로부터 출발해 자본주의헌법과 사회주의헌법을 분석하였다. 그 당시의 기본인식은 다음과 같았다. 즉, 자산계급혁명이 승리한 뒤 자본주의국가는 헌법을 통해 새로운 자산계급의 생산관계와 정치관계를 확정하고 자산계급국가의 사회제도와 정치제도를 구성할 것이라는 것이다. 하지만 소련의 10월 사회주의혁명이 성공한 뒤 자산계급의 생산관계와 정치관계에 변화가 일어났는데 노동인민의 이익을 보호하는 사회주의 생산관계와 노동자계급이 자산계급을 통치하는 정치관계가 수립되었다. 구소련이 이 새로운 생산관계와 정치관계를 헌법으로 확정시킴에 따라 소련의 사회세도와 국가제도가 확정되었다. 여기서 모든 유형의 헌법은 모두 그에 상응하는 계급본질을 소유하고 있다는 것을 알 수 있다. 세계 각국의 헌법을 대체로 다음과 같은 두 개의 유형으로 나눌 수 있다. 하나는 자산계급유형의 헌법인데, 이는 자산계급의 이익을 대표하고 자산계급의 의지를 반영하는 헌법이다. 그 본질을 놓고 말할 때 이는 착취계급의 의지로 반인민적인 헌법이다. 다른 하나는 사회주의유형의 헌법인데, 이는 노동인민의 이익을 대표하고 노동인민의 의지를 반영하는 헌법이다. 그 본질을 놓고 말할 때 이는 착취를 반대하는 헌법이자 인민의 헌법이다.

일부 헌법학자들은 헌법에 관한 두 가지 기본적인 인식을 얻어냈다. 첫째, 헌법에 반영된 계급관계로 볼 때 헌법은 통치계급의 의지를 표현하는 것으로서 착취계급이 피착취급을 정치적으로, 경제적으로 착취하는 것을 반영한다. 둘째, 헌법이 반영하는 계급의 변화로부터 볼 때, 헌법은 계급 역량의 대비와 계급투쟁의 반영이다. 자산계급유형의 헌법은 자산계급 역량의 강대함을 반영한 것이고 투쟁에서 자산계급이 승리를 거두었다는 것을 상징한다. 사회주의유형의 헌법은 노동자계급 역량의 강대함을 반영한 것이고 투쟁에서 노동계급이 승리를 거두었다는 것을 상징한다.

우리는 이 두 가지 관점으로 헌법의 본질을 귀납할 수 있다. 헌법학자들은 헌법의 계급본질을 이해할 때, 헌법의 형식을 통해서만 헌법을 이해할 것이 아니라 반드시 헌법의 본질을 통해서 헌법을 이해해야 한다고 지적한다.[988] 또한 사회주의유형의 헌법에는 두 개의 부동한 형식이 존재한다. 하나는 소련을 대표로 하는 사회주의헌법인데 여기에는 사회주의 원칙이 일관되어 있다. 그 표현으로는 토지, 삼림, 공장, 광산 및 기타 생산도구와 생산수단은 모두 사회주의국가의 소유이고, 착취제도와 착취계급의 소멸로 인해 사회에는 서로 대항하는 계급이 존재하지 않게 되었으며, 사회는 서로 우애하는 노동자계급과 농민으로 구성되었는데 노동자계급의 지도하에 함께 정권을 장악하고 있다는 것이다. 다른 하나는 인민민주헌법으로 이는 노동자계급을 지도자로 하는 자산계급민주혁명에서 승리를 획득한 후 제정된 인민의 이익을 대표하는 헌법이다. 이러한 헌법의 계급본질에는 노동자계급을 지도자로 하는 노농연맹을 기초로 하는 계급의지가 표현되었는데 그렇게 함으로써 생산수단의 공동소유제도와

---

988) 한대원, 『1954년 헌법과 새중국 헌정』, 호남인민출판사, 2004, 117~147쪽.

인민대표대회제도가 확정되었다. 이러한 이론적인 분석을 통해 학자들은 1954년 헌법은 인민민주의 성질을 띤 헌법으로 사회주의 유형의 헌법에 귀속된다고 판단하였다.

의식형태를 기본 출발점으로 헌법을 분석하는 형상은 1950년대에 중국학자들이 헌법을 연구하는 기본방법인데, 이는 그 당시 헌법이론의 가치 취향을 나타내기도 한다. 일부 학자들은 헌법 자체가 가지고 있는 법적인 성질에 관심을 가지고 헌법, 국가와 법률이 어떻게 연계되고 구분되는지 연구하기도 했다.[989] 예를 들면 일부 학자들은 헌법은 국가의 가장 근본적인 법률로서 그 국가의 국가제도와 사회제도를 규정짓는 기본원칙이고, 국가기관의 조직과 활동원칙이며, 공민의 기본 권리와 의무라고 생각했다. 헌법개념을 분석할 때, 특히 학자들은 국가의 근본 법률인 헌법을 연구할 때, 반드시 국가와 헌법의 관계를 연구해야 하며 헌법의 법적 성질을 밝혀내야 한다고 강조했다. 오가린은 『헌법의 기본지식에 관한 강화』에서 헌법의 개념을 비교적 개괄적으로 설명하였다. 즉 헌법은 계급 역량의 관계를 나타낼 수 있고, 헌법은 국가의 근본 대법이며, 헌법은 사회 상층구조의 일부분이다. 헌법과 일반 법률의 구별에 대한 학자들의 기본관점은 다음과 같다.

첫째, 헌법은 국가의 사회제도와 국가제도의 기본원칙을 확립하였다. 헌법에서 규정한 것은 모두 국가 정치, 경제, 문화 등 방면의 근본적인 내용이다. 하지만 일반 법률이 규정한 것은 국가와 사회생활 어느 한 방면의 구체적인 내용들이다.

둘째, 헌법은 일반 법률의 기초이다. 국가가 법률을 제정하는 입법의거와 입법기초는 헌법이다.

셋째, 헌법을 제정하고 수정할 때 특별한 절차를 따라야 한다. 이런 절차는 일반 법률을 제정하고 수정하는 절차보다 더 엄격하다.

넷째, 일반 법률과 헌법이 서로 충돌할 경우에는 일반 법률이 법적 효력을 상실한다.

---

989) 멍광(孟光), 『인민헌법강화』, 화난인민출판사, 1995, 1~5쪽.

모든 일반 법률은 모두 헌법을 기초로 한다. 일반 법률은 헌법의 실행을 위해 제정된 것이다.

② 헌법을 제정하는 기초와 작용에 관한 문제

1950년대에 학자들은 헌법을 제정하는 배경과 작용에 관해 일정한 관심을 기울였는데 헌법을 제정하는 정당성에 대해 논증을 진행하였다. 일부 학자들은 공동강령이 존재하는 상황에서 헌법을 제정하는 이유는 다음과 같다고 설명한다. 첫째, 헌법은 법률이기 때문에 강제성을 띤다. 국가기관과 전체 공민은 반드시 정식으로 통과된 헌법을 준수해야 한다. 헌법을 위반하면 누구든지, 어떤 기관이든지 모두 법적 제재를 받게 된다. 간행물과 신문의 언론에는 강제성이 없고 당의 결의와 지시는 당원에게만 구속력을 발휘할 수 있다. 그렇기 때문에 이런 것들은 법률이 아니다. 중화인민공화국에서 입법권을 행사할 수 있는 유일한 기관은 전국인민대표대회이고 여기서 모든 기관과 전체 공민에게 강제력을 발휘할 수 있는 헌법과 각종 법률을 제정할 수 있다. 전국인민대표대회에서 헌법이 정식으로 통과되었다는 것은 전국인민이 헌법에 규정한 여러 가지 기본내용에 동의한다는 뜻이다. 둘째, 그 당시에 국민경제가 일정하게 회복되었고 한창 진행되고 있던 계획 있는 경제건설에서도 일정한 성과를 거둠에 따라 인민들의 생활수준이 크게 개선되게 되었고 정치에 대한 인민들의 적극성이 크게 제고되었다. 헌법의 제정은 그 당시 인민의 민주권리를 강화시켜 국가의 민주화를 더 한층 심화시키는 수요에 의한 것이다.[990] 셋째, 1949년 중국정치협상회의에서 『공동강령』이 통과되었다. 하지만 『공동강령』은 중국공산당이 비교적 짧은 기간 동안 실행할 기본정책을 명료하게 기록한 것으로서 임시헌법의 작용을 일으킬 뿐 헌법을 대체할 수는 없다. 계획 있는 경제건설 단계에

---

990) 이다, 『중화인민공화국 헌법 강화』, 중국청년출판사, 1954, 1쪽.

진입함에 따라 중국에 가장 필요한 것은 사회구조와 국가구조의 원칙, 국가기관의 조직과 활동원칙 및 공민의 기본 권리와 의무 등의 내용을 규정한 근본 대법, 즉 헌법이었다.

그 당시에 헌법을 제정하는 작용에 대해 학자들은 다음과 같은 세 방면에서 분석을 진행했다. 우선, 1954년 헌법은 지난 100여 년간 진행된 중국인민의 투쟁 역사와 경험을 집대성한 것이다. 또한 중국 근대에 진행된 헌법문제에 관한 토론과 헌정운동의 역사 경험을 총 정리한 것이기도 하다. 헌법을 제정한 목적은 법률 규정으로 혁명투쟁에서 획득한 승리의 성과를 공고히 하기 위해서이다.

다음은 1954년 헌법의 성질과 헌법을 제정하는 작용이 일치하다는 관점을 제기했다는 것이다. 헌법을 제정하는 것은 이미 얻어진 혁명성과를 공고히 하기 위해서다. 또한 사회주의사회에로 넘어가는 데 기초를 마련해 주고 사회주의 건설을 더 잘 추진하며 중국의 사회주의 건설에 헌법적 보장을 제공하기 위해서다.

마지막으로 체제의 전환에 합법적인 기초를 제공하였다는 것이다. 헌법을 제정하는 것은 독립국가의 주권과 독립의 상징이다. 이는 새로운 국가체제와 법률체계를 수립하는 근거이기도 하다. 학자들은 서로 다른 각도에서 합법성과 합헌성의 의미를 제기하였다.

③ 1954년 헌법과 『공동강령』의 관계

1954년 헌법은 『공동강령』을 기초로 제정되었고 『공동강령』을 더 발전시켰다는 것이 학자들의 보편적인 견해이다. 1954년 헌법이 『공동강령』을 기초로 했다고 말하는 원인은 『공동강령』에서 규정한 많은 근본원칙들, 예를 들면 『공동강령』의 총 강령, 국가기관, 경제제도, 민족관계 및 인민의 권리와 의무 등과 같은 주요 내용들이 1954년 헌법에 그대로 반영되었기 때문이다. 건국 이후에 중국은 큰 발전을 했고 많은 새로운 상황에 직면하게 되었다. 따라서 『공동강령』의 일부 규정은 새로운 수요를 완전히 만족시킬 수 없게 되었고 『공동강령』의 기초 상에서 헌법을 한 단계 더 발전시켜야 했다. 1954년 헌법이 『공동강령』을 발전시킨 것이라고 말하는 원인은 바로 이 때문이다.

『공동강령』에서 시대에 뒤떨어진 조문은 계속해서 규정할 필요가 없다. 하지만 『공동강령』에는 그 당시에 여전히 필요한 규정들이 있었다. 다만 원래의 내용이 너무 간단하기 때문에 좀 더 보완을 진행하여 중국의 민주화를 더 발전시키고 공민의 기본 권리를 확대시키는 데 법적인 보장을 제공해야 한다.

헌법의 법률성과 강령적 문제에 대해 학자들은 중국의 제헌환경은 소련과 다르다고 지적했다. 구소련의 헌법에 기재된 내용은 모두 이미 획득한 혁명적 성과인데 그것은 그 당시에 구소련에 이미 사회주의 사회가 수립되었기 때문이다. 하지만 중국은 한창 사회주의로 넘어가는 단계에 처해있었기에 헌법 역시 과도시기의 헌법이어야 한다는 것이다. 이러한 헌법은 반드시 과도시기의 특징에 근거하여 제정된 것이어야 한다. 그리하여 1954년 헌법은 이미 획득한 혁명적 성과를 기록하고 공고히 해야 할뿐만 아니라, 내용에 그 시기에 한창 진행되고 있었던(즉 현재까지 실현되지 않는 것) 사회주의 개조와 관련 있는 방침과 정책을 포함시켜야 한다.[991]

1954년 헌법초안이 갓 나왔을 때 일부 학자들은 다음과 같은 4개의 방면으로부터 헌법초안의 기본특징을 논술하였다.

첫째, 헌법초안의 첫 번째 특징은 헌법초안에 중국이 신민주주의사회에서 사회주의사회에로 넘어가는 과도시기의 근본적인 요구가 반영되었다는 점이다. 이러한 초안을 근거로 제정한 헌법이 곧 과도시기의 헌법이다.

둘째, 헌법초안의 두 번째 특징은 중국의 인민민주의 성질을 반영했다는 점이다. 이 초안을 근거로 제정된 헌법은 인민민주의 헌법이다.

셋째, 헌법초안의 세 번째 특징은 공민의 기본 권리와 의무를 규정했다는 점이다. 이러한 규정은 사회이익과 개인이익이 완전히 일치하는 기초위에

---

991) 천한보(陳翰伯), 『조국의 첫 헌법을 맞이하면서』, 중국청년출판사, 1954, 15~16쪽.

수립된 것이다. 이러한 초안을 근거로 제정된 헌법은 공민의 권리를 보장해
준다.

넷째, 헌법의 네 번째 특징은 중국 국내 각 민족들이 평등의 기초위에서 서로
우호적으로 지내면서 서로 돕고 합작할 수 있게 보장해 준다는 점이다. 이러한
초안을 근거로 제정된 헌법은 민족평등의 헌법이다.

종합적으로 헌법초안을 근거로 제정된 헌법은 사회주의 유형의 헌법으로서 신민주주
의사회에서 사회주의사회로 넘어가는 중국의 실제 상황에 부합된다.

④ 공민의 기분권리 관한 연구

첫째, 국가, 사회와 공민 권리의 관계에 관한 기본인식

기본 권리의 유형에 대해 1954년 헌법은 기본 권리에 관한 『공동강령』의 규정을
보류하였다. 동시에 사회가 5년 동안 발전한 실제 상황에 근거하여 기본 권리의 내용과
유형을 발전시켰다. 기본 권리의 주체에 관해 1954년 헌법은 공민이라는 개념을
사용하였다. 그리하여 주체의 특징과 서술이 더 명확해지게 되었다. 기본 권리의 규정에
관해 1954년 헌법은 기본 권리의 범위를 5개에서 19개로 확대시켰는데 증가폭이 비교적
크다고 할 수 있다. 기본 권리의 내용에도 새로 증가된 부분이 존재한다. 예를 들면
헌법에서 규정한 근로권, 노동자의 물질적 원조를 받을 권리와 휴식의 권리 등과 같은
것들이다. 이러한 내용들은 공동강령에서 규정한 것들인데 1954년 헌법에서 이에 대해 더
규범적으로 서술하였다.

헌법구조의 배치에서 1954년 헌법은 공민의 기본 권리와 의무를 제3장에 나열하였다.
제2장의 내용은 국가기구이다. 이러한 구조가 합리적인지에 관해 그 당시에 비교적 큰
논쟁이 있었다. 전국정치협상회의 초안 작성 소조 합동위원회의 제4소조와 제8소조는
이 문제에 관해 토론을 펼친 적이 있다. 제2장과 제3장의 내용을 바꾸어놓아야 한다고

제기하는 사람들이 있었는데 공민의 권리가 먼저이고 그 후에 국가기관이 생겨났다는 것이 그들의 이유였다. 헌법초안의 헌법구조에 대해 톈자잉(田家英)은 다음과 같이 설명했다. "나라마다 헌법의 형식이 같지 않다. 나는 장절의 순서에는 원칙적인 문제가 존재하지 않는다고 생각한다. 처음에 초안을 작성할 때 여러 개념을 개괄해서 설명했고 사람들이 알기 쉽게 하기 위해 장절을 나누었다. 매 장절마다 한 개의 개념을 갖고 있는데 4장절이면 4개의 개념이 된다. 첫 번째 부분은 총칙인데, 이 장절의 내용은 국가의 근본제도, 국가의 총 임무와 국가의 근본정책에 관한 것들이다.

두 번째 부분은 조직계통이다. 국가는 계급독재정치의 도구이자 기구이다. 이 부분에서는 국가기구라는 존재가 있다는 것을 설명하였다. 제목에 대해서는 좀 더 고려해 볼 수 있다. 세 번째 부분은 공민의 기본 권리와 의무이다. 공민의 기본 권리와 의무는 정치제도의 한 부분으로 국가기관이 소유한 권리의 원천이자 공민이 국가에서 차지하는 정치적인 위치이다. 네 번째 부분은 국기, 국장, 수도이다. 이는 국가주권 및 국가의 근본적인 정치사상의 상징이다. 두 번째 장절과 세 번째 장절의 내용을 바꿔놓아야 하는지에 대해서 각 나라마다 생각이 다르다. 내가 예전에 말했듯이 중국의 헌법은 알바니아헌법과 많이 비슷하다. 하지만 이 부분에 있어서는 알바니아 헌법과 같지 않다. 알바니아 헌법에서는 공민의 권리와 의무를 총칙에 포함시켰다. 우리가 공민의 권리와 의무를 뒷부분에 놓은 것은 공민의 권리는 정치제도 가운데에서 발생되었기 때문이다. 또한 앞에서 말했듯이 국가의 모든 권리는 인민에게 속한다.

공민의 권리를 뒷부분에 놓아도 공민의 지위에는 변함이 없다." 이 말을 통해 그 당시에 헌법제정자와 학술계에서 공민의 권리와 국가의 권리의 상호관계에 대해 어떻게 이해했는지 알 수 있다. 공민의 권리가 형성되고 실현되는 과정에서 국가의 권력이 일으키는 작용을 강조하였지만 국가, 사회 그리고 개인 사이의 합리적인 관계를 충분히 인식하지는 못했다. 그 당시에는 이것을 그저 실질적인 의의가 없는 '형식'적인 문제로 보았다. 1982년에 헌법을 수정할 때 공민의 기본 권리라는 이 장절을 헌법의 제2장절로 다시 수정하면서 국가와 공민의 관계를 제대로 바로 잡게 되었다.

둘째, 공민의 기본 권리의 범주

1954년 헌법이 반포된 후 헌법학계는 1954년 헌법을 선전하는 서적을 출판하였는데, 그 가운데 공민의 기본 권리와 의무에 관한 서적이 비교적 많았다. 학자들은 서로 다른 각도에서 공민, 권리, 의무 등 기본범주에 대해 분석을 진행하였다. 1950년대에 수립된 공민의 기본 권리에 관한 체계이론은 이후의 중국헌정제도의 발전에 중요한 영향을 일으켰다.

기본 권리의 주체에 있어서 학자들은 우선 먼저 공민의 개념을 명확히 하였다. "무릇 한 나라의 국적을 소유한 사람은 그 나라의 공민이다." 공민은 법률상으로 불려지는 이름이다. 헌법의 규정에 의하면 공민은 일정한 권리를 향수하는 동시에 일정한 의무를 담당해야 한다. 공민에는 인민뿐만 아니라 적들도 포함된다. 하지만 공민마다 그 지위가 같지 않다. 1954년 헌법은 기본 권리의 천부적인 성질을 부정하고 대신 권리에 특정적인 계급내용을 포함하고 있다는 기본범주를 확립하였다. 그 당시에 학술계에서 보편적으로 인정하는 공민의 개념은 다음과 같았다. 소위 공민의 권리란 국가가 법률에 의해 확인된 공민이 어떠한 행동을 실현할 수 있는 가능성을 말하는데 이러한 가능성은 국가 법률의 보호를 받는다. 공민은 스스로 어떠한 행동을 실행할 수 있는 주관적인 조건을 갖고 있고 또 객관적으로 법률의 보호를 받는데 물질조건을 통해 법률상의 권리가 실제생활에서 권리의 형태로 변할 수 있다. 1954년 헌법에서 규정한 기본 권리는 사회생활과 국가생활의 여러 방면과 연관이 있다. 기본 권리를 대표적으로 분류한 것이 평등권, 정치 권리와 자유, 종교권리의 자유, 인신불가침의 자유, 사회경제의 권리, 문화교육의 권리이다.[992] 양화남이 쓴 『중화인민공화국 공민의 기본 권리와 의무』라는 책에서도 기본 권리를 이와 같은 방법으로 분류하였다. 여기서 헌법으로 기본 권리의 성질과 구체적인 특징을 규정할 때, 학자들은 권리의 광범위성, 보편성, 평등성과 진실성을

---

992) 『헌법초안의 토론에 관한 대화(討論憲法草案對話)』, 통속도서출판사, 1954, 17쪽.

강조했고 이것을 기초로 사회주의헌법과 자본주의헌법을 비교했으며 기본 권리의 계급성과 물질보장성을 강조했다는 걸 알 수 있다.

(3) 헌법초안에 대한 전 국민 토론 중에 헌법이론이 발휘한 효과

1950년대는 중국 사회에 규범체계와 제도가 구축되는 시기로 국가체제를 건설하는 어려운 임무에 직면해 있었다. 『공동강령』에서 말하는 국가체제는 과도적이고 일시적인 성질을 띤 체제이기 때문에 정규적인 체제로 발전해야 할 필요가 있었다. 헌법초안에 대해 전 국민 토론을 벌이는 것은 사실 국가체제의 전환에 필요한 사회적 기초로서 이는 민주를 발전시키는 기본형식에 속한다. 1950년대 초에 헌정체제를 확립하고 가치의 사회화가 진행되는 과정에 민주는 중요한 가치 추구가 되었고 민주는 헌법문제를 사고하는 출발점과 기본방법이 되었다. 민중들의 관념과 사상 체계 속에서 헌법은 사실 민주의 대명사 일뿐 그들은 아직 법치의 각도에서 헌법을 이해할 수 없었고 헌법의 이성에 대한 이해가 부족했다. 전국 각지에서 진행된 헌법초안에 대한 선전과 토론 가운데서 당지 학술계가 가장 큰 역할을 발휘했는데, 그들은 학술의 각도에서 헌법을 이해하고 헌법을 분석하는 소재와 방법을 제공했다.

헌법초안이 공표된 지 얼마 안 돼 중국정치법률학회 이사회에서는 헌법을 옹호한다는 결의를 했다. 결의에서 중국인민의 풍부한 혁명적 경험과 중화인민공화국이 수립된 이후에 정치, 경제, 문화 방면에서 얻은 새로운 성과들이 헌법초안에 모두 반영되었다고 주장했다. 그리고 헌법은 법률형식으로 인민혁명의 첫 단계에서 획득한 승리의 성과를 확고히 고정시켜주었다고 주장했다. 또한 현재를 기초로 앞으로 더 전진해 사회주의를 실현하려는 중국인민들의 근본 소망을 표현해 주었다고 주장했다. 이 결의에 의하면 전국의 모든 정치, 법률 일꾼들은 헌법초안을 열심히 학습하고 깊이 연구하며 적극적으로 토론에 참여해야 하며, 또한 헌법초안을 민중들에게 널리 선전하여 민중들이 헌법초안에 대해 광범위한 토론을 벌일 수 있게 해주어야 한다는 것이다.

선쥔루(沈鈞儒)는 '중국정치법률학회 제1기 이사회 제5차 회의'에서 헌법초안의 토론과 선전 과정에서 헌법일군들이 일으키는 작용에 대해 언급한 적이 있다. 그는 중국에 자체적인 근본 대법이 생겨난 후 중국의 인민민주주의 법제는 한층 더 발전하고 강화되었다고 밝혔다. 그렇기 때문에 세밀한 법률과 법령을 더 많이 제정하여 헌법에서 규정한 일부 중대한 정책원칙의 실현을 보증해야 하며, 각급 법원과 검찰기관은 더 큰 책임감으로 전체 공민이 국가의 헌법과 법률을 준수하도록 감독하고 모든 위법행위와 투쟁을 진행해야 한다는 것이다. 그는 또 법률과학을 연구하는 학술일군들 앞에 여러 가지 중대한 과제가 새롭게 나타났기 때문에 반드시 마르크스-레닌주의 이론의 지도하에 인민헌법의 원리, 원칙을 연구하고 발양하기에 힘써야 하고, 인민민주법제를 수립하는 과정에서 획득한 풍부한 경험들을 이론적으로 종합하여 이후의 입법, 사법 그리고 정법 업무를 진행하고 법학을 연구하는 데 도움을 제공해야 한다고 주장했다.

군중들에게 헌법초안을 널리 선전하기 위해 헌법학계의 일부 학자들은 문장과 학술논문을 발표하고 통속적이면서 알기 쉬운 언어로 된 소책자를 만들어내기도 했다. 예를 들면 양화난(楊化南)은 『중화인민공화국의 헌법은 사회주의를 건설하는 근본법이다(中華人民共和國憲法是建設社會主義的根本法)』라는 문장에서 헌법초안의 기본정신과 특징에 대해 분석을 진행했다. 그는 문장에서 헌법초안은 과도시기의 사회 경제와 문화 특징에 부합된다고 주장하면서 과도시기의 총 임무를 실현하는 세 가지 조건을 제기하였다. 즉, 첫째는 중국공산당을 지도자로 하는 인민민주통일전선이고, 둘째는 국내 여러 민족들이 서로 우애, 호조, 단결하는 것이며, 셋째는 소련과 같은 인민민주국가와 좋은 관계를 유지하는 것이다. 주방(周方)은 『인민대표대회 제도는 우리 국가의 기본제도이다(人民代表大會制度是我們國家的基本制度)』라는 문장에서 주로 헌법초안에서 규정한 인민대표대회제도의 기초, 내용, 특징에 대해 분석을 진행하였고 민주의 가치는 인민대표대회제도의 기본정신이라는 결론을 제기했다. 특히 그는 인민대표대회제도의 기본원칙은 민주집중제도라고 주장했다. 그는 민주집중제도는 광범위한 민주와 국가사무의 집중적인 처리라고 해석하면서 헌법초안의 전 국민 토론은 민주집중제도원칙의 구체적인 체현이라고 제기했다.

전 국민 토론을 진행하는 원칙과 방법에 관한 문제를 해결하기 위해 떵초민(鄧初民)은 『중화인민공화국 헌법초안의 토론과 선전을 위한 사상준비 작업과 방법(討論, 宣傳中華人民共和國憲法草案的思想準備工作和方法)』이라는 문장에서 헌법초안의 분석방법, 이론기초와 몇 가지 인식문제에 대해 분석을 진행하였다. 헌법개념의 기본문제에 대한 이해에서 그는 마르크주의 헌법이론은 과학성을 띤 헌법으로 헌법의 과학을 체현했다고 주장했다. 그 당시에 헌법에 대한 기본이해는 다음과 같았다. 즉 헌법은 국가의 근본법이자 계급투쟁의 산물로서 계급역량의 크기를 비교하고 나타낼 수 있고 생산수단을 장악한 계급의 의지에 따라 창조되었으며 최고의 법적 효력을 발휘할 수 있다. 그 당시에는 헌법의 본질, 내용, 형식의 관계는 변증통일의 관계라고 강조했다. 즉 헌법의 본질을 분석해야 할 뿐만 아니라 본질의 헌법형식에 관한 문제도 분석하고 체현해야 한다는 것이다. 헌법의 기본 특징은 헌법의 계급적 본질이기는 하지만 "어느 한 헌법이 다른 헌법과 구별되는 형식적인 요소를 모두 고려할 수는 없다." 1954년 6월 장우어(張友漁)는 북경시 헌법초안토론위원회에서 헌법초안과 관련된 보고를 세 번이나 했었다. 6월 7일에 진행한 『중화인민공화국 헌법초안의 기본 정신과 주요내용』이라는 보고에서 그는 일반적인 헌법의 원리에서부터 시작해 초안(초고)의 내용을 설명하고 선전하였다.

헌법의 기본개념에 대한 분석을 기초로 그는 헌법은 주로 국가권력의 성질, 임무 및 이러한 권력의 범위, 과정, 도구 그리고 사회제도, 일반 국가제도와 공민의 권리와 의무를 규정하였다고 제기했다.[993] 그는 우리의 헌법은 사회주의시스템에 귀속되기는 하지만 그렇다고 해서 소련의 헌법을 그대로 베낄 수는 없다고 주장했다. 그는 헌법초안의 기본 특징은 다음과 같다고 주장했다. 첫째는 실제성인데 중국의 실제에 부합되고 실사구시

---

993) 신광(辛光) 편찬, 『중화인민공화국 공미의 기본 권리와 의무』, 호북인민출판사, 1955, 13쪽.

해야 한다는 뜻이다. 예를 들면 국가주석제도, 민족자치기관체계, 소유제도 등 여러 방면에서 중국 고유의 특색이 드러난다. 둘째는 과도성인데 신민주주의에서 사회주의 사회로 넘어가는 단계라는 뜻이다. 셋째는 강령성인데 국가의 정치, 경제와 문화 제도를 전반적으로 규정하였다는 말이다. 6월 11일에 진행한 『중화인민공화국 헌법초안의 중요한 규정에 관한 해석』이라는 보고에서는 초안의 수정 원고에 나오는 중요한 규정을 학리적으로 해석하였다. 그는 우리들에게 헌법이론의 각도에서 헌법초안을 이해하는 데 필요한 지식의 배경과 방법을 제공하였다.

　헌법초안에 대해 토론할 때 짜임새와 문자에 대해서 분석을 진행해야 할 뿐만 아니라 헌법초안의 본질적인 문제를 중점적으로 분석하여 헌법의 정신적인 실체를 장악해야 한다는 것이 일부 학자들의 주장이다. 일부 학자들은 자신들의 문장에서 자산계급의 헌법제도와 실질적인 문제에 대해 비판을 진행하면서 사회주의헌법의 우월성을 강조하였다. 헌법초안의 토론을 위해 일부 학자들은 전문성을 띤 문장을 발표하고 소책자를 만들어서 알기 쉬운 언어로 민중들에게 헌법초안의 내용을 소개하기도 했다. 예를 들면 통속도서출판사에서 출판한 『헌법초안의 토론에 관한 대화』는 헌법초안에 포함된 기본 헌법 이론과 제도에 관한 문제를 생동감 있게 해석하였다. 이 책에서는 헌법과 다른 법률의 차이점을 다음과 같이 해석하였다. "헌법은 가장 근본적인 법률이다. 국가는 법률을 제정할 때 헌법에서 규정한 원칙에 근거해야 한다. 다시 말해 헌법이 있으므로 인해 다른 법률에 의거가 있게 되었다. 헌법은 가장 근본적인 법률이기 때문에 무릇 헌법에 위배되는 법률은 반드시 폐기하거나 수정해야 한다. 헌법은 법률의 법률이다."[994] 그 당시에 출판된 저서들은 헌법의 법률성과 실시에 관한 문제에도 일정한 관심을 기울였는데 초안의 기본 내용과 의의에 대해 얘기할 때 대부분 헌법의 실시에 관한 문제를 같이 언급했었다. 『중국 헌법초안의 기본내용에 관해 말하다』라는 책에서는

---

994) 장우어, 『헌정논총』 하책, 군중출판사, 1986, 16쪽.

헌법의 중요성을 분석하면서 전체 인민과 모든 국가기관은 반드시 헌법에 근거하여 일을 해야 하고 그 누구도 헌법을 파괴하고 위반해서는 안 된다고 말했다. 헌법을 파괴하고 위반하는 것은 인민의 이익을 파괴하는 것과 같기 때문에 국가는 반드시 이러한 행동에 법적인 제재를 가해야 한다. [995]

(4) 헌법학 이론과 헌법의 실시에 관한 문제

헌법보장제도의 기본이론에 근거하여 헌법을 실시하려면 우선 먼저 엄격하고 유효한 헌법 보장 제도를 구축해야 한다. 여러 제도의 상호작용 속에서 헌법의 원칙과 정신이 실현될 수 있는 것이다. 하지만 1954년 헌법을 제정하는 과정에서 가장 많은 관심이 집중된 곳은 국가정책의 제정과 국가권력체계의 수립 문제였다. 헌법의 실시에 대해서는 제도적인 측면에서 많은 관심을 주지 못했다. 헌법의 내용을 살펴보면 전국인민대표대회의 직권에서 "헌법의 실시를 감독 한다"는 규정이 있기는 하나 어떻게 감독하고 어떠한 과정을 통해 감독하는가에 대해서는 구체적으로 언급하지 않았다. 그 당시에 역사 조건의 제한으로 말미암아 헌법을 실시하는 문제의 중요성에 대한 헌법제정자와 일반 민중들의 인식이 많이 부족했고 체제적인 시각에서 나타날 가능성이 있는 위헌문제에 대해 고려하지 못했었다. 1954년 헌법에 채택된 감독체계는 주로 구소련의 1936년 헌법체계를 참고해서 만들어진 것이다. 그 당시에 헌법감독체제에 관해서 전혀 고려하지 않은 것은 아니다. 사실 학술계에서는 헌법실시에 관한 문제에 관해서 잠시 연구를 진행한 적이 있었다.

1954년에 중국정치 법률 학회에서 집필한 『헌법을 해석하는 참고자료』에서는 헌법의 유형을 기초로 소련, 몽골, 북한, 미국, 프랑스, 인도, 루마니아, 독일 등 16개

---

995) 『헌법초안의 토론에 관한 대화』, 5쪽.

국가에서 실시하고 있는 헌법의 유형을 비교한 적이 있다. 그 가운데 두 가지 문제가 헌법보장과 관련이 있다. 하나는 제3부분에서 '헌법을 실시하는 규정'에 대해 비교한 것이다. 여기서 보장체계를 네 가지 형식으로 분류하였다. 즉 구소련처럼 최고국가기관 및 국가관리기관에서 관리감독을 하는 체제, 몽골과 북한처럼 최고국가권력기관의 상설기관에서 관리감독을 하는 체제, 루마니아처럼 최고국가권력기관에서 관리감독을 하는 체제, 헝가리처럼 최고국가관리기관에서 관리감독을 하는 체제이다.[996] 다른 하나는 이 책에서 "법률, 명령, 결의와 헌법이 서로 저촉"될 때 취해야 할 처리방법과 원칙에 대해 토론한 것이다. 그 당시에는 법률과 헌법이 서로 저촉될 때의 처리방법을 네 가지 체제로 나누었다. 하나는 최고국가권력기관에서 처리하는 것이고, 두 번째는 최고 권력기관의 상설기관에서 처리하는 것이고, 세 번째는 국회에서 처리하는 것이고, 네 번째는 사법기관에서 처리하는 것이다. 이 책은 사람들이 외국 헌법의 기본지식과 발전 동향을 배우는 데 필요한 배경과 방향을 제공하였다. 특히 비교적 폐쇄적이었던 그 당시에 외국의 헌법제도와 헌법보장체계를 소개하는 데 일정한 학술적인 영향을 미쳤다. 하지만 역사 환경의 제한성으로 말미암아 이러한 학술성과는 헌법제정과정에 직접적인 영향을 일으키지 못했고 헌법제정자들은 헌법의 실시에 관한 문제에 큰 관심을 기울이지 못했다.

일부 학자들은 자신의 저서에서 헌법의 실시에 관한 문제를 조금 다루기도 했다. 예를 들면 우덕봉(吳德峰) 등 학자들이 저술한 『중화인민공화국 헌법 강화』라는 책의 제8장에서는 '헌법의 실시를 위해 투쟁하는 문제'에 대해 전문적인 설명을 진행하였다. 헌법을 준수하는 중요성에 대해 설명한 다음 "헌법을 파괴하고 헌법을 위반하는 것은 수치스러운 위법행위이기 때문에 반드시 엄격히 법을 준수하는 정신과 습관을 양성해야 하고, 헌법을 준수하는 것을 모든 인민이 갖추어야 할 도덕과 책임으로 보아야 한다"고 주장했다. 일부 민주당파 인사들은 어떻게 하면 헌법이 순조롭게 실시될 수 있는가 하는

---

996) 『중국 헌법초안의 기본내용에 관해 말하다(談我國憲法草案基本內容)』, 통속도서출판사, 1954.

문제에 대해 관심을 돌리기도 했다. 종합적으로 사람들은 1954년 헌법의 보장체계에 많은 관심을 기울이지 않았다. 이 뿐만 아니라 법을 어기는 현상이 발생했을 때에도 제도적으로 이 문제를 해결할 수 있는 시스템과 절차가 수립되지 못했다.

이상의 분석을 통해 1954년 헌법의 제정과 운행 과정에서 헌법이론이 일정한 작용을 일으켰다는 걸 알 수 있다. 1950년대라는 사회배경 아래에서 헌법이론은 여러 가지 형식으로 헌정시스템의 수립과 발전에 학술적인 영향력을 미쳤다. 헌법작성위원회의, 전국정치협상회의, 중앙인민정부위원회에서 헌법초안에 관해 진행한 여러 가지 토론에서 우리는 학자들의 학술적인 노력과 탐구 의지를 엿볼 수 있다.[997]

1954년 헌법규정의 합리성과 헌법언어의 표현, 헌법내용의 합리적인 조합 등 여러 가지 방면에서 학술계는 매우 중요한 작용을 일으켰다. 그러나 그 당시에 헌법학 이론체계가 완전히 수립되지 못했고 또 헌법학이 제대로 전승되지 못했기 때문에, 헌법학 이론이 일으킬 수 있는 작용은 매우 제한적이었고 헌법이론과 실천 사이에 이런저런 충돌이 생기기 마련이다. 성숙된 헌정제도는 성숙한 헌정이론을 기초로 한다. 실천 이성은 이론의 영향력과 가치에서 온다. 헌법정의를 추구하는 학자들의 양지와 기대는 헌법제도를 발전시키는 내적인 동력이기도 하다. 이 때문에 1954년 헌법에 대해 연구를 진행할 때, 그 시기의 학술계가 헌법제정을 위해서 들인 노력, 학자들이 헌법제정을 위해서 들인 사회적인 책임감과 학술적인 추구와 기여를 잊지 말아야 한다.

2. 1950년대 중국헌법학 기본 범주연구에 대한 학설 정리

1950년대는 중국헌법학의 발전역사에서 매우 중요한 시기이다. 50여년에 걸친

---

997) 중국정치 법률 학회 집필, 『헌법을 해석하는 참고자료』, 인민출판사, 1954, 14쪽.

구중국의 헌법학 발전역사와 신중국 헌법학의 역사적 사명은 가치와 사실의 관계로써 이는 헌법학의 기본 구조와 방법 그리고 특색을 형성했다. 학자들의 연구방법과 연구태도가 어떻든지 간에, 중국사회에서 헌법학의 역사를 분석하려면 50년대 헌법학이 갖고 있는 시대적 특색과 학술풍격은 반드시 직면해야 할 중요한 학술적인 문제이다.[998] 작가가 보기에 당대중국헌법학의 발전은 50년대 헌법학이 수립한 기본 범주와 방법론의 학술적 영향력을 완전히 벗어날 수 없다. 인류지혜의 학문이라 할 수 있는 헌법학이론의 창조성은 반드시 역사사실이 제공한 환경과 배경 하에서 만들어져야 한다. 역사를 존중하고 사회 공동체의 가치를 수호하는 것은 헌법학이 발전하는 기초가치이다. 그러므로 중국 헌법학의 기본 범주와 방법을 돌이켜 볼 때, 우리는 반드시 50년대 헌법학의 형성 배경, 역사 공헌과 시대적 제한성을 객관적으로 평가해야 한다. 본문에서는 50년대 중국헌법학의 기본범주와 방법에 대한 실증적인 분석을 진행하고 그 학술 경험과 교훈을 연구하여 21세기 중국헌법학의 기본 범주를 수립하는데 유익한 기초를 제공하고자 한다.

(1) 1950년대 헌법이 형성된 사회적 배경

1950년대는 중화인민공화국 헌법학의 기본범주가 초보적으로 수립되던 시기이다. 중국이 처한 50년대라는 특수한 사회 환경으로 볼 때 헌법학체계의 형성은 그 당시에 정치, 경제, 문화가 발전하는 데 필요한 객관적인 수요를 반영하였고 가치와 사실의 관계에서 선택하고 판단해야 할 상황에 직면해 있었다. 직접적인 촉진 요소에는 다음과 같은 것들이 포함된다.

---

998) 한대원, 『1954년 헌법과 신중국 헌정』, 345~388쪽.

① 헌법 제정의 사회적 수요

헌법과 헌법학의 개념과 범주는 같지 않다. 비록 이 둘은 서로 동일한 가치 목표와 추구를 갖고 있지만 구체적인 구성과 사회기능이 같지 않다. 50년대에 헌법학을 수립할 때 헌법제정활동의 정치적인 선택과 헌법지식 전문화의 영향을 받게 되었다. 헌법을 제정하는 임무를 완성하기 위해 정치가들은 모든 정치자원과 지식자원을 동원하여 헌법제정에 풍부한 학술적 지지를 제공해야 했다. 헌법제정과정은 이익이 충돌하고 조화를 이루는 과정으로 정치적인 결단과 헌법문화, 헌법환경 사이에서 합리적인 평형점을 찾아야 한다. 이러한 평형의 확립은 한편으로는 정치가의 정치지혜와 관련이 있고 다른 한편으로는 헌법학지식의 전문화정도, 특히 헌법제정과정에서 학자가 일으키는 작용과 역할과 관련이 있다. 학술계의 학술이성(理性)과 학자들의 적극적인 참여는 학술의 이성과 성과를 헌법제정과정에 반영하는 데 이롭다. 그래야만 헌법체제의 객관성과 이성을 유지할 수 있다.

② 법제의 창립과 학자들의 사회적 책임

새로운 국가체제가 수립될 때마다 학자들의 이론은 매우 큰 역할을 일으킨다. 특히 정권의 합법성을 취득하는 것은 학술적인 지지와 논리적인 논증이 필요하다. 50년대 전반에 걸쳐 중국이 직면한 가장 큰 임무는 바로 통일적인 법률체계를 건립하고 법률질서를 수호하는 일이었다. 50년대에 정권의 성질과 학자의 사회기능에 관한 문제는 매우 복잡한 학술 문제였다. 신구 제도의 전환과정에 학자들의 객관적이고 중립적인 학술이성은 중요한 사회적 영향을 일으켰다. 특히 '낡은 법규'를 철저히 폐기한 사회에서 어떻게 학술전통을 계속 계승해나가겠는가는 사회가 관심을 가지는 중요한 문제였다.

③ 1954년 헌법의 제정과정에서 학자들은 일정한 참여공간을 얻을 수 있었다.

국가헌법기초위원회의 33명 위원들은 정치가와 민주당파로 구성되었다. 여기에는 마엔추, 장란 등 학술계 대표들도 포함된다. 헌법기초위원회 아래에 설치한 일부 기구에 참여한 학자들도 있다. 헌법 초안에 대해 토론할 때 중앙에서는 동필무(董必武), 팽진(彭眞)과 장제춘(張際春) 등으로 구성된 연구 소조를 파견하기도 했다. 또한 주경생(周鯁生), 전단승(錢端升) 등을 법률고문으로, 예성타오(葉聖陶), 루수상(呂叔湘)을 어문고문으로 초청하여 헌법초안의 내용에 대한 구체적인 토론을 벌이고 전문적인 논증을 진행하게 하였다. 그 외에 왕철애(王鐵崖) 의 회고에 따르면, 1954년 헌법을 제정할 당시에 헌법초안작성위원회에서는 법률팀을 묶기도 했다고 한다. 전단승이 법률팀의 팀장을 맡았고 팀원에는 페이칭(費靑), 러우방앤(樓邦彦)과 왕철애가 있었다. 왕철애의 기억에 따르면 그 당시 이 팀은 헌법초안 중에 국제법과 관련 있는 문제에 대해 토론하였다고 한다. 예를 들면 국가대표권, 비호권, 전쟁과 조약 체결권 등과 같은 것들이다. 팀원들은 헌법과 국제법의 관계에 대해 토론할 계획이었지만 구체적으로 토론을 진행하지 못했다고 한다.[999] 여기서 주의해야 할 점은 학자들이 초안의 토론과 논증에도 참여했다는 것이다. 헌법초안 작성위원회는 총 17개 좌담소조로 나뉘는데 매 소조마다 2~4명의 사람을 부를 수 있었다. 우리는 명단에서 장란(張瀾), 라융기(羅隆基), 비효통 孝通), 심군유(沈君儒), 황염배(黃炎培), 장내기(章乃器), 장해약(張奚若), 후외려(侯外廬), 마염추 등 학자들의 이름을 찾아볼 수 있었다. 지금까지 보존된 자료를 살펴보면 초안에 대해 토론을 진행할 때, 학자들이 주로 헌법의 전문성에 관한 문제를 중점적으로 다루었고 헌법학의 기본이론을 기초로 여러 가지 초안의 내용에 대해 분석을

---

999) 2004년은 1954년 헌법을 제정한지 50년이 되는 해이다. 이 해에 학술계에서는 여러 가지 토론회의를 개최하고 그동안에 이룩한 일정한 연구 성과를 발표하였다. 하지만 주의력은 모두 1954년 헌법에 관한 연구에만 집중되었다. 1954년 헌법을 제정하는 과정에서 헌법학이 일으킨 영향력, 헌법제도의 수립과 헌법학 기본체계 사이의 연계관계, 50년대 헌법학이 신중국 헌법학의 발전에 일으킨 영향력 등 문제에 대한 학술적인 논증이 부족했다.

진행했다는 걸 알 수 있다.[1000]

④ 중화민국 헌법학에서 중화인민공화국 헌법학으로 '전환'하는 과정에서 1950년대 헌법학의 특수한 내용과 학술풍격이 형성되었다. 앞에서 말했듯이 100여 년간의 헌법학은 형성과정에서 어쩔 수 없이 정치권력의 소용돌이에 빠지게 되었고 '정치의 하녀'로 전락되고 말았다. 중국사회의 발전과정에서 헌법과 헌법학은 서로 다른 발전방법과 논리를 따랐고 헌법학에 대한 정치적 영향력은 절대적이지 않았다. 『육법전서』를 폐기해야 한다고 주장하는 정치 환경 속에서 헌법학의 명제, 논리와 학술 영향력은 여전히 일정한 생명력을 유지했고 50년대 헌법학의 기본범주의 확립에 유익한 이론적인 지지를 제공하였다. 특히 '구시대'에서 진행되었던 학자들의 학술활동을 통해, 구중국의 헌법학체계와 전통은 일정하게 계승될 수 있었다. 그리하여 1950년대 헌법학의 기본범주에 대해 토론할 때에는 50년대라는 사회적 환경에 국한되지 말고 50년대 이전의 헌법학 역사전통에 대한 평가와 계승에 관한 문제도 함께 토론해야 한다.[1001]

(2) 1950년대 헌법학의 기본 범주

헌법학의 기본 범주는 특정 개념으로서 각기 다른 년대에 일어난 헌법현상을 고도로 개괄하고 정련해 낸 것이다. 연대에 따라 헌법학의 주제가 같지 않고 헌법학의 범주도 같지 않다. 인류의 이성적 사유의 논리형식으로의 헌법학의 존재는 각자의 범주 체계를 조건과 존재형태로 삼는다. 중화인민공화국이 수립되었을 때, 50년대 헌법도 그 당시

1000) 왕철애, 『헌법과 국제법』, 『전단승기념문집』, 중국정법대학출판사, 2000, 7쪽.
1001) 한대원, 『1954년 헌법과 새중국 헌정』, 호남인민출판사, 2004, 117쪽.

사회의 발전수요에 알맞게 자신의 범주 체계와 연구방법을 확정하였다.

50년대에 출판된 헌법학 저서와 논문을 통해 우리는 학자들의 범주의식이 주로 헌법의 계급성 명제의 내용과 이론적인 논증에 표현되었다는 걸 알 수 있다. 다시 말해 50년대 헌법학의 기본범주는 계급성 명제에 관한 학술논증이다. 계급성 범주는 그 당시 사회에 존재하던 헌법현상과 사회현상을 거의 다 개괄해냈다. 또한 이는 그 당시 헌법학의 기본 개념, 규칙과 구체적인 표현방법을 반영한 것으로 사람들이 헌법현상을 해석하는 기본방법이기도 했다. 우선, 계급성의 범주에 따라 대다수 학자들은 계급본질로부터 사회주의헌법과 자본주의헌법을 구분하였다. 자산계급혁명이 승리하고 난 뒤에 자본주의국가가 헌법을 통해 새로운 자산계급의 생산관계와 정치관계를 확정하고 자산계급국가의 사회제도와 정치제도를 구성한다는 것이 그 당시의 기본인식이었다. 하지만 소련 10월 혁명의 승리는 자산계급의 생산관계와 정치관계를 변화시켰고 노동인민의 이익을 수호하는 사회주의 생산관계와 노동계급이 자산계급을 통치하는 정치관계를 수립하였다. 소련에서 헌법을 통해, 이 새로운 생산관계와 정치관계를 확정하면서 소련의 사회제도와 국가제도가 형성되었다. 여기서 헌법의 유형에는 그에 따르는 계급본질이 존재한다는 것을 알 수 있다. 자산계급유형의 헌법은 자산계급의 이익을 대표하고 자산계급의 의지를 반영한다. 본질적으로 볼 때 이러한 헌법은 착취계급의 의지로 반인민적인 헌법이다. 하지만 사회주의유형의 헌법은 노동인민의 이익을 대표하고 노동인민의 의지를 반영한다. 본질적으로 볼 때, 이러한 헌법은 착취를 반대하는 헌법으로 인민적인 헌법이다.

다음, 일부 학자들은 계급성이라는 이 기본범주에 근거하여 헌법문제에 관한 기본인식에 대해 논하였다. 헌법개념을 확정하는 것은 헌법의 기본범주를 확정하는 기본조건으로서 그 이론판단과 인식방법이 헌법학의 기본 구성과 요소를 결정짓는다. 그 당시 헌법의 계급성에 관한 인식은 다음과 같았다. 첫째, 헌법이 반영하고 있는 계급관계로부터 볼 때, 헌법은 착취계급의 의지를 반영한 것으로 착취계급이 피착취계급을 경제적으로 그리고 정치적으로 통치하고 있다는 것을 나타낸다. 둘째,

헌법이 반영하고 있는 계급의 변화과정으로부터 볼 때 헌법은 계급역량의 대비와 자산계급투쟁의 총화이다. 자산계급유형의 헌법은 자산계급역량의 강대함을 반영하였고 투쟁승리를 총화한 것이다. 사회주의유형의 헌법은 노동계급역량의 강대함을 반영하였고 투쟁승리를 총화한 것이다. 이 두 개의 인식을 헌법의 본질로 귀결시킬 수 있다. 헌법의 형식이 아닌 본질로부터 헌법의 이러한 계급본질을 이해해야 한다.[1002] 이러한 이론분석을 통해 학자들은 1954년 헌법은 인민민주의 헌법이고 사회주의유형에 속한다고 주장했다.

그 다음, 계급성을 기본출발점으로 헌법현상을 분석하는 것은 1950년대 대다수의 중국헌법학자들이 헌법을 연구하는 기본방법이었다. 하지만 그 시기에 학자들은 헌법의 기본범주를 따른다는 전제하에 '중국식'으로 헌법학의 기본범주를 해석하고 구체적인 범주라는 측면에서 헌법학을 전문화시키는 방법을 찾으려고 노력했다. 일부 학자들은 헌법 자체가 갖고 있는 법률의 성질에 관심을 가지고 헌법학의 연구에서 헌법, 국가와 법률을 구분해야 한다고 강조했다.[1003] 그들은 헌법은 국가의 가장 기본적인 법률로서 한 나라의 국가제도와 사회제도의 기본원칙, 국가기관의 조직과 활동원칙 및 공민의 기본 권리와 의무를 규정짓는다고 강조했다. 헌법의 개념을 분석할 때, 학자들은 헌법은 국가의 근본 법률이기 때문에 반드시 국가와 법률의 관계에 대한 연구를 통해 헌법의 법률적 성질을 밝혀내야 한다고 강조했다. 오가린은 『헌법 기본지식 강화』라는 책에서 헌법의 개념을 비교적 개괄적으로 설명하였다. 그는 헌법은 계급역량의 대비 관계를 표현한

1002) 민국시기의 헌법학자인 장즈본의 『헌법론』은 대표적인 헌법학저서이다. 이 책에서는 비교적 규범화된 학술범주와 체계를 채용하였다. 그는 이 책에서 헌법을 3개 장절로 나누었다. 첫 번째 장절은 서론인데 이 장절의 내용은 국가개념과 헌법개념과 관련이 있다. 두 번째 장절은 인민의 권리와 의무인데 이 장절에는 총론, 평등권, 자유권, 수익권, 참정권, 인민의 의무에 관한 내용이 포함된다. 세 번째 장절은 국가기관의 조직과 직권인데 여기에는 총론, 행정기관, 입법기관, 사법기관, 시험기관, 감독기관, 지방제도 등과 같은 내용이 포함된다. 국가와 헌법 개념으로부터 출발점으로 하는 헌법학체계는 그 당시 헌법학의 기본 내용과 체계를 비교적 전면적으로 반영하였고 체계의 완전성과 명제의 구체성을 잘 결합시켰다.
1003) 멍광, 『인민헌법강화』, 화남인민출판사, 1955, 1~5쪽

것이고 국가의 근본 대법이며 사회상층구조의 일부분이라고 강조했다.[1004] 일부 학자들은 헌법과 일반 법률의 구별에 대해 다음과 같은 견해를 내놓았다. (1) 헌법은 국가의 사회제도와 국가제도의 기본원칙을 확정하였다. 헌법이 규정한 내용은 국가의 정치, 경제, 문화 등과 관련이 있다. 하지만 일반 법률이 규정한 것은 국가와 사회의 어느 한 방면의 내용이다. (2) 헌법은 일반 법률의 기초이다. 국가는 법률을 제정할 때, 반드시 헌법을 입법근거와 입법기초로 삼아야 한다. (3) 헌법을 제정하고 수정하는 과정은 매우 특별한 과정으로 일반 법률을 제정하고 수정하는 것보다 더 엄격하다. (4) 일반 법률과 헌법이 서로 모순될 때에는 일반 법률이 효력을 잃게 된다. 사실 모든 일반 법률은 헌법을 근거로 한다. 일반 법률은 헌법을 잘 관철시키기 위해 제정된 것들이다.[1005]

마지막으로 계급성을 기본 범주로 하는 헌법학은 종합적인 규범체계에서 자신의 학과와 이론 체계를 확립하였다. 중화인민공화국의 헌법체계는 일찍이 소련의 헌법학 이론을 참고로 하였고 소련의 양식을 자신의 발전양식으로 삼았었다. 그리하여 헌법학이론과 특정 사회 환경 사이에 모순이 발생하게 되었다. 하지만 헌법학의 내부지식체계의 조합과 구체적인 이론 구성으로부터 볼 때, 50년대 헌법학에도 소련의 것과 같지 않은 내용과 특색이 포함되어있다. 계급성을 기본 범주로 하는 헌법학체계가 주도적인 위치를 차지하는 그 당시에도 일부 학자들은 중국의 사회현실과 밀접한 연관이 있는 구체적인 범주와 개념에 대해 꽤 깊이 있는 연구를 진행하였다. 그 당시에 헌법학을 연구할 때 계급성 이외의 다른 범주를 채용하기도 했다. 예를 들면 이다는 『중화인민공화국 헌법 강화』라는 책에서 헌법문제와 법률문제, 헌법경험과 역사경험, 민주와 자유, 공민과 인민, 평등과 보편성 가치, 의무와 기본의무, 사회주의와 인민민주주의, 국가와 법률, 국가와 사회 등의 범주를 채용하였다.[1006] 이 책에서 이다는

1004) 이다, 『중화인민공화국 헌법 강화』, 1쪽
1005)　오가린, 『헌법 기본지식 강화』, 2~5쪽
1006)　필자의 견해에 의하면 우리는 지금도 50년대에 나온 헌법과 법률의 구별에 관한 이론을 그대로

헌법-국가-법률의 시각에서 헌법학 체계를 수립하려고 했다. 그는 "이 나라의 근본 법률인 헌법을 연구할 때 반드시 국가와 법률의 의의를 먼저 연구해야 한다"고 강조하면서 "헌법은 국가의 근본 법률이기는 하지만 헌법 역시 법률이다"라는 명제를 논증하였다. 국가가 존재하는 정당성에서 출발해 헌법과 법률의 기능과 성질이 다르다는 점을 설명한 것은 이다가 주장하는 헌법이론의 주요 특징이다. 그는 우리에게 계급성을 기초범주로 하고 국가, 법률과 헌법을 기본범주로 하는 중화인민공화국 헌법학의 이론체계를 제공하기도 했다.[1007] 1955년에 출판된 『헌법 학습에 관한 몇 가지 문제와 해답(學習憲法若干問題解答)』이라는 책은 통속 서적에 속하지만, 이 책에서 우리는 제헌과 헌법제정활동, 헌법과 강령, 인민민주주의와 민주집중제, 국가기구와 사회역량, 주권과 영토, 사유재산과 공공이익 등 헌법학의 전문적 가치와 관련이 있는 몇 개의 범주를 발견할 수 있다. 50년대에 출판된 일부 저서에서 기본 권리와 의무에 관한 기본범주를 발견할 수 있다. 예를 들면 양화남이 쓴 『중화인민공화국 공민의 기본 권리와 의무』라는 책에서는 다음과 같은 기본 권리 체계를 수립하였다. 즉 평등권, 정치 권리와 자유, 인신자유, 종교신앙의 자유, 사회경제권리, 문화교육권리, 화교의 정당한 권리, 거주권이다.[1008] 권리, 자유와 기본 권리를 기본 개념으로 헌법학체계를 설명하는 방법은 그 당시 학술계에서 많이 사용하던 연구방법이었다. 이상 내용은 50년대 헌법학의 기본범주의 일반성에 관한 분석이다. 엄격하게 말해 50년대 헌법학에서 확립한 기본범주는 완벽하지 못하다. 이 범주에는 일부 모순과 충돌이 포함되어있지만 헌법학의 역사 발전을 놓고 볼 때 여전히 그 존재 가치를 갖고 있다.

인용하고 있으며 그 이론을 더 한층 발전시키지 못했다.

1007) 이다, 『중화인민공화국 헌법 강화』.

1008) 『중화인민공화국 헌법 강화』라는 책의 주요 구성은 다음과 같다. 제1장 헌법 및 헌법의 역사에 대한 고찰. 제2장 중국 헌법은 사회주의유형의 헌법. 제3장 중국의 국가제도와 사회제도. 제4장 국가기구. 제5장 공민의 기본 권리와 의무.

(3) 1950년대 헌법학의 기본범주가 일으킨 작용과 이에 대한 평가

　　헌법학의 기본범주는 헌법의 역사와 논리의 통일이다. 역사적 배경은 우리들이 헌법학의 사회기능을 평가하는 중요한 척도이다. 중화인민공화국헌법이 시작된 근원은 1954년 헌법이다. 1954년 헌법의 정신은 지금까지도 우리의 헌법제도의 내용과 구체적인 실행과정에서 체현되고 있다. 마찬가지로 중화인민공화국의 헌법이 발전하게 된 역사적인 근원은 50년대에 수립된 헌법체계에 있다. 21세기 중국사회의 발전에 알맞고 규범적이며 개방적이고 다양한 헌법학의 기본범주를 수립하는 것은 헌법학자들이 완성해야 할 중요한 역사적 사명이다. 그러나 이러한 역사적 사명을 완성하려면 헌법학의 역사를 되돌아보고 50년대 헌법학의 역사적 공헌과 제한성을 객관적으로 평가해야 한다.

　앞에서 말했듯이 50년대 헌법학은 자신만의 지식체계와 범주를 갖고 있다. 그리하여 자체적인 전문 언어로(비록 완벽하지는 않지만) 사회실천의 요구에 답을 해주고 갓 수립된 국가 정권에 합법적인 이론기초를 제공해 줄 수 있었다. 학자들은 첫 번째 헌법의 제정과 선전 과정에서 헌법학의 전문성과 범주의식을 확립하였다. 그리하여 1954년 헌법의 역사적 공헌에는 자연스럽게 50년대 헌법학의 역사적 작용이 포함된다.

　필자는 50년대 헌법학의 기본범주에 대해 평가를 할 때 역사적이고 객관적이며 너그러운 원칙을 지켜야 하고 역사와 학술적 사명의 상호 관계 속에서 합리적인 평가를 내려야 한다고 생각한다. 예를 들면 계급성 기본범주에 대해 분석할 때, 단순히 그 가치를 부정할 것이 아니라 이 범주가 존재하였던 사회와 역사 배경에 대한 연구를 통해 역사적 사실에 적합한 평가를 내려야 한다. 헌법학 역사와 헌법 역사의 시각에서 볼 때, 계급성을 헌법학의 기본범주로 간주하는 것에도 일정한 역사적 합리성이 있다. 이는 헌법이 존재하였던 그 당시의 국내 및 국외 환경을 진실하게 표현해냈을 뿐만 아니라, 그 당시에 헌법이 담당하고 있던 사회적인 작용을 체현하기도 했다. 그리하여 계급성이라는 이 범주는 일정한 역사적 합리성을 갖고 있을 뿐만 아니라 역사의 국한성도 표현해냈다고 말할 수 있다.

50년대 헌법학은 중화인민공화국 헌법의 발전에 일부 소극적이고 부정적인 자원을 제공하기도 했다. 이에 대해서는 학술적인 각도에서 평가하고 설명할 필요가 있다. 그 역사적인 국한성의 표현은 다음과 같다. 첫째, 헌법학의 기본범주에서 계급성은 헌법현상을 관찰, 분석, 해석하는 기본 시각과 사유양식이라고 생각한다는 것이다. 그렇기 때문에 헌법학 자체의 체계, 구조와 언어가 학술적인 가치를 잃게 되었다. 둘째, 이러한 기본범주로 인해 헌법학이 '정치화'되었고 헌법학 논리가 정치논리에 의해 대체되었으며 학술의 사회기능이 엄격한 제한을 받게 되었다는 것이다. 셋째, 50년대에 헌법학 학자들은 새 사회구조에 알맞은 헌법학의 기본범주를 수립하려고 부단히 노력했지만 그들의 학술역량으로는 '계급성'의 논리가 통치하고 있는 현실을 계승할 수 없었다는 것이다. 그리하여 헌법학은 독립적인 학과로서의 존재할 수 있는 기초를 잃게 되었다. 넷째, 계급성을 기본범주로 하는 헌법학이론은 정치수요에 복종해야 한다는 필요성을 지나치게 강조하였다는 것이다. 이는 헌법학의 전문 지식체계의 완전성을 파괴하였다. 다섯째, 헌법학 기본범주의 자아 인정 수준이 너무 낮기 때문에 지식을 정합시키고 사회공동의지를 형성하는 헌법학의 조절기능을 충분히 발휘하지 못했다는 것이다.

(4) 당대 중국헌법학의 기본범주 구축

과학적인 헌법학의 기본범주를 구축하는 것은 중국헌법학이 성숙되어가는 것을 나타내는 중요한 상징이다. 당대 법학이 '현학'으로 자리매김하고 사회생활에서 점차 중요한 작용을 발휘하기 시작할 때, 헌법학계는 응당 자신의 체계를 더 완벽하게 하고 전문화의 수준을 높여야 한다. 기본범주의 구성요소는 무엇인가? 기본범주 내부의 각 요소들은 어떤 형식을 통해 작용을 일으키는가? 기본범주의 보편성과 특수성의 가치를 어떻게 평가해야 하는가? 기본범주의 역사성과 현실성을 어떻게 결합시킬 것인가? 이러한 문제들은 모두 학술계가 연구하고 해석해야 할 중요한 과제들이다. 50년대 헌법학의 기본범주를 반성하고 분석하는 목적은 당대 중국법학계의 역사적 기초와 현실적 사명을 정확히 하여, 헌법학이 인간이 헌법을 이성적으로 이해하는 논리적인 형식과 규칙이 되게 하는 것이다. 이것을 기초로 전문화 규범화 된 헌법학 지식체계를 수립해야 한다.

① 헌법학 기본범주를 구축하는 원칙

헌법학 기본범주에 대해 토론하기 전에 우리는 우선 기본범주 자체에 대해 학술적인 평가를 내려야 한다. 범주는 철학의 기본명제로서 '사물의 본질속성과 보편적인 관계를 반영하는 기본개념'이다.[1009] 기본범주 이론에 따르면, 헌법학의 기본범주가 답해야 할 문제에는 다음과 같은 것들이 있다. 헌법세계에서 어떠한 것들이 헌법현상의 본질속성에 속하는가? 가장 보편적이고 본질적인 헌법개념은 어떤 것들인가? 중국은 1980년대부터 헌법학의 기본범주에 대해 토론하기 시작했다. 일부 학자들은 중국의 헌법이론체계에 대해 연구하면서 헌법학의 기본범주 확립에 대해 주의를 기울이게 되었다. 그 외에 헌법학의 이론체계, 헌법학 연구논리의 기점, 헌법학의 연구대상, 헌법학의 조절 방식 등에 대한 토론에도 헌법학 자체의 범주에 관한 일련의 문제가 포함된다. 하지만 학술계는 기본범주에 충분한 관심을 기울이지 않았다. 이론과 방법론에 대한 논증이 부족하였고 '중국의 자료로 서방의 헌법이론을 논증'하는 데 만족해야 했다. 그리하여 개념과 현실, 원칙과 이론, 사실과 가치의 충돌을 초래하였고 헌법학이 지나치게 '대중화'되는 현상이 나타나게 되면서 헌법학의 사회적인 기능에 직접적인 영향을 끼쳤다.

중국헌법학의 기본범주를 수립하는 과정에서 반드시 지켜야 할 기본원칙은 '역사와 논리의 통일'이다. 여러 가지 헌법현상에 대한 분석을 통해 헌법이 발전하는 역사과정과 논리적인 관계를 밝혀내고 헌법사회가 형성되는 역사 환경을 재현해 내야 한다.

1009) 양화난, 『중화인민공화국 공민의 기본 권리와 의무』, 중국청년출판사, 1955.

'패러다임이론'이 나타난 뒤, 사회과학에 대해 연구할 때 학자들은 '패러다임'이라는 개념을 사용하여 문제를 연구하는 계통적인 사고방식과 사유방법을 모색했다. 쿤(Kuhn)은 '패러다임'은 일반 과학이 운행되고 성립되는 이론기초이자 실천규범이라고 주장했다. 복잡한 사회현상과 의식의 형태성 때문에 학자들은 어떠한 문제를 연구할 때, 반드시 사람들이 많이 받아들이고 운용하는 개념과 모식, 기본적인 이론구조와 연구방법을 선택하게 된다. 헌법학은 사회과학의 구성부분으로 이론연구와 실천 가운데 같은 '연구프레임' 혹은 핵심적인 범주를 확립해야 할 필요가 있다. 그래야 헌법학의 이론기초와 실천규범의 통일을 유지할 수 있다.

'역사와 논리의 통일' 원칙에 근거하여 중국헌법학의 기본점주를 수립할 때 우리가 해결해야 할 이론과 실천의 문제에는 다음과 같은 것들이 있다.

> 첫째, 중국 헌법학의 기본범주와 헌법학의 기본문제 사이에 가치적인 연계관계를 건립하고 헌법이 존재하는 역사적 환경과 실제 환경을 중요시해야 한다. 이것을 헌법의 기본문제를 해석하고 해결하는 기본 출발점으로 삼아야 한다.
> 둘째, 문화전통과 현대성 사이에서 합리적인 균형점을 찾고 중국 국정과 문화 배경에 알맞은 새로운 연구패러다임을 수립해야 한다.
> 셋째, 범주의 주관성과 객관성의 통일 가운데 공통의 학술적 인식을 모색하고 학술연구의 규범화를 제창해야 한다. 범주를 기초로 하는 헌법학의 전문화된 체계를 수립해야 한다.

마지막으로 헌법학 기본범주의 동태성과 안정성의 관계를 잘 해결해야 한다. 사회의 변화 속에서 기본범주의 상대적인 안정성을 유지하여 범주의 내용과 사람의 사유양식이 내적으로 서로 일치하게 해야 한다.

② 헌법학 기본범주의 구성

　헌법학의 연구패러다임을 본체론, 인식론, 방법론 이 세 부분으로 나눌 수 있다.[1010] 헌법학의 본체론은 주로 현실세계에서 표현되는 헌법학의 형태와 관련이 있는데 학자들은 헌법의 정당성과 진실성의 가치를 추구하면서 인간이 추구하는 헌법제도를 묘사해 내야 한다. 헌법학의 인식론은 주로 헌법학의 연구자와 연구대상인 헌법현상의 관계와 관련이 있다. 즉 연구자가 어떤 연구방법과 과정을 통해 객관적인 헌법세계를 해석하고 헌법문제를 해결하는가라는 것이다. 헌법학의 방법론은 주로 연구자가 헌법현상을 해석하고 설명할 때, 사용한 방법과 구체적인 절차 등과 관련이 있다. 헌법학을 연구하는 이 패러다임의 세 부분은 서로 연관이 있는데 이것들은 함께 헌법학연구의 보편적인 규칙과 실천의 기초를 형성한다. 예를 들면 헌법학 본체론의 분석과 관찰은 헌법현상에 대한 연구자의 인식수준과 인식정도에 직접적인 영향을 끼친다. 헌법현상에 대한 각기 다른 인식은 연구자의 연구방법과 연구절차에 일정한 영향을 끼친다. 헌법학의 패러다임이론으로 헌법학의 발전역사를 고찰해 보면, 실증주의헌법학과 자유주의헌법학 사이에 일어났던 논쟁은 사실 각기 다른 연구패러다임을 둘러싸고 진행된 것이라는 것을 알 수 있다.

　헌법학은 여러 가지 서로 다른 패러다임 사이에서 갱신하고 발전하면서 스스로의 이론체계를 끊임없이 개선시켰다. 연구패러다임에 의해 체현된 규범과 현실, 사실과 가치, 이상과 실천 사이의 상호 작용과 개방성은 사실은 각기 다른 연구대상에 대한 특정 패러다임의 다양성을 요구한다. 특정한 연구패러다임을 맹목적으로 떠받들고 응용하는 것은 합리적인 선택이 아니다. 다양한 사회현상으로 인한 연구패러다임의 다원성을 인정해야 한다. 학술에 대한 학자들의 신념과 진리에 대한 끊임없는 추구를 위해

1010) 『중국 대백과전서』 철학(1), 중국대백과전서출판사, 1987, 200쪽.

끊임없이 새로운 패러다임을 찾아내거나 어느 한 패러다임의 내부 구성요소를 새롭게 인식하고 해석할 수 있게 학자들을 격려해야 한다.

헌법학의 연구패러다임에 근거하여 헌법학의 기본범주를 수립하는 상징 혹은 기본 조건은 역사, 현실 그리고 논리의 발전 요구에 부합되어야 한다. 저자는 중국 헌법학의 기본범주를 구성하는 요소에는 주로 국가-사회, 헌법-법률, 입헌주의-민주주의, 인권-기본권리, 주권-국제사회가 포함된다고 생각한다. 그 가운데 가장 핵심적인 범주는 인권-기본권리이다. 다시 말해 헌법학은 사람의 기본 존엄을 수호하고 발견하는 '사람의 학문'이 되어야 한다는 것이다. 헌법학의 발전은 인류의 생존과 발전 문제를 해결하는 것이다. 헌법학은 인류가 생존하고 발전하는 과정에서 어떻게 자신의 수요를 최대한 실현할 수 있는가 하는 문제를 해결하는 과학이다. 이러한 범주체계의 특징은 다음과 같다. 헌법학의 보편적인 의의와 중국의 국정을 결합시켜 현실과 범주 사이에 모순이 생기는 것을 피할 수 있고, '중국헌법학'이 성립되는 역사적, 현실적 조건을 제시하여 '중국헌법학'과 '중국의 헌법학' [1011]을 구별하는 데 유리하다. 또 헌법학의 기본범주의 역사성과 개방성을 유지하고 종합적인 헌법학체계를 건립하는데 유리하다. 중국헌법학의 역사적 사명을 완성하려면 반드시 너그럽고 엄숙한 형태 속에서 자신의 발전을 실현해야 한다. 이론의 용속(庸俗)화, 공리주의 경향을 방지하고 헌법학의 통속화와 서민화를 실현해야 한다.

필자가 보기에 중국에서 헌법학 기본범주를 완벽하게 수립하려면 '헌법학을 중국식으로 변화시키는 길'을 가야 한다. 중국 사회에서 헌법학의 구체적인 패러다임과 구체적인 운용을 제창하고 중국헌법학의 주체성을 확립해야 하며, 중국의 헌법학 이론체계와 학술풍격을 수립해야 한다. 헌법학의 중국식이라는 명제는 외래 헌법학의 합리적인 요소와 현 사회의 헌법현실을 결합시켜 헌법학이 현지 헌법현상의 학술체계와

1011) 장소경(張小勁) 등, 『비교정치학 해설(比較政治學導論)』, 중국인민대학출판사, 2001, 60쪽

학술취향을 합리적으로 해석할 수 있게 하고 현지 특색이 있는 헌법학 이론, 규칙과 방법을 수립해야 한다는 뜻이다. 세계헌법학의 발전역사에서 헌법학의 현지화는 헌법학이론의 발전에 영향을 주는 중요한 학술추세였다. 각국에서는 현지화를 거친 헌법이론을 이용해 본국에 나타난 많은 헌법문제를 해결하곤 한다. 헌법제도와 이론 자체가 갖고 있는 선명한 시대적 특징과 지역성 때문에 각국은 헌법학체계를 발전시킬 때, 외국에서 쌓은 경험과 현지 사회의 구체적인 특징을 서로 결합시키는 동시에 현지 특색이 있는 헌법이론을 부단히 개발해야 한다. 헌법학의 중국식은 종합적이고 개방적인 개념이다. 중국 헌법학의 기본범주를 수립하는 과정에서 헌법학의 중국식을 강조하는 원인은 다음과 같다.

a. 헌법학은 헌법을 연구하는 지식체계로 그 본질적인 가치는 본국에서의 실천과정에 나타나는 헌법문제를 해결하는 데 있다. 각국은 서로 다른 발전단계에 처해있기 때문에 역사, 문화와 전통이 서로 다르고 사회발전 중에 직면한 헌법문제도 다르다. 그리하여 똑같은 이론체계나 방법으로 자신이 직면한 헌법문제를 해결할 수 없다. 외국의 헌법학 범주 혹은 연구방법은 그 나라의 역사와 전통 가운데 배태되고 탄생한 것이다. 여기에 존재하는 보편적인 가치를 부인할 수 없지만 이러한 헌법학은 그 나라의 정치, 경제, 사회, 문화 등 종합적인 요소를 체현한(contexts) 것으로서 그 나라의 이론적인 특색을 띠고 있다. 그리하여 외국의 헌법학 범주를 이용해 자국의 헌법문제를 해결할 때, 우리는 반드시 그러한 특정 이론이 발생되고 존재하게 된 사회적 맥락(contexts)을 고려해야 한다. 그리고 이론이나 방법을 그대로 옮겨왔을 때 우리의 문화가 이것을 감당할 수 있는지 객관적으로 분석해야 한다. 절대로 단순히 옮겨오거나 모방해서는 안 된다.

b. 중국 사회에 존재하는 헌법현상의 특수성도 중국식 헌법학의 기본범주를 형성하고 확립할 것을 요구한다. 헌법의 가치는 사회공동체에게 헌법문제를 해결할 수 있는 방법을 제공하고 인권가치의 사회화에 유리한 이론적인 지지와 가치적인 기초를 제공하는 데

있다. 당대 중국 사회는 변혁의 시기에 처해있다. 개혁은 헌법학에 계속 새로운 과제를 제공해 주고 헌법학 연구의 창조성을 끊임없이 촉진한다.

사회개혁이 깊어짐에 따라 사회 깊은 곳에 숨어있는 모순들이 점차 모습을 드러내기 시작한다. 중국의 헌법학이론에는 이러한 문제를 해결할 수 있는 자원이 매우 제한적이다. 그렇다고 해서 외국이론에만 근거하여 문제를 해결한다면 인식과 실천, 가치와 사실, 방법과 현실 사이에 모순이 생길 수 있다.

c. 중국식 헌법학범주를 수립하는 것은 당대 중국 사회의 발전에 이론적인 지지를 제공하는 데 유리하다. 현대중국헌법학은 주로 두 가지 과제에 직면해 있다. 하나는 헌법의 발전경험을 올바르게 종합하고 헌법학을 더 깊이 연구하는 새로운 기점으로 삼는 것이다. 다른 하나는 한창 진행되고 있는 헌법학의 패러다임 전환에 인식의 기초를 제공하고 21세기의 중국헌법체계를 세우기 위한 기반을 다지는 것이다. 이상 두 가지 목표의 실현은 모두 헌법학의 중국식이라는 명제와 관련이 있다. 헌법학의 연구기점을 찾을 때, 우선 중국사회구조의 특징과 헌법이 사회문화 언어 환경에서 일으키는 작용에 대해 분명히 알아야 한다. 또한 헌법의 문화적 가치에서 출발해 현대헌법의 이념문제에 대해 생각해 보아야 한다. 그 외에 헌법패러다임의 전환 과정에서 우리는 헌법이 존재하는 사회적 배경과 사회생활에서 헌법이 가지는 의미에 대해 관심을 가져야 한다.

d. 헌법학 특유의 '반성-비판 의식'이라는 학술품격은 헌법학을 중국식으로 변화시키는 논리적인 기초이다. 헌법학은 헌법현상을 연구하는 지식과 가치 체계인데 강렬한 반성과 비판의 학술품격을 띠고 있다. 헌법의 실천과정에서 이론체계에 존재하는 문제점을 끊임없이 발견해 내고 서로 다른 학술관점을 자유롭게 발표할 수 있게 해야 한다. 전통 헌법학의 가치와 부족한 점을 이성적으로 평가하고 새로운 이론을 창조해 내는 것을 제창하여 헌법학 이론의 발전을 추진해야 한다. 반성과 비판 의식은 현지의 헌법학이론에 대한 평가에 적용될 뿐만 아니라, 외국의 헌법학이론에 대한 평가에도 적용된다. 이렇게

해야 헌법학의 과학정신을 실현할 수 있다.

종합적으로 중국 헌법학의 기본범주를 확립하는 과정에서 반드시 중국 사회를 기본 입각점, 출발점과 귀결점으로 삼고 중국 사회의 현실을 능동적으로 반영할 수 있고 해석할 수 있는, 그리고 헌법의 보편적인 가치와 서로 결합된 그러한 헌법학체계를 수립해야 한다. 이러한 객관성으로 인해 중국 헌법학은 일정한 '중국식' 특색을 띠게 되었고 헌법학 기본범주의 자주성과 다양성이 나타나게 되었다.

제2절

1960~70년대의 헌법학설

1. 1960~70년대에 헌법학설의 존재 여부

중국의 헌정역사에서 1960~70년대는 매우 특별한 시기이다. 특히 1966년~1977년은 헌법학설의 발전에 매우 특별한 의미를 가지는 시기이다. 1966년부터 1977년 사이에 중국에는 역사상 전례가 없는 '문화대혁명'이 폭발했었다. 10년간 지속된 문화대혁명으로 인해 국가의 정치, 경제, 문화, 사회 질서가 철저히 파괴되었다. 이 시기에 모두가 인정하는 사회, 정치, 경제, 도덕윤리와 역사문화 등 가치 관념이 완전히 전복되고 과학연구는 홍수와 맹수로 간주되었다. 모든 사회과학 중에서 법학연구는 타격을 가장 많이 입은 영역 중 하나였다. 그 가운데 헌법학에 관한 연구는 그 피해가 가장 엄중한 영역이었다. 하지만 이상한 것은 법률 허무주의가 극에 달하던 그 시기(1960년대와 70년대)에 두 개의 헌법(1975년 헌법과 1978년 헌법)이 탄생했다는 사실이다. 이러한 의미에서 1975년 헌법과 1978년 헌법은 특별한 시기와 특별한 환경에서 탄생된 특별한 산물이라고 할 수 있다. 1975년 헌법과 1978년 헌법은 특별한 시기에 탄생한 특별한 산물로 중국의 헌정역사에서 아주 특별한 의미를 가지고 있다. 1975년 헌법과 1978년 헌법을 중심으로 진행된 헌법제도, 헌법사상과 헌법학설 및 이와 관련된 연구들은 다른 시기와 다른 아주 독특한 특징을 나타낸다.

법률제도가 있어야 법률사상과 법률학설이 있기 마련이다. 법률제도가 없이 법률사상과 법률학설을 운운할 수 없다. 법률학설과 법률사상도 법률제도에 일정한 반작용을 일으킨다. 하지만 가장 근본적인 문제는 법률제도의 존재 여부이다. 법률 텍스트, 즉 법률제도를 떠난 법률사상과 법률학설은 뿌리가 없는 나무처럼 존재할 가능성이 없다. 잘 알다시피 중국의 헌법과 법률은 중국의 최고 권력 기관이자 입법기관인 전국인민대표대회 혹은 전국인민대표대회 상무위원회에서 제정한다.

1966년 7월 7일에 열린 제3기 전국인민대표대회 상무위원회 제33차 회의에서 제3기 전국인민대표대회 제3차 회의의 소집을 연기한다는 결정이 통과되었다. 그리고 1975년 1월 13일에 제4기 인민대표대회 제1차 회의가 소집되기까지 장장 8년 6개월이라는 시간 동안 전국인민대표대회 및 상무위원회에서는 한 번도 회의를 소집한 적이 없다. 1959년 4월에 소집된 전국인민대표대회 제1차 회의부터 1966년 7월에 소집된 전국인민대표대회 상무위원회의 마지막 회의에 이르는 기간 동안 『군관 병역 복무조례』에 대해 수정을 진행하였고 『상표관리조례』와 『외국인 입국체류 여행 관리조례』를 비준하였으며 17개 조항에 달하는 민족자치지방인민대표대회와 인민위원회조직조례를 비준하였다. 이것 이외에 전국인민대표대회 및 상무위원회에서는 아무런 법률도 제정하지 않았고 국가가 직면한 중대한 문제는 모두 당의 내부의 결정에 의거해야 했다. 사실 1950년대에 중앙정법소조는 『인민공사화 이후의 정법문제에 관해 중앙과 주석에게 보고하다』에서 민법, 형법, 소송법을 제정할 필요가 없다고 주장하였다. 그러했기 때문에 전국적으로 입법 작업이 중단되기도 했다. 사실 1954년 헌법의 반포에서부터 1975년 헌법의 수정기간까지 중국에는 아무런 법률도 반포되지 않았고 기본 법률에 알맞은 시설도 갖추지 못했다. 1950년대부터 70년대에 이르기까지 민법, 형법, 소송법 등 헌법 이외의 기본 법률은 모두 공백기에 처해 있었다. 수많은 헌법학자들은 이 몇 십 년에 달하는 법률제도 공백기에(여기에는 법률사상과 법률학설의 공백도 포함됨) 대해 애통한 심정을 내비쳤다.

하지만 놀라운 것은 중화인민공화국이 된 이후 60여 년간 중국에서 연이어 4개 헌법과 31조 헌법수정안을 반포했다는 점이다. 1960~70년대에 이르는 기간에도 두 개의 헌법 즉 1975년 헌법과 1978년 헌법을 반포했다. 이 헌법들은 그 특별한 시기에 나온 특별한 산물이다. 일반적으로 볼 때 헌법이 있으면 헌법제도가 있기 마련이고 헌법제도가 있으면 헌법사상과 헌법학설이 있기 마련이다. 1960~70년대에 이 두 개의 헌법이 반포되었기 때문에 반드시 이에 대응하는 헌법사상과 헌법학설이 있었을 것이다.

2. 왜 1960~70년대에 헌법학설이 있었다고 말하는 것인가?

헌법학설은 사회 의식형태의 하나로서 그 산생, 존재와 발전은 모두 일정한 정도에서 주관적, 객관적인 조건을 기초로 한다. 주관적, 객관적인 조건이 없으면 헌법학설은 발생할 수 없을 뿐만 아니라, 존재할 수도 없고 발전할 수도 없다. 헌법학설의 존재와 발전에 대해서는 주로 헌법학설이 존재하는 사회와 역사적 조건, 제도 텍스트 조건과 사상이론 조건 이 세 방면으로부터 파악할 수 있다.

(1) 헌법학설이 존재할 수 있는 사회적, 역사적 조건으로부터 볼 때

헌법학설은 모든 사회 의식형태와 마찬가지로 사회 존재의 산물이다. 그 발생과 존재에는 일정한 사회와 역사 조건이 필요하다. 헌법학계의 주류적 관점으로부터 볼 때, 헌정은 '민주의 정치' [1012]이다. 헌법학은 민주정치에 관한 학설이다. 민주와 대립하는 것은 전제 정치이고 민주정치는 본건전제통치에 대한 저항이다. 봉건전제통치를 반대하고 민주정치를 제창하는 것은 헌법학설이 존재하는 중요한 사회적, 역사적 조건이다. 다시 말해 어떤 사회든지 봉건전제를 반대하고 민주정치를 제창한다면 그 사회는 헌법학설이 존재할 수 있는 역사적, 사회적 조건을 구비되었다고 말할 수 있다. 주의해야 할 점은 "근대로부터 세계역사의 변화로 인해 '민주의 정치'는 다양성을 띠게 되었다. 이러한

1012) '중국헌법학'은 헌법학의 중국 학파를 가리킨다. 이것은 헌법학의 발전과 실천이 결합된 산물이다. 하지만 '중국의 헌법학'은 헌법학의 보편적인 원리가 중국 사회에서 구체적으로 운용되는 것과 그 효과에 대한 평가를 가리킨다. '중국의 헌법학'이 일정한 정도에까지 발전하면 '중국헌법학'을 형성하게 된다.

다양성은 풍부하고 다채로운 형식으로 표현될 뿐만 아니라, 실제 내용과 계급 내용상의 큰 차이에서 표현되기도 한다. 하지만 여러 가지 '헌정'사이에 어떠한 차이가 존재하던지 이것들은 모두 '민주의 정치'이다. 하지만 이러한 '민주의 정치'에서 민주가 어느 정도에 도달하였는지, 철저한 민주정치라고 할 수 있는지에 대해서는 더 구체적으로 분석해 보아야 한다. 하지만 어떻든지 간에 역사진화의 각도에서 관찰해 보면 민주정치는 전제정치와 대응되는 것으로서, 이것은 확실히 역사의 진보라 할 수 있다."[1013] 이러한 점에서 볼 때, 손문이 지도한 민족자산계급 혁명시기의 헌정실천, 닝징 국민정부 시기의 헌정운동, 북양군벌시기의 '입헌'활동, 심지어 청나라 말기 실시된 예비입헌의 '신정'과 '입헌'은 모두 헌법학설이 존재할 수 있는 역사적, 사회적 조건을 구비하지 못했다고 할 수 있다. 광범위한 인민대중의 민주정치를 근본내용으로 하는 중국공산당이 지도하는 사회주의 헌정운동은 민주정치의 깊이와 범위가 위에서 언급한 사회와 비교할 수 없을 만큼 깊고 넓다. 그러므로 사회주의 초급발전단계에 속하는 1960~70년대에 헌법역사가 존재할 수 있는 사회적, 역사적 조건이 구비되었다고 할 수 있다.

(2) 헌법학설이 존재할 수 있는 제도적 텍스트 조건으로부터 볼 때

사회적, 역사적 조건은 헌법학설이 존재하는 중요한 조건이자 필요한 조건이다. 일정한 사회적, 역사적 조건이 없다면 헌법학설이 발생할 수 없고 더 나아가서 존재하고 발전할 수도 없다. 하지만 사회적, 역사적 조건이 구비되었다고 해서 헌법학설이 꼭 존재한다고 할 수는 없다. 사회적, 역사적 조건을 헌법학설이 존재하는

1013) 모택동은 『신민주주의의 헌정』이라는 문장에서 "헌정이란 무엇인가? 헌정은 곧 민주의 정치이다"고 말했다. 『모택동선집』 제2권, 인민출판사, 1991, 732쪽. 쉬충덕은 『사회주의헌정의 평범하지 않은 여정』(『중국법학』, 1994년 제5기)이라는 문장에서 "헌정의 실질은 민주정치이다. 여기에 형식적인 요건을 더한다면 헌정은 헌법을 실시하는 민주정치라 할 수 있다"고 말했다.

근본학설이라고 한다면 헌법 텍스트 혹은 헌법제도는 헌법학설이 존재하는 직접적인 조건이다. 헌법 텍스트나 헌법제도가 없다면 사회적, 역사적 조건이 아무리 뛰어나다 해도 헌법학설이 생겨날 수 없다. 이런 의미에서 말할 때 헌법학설이 있는 사회 혹은 시대에는 반드시 헌법 텍스트 혹은 헌법제도가 존재한다. 청정부에서 제정한 『흠정헌법요강』, "십구신조"; 신해혁명시기에 제정한 『임시정부조직대강』, 『중화민국임시 약법』; 북양정부에서 제정한 『중화민국헌법초안』("천단 헌법초안"), 『중화민국 약법』, 『중화민국헌법』, 그리고 남경국민정부에서 제정한 『유훈정치강령』, 『유훈정치시기 약법』, 『중화민국헌법초안』("오오헌법초안"), 『중화민국헌법』, 민주혁명근거지정권에서 제정한 『중화소비에트공화국 헌법요강』, 『산간닝 변강지역의 시정강령(陜甘寧邊區施政綱領)』, 『산간닝 변강지역의 헌법원칙』; 중화인민공화국에서 제정한 『공동강령』, 1954년 헌법, 1982년 헌법, 이러한 것들은 그 시기에 헌법학설이 존재하고 발전하는 데 텍스트 그리고 제도적인 근거가 되었다.(이러한 헌법 텍스트 혹은 헌법제도의 실체가 진짜 민주주의정치이든지 가짜 민주주의정치이든지, 민주정치의 정도가 어떻든지를 막론하고) 여기서 우리는 헌법 텍스트 혹은 헌법제도의 존재가 없이 헌법학설의 존재를 말할 수 없고 또한 헌법학설이 존재할 수도 없다는 것을 알 수 있다. 이런 의미에서 볼 때 1975년 헌법과 1978년 헌법 이 두 개의 헌법 텍스트 혹은 헌법제도의 존재로 인해 1960~70년대에 헌법학설이 존재하였을 것이라는 이 객관적인 사실이 증명되었다.

(3) 헌법학설의 존재할 수 있는 사상적 이론 조건으로부터 볼 때

헌법학설이 존재하는 사상적 이론 조건은 주로 헌법학설과 헌법제도, 헌법사상 사이의 상호관계를 말한다.

『현대한어사전』에서 '제도'[1014]는 두 가지 뜻을 갖고 있다. 하나는 모든 사람들이 일을 처리하고 행동할 때 준수해야 할 규칙이다. 다른 하나는 일정한 역사조건하에서 형성된 정치, 경제, 문화 등 방면의 체계이다.(헌법제도는 두 번째 함의에 속한다) '사상'[1015]에도 두 가지 함의가 있다. 하나는 객관적인 존재가 사람의 의식 활동에 반영된 후 발생된 결과라는 것이다. 사상의 내용은 사회제도의 성질과 사람의 물질생활의 조건에 의해 결정된다. 계급사회에서 사상은 뚜렷한 계급성을 갖고 있다. 다른 하나는 염두와 생각이라는 것이다. (헌법사상은 여기에 속한다) 학설[1016]에는 하나의 함의가 있다. 즉, 계통적인 학술 주장이나 견해이다. (헌법 혹은 헌법과 관련이 있는 계통적인 학술 주장이나 견해를 말한다) '사상의 내용'은 사회제도의 성질과 사람의 물질생활의 조건에 의해 결정되고, '제도'는 "일정한 역사조건하에서 형성된 정치, 경제, 문화 등 방면의 체계"이다. 그렇기 때문에 '제도'는 일정한 경제기초, 즉 경제제도 위에 수립되어야 하고, "제도"는 경제제도를 포함하고 있는 국가정치, 경제, 사회제도의 유기적인 통일체이다. '제도'와 "사상"은 사회존재와 사회의식의 상호관계에 속하는데 '제도'가 '사상'을 결정한다. 여기서 알 수 있는 것은 어떠한 헌법제도가 있으면 어떠한 헌법사상이 있게 된다는 것이다. '사상'과 '학설'은 주관적인 사유에 속하지만 '학설'과 '사상'을 비교했을 때, '학설'은 비교적 계통적인 학술 주장과 견해에 속한다. '사상'은 범위가 매우 넓다. 여기에는 계통적인 학술 주장과 견해가 포함될 뿐만 아니라 계통적이지 않은 학술 주장과 견해, 그리고 의사나 생각과 같이 학술이 아닌 견해와 주장도 포함된다. 여기서 알 수 있듯이 헌법사상은 헌법학설보다 내용의 범위가 더 넓고 헌법학설은 헌법사상보다 전문성이 더 강하다. 그러므로 헌법학이론의 수립은 헌법사상을 기초로 해야 한다. 범위가 넓은 헌법사상이 있기 때문에 전문성이 강한 헌법학설이 존재할 수 있다. 반대로는 성립되지

1014) 왕영상(王永祥), 『중국현대헌정운동사』, 인민출판사, 1996, 1~2쪽.
1015) 중국사회과학원 언어연구소 사전편집실, 『현대한어사전』, 상무인서관, 2005, 1756쪽.
1016) 위의 책, 1290쪽.

않는다. 일반적으로 헌법제도, 헌법사상과 헌법학설 가운데 먼저 헌법제도가 생겨났고 다음에 헌법사상이 생겨났다고 말한다. 헌법사상의 기초가 있어야 헌법학설이 형성될 수 있다. 헌법제도, 헌법사상, 헌법학설의 논리적인 관계 속에서 헌법사상은 헌법제도와 헌법학설 사이에서 중간 역할을 담당한다. 헌법사상은 헌법제도의 제약을 받고 또 헌법제도에 반작용을 일으킨다. 헌법사상은 헌법학설에 영향을 주고 또 헌법학설의 영향을 받는다. "계급사회의 사상은 뚜렷한 계급성을 띤다." 그렇기 때문에 계급성을 띤 헌법사상은 헌법제도에 반작용을 일으킬 수 있을 뿐만 아니라 헌법학설에 영향을 줄 수도 있다. 하지만 헌법제도에 대한 헌법사상의 반작용 혹은 지도 작용의 강도는 헌법학설이 헌법사상에 주는 영향력의 크기와 밀접한 연관이 있다. 헌법사상과 헌법학설은 서로 영향주기 때문에 헌법학설은 헌법사상의 영향을 받는 동시에 반대로 헌법사상에 일정한 영향을 미친다.

헌법사상은 매우 광범위하다. 그렇기 때문에 헌법사상과 헌법학설은 모두 주관적 의식의 속성을 띠고 있고 일정한 범위 내에서 중복된다. 그리하여 일정한 정도에서 양자의 구별은 상대적이다. 다시 말해 일부 특별한 상황에서 헌법사상이 곧 헌법학설이고 헌법학설이 헌법사상이다.

『현대한어사전』에서 "헌법은 국가의 근본법이다. 헌법은 최고 법률효력을 소유하고 있고 다른 입법 작업의 근거가 된다. 헌법은 한 나라의 사회제도, 국가제도, 국가기구, 공민의 기본 권리와 의무 등을 규정한다"고 했다.[1017] 이 정의에서 헌법은 국가제도의 상징이자 표현 형식이며 헌법의 존재는 헌법제도의 존재를 의미하고 헌법이 있으면 헌법제도가 있게 된다는 걸 알 수 있다. 위의 논술과 결합해 우리는 이런 결론을 얻을 수 있다. 즉 헌법이 있으면 헌법제도가 있고 헌법제도가 있으면 헌법사상과 헌법학설이 있게 된다. 하지만 사회의 정치 환경이 극히 정상적이지 않은 상황에서 학술적인 헌법학설은

1017) 위의 책, 1547쪽.

비학술적인 헌법사상에 대체되거나 그것의 억제를 받을 수 있다. 그 결과 비학술적인 헌법사상이 학술적인 헌법학술을 능가하게 되어 헌법학설이 학술성을 잃게 될 수 있다.

3. 무엇이 1960~70년대의 헌법학설인가?

1975년 헌법과 1978년 헌법이 존재하기 때문에 1960~70년대에 헌법제도가 존재한다는 견해는 의심할 여지가 없다. 또 헌법제도는 일정한 헌법사상의 지도아래에서 구축된 것이기 때문에 1960~70년대에 헌법사상이 존재했다는 것에는 의심할 여지가 없다. 마찬가지로 헌법사상의 존재가 헌법학설이 존재해야 할 이유를 결정한다. 1960~70년대의 헌법학설이 결국 무엇인가라는 하는 물음에 한마디로 답할 수 없다. 사실 이는 1957년부터 시작된 반우파 투쟁을 상징으로 하고, 계급투쟁을 중심으로 하는 중국공산당의 '좌'경 경향이 점차 발전하고 변화된 것과 밀접한 연계가 있다.

1957년부터 극좌사상이 중국공산당 내부에서 주도적인 지위를 차지하게 되었다. '좌' 사상의 영향을 받은 중국공산당은 국내의 정치형세를 잘못 평가하고 국내의 주요 모순에 대해 잘못된 판단을 내리게 되었다. 그리하여 우파 반대, '우경기회주의 반대', '대약진'과 같은 잘못을 범하게 되었다. 1957년 당의 제8기 3차 전원회의(확대)에서는 무산계급과 자산계급의 모순, 사회주의제도와 자본주의제도의 모순은 사회주의사회 주요 모순이라는 잘못된 예측을 하게 하였다. 1959년 루산회의에서 '우경기회주의'를 반대하고 펑더화이(彭德懷)에 대해 잘못된 비판을 진행하면서 당내의 계급투쟁에서 '좌'경의 잘못이 더 심해졌다. 1962년에 소집된 당의 8기 10차 전원회의로 인해 당내 계급투쟁문제에서 '좌'경의 잘못된 관점이 한층 더 체계화, 이론화되고 말았다. 8기 10차 전원회의의 성명에는 이런 내용이 포함되어 있다. "무산계급혁명과 무산계급독재시기에, 자본주의에서 공산주의로 넘어가는 시기에 무산계급과 자산계급 사이의 투쟁, 사회주의와 자본주의라는 두 개의 제도 사이에 모순이 존재한다. 우리는 이 점을 명심해야 하다." 이 잘못된 이론으로 인해 결국에는 '문화대혁명'이 발발하고 말았다. 이 "문화대혁명"이 폭발한 1966년에 모택동은 계급투쟁을 강령으로 하는 '좌'경 이론과 실천을 '무산 계급 독재 아래서 계속 혁명을 이어가는 이론'으로 개괄했다. 이 이론은 1960~70년대, 특히 10연간 지속된 '문화대혁명'의 지도사상이 되었다. 이 이론은 또 '문화대혁명' 시기에 모택동이 직접 초안을 작성할 것을 건의하였던 1975년 헌법의 지도사상이 될 수밖에 없었다.[1018] '문화대혁명' 이후, 당의 11기 3차 전원회의 이전에 작성된 1978년 헌법도 이러한 지도사상의 영향에서 벗어나지 못했다. 1975년 헌법과 1978년 헌법을 놓고 볼 때 '문화대혁명'의 지도사상과 이론적인 근거는 그 시기의 헌법사상이자 헌법학설이었다. 헌법사상과 헌법학설을 하나로 융합시킨 지도사상은 이 두 개의 헌법 텍스트와 두 개의 헌법개정보고에 집중적으로 반영되었다. 그 가운데 1975년 헌법 텍스트와 1975년 1월 13일에 장춘챠오(張春橋)가 제4기 전국인민대표대회 제1차 회의에서 발표하였던 헌법개정보고에 가장 집중적으로 반영되었다.

이른바 계급투쟁을 근거로 하여 전면적인 독재를 실현하는 "무산 계급 독재 아래서 계속 혁명을 이어간다는 이론"은 1975년 헌법의 지도사상으로 주로 헌법 텍스트의 서언과 총칙 부분에 체현되었다. 헌법의 서언에는 이런 내용이 있다. "사회주의 사회는 아주 긴 역사단계이다. 이 역사단계에는 항상 계급, 계급모순과 계급투쟁이 존재하고 사회주의와 자본주의 제도 사이의 투쟁이 존재하며 자본주의가 부활할 위험이 존재하고 제국주의, 사회제국주의에 전복되고 침략당할 위험이 존재한다. 이러한 모순은 무산계급독재 아래서의 계속 혁명을 이어가는 이론을 통해서만 해결할 수 있다." 그리고 총칙에서는 이렇게 규정하였다. "무산계급은 반드시 상층구조에 자본주의에 대한 각 문화영역의 독재를 포함시켜야 한다." 이러한 지도사상은 헌법개정보고에서도 체현되었다. 헌법제정보고에서는 "무산계급독재 아래서의 계속 혁명을 이어가려는

1018) 중국사회과학원 언어연구소 사전편집실, 위의 책, 1481쪽

중국 인민들이 염원을 반영하는 것은 우리가 이번에 헌법을 개정하는 주요한 임무"라고 말했다. 전반적인 사회주의 역사단계에서 당이 고수해야 할 기본 노선에 관한 모택동의 관점이 이 헌법개정보고에 완전하게 설명되어있다. "사회주의는 아주 긴 역사단계이다. 이 역사단계에는 항상 계급, 계급모순과 계급투쟁이 존재하고 사회주의와 자본주의 제도 사이의 투쟁이 존재하며 자본주의가 부활할 위험이 존재한다. 우리는 투쟁이 장기적이고 아주 복잡하다는 것을 알아야 한다. 또한 사회주의교육을 진행해야 한다. 계급모순과 계급투쟁에 관한 문제를 정확히 이해하고 해결해야 한다. 그리고 적대적 모순과 인민내부모순을 정확히 구분해야 한다. 그렇지 않으면 우리의 사회주의국가가 거꾸로 돌아갈 수 있고 변질될 수 있으며 자본주의가 다시 부활할 수도 있다. 우리는 지금부터 매일 매달 그리고 해마다 이 얘기를 해야 한다. 그래야 이 마르크스-레닌주의 노선이 존재한다는 것을 명확히 할 수 있다." 헌법개정보고에서는 "기본노선은 우리 당의 생명선이고", "우리가 이번에 헌법을 개정하는 지도사상"이라고 명확히 해석했다. 여기서 장춘챠오(張春橋)의 헌법 개정 보고는 1975년 헌법의 지도사상이자 1975년 헌법의 헌법학설이며, 1960~70년대 중국 헌법학의 헌법학설이라는 것을 알 수 있다.

종합적으로 이런 헌법학설은 "무산계급독재 아래서 계속 혁명을 이어간다는 이론"이다. 이 이론의 핵심은 다음과 같다. "수많은 자산계급의 대표인물, 반혁명 수정주의분자들이 당과 정부, 군대, 문화 등의 각 영역에 잠입해 들어왔고 이로 인해 마르크스주의자와 인민은 많은 기관에 대한 영도권을 잃고 말았다. 자본주의 노선을 고집하는 당내 집권파벌들은 중앙에서 자산계급 사령부를 형성하였고 수정주의의 정치노선과 조직노선을 형성하였으며 각 성, 시, 자치구와 중앙의 각 부서에 대리인을 두고 있다. 그전에 진행했던 투쟁은 아무 문제도 해결하지 못했다. 그렇기 때문에 '문화대혁명'을 시작해야 한다. 군중들을 발동시켜 위에서 언급했던 부패한 문제를 공개적이고 전면적으로 적발해야 한다. 그래야 자본주의 노선을 추구하는 실권파들의 손에서 정권을 다시 빼앗아 올 수 있다. 사실 이것은 한 계급이 다른 계급을 전복시키는 정치대혁명으로서 이후에 수차례나 더 진행해야 할 것이다."

구체적으로 말해서 이 이론 혹은 학설에는 다음과 같은 몇 개의 내용이 포함된다. 첫째, 사회주의역사단계 전반에는 항상 계급, 계급모순과 계급투쟁이 존재한다. 둘째, 계급투쟁은 해마다, 달마다 해야 한다. 셋째, 자산계급은 공산당 내부에 있다. 넷째, 무산계급은 반드시 상층구조영역(여기에는 각 문화영역이 포함된다)에서 자산계급에 대해 전면적인 독재를 실시해야 한다. 다섯째, '문화대혁명'은 한 계급이 다른 계급을 전복시키는 정치대혁명이다. 여섯째, '문화대혁명'과 같은 정치대혁명은 이후에 수차례나 더 진행해야 한다. "무산계급독재 아래서의 계속 혁명을 이어간다"는 이 개념은 특정된 역사 환경에서 특별한 의미를 가지고 있다. 그 실질은 무산계급이 정권을 차지하고 사회주의제도를 건립한 기초 위에서 한 계급이 다른 한 계급을 전복하는 정치대혁명을 진행해야 한다는 것이다. 이것은 계급투쟁에 관한 문제에서 '좌'적인 오류를 범한 것이다. 1975년 헌법이 이 이론을 지도사상으로 삼은 것은 '문화대혁명'의 합법성을 승인한 것과도 같다. 1975년 헌법은 근본법으로서 계급투쟁의 확대와 극좌적 오류에 근거를 제공하게 되었다. 하지만 '무산계급독재 아래에서 계속 혁명을 이어간다는 이론'은 1960~70년대의 헌법학설인데, 20여년이라는 긴 세월 속에서 그 표현형식, 표현정도와 헌법제도에 대한 반영 정도에 모두 부단한 변화가 일어났다. 이 변화과정을 잘 구분하는 것은 이 시기의 헌법학설을 정확하게 파악하는 데 큰 도움이 된다.

4. 1960~70년대에 나타난 헌법학설의 발전 3단계

1960~70년대에 헌법학설은 서로 다른 발전단계를 거쳤다. 우리는 이 단계에 대해 각각 연구를 진행해야 한다. 1960~70년대에 헌법학설은 3단계의 발전을 거쳤다.

(1) 제1단계 : 1960~1965년

이 시기에 계급투쟁에 관한 '좌'경의 오류는 50년대 후반보다 더 계통적이고 이론적으로 발전했다. 그리하여 1954년 헌법이 파괴되고 헌법건설이 내리막길을 걷게 되었다. 비학술적인 헌법사상이 계급투쟁을 중심으로 하는 관점의 영향을 받게 되면서 헌법학설이 긴장된 정치 환경에 국한되게 되었다. 헌법연구를 하는 학술기구가 유명무실해졌고 학술회의는 거의 진행되지 못했다. 헌법연구의 범위와 연구형식이 점차 계급투쟁과 무산계급독재에 관한 유명작가의 일부 관점에 얽매이게 되었다. 학술지에도 학술적인 문장 대신 비판적인 내용을 다룬 문장이 많이 실렸다. 헌법연구저작의 학술성도 점차 정책성, 심지어 정치적인 선전으로 변화되었다. 그 당시에 중국헌법학술의 역량이 비교적 집중된 중국인민대학[1019]에서는 1962년에 중국인민대학출판사에서 인쇄하고 내부에서 발행하는 비교적 계통적인 교재를 편찬해냈는데 많은 학교들이 이 교재를 참고교재로 지정하려 했다.[1020] 하지만 이후에 이런저런 원인으로 인해 헌법과목은 과학성과 학술성을 잃게 되었다. 1965년 1966년의 '4청운동(정치, 사상, 조직, 경제를 정화하는 운동)' 이후에 헌법과목이 취소되었다.[1021] 또한 그 당시 국내에서 가장 영향력이

1019) "'문화대혁명'의 사상, 정책, 경험 등은 이 헌법에 고스란히 반영되었다. 형식상 혹은 내용상으로부터 볼 때, 1975년 헌법은 심한 극'좌'주의사상이 표현된 헌법이라 할 수 있다." 허숭덕, 『중화인민공화국헌법사』, 복건인민출판사, 2003, 495쪽.

1020) 중국헌정사이트 http://www.calaw.cn/article/default.asp?id=2561를 참고. 2003년 4월 3, 4월 12일에 한대원과 후진광이 허숭덕(許崇德)를 인터뷰한 『신중국 헌법학의 창립과 발전』이라는 문장을 참고. 중국인민대학을 졸업한 연구생, 본과생들 "예를 들면 인민대학에 있다가 영하대학으로 간 오가린, 무한대학의 하화회, 길림대학의 장광박, 중국정법대학의 염희성(廉希圣), 중국인민 공안대학의 오걸(吳杰), 북경대학의 위정인(魏定仁) 등, 그리고 계속 인민대학에 계신 왕향민(王向民), 동성미(董成美) 등이다. 그 당시에 바로 이러한 사람들이 신 학과(신중국헌법- 필자 주)의 최전선에 나섰던 것이다." 장벽곤. 『필분(畢奮) 헌법문집』상권, 무한출판사 2006년 7월 「신중국헌법사와 나의 교학연구 생애(대서)」, 제1쪽. "1950년 봄, 나는 화북대학의 제3부에서 신중국이 성립된 이후에 처음 세워진 대학인 중국인민대학의 법률학부(본과)에 입학하게 되었다." "1954년 졸업한지 반년도 채 안 돼 나는 또 중국인민대학에 와서 국가법 즉 헌법을 연수하게 되었다."

1021) 2003년 4월 3, 4월 12일에 한대원과 후진광이 허숭덕(許崇德)를 인터뷰한 「신중국 헌법학의 창립과 발전」이라는 문장을 참고.

있는 법학 잡지인 『헌법연구』 [1022]에서는 1961~1966년(누계 41~62기)에 이르는 6년 동안에 총 288편의 문장이 발표되었다. 그 가운데서 비학술성 회의보고, 성명, 결의, 공약 등 유형의 문장이 87편에 달했다. 또 "모주석의 저작을 학습하고 활용하는" 유형의 문장이 45편이나 발표되었다. 교학연구유형의 문장은 23편, 비판성 문장이 31편 발표되었다. 학술성 문장은 102편 밖에 안 되었다. 무산계급독재, 계급투쟁을 다룬 문장이 67편에 달했다.

(2) 제2단계 : 1966-1975년

이 시기에 계급투쟁문제와 '좌'경 오류는 극단으로 발전하게 되었고 '무산계급독재 아래서 계속 혁명을 이어가는 이론'이 완전히 형성되었다. 1975년 헌법에서는 '무산계급독재 아래서 계속 혁명을 이어가는 이론'을 지도사상으로 한다고 명확히 규정하였는데, 이는 "문화대혁명"의 합법성을 승인한 것으로서 계급투쟁과 극좌사상의 확대에 근본법으로서의 근거를 제공하였고 헌법건설에 큰 타격을 주었다. 지극히 특별했던 그 역사시기에 비학술성 헌법사상은 계급투쟁을 유일한 내용으로 삼아 학술성 헌법학설을 압도해버렸다. 학술성 헌법학설은 완전히 학술성을 잃어버린

1022) 위의 문장 참조. "원인에는 다음과 같은 것들이 있다. 첫째, 정치운동의 충격을 받았기 때문이다. 반우파 운동에서 우리 연구실은 큰 타격을 입었다. 교학연구실의 몇몇 팀장들이 우파로 몰려서 연이어 교수연구실을 떠나게 되었다. 둘째, 1956년 이후에 특히 반우파 운동 이후에 헌법이 우리의 사회생활과 국가생활에서 일으키는 영향력을 예전보다 못해졌다. 심지어 일부 헌법규정은 비판의 대상이 되기도 했다. 예를 들면 법률 앞에서 공민은 평등하다는 원칙, 피고인도 변호를 받을 권리가 있다는 등의 내용이다. 헌법이 작용을 발휘하지 못했기 때문에 헌법학도 중시를 받지 못했다. 셋째, 그 당시에는 정치를 가장 중요히 여겼다. 사회생활은 곧 국가생활이고 국가생활은 사회생활이었다. 법학에서 헌법학은 정치성이 가장 강했기 때문에 연구에 많은 금기가 존재했다. 그리하여 헌법학의 내용이 정치화, 단순화되었다. 학과는 과학성, 학술성을 거의 잃게 되었다. 그러니 이런 학과가 존재할 필요가 있겠는가?" 동성미, 「헌법학의 역사 회고」, 『법률 학습과 연구』 1988년 제1호. "1952년에 학원에 대한 조절을 진행한 뒤에 전국의 법률학원은 34개에서 6개로 줄어들었다. 구중국의 법학교수들에게 새로운 직업을 배치해주었다. 그러는 바람에 전국의 헌법학연구인원은 20~30명밖에 남지 않게 되었다."

채 비학술적 학설에 의해 설자리를 잃게 되었고 정치의 부속품과 노예로 전락되고 말았다. 더는 헌법학설과 헌법사상을 구분할 수 없게 되었고 이 둘은 하나가 되었다. 다시 『헌법연구』를 예로 들어보자. 『헌법연구』는 1966년에 1, 2 호를 출간한 후 휴간되었다. 휴간하기 전에 마지막으로 출간한 1966년 제2호에는 총 3개의 칼럼으로 구성되어 총 27편의 문장이 실렸다. 그 중 첫 번째 칼럼에 7개의 문장이 실렸다. 여기에는 중공중앙의 결정, 신 북경시위의 결정, 중공중앙에서 북경시위를 개편하는 결정을 옹호한다는 중국정치 법률 학회의 성명, 주요 신문사의 사설논평, 그리고 여문원(姚文元)과 척본우(戚本禹)가 쓴 비판문장 등이 포함되었다.

두 번째 칼럼은 "사회주의를 반대하는 반동 노선을 규탄하고, 사회주의 문화대혁명을 끝까지 견지하자"였는데 여기에 16편의 문장이 실렸다. 이러한 문장들은 모두 비판성 문장이었다. 마치 칼럼은 "모주석의 저작을 배우고 활용하자"는 것이었는데 여기에 3편의 문장이 실렸다. 다음은 『전국 신문 간행물 색인』을 예로 들어보자. 1975년 헌법이 반포된 그 해에 『전국 신문간행물 색인』은 제3, 4, 5호에 특별 칼럼을 만들고 거기에 제4차 인민대표대회의 문건과 새 헌법을 학습하는 문장에 관한 색인정보 리스트를 밝혀놓았다. 제3호에서는 두 개 칼럼을 만들었다. "제4기 인민대표대회 문건과 인민대표대회 정신을 학습하자"라는 칼럼에는 총 44편의 문장을 색인하였다. 그 중에는 1975년 헌법 텍스트, 헌법 개정 보고, 정부 업무 보고와 각가지 회의보고 등 9편의 문장이 포함된다. 나머지 35편은 모두 잡지와 신문에 실린 학습의 심득과 같은 문장이었다. "신 헌법을 학습하자"라는 칼럼에서는 총 86편의 문장을 색인하였는데 이것 역시 잡지와 신문에 실린 학습의 심득과 문장이었다. 그중 무산계급독재와 계급투쟁을 논하는 문장이 46편에 달했다. 제4호의 칼럼은 "제4기 인민대표대회의 문건을 학습하고 제4기 인민대표대회의 정신을 관철하자"였다.

이 칼럼에서는 총 22편의 문장을 색인하였는데, 그중 19편이 신 헌법을 학습하는 과정에 얻은 심득이었다. 무산계급독재를 내용으로 하는 문장은 10편에 달했다. 제5호의 칼럼은 "신헌법을 학습하자"였다. 이 칼럼에서는 8편의 문장을 색인하였는데 그 내용이 모두 무산계급독재와 관련이 있었다.

  (3) 제3단계: 1976~1979년

  이 시기에서는 '문화대혁명'이 이미 종결되었고 하루 빨리 '문화대혁명'이라는 극좌의
오류에서 벗어나 국가를 정상으로 되돌려야 했다. 하지만 그 당시에 중국공산당
중앙위원회의 주요 책임자들은 '두개의 무릇'이라는 잘못된 방침을 제기하였고 계속해서
"무산계급독재 아래서 계속 혁명을 이어간다"는 좌의 오류를 범했다. 1978년 헌법을
수정했지만 여기에는 여전히 '문화대혁명'의 그림자와 상처가 남아있었다.

  우선, 헌법 텍스트에서 지도사상의 '좌'경 오류가 뚜렷하게 나타났다. 1978년
헌법은 서언에서 다음과 같이 명확히 규정하였다. "사회주의 역사단계 전반에서 중국
공산당이 고수했던 기본노선과 새로운 시기에 전국인민 앞에 놓아진 주요한 임무는
바로 무산계급독재 아래서 계속 혁명을 이어가는 것이다. 계급투쟁, 생산투쟁과
과학실험이라는 세 개의 혁명운동을 전개하고 본세기 내에 중국를 농업, 공업, 국방과
과학기술의 현대화를 이룬 위대한 사회주의 강국으로 건설해야 한다." "우리는
무산계급투쟁과 사회주의노선을 지켜야 하고 수정주의를 반대하며 자본주의의 부활을
방지하고 사회제국주의와 제국주의가 중국를 침략하고 전복시키지 못하게 해야 한다."

  다음, 헌법 개정 보고에서는 이번에 헌법을 개정하는 지도사상은 다음과 같다고
강조했다. 즉, 모택동의 위대한 사상을 높이 받들고 무산계급독재 아래서 계속 혁명을
이어가야 한다는 모택동의 학설을 완전하게 그리고 정확하게 체현해야 하며 '무산계급
문화대혁명'의 성과를 공고히 하고 발전시켜야 한다.

  1978년 헌법의 텍스트와 헌법 개정 보고는 여전히 "무산계급독재 아래서 계속 혁명을
이어나가야 한다"는 잘못된 사상에서 벗어나지 못했다. 극좌라는 늪에 빠진 헌법사상은
여전히 '좌'의 오류에서 벗어나지 못했다. 그리하여 헌법사상 역시 극좌의 오류에서
벗어나지 못한 채 계속해서 주해와 해설적인 사유에 얽매여 학술적이고 규범적인 연구로

복귀하지 못했다. 심지어 계속해서 정치를 선전하는 형식으로 세인들 앞에 나타나게 되었다. 헌법건설에도 고칠 수 없는 악습들이 누적되어 있었다.

또다시 『전국 신문간행물 색인』을 예로 들어보자. 1978년 헌법이 반포된 그해에, 제4, 5, 6호에는 "새로운 헌법을 배우고 선전하며 준수하자"라는 칼럼이 만들어졌다. 여기에는 총 210편의 문장이 색인되었는데, 그 중 무산계급독재를 주요 내용으로 하는 문장이 75편에 달했다. 하지만 일부 무산계급독재를 다룬 문장에서는 무산계급독재라는 개념을 사회주의법제로 대체해버렸다.

5. 맺는말

앞에서 말했듯이 헌법학설의 생성, 존재와 발전은 모두 일정한 주관, 객관적인 조건을 토대로 한다. 1960~70년대의 헌법학설은 다른 사회역사단계와 함께 공유하는 사회역사조건, 제도텍스트 조건과 사상이론 조건을 기초로 탄생하였다. 그리하여 1960~70년대 헌법학설에는 필연코 다른 사회역사단계 헌법학설과 비슷한 부분이 존재한다. 1975년 헌법과 1978년 헌법은 극히 특별한 년대와 역사조건에서 탄생하였다. 이는 아주 특별한 현상이다. 특별한 헌법 텍스트와 헌법제도에서 탄생한 헌법학설과 헌법사상이기 때문에 이 역시 매우 특별하다. 이 결론에는 의심할 여지가 없다.

다른 사회역사단계의 학설을 비교했을 때, 1960~70년대 헌법학설은 다음과 같은 특징을 갖고 있다.

첫째, 1960~70년대의 헌법학설은 위치가 아주 특별하다. 헌법사상과 헌법제도와 비교했을 때 헌법학설은 비교적 독립적인 위치에 있었는데 헌법학설은 헌법학설이 아니고 헌법제도도 아니다. 하지만 1960~70년대에 헌법학설은 자기만의 독립적인 위치를 갖지 못했다. 정치가 학술을 대신하고 학술성 헌법학설이 정치성 헌법사상에 의해 소멸되었으며 헌법학설은 헌법사상의 부속품과 노예로 전락되었다.

둘째, 1960~70년대 헌법학설은 내용이 아주 특별하다. 헌법 텍스트, 헌법제도, 헌법사상의 내용이 풍부함에 따라 헌법학설의 내용도 풍부해 졌다. 하지만 1960~70년대의 헌법학설의 내용은 풍부함, 다원성, 생동함을 잃고 적나라한 계급투쟁의 학설로 전락되고 말았다.

셋째, 1960~70년대의 헙법학설은 형식이 아주 특별하다. 헌법학설과 헌법사상의 가장 큰 차이는 헌법사상은 정치, 정책, 선전, 이데올로기 성질을 자신의 내용과 형식으로 삼는다는 점이다. 헌법학설은 주로 자신의 풍부한 학술내용, 계통적인 학술연구, 새로운 학술관점, 심각한 학술견해와 원대한 학술경지를 통해 표현된다. 하지만 1960~70년대의 헌법학설에서 우리는 계통적인 학술연구, 학술견해, 학술문제와 학술경지를 찾아볼 수 없다. 그것은 모든 학술지가 핍박에 의해 휴간되었기 때문이다. 유일하게 발행된 '두개의 신문과 하나의 잡지(인민일보, 해방군보, 홍기(紅旗)잡지)'에는 온통 '량쑈(梁效)'가 쓴 계급투쟁의 이론을 선전하는 비판적 문장이었다.

1960~70년대의 헌법학설에 대해 연구를 진행하는 목적은 그것을 비판하거나 긍정하기 위한 것이 아니다. 우리가 여기에 대해 연구를 진행하는 것은 지난 백여 년간 이어져온 중국헌정과 헌법학설의 역사를 통해 헌법학설을 새롭게 인식, 총화, 반성, 투시하기 위해서다. 백여 년에 달하는 중국의 헌정사에서 1960~70년대는 그렇게 중요한 시기가 아니다. 어떤 사람들은 이 시기의 헌법제도, 헌법사상, 특히 헌법학설은 아무 가치가 없다고 말하기도 한다. 하지만 세계에서 기세 드높게 진행된 헌법건설의 조류를 살펴볼 때, 중국의 1960~70년대의 헌법발전과 헌법학설에는 확실히 사람들의 마음을 아프게 하는 부분이 많다. 하지만 여기에서 우리는 착오를 반성하고 많은 계발을 얻을 수 있다. 헌법은 어느 한 국가의 특허가 아니다. 헌법도 어느 한 민족의 자원이 아니다. 헌법학설은 어느 한 특정 년대의 산물이 아니다. 헌법은 인류지혜의 결정체이다.

헌정은 사회 발전의 필연적인 존재이다. 어떠한 사회역사조건이 있으면 그러한 헌법제도가 있게 되고 또 그러한 헌법사상과 헌법학설이 있게 된다. 헌정이 어떠한 형식으로 표현되든지 헌정의 발전에는 정지가 없다.[1023] 헌법학설에는 공백이 없다.[1024] 어떠한 시기의 헌정건설 및 헌법학설이든지 그 민족의 헌정역사와 헌법학설의 역사과정에서 필연코 특정한 위치와 독특한 사상적, 문화적 가치를 갖게 된다.

1023) 중국법학회의 전신인 중국정치법률 학회에서 주최

1024) "'헌정'을 이해하거나 정의를 내릴 때 '헌정은 민주의 정치'라고 하는 것이 비교적 적합하다", "여러 가지 '헌정'사이에 어떠한 구별점이 존재하던지 간에 전제제도를 놓고 말할 때 이러한 것들은 모두 '민주 정치'에 속한다." "이러한 정치제도 하에 봉건전제주의 '짐(朕)의 국가'의 논리는 더는 통하지 않게 된다." 허숭덕, 『중화인민공화국 헌법사』, 복건 인민출판사, 2003, 876쪽.

중국 헌법학설의 형성과 발전의 국외배경

제4장 개혁개방 이후의 헌법학설

제4장

개혁개방 이후의 헌법학설

개혁개방을 시작한 후 중국의 헌법학설은 점차 정상적 궤도에 들어서기 시작했다. 중국의 헌법에 관한 문제와 헌법이론을 중심으로 하는 이론적 가치와 실천의의가 있는 헌법학설이 많이 나타났다. 중국의 헌법학설은 쾌속 발전하는 단계에 들어서기 시작했다. 특히 21세기 이후에 장족의 발전을 이룩했고 자신만의 헌법학설을 점차 형성하기 시작했다.

제1절

1980년대의 헌법학설

시대의 제한과 학자 자신들의 지식 구조, 인재 구조 등의 영향을 받아 80년대의 헌법학의 연구는 기본이론에 대한 연구, 학과 체계의 건설, 새로운 연구방법의 개발 등의 방면에서 이제 막 시작하는 탐색의 단계에 있었다. 영향력이 있는 헌법학설이 나오지 못했고 헌법학이 완벽하게 발전하지 못했다. 연구내용을 볼 때 헌법학의 연구중심은 헌법학의 기본원리에 대한 탐구에 있었다. 교재를 완벽하게 만드는 것을 위주로 헌법 텍스트의 함의를 해석하는 데 중점을 두었다. 그리하여 실천성과 응용성이 높지 못했다. 이 절에서는 80년대의 시대적 특징, 학자들의 지식구조, 학과의 발전배경 및 실제 성과와 결부하여 80년대 헌법학설을 간단히 정리해 보기로 하겠다.

1. 80년대 헌법학설의 배경

마르크스주의에서 논리와 역사가 일치하다는 원리는 "역사적인 철학 체계의 순서는 이념적인 개념이 규정한 논리 추론의 순서와 일치하다"는 것이다. 학과에서 최초인 존재는 역사적으로도 최초인 존재이다. 그렇기 때문에 80년대의 헌법학설을 정리하려면 반드시 시대적 배경, 헌법 자체의 학과 배경 및 학자의 지식구조와 결부해서 연구를 진행해야 한다.

(1) 헌법의 시대배경

1978년은 중국 헌법학의 중요한 전환점이다. 1978년에 소집된 11기 3차 전원회의에서는 마르크스주의 사상 노선, 정치 노선과 조직 노선을 다시 확립하고 '문화대혁명'기간에 그리고 그전에 범했던 착오를 전면적으로 바로잡기 시작했고 위대한 역사적 전환을 실현하게 되었다. 헌법은 근본법으로서 반드시 개혁개방과 함께 상응하는 역사적 사명을 담당해야 했다. 사회주의개혁개방과 현대화건설의 성과를 착실히 연구하고 개혁개방과 현대화건설에 이론적, 법적 근거를 제공해야 했다. 특히 1978년 헌법의 반포는 중국에서 사회주의를 건설하는 과정에 새로운 법률질서를 세우는 데 중요한 작용을 일으켰다. 그러므로 80년대의 헌법학을 연구할 때 반드시 1978년 11기 3중전회가 소집되면서 실현된 역사적 전환점과 결부하여 헌법학의 질서를 다시 바로 잡고 새로운 발전을 시작한 기점을 앞당겨서 1978년으로 해야 한다.

시대적 배경으로부터 출발해 중국 학자들은 헌법학의 발전시기를 나눌 때 모두 1978년을 헌법학이 발전한 기점으로 삼았다. 건국 40주년이 되던 해에 동번여(董璠輿)는 헌법학 역사를 총결산할 때, 40년에 달하는 헌법의 역사를 다음과 같은 세 단계로 나누었다. (1) 새 헌법이 생성되고 초보적인 발전을 이룩한 시기(1950-1956년), (2) 헌법학의 발전이 좌절되어 굴곡적인 발전을 보인 시기(1957-1977), (3) 헌법학이 큰 발전을 이룩한 시기(1978-현재).[1025] 동지위(童之僞)는 헌법학은 세속적인 학문으로서 될수록 사회발전과정에 많이 참가해야 자신의 위치를 확립할 수 있다고 말했다. 1970년대 말 이후에 헌법학의 연구역사는 헌법학의 학자들이 중국사회의 발전에 영향을 주려고 노력하던 역사이기도 하다. 종합적으로 이 역사시기를 다음과 같은 세 단계로 나눌

[1025] "1975년 헌법과 1978년 헌법은 모두 '좌'의 노선과 사상을 반영하였고 모두 완벽하지 못하다. 하지만 본질적으로 볼 때, 이 두 개 헌법은 여전히 사회주의 속성을 갖고 있다." 왕용샹, 『중국현대헌정운동사』를 참고, 1~2쪽.

수 있다.[1026] 첫 번째 단계는 1978~1982년 두 번째 단계는 1982-2000년 세 번째 단계는 2000년부터 현재까지이다.

(2) 학과의 발전배경

중국의 특별한 역사적, 정치적 상황으로 인해 중국 헌법은 1957년부터 1977년까지 정체기에 빠져있었다. 심지어 후퇴하는 국면이 나타나기도 했다. 많은 헌법학자들이 불공평한 대우를 받고 헌법학을 연구하고 교학할 기회를 잃었다. 1976년 '사인방'을 물리친 이후에도 '좌'적 오류는 계속해서 1978년 헌법에 영향을 끼쳤다. 예를 들면 '전면적인 독재', '자산계급독재 아래서 계속 혁명하자', '계급투쟁을 강령으로 한다', '대명(大鳴), 대방(大放), 대변론, 대자보' 등과 같은 것들이다. 헌법학자들은 다시금 활약하기 시작했지만 어지러운 세상을 바로잡고 근본을 고치는 작업을 미처 진행해지 못했다. 이는 큰 발전을 위한 준비 기간이다.

11기 3차 전원회의에서 시작된 사상을 해방하고 근본을 바로 잡는 시련 속에서 구세대 헌법학자들은 헌법학이 담당하고 있는 역사적 사명에 대해 적극적으로 연구하기 시작했고 헌법학의 회복과 발전 문제에 대해 다시 연구하기 시작했다. 80년대의 헌법학설은 바로 모든 것이 새롭게 일어나는 이러한 배경 하에서 시작되었다. 1982년 헌법을 수정할 때 지나간 헌법의 경험과 교훈을 잘 종합하고 헌법학자들의 적극성을 끌어올렸다. 이후로 그들은 4항의 기본원칙, 개혁개방, 이론과 실제를 결합시키는 것을 지키면서 중국 특색이 있는 헌법학체계를 건설하기 위해 부단히 노력하게 되었다.

이 시기의 헌법학은 나날이 새롭게 발전해 나갔다. '중국 간행물 데이터베이스'에서 정보를 검색해보면, 제목에 '헌법'이라는 단어가 들어있는 문장은 1978년에 12편,

---

1026) 동번여, 「중국헌법의 40년」, 『정법 칼럼』 5호, 1989.

1979년에 4편, 1980년에 9편, 1981년에 26편, 1982년에 166편에 달했다.[1027] 이 시기에 1982년 헌법의 반포와 함께 헌법을 선전하고 소개하고 평가하는 서적과 문장들이 우후죽순 나타나기 시작했다. 1982년 12월에 헌법이 반포되고부터 1983년 8월에 이르기까지 헌법을 소개하는 소책자가 13권, 문장이 400여 편 출판되고 발표되었다.[1028]

학과의 발전 배경으로 인해 이 시기의 헌법학의 주요 성과는 기본이론의 형성과 교재를 새로 만들고 완벽하게 만드는 것으로 나타났다. 상대적으로 응용적, 실천적 성과가 적었다. 학자들은 자신이 처해있는 역사, 학과발전 배경에 근거해 다음과 같은 의견을 제기했다. 1978년 이후, 약 30여 년 중에 처음 20년 동안은 중국헌법학의 연구가 주로 헌법기본원리와 국가제도에 대한 연구에 집중되었고 나머지 10년 동안에는 공민의 기본 권리와 인권보장에 관한 논문과 저작이 점차 많아졌다.[1029] 이런 견해는 매우 정확하다.

1989년에 허숭덕(許崇德)은 『법학자』 1989년 제6호에 "지난 10년간의 헌법학을 돌아보고 전망을 예측하다"라는 문장을 발표했다. 이 문장에 의하면 지난 10년 동안 중국 헌법학 학자들은 주의력을 아래와 같은 문제에 두었고, 일부 이론 성과를 얻기도 했다고 한다. 예를 들면 헌법의 개념에 관한 문제, 헌법의 기원에 관한 문제, 헌법 규범의 특징에 관한 문제, 중국 헌법의 서언이 가지고 있는 법적 효력에 관한 문제, 중국 입법체제에 관한 문제, 중국 국가원수에 관한 문제, 중국 국가 구조와 형식에 관한 문제, 중국 헌법의 내용에 관한 문제, 중국 헌법을 수정하는데 관한 문제, 우리나리 인민대표대회제도에 관한 문제, 중국 헌법의 선거제도에 관한 문제, 중국 헌법의 실시와 보장에 관한 문제 등이다. 동번여는 『정법칼럼』 1989년 제5호에 발표한 '중국 헌법의 40년'이라는 문장에서 다음과 같이 말했다. 헌법학이 관심을 가지는 문제에는 헌법의 개념에 관한 문제, 헌법의 분류에 관한 문제, 헌법규범의 특징에 관한 문제, 헌법의 서언이 가지고 있는 법적 효력에 관한

1027) 동지위(董之偉), 「지난 30년간 중국 헌법학 교학과 연구」, 『벌률 과학』 3, 2007.
1028) 양해곤(楊海坤), 『신세기에 들어선 중국헌법학(跨入新世紀的中國憲法學)』, 9쪽.
1029) 양해곤, 위의 책, 41쪽.

문제, 세계평화와 인류의 진보를 촉진하는 것에 관한 문제, 인권에 관한 문제, 중국의 국가 입법권에 관한 문제, 헌법학과 과학적인 헌법학을 해석하는 것에 관한 문제, 헌법교재에 나오는 헌법이론에 관한 문제 등이 포함된다.

(3) 학자들의 지식배경

중국의 정치 배경과 학과 발전배경 때문에 80년대에 활동했던 경력이 풍부한 헌법학자들 대부분이 50년대에 헌법학 교육을 받은 사람들이었다. 그들이 배운 헌법학 지식은 주로 소련 헌법학의 기본원리였다. 이 시기의 중국헌법학 발전 상황을 반영할 수 있는 대표적인 저서는 허숭덕과 하화휘가 함께 저술한 『헌법과 민주 제도』이다.[1030] 헌법학과 관련이 있는 논문에는 장벽곤(蔣碧坤)의 『중국 사회주의 발전과 새시기의 총규정』, 장광보의 『사회주의민주의 위대한 기치』 및 허숭덕의 『국가의 권리는 인민에게 속한다』, 『중국 국가원수에 대한 이해』 등이 포함된다.[1031] 이 시기에 시대와 법학 자체의 한계성 때문에 법학, 특히 헌법학은 사회의 변혁과 사상해방의 원동력이 되지 못했다. 하지만 그 당시 헌법학의 연구수준은 여전히 비교적 높은 단계에 도달했다. 특히 일부 학자들은 예리한 시각으로 중국 헌법의 발전 전망에 큰 관심을 기울이기 시작했다. 예를 들면 마양총(馬驤聰)은 환경보호에 관심을 갖고 있었고, 종대(鐘岱)는 중국 헌법에 파업 자유와 관련된 내용을 남겨두어야 한다고 주장했으며, 강대민(康大民)은 헌법원을 설립할 것을 건의했다. 이러한 주장들은 사회의 문제점을 아주 정확하게 끌어내긴 했지만 시간적으로 너무 늦은 느낌이 든다.[1032]

1030) 동지위(董之偉), 「지난 30년간의 중국 헌법학 교학과 연구(中國30年來的憲法學敎學與硏究)」. 『법률과학』 3, 2007.

1031) 허숭덕, 하화휘, 『헌법과 민주 제도』, 하북 인민출판사, 1982.

1032) 장비곤, 「중국 사회주의 발전과 새 시기의 총 규정(我國社會主義發展時期的總章程)」. 『무한대학 학보』

2. 80년대의 주요 헌법학설

(1) 법치에 관한 학설

① 법치는 법제와 다르다

법제와 법치는 비슷한 의미로 많이 사용된다. 하지만 법제와 법치는 두 개의 서로 다른 개념으로서 각자 특정된 함의와 작용을 갖고 있다. 이 둘을 서로 동일시하거나 대체할 수 없다.[1033] 법제는 법률제도의 약칭이다. 여기에는 법률과 법률의 제정, 집행, 준수와 관련 있는 각가지 제도가 포함된다. 법제가 있다고 해서 법치를 실행했다고 말할 수 없다. 법제는 국가 법률제도의 약칭인데 무릇 국가가 있으면 법제가 있기 마련이다. 넓은 의미에서 이해할 때 법제에는 법률의 제정, 집행과 준수 등 각가지 제도가 포함된다. 모든 국가에는 법제가 있을 수 있지만 모두 법치를 실행할 수는 없다. 그것은 인치(人治)를 하는 국가에도 법제가 있기 때문이다. 법제는 인치를 하는 국가뿐만 아니라 법치를 하는 국가에서도 실행할 수 있다. 법치는 통치방식의 일종인데 인치로 국가를 다스리는 이념, 방식, 원칙 등과 대응된다. 법치는 인치의 대립되는 측면에 있는데, 그 특정 함의를 법제로 대체할 수 없다. 진나라가 중국을 통일하기 전에 법가에서 주장한 '법치'는 봉건군주제도를 옹호하는 것이었다. 비록 역사적으로 긍정적인 작용을 일으키기는 했지만 이는 오늘날 우리가 말하는 법치가 아니다.[1034]

1978년 3호. 장광보, 「사회주의민주의 위대한 기치(社會主義民主的偉大旗幟)」, 『사회과학 전선』 4, 1978. 허숭덕, 「국가의 권리는 인민에게 속한다(國家的一切權力屬于人民)」, 『현대법학』 1, 1981.

1033) 마양총, 「헌법과 환경보호(憲法與環境保護)」. 『법학 잡지』, 1981년 4호. 종대, 「헌법에 파업자유에 관한 내용을 남겨야 하는가?」, 『법학 잡지』 1, 1981.

1034) 이보운(李步云), 「법치개념의 과학성을 논하다(論法治概念的科學性)」. 『법학연구』 1, 1982.

법치는 법제를 기초와 전제로 삼는다. 법제는 법치를 목표와 귀결점으로 삼는다. 만약 한 국가에 완전한 법률과 법률제도가 없고 법제가 없다면 혹은 법제가 완전하지 않다면 법치를 논할 수 없다. 하지만 한 국가가 갖가지 법률과 법률 제도를 수립하고 완벽한 법제를 만들려고 노력하는 목적은 법치를 실현하기 위한 것이다.[1035] 법제의 권위를 확립해야 최고 지도자를 포함한 모든 사람들이 법에 의해 일을 할 수 있다. 이게 바로 법치이다. 사회주의법제는 마르크스-레닌주의 이론의 지도하에 법치의 원칙을 고수해야 한다.

② 법치와 인치(人治)의 구별 점

인치와 사람의 작용을 헛갈려서는 안 된다.[1036] 사람이 법률을 제정하고 집행하기 때문에 법치와 인치를 결합시켜야 한다고 생각하는 이들도 있다. 법치와 인치에 관해 다음과 같은 주장이 존재한다. 1) 법치가 아닌 인치를 주장하는 인치론. 2) 인치가 아닌 법치를 주장하는 법치론. 3) 법치와 인치를 결합해야 한다는 주장. 4) 법치와 인치의 표현법을 배제해야 한다는 주장.[1037] 이에 대한 토론 가운데 아무도 인치론을 명확하게 지지하지 않았다. 인치론은 철저히 부정되었다.

일부 학자들은 법치와 인치를 구별하는 표준[1038]에 대해 연구를 진행하였다. 그들은 법치는 헌법의 기본원칙에 속한다고 주장한다. 법치의 원칙은 인치의 원칙과 대립된다. 법치와 인치는 모두 나라를 다스리는 수단이다. 하지만 법치가 의거하는 법률은 사람이 제정한 것이고 그것을 집행하는 것도 사람이다. 법률은 나라를 다스리는 전제인데 인치도

1035) 박증원(噗增元), 「법치를 실시하는 몇 가지 문제점(關于堅持實行法治的幾個問題)」, 『사회과학』 10, 1989.
1036) 하화휘, 『비교헌법학』, 무한대학출판사, 1988, 82쪽.
1037) 박증원(噗增元), 「법치를 실시하는 몇 가지 문제점」, 『사회과학』 10, 1989.
1038) 청료원(程燎原), 『법제에서 법치에 이르기까지(從法制到法治)』, 법률출판사, 1999, 41쪽.

이와 마찬가지이다. 그렇기 때문에 일부 학자들은 이것을 근거로 순수한 법치원칙이 존재한다는 것을 부정하면서 법치와 인치를 완전히 분리시키지 말고 둘을 서로 결합시켜야 한다고 주장한다.

사람의 작용이 있는가, 법률을 운용했는가 하는 것으로 인치와 법치를 결정할 수 없다. 국가를 다스리는 일에 사람의 작용이 있다고 해서 인치라 할 수 없고 법이 존재한다고 해서 법치라 할 수 없다. 법치와 인치를 구분하는 가장 근본적인 표현은 다음과 같다. "법률과 개인(혹은 소수 통치자)의 의지에 모순과 충돌이 일어났을 때 법률의 권위가 개인의 의지보다 강한지, 아니면 개인의 의지가 법률보다 더 강한지를 보아야 한다. 무릇 법률의 권위가 개인의 의지보다 강하다면 그것은 곧 법치이다. 법률이 개인의 의지에 굴복해야 한다면 그것은 인치이다."[1039]

③ 법제에서 법치에 이르기까지

법제는 주로 의거할 법이 있다는 뜻이다. 하지만 법치는 법률의 지위와 법률의 권위성을 의미한다. 다시 말해 법치에는 가치적인 생각이 들어있고 법치는 민주를 뜻한다. 법치의 법은 양법(良法)이고 법제의 법은 민주의 법 혹은 전제(專制)의 법이다.[1040] 사회주의법제를 건립하고 발전시키려면 반드시 법치의 원리와 이론을 지켜야 한다.[1041]

비록 "사회주의법제는 큰 작용을 일으키지만 이것은 사회주의국가의 여러 가지 법률과 이와 관련이 있는 제도를 종합한 것으로서 정태적(靜態的)이다. 정태적(靜態的)인 것에서 동태적인 것으로 변화했을 때, 즉 그 속에 포함된 법률과 법률제도를 실제에 응용할 수

1039) 하화휘, 마극강(馬克强), 장천영(張泉灵), 「법치를 실행하려면 인치를 포기해야
　　한다(實行法治就要摒棄人治)」, 『법치와 인치 문제에 관한 토론 모음』, 군중출판사, 1980, 53~54쪽.
1040) 하화휘, 『비교헌법학』, 73쪽
1041) 이보운, 「법치개념의 과학성을 논하다」, 『헌법연구』 1, 1982.

있을 때, 비로소 그 작용을 발휘할 수 있다. 정태적(靜態的)인 것에서 동태적인 것으로 변화하는 과정은 법제의 운용과정이기도 하다. 즉 법제의 실시과정이다."[1042] 학술연구의 발전과 사회주의 법치국가를 건설하는 법칙에 대한 인식이 깊어짐에 따라 사회주의 법치국가를 건설하는 내용은 중국 헌법에 기재되게 되었다.

   (2) 헌법의 본질

   ① 헌법은 정치역량의 대비 관계를 집중적으로 보여준다

   마르크스의 관점에 의하면 법률은 통치계급의 의지를 체현하고 계급통치를 실현하는 도구이다. 법적인 특징으로부터 볼 때 헌법도 법률이다. 일반 법률과 달리 헌법은 국가의 근본대법이다. 정치적인 내용으로부터 볼 때 헌법은 민주제도의 법률화이다. 그렇기 때문에 헌법이 무엇인가를 토론할 때, 법률적 특징과 정치 두 가지 방면으로부터 분석을 진행해야 하는 것 외에 계급분석도 진행해야 한다. 그리고 헌법과 계급투쟁의 관계를 잘 알아야 한다. 계급의 관점으로부터 볼 때, 헌법은 계급역량의 실질적인 대비 관계의 표현이다. 헌법은 일정한 사회계급기초의 상층구조이다.[1043] 레닌은 헌법의 본질은 다음과 같다고 말했다. 국가의 모든 기본 법률과 선거대의기관의 선거권리 및 대의기관의 권한과 같은 법률은 계급투쟁에서 역량의 실제적인 대비 관계로 표현된다. 이것은 헌법의 계급본질이 가장 심각하게 나타난 것이다. 여기에는 두 가지 내용이 포함된다. 즉 헌법은 계급투쟁에서 승리를 취득한 계급의 의지와 이익을 표현하고 각가지 계급역량의

1042) 왕예명(王禮明), 「사회주의법치의 실시를 논함(實行社會主義法治)」, 『법치와 인치의 문제에 대한 토론』, 96쪽.
1043) 하화휘, 『비교헌법학』, 82~83쪽.

실제적인 대비의 변화를 헌법에 반영한다는 것이다.[1044] 여기서 알 수 있듯이 헌법은 통치계급의 의지와 이익을 집중적으로 표현한 것이고 계급역량의 대비 관계는 헌법 내용에 영향을 주는 주요 요소이다.

계급투쟁에서 각가지 역량의 실제적인 대비 관계로 인해 민주제도에 변화가 생긴다. 여기에는 대체적으로 두 가지 상황이 나타난다. 하나는 통치계급과 피통치계급의 실제적인 역량대비에 근본적인 변화가 일어나 통치자의 위치에 변화가 일어나는 것이다. 낡은 통치계급을 뒤엎고 새로운 통치계급이 집정하게 된다. 다른 하나는 양자의 역량 대비에 변화가 있지만 통치계급과 피통치계급의 위치가 서로 전환되지 않는 것이다. 이 두 개 변화에 맞추어 국가의 헌법과 민주제도 전반이 다음과 같은 두 가지 변화를 거치게 된다. 첫 번째 상황에 맞추어 민주제도와 헌법의 본질, 유형에 변화가 일어난다. 두 번째 상황에 맞추어 민주제도와 헌법의 본질, 유형에 변화가 일어나지 않지만 그 구체적인 내용을 조금 혹은 많이 수정하거나 개혁할 수 있다.[1045] 세계 각국 헌법의 발전, 변화 역사는 사실 계급관계 변화의 역사이다. 그 실체는 계급관계 변화의 역사이자 민주제도 변화의 역사이기도 하다.

② 헌법은 통치계급의 의지를 집중적으로 반영하는 국가의 근본법이다

헌법의 본질에 대한 개괄에 맞추어 학자들은 헌법이 법으로서의 본질적인 특징을 개괄해내기도 했다. 즉 "헌법은 근본법으로 표현되는 통치계급의 국가적 의지이다."[1046] 하지만 헌법학에서는 처음부터 헌법은 근본법으로 표현되는 통치계급의 국가적 의지라고 인정하지 않았다. "헌법의 본질은 사회 주체의 근본적인 권리에 대한 인정일 뿐"이라고

1044) 장광박(張光博), 『헌법론』, 길림인민출판사, 1984, 12쪽.
1045) 오가린, 『헌법학』, 21~36쪽.
1046) 허숭덕, 하화휘, 『헌법과 민주제도』, 14쪽.

주장하는 사람도 있었다.[1047]

　사회주의국가의 학자들은 헌법의 개념에 대해 해석할 때, 헌법의 계급성을 많이 강조하였다. 이는 헌법의 실제 내용을 해석하는 데 유리하다. 하지만 이렇게 하면 형식적인 특징을 소홀히 할 수 있다. 그리고 실제에 대해 내린 정의에도 부족한 점이 존재한다. 예를 들면 헌법은 "특정 사회경제기초의 상부구조이다"라고 헌법의 개념을 정의하는 것은 적합하지 않다. 왜냐하면 법률 심지어 정치, 문학, 예술과 종교 등은 모두 특정 사회경제기초 위에 존재하는 상층구조이다. 하지만 과학적인 개념은 연구대상이 갖고 있어야 할 특수한 속성을 반영해 주는 사유 형식이다. 여기에는 어느 한 사물이 다른 한 사물과 구별되는 본질적인 특징이 반영된다. 헌법은 "통치계급의 의지와 이익을 집중적으로 반영한 것"이라는 이러한 속성은 "헌법이 법률체계에서의 형식적인 특수성을 결정한다. 비록 이러한 특수성은 형식상의 것이지만 이것은 헌법의 본질속성을 더 선명하게 반영해 준다. 그렇기 때문에 이러한 특수성은 응당 헌법개념의 중요한 구성부분이 되어야 한다."[1048] 그러므로 "헌법의 개념은 다음과 같아야 한다. 즉 헌법은 통치계급의 의지를 집중적으로 반영해낸 국가의 근본법이다."[1049]

　③ 헌법의 최고 효력설

　헌법은 국가의 근본법으로서 최고의 법적 효력을 갖고 있다. 이에 대해 학자들은 같은 인식을 갖고 있다. 헌법은 국가의 근본제도와 근본임무, 여러 가지 법률 규범성 문건이 법률체계에서 나타내는 효력의 등급과 상호관계를 규정하였다.[1050] 헌법은 중국인민의

1047) 루웨이핑(魯衛平), 「헌법의 본질속성에 대해 논하다(淺談憲法的本質屬性)」, 『헌법 평론』, 1985년 6호.
1048) 앤녠(晏坮), 「헌법의 본질에 관한 시론」, 『유실(唯實)』 4호, 1989.
1049) 하화휘, 『비교헌법학』, 제16쪽.
1050) 하화휘, 『비교헌법학』, 16쪽.

가장 근본적인 이익과 요구를 반영한 것으로서 국가의 근본대법이다. 그리하여 최고의 법적 효력을 갖고 있다.[1051]

헌법은 최고의 법적 효력을 갖고 있기 때문에 헌법은 국가 입법사업의 법적 기초이고 일반 법률의 근거이다. 입법기관은 반드시 헌법에서 규정한 근본원칙에 근거하여 일반 법률을 제정해야 한다. 일반 법률은 헌법의 정신에 위배되어서는 안 된다. 무릇 헌법에 저촉되는 법률은 모두 법적인 효력이 없는 것으로 응당 폐지하거나 수정해야 한다.[1052] 모든 국가기관, 정당, 사회단체, 기업, 사업단위 및 전체 공민은 헌법을 준수하고 이것을 최고의 행동준칙으로 삼아 자신의 행동을 단속해야 한다.[1053]

헌법의 최고효력을 이해함에 있어 명확히 해야 할 문제는 바로 헌법은 일반 법률의 기초와 근거일 뿐만 아니라 모든 인민들이 반드시 준수하고 지켜야 할 최고의 행동규칙이라는 점이다.[1054] 그렇기 때문에 헌법의 권위를 강화시켜야 한다. 헌법 권위의 구체적인 내용과 특징은 다음과 같은 두 방면으로 표현되는데, 국가와 사회 관리의 모든 행위규범에서 헌법의 지위가 가장 높고 효력이 가장 강하다. 모든 기관과 조직 그리고 개인은 헌법을 근본적인 행위규범으로 삼아야 한다.[1055]

④ 헌법 서언의 효력설

헌법의 서언에서는 헌법제정자의 계급과 혁명성과를 명확히 인정하였고 국가를

1051) 뤄웨이젠(駱偉健), 「헌법규범은 법률규범이다(憲法規範是法律規範)」, 『헌법』 12, 1985.
1052) 최이민(崔敏) 위츠(于遅), 「헌법의 최고법률효력을 논함(論憲法的最高法律效力)」, 『헌법잡지』 3, 1982.
1053) 『중화인민공화국헌법 요약 교본(中華人民共和國憲法簡明教程)』, 산동인민출판사, 1985, 12~14쪽.
　　　왕수원(王叔文), 『헌법은 나라를 다스리는 총 규정이다(憲法是治國安邦的總章程)』, 군중출판사, 1987, 21~22쪽.
1054) 왕상명, 『약간의 헌법 이론 문제에 대한 연구』, 제8쪽.
1055) 왕수원(王叔文), 「헌법의 최고법률효력을 논하다」, 『법학연구』 1기, 1981.

건립하는 기본원칙과 기본강령 그리고 치국방안을 선포하였다. 여기서 규정한 내용은 국가제도의 근본적인 문제로서 헌법의 본문에 나오는 입법정신을 지도하기도 한다. 그럼 헌법의 서언은 어떤 법적 효력을 갖고 있을까? 헌법의 서언이 가지고 있는 효력에 대해 다음과 같은 세 가지 주장이 존재한다. 가장 대표적인 것은 헌법의 서언은 헌법의 중요한 구성부분이기 때문에 당연히 법적 효력을 갖고 있다는 것이다.

a. 법적 효력이 없다

일부 학자들은 중국 헌법의 서언은 서술성 문자로서 규범적인 내용을 형성하지 못했다고 주장한다. 서언에서 인정한 원칙과 같은 내용도 너무 추상적이어서 구체적인 행위규범이 될 수 없고 법률규범적인 표현형식이 될 수 없기 때문에 법적인 효력이 없다. 서언은 설명, 해석 혹은 선전과 같은 작용을 하기 때문에 규범적이지 않고 법적인 효력을 갖지 않는다. 『헌법』의 서언에 법적 효력이 없다고 주장하는 데는 다음과 같은 세 가지 이유가 있다. 첫째, 형식적으로 볼 때 서언은 조문 형식으로 된 규범적인 언어가 아니다. 둘째, 내용으로부터 볼 때 서언은 대부분이 1840년에 아편전쟁이 일어났을 때부터 중화인민공화국이 수립되기 전후의 역사사실에 대해 서술한 내용이다. 이러한 정치적, 역사적인 이론을 위반했다고 해서 헌법이나 법을 위반했다고 법적인 책임을 물을 수는 없다. 셋째, 구체적인 문제로부터 볼 때 서언에는 마르크스레닌주의, 모택동 사상을 지도사상으로…라고 명확히 인정했지만 제2장 공민의 기본 권리와 의무의 제36조 제1항으로 다음과 같이 규정하였다. "중화인민공화국 공민에게는 종교 신앙의 자유가 있다." 종교는 모두 유신론이다. 이는 마르크스주의의 무신론과 대립한다. 이러한 내용을 근거로 일부 학자들은 4개 항의 기본원칙은 서언에 나오는 내용이기 때문에 법적인

효력이 없다고 주장하기도 한다.[1056)

b.헌법의 서언에는 법적 효력이 있다

일부 학자들은 헌법의 텍스트는 하나의 완전체로서 헌법제정자들의 수요와 헌법의 규범적인 특징에 근거하여 헌법의 서언이 생겨나게 되었다고 주장한다. 헌법의 서언에는 헌법제정 권리를 갖고 있는 계급이 획득한 승리의 성과 그리고 그들이 국가를 세우는 원칙, 강령, 방안이 기재되어 있다. 서언에서 선포한 내용은 모두 제도적인 근본 문제이다. 이것은 본문의 지도원칙을 구성하였다. 헌법의 텍스트에 나오는 갖가지 규정은 헌법의 서언에 나오는 원칙에 위배되지 않아야 한다. 헌법의 텍스트에 나오는 갖가지 조항의 실시는 헌법 서언에 나오는 원칙과 결합되어야만 명확한 목적성을 갖게 된다. 서언은 헌법의 주요한 구성부분으로서 다른 조항들과 똑같이 최고의 법률효력을 갖고 있다. 중국 헌법이 최고의 법률효력을 갖게 된 것은 헌법의 서언이 헌법의 유기적인 구성부분이기 때문이다. 서언은 역사를 되돌아보거나 헌법을 제정하는 과정을 기재한 내용이 아니라 우리가 혁명과 건설의 중요한 경험을 개괄하고 종합한 것이다. 서언은 중국 헌법의 기본원칙과 지도사상을 명확히 규정하였고 인민이 나라의 주인이라고 선포했으며 이후 국가의 근본 임무와 분투목표를 규정하였다. 특히 서언의 마지막 부분에 나오는 문자에서는 서언이 갖고 있는 법적 규범성을 명확히 드러냈다.

헌법은 하나의 완전체이다. 그렇기 때문에 헌법을 효력이 있는 것과 없는 것, 두 부분으로 나눌 수 없다. 전국인민대표대회에서 헌법이 통과된 것은 헌법에 최고 법률효력을 부여한 것이다. 서언은 헌법에서 없어서는 안 되는 중요한 부분으로서 헌법을 떠나

1056) 하화휘, 쥐우예중(周叶中), 「헌법의 권위를 진일보 강화해야 할 것을 논하다(論進一步强化憲法權威)」, 『하화휘 문집』, 무한대학출판사, 2006, 185~186쪽

법적인 효력이 없는 독립체가 될 수 없다. 만약 서언의 내용에 법적인 효력이 없다면 당의 기본노선과 국가의 근본임무는 헌법적인 보장을 잃게 될 것이다.[1057]

c. 부분적인 효력이 있다

하화휘는 서언이 법적인 효력을 갖는다는 관점과 갖지 않는다는 관점은 모두 단편적이라고 주장한다. 헌법 서언이 갖고 있는 법적인 효력에 대해서는 그 구체적인 내용에 근거하여 구체적으로 분석해야 한다. 우선, 서언에 기재된 역사적인 내용들은 법적인 효력을 갖지 않는다. 기본원칙을 확인한 부분도 반드시 헌법 본문에 나오는 규범적인 내용과 결합되어야 법적인 효력을 가질 수 있다. 규범적인 표현 부분은 완전한 법적 효력을 가진다.[1058] 예를 들면 중국 헌법의 서언에서 법적인 효력을 갖고 있는 내용은 4개 항의 기본원칙과 서언의 마지막 부분에 나오는 정치협상제도에 관한 규정이다. 하지만 역사회고와 같은 내용들은 법적인 효력이 없다.

⑤ 의행합일(議行合一)설

1980년대에 의행합일은 법학계의 통설이 되었고 광범위한 인정을 얻게 되었다. 예를 들어 유명학자 허숭덕 등은 의행합일은 국가의 중대 사무를 결정짓는 권리기관에게 다른 국가기관을 조직하여 자신들이 결정한 제도를 집행할 권리가 있다는 뜻이라고 이해한다. 의행합일은 국가의 중대 사무를 결정하고 집행하는 권리를 동일한 국가기관에서 행사한다는 데에 국한되지 않는다. 이는 국가의 중대 사무를 결정지을 권리를 소유한

1057) 쉬우민(許務民), 『4개항 기본원칙을 부정하는 것은 헌법에 위배된다(否定四項基本原則是違背憲法的)-헌법의 서언에 법적인 효력이 없다는 관점은 정확하지 않다』. 『법학』 4, 1987.
1058) 허숭덕, 『허숭덕 문집』 제1권, 중국민주법제출판사, 2009, 38쪽.

기관이 다른 기관을 조직하여 그 결정을 집행할 수 있다는 것으로 표현되기도 한다. [1059]
의행합일은 사회주의헌법의 기본원칙에 속한다. 중국의 의행합일을 이해하고 관철시키는
방법에는 두 가지가 있다. 하나는 실제적인 의행합일이고 다른 하나는 실제적이지만
형식적인 것도 겸비한 의행합일이다. 전자는 권력이 진정으로 인민에게 집중되었기에
행정과 입법 권리가 한 기관에 집중되었는지 따지지 않아도 된다. 실제적인 것과 형식적인
것을 겸비한 의행합일은 권력이 인민에게 집중되었지만 행정과 입법 조직이 형식적으로
분리되지 않았다는 뜻이다. 즉, 실제적인 권력뿐만 아니라 조직기구까지 한곳에
집중되었다는 뜻이다. 이런 상황은 중화인민공화국역사에 나타난 적이 있다.

중국의 의행합일에 대해 토론할 때 항상 서방의 삼권분립사상과 비교하게 된다.
학자들은 정권조직은 모두 일정한 원칙에 의해 조직된 것이라고 주장한다. 지금까지
각기 다른 성질을 가진 두 개의 정권형식을 조직하는 원칙은 '삼권분립'과 '의행합일'이다.
그중에서 '삼권분립'은 자산계급정권을 조직하는 기본원칙이다. "여기에는 분권과
제형(制衡) 두 가지 기본원칙이 포함된다. 분권이란 국가의 권리를 입법, 행정, 사법
세 부분으로 나누고 세 개의 국가기관이 독립적으로 이 권리를 행사하는 것을 말한다.
제형이란 이 권리를 실행하는 세 개의 국가기관이 서로 제약하면서 균형적인 관계를
이루는 것을 말한다."

'의행합일'은 사회주의정권을 조직하는 가장 중요한 원칙이다. "그것의 원시적인 함의는
사회주의 인민대표기관에서 입법과 행정을 모두 관리한다는 뜻이다."[1060] 마르크스와
엥겔스는 무산계급정권은 분권제도, 의회제를 실시할 수 없다고 여러 번 강조했다.
무산계급정권은 '의행합일'을 통해 모든 정치 권리를 인민대의(代議)기관에 집중시켜야
한다. 실천의 형태로 볼 때 파리 코뮌을 통해 무산계급은 처음으로 정권을 탈취하였다.

1059) 『하화휘 문집』, 무한대학출판사, 2006, 7~8쪽.
1060) 허숭덕, 왕위밍, 「지난 10년간의 헌법학을 돌아보고 전망을 예측하다(十年憲法學回顧與展望)」, 『법률
학습과 연구』 4호, 1989.

이 시기의 '의행합일'의 정권조직의 형식은 완벽하지는 않았지만 노동자계급이 정권을 탈취한 뒤에 어떤 형식으로 국가를 다스려야 하는가 하는 문제에 해답을 제시해 주었다. 레닌이 '의행합일'을 강조한 원인은 의행합일을 통해서 모든 국가권력을 인민군중과 밀접한 관계가 있는 소비에트에 집중시킬 수 있기 때문이었다. 그렇게 하면 권력대표기관에서 집행기관의 사무를 감독하고 관리할 수 있다. "파리 코뮌이 소멸 될 때 의회제의 결점, 특히 입법권과 행정권이 분리되고 의회가 군중과 단절한 것과 같은 결점들이 드러났다."[1061]

레닌이 지도하는 소비에트정권은 입법권과 행정권을 통일시키고 "의행합일"의 원칙을 견지했다. 하지만 파리 코뮌이 했던 것을 그대로 옮겨오지 않고 소련의 실제 상황에 알맞은 정권조직체계를 건립했다. 소비에트 대표대회는 국가의 최고 권력을 행사한다. 대회 휴회기간에는 소련 중앙집행위원회에서 그 권력을 행사한다. 그 당시 중앙정부는 인민위원이었는데 레닌이 인민위원회 주석으로 당선되어 세계 최초의 무산계급국가의 정부 지도자가 되었다. 인민위원회는 소련소비에트대표대회 및 소련중앙집행위원회를 책임진다. 소련소비에트대표대회와 소련집행위원회는 정부관원을 감독하고 바꿀 수 있는 권리를 가진다. 이렇게 소비에트공화국의 입법권과 행정권이 최고 권력기관에 통일되었다. 소비에트대표대회와 인민위원회기구는 분리되었고 각자의 일에 따라 일을 한다. 이는 파리 코뮌 시기에 입법과 행정 기구가 분명하게 분리되지 않고 직능이 분명하지 않았던 상황보다 크게 발전한 것이다.[1062]

의행합일에 대해 다른 관점을 주장하는 학자들도 있다. 일부 학자들은 의행합일이 두 가지 직능을 하나의 국가기관에서 실행한다는 뜻이라면 의행합일이 중국 국가기구의 조직원칙이 될 수 없다고 주장한다.[1063] 실제 역사를 놓고 볼 때, 파리 코뮌 전기에는

1061) 하화휘, 「삼권분립과 의행합일에 관한 비교연구(三權分立與議行合一的比較研究)」, 『법학평론』 3호, 1987.
1062) 『레닌문집』 3권, 인민출판사, 1955, 738쪽.
1063) 왕익령(王益玲), 「의행합일'의 미래와 발전을 논하다(議行合一的由來和發展)」, 『새로운 시각』 5호, 1987.

의행합일 체제를 실행했지만 후기에는 의행합일 체제를 실행하지 않았다는 걸 알 수 있다. 소비에트 러시아가 1918년 이후에 수립한 러시아 정권체제도 파리 코뮌이 초기에 실시했던 의행합일 체제가 아니다. 의행합일에는 다음과 같은 장점이 있다. 우선, 인민대표기관은 자산계급의 의회와 달리 말뿐인 기구가 아니다. 인민대표기관은 국가의 권력을 통일적으로 행사하는 최고 권력기관이다. 다음, 의행합일을 실시하면 지방기관, 특히 기층정권 기구를 간소화할 수 있고 직권을 통일시킬 수 있다. 하지만 의행합일에도 분명한 결함이 존재한다. 의행합일은 입법기관과 행정기관의 분권을 부정했을 뿐만 아니라, 입법기관과 행정기관의 분업까지 부정했다. 전자는 정확하지만 후자는 실현하기 아주 힘들다. 때때로 의행합일은 집행기구가 입법권과 집행권을 실행하는 상황을 초래할 수 있는데, 이런 체제는 대표기구의 권리를 잃게 하여 대표기관의 작용을 약화시키거나 소멸시킬 수 있다. 이는 권력기관이 행정기관을 감독하는데 불리하다. 왜냐하면 행정기관과 입법기관을 하나로 합치면 자기가 자신을 감독하는 국면을 초래할 수 있기 때문이다. 의행합일은 기구집권제의 일종으로서 유행이 지난 정치체제이다. 중국 헌법의 텍스트는 현재 중국에서 실행하고 있는 정권의 조직원칙은 의행합일이 아니라고 말한다.[1064]

의행합일은 국가의 중대 문제를 결정하고 집행하는 권력을 동일한 국가기관에서 실행하는 제도이다. 이는 주로 의사와 집행 두 가지 직능을 하나의 기관에서 담당하는 것으로 표현된다. 동일한 기관에서 담당하지 않는다면 이는 의행합일이 아니라 의행분리이다. 사실 이러한 의행분리는 절대적인 분리가 아니다. 의사가 집행보다 먼저라는 전제하에서 의행분리는 사실 의행통일의 관계이다.

1064) 왕옥명(王玉明), 「의행합일은 중국 국가기구의 조직원칙이 아니다(議行合一不是我國國家機構的組織原則)」, 『정법칼럼』 4호, 1989.

⑥ 헌법 감독문제에 대한 연구

　a. 헌법 감독의 가치

　헌법감독은 국가와 사회가 적극적이거나 소극적인 각종 조치를 통해 헌법을 위반되지 않고 완전히 그리고 정확하게 실시될 수 있게 보장하는 법률제도를 말한다.[1065] 일부 학자들은 완벽한 헌법감독기제를 건립하는 것은 국가의 민주와 법제의 건설에서 아주 중요한 작용을 일으킨다고 주장한다. 그들은 "헌법감독의 중요성은 헌법 자체의 관철과 집행을 보장하는데 있다. 이 뿐만 아니라 헌법은 한 국가의 민주제도의 기초이자 법률제도의 핵심이다. 엄격한 헌법감독이 없다면 헌법의 실시를 보장할 수 없다. 그렇게 되면 국가의 민주제도가 파괴될 수 있고 완벽한 법제도를 구축할 수 없게 된다"고 말한다.[1066] 그렇기 때문에 "국가는 헌법의 실시를 보장하기 위해 헌법을 위반하는 모든 행동을 통제해야 하고" 효과적으로 "헌법의 집행과정에 생기는 모든 분쟁을 처리할 수 있는" 시스템 혹은 제도를 구축해야 한다.[1067]

　일부 학자들은 미국 사법 심사 제도를 통해 헌법의 감독기능에 대해 연구를 진행하였다. 그들은 헌법감독에는 다음과 같은 몇 가지 작용이 있다고 주장한다. 첫째, 통치계급이 경제, 정치적 수요가 동일하지 않음에 따라 헌법을 원활하게 해석하여 통치계급이 효과적인 통치를 실행하는 데 법적인 근거를 제공한다. 둘째, 통치계급 내부에 일어난 모순을 효과적으로 해결할 수 있는 도구이다. 통치계급의 내부분쟁을 해결하고 통치계급의 내부성원들의 이익을 잘 조절해 준다. 셋째, 국내 계급투쟁과 민족모순을

1065) 오가린, 「의행의 합일시키는 것이 좋지 않다(議行不宜合一)」, 『중국법학』 5호, 1992.
1066) 천윈성(陳云生), 「헌법감독을 논함(論憲法監督)」, 『법학 잡지』 2호, 1988.
1067) 하화휘, 「헌법감독을 논함(論憲法監督)」, 『무한대학학보』 1호, 1982.

효과적으로 완화시킬 수 있는 도구이다.[1068] 또한 헌법의 실제적인 집행과정에 대한 조사와 대비를 통해, 헌법학이 장기간 발전하지 못하게 된 주요 원인이 헌법감독제도의 관철과 집행이 철저하지 못한 데 있다는 것을 알게 되었다. 헌법의 실시는 헌법의 권위를 확정하는 관건적인 일환이다.[1069]

b. 헌법 감독의 유형

일부 학자들은 헌법감독의 각기 다른 상황에 근거하여 헌법감독을 유형별로 나눠 연구를 진행하였다. 그들은 헌법감독을 사전감독과 사후감독, 구체적인 심사감독과 추상적인 심사감독, 일반 과정에 대한 심사감독과 특수 과정에 대한 심사감독, 헌법조문에 근거한 심사감독과 헌법문건의 정신 혹은 일반 원칙에 근거한 심사감독 등으로 나누었다.[1070] 헌법감독을 헌법 자체의 보장, 일반적인 입법보장, 당과 인민의 감독과 심도 있게 장기간 법제교육을 진행하는 것으로 나누는 학자들도 있다.[1071]

c. 헌법 감독제도의 양식

학자들은 서방국가의 위법심사 양식과 제도에서 얻은 유용한 경험의 토대에 중국의 현실을 결부시켜 중국의 위법심사제도의 양식과 기구설치문제에 대해 연구하였다. 헌법 감독 제도를 더 완벽하게 만들고 전국인민대표대회의 각 전문위원회의 작용을

1068) 하화휘, 위의 논문.
1069) 한대원, 「미국 사법심사제도가 정치생활에서 일으키는 역할(美國司法審查制度在政治生活中的作用)」, 『헌법평론』 3호, 1985.
1070) 주엽중(周叶中), 「헌법실시(憲法實施): 헌법연구의 중요한 과제」, 『법학 잡지』 5, 1987.
1071) 천원성, 「헌법감독의 방식(憲法監督的方式)」, 『법학 잡지』 3, 1988.

발휘시키며, 각급 권력기관에 일정한 위헌심사권을 부여하고 위헌심사의 과정을 법으로 제정하며 전문적인 헌법감독연구기구를 구축하고 위헌사례를 집대성했다.[1072]

일부 학자들은 켈젠의 헌법재판소 이론에 대한 고찰을 통해 사법심사와 최고 권력 기관의 심사과정에 존재하는 결함, 인대 상무위원회의 회의 기간과 작업절차, 전문위원회의 직권 등 인대 상무위원회의 헌법감독직능의 발휘에 불리한 요소들이 헌법의 일부 조항들을 유명무실하게 만들었다고 주장했다. 그렇기 때문에 반드시 헌법재판소의 위헌심사 양식을 만들어야 한다.[1073]

일부 학자들은 헌법감독기관을 만들어야 한다고 주장하기도 한다. 만약 전문적인 헌법감독기관을 설립하여 원래 전국인민대표대회 및 상무위원회의에 속하던 헌법감독직능을 이 전문기관에 귀속시키면 최고 권력 기관의 업무 부담을 줄이고 헌법의 감독 작용을 강화시키는데 유리하다는 것이다.[1074] 전문기관의 조직과 활동의 기본원칙은 전국인민대표대회에 종속되어야 할 뿐만 아니라 민주 집중제도를 실시해야 한다. 한편으로는 전국인민대표대회에 의해 조직되고 전국인민대표대회의 지도와 감독을 받아야 한다. 다른 한편으로는 전문기관에도 일정하게 독립적으로 행사할 수 있는 권리가 있어야 하는데 그렇지 않으면 그 작용을 발휘하기 힘들다. 이러한 원칙에 근거하여 전문기관의 이름을 전국인민대표대회 헌법위원회라 하는 것이 적당하다.

이 조직의 성원들은 전국인민대표대회를 통해 선출된다. 직권을 행사하는 과정에 발견한 중대 헌법감독문제는 수시로 전국인민대표대회 혹은 전국인민대표대회 상무위원회에 보고해야 한다. 일반적인 헌법감독문제에 대해서도 정기적으로

1072) 오가린, 「헌법의 실시와 보장을 논함(論新憲法實施的保障)」, 『하북법학』 1, 1983. 장벽곤(蔣碧坤), 「헌법 실시에 관한 몇 가지 문제(憲法實施的幾個問題)」, 『당대법학』 3, 1987.

1073) 서수의(徐秀義), 호영혁(胡永革), 「헌법의 감독제도를 논함(談憲法監督制度)」, 『전선』 8호, 1985. 샤오진취안(肖金泉), 서수의, 「위헌에 대한 약술(略論違憲)」, 『법학 잡지』 4, 1984.

1074) 호초화(胡肖華), 「중국 헌법재판소에 대한 전망(展望中國憲法法院)」, 『비교법학연구』 1호, 1989.

업무보고를 진행해야 한다. 일부 학자들은 중국의 헌법감독전문기구의 지위와 직권은 루마니아의 헌법과 법률위원회, 헝가리의 헌법위원회, 소련의 헌법감독위원회와 유고슬라비아, 폴란드의 헌법재판소 설립과 직권확정의 경험을 참고할 수 있다고 생각한다. 한 방면으로는 중국 사회주의민주와 법제건설의 속도를 높이려면 중국의 헌법감독을 대대적으로 강화시켜야 한다. 그렇기 때문에 전문기구는 비교적 높은 지위와 큰 직권을 소유해야 한다. 다른 한 방면으로는 중국은 인구가 많고 상황이 비교적 복잡하기 때문에 국가의 큰일은 반드시 최고 권력 기관이 집중적으로 책임져야 한다. 다른 국가기관은 국가권력기관을 통해 발생되고 국가권력기관에 책임을 다해야 하며 국가권력기관의 감독을 받아야 한다. 이는 사회주의 민주집중제의 요구일 뿐만 아니라, 중국 국정과 역사전통에 부합되는 정치 양식 혹은 구성이다. 목전의 상황으로부터 볼 때, 헌법감독전문기구를 전국인민대표대회의 상무위원회 아래에 설치하는 것이 비교적 적합하다.[1075]

⑦ 권리와 의무의 평등

a. 권리상의 평등을 향유

헌법의 규정에 의하면 공민은 법률 앞에서 모두 평등하다. 이 규정은 사회주의법제의 기본원칙일 뿐만 아니라, 국가에서 공민의 기본 권리와 의무의 관계를 조절하는 지도원칙이기도 하다. 즉 중국 공민의 기본 권리와 의무의 평등성을 확인한 것이다. 허숭덕은 헌법에서 공민은 법률 앞에서 모두 평등하다고 규정한 것은 잘못되었다고

1075) 하화휘, 「헌법 감독을 논함」, 『무한대학 학보』 1, 1981.

주장한다. 왜냐하면 법률에는 계급성이 존재할 뿐만 아니라 다른 요소의 제약을 받기 때문이다. 법률은 노동자 계급과 광대한 인민의 의지와 이익을 체현할 수 있지만 통치계급의 의지와 이익을 반영할 수는 없다. 그렇기 때문에 입법에 있어서 인민과 적대세력, 적대분자 사이에는 평등이 있을 수 없다. 그렇지 않으면 중국 법률은 적을 타격하고 범죄를 징벌하며 인민을 보호하고 네 가지 현대화를 건설하는 효과적인 도구가 될 수 없다. 국가는 입법과정에 부녀, 아동, 장애인의 권리를 보호하는 문제도 고려해야 한다. 중국 공민의 기본 권리와 의무의 평등성은 헌법범위 이내에서 중국 공민이라면 민족, 종족, 성별, 직업, 가정성분, 종교 신앙, 교육정도, 재산상황, 거주기한에 관계없이 모두 평등하게 권리를 향수하고 의무를 담당해야 한다는 것을 나타낸다. 일부 학자들은 이런 의문을 제기하기도 한다. 중국은 한 방면으로는 공민의 기본 권리와 의무의 평등성을 얘기하면서 또 다른 한 방면으로는 또 헌법과 법률의 계급성을 강조하는데 이는 모순적이지 않는가? 이는 모순되지 않는다. 왜냐하면 우리가 말한 공민의 기본 권리와 의무의 평등성은 헌법의 규정을 전제로 하기 때문이다. 하지만 신 헌법의 초안에서 공민의 기본 권리와 의무에 관한 규정은 노동자계급이 지도하는 광대한 인민의 근본이익에 부합된다. 우리는 반혁명분자와 일부 엄중한 형사범죄분자들의 정치 권리를 박탈해야 한다. 그러므로 공민의 권리와 의무의 평등성은 반혁명분자와 혁명인민에게 똑같이 '평등'을 얘기한다는 의미가 아니다. 종합적으로 헌법에서 규정한 법률 앞에서의 권리와 의무의 평등이란 기본 정신은 헌법과 법률의 특권을 초월한 특권을 반대한다는 데에 있다.

b. 권리와 의무의 일치성

중국 현행 '헌법'에서 공민의 기본 권리와 의무에 관한 규정에는 일치성, 즉 통일성을 갖고 있다. 예를 들면 "모든 공민은 헌법과 법률이 규정한 권리를 향수하는 동시에 헌법과 법률이 규정한 의무를 이행해야 한다"는 규정과 같은 것들이다.

일부 학자들은 우리들이 이러한 조항을 이해할 때, 반드시 두 가지 문제를 해결해야 한다고 주장한다. 공민의 기본 권리와 공민의 의무는 두 가지 개념이자 두 가지 범주이기 때문에 절대 혼동하지 말아야 한다. 첫째, 권리는 국가로부터 부여받은 공민이 향수할 수 있는 어떠한 권익으로서 법률의 보호를 받는다. 이는 객관과 주관 두 가지 가능성의 조합을 통해 현실이 된다. 하지만 공민은 이러한 권리를 향수할지를 스스로 결정할 수 있다. 이런 권리를 향수할 수도 있고 안 할 수도 있는데 법적인 규제를 받지 않는다. 이것을 권리 부여(授權性) 규범이라고 한다. 공민의 의무라 하는 것은 국가가 모든 공민에게 반드시 책임져야 할 모종의 책임을 맡기는 것이다. 이런 책임은 거절할 수 없다. 그렇지 않으면 법률로 강제적인 제재를 가할 수 있다. 이것을 의무성 규범이라고 한다. 둘째는 공민의 권리와 의무의 대립되고 통일되는 관계를 말하는데 양자는 분리될 수 없다. 즉, 권리만 향수하고 의무를 다하지 않거나 의무를 다하면서 권리를 향수하지 못하면 안 된다는 말이다.

중국 공민의 권리와 의무의 일치성은 양자가 서로 보완하고 서로 촉진하는 관계를 통해서도 표현된다. 만약 인민이 자각적으로 의무를 이행한다면 더 많은 물질과 정신적 재부를 창조할 수 있을 것이고 더 나아가 공민의 권리 범위를 확대시켜 충분한 물질적 보장을 얻을 수 있을 것이다. 이러한 양성순환은 중국 현대화 건설사업의 발전을 촉진하여 국가의 근본임무를 하루빨리 실현할 수 있게 해준다.

중국에서 공민 권리의 일치성은 일부 구체적인 권리와 의무, 의무와 권리의 통일을 통해서도 표현되기도 한다. 헌법은 노동권과 교육받을 권리는 공민의 권리이자 의무라고 규정했다. 노동권과 교육받을 권리는 권리와 의무의 이중성을 갖고 있다.

c. 권리는 제한을 받는다

공민의 권리와 의무의 통일성은 분리될 수 없다. 이는 공민의 권리와 자유는 일정한 제한을 받는다는 것을 의미한다. 이에 대해 중국 현행 '헌법'에서는 다음과 같이 명확히 규정하였다. "중화인민공화국공민은 자유와 권리를 행사할 때 국가, 사회, 집체의 이익과 기타 공민의 합법적인 자유와 권리에 손해를 입히지 말아야 한다." 일부 학자들은 이 조항의 입법정신에는 이중적인 의미가 함유되어 있다고 말한다. 첫째, 어떠한 국가의 공민이 향수하는 권리와 자유는 모두 법으로 확정한 것이다. 둘째, 모든 공민의 권리와 자유는 모두 상대적인 것으로서 제한을 받게 된다.[1076] 사실 제한이 없는 자유란 지금까지 존재한 적이 없고 존재할 수도 없다. 어떤 국가에서든 자유란 헌법과 법률의 범위 내에서의 자유를 말하는 것으로서 모두 헌법과 법률의 제한을 받아야 한다. 다만 제한받는 내용과 목적이 다를 뿐이다. 헌법과 법률로 공민의 자유에 필요한 제재를 가하는 것은 세계 각국의 일반적인 관례이다. 중국 헌법에 이 방면에 대한 규정이 없는 것은 누락된 것이라 할 수 있다. 공민의 권리와 의무의 일치성 및 자유와 권리를 정확하게 행사할 수 있도록 이론과 실천적으로 명확히 규정해야 한다. 그래야 모든 공민들이 자유와 권리를 정확하게 향수하고 자각적으로 공민의 의무를 이행할 수 있다.[1077] 하지만 권리는 제한을 받는다는 학자들의 주장은 주로 객관적인 조건의 제한 및 기타 공민의 합법적인 권익의 제한으로만 표현된다. 그들은 공공이익의 수요를 위해 권리를 제한해야 한다는 이론에 대해서는 미처 알지 못했다.

d. 권리의 법적 보류

학자들은 공민의 기본 권리에 대해 연구할 때, 대부분 중국 공민의 기본 권리와 의무는 국가와 긴밀한 연관을 갖고 있다고 생각했다. 공민의 기본 권리와 의무는 다른 부문법(部門法)을 통해 실현된다. 다시 말해 반드시 부문법의 구체화에 근거해야 공민의

1076) 양천명(楊泉明), 「중국에 헌법감독전문기구를 증설할 데 관한 토론(關于我國增設憲法監督專門機構的探討)」, 『사천사범학원학보』 4, 1989.

1077) 장벽곤, 「중국 공민의 기본 권리와 의무의 유형 및 그 관계」, 『법률 학습과 연구』 2호, 1988.

권리와 의무의 실현을 보장하고 구체화할 수 있다. 그렇지 않으면 공민은 국가를 향해 기본 권리를 주장할 수 없다. 동시에 공민의 기본 권리와 의무는 중지될 수 없을 뿐만 아니라 따로 발생될 수도 없다. 권리에 대한 박탈과 의무의 면제는 반드시 법에 근거하여 진행해야 한다. [1078]

3. 80년대 헌법학설에 대한 평가

1980년대에 중국가 처한 역사배경과 학과의 발전배경 그리고 학자들의 지식배경에 대한 고찰과 이 시기의 주요 헌법학설에 대한 정리를 통해, 우리는 이 시기의 헌법학설에 다음과 같은 몇 가지 특징이 있다는 것을 알 수 있다.

(1) 헌법학 교재의 체계를 다시 구축하는 것과 현실적인 문제의 이론에 대한 답을 서로 결합시켜 헌법학이론을 부단히 갱신했다

역사와 현질적인 원인 때문에 헌법학은 일반적으로 '정치성'이 강한 지식체계로, 경제기초와 정치투쟁을 위해 봉사하는 도구로 간주하고 있다. 법학학자들이 헌법학을 계급이익을 확인하는 도구로 생각하면서 맹목적으로 정치현실을 위해 일했기 때문에 학과로서 응당 구비해야 할 학술성과 비판정신이 부족하게 되었다. 이렇게 맹목적으로 복무를 실현하려 하는 입장은 1982년 헌법이 반포된 이후에 헌법학의 발전에 영향을 주었다. 이 시기의 헌법학은 지식체계상에서 의식형태영역의 영향과 속박에서 벗어나 학술의 자주성과 학과의 독립성을 추구하려고 노력했다. 비록 정치학과 헌법학은 내용상

1078) 오가린, 「중국 공민의 기본권리와 의무에 대해 논함」, 『법학 잡지』 8호, 1982.

일정한 관련성을 갖고 있기는 하지만 헌법학은 독립적인 학과로서 자기만의 논리구조와 학과의 특징을 갖고 있다. 그리하여 80년대부터 헌법학은 정치성에서 법의 속성으로 변화하기 시작했다. 헌법학은 학술의 자주정과 학과의 독립성에 대한 추구를 멈춘 적이 없다. 헌법학교재의 체계를 수립하는 데 있어서 1982년 헌법이 통과된 이후에 헌법학연구 과정에 학자들은 헌법학 자체의 논리에서 시작해 헌법 텍스트에 대한 주해를 하기 시작했다. 시대발전의 제한을 받아서 이 시기의 헌법학은 주로 총론과 교재를 만드는 방면에서 적극적인 발전을 이룩하였다. 그 가운데 오가린이 주필을 맡은『헌법학』은 80년대 이후의 중국헌법학교과서의 기본구성과 체계에 기초를 마련해 주었다.

하지만 헌법학은 현실적인 문제의 이론에 대한 응답에 대해 헌법으로서의 실천과 비판적인 작용을 발휘하지 못했다. 또한 헌법의 실천성과 위헌심사이론의 변혁 그리고 제도의 실천을 추진시키지 못했다. 그리고 공민의 기본 권리의 보장과 직접적인 연관이 있는 공민 기본 권리이론의 혁신을 이루어내지 못했다. 공민의 기본 권리에 대한 연구는 헌법 텍스트에 나오는 권리와 의무의 일치성, 법률 앞에서의 평등 및 조금 낮은 단계의 공민 권리의 제한 이론에 대한 연구에만 국한되었다. 그렇기 때문에 이 시기의 헌법학설은 정치적인 색채가 비교적 짙었는데, 교재에 포함된 내용의 이론에 대해서만 연구를 진행하려 했고 정치학과 철학자원에서 헌법학과 관련이 있는 범주만 찾으려 했다.

(2) 텍스트의 함의에 대한 주석과 의심 속에서 헌법학의 학술 수준을
    업그레이드 했다

일부 학자들은 일반적으로 헌법학은 헌법 텍스트를 기초로 한다고 주장한다. 하지만 중국 헌법 텍스트는 일부 역사단계에서 심각한 결함이 존재했다. 어떻게 하면 질서의 합법성을 유지하면서 필요한 헌법에 맞는 기초를 찾고, 파괴된 사회의 기본가치관을 다시 수립할 수 있을까? 헌법학계는 학술과 현실정치라는 이중의 압력을 받게 되었다. 개혁의 가치는 하루 빨리 새로운 헌법의 질서를 수립하고 이에 알맞은 이론적인 지지를 제공하는

데 있다. 하지만 학술적인 축적과 환경이 성숙되지 못했기 때문에 개혁 초기에 헌법학이 제공한 이론적인 증거는 매우 제한적이었다. 이러한 특징으로 인해 중국은 개혁과정에서 항상 '합헌성'에 대해 논쟁을 벌였고 헌법과 개혁의 관계에 대한 민중과 학술계의 평가도 의식형태의 영향을 많이 받게 되었다. 그 당시에 존재한 학술문제는 헌법 텍스트에 대한 상식을 보급시키고 설명하여 헌법을 해석하는 느낌이 있는 헌법학 특색을 발전시키는 것이었다. 그리고 헌법교재를 완벽하게 하고 헌법이 생활실제를 벗어나지 않게 하여 헌법학의 비판성과 구성을 유지하는 것이었다.[1079]

헌법 텍스트의 가치와 의의에 대한 사람의 의심과 개혁개방을 통한 가치관의 변화로 인해 불가피하게 사회가치관의 충돌과 모순이 발생하게 되었다. 헌법의 회복과정에 텍스트의 함의에 대한 주석과 의심 속에서 헌법학 학술의 수준이 향상되었다. 헌법 텍스트를 해석해야 할 뿐만 아니라 헌법 텍스트가 사회현실을 규범화시키는 작용을 발휘시켜야 했다. 그리고 헌법 텍스트를 변화시키고 완벽하게 할 수 있는 학술적인 주장을 제기해야 했다. 여러 번에 걸친 수정을 통해 헌법 텍스트는 헌법학 연구 가운데 점점 중요한 작용을 일으키게 되었다. 예를 들면 학자들은 1982년 헌법에서 확정한 헌법구조와 헌법의 내용에 근거하여 학리적인 해석과 분석을 진행하였다. 또한 이를 기초로 현행 헌법의 일부 특정 문제에 대해 비판하고 반성하기도 했다. 그리하여 헌법 텍스트는 규범적으로 그리고 실천적으로 더욱 완벽해지게 되었다.

(3) 헌법학의 발전과 젊은 헌법학자들에 대한 양성 그리고 그들의 성장이
    동시에 진행되었기 때문에 헌법학이 필연적인 변혁을 이룰 수 있었다

1079) 한대원, 「중국 헌법학의 학술 사명과 기능의 변화(中國憲法學的學術使命與功能的演變)-지난 30년간 중국헌법학이 이룬 발전을 되돌아보며」, 『북방법학』 2호, 2009. 한대원, 「중국헌법학연구 30년: 1978~2008」, 『호남 사회과학』 5호, 2008.

동지위(童之僞)의 대략적인 통계에 따르면, 1982년부터 1999년에 이르기까지 전국적으로 발표된 헌법학 논문이 총 2,900여 편에 달한다. 그 가운데 공민의 기본 권리와 인권에 관한 논문이 350여 편에 달하는데, 이는 모든 헌법논문의 약 12%를 차지한다. 전문저서는 226권에 달하였는데, 그 가운데 공민의 기본 권리와 인권에 관한 저서가 32권에 달한다. 이러한 책들은 대부분이 1990년대 이후에 출판된 것들이었다.[1080] 이 통계를 통해 80년대의 헌법학연구는 주로 헌법학 본래의 연구에 집중되었다는 것을 알 수 있는데, 국가권력의 구성 등 연구에 비교적 많은 노력이 집중되었다. 하지만 공민의 기본권리라는 이 실천성이 강한 영역에 대한 연구는 많지 않았다.

이러한 연구 상황을 초래하게 된 원인에는 헌법학자의 인재구조 및 헌법연구대오의 양성, 성장과 직접적인 관련이 있다. 80년대에 선배 학자들은 헌법학에 관한 문제를 연구하는 동시에 젊은 인재를 배양하는 데도 많은 정력을 쏟았다. 젊은 학자의 성장은 선배학자들의 성장과 동시에 진행되었다. 젊은 학자들은 새로운 관점과 사물을 쉽게 받아들이는 특징을 갖고 있었다. 그리하여 서방의 헌법학 이론, 헌법제도 등을 학습하는 과정에서 유익한 양분을 많이 흡수하였다. 이는 90년대에 젊은 학자들의 성장과 그들이 90년대 헌법학의 연구에 큰 기여를 하는데 지식과 이념상의 준비를 제공하였다. 그리하여 1990년대 그리고 그 이후에 공민의 기본 권리 규범의 함의, 헌법의 규범성과 안정성 및 적응성 그리고 사회의 발전 등을 주요 내용으로 하는 헌법학이 나타나게 되었다. 또한 방법상에서 규범과 경험을 서로 결합시키는 학술 추세가 나타났고 현실만 만족시키고 규범적인 가치를 희생하는 헌법학의 사유방식을 극복하였으며 규범적인 의미를 일정하게 강조하였다.

1080) 동지위, 「지난 30년간에 걸친 중국 헌법학의 교학과 연구」, 『법률과학』 3호, 2007.

제2절

1990년대의 헌법학설

1990년대에 이르러 개혁개방은 10여년의 발전과정을 거치게 되었다. 이 시기에 헌법학계는 1980년대의 사상해방과 학술축적을 거쳐 새로운 학술번영기에 진입하게 되었다. 근 30년에 달하는 중국 헌법학설 역사에서 이 시기는 역사를 이어주는 작용을 발휘하였으며 중요한 학술적 지위를 차지한다.

1. 1990년대 헌법학설의 발전 배경

종합적으로 90년대의 헌법학에는 여러 가지 관점이 논쟁을 하고 부딪치는 현상이 나타났는데, 이는 근래의 헌법학발전에 비교적 큰 영향을 끼쳤다. 학술연구는 계승과 창조성을 중요하게 생각한다. 1990년대의 헌법학설의 발전은 1980년대 헌법학설의 발전을 전제로 하고 동시에 독특한 시대와 전문 배경을 가지고 있다.

(1) 헌법학 발전의 새로운 시대적 배경

10여년에 달하는 개혁개방을 거쳐서 1990년대에 이르러 중국 경제와 사회의 사업은 장족의 진보를 가져왔다. 새로운 사회현상이 끊임없이 나타났고 사회에 많은 변화가 일어나기 시작했다. 이러한 것들은 사회과학과 법학의 연구에 새로운 과제와 요구를 제기해주었다. 헌법학은 그 학과적 특징으로 인해 사회변혁에 대해 직접적이고 강렬한 반응을 보였다. 이는 1988년부터 1999년에 이르는 12년이라는 시간동안 헌법을 세 번이나 수정한 것으로 표현된다. 법률은 사회를 기초로 하고 법률과 기타 사회현상은 비교적 긴밀한 관계를 유지한다. 1990년대에 중국은 빠르고 전면적인 발전을 했다. 이로 인해 헌법학자들은 헌법과 경제, 문화 등 사회현상 사이의 관계에 대해 더욱 많은 관심을 가지게 되었다. 그리하여 경제헌법, 문화헌법이라는 표현법이 나타나기도 했다. 사회발전에 대해 반응해야 한다는 요구 때문에 헌법해석학이 나타나게 된 것은 필연적인 결과라 할 수 있다. 헌법과 사회현실이 일치해야 한다는 관계원리는 빠른 속도로 발전하는 사회 앞에서 학자로 하여금 둘 사이의 관계를 장악하고 이해하는 데 일정한 어려움과 의견차이가 나타나게 하였다. 그리하여 양성위헌론(良性違憲論)에 대한 논쟁이 일어나게 되었다.

(2) 헌법학 선배들이 1980년대에 부지런히 작업했다

중화인민공화국이 수립된 이래 헌법학은 1960~70년대의 굴곡적인 발전을 거치게 되었다. 하지만 80년대에 이르러 헌법학은 따뜻한 봄날을 맞이하게 되었다. 50년대에 전문적인 헌법학 교육을 받은 앞 세대 학자들은 물질 그리고 신체상의 고난을 극복하고 헌법학연구에서 큰 성과를 이룩하기 시작했다. 오가린, 허숭덕, 초위운(肖蔚雲), 하화휘, 왕수원와 같은 이전 세대 헌법학 학자들의 부단한 노력을 통해 당대 헌법학의 지식체계, 학과범주 등이 초보적으로 형성되기 시작했다. 이는 1990년대 헌법학의 발전과 전문화에 튼튼한 연구기초를 제공해 주었다.

(3) 헌법학 연구진 쾌속적인 성장 이룩해

1980년대의 학과발전을 거처 헌법학은 1980년대 중후기에 많은 발전을 이룩하였는데 이 시기에 중화인민공화국에서 최초로 헌법학 박사과정이 개설되게 되었다. 자료 통계에 의하면 1984년에 중국사회과학원의 법학연구소에 헌법학박사과정이 개설되었고 학생을

모집하기 시작했다고 한다.[1081] 중국인민대학은 1986년에 헌법학박사과정 개설에 대한 비준을 받았다.[1082] 북경대학의 헌법학 학부에서는 1989년에 박사과정을 개설하였다.[1083] 무한대학의 헌법학 학부는 1990년에 박사과정을 개설할 수 있는 권리를 획득하였다.[1084] 이러한 대학들은 모두 비교적 일찍이 헌법학박사를 양성하기 시작한 대학들이다. 1990년대 중기 이후부터 이러한 대학들의 헌법학 박사대열의 규모가 커지기 시작하여 점차 중국 헌법학연구의 젊은 역량으로 자리 잡게 되었다. 오늘날에 이러한 학자들은 모두 중국 헌법학연구의 중견역량과 선구자가 되었다.

2. 1990년대의 주요 헌법학설 및 헌법연구의 쟁점과 논쟁

필자가 보기에 소위 헌법학설이라 하는 것은 비교적 큰 학술적 영향을 생산할 수 있으며 헌법의 범주를 중심으로 연구를 진행하는 학술적 관점을 말한다. 이것은 관점체계일 수도 있고 구체적인 개념과 명제에 대한 학술적 판단일 수도 있다. 헌법학설은 흔히 헌법저서와 문장 및 강연에서 나타난다. 필자의 통계에 의하면 학술영향력이 비교적 큰 법학잡지에 발표된 헌법 관련 문장은 300여 편에 달했다.

1081) http://www.iolaw.org.cn/faxuexi/doctor.asp 참고
1082) http://grs.ruc.edu.cn/yygk.asp?lm2id=50&lm2=연구원 개황 참고
1083) http://www.law.pku.edu.cn/article_one.asp?MID=200382064728&MenuId=2003820641577&menuname=학원
　　개황 참고.
1084) http://www.ccwhu.com/html/xuekejianjie/2009/0223/92.html 참고.

『중국 사회과학』에는 1994년부터 1999년 사이에 총 2편의 헌법 관련 문장이 발표되었다. 『법학연구』에는 1994년부터 1999년 사이에 총 15편의 헌법 관련 문장이 발표되었다. 『중외법학』에는 1994년부터 1999년 사이에 총 22편의 헌법 관련 문장이 발표되었다. 『법학자』에는 1994년부터 1999년 사이에 총 21편의 헌법 관련 문장이 발표되었다. 『법학평론』은 1990년부터 1999년 사이에 총 41편의 헌법 관련 문장이 발표되었다. 『현대법학』은 1990년부터 1999년 사이에 총 43편의 헌법 관련 문장이 발표되었다. 『법상연구』는 1994년부터 1999년 사이에 총 29편의 헌법 관련 문장이 발표되었다. 『법률과학』은 1990년부터 1999년 사이에 총 39편의 헌법 관련 문장이 발표되었다. 『정법 논단』에는 1990년부터 1999년 사이에 총 20편의 헌법 관련 문장이 발표되었다. 『법학』에는 1990년부터 1999년 사이에 총 65편의 헌법 관련 문장이 발표되었다. 대표적인 저서에는 서수의(徐秀義), 한대원이 저술한 『헌법학 기본원리』, 장경복(張慶福)가 주간을 맡은 『헌법학 기본이론』, 『헌정 논총』 및 리빠오윈(李步雲)이 주간을 맡은 『헌법비교연구』 등이 있다.

(1) 헌법해석학의 구성

헌법학의 이론에서 헌법해석은 특수한 기능을 소유하고 있다. 헌법해석이란 특정 주체가 일정한 원칙과 절차에 근거하여 헌법의 함의를 설명하는 행위를 말한다. 헌법해석은 헌법규범의 객관적인 함의를 탐구하는 활동이다. 그 목표는 해석의 합리성, 정당성과 헌법질서의 안정적인 가치를 추구하는 데 있다. 헌법규범과 헌법조문이 모호하고 추상적이며 개방적이고 광범위한 특징을 갖고 있기 때문에 헌법해석이라는 활동을 통해 모든 헌법조문을 객관적으로 해석해야 한다. 구체적으로 말해 헌법해석의 특정된 기능에는 아래와 같은 몇 가지 내용이 포함된다. 첫째, 헌법용어의 정확한 함의. 헌법은 국가의 근본법으로 국가와 사회의 기본원칙과 기본제도를 규정한다. 그렇기 때문에 헌법조문은 비교적 추상적이어서 이해하기 어렵다. 게다가 사람마다 정치적인 입장, 법률의식, 문자이해력이 같지 않기 때문에 동일한 조항에 대한 의견이 서로 다를 수 있다. 때로는 전혀 다른 해석을 내놓을 수도 있다. 이는 헌법의 관철과 집행에 불리하다. 그렇기 때문에 권위기관에서는 헌법에 대해 통일적인 해석을 진행해야 한다. 둘째, 헌법을 제정할 때 남겨놓은 누락을 보충해야 한다. 매우 복잡한 현실과 사람의 인식능력의 제한으로 말미암아 헌법을 제정할 때, 이런 저런 누락이 생길 수 있다. 규정해야 할 사항을 빠뜨렸거나 헌법제정자들이 그 당시의 형세에 근거하여 일부 사항에 대해서 잠시 규정을 내리지 않고 의식적으로 일을 미루어 놓았을 수도 있다. 이러한 것들이 헌법에 대한 논쟁을 불러일으키지 않게 해석을 통해 보충설명을 진행해야 한다.

셋째, 새로운 형세 발전에 적응해야 한다. 모든 헌법과 헌법의 일부 내용은 시대의 제한을 받기 마련이다. 즉 헌법을 제정할 때 미래에 일어날 상황들을 정확하게 예측할 수 없다는 것이다. 사람의 의지로 사회의 객관적 현실에 일어나는 변화를 옮길 수 없다. 역사조건에 변화가 일어났거나, 원래의 규정이 시대에 뒤떨어졌거나, 새로운 상황에 알맞은 헌법조문이 없지만 미처 헌법을 만들지 못했거나, 혹은 아직은 헌법을 수개할 필요가 없는 등의 상황이 나타날 수 있다.[1085] 이러한 상황에서는 헌법의 역량이 미치지 못하는 상황이 나타나는 것을 피하기 위해 헌법의 일부 규정을 새롭게 늘려서 해석할 수 있다. 그렇게 하면 새로운 상황에 계속해서 적응할 수 있다. 넷째, 위헌심사의 필요이다. 입법기관에서 제정한 어느 한 법률 혹은 정부에서 실시한 어느 한 행위에 대해 어떤 사람은 위헌이라고 하고 어떤 사람은 위헌이 아니라고 한다. 그렇다면 도대체 위헌이 맞을까? 이를 어떻게 평가해야 할까? 우선 위반했다고 주장하는 헌법규정을 해석하고

1085) 일부 학자들은 "해석권 운용의 최고 한계는 헌법수정권의 시작이라고 말한다. 대부분 상황에서 규범과 현실 사이의 충돌은 매우 심하지 않다. 이는 헌정운행에서 불가피하게 나타나는 '정상적인 충돌'이다. 헌법해석을 통해 헌법문자를 확충하여 현실의 합리적인 요구가 규범에 포함되게 해야 한다. 규범과 현실의 충돌이 매우 격렬하여 '위헌'의 수준에 도달했을 때에서야 헌법 수정권한을 사용해야 할지 고려할 수 있다." 서수의, 한대원이, 『현대헌법학원리』, 중국인민공안대학출판사, 2001, 287쪽.

명확히 설명해야 한다. 그래야 비교분석을 통해 마지막 판단을 내릴 수 있다.

21세기에 들어선 후 헌법해석학은 나날이 높은 관심을 받게 되었고 장족의 발전을 이룩했다. 헌법해석에 관한 심포지엄 및 저서가 나날이 늘어났다. 예를 들면 2002년 9월 14일 중국인민대학의 헌정과 행정법치 연구센터에서는 '현대헌법해석의 이론, 규칙 및 절차'라는 심포지엄을 개최하였다. 회의에서는 헌법해석의 기본범주, 헌법해석의 작용, 헌법해석의 절차 및 국외헌법해석이론 연구의 새로운 동태 등에 대해 전문적인 연구를 진행하였다.[1086] 『헌법학 전문연구』라는 책에서 임래범(林來梵)은 헌법학을 규범화시켜야 한다고 주장했고, 정현군(鄭賢君)은 '헌법철학'이 성립된다고 믿었으며, 한대원은 헌법해석학의 방법을 널리 제창하여 이러한 방법에 대한 연구와 실천을 추진해야 한다고 주장했다.[1087] 필자의 생각에 의하면 1990년대의 학자들이 헌법해석학의 연구구성을 초보적으로 제기하였기 때문에 21세기에 들어서 헌법해석이 발전하고 성숙될 수 있었다.

1990년에 왕위밍은 『현대법학』 잡지에 발표한 『헌법해석을 논하다』라는 문장에서 헌법해석학의 개념, 원인, 원칙, 기관 및 효력 등 헌법해석의 기본문제를 체계적으로 논술했다.[1088] 후홍홍(胡弘弘) 박사는 헌법해석은 중국에서 근래에(1995년의 상황을 놓고 말한 것) 제기된 헌법문제라고 주장한다. 사회의 끊임없는 진보와 발전과 더불어 정치, 경제의 상황에도 많은 변화가 생겨남에 따라 각기 다른 사회관계를 조절하여 헌법을 입법근거로 하는 일반법이 나날이 증가되었다. 그렇다면 입법을 할 때 어떻게 헌법을 기준으로 할까? 헌법에 저촉되지 않는 원칙을 어떻게 이해해야 하는가? 법률, 법규 등 문건이 위헌인지 심사할 때 헌법함의에 의견 차이를 어떻게 해결해야 하는가? 여기에는

1086) 한대원 등, 「현대헌법해석이론의 발전추세(現代憲法解釋理論的發展趨勢)-현행 헌법에 대한 이해: 이론, 규칙과 절차」 (학술심포지엄총서), 『법학자』 2호, 2003.
1087) 한대원, 임래범, 정현군, 『헌법학전문연구』, 5쪽.
1088) 왕옥명, 「헌법해석을 논하다」, 『현대법학』 4호, 1990.

근본대법의 해석에 관한 문제가 연관된다. 사람들의 관심이 깊어짐에 따라 해석학은 본체론의 요소를 가지게 되었다. 하지만 해석한은 방법론의 일종이다. 일반적으로 문리해석을 통해 명확하고 안정적인 결론을 얻을 수 있을 때에는 논리해석을 진행할 필요가 없다. 문리해석으로 여러 가지 결론을 얻게 되거나 결론이 명확하고 안정적이지 않을 때에는 반드시 논리해석을 진행해야 한다. 하지만 반드시 법률조항이 가질 수 있는 함의 내에서 논리해석을 진행해야 한다. 중국 헌법해석의 규칙은 다음과 같은 곳에서 체현된다. 1) 일반 문자는 그것이 가지고 있는 일반적인 함의를 이해한다. 그리고 그 함의를 공민이 예측할 수 있는 범위 이내로 통제해야 한다. 2) 입법 의도를 고려해야 한다. 입법목적에 위배되는 해석이 나타나는 것을 피해야 한다. 3) 객관적 존재의 사회발전추세에 적응하고 터무니없는 결론을 피해야 한다. 각기 다른 규칙을 운용할 때, 중국 헌법의 총 지휘사상과 최고목적에 복종해야 한다. 그리고 국가의 화목과 안전에 유리해야 하고 사회진보에 유리해야 하며 국가법제의 통일성을 수호해야 한다.

헌법해석에 대한 체계적인 연구를 제외하고, 일부 학자들은 특정 주제에 대한 연구를 시작하여 탁월한 견해를 형성하기도 했다. 왕레이(王磊)는 헌법해석은 헌법과 위헌을 이어주는 중요한 다리역할을 한다고 주장했다. 헌법해석기구는 헌법해석제도의 관건이자 핵심이다. 헌법해석기구의 실체는 위헌문제를 해결하는 기구이다. 중국의 전국인대 및 상무위원회는 헌법에 대해 해석을 진행할 수 있다.

하지만 전국인대 상무위원회와 전국인민대표대회를 막론하고 모두 전문적인 헌법해석기구가 될 수 없다. 전국인대 및 상무위원회와 달리 중국 최고인민법원은 반드시 엄격한 헌법해석기구가 되어야 한다. 이는 인민주권의 헌법원칙과 충돌하지 않으며, 서방의 분권원칙의 체현도 아니다.[1089] 한대원과 같은 사람들은 헌법해석의 주관성과 객관성 문제에 대해 연구를 진행하였다. 그들은 법률실증주의는 헌법의 본래 뜻을

1089) 왕뢰, 「중국 헌법 해석 기구에 대한 시론(試論我國的憲法解釋機構)」, 『중외법학』 6, 1993.

근거로 헌법조문에 대해 논리적인 추리를 진행하여 객관적인 헌법해석에 도달해야 하는 것이라고 주장한다. 자유주의법학에서는 헌법해석은 '법을 만드는 것'이지 '법을 찾는 것'이 아니라고 주장하는데 해석하는 사람의 주관성을 피할 수 없고 이는 현실사회정의에 꼭 필요한 것이라고 생각한다. 이 두 가지 관점에는 모두 객관적이지 못한 부분이 존재한다. 헌법해석은 완전히 객관적일 수 없다. 하지만 그렇다고 해서 해석자 '마음대로' 해석해도 안 된다. 우리는 상대적으로 객관적인 해석을 찾아내야 한다. 그렇게 하려면 해석하는 사람의 주관성을 통제해야 한다. 여기에는 헌법제정자의 의도에 대한 통제, 헌법의 기본정신에 대한 통제, 객관적인 역사진보 방향에 대한 통제, 해석규칙에 대한 통제 및 해석하는 사람의 자아단속이 포함된다.[1090]

1990년대에 학자들이 헌법해석학의 기본구성을 제기하면서 이는 하나의 학설로 자리매김하게 되었다. 이렇게 말하는 원인에는 다음과 같은 것들이 있다. 첫째, 1990년대 헌법해석에 대한 학자들의 연구는 풍부하지도 않고 깊이가 깊지도 않았다. 하지만 이러한 연구 자체는 21세기에 헌법해석학이 헌법학의 한 연구 방법 혹은 학설유파가 되는 데에 학술적 기초를 마련해 주었다. 둘째, 그 당시에 진행된 학자들의 연구는 체계적이고 계통적이었을 뿐만 아니라 특정주제에 대한 연구를 발전시키는 추세가 나타나게 했다. 셋째, 학자들의 연구는 헌법학의 형성에 초보적인 구성을 제공하였을 뿐이며, 헌법해석학의 수많은 학술명제에 대한 연구는 이제 막 시작되었을 뿐이다.

(2) 규범헌법학의 제창

21세기에 들어선 이후 규범헌법학은 헌법학 발전의 중요한 유파 혹은 연구방법이 되었다. 1990년대 이후 임래범을 대표로 하는 일부 학자들이 규범헌법학의 개념을

1090) 한대원, 장상(張翔), 「헌법해석의 객관성과 주관성에 대한 시론」, 『법률 과학』 1999년 6호.

주장하기 시작했는데, 이는 그 당시의 헌법학계에 새로운 기류를 형성하였다. 하지만 여기에 관한 많은 개념들에 대해 상세하고 충분한 논증을 진행하지 않았었기에 이는 규범헌법학의 첫 시작이라 할 수 있다.

1990년대에 나온 이러한 학술관점의 주요내용은 다음과 같다. 중국헌법학자들은 우선 먼저 헌법정신, 해설(해석이 아님), 헌법현상을 연구대상으로 하는 전통 이론을 뛰어넘어 더 본원적이고 형이상적이며 진정으로 헌법현상을 주요 연구대상으로 하는 기초이론을 탐구해야 한다는 것이다. 그래야만 형이하학적 세계의 끝없는 고해에서 벗어날 수 있다.[1091]

규범헌법학은 규범헌법과 밀접한 개념관계를 가지고 있다. 중국의 헌법규범에 자주 변화가 발생하고 안정적인 헌법질서를 형성할 수 없는 것은 미국 현대법학자 칼 뢰벤슈타인이 주장하는 '규범적 헌법'과 비슷한 의미에서의 헌법규범을 확립하지 못했기 때문이다. 이 때문에 이러한 헌법규범을 이룬 가변적이고 외재적인 '비규범적 행위'를 맹목적 혹은 막연하게 비판하지 말아야 한다. 칼 뢰벤슈타인은 어느 한 국가나 사회가 명실상부한 헌법을 만들어내려면, 다시 말해 '살아있는 헌법'을 만들어내려면 이러한 헌법이 살아갈 수 있는 데 필요한 '수분과 토양 조건'을 제공해 주어야 한다고 말한다.

헌정주의를 실현하려면 권력소유자와 권력대상자는 모두 전제주의 통치를 하는 전통적인 관습에서 벗어나야 한다. 헌법에 법적인 효력만 있다면 살아있는 헌법이 될 수 없다. 헌법은 반드시 국가와 사회의 품에서 성장해야 한다.

반대로 국가와 사회도 헌법의 보호 속에서 성장해야 한다. 간단히 말해 헌법과 사회는 반드시 '공존'하는 관계를 이루어야 한다. 그래야 헌법의 규범들이 정치과정을 관리할 수 있다. 반대로 권력과정도 헌법규범에 '적응하고 복종'해야 한다. 이런 헌법이 바로

1091) 임래범(林來梵), 「규범헌법의 조건과 헌법규범의 변동(規範憲法的條件和憲法的變動)」, 『법학연구』 2호, 1999.

규범헌법이다. 이는 마치 '몸에 딱 맞아 자주 입는 옷'과도 같다. 칼 뢰벤슈타인은 서구 및 미국 등 국가의 헌법이 바로 선형적인 규범이라고 주장한다. 헌법의 규범성은 사체적으로 수립할 수 있는 것이 아니라 실천의 검증을 거쳐야 한다.[1092]

규범헌법의 생성에는 일정한 조건이 필요하다. '규범헌법'은 국가가 산업사회로서 일정한 단계에까지 발전한 다음 나타나는 독특한 현상이다.

이는 "혁명이 성공하고 민주적인 사실이 나타난" 뒤에 나타나는 보편적인 산물이 아니다. 중국 사회주의시장경제의 형성과 발전은 앞으로 중국에 규범화된 헌법이 형성되는 데에 매우 중요한 의의를 갖고 있다. 만약 사회주의시장경제의 발전이 필연코 중국사회산업의 발전을 이끈다고 말할 때, 이러한 사회주의시장경제는 비록 그 전에도 그리고 지금도 계속해서 중국현행 실재 헌법규범에 충격을 가하고 있다. 허나 바로 이러한 작용력이 계속 중국규범헌법의 형성과 발전에 조건을 마련해주고 있다. 규범헌법의 형성은 없어서는 안 될 역사 준비이자 완성해야 반드시 완성해야 할 역사과제이다. 개혁개방과 사회주의시장경제의 형성과 발전이라는 이 필요한 역사단계를 거쳐야만 중국헌법이 성과를 거둬 명실상부한 규범헌법이 될 수 있다. 이 기간에 헌법의 변동, 특히 헌법의 변화와 헌법의 수정이라는 이 두 가지 형태상의 헌법변동현상이 나타나는 것은 불가피하다.[1093]

(3) 헌법학의 새로운 체계 구축

1980년대의 관찰과 반성을 통해 학자들은 그 당시의 헌법학체계에 여러 가지 결점이 존재하고 더는 헌법학의 발전과 사회의 발전 수요를 만족시킬 수 없다는 것을 발견했다.

1092) 임래범, 「규범헌법의 조건과 헌법규범의 변동」, 『법학연구』 2호, 1999.
1093) 임래범, 「규범헌법의 조건과 헌법규범의 변동」, 『법학연구』 2호, 1999.

그리하여 헌법학의 새로운 체계를 수립하는 것은 1990년대 헌법학계에서 아주 중요한 연구내용이었는데 학자들은 이와 관련이 있는 많은 글을 발표하였다. 그리하여 내용이 서로 다르고 심지어 첨예하게 대립되는 관점이 형성되기도 했다. 종합적으로 다음과 같은 몇 가지 관점 혹은 학설로 분류할 수 있다.

① 사회권리(權利)를 헌법학의 새 체계를 구축하는 기초 범주로 삼았다.

동지위는 사회 권력을 분석하는 방법으로 헌법학체계를 다시 구성해야 한다고 주장한다. 우선, 헌법학체계를 구축함에 있어 사회 권력분석법은 계급분석의 방법보다 사회주의 초급단계의 요구에 더 부합된다. 또 헌법학연구에서 경제건설을 중심으로 하는 것을 고수하고 민주와 법제에 대한 연구를 강화하여 경제건설을 위해 복무하게 하는 데 유리하다. 다음, 사회권리 관계는 한 국가 내에서 가장 기본적이고 보편적인 사회관계이다. 셋째, 사회권리로부터 시작해야만 추구하는 이론과 실천 목표를 다시 구성할 수 있다. 넷째, 다른 범주보다 사회권리에 대한 분석으로부터 시작하는 것이 더 유리하다. 사회권리는 다음과 같은 기본 속성을 갖고 있다.

첫째, 사회권리의 모든 관계는 역사의 가변성을 띠고 있다. 둘째, 사회권리의 총량은 점차 증가한다. 셋째, 사회권리의 구성 요소는 서로 관련이 있고 상호 작용한다. 넷째, 사회권리의 구성에는 단계적인 변화가 존재한다. 다섯째, 사회권리는 그 발전과정에서 사회분포상황에 무한적으로 접근하는 속성을 나타낸다. 사회권리 분석방법은 사회권리를 분석하는 것을 시작으로 다른 기본 속성을 파악하는 것을 말한다. 이는 분해와 재분해의 법칙을 기초로 헌법현상을 인식하고 해석하는 방법이다. 헌법체계를 다시 구성할 때 해야 할 첫 번째 작업은 바로 사회권리 분석방법으로 갖가지 헌법현상을 분석하고 그것으로 모든 헌법학 범주를 관통하고 나타내야 한다. 새로운 체계에서 기존의 헌법학 범주는 모두 보류한다. 다만 사회권리 분석방법으로 그것들을 다시 배치하면 된다. 다른 한 작업은 바로 사회권리 관계체계의 논리적인 구성에 따라 기존의 헌법학체계의 내용을 풍부하게 보충해야 한다.[1094) 동지위는 새로운 헌법학체계의 범주는 기초범주와 기본범주로 나뉜다고 말한다. 기초범주에는 사회권리가 포함된다. 기본범주에는 공민의 권리, 국가의 권리, 사회의 잉여권리, 사회의 종합적 권리, 법률의무와 헌법이 포함된다.[1095)

조세의(趙世義)와 추평(鄒平)은 이와 다른 주장을 제기했다. 두 교수는 사회권리라는 개념에 반대한다. 그들은 '사회권리'란 헌정의 실천경험에서 귀납해낸 것이 아니고 헌법학이론에서 추론해낸 것도 아니며 종합적으로 '사회권리'라는 것이 존재하지 않는다고 말한다. 그들은 사회권리 분석방법은 두 개의 잘못을 전제로 했다고 말한다. 즉 세계관과 방법론을 동일한 개념으로 보고 법률부문과 법률체계를 혼동한 것이다. 그들은 사회권리 분해법칙은 논리적으로 성립되지 않는다고 주장한다.[1096)

유무림(劉茂林)은 동지위의 의견에 대부분 동의했다. 그는 사회권리는 하나의 개념으로서 반드시 실제적이고 의미를 갖고 있어야 한다고 주장한다. 사회권리의 개념을 충분히 새로운 헌법학체계의 논리적인 기점으로 볼 수 있다. 그는 기존의 헌법학체계에 다음과 같은 결함이 존재한다고 제기했다.

1) 기존의 헌법학체계는 주로 헌법지식을 보급하고 선전하거나 고등학원에서 중국헌법교육을 진행하기 위해 점차 수립된 것이다. 이런 체계는 헌법 텍스트를 해석하는 것을 중심으로 만들어진 교과서적인 체계이다. 그렇기 때문에 체계적이고 전공학과적 특색이 있는 기초이론이 부족하다.
2) 기존의 헌법학체계는 전체 구조상에서 국가가 최고라는 분위기를 풍긴다. 그리하여

1094) 동지위, 「사회권리분석방법으로 헌법학체계를 다시 구성해야 한다(用社會權利分析方法重構憲法學體系)」, 『법학연구』 5호, 1994.
1095) 동지위, 「헌법학체계의 범주 구성을 논하다(論憲法學體系的範疇架構)」, 『법학연구』 5, 1997.
1096) 조세의(趙世義), 추평쉬에(鄒平學), 「'사회권리분석방법으로 헌법학체계를 다시 구성한다'는데 대한 질의(對'用社會權利分析方法重構憲法學體系'的質疑」, 『법학연구』 1호, 1995.

사회주의시장경제의 수요와 민주법제를 건설해야 하는 장기적은 수요를 만족시킬 수 없다.

3) 기존의 헌법학체계는 사실 여전히 계급성을 기본 범주로 한다. 그렇기 때문에 전체적으로 새로운 역사시기의 수요를 만족시킬 수 없다.

4) 기본 범주가 명확하지 않기 때문에 기존의 헌법학체계는 구조가 산만하고 임의성이 강하다. 그리고 각 구성부분 사이에 논리적인 연계가 명확하게 존재하지 않는다.[1097]

② 헌법학체계의 5대 범주론

이용(李龍)과 주엽중(周葉中)은 헌법학의 이론체계를 다시 구축하는 것은 중국의 헌법학이 발전하는 필연적인 추세라고 주장한다. 하지만 어떻게 이론체계를 다시 수립해야 하는가에 대해서는 저마다 의견이 다르다. 이용과 주엽중은 모든 학과체계의 구성은 주로 두 가지에 의해 결정된다고 말한다. 하나는 기본범주이고 다른 하나는 기본범주의 논리적인 연계이다. 그렇기 때문에 헌법학의 기본범주에 대한 연구는 헌법학 기초이론 연구를 추진하여 헌법학이론체계를 다시 수립하는 데에 있어 핵심이다.

이 두 사람은 헌법과 헌정을 헌법학 범주체계의 논리적인 기점으로 보았다. 주권은 인권의 근본적인 보장이다. 하지만 인권은 주권의 출발점이다. 그리하여 주권과 인권은 헌법학의 두 번째 범주이다. 국체와 정체를 떠난 국가를 국가라 할 수 없기 때문에 국체와 정체는 헌법학의 세 번째 기본 범주이다.

공민의 기본 권리는 헌법의 핵심이다. 권리와 의무는 불가분의 관계이기 때문에 공민의 기본 권리와 기본의무는 헌법학의 네 번째 기본범주이다. 국가권력은 국가주권의 구체적인 표현이다. 국가기구는 국가 권력의 물질적인 담당자이다. 그렇기 때문에

1097) 유무림(劉茂林), 「헌법학체계 재구축을 논함(也憲法學體系的重構)」, 『법학연구』 5호, 1995.

국제권력과 국가기구는 헌법학의 다섯 번째 기본범주이다.[1098]

　③ 헌법학의 신체계에 대한 이원론

　둥허핑(董和平)은 헌법학의 신체계에는 이론체계와 학과체계가 포함되어야 한다고 말한다. 중국 헌법학의 이론체계를 다시 수립하는 기본적인 사고의 맥락은, 다시 말해 헌법학이론의 연구내용에는 다음과 같은 네 개의 부분이 포함된다. 즉 헌법기초-헌법권리-헌정체제-헌정실시이다. 헌법기초는 헌법과 헌법학의 기본이론문제에 대한 연구를 통해 헌정의 정신과 메커니즘에 대해 분석하는 것을 말한다. 헌법권리는 인권에 대한 요구를 구체화한 공민의 기본 권리에 대해 연구하는 것을 말한다. 헌정체제는 국가기본제도를 설치하고 운행시키는 민주의 메커니즘에 대해 연구하는 것이다. 헌정실시는 헌법요소와 실현조건에 대해 연구하는 것이다. 그 내재적인 구조로부터 볼 때 첫 번째 부분은 기초이고, 두 번째와 세 번째 부분은 주체이며, 네 번째 부분은 중점이다. 이 네 가지의 결합이 헌법학 이론연구의 전체적인 체계를 구성한다. 하지만 이러한 체계에 대한 연구의 기점은 민주와 인권의 보장이다.

　헌법학의 학과체계를 놓고 말할 때 헌법학은 헌법과 헌정을 연구대상으로 하는 법학학과이다. 하지만 헌법과 헌정에 대한 전면적인 연구에는 역사연구, 사회연구, 본체연구와 비교연구가 포함된다.

　헌법의 역사에 대한 연구는 헌법의 종적인 발전을 위해 헌법과 헌정제도의 산생, 발전, 변화 과정에 대해 연구하는 것을 말한다. 이것을 근거로 중국헌법사상사, 외국헌법사상사, 중국헌정제도사와 외국헌정제도사 등의 학과가 형성되었다. 헌법에 대한 사회연구는

1098) 이용(李龍), 주엽중(周葉中), 「헌법학 기본범주에 대한 약론(憲法學基本範疇簡論)」, 『중국법학』 6호, 1996.

주변 사회요소와 헌법제도의 상호침투, 상호영향과 작용의 각도에서 헌법과 헌정제도의 발전, 변화, 존재 그리고 효과가 발생하는 원인과 법칙에 대해 분석하고 헌법제도의 구성과 실현에 대해 연구하는 것을 말한다. 여기서 헌법사회학, 헌법정책학 그리고 헌법의식, 헌법문화, 헌법질서와 헌정제도학과 같은 연구 분야가 형성되었다. 헌법의 본체에 대한 연구는 헌법과 헌정제도의 현재 상황에 대한 연구를 통해 그 일반적인 특징과 법칙을 총 정리하는 데 중점을 둔다.

헌법의 비교연구는 헌법과 헌정제도를 인류정치발전의 역사과정과 여러 가지 복잡한 정치, 경제, 문화 등 사회관계와 비교하고, 한 국가의 헌법제도를 이와 비슷한 다른 국가의 헌법제도와 비교하는 것을 말한다. 특정 헌법제도가 다른 국가의 각기 다른 역사시기에서의 입법과 운행 상황을 전면적으로 비교, 분석하여 헌법제도가 작용을 발휘하는 구체적인 조건과 법칙을 연구하고 헌법입법과 헌정운행의 최상의 경로, 방법, 질점(質點)을 찾아내야 한다. 이것을 근거로 나라별 비교헌법사, 각국 비교헌법사, 헌법규범비교연구, 헌법제도비교연구, 헌정환경비교연구와 비교헌법학원리 등의 연구 분야가 형성되었다. 헌법학은 이상 네 개의 연구 각도에서 형성된 각 분야의 학과가 하나의 복잡하고 유기적으로 연계되어 학과집단을 이룬 것이다.[1099]

(4) 학과의 교차적인 시각으로 본 헌법학연구

헌법학은 사회과학의 일종이다. 헌법학은 경제학, 정치학, 사회학, 역사학, 철학 등 다른 사회과학과 밀접한 관계를 가지고 있다. 헌법학은 다른 학과와 교류하고 합작하면서 한편으로는 헌법학연구에 풍부한 지식소재와 이론기초를 제공하였고, 다른 한편으로는

[1099] 동화평(董和平), 「헌법학이론체계와 학과체계의 새로운 구축에 대해 논하다(也論憲法學理論體系和學科體系的重構)」, 『법률과학』 5, 1994.

헌법학과 기타 학과의 연구영역이 교차되고 중합되면서 헌법경제학, 헌법사회학, 헌법사학, 헌법철학 등 새로운 학제 학과의 발전을 촉진하기도 했다. 이 때문에 헌법학의 방법론은 반드시 개방적이어야 하고 여러 가지 방법을 종합적으로 운용해야 한다. 해석학, 경제학, 사회학, 정치학, 역사학, 철학 등 학과의 연구방법을 헌법학의 연구에 사용할 수도 있다. 이러한 헌법학연구방법은 다양하고 종합적이다. 이는 헌법가치를 기초로 하는 지식공동체의 수립과 종합적인 헌법연구방법론의 형성에 유리하다.

1990년대에 들어서면서 학자들의 연구시각이 점차 넓어지기 시작했는데 그들은 기타 학과의 영양을 흡수하여 헌법학의 연구를 풍부하게 하는 데에 관심을 기울이기 시작했다. 그리하여 비교적 큰 가치가 있고 영향력이 큰 관점을 형성하게 되었다. 이 가운데 경제헌법과 헌법문화라는 표현법이 가장 대표적이다.

① 경제헌법

조세의는 경제헌법의 중요한 제창자이다. 그는 시장경제는 법치경제이고 헌법은 법치의 기초이며 시장경제의 생성과 성장에는 헌정제도의 협력이 필요하다. 정치헌법이나 정성(定性) 분석을 지나치게 강조하는 전통헌법이론에 국한되면 경제건설과 헌정건설이 동시에 발전하는 요구에 적응할 수 없다. 서방 학술계는 1930년대의 제도경제학에서부터 경제학과 헌법학을 정식으로 결합해서 연구하기 시작했다. 70년대에 이르러 미국의 법학자 포스너가 경제학자 코스 등의 연구 성과를 받아들여 법률경제학을 창설했다. 미국경제학자 뷰캐넌을 대표로 하는 공공선택학파는 헌법의 각도에서 경제발전을 연구하고 경제학과 헌법학을 연계시켜서 연구하기 시작했다. 헌법학과 경제이론의 융합된 역사를 돌이켜 보는 것은 헌법학이 경제헌법에 관심을 가지고 경제학의 원리와 방법을 참고로 헌법문제를 해결하며 법학연구 영역의 확대와 연구방법의 갱신에 유리하다.

경제학이 헌법영역에 침투, 확장되고 법학이 경제학의 방법을 받아들이게 된 것은 전통 헌법학이론의 형성에 큰 도전으로 다가왔다. 전통헌법학의 연구방법은 단일하고 단편적인데 정성분석과 규범분석만 강조하고 정량분석과 실증분석을 소홀히 한다. 정성분석은 헌법의 계급성을 연구하는 데 사용되었고 규범분석은 헌법조문을 해석하는 데 국한되었다. 도전에 직면하게 된 헌법학은 어쩔 수 없이 새로운 이론을 세우고 경제헌법학으로 발전해야만 했다. 경제학은 정치, 헌법을 자신의 연구영역으로 삼았다. 동시에 헌법학도 반드시 연구영역을 경제방면으로 확장해야 했다.

시장의 관계, 시장 메커니즘이 헌법에 일으키는 영향을 연구하여 경제헌법학의 이론을 형성하였다. [1100] 수이슈이와 한대원은 경제헌법의 개념에 많은 관심을 가졌는데 그들은 개념상 이들에 대해 비교적 고찰을 진행하기도 했다. "경제헌법"문제는 독일 헌법학자 프란츠 뵘(Franz Bohm)이 제일 먼저 제기한 것이다. 현재 독일 프랑스, 미국, 일본, 한국 등 국가에서 "경제헌법"은 학자들의 공인을 받는 헌법학 범주가 되었다. 이에 대한 전문 연구가 시작되면서 경제헌법학이론체계의 기본구성이 한창 형성되고 있다. [1101] 문정방(文正邦)도 헌법에 대한 경제학 논증 혹은 경제에 대한 헌법학 논증을 제창했다. [1102] 추평학은 경제헌법이라는 개념을 제기하지는 않았지만 헌법의 경제속성에 관심을 가지고 연구를 진행해야 한다고 강조했다. [1103]

② 헌법문화

경제헌법의 개념 이외에 1990년대에도 헌법과 문화를 결합시켜 헌법문화에 대해

1100) 조세의, 「경제헌법학-헌법학과 경제학 이론의 융합에서 얻어진 역사적 계시(憲法學與經濟學理論交融的歷史啓迪)」, 『법률 과학』 3호, 1997.
1101) 서수의, 한대원, 『헌법학원리』 상권, 중국 인민 공안대학출판사, 1993, 206쪽.
1102) 문정방(文正邦), 『21세기로 향하는 중국법학』, 중경출판사, 1993, 173쪽.
1103) 추평학, 「헌법의 경제속성에 대한 연구를 중시해야(應汪重對憲法經濟屬性的研究)」, 『법학』 12호, 1995.

연구를 진행해야 한다고 제기하는 학자들이 있었다.

주복혜(朱福惠)와 범의(范毅)는 헌법문화에 대한 연구를 강화하면 우리들이 인류의 정치, 법률, 문화의 역사과정에서 헌법이론에 대해 전면적으로 이해를 하는 데 유리하고 헌법의 본질에 대한 인식을 심화시킬 수 있다고 말한다. 헌법이 발생된 각도에서 볼 때 헌법은 계급성이 강렬할 뿐만 아니라, 사상문화적인 내용도 매우 풍부하다. 이는 다른 부문의 법과 비교했을 때 헌법이 가지는 독특한 특징이다. 헌법의 계급성을 강조할 때 헌법의 문화속성을 홀시해서는 안 된다. 헌법에서 확정한 일부 기본원칙은 인류의 사회, 정치, 문화가 발전한 결과이다. 이는 일정한 역사적 진보성을 띠고 있을 뿐만 아니라 헌법의 중요한 내용이 되기도 한다. 그렇기 때문에 헌법의 개념에는 계급성이 포함되어야 할 뿐만 아니라 그 사회관계를 명확히 해야 한다. 그래야만 헌법의 본질을 전면적으로 제시할 수 있다. [1104] 주복혜는 헌법과 헌정문화에는 일부 뚜렷한 특징이 있다고 주장한다. 즉 상품경제에 대한 헌법 및 헌정문화의 의존성, 헌정문화의 민주성, 헌정문화의 상용성, 헌정문화의 정치성이다. [1105]

(5) 양성(良性) 위헌에 대한 논쟁

양성 위헌에 관한 논쟁은 1990년대의 헌법학계의 중대한 핵심 문제였다. 많은 학자들이 이 토론에 참여하여 여러 가지 다른 관점을 형성하였다.

① 양성 위헌에 대한 긍정적인 견해

1104) 주복혜(朱福惠), 범의(範毅), 「헌법이 산생된 문화조건에 대한 약술(略論憲法産生的文化條件)」, 『법학평론』 3호, 1995.
1105) 주복혜, 「헌정문화 약술」. 『헌법학연구문집』, 무한대학출판사, 1996, 77~80쪽.

1996년에 학철천(郝鐵川)이 양성 위헌의 개념을 제기했다. 소위 양성 위헌이란 국가기관에서 그 당시의 헌법에서 규정한 몇 개 조항에 위반되는 조치를 취했지만 이러한 조치가 사회생산력의 발전에 유리하고 국가와 민족의 근본이익에 유리하며 사회의 행위에 유리하다는 말이다. 양성위헌은 헌법의 진화과정에서 의심할 여지가 없는 사실이다. 그 원인은 다음과 같다. 첫째, 종합적으로 법률은 사회현실의 발전보다 뒤처질 수밖에 없다. 둘째, 중국의 입헌제도가 완벽하지 못했다. 그리하여 양성위헌에도 제한이 필요했다. 즉 권위가 있는 기구 및 시간상의 제한이 필요했던 것이다.[1106]

② 양성 위헌에 대한 부정적인 견해

동지위는 양성 위헌이라는 제기 방식에 반대의견을 내세웠다. 그는 모든 위헌행위는 인민의 근본적이고 장원한 그리고 전반적인 이익을 해치는 것이고 모두 법치를 엄중히 파괴할 수 있기 때문에 엄격하게 말해 이는 악질적인 행위라고 주장했다. '양성위헌'도 위헌이다. 이는 '악성위헌'과 본질적인 차별이 없는 것으로 모두 그 위헌책임을 물어야 한다. '양성위헌'은 '악성위헌'보다 더 무섭기에 사람들이 더 많은 경계심을 가져야 한다. 헌법의식이 박약하고 법치에 습관이 되지 않은 헌법의 '속박'에서 벗어나고 싶어 하는 사람들이 많은 중국에서 '양성위헌'는 더 쉽게 발전할 수 있다. 그렇기 때문에 우리는 이론적으로 그리고 실천에 있어 '양성위헌'을 더 엄격히 억제해야 한다. 개혁과정에 나타나는 새로운 문제는 법적인 절차와 헌법수정안의 형식을 통해 해결할 수 있다. 절대 법 이외의 방법으로 해결하려 해서는 안 된다.[1107]

1106) 학철천, 「양성위헌에 대해 논하다(論良性違憲)」, 『법학연구』 4호, 1996.
1107) 동지위, 「'양성위헌'을 긍정하는 것은 적합하지 않다-하우테에촨 동지의 주장에 해답 부동한 견해」, 『법학연구』 6호, 1996.

③ 헌법의 규범가치에 대한 존중

한대원은 헌법규범의 기본원칙과 기본정신을 존중하는 전제하에 헌법에 규정한 일부 내용과 일치하지 않은 사실이 존재해도 헌법작용의 발휘에 영향을 주지 않는다고 주장한다. 특히 사회발전의 객관적인 수요를 반영한 객관적인 요구, 현실적인 기초를 구비한 개혁조치들을 위헌 현상으로 이해해서는 안 된다. 토론에서 언급된 소위 "위헌"현상이라고 하는 것은 사실 규범의 정체 때문에 일어난 충돌로서 그 성질과 표현형식은 위헌의 범주에 속하지 않는다. 사회현실에 나타난 그 당시 헌법 규정에 위배되는 조치, 제기 방법들이 인민들의 근본이익과 사회발전의 객관적인 요구에 부합된다면, 이것을 위헌의 범주에 귀속시켜서는 안 된다. 이러한 것들은 응당 정상적인 충돌개념으로 분석을 진행해야 한다. 사회 전환기에 처해있는 중국에서 헌정체계의 안정과 헌법의 최고권위를 유지하려면 더욱더 규범의 가치를 강조해야 한다.

법치국가를 건설하는 것은 우리들이 추구하는 목표이다. 헌법규범의 가치가 사회에서 널리 존중받는 것은 법치국가의 한 상징에 속한다. 헌법 조절은 '최고의 가치'를 소유하고 있다. 헌법규범의 내부 체제를 통해 사회변혁의 요구가 합헌성을 가지게 되어야만 안정되고 유효한 헌법질서가 나타날 수 있다. 그래야 헌법이 사람의 행위의 준칙이 될 수 있다. [1108)]

3. 1990년대 헌법학의 발전이 일으킨 영향

1108) 한대원, 「사회변혁과 헌법의 사회적응성(社會變革與憲法的社會適應性)-'양성위헌'에 관한 하우테에찬, 동지위의 논쟁에 대해」, 『법학』 5호, 1997.

1990년대의 헌법학설을 총화, 정리하고 최근 몇 년간에 헌법학설에 일어난 발전들을 대비하고 비교하는 것을 통해, 1990년대의 헌법학설이 최근 몇 년간의 헌법학술의 발전에 얼마나 큰 영향을 일으켰는지 알아내야 한다.

(1) 학설 발전의 특징

1980년대의 헌법학설과 비교했을 때, 1990년대의 중국 헌법학설 및 학술의 발전에는 아주 선명한 특징이 나타났다.

① 헌법학 연구 전문화의 부각

1980년대의 헌법학은 사실 중화인민공화국이 수립된 이후 헌법학의 발전이 회복되고 새롭게 수립된 학과체계에 대해 초보적인 연구를 진행한 것이라 할 수 있다. 헌법학의 연구에서 계급분석법이 주도적인 위치를 차지하고 있었는데, 헌법학과 정치학, 헌법학과 법리학의 학과분야가 매우 명확했다. 1990년대의 헌법학은 시대적 배경이 변화하고 연구대오의 학력수준의 제고되어 헌법학 연구범주에 대한 인식이 나날이 일치해지면서 헌법학 연구의 전문화 색채가 비교적 뚜렷해졌다.

② 헌법연구방법 다원화의 초기 형태

1980년대의 헌법학 연구방법의 기본 방법은 계급분석법이다. 헌법 자체에 대한 연구는 주로 해석식의 연구이다. 하지만 1990년대 헌법학의 연구방법은 다원화의 초기형태를 드러냈다. 일부 학자들은 헌법학의 학과 전문 분석방법은 계급분석방법을 개조하여 얻어진 사회권리 분석방법이라고 주장한다.[1109] 일부 학자들은 규범헌법학의 개념을 제기하기도 했다. 이것은 개념이라고 하기보다는 연구방법이라 하는 것이 더 적합할 것 같다. 21세기에 진행된 헌법연구에서 규범헌법학 분석방법의 운용이 나날이 성숙되었다는 걸 알 수 있다. 여기서 설명해야 할 점은 1990년대에 헌법연구방법에 다원화추세가 나타나기는 했지만 이러한 방법들은 아직도 초기 형태이기 때문에 이를 더 완벽하게 발전시킬 필요가 있다.

③ 헌법연구 풍격의 기초 형성

헌법학의 연구풍격은 일정한 기간 동안에 학자 개인 혹은 학자 군체의 연구 취미와 연구 방법 등을 종합적으로 반영한 것이다. 1990년대에 학술 소질과 학술 사명의식이 높은 젊은 학자들이 연구에 앞장서기 시작하면서 여러 가지 헌법 연구 풍격이 나타나게 되었다. 일부 학자들의 학술 취미는 헌법과 법리 사이에서 있었는데 헌법기본이론에 대한 거시적인 연구에 중점을 두었다. 또 일부 학자들은 헌법 텍스트, 헌법 규범에 대한 연구에 중점을 두기도 했다.

④ 헌법학연구의 국가의식과 국제적 안목

헌법학의 연구는 반드시 본국의 법학을 기초로 하고 본국의 헌법문제를 해결하는 데 중점을 두어야 한다. 이는 한 나라의 헌법학체계가 형성되는 내부적인 요구이자 헌법이 가지고 있는 실천성의 기본반영이기도 하다. 그렇기 때문에 일부 학자들은 중국헌법학이 발전할 수 있는 기초는 중국 사회 자체의 조건과 수요이고 중국헌법학을 중국 사회의

1109) 동지위, 「헌법학 연구방법의 개조」, 『법학』 9호, 1994.

헌법현상을 해석하고 해결하는 학설로 만들어야 한다고 주장한다. 21세기 중국헌법학의 발전과정에서 현지화는 중국헌법학의 본질적 특징과 학술 풍격을 표현하는 중요한 내용과 상징이 될 것이다.[1110] 하지만 세계화와 더불어 헌법학연구가 국제화로 발전하는 것은 필연적인 추세가 되었다. 중국법학의 현지화와 국제화는 동시에 존재하는 현상으로 헌법제도의 발전에 똑같이 중요한 작용을 일으킨다.[1111] 그러므로 헌법학 연구에도 세계적인 안목이 필요하다. 헌법학 연구의 국가의식은 주체의식의 반영이다. 헌법학 연구의 세계적인 안목은 마음의 개방을 요구하는 것이다. 헌법학 연구의 국가의식과 세계적인 안목은 모순되지 않고 서로 도움이 된다.

⑤ 헌법학에 대한 테마연구

테마연구는 헌법연구를 심화시키는 기본 요구이며 상징이다. 1980년대에는 시대적 제한으로 말미암아 테마연구를 진행할 수 없었다. 1990년대에 들어서서 비로소 학자들은 테마연구를 조금씩 전개하기 시작했다. 예를 들면 법학체계의 새로운 수립, 경제헌법, 헌법소송, 규범헌법 등과 같은 것들이다. 이러한 것들은 헌법학의 발전 정도를 반영하였을 뿐만 아니라 헌법학 연구를 심화시키기도 했다. 21세기 초기에 세 명의 학자들이 함께 저술한 『헌법학테마연구』[1112]라는 책은 테마연구가 일정하게 심화된 성과물이기도 하다.

(2) 학술발전의 발전 정경

1990년대의 헌법학은 금세기 초기 헌법학의 발전에 비교적 큰 영향을 끼쳤다. 1990년대

1110) 한대원, 「당대 중국 헌법학의 발전 추세」, 『중국 법학』 1호, 1998.
1111) 한대원, 「당대 중국 헌법학의 발전 추세」, 『중국법학』 1호, 1998.
1112) 한대원, 임래범, 전헌준, 『헌법학 테마연구』.

헌법학이 발전한 토대 위에서 신세기 헌법학의 발전에는 아래와 같은 몇 가지 정경이 나타났다. 이러한 것들은 헌법학의 발전 과정에 검증을 거친 것들로서 금후 중국 헌법의 발전의 주요 추세로 자리 잡을 것이다.

① 헌법 텍스트에 대한 연구 중시

헌법 텍스트는 헌법규범과 헌법조문의 종합적인 체현이다. 한 나라의 헌법 텍스트에는 일반적인 헌법정신, 헌법가치가 포함될 뿐만 아니라, 그 나라의 헌법제도에 대한 규정도 포함된다. 헌법이 근본법의 기능을 발휘하고 법치국가를 건설하는 데 있어서 헌법 텍스트는 기초이자 전제이다. 헌법 텍스트에 대한 연구를 중시하고 헌법 텍스트를 이해하며 헌법을 존중하고 헌법연구에 대해 과학적이고 객관적인 태도를 가지는 것도 본국의 헌법문제를 해결하는 기초이자 근본이다. 하지만 헌법학은 헌법규범의 학문이다. 헌법규범은 우선 헌법 텍스트에 체현된다. 이는 중국헌법학에 관한 문제와 학설은 반드시 중국의 헌법 텍스트를 중심으로 전개되어야 한다는 말이다. 서방국가의 헌법 텍스트와 비교했을 때 중국의 헌법 텍스트에는 여러 가지 제한이 따를 수 있고 헌법 텍스트의 일부 규정이 나날이 발전하는 현실에 부합되지 않을 수도 있다. 하지만 그렇다고 해서 헌법 텍스트를 떠나서 헌법연구와 헌정건설을 진행할 수 있다는 뜻이 아니다.

② 헌법의 해석 작용 중시

헌법규범과 헌법조문은 모호하고 추상적이며 개방적이고 폭이 넓은 것과 같은 특징을 갖고 있다. 헌법조문 대부분은 헌법해석이라는 활동을 통해 객관적인 해석을 진행해야 한다. 중국은 사회 전환기에 처해있기 때문에 사회현실과 헌법 텍스트가 일치하지 않은 객관적인 현상이 존재한다. 그렇기 때문에 헌법해석의 작용을 중요시해야 한다. 한대원은 사회 전환기에 헌법의 해석기능은 주로 다음과 같은 작용을 일으킨다고 말한다. 헌법해석은 다원적 가치의 조절과 평형에 유리하고 설복력이 강한 헌법해석을 통해 사회생활에서 나타날 수 있는 충돌을 해결하는 데 유리하다. 그리고 헌법해석을 통해 사회 공동체 의식과 공통 인식을 형성하여 사회 최저한도의 가치체계를 만드는 데 조건을 제공해 줄 수 있다. 또한 전 사회에 헌법지식을 보급시키고 헌법규범의 사회화를 추진하는 데 유리하다. 마지막으로 공공이익의 경계를 확정하는 데 유리하다. [1113]

③ 기본 권리에 대한 연구 확대

국가 권력과 공민 권리는 헌법의 두 가지 기본 범주이다. 공민 권리에서 국가 권력이 발생되고 국가권력은 공민 권리를 위해 일한다. 그렇기 때문에 공민 권리는 헌법 자체와 헌법 연구의 기초이다. 하지만 지난날의 헌법학 연구에서 공민 권리는 중요한 부분을 차지하지 못했다. 1990년대의 헌법학연구에서도 공민 권리에 대한 내용이 증가되기는 했으나 여전히 수량이 매우 적었다. 필자는 21세기 헌법학의 학술발전에서 반드시 기본 권리에 관한 연구를 증가시켜야 한다고 생각한다. 여기에는 최소 두 가지 기본기능이 존재한다.

첫째, 공민의 기본 권리 연구는 헌법학과 헌법과 비슷한 다른 학과, 예를 들면 정치학, 법리학 등의 학과를 구분하는 주요 표준이다. 그렇기 때문에 연구중심을 공민의 기본 권리에 두면 헌법학의 독립적인 학과가치를 실현하는 데 유리하다.

둘째, 중국은 사회전환기에 처해있기 때문에 기본 권리와 사회충돌과 관련이 있는 헌법실례가 아주 많이 존재한다. 기본 권리에 대한 연구를 강화하면 사회에 존재하는 현실 문제를 해결할 수 있고 헌법 학술의 실천성을 체현할 수 있다. 기본 권리에 관한 연구과제에는 기본 권리의 이론이 포함될 뿐만 아니라 환경권, 생활보장권리 등 구체적인 기본권리가 포함되기도 한다. 심지어 일부 전통적인 자유 권리 대하여 여전히 연구 가치와

1113) http://www.studa.net/guojiafa/060542//11265160.html

공간이 존재하기도 한다.

④ 헌법 실례에 대한 관심

일부 학자들은 헌법을 이론법학에 귀결시키는 것이 과학적이지 못하다고 지적한 적이 있다. 헌법은 근본법이기 때문에 주로 국가의 사회제도와 국가제도, 공민의 기본 권리와 의무, 국가의 각항의 기본정책과 같은 내용을 규정한다. 여기에는 확실히 해결해야 할 이론문제가 많다. 하지만 이러한 규정은 모두 구체적인 것으로서 실행에 옮겨야 할 필요가 있다. 만약 헌법을 이론연구와 학술토론에만 국한시키고 헌법의 응용성을 부인하거나 무시한다면 최고법률효력이라는 위치가 약화되어 헌법의 실시에 불리해질 수 있다.[1114] 필자가 보기에 헌법의 법률형식은 헌법규범이 포함된 헌법 텍스트로 표현되고 헌법규범에 반드시 실천성이 포함되어야 하기 때문에 헌법학은 비판성과 실천성이 역설적인 관계를 이룬 학문이라고 생각된다. 법학사례는 헌법규범과 사회현실이 상호작용을 일으킨 결과로서 사회변혁에 처한 중국의 기본 가치관의 변화와 헌법에 대한 사회주체의 수요와 기대를 반영한다. 어떤 의미에서 볼 때 헌법학의 생명력의 강약은 얼마나 큰 이론연구의 성과를 이루었는가에 의해 결정되는 게 아니라 사회현실에 대한 해석력이 얼마나 큰가에 달려있다. 그렇기 때문에 헌법의 왕성한 생명력을 보장하려면 헌법학은 반드시 신선한 사회현실에 관심을 기울여야 한다. 천변만화(千變萬化)하는 사회실천 속에서 끊임없이 영양분을 섭취하여 헌법학을 풍성하게 만들어야 한다. 그전의 헌법학연구는 실천성에 많은 관심을 기울이지 않았었다. 대부분 헌법학 교재와 헌법

1114) 검충(劍忠), 「헌법을 이론법학에 귀결시키는 것은 과학적이지 못하다(將憲法歸于理論法學是欠科學的)」, 『법학』 7, 1991.

저서는 텅 빈 이론만 얘기했고 한 가지 이론으로 다른 이론을 해석하려고 했다. 그렇지 않으면 사회현실과 담을 쌓고 책에 나오는 지식에만 국한되었다. 세상과 동떨어진 연구 성과 때문에 사회각계의 홍취와 공명을 불러일으키지 못했다. 그리하여 연구 성과가 그대로 방치된 채 관심을 받지 못하는 상황이 나타났고, 사회에 일어나는 많은 헌법사건을 이론적으로 해석하지 못하고 헌법으로 해결할 수 없는 문제가 나타났다. 이런 상황이 오래 지속되다보니 헌법이 쓸모없는 법으로 전락되고 법치에서 아무런 작용을 일으키지 못하는 상황이 발생했다.[1115] 근래에 들어서서 좋은 현상이 나타나기 시작했다. 지난 몇 년간 헌법의 실천과정에 나타난 개별안건을 통해 사회성원들은 헌법과 자신의 생활 사이에 존재하는 이익적인 연계에 대해 인식하기 시작했다.

그리하여 피동적인 역할에서 점차 적극적으로 헌법문제를 발견하고 개인의 힘으로 헌법실천을 추진하는 적극적인 역할로 변화하기 시작했다.[1116] 최근 2년간, 중국인민대학 헌정과 행정법치 연구센터는 연말이 되면 올해의 10대 헌법사례를 선정했다. 헌법사례에 대한 연구가 점차 헌법학의 새로운 연구 화두로 자리 잡게 되었다.

1115) 한대원, 「중국헌법학연구 30년: 1978-2008」, 『호남 사회과학』 4호, 2008.
1116) 한대원, 『중국헌법사례연구(1)』, 법률출판사, 2005, 1쪽.

1. 21세기 이후의 중국헌법학

21세기에 들어선 이후 중국헌법학은 쾌속적인 발전을 이룩했고 헌법학의 연구가 점차 정상궤도에 진입하기 시작했으며 공민의 헌법의식이 부단히 강화되었다.[1117] 이는 헌법학의 발전과 전환에 좋은 기초를 마련해 주었다.

1982년 헌법 텍스트를 근거로 중국의 헌법학연구는 중요한 발전을 가져오게 되었는데 연구내용이 점차 세분화되었고 그 학술품격도 점차 높아졌다. 종합적으로 이 시기의 헌법학 연구는 전통적인 해석헌법학의 격식에서 벗어나 다원화, 전문화 및 선진화의 발전특징을 나타내기 시작했다. 헌법학의 연구내용은 더는 해석헌법학의 구조격식에 얽매이지 않고 다양한 격식을 가지게 되었다. 이 시기에 외국헌법학의 발전경험을 흡수하고 참고하여 실증연구방법을 도입하기 시작했는데, 이는 중국헌법학의 발전에 새로운 활력을 불어넣어 주었다.

첫째, 헌법학발전의 다원화이다. 헌법학발전의 다원화는 헌법학의 연구가 1982년 헌법에서 확정한 고정적인 양식에서 벗어나 수준이 높은 여러 가지 헌법학 교재와 저서가 많이 나타났다는 것을 말한다.

1117) 한대원, 왕덕지(王德志), 「중국공민의 헌법의식에 관한 조사보고(中國公民憲法意識調查報告)」, 『정법칼럼』 6호, 2002.

이 시기의 대표적인 헌법학 교재에는 장천범(張千帆)이 저술한 『헌법학 도론(導論)-원리와 응용』, 후진광(胡錦光), 한대원이 저술한 『중국헌법』이 있다. 장천범이 저술한 『헌법학도론』은 총 8개의 장절로 구성되었는데, 구체적인 내용은 다음과 같다. 제1장 헌법(학)이 무엇인가, 제2장 헌정제도 및 그 사상근원의 형성과 발전, 제3장 헌정심사와 헌법효력, 제4장 국가구조의 형식, 제5장 정부조직의 형식, 제6장 정당과 선거, 제7장 권리의 이론기초, 제8장 권리의 헌법보장 이렇게 구성되어 있다. 전적으로 헌법 자체의 논리적인 내용을 장절의 구조로 삼은 이 교재는 세상에 나오자마자 헌법학계의 큰 관심을 받게 되었다.[1118] 후진광, 한대원이 함께 저술한 『중국헌법』은 세 부분으로 나뉘는데, 첫 번째 부분은 헌법총론으로서 모두 5개 장절로 구성되었다.

두 번째 부분은 공민 기본 권리와 기본의무로서 총 11개 장절로 구성되었다. 세 번째 부분은 국가기구로서 총 5개 장절로 구성되었다. 총 21개 장절 가운데서 공민 권리와 관련 있는 내용이 절반 이상을 차지한다. 기본 권리에 대한 중시는 헌법학의 발전과정에서 나타난 선명한 가치취향을 반영한 것이다.[1119] 중국 헌법학의 발전과 헌법학의 연구에서 이러한 교재의 출판은 구조와 양식이나 가치와 내용 면에서 획기적인 의의를 가지며, 중국 헌법발전이 다원화시대에 들어섰음을 의미한다.

둘째, 헌법학발전의 전문화이다. 헌법학발전의 전문화는 헌법학 연구가 이전의 연구내용은 많지만 연구를 깊게 하지 않았던 것에서 테마연구로 발전하기 시작했다는 것을 의미한다. 즉, 하나의 문제를 깊이 연구하는 것을 통해 헌법학에서 가장 본질적인 핵심명제를 파헤쳐내는 것이다. 이러한 "작은 틈을 이용해 깊은 분석을 진행하는"

1118) 장천범, 『헌법학 도론-원리와 응용』, 법률출판사 출판, 2004.
1119) 후진광, 한대원, 『중국헌법』, 법률출판사, 2004.

연구사로는 헌법학연구의 전문화 소질을 배양하는 데 적극적인 촉진작용을 일으켰다. 21세기에 들어선 이후에 중국의 헌법학의 발전은 백화제방, 백가쟁명의 시대에 진입하게 되었다. 여기서 20여 년간의 발전을 통해 중국의 헌법학이 '미숙함'을 벗어나 점차 성숙하고 독립적인 상태로 발전하기 시작했음을 알 수 있다.

학자들이 관심을 갖는 학술명제도 점차 정치명제의 속박에서 벗어나 진정한 학술적 독립성을 가지게 되었다. 이러한 학술독립성은 주로 헌법학을 연구할 때 헌법학의 명제를 파악하는 것으로 체현된다. 헌법학자들은 지금 한창 헌법학의 전문화발전을 위해 노력하고 있다. 그들은 이런 노력을 통해 헌법학이 법리학, 정치학에서 벗어나 자체만의 논리와 자족성을 가질 수 있기를 희망한다. 예를 들면 학자들이 평등권, 선거권, 헌법해석, 헌법책임 등의 학술명제에 관심을 가지는 것은 사실 헌법학 학문의 자주성을 수립하기 위한 시도이기도 하다.

셋째, 헌법학 발전의 선진화이다. 헌법학발전의 선진화는 헌법학의 연구에서 새로운 문제에 관심을 가지고 헌법발전의 시대적 변화에 맞추어 헌법학으로 하여금 헌정건설 가운데 시대의 흐름을 이끄는 역할을 하게 해야 한다는 뜻이다. 헌법은 국가의 근본법으로서 국가와 사회 발전과 밀접하게 연관된다. 그렇기 때문에 헌법학의 연구는 반드시 국가발전과 사회진보라는 사실에 직면해야 한다. 그리고 중국 헌정건설 과정에 나타나는 화두, 난점, 초점 문제에 관심을 가지고 새로운 형세 하에 어떻게 헌법 텍스트에 나오는 규범들을 현실속의 제도로 전환시킬지를 연구해야 한다.

중국에는 아직도 효과적인 위헌심사제도가 부족하다. 이러한 상황에서 사회에 발생한 수많은 위헌사건들을 해결하고 헌법의 권위를 수호하는 것은 헌법학이 반드시 생각해 보아야 할 문제점들이다. 헌법학의 연구에서 이러한 실천적인 문제들은 헌법의 발전을 적극적으로 촉진시켰다. 그리하여 헌법학은 자각적으로 중국의 헌법실천에 직면하고 중국의 헌법 텍스트에 근거하여 중국의 헌법문제를 해결하기 시작했다.

이는 중국헌법학의 근본적인 발전방향이다. 지난 10여 년간 헌법학의 발전 상황을 살펴볼 때, 중국 헌법학은 이미 정상 궤도에 진입했고 신속하고 안정적인 발전단계에 들어섰다는 걸 알 수 있다. 헌법학과 헌법실천 사이에 상호 작용하는 새로운 국면이 나타나게 되었다. 헌법학이론의 수준 제고는 헌법실천에 이론적인 증명을 제공해 주었다. 반대로 헌법실천에 대한 해석과 논증은 헌법이론의 수준 제고를 촉진했다. 종합적으로 21세기에 들어선 이후 중국 헌법학의 발전에 아래와 같은 몇 가지 특징이 나타났다. 이러한 특징은 중국 헌법학발전의 기본방향을 대표한다.

첫째, 중국헌법학의 연구는 현대헌법학의 기본이념을 수립해 주고 헌법학이 전문화, 과학화, 규범화의 길로 발전할 수 있게 해주었다. 헌법이론 발전의 중요한 성과는 낡은 헌법학이념을 새롭게 바꾸어주고 사회변혁에 알맞은 합리적인 헌법학이념을 확립하여 헌법학의 학술성과 가치성이 사회의 광범위한 승인과 인정을 받게 해준 것에 있다. 근래에 학술계에서는 헌법학의 정치성과 학술성 가치에 대해 광범위한 토론을 벌이고 있다.

역사와 현실적인 원인으로 말미암아 헌법학을 '정치성'이 강한 지식체계로 보는 사람들이 많다. 그들은 헌법학은 정치의 실현을 위해 맹목적으로 복무하는 학과로서 학술성과 학술품격이 부족하다고 생각한다. 중국헌법학의 발전역사를 되돌아보면 '정치화'와 법치국가를 수립하는 목표가 충돌한다는 것을 알 수 있는데, 이러한 현상은 헌법학 자체의 발전에 불리할 뿐만 아니라 법치국가의 수립에도 불리하다. 헌법학의 정치적 성질과 법적 성질의 합리적인 관계를 수립하기 위해 일부 학자들은 헌법의 법적 특징에 관한 문제에 대해 연구를 진행하기 시작했는데 그들은 법적 성질을 헌법현상을 인식하고 해석하는 논리적인 기초와 출발점으로 생각했다. 학자들은 헌법은 본질적으로 법률이기 때문에 법률의 일반 특징을 갖고 있다고 주장한다.

비록 여기에 정치적인 수요가 반영되었지만, 헌법규범을 형성하기만 하면 정치권력을 공제하고 제약하는 작용을 일으킬 수 있다. 헌법관념의 변화로 인해 헌법현상을 연구대상으로 하는 헌법학이념은 정치성 지식체계에서 헌법의 학술성을 연구하는 지식체계로 변화했다.

즉, 법으로서의 헌법현상을 연구하고 법의 속성을 연구하는 기초 위에서 헌법학 자체의 이론체계를 수립했다. 학자들은 헌법학연구과정에서 가치와 사실의 각도에서 헌법학이 반드시 가져야 할 독립성과 학술성, 가치와 품격을 강조했다. 사실 지금까지 헌법학의 정치성과 학술성의 관계에 관한 문제를 완전히 해결하지는 못했다. 일부 학자들은 헌법의 '정치성'을 강조하면서 헌법학 연구와 정치적인 가치를 분리시켜서는 안 된다고 주장한다.

　그들은 '정치법'라는 의미의 헌법학을 연구해야 한다고 주장하기도 한다. 헌법학은 오랫동안 정치권력의 영향을 받았기 때문에 헌법학 연구의 기초, 연구내용, 연구방법 등에 여전히 정치적인 색채가 비교적 농후하다. 하지만 이후의 발전추세를 볼 때 헌법학은 당연히 자체적인 학술이념 사상을 추구하고 학술성과 과학성을 나타내야 한다.[1120]

　헌법학 지식체계의 자주성이 강화되면 헌법학은 정치학과 같은 학과들과 방법론에서 얻은 성과를 공유할 수 있을 것이다. 또한 헌법학체계의 특징에 근거하여 자체적 특징을 강화시킬 수 있을 것이다. 헌법학은 발전과정에 정치학과 같은 학과들과 일정한 역사적인 연관을 갖게 된다. 그렇기 때문에 방법론에서 그것들과 학술적인 연관을 완전히 끊는 것은 불가능하다. 하지만 각자의 연구대상이 다르기 때문에 방법론에서 전문성을 강조하는 것이 비교적 중요하다.

　둘째, 중국헌법학의 연구는 이미 자각적으로 방법론적 의미에서의 반성을 진행하고 종합성적인 헌법학 방법론체계를 수립했다. 중국의 헌법학 연구는 연구방법의 다양성, 공공성, 과학성을 소홀히 하였기 때문에 헌법학연구가 더 깊게 발전할 수 없었다. 다른 국가의 헌법학연구와 같은 높이에서 교류하고 소통하는 것은 더 말할 나위도 없었다.

　헌법학 연구에서 학자들은 헌법학 방법론에 관한 문제에 큰 관심을 가지고 이를 실천에

1120) 한대원, 「사회전환시기의 중국헌법학 연구(1982-2002, 社會轉型時期的中國憲法學研究)」, 『법학자』 6호, 2002.

구체적으로 운용하려고 시도했다. 하지만 중국헌법이 직면해 있는 수많은 헌법문제 앞에서 한 가지 과학적 입장과 실증적 입장을 고수한다면 시대가 부여한 역사적 사명을 완성할 수 없고 헌법학의 인문정신과 가치원칙을 완전히 표현할 수 없다. 종합적으로 헌법학의 연구방법은 여전히 성숙되지 못했고 방법론적인 면에서 자각이 부족하다. 그 주요 표현은 다음과 같다. 방법론의 이념에서 어떻게 방법론에 체현된 학술이성을 장악할 것인가 하는 문제에 대한 깊은 토론이 필요하다. 방법론의 분류에서 정책성의 해석을 지나치게 강조하고 규범과 해석학의 구체적인 운용의 기술, 순서에 대한 관심이 부족하다.

비교의 시각에서 볼 때 학술계에서는 여전히 거시적인 연구를 기본학술경향으로 생각하면서 구체적이고 미시적인 문제에 대한 연구방법을 잘 운용할 줄 모른다.

연구방 법의 가치취향에서 볼 때 헌법학체계에 자주성이 결핍되었기 때문에 연구방법에서 서방 헌법학의 연구방법에 지나치게 의존하고 자신의 사회구조와 전통에 알맞은 방법론체계를 구축하는 데 대한 이론적인 반성이 부족하다. 또 방법, 지식과 패러다임의 상호관계에 있어서 중국 헌법은 방법론의 각도에서 학술연구 패러다임을 연구하는 학술적인 경험과 여기에 필요한 문제적 의식 등이 부족하다. 그렇기 때문에 종합적인 헌법학 방법론체계를 수립하는 것은 중국헌법학이 반드시 완성해야 할 과제이다.

이는 학과의 독립을 추구하고 헌법학의 방법을 자각적으로 운용하여 헌법의 작용을 발휘하는 데 아주 중요한 의의가 있다. 종합적인 헌법학 방법론체계를 수립하는 과정에 우리는 규범과 가치, 논리와 사실 사이의 관계를 잘 처리해야 하고 헌법의 해석기능을 충분히 발휘해야 한다. 또한 정량(定量)분석방법을 중요시하여 헌법학 학술명제의 실증기초를 강화시켜야 한다. 이와 동시에 헌법학 연구방법의 개방성을 강조하고 종합적인 사유로 현실에서 헌법문제를 해결해야 한다.

헌법학은 사회학과로서 경제학, 정치학, 사회학, 역사학, 철학 등 학과들과 깊은 연관을 갖고 있다. 헌법학은 다른 학과와 교류, 합작하면서 한편으로는 헌법학연구에 풍부한 지식소재와 이론기초를 제공해 주고, 다른 한편으로 헌법학은 이런 학과들과 연구영역이 교차되고 겹쳐지면서 헌법경제학, 헌법 사회학, 헌법사학, 헌법철학과 같은 학제 학과의 발전을 촉진하기도 했다. 그렇기 때문에 헌법학의 방법론은 개방성을 유지해야 하고 여러 가지 방법론을 종합적으로 운용해야 한다. 해석학, 경제학, 사회학, 정치학, 역사학, 철학 등 학과의 연구방법을 헌법의 연구에 이용할 수도 있다. 이러한 헌법학 연구방법의 다양화와 종합화는 헌법가치를 기초로 하는 지식공동체의 수립에 유리할 뿐만 아니라 종합적인 헌법학 연구의 방법론 형성에도 유리하다.

셋째, 중국헌법학의 연구는 헌법학 규범의 자주성과 논리의 자족성에 의식적으로 관심을 갖기 시작하면서 독립적인 학술품격을 기본적으로 갖추게 되었다. 헌법학은 독립적인 법학학과로서 자체적으로 독립성을 갖고 있다. 이러한 학과 독립성은 헌법학이 하나의 독립적인 법학부문이 되는 주요 특징이자 헌법학이 다른 부문법과 구별되는 내재적인 근거이기도 하다. 헌법학의 학과 자족성은 주로 헌법학의 규범의 자주성과 논리의 자족성에 체현된다.

헌법학규범의 자주성은 주로 몇 년간의 발전을 거쳐 헌법학이 비교적 완벽한 규범체계를 형성하여 이러한 체계를 통해 규범의 가치를 표현하는 것을 말한다. 그렇기 때문에 헌법학의 규범체계에서 헌법규범과 헌법가치는 한데 엉켜있다가도 서로 분리되는 양방향의 관계를 이루고 있다. 한편으로 헌법가치는 일정한 규범으로 표현되어야만 실천적인 의미에서의 조작 성질을 구비할 수 있다.

다른 한편으로 헌법규범은 의식적 혹은 무의식적으로 헌법가치와 일정한 거리를 유지하면서 규범의 자주성을 최대한 유지하려 한다. 헌법학의 논리 자족성은 주로 헌법학의 발전과 다른 부문의 법학이 상대적으로 독립적인 관계를 형성하는 것을 통해 표현된다. 헌법학의 발생과 발전은 정치학, 경제학 및 민법학과 깊은 연관이 있다.

하지만 그 발전과정에서 헌법학은 점차 정치학, 경제학 및 부문 법학의 속박에서 벗어나 자체적으로 규범체계와 가치목표를 형성하기 시작했고 자체의적으로 논리자족성을 가지게 되었다.

그리하여 헌법학 특유의 헌법해석방법으로 헌법규범의 적응성을 입증할 수 있게 되었다. 헌법학의 논리자족성은 헌법학이 다른 학과 혹은 부문법에 의존하지 않고 홀로 존재하고 발전할 수 있다는 것을 의미한다.

헌법학의 규범 자주성과 논리 자족성이란 특징은 헌법학이 하나의 독립적인 학과로서 독립성을 가지게 되었다는 것을 의미한다. 중국헌법학연구가 학과의 독립으로 발전하게 된 가장 중요한 표현은 구체적인 문제에 대해 연구를 진행할 때 헌법 텍스트에 대한 의식이 강화되고 헌법해석학의 방법을 자각적으로 운용하였다는 데 있다. 이는 헌법학이 자체의 학과위치, 핵심명제와 연구진로에 대한 자아반성이기도 하다.

넷째, 중국헌법학의 연구는 중국의 실천을 목표로 하고 중국의 문제를 해결하는 것을 사명으로 하고 발전추세방면에서 본토성과 실천성과 같은 뚜렷한 특징을 나타냈다.

헌법학은 실천적인 과학이다. 사회변혁 과정에서 본국에 나타나는 갖가지 실천문제를 해석하고 해결하는 것은 헌법학이 존재하는 사회기초이다.

학자의 역사적 사명을 기초로 중국헌법학을 연구할 때, 학술의 초점을 중국에 존재하는 문제를 해결하는 데 집중시키고 학술연구에서의 중국문제의식을 강조하는 학자들이 늘어나고 있다. 이런 현지화 발전추세는 중국의 헌법문제를 해석하고 중국의 헌법학설을 형성하고 중국의 헌법유파를 만드는 데 실제적인 촉진작용을 일으킨다. 현존하는 제도의 제한 때문에 중국에는 아직까지 실효성이 있는 위헌심사제도가 없고 헌법의 실천성, 특히 사법 적용성이 약하다. 하지만 그렇다고 해서 헌법학과 사회실천이 완전히 분리된 것은 아니다.

사실 현실생활에서 일어나는 많은 헌법과 관련 있는 논쟁들은 모두 헌법 원리를 이용해 해결할 수 있다. 헌법 원리를 이용해 헌법사건을 해석할 수 있고 현실에 발생하는 사건과 제도에 포함된 헌법 원리를 해석할 수도 있다. 혹은 현실 문제에 관심을 갖는 것을 통해 헌법규범과 제도의 양성화를 탐색하고 본국 국정에 적합한 헌법학이론체계를 수립할 수도 있다. 현실생활에 대한 관심은 헌법학이 생명력을 얻는 원천이고 또 객관적으로 헌법학의 연구방법에 관한 연구와 혁신을 추진하였다.

사회현실에서 일어난 많은 사례들을 분석하고 연구할 때 연구자는 법관의 시각 혹은 법관의 명의로 사례에 나오는 헌법 규범, 원칙, 원리, 정신 등 문제에 대해 깊이 있는 해석을 진행해야 한다. 연구자는 반드시 헌법규범과 헌법원칙을 근거로 삼아야 하고 헌법규범, 헌법원칙, 헌법정신에 대해 학리적인 해석이나 헌법적인 해석, 헌법적인 논증을 진행해야 한다.

혹은 헌정의 형성을 통해 사법실천과 학술연구에 헌법법리의 양분을 제공해야 한다.[1121] 중국사회가 발전함에 따라 헌법학에 대한 연구가 순수하고 사변적인 이론연구에서 점차 응용적이고 실증적인 연구로 변화했고 성과의 학술적인 가치도 점차 사회에서 널리 인정받게 되었다.

2. 21세기에 들어선 후의 헌법학설

중국헌법학의 발전은 직접적으로 중국헌법학설의 발전을 촉진했다. 하지만 헌법학설의 대량 출현은 반대로 헌법학의 발전을 더 촉진시켰다. 21세기 이후 중국헌법연구는 장족의 발전이 있었다. 헌법의 기본원리나 헌법실천에서 헌법학은 점점 더 중요한 위치를 차지하게 되었다. "법으로 국가를 다스리려면 우선 먼저 헌법으로 국가를 다스려야 한다"는 이념이 사람들의 마음속 깊이 자리 잡게 되었다.

헌법학의 발전과정에서 헌법학설이 일으킨 촉진작용은 매우 뚜렷하다. 특히 중대한 헌법논쟁이 일어났을 때 전형적이고 대표적이며 주도적인 헌법학설의 출현은 헌법논쟁을

1121) 한대원, 「중국헌법학 방법론의 학술경향과 문제의식(中國憲法學方法的學術傾向與問題意識)」,
『중국법학』 1호, 2008.

해결하는 데 근본적인 역할을 했다. 하지만 이러한 헌법학설의 출현은 또 헌법학 연구가 획기적인 발전을 획득했다는 중요한 상징이기도 하다. 2001년부터 오늘날에 이르기까지 중국헌법학은 발전과정에서 이론과 실천적인 문제에 많이 직면했고 많은 논쟁을 불러일으켰었다.

그 가운데 가장 대표적인 것이 바로 '헌법 사법화'에 관한 논쟁, 인권조항을 헌법에 도입시키는 것에 관한 논쟁 및 물권법 초안의 위헌여부에 관한 논쟁이다.

(1) 헌법사법의 적용성에 관한 논쟁 및 그 기본학설

법학 분야에서는 아직도 '헌법의 사법화'에 대해 확실한 정의를 내리지 못하고 있다. 일반적인 견해에 의하면 헌법사법화란 다음과 같다. "일반 법원 혹은 특설 법원에서 일반적인 소성절차 혹은 특정 절차에 적용되는 헌법, 법률판단 등 규범적인 문건 및 헌법에 근거하여 직접적으로 행사되는 공공권력의 행위가 헌법에 부합되는지 판단하는 것이다.

여기에는 두 개 함의가 포함된다. 첫째, 헌법을 당사자 사이의 권리와 의무 분쟁을 판단하는 법적인 근거로 삼았다는 것으로, 즉 헌법의 적용이다. 둘째, 헌법을 당사자 사이의 권리와 의무 분쟁을 판단하는 법적인 근거의 근거로 삼았는 것으로, 즉 위헌심사이다."[1122] 다시 말해 학자들이 관심을 가진 중점이 다를 뿐이다.

어느 한 부분을 강조했다고 해서 다른 한 부분을 부정한 것은 아니다. 이는 학자들이 각자 자기가 생각하는 사법화의 양식을 추측한 것뿐이다. 그렇기 때문에 헌법사법화의 내용에 존재하는 차이점과 충돌은 헌법사법화를 부정하거나 거절하는 충분한 이유가 될 수 없다. 종합적으로 볼 때 헌법사법화에 대한 법학계의 태도를 다음과 같은 세 가지

1122) 서수의, 한대원, 『현대헌법학원리』, 331쪽.

학설로 귀납할 수 있다.

첫 번째 관점은 긍정설이다. 사법기관은 직접 헌법을 인용하여 사법판단의 근거로 삼을 수 있고 헌법은 사법 적용의 성질을 갖고 있다는 뜻이다. 긍정설에서는 사법절차를 직접 인용할 수 있다고 주장하는데 그 이유는 다음과 같다. 첫째, 최고인민법원은 전국인민대표대회를 통해 탄생된다.

최고인민법원은 전국인대에 책임지고 전국인대의 감독을 받는 국가심판기관으로서 전국인대에 적용되는 법률(헌법도 포함)을 거절할 권리가 없다. 둘째, 일부 문제에 대해 헌법에는 규정이 있지만 부분법에 규정이 없을 경우 법원은 직접 헌법의 규정을 인용할 수 있다. 이는 헌법규범의 실현을 보장할 수 있다. 셋째, 헌법을 직접적인 법률 근거로 삼으면 공민의 헌법의식과 헌법권위를 강화하는 데 유리하다.

두 번째 관점은 부정설이다. 사법기관은 헌법규범에 근거하거나 직접 인용하여 사법심판의 근거로 사용할 수 없다. 즉 헌법규범에는 사법적용성이 없다는 뜻이다.

부정설에서는 사법에 헌법을 직접 적용하면 제도적으로 결함이 있거나 부족할 수 있다고 주장한다.

첫째, 헌법규범은 원칙적이고 추상적이어서 조작하기 불편하다. 그렇기 때문에 사법판결의 직접적인 근거가 될 수 없다.

둘째, 만약 헌법을 사법판단의 직접적인 근거로 삼는다면 헌법의 해석권과 자유 재량권은 법원이 향유하게 된다. 그렇게 되면 법관들이 법을 만드는 것과 다를 바 없게 된다. 이는 법원의 중국 현행 정치체제에서의 지위와 권한과 모순된다.

셋째, 공민의 헌법의식이 약한 원인은 헌법이 근본법으로서의 기본기능을 제대로 발휘하지 못했기 때문이다. 이는 법원이 헌법에 직접 근거하여 안건을 심리하는 것과 관계가 없다.[1123] 부정설은 최고인민법원의 아래의 두 가지 회답을 주요 규범적 근거로 한다.

첫 번째 회답은 1955년 7월 30일에 최고인민법원이 신강고급인민법원에 보낸 『형사재판에 헌법을 죄를 논하고 판결을 내리는 근거로 삼는 것이 적합하지 않다는 최고인민법원의 회답』이다. 회답의 내용은 다음과 같다. "그쪽 법원(55)에 보낸 형2자 제336호 보고를 이미 받아보았다. 중화인민공화국 헌법은 중국의 근본법이자 모든 법률의 '모법'이다. 유소기(劉少奇) 위원장은 중화인민공화국헌법 초안에 관한 보고에서 다음과 같이 말했다. '이는 우리 생활과 연관이 있는 가장 중요한 문제에 대해 어떤 것은 합법적인 것이고 어떤 것은 금지해야 하는 것인지 규정하였다.' 하지만 형사방면에서 어떻게 죄를 논하고 판결을 내려야 하는지에 대해서는 규정하지 않았다. 그리하여 우리는 형사재판에서 헌법을 죄를 논하고 판결을 내리는 근거로 삼지 말아야 한다는 그쪽 법원의 의견에 동의한다. 이와 같이 회답하는 바이다." 이 회답에서 헌법은 형사재판에서 죄를 논하고 판결을 내리는 근거가 될 수 없다는 원칙을 확립하였다. 그리하여 형사재판영역에서 헌법의 사법 적용성을 부정하게 되었다.

두 번째 회답은 1986년 10월 28일에 최고인민법원이 강소성 고급인민법원에 보낸 『인민법원에서 법률문서를 만들 때 어떻게 법률규범성 문건을 인용할 것인가 하는 문제에 대한 최고인민원의 회답』(법 (연) 복[1986] 31호)이다. 이 회답에서는 다음과 같이 말했다. "강소성 인민법원(1986) 11호 지시요청서를 이미 받아보았다.

1123) 장송미(張松美), 「중국헌법소송제도를 수립하는데 대한 생각(關于建立中國憲法訴訟制度的思考)」, 『절강학간』 2호, 2001.

인민법원에서 법률문서를 만들 때 어떻게 법률규범성문건을 인용할 것인가 하는 문제에 대해 토론을 거친 뒤 아래와 같이 회답한다." "지방 각급 인민대표대회와 지방 각급 인민정보 조직법에서는 다음과 같이 규정했다. 국가입법권은 전국인민대표대회 및 그 상무위원회에서 행사한다. 국무원은 헌법과 법률에 근거하여 행정법규를 제정할 권리가 있다. 각 성, 직할시 인민대표대회 및 그 상무위원회는 헌법, 법률, 행정법규를 위반하지 않는 전제하에서 지방성법규를 제정할 수 있다. 민족자치를 실시하는 지역의 인민대표대회는 해당 지역의 민족의 정치, 경제, 문화 특징에 근거하여 자치조례와 단행조례를 제정할 권리가 있다. 그렇기 때문에 인민법원은 법에 근거하여 민사, 경제 분규를 심리하는 법률문서를 만들 때 전국인민대표대회 및 그 상무위원회에서 제정한 법률과 국무원에서 제정한 행정법규를 모두 인용할 수 있다.

인민법원에서는 법에 근거하여 당사자 쌍방이 모두 본 행정지역 내에 속하는 민사와 경제 분규 안건을 심리하는 법률문서를 만들 때, 각 성, 자치구 인민대표대회 및 그 상무위원회에서 제정한 헌법, 법률과 행정법규에 저촉되지 않는 지방성 법규, 민족자치를 실시하는 지역의 인민대표대회는 현지의 정치, 경제, 문화 특징에 근거하여 제정한 자치조례와 단행조례를 모두 인용할 수 있다.

국무원의 각 부와 위원회에서 발포한 명령, 지시와 규정 ; 각 현, 시 인민대표대회에서 통과되고 발포된 결정, 결의 지방의 각급 인민정부에서 발표한 결정, 명령과 규정이 헌법과 법률, 행정법규에 저촉되지 않는다면 안건을 심리할 때 이를 참고하여 집행할 수 있다. 하지만 이를 인용해서는 안 된다.

최고인민법원에서 제출한 각가지 법률을 관철시키는 것에 관한 의견 및 회답 등은 반드시 관철하고 집행해야 한다. 하지만 이것을 직접 인용하는 것은 적합하지 않다." 이 회답에서는 최고인민법원이 민사심판에서 법률, 법규, 참고규정을 근거로 삼고 인용할 때 적용되는 원칙을 확정하였다. 하지만 인민법원에서 법률문서를 만들 때, 응당 인용해야 할 법률규범성문건의 범위에 헌법을 포함시키지 않았다. 그리하여 이는 헌법의 사법 적용 성질을 간접적으로 부정한 셈이다.

세 번째 관점은 차별대우 학설이다. 사법심판에서 헌법규범을 인용하는 문제는 구체적으로 분석하고 차별적으로 대해야 한다는 뜻이다. 주위(周偉)는 인민법원에서 법률문서를 만들 때, 직접 인용할 수 있는 헌법조문의 형식에는 다음과 같은 것들이 있다고 말한다.

첫째, 인민법원에서 형사심판 법률문서를 만들 때 직접 헌법조문을 인용하여 죄를 논하고 판결을 내리는 근거로 삼지 말아야 한다.

둘째, 인민법원에서 민사와 행정심판 법률문서를 만들 때 직접 헌법조문을 인용하여 소송재판 행위의 합법적인 법률근거로 삼을 수 있다.

셋째, 인민법원에서 법률문서를 만들 때 소송행위의 법률효력에 대해서는 헌법조문을 직접 인용하여 그 합법성을 확정할 수 있다. 하지만 민사 혹은 행정 재정서(裁定書)에 직접 헌법조문을 인용해서 법률근거로 삼을 수 없다.

넷째, 인민법원에서 법률문서를 만들 때 인용한 헌법조문은 헌법 기본 권리를 침범한 위법행위의 성질을 확인할 때 적용된다.

헌법의 기타 조문의 규정을 인용하여 소송행위의 법률효력을 확인해서는 안 된다. 다섯째, 인민법원에서 법률문서를 만들 때 헌법조문을 인용하여 심판의 법률근거로 삼을 때 반드시 다른 법률조문도 함께 인용해야 한다.

만약 인용할 수 있는 다른 법률조문이 없다면 최고인민법원의 사법해석을 결부시켜야 한다. 일반적으로 단독적으로 인용한 법률조문은 재판의 직접적인 근거가 될 수 없다.[1124] 주위의 관점에 근거하면 사법심판에서 헌법을 인용할 수 있는가를 재판의 근거로 삼거나 헌법의 적용 성질을 연구할 때 구체적인 상황에 근거하여 구체적인 분석을 진행해야 한다.

필자가 보기에 헌법은 국가의 근본법으로서 당연히 법의 규범적인 속성을 가지고 있다. '헌법'은 서언의 마지막 부분에서 이렇게 선포했다. "본 헌법은 법률의 형식으로 중국 각 민족이 분투하여 얻은 성과를 확정하였다. 또한 국가의 근본제도와 근본임무는 국가의 근본법이고 최고의 법적 효력을 가지고 있다고 규정하였다. 전국의 각 민족, 모든 국가기관과 무장역량, 각 정당과 사회단체, 각 기업과 사업 조직은 반드시 헌법을 근본적인 활동준칙으로 삼아야 한다.

또한 헌법의 존엄을 수호하고 헌법의 실시를 보장해야 한다." '헌법'의 제5조 제5항에서는 다음과 같이 규정했다. "모든 국가기관과 무장역량, 각 정당과 각 사회단체, 각 기업과 사업 조직은 반드시 헌법과 법률을 준수해야 한다. 헌법과 법률을 위반하는 행위는 반드시 끝까지 추궁해야 한다." 여기서 말하는 모든 국가기관에는 국가의 사법기관도 포함된다.

그렇기 때문에 사법기관도 헌법을 준수할 의무가 있고 헌법을 근본적인 활동의 준칙으로 삼고 헌법의 존엄을 수호하고 헌법의 실시를 보장할 직책을 갖고 있다. 사법심판에 헌법을 인용하거나 적용하는 것은 사법기관이 헌법을 준수하는 하나의 표현이다. 그렇기 때문에 사법기관의 헌법적용권리를 인정해도 이상할 게 없다. 그 외에 '헌법' 제126조에서는 다음과 같이 규정하였다. "인민법원은 법률의 규정에 근거해 행정기관, 사회단체와 개인의 간섭을 받지 않고 홀로 심판권을 실시할 수 있다." 여기서

1124) 주위(周僞), 「인민법원에서 헌법조례를 인용하여 법률문서를 작성하는데 대한 연구」, 『강소사회과학』 1기, 2002.

인민법원이 근거로 삼는 '법률'은 인민대표대회 및 그 상무위원회에서 제정한 의회입법이 아니라 광의의 법률을 말한다. 예를 들면 1989년 4월 4일에 열린 제7기 전국인민대표대회 제2차 회의에서 통과된 『행정소송법』의 제52조항에서는 다음과 같이 규정하였다. "인민법원에서는 안건을 심의할 때 법률과 행정법규, 지방성법규를 근거로 삼아야 한다. 지방성법규는 본 행정지역 내에서 발생한 행정안건에 적용된다.

 인민법원에서 민족자치 지역의 행정안건을 심의할 때에는 그 민족자치지역의 자치조례와 단행조례를 근거로 삼아야 한다." 여기서 법원에서 안건을 심리할 때 협의에서의 법률 이외에 행정법규, 지방성법규, 자치조례와 단행조례를 근거로 삼는다는 것을 알 수 있다. 그렇기 때문에 '헌법' 제126조항에서 규정한 '법률'은 광의에서의 법률로서 여기에는 협의에서의 법률뿐만 아니라 더 높은 단계의 헌법과 비교적 낮은 단계의 법규 등이 포함된다. 그렇기 때문에 '헌법'제126조항에서는 인민법원이 헌법규정에 근거하면 심판권을 행사할 수 있고 헌법은 사법 적용권한을 소유할 수 있다.

 중국 사법실천에서 인민법원의 사법심판에 헌법이 인용된 현상이 여러 차례 나타났다. 비교적 대표적인 안건에는 『중화인민공화국 최고인민법원 성명』이 1988년 제2기에서 공포한 심애부(沈涯夫), 모춘림(牟春霖) 비방 안건, 1988년 10월 4일에 최고인민법원에서 회답한 장연기(張連起), 초용란(焦容蘭)이 장학진을 고소한 안건이 포함된다. 그리고 『중화인민공화국 최고인민법원 성명』이 1999년 제5기에 공포한 유명(劉明)이 철도부 제25공정국(工程局) 제2처 제8공정회사를 고소한 사건과 라우민(羅友民)의 산재배상안건이 있다.

 그 외에 『중화인민공화국 최고인민법원 성명』이 2001년 제5기에 공포한 용건강(龍建康)이 중주(中州)건축공정회사, 강건국(姜建國, 영승(永胜)현 교통국을 상대로 한 손해배상소송안건, 제옥령(齊玉玲)이 진효기(陳曉琪), 진극공(陳克攻), 산동성 제녕시 상업학교, 산동성 등주시 제8중학교, 상동성 덩저우시 교육위원회를 상대로 한 성명권소송안건 및 광주시 삼수식품유한회사에서 황푸구 노동, 사회보장국을 상대로 한 소송안건도 포함된다.

위에 나오는 사례를 통해 사법재판에 헌법을 이용하는 일은 중국 사법실천에서 자주 나타나는 일이라는 걸 알 수 있다. 사법기관의 많은 판결과 사법해석에는 사법판결에서 헌법규범을 인용할 수 있는지 명확하게 해명하지 않았다.

주의해야 할 점은 2008년 12월 8일에 개최된 최고인민법원심판위원회 제1457회의에서 통과된 『2007년 이전에 발포된 사법해석(제7번째)을 폐기하는 것에 관한 최고인민법원의 결정』 (법석[2008] 15호)에 근거하여 최고인민법원에서는 치위링 사건을 심사할 때, 공포한 『성명권의 수단으로 헌법의 보호를 받는 공민의 교육받을 권리를 침해하였을 때 민사책임을 져야 하는가 하는 문제에 대한 회답』 (법석 [2001] 25호)이 폐지되었다는 것이다.

그 폐지 이유는 "더 이상 적용되지 않음"이였고 다른 이유를 설명하지 않았다. 최고인민법원이 2008년 12월 8일에 발포한 법석[2008] 15호 사법해석에서 법석 [2001] 25호의 사법해석을 폐지하였지만 이는 모든 판결이 아닌 치위링 사건 하나를 놓고 말한 것이다. 그렇기 때문에 최고인민법원에서 명확한 해석을 내놓기 전에 우리는 최고인민법원의 법석[2008] 15호 사법해석에서 사법재판에 헌법을 인용할 수 없거나 헌법이 더 이상 사법 적용 성질을 소유할 수 없다는 결론을 얻을 수 없다.

(2) 헌법에 인권조항이 포함된 이후의 헌법학 발전

2004년 3월 14일 제10기 전국인민대표대회 2차 회의에서 『중화인민공화국헌법』 제4차 수정안이 통과되었다. '헌법'수정안 제24조항에서는 다음과 같이 규정하였다.

"헌법 제33조항에 '국가는 인권을 존중하고 보장한다'는 조항을 추가한다. 이 조항이 세 번째 조항이 되고 원래 세 번째 조항이 네 번째 조항으로 바뀐다." 이번 수정안에서 새로 추가한 '국가는 인권을 존중하고 보장한다'는 내용은 인권적인 색깔이 분명하기 때문에 사람들은 이것을 '인권조항'이라고 부른다.[1125] 사람들은 이번에 헌법을 개정한 의의를 "헌법에 인권이 포함된 것"이라고 말한다. 엄격히 말해 "헌법에 인권이 포함된 것"이라는 표현방법은 정확하지 않다. 왜냐하면 이번에 헌법을 개정하기 전에 중국 헌법 텍스트에는 인권적인 규정이 많이 존재했기 때문이다. 예를 들면 '헌법'의 제2장인 '공민의 기본 권리와 의무'라는 장절에서는 공민의 기본 권리와 자유에 대해 많은 규정을 진행하였고 이러한 기본 권리와 자유를 중국 공민이 향수하는 인권의 구체적인 표현형식으로 보았다

. 하지만 엄격히 말해 이번 헌법 수정의 의의를 '헌법에 인권 개념이 포함'되었거나 '헌법에 인권이 포함'된 것이라 약칭할 수 있다. 비록 중국 헌법 텍스트에는 인권적 성격의 규정이 많이 존재하지만 입법적인 서술에서 아무도 '인권'이라는 개념을 명확하게 표현하지 않았고, 다만 '기본권리', '자유', '권익' 등의 단어로 표현했을 뿐이다. 이번에 헌법을 수정한 할 때 처음으로 '인권'이라는 개념을 헌법의 텍스트에 포함시켰다.

그렇기 때문에 이는 시대적인 의미를 가지는 일로서 중국헌정사에서 중요한 한 페이지를 장식했다고 할 수 있다.[1126] 만약 1991년 11월 1일에 국무원 신문판공실에서 발포한 『중국의 인권상황』이라는 백서가 중화인민공화국이 수립된 이후에 처음으로 인권연구에 대한 물결을 불러일으켰다면 인권조항이 헌법에 포함된 것은 인권연구에 일어난 두 번째 물결이라고 할 수 있다.

1125)표준이 다름에 따라 "국가는 인권을 존중하고 보장한다"는 조항에는 여러 가지 간칭이 존재한다. 임래범은 "국가는 인권을 존중하고 보장한다"는 조항을 그 자수에 근거하여 이를 "9자조항"이라고 부른다. 임래범, 계언민(季彦敏) 「인권보장: 원칙으로서의 의의」, 『헌법연구』 4호 2005. 중국 '헌법'수정안 제13조항에 나오는 "의법 치국하여 사회주의 법치국가를 건설"이라는 조항의 약칭에 대해 동지위는 다음과 같이 주장한다. "헌법 제13조항에 기재된 조항을 그 근본적인 특징에 근거하여 '법치 조항'이라 약칭할 수 있다." 동지위, 『법권과 헌정』, 산동인민출판사, 2001, 619쪽. 그 외에 중국 헌법 텍스트에서는 인권조항을 협의와 광의로 나눈다. 협의에서의 인권조항은 '헌법'제33조항 제3항에서 규정한 "국가는 인권을 존중하고 보장한다"는 조항을 말한다. 광의에서의 조항은 협의에서의 인권조항을 포함한 소유권리 의미에서의 조항을 말한다. 특별한 설명이 없을 경우 본 문에서 말한 인권인 일반적으로 협의에서의 인권조항을 가리킨다.

1126) 1946년의 『중화민국헌법』의 서언에는 "국권을 공고히 하고 민권을 보장해야 한다"는 내용이 있다. 제2장의 제목은 '인민의 권리와 의무'인데, 여기서 '민권'과 '인민의 권리'는 사실 인권사상을 가리킨다. 다만 여기서 '인권'이라는 표현방식을 사용하지 않았을 뿐이다.

개괄성적인 조항으로서 인권조항은 중국 헌법 텍스트에서 어떠한 성질을 띠고 또 어떠한 작용을 할까? 이는 인권조항을 연구할 때 피할 수 없는 기초적인 문제이다.

중국 헌법 텍스트에 나오는 인권조항의 규범성적인 성질을 제대로 연구해야만 이를 기초로 인권조항의 작용, 효력 및 인권조항과 기타 헌법조항 사이의 관계에 대한 연구를 진행할 수 있다. 중국 이론계는 입장과 관찰의 시각이 다름에 따라 인권조항의 성질에 대해 저마다 각기 다른 의견을 갖고 있다. 이러한 의견을 종합적으로 다음과 같은 세 가지 학설로 나눌 수 있다.

① 공시(公示)성 조항이라고 주장하는 학설

이 학설은 중국 헌법 텍스트에 나오는 인권조항은 주로 공시적 성질을 띤 조항이라고 주장한다. 그 작용은 입장과 태도를 표명하는 것이다. 인권조항이 공시적인 조항이라는 학설은 중국 최고 권력기관에서 인권조항을 공식적으로 확정한 것이라 할 수 있다. 2004년 3월 8일 제10기 전국인민대표대회 제2차 회의에서 전국인민대표대회 상무위원회 부위원장을 맡았던 왕조국(王兆國)는 "'중화인민공화국 헌법수정안(초안)'에 대한 설명"이라는 주제로 보고를 했다. 여기서 인권조항에 관한 내용을 소개할 때 그는 이번에 헌법을 수정할 때 다음과 같은 두 가지 문제를 고려했다고 말했다.

첫째, 인권을 존중하고 보장하는 것은 우리 당과 국가가 항상 견지해 오던 방침이다. 그렇기 때문에 이것을 헌법에 포함시키면 이 방침을 더 잘 관철하고 집행하는 데 헌법적인 보장을 제공할 수 있다.

둘째, 당의 15기, 16기 인민대표대회에서는 "인권을 존중하고 보장"해야 한다고 명확히 제기했다. 헌법적으로 인권을 존중한다고 발표하는 것은 사회주의 제도의 본질적인 요구를 체현한 것이다. 이는 중국 사회주의 인권사업의 발전을 촉진하고 국제 인권사업과 합작, 교류하는 데 유리하다.[1127] 왕조국이 보고한 헌법초안설명을 보면 이번에 헌법을 수정할 때, 인권조항을 헌법에 포함시킨 목적은 "헌법적으로 인권을 존중하고 보장한다고 발표"하고 "우리 당과 국가가 시종 이러한 방침을 견지해왔다"는 것을 나타내 위해서라는 것을 알 수 있다. 이는 인권

조항의 작용은 '발표'에 있다는 걸 의미한다. 또한 인권보장에 대한 우리 당과 국가의 입장을 표명하기도 했다. 왕조국의 신분이 특별하기 때문에 우리는 초안의 설명을 최고 권력기관이 인권조항의 본뜻에 대한 입법적인 해석으로 볼 수 있다. 이는 권위적인 정부의 해석이기도 하다. 왕해연(汪海燕) 박사의 주장은 다음과 같다. "헌법규범은 추상적이고 인권은 범위가 넓기 때문에 인권에 대한 헌법의 규정은 대부분 공시적인 것들이다. 즉 국가가 인권을 존중한다는 뜻이다. 인권보장의 구체적인 내용 및 그 실현은 다른 부문법의 규정을 따라야 한다."[1128]

이상의 논술에서 우리는 이 학설의 기본적인 주장은 다음과 같다는 걸 알 수 있다. 첫째, 헌법 텍스트에 나오는 인권조항은 주로 가치를 공시하는 작용을 한다. 이는 인권보장에 대한 우리들의 방침, 입장, 태도와 자세를 표명해 준다. 둘째, 공시적인 조항으로서 헌법 텍스트에 나오는 인권조항은 직접적인 구속력을 가지지 않는다. 인권조항에 나오는 인권보장내용이 작용을 발휘하게 하려면 다른 부문법에서 이에 관해 규정을 할 필요가 있다. 다른 부문법에 근거하여 인권조항을 구체화하고 세분화해야 인권보장의 작용을 실현할 수 있다. 인권조항은 가치를 드러내고 간접적으로 효력을 발휘하는 특징을 갖고 있다.

1127) 왕조국(王兆國), 『중화인민공화국헌법 수정안(초안)에 대한 설명』.
1128) 왕해연, 「국가는 인권을 존중하고 보장한다는데 대한 해독(解讀'國家尊重和保障人權')」, 『당대 법학』 2호, 2005.

② 강령적 조항이라고 주장하는 학설

　중국 헌법 텍스트에 나오는 인권조항은 개괄적이고 지도적인 강령적 조항이다. "강령적이란 현재 생활 속에 아직 존재하지 않고 반드시 노력해야 도달할 수 있는 방향과 목표를 말한다."[1129] 그렇기 때문에 인권을 강령적 조항이라고 하는 것은 인권조항이 인권보장의 방향과 목표를 위해 존재한다는 의미이다. 강령적 조항은 일반적으로 중국 헌법 텍스트에서 국가의 기본정책, 기본방침, 기본제도를 규정한 것들이다. 이 때문에 강령적 조항의 내용을 정책성 조항이라고 부른다. 여기서 정책성 조항과 강령적 조항을 하나의 양면으로 볼 수 있다. 동일한 조항이라고 해도 특징적으로 볼 때 강령적 조항이고 내용적으로 볼 때 정책성 조항이 될 수 있다. 예를 들면 양해곤(楊海坤) 박사는 다음과 같이 주장했다. "'국가가 인권을 존중하고 보장한다'는 것은 개괄성적인 조항으로 헌법에 기재되었다.

　이는 중국가 인권을 보장하는 것을 핵심으로 하는 헌정의 발전과정에서 새로운 성과를 이룩했다는 것을 의미한다." "이러한 강령식, 성명식 조항은 최고 법률효력을 갖고 있고 이후 중국 공민의 기본 권리의 내용을 규정하고 기본 권리의 보장체계를 완벽하게 하는 데 적극적인 작용을 일으킬 것이다."[1130] 여기서 양해곤은 인권조항을 강령적, 성명식의 개괄적 조항으로 보았다.

　강령적 인권조항의 방식을 통해 인권의 의의를 규정한 데에는 독특한 가치와 의의를 갖고 있다. 그 의의에 대해 서현명(徐顯明)은 체계적인 논술을 진행한 적이 있다. 서현명 선언을 통해 인권을 표현한 것과 헌법에 전문적인 장절을 설정하여 공민의 기본 권리를 규정한 것은 모두 같은 유형에 속하는 것이라고 주장한다.

1129) 후진광(胡錦光), 『중국헌법문제 연구』, 신화출판사, 1998, 130쪽
1130) 양해곤, 『헌법 기본 권리 신론』, 북경대학출판사, 2004, 1~9쪽.

그렇기 때문에 인권의 상세한 항목을 규정하기 전에 인권의 강제성에 대해 규정한 것은 인권에 대한 국가의 가장 기본적인 태도를 표현한 것이다. 서현명은 다음과 같이 주장했다. "이러한 강령적 혹은 총 원칙성 인권조항에는 두 개의 함의가 포함된다. 첫째, 이는 정치방면에서 국가의 최고도덕이다. 정치의 정치적 논리성은 이 조항을 통해 표현된다. 모든 정치가들은 모두 인권을 존중하는 정치이론에 근거하여 국가의 사무를 책임져야 한다.

정치가가 인권을 존중하지 않는다면 그 원칙에 근거하여 정치논리와 법률상의 이중책임을 담당해야 한다. 둘째, 강령적 인권조항은 공민의 인권과 정부의 책임을 확정하는 근거이다. 이러한 총 원칙이 없다면 인권의 열거는 기계적이고 융통성이 없게 된다. 공민은 열거한 인권영역에서 권리를 획득할 수 있다. 열거하지 않았거나 입법할 때 미처 인식하지 못했거나 나중에 문제가 발생했지만 제때에 인권법에 이것을 보충해 넣지 않는다면, 또 다른 쟁의가 생길 수 있다. 한 국가의 인권상황이 모두 사전에 설계된 무대 위에서 연출되는 것이라면 현실생활이 얼마나 풍부하고 다채롭던 간에 이러한 인권은 절대 완벽할 수 없다. 그러므로 인권의 강령적 조항은 인권의 입법기술일 뿐만 아니라 인권에 대한 국가의 원칙이기도 하다." [1131]

위의 논술에서 우리는 인권조항을 강령적 조항이라고 하는 학설의 주장에는 다음과 같은 것들이 있다는 걸 알 수 있다. 첫째, 헌법 텍스트에 나오는 인권조항은 강령적, 총칙(總則)적인 개괄적 조항이다. 이는 인권에 대한 국가의 기본이념과 기본목표를 집중적으로 체현했다. 둘째, 내용상에서 강령적 조항은 국가의 기본정책과 기본원칙을 체현하였다. 이 때문에 인권조항은 강령적 조항의 구체적인 표현으로서 국가의 기본국책과 기본원칙을 체현하였다.

셋째, 인권조항은 국가 인권보장의 총 원칙으로서 인권을 확정하는 작용을 한다.

1131) 서현명, 『제도성 인권 연구』, 무한대학, 1999, 박사학위 논문 102쪽.

강령적 조항으로서의 인권조항은 국가 기본정책의 규범성을 체현하였을 뿐만 아니라 국가인권보장원칙을 개괄적으로 표현하였다는 것을 알 수 있다.

이는 공민 기본권리 조항의 보충성 원칙이기도 하다. 그렇기 때문에 강령적 조항으로서의 인권조항은 필연성, 정책성, 보충성과 같은 특징을 갖고 있다.

③ 원칙적 조항이라고 주장하는 학설

이 학설은 중국 헌법 텍스트에 나오는 인권조항은 개괄적, 추상적, 보편적인 원칙적 조항이라고 주장한다. 그 표현형식에서 헌법규범은 주로 원칙성 규범과 규칙성 규범으로 구성되었다. 인권조항은 원칙성 규범에 속하기 때문에 규범 성질에서 주로 원칙성적인 존재로 표현된다. 이 학설은 형식상에서 인권조항을 강령적 조항이라고 주장하는 학설과 매우 비슷하다. 하지만 양자는 본질적으로 다르다. 양자의 다른 점은 주로 헌법원칙과 헌법정책이 다른 것으로 표현된다.

헌법원칙은 헌법정신의 내재적인 체현으로서 근본적이고 안정적인 특징을 갖고 있고 쉽게 변화가 일어나지 않는다. 하지만 헌법정책은 국가의 정치, 경제, 문화, 사회 등 정책들이 헌법 텍스트에 체현된 것으로서 시대적이고 변동적인 특징을 갖고 있다. 이는 국가의 정치, 경제, 문화, 사회 형식의 변화에 따라 변화한다. 이 학설은 또 법률원칙설, 헌법원칙설, 기본권리 원칙설 세 가지 학설을 포함하고 있다.

첫째, 법률 원칙설이다. 이 관점은 헌법에 나오는 인권조항은 국가 법률체계의 한 원칙 혹은 기본원칙으로서 인권보장 법률체계를 구축하고 완벽하게 하는 것에 중요한 지도작용을 일으킨다고 주장한다. 여기서 법률은 당연히 광의의 법률을 말하는데 여기에는 헌법, 의회법 등의 법률이 포함된다. 일반적으로 헌법을 포함한 모든 법률성 문건을 가리킨다. 대표적인 관점에는 다음과 같은 것들이 있다.

정영류(鄭永流), 정춘명(程春明), 용위구(龍衛球) 등은 "헌법으로부터 볼 때 인권을 법률의 기본원칙으로 헌법에 기재하면 법률의 인권체계를 완벽하게 할 수 있다"고 주장했다.[1132] 관금화 (關今華)는 "인권을 헌법에 포함시킨 것은 중국 인권보장 법률체계의 수립을 위해 든든 한 기초를 마련해 주었다 …. 인권을 중요한 원칙으로 헌법에 포함시키면 중국의 개인권 보장과 관련이 있는 법률체계를 개혁시키고 발전시키며 완벽하게 할 수 있다."[1133]

인권조항을 국가 실정법체계의 법률원칙 혹은 기본원칙으로 보는 것은 이론적으로 인권의 위치를 확정해 주면서부터 시작되었다. 만약 인권을 국가법률체계의 원칙으로 본다면 이를 헌법에 기재한다 해도 인권은 여전히 법률원칙 혹은 법률기본원칙으로 존재할 뿐이다. 이러한 관점에 의하면 헌법에 기재된 인권조항 역시 국가 법률체계의 원칙 혹은 기본원칙의 형식으로 나타난다.

둘째, 헌법 원칙설이다. 이 관점은 인권조항을 헌법에 기재하면 이는 헌법원칙이 되어 헌법원칙의 성질을 갖게 된다고 주장한다. "헌법학이론에서 헌법원칙은 헌법규범과 헌법행위를 구성하는 기초와 근본적이고 종합적이고 안정적인 원칙과 준칙을 가리킨다. … 헌법원칙은 헌법의 영혼 혹은 헌법의 정신적 실체라고 할 수 있다."[1134] 헌법원칙을 분류할 때 헌법원칙의 추상적인 정도, 영향력의 정도를 표준으로 헌법원칙을 헌법의 일반 원칙과 헌법의 기본원칙으로 구분한다. 이러한 분류와 학자들이 인권조항에 대해 서술할 때 치중한 정도에 근거하여, 헌법원칙학설을 비교적 명확하지 않은 헌법원칙학설과 헌법의 기본원칙을 특별히 강조하는 헌법기본원칙학설 이렇게 두 가지로 구분할 수 있다.

1132) 정영류, 청춘명, 「중국헌법은 어떻게 인권을 설치해야 하는가(中國憲法應如何設置人權)」, 『정법포럼』 6호, 2003.
1133) 관진화, 『인권보장법학연구』, 인민법원출판사, 2006, 559쪽.
1134) 서수의, 한대원, 『현대헌법기본원리』, 184쪽

비교적 명확하지 않은 헌법원칙학설은 인권조항은 헌법원칙의 성질로 헌법 텍스트에 나타났다고 주장한다. 여기서 말하는 헌법원칙은 헌법의 일반원칙인지 헌법의 기본원칙인지 문자의 서술에만 근거해서는 판단할 수 없다. 비교적 대표적인 관점에는 다음과 같은 것들이 있다. 주각(周覺)는 "'국가는 인권을 존중하고 보장한다'는 내용을 헌법에 기재하면 인권을 존중하고 보장하는 것을 당과 정부의 주장에서 인민과 국가의 의지로 상승시켜 국가의 근본대법이라는 이 원칙을 확립할 수 있다.

이는 인권의 법제보장을 강화하고 중국인권사업의 진보와 정치문명의 발전을 추진할 수 있고 중요한 현실적 의의와 깊은 역사적 의의를 가진다"고 했다.[1135] 신춘응(信春鷹)은 "인권을 존중하고 보장하는" 것은 헌법원칙으로서 중국 입법에 중요한 지도 작용을 일으킬 수 있고 국가기관 및 그 작업일꾼들의 업무를 지도할 수 있으며 사람과 사회의 조화로운 발전을 지도할 수 있다. 그리고 또 사람과 환경, 자원의 조화로운 발전을 지도할 수 있다고 했다.[1136] 진전홍(秦前紅)은 다음과 같이 주장한다. "기본인권 원칙은 헌법원칙으로서 그 실질은 인권으로 하여금 헌법의 출발점과 귀착점, 그리고 양헌(良憲)인지를 판단하는 표준이 되게 해주는 데 있다."[1137] 이상의 주장에서 알 수 있듯이 인권조항이 헌법 텍스트에 기재된 이후 이는 헌법원칙의 신분으로 나타난다는 것이 헌법원칙학설의 주장이다. 헌법원칙으로서 인권조항은 헌법가치를 통솔하고 헌법규범을 지도하는 거시적이고 추상적인 가치를 갖게 된다.

헌법의 기본원칙을 특별히 강조하는 헌법기본원칙학설은 헌법 텍스트에 나오는 인권조항은 단순한 헌법원칙이 아니라 헌법의 기본원칙이라고 주장한다. 헌법학에서

1135) 주각, 「'국가가 인권을 존중하고 보장한다'는 헌법원칙을 착실시 관철시키고 인권보장의 발전을 촉진해야 한다」, 중국인권연구회 엮음. 『인권일 헌법에 포함시킨 것'과 법제보장(人權入憲與人權法制保障)』, 단결출판사, 2006, 7쪽.
1136) 신춘영, 「국가는 인권을 존중하고 보장한다(國家尊重和保障人權)」, 『구시(求是)』 9, 2004.
1137) 한대원 주필, 『비교헌법학』, 고등교육출판사, 2008, 60쪽.

헌법기본원칙의 지위와 영향력은 일반적인 헌법원칙보다 훨씬 더 높다.

그렇기 때문에 인권조항을 헌법의 원칙이 아닌 헌법의 기본원칙으로 삼는 것은 인권조항의 위치와 가치가 제고되었음을 의미한다. 이 학설의 대표적인 관점에는 다음과 같은 것들이 있다. 왕진원(汪進元)는 다음과 같이 말했다. "2004년의 헌법수정안에서는 '국가가 인권을 존중하고 보장한다'는 내용을 기본원칙으로 헌법에 기재했다. 이는 공민 권리와 자유를 확대하고 완벽하게 하는 데 원칙적인 근거를 제공해 주었다."[1138] 엄해량(嚴海良) 박사는 인권조항에서 확립한 인권보장원칙은 "규범적인 의의에서 볼 때 입헌주의의 중요한 상징으로서 헌법의 여러 원칙 가운데 가장 핵심적인 원칙으로 존재한다"고 주장한다.[1139]

이상 논술에서 알 수 있듯이 헌법의 기본원칙은 사실 헌법원칙학설의 심화와 승화이다. 인권조항의 지위가 헌법 기본원칙 혹은 헌법의 근본원칙까지 상승하였다. 헌법기본원칙으로서 인권조항은 헌법의 기타 조항의 가치원칙일 뿐만 아니라 헌법의 구체적인 원칙이 존재하는 근거이기도 하다.

셋째, 기본권리 원칙설이다. 이 관점은 헌법 텍스트에 나오는 인권조항은 기본 권리의 조항을 통솔하는 개괄적인 조항이고, 헌법 텍스트에 나오는 기본 권리에 관한 내용은 기본원칙이라고 주장한다.[1140] 이 학설의 직접적인 근거는 헌법 텍스트에서 인권조항이 차지하는 위치이다. 중국 헌법 텍스트에서 인권조항의 설치 양식은 기본권리 양식에 속한다.

1138) 왕진원, 『양헌론』, 산동인민출판사 2005, 제180쪽.
1139) 엄해량, 『인권논증 범식의 변혁(人權論證範式的變革)-주체성에서 관계성에 이르기까지』, 사회과학출판사, 2008, 343쪽.
1140) 논리적인 관계로 볼 때 기본권리 원칙은 헌법원칙의 범주에 속해야 한다. 여기서 기본 권리원칙의 독특한 속성을 강조하기 위해 기본 권리원칙을 단독적인 원칙으로 해석하였다.

인권조항을 기본권리 조항으로 규정하면 인권조항은 형식상 헌법 제2장에 나오는 '공민의 기본 권리와 의무'의 한 조항이 되고 만다. 또한 내용상에서 기본권리 조항의 구성부분이 되게 되며, 규범 성질에서 헌법에 나오는 기본권리 부분의 개괄적인 규정과 원칙적인 조항으로 간주된다. 이 학설의 대표적인 학설에는 다음과 같은 것들이 있다. 이보운(李步雲)은 다음과 같이 주장했다. "인권조항은 기타 조항을 통솔하는 개괄적인 규정으로서 인권조항의 기본원칙을 확립했다.

설령 헌법에 열거되지 않은 인권이라 해도 모두 보장조항의 보장을 받아야 한다. 이러한 개괄적인 규정과 열거적인 규정이 결합된 입법기술은 인권보장의 든든한 장벽이 되었다."[1141] 하지만 기본권리 원칙으로서 인권이 가지는 의의에 대해 하용(夏勇)은 다음과 같은 견해를 내놓았다.

"인권은 권리영역에서 공인하는 기본원칙으로서 항상 기타 권리를 규정하고 설정하는 방면에서 논리적인 우세를 차지한다." 이런 의미에서 하용은 인권을 '다산을 하는 권리의 어머니'에 비유하면서 이를 다른 권리를 파생하는 모체라고 말했다.[1142] 이상 관점에서 알 수 있듯이 기본권리 원칙설은 인권조항은 기본권리 영역의 개괄적이고 원칙적인 규정으로서 그 주요 작용은 기본권리의 인권을 추정하는 기능에 체현된다고 주장한다. 기본권리 원칙으로서 인권조항은 '헌법'의 제2장에 나오는 기본권리 부분의 전체 내용을 통솔한다. 이는 헌법 텍스트에 나오는 구체적인 기본권리를 추상적으로 표현한 것이다. 또한 헌법 텍스트에 나오는 모든 구체적인 기본권리를 해석할 때 반드시 참고해야 할 배경요소이다.

1141) 이보운, 『헌법에 인권을 포함시킨 중요한 의의(人權入憲的重要意義)』, 이보운, 공향화(龔向和) 등, 『인권법과 관련된 일련의 이론문제(人權法的若干理論問題)』, 호남인민출판사, 2007, 171쪽.
1142) 하용, 『권리로 향하는 시대(走向權利的時代)』, 사회과학문헌출판사, 2007, 5쪽.

④ 복합적 조항이라고 주장하는 학설

이 학설은 중국 헌법 텍스트에 나오는 인권조항의 규범성질에 대해 해석할 때, 하나의 사유에 국한되지 않고 확장성 사유방식을 선택하여야 하고 이를 복합적인 존재로 보아야 한다고 주장한다. 인권조항은 국가 가치관의 가치로 표현될 뿐만 아니라 국가기본정책의 방향을 대표하는 강령적 규정으로 표현된다. 또한 지도성, 추상성과 보편성을 구비한 원칙적 조항으로 표현되기도 한다. 이 학설의 대표적인 인물은 한대원이다. 그는 중국 헌법 텍스트에 나오는 인권조항을 해석할 때, 다음과 같은 몇 가지 요소를 고려해야 한다고 주장한다. 첫째, 헌법원칙 의의에서의 인권, 둘째, 국가가치관 의의에서의 인권, 셋째, 기본 권리의 내용으로 전환된 인권이다.

구체적으로 말해서 헌법원칙 의의에서의 인권은 모든 공공권력과 사회영역을 단속하는 효력을 갖고 있다. 인권을 국가가치체계에 포함시키면 국가의 목적을 확정하는 데 유리하고 국가의 전반적인 가치관을 형성하고 국가생활의 기본목표와 추구를 확정하는 데 유리하다. 국가공공정책의 제정, 특히 국가의 입법 활동은 국가의 기본가치관을 벗어날 수 없다. 기본권리의 내용으로 존재하는 인권과 헌법에 나오는 기본권리 사이에는 가치적으로 서로 교환할 수 있는 공간과 다양한 형식이 존재한다.[1143] 그러므로 인권조항은 복합적인 존재형식으로 표현된다.

종합적으로 인권조항의 성질을 확정하는 데는 공시적인 조항이라고 주장하는 학설, 강령적 조항이라고 주장하는 학설, 원칙성 조항이라고 주장하는 학설, 복합성 조항이라고 주장하는 학설 이렇게 네 가지 학설이 존재한다. 원칙성 조항이라 주장하는 학설에는 법률 원칙설, 헌법 원칙설과 기본권리 원칙설 이렇게 세 가지 관점이 존재한다. 이러한 학설은

1143) 한대원, 「헌법 텍스트에 나오는 '인권조항'의 규범에 대한 분석(憲法文本中'人權條款'的規範分析)」, 『법학가』 4호, 2004.

모두 각기 다른 방면으로부터 인권조항의 성질을 설명하였고 일정한 합리성을 갖고 있다. 이상 학설 가운데 필자는 원칙성 조항이라 주장하는 학설에 동의한다. 그 이유는 다음과 같다.

첫째, 인권조항의 설치 양식에서 중국 헌법 텍스트는 기본 권리의 양식을 채택했다. 즉, 인권조항을 기본 권리의 조항에 포함시켰다. 이렇게 하면 중국 헌법 텍스트에서 인권조항은 『헌법』의 제2장 '공민의 기본 권리와 의무'의 한 구성부분이 된다.

인권조항의 규정은 『헌법』 제2장 '공민의 기본 권리와 의무'라는 부분의 첫 번째 조항이다. 즉 『헌법』 조문의 제33번째 조항이다. 대륙 법률계의 판덱텐 입학모식에 근거하면 구체적인 조문을 규정하기 전에 일반적인 규정 하나를 설정하는데 이는 구체적인 법률조문을 개괄한 조항이 된다. 우리는 이를 '총칙'이라 부른다. 매 장절에서 조문을 규정하기 전에 그 장절의 내용을 위해 일반적인 규정 한 개를 설정하고 그것을 총칙적 조항으로 간주한다. 중국은 대륙법계국가로서 당연히 판테크텐 입법 양식의 영향을 받기 마련이다. 그렇기 때문에 중국 헌법은 구체적인 조항 앞에 '총칙'을 설치하였는데, 이는 중국 헌법의 총칙적 조항이다.

『헌법』 제2장 '공민의 기본 권리와 의무'에서 제33조항은 『헌법』의 제2장을 전반적으로 통솔하는 총칙성 조항으로 존재한다. 그렇기 때문에 성질상 인권조항 및 그것이 소속해 있는 『헌법』 제33조항은 『헌법』 제2장의 총칙적 조항으로 존재한다. 이는 제33조항 이후의 기본 권리와 기본의무 조항을 해석할 때 반드시 고려해야 할 기본원칙과 배경요소이다. 형식상 인권조항은 『헌법』의 제2장 '공민의 기본 권리와 의무'에 포함된다. 그러므로 당연히 이것을 기본 권리의 개괄적 조항과 일반성 원칙으로 해석할 수 있다.

둘째, 인권이 실현되는 효력으로부터 볼 때, "국가에서 인권을 존중하고 보장한다"는 기본 내용은 국가가 인권을 존중하고 보장하는 의무를 규정한 것이다. 하지만 여기서 인권은 추상적인 개념으로서 거시적인 의미만 갖고 있다. 미시적으로는 반드시 이것을 구체적인 권리로 변화시켜야 인권을 보장할 수 있다. 헌법의 전문에서 헌법을 보호하는 권리는 일반적으로 기본권리로 표현된다. 이렇게 되면 인권조항에 나오는 인권개념과 헌법 텍스트에 나오는 기본권리의 개념 사이에는 규범을 직접 비교할 수 있는 관계가 존재한다. 어떻게 인권조항에 나오는 인권을 헌법 텍스트의 기본권리로 전환하거나 해석하는가 하는 것은 인권조항의 인권보장 기능을 충분히 발휘하는 데 꼭 필요한 전제적인 요소가 된다.

원칙적인 조항으로서 인권조항은 추상적인 존재이다. 그렇기 때문에 구체적인 기본권리의 조항과 결합시켜야 한다. 그렇지 않으면 인권조항은 국가 가치 관념의 의의에서 가치와 국가의 기본정책을 표현하는 강령적 조항으로서의 작용만 발휘할 수 있다. 그렇게 되면 인권보장기능과 권력제약 기능을 제대로 발휘할 수 없게 된다.

비록 인권조항을 원칙성이라 주장하는 학설에는 법률원칙과 헌법원칙 등 여러 가지 학설이 존재하지만 인권보장의 입장에서 분석할 때, 이러한 관점들은 인권보장방면에서 논리상의 문제가 존재한다. 예를 들면 법률 원칙학설에서는 인권조항을 국가 법률시스템의 한 기본원칙이라 주장한다. 이렇게 되면 인권조항의 가치의의는 헌법에서 법적인 측면으로 크게 뒷걸음질 치게 된다.

이는 더 높은 곳에서 인권보장을 전개하는 데 불리하다. 하지만 헌법원칙학설은 인권조항을 헌법의 한 원칙이라고 주장한다. 이는 인권조항이 『헌법』 제2장 '기본 권리와 의무'에 포함되는 현실을 소홀히 한 것으로서 이렇게 되면 헌법 제2장 '공민의 기본권리와 의무'와 『헌법』 제1장 '총칙'의 관계에 논리적 모순이 발생하게 된다. 그렇기 때문에 중국 헌법에서 원칙 혹은 기본원칙은 모두 『헌법』 제1장의 '총칙'에 규정되어 있다.

총칙 아래의 내용들은 헌법 전반의 원칙적인 조항이 아니라, 구체적인 규칙성 조항 혹은 구체적인 내용의 원칙적인 조항으로 볼 수 있다.

만약 인권조항을 헌법원칙 혹은 헌법의 기본원칙으로 보면 중국 헌법 텍스트의 논리적인 관계가 무질서해지게 된다. 그렇게 되면 인권조항이 기본권리의 밖에서

겉돌면서 헌법 텍스트를 전반적으로 통솔하는 개괄적인 조항이 되고 만다. 이렇게 되면 맨 처음에 『헌법』을 수정할 때 인권조항의 규정을 헌법 제2장 제33조항에 포함시킬 필요가 없이 직접 헌법의 서언 혹은 헌법의 총칙에서 이에 대해 규정하면 된다. 하지만 입법기관이 헌법을 수정할 때 인권조항 규정을 서언이나 총칙에 포함시키자는 건의를 받아들이지 않고 이를 제2장 제33조항에 포함시켰다.

이는 인권조항을 헌법서언 혹은 총칙에 포함시킨 것과 다르다는 걸 의미한다.

그렇기 때문에 인권보장의 논리로부터 볼 때 인권조항은 헌법 텍스트의 기본권리 및 그 내용에 규범적인 보장을 제공하고 헌법에 미처 기재되지 않은 기본권리를 보충설명해 주는 작용을 한다. 본문 논리상에서 『헌법』 제2장의 개괄적 조항과 원칙적 규정을 통솔하는 작용을 한다.

(3) 물권법(物權法) 초안의 위헌으로 인한 학술논쟁

물권법 초안이 위헌인지에 대해 학술계는 계속 끊임없이 논쟁하였다. 여기에는 위헌과 합헌 두 가지 대표적인 관점이 존재한다. 이 두 가지 관점은 각자 이론적 근거를 갖고 있다. 법학계 특히 헌법학계에서 주장하는 물권법이 위헌이라는 관점은 아래와 같은 몇 가지 방면에 집중된다.

첫째, 물권법에서 확립한 공사(公私)재산 일체보호원칙은 헌법에 나오는 차별보호의 규정을 위반했다.

둘째, 물권법 초안에서는 "헌법에 근거하여 본법을 제정했다"고 명시하지 않았기 때문에 합헌성의 기초가 부족하다.

셋째, 물권법은 민법의 중요한 구성부분으로서 주체 사이의 권리와 의무의 관계를 조절한다. 징수, 징용 조항을 규정하는 데는 정당한 근거가 부족하다. 아래에 상세히 설명하겠다.

① "공사(公私) 재산을 평등하게 보호하는 것은 위헌이다"

중국은 사회주의 국가이기 때문에 국유제 경제는 중국경제의 기초이다. 공유재산은 국가재산체계에서 우선적인 자리를 차지한다. 그렇기 때문에 공사재산을 보호하는 문제에 있어 중국 헌법의 입장은 매우 명확한데 바로 공유재산을 먼저 보호하는 것이다.

그러므로 『물권법』 초안에서 공사재산을 평등하게 보호해야 한다고 한 것은 중국 헌법의 규정에 맞지 않다. 이는 헌법의 기본원칙을 위반한 것이다. 이런 관점의 대표 인물이 바로 동지위이다.

동지위는 헌법 텍스트에 나오는 공유재산과 사유재산에 대한 분석을 통해 중국 헌법에서 주장하는 공사재산의 보호원칙은 평등보호가 아닌 차별보호원칙이라고 주장했다. 그래서 물권법초안의 평등보호원칙은 헌법의 규정을 위반한 것으로 이는 위헌이다. 동지위는 차별보호란 우선보호이기도 한 것으로 여러 가지 주체의 재산권 가운데 국유재산에 대해 특별보호를 실시한다는 의미라고 제기했다. 만약 헌법 텍스트의 문의로 헌법을 해석한다면 중국에서 현재 실시하고 있는 헌법은 각기 다른 주체의 재산권을 평등하게 보호하는 것이 아니라 차별적으로 보호해야 한다는 걸 알 수 있다.

그렇기 때문에 중국 『헌법』에서 공유재산의 지위에 대한 규정은 제12조항에 나오는 '신성불가침'이라는 몇 글자에 표현되는 것이 아니라 일련의 조항에 모두 표현된다. 이러한 조항들에는 다음과 같은 것들이 포함된다. 제5조항에서는 국유제도는 '사회주의 경제제도의 기초'이기 때문에 "공유제를 주체로 하는 것을 고수"해야 한다고 말했다. 제7조항에서는 국유경제는 "국민경제의 주도적인 역량이고", "국가는 국유경제를 공고히 하고 발전시켜야 한다"고 말했다.

제12조항에서는 "사회주의 공공재산은 신성불가침하다.

국가는 사회주의의 공공재산을 보호해야 한다. 조직과 개인은 국가와 집체 재산을 강점하고 파괴해서는 안 된다"고 말했다.

2004년에 헌법을 수정하기 전, 사유재산에서는 몇 가지 열거된 생활물자만 법적으로 보호를 받았다. 2004년에 통과된 헌법수정안은 이러한 상황을 일정부분 변화시켜주었다. 여기서 "공민의 합법적인 사유재산은 침범할 수 없고", "국가는 법률에 근거하여 공민의 사유 재산권과 계승권을 보호해주어야 한다"고 규정했다. 동지위는 헌법 텍스트에 나오는 공사재산의 보호조항에 대해 연구를 진행한 뒤 이러한 조항들의 언어적인 면에서 다음과 같이 구별된다고 주장했다.

첫째, 공유재산은 신성불가침이다. 사유재산은 보호를 받지만 신성불가침이 아니다.

둘째, 공유재산 앞에는 '사회주의'라는 관형어가 붙는데, 이는 헌법에서 이러한 재산의 지위와 운명을 사회주의의 지위와 운명과 연결시켰다는 것을 뜻한다. 또한 '법에 근거하여'라는 말이 없는 것 이러한 보호에는 조건이 붙지 않는다는 것을 뜻한다. 사유재산은 헌법과 현실에서 이런 지위를 향수하지 못한다. 그렇기 때문에 헌법적으로 이런 대우를 받지 못한다. 그 외에 사유재산은 논리상에서 합법적인 것과 비합법적인 것으로 나뉘는데 여기서 사유재산에 대한 보호에 일정한 제한이 붙는다는 걸 알 수 있다.

셋째, 국가는 "국유 경제를 공고히 하고 발전시켜야 하기" 때문에 국유재산의 가치를 보호하고 증가시킬 의무를 갖고 있다. 다른 주체의 재산에 대해서는 이런 의무를 갖지 않는다. 이러한 판단에 근거하여 동지위는 중국 헌법은 공사재산에 대해 차별적으로 보호하는 원칙을 실시하기 때문에 물권법에서 확립한 평등보호의 원칙은 헌법의 규정을

위반한 것이라고 말한다.[1144]

②"헌법적인 근거가 없기 때문에 위헌이다"

공사재산을 평등하게 보호한다는 것이 위헌 의심을 받는 외에 물권법 초안에 "헌법에 근거하여 본법을 제정하였음"이라는 규정이 없다는 점 역시 사람들이 많이 비판하는 내용이다. 현대 헌정이념에서 헌법은 국가의 근본법이기 때문에 법률체계에서 지고지상의 위치를 차지한다. 다른 부문법은 헌법의 규정을 위반할 수 없다.

다른 부문법은 반드시 헌법을 근거로 해야 하고 헌법에서 자체적으로 합법적인 근거를 획득해야 한다. 헌법관념이 강한 국가에서 일반 법률은 헌법에 의거하여 자적인 합법성의 근거를 획득하는 것은 아주 기본적인 법률상식이다. 이러한 법률상식을 기초로 많은 학자들은 물권법 초안에 헌법적인 근거가 없다고 비판했다.

물권법 초안에서 그 헌법적인 근거를 규정해야 할 필요가 있는지에 대해 저명한 법학자 한대원이 체계적인 논술을 진행한 적이 있다. 우선, 한대원은 민법학자들이 물권법 초안에서 헌법적인 근거를 규정하지 않은 데에는 그럴만한 이유가 있을 것이라고 주장했다. 왜냐하면 1986년에 제정한 『민법통칙』 제1조항에 나오는 입법목적에서 "헌법과 중국 실제 상황에 근거하고 민사 활동의 실천경험을 총결하여 본법을 제정했다"고 규정했다. 하지만 '물권법(초안)' 제1조항에서는 "사물의 귀속을 명확히 하고 권리자의 물권을 보호하며 사물의 작용을 충분히 발휘하고 사회주의 시장경제질서를 수호하며 국가의 기본경제제도를 수호하기 위해 본법을 제정했다"고 규정했다.

제1조항에서 알 수 있듯이 '물권법(초안)'에서는 "헌법에 근거하여 본법을 제정했다"고

1144) 동지위, 「물권법초안'은 어떻게 헌법의 관문을 통과해야 하는가(物權法草案法該如何通過憲法之門)」, 『법학』 3호, 2006.

명시하지 않았다. 이상의 논리로 분석하면 "헌법에 근거하였다"는 것의 삽입여부를 막론하고 법률 자체의 합헌성에 영향을 주지 않는다. 하지만 헌법 텍스트와 해석학에서 이는 여전히 토론할 가치가 있는 문제이다. 물권법 초안에 "헌법에 근거하여"라는 말을 기재하지 않은 것에 대해 다음과 같음 몇 가지 해석이 존재한다.

첫째, 물권법은 기본 법률로서 당연히 헌법을 근거로 해야 한다. 그렇기 때문에 특별히 그 입법근거를 밝힐 필요가 없다. 둘째, 입법을 할 때 소홀히 하여 입법근거를 밝히는 문제에 대해 자세히 연구하지 못했을 수 있다. 셋째, 헌법과 민법은 원리가 다르다. 공법이 사법에 개입하여 쟁의가 생기는 것을 피하기 위해 사법에 속하는 물권법에 "헌법에 근거하여"라는 말을 기재하지 않았을 수도 있다. 이렇게 되면 이 문제에 대한 가능한 해석은 다음과 같게 된다.

헌법은 국가의 근본법이고 민법은 시민사회의 '근본법'이다. 민법은 개인 자치를 원칙으로 하고 사법 규칙을 규정하는 법률이기 때문에 공법의 규칙을 기초로 할 필요가 없다. 헌법에서 규정한 내용은 공법의 규칙이기 때문에 "헌법에 근거하여"라는 말을 기재하지 않아야 민법의 '사법'성질을 보호할 수 있다. 하지만 한대원은 물권법이 중국 사회주의 법률체계에서 차지하는 지위, 성질, 작용 및 사회효과로부터 볼 때, 『물권법』의 제1조항에 "헌법에 근거하여"라는 말을 써넣는 것은 매우 필요하다고 주장한다.

그 이유는 다음과 같다.

첫째, 기본 법률로서 입법 목적에 "헌법에 근거하여"라고 명시하는 것은 그 법률의 성질이 요구하는 것이다.

둘째, 물권법의 기본가치를 전면적으로 표현하고 전반적인 법률체계의 각도에서 물권법의 성질을 이해하는 데 유리하다.

셋째, 헌법질서의 각도에서 물권법이 존재하는 사회가치와 기능을 평가하는 데 유리하다.

물권법은 사법이지만 이는 헌법질서 하에 존재하고 헌법제도, 특히 기본 경제제도의 제약을 받는다. '물권법(초안)'의 제1조항에서 '두 가지를 수호'의 목적은 물권법이 반드시 담당해야 할 어느 한 '공법'의 작용을 명확히 하기 위해서다. 넷째, 헌법의 변화와 민법의 발전 사이에 존재하는 관계를 밝히는 데 유리하다.

'물권법(초안)'이 제정된 환경과 기본조건으로부터 볼 때 헌법의 확인을 거친 시장경제도가 없고, 헌법적으로 사유재산의 지위를 충분히 긍정해주지 않았으며, 헌법적으로 국가의 기본경제제도에 대해 확인하지 못했다. 그리하여 물권법의 제정에 필요한 사회기초가 부족하게 되었다. 그렇기 때문에 물권법은 헌법질서 하에 헌법에서 규정한 기본원칙, 기본 권리를 구체화한 것이다. 하지만 물권법 초안의 제정과정에 헌법의 각도에서 일부 문제를 분석하여 해석하지 못했고, 필요한 헌법적 사고와 사유를 강조하지 못했다. 그리하여 내용을 설계하고 이해할 때 이런저런 오해가 발생하게 되었다. 한대원이 내린 결론은 다음과 같다.

물권법 초안의 제1조항에서 "헌법에 근거하여"라는 내용을 명시하지 않는 것은 입법 내용과 기술적인 측면에서는 타당하지 않는 점이 존재하기 때문에 이를 다시 수정할 때 이 규정을 보충해 넣어야 한다.[1145]

③ "징수, 징용 조항을 규정하는 데는 정당한 근거가 부족하다"

법률의 성질로부터 볼 때, 물권법은 사법의 범주에 속하기 때문에 평등한 주체 사이의

1145) 한대원, 「'물권법초안'에 대한 논쟁으로부터 생각하게 된 몇 가지 헌법문제」, 『법학』 3호, 2006.

인신과 재산 관계를 조절한다. 하지만 징수, 징용 문제는 공법의 문제로서 국가권력기관과 공민의 사유재산 사이의 관계와 관련된다. 그렇기 때문에 사법을 근본특징으로 하는 법률에서 공법상의 문제를 해결하려고 하는 것은 분명히 적합하지 않다. 예를 들면 다음과 같다. 예를 들어 어느 한 학자는 다음과 같이 주장하고 있다. "공익 징수, 징용 제도에 대한 규정은 반드시 행정법에 근거해야 한다. 이를 민법으로 대신해서는 안 된다. 왜냐하면 공익 징수, 징용의 본질은 정부가 행정 권리를 행사하는 것이기 때문이다.

민법으로 이 공권행위를 조절한다면 민법 자체가 이화될 가능성이 있다. 그러므로 이 제도의 중점은 공권력을 행사하는 것을 통제하는 데 있다. 그래서 정당한 절차를 거치지 않은 합법적인 자유 재산에는 징수의 원칙을 적용시킬 수 없다. 여기서 말하는 절차는 자연히 행정절차를 가리킨다.

공익 징수, 징용 제도에는 또 다른 중요한 내용이 있는데 그것은 바로 사유재산에 대한 공공제한에 반드시 공평한 보상을 해주어야 한다는 것이다. 이러한 보상은 행정보상에 속한다. 그래서 공익 징수, 징용이란 무엇이고, 이는 어떻게 진행되며, 어떻게 보상해야 하는가 하는 문제는 민법에 속하는 물권법에서 규정할 내용이 아니다. 헌법에서 공익 징수, 징용 제도에 대해 규정하는 것은 여러 국가의 관례이다." 중국 『헌법』의 제13조항에서는 공익 징수, 징용 제도에 대해 다음과 같이 규정했다. "공공이익의 수요를 위해 국가는 법률규정에 근거하여 공민의 사유재산에 대해 징수 혹은 징용을 실시하고 또 여기에 대해 보상해 줄 수 있다." 그래서 이 학자는 다음과 같이 밝혔다.

"첫째, 공익 징수, 징용은 행정권을 행사하는 전형적인 행위이다. 그렇기 때문에 이는 행정법상의 제도에 속해야 하고 반드시 여기에 알맞게 행정절차와 보상에 관한 법규를 제정해야 한다. 또한 공익 징수, 징용으로 인해 발생된 분규와 구제는 행정법 범주 내에서 행정심의 혹은 행정소송을 통해 해결해야 한다. 사법수단으로는 문제를 해결할 수 없다.

둘째, 헌법에 공익 징수, 징용에 관한 규정이 있기 때문에 물권법이나 민법에서 이에 대해 규정하는 것은 큰 의미가 없다. 그리고 기타 국가의 민법에서 이와 비슷한 선례를 찾아볼 수 없다.

셋째, 한걸음 양보해서 물권법에 반드시 공익 징수, 징용 제도에 대해 규정한다고 해도 이러한 규정들이 목전의 국제와 현실 생활에서 일어난 변화를 바로 보아야 한다. 그리고 앞에서 말했던 물권법의 규정과 무형재산권법, 민법총칙 사이의 관계를 잘 처리하고 규제적 수용, 즉 역수용의 위치 및 징수와 징용을 통일시킬 것인가 하는 문제를 잘 해결해야 한다. 이러한 문제들을 제대로 해결할 수 있다면, 물권법 초안에 공익 징수, 징용 제도를 규정할 필요가 없으며 당연히 이런 내용을 취소해야 한다."[1146]

많은 학자들은 이런 관점에 동의한다. 그들은 "징수와 징용은 사권을 벗어난 독립적인 권리이긴 하지만 현대사회에서 법적으로 확인하거나 징수제도를 규정하는 의도는 권리의 합리성을 강조하기 위해서가 아니라 개인재산을 박탈하고 제한하는 것을 방지하기 위해서다. 세계 각국에서는 헌법으로 징수에 대해 인정하는 동시에 체계적인 징수, 징용 법을 제정해 내기도 했다. 물권법 규범과 성질이 다른 징수제도 규범을 물권법에 포함시킨다면 중국 징수, 징용 제도의 혼란을 가중시킬 수 있고 물권법의 순결성, 과학성을 파괴할 수 있다. 동시에 징수, 징용 권리를 제한하는 필요성에 대한 사람의 인식을 약화시킬 수 있다. 그러므로 징수, 징용 법을 빨리 제정해야 한다."[1147] 물권법에서 징수, 징용 조항을 규정하는 것은 물권법의 사법 특성에 맞지 않다.

물권법의 위헌이라는 주장과 반대되게 물권법이 합헌이라고 주장하는 사람들도

1146) 유용(劉勇), 「물권법 초안 제49조항을 취소해야 한다(物權法草案第49條應當取消)」, 『정치와 법률』 4호, 2006.
1147) 주광신(朱广新), 「물권법에 징수, 징용 제도를 규정하는 것은 적합하지 않다(物權法不宜規定徵用制度)」, 『운남대학학보』 (법학판) 3호, 2006.

있다. 물권법이 위헌이라고 주장하는 사람들이 내놓은 세 가지 위헌 표현에 대해 합헌설은 이를 전부 부정하였다. 합헌설은 물권법 초안에 "헌법에 근거하여 본법을 제정했다"라는 조문이 없다는 지적에 대해 이는 헌법의 권위성을 멸시하고 존중하지 않는 것이라 비판했다. 물권법 초안에서 징수, 징용 조항에 대해 규정한 것에 대해서는 적합하지 않다고 하면서 이 부분은 위헌일 가능성이 있다고 인정했다. 그러나 위헌설에서 공사재산의 평등보호원칙을 비판한 것에 대해서는 많은 헌법학자들은 반대의견을 제기했다. 그들은 물권법 초안에서 규정한 공사재산 평등보호원칙은 헌법의 규정을 위반하지 않았다고 주장했다. 평등보호가 합헌이라는 관점은 주로 다음과 같은 네 가지 방면에서 표현된다.

① 학철천의 실질 합헌론

학철천(郝鐵川)은 물권법 초안이 위헌인지를 판단할 때 헌법조문의 형식적인 규정을 통해서 판단할 것이 아니라 헌법의 가치와 같은 실질적인 정신을 통해 판단해야 한다고 주장했다. 실질적인 요소로부터 볼 때 물권법 초안은 헌법의 기본가치와 기본원칙을 위반하지 않았다. 학철천은 현대 사법은 헌법과 다른 부문법의 기초라고 논증했다.

헌법은 국가의 근본대법이지만 그 기본원리는 모두 사법에서 왔다. 헌정의 기본원리는 공권을 적당히 제약하고 공권을 정확히 행사할 수 있게 보장해 준다. 사법학은 우선 적당한 공권을 제약하는 작용이 있다. 사법자치의 원칙에 의하면 자연인과 법인의 요구가 없이 공법은 개인의 생활에 개입할 수 없다.

사법은 자연인과 법인이 개인 권리를 남용하는 것을 방지할 수 있다. 성실신용원칙, 공서양속(公序良俗)원칙, 공공이익원칙은 모두 이것을 위해 설치한 것이다. 현재 실행하고 있는 법률조문을 놓고 볼 때, '물권법(초안)'은 국유재산을 특별히 보호하지 않고 있다. 이런 모순이 생기게 된 것은 현재 실행하고 있는 헌법이 완벽하지 못한 데에 있다. 즉, 헌법이 경제영역에 많이 개입해야 하는지, 헌법이 사법이념을 참고해야 하는가라는 것이다. 이러한 사실을 고려하지 않고 헌법의 '형식적인 합헌'의 최저 하한선을 계속 주장한다면 '악한 법도 법'이 될 수밖에 없다.

학철천은 물권법 초안에서 규정한 평등보호원칙은 국유재산을 충분히 보호하는 것을 반대하는 뜻이 아니라고 주장한다.

그는 단행 법률을 제정하고 산업정책, 비경쟁영역 진입허가 등의 방법으로 국유자산을 공고히 할 수 있다고 말한다. 그래도 기어코 『물권법』을 통해 특별보호를 실행하고 신분(주체) 평등이라는 현대시장체계의 기본특징을 버리려 한다면 중국을 시장경제국가라고 인정하지 않는 세상 사람들에게 구실을 제공해 주게 된다는 것이다. 종합적으로 헌법의 실질로부터 생각해 볼 때, 물권법초안에서 규정한 공사재산 평등보호원칙은 헌법의 규정을 위한 것이 아니다. [1148]

② 초굉창(焦宏昌)의 민사영역 합헌설

초굉창은 헌법 텍스트에 대한 분석을 통해, 다음과 같은 세 가지 결론을 내렸다. 첫째, 지난 헌법들은 모두 공공재산을 보호하는 것을 매우 중시하였다.

두 헌법은 모두 공공재산은 '신성불가침'이라고 명확히 규정하였다. 둘째, 지난 헌법들은 모든 공민에게 일정한 재산권이 있다고 승인하였고 이에 대해 필요한 보호를 진행했다. 셋째, 중국에서 재산에 대해 헌법으로 보호하는 방법에는 두 가지가 있다. 즉, 재산을 공유재산과 사유재산으로 나누어 보호하는 것이다. 일반적으로 헌법상의 평등보호에는 다음과 같은 두 가지 의미가 있다. 하나는 형식적인 평등과 실질적인 평등이다. 전자는 규칙의 평등을 적용해야 한다고 강조하는데, 이는 법률 앞에서 모든 것이 평등하다는 뜻이다.

1148) 학철천, 『물권법초안'의 위헌여부에 대한 나의 견해('物權法草案'違憲之我見)』, 『법학』 8호, 2006

후자는 규칙의 평등을 제정해야 한다고 강조하는데, 이는 같은 상황은 동일하게 처리하고 다른 상황은 차별적으로 처리해야 한다는 뜻이다. 재산의 보호방식에서 헌법으로 재산을 보호하는 것과 법률로 재산을 보호하는 것은 성질이 다르지만 서로 긴밀히 연계를 가지는 두 개의 보호체계이다. 헌법은 국가의 근본법이기 때문에 최고 법률효력을 가지고 있다. 그렇기 때문에 헌법의 보호는 재산보호의 전제와 기초이다.

법률보호는 재산의 어느 한 영역을 보호하는 것이다. 만약 이 영역에 헌법에서 규정한 차별적으로 대해야 한다는 조건이 존재할 경우 반드시 각기 다른 재산을 차별적으로 대해야 한다. 만약 이 영역에서 헌법에서 규정한 차별적으로 대해야 한다는 조건이 존재하지 않을 경우에는 모든 재산을 평등하게 보호해야 한다. 초꿩창은 "'물권법(초안)'이 위헌인가 하는 논쟁의 핵심문제는 공공재산과 사유재산을 평등하게 보호해야 하는가에 있다. 성질상 물권법은 사법에 속하고 중국 헌법체계에서 민법에 속한다. 물권법은 주체 사이에서 재산의 법률관계를 조절하고 민사 영역에 적용된다.

이 영역에는 공공이익의 문제가 존재하지 않는다. 다시 말해 공공재산과 사유재산을 차별대우할 필요조건이 없다. 그렇기 때문에 '물권법(초안)'에 나오는 공유재산(국가와 집체의 재산이 포함됨)과 사유재산의 평등보호원칙과 중국 헌법에서 공공재산과 사유재산을 차별대우하는 것은 본질적으로 구별된다. 이러한 구별의 근거는 다음과 같다.

헌법은 사람의 실질적인 평등에 착안해서 자유와 공평의 가치 평형을 추구한다. 공유제의 주체는 여러 가지 소유제가 공존하는 제도형식으로서 공공재산과 사유재산의 구별로 표현된다. 그러나 물권법은 유통영역의 재산문제를 조절하는데 국가, 집체 혹은 개인의 재산이든 모두 유통영역에서 특권을 향수하지 못한다.

종합적으로 헌법이 공공재산을 보호하는 것은 공공 법익을 위해서이고 제도상에서 사람들의 자유와 평등을 실현하기 위해서다. 헌법이 사유재산을 보호하는 것은 사람의 존엄과 가치를 실현하고 공민이 정부로부터 불법적인 침해를 받지 않게 보호하기 위해서다.

물권법은 재산을 보호하는 것은 공평, 공정한 시장 질서를 수호하여 재산권을 명확히 하고 유통을 원활하게 해주어 법적으로 항산항심(恒産恒心)의 소망을 이루게 해준다." 적용 영역을 민사영역과 공공영역으로 구분하는 토대 위에서 초굉창이 얻은 결론은 '물권법(초안)'이 위헌이 아니라는 것이다.[1149]

③ 장천범(張千帆)의 '정당한 용도의 합헌설'

장천범은 헌법의 용도에는 '오용(誤用)'과 '정당한 용도' 두 가지가 있다고 주장한다. 일부 학자들은 물권법이 위헌이라는 것을 구실로 물권법에 대해 원칙적인 비판을 진행하는데 이는 헌법을 '오용'한 표현의 일종이다. 헌법의 '정당한 용도'로부터 볼 때 물권법은 완전히 위헌이 아니다. 하지만 이는 물권법에 위헌 가능성이 존재하지 않는다는 뜻은 아니다. 사실 물권법은 위헌일 가능성이 있다. 하지만 물권법은 '위헌론'이 주장하는 것처럼 '정치적인 방향'에서 위헌인 것이 아니다. 종합적으로 헌법은 정치적인 구호가 아니고 중국경제발전을 제약하는 존재도 아니다. 헌법의 제도 구성은 매우 느슨하기 때문에 입법기구는 사회현실의 수요에 알맞은 법률을 자유롭게 발전시킬 수 있다.

다만 이러한 법률은 인류사회가 모두 인정하는 이성에 부합되어야 한다. 이러한 이성적인 원칙을 지키는 목적은 일부 사람들이 주장하는 고정불변의 교조를 수호하기 위해서가 아니라, 법적으로 조작이 가능한 방식으로 대다수의 근본이익을 보살펴주기 위해서이다. 이것이 바로 헌법이 중국 사회에 일으키는 가장 근본적인 작용이다.

장천범은 개혁개방이래 중국사회는 많은 진보를 한 동시에 많은 문제점도 생겨났다고 지적했다. 우리의 법치상황은 만족할 만한 상황이 아니다. 관원들의 탐오, 부패 현상이 엄중하고 사회분배에서 빈부 불균형과 양극화 추세가 존재한다.

하지만 우리는 반드시 이런 사회문제를 현실적이고 이성적으로 보아야 한다. 그래야

1149) 초굉창, 「물권법의 합헌성에 대한 분석(物權法的合憲性分析)」, 『법학』 8호, 2006.

문제점이 어디에 있는지 찾아낼 수가 있다. 모든 책임을 물권법 초안에 돌려서는 안 된다. 하지만 이는 물권법에 아무런 건의나 의견을 제기해서는 안 된다는 뜻이 아니다.

우리는 '물권법(초안)'의 관할범위 내에서 제도를 완벽하게 만들고 국유, 집단 그리고 개인 재산을 적절하게 보호해 주어야 한다. 또한 징수를 당한 농민과 도시 주민들에게 공정한 보상을 해주어야 한다. 그래야 헌법평등의 원칙을 정확하게 체현할 수 있다. 이것이 바로 헌법의 정당한 용도이다.[1150]

④ 한대원의 정신합헌설

한대원은 물권법 초안의 평등보호 원칙이 위헌인지를 평가할 때, 헌법의 표면적인 조문에만 근거해서는 안 된다고 지적했다. 반드시 헌법의 실제적인 변화과정 및 이러한 변화에 어떠한 정신이 체현되었는지 종합적으로 생각해 보아야 하는데, 구체적으로 말해서 어느 한 법률이 헌법에 위배되는지 판단하려면 다음과 같은 세 개의 요소를 고려해야 한다는 것이다.

즉 법률의 내용이 헌법의 명문 규정과 일치한지, 법률의 내용이 헌법의 기본원칙에 어긋나는지, 법률의 내용이 헌법정신에 어긋나는지를 보아야 한다는 것이다. 헌법과 "물권법(초안)"의 사이에 원리 혹은 조문의 규정이 서로 연결되지 않는 문제가 존재하기는 하나 그 기본적인 규정과 가치에서 볼 때, 여기에는 인권보장의 기본원칙과 요구가 체현되어 있는 것이다.

이는 중국 헌법의 재산권 보호를 구체화한 것으로서 공민이 헌법이 부여한 재산권을 누리는데 유리하다. 일부 완벽하지 않은 내용도 존재한다. 예를 들면 조문 사이에 모순이 존재하고 조문과 헌법 사이가 합리적으로 연결되지 않은 문제가 존재한다. 이러한 문제는

1150) 장천범, 「헌법의 용도와 오용」, 『법학』 3호, 2006.

심의과정, 표결과정과 실시과정에서 해결할 수 있다.[1151]

전국인민대표대회 상무위원회 법제공작위원회 민법사무실 책임자는 한대원의 관점에 대해 공식적인 설명을 진행하였다. 그는 물권법의 평등보호 원칙이 위헌인지를 판단할 때 어느 한 조항에 근거할 것이 아니라 시장경제 조항을 기초로 하고 시장경제의 기본정신을 출발점으로 해야 한다고 말했다.

헌법에서는 "국가는 사회주의 시장경제를 실시한다"고 규정하였다. 물권법의 평등보호 규정은 시장경제의 특징에 의해 결정된 것이다. 시장경제는 시장의 주체가 동일한 권리를 향유하고 동일한 규칙을 준수하고 동일한 책임을 담당할 것을 요구한다. 만약 시장주체가 평등하지 않다면 중국은 시장경제를 실시할 수 가 없다.

그렇기 때문에 평등보호를 실행하는 것은 중국에서 공평하게 경쟁하고 강한 자가 번성하고 약한 자가 도태되는 시장 환경을 형성하는 데 유리하다. 평등보호를 실행해야만 중국의 기본 경제제도를 견지할 수 있다. 헌법에서는 국유경제가 주도이고 국유제 경제는 주체이며 비국유제 경제는 시장경제의 중요한 구성부분이라고 규정했다. 이들이 국민경제에서 일으키는 작용은 같지 않다. 국가의 거시적 경제정책에 근거하여 공공자원의 배치, 시장 진출 등의 방면에서 각기 다른 소유제 경제를 차별적으로 대우해야 한다. 국가 안전과 국민경제의 명맥과 관련되는 중요한 업종과 관건적인 영역에서 반드시 국유경제의 통제를 강화해야 한다. 경제법, 형법, 행정법을 통해 조절하는 것은 물권법에서 규정한 평등보호와 모순되지 않는다. 그러므로 헌법의 정신 및 시장경제의 정신을 놓고 볼 때 물권법에서 규정한 평등보호조항은 형식상에서 헌법의 어느 한 조문과 맞지 않을 수 있다. 하지만 실질적인 정신을 놓고 볼 때 이는 헌법의 규정을 위반하지 않았고 위헌문제가 존재하지도 않는다.[1152]

1151) 한대원, 「'물권법초안'에 대한 논쟁으로부터 생각하게 된 몇 가지 헌법 문제」, 『법학』 3호, 2006.
1152) "인민대표대회 상무위원회 법제사업위원회 민법사무실 책임자는 물권법초안이 헌법규정에 부합된다고 밝혔다." 시나닷컴을 참고. http://news.sina.com.cn/c/2006-12-30/093910898635s.shtml

종합적으로 민법, 형법과 같이 비교적 성숙된 이론체계를 가진 학과와 비교할 때 헌법학은 상대적으로 성숙되지 못했다. 그중 가장 주요 판단 근거는 중국 헌법학 자체적인 학술 전승과 학술 축적이 부족하다는 것이다. 그렇기 때문에 "어떻게 헌법학을 번영시키고 발전시키고, 어떻게 중국헌법학의 학술품격을 높일 수 있을까라?"는 문제는 모든 헌법학 학자들이 해결해야 할 큰 숙제이다. 이러한 상황을 변화시키는 가장 중요한 전제는 바로 백화제방, 백가쟁명의 장이 펼쳐져야 한다.

토론과 교류 과정에서 장점을 부각시키고 단점을 해결하여 비교적 성숙된 학술관점과 학술유파를 형성해야 하기 때문이다. 이런 의미에서 중국헌법학이 학술관점과 학술유파를 형성할 수 있는가의 문제는 중국헌법학연구가 정말로 성숙되었는지를 판단하는 중요한 상징이다.